EUROPA-FACHBUCHREIHE
für wirtschaftliche Bildung

Versicherungen und Finanzen 2

6. Auflage

von
Herbert Eichenauer, Peter Köster, Dr. Viktor Lüpertz, Rolf Schmalohr

VERLAG EUROPA-LEHRMITTEL
Nourney, Vollmer GmbH & Co. KG
Düsselberger Straße 23
42781 Haan Gruiten

Europa-Nr.: 77172

Autoren:

Dipl.-Hdl. Herbert Eichenauer — Mannheim

Dipl.-Volksw. Peter Köster — Freiburg

Dipl.-Volksw. Dr. Viktor Lüpertz — Freiburg

Dipl.-Kfm., Dipl.-Hdl. Rolf Schmalohr — Düsseldorf

Lektorat:

Rolf Schmalohr

6. Auflage 2015

Druck 5 4 3 2 1

Alle Drucke derselben Auflage sind parallel einsetzbar, da bis auf die Behebung von Druckfehlern untereinander unverändert.

ISBN 978-3-8085-7717-2

http://www.europa-lehrmittel.de

Umschlag, Satz und Grafiken: Typework Layoutsatz & Grafik GmbH, 86167 Augsburg
Umschlagkonzept: tiff.any GmbH, 10999 Berlin
Umschlagfoto: © Silke Koch – Fotolia.com
Druck: Medienhaus Plump GmbH, 53619 Rheinbreitbach

Vorwort

Das **Programm »Versicherungen und Finanzen – Proximus 3«** besteht aus umfassenden Lehr- und Lernbüchern, die sich am aktuellen Rahmenlehrplan und der ab August 2014 gültigen teilnovellierten Ausbildungsordnung für den Ausbildungsberuf Kaufmann/Kauffrau für Versicherungen und Finanzen orientieren.

Das Programm der 6. Auflage ist auf das bei der schriftlichen Prüfung zur Anwendung kommende Bedingungswerk »**Proximus 3**« ausgerichtet.

Es ist geeignet für den Einsatz

- in der **Ausbildung zum Kaufmann/zur Kauffrau für Versicherungen und Finanzen**
- im **Studium an Berufsakademien und Fachhochschulen** (aufgrund der vielen Zusatzinformationen)
- als umfassendes **Nachschlagewerk in der Praxis.**

Der vorliegende **Band 2** (6. Auflage) deckt die **Lernfelder 3, 4, 6, 7 und 9** ab.

Die in diesem Band behandelten **Lernfelder sind unter folgenden Kapitelüberschriften** dargestellt:

- **Hausratversicherung**
- **Wohngebäudeversicherung**
- **Vorsorgemaßnahmen und Lebensversicherung**
- **Unfallversicherung**
- **Krankenversicherung**
- **Versicherungsaufsicht**

Folgende Merkmale kennzeichnen das Programm »Versicherungen und Finanzen«

- **Lernsituationen** am Ende jedes Hauptabschnitts
- **Zusätzliche Aufgaben** innerhalb der Lernfelder
- **Hinweise auf Gesetze und Paragrafen** am Rand des Textes
- **Zusatzinformationen** im Kleindruck
- **Lernfeldkompass** im vorderen Buchdeckel

Neu in dieser Auflage:

- Das bisher unter der Kapitelüberschrift »Versicherungsvertragsrecht« dargestellte Lernfeld 2 wurde wegen der Lernfeldreihenfolge im Rahmenlehrplan in den Band 1 umgestellt.
- Das bisher in Band 3 unter der Kapitelüberschrift Krankenversicherung dargestellte Lernfeld wurde in diesen Band übernommen.
- Band 2 ist so zugleich ein Fachbuch und Nachschlagewerk für die Sach- und Personenversicherung.
- Änderungen wirtschaftlicher Daten und gesetzlicher Rahmenbedingungen bis Ende März 2015 wurden eingearbeitet.

Ihr Feedback ist uns wichtig. Für Anregungen und konstruktive Kritik sind wir jederzeit dankbar. Bitte senden Sie uns diese unter lektorat@europa-lehrmittel.de.

Düsseldorf, April 2015 Autoren und Verlag

Inhaltsverzeichnis

A Hausratsversicherung

B Wohngebäudeversicherung

C Vorsorgemaßnahmen und Lebensversicherung

D Unfallversicherung

E Private Krankenversicherung

F Versicherungsaufsicht

A Hausratversicherung

1 Risikodeckung für den privaten Haushalt

1.1 Versicherungsmöglichkeiten und Rechtsgrundlagen

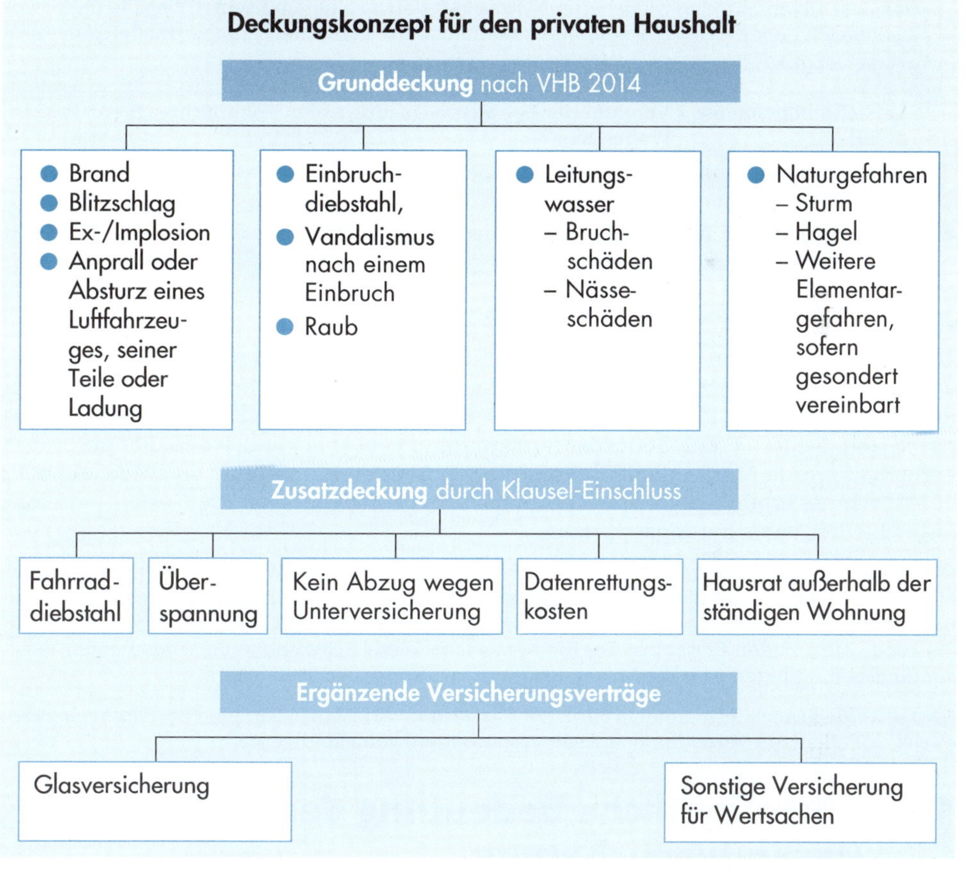

➤ Rechtsgrundlagen

Der Deckungsumfang in der Hausratversicherung bestimmt sich

- nach den Allgemeinen Versicherungsbedingungen,
- nach den zugehörigen Klauseln.

Der weiteren Betrachtung liegen zugrunde:

VHB 2014

- **Allgemeine Hausrat Versicherungsbedingungen (VHB 2014 – Versicherungssummenmodell)**

  Die Abkürzung »VHB« steht für »Verbundene Hausrat-Versicherungsbedingungen«, womit zum Ausdruck gebracht wird, dass mehrere Gefahrengruppen in der Hausratversicherung zusammengefasst sind, nämlich

  - Brand/Blitzschlag/Explosion/Implosion/Anprall oder Absturz eines Luftfahrzeuges, seiner Teile oder seiner Ladung,
  - Einbruchdiebstahl, Raub oder der Versuch einer solchen Tat,
  - Vandalismus nach einem Einbruch,
  - Leitungswasser,
  - Naturgefahren.

  Der Zusatz 2014 steht für das Entwicklungsjahr der vorliegenden VHB.

  Der Gesamtverband der Versicherungswirtschaft (GDV) bietet auf seiner Website im Downloadbereich neben den **VHB-Summenmodell** auch die **VHB-Quadratmetermodell** an.

  Bei den VHB-Quadratmetermodell wird die VS wie folgt berechnet:

  Versicherungssumme = Vereinbarter Betrag pro Quadratmeter Wohnfläche · Quadratmeter Wohnfläche

  Dieses Verfahren kann durch Vereinbarung der Klausel PK 7712 bei den VHB-Summenmodell angewendet werden.

- **Klauseln zu den Allgemeinen Hausrat Versicherungsbedingungen (PK VHB 2014 – Versicherungssummenmodell)**

Versicherungsschutzgestaltung

Die VHB 2014 bieten eine Grunddeckung für diejenigen Gefahren und Schäden, die jeden Hausrat bedrohen, wobei allerdings die Naturgefahren Überschwemmung, Rückstau, Erdbeben, Erdsenkung, Erdrutsch, Schneedruck, Lawinen und Vulkanausbruch (sog. weitere Elementargefahren) nur dann versichert sind, wenn dies gesondert vereinbart wurde. Vertragliche Erweiterungen über den Einschluss von Klauseln oder der Abschluss ergänzender Versicherungsverträge ermöglichen die Gestaltung eines individuellen Versicherungsschutzes.

Die Hausratversicherung hat im Laufe der Jahrzehnte einen großen Wandel erfahren, der jeweils in der Einführung neuer Bedingungswerke und Klauseln zum Ausdruck gekommen ist. Soweit neue Produkte vorgestellt wurden, handelt es sich in erster Linie um Erweiterungen der Grunddeckung, wie z. B. den Einschluss der Elementarschadenversicherung in die Allgemeinen Versicherungsbedingungen oder die Mitversicherung von Kundenschließfächern.

Ferner werden Dienstleistungen in Form der sog. »**Home Assistance**« angeboten. Hierbei handelt es sich vor allem um Vermittlungsdienste, insbesondere von Handwerkern.

1.2 Wirtschaftliche Bedeutung der Hausratversicherung

Die Hausratversicherung ist zu einer der bedeutendsten Versicherungen für den privaten Bereich geworden.

Mit ca. 2,8 Mrd. € Beitragseinnahme im Jahre 2013 stellt sie einen bedeutenden Sachversicherungszweig dar. Für Schäden wurden im Jahr 2013 ca. 1,4 Mrd. € aufgewendet.

Neben Wohnungsbränden, Einbruchsdelikten und Raub prägen vor allem hohe Leitungswasserschäden den Schadenverlauf in der Hausratversicherung.

2 Deckungsumfang nach den Allgemeinen Hausrat Versicherungsbedingungen (VHB 2014)

2.1 Versicherte Sachen

2.1.1 Sachinbegriff »Gesamter Hausrat«

»Versichert ist der gesamte Hausrat in der im Versicherungsschein bezeichneten Wohnung (Versicherungsort).« VHB 2014 § 6 Nr. 1 S. 1

Gesamter Hausrat ist ein Sachinbegriff, d.h., unter diesem Begriff werden verschiedene Sachen zusammengefasst, ohne dass sie im Versicherungsvertrag einzeln benannt werden müssen.

Nach dem VVG erstreckt sich der Versicherungsschutz bei einer Sachinbegriffsversicherung auch auf die Sachen der Personen, mit denen der VN bei Eintritt des Schadens in häuslicher Gemeinschaft lebt oder die in einem Dienstverhältnis zum VN stehen und ihre Tätigkeit am Versicherungsort ausüben. VVG § 89

Beispiele:

- Sachen des Ehepartners bzw. Lebenspartners, der Kinder (auch volljährige), der Eltern, die mit dem VN in häuslicher Gemeinschaft leben.
- Sachen der Haushaltshilfe des VN.

Durch die VHB 2014 wird diese VVG-Bestimmung dergestalt erweitert, dass auch fremdes Eigentum (z. B. Sachen eines Besuchers) im Haushalt des VN versichert ist, soweit es sich nicht um Eigentum von Mietern oder Untermietern handelt (siehe nachstehend A 2.1.2 und A 2.1.3). VHB 2014 § 6 Nr. 2 (c) (dd)

Hausrat, der wegen eines bevorstehenden oder eingetretenen Versicherungsfalles vorübergehend vom Versicherungsort entfernt werden muss, bleibt versichert, solange ein zeitlicher und örtlicher Zusammenhang mit dem Vorgang besteht. § 6 Nr. 1 S. 2

Beispiel:

Um einen versicherten Rohrbruchschaden beseitigen zu können, wird Hausrat in einer nahegelegenen Lagerhalle abgestellt. Bei einem Einbruch in diese Lagerhalle werden Teile des Hausrats entwendet.

Normalerweise gelten für vom Versicherungsort (vgl. A 2.4.1) vorübergehend entfernte Sachen die Bestimmungen zur Außenversicherung (vgl. A 2.4.2), die u.a. Entschädigungsgrenzen kennen. Im vorliegenden Beispiel kommen diese aber wegen des Versicherungsschutzes nach § 6 Nr. 1 S. 2 VHB 2014 nicht zum Tragen.

Ansonsten gelten für vom Versicherungsort vorübergehend entfernte Sachen die Bestimmungen zur Außenversicherung (vgl. A 2.4.2).

2.1.2 Definitionen gem. VHB 2014 zu den versicherten Sachen

VHB 2014 § 6 Nr. 2 (a)
»Zum Hausrat gehören alle Sachen, die dem Haushalt des Versicherungsnehmers zur privaten Nutzung (Gebrauch bzw. Verbrauch) dienen.«

Nr. 2 (b)
»Wertsachen einschließlich Bargeld gehören ebenfalls zum Hausrat.«

Zur privaten Nutzung in einem Haushalt zählen üblicherweise folgende Sachen:

- **Einrichtung** z. B. Möbel, Teppiche, Gardinen, Bilder;
- **Gebrauchsgüter** z. B. Geschirr, Besteck, Bettzeug, Bücher, elektrische Haushaltsgeräte, Foto- und optische Geräte, Musikanlagen;
- **Verbrauchsgüter** z. B. Nahrungs- und Genussmittel;
- **Bargeld, Wertsachen** z. B. Schmuck, Pelze.

Zum Hausrat zählen auch alle Sachen, die im Haushalt aufbewahrt und nur noch gelegentlich oder außerhalb der Wohnung genutzt werden.

Beispiele:

- Aussortierte funktionstüchtige Musikanlage in dem zur Wohnung gehörenden Kellerraum
- Campingausrüstung in dem zur Wohnung gehörenden Abstellraum
- Fahrrad, das in der Garage auf dem Wohnungsgrundstück abgestellt ist

§ 6 Nr. 4
Elektronisch gespeicherte Daten und Programme sind keine Sachen nach VHB 2014.

Nicht zum Hausrat zählen Gebäudebestandteile, soweit sie nicht ausdrücklich in den Versicherungsschutz eingeschlossen sind (siehe weiter unten).

➤ Entschädigungsgrenzen für Wertsachen

Für Wertsachen gelten Entschädigungsgrenzen.

§ 14 Nr. 2 (a)
Insgesamt ist die Entschädigung je Versicherungsfall für Wertsachen auf 20 % der VS begrenzt (**prozentuale Entschädigungsgrenze**).

Nr. 2 (b)
Zusätzlich ist die Entschädigung begrenzt für folgende Wertsachen außerhalb eines anerkannten Wertschutzschrankes (**betragsmäßig bestimmte Entschädigungsgrenzen**):

- für Bargeld, auf Geldkarten geladene Beträge auf 1 500,00 €
- für Urkunden, Sparbücher und sonstige Wertpapiere auf 3 000,00 €
- für Schmucksachen, Edelsteine, Perlen, Briefmarken, Telefonkartensammlungen, Münzen und Medaillen sowie alle Sachen aus Gold oder Platin auf 20 000,00 €

§ 6 Nr. 4 (f)
Existiert für Schmucksachen, Pelze, Kunstgegenstände, Musikinstrumente, bestimmte Waffen im Privatbesitz eine besondere Versicherung (sog. **Valorenversicherung**), sind sie nicht in der Hausratversicherung versichert.

➤ Mitversicherte Sachen

Für folgende Sachen stellen die VHB 2014 klar, dass sie zum versicherten Hausrat gehören:

§ 6 Nr. 2 (c) (aa)

- **Alle in das Gebäude eingefügte Sachen, die der Versicherungsnehmer als Mieter oder Wohnungseigentümer auf seine Kosten beschafft oder übernommen hat und für die er die Gefahr trägt.**

Beispiele:

- Der Wohnungseigentümer lässt im Badezimmer ein Bidet einbauen.
- Der Mieter lässt mit Zustimmung des Vermieters auf seine Gefahr und Kosten die Wohnzimmerdecke mit Holz vertäfeln.
- Der Mieter lässt mit Zustimmung des Vermieters auf seine Gefahr und Kosten einen passgenauen Einbauschrank durch eine Tischlerei fertigen und einbauen.

Bei Wohnungseigentum besteht üblicherweise eine Wohngebäudeversicherung, deren Prämie die Eigentümergemeinschaft anteilig nach dem Miteigentumsanteil aufbringt. Fügt nun ein Wohnungseigentümer Sachen, die zu den versicherten Sachen nach den VGB 2014 zählen, in seine Wohnung ein, müsste die VS entsprechend erhöht werden. Um die daraus folgende Prämienerhöhung, die alle Wohnungseigentümer treffen würde, zu vermeiden, sind solche Sachen in der Hausratversicherung und nicht in der Wohngebäudeversicherung versichert. Der Wohnungseigentümer (und auch ein Mieter, der solche Sachen einfügt), muss ggf. die VS seiner Hausratversicherung erhöhen.

Einbaumöbel (Einbauküchen, Einbauschränke usw.), die passgenau gefertigt sind, werden durch den Einbau infolge der dabei entstehenden festen Verbindung mit dem Gebäude zu Gebäudebestandteilen. Normalerweise zählen sie damit zu den versicherten Sachen nach VGB 2014, wenn sie nicht, wie in den obigen Beispielen, unter den Versicherungsschutz nach VHB 2014 fallen.

- **Serienmäßig produzierte Anbaumöbel und Anbauküchen** VHB 2014 § 6 Nr. 2 (c) (bb)

Beispiele:

Der VN plant mithilfe des Küchenkatalogs und der zugehörigen Planungssoftware eines schwedischen Möbelherstellers seine neue Einbauküche, kauft dann die Teile und baut die Küche selber auf. Bei der Frage nach dem Versicherungsschutz klärt ihn sein Versicherungsvertreter darüber auf, dass es sich bei dieser Einbauküche um eine sog. Anbauküche nach den VHB 2014 handelt, die als mitversicherte Sache gilt. »Die von Möbelhäusern oder Küchenstudios angebotenen Einbauküchen sind meistens Anbauküchen nach VHB 2014«, bemerkt er hierzu noch.

Eine Vielzahl der in Haushalten anzutreffenden Küchen, Schrankwände, Raumteiler udgl. sind in den Räumen des Gebäudes eingebaut. Wurden als Einbauteile serienmäßig produzierte Elemente verwendet, handelt es sich nach den VHB 2014 nicht um Gebäudebestandteile sondern Hausrat, auch wenn ein gewisser Einbauaufwand zur Anpassung an die Gebäudeverhältnisse erforderlich war. Diese Teile sind nämlich nicht individuell nach den Raumverhältnissen gefertigt sondern nur individuell kombiniert worden und werden deshalb von den VHB 2014 auch nur als **Anbaumöbel** bzw. **Anbauküchen** bezeichnet.

Bei der Ermittlung der VS ist der Wert solcher Anbaumöbel/-küchen zu berücksichtigen. Sind die Teile jedoch speziell für den jeweiligen Raum geplant, gefertigt und fest eingebaut worden (sog. **Einbaumöbel**), gelten sie als Gebäudebestandteile und zählen zu den versicherten Sachen der Gebäudeversicherung (vgl. B 2.1.2).

- **Privat genutzte Antennenanlagen und Markisen** § 6 Nr. 2 (c) (cc)

  Sie müssen sich auf dem Grundstück befinden, auf dem die versicherte Wohnung liegt und dürfen nur der versicherten Wohnung dienen (sog. **private Nutzung**).

Nach dieser Definition sind Gemeinschaftsantennen sowie Antennen und Markisen zu gewerblichen Zwecken nicht versichert.

Im Zusammenhang mit dem Versicherungsschutz für Antennenanlagen und Markisen sind folgende Besonderheiten zu beachten:

VGB 2014 § 5 Nr. 2 (c)

(1) Antennenanlagen und Markisen zählen in der Wohngebäudeversicherung unter den dort genannten Voraussetzungen i. d. R. zum versicherten Zubehör (vgl. B 2.1.2). Ist der Wohnungsinhaber zugleich Eigentümer des bewohnten Hauses liegt eine Mehrfachversicherung für diese Sachen vor, wenn er eine Hausrat- und eine Wohngebäudeversicherung unterhält. In Band 3, Abschnitt D 4.2 zur Schaden- und Leistungsbearbeitung finden sich Einzelheiten zur Schadenregulierung bei einer Mehrfachversicherung.

§ 5 Nr. 3 b VHB 2014 § 6 Nr. 2 (c) (aa) Nr. 4 (b)

(2) Antennenanlagen und Markisen, die ein Mieter oder Wohnungseigentümer auf seine Kosten angebracht hat und für die er die Gefahr trägt, sind nur in der Hausrat- und nicht in der Wohngebäudeversicherung versichert.

(3) Antennenanlagen und Markisen, die der Hauseigentümer für den Mieter angebracht hat, sind nur in der Wohngebäudeversicherung versichert.

§ 6 Nr. 2 (c) (dd)

- **Fremdes Eigentum**

Fremdes Eigentum ist mitversichert, soweit es sich um Hausrat im Sinne der Versicherungsbedingungen handelt.

Hierzu zählen insbesondere das Eigentum von Familienangehörigen und sonstigen mit dem VN in häuslicher Gemeinschaft lebenden Personen, unter Eigentumsvorbehalt erworbene Sachen sowie gemietete oder geliehene Gegenstände.

Beispiel:

Der gemietete Media-Receiver zur Nutzung von Entertain wird durch Brand zerstört.

Nach dem Grundsatz »Fremdversicherung vor Außenversicherung« leistet der Hausrat-VR des VN für dieses Fremdeigentum.

Auch fremde Kleintiere, die z. B. aus Gefälligkeit gehütet werden, zählen zu den versicherten Sachen.

Sachen von Besuchern sind als fremdes Eigentum ebenfalls versichert. Die Hausratversicherung des Besuchers ist im Rahmen ihrer Außenversicherung jedoch zunächst eintrittspflichtig; denn es gilt hier ausnahmsweise der Grundsatz »Außenversicherung vor Fremdversicherung« (nähere Einzelheiten hierzu sind in Abschnitt A 2.4.2 Außenversicherung dargestellt).

Nicht versichert wäre hingegen fremdes Eigentum, das nur beim VN lagert und nicht seinem Haushalt dient.

Beispiel:

In der auf dem Wohnungsgrundstück befindlichen Garage des VN hat ein Nachbar mit Zustimmung des VN Teile seines Hausrats während der Renovierungsarbeiten abgestellt.

Sachen, die zu einem fremden Haushalt zählen und in keinen Zusammenhang zum Haushalt des VN gebracht werden können, fallen nach der Intention der VHB 2014 nicht unter die versicherten Sachen.

Zusammenfassend bleibt festzuhalten, dass das fremde Eigentum an einer Sache bzw. einem Haustier im Sinne der Definitionen nach § 6 Nr. 2 VHB 2014 bestehen muss, um versichert zu sein.

- **Selbstfahrende Krankenfahrstühle, Rasenmäher, Gokarts, Modell- und Spielfahrzeuge, soweit diese nicht versicherungspflichtig sind** VHB 2014 § 6 Nr. 2 (c) (ee)

  Für diese Fahrzeuge wird eine spezielle Kaskoversicherung nicht angeboten, so dass die Hausratversicherung zumindest im Rahmen der dort versicherten Gefahren Deckung bietet.

  Beispiel:
  Wird das Schnittmesser des Aufsitzrasenmähers beim Überfahren einer herausragenden Baumwurzel zerstört besteht kein Versicherungsschutz. Gerät der Aufsitzrasenmäher infolge eines Kurzschlusses jedoch in Brand, leistet die Hausratversicherung, da Brand eine versicherte Gefahr ist.

  Die im Fachhandel für private Zwecke angebotenen Aufsitzrasenmäher (teilweise auch Aufsitztraktoren genannt) sind regelmäßig keine zulassungspflichtigen Arbeitsmaschinen (Kraftfahrzeuge). Als Kfz würden sie nicht unter den Versicherungsschutz fallen. Nr. 4 (c)

- **Kanus, Ruder-, Falt- und Schlauchboote einschließlich ihrer Motoren sowie Surfgeräte, Fall-/Gleitschirme und nicht motorisierte Flugdrachen** Nr. 2 (c) (ff) (gg)

  Es zählen nur diese in den VHB 2014 genannten Wasser- und Luftfahrzeuge zu den versicherten Sachen der Hausratversicherung. Ein Segelboot oder ein Katamaran sind demzufolge nicht versichert.

- **Arbeitsgeräte und Einrichtungsgegenstände – nicht aber Handelsware und Musterkollektionen –, die dem Beruf oder dem Gewerbe des Versicherungsnehmers oder einer mit ihm in häuslicher Gemeinschaft lebenden Person dienen.** Nr. 2 (c) (hh)

  Sie sind dann versichert, wenn sie sich in Räumen der Wohnung befinden, die **nicht** ausschließlich beruflich oder gewerblich genutzt werden. Handelsware und Musterkollektionen sind grundsätzlich nicht versichert.

  Beispiele:
  - Gegenstände einer Arztpraxis in einem gemischt genutzten Wohnhaus sind in den Privaträumen versichert, nicht aber in den Praxisräumen, da sie dann zum Gegenstand der Geschäfts-Inhaltsversicherung gehören.
  - Das Arbeitszimmer eines Lehrers wird zwar überwiegend, aber nicht ausschließlich beruflich genutzt, sodass es versicherungsrechtlich zur Wohnung zählt und der Inhalt (z. B. PC, Fachbücher, Musikinstrument) versichert ist.

- **Haustiere** Nr. 2 (c) (ii)

  Versichert sind artgerecht in Wohnungen gehaltene Tiere (Haustiere), z. B. Hunde, Katzen, Vögel, wenn diese durch eine der versicherten Gefahren zu Schaden kommen.

  Da die Aufzählung in den VHB 2014 nur beispielhaft ist, zählen auch exotische Tiere (z. B. Schlange im Terrarium) zu den Haustieren, wenn sie artgerecht in Wohnungen gehalten werden. Zu privaten Zwecken genutzten Räumen in Nebengebäuden auf dem Grundstück der versicherten Wohnung gehören ebenfalls zur Wohnung, so dass darin gehaltene Haustiere (z. B. Hunde in Hundezwingern, Kaninchen in Ställen) dort auch versichert sind (vgl. A 2.4.1).

2.1.3 Nicht versicherte Sachen

		Beispiele/Hinweise:
VHB 2014 § 6 Nr. 4 (a)	– Gebäudebestandteile	– Durch einen Zimmerbrand in der Mietwohnung werden infolge der Hitze das Fenster, die Zimmertür, die Zimmerdecke sowie der vom Vermieter eingebrachte Parkettfußboden angesengt. Versicherungsschutz bietet hier die Wohngebäudeversicherung des Hauseigentümers (Vermieters). Ausnahmen: Sachen gem. § 6 Nr. 2 (c) (aa) VHB 2014
Nr. 4 (b)	– Sachen, die der Gebäudeeigentümer auf seine Gefahr einbringt – Sachen, die ein Mieter bzw. Wohnungseigentümer ersetzt	– Der Gebäudeeigentümer lässt ein Gäste-WC in die Mietwohnung einbauen. – Der Mieter tauscht das vom Vermieter eingebrachte Standardwaschbecken gegen ein Design-Waschbecken aus. – Der neue Wohnungseigentümer ersetzt nach dem Wohnungskauf den eingeklebten Teppichboden durch Parkett. Versicherungsschutz bietet hier weiterhin die Wohngebäudeversicherung, die ggf. angepasst werden sollte, wenn versicherte Sachen durch höherwertige Sachen **ersetzt** werden.
Nr. 4 (c)	– Kraftfahrzeuge aller Art und deren Anhänger; Teile und Zubehör von Kfz und Anhängern	– In der zur Wohnung gehörenden Garage wird eingebrochen und das dort abgestellte Mofa des VN entwendet. Ausnahme: motorgetriebene Sachen gem. § 6 Nr. 2 (c) (ee) VHB 2014
Nr. 4 (d)	– Luft- und Wasserfahrzeuge	– Segelflugzeuge, Motorboote, Segelboote Ausnahmen: Sachen gem. § 6 Nr. 2 (c) (ff) und (gg) VHB 2014
Nr. 4 (e)	– Hausrat von Untermietern	– Der Fotoapparat des Untermieters wird durch Löschwasser nach einem Brand zerstört. Ausnahme: Hausrat, der vom VN überlassen wurde
Nr. 4 (f)	– Sachen, für die eine Valorenversicherung besteht	– Schmucksachen, Pelze, Kunstgegenstände, Musikinstrumente, Jagd- und Sportwaffen im Privatbesitz

Hinweis:

In Band 3, Abschnitt 2.5 zur Schaden- und Leistungsbearbeitung, findet sich u. a. eine detaillierte Abgrenzung zur Leistungspflicht von Wohngebäude- und Hausratversicherung sowie Hinweise und Verbandsempfehlungen zur Schadenregulierung beim Zusammentreffen der beiden genannten Versicherungen.

Lernkontrollen zu A 2.1

Versicherte Sachen

1 Prüfen Sie, ob die folgenden Sachen
1 – zu den versicherten Sachen nach § 6 Nr. 1 und Nr. 2 VHB 2014,
2 – zu den nicht versicherten Sachen nach § 6 Nr. 4 VHB 2014
zählen.

a) Segelboot in der an das Einfamilienhaus angebauten Doppelgarage
b) Gemeinschaftsantenne auf dem Dach eines Mietshauses
c) Satellitenschüssel, die der Mieter auf seinem Balkon angebracht hat
d) Fachbücher eines Rechtsanwaltes, die im Wohnzimmer abgestellt sind
e) Küchentisch, der vom Schreiner farblich passend zur Einbauküche gefertigt wurde
f) Doppelwaschtisch, mit dem der Mieter den vorhandenen Einzelwaschtisch austauscht
g) Campingausrüstung auf dem Schlafzimmerschrank
h) Geliehener Videorecorder
i) Kanarienvogel des Nachbarn, den der VN aus Gefälligkeit hütet
j) Unter Eigentumsvorbehalt gekaufter Fernsehapparat
k) Markise, die der VN nachträglich an der Terrasse seines Einfamilienhauses anbringen lässt
l) Bettwäsche im Kleiderschrank
m) Küchenzeile, die ein Schreiner exakt nach den Maßen der Küche gefertigt hat
n) Mofa des Sohnes in der abgeschlossenen Garage
o) Fest eingeklebter Teppichboden, den der Vermieter eingebracht hat
p) Schrankwand, die der Wohnungseigentümer anhand eines Möbelkataloges zusammengestellt und die nach Lieferung von Mitarbeitern des Möbelhaus aufgebaut wurde
q) Nutfräse, die der VN für Heimwerkerzwecke von seinem Arbeitgeber ausgeliehen hat
r) Parabolantenne, die der Vermieter für den Mieter auf dem Balkon der Mietwohnung angebracht hat
s) Verbandskasten und Autowerkzeug, die vorübergehend in der Wohnung abgelegt sind
t) Kleidungsstücke der Lebensgefährtin des VN, die bei ihm eingezogen ist
u) nicht versicherungspflichtiges Gokart des minderjährigen Sohnes
v) Handy, das der Arbeitgeber dem VN beruflich zur Verfügung stellt
w) Edle Weine, die der VN in seinem Weinkeller lagert
x) Geige eines Musiklehrers
y) Münzsammlung im Wohnzimmerschrank
z) Edelholzdecke, die der Mieter auf der verputzten Zimmerdecke auf eigene Kosten angebracht hat und für die er die Gefahr trägt

2

Der VN gibt an, dass er folgende Veränderungen in seiner gemieteten Penthousewohnung vorgenommen hat:

- Montage einer Markise auf dem Dachgarten
- Edelholzdecken im Wohnzimmer
- Ganzglastüren im Wohnbereich anstelle der einfachen Holztüren
- hochwertige Sanitäreinrichtungen mit Marmorverkleidung im Bad anstelle der Standardbadeinrichtung mit Einfachfliesen
- drehbare Antennenanlage statt Anschluss an die vorhandene Gemeinschaftsantenne

Fragestellungen

a) Der VN wünscht Ihre Beratung, inwieweit die Sachen über die Hausratversicherung versichert sind.

b) Fallvariation: Wie ist der Versicherungsschutz zu beurteilen, wenn es sich bei der Penthousewohnung nicht um eine Mietwohnung, sondern um eine Eigentumswohnung handeln würde?

3 In den zur Wohnung gehörenden Kellerraum wird eingebrochen. Folgende Teile wurden gestohlen:

a1) Reisekoffer

a2) Beifahrersitz des Autos, der dort vorübergehend zwischengelagert wurde

a4) Auto-Verbandskasten

a5) funktionsfähiger, aber nicht mehr im Einsatz befindlicher Tintenstrahldrucker

a6) Musterkollektion, die der VN als Handelsvertreter benötigt

Prüfen Sie, ob diese Sachen in der Hausratversicherung des VN versichert sind.

4 Mit dem Einverständnis seines Vermieters plant der VN den Um- und Ausbau sowie die Renovierung des gemieteten Einfamilienhauses auf seine Kosten. Er will wissen, ob für die neuen Sachen Versicherungsschutz in der Hausratversicherung besteht.

a) Im Wohnzimmer soll auf den vorhandenen aber verschlissenen Parkettboden mit Klebestreifen ein hochwertiger Teppichboden verlegt werden.

b) In der Küche soll der PVC-Boden herausgenommen und dafür ein Fliesenboden eingebracht werden.

c) Die vom Mieter eingebrachte alte Küche soll durch eine maßgefertigte Einbauküche ersetzt werden.

d) Im Bad werden die Sanitärobjekte durch höherwertige Objekte ersetzt.

e) Ferner soll im Bad eine Dusche eingebaut werden.

f) Als Wind- und Wetterschutz soll über und neben der Haustür eine Verglasung angebracht werden.

g) Im Garten möchte der VN ein fest verankertes, abschließbares Gartenhaus aufstellen, um die bisher in der Garage gelagerten Gartengeräte dort abstellen zu können.

h) In dem geplanten Gartenhaus ist auch ein Kaninchenstall für das Kaninchen der Tochter des VN vorgesehen.

2.2 Versicherte Gefahren und Schäden

Versicherte Gefahren

• Brand • Blitzschlag • Explosion • Implosion • Anprall oder Absturz eines Luftfahrzeuges, seiner Teile oder seiner Ladung	• Einbruchdiebstahl • Vandalismus nach einem Einbruch • Raub	• Leitungswasser • Wasserdampf • bestimmte Flüssigkeiten (z. B. Sole)	• Naturgefahren – Sturm – Hagel – Weitere Elementargefahren, sofern gesondert vereinbart

Versicherte Schäden

• Schäden durch Gefahreneinwirkung: – Zerstörung – Beschädigung • Unvermeidliche Folgeschäden • Abhandenkommen infolge Gefahreneintritt	• Frostbedingte und sonstige Bruchschäden an bestimmten Rohren • Frostbedingte Bruchschäden an bestimmten Installationen Anm.: Nässeschäden entstehen dagegen regelmäßig durch die unmittelbare Einwirkung der Gefahr Leitungswasser.

Ein versicherter Schaden tritt in der Hausratversicherung ein, wenn versicherte Sachen durch eine der versicherten Gefahren **zerstört** oder **beschädigt** werden oder infolge eines solchen Ereignisses **abhanden kommen** (Versicherungsfall).

Jeder **adäquate Kausalzusammenhang** zwischen der unmittelbaren Gefahreneinwirkung **(Ursache)** und dem Schadenereignis **(Folge)** stellt danach einen Versicherungsfall in der Hausratversicherung dar. Dies gilt auch für die Schäden, die die adäquate Folge des Einwirkungsschadens sind (Folgeschäden).

Beispiel:

Bei einem Zimmerbrand in einem Mehrfamilienhaus sind u. a. Möbel beschädigt sowie die Gardinen zerstört worden (Einwirkungsschaden).

Ruß und Rauch haben die Möbel in den anderen Räumen beschädigt (Folgeschaden).

Ein Sessel, der während der Löscharbeiten herausgetragen worden war, ist versehentlich mit dem Brandschutt abtransportiert worden (Abhandenkommen).

Ob eine **Zerstörung** oder **Beschädigung** vorliegt, richtet sich nach wirtschaftlichen Gesichtspunkten.

Eine **Zerstörung** liegt vor, wenn die Sache technisch unbrauchbar geworden oder eine Reparatur wirtschaftlich nicht mehr zu vertreten ist (technischer oder wirtschaftlicher Totalschaden). Ist die Reparatur möglich und wirtschaftlich zu vertreten, liegt eine **Beschädigung** vor. Für die Unterscheidung sind also nicht nur technische, sondern auch wirtschaftliche Gesichtspunkte maßgebend.

Rohrbruch und **frostbedingte Bruchschäden** sind nicht Schadensursache, sondern zugleich auch Schaden (sog. **Bruchschäden** lt. VHB 2014). Als Folge kann Leitungswasser bestimmungswidrig austreten und versicherte Sachen beschädigen oder zerstören (**Nässeschäden** nach § 4 Nr. 2 VHB 2014). Der Bruchschaden nach § 4 Nr. 1 VHB 2014 ist in diesem Zusammenhang noch einmal als eigenständiger Schaden anzusehen. Er ist üblicherweise Gegenstand der Wohngebäudeversicherung (vgl. B 2.2.2), ist aber unter bestimmten Voraussetzungen auch durch die Hausratversicherung gedeckt (vgl. A 2.2.6 a).

2.2.1 Brand

VHB 2014 § 2 Nr. 2

»Brand ist ein Feuer, das ohne einen bestimmungsgemäßen Herd entstanden ist oder ihn verlassen hat und das sich aus eigener Kraft auszubreiten vermag.«

Ein versicherter Brand ist durch folgende Begriffsmerkmale gekennzeichnet:

➤ Feuer

Ein Feuer ist ein Verbrennungsvorgang mit **Lichterscheinung,** wobei die Lichterscheinung durch eine offene Flamme, Glühen oder Glimmen erzeugt wird. Fehlt es trotz eines Verbrennungsvorgangs an der Lichterscheinung, wie beispielsweise bei der Fermentation (Vergärung, Verkohlung) von Heu, liegt kein versicherter Brand vor.

➤ Entstehungsart

Vom versicherten Brand wird eine bestimmte **Entstehungsart** gefordert, d.h. er muss ohne einen bestimmungsgemäßen Herd entstanden sein oder ihn verlassen haben.

Ein bestimmungsgemäßer Herd ist eine Sache oder Anlage, deren Zweck darin besteht, Feuer zu erzeugen oder aufzunehmen. Beispiele: Kerze, Streichholz, Feuerungsanlage des Ofens.

① **Entstehen ohne bestimmungsgemäßen Herd**

Wird ein Feuer ohne das Zutun einer dazu befugten Person entfacht, liegt nach der Entstehungsart ein Feuer ohne bestimmungsgemäßen Herd vor.

Beispiele:

- Feuer als Folge eines Blitzschlages, einer Selbstentzündung, eines Kurzschlusses
- Feuer als Folge einer Brandstiftung

② **Verlassen des bestimmungsgemäßen Herdes**

Überschreitet das Feuer die räumlichen Grenzen seines Herdes, hat es nach dem Brandbegriff seinen bestimmungsgemäßen Herd verlassen.

Beispiele:

- Eine umgefallene brennende Kerze setzt eine Tischdecke in Flammen.
- Brennende Holzstücke fallen aus dem offenen Kamin.

Ausbreitungsfähigkeit

Das Feuer muss eine bestimmte **Wirkungsmöglichkeit** aufweisen, d.h. eine gewisse Intensität besitzen, um sich aus eigener Kraft – also ohne zusätzlichen Zündstoff oder neue Wärme – an dem berührten Gegenstand auszubreiten. Das ist dann nicht der Fall, wenn der von einem Feuer an einer Sache eingeleitete Verbrennungsprozess sich auf die Stelle der unmittelbaren Einwirkung beschränkt und nicht darüber hinausgreift.

Beispiel:
Schaden am Teppich in Größe einer Fingerkuppe nach Funkenflug aus dem offenen Wohnzimmerkamin.

Der VN hat zu beweisen, dass ein Feuer fähig war, sich aus eigener Kraft auszubreiten. Die Eigendynamik des Feuers ist Voraussetzung für die Ersatzpflicht des Versicherers.

Sengschäden

Reine Sengschäden fallen damit nicht unter den Brandbegriff, da keine Ausbreitung des Feuers aus eigener Kraft vorliegt. Zur Klarstellung werden sie in den VHB 2014 auch ausdrücklich als nicht versicherte Schäden benannt. VHB 2014 § 2 Nr. 6 S. 1 (b)

Seng-, Ruß- und Rauchschäden als Folge eines Brandes sind jedoch versichert. § 2 Nr. 6 S. 2

Beispiele:

1. Durch eine umgefallene brennende Kerze gerät die Tischdekoration in Brand. Die dabei entstehende Hitze versengt eine Gardine.
2. In der Nachbarwohnung bricht ein Feuer aus. Ruß und Rauch gelangen über ein Abluftrohr in die Wohnung des VN und beschädigen den Hausrat.

In beiden Fällen hat sich die versicherte Gefahr Brand mit daraus folgenden Schäden realisiert. Es kommt nicht darauf an, wo der Brand entstanden ist. Der Versicherer, der die Sachen versichert hat, ist eintrittspflichtig.

Besonderheiten: Betriebsschäden

Brandschäden durch Nutzfeuer und Nutzwärme sind nach den VHB 2014 versichert, da sie nicht ausdrücklich ausgeschlossen werden.

Der Brandbegriff muss allerdings für den Schadenersatz erfüllt sein, sodass reine Sengschäden nicht hierunter fallen.

Beispiel:
Wäsche ist über einer Herdplatte zum Trocknen aufgehängt worden. Mehrere Wäschestücke fallen infolge eines Durchzuges von der Leine. Einige Teile geraten in Brand, andere Teile werden von der Hitze der Herdplatte angesengt.
Die verbrannten Teile wären versichert, die nur angesengten hingegen nicht.

Es bleibt in jedem Falle zu prüfen, ob die Versicherungsleistung wegen grober Fahrlässigkeit gekürzt werden kann (vgl. A 5.2.7).

2.2.2 Blitzschlag

VHB 2014
§ 2 Nr. 3
S. 1

»Blitzschlag ist der unmittelbare Übergang eines Blitzes auf Sachen.«

Der Blitz ist ein Naturereignis, das aus einer unterschiedlichen elektrischen Aufladung zwischen Gewitterwolken oder zwischen Wolken und Erde entsteht.

Nach den Erkenntnissen der Wissenschaft gilt als gesichert, dass Wolkenpartien mit positiver und negativer Raumladung durch Aufwind oder Schwerkraft voneinander getrennt werden, wobei eine Spannungsdifferenz zwischen zwei Polen entsteht. Ihr Ausgleich erfolgt meist direkt zwischen den Wolken (sog. Wetterleuchten) und seltener zwischen Wolken und Erde.

Geht der Blitz bei seinem Ausgleich mit der Erde unmittelbar auf eine Sache über, liegt ein **Blitzschlag** im Sinne der Versicherungsbedingungen vor.

➤ Zündender Blitz

Beim Durchgang des Blitzes durch eine Sache entsteht Wärme. Wird dabei die Zündtemperatur des betroffenen Materials erreicht, kann es zu einem Brand kommen, der nach den Versicherungsbedingungen ohnehin Gegenstand der Versicherung ist.

Beispiel:
Der Blitz schlägt in den hölzernen Dachstuhl ein und entzündet die Dachgeschosswohnung. Es liegt ein Brand vor, der ohne bestimmungsgemäßen Herd entstanden ist.

➤ Kalter Schlag

Schlägt der Blitz ein, führt die beim Durchgang des Blitzes entstehende Wärme zur Verdampfung des in der betroffenen Sache enthaltenen Wassers. Es entsteht eine Volumenvergrößerung, die sich als Luftdruck auswirkt und das Gebäude beschädigen kann, auch ohne dass es zur Zündung kommt (kalter Schlag).

Beispiel:
Durch den enormen Luftdruck, der infolge der Wasserverdampfung entsteht, reißt eine Gebäudewand, wodurch Hausrat beschädigt wird.

➤ Folgeschäden durch Blitzschlag

Versichert sind alle Schäden, die der **Blitzschlag** adäquat kausal (erfahrungsgemäß und ursächlich) an den versicherten Sachen herbeigeführt hat. Hierzu zählen auch die Folgeschäden. Der **Blitz** selber kann also eine andere Sache treffen.

Zu den Folgeschäden durch Blitz zählen insbesondere **Luftdruckschäden** und **Sengschäden**.

Um den Blitzkanal wird die Luft schlagartig auf bis zu 30 000 Grad Celsius erhitzt. Dies führt zu einer explosionsartigen Ausdehnung der Luft, die als Donnerknall wahrgenommen wird und zu Schäden führen kann (sog. **Luftdruckschäden**).

Beispiel:
Der Blitz schlägt in einen Baum auf dem Versicherungsgrundstück ein. Infolge des dabei entstehenden Luftdrucks platzen Fensterscheiben und beschädigen die dahinter befindlichen Gardinen.

Auch **Sengschäden** infolge eines Blitzschlages sind versichert.

Beispiel:

Der Blitz schlägt in die Dachrinne ein und hinterlässt Sengspuren an der Markise auf dem Balkon, die unter der Dachrinne angebracht ist.

➤ Überspannungs-, Überstrom- oder Kurzschlussschäden

»Überspannungs-, Überstrom- oder Kurzschlussschäden an elektrischen Einrichtungen und Geräten sind nur versichert, wenn an Sachen auf dem Grundstück, auf dem der Versicherungsort liegt, durch Blitzschlag Schäden anderer Art entstanden sind. Spuren eines Blitzschlags an diesem Grundstück, an dort befindlichen Antennen oder anderen Sachen als elektrischen Einrichtungen und Geräten gelten auch als Schäden anderer Art.«

VHB 2014 § 2 Nr. 3 S. 2 u. S. 3

Geht der Blitz auf elektrische Leitungen über, kommt es zur Überspannung. Als Folge können Überspannungs-, Überstrom- oder Kurzschlussschäden an elektrischen Einrichtungen, z. B. Lampen, Kühlschrank, Fernsehgeräte, Personalcomputer, entstehen.

Im Rahmen der Verbundenen Hausratversicherung besteht für diese Schäden nur dann Versicherungsschutz, wenn der VN auch **Schäden anderer Art auf dem Grundstück, auf dem der Versicherungsort liegt, durch Blitzschlag** nachweisen kann.

Beispiele:

1. Der Blitz schlägt in den Anbau des Mietshauses, in dessen Haupthaus der VN seine Wohnung hat, ein. Der Dachstuhl wird erheblich beschädigt. Nach dem Blitzeinschlag ist der Fernsehapparat des VN nicht mehr funktionsfähig.
2. Während der Abwesenheit des Gebäudebesitzers schlägt ein Blitz in das Gebäude, in dem der Versicherungsort liegt, ein. Es kommt durch herausspringende Sicherungen zu einem Stromausfall, wodurch der Inhalt der Tiefkühltruhe auftaut und verdirbt.

Im **Beispiel 1** ist nach dem Beweis des ersten Anscheins (prima-facie-Beweis) davon auszugehen, dass durch den Blitzeinschlag in das Gebäude auf dem Grundstück, auf dem der Versicherungsort liegt, eine Überspannung im Stromnetz entstand, die für den Schaden ursächlich ist.

Der VR wird leisten, wenn nicht grundsätzlich Zweifel bestehen, ob das Fernsehgerät zuvor noch funktionsfähig war. Schäden durch Blitz an elektrischen Einrichtungen weisen typische Merkmale auf, die ein Sachverständiger feststellen kann.

Im **Beispiel 2** wird der VR ebenfalls leisten müssen, obgleich die Tiefkühltruhe durch den Blitz nicht beschädigt wurde; denn der Blitz hat zunächst eine Sache auf dem Grundstück, auf dem der Versicherungsort liegt, getroffen, woraus der nachfolgende Schaden kausal entstanden ist (Folgeschaden eines Blitzes).

Ausgeschlossen durch die Formulierung in den VHB 2014 sind alle Schäden, die durch Fernwirkung von Blitzschlägen (Blitzstromwanderwellen, Induktion) oder Blitz (Influenz, atmosphärische Elektrizität) entstehen, ohne dass andere Sachen auf dem Grundstück des Versicherungsortes geschädigt werden. Wäre der Blitz in Beispiel 2 in das Gebäude auf dem Nachbargrundstück eingeschlagen, bestünde kein Versicherungsschutz.

Induktionsschäden werden über elektrische Leiter, Influenzschäden durch elektrische Spannungsfelder eines vorbeiziehenden Gewitters, also ohne elektrische Leiter, verursacht.

Durch Vereinbarung der **Klausel PK 7111** kann der Versicherungsschutz auf Schäden an elektrischen Einrichtungen infolge eines Blitzes oder atmosphärisch bedingter Elektrizität erweitert werden, ohne dass eine Schädigung anderer Sachen auf dem Grundstück des Versicherungsortes vorliegen muss (vgl. A 2.6).

2.2.3 Explosion, Implosion

➤ Explosion

VHB 2014 § 2 Nr. 4

»Explosion ist eine auf dem Ausdehnungsbestreben von Gasen oder Dämpfen beruhende, plötzlich verlaufende Kraftäußerung.«

Zu unterscheiden sind: **Substanzexplosion – Behälterexplosion**

Beispiele:

1. Erdgas strömt durch eine fehlerhafte Dichtung in kleinen Mengen aus der Gasversorgungsleitung. Es sammelt sich im Kellerbereich zu einem entzündbaren Gemisch und wird durch einen Funken gezündet, der die Gasexplosion bewirkt.
2. Komprimierte Gase in einer Sprayflasche führen zu einem Überdruck. Die Wandung des Behälters hält nicht mehr stand, und die Spraydose explodiert.

In **Beispiel 1** handelt es sich um eine **Substanzexplosion,** bei der eine chemische Verbindung von Gasen und Luft sich entzündet und rasant verbrennt. Der ausgelöste Verbrennungsvorgang erzeugt eine Druckwelle, die als Explosion erlebt wird.

Im **Beispiel 2** liegt eine **Behälterexplosion** vor. Durch Überdruck infolge Ausdehnungsbestrebens von Gasen oder Dämpfen kann die Wandung eines Behälters reißen. Der darauf folgende Ausgleich des Druckunterschiedes wirkt sich als Explosion aus.

Explosionen von Spraydosen, Einmachgläsern, Saft- und Weinflaschen sind typische Beispiele für Behälterexplosionen im privaten Bereich.

➤ Das Merkmal der **Plötzlichkeit** ist gegeben, wenn Beginn und Ende der Kraftäußerung mit den Sinnesorganen nicht getrennt wahrgenommen werden können.

Nicht versichert sind sog. **Scheinexplosionen**.

Beispiel:

Eine Bierflasche, die für eine rasche Kühlung in den Tiefkühlschrank gelegt und dann vergessen wurde, zerplatzt explosionsartig durch die Kälteeinwirkung.

Es liegt kein Ausdehnungsbestreben von Gasen oder Dämpfen vor, so dass sich der Ausschluss schon aus der Definition des Begriffes Explosion ergibt.

➤ Implosion

§ 2 Nr. 5

»Implosion ist ein plötzlicher, unvorhersehbarer Zusammenfall eines Hohlkörpers durch äußeren Überdruck infolge eines inneren Unterdruckes.«

Implosionen treten im privaten Bereich gelegentlich an älteren Fernsehbildröhren auf. Gerät der Fernsehapparat durch die Implosion in Brand, sind die dadurch entstehenden Hausratschäden jedoch als Brandschäden versichert.

2.2.4 Schäden durch Luftfahrzeuge

Versichert sind die Schäden an versicherten Sachen, die durch Anprall oder Absturz eines Luftfahrzeuges, seiner Teile oder seiner Ladung entstehen. VHB 2014 § 2 Nr. 1 (d)

Beispiele:

- Ein Düsenjäger stürzt in unmittelbarer Nähe eines Dorfes ab. Ein Triebwerk zerschlägt das Dach eines Wohnhauses. Der Hausrat in der Dachgeschosswohnung wird beschädigt bzw. zerstört.
- Ein Transportflugzeug verliert unmittelbar nach dem Start ein Rad. Es durchschlägt ein Garagentor und zerstört dort abgestellte Fahrräder.

Der VN bekommt die Schäden am Hausrat durch den Hausratversicherer und die Gebäudeschäden durch den Wohngebäudeversicherer ersetzt.

Luftfahrzeuge sind nach § 1 Nr. 2 Luftverkehrsgesetz u. a. auch Rettungsfallschirme, Flugmodelle, Luftsportgeräte.

Raumfahrzeuge, Raketen und ähnliche Flugkörper gelten als Luftfahrzeuge, solange sie sich im Luftraum befinden. Der Aufprall von Raketen oder aus dem Weltall abstürzenden Satelliten ist daher versichert.

Nicht gehaftet wird für Schäden, die durch den Sog von Düsenflugzeugen oder Durchbrechen der Schallmauer entstehen, da in einem derartigen Fall kein Aufprall eines Luftfahrzeuges vorliegt.

2.2.5 Einbruchdiebstahl, Vandalismus und Raub

a) Einbruchdiebstahl

Der Begriff »Einbruchdiebstahl« umfasst nach den VHB 2014 verschiedene Formen des Einbruchs. Alle dort beschriebenen Formen haben gemeinsam, dass für sie der **Grundsatz der Gebäudegebundenheit** gilt, denn es heißt in den Versicherungsbedingungen:

- ... in einen Raum eines Gebäudes einbricht ...
- ... in einem Raum eines Gebäudes ein Behältnis aufbricht ...
- ... aus einem verschlossenen Raum eines Gebäudes Sachen entwendet ...

Beispiele:

- Der Täter findet die Haustür eines Mehrfamilienhauses unverschlossen vor. Im Haus bricht er eine Wohnung auf.
- Der Täter bricht die Haustür eines Mehrfamilienhauses auf. Im Haus findet er eine Wohnung unverschlossen vor.

In beiden Fällen ist das Merkmal der Gebäudegebundenheit erfüllt. Beispiel 2 wäre aber dennoch kein versicherter Einbruchdiebstahl, da der Versicherungsort die Wohnung im Gebäude ist (vgl. A 2.4.1). Der Einbruch muss in einen Raum der Wohnung erfolgt sein. Wegen der offenen Wohnungstür findet hier kein versicherter Einbruch statt.

Als Raum ist jeder abgetrennte und allseitig umschlossene Teil eines Gebäudes anzusehen. Balkone und Veranden erfüllen diese Bedingung nicht, soweit sie nicht durch Verglasung geschlossen sind.

VHB 2014 § 6 Nr. 3 (b)

In den Bestimmungen zum Versicherungsort regeln die VHB 2014, dass u. a. auch Loggien, Balkone und an das Gebäude unmittelbar anschließende Terrassen zum Versicherungsort zählen. Dennoch besteht hier, anders als bei der versicherten Gefahr Feuer, regelmäßig kein Einbruchdiebstahl-Versicherungsschutz, da diese Anlagen keine Räume eines Gebäudes darstellen. Ein durch Ein- und Ausfahrtschranken gesichertes Parkhaus hingegen wird nach gängiger Rechtsauffassung als Gebäude und die Parkdecks als deren Räume angesehen.

§ 3 Nr. 2 (a)

➤ Einbruchdiebstahl durch Einbrechen, Einsteigen oder Eindringen mittels falscher Schlüssel oder anderer Werkzeuge

- **Einbrechen**

Einbrechen liegt vor, wenn der Täter Gewalt gegen Sachen ausübt, um die ihm entgegenstehenden Hindernisse zu beseitigen.

Beispiele:
Aufhebeln von Türen, Einschlagen von Fenstern, Aufbiegen von Gitterstäben.

- **Einsteigen**

Einsteigen liegt vor, wenn der Täter eine für den Zugang nicht vorgesehene Art und Weise der Fortbewegung wählt.

Beispiele:
Einsteigen mit Hilfe einer Leiter, Kriechen durch ein Kellerfenster, Sprung auf einen Balkon von einem Balkon des Nachbarhauses aus.

- **Eindringen mittels falscher Schlüssel oder mittels anderer Werkzeuge**

Ein Schlüssel ist falsch, wenn er zum Öffnen des Schlosses ohne Billigung der befugten Person angefertigt worden ist.

Andere Werkzeuge sind alle Werkzeuge, mit denen der Schließmechanismus überwunden werden soll, wie z. B. ein Dietrich, ein Haken.

§ 3 Nr. 2 (a) 2. Halbsatz

Der VN muss allerdings glaubhaft machen, dass der Täter den Schlüssel nachmachen konnte; denn nach den VHB 2014 gilt der Gebrauch eines falschen Schlüssels noch nicht als bewiesen, wenn feststeht, dass versicherte Sachen abhanden gekommen sind.

Beispiel:
Waren den Vormietern immer drei Schlüssel ausgehändigt und diese auch zurückgegeben worden, liegt die Vermutung nahe, dass ein Schlüssel während der Mietzeit nachgemacht worden sein könnte. Wurden nur zwei Schlüssel zurückgegeben, ist noch ein richtiger Schlüssel im Umlauf.

Im ersten Fall kann bei einem Schlüsseleinbruch mit großer Wahrscheinlichkeit auf die Verwendung eines falschen Schlüssels geschlossen werden, während im zweiten Fall kein falscher sondern vermutlich der richtiger Schlüssel verwendet wurde.

BGH 2007

Nach einem BGH-Urteil genügt der VN seiner Beweislast, wenn er Tatsachen vorträgt, die aufgrund der Lebenserfahrung mit hinreichender Wahrscheinlichkeit den Tathergang belegen.

➤ Aufbrechen eines Behältnisses

VHB 2014 § 3 Nr. 2 (b)

Beispiel:
Der Täter huscht in die offen stehende Erdgeschosswohnung, als der Wohnungsinhaber zum Briefkasten im Hausflur geht. In der Wohnung bricht er den verschlossenen Schreibtisch auf, entwendet daraus 500,00 € Bargeld. Aus einer Kassette, auf der der Schlüssel steckt, entwendet er Schmuck und verschwindet durch die Terrassentür.

Das Bargeld ist versichert, da ein Behältnis (hier: Schreibtisch) im Raum eines Gebäudes aufgebrochen wird. Der entwendete Schmuck ist dagegen nicht versichert, da kein Aufbrechen eines Behältnisses oder die Verwendung eines falschen Schlüssels vorliegt.

Das Aufbrechen eines Behältnisses ist Voraussetzung, um den Tathergang vom einfachen, nicht versicherten Diebstahl abzugrenzen. Der Gebrauch falscher Schlüssel oder anderer, nicht zum ordnungsgemäßen Öffnen bestimmte Werkzeuge wird in den VHB 2014 dem Aufbrechen gleichgestellt, wobei auch hier das Abhandenkommen von Sachen noch nicht die Verwendung eines falschen Schlüssels beweist.

➤ Einschleichen, Verborgenhalten

§ 3 Nr. 2 (c)

Diese Form des »Einbruchdiebstahls« liegt vor, wenn aus einem **verschlossenen** Raum eines Gebäudes Sachen weggenommen werden, nachdem sich der Dieb in das Gebäude eingeschlichen oder dort verborgen gehalten hatte.

Beispiel:
Ein im Treppenhaus lauernder Dieb huscht hinter dem Rücken eines betagten Wohnungsinhabers in dessen Wohnung, als dieser gerade die auf dem Flurboden liegende Zeitung hereinholen will. Er verbirgt sich hinter einem Vorhang und wartet eine günstige Gelegenheit ab, um Wertgegenstände zu entwenden und die Wohnung dann unbemerkt über die zugezogene (= verschlossene), aber nicht abgeschlossene Wohnungstür zu verlassen.

Die Voraussetzung »verschlossen« ist erfüllt, wenn man die Wohnungstür oder die Balkontür ins Schloss fallen lässt. Abschließen ist nicht erforderlich. Der Täter kann also die Wohnung verlassen, ohne ausbrechen zu müssen.

Es kommt nicht auf die Tatzeit an, sondern nur darauf, dass der Raum des Gebäudes **zum Zeitpunkt der Wegnahme** der Sachen **verschlossen** war.

➤ Räuberischer Diebstahl in einem Raum

§ 3 Nr. 2 (d)

Er liegt vor, wenn der Dieb bei einem Diebstahl in einem Raum angetroffen wird und dann Gewalt anwendet oder eine Gewalttat mit Gefahr für Leib und Leben androht, um im Besitz der gestohlenen Sachen zu bleiben.

Beispiel:
Beim vorweihnachtlichen Einkauf in einem Kaufhaus greift ein Dieb von hinten in die Handtasche einer Frau und zieht die Geldbörse heraus. Die Frau bemerkt den Vorgang und will den Dieb festhalten. Dieser stößt die Frau daraufhin um und entkommt mit dem Diebesgut in der Menschenmenge.

Die Entwendung der Geldbörse wäre als einfacher Diebstahl nicht versichert gewesen, wenn die Frau den Vorgang nicht bemerkt hätte. Erst die Gewalthandlung des Täters, um das entwendete Gut zu behalten, führt zum räuberischen Diebstahl und damit zum Versicherungsschutz. Hätte sich der Vorfall auf der Straße ereignet, ist zu prüfen, ob ein versicherter Raub nach § 3 Nr. 4 VHB 2014 vorliegt (vgl. A 2.2.5 c), da räuberischer Diebstahl nach den VHB 2014 nur in Räumen versichert ist.

➤ Verwendung richtiger Schlüssel (sog. »Schlüsselklausel«)

Es sind hierbei zu unterscheiden:

VHB 2014 § 3 Nr. 2 (e)

- **Eindringen in einen Raum des Gebäudes mit dem richtigen Schlüssel**

  Es besteht Versicherungsschutz, wenn der Täter den Schlüssel zuvor
  - durch Einbruchdiebstahl oder
  - durch Raub oder
  - Nr. 2 (f) durch **einfachen Diebstahl** ohne fahrlässiges Verhalten des berechtigten Besitzers (sog. »**erweiterte Schlüsselklausel**«)

  an sich gebracht hat.

Beispiele:

1. Der VN wird nachts auf der Straße von hinten angegriffen und beraubt. Die Täter entwenden die Geldbörse mit 100,00 € Inhalt und den Hausschlüssel. Aus dem in der Geldbörse befindlichen Personalausweis erfahren sie die Adresse des Opfers und dringen dann mit dem Hausschlüsel in die Wohnung ein, um weitere Wertsachen zu stehlen.
2. Der Schlüsselbesitzer wird abgelenkt und dabei gleichzeitig seine Geldbörse und der Schlüssel aus der Manteltasche entwendet. Mit dem richtigen Schlüssel gelangt der Dieb in die Wohnung und entwendet dort Sachen.

In Beispiel 1 dringen die Täter mit dem richtigen Schlüssel ein, den sie durch Raub erworben haben. Der Schaden (Geldbörse und Wertsachendiebstahl aus der Wohnung) ist versichert.

In Beispiel 2 liegt nur einfacher Diebstahl vor. Die Geldbörse ist daher nicht versichert, wohl aber der Wertsachendiebstahl, da mit dem richtigen Schlüssel in die Wohnung eingedrungen wurde und dem VN vermutlich kein fahrlässiges Verhalten nachgewiesen werden kann.

Wäre der Schlüssel aus dem abgestellten Auto oder aus dem Mantel an der Garderobe entwendet worden, läge ein fahrlässiges Verhalten des Besitzers vor.

§ 3 Nr. 2 (e)

- **Öffnen eines Behältnisses in einem Raum eines Gebäudes mit dem richtigen Schlüssel**

  Es besteht Versicherungsschutz, wenn der Täter den Schlüssel zuvor
  - durch Einbruchdiebstahl oder
  - durch Raub

  an sich gebracht hat.

Wird der richtige Schlüssel aus dem auf der Straße abgestellten und abgeschlossenen Auto entwendet, besteht kein Versicherungsschutz, da es an einem Einbruchdiebstahl in den Raum eines Gebäudes oder in ein Behältnis innerhalb des Raumes fehlt. Ferner wird sich der VN grobe Fahrlässigkeit vorhalten lassen müssen.

Exkurs: Fahrraddiebstahl

Fahrräder zählen zum Sachinbegriff Gesamter Hausrat, sodass sie am Versicherungsort (Wohnung) den gleichen Versicherungsschutz wie der übrige Hausrat genießen.

Der Verlust eines Fahrrades erfolgt jedoch in den meisten Fällen durch einfachen Diebstahl außerhalb der Wohnung, z. B. vor der Schule oder dem Schwimmbad. Dieses Risiko ist den VHB 2014 nicht versichert, kann jedoch nach Maßgabe der Klausel PK 7110 gegen Prämienzuschlag versichert werden (vgl. A 2.6). Klausel PK 7110

b) Vandalismus

Vandalismus liegt vor, wenn der Täter durch VHB 2014 § 3 Nr. 3

- Einbrechen, Einsteigen oder Eindringen gem. § 3 Nr. 2 (a) VHB 2014 oder
- Verwendung richtiger Schlüssel gem. § 3 Nr. 2 (e) und 2 (f) VHB 2014

in den Versicherungsort gelangt und **vorsätzlich** dort **versicherte Sachen** zerstört oder beschädigt.

Vandalismus nach Einschleichen oder Verbergen fällt also nicht unter den Versicherungsschutz.

Der Vandalismusschaden muss sich innerhalb der Wohnung ereignen.

Beispiel:
Die Täter beschmieren zunächst den Hausflur des Mehrfamilienhauses mit Farbe (= nicht versichert). Nachdem sie mit einem falschen Schlüssel in die Wohnung des VN gelangt sind, fahren sie dort mit den Schmierereien an Decken und Wänden fort (= versichert).

Auch Gebäudebeschädigungen durch den Vandalismus sind **nur innerhalb der Wohnung** versichert (siehe auch A 2.5.1 g). § 8 (g)

Ein Vandalismusschaden außerhalb der Wohnung ist durch die VHB 2014 grundsätzlich nicht gedeckt. Das gilt auch für Vandalismusschäden nach erfolglosem Einbruchversuch in die Wohnung.

c) Raub

Raub liegt vor, wenn einer Person § 3 Nr. 4 (a)

- unter Anwendung von Gewalt oder
- unter Androhung von Gewalt für Leib und Leben oder
- unter Ausnutzung eines nicht widerstandsfähigen körperlichen Zustandes (z. B. Bewußtlosigkeit, Gebrechen), der unmittelbar vor der Wegnahme eingetreten sein muss,

Sachen weggenommen werden.

Beispiele:
- Der VN wird am Versicherungsort unter Androhung von Prügel aufgefordert, Bargeld und Handy herauszugeben.
- Die zu Besuch weilende Mutter des VN wird ohnmächtig, als der Räuber die Herausgabe ihrer Halskette verlangt.

Sachen von Personen, die sich mit Zustimmung des VN in der Wohnung aufhalten, sind mitversichert. § 3 Nr. 4 (b)

Keine Beraubung läge vor, wenn dem VN das Handy beim Telefonieren entrissen würde, da keine Gewalteinwirkung bzw. -androhung gegen eine Person stattfindet, um an das Handy zu gelangen.

Auch der Trickdiebstahl ist kein Raub, da es an der Gewalteinwirkung fehlt.

Beispiel:
Ein Unbekannter bietet dem VN an, ihn mit dessen Kamera vor einer Sehenswürdigkeit zu fotografieren. Der VN händigt dem Unbekannten daraufhin seine Kamera aus. Dieser läuft spontan mit der Kamera weg und taucht in der Menschenmenge unter.

➤ Raub am Versicherungsort

Die VHB 2014 grenzen den versicherten Personenkreis wie folgt ab, wenn sich der Raub in der Wohnung vollzieht:

VHB 2014 § 3 Nr. 4 (a), (b)

Versichert ist die Beraubung des VN und der mit seiner Zustimmung **in der Wohnung anwesenden** Personen.

§ 3 Nr. 4 (c)

Die hierbei entwendeten Sachen müssen am Tatort vorhanden gewesen, also z. B. nicht aufgrund einer Geiselnahme von außen herbeigeschafft worden sein. **Geiselnahme und Erpressung eines Lösegeldes fallen also nicht unter den versicherten Raub**.

Beispiel:
Ein Täter bricht in eine Wohnung ein und verlangt mit vorgehaltener Schusswaffe die Herausgabe des Schmuckes. Dem zu Besuch weilenden gebrechlichen Großvater wird die Armbanduhr abgenommen. Schließlich fordert der Täter noch die Herbeischaffung von Bargeld aus den angrenzenden Geschäftsräumen.

Schmuck und Armbanduhr wären versichert, da Ort der Gewaltanwendung und Ort der Wegnahme identisch sind. Das Bargeld aus den Geschäftsräumen ist nicht versichert.

➤ Raub außerhalb des Versicherungsortes (siehe auch A 2.4.2 Außenversicherung)

Nach den VHB 2014 ist der versicherte Personenkreis bei Raub außerhalb des Versicherungsortes wie folgt begrenzt:

§ 7 Nr. 3 (b)

Versichert sind der VN und die mit ihm am Versicherungsort in häuslicher Gemeinschaft lebenden Personen.

Der versicherte Personenkreis ist enger gefasst als beim Raub am Versicherungsort, wo auch die mit Zustimmung des VN anwesenden Personen versichert sind.

Vandalismus ist im Rahmen der Außenversicherung nicht mitversichert. Ansonsten entspricht der Umfang des Versicherungsschutzes den versicherten Gefahren und Schäden mit den jeweiligen Ausschlüssen.

Beispiel:
1. Der Sohn des VN und seine Freundin werden in der Ferienwohnung des VN beraubt. Die Täter beschädigen ferner aus Übermut Hausratgegenstände.
2. Die Täter verlangen vom VN auf offener Straße die Herausgabe des Bargeldes und drohen, ihn ansonsten zu verprügeln.

In Beispiel 1 ist die Beraubung des Sohnes versichert, wenn er mit dem Vater am Versicherungsort in häuslicher Gemeinschaft lebt. Die Beraubung der Freundin und auch der Vandalismusschaden fallen nicht unter den Versicherungsschutz des hier in Rede stehenden VN im Rahmen der Außenversicherung.

In Beispiel 2 besteht kein Versicherungsschutz, da die angedrohte Gewalttat nicht am Versicherungsort verübt werden soll (§ 3 Nr. 4 (a) (bb) VHB 2014). Würde im Beispiel Gewalt angewendet, läge ein versicherter Raub nach § 3 Nr. 4 (a) (aa) VHB 2014 vor.

Im Übrigen gilt, dass die beim Raub erlangten Sachen nur dann versichert sind, wenn sie am Tatort vorhanden waren und nicht erst durch Geiselnahme oder Erpressung herbeigeschafft wurden.

Beispiel:

Der beim VN wohnenden Lebensgefährtin stellen sich nachts auf offener Straße zwei Personen in den Weg. Unter Androhung von Gewalt verlangen sie die Herausgabe der Handtasche. Da sie nur wenig Geld bei sich hat, wird sie gezwungen, an einem nahe gelegenen Geldautomaten Geld zu ziehen und dieses den Tätern auszuhändigen.

Die Wegnahme der Handtasche ist als Raub versichert, da die Lebensgefährtin zum versicherten Personenkreis zählt und Gewaltanwendung gegen eine Person vorliegt. Das herbeigeschaffte Geld wäre nicht versichert, da es bei Begehung der Tat noch nicht vorhanden war.

2.2.6 Leitungswasser

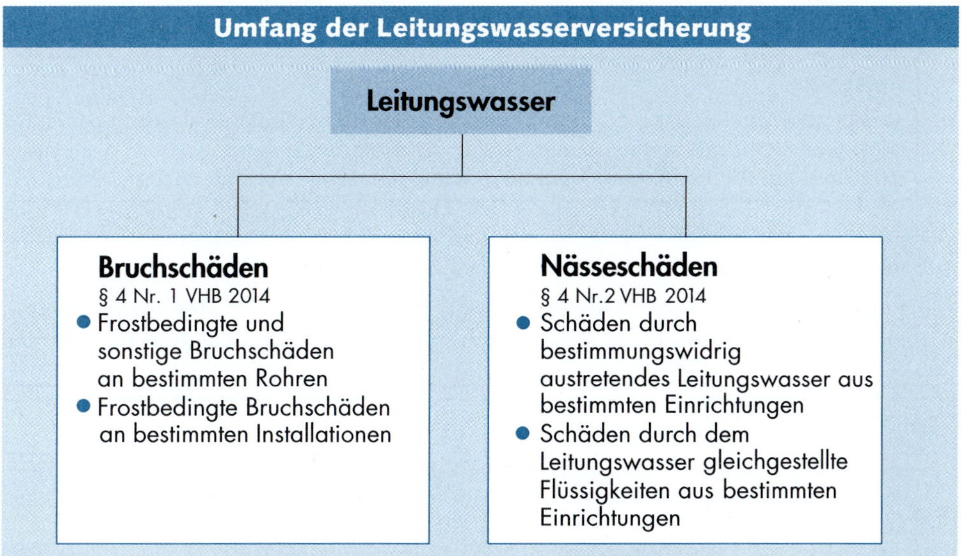

Die VHB 2014 unterscheiden im Zusammenhang mit der versicherten Gefahr Leitungswasser nach Bruchschäden und Nässeschäden.

a) Bruchschäden

VHB 2014 § 4 Nr. 1

Die versicherten **Bruchschäden** nach VHB 2014 beziehen sich auf bestimmte Rohre und Installationen, die Gebäudebestandteile darstellen und daher **normalerweise Gegenstand der Wohngebäudeversicherung** sind.

§ 6 Nr. 2 (c) (aa)
VGB 2014 § 5 Nr. 3 (b)

Sie zählen nach den VHB 2014 jedoch dann zum **Hausrat**, **wenn** sie der **Mieter** oder **Wohnungseigentümer** auf seine Kosten **beschafft** oder übernommen hat und dafür die Gefahr trägt. Die VGB 2014 gewähren für diesen Fall keinen Versicherungsschutz.

Beispiel:

Ein Mieter lässt eine Dusche und die dafür notwendigen Zu- und Ableitungsrohre auf seine Kosten in das Bad einbauen. Für Schäden an dieser Einrichtung kann er nicht den Vermieter heranziehen. Der Mieter trägt die Gefahr.

Aufgrund der Gefahrtragung hat der Mieter bzw. Wohnungseigentümer ein Interesse an der Versicherung. Deshalb sind solche Einbauten in der Hausratversicherung versichert.

Die VHB 2014 unterscheiden:

VHB 2014 § 4 Nr. 1 (a)

- frostbedingte und sonstige **Bruchschäden** an näher bezeichneten **Rohren**, z. B. Rohre der Wasserversorgung (Zu- oder Ableitungsrohre), Rohre von Klimaanlagen;

  Beispiel:

  Würde im vorgenannten Beispiel das hinter Fliesen liegende Zuleitungsrohr für die Duschbrause oder das Ableitungsrohr unter der Duschtasse brechen, bestünde für den Mieter Versicherungsschutz aus seiner Hausratversicherung.

Nr. 1 (b)

- frostbedingte **Bruchschäden** an bestimmten **Installationen**, z. B. Badeeinrichtungen, Heizkörper.

  Beispiel:

  Würde die vom Mieter eingebrachte Duschtasse durch Frosteinwirkung beschädigt, weil während seiner Abwesenheit die Heizung ausgefallen ist, bestünde hierfür ebenfalls Versicherungsschutz aus seiner Hausratversicherung.

Die Rohre und Installationen müssen sich innerhalb des Gebäudes befinden. Eine Ausnahme gilt nur für Rohre von Solarheizungsanlagen auf dem Dach.

Die beiden nachstehenden Beispiele mögen die Zuständigkeit der Hausrat- bzw. Wohngebäudeversicherung im Zusammenhang mit den Bruchschäden noch einmal verdeutlichen:

Beispiele:

(1) Der VN hat als Mieter eines Einfamilienhauses auf seine Kosten eine Solarheizungsanlage auf dem Dach montieren lassen. Ein Rohr dieser Anlage platzt durch Überdruck.

(2) Der VN hat als Wohnungseigentümer den Abstellraum zum Gäste-WC umbauen lassen. Infolge Heizungsausfalls während seiner Abwesenheit platzt der Wasserkasten der WC-Anlage durch Frosteinwirkung.

In beiden Fällen besteht **Versicherungsschutz aus der Hausratversicherung**, wenn die Sachen auf Kosten und Gefahr des Mieters bzw. Wohneigentümers beschafft wurden.

Als Folge des Bruchschadens kann noch ein Nässeschaden auftreten, der versichert ist, soweit Hausrat beschädigt oder zerstört wurde (siehe unter b).

Die Hausratversicherung ist **nicht** zuständig, wenn sich die vorgenannten Fälle wie folgt darstellen würden:

Variation zu Beispiel 1: Nicht der Mieter sondern der Vermieter hat die Solarheizungsanlage auf seine Kosten montieren lassen.

Die Wohngebäudeversicherung des Vermieters ist eintrittspflichtig; denn der Vermieter trägt die Gefahr für die Anlage. Die Anlage zählt als Gebäudebestandteil zu den versicherten Sachen der Wohngebäudeversicherung (vgl. B 2.1.1).

Variation zu Beispiel 2: Die Wohnungsbaugesellschaft hat auf vielfachen Wunsch von Kaufinteressenten vor Verkauf der Wohnungen statt Abstellkammern Gäste-WCs eingebaut.

Die Wohngebäudeversicherung der Eigentümergemeinschaft ist zuständig; denn das Gäste-WC war von Anfang an Gebäudebestandteil und wurde nicht nachträglich durch den Wohnungseigentümer eingebaut.

b) Nässeschäden

Nässeschäden entstehen durch

- den bestimmungswidrigen Austritt von Leitungswasser oder dem Leitungswasser gleichgestellten Flüssigkeiten, VHB 2014 § 4 Nr. 2
- aus den in den VHB 2014 ausdrücklich genannten Vorrichtungen.

➤ Bestimmungswidriger Wasseraustritt

Bestimmungswidrig tritt Wasser aus, wenn es **entgegen dem Willen** und den Planungen des VN oder des sonstigen berechtigten Benutzers austritt.

Beispiele:

1. Infolge eines Rohrbruchs oder durch Undichtigkeiten an Rohrverbindungen, Zapfhähnen, Wasch- oder Spülmaschinen tritt Wasser aus.
2. Badewasser läuft über die Badewanne, weil ein Gast des VN vergessen hat, den Wasserhahn rechtzeitig zuzudrehen.
3. Aus Verärgerung über nicht vorhandene Wertgegenstände öffnen Einbrecher die Wasserhähne, und das austretende Wasser richtet große Schäden am versicherten Hausrat an.

Im **Beispiel 1** tritt Wasser infolge eines technischen Defektes oder einer Betriebsstörung bestimmungswidrig aus.

Im **Beispiel 2** ist menschliches Fehlverhalten für den bestimmungswidrigen Wasseraustritt verantwortlich. Das Füllen der Badewanne war durch den Gast des VN als berechtigte Person geplant und gewollt, der Überlauf des Wassers aber nicht mehr. Der Austritt des Wasser war also zunächst bestimmungsgemäß und später bestimmungswidrig.

Im **Beispiel 3** tritt das Wasser durch Handlungen nicht berechtigter Benutzer aus, also nicht vom VN geplant und gewollt und damit bestimmungswidrig.

➤ Vorrichtungen nach VHB 2014

VHB 2014 § 4 Nr. 2 S. 2

Die VHB 2014 unterscheiden folgende **Vorrichtungen**, aus denen Leitungswasser bestimmungswidrig austreten kann:

- Rohre der Wasserversorgung (Zu- und Ableitung) oder damit verbundene Schläuche
- Einrichtungen am Rohrsystem oder aus deren wasserführenden Teilen
- Warmwasser-/Dampfheizung/Klima-, Wärmepumpen-, Solarheizungsanlagen
- Wasserlösch-/Berieselungsanlagen
- Aquarien, Wasserbetten

Beispiele:

(1) Das Schmutzwasser aus einem undichten Abwasserrohr beschädigt Möbel im Sockelbereich.

(2) Die Trommel der Waschmaschine wird während des Waschvorganges undicht. Das austretende Wasser zerstört den Waschmaschinenmotor.

(3) Eine Heizschlange der Fußbodenheizung wird undicht. Das entweichende Wasser beschädigt den zum Hausrat gehörenden Teppich.

(4) Ein Hitzestau in der Tiefgarage eines Mehrfamilienhauses setzt die Wasserlöschanlage (Sprinkleranlage) in Gang.

(5) Wasser aus einem geplatzten Wasserbett lässt Möbelsockel aufquellen.

Zu 1: Hier tritt Leitungswasser aus einem **Rohr der Wasserversorgung** aus. Dass es sich um Schmutzwasser handelt, ist unbedeutend, da es auf die Eigenschaften des Leitungswassers nicht ankommt. Die Versicherungsbedingungen stellen klar, dass es sich um ein Zu- oder Ableitungsrohr der Wasserversorgung oder damit verbundene Schläuche handeln muss.

Zu 2: Die **mit dem Rohrsystem verbundenen sonstigen Einrichtungen** werden durch die Versicherungsbedingungen den Rohren der Wasserversorgung gleichgestellt. Dies gilt auch für angeschlossene Einrichtungen, wie z. B. Waschmaschinen, Boiler, Badewannen.

Zu 3: Einrichtungen der **Warmwasser- oder Dampfheizung** werden in den VHB 2014 ausdrücklich erwähnt, obgleich man sie als angeschlossene Einrichtungen ansehen kann.

Zu 4: Dem Risiko aus einer Wasserlöschanlage **(Sprinklerrisiko)** kommt in der Hausratversicherung nur eine geringe Bedeutung zu, da entsprechende Anlagen im privaten Bereich kaum installiert sind.

Zu 5: Schäden durch austretendes Wasser aus **Aquarien** und **Wasserbetten** gelten nach den VHB 2014 als Leitungswasserschäden mit entsprechendem Versicherungsschutz.

Nicht unter den Versicherungsschutz fällt Wasser, das anderweitig bestimmungswidrig austritt. Solches Wasser stellt kein Leitungswasser im Sinne der Versicherungsbedingungen dar.

Beispiele:

Wasser aus frei stehenden Eimern schwappt über oder tritt aus Blumenvasen, Flaschen, Töpfen bestimmungswidrig aus, weil das Behältnis undicht ist oder umgestoßen wird.

➤ Gleichstellungen mit Leitungswasser

Sole, Öle, Kühl- und Kältemittel aus Klima-, Wärmepumpen- oder Solarheizungsanlagen sowie Wasserdampf werden durch die VHB 2014 dem Leitungswasser gleichgestellt. VHB 2014 § 4 Nr. 2 S. 3

Es besteht also Versicherungsschutz, wenn durch den bestimmungswidrigen Austritt dieser Flüssigkeiten aus einer der in den VHB 2014 genannten Vorrichten Nässeschäden am versicherten Hausrat entstehen.

Exkurs: Leitungswasserschäden an Bodenbelägen, Innenanstrichen oder Tapeten in gemieteten Wohnungen bzw. in Sondereigentum befindlichen Wohnungen (sog. Nässeschäden)

Derartige Schäden können mehrfach versichert sein. Ist der Mieter bzw. Wohnungseigentümer hausratversichert, deckt seine Hausratversicherung die Reparaturkosten an den aufgeführten Teilen **(Reparaturkosten für Nässeschäden)**. § 8 (h)

Regelmäßig hat aber der Vermieter bzw. die Wohnungseigentümergemeinschaft eine Wohngebäudeversicherung, die nach den VGB 2014 für Nässeschäden an versicherten Sachen der Wohngebäudeversicherung ebenfalls aufkommen muss. In diesem Fall liegt eine Mehrfachversicherung nach dem VVG vor. VVG § 78

Beim Zusammentreffen beider Versicherungen empfiehlt der Verband[1] folgende **Teilung** zwischen Hausrat- und Gebäudeversicherer für die Reparaturkosten:

1. Beträgt der Gebäudeschaden bis 1000,00 €, reguliert und entschädigt der Gebäude-VR den Schaden.
2. Bei einem Gebäudeschaden über 1000,00 € erfolgt die Aufteilung nach § 78 Abs. 2 VVG. Danach hat jeder VR denjenigen Anteil zu übernehmen, die dem Verhältnis der Entschädigungsleistung entspricht, die vertragsgemäß jeder der beiden VR ohne Berücksichtigung des anderen VR zu erbringen hätte.

> **Beispiel:**
> Der Nässeschaden beträgt 3 000,00 €. Wenn der Wohngebäude-VR vertragsgemäß 3 000,00 €, der Hausrat-VR wegen Unterversicherung aber nur 1 000,00 € erbringen müsste, muss der Wohngebäude-VR jetzt tatsächlich nur 2 250,00 € (3/4 = 75 % des Nässeschadens) und der Hausratversicherung tatsächlich nur 750,00 € (1/4 = 25 % des Nässeschadens) tragen.

Schäden durch Löschwasser nach einem Brand sind keine Nässeschäden, sondern Folgeschäden nach einem Brand. Die in diesem Exkurs gemachten Ausführungen kommen deshalb nicht zum Tragen. Vielmehr sind der Hausrat- und der Gebäudeversicherer für den Schadenersatz im Rahmen der versicherten Sachen nach VHB 2014 bzw. VGB 2014 zuständig.

Hat der Mieter bzw. Wohnungseigentümer auf seine Kosten und sein Risiko z. B. einen Teppichboden auf den vorhandenen PVC-Boden verlegen lassen und wird dieser durch Leitungswasser beschädigt, so leistet nur seine Hausratversicherung, da die VGB 2014 solche vom Mieter bzw. Wohnungseigentümer eingebrachten Sachen nicht versichern, eine mögliche Mehrfachversicherung also nicht entstehen kann. VGB 2014 § 5 Nr. 3 (b)

---

1 Vgl. Handbuch der Sachversicherung (hrsg. vom GDV).

c) Nicht versicherte Leitungswasserschäden

Diese sind im Zusammenhang mit den Ausschlüssen bei allen versicherten Gefahren in Abschnitt A 2.3 dargestellt.

2.2.7 Naturgefahren Sturm, Hagel

VHB 2014 § 5

Die Gefahren Sturm und Hagel werden in den VHB 2014 zu einer Gefahrengruppe zusammengefasst.

a) Umfang des Versicherungsschutzes

Nach der Versicherungsschutzbeschreibung sind nicht alle adäquaten Schäden infolge eines Sturms versichert, sondern nur solche, deren **Kausalverlauf** auf einer der drei folgenden Alternativen beruht:

§ 5 Nr. 2 (c) (aa)

➤ **Schäden »durch unmittelbare Einwirkung des Sturmes oder Hagels auf versicherte Sachen oder auf Gebäude, in denen sich versicherte Sachen befinden«**

Beispiel:

Die Balkontür wird durch einen heftigen Sturm geöffnet. Geschirr wird vom Tisch geweht und zerstört.

Im Beispiel wirkt der Sturm unmittelbar durch die sog. Windlast schädigend auf Gebäude, in dem sich die versicherten Sachen befinden und anschließend auf den Hausrat ein. Nach der Rechtsprechung hat ein Sturm dann unmittelbar eingewirkt, wenn er die **zeitlich letzte Ursache** für den Schaden ist. Der Gebäudeversicherer ersetzt den Gebäudeschaden und der Hausratversicherer den Hausratschaden.

Die Entschädigung wird evtl. gekürzt, wenn dem VN grobe Fahrlässigkeit, z. B. nur zugedrückte aber nicht abgeschlossene Balkontür bei Sturm, nachgewiesen werden kann (vgl. A 5.2.7).

§ 5 Nr. 2 (c) (bb)

➤ **Schäden »dadurch, dass ein Sturm oder Hagel Gebäudeteile, Bäume oder andere Gegenstände auf versicherte Sachen oder auf Gebäude, in denen sich versicherte Sachen befinden, wirft«**

Beispiele:

1. Durch die vom Sturm geöffnete Balkontür werden Astteile in den Wohnraum geschleudert. Sie zerstören einen Kristallleuchter.
2. Die Verglasung des am Gebäude angebauten Wintergartens wird durch Hagelkörner zerschlagen. Der eindringende Hagel beschädigt die Möblierung des Wintergartens.

Sind durch Sturm auf versicherte Sachen geworfene Gegenstände die »zeitlich letzte Ursache« des Schadens, besteht Versicherungsschutz. Der geforderte Kausalverlauf ist in **beiden Beispielen** erfüllt.

Im **Beispiel 2** wird die Wintergartenverglasung durch die Wohngebäudeversicherung entschädigt, während die Reparaturkosten für das beschädigte Mobiliar von der Hausratversicherung getragen werden.

➤ Schäden »als Folge eines Sturm- oder Hagelschadens an versicherten Sachen«

VHB 2014 § 5 Nr. 2 (c) (cc)

> **Beispiel:**
> Nachdem der Sturm die Balkontür geöffnet hat, dringt Regenwasser in den Wohnraum und bewirkt einen Durchnässungsschaden am wertvollen Perserteppich.

Im Beispiel ist der **zeitlich erste Schaden** (Sturmschaden) für den Folgeschaden verantwortlich. Es besteht ein adäquater kausaler Zusammenhang im Sinne der Versicherungsbedingungen.

Hätte der Sturm zu einer Regenwasseransammlung vor einem nicht dicht schließenden Fenster geführt und wäre dieses Wasser dann eingedrungen, läge kein Folgeschaden vor, da es an einem ersten, durch Sturm verursachten Gebäudeschaden mangelt.

➤ Schäden »durch die unmittelbare Einwirkung des Sturms oder Hagels auf Gebäude, die mit dem versicherten Gebäude oder Gebäuden, in denen sich versicherte Sachen befinden, baulich verbunden sind.«

§ 5 Nr. 2 (c) (dd)

> **Beispiel:**
> Der Sturm deckt das Dach des angrenzenden Nachbarhauses ab. Eindringender Regen gelangt über das Nachbarhaus bis in die Wohnung des VN und beschädigt seinen Hausrat.

Durch diese Bestimmung in den VHB 2014 ist klargestellt, dass auch Schäden an versicherten Sachen, die durch einen Sturm- oder Hagelschaden **in angrenzenden Gebäuden** entstehen, in der Hausratversicherung versichert sind.

Die vorgenannten Bestimmungen klären bei der Gelegenheit auch, dass die Hausratversicherung in dem beschriebenen Fall zuständig bleibt, selbst wenn das Gebäude, in dem der VN wohnt, versichert ist. Obgleich die Wohngebäudeversicherung für Hausratschäden durch Sturm oder Hagel in der Regel nicht zuständig ist, besteht offensichtlich Klärungsbedarf.

➤ Schäden »dadurch, dass ein Sturm oder Hagel Gebäudeteile, Bäume oder andere Gegenstände auf Gebäude wirft, die mit dem versicherten Gebäude oder Gebäude, in denen sich versicherte Sachen befinden, baulich verbunden sind.«

Nr. 2 (c) (ee)

> **Beispiel:**
> Das Dach des angrenzenden Nachbarhauses wird durch einen vom Sturm umgedrückten Baum beschädigt. Eindringender Regen gelangt bis in die Wohnung des VN und beschädigt seinen Hausrat.

➤ Sachen außerhalb von Gebäuden

Sachen außerhalb von Gebäuden sind nicht gegen Naturgefahren versichert. Es gilt der **Grundsatz der Gebäudegebundenheit.** Eine Ausnahme gilt für Antennenanlagen und Markisen (siehe nachstehend). § 5 Nr. 4 (b) (bb)

➤ Privat genutzte Antennenanlagen und Markisen

VHB 2014 § 5 Nr. 4 (b) (bb) S. 2

Privat genutzte Antennenanlagen und Markisen auf dem Grundstück, auf dem sich die versicherte Wohnung befindet, sind versichert, wenn sie **ausschließlich** vom VN genutzt werden.

> **Beispiel:**
> Der VN ist Hobbyfunker und hat die Funkantenne mit Einverständnis des Vermieters auf dem zum Mietshaus gehörenden Hof installiert.

b) Begriff des Sturmes

§ 5 Nr. 2 (a)

»Sturm ist eine wetterbedingte Luftbewegung von mindestens Windstärke 8 nach Beaufort (Windgeschwindigkeit mindestens 62 km/Stunde).«

Die Stärke eines Windes wird nach der Beaufort-Skala bemessen, die 17 Grade unterscheidet.

Versicherungsrechtlich ist die **Stufe 8** von Bedeutung. Nach der Beaufort-Skala ist Stufe 8 sog. stürmischer Wind, während Stufe 9 erst als Sturm ausgewiesen wird. Versicherungsrechtlich werden also geringere Anforderungen an die Sturmstärke gestellt.

Nicht unter den Sturmbegriff fallen z. B. Luftbewegungen als Folge von Explosionen, Großbränden (sog. Feuersturm), Durchzug in Gebäuden u. dgl.

Den **Nachweis eines Sturmes** hat der VN zu erbringen. Hierfür wird er sich in erster Linie der Windmessungen durch die Wetterämter bedienen. Fehlen solche Nachweise für den Versicherungsort oder für das Gebiet, lassen die Versicherungsbedingungen **Beweiserleichterungen** zu. Hierzu zählen:

Nr. 2 (a) (aa)

- Durch die Luftbewegung sind **Schäden in der Umgebung** des Versicherungsortes an Gebäuden in einwandfreiem Zustand oder an ebenso widerstandsfähigen anderen Sachen angerichtet worden.

> **Beispiel:**
> Nach einem Gewittersturm wird festgestellt, dass von mehreren Dächern in der Wohnsiedlung Ziegel heruntergefallen sind.,

Nr. 2 (b) (aa)

- Der Schaden kann wegen des **einwandfreien Zustandes des Gebäudes**, in dem sich die versicherten Sachen befunden haben, nur durch Sturm entstanden sein.

> **Beispiel:**
> Durch Sturm haben sich an der Dachgaube Schieferplatten gelöst. Eindringender Regen beschädigt den Hausrat.

c) Hagel

Nr. 2 (b)

»Hagel ist ein fester Witterungsniederschlag in Form von Eiskörnern.«

In den VHB 2014 sind Schäden durch Hagel obligatorisch mitversichert, ohne dass es auf die Windstärke zum Zeitpunkt des Hagelschlages ankommt.

2.2.8 Versicherung weiterer Elementargefahren durch gesonderte Vereinbarung

a) Vorbetrachtung

Schon vor geraumer Zeit hat sich unter dem Eindruck verheerender Naturkatastrophen (z.B. Münchener Hagelsturm 1984, Orkane in Deutschland im Frühjahr 1990, Erdbeben 1992 im Rheinland, große Flussüberschwemmungen 1993 und 1994) die Notwendigkeit gezeigt, einen Versicherungsschutz gegen Elementarschäden anzubieten.
Im Rahmen der Hausrat- und Wohngebäudeversicherung wurde daher die Möglichkeit geboten, eine separate Elementarschadenversicherung auf Grundlage von Besonderen Versicherungsbedingungen zu vereinbaren.

In jüngster Zeit sind schwere Flut- und Sturmereignisse in immer kürzeren Zeitabständen aufgetreten. Man denke bei den Flutkatastrophen insbesondere an das Oderhochwasser 1997, das Elbehochwasser 2002 und 2006, das Hochwasser an Weichsel, Oder und Donau 2010 und das Hochwasser in Mitteleuropa 2013 mit großen Schäden in Deutschland, Polen, Österreich, Tschechien, Ungarn, in der Slowakei und der Schweiz. Stellvertretend für viele Sturm- und Orkanereignisse seien genannt: Orkan »Kyrill« im Januar 2007, Orkan »Xynthia« im Februar 2010, Orkan »Christian« im Oktober 2013, Orkan »Ela« im Großraum Düsseldorf und dem Ruhrgebiet am Pfingstmontag 2014.

Sturmschäden waren schon immer Gegenstand der Versicherung. Auf die zunehmenden Elementarereignisse anderer Art hat die Versicherungswirtschaft erneut reagiert und kennt jetzt regelmäßig in ihren neuen Versicherungsbedingungen zur Hausrat- und Wohngebäudeversicherung neben den Naturgefahren Sturm und Hagel die Deckung für »Weitere Elementargefahren«, sofern gesondert vereinbart.

b) Umfang des Versicherungsschutzes

Sofern gesondert vereinbart, sind folgende weitere Elementargefahren versichert: VHB 2014 § 5 Nr. 3

- Überschwemmung
- Rückstau
- Erdbeben
- Erdsenkung
- Erdrutsch
- Schneedruck
- Lawinen
- Vulkanausbruch

Beispiele:

(1) Durch heftigen Regen kommt es zu einem Rückstau im Kanalnetz. Häusliche Abwässer, die nicht abfließen können, gelangen in den Keller und beschädigen Hausrat.
Es liegt ein ersatzpflichtiger Schaden infolge Rückstau vor.

(2) Anhaltende Regenfälle lassen einen nahe gelegenen Bach über die Ufer treten. Das Wasser dringt in das Wohnhaus des VN ein und beschädigt Hausrat. Es liegt ein ersatzpflichtiger Überschwemmungsschaden vor, da ein oberirdisches Gewässer ausgeufert ist.

Entschädigt werden auch versicherte Kosten gemäß § 8 VHB 2014. § 8

Im Versicherungsfall wird ein Selbstbehalt abgezogen, der nach dem Tarif Hausrat (Basis VHB 2014) 500,00 € je Versicherungsfall beträgt. Ausgenommen hiervon ist der auf Weisung des VR angefallene Aufwendungsersatz. Der genannte Tarif sieht für den Versicherungsschutz auch eine einmonatige Wartezeit ab dem beantragten Beginn vor. § 13 Nr. 8

c) Tarifzoneneinteilung und Voraussetzungen für die Risikoübernahme

Im **Proximus 3 Bedingungswerk** richtet sich der Prämienzuschlag für die Elementarschadenversicherung nach der Tarifzone, in der der Versicherungsort liegt. Es gibt zwei Tarifzonen, denen bestimmte Postleitzahlengebiete zugeordnet sind.

Die Tarifzone II ist auch immer bei einem Vorschaden in den letzten 10 Jahren anzuwenden. Ferner muss die VS mind. 650,00 € je qm Wohnfläche für die gleichzeitig beantragte oder bestehende Hausratversicherung betragen. Bestimmte Risiken, z.B. Ferienhäuser, zwei oder drei Vorschäden in den letzten 10 Jahren, werden nicht versichert.

2.3 Nicht versicherte Schäden

a) Generelle Ausschlüsse

		Beispiele/Hinweise:
VVG § 81 (1)	– Vorsätzliches Verhalten des VN oder seines Repräsentanten[1] (vgl. A 5.2.7)	VN zündet nach Ehestreit die gemeinsame Wohnung an.
VHB 2014 § 1 Nr. 2 (a)	– Krieg, kriegsähnliche Ereignisse, Bürgerkrieg, Revolution, Rebellion, Aufstand	Die genannten Ereignisse sind mit unkalkulierbaren Risiken verbunden und daher nicht versicherbar.
§ 1 Nr. 2 (b)	– innere Unruhen	Eine innere Unruhe ist gegeben, wenn zahlenmäßig nicht unerhebliche Bevölkerungsteile beteiligt sind. Darin unterscheidet sie sich von einer gewalttätigen Demonstration.
§ 1 Nr. 2 (c)	– Kernenergie, nukleare Strahlung, radioaktive Substanzen	Der Ersatz durch die Betreiber von Kernanlagen ist im Atomgesetz geregelt.

b) Leistungskürzung im Verhältnis der Schwere des Verschuldens

		Beispiele/Hinweise:
VVG § 81 (2)	– Grob fahrlässiges Verhalten des VN oder seines Repräsentanten (vgl. A 5.2.7)	Der VN zieht bei Urlaubsantritt die Wohnungstür nur zu, statt sie abzuschließen. Der VR ist berechtigt, die Leistung um die Quote, die entsprechend der Schwere des Verschuldens als angemessen angesehen wird, zu kürzen (sog. **Quotelung**).

1 Repräsentant ist nach der Rechtsprechung nur derjenige, der in dem Geschäftsbereich, zu dem das versicherte Risiko gehört, aufgrund eines Vertretungs- oder ähnlichen Verhältnisses an die Stelle des VN getreten ist. Ehepartner, Lebensgefährten, sonstige Familienangehörige sind aus dieser Eigenschaft heraus noch keine Repräsentanten des VN (siehe hierzu auch Band 1, B 6.3 a).

c) Partielle Ausschlüsse

➤ Ausschlüsse bei den versicherten Gefahren Brand, Blitzschlag, Explosion, Implosion

	Beispiele/Hinweise:	
– Erdbeben	Durch Erdbeben entsteht ein Kurzschluss, der zu einem Brand in der Wohnung des VN führt. Erdbeben ist als eine der weiteren Elementargefahren versichert, sofern dies gesondert vereinbart wurde (siehe A 2.2.8).	VHB 2014 § 2 Nr. 6 (a)
– Sengschäden	Zigarettenglut fällt auf eine Tischdecke und sengt diese an. Sengschäden als Folge von Brand, Blitzschlag, Explosion oder Implosion sind versichert.	§ 2 Nr. 6 (b)
Schäden – durch im Verbrennungsraum auftretende Explosionen bei Verbrennungskraftmaschinen; – an Schaltorganen von elektrischen Schaltern durch den in ihnen auftretenden Gasdruck.	Der Motor des Benzinrasenmähers explodiert. Die genannten Schäden an Schaltorganen haben im Privatbereich keine praktische Bedeutung. Der Ausschluss befreit den VR von der Prüfung, ob es sich evtl. nur um ein Versagen des Schaltorgans handelt, das nicht versichert ist.	Nr. 6 (c)
– Überspannungs-, Überstrom- oder Kurzschlussschäden an elektrischen Einrichtungen und Geräten, wenn Sachen auf dem Grundstück des Versicherungsortes keine Schäden (anderer Art) durch Blitzschlag oder Spuren eines Blitzschlages aufweisen.	Der Strom schlägt in eine Hochspannungsleitung. Durch den Überstrom wird der PC zerstört. Wäre der Blitz in das Haus, in dem der VN wohnt eingeschlagen und der Überstromschaden am PC entstanden, bestünde Versicherungsschutz.	§ 2 Nr. 3 S. 2

➤ Ausschluss bei der versicherten Gefahr Raub

	Beispiele/Hinweise:	
– Raubschäden an Sachen, die auf Verlangen des Täters von außerhalb herangeschafft werden.	Der Täter nimmt ein Familienmitglied als Geisel und verlangt die Münzsammlung im Bankschließfach.	§ 3 Nr. 4 (c)

➤ Ausschlüsse bei der versicherten Gefahr Leitungswasser

		Beispiele/Hinweise:
VHB 2014 § 4 Nr. 3 (a) (aa)	– Plansch- oder Reinigungswasser, Leitungswasser aus mobilen Behältnissen, z. B. Eimern	Spielende Kinder veranstalten eine Wasserschlacht im Badezimmer.
Nr. 3 (a) (bb)	– Schwamm	Mauerfeuchtigkeit führt allmählich zur Schwammbildung an Hausrat.
Nr. 3 (a) (cc)	– Grundwasser, stehendes oder fließendes Gewässer, Überschwemmung, Rückstau	Heftiger Regen verursacht einen Rückstau im Keller, in dem Möbel stehen. Überschwemmung und Rückstau sind im Rahmen der weiteren Elementargefahren versicherbar.
Nr. 3 (a) (dd)	– Erdbeben, Schneedruck, Lawinen, Vulkanausbruch	Diese Elementargefahren sind gesondert versicherbar.
Nr. 3 (a) (ee)	– Erdsenkung oder Erdrutsch	Der dadurch verursachte Gebäudeschaden zieht Hausrat in Mitleidenschaft. Ausnahme: Erdsenkung/-rutsch infolge Leitungswasser ist versichert. Erdsenkung/-rutsch aufgrund anderer Ursache ist als Elementargefahr gesondert versicherbar.
Nr. 3 (a) (ff)	– Öffnen der Sprinkler oder Berieselungsdüsen in bestimmten Fällen	Das Auslösen der Sprinkler oder Berieselungsdüsen infolge Brand, durch Druckproben, Umbauten, Reparaturarbeiten ist kein Leitungswasserschaden im Sinne der VHB 2014.
Nr. 3 (a) (aa)	– Leitungswasser aus Eimern, Gießkannen oder sonstigen mobilen Behältnissen	Beim Aufwischen des Bodens wird versehentlich der gefüllte Putzeimer umgestoßen. Hausrat wird beschädigt.
Nr. 3 (b) (aa)	– Schäden an nicht fertigen Gebäuden oder Gebäudeteilen und darin befindlichen Sachen	Im noch nicht bezugsfertigen Einfamilienhaus platzt ein Zuleitungsrohr. Das austretende Wasser beschädigt Hausrat, den der VN dort schon eingelagert hat.
Nr. 3 (b) (bb)	– Aquariuminhalt nach Wasseraustritt (verursacht durch Eintritt einer nicht versicherten Gefahr)	Eine Glasscheibe des Aquariums wird versehentlich zerstört und das Wasser läuft aus, woraufhin die Fische des Aquariums verenden. Glasbruch ist keine versicherte Gefahr; Aquarium und Fische sind deshalb nicht versichert. Wohl wäre der weitere Hausratschaden durch das austretende Wasser (= Nässeschaden nach VHB 2014) gedeckt. Hätte z.B. eine Explosion das Aquarium zerstört, bestünde auch Versicherungsschutz für Aquarium und Fische.

➤ Ausschlüsse bei den versicherten Gefahren Sturm, Hagel und den weiteren Elementargefahren

	Beispiele/Hinweise:	
– Sturmflut	Sie ist auch **nicht** als Elementargefahr gesondert versicherbar (vgl. A 2.2.8).	VHB 2014 § 5 Nr. 4 (a) (aa)
– Eindringen von Regen, Hagel, Schnee oder Schmutz durch nicht ordnungsgemäß geschlossene Öffnungen	angelehntes Fenster, offen stehende Dachluke Regen dringt durch ein Dachfenster in Kippstellung.	Nr. 4 (a) (bb)
– Grundwasser, das nicht an die Erdoberfläche gedrungen ist	Dieser Ausschluss dient der Klarstellung im Rahmen der gesondert versicherbaren Elementargefahr Überschwemmung.	Nr. 4 (a) (cc)
– Brand, Blitzschlag, Explosion, Anprall eines Luftfahrzeuges, seiner Teile oder seiner Ladung; dies gilt nicht für Erdbeben	Diese Gefahren sind **im Rahmen der Naturgefahren** nach den VHB 2014 ausgeschlossen, da sie bereits als eigenständige Gefahren, ausgenommen wenn sie durch Erdbeben eintreten, versichert sind.	Nr. 4 (a) (dd)
– Trockenheit oder Austrocknung	Trockenheit nach z. B. extrem langer Hitzeperiode führt zu Erdrissen mit anschließender Erdsenkung. Der Vorgang fällt nicht unter den Versicherungsschutz der gesondert versicherbaren Elementargefahren.	Nr. 4 (a) (ee)
– Schäden an nicht fertigen Gebäuden oder Gebäudeteilen und darin befindlichen Sachen	Sturm deckt das noch nicht bezugsfertige Einfamilienhaus teilweise ab und beschädigt Hausrat, den der VN unter dem Dach schon eingelagert hat.	Nr. 4 (b) (aa)
– Sachen, die sich außerhalb von Gebäuden befinden, ausgenommen vom VN genutzte Markisen und Antennen auf dem Grundstück der versicherten Wohnung	Für die Versicherung von Naturgewalten gilt der Grundsatz der Gebäudegebundenheit.	Nr. 4 (b) (bb)

Lernkontrollen zu A 2.2 und A 2.3

Versicherte Gefahren und Schäden

Brand

1 Prüfen Sie, ob der Hausratversicherer leistungspflichtig ist:

a) Unbekannte Täter legen im Hausflur Feuer. Rauch und Ruß dringen in die Wohnung des Mieters ein und verschmutzen Wände, Decken und Möbel.

b) Der Weihnachtsbaum gerät in Brand, während der VN (Mieter) mit seiner Familie im Nebenzimmer zu Tisch sitzt. Die Gardine wird zerstört und der vom Vermieter eingebrachte Teppichboden durch die brennend herabfallende Gardine angesengt.

c) Ein brennendes Holzstück spritzt aus dem offenen Kamin und verfängt sich in der Jacke des VN. Noch ehe das Glutstück beseitigt werden kann, ist ein Loch in Größe einer Fingerkuppe in der Jacke entstanden. Daraufhin ist die Glut erloschen.

d) Durch einen plötzlichen Fallwind im Kaminzug werden die Flammen kurzfristig über die Herdstelle gedrückt. Wäsche, die vor dem Kamin zum Trocknen aufgestellt wurde, fängt dadurch Feuer und verbrennt.

e) Durch Brand in der Nachbarwohnung entsteht ein Kurzschluss. Die Tiefkühltruhe in der Wohnung des VN fällt aus und der gesamte Inhalt verdirbt.

f) Die Feuerwehr schlägt eine Scheibe ein, um an den Brandherd in der Küche zu gelangen.

g) Wertvolle Geräte der Unterhaltungselektronik werden aus dem Wohnzimmer auf die Straße getragen, um sie vor Ruß und Löschwasser zu bewahren. Dabei fällt eines der Geräte in der allgemeinen Hektik zu Boden und wird beschädigt.

h) Ein Unbekannter entwendet im unbewachten Augenblick eines der vor dem Brand geretten Geräte.

i) Löschwasser gelangt in die Nachbarwohnung und hinterlässt Wasserflecken an den Möbeln und an der vom Mieter eingebrachten Holzdecke.

j) Durch plötzlichen Durchzug wird eine Gardine gegen eine brennende Kerze geweht. Die Kunstfasern der Gardine verschmelzen durch die Berührung mit der offenen Flamme.

k) Durch Kurzschluss verschmort die Wicklung des Transformators einer Halogenleuchte.

l) Ein plötzlicher Fallwind im lodernden offenen Kamin weht Ruß auf diverse Hausratgegenstände. Ein beschmutztes Seidenkissen kann nicht mehr gereinigt werden.

m) Die vom Wohnungseigentümer nach den Maßen seiner Küche geplante und individuell gefertigte Küche, für die er auch das Risiko trägt, wird durch den unerwartet in Brand geratenen Pfanneninhalt teilweise beschädigt.

n) Ein beim VN vorübergehend in Obhut gegebener Wellensittich erstickt an dem Rauch, der bei einem Brand in der Nachbarwohnung entstanden und in die Wohnung des VN gezogen ist.

2 Bei unserem Versicherungsnehmer, der eine Eigentumswohnung besitzt, hat es in der Küche gebrannt. Er will nun wissen, ob die folgenden Schäden durch seine Hausratversicherung gedeckt sind:

a) Die vom Vorbesitzer der Eigentumswohnung individuell geplante und fest eingebaute Küche, die der VN beim Kauf übernommen hat, wird stark beschädigt.

b) Ein Handmixer, den der VN beim Nachbarn ausgeliehen hatte, ist zerstört worden.

c) Ruß und Rauch sind durch die Wohnung gezogen und haben u. a. alle Gardinen sowie die Polstermöbel verschmutzt.

d) Die Markise über dem Balkon, die schon bei Erstbezug der Wohnung vorhanden war, ist durch das Gemisch von Ruß und Löschwasser derart verschmutzt worden, dass der Bezug ausgetauscht werden muss.

e) Der Brand hat einen Kurzschluss im elektrischen Stromnetz verursacht, woraufhin die Tiefkühltruhe ausgefallen und der gesamte Inhalt verdorben ist.

f) Der vom Wohnungseigentümer eingebrachte Parkettfußboden, mit dem er den bei Kauf vorhandenen Teppichfußboden ausgetauscht hat, ist durch Löschwasser aufgequollen.

Blitzschlag

3 Stellen Sie fest, ob die folgenden, durch einen Blitzschlag verursachten Schäden in der Hausratversicherung versichert sind:

a) Der Blitz schlägt in den Dachstuhl eines Einfamilienhauses ein. Die Dachsparren geraten in Brand. Auf dem Boden abgestellte Gartenmöbel erleiden Ruß- und Sengschäden.

b) Der Blitzschlag im Dachstuhl (siehe a)) hat zu einer Überspannung im Stromnetz des Hauses geführt. Die Elektronik des Personalcomputers wird zerstört.

c) Ein Blitz ist in das Nachbarhaus eingeschlagen und hat zu einem Stromausfall in der Siedlung geführt. In der Tiefkühltruhe des VN verderben die eingelagerten Vorräte.

d) Der Blitz schlägt in die Fernsehantenne auf dem Dach ein. Das im Wohnzimmer stehende und an die Antenne angeschlossene Fernsehgerät wird zerstört.

e) Das elektromagnetische Kraftfeld eines vorbeiziehenden Gewitters hat kurzfristig zu einer Überspannung im Stromnetz geführt. Die Musikanlage wird dadurch beschädigt.

4 Unser Versicherungsnehmer, der Eigentümer einer Wohnung in einer Eigentumswohnanlage ist, schickt folgende Schadenmeldung:

Am Freitag, den 13. April d. J. kam es zu einem heftigen Gewitter. Gegen 16.30 Uhr ist ein Blitz in meine Satellitenschlüssel, die mit dem Einverständnis der übrigen Wohnungseigentümer auf dem Dach montiert wurde und die mein Alleineigentum ist, eingeschlagen. Die Satellitenschlüssel ist vollständig zerstört worden. Ferner muss ich feststellen, dass mein Satellitenrecorder und mein Fernsehgerät nicht mehr funktionieren. Ich vermute, dass sie durch Überspannung beschädigt wurden. An den Wänden ist deutlich erkennbar, dass unter Putz liegende Elektrokabel geschmort haben; denn die Tapeten weisen dunkle Spuren an den betreffenden Stellen auf.

Mit der Schadenbeseitigung werde ich einen Fernsehfachbetrieb, einen Elektrofachbetrieb und einen Malermeister beauftragen.

Bitte teilen Sie mir mit, ob die Schäden durch meine Hausratversicherung gedeckt sind.

Explosion/Implosion

5 Prüfen Sie, ob die nachstehenden Schäden durch die Hausratversicherung gedeckt sind:

a) Durch die Explosion in der nahe gelegenen Fabrik werden die Fensterscheiben eines Wohngebäudes eingedrückt. Umherfliegende Glassplitter verursachen Schäden an den Möbeln und Innentüren der Wohnung.

b) Der Deckel eines Schnellkochtopfes wird mit explosionsartigem Knall vom Topf geschleudert, da das Überdruckventil nicht geöffnet hat. Die vom VN montierte Ablufthaube über dem Herd wird zertrümmert und die Küchendecke durch den Topfinhalt befleckt.

c) Der VN ist Liebhaber guter alter Weine. Eine der Weinflaschen explodiert wegen Übergärung. Durch den dabei frei werdenden Druck fällt eine besonders teure Rotweinflasche aus dem Regal und zerschellt auf dem Boden. Der Rotwein dringt in die offenporigen Fußbodenfliesen ein und hinterlässt große Flecken.

d) Der sechsjährige Sohn des VN hat das Fernsehgerät unbemerkt sehr nahe an den brennenden Kamin geschoben. Durch die Strahlungshitze implodiert die Bildröhre. Umherfliegende Splitter beschädigen die Ledersessel, den Couchtisch und die hochwertigen Tapeten.

e) Durch eine undichte Gasleitung im Keller strömt unbemerkt Gas aus. Als der Heizungsbrenner wieder automatisch einschaltet, kommt es zur Explosion. Der Heizungskessel wird deformiert und die Tür zum Heizungskeller eingedrückt. Sie schleudert gegen Regale mit Lebensmittelvorräten und sonstigem im Keller gelagertem Hausrat. Die Regale, die Lebensmittelvorräte und der weitere Hausrat werden beschädigt, teilweise sogar vollständig zerstört.

Luftfahrzeuge

6 Leistet der Hausratversicherer für folgende Schäden?

a) Als der VN nach Hause zurückkehrt, muss er feststellen, dass ein Modellflugzeug gegen ein Fenster gelenkt wurde, dieses durchschlagen hat und in der dabei zerrissenen Gardine hängen geblieben ist.

b) Ein Düsenjäger durchbricht die Schallmauer. Durch die Lufterschütterung fällt eine wertvolle Vase aus dem Regal und zerbricht.

c) Bei einem Heißluftballonflug verliert die Mannschaft einen Sandsack. Dieser durchschlägt die vom Mieter am Balkon angebrachte Markise und zerstört den Balkontisch.

7 Die von einem Tüftler gebastelte Rakete durchschlägt das Fenster einer Mansardenwohnung, in der Hausrat beschädigt wird. Der Täter kann nicht ermittelt werden.

Nehmen Sie zur Leistungspflicht des Hausratversicherers Stellung.

8 Ein einmotoriges Sportflugzeug versucht infolge Treibstoffmangels eine Notlandung. Dabei streift es einen Baum und stürzt in den Garten des Einfamilienhauses, dass unser VN langfristig gemietet hat. Umherfliegende Flugzeugteile gelangen durch die zu Lüftungszwecken offen stehende Terrassentür direkt ins Wohnzimmer und beschädigen diverse Möbel. Ein Raumteiler, den der VN nach den Raummaßen durch einen Schreiner hat anfertigen lassen und für den er das Risiko trägt, wird aus seiner Verankerung gerissen. Ferner wird die Fernsehantenne, die der Vermieter für den Mieter angebracht hat, durch ein Wrackteil des Flugzeugs umgeknickt.

Der VN will wissen, welche der Schäden durch seine Hausratversicherung gedeckt sind.

Einbruchdiebstahl

9 Prüfen Sie, ob die Hausratversicherung im Rahmen der versicherten Gefahr Einbruchdiebstahl leistungspflichtig ist.

a) Unbekannte brechen den zur Mietwohnung gehörenden Kellerraum auf und entwenden das dort abgestellte Fahrrad des VN.

b) In der zur Wohnung gehörenden Garage wird eingebrochen und ein im Auto liegender Mantel der Frau des VN entwendet.

c) Die Eingangstür zum Mehrfamilienhaus steht zufällig offen. Diese Gelegenheit nutzen Diebe und gehen ins Haus. Die Tür zur Wohnung des VN öffnen sie mit einem Dietrich. Sie entwenden die Musikanlage und nehmen 25,00 € Bargeld aus einer Geldkassette, auf der der Schlüssel steckte.

d) Die ehemalige Hausangestellte des VN dringt mit einem nachgemachten Schlüssel in dessen Wohnung ein und entwendet den Schmuck. Den Nachschlüssel hat sie seinerzeit heimlich anfertigen lassen, als sie noch für den VN arbeitete und ihr ein Hausschlüssel für den Wohnungszugang ausgehändigt worden war.

e) Unbekannte brechen das geparkte Auto des VN auf und entwenden den im Wagen liegenden Mantel.

f) Ein Unbekannter klingelt an der Wohnungstür und fragt, ob man ihm einen Geldschein gegen Kleingeld wechseln könne, da er die Parkuhr vor dem Haus bedienen möchte. Während die Versicherungsnehmerin Kleingeld holt, entwendet der Unbekannte den an der Garderobe hängenden Pelzmantel und verschwindet.

g) Der VN trägt ein Fernsehgerät aus der Wohnung zu seinem Auto, um es zur Reparatur zu bringen. Er kann deshalb nicht sofort die Wohnungstür hinter sich verschließen. Die Gelegenheit nutzt ein Unbekannter, der sich im Treppenhaus befindet, um in die Wohnung zu huschen. Nachdem der VN gegangen ist, sammelt der Unbekannte Wertgegenstände in der Wohnung ein und verlässt diese dann durch die Wohnungstür, die nur zugezogen war.

Vandalismus

10 Prüfen Sie, ob der Hausratversicherer in folgenden Fällen leistungspflichtig ist:

a) Der VN öffnet die Tür nachdem es geklingelt hat. Ein Unbekannter stößt ihn zur Seite und dringt in die Wohnung ein. Da er kein Bargeld findet, stößt er wütend den Fernsehapparat um und verschwindet sofort wieder.

b) Der geschiedene Ehemann bricht nachts in die ehemalige gemeinsame Wohnung ein und besprüht aus Rache alle Möbel mit Farbe.

c) Diverse Möbel in der Wohnung des VN werden mit Farbe besprüht, nachdem sich der bzw. die Täter Zugang zur Wohnung durch Aufstemmen der Wohnungstür verschafft haben. Der VN kann nicht den Verlust irgendwelcher Sachen feststellen.

d) Fallvariation: Der Täter ist in die offen stehende Wohnung eingeschlichen, als die Versicherungsnehmerin zum Briefkasten im Hausflur gegangen ist. Er verbirgt sich und wartet, bis sie zurückgekehrt ist. Dann durchsucht er einen Raum, in dem sich die Versicherungsnehmerin gerade nicht befindet. Aus Verärgerung darüber, dass er nicht fündig wird, besprüht er diverse Möbel mit einer Farbspraydose und verschwindet dann heimlich aus der Wohnung.

e) Auf einer Party erscheinen plötzlich angetrunkene ungebetene Gäste. Da man ihnen kein Bier geben sondern sie des Hauses verweisen will, demolieren sie Hausrat.

f) Übermütige Jugendliche werfen mehrere Schneebälle durch ein zum Lüften geöffnetes Fenster in die Wohnung. Das schmelzende Schneewasser richtet Wasserschäden am Hausrat an.

g) Unbekannte brechen die Haustür eines Mietshauses auf und werfen Farbbeutel gegen die Wohnungstür eines Mieters, von dem sie glauben, dass er für die Anzeige von Falschparkern vor dem Haus verantwortlich sei.

Raub

11 a) Wie würden Sie den Fall in Aufgabe 9 f) beurteilen, wenn die Versicherungsnehmerin genau in dem Moment zurückkehrt, als der Dieb den Pelzmantel von der Garderobe nimmt, und der Täter sich jetzt mit erfolgreicher Gewalt der Wegnahme des Diebesgutes widersetzt?

b) Beim Verlassen seiner Stammkneipe wird der VN von hinten angefallen. Er kann sich wehren und merkt nicht, dass gleichzeitig sein Hausschlüssel aus der Jackentasche entwendet wurde. Nach dem Überfall kehrt der VN in die Gaststätte zurück, um die Polizei zu informieren. Viel zu spät bemerkt er, dass der Hausschlüssel fehlt. Zwischenzeitlich haben die Täter in seiner Wohnung Schmuck, Geld und ein Radio gestohlen.

c) Wie würden Sie den Fall b) beurteilen, wenn der Hausschlüssel dem VN unbemerkt an der Theke seiner Stammkneipe aus der Tasche gezogen worden ist?

d) Bei dem in Fall c) erwähnten Schlüsseldiebstahl wurde auch die Geldbörse unbemerkt aus der Gesäßtasche entwendet.

e) Bei seiner Heimkehr muss der VN feststellen, dass seine Frau durch einen Einbrecher als Geisel genommen wurde. Der Täter verlangt, dass der im Haustresor befindliche Schmuck herausgegeben wird und der VN am Bargeldautomaten Bargeld zieht, um es ihm auszuhändigen.

f) Der VN wird nachts nach dem Verlassen seines Autos gezwungen, die mitgeführte Aktentasche herauszugeben. Andernfalls drohen die Täter damit, das Auto zu zerbeulen.

g) wie vorstehend unter f), die angedrohte Gewalt soll sich aber gegen den VN richten, wenn er die Aktentasche nicht herausgibt.

h) Beim VN klingelt es an der Tür. Als er öffnet, sieht er sich zwei maskierten Männern gegenüber. Diese drängen ihn in die Wohnung und verlangen die Herausgabe des Bargeldes. Die zu Besuch weilenden Eltern des VN, die in einem Altersheim leben und keine eigene Hausratversicherung haben, kommen ebenfalls zu Schaden. Dem gebrechlichen Vater wird eine Armbanduhr abgenommen. Der Mutter, die rechtzeitig flüchten und sich im Bad einschließen konnte, wird der Inhalt der Handtasche weggenommen.

Leitungswasser

12 Leistet die Hausratversicherung des Wohnungsinhabers im Rahmen der Grunddeckung für folgende Bruchschäden?

a) Ein Zuleitungsrohr zur Badewanne, das der Wohnungsinhaber als Mieter zusammen mit der Wanne eingebaut hat, bricht durch Überdruck.

b) Durch den unter a) beschriebenen Überdruck platzt auch der Zuleitungsschlauch an der vom Vermieter bereitgestellten Waschmaschine.

c) Durch Frosteinwirkung wird das Tiefspül-WC in der Eigentumswohnung beschädigt. Der Wohnungseigentümer hatte erst vor kurzem das ursprüngliche vorhandene WC durch dieses WC ersetzen lassen.

d) Der Vermieter hatte auf Wunsch des Mieters ein zweites Waschbecken in das Badezimmer einbauen lassen und mit Einverständnis des Mieters dafür die Miete geringfügig erhöht. Der Siphon dieses Waschbeckens platzt durch Frosteinwirkung.

e) Der Vermieter lässt nachträglich Wassermesser an den Zapfstellen in der Mietwohnung einbauen, damit der Mieter seinen Wasserverbrauch besser kontrollieren kann. Bei einem der Wassermesser bricht die Klarsichtscheibe.

13 Leistet die Hausratversicherung?

a) Abwasser tritt aus der Dusche in der Parterrewohnung eines Mieters aus und läuft in die Wohnung, da sich das Abflussrohr an einer Krümmung im Keller zugesetzt hat. Der vom Mieter anstelle des PVC-Bodens eingebrachte Teppichboden und Furniere im Sockelbereich der Möbel werden beschädigt.

b) Das Rohrsystem im Durchlauferhitzer ist korrodiert. Heißes Wasser tritt aus und beschädigt die Badezimmermöbel.

c) Durch sintflutartige Regenfälle kommt es zu einer Überlastung des Kanalsystems. Das Wasser drückt zurück und verursacht eine Kellerüberschwemmung. Die im Keller abgestellte, aber noch voll funktionsfähige Stereoanlage wird zerstört.

d) Ein Bruch im Abwasserleitungsrohr beim Nachbarn des Doppelhauses bleibt unbemerkt, sodass Erdreich mit fortgeschwemmt wird. Im weiteren Verlauf kommt es zu einem Senkungsriss in der Haushälfte des VN. Das Abwasser dringt ein und beschädigt diversen Hausrat.

e) Die Kühlflüssigkeit der Tiefkühltruhe tritt infolge Leitungskorrosion aus und zerstört den Tiefkühltruheninhalt.

f) Ein Besucher beim VN, der nachts die Sanitäreinrichtungen aufsucht, öffnet das Fenster des Gäste-WCs zu Lüftungszwecken und vergisst es später wieder zu schließen. Strenger Nachtfrost führt dazu, dass das Wasser in den Geruchsverschlüssen der Abflüsse gefriert und die betroffenen Sanitärobjekte zerstört. Das Gäste-WC wurde vom VN als Mieter eingebracht.

g) Dachrinne und Regenabflussrohr sind durch Laub verstopft, so dass Wasser in die Mansardenwohnung des Mieters eindringen und seinen Haurat beschädigen konnte.

h) Infolge Erdsenkung bricht ein Abwasserrohr im Keller und beschädigt diversen dort abgestellten Hausrat.

i) Heißer Dampf dringt aus dem Schnellkochtopf und beschädigt das Furnier der neuen Küche, die der VN gerade in einem Möbelhaus als Ausstellungsstück erworben hat.

Naturgefahren

14 Prüfen Sie, ob die folgenden Schäden im Rahmen der versicherten Naturgefahren Sturm, Hagel versichert sind:

a) Unerwartet aufkommender stürmischer Wind (nach der Beaufort-Skala) beschädigt die vom VN auf dem Balkon seiner Mietwohnung angebrachte Markise, noch ehe sie vollständig eingefahren werden konnte.

b) Durch einen heftigen Sturm wird Schnee in das Abluftrohr der Küche geweht. Er taut dort und fließt als Wasser in die Dunstabzugshaube, wodurch der Lüftungsmotor zerstört wird.

c) Sturm drückt ein ordnungsgemäß verschlossenes Fenster ein. Dadurch kann Regen eindringen, der in der Wohnung befindliche Möbel beschädigt.

d) Ein Sturmtief bringt eine Lawine am Urlaubsort des VN zum Absturz. Der gemietete Ferienbungalow wird mit dem im Haus deponierten Reisegepäck verschüttet.

e) Eine plötzlich aufziehende heftige Sturmböe zerstört den Terrassentisch und zerreißt das im Garten aufgestellte Partyzelt. Ferner wird die Markise am Haus beschädigt. Sie konnte nicht mehr schnell genug eingefahren werden.

f) Hagelkörner zerschlagen die Lichtkuppel des Anbaus, in dem der VN einen Abstellraum eingerichtet hat. Infolge der auftauenden Eiskörner dringt Feuchtigkeit in eine dort abgestellte Verstärkeranlage und zerstört diese.

g) Durch einen Orkan werden mehrere Strommasten umgeknickt und es kommt zu einem stundenlangen Stromausfall. Vorräte im Tiefkühlschrank und im Eisfach des Kühlschrankes verderben.

h) Durch Sturm wird das Fallrohr der Dachrinne abgerissen, so dass das Regenwasser des gleichzeitigen heftigen Regens unkontrolliert gegen die Hauswand spritzen kann. Das Wasser dringt über die Ritzen eines Fensters in die Wohnung des VN ein und beschädigt Sockel der in Fensternähe stehenden Möbel.

i) Ein Dieb nutzt die Gelegenheit, Wertsachen aus der Parterrewohnung des VN zu stehlen, nachdem Sturm das Fenster eingedrückt hat.

k) Durch einen heftigen Regensturm lösen sich Dachziegel auf dem Haus. Der VN will sich den Schaden ansehen und spannt zunächst seinen Regenschirm im Eingangsbereich des Hauses auf. In dem Moment fällt ein Ziegel vom Dach und zerstört den Regenschirm. Der VN erleidet eine Handverstauchung.

15 In die Hausratversicherung des VN sind durch gesonderte Vereinbarung die weiteren Elementargefahren nach § 5 Nr. 3 VHB 2014 eingeschlossen worden.

Prüfen Sie, ob der VN in den nachstehenden Fällen eine Leistung erwarten darf oder nicht (mit Begründung).

a) Ein Bergbaustollen ist eingestürzt. Die Erdsenkung hat das Haus, in dem der VN wohnt, erheblich beschädigt.

b) Während einer Rundfahrt wird das Hotel, in dem der VN während seines Urlaubs in Indonesien wohnt, bei einem Vulkanausbruch vollständig zerstört.

c) Tagelange starke Regenfälle haben im Nachbarort zu einer Überschwemmung mit Stromausfall für alle umliegenden Orte geführt. Tiefkühlgut wird dadurch verdorben.

d) Der VN hat bereits erste Hausratgegenstände im Keller seines fast fertiggestellten Eigenheims, das an einem Berghang liegt, eingelagert. Nach heftigem Gewitterregen dringt Schlamm, der vom Berghang abrutscht, in den Keller ein.

e) Anhaltende Regenfälle haben den Gartenteich ausufern lassen. Das Wasser ist in die Kellerräume eingedrungen.

f) Auf der Dachterrasse seiner gemieteten Penthousewohnung sammelt sich Regenwasser nach einem Platzregen und dringt in die Wohnung ein.

Nicht versicherte Schäden

16 Prüfen und begründen Sie, ob die nachfolgenden Fälle vom Versicherungsschutz der Hausratversicherung erfasst oder nicht erfasst werden:

a) Durch einen Windzug kommt die Gardine mit einer brennenden Kerze in Berührung. An der Gardine entsteht ein Loch von der Größe einer Fingerkuppe.

b) Durch Blitzeinschlag in einen nahe gelegenen Strommast kommt es zur Überspannung im Stromnetz. Die Überspannung bewirkt eine kurze Stichflamme beim Zerschmelzen eines Kondensators im Fernsehgerät, die die Gardine erfasst und in Brand setzt.

c) Dem VN wird in einer Einkaufspassage das Handy entrissen, als er gerade telefoniert. Er versucht, hinter dem Täter herzulaufen, bleibt jedoch mit seiner Jacke an einem Regal hängen. Der Täter kann in der Menschenmenge untertauchen und entkommen.

d) Sturm drückt eine Wand des bereits allseitig geschlossenen aber noch nicht vollständig fertiggestellten Anbaus ein. Eindringender Regen gelangt durch den bereits geschaffenen Zugang bis ins Haupthaus. Im Anbau und im Haupthaus wird Hausrat beschädigt.

e) Die Putzfrau stößt versehentlich den Putzeimer um. Das ausfließende Wasser beschädigt Möbel im Sockelbereich.

f) Beim ausgelassenen Spielen zerstören Kinder versehentlich eine Glasseite des Aquariums. Das Wasser läuft auf den Parkettboden, den der VN als Mieter anstelle des Teppichfußbodens hat einbauen lassen und hinterlässt hässliche Flecken. Ferner wird ein Ledersofa erheblich durch das austretende Wasser in Mitleidenschaft gezogen. Die aus dem Aquarium ausgespülten Fische verenden.

g) Infolge Schneesturms hat sich Schnee vor der Terrassentür aufgetürmt. Dort beginnt er zu tauen und läuft durch die Türritzen ins Innere. Ein chinesischer Seidenteppich trägt irreparable Flecken davon.

h) Wasserdampf aus einem Dampfkochtopf, dessen Austritt unbemerkt bleibt, löst ein Furnier am Küchenschrank.

2.4 Räumlicher Geltungsbereich

2.4.1 Versicherungsort

Versicherungsort

Wohnung einschl. privat genutzter **Räume in Nebengebäuden auf** demselben **Grundstück** (z. B. **Garage**)	Bestimmte Sachen (z. B. Waschmaschinen) in **Gemeinschaftsräumen** auf demselben Grundstück wie die Wohnung	privat genutzte **Garagen in der Nähe** des Versicherungsortes, soweit im Antrag benannt

➤ Wohnung

Versicherungsort ist die im Versicherungsvertrag bezeichnete Wohnung des VN. VHB 2014 § 6 Nr. 3

Beispiel:

Versicherungsnehmer:	Anton Müller
Versicherungsort:	Friedenstr. 29 (2. Stockwerk) 99999 Musterstadt

Zur Wohnung gehören

- alle Räume, die zu Wohnzwecken dienen und eine selbstständige Lebensführung ermöglichen. Nr. 3 (a)

  Das sind die durch den VN oder mit ihm in häuslicher Gemeinschaft lebenden Personen **privat** genutzten Flächen eines Gebäudes.

  Die Wohnung umfasst danach auch einen zur Wohnung gehörenden Kellerraum oder Bodenraum.

  Zur Wohnung zählt auch das beruflich genutzte Arbeitszimmer, wenn es ausschließlich über die Wohnung betreten werden kann (siehe weiter unten).

- Loggien, Balkone, an das Gebäude unmittelbar anschließende Terrassen sowie Räume in Nebengebäuden auf demselben Grundstück wie die Wohnung. Nr. 3 (b)

  Sie dürfen ebenfalls nur vom VN und mit ihm in häuslicher Gemeinschaft lebenden Personen **privat** genutzt sein.

  Eine Garage **auf demselben Grundstück** wie die Wohnung zählt als Nebenraum mit zur versicherten Wohnung.

Nicht zur Wohnung nach VHB 2014 zählen ausschließlich beruflich oder gewerblich genutzte Räume, es sei denn, sie sind ausschließlich über die Wohnung zu betreten (sog. **Arbeitszimmer in der Wohnung**). Nr. 3 (a)

Beispiele:

- Arbeitszimmer eines Lehrers, das beruflich und privat genutzt wird. Es zählt zur Wohnung nach VHB 2014, da es nicht nur beruflich genutzt wird.
- Büroraum eines Vertreters in der Wohnung, der ausschließlich beruflich genutzt wird, aber nur über die Wohnung betreten werden kann. Er zählt zur Wohnung nach VHB 2014, da es an einer separaten Eingangstür fehlt.
- Kosmetikstudio in einer Wohnung mit separatem Eingang. Der ausschließlich beruflich genutzte Wohnungsteil mit separatem Zugang zählt nicht zur Wohnung nach VHB 2014.

➤ Weitere Versicherungsorte

VHB 2014 § 6 Nr. 3 (c)

- Gemeinschaftlich genutzte, verschließbare Räume auf dem Grundstück der versicherten Wohnung, in denen Hausrat bestimmungsgemäß vorgehalten wird.

Beispiele:

- Waschmaschine in der gemeinschaftlichen Waschküche
- Fahrrad im gemeinschaftlichen Fahrradkeller
- Skier im hierfür ausgewiesenen Skiraum
- Wäsche auf der Leine im gemeinschaftlichen Trockenraum

Ein Fahrrad in der abgeschlossenen Waschküche wäre nicht versichert, da dieser Raum hierfür bestimmungsgemäß nicht vorgehalten wird.

Nr. 3 (d)

- Versicherungsschutz besteht auch in privat genutzten **Garagen in der Nähe** des Versicherungsortes, soweit sie im Antrag benannt wurden.

Nr. 2 (c) (cc) Für ausschließlich privat genutzte **Rundfunk- und Fernsehantennenanlagen** sowie für **Markisen** gilt das gesamte Grundstück, auf dem sich die Wohnung befindet, als Versicherungsort.

Nr. 1 S. 2 Versicherte Sachen, die infolge eines Versicherungsfalles vom Versicherungsort vorübergehend entfernt werden, sind auch außerhalb des Versicherungsortes versichert. Werden sie dabei beschädigt, zerstört oder kommen sie abhanden, besteht ebenfalls Versicherungsschutz. Das Schadenereignis muss in einem zeitlichen und örtlichen Zusammenhang mit dieser Auslagerung stehen.

2.4.2 Außenversicherung

➤ Voraussetzungen für den Versicherungsschutz

§ 7 Nr. 1 Die Außenversicherung im Rahmen der Hausratversicherung gewährt unter folgenden Voraussetzungen Versicherungsschutz außerhalb des Versicherungsortes:

- Es handelt sich um Sachen, die im Eigentum des VN oder einer mit ihm in häuslicher Gemeinschaft lebenden Person stehen.
- Soweit fremdes Eigentum vorliegt, müssen die Sachen dem Gebrauch der vorgenannten Personen dienen.
- Die Sachen befinden sich nur **vorübergehend,** d. h. nicht länger als drei Monate, außerhalb der Wohnung.

Nr. 2 Die Beschränkung von drei Monaten gilt nicht, soweit sich der VN oder eine mit ihm in häuslicher Gemeinschaft lebende Person zur Ausbildung, zur Erfüllung von Wehrdienst oder Freiwilligendienst außerhalb der Wohnung aufhält und dort keinen eigenen Haushalt gegründet hat.

»**Vorübergehend**« kennzeichnet einen Zustand, der vorsieht, dass die Sachen wieder an den Versicherungsort gelangen. Nach herrschender Rechtsauffassung gilt dies auch für z. B. gekaufte oder geliehene Sachen, die bisher nicht am Versicherungsort waren aber dorthin gelangen sollen.

Beispiele:

- Ein Ehepaar im Ruhestand verbringt jedes Jahr zwei Monate des Winters auf Mallorca. Der mitgenommene Hausrat ist im Rahmen der Außenversicherung versichert; denn die Abwesenheit erfüllt noch das Merkmal »vorübergehend«.
- Beim Einbruch in das Hotelzimmer wird der Schmuck der Lebensgefährtin des VN entwendet. Es besteht Außenversicherungsschutz, wenn die Lebensgefährtin mit dem VN am Wohnort in häuslicher Gemeinschaft lebt.
- Ein Monteur geht für Montagearbeiten vier Monate lang ins Ausland. Der Zeitraum gilt nicht mehr als »vorübergehend« und die Außenversicherung gewährt keinen Versicherungsschutz.
- Ein freiwilliger Soldat, der sich für 5 Jahre verpflichtet hat, hat Teile seines Hausrats bei den Eltern auf dem Dachboden abgestellt. Sie werden nicht vom Außenversicherungsschutz erfasst. Die Sachen sind auch nicht in der Hausratversicherung der Eltern versichert, da sie nicht dem Haushalt der Eltern dienen (vgl. A 2.1.2 – fremdes Eigentum).
- Der VN hat am Urlaubsort eine Skiausrüstung geliehen, die beim Hotelbrand zerstört wird. Es besteht kein Außenversicherungsschutz, da die Sachen nicht zur Wohnung des VN gehörten, aus der sie vorübergehend entfernt wurden und nach dort auch nie gelangen würden.
- Beim Hotelbrand sind auch am Urlaubsort gekaufte Kleider verbrannt. Es besteht Außenversicherungsschutz, da die Kleider an den Versicherungsort gelangen sollten.

Im Rahmen des Außenversicherungsschutzes gilt zunächst der **Grundsatz Fremdversicherung vor Außenversicherung, d.h. eine Fremdversicherung ist vor der Außenversicherung eintrittspflichtig**.

Beispiel:

Der VN hat von einem Freund ein Buch ausgeliehen, das bei einem Brand in der Wohnung des VN zerstört wird. In der Hausratversicherung des VN ist das Buch als fremdes Eigentum versichert, in der Hausratversicherung des Freundes besteht Versicherungsschutz über die Außenversicherung. Geschädigter ist der Freund des VN.

Es liegt eine Mehrfachversicherung vor (vgl. Band 3, D 4.2). Die Hausratversicherung des VN (aus Sicht des Geschädigten eine Fremdversicherung) ist vor der Außenversicherung im Rahmen der Hausratversicherung des Freundes eintrittspflichtig.

In Fällen, in denen die Nutzung an der Sache durch den Geschädigten auch vorübergehend nicht aufgegeben wurde (z. B. Sachen eines Besuchers in der Wohnung des VN, Sachen von Betriebsangehörigen) gilt allerdings der umgekehrte Grundsatz, nämlich »**Außenversicherung vor Fremdversicherung**«; d. h. die Außenversicherung ist vor einer Fremdversicherung eintrittspflichtig.

Beispiel:

In der Wohnung des VN bricht ein Brand aus während er Besuch hat. Neben diversem Hausrat des VN wird der Mantel des Besuchers beschädigt. Sowohl der VN als auch der Besucher haben eine Hausratversicherung.

Leistungspflichtig ist zunächst die Außenversicherung des Besuchers für den Schaden am Mantel. Würde diese keinen ausreichenden Versicherungsschutz bieten (was hier wohl nicht der Fall sein wird) oder hätte der Besucher keine Hausratversicherung, käme die Hausratversicherung des VN (aus Sicht des Geschädigten eine Fremdversicherung) zum Tragen.

➤ Geltungsbereich und versicherte Gefahren

Nach den **VHB 2014** gilt die Außenversicherung **weltweit**.

VHB 2014 § 7 Nr. 3 Der Versicherungsschutz aus der Außenversicherung bestimmt sich im Kern nach den versicherten Gefahren und Schäden mit den jeweiligen Ausschlüssen gem. §§ 1 bis 5 VHB 2014. Nicht mitversichert ist Vandalismus. Bei Raub wird Außenversicherungsschutz nur für den VN und die mit ihm in häuslicher Gemeinschaft lebenden Personen gewährt.

Folgende Beispiele mögen die Gesamtzusammenhänge noch einmal verdeutlichen:

Beispiele:

1. Durch einen Sturm wird das vor dem Hotel für die Abholung bereitgestellte Gepäck des VN beschädigt.
2. Während sich der VN am Swimmingpool des Hotels aufhält, wird sein verschlossenes Hotelzimmer aufgebrochen und der Fotoapparat entwendet.
3. Ferner zerreissen die Einbrecher mehrere Hemden und Blusen.
4. Der VN gibt am Urlaubsort seinen Fotoapparat heraus, da ihm ansonsten Gewalt angedroht wird.
5. Bei einem Stadtbummel am Urlaubsort wird der Freundin des VN die Handtasche mit Gewalt entrissen.

Zu 1.: Der Grundsatz der Gebäudegebundenheit bei Schäden durch Naturgewalten gilt auch im Rahmen der Außenversicherung, so dass der Schaden nicht versichert ist.

Zu 2.: Es liegt ein Einbruch im Sinne der VHB 2014 vor, so dass auch Außenversicherungsschutz besteht.

Zu 3.: Vandalismus nach einem Einbruch ist normalerweise versichert, für die Außenversicherung aber explizit ausgeschlossen.

Zu 4.: Dieser Fall wird auch im Rahmen der Außenversicherung nach den Bestimmungen über Raub in den VHB 2014 behandelt. Die Herausgabe des Fotoapparates ist versichert, da die angedrohte Gewalt an Ort und Stelle verübt werden soll.

Zu 5.: Der Raubbegriff nach den VHB 2014 ist erfüllt. Versicherungsschutz besteht im Rahmen der Außenversicherung hier jedoch nur für den Fall, dass die Freundin mit dem VN am Heimatort in häuslicher Gemeinschaft lebt.

➤ Höhe der Entschädigung

Nr. 4 Die Entschädigung für die Außenversicherung ist insgesamt auf 10 % der VS, max. 10 000,00 €, begrenzt.

Beispiel:

VS lt. Versicherungsschein	85 000,00 €
Vorsorgebetrag gem. § 13 Nr. 3 (vgl. A 3.1.2)	8 500,00 €
Gesamt-VS	93 500,00 €
Schaden (keine Wertsachen) im Rahmen der Außenversicherung	10 000,00 €
Entschädigung nach VHB 2014 (10 % der VS, max. 10 000,00 €)	9 350,00 €

Klausel PK 7713 Durch Klauselvereinbarung kann die Entschädigungsgrenze in der Außenversicherung erhöht werden. Die Klausel PK 7713 ist im **Proximus 3 Bedingungswerk** nicht abgedruckt.

2.4.3 Hausrat außerhalb der ständigen Wohnung

Nach Klausel PK 7213 (vgl. A 2.6) gelten als nicht ständige Wohnung u. a.:

(1) Wochenend-, Ferien-, Land- und Jagdhäuser,

(2) Zweitwohnungen in ständig bewohnten Gebäuden.

Der **dauerhaft** dort abgestellte Hausrat ist nicht über die Außenversicherung der Hausratversicherung für den ständigen Wohnort gedeckt. Vielmehr muss hierfür eine separate Hausratversicherung abgeschlossen werden, die höhere Prämiensätze wegen des größeren Risikos kennt.

In den unter (1) genannten Wohnungen sind die in § 14 Nr. 1 VHB 2014 aufgeführten Wertsachen (Bargeld, Schmucksachen usw.) sowie Schusswaffen, Foto- und optische Apparate nicht versichert. Klausel PK 7213

In Zweitwohnungen gem. vorstehender Ziffer (2) sind lediglich die in § 14 Nr. 1 VHB 2014 aufgeführten Wertsachen nicht versichert.

In einer für den Urlaub gemieteten Ferienwohnung ist der mitgebrachte Hausrat dagegen nur **vorübergehend** eingebracht und damit im Rahmen der **Außenversicherung** versichert.

2.4.4 Wohnungswechsel

➤ **Übergang des Versicherungsschutzes**

Ein Wohnungswechsel liegt vor, wenn der VN eine neue Wohnung **in derselben Weise** wie die bisherige nutzt. Der Versicherungsschutz geht dann auf die neue Wohnung über. VHB 2014 § 11

In der Regel wird der VN den Hausrat in die neue Wohnung bringen und die alte Wohnung aufgeben, es sei denn, er begründet einen Doppelwohnsitz (siehe weiter unten). Der Umzug beginnt, wenn erstmals versicherte Sachen dauerhaft in die neue Wohnung gebracht werden.

➤ Während des Wohnungswechsels besteht **Versicherungsschutz in beiden Wohnungen**, allerdings erlischt er in der bisherigen Wohnung spätestens **zwei Monate** nach Umzugsbeginn.

Beispiel:

Der VN hat ein Einfamilienhaus gekauft und lässt dieses teilweise umbauen. Parallel dazu führt er den Umzug selber in Etappen durch. Erste Hausratgegenstände wurden am 10. April d. J. in das Einfamilienhaus gebracht. Kurz vor Abschluss des Umzuges wird am 20. Juni d. J. in seine alte Wohnung eingebrochen und die dort noch stehende Computeranlage gestohlen.

In der Zeit vom 10. April d. J. bis 10. Juni d. J. besteht in beiden Wohnungen Versicherungsschutz. Nach dem 10. Juni besteht nur noch Versicherungsschutz in der neuen Wohnung, so dass der Einbruchschaden in der alten Wohnung nicht mehr versichert ist.

Während des Transports der versicherten Sachen von der alten zur neuen Wohnung besteht nur Versicherungsschutz im Rahmen der **Außenversicherung** (vgl. A 2.4.2).

Die typischen Transportrisiken beim Umzug, z.B. Bruchschäden, Unfall, Diebstahl aus dem Möbelwagen, sind nicht versichert.

➤ Umzug ins Ausland

VHB 2014 § 11 Nr. 3 — Liegt die neue Wohnung nicht innerhalb der Bundesrepublik Deutschland, geht der Versicherungsschutz nicht über. Für die alte Wohnung endet er zwei Monate nach Umzugsbeginn. Durch entsprechende Klausel kann ein Wohnsitz im Ausland als Versicherungsort vereinbart werden.

➤ Doppelwohnsitz

Nr. 2 — Behält der VN zusätzlich die bisherige Wohnung bei, geht der Versicherungsschutz nicht über, wenn die alte Wohnung weiter bewohnt wird (Doppelwohnsitz). Für eine Übergangszeit von zwei Monaten besteht Versicherungsschutz in beiden Wohnungen. Der VN muss für die neue Wohnung eine eigene Hausratversicherung abschließen.

➤ Anzeige des Wohnungswechsels

Nr. 4 — Der Wohnungswechsel ist dem VR **spätestens bei Umzugsbeginn** unter Angabe der neuen Wohnfläche in Quadratmetern schriftlich anzuzeigen.

Die Anzeige ist von Bedeutung, da mit dem Wohnungswechsel

- eine Änderung der Tarifzone und damit eine Prämienänderung (vgl. A 3.3),
- eine Neufestsetzung der VS aufgrund der Klausel PK 7712 (vgl. A 3.1.3)

verbunden sein kann.

§ 11 Nr. 4 (b), (c) — Für den VN können sich nachteilige Rechtsfolgen ergeben, wenn mit dem Umzug eine Gefahrerhöhung (vgl. A 4.2) verbunden ist und er der Anzeigepflicht nicht genügt hat. Auch kann ein vereinbarter Unterversicherungsverzicht entfallen, wenn sich die Wohnfläche vergrößert hat.

Exkurs: Hausratversicherung bei Aufgabe einer gemeinsamen Wohnung

Nr. 6, 7 — Gemeinsame Wohnungen nach den VHB 2014 sind

- die Ehewohnung,
- die Wohnung einer eheähnlichen Lebensgemeinschaft bzw. Lebenspartnerschaft, wenn die Partner am Versicherungsort gemeldet sind.

Kommt es zur Trennung, ist folgendes zu beachten:

(1) Nur einer der Ehegatten bzw. Partner ist VN der Hausratversicherung

Zieht der VN aus der gemeinsamen Wohnung aus, gelten die neue Wohnung des VN und die bisherige Wohnung als Versicherungsorte. Wird der Vertrag nicht den neuen Gegebenheiten angepasst, endet der Versicherungsschutz in der alten Wohnung spätestens nach Ablauf von drei Monaten nach der nächsten, auf den Auszug des VN folgenden Prämienfälligkeit. Der verbleibende Ehegatte bzw. Partner muss daher rechtzeitig eine eigene Hausratversicherung abschließen.

> **Beispiel:**
>
> Versicherungsperiode vom 01. Jan. d. J. 0 Uhr bis 31. Dez. d. J. 24 Uhr.
>
> Auszug des VN am 20. Mai d. J.
>
> Der Versicherungsschutz in der bisherigen Wohnung endet spätestens am 31. März 24 Uhr des folgenden Jahres. Ab diesem Zeitpunkt ist die neue Wohnung des VN alleiniger Versicherungsort.

(2) Beide Eheleute bzw. Partner sind VN der Hausratversicherung

Sind beide Eheleute bzw. Partner VN gilt entsprechendes mit der Maßgabe, dass der Versicherungsschutz für die neue Wohnung des ausgezogenen Ehegatten bzw. Partners erlischt.

Ziehen beide Ehegatten/Partner in neue Wohnungen, so gilt jede der Wohnungen zunächst als Versicherungsort. Spätestens nach Ablauf von 3 Monaten nach der nächsten, auf den Auszug folgenden Prämienfälligkeit erlischt der Versicherungsschutz für beide neuen Wohnungen.

(3) Auszug der Person, die nicht VN der Hausratversicherung ist

Zieht diese Person nicht mit der Absicht der endgültigen Trennung sondern nur vorübergehend aus (bis max. 3 Monate) besteht der eingeschränkte Versicherungsschutz aus der Außenversicherung für den mitgenommenen Hausrat.

Ist eine längere oder die endgültigen Trennung beabsichtigt, muss die ausziehende Person eine eigene Hausratversicherung abschließen um Versicherungsschutz zu haben.

Lernkontrollen zu A 2.4

Versicherungsort, Außenversicherung, Wohnungswechsel

1 Der VN wohnt in einem mehrgeschossigen Gebäude zur Miete. Seine Wohnung liegt in Parterre. Die angrenzende Terrasse und den Garten hat er zur alleinigen Nutzung ebenfalls gemietet. Zur Mietwohnung gehört eine Garage in einem Garagenhof, der 100 Meter entfernt ist, was im Antrag vermerkt wurde.

Prüfen Sie, ob sich die nachstehenden Versicherungsfälle am Versicherungsort gem. VHB 2014 ereignen und die davon betroffenen Sachen versichert sind.

a) In die Garage des VN wird eingebrochen. Es werden die dort abgestellten Winterreifen entwendet.

b) Das Dach des Gerätehauses im Garten wird von einer orkanartigen Böe abgedeckt. Eindringender Regen beschädigt den Rasenmäher des VN.

c) In der gemeinschaftlichen Waschküche fängt der dort abgestellte Trockner des VN wegen eines Kurzschlusses Feuer. Die Wäsche im Trockner verbrennt.

d) Der VN besitzt einen Strandkorb, der auf dem Rasen abgestellt ist. Dieser wird vom Blitz getroffen.

e) Der Blitz hat auch die auf der Terrasse abgestellten Terrassenmöbel in Mitleidenschaft gezogen.

f) Die im Garten aufgebaute Funkantenne ist nach dem Blitzschlag nicht mehr brauchbar.

g) Vandalen brechen die Eingangstür zum Mietshaus auf und besprühen Decke und Wände im Hausflur. Die Eingangstür zur Wohnung des VN wird erheblich beschädigt.

h) Im Dachgeschoss brechen sie mehrere Abstellräume auf. Aus dem Abstellraum des VN entwenden sie Kfz-Ersatzteile, die der VN dort gelagert hat.

i) Eine plötzliche Windböe in Sturmstärke beschädigt die vom VN auf seine Gefahr und Kosten über der Terrasse angebrachte Markise.

j) Durch Hagelschlag werden die Terrassenmöbel beschädigt.

2 Besteht Versicherungsschutz im Rahmen der Außenversicherung?

a) Unbekannte brechen die Schließfächer im Schwimmbad während des Badebetriebes auf. Dem VN werden Geldbörse und Armbanduhr gestohlen.

b) Der VN hält mit seinem Auto an einer roten Ampel. Ein Unbekannter reißt die Autotür auf und verlangt mit vorgehaltener Pistole die Geldbörse.

c) Fallvariation: Während der VN mit seinem Auto an einer roten Ampel hält, öffnet ein Unbekannter den Kofferraum und entwendet einen Reisekoffer mit Inhalt.

d) Orkanartige Stürme wirbeln abgebrochene Äste und Zweige durch die Luft. Ein Ast streift die Versicherungsnehmerin am Arm und zerreißt den Ärmel ihres Anoraks.

e) Hagelkörner zerbeulen das Auto des VN und durchschlagen die Fließheckscheibe. Im Fahrzeug befindliches Porzellan, das der VN gekauft und wegen des Unwetters noch nicht ausgeladen hatte, wird zertrümmert.

f) Der VN hat vor kurzem ein kleines Wochenendhaus in der Eifel gekauft. In dieses wird während der Woche eingebrochen. Entwendet werden der Fernsehapparat, die Kaffeemaschine und ein Fotoapparat.

g) Während der Sommerferien hat der VN eine Ferienwohnung im Allgäu gemietet. Einbrecher hebeln die Eingangstür zur Ferienwohnung auf. Sie entwenden die Videokamera des VN und den Schmuck seiner Ehefrau. Vor Verlassen der Wohnung schlitzen sie noch die Couchgarnitur auf.

h) Der VN hat am Urlaubsort folgende Lederartikel gekauft und zwar

- eine Lederhandtasche für seine Ehefrau, die aus beruflichen Gründen in der Heimatwohnung zurückgeblieben ist,
- eine Lederjacke für sich selbst.

Bei einem Einbruch in sein Hotelzimmer werden die Artikel gestohlen.

3 Der VN bewohnt eine Eigentumswohnung. Zur Wohnung gehört ein Stellplatz in der abschließbaren Tiefgarage. Er will wissen, ob sein Fahrrad gegen Diebstahl versichert ist, wenn er es dort in abgeschlossenem Zustand abstellt.

Klären Sie den VN auf.

4 Der VN zieht aus seiner Mietwohnung in ein Eigenheim um. Ein Teil des Hausrats verbleibt vorläufig noch in der alten Wohnung, da das Eigenheim erst zur Hälfte bezugsfertig ist. Während des Umzuges gerät einer der beiden Möbelwagen in Brand. Der geladene Hausrat, Versicherungswert 20000,00 €, verbrennt vollständig.

a) Besteht Versicherungsschutz und wie hoch ist ggf. die Entschädigung, wenn der VN eine VS von 75000,00 € hat?

b) Würde Ersatz geleistet, wenn die Plane des Möbelwagens durch Sturmstärke 9 abreißen und der geladene Hausrat vom Regen beschädigt bzw. zerstört würde?

c) Der VN wohnt während des Umzugs in einem Hotel. Dort wird in sein Hotelzimmer eingebrochen und seine Armbanduhr sowie der Fotoapparat gestohlen. Leistet die Hausratversicherung?

5 Sie erhalten das folgende Schreiben des VN Dieter Rockel aus 22041 Hamburg:

»Meine Tochter studiert und wohnt während dieser Zeit in 54290 Trier. Sie hat dort ein kleines Appartement gemietet und mit neuen Möbeln eingerichtet, die meine in Neumünster wohnende Mutter gekauft und ihr zum Abitur geschenkt hat. Bitte bestätigen Sie mir, dass der Hausrat meiner Tochter während der Dauer des Studiums in meiner Hausratversicherung mitversichert ist.«

- **Arbeitsauftrag**

  Antworten Sie dem VN Rockel.

6 Die VN Monika Ahrendt zeigt an, dass sie eine neue Wohnung über 90 m² in 06179 Angersdorf bei Halle/Saale gemietet hat, der Umzug sich aber nur schrittweise vollzieht, da sie die Räume nacheinander renovieren und mit den vorhandenen sowie weiteren neuen Möbeln einrichten will. Sie schätzt hierfür einen Zeitbedarf von 6 Wochen ein.

- **Vertragsspiegel**

  Sie entnehmen dem Vertragsspiegel:

  VS: 40 000,00 € (keine besonderen Vereinbarungen)

  Derzeitiger Wohnort: 06429 Nienburg (Saale)

- **Arbeitsauftrag**

  Beraten Sie die Kundin dergestalt, dass der Versicherungsschutz während des Umzuges keine Unterbrechung erfährt und nach vollendetem Umzug der Versicherungsschutz den neuen Gegebenheiten angepasst ist.

7 Der VN Kurt Leidhold schreibt, dass er seinen ersten Wohnsitz von 22041 Hamburg nach 17389 Anklam verlegen wird und die bisherige Erstwohnung als Zweitwohnung beibehalten will. Er bittet, die VS seiner Hausratversicherung zu verdoppeln, denn die Wohnung in Anklam habe die gleiche Größe wie die Wohnung in Hamburg.

- **Vertragsspiegel (Auszug)**

  Sie entnehmen dem Vertragsspiegel:

  Versicherte Gefahren: F, ED, Raub, Lw, St, Hagel

  Versicherungssumme: 61 750,00 €

  Besondere Vereinbarungen: Klausel PK 7712

  Unterversicherungsverzicht

- **Arbeitsauftrag**

  Antworten Sie dem VN Leidhold.

8 Sie erhalten am 13. Aug. d. J. das folgende Schreiben von Frau Eleonore Ellberg:

> »Mein Ehemann hat nach 15 Ehejahren die gemeinsame Wohnung verlassen, da er eine neue Lebenspartnerin gefunden hat, und wohnt jetzt in 35576 Wetzlar, Eintrachtstr. 17. Er hat noch nichts vom Hausrat mitgenommen, obgleich viele Sachen darunter sind, die er von seinen Eltern geerbt hat. Ich möchte, dass unsere Hausratversicherung weiter bestehen bleibt, und bitte, diese auf meinen Namen umzuschreiben. Ich bin aber nicht daran interessiert, die Versicherungsprämie für die Sachen meines Mannes mitzubezahlen. Kürzen Sie deshalb bitte die VS um 50 %. Die Sachen meines Ehemannes werden in die leer stehende Einliegerwohnung unseres Hauses geschafft, von wo er sie abholen kann.«

- **Vertragsspiegel**

  Sie entnehmen dem Vertragsspiegel:

  > VS: 68 250,00 €
  >
  > VN: Heinz Ellberg, 38458 Velpke (Niedersachsen), Beethovenstr. 34
  >
  > Versicherungsperiode: 01. 04. d. J. 0 Uhr – 31. 03. n. J. 24 Uhr

- **Arbeitsauftrag**

  Bearbeiten Sie den Fall dergestalt, dass die Versicherungsinteressen beider Eheleute gewahrt sind, und richten Sie entsprechende Schreiben an Frau und Herrn Ellberg.

9 Die Kundin Sandra Timm schreibt am 15. März d. J.:

> »Wir sind am 10. diesen Monats mit der Spedition Eurotransport nach Hamburg umgezogen. Mein Mann ist im Möbelwagen mitgefahren, während ich mit unserem Pkw vorausgefahren bin. Auf dem Rastplatz Heidemoor sind die beiden Mitarbeiter der Spedition überfallen worden, als mein Mann gerade Erfrischungsgetränke für alle holte. Die Mitarbeiter wurden bedroht und gezwungen, den Fernsehapparat (Wert 3 200,00 €) und die Stereoanlage (Wert 7 400,00 €) aus dem Möbelwagen in den Kleintransporter der Täter umzuladen. Die Anschaffungsbelege der entwendeten Gegenstände sind beigefügt. Ich bitte, die Gegenstände zu ersetzen.«

- **Auszug aus dem Vertragsspiegel**

  > Verbundene Hausratversicherung nach den VHB 2014
  >
  > VN: Heinz und Sandra Timm, 40179 Düsseldorf, Heerdter Landstr. 334
  >
  > VS: 71 500,00 €
  >
  > Besondere Vereinbarungen: Klausel PK 7712
  >
  > Anzeige des Wohnungswechsels am 10. März, Wohnfläche der neuen Wohnung 130 m². Die Vertragsneuordnung infolge Umzugs wurde durch den VR am 14. März d. J. schriftlich angeboten.

- **Arbeitsauftrag**

  Antworten Sie Frau Timm.

2.5 Versicherte Kosten und Aufwendungsersatz

Versicherte Kosten nach § 8 VHB 2014	Aufwendungsersatz nach § 83 VVG
• Aufräumungskosten • Bewegungs- und Schutzkosten • Hotelkosten • Transport- und Lagerkosten • Schlossänderungskosten • Bewachungskosten • Reparaturkosten für Gebäudeschäden • Reparaturkosten für Nässeschäden • Kosten für provisorische Maßnahmen	• Schadenabwendungskosten • Schadenminderungskosten **Erweiterter Aufwendungsersatz nach § 90 VVG** • für die Abwendung eines unmittelbar bevorstehenden Versicherungsfalles • für die Minderung der Auswirkungen eines unmittelbar bevorstehenden Versicherungsfalles

2.5.1 Kostenschäden nach § 8 VHB 2014

a) Aufräumungskosten

Hierzu zählen neben den eigentlichen Kosten für das Aufräumen auch die Kosten für den Abtransport und ggf. Entsorgung des **versicherten** Hausrats. VHB 2014 § 8 (a)

Soweit der VN das Aufräumen selbst durchführt, zahlt der VR eine Vergütung für den Zeitaufwand. Aufräumungskosten für Gebäudebestandteile sind nicht Gegenstand der Hausrat-, sondern der Gebäudeversicherung.

b) Bewegungs- und Schutzkosten

Bewegungs- und Schutzkosten entstehen, wenn zum Zwecke der Wiederherstellung oder Wiederbeschaffung von versicherten Sachen andere Sachen bewegt, verändert oder geschützt werden müssen. § 8 (b)

Beispiel:
Der Sockel eines Unterschrankes der Anbauküche ist infolge eines Leitungswasserschadens aufgequollen. Um ihn reparieren zu können, müssen Teile der Anbauküche zunächst abgebaut (bewegt) werden.

Die für eine Wiederherstellung oder Wiederbeschaffung zu bewegenden oder zu schützenden Sachen müssen keine versicherten Sachen sein, um den Kostenersatz zu bekommen.

c) Hotelkosten

Hotelkosten oder Kosten einer ähnlichen Unterbringung nach einem Versicherungsfall werden gezahlt, wenn die ansonsten ständig bewohnte Wohnung nach einem Versicherungsfall unbewohnbar ist oder die Beschränkung auf einen bewohnbaren Teil dem VN nicht zugemutet werden kann. Die Kosten ohne Nebenkosten, wie z. B. Frühstück, werden längstens für 100 Tage und bis maximal 1 ‰ der VS pro Tag ersetzt, soweit nichts anderes vereinbart ist. § 8 (c)

Beispiel:

Nach einem Brand ist das Einfamilienhaus des VN nicht mehr bewohnbar. Er mietet sich und seine Familie in eine Hotel ein (Kosten pro Tag 100,00 € ohne Frühstück). Die VS seiner Hausratversicherung beträgt 60 000,00 €. Der VR ersetzt täglich 1 ‰ von der VS einschließlich 10 %-igem Vorsorgebetrag für längstens 100 Tage. Der tägliche Erstattungsanspruch während dieses maximalen Zeitraum beträgt 66,00 € (1 ‰ von 60 000,00 € VS und 6 000,00 € Vorsorgebetrag).

Nach Klausel PK 7311 werden Hotel- und ähnliche Unterbringungskosten nicht ersetzt, wenn die Wohnung nicht ständig bewohnt ist (z.B. Zweitwohnung). Die genannte Klausel ist im **Proximus 3 Bedingungswerk** nicht abgedruckt.

d) Transport- und Lagerkosten

VHB 2014 § 8 (d)

Transport- und Lagerkosten für den versicherten Hausrat werden nach einem Versicherungsfall übernommen, wenn die Wohnung unbenutzbar wurde und die Lagerung im noch nutzbaren Teil unzumutbar ist.

Die Lagerkosten werden für längstens 100 Tage gezahlt.

e) Schlossänderungskosten

§ 8 (e)

Sie werden übernommen, wenn Schlüssel der Wohnung, für Türen der Wohnung oder für dort befindliche Wertschutzschränke durch einen Versicherungsfall (z.B. Brand, Einbruchdiebstahl) abhanden gekommen sind. Zugangs-Chips udgl. gelten ebenfalls als Schlüssel.

Die Schlossänderungskosten umfassen nicht das Haustürschloss eines Mehrfamilienhauses, da nur Schlösser im Bereich der Wohnung unter die versicherten Änderungskosten fallen. Auch eine Schlossänderung durch den VN, nachdem er den Schlüssel verloren hat, ist nicht versichert, da kein Versicherungsfall vorliegt.

f) Bewachungskosten

§ 8 (f)

Sie werden längstens für die Dauer von 48 Stunden ersetzt, wenn die Wohnung infolge eines Versicherungsfalles unbewohnbar wurde und Schließvorrichtungen und sonstige Sicherungen keinen ausreichenden Schutz mehr für die versicherten Sachen bieten.

Beispiel:

Da Fenster durch einen Explosionsschaden zerstört wurden und die Gefahr besteht, dass Plünderer das Objekt heimsuchen, beauftragt der VN einen Wachdienst.

g) Reparaturkosten für Gebäudeschäden

§ 8 (g)

Sie werden ersetzt, wenn im Bereich der Wohnung durch Einbruchdiebstahl, Raub oder den Versuch einer solchen Tat oder innerhalb der Wohnung durch Vandalismus oder einem Raub Gebäudeschäden entstanden sind.

Beispiele:

(1) Der Täter schlägt eine Fensterscheibe ein, um in die Wohnung zu gelangen. In der Wohnung besprüht er Decken und Wände mit Farbe.

(2) Der Täter bricht die Wohnungstür auf und verschwindet sofort wieder, als er bemerkt, dass jemand in der Wohnung anwesend ist.

In beiden Fällen sind ersatzpflichtige Gebäudeschäden im Zusammenhang mit einem Einbruchdiebstahl bzw. dem Versuch einer solchen Tat entstanden.

Folgende Gebäudeschäden wären beispielsweise nicht gedeckt:

- Der Täter besprüht die Außenwand mit Farbe. Die Tat findet nicht im Bereich der Wohnung statt und Einbruchdiebstahl oder Raub sind auch nicht gegeben.
- Der Täter wirft eine Fensterscheibe ein. Die Tat findet zwar im Bereich der Wohnung statt, aber auch hier liegt weder Einbruchdiebstahl noch Raub vor.

h) Reparaturkosten für Nässeschäden durch Leitungswasser

Der Hausratversicherer übernimmt die Kosten für Reparaturen von Nässeschäden in gemieteten Wohnungen oder in Sondereigentum befindlichen Wohnungen (Eigentumswohnungen) an Bodenbelägen, Innenanstrichen oder Tapeten nach einem unter den Versicherungsschutz fallenden Leitungswasserschaden. VHB 2014 § 8 (h)

Schäden an Bodenbelägen, Innenanstrichen und Tapeten sind auch durch die Wohngebäudeversicherung gedeckt, soweit eine solche besteht, da Gebäudebestandteile dort zu den versicherten Sachen zählen. Es gilt dann ggf. die an früherer Stelle erwähnte **Teilung zwischen Hausrat- und Gebäudeversicherer** (vgl. Exkurs in A 2.2.6).

Beispiel:

In einem Haus mit Eigentumswohnungen bricht in der Wohnung auf der ersten Etage, die vom Eigentümer Klaus Hensen bewohnt wird, ein Wasserrohr. Das Wasser dringt durch die Decke in die darunter liegende Wohnung der Anna Heimbrecht. Frau Heimbrecht hat ihre Wohnung vom Eigentümer dieser Wohnung gemietet.

Beschädigt werden in beiden Wohnungen u. a. die Innenanstriche und Bodenbeläge.

Der diesbezügliche Schaden in der Wohnung des Herrn Hensen wird mit 800,00 € und der in der Wohnung von Frau Heimbrecht mit 1 200,00 € festgestellt. Herr Hensen ist bei der EuroStar Versicherung und Frau Heimbrecht bei der Südstern Versicherung hausratversichert. Die Wohngebäudeversicherung besteht bei der Proximus Versicherung AG.

Schadenregulierung nach der Empfehlung des Verbandes (vgl. Handbuch der Sachversicherung, hrsg vom GDV):

- Der Nässeschaden bei Herrn Hensen überschreitet nicht den Betrag von 1 000,00 €. Die EuroStar Versicherung wäre zwar nach § 8 (h) VHB 2014 auch eintrittspflichtig, da es sich um eine in Sondereigentum befindliche Wohnung handelt. Nach der Empfehlung des Verbandes reguliert und entschädigt hier aber allein der Wohngebäude-VR, also die Proximus Versicherung AG, den Schaden.
- Der Nässeschaden bei Frau Heimbrecht übersteigt den Betrag von 1 000,00 €. Der Schadenbetrag von 1 200,00 € wird anteilmäßig nach § 78 Abs. 2 VVG zwischen der Südstern Versicherung als eintrittspflichtiger Hausrat-VR und der Proximus Versicherung als eintrittspflichtiger Wohngebäude-VR aufgeteilt.
  Müsste jeder der beiden Versicherungen für sich allein vertragsgemäß den Schaden von 1 200,00 € tragen (eine Unterversicherung soll aus Vereinfachungsgründen unberücksichtigt bleiben), hat jetzt jeder anteilig nur 600,00 € zu leisten.

Der VN muss sich nicht verweisen lassen. Er kann aufgrund seiner vertraglichen Ansprüche erwarten, dass der in Anspruch genommene VR (z. B. die Hausratversicherung des Herrn Hensen) ggf. in Vorleistung tritt.

i) Kosten für provisorische Maßnahmen

VHB 2014 § 8 (i)

Sie können anfallen, wenn versicherte Sachen nach einem Versicherungsfall geschützt werden müssen (z. B. Notverglasung nach einem Einbruch durch ein Fenster). Je nach Lage des Falles können solche Aufwendungen schon als Schadenminderungskosten versichert sein (vgl. A 2.5.2).

2.5.2 Aufwendungsersatz und Schadenermittlungskosten

a) Aufwendungsersatz nach § 83 VVG

➤ **Vorbetrachtung:**

Der VN ist bei Eintritt des Versicherungsfalles zur **Abwendung** und **Minderung** des Schadens verpflichtet (siehe hierzu auch A 5.1.1). Soweit die Umstände es gestatten, hat er Weisungen des VR einzuholen und diese wiederum zu befolgen, soweit dies für ihn zumutbar ist. Unzumutbar wäre beispielsweise die Erfüllung einer Obliegenheit mit Gefahr für Leib und Leben des VN.

VVG § 82

Beispiel:
Der VR weist den VN an, alle Wertsachen aus der Wohnung zu holen. Inzwischen steht aber schon der Dachstuhl des Hauses lichterloh in Flammen.

Die hier in Rede stehenden Obliegenheiten bei Eintritt des Versicherungsfalles sind im VVG geregelt. Die Abwendung und Minderung des Schadens wird übergreifend auch als **Rettungsobliegenheit** bezeichnet.

Verletzt der VN diese Obliegenheit vorsätzlich, kann der VR die Versicherungsleistung verweigern. Bei grober Fahrlässigkeit des VN ist der VR berechtigt, die Leistung entsprechend der Schwere des Verschuldens des VN zu kürzen.

BGB §§ 677 – 687

Führt ein Dritter, z. B. Nachbar des VN, Rettungsmaßnahmen durch, ist der VR für die dabei entstehenden Aufwendungen ebenfalls ersatzpflichtig. Soweit der Dritte nicht vom VN beauftragt ist sondern eigenmächtig handelt, z. B. wegen Abwesenheit des VN, hat er den wirklichen oder mutmaßigen Willen des Dritten (hier: des VN) zu beachten. Überschreitet er das Maß und musste er dies erkennen, ist er ggf. schadenersatzpflichtig.

➤ **Aufwendungen des VN bei Eintritt des Versicherungsfalles und Aufwendungsersatz**

Sie entstehen durch diejenigen Maßnahmen, die der VN zur Abwendung oder Minderung des Schadens nach den Umständen für **geboten** gehalten hat. Sie sind auch dann noch versichert, wenn die Maßnahmen erfolglos waren.

Beispiele:

(1) Unbekannte Täter haben im Hausflur des Mietshauses einen Brand gelegt. Der VN löscht mit seinem Handfeuerlöscher den Brand, um Schäden von seiner Wohnung fernzuhalten.

(2) Durch plötzlichen Windzug ist eine Kerze umgefallen und die Tischdecke in Brand geraten. Um keine Zeit zu verlieren, löscht der VN den Brand mit dem Inhalt von Mineralwasserflaschen, die zufällig griffbereit stehen.

(3) Der VN lässt Unmengen von Wasser über seinen Gartenschlauch auf den Brandherd niederprasseln, kann das Feuer aber vor Eintreffen der Feuerwehr nicht eindämmen.

In allen drei Fällen muss der VR den Verbrauch als Rettungskosten ersetzen. VVG § 83

Das Löschen beispielsweise eines Brandes liegt im öffentlichen Interesse und ist unentgeltlich, da im Prämienanteil zur Feuerversicherung ein Anteil an der Feuerschutzsteuer einkalkuliert ist, die der VN mitbezahlt. Erfolgt der Einsatz der Feuerwehr nicht im öffentlichen Interesse, z. B. nach einem versicherten Leitungswasserschaden, wären die Einsatzkosten als Aufräumungskosten versichert.

Problematisch für den Aufwendungsersatz von Rettungsmaßnahmen kann die Frage sein, ob die durch den VN ergriffenen Maßnahmen **geboten** waren. Für die Beurteilung der Gebotenheit ist ihre **Zweckdienlichkeit ex ante** (also vor ihrer Durchführung) maßgebend. Ist der Erfolg einer aufwändigen Maßnahme ungewiss, so ist diese regelmäßig nicht geboten. Letztlich ist für die Beantwortung der Frage nach der Gebotenheit das Verhalten des VN maßgebend, wobei ein grob fahrlässiges Verhalten zum teilweisen oder vollständigen Verlust des Aufwendungsersatzanspruches führen kann.

Aufwendungen **auf Weisung des VR** sind grundsätzlich immer voll zu ersetzen.

Maßnahmen zu **Schadenverhütung** sind keine Rettungsmaßnahmen und fallen daher nicht unter den Aufwendungsersatz nach § 83 VVG.

Beispiel:

Der VN lässt korrodierte Leitungswasserrohre austauschen, um einem Versicherungsfall vorzubeugen.

Der hier fehlende Ersatzanspruch aus § 83 VVG erklärt sich schon damit, dass er nur für die Maßnahmen bei Eintritt des Versicherungsfalles gilt.

b) Erweiterter Aufwendungsersatz nach § 90 VVG

Es handelt sich hierbei um den Ersatz der Aufwendungen des VN, die dieser getätigt hat, um einen unmittelbar bevorstehenden Versicherungsfall abzuwenden oder in seinen Auswirkungen zu mindern. § 90

Beispiel:

Aufgrund einer Orkanwarnung lässt der VN teure Möbelstücke aus den Zimmern der Dachgeschosswohnung seines Einfamilienhauses durch Möbelpacker in den Keller bringen. Durch den Orkan wird das Dachgeschoss des auf einer Anhöhe stehenden Hauses tatsächlich geschädigt, so dass Regen eindringen kann.

Der VR ersetzt die Aufwendungen nur, wenn diese bei nachträglicher objektiver Betrachtung der Umstände als verhältnismäßig und erfolgreich angesehen werden können. Das wäre im Beispiel der Fall.

Der erweiterte Aufwendungsersatz wurde erst mit der VVG-Reform 2008 in das VVG eingefügt. Zuvor galt die durch Rechtsprechung entwickelte **Vorerstreckungstheorie,** wonach sich die Rettungsobliegenheiten auch auf unmittelbar bevorstehende Versicherungsfälle »vorerstrecken« und dem VN deshalb ein Aufwendungsersatz auch für diese Fälle zusteht.

c) Kosten der Ermittlung und Feststellung des Schadens (Schadenermittlungskosten)

Sie entstehen, um die Schadenursache und Schadenhöhe belegen zu können und müssen den Umständen nach geboten sein. § 85

Beispiel:

Nach Blitzeinschlag in das Dachgeschoss des Hauses funktioniert der Fernsehapparat nicht mehr. Der VN bringt ihn in eine Fachwerkstatt, wo eindeutig typische Spuren eines Überstroms infolge Blitzschlages festgestellt werden. Die Reparaturkosten sollen 250,00 € betragen. Für die Schadenfeststellung werden 50,00 € verlangt.

Kosten eines Sachverständigen werden ersetzt, wenn der VR die Hinzuziehung verlangt oder der VN diesen aufgrund vertraglicher Vereinbarung hinzuziehen muss.

Die Entschädigung versicherter Kosten und der Aufwendungsersatz sind in Abschnitt A 5.2.4 dargestellt.

Lernkontrollen zu A 2.5

Versicherte Kosten

1 Während seiner Abwesenheit bricht in der gemieteten Appartementwohnung des VN durch Kurzschluss in der Spülmaschine ein Brand aus.

Prüfen Sie, ob die nachfolgend aufgeführten und mit dem Brand in Zusammenhang stehenden Kosten versichert sind:

a) Ein zufällig vorbeikommender Nachbar bemerkt den Brand und bricht kurzentschlossen die Wohnungstür auf, um an den Brandherd zu gelangen. Der VN lässt die Wohnungstür später durch einen Schreinermeister reparieren.

b) Mit Handfeuerlöschern alarmierter Nachbarn gelingt es, den Brandherd einzudämmen. Die Nachbarn erwarten, dass der VN die verbrauchten Füllungen ersetzt.

c) Ein Teil der Küchenmöbel ist irreparabel und wird vom VN in dreistündiger Arbeit abgebaut und zur Mülldeponie gebracht. Der VN möchte den Zeitaufwand und die Fahrt- sowie Deponiekosten vom VR erstattet haben.

d) Für die Küchenrenovierung lässt der VN den nur verrußten Elektroherd und die Kühl-Gefrier-Kombination durch einen Elektriker abbauen.

e) Wegen des Brandgeruchs ist das Appartement vorläufig nicht bewohnbar. Der VN zieht deshalb für 20 Tage in ein Hotel und erwartet, dass der VR die Hotelunterbringung sowie die Mehrkosten aufgrund der Hotelverpflegung ersetzt.

f) Seinen Hund hat der VN ins Tierheim geben müssen, da Hunde in dem Hotel nicht gestattet sind. Die Unterbringung und Versorgung des Hundes im Tierheim möchte er ebenfalls erstattet bekommen.

g) Wie sich einige Tage später herausstellt, hat das Löschwasser den Laminatboden in der Wohnung irreparabel aufquellen lassen.

2 Prüfen Sie, ob folgende im Zusammenhang mit einem Einbruch dem VN entstandenen Kosten nach VHB 2014 versichert sind:

a) Die Einbrecher stemmen zunächst die Haustür des Mehrfamilienhauses auf und anschließend die Tür zur gemieteten Wohnung des VN. Beide Türen müssen erneuert werden.

b) Im Hausflur und in der Wohnung üben sich die Einbrecher mit einer Spraydose an den Wänden in Grafittikunst.

c) In der Küche verstopfen sie den Abfluss und drehen den Wasserhahn auf. Das Wasser läuft bis in den Keller des Mehrfamilienhauses und wird von der Feuerwehr kostenpflichtig abgepumpt. Die Fußböden von Keller und Wohnung müssen später mit gemieteten Heizgeräten ausgetrocknet und der eingeklebte Teppichboden in der Wohnung erneuert werden.

d) Der VN zieht während des Austrockungsvorganges für mehrere Tage in die Wohnung seiner im Urlaub weilenden Schwester. An Mietkosten stellt er dem VR 50,00 € pro Tag in Rechnung.

2.6 Klauselvereinbarungen

Durch Vereinbarung von Klauseln kann die Grunddeckung nach den VHB 2014 individuell erweitert werden. Bei den Klauseln zu den versicherten Sachen finden sich auch solche, die den Versicherungsschutz nach VHB 2014 einschränken bzw. dem VN weitere Obliegenheiten auferlegen. Die einschränkenden Klauseln werden in der Regel vereinbart, wenn das Risiko aufgrund seiner Größe für die Hausratversicherung untypisch ist und eine gesonderte Versicherung hierfür angeboten wird, wie z. B. die Valorenversicherung für die Versicherung von Wertgegenständen. Nachstehend findet sich eine Auswahl häufig eingeschlossener Klauseln, wobei die nicht im **Proximus 3 Bedingungswerk** abgedruckten Klauseln *kursiv* kenntlich gemacht sind:

a) Versicherte Gefahren und Schäden

- **Klausel PK 7110 – Fahrraddiebstahl**

Für Fahrräder erstreckt sich der Versicherungsschutz auf **Schäden durch einfachen Diebstahl**, wenn nachweislich folgende Bedingungen erfüllt sind:

- Die versicherte Sache muss zur Zeit des Diebstahls nachweislich durch ein eigenständiges Schloss gesichert gewesen sein.
- Ist das Fahrrad nicht mehr in Gebrauch, muss das Fahrrad verschlossen, wie vorstehend beschrieben, in einem gemeinschaftlichen Fahrradabstellraum abgestellt werden, soweit eine solche Möglichkeit besteht.
- Lose mit dem Fahrrad verbundene und regelmäßig dem Gebrauch dienende Sachen (z. B. Luftpumpe) sind nur versichert, wenn sie zusammen mit dem Fahrrad abhanden kommen.

Die Entschädigung ist je Versicherungsfall auf 1 % der VS für den Hausrat begrenzt, soweit nichts anderes vereinbart wurde.

Der VN hat den Diebstahl unverzüglich der zuständigen Polizeidienststelle anzuzeigen und später nachzuweisen, dass das Fahrrad nicht innerhalb von 3 Wochen seit Diebstahlanzeige wieder herbeigeschafft wurde.

Versicherungspflichtige Fahrräder mit Elektromotor sind durch Klausel PK 7110 nicht versichert.

- **Klausel PK 7111 – Überspannung**

  Durch Vereinbarung dieser Klausel wird der Versicherungsschutz für Blitzschlagschäden um Schäden, die an versicherten **elektrischen Einrichtungen** und **Geräten** durch

  - Überspannung, Überstrom, Kurzschluss infolge eines Blitzes,
  - sonstige atmosphärisch bedingte Elektrizität entstehen,

  ergänzt.

  Die Entschädigung ist auf 5 % der VS begrenzt, soweit nichts anderes vereinbart wurde.

- **Klausel PK 7112 – Datenrettungskosten in der Privatversicherung**

  Ist diese Klausel vereinbart, werden die erforderlichen Kosten bis max. 500,00 € für die technische Wiederherstellung bzw. den Wiederherstellungsversuch elektronisch gespeicherter Daten und Programme, die ausschließlich privat genutzt werden, ersetzt. Voraussetzung ist, dass auf die betroffenen Daten und Programme infolge einer ersatzpflichtigen Substanzbeschädigung des jeweiligen Datenträgers nicht mehr zugegriffen werden kann.

  Beispiel:
  Leitungswasser aus einem versicherten Schadenereignis ist auch in den Computer eingedrungen und hat die Elektronik der Festplatte zerstört.

b) Versicherte Sachen und Einschränkungen

- *Klausel PK 7212 – In das Gebäude eingefügte Sachen*

  Gebäudebestandteile, z. B. Einbaumöbel, Bodenbeläge, sind mitversichert, soweit sie im Vertrag besonders bezeichnet wurden. Bei Einschluss von sanitären Anlagen und leitungswasserführenden Installationen sind auch Frostschäden an diesen Sachen sowie Frost- und Bruchschäden an deren Zuleitungsrohren versichert.

Eingeschränkt sein kann der Versicherungsschutz nach VHB 2014 im Rahmen der **versicherten Sachen** durch folgende Klauseln:

- *Klausel PK 7210 – Gegenstände von besonderem Wert*

  Sie werden in Abweichung von § 6 Nr. 2 (b) VHB 2014 nicht mitversichert.

  Versicherungsschutz hierfür bietet eine Valorenversicherung (Versicherung von Wertgegenständen).

- *Klausel PK 7211 – Arbeitsgeräte*

  Arbeitsgeräte und Einrichtungsgegenstände, die ausschließlich dem Beruf oder Gewerbe dienen, werden in Abweichung von § 6 Nr. 2 (c) (hh) VHB 2014 nicht mitversichert.

  Versicherungsschutz kann über eine Geschäfts-Inhaltsversicherung im Rahmen der Gewerblichen Versicherung erworben werden (vgl. A 7.1).

- **Klausel PK 7213 – Hausrat außerhalb der ständigen Wohnung**

  Diese Klausel gelangt zur Anwendung, wenn z. B. nicht ständige bewohnte Ferienhäuser oder Zweitwohnungen versichert werden (vgl. A 2.4.3). Die in § 14 Nr. 1 VHB 2014 aufgeführten Wertsachen (Bargeld, Schmucksachen usw.) sind dort nicht versichert. Soweit es sich nicht um eine Zweitwohnung in einem ständig bewohnten Gebäude handelt, sind auch Schusswaffen, Foto- und optische Apparate dort nicht versichert.

  Parallel dazu sieht ***Klausel PK 7311*** vor, dass abweichend von § 8 (c) VHB 2014 auch die Kosten für Hotel oder ähnliche Unterbringung bei Unbewohnbarkeit einer ständig nicht bewohnten Wohnung nicht ersetzt werden.

- *Klausel PK 7214 – Eingelagerte Hausratgegenstände*

  Von eingelagerten Hausratgegenständen werden die in der Klausel genannten Sachen, z. B. Bargeld, Schmucksachen, Fotoapparate, nicht mitversichert.

  Versicherungsschutz kann hierfür ggf. über die Valorenversicherung vereinbart werden.

- **Klausel PK 7215 – Schäden durch Naturgefahren an Hausrat im Freien**

  Wird diese Klausel vereinbart, ersetzt der VR auch Schäden durch Naturgefahren an versicherten Sachen, die sich außerhalb von Gebäuden, aber innerhalb des Versicherungsortes befinden.

c) Versicherungsort

- *Klausel PK 7410 – Wohnsitz im Ausland*

  Abweichend von § 11 Nr. 3 VHB 2014 besteht Versicherungsschutz bei Wohnungswechsel auch in der neuen Wohnung, wenn diese innerhalb des vereinbarten ausländischen Staates liegt. Die VS wird in Euro vereinbart und Leistungen werden in Euro erbracht.

d) Obliegenheiten

- **Klausel PK 7610 – Sicherheitsvorschriften**

  Danach muss der VN oder sein Repräsentant alle Schließvorrichtungen und vereinbarten Sicherungen betätigen sowie die vereinbarte Einbruchmeldeanlage einschalten, wenn die Wohnung nicht nur für sehr kurze Zeit (z. B. Gang zum Briefkasten) verlassen wird.

  Ferner sind alle Schließvorrichtungen, vereinbarten Sicherungen und Einbruchmeldeanlagen in gebrauchsfähigem Zustand zu halten. Störungen udgl. sind unverzüglich zu beseitigen.

  Die Verletzung der Obliegenheiten können zur Kündigung des Vertrages und zur teilweisen bzw. vollständigen Leistungsfreiheit nach Maßgabe der in Abschnitt A 4.1.3 beschriebenen Voraussetzungen führen.

e) Entschädigung

- **Klausel PK 7710 – Selbstbehalt bei ungekürzter Hausrat-VS**

  Der als entschädigungspflichtig errechnete Betrag wird je Versicherungsfall um den vereinbarten Selbstbehalt gekürzt.

  Von der Kürzung ist der Aufwendungsersatz, der auf Weisung des VR angefallen ist, ausgespart.

- **Klausel PK 7712 – Kein Abzug wegen Unterversicherung**

  Der VR nimmt keinen Abzug wegen Unterversicherung vor, wenn eine bestimmte Mindest-VS pro Quadratmeter Wohnfläche vereinbart wird (vgl. A 3.1.3).

f) Verhaltens- und Wissenszurechnung, Vertretung

- **Klausel PK 7812 – Makler**

  Durch Vereinbarung dieser Klausel ist der den Versicherungsvertrag betreuende Makler bevollmächtigt, Anzeigen und Willenserklärungen des VN entgegenzunehmen. Im Rechtssinne sind sie dann dem VR zugegangen.

  Der Makler hat die Anzeigen und Erklärungen unverzüglich an den VR weiterzuleiten.

Lernkontrollen zu A 2.6

Klauselvereinbarungen

1 Prüfen Sie, ob nach dem Wortlaut der Klausel PK 7110 folgende Schäden gedeckt sind:

a) Der VN kehrt von der Nachtschicht zurück und stellt sein Fahrrad vorschriftsmäßig verschlossen nicht im Fahrradkeller, sondern zunächst vor der Haustür ab, da er später noch Brötchen holen will. Infolge zunehmender Müdigkeit entschließt er sich dann aber, zunächst den ausgefallenen Nachtschlaf nachzuholen. Am Nachmittag ist das Fahrrad nicht mehr da.

b) Im Mehrfamilienhaus des VN existiert kein gemeinschaftlicher Fahrradabstellraum. Der VN stellt deshalb sein Fahrrad im Hausflur hinter der Hauseingangstür ab. Dort ist es an einem Morgen nicht mehr anzutreffen.

c) Der VN stellt sein Fahrrad ordnungsgemäß verschlossen vor einem Biergarten ab. Unbekannte entwenden Sattel, Vorderrad und Luftpumpe.

d) Der VN fährt täglich mit dem Fahrrad zum Bahnhof und von dort mit der Bahn zur Arbeitsstelle. Eines Tages findet er sein Fahrrad stark beschädigt vor. Auch andere Fahrräder sind beschädigt. An diesem Tag sind randalierende Fußballfans (sog. Hooligans) von dem Bahnhof aus nach Hause gereist.

e) Der VN hat keine Möglichkeit, sein Fahrrad geschützt unterzustellen. Es steht deshalb Tag und Nacht, ordnungsgemäß verschlossen, vor der Haustür des Mehrfamilienhauses. Von dort wird es in einer Nacht entwendet.

2 Der VN hat die Klausel PK 7111 vereinbart. Prüfen Sie, ob Versicherungsschutz besteht.

a) Das Stromnetz des Stromversorgers wird von einem Blitz getroffen. Kurzzeitige Überspannung zerstört elektronische Bauteile im Computer des VN.

b) Durch Ausfall eines Reglers in der Photovoltaikanlage des VN entsteht Überstrom, der Elektrogeräte beschädigt.

3 Der VN wohnt in der dritten Etage eines Mehrfamilienhauses. Er hat wertvolle Gegenstände in seiner Wohnung. Für den Versicherungsschutz verlangt der VR die Einhaltung der Sicherheitsvorschriften nach Klausel PK 7610.

a) Der VN geht zum Müllcontainer, der sich abseits des Wohnhauses befindet. Die Gelegenheit nutzen Einbrecher, um die nur zugezogene Wohnungstür aufzubrechen und Wertgegenstände zu entwenden.

b) Durch einen technischen Defekt ist die vereinbarte Einbruchmeldeanlage ausgefallen. Da der üblicherweise vom VN bestellte Elektrotechniker in Urlaub weilt, wartet er dessen Rückkehr ab. In dieser Zeit wird in die Wohnung eingebrochen und es werden Wertgegenstände entwendet.

2.7 Glasversicherung

In Verbindung mit den VHB 2014 können Glasbruchschäden durch einen **rechtlich selbstständigen Versicherungsvertrag** nach den Allgemeinen Bedingungen für die Glasversicherung (AGlB 2014) versichert werden, d.h., an die Hausratversicherung wird eine Glasversicherung angebündelt.

a) Versicherungsumfang

In der Regel wird die Glasversicherung als **Glas-Pauschalversicherung** vereinbart. Eine **Glas-Einzelversicherung**, in der die fertig eingesetzten Scheiben oder andere Gegenstände mit Glasanteil genau bezeichnet und versichert werden, ist auch möglich.

In der Glas-Pauschalversicherung sind

- **Gebäudeverglasungen**, z. B. Glasscheiben von Fenstern, Türen, Balkonen, Wintergärten, Duschkabinen, Glasbausteine, AGlB 2014 § 3 Nr. 1
- **Mobiliarverglasungen**, z. B. Glasscheiben von Bildern, Schränken, Spiegel, Sichtfenster von Öfen

der Wohnung oder des Einfamilienhauses gegen Schäden durch **Zerbrechen** einschließlich der **Kosten einer Notverglasung** versichert.

Nicht versichert sind alle sonstigen Verglasungen, wie z. B. Beleuchtungskörper, Hohlgläser, Handspiegel, Aquarien, ferner Beschädigungen von Oberflächen oder Kanten (z. B. Schrammen) und das Undichtwerden der Randverbindungen von Mehrscheibenverglasungen. § 1 Nr. 2

Die AGlB 2014 schließen ferner Schäden aus, die durch Elementargewalten wie Brand, Blitzschlag, Sturm, Erdbeben usw. entstehen. Dieser Ausschluss benachteiligt den VN aber nicht, da der entsprechende Versicherungsschutz nach VHB 2014 und für weitere Elementargefahren, sofern gesondert vereinbart, gegeben ist.

Durch besondere Vereinbarung können u. a. mitversichert werden: § 3 Nr. 2

- Aquarien, Terrarien
- Glasbausteine
- Lichtkuppeln aus Glas oder Kunststoff
- Sonderkosten für Gerüste, Kräne, Beseitigung von Hindernissen

Hinweis: Künstlerisch bearbeitete Scheiben

Nach § 3 Nr. 1 AGlB 2014 gehören diese zu den versicherten Sachen, wenn sie im Versicherungsschein bezeichnet sind.

Nach dem Tarif Glasversicherung (Basis AGlB 2014) in Verbindung mit einer Hausratversicherung sind künstlerisch bearbeitete Scheiben sowie Sonderkosten für Gerüste, Kräne, Beseitigung von Hindernissen bis 500,00 € prämienfrei mitversichert.

b) Ersatzleistung und Anpassung der Versicherung

Die Versicherungsbedingungen sehen vor:

AGlB 2014 § 8 Nr. 1 (a), (b)

- **Entschädigung als Geldleistung.**

  Die Geldleistung umfasst
  - die Aufwendungen für die Entsorgung der zerstörten oder beschädigten Sachen,
  - die Wiederbeschaffung dieser Sachen in gleicher Art und Güte,
  - die Lieferung an den Schadenort,
  - die Montagekosten in ortsüblicher Höhe.

  Nr. 1 (e) Die Mehrwertsteuer wird nicht ersetzt, wenn der Geschädigte vorsteuerabzugsberechtigt ist oder wenn sie tatsächlich nicht gezahlt wurde (vgl. A 5.2.3.4).

§ 7 Nr. 1

- **Anpassung der Haftung** des Versicherers an die die Preisentwicklung für Verglasungsarbeiten.

Nr. 2

- **Anpassung der Prämie.**

Für die Berechnung der Prämienanpassung werden die vom Statistischen Bundesamt veröffentlichten Preisindizes für Verglasungsarbeiten herangezogen.

c) Unterversicherung

§ 8 Nr. 4 Wurde eine VS vereinbart, liegt Unterversicherung vor, wenn der VW zum Zeitpunkt des Versicherungsfalles höher ist als die VS.

Unterversicherung ist auch gegeben, wenn eine Glas-Pauschalversicherung vereinbart und die für die Prämienberechnung benötigte Wohnfläche zu niedrig angegeben wurde.

Ist eine Unterversicherung festgestellt worden, errechnet sich die Entschädigung wie folgt:

$$\text{Entschädigung} = \frac{\text{Schadenbetrag} \cdot \text{bisherige Versicherungsprämie}}{\text{tatsächlich zu zahlende Versicherungsprämie}}$$

Beispiel:

Schadenbetrag 500,00 €
Wohnfläche lt. Vertrag 80 qm, Versicherungsprämie ohne VersSt 48,00 €
Tatsächliche Wohnfläche 100 qm. Hierfür zu zahlende Prämie ohne VersSt 60,00 €

$$\text{Entschädigung} = \frac{500 \cdot 48}{60} = 400{,}00\ €$$

Für die Entschädigungsberechnung versicherter Kosten gilt die Kürzung entsprechend.

Lernkontrollen zu A 2.7

Glasversicherung

1 Der VN hat eine luxuriöse Penthousewohnung gemietet, in der der Werkstoff Glas dominiert. Er möchte neben der Hausratversicherung eine Glasversicherung abschließen und von Ihnen nun wissen, ob Versicherungsschutz in den folgenden Fällen besteht und welche Versicherung leistungspflichtig ist:

a) Durch Windzug schlägt die Fenstertür zur Dachterrasse zu und die Scheibe zerbricht.

b) Das Kind eines Besuchers wirft eine Glasvase, die auf einem Glastisch steht um. Glasvase und Glastisch zerbrechen.

c) Er hat einen großen Spiegel gekauft. Beim ungeschickten Einladen in seinen Pkw zerbricht dieser.

d) Das Glas des Aquariums bricht infolge einer Erderschütterung, die durch Erdbeben ausgelöst wurde.

e) Seiner Ehefrau rutscht eine schwere Pfanne aus der Hand, wodurch die Glaskeramik-Kochfläche einen Riss davon trägt.

f) Hagel zerstört eine Lichtkuppel.

g) Beim Reinigen fällt die Haushaltsleiter versehentlich in eine Glasvitrine und zerstört zwei Scheiben.

h) Einbrecher haben die künstlerisch bearbeitete Glasscheibe der Eingangstür eingeschlagen, um in die Wohnung zu gelangen.

i) Er findet die Scheibe des Panoramafensters im Wohnzimmer zerbrochen vor. Da das Sondermaß erst angefertigt werden muss, ist zunächst eine Notverglasung erforderlich. Für den Transport der neuen Scheibe zur Penthousewohnung auf dem Dach wird ein Autokran benötigt.

j) Die Weinflasche fällt um. Dadurch splittert ein kleines Stückchen Glas aus der Glasplatte des Couchtisches.

2 Der VN meldet folgende Glasschäden:
Beim Reinigen der Fenster ist die Ehefrau des VN mit der aufgestellten Leiter ins Wanken geraten und hat dabei das Aquarium mit 100 Litern Wasserinhalt heruntergerissen. Die Leiter ist in die Scheibe gefallen und hat diese zerbrochen. Das Aquarium ist auf dem Boden zerschellt und die Fische sind verendet.

Der VN legt folgende Kostenrechnungen vor:
Notverglasung 120,00 €, da die einzusetzende Scheibe erst beim Hersteller bestellt werden musste
Ersatz der Glasscheibe 640,00 €
Kaufpreis für ein neues Aquarium 430,00 €
Kaufpreis für neue Fische 80,00 €
Beseitigung der Nässeschäden an Möbeln durch einen Tischler 120,00 €

Sie ermitteln anhand der Vertragsunterlagen:
Wohnung im Mehrfamilienhaus, angegebene Wohnfläche in m^2: 95
Ein versichertes Aquarium bis 500 Liter Inhalt.
Es besteht eine Hausratversicherung nach VHB 2014 und eine Glasversicherung nach AGlB 2014. Im Rahmen der Schadenermittlung wird festgestellt, dass die tatsächliche Wohnfläche 110 m^2 beträgt.

Erläutern Sie dem VN den Versicherungsschutz und berechnen Sie die Höhe der Entschädigung im Rahmen der Glasversicherung.

3 Versicherungswert, Prämienkalkulation und Prämienfestsetzung

3.1 Versicherungswert und Versicherungssumme

3.1.1 Neuwert und gemeiner Wert

a) Neuwert

VHB 2014 § 9 Nr. 2 Die Hausratversicherung ist eine Vollwertversicherung, d. h., die Versicherungssumme (VS) soll dem Versicherungswert (VW) ohne Berücksichtigung einer Vorsorge (siehe A 3.1.2) entsprechen.

Nr. 1 a VW ist der Wiederbeschaffungspreis von Sachen gleicher Art und Güte in neuwertigem Zustand (**Neuwert**). Alter und Grad der Abnutzung bleiben unbeachtet.

Der Wiederbeschaffungspreis enthält regelmäßig die gesetzliche vorgesehene Umsatzsteuer (**Mehrwertsteuer**). Der VR muss diese ersetzen, soweit sie vom VN tatsächlich im Rahmen der Wiederbeschaffung gezahlt wurde und er nicht vorsteuerabzugsberechtigt ist (zu Einzelheiten siehe A 5.2.3.4).

Nr. 1 (b) Für Antiquitäten und Kunstgegenstände findet sich in den VHB 2014 eine Versicherungswertdefinition, die aus praktischen Erwägungen auf den Hinweis »in neuwertigem Zustand« verzichtet, ansonsten aber mit der Neuwertdefinition deckungsgleich ist.

b) Gemeiner Wert

Nr. 1 (c) Das Grundprinzip, wonach die Hausratversicherung eine Neuwertversicherung ist, wird nur für diejenigen Sachen durchbrochen, die im Haushalt des VN für ihren Zweck nicht mehr zu verwenden sind. VW dieser Sachen ist der für den VN erzielbare Verkaufspreis (**gemeiner Wert**).

Beispiele:

1. Ein defekter Staubsauger wird im Keller gelagert, um ggf. als Ersatzteilspender zu dienen.
2. Die alte, aber noch voll funktionsfähige Stereoanlage wird im Keller deponiert, da sie vielleicht noch einmal nützlich sein kann.

Im **Beispiel** 1 ist der **gemeine Wert** der VW, da die Sache nicht mehr zweckentsprechend zu verwenden ist. Im **Beispiel** 2 ist der **Neuwert** als VW anzusetzen, denn es kommt nach den VHB 2014 nicht darauf an, ob die Sache noch gebraucht wird, sondern allein darauf, ob die Sache noch zu verwenden ist.

3.1.2 Versicherungssumme und Vorsorgebetrag

Die VS muss dem VW der versicherten Sachen entsprechen, wenn der VN die nachteiligen Folgen einer Unterversicherung im Schadensfall vermeiden will.

Die Bewertung des Hausrates ist nicht unproblematisch, da objektive Bewertungsmaßstäbe häufig fehlen. Die VR geben daher Summenempfehlungen für die einzelnen Räume einer Wohnung oder bieten Aufstellungen, um die Einzelwerte des Inhalts der verschiedenen Räume zu ermitteln. Das Risiko der richtigen Ermittlung der VS trägt jedoch der VN.

Im Laufe der Zeit erhöht sich der Versicherungswert des Hausrats meist

- substanziell durch Zukäufe oder Geschenke,
- nominell durch Preissteigerungen.

Dies kann ebenfalls zur Unterversicherung führen.

Als möglicher Ausgleich kommen infrage:

- **Vorsorgebetrag**

  Der Vorsorgebetrag wird prämienfrei gewährt. Er beträgt nach den Versicherungsbedingungen 10 % der VS und bewirkt, dass eine um 10 % erhöhte VS besteht. VHB 2014 § 13 Nr. 3

  Diese prämienfrei gewährte höhere VS wirkt sich auch positiv auf bestimmte Entschädigungsgrenzen aus, soweit diese in Prozent oder Promille der VS und nicht in Festbeträgen angeben sind.

  Beispiel:

  Die VHB 2014 kennen für Wertsachen die prozentuale Entschädigungsgrenze von 20 % der VS, ferner aber auch Entschädigungsobergrenzen als Festbeträge (z. B. Bargeld 1 500,00 €). § 14 Nr. 2

  Bei einer VS von 100 000,00 € wird die 20-prozentige Entschädigungsgrenze von 110 000,00 € berechnet (100 000,00 € VS + 10 % Vorsorgebetrag = 110 000,00 € als erhöhte VS). Sie beträgt somit 22 000,00 € und nicht nur 20 000,00 €. Die Obergrenze für Bargeld von 1 500,00 € bleibt unverändert.

- **Vereinbarung des Unterversicherungsverzichts** (vgl. A 3.1.3)
- **Obligatorische Anpassung der VS** (vgl. A 3.1.4)

3.1.3 Unterversicherungsverzicht

Wird diese Klausel vereinbart, nimmt der VR im Schadensfall keinen Abzug wegen Unterversicherung vor, d. h., der Schaden wird im Rahmen der VS voll entschädigt. Klausel PK 7712

Voraussetzung ist jedoch, dass eine vereinbarte Mindest-VS (mindestens 650,00 €) pro Quadratmeter Wohnfläche versichert wird.

Beispiel:

Wohnfläche einschl. Hobbyräume	120 m²
VS pro m²	650,00 €
VS	78 000,00 €

Der Unterversicherungsverzicht schützt den VN nicht, wenn der Schaden die VS zuzüglich Vorsorgebetrag übersteigt, weil der tatsächliche Wert seines Hausrats größer ist.

3.1.4 Obligatorische Summenanpassung

Die in den Bedingungen vorgesehene automatische Summenanpassung soll bewirken, dass die VS immer dem VW entspricht, wenn sich dieser ändert. In der Regel erhöht sich der VW infolge der Preissteigerungen, die umgekehrte Entwicklung ist aber auch denkbar. VHB 2014 § 9 Nr. 3

Als Maßstab für die Wertveränderung wird der sog. **Hausratindex** (Basis 2010 = 100) zugrundegelegt. Er berechnet sich aus der Veränderung des Preisindex für »Verbrauchs- und Gebrauchsgüter ohne Nahrungsmittel und ohne die normalerweise nicht in der Wohnung gelagerten Güter« aus dem Verbraucherpreisindex für Deutschland (VPI) im vergangenen Jahr gegenüber dem davor liegenden Kalenderjahr.

Maßgebend ist der vom Statistischen Bundesamt jeweils für den Monat September veröffentliche Index. Der errechnete Veränderungsprozentsatz wird nur bis zur ersten Stelle nach dem Komma berücksichtigt und die berechnete neue VS auf volle Hundert Euro aufgerundet.

Beispiel für die Berechnung nach § 9 Nr. 3 (b) VHB 2014:

Beginn des neuen Versicherungsjahres: 01. Jan. d. J.

VS im Vorjahr: 50 000,00 €

1. Berechnung des Prozentsatzes, um den sich der Index verändert hat:

   Hausratindex Sept. Vorvorjahr (2013): 103,7 (= 100 %)

   Hausratindex Sept. Vorjahr (2014): 104,9 (= 101,1572 %)

   Prozentuale Veränderung
   (nur bis zur ersten Stelle nach dem Komma berücksichtigt) = 1,1 %
2. Die VS erhöht sich ab 01. Jan. d. J. um 600,00 € (1,1 % von 50 000 € = 550,00 €, aufgerundet auf volle 100 € = 600,00 €) und beträgt jetzt 50 600,00 €.

VHB 2014 § 9 Nr. 3 (d) Der VN kann innerhalb eines Monats, nach dem ihm die Summenänderung mitgeteilt wurde, der Veränderung durch Erklärung in Textform widersprechen. Die Anpassung wird dann nicht wirksam.

Lernkontrollen zu A 3.1

Versicherungswert und Versicherungssumme

1 Der VN hat einige besondere, ältere Hausratgegenstände und möchte wissen, zu welchem Wert die nachstehenden Gegenstände im Rahmen seiner Hausratversicherung versichert sind:

a) Couchgarnitur im Stil der 70-er Jahre. Derartige Möbel werden in Internetauktionen noch angeboten und sind auch gesucht.

b) Ölgemälde eines heimischen Künstlers, das der VN vor 30 Jahren erworben hat.

c) Radio-/Schallplattenschrank aus den 50-er Jahren. Die Geräte funktionieren noch, werden aber nicht mehr eingesetzt und sind deshalb in dem zur Wohnung gehörenden Kellerraum abgestellt.

d) Altes Grammophon, das nicht mehr funktioniert, aber in der Wohnung noch als Dekoration dient.

2 Der VN hat eines neues Fahrrad für 1 050,00 € erworben und deshalb die Klausel PK 7110 versichert. Die VS seiner Hausratversicherung beträgt 100 000,00 €. Er möchte wissen, ob das Fahrrad ausreichend versichert ist, wenn es jetzt gestohlen wird.

3.2 Grundzüge der Prämienkalkulation

»Damit dem Unglücklichen sein Unglück gleichsam unempfindlich gemacht werde, muss der Glückliche sowohl als der Unglückliche zu der Assecurations-Casse beitragen helfen.«

Gottfried Wilhelm Leibniz
Denkschrift von 1680

3.2.1 Vorbetrachtung: Merkmale des Versicherungsbegriffs

Die Versicherungswissenschaft hat verschiedene Definitionen für den Begriff Versicherung geprägt, um ihr Wesen zu beschreiben.

Nach Prof. Farny bedeutet Versicherung die Deckung eines im Einzelnen ungewissen, insgesamt geschätzten Mittelbedarfs auf der Grundlage des Risikoausgleichs im Kollektiv und in der Zeit.

Prof. Hax definiert Versicherung als die gegenseitige Deckung eines im Einzelnen ungewissen, insgesamt aber schätzbaren Geldbedarfs auf der Grundlage eines zwischenwirtschaftlichen Risikoausgleichs.

Aus den hier beispielhaft wiedergegebenen Begriffsdefinitionen können grundsätzlich folgende Merkmale abgeleitet werden, die nachstehend näher betrachtet werden:

- Deckung eines Geldbedarfs durch eine Gefahrengemeinschaft
- Ungewisser, aber schätzbarer Geldbedarf
- Zwischenwirtschaftlicher Risikoausgleich

a) Gefahrengemeinschaft

Sie besteht aus einer **Vielzahl gleichartig gefährdeter Personen** (Wirtschaftseinheiten), die sich zu gegenseitiger Unterstützung im Versicherungsfall verpflichten.

Die planmäßige Deckung verlangt dabei die Einschaltung eines Versicherungsunternehmens mit der Aufgabe, die Gefahrengemeinschaft zu organisieren und geschäftsplanmäßig Prämien (Beiträge) für die Auszahlung in Leistungsfällen zu erheben.

Beispiel:

100 000 Hausratbesitzer **(eine Vielzahl von Personen)** sind vom Schadenfeuer bedroht **(von ein und derselben Gefahr)**. Die Erfahrung zeigt, dass es bei einigen Hausratbesitzern brennen wird. Geht man davon aus, dass die Summe aller Schäden bei den Betroffenen 5 Mio. € betragen wird, muss jeder Hausratbesitzer 50,00 € als Risikoprämie (Risikobeitrag) an die Versicherung zahlen. Die Versicherung erhält dann insgesamt 5 Mio. € **(Summe aller Prämienzahlungen)** und ist damit in der Lage, den finanziellen Verlust, der durch Feuerschäden in unterschiedlicher Höhe **(Gefahreneintritt)** bei nur wenigen Hausbesitzern **(wenigen Personen)** entstanden ist, auszugleichen.

Der erforderliche Geldbedarf zur Schadendeckung (hier 5 Mio. €) und die deshalb erforderliche Risikoprämie wird nach versicherungsmathematischen Methoden ermittelt (vgl. A 3.2.2). In der Praxis kommt zu dieser Risikoprämie u. a. noch ein Anteil für die Kostendeckung hinzu.

b) Ungewissheit

Eintritt und Umfang des zu versichernden Ereignisses dürfen nicht feststehen. Sie müssen unverhofft und zufällig eintreten. Zwar ist mit ihrem Eintritt nach der allgemeinen Lebenserfahrung zu rechnen, es ist jedoch im **Einzelfall ungewiss**, ob die zu versichernde Gefahr

- überhaupt jemals eintritt, z. B. das Schadenfeuer,
- oder zu welchem Zeitpunkt sie eintritt, z. B. das irgendwann sicher eintretende Ereignis des Todes in der Lebensversicherung.

Aber auch nur die Ungewissheit über die Höhe eines zu erwartenden Abnutzungsschadens in der Sachversicherung kann nach Rechtsprechung des Bundesverwaltungsgerichts ein versicherungsmäßiges Risiko in sich bergen. So kann es ungewiss sein, ob ein Reparaturschaden einige wenige Euro oder einige hundert Euro beträgt. Für die Betroffenen liegt hier durchaus ein echtes wirtschaftliches Risiko vor und ggf. das Bedürfnis, es durch Zahlung einer festen Prämie auf eine Versicherung abzuwälzen.

c) Schätzbarer Geldbedarf

Die Versicherung von Risiken lässt sich nur durchführen, wenn die

- Zahl der Versicherungsfälle **(Schadenhäufigkeit)** und
- der durchschnittliche Geldbedarf pro Versicherungsfall **(Schadendurchschnitt)**, trotz Ungewissheit im Einzelfall, insgesamt für die Kalkulation des **Schadenbedarfs** und damit einer bedarfsgerechten Risikoprämie geschätzt werden kann.
  Zu diesem Zweck führen die Versicherungen statistische Erhebungen durch.

Beispiele:

Feuerversicherung: Wie viele Gebäude einer bestimmten Bauart brennen in jedem Jahr?

Lebensversicherung: Wie viele Personen bestimmter Altersgruppen sterben in jedem Jahr (Sterbetafeln)?

➤ Das Gesetz der großen Zahl

Damit der Zufall berechenbar wird, sind die Gesetzmäßigkeiten zufälliger Ereignisse, die bei Massenerscheinungen auftreten, zu untersuchen.

Ein Würfelexperiment brachte hier wichtige Erkenntnisse. Wird nur einmal gewürfelt, kann nicht vorausgesagt werden, welche Zahl der Würfel zeigen wird. Wird dagegen eine Million Mal gewürfelt, kann davon ausgegangen werden, dass man jede Zahl des Würfels gleich oft treffen wird.

Aus Überlegungen dieser Art wurde schon in den Anfängen mathematisch-statistischer Forschungen das »Gesetz der großen Zahl« entwickelt. Dieses besagt, dass bei Massenbeobachtungen der Zufall eine umso geringere Rolle spielt, je größer die beobachtete Masse ist.

Beispiel:

Wenn von 100 Säuglingen 10 sterben, kann nicht geschlossen werden, dass die Sterbewahrscheinlichkeit 10 % beträgt. Erst wenn 100 000 Säuglinge und mehr beobachtet werden, kann die Sterbewahrscheinlichkeit relativ sicher geschätzt werden.

Das Gesetz sagt natürlich nichts darüber aus, wer von einem Unglücksfall bzw. Schaden betroffen wird, wohl aber, wie viele der in der Risikogemeinschaft Zusammengeschlossenen voraussichtlich von einem bestimmten Unglücksfall bzw. Schaden ereilt werden. Die Vorhersage ist dabei umso verlässlicher, je größer die Anzahl der beobachteten Fälle ist.

d) Zwischenwirtschaftlicher Risikoausgleich

Zufälligkeit ist nur schätzbar, wenn **sehr viele** Wirtschaftseinheiten in der Versicherungsgemeinschaft von der **gleichen Gefahr**, z. B. Brand, bedroht sind, aber regelmäßig **nur wenige Mitglieder** zum gleichen Zeitpunkt von ihr betroffen werden. Das versicherte Risiko muss sich also gleichmäßig verteilen lassen **(Ausgleich im Kollektiv)**.

Manche Gefahren treten nur gelegentlich und mit unterschiedlichen Zeitabständen auf (z. B. Orkane). Der Risikoausgleich erfolgt hier durch die Prämienzahlungen der möglicherweise Betroffenen während des Zeitablaufes **(Ausgleich in der Zeit)**.

3.2.2 Prämienbestandteile und Kalkulation der Risikoprämie

a) Äquivalenzprinzip

Für den Bereich der Privatversicherung gilt das **Äquivalenzprinzip**, d. h.

- der Grundsatz der Übereinstimmung von Leistung und Gegenleistung,
- das Gleichgewicht von Prämie und Gefahrentragung.

Bei der Prämienkalkulation werden die unterschiedlichen Leistungen und Gefahrtragungen aufgrund der Verschiedenartigkeit der zu versichernden Risiken berücksichtigt.

b) Prämienbestandteile

Die grundlegenden Bestandteile der Versicherungsprämie zeigt die folgende Übersicht:

Sach-, Kranken-, Unfall-, Vermögensversicherung Nicht kapitalbildende Lebensversicherung (Risikoversicherung)	**Lebensversicherung (kapitalbildend)**
Risikoprämie	Risikoprämie
	+ Sparprämie
= **Nettoprämie**	= **Nettoprämie**
+ Kostenanteil	+ Kostenanteil
= **Bruttoprämie**	= **Bruttoprämie**

c) Kalkulation der Risikoprämie

➤ Schadenbedarf

Für die Kalkulation der Risikoprämie ist der voraussichtliche **Schadenbedarf** zu schätzen, wie im vorigen Abschnitt festgestellt wurde.

Er wird nach folgender Formel ermittelt:

Schadenbedarf = Schadenhäufigkeit · durchschnittliche Schadenhöhe

Für die Ermittlung der beiden Faktoren werden Statistiken benötigt, die nach dem Gesetz der großen Zahl eine zuverlässige Aussage über die Ausbruchswahrscheinlichkeit (Schadenhäufigkeit bzw. Schadenwahrscheinlichkeit) und die Ausbreitungswahrscheinlichkeit (Schadenhöhe) liefern.

➤ Ermittlung der Schadenhäufigkeit (Ausbruchs- bzw. Schadenwahrscheinlichkeit)

Beispiel:

100 000 Haushalte (Risiken) sollen gegen die Gefahr Feuer versichert werden. Aus der statistischen Beobachtung von 1 000 000 Haushalten sei ermittelt worden, dass durchschnittlich 2 500 Haushalte jährlich von einem Schaden betroffen werden.

Aus der statistischen Beobachtung kann der VR nach folgender Formel eine **Schadenwahrscheinlichkeit** ermitteln:

$$P(E) = \frac{g}{m}$$

$$P(E) = \frac{2\,500}{1\,000\,000} = \mathbf{0{,}0025}$$

P(E) drückt die Wahrscheinlichkeit aus, dass ein Ereignis (hier Schaden) eintritt.

Die Größe **g** stellt die Zahl der beobachteten Schadenfälle in der statistischen Masse dar.

Die Größe **m** ist die Anzahl der Objekte der beobachteten statistischen Masse.

Die ermittelte Wahrscheinlichkeit überträgt der VR nun auf die Zahl der zu versichernden Risiken (hier 100 000), indem er die zu versichernden Risiken mit der Wahrscheinlichkeit multipliziert:

Anzahl der zu versichernden Risiken · Schadenwahrscheinlichkeit =
voraussichtliche absolute Schadenhäufigkeit

100 000 Haushalte (Risiken) · 0,0025 =
voraussichtlich 250 Schäden

Die Zahl 250 drückt die erwartete durchschnittliche Schadenhäufigkeit bei den zu versichernden 100 000 Risiken aus. Die versicherten Risiken bilden den Bestand des VR. Die Zahl 100 000 ist groß genug, um sagen zu können, dass nach dem Gesetz der großen Zahl die ermittelte Schadenwahrscheinlichkeit auch für diesen Bestand gilt.

➤ Ermittlung der durchschnittlichen Schadenhöhe

Nach dem gleichen Prinzip wie bei der Ermittlung der Schadenhäufigkeit wird die Schadenhöhe statistisch beobachtet und auf den zu versichernden Bestand übertragen. In der Praxis setzt man sog. **Schadentafeln** ein, die nach den verschiedenen Schadenhöhen gestaffelt sind.

Für die weitere Betrachtung wird eine durchschnittliche Schadenhöhe von **20 000,00 €** angenommen.

➤ Berechnung der Risikoprämie

Beispiel (Fortsetzung):

Der VR hat eine durchschnittliche Schadenhöhe von 20 000,00 € ermittelt. Bei einer erwarteten Schadenhäufigkeit von 250 beträgt dann der erwartete Schadenbedarf 250 · 20 000 = 5 000 000,00 € (kurz: 5 Mio. €).

Diese 5 000 000,00 € muss das Kollektiv (also 100 000 Haushalte = Versicherte) aufbringen.

Daraus ergibt sich: 5 000 000 : 100 000 = 50,00 € Risikoprämie, die jeder Versicherte zahlen muss, um versichert zu sein.

Hinweis:

Der so berechnete Betrag von 50,00 € wird in der Praxis auch als **Schadenbedarf** bezeichnet, da er den durchschnittlichen Schadenaufwand **je Risiko** ausdrückt.

Stellt man die **Kalkulation der Risikoprämie für 1 000 Einheiten** an, ergibt sich folgende Rechnung:

100 000 Objekte ≙ 250 Versicherungsfälle

1 000 Objekte ≙ 2,5 Versicherungsfälle

2,5 Versicherungsfälle pro Tausend (Schadenhäufigkeit) · 20 000,00 € (durchschnittliche Schadenhöhe) = 50 000,00 € (Schadenbedarf) : 1 000 zu Versichernde = 50,00 € (Risikoprämie).

Formel für den Risikoprämie pro 1 000 Versicherte (ohne Sicherheitszuschlag):

$$\text{Risikoprämie in Euro} = \frac{\text{Schadenhäufigkeit pro Tausend} \cdot \text{durchschnittliche Schadenhöhe}}{1000}$$

➤ Berechnung der Risikoprämie in Promille anhand absoluter Zahlen (Risikoprämiensatz)

Die soeben berechnete Risikoprämie von 50,00 € pro Versicherten gilt nur für den Fall, dass alle Versicherten ein völlig identisches Risiko einbringen (gleiche VS usw.), was aber nicht praxisrelevant ist. Vielmehr ist die Risikosituation und insbesondere die Höhe der VS verschieden.

Deshalb wird in den Tarifen der VR u. a. nach der Art des Risikos (z. B. ständig bewohnte Wohnungen, Zweitwohnungen im Tarif für die Hausratversicherung) unterschieden. Ferner sind die Prämiensätze üblicherweise für 1 000,00 € VS angegeben.

Der jeweilige Prämiensatz ist so kalkuliert, dass er nicht nur die zu erwartenden Versicherungsfälle, sondern auch die weiteren Kosten (z. B. Betriebskosten) des VR deckt.

Nachstehend ist (vereinfacht) dargestellt, wie der **Risikoanteil** ohne Sicherheitszuschläge am Prämiensatz für 1 000,00 € VS (= Risikoprämienanteil in ‰) berechnet wird.

Beispiel:

Es gelten die vorgenannten Zahlen
- zur Anzahl der zu versichernden Risiken (= 100 000),
- zum Schadenbedarf (5 000 000 €; kurz: 5 Mio. €),
- zur ermittelten Risikoprämie (50,00 €).

Ferner wird der Gesamtwert der Wagnisse bzw. die durchschnittliche VS benötigt.

Im Rahmen der statistischen Erhebung sei der Gesamtwert der Wagnisse mit 6 000 000 000 € (kurz: 6 Mrd. €) ermittelt worden, was bei 100 000 zu versichernden Risiken einem durchschnittlichen Hausratwert (= Versicherungswert) von 60 000,00 € entspricht.

Da der Versicherungswert Gegenstand der Versicherung ist, müssen **durchschnittlich 60 000,00 € Versicherungssumme** versichert werden.

Der Risikoanteil am Prämiensatz beträgt dann **0,83 ‰** (0,83 € pro Tausend € VS).

Berechnung des Risikoprämiensatzes:

1. Gesamtwert der Wagnisse (= Gesamt-VS; hier: 6 Mrd. €) und Schadenbedarf (hier: 5 Mio. €) sind gegeben.
   - Für die Gesamt-VS von 6 Mrd. wird ein Schadenbedarf von 5 Mio. € erwartet.
   - Pro 1 000 € VS muss dann die Prämie 0,83 € (= 0,83 ‰) betragen, um diesen Schadenbedarf zu decken.
   - **Berechnung mit dem Dreisatz** (vgl. zum Dreisatzrechnen Band 1, Anhang 1):

     6 000 000 000 € Gesamt-VS ≙ 5 000 000 € Schadenbedarf (gesamt)

     1 000 € VS ≙ x € Schadenbedarf (pro Tausend)

     $$x = \frac{5\,000\,000 \cdot 1\,000}{6\,000\,000\,000} = \text{(gekürzt)} \ \frac{5\,\not{000\,000} \cdot 1\,\not{000}}{6\,\not{000\,000\,000}} = \mathbf{0{,}83\ ‰}$$

2. Durchschnittliche VS (hier: 60 000,00 €) und Risikoprämie (hier: 50 €) sind gegeben
   - Für 60 000,00 € VS sind 50,00 € Prämie zu zahlen.
   - Für 1 000,00 € VS sind 0,83 € Prämie (= 0,83 ‰) zu zahlen.
   - Berechnung **mit dem Dreisatz**:

     60 000,00 € ≙ 50,00 €

     1 000,00 € ≙ x €

     $$x = \frac{50 \cdot 1\,000}{60\,000} = \mathbf{0{,}83\ €}$$

     oder

     60 000,00 € ≙ 1 000 ‰

     50,00 € ≙ x ‰

     $$x = \frac{1\,000 \cdot 50}{60\,000} = \mathbf{0{,}83\ ‰}$$

➤ Berechnung der Risikoprämie in Promille anhand von Wahrscheinlichkeiten

Hierfür wird die **Schadenhäufigkeit** und die **Schadenausbreitung**, jeweils ausgedrückt als Wahrscheinlichkeit, benötigt.

- Berechnung der **Schadenhäufigkeit als Wahrscheinlichkeit**

  $$\textbf{Schadenhäufigkeit} = \frac{\text{Anzahl der erwarteten Schäden}}{\text{Anzahl der Risiken}} = \frac{250}{100\,000} = \mathbf{0{,}0025}$$

  Das Ergebnis ist die mit Schadenhäufigkeit bezeichnete Schadenwahrscheinlichkeit (Schadenausbruchswahrscheinlichkeit) im Bestand.

- Berechnung der **Schadenausbreitung als Wahrscheinlichkeit**

  Die Schadenausbreitungswahrscheinlichkeit wird nach folgender Formel berechnet:

  $$\textbf{Schadenausbreitung} = \frac{\text{durchschnittliche Schadenhöhe}}{\text{durchschnittliche Versicherungssumme}} = \frac{20\,000}{60\,000} = \mathbf{0{,}3333}$$

- Berechnung des **Risikoprämiensatzes**

  Risikoprämiensatz für 1 Einheit = 0,0025 · 0,333 = 0,00083

  Risikoprämiensatz für 1 000 Einheiten = 0,83 (kurz: **0,83** ‰)

Aktiengesellschaften kalkulieren einen Gewinnzuschlag ein, da sie ihren Aktionären gegenüber für die Kapitalhergabe verpflichtet sind. Zusätzlich zur Risikoprämie kalkuliert der VR einen **Sicherheitszuschlag**, der das versicherungstechnische Risiko decken soll (siehe A 3.2.3), und einen Kostenanteil zur Deckung seiner Kosten für die Organisation des Versicherungsschutzes.

Berechnung des Tarifprämiensatzes

Beispiel:

Der **Tarifprämiensatz** für die Zone H IV sei zu berechnen.

Es sei unterstellt, das die Proximus Versicherung AG mit einem Sicherheitszuschlag von 10 %, und einem Zuschlag von 52,5 % für Betriebskosten und Gewinn kalkuliert. Der **Risikoprämiensatz** für die versicherten Gefahren in Zone H IV sei mit 1,60 ‰ festgestellt worden.

Es ergibt sich das folgende Berechnungsschema:

			Prozentualer Anteil am Tarifprämiensatz
Risikoprämiensatz		1,6 ‰	
+ Sicherheitszuschlag	10 %	0,17 ‰	
		1,77 ‰	→ 65,6 %
+ Kosten- und Gewinnzuschlag	52,5 %	0,93 ‰	→ 34,4 %
= Tarifprämiensatz		**2,70 ‰**	**100,00 %**

3.2.3 Versicherungstechnisches Risiko

Aufgrund des Wandels der Verhältnisse in der Praxis ist es schwierig, Prämien für eine ungewisse Zeit zu kalkulieren; denn Erfahrungen aus der Vergangenheit (Vergangenheitsbeobachtungen) können häufig nicht ohne weiteres auf die Zukunft übertragen werden. Auch kann es zufällig zu Schadenhäufungen kommen oder der VR ist von falschen Voraussetzungen ausgegangen, d. h., er hat sich geirrt. Hierin liegt das Risiko seiner Kalkulation, das man als versicherungstechnisches Risiko bezeichnet. Durch einen **Sicherheitszuschlag** auf die Risikoprämie soll es möglichst ausgeschlossen werden. Den vereinnahmten Sicherheitszuschlag stellt der VR für den schwankenden Bedarf zurück. Er findet sich auf der Passivseite der Bilanz von Versicherungsunternehmen in der sog. **Schwankungsrückstellung** wieder.

Grundsätzlich werden folgende versicherungstechnische Risiken unterschieden:

- **Zufallsrisiko**

  Zufällig kumuliert die Anzahl der Schäden. So tobten beispielsweise 1990 gleich fünf Orkane über Deutschland und richteten beträchtlichen Schaden an, den die VR tragen mussten.

- **Irrtumsrisiko**

  Der VR hat den Schadenbedarf irrtümlich falsch berechnet oder ist von falschen Voraussetzungen ausgegangen. So wurde beispielsweise einmal eine sog. Regenversicherung für Urlaubsreisen angeboten. Das Produkt wurde sehr schnell wieder vom Markt genommen; denn die Versicherung wurde nur von Reisenden abgeschlossen, die in Urlaubsgebiete mit hoher Niederschlagswahrscheinlichkeit (z. B. Nord- und Ostsee) fuhren. Der VR konnte so keinen Risikoausgleich im Kollektiv durchführen.

- **Änderungsrisiko**

  Die beobachteten Wahrscheinlichkeiten treffen nicht mehr zu. So ist beispielsweise aufgrund steigenden Anspruchdenkens (z. B. höhere Schmerzensgelder) der durchschnittliche Schadenbedarf in der Kfz-Haftpflichtversicherung ständig gestiegen.

Neben der Bildung von Rückstellungen versuchen die VR durch Einrechnung von Zukunftserwartungen und/oder durch den Einbau von Prämien-Anpassungsklauseln in den Vertrag die Problematik zu lösen.

Lernkontrollen zu A 3.2

Versicherungsbegriff

1 Karl Hax definiert »Versicherung« wie folgt: »Versicherung ist die

a) planmäßige Deckung

b) eines im Einzelnen ungewissen,

c) insgesamt aber schätzbaren Geldbedarfs auf der Grundlage eines

d) zwischenwirtschaftlichen Risikoausgleichs.«

Erklären Sie die Begriffsbestandteile a–d.

2 Eine rechnerische Grundlage des Versicherungswesens stellt das sog. »Gesetz der großen Zahl« dar. Erläutern Sie, was man hierunter versteht und welche Bedeutung dieses Gesetz für die Versicherungswirtschaft hat.

Grundzüge der Kalkulation der Risikoprämie

3 Was besagt das »Äquivalenzprinzip« der Versicherung?

4 Bei 500 000 Haushalten wurden 15 000 Leitungswasserschäden registriert.

a) Wie groß ist die Schadenwahrscheinlichkeit?

b) Wie groß ist die erwartete Schadenhäufigkeit, wenn 40 000 Haushalte versichert werden?

5 Die Statistik eines Hausratversicherers weist aus:

86 Schäden pro 1 000 Versicherte

Durchschnittliche Schadenhöhe 2 300,00 €

a) Wie groß muss der Risikoanteil in Euro (ohne Sicherheitszuschlag) an der Prämie sein? (Ergebnis auf Cents genau)

b) Der VR kalkuliert mit einem 20 %igen Sicherheitszuschlag und einem 15 %igen Betriebskostenzuschlag. Wie hoch ist jetzt die Prämie ohne Versicherungsteuer? (Ergebnis auf Cents genau)

6 Die Proximus Versicherung AG möchte aufgrund neuester statistischer Daten ihre Prämienkalkulation überprüfen.

Folgendes Zahlenmaterial steht für die Gefahr Sturm im Bereich der Hausratversicherung zur Verfügung:

Versicherte Wagnisse 200 000
Versicherungsfälle (Anzahl der erwarteten Schäden) 4 000
Gesamter Versicherungswert der beobachteten Wagnisse 8 Mrd. €
Summer aller Schäden in der Versicherungsperiode 5 Mio. €

a) Wie hoch ist die Schadenhäufigkeit in Prozent?

b) Wie groß ist die durchschnittliche Schadenhöhe?

c) Welche Risikoprämie muss jedes versicherte Wagnis aufgrund dieses statistischen Materials im Durchschnitt mindestens zahlen?

d) Wie groß ist die durchschnittliche Versicherungssumme?

e) Wie groß ist die Schadenausbreitungswahrscheinlichkeit?

f) Berechnen Sie den Risikoprämiensatz in Promille, mit dem das Risiko Sturm im Tarif ohne Sicherheitszuschläge mindestens berücksichtigt wird, und zwar

f1) anhand der Zahlen zu Gesamter Versicherungswert der Wagnisse und Summe aller Schäden in der Versicherungsperiode;

f2) anhand der Zahlen zu durchschnittliche VS und Risikoprämie hierfür in Euro;

f3) anhand der Schadenhäufigkeit und Schadenausbreitung, jeweils ausgedrückt als Wahrscheinlichkeiten.

7 Ein Hausratversicherer hat für die Versicherung von Hausrat in ständig bewohnten Wohnungen in einer Tarifzone einen Risikoprämiensatz von 1,80 ‰ ermittelt. Er kalkuliert mit einem Sicherheitszuschlag von 10 % und einem Kosten- und Gewinnzuschlag von 60 %.

a) Welchen Tarifprämiensatz wird er hierfür in seinem Tarif ausweisen? (Zuschläge auf zwei Nachkommastellen genau!)

b) Wie hoch ist der prozentuale Anteil des Kosten- und Gewinnzuschlages am Tarifprämiensatz?

8 Exkurs: Risikobeitragsberechnung in der Lebensversicherung

Anmerkung: Die AVB der Lebensversicherung sprechen von Beitrag und nicht von Prämie.

10000 Männer und 10000 Frauen im Alter von 30 Jahren sollen 10 Jahre lang für den Todesfall versichert werden. Der Beitrag soll (aus Vereinfachungsgründen) einmalig zu Beginn der Versicherung gezahlt werden. Die VS für den Todesfall beträgt 20000,00 €.

Berechnen Sie den Risikobeitrag, getrennt nach Männern und Frauen (Sterbewahrscheinlichkeit mit 4 Nachkommastellen).

Auszug aus der Sterbetafel 2009/2011 des Statistischen Bundesamtes

Alter	Lebende Männer	Lebende Frauen
30	98695	99216
40	97854	98750

Hinweis: Seit dem 21. Dezember 2012 dürfen aufgrund eines Urteils des Europäischen Gerichtshofs bei Neuverträgen keine unterschiedlichen Risikoprämien für Männer und Frauen mehr angesetzt werden. Deshalb wurden sog. Unisex-Tarife eingeführt.

Die in vorstehender Aufgabenstellung geforderte Berechnung ist daher nur als Übung zur grundsätzlichen Berechnung einer Risikoprämie zu verstehen.

Anmerkung: Die Versicherungswirtschaft verwendet aktuell für neue Lebensversicherungen mit Todesfallcharakter die von der Deutschen Aktuarvereinigung vorgelegte Sterbetafel DAV 2008 T. Sie ist für die hier anzustellende grundsätzliche Betrachtung zu komplex.

9 Von 100000 35-jährigen Männern sterben ca. 200, bevor sie das 36. Lebensjahr erreicht haben. Ermitteln Sie den Risikobeitrag für eine einjährige Risikoversicherung (Versicherungssumme 80000,00 €, Eintrittsalter 35 Jahre).

10 Was versteht man unter dem Änderungsrisiko? Überlegen Sie ein Beispiel zur Hausratversicherung.

3.3 Tarifierung des zu versichernden Risikos

Vorbemerkung:

Den nachstehenden Ausführungen liegt der **Tarif Hausrat (Basis VHB 2014)** aus dem **Proximus 3 Bedingungswerk** zugrunde.

3.3.1 Risikomerkmale und Tarifaufbau

a) Grundprämie

Die **Grundprämie** für eine Hausratversicherung wird üblicherweise von folgenden **Risikomerkmalen** bestimmt:

➤ Versicherungsort des Hausrates

- Hausrat in ständig bewohnten Wohnungen
- Hausrat in **nicht** ständig bewohnten Wohnungen in einem ständig bewohnten Gebäude
- Hausrat in **nicht** ständig bewohnten Wohnungen in einem **nicht** ständig bewohnten Gebäude

➤ Tarifzone für den Versicherungsort

Aufgrund der regional unterschiedlichen Einbruchdiebstahl-Schadenwahrscheinlichkeit in der Bundesrepublik Deutschland unterscheiden die VR üblicherweise bis zu sechs Tarifzonen (H I–H VI), wobei jeder Tarifzone die jeweiligen Postleitzahlen der für sie infrage kommenden Orte und Gebiete zugeordnet sind.

Beispiel:

Tarifzone H I	(Zone 1)	Postleitzahlengebiete 36304–36380
Tarifzone H II	(Zone 2)	Postleitzahlengebiete 17235–17247
Tarifzone H III	(Zone 3)	Postleitzahlengebiete 45525–45656
Tarifzone H IV	(Zone 4)	Postleitzahlengebiete 59174–59226
Tarifzone H V	(Zone 5)	Postleitzahlengebiete 47051–47440
Tarifzone H VI	(Zone 6)	Postleitzahlengebiete 63065–63109

b) Prämien für zusätzliche Einschlüsse

Hervorzuheben sind:

- Erhöhung der Entschädigungsgrenze für Wertsachen (vgl. A 5.2.3.2)
  Dieser Zuschlag reduziert sich je nach eingebauter Einbruchmeldeanlage, die allerdings vom VdS, einer Einrichtung des GDV, anerkannt sein muss.
- Einschluss von Fahrraddiebstahl nach Klausel PK 7110
- Einschluss von Überspannungsschäden durch Blitz nach Klausel PK 7111

c) Zuschläge, Nachlässe, Mindestprämie

Zuschläge werden für besondere Gefahrenerhältnisse erhoben, z. B.:

VHB 2014 § 18 (c)

- Gefahrerhöhung durch Unbewohntsein (länger als 60 Tage ununterbrochen unbewohnt)
- Gefahrerhöhung durch feuergefährliche Betriebe innerhalb des Gebäudes
  Hierzu zählen z. B. Diskotheken, Lackierereien innerhalb des Gebäudes, Imbissbetriebe.

Nachlässe werden u. a. gewährt:

- bei vereinbarter dreijähriger Versicherungsdauer **(Dauernachlass)**
- bei jährlicher, halbjährlicher oder vierteljährlicher Zahlungsweise **(Zahlungsweise-Nachlass)**

Die Mindestprämie (ohne Versicherungsteuer) beträgt abzüglich Dauernachlass 35,00 €. Bei unterjähriger Zahlungsweise gelten Mindestraten (siehe nachstehend unter f).

d) Einschluss weiterer Elementargefahren

Durch gesonderte Vereinbarung kann die Versicherung weiterer Elementargefahren in die Hausratversicherung eingeschlossen werden (siehe A 2.2.8).
Voraussetzung ist eine bestehende oder gleichzeitig beantragte Hausratversicherung mit einer VS von mind. 650,00 € je qm Wohnfläche.

Einzelheiten zu Versicherungsumfang, Wartezeit, Selbstbeteiligung, Risikoübernahme und Tarifierung sind in Abschnitt A 2.2.8 dargestellt.

e) Anbündelung einer Glasversicherung an die Hausratversicherung

Die Prämienhöhe für alle versicherten Verglasungen hängt von der Art der Wohnung (Wohnung im Einfamilienhaus oder Mehrfamilienhaus) und von der qm-Wohnfläche der Wohnung oder des Einfamilienhauses ab.

Besonders zu beantragen ist die Versicherung für folgende Gegenstände:

- Aquarien/Terrarien,
- Künstlerisch bearbeitete Scheiben sowie Sonderkosten für Gerüste, Kräne, Beseitigung von Hindernissen.
- Sachen gem. § 3 Nr. 2 (a)–(e) AGlB 2014, wie z. B. Lichtkuppeln
- Kosten gem. § 4 Nr. 2 AGlB 2014, wie z. B. Beseitigung von Schäden am Mauerwerk

Die beiden letztgenannten Versicherungsmöglichkeiten werden im Tarif unter Bezeichnung »Gesondert versicherbar auf Anfrage« geführt.

Die **Mindestprämie** (ohne Versicherungsteuer) beträgt für die **Glasversicherung** abzüglich Dauernachlass **21,00 €.**

f) Ratenzahlung

Als Versicherungsperiode gilt der Zeitraum eines Jahres. Die Prämie ist für diesen Zeitraum so kalkuliert, dass sie den Schadenbedarf und die Betriebskosten (vgl. vorstehend A 3.2) deckt. Die Aufwendungen des VR hierfür fallen jedoch über das Jahr verteilt an, während bei jährlicher Zahlung die Prämieneinnahmen schon am Beginn der Versicherungsperiode zur Verfügung stehen. Der VR gewährt deshalb einen Nachlass, wenn die Prämien jährlich, halbjährlich oder vierteljährlich gezahlt werden, da er die noch nicht benötigten Prämienanteile in der Zwischenzeit anderweitig ertragbringend anlegen kann.

Wird die Jahresprämie in Raten entrichtet, so verringert sich die Prämie wie folgt:

Zahlungsweise	Nachlass	Ratenfaktor
monatlich	0 %	0,08333
vierteljährlich	2 %	0,49
halbjährlich	3 %	0,485
jährlich	5 %	0,475

Berechnungsbeispiel für eine halbjährliche Prämie (ohne VersSt):

Prämie ohne Zahlungsweise-Nachlass	500,00 €
abzüglich 3 % Nachlass	15,00 €
	485,00 €
: 2 (halbjährliche Zahlung)	**242,50 €**
oder:	
500,00 € · 0,485 (Faktor für halbjährliche Rate) =	**242,50 €**

Die **halbjährliche Prämie** beträgt **242,50 €** ohne Versicherungsteuer.

Der Faktor errechnet sich wie folgt:

1 – 0,03 (3 % von 1) = 0,97 : 2 (halbjährliche Rate) = **0,485**

Hinweis: Der errechnete monatliche Faktor 0,833333... ist mit mindestens 4 Nachkommastellen (also mit 0,8333) anzusetzen, um die richtige monatliche Prämie zu bekommen.

Die einzelne Rate darf – außer bei Lastschrifteinzugsverfahren – 15,00€ nicht unterschreiten. Bei monatlicher Zahlungsweise beträgt die Mindestrate 5,00€.

g) Versicherungsteuer (VersSt)

Die VersSt ist eine gesetzlich geschuldete Abgabe auf der Grundlage des Versicherungsentgeltes. Das **Versicherungsentgelt** ist die gesamte Prämie einschließlich der Zuschläge und der Nachlässe und ggf. des Zahlungsweise-Nachlasses. Erhält ein VN Prämienteile zurück, wird die anteilige VersSt erstattet.

Versicherungsteuerpflichtig sind in der **Hausratversicherung** nur **85 %** des Versicherungsentgeltes. Das gilt auch, wenn ergänzender Versicherungsschutz über Klauseln oder die Versicherung von weiteren Elementargefahren eingeschlossen wird.

Die geringere Versicherungsteuer hängt damit zusammen, dass im Versicherungsentgelt schon ein Anteil an der Feuerschutzsteuer einkalkuliert ist und der Prämienanteil für die versicherte Gefahr Feuer nicht noch einmal besteuert werden soll.

Versicherungsteuerpflichtig sind in der **Glasversicherung** hingegen **100 %** des Versicherungsentgeltes

Stand März 2015	Steuersatz nach § 6 VersStG	Steuerberechnung nach § 5 VersStG	Effektiver Versicherungsteuersatz
Hausratversicherung (mit und ohne Versicherung von Elementarschäden)	19 %	von 85 % des Versicherungsentgeltes	**16,15 %**
Haushalt-Glasversicherung	19 %	vom Versicherungsentgelt	**19 %**

Beispiel für die Berechnung der Versicherungsteuer vom Versicherungsentgelt für eine Hausratversicherung:

Versicherungsentgelt beispielsweise	150,00€
Versicherungsteuerpflichtiges Entgelt (85 % von 150,00 €)	127,50€
19 % VersSt	24,23€

Effektiv sind in der **Hausratversicherung** also nur **16,15 % VersSt** auf das Versicherungsentgelt zu bezahlen (24,23€ von 150,00€ = 16,15 %)

Aus **Vereinfachungsgründen** wird im Rahmen der Berechnungsbeispiele dieses Lehrbuchs zur Hausratversicherung mit dem effektiven Versicherungsteuersatz von 16,15 % gerechnet.

3.3.2 Prämienberechnung

Beispiel:

Wohnfläche 120 m²
Postleitzahl des Wohnortes: 42499
Vereinbarung von Klausel PK 7712 (kein Abzug wegen Unterversicherung)
Es wird eine 3-jährige Vertragsdauer und halbjährliche Zahlungsweise gewünscht.

VS (120 qm · 650,00 €)		78 000,00 €
Prämiensatz für die Grunddeckung:		
Tarifzone H II, Wohnung ständig bewohnt		2,00 ‰
Prämien für zusätzliche Einschlüsse:		
– Überspannungsschäden bis zu 5 % der VS		0,35 ‰
– Fahrraddiebstahl bis 1 % der VS		0,40 %
– Erhöhung der Entschädigungsgrenze für Wertsachen von 20 % auf 30 % der VS	0,60 ‰	
abzüglich 25 % vom Zuschlagssatz, da eine anerkannte Einbruchmeldeanlage (Alarmgabe ohne Wählgerät) vorhanden ist	– 0,15 ‰	= 0,45 ‰
– Einschluss weiterer Elementargefahren für Tarifzone I (bisher kein Vorschaden)		0,20 ‰
– Haushalt-Glasversicherung (Einfamilienhaus)		65,00 €
Einschluss eines Aquariums über 500 Liter Inhalt		20,00 €
10 % Dauernachlass wegen 3-jähriger Vertragsdauer		

Lösung:

1. **Prämie zur Hausratversicherung einschließlich Versicherung weiterer Elementargefahren**

78 000,00 € zu 3,4 ‰	265,20 €	①
– 10 % Dauernachlass	26,52 €	②
	238,68 €	
– 3 % Zahlungsweise-Nachlass	7,16 €	②
	231,52 €	
: 2 (halbjährliche Zahlungsweise)	115,76 €	
+ 16,15 % VersSt	18,70 €	②
halbjährliche Prämie	**134,46 €**	

2. **Prämie für die Glasversicherung** ③

Wohnfläche im Einfamilienhaus bis 120 qm	65,00 €
1 Aquarium über 500 Liter Inhalt	20,00 €
	85,00 €
– 10 % Dauernachlass	8,50 €
	76,50 €
– 3 % Zahlungsweise-Nachlass	2,30 €
	74,20 €
: 2 (halbjährliche Zahlungsweise)	37,10 €
+ 19 % VersSt	7,05 €
halbjährliche Prämie	**44,15 €**

Erläuterungen:

① Der Grundprämiensatz in Promille sowie die Prämiensätze für zusätzliche Einschlüsse in Promille sowie evtl. Zuschläge in Promille können zusammengefasst werden.

Für den Einschluss der weiteren Elementargefahren bestimmt sich der Zuschlag nach Tarifzone I.

② Nachlässe in Prozent sowie ein Zahlungsweise-Nachlass und die Versicherungsteuer werden auf Cents genau berechnet.

③ Die Prämie zur Glasversicherung ist separat zu berechnen, da die Prämiensätze nicht in Promille, sondern in Euro angegeben sind und auch ein anderer Versicherungsteuersatz gilt. Auch hier wird im Übrigen auf Cents genau gerechnet.

Lernkontrollen zu A 3.3

Verwenden Sie bei den folgenden Aufgaben den Tarif im **Proximus 3 Bedingungswerk.**

Tarifierung

1 Ein VN mit Wohnsitz in der Tarifzone H III beantragt folgende Hausratversicherung:

VS 87 500,00 €, Erhöhung der Entschädigungsgrenzen für Wertsachen auf 30 % der VS, Einschluss von Überspannungsschäden bis zu 5 % der VS. Ein Nachlass ist nicht zu berücksichtigen.
Wie hoch ist die Jahresprämie einschließlich VersSt?

2 Der Kunde Wolfgang Münch mit Wohnsitz in 17389 Anklam wünscht Beratung und ein Angebot für eine Hausratversicherung, mit Einschluss der weiteren Elementargefahren (bisher kein Vorschaden) und einer Glasversicherung.

Sie ermitteln während des Beratungsgesprächs: Die Einrichtung kann als durchschnittlich bezeichnet werden. Der VN hat eine Münzsammlung im Werte von ca. 22 500,00 €, die er im Schreibtisch aufbewahrt. In der abgeschlossenen Garage steht ein Sportfahrrad im Gesamtwert von 1 500,00 €. Als Versicherungswert stellen Sie einen Betrag von 84 500,00 € fest. Die Wohnfläche im Einfamilienhaus beträgt 130 qm. Im Wohnzimmer steht unübersehbar ein Aquarium mit 600 Litern Wasserinhalt.

- **Arbeitsauftrag**

Unterbreiten Sie dem VN ein Versicherungsschutzangebot mit jährlicher Prämienzahlung (Beachten Sie auch die Entschädigungsgrenzen für Wertsachen).

3 Berechnen Sie die vierteljährliche Prämie einschließlich VersSt zu folgender Hausratversicherung mit Einschluss der weiteren Elementargefahren (kein Vorschaden):
Wohnfläche 156 m² im Einfamilienhaus, VS pro m² 650,00 €, Postleitzahl des Wohnortes: 48317; Erhöhung der Entschädigungsgrenze für Wertsachen auf 30 % der VS (Zur Einbruchdiebstahlsicherung wurde ein örtlicher Alarmgeber mit Wähl- und Ansagegerät installiert).

Zusatzdeckung für Überspannungsschäden bis 5 % der VS;
3-jährige Vertragsdauer.

4 Ein VN aus der Tarifzone H I beantragt eine Hausratversicherung nach VHB 2014 mit Einschluss der Klausel PK 7712 (kein Abzug wegen Unterversicherung).
Wie hoch ist die vierteljährliche Prämie für eine Hausratversicherung mit 3-jähriger Vertragsdauer, wenn die Wohnfläche mit 120 m² (VS 650,00 € pro m²) angegeben wird?

3.4 Neuordnung und vorzeitige Beendigung des Versicherungsvertrages

3.4.1 Vorbetrachtung: Versicherungsperiode und zeitanteilige Tageberechnung

a) Beginn und Ende der Versicherungsperiode

Die Versicherungsperiode beträgt in der Hausratversicherung regelmäßig ein Jahr. Wendet man die Mitternachtsregel des § 10 VVG an, beginnt sie um 0 Uhr des ersten Tages und endet um 24 Uhr des letzten Tages der Versicherungsperiode.

Beispiel: Versicherungsperiode 01. Jan. d.J. 0 Uhr bis 31. Dez. d.J. 24 Uhr

Nach den Antragsformularen zur Hausrat- und Wohngebäudeversicherung im Proximus Bedingungswerk würde die Versicherungsperiode im Beispielsfall vom 01. Jan d.J. 0 Uhr bis 01. Jan. n.J. 0 Uhr laufen, was beim zweitgenannten Zeitpunkt exakt dem 31. Dez. 24 Uhr des zu Ende gehenden Jahres entspricht.

In den nachstehenden Beispielen und Aufgaben ist die Versicherungsperiode unter Beachtung der Mitternachtsregel nach dem VVG dargestellt.

b) Regeln für die Tageberechnung p.r.t (pro rata temporis, d.h. zeitanteilig)

Jan.	Feb.	Mrz.	Apr.	Mai	Juni	Juli	Aug.	Sept.	Okt.	Nov.	Dez.
31	28	31	30	31	30	31	31	30	31	30	31

Kalendertage genau (kein Schaltjahr); Summe = **365** Tage

Beispiel: Die Versicherungsperiode läuft vom 01. Jan. d. J. 0 Uhr bis 31. Dez. d. J. 24 hr. Es sind die Tage vom 27. Okt. d. J. 0 Uhr bis 31. Dez. d. J. 24 Uhr zu berechnen, um anschließend die p.r.t.-Prämie ermitteln zu können.

c) Tagegenaue Abrechnung

									5	30	31

Kalendertage genau (27. Okt. – 31. Dez.): 5 + 30 + 31 = 66 Tage

Berechnung der zeitanteiligen Prämie (p.r.t.-Prämie):

p.r.t.-Prämie = Jahresprämie · 66 / 365

d) Vereinfachte p.r.t.-Tageberechnung

Aus Vereinfachungsgründen wird jeder Monat (auch der Februar und der letzte Monat der Versicherungsperiode) mit 30 Tagen angesetzt. Das ergibt **360** Tage pro Jahr, führt aber zu einem Ergebnis, das annähernd der genauen Tageabrechnung entspricht.

									4	30	30

Tage nach vereinfachtem Verfahren (27. Okt. – 31. Dez.): 4 + 30 + 30 = 64 Tage

Berechnung der zeitanteiligen Prämie (p.r.t.-Prämie):

p.r.t.-Prämie = Jahresprämie · 64 / 360

Dieses vereinfachte (und damit schnellere) Tageermittlungsverfahren ist im Rahmen der Ausbildung bisher üblich. Es ist den nachstehenden Ausführungen zugrunde gelegt. In der Praxis stehen für die exakte Tageberechnung entsprechende Computerprogramme zur Verfügung.

3.4.2 Gründe für eine Neuordnung

Eine Neuordnung mit Veränderung der bisherigen Prämie kann infrage kommen, wenn

- die VS (z.B. infolge Neuanschaffungen) geändert werden soll,
- Zusatzdeckungen eingeschlossen werden oder fortfallen sollen,
- Veränderungen bei den Entschädigungsgrenzen gewünscht werden,
- der VN in eine Tarifzone mit anderem Prämiensatz umzieht,
- eine Über- bzw. Unterversicherung beseitigt werden soll.

3.4.3 Verfahren der Prämienberechnung bei einer Neuordnung

Die neue Prämienberechnung kann dergestalt erfolgen, dass

- der bestehende Vertrag geändert und für den Rest der Versicherungsperiode ein **Nachprämie** erhoben wird,
- ein neuer Vertrag mit neuer Versicherungsperiode geschlossen und der alte Vertrag unter Verrechnung der unverbrauchten Prämie **(Rückprämie)** aufgehoben wird.

Nachprämie und Rückprämie werden **p.r.t. (pro rata temporis, d.h. zeitanteilig)** berechnet.

Beispiel:

Der VN ist in eine andere Tarifzone umgezogen und hat gleichzeitig weitere Einrichtungsgegenstände angeschafft. Seine Hausratversicherung (VS 52 000,00 €, Tarifzone H I, Prämiensatz 1,70 ‰, Versicherungsperiode 01.01. d.J. 0 Uhr – 31.12. d.J. 24 Uhr) wird ab dem 20. Mai wie folgt neu geordnet:

VS 65 000,00 €, Prämiensatz 2,30 ‰, Tarifzone H III.

Ein Dauernachlass ist nicht zu berücksichtigen.

Alternative Lösungsmöglichkeiten:

1. Neuordnung durch Erhebung einer Nachprämie zum bestehenden Vertrag

01.01. 0 Uhr — 20.05. 0 Uhr — 31.12. 24 Uhr

Nachprämie für 221 Tage

(vereinfacht: 11 Tage + 7 Monate · 30 Tage)

Neue Jahresprämie ohne VersSt (= Versicherungsentgelt)			
65 000,00 € zu 2,30 ‰	149,50 €		
– 5 % Zahlungsweise-Nachlass	7,48 €	142,02 €	
– alte Jahresprämie ohne VersSt (= Versicherungsentgelt)			
52 000,00 € zu 1,70 ‰	88,40 €		
– 5 % Zahlungsweise-Nachlass	4,42 €	83,98 €	
= Jahresmehrprämie		**58,04 €**	①

Berechnung der Mehrprämie für 221 Tage

360 Tage ≙ 58,04 €
221 Tage ≙ x €

x = 35,63 €

Mehrprämie für 221 Tage	35,63 €	②
+ 16,15 % VersSt	5,75 €	
Nachprämie	**41,38 €**	

2. Neuordnung durch Abschluss eines neuen Vertrages unter Verrechnung der unverbrauchten Prämie (Rückprämie) aus dem alten Vertrag

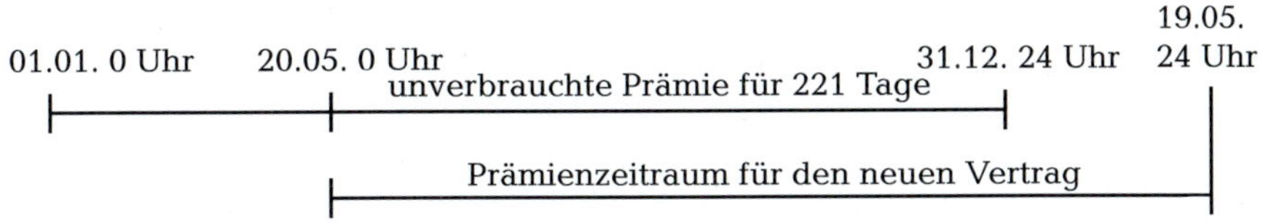

Jahresprämie ohne VersSt (neuer Vertrag)

65 000,00 € zu 2,30 ‰	149,50 €	
– 5 % Zahlungsweise-Nachlass	7,48 €	142,02 €

Jahresprämie ohne VersSt (alter Vertrag)

52 000,00 € zu 1,70 ‰	88,40 €	
– 5 % Zahlungsweise-Nachlass	4,42 €	83,98 €

Unverbrauchte Prämie zum alten Vertrag für 221 Tage

360 Tage ≙ 83,98 €
221 Tage ≙ x € x = 51,55 €

Beitragsschuld am 20. Mai:

Jahresprämie ohne VersSt (neuer Vertrag)	142,02 €	
– unverbrauchte Prämie	51,55 €	③
	90,47 €	
+ 16,15 % VersSt	14,61 €	
Prämienschuld am 20. Mai	**105,08 €**	

Erläuterungen:

① Beim Lösungsansatz »Neuordnung durch Erhebung einer Nachprämie« wird zunächst die Jahresprämie durch Gegenüberstellung des neuen und des alten jährlichen Versicherungsentgelts (Prämie ohne VersSt) ermittelt.

② Die Mehrprämie für den Rest der Versicherungsperiode wird p. r. t. berechnet (auf Cents genau).

③ Beim Lösungsansatz »Neuordnung durch Neuvertrag unter Verrechnung einer Rückprämie« wird die unverbrauchte Prämie (ohne VersSt) des alten Vertrages p. r. t. berechnet und dann von der Jahresprämie (ohne VersSt) des neuen Vertrages abgezogen und nur für die Differenz die VersSt berechnet.

3.4.4 Vorzeitige Beendigung des Versicherungsvertrages

Bei vorzeitiger Vertragsbeendigung können die VHB 2014 oder das VVG die Rückerstattung unverbrauchter Prämienteile vorsehen. Das ist z. B. in den VHB 2014 bei der Kündigung durch den VN nach Prämienerhöhung wegen Umzugs in eine Tarifzone mit höherem Prämiensatz der Fall. VHB 2014 § 11 Nr. 5 (c)

Maßgebliche Rechtsvorschrift im VVG für die Rückerstattung unverbrauchter Prämien bei vorzeitiger Vertragsbeendigung ist § 39 VVG.

Das VVG kennt aber auch Fälle, so z. B. in § 92 Abs. 3 Satz 2 für die Hagelversicherung, wonach die unverbrauchte Prämie nicht zurückzuzahlen ist.

Beispiel:

Der VN hat eine Hausratversicherung mit einer VS von 60 000,00 € (Versicherungsperiode 01.01. d. J. 0 Uhr – 31.12. d. J. 24 Uhr). Mitte des Jahres zieht er um und teilt dies dem VR mit. Seine bisherige Wohnung lag nach dem Tarif für die Hausratversicherung in Tarifzone H I (Prämiensatz 1,70 ‰). Die neue Wohnung liegt in Tarifzone H VI (Prämiensatz 3,90 ‰).

Schon bald hält er ein Schreiben des VR in Händen, dem er entnehmen muss, dass sich die Jahresprämie zu seiner Hausratversicherung mehr als verdoppelt hat.

Der VN ist damit nicht einverstanden und kündigt den Vertrag mit Einmonatsfrist. Die Kündigung des VN wird am 19. Aug. d. J. 24 Uhr wirksam. Er fordert die zuviel gezahlte Prämie zurück.

Berechnung der Rückprämie:

Die Kündigung des VN wird zum 19.08. d. J. 24 Uhr wirksam.

Unverbraucht ist der Prämienanteil für die Zeit vom 20.08. 0 Uhr – 31.12. 24 Uhr = 131 Tage (Vereinfachte Tageberechnung: 11 Tage + 4 Monate · 30 Tage)

Bisherige Jahresprämie ohne VersSt		
60 000,00 € zu 1,7 ‰	102,00 €	
– 5 % Zahlungsweise-Nachlass	5,10 €	96,90 €
Rückprämie p. r. t für 131 Tage (96,90 · 131/360)		35,26 €
anteilige VersSt (16,15 % von 35,26 €)		5,69 €
Rückerstattung		**40,95 €**

Lernkontrollen zu A 3.4

Neuordnung des Versicherungsvertrages

1 Berechnen Sie die Nachprämie einschließlich VersSt für folgende Hausratversicherungsverträge mit jährlicher Zahlungsweise, wobei ein Dauernachlass nicht zu berücksichtigen ist:

a) VS 100 000,00 €, Prämiensatz 1,3 ‰, Versicherungsperiode 01.04. d. J. 0 Uhr – 31.03. n. J. 24 Uhr; Änderung am 20.02. 0 Uhr: neue VS 150 000,00 €.

b) VS 40 000,00 €, Prämiensatz 1,5 ‰, Versicherungsperiode 20.06. d. J. 0 Uhr – 19.06. n. J. 24 Uhr; Änderung am 02.01. 0 Uhr: neuer Prämiensatz 2,7 ‰.

c) VS 75 000,00 €, Prämiensatz 1,8 ‰, Versicherungsperiode 10.05. d. J. 0 Uhr – 09.05. n. J. 24 Uhr; Änderung ab 17.12. 0 Uhr: neuer Prämiensatz 2,2 ‰, neue VS 125 000,00 €.

d) VS 25 000,00 €, Prämiensatz 2,2 ‰, Versicherungsperiode 22.10. d. J. 0 Uhr – 21.10. n. J. 24 Uhr; Änderung ab 01.07. 0 Uhr: neuer Prämiensatz 2,5 ‰, neue VS 31 000,00 €.

2 Der VN (vgl. Aufgabe 1 in Lernkontrollen zu Abschn. A 3.3) hat geheiratet und ist in die Tarifzone H II umgezogen. Seine Ehefrau bringt Hausratgegenstände im Wert von 25 000,00 € ein.

Der VN bittet um Erhöhung der VS ab 25.07. 0 Uhr.

Stellen Sie die Abrechnung für den VN auf, wenn die Hauptfälligkeit (01. Jan. eines Jahres) unverändert bleibt.

3 Ein VN hat eine Hausratversicherung (jährliche Zahlunsweise) mit folgenden Daten:

VS 55 000,00 €, Prämiensatz 1,8 ‰, Versicherungsperiode 10.05. d. J. 0 Uhr – 09.05. n. J. 24 Uhr. Aufgrund eines Wohnungswechsels wird der Vertrag ab 25.07. 0 Uhr neu geordnet. Neuer Prämiensatz 2,6 ‰, neue Versicherungsperiode 25.07. d. J. 0 Uhr – 24.07. n. J. 24 Uhr. Es ist kein Dauernachlass zu berücksichtigen.

Wie hoch ist die Prämienschuld des VN ab 25.07. 0 Uhr einschließlich VersSt?

4 Ein Hausratversicherungsvertrag mit einer VS von 90 000,00 € wird ab 07. 11. 0 Uhr geändert.

Der Vertrag hatte bisher folgende Daten:

Versicherungsperiode 01.04. d. J. 0 Uhr – 31.03. n. J. 24 Uhr, Prämiensatz 2,9 ‰, jährliche Zahlungsweise, kein Dauernachlass. Nun wird die VS um 20 000,00 € erhöht und der Prämiensatz auf 2,3 ‰ gesenkt. Ab der Änderung gewährt der VR einen Dauernachlass von 10 %.

a) Stellen Sie die Abrechnung für den Rest der laufenden Versicherungsperiode auf.

b) Wie sähe die Abrechnung aus, wenn zusätzlich die Versicherungsperiode für den Zeitraum vom 07.11. d. J. 0 Uhr – 06.11. n. J. 24 Uhr neu festgesetzt würde?

Vorzeitige Beendigung des Versicherungsvertrages

5

Nach einem erneuten Schadensfall durch Leitungswasser im laufenden Versicherungsjahr kündigt der VR die Hausratversicherung der Versicherungsnehmerin Silke Heer nach § 92 Abs. 2 VVG.

Die Kündigung wird am 03. Nov. d. J. 24 Uhr wirksam.

- **Auszug aus dem Vertragsspiegel**

VS: 48 000,00 €

Versicherungsperiode: 04.08. d. J. 0 Uhr – 03.08. n. J. 24 Uhr

Prämiensatz: 2,70 ‰, jährliche Zahlungsweise

Zuschlag für den Einschluss von Überspannungsschäden bis 5 % der VS: 0,35 ‰

- **Arbeitsauftrag**

Wickeln Sie das Vertragsverhältnis ab.

4 Obliegenheitsverletzungen während der Vertragsdauer

4.1 Regelungen zur Gefahrerhöhung nach VVG

4.1.1 Inhalt der Obliegenheit

a) Gefahrstandspflicht

VVG § 23 (1)

Der VN darf **nach** Abgabe seiner **Vertragserklärung** die Gefahr (Risiko) ohne Einwilligung des VR nicht erhöhen oder durch einen Dritten erhöhen lassen (**Gefahrstandspflicht**). Vom VN wird ein »Unterlassen« gefordert.

Beispiel:
Der VN handelt u.a. mit Feuerwerkskörpern. Die bis Silvester eines Jahres nicht verkauften Feuerwerkskörper lagert er regelmäßig im dem zu seiner Wohnung gehörenden Abstellraum.

Beim Antragsmodell beginnt die Gefahrstandspflicht mit der Antragstellung, beim Invitatiomodell mit der Erklärung des VN, dass er das Versicherungsschutzangebot annimmt.

Beim **Antragsmodell** schließt die Obliegenheit zur Gefahrstandspflicht lückenlos an die vorvertragliche Anzeigepflicht, die bei der Vertragserklärung zu erfüllen war, an. Beim **Invitatiomodell** hingegen erfüllt der VN seine vorvertragliche Anzeigepflicht mit Ausfüllen des sog »Antrages«, der den VR zur Abgabe eines Versicherungsschutzangebotes auffordern soll (vgl. Band 1, B 6.2.1 b). Die Obliegenheit zur Gefahrstandspflicht beginnt aber erst mit seiner Vertragserklärung. Wenn der VR es unterlässt, in diesem Zeitraum nach Veränderungen der Risikolage zu fragen, können solche dem VN wohl regelmäßig nicht angelastet werden.

Das erhöhte Risiko ist vertragswidrig, außerdem erhält der VR dafür keine adäquate Prämie. Soweit das erhöhte Risiko für den VR überhaupt tragbar ist, wird er nur unter der Bedingung einer erneuten Prämienfestsetzung seine Einwilligung erteilen.

- Grundsätzlich setzen die Vorschriften über die Gefahrerhöhung also nach Abgabe der Vertragserklärung ein, da vorherige Umstände noch von der vorvertraglichen Anzeigepflicht erfasst werden.

AHB PR 2014 Teil A1 Ziff. 8.1

- Die VVG-Regelung zur Gefahrerhöhung ist vor allem für die Sach- und Kraftfahrtversicherung von Bedeutung, nicht dagegen für die Allgemeine Haftpflichtversicherung. Weil hier das versicherte Risiko umfangsmäßig ständigen Schwankungen unterworfen ist, ist die Gefahrerhöhung grundsätzlich von vornherein mitversichert. Dafür kann der VR rückwirkend eine dem Risiko angepasste Prämie berechnen **(Prämienregulierung)**. Es bedarf dazu nicht der Zustimmung des VN. (Ziff. 13)

b) Anzeigepflicht bei nachträglich erkannter subjektiver Gefahrerhöhung

VVG § 23 (2)

Erkennt der VN nachträglich, dass durch eine von ihm vorgenommene oder gestattete Handlung die Gefahrenlage verändert wurde, hat er dies unverzüglich anzuzeigen.

Vom VN wird ein »Tun« gefordert.

Beispiel:

Der VN möchte einen Kellerraum als Partyraum gestalten und beauftragt zunächst einen Elektriker, der diverse Elektroarbeiten ausführen soll. Da die Wände von einem Putzer verputzt werden sollen, verwendet der Elektriker sog. Unterputzkabel.

Angeregt durch eine Vorführung auf dem Baumarkt beschließt der VN später, die Wände nicht verputzen zu lassen sondern selber mit Holzpaneelen zu vertäfeln.

Zwei Jahre später erfährt der VN, dass Unterputzkabel unter Putz liegen müssen, da die Kabelummantelung sonst im Laufe der Jahre spröde wird und bei mechanischer Belastung brechen kann. Die frei werdenden Kupferleitungen können durch Kontakt zu einem Kurzschluss führen.

Der VN hatte einen Fachmann für die Elektroinstallationen beauftragt und durfte die ordnungsgemäße Ausführung annehmen. Der Elektriker hat in Kenntnis der nachfolgenden Putzarbeiten durch einen Fachbetrieb das richtige Kabel verwendet und die bestellten Arbeiten weisungsgemäß ausgeführt. Im Baumarkt ist es unüblich, dass ein Käufer beim Holzkauf über die Gefahren elektrischer Leitungen aufgeklärt wird. Holzpaneele zu verlegen ist keine außergewöhnliche Tätigkeit sondern »Heimwerkerstandard«. Das Handeln des VN war also nicht schuldhaft (nicht schuldhafte subjektive Gefahrerhöhung). Mit Kenntniserlangung ist er jedoch verpflichtet, dem VR die Veränderung der Gefahrenlage unverzüglich anzuzeigen.

c) Anzeigepflicht bei objektiver Gefahrerhöhung

Objektive Gefahrerhöhungen sind solche, die der VN selber nicht vorgenommen oder gestattet hat. Hierzu zählen insbesondere Änderungen von Gefahrenlagen in der Nachbarschaft, die auf das versicherte Wagnis Einfluss haben können. VVG § 23 (3)

Beispiel:

Der VN wohnt in einem gemischt genutzten Gebäude. In dem bisher als Schreibwarengeschäft genutzten Ladenlokal zieht ein Imbissbetrieb unter der Bezeichnung »Brutzelstube« ein.

Ein feuergefährlicher Betrieb innerhalb des Gebäudes stellt eine Gefahrerhöhung dar, nach der auch im Antrag ausdrücklich gefragt wird.
Der VN hat solche Änderungen der Gefahrenlage nach Kenntniserlangung ebenfalls unverzüglich anzuzeigen.

4.1.2 Voraussetzungen

Nicht jede Gefahrensteigerung ist eine Gefahrerhöhung im Sinne des VVG.

a) Die Gefahrerhöhung muss »erheblich« sein

Eine Gefahrerhöhung liegt vor, wenn sich die **Gefahrenlage**, die dem VR aus dem Vertrag bekannt ist, in einer für **ihn ungünstigen Weise ändert**. Bei der Frage der Erheblichkeit entscheiden objektive Gesichtspunkte. Zur Gefahrerhöhung zählt auch, dass infolge der Verletzung der Gefahrstandspflicht die Folgen des Versicherungsfalles umfangreicher werden können (Erhöhung der Schadenauswirkungsgefahr). § 27

Als **unerheblich** gelten vor allem solche Gefahrerhöhungen, die **unvermeidlich** bzw. **den Umständen nach als vereinbart anzusehen sind,** wie z.B. in der Krankenversicherung die Verschlechterung des Risikos mit zunehmendem Alter. Grundsätzlich hat der **VR die Gefahrerhöhung als solche** zu beweisen hat.

b) Die Gefahrerhöhung muss dem VN subjektiv bekannt sein

VVG § 23

Für die Anwendung des § 23 VVG ist Voraussetzung, dass der VN die Tatsachen kennt, die eine Veränderung der Gefahrenlage bedingen.

> **Beispiel:**
> Infolge Verschleisses kann der Zylinder des Schlosses zur Wohnungstür auch mit einem fremden Schlüssel bedient werden. Der VN einer Hausratversicherung verzichtet auf die Instandsetzung.

c) Die Gefahrerhöhung muss objektiv von »gewisser Dauer« sein

Der neue Gefahrenzustand muss so lange andauern, dass er Grundlage eines neuen Gefahrenverlaufs sein kann, der den Eintritt von Versicherungsfällen generell wahrscheinlicher macht.

> **Beispiel:**
> Der Verzicht auf Reparatur im vorangegangenen Beispiel macht den Eintritt eines Versicherungsfalles wahrscheinlicher. Hätte der VN die Reparatur eingeleitet, wäre die Zeit zwischen Defekteintritt und Reparatur noch keine Gefahrerhöhung im Sinne des Gesetzes.

4.1.3 Verletzungsfolgen

Übersicht: Gefahrenerhöhung und Rechtsfolgen nach VVG

Subjektive Gefahrenerhöhung (gewollte)
- schuldhaft
- nicht schuldhaft → Unverzügliche Anzeigepflicht nach Kenntniserlangung

Objektive Gefahrenerhöhung (ungewollte)
- Unverzügliche Anzeigepflicht nach Kenntniserlangung

Kündigungsmöglichkeit

Subjektiv, schuldhaft:
- Vorsatz oder grobe Fahrlässigkeit des VN: fristlose Kündigung
- Einfache Fahrlässigkeit des VN: Kündigung mit Monatsfrist

Objektiv / nicht schuldhaft:
- VR kann mit Monatsfrist kündigen (Kündigung erst 1 Monat nach Zugang wirksam)

oder

Vertragsänderung

VR kann anstelle der Kündigung
- höhere Prämien ab Zeitpunkt der Gefahrenerhöhung verlangen oder
- Absicherung der höheren Gefahr ausschließen

VN hat fristloses Kündigungsrecht wenn
- Prämie um mehr als 10% steigt
- wenn die höhere Gefahr ausgeschlossen wird

Leistungsfreiheit

Subjektiv, schuldhaft:
- Vorsatz des VN: Leistungsfreiheit bei Kausalität
- Grobe Fahrlässigkeit des VN: Leistungskürzung entsprechend der Schwere der Verletzung bei Kausalität
- Einfache Fahrlässigkeit des VN: keine Leistungsfreiheit bei Kausalität

Objektiv / nicht schuldhaft:

Voraussetzungen:

(1) VN verletzt die Anzeigepflicht

(2) Versicherungsfall tritt später als einen Monat nach Verletzung der Anzeigepflicht ein

(3) Gefahrerhöhung und Versicherungsfall sind kausal

- Vorsatz des VN: Leistungsfreiheit bei Kausalität
- Grobe Fahrlässigkeit des VN: Leistungskürzung entsprechend der Schwere der Verletzung bei Kausalität
- Einfache Fahrlässigkeit des VN: keine Leistungsfreiheit bei Kausalität

a) Inhalt

VVG Das VVG unterscheidet im Zusammenhang mit den Rechtsfolgen nach

§ 23 (1)
- der Verletzung der **Gefahrstandspflicht**,
- der Verletzung der **Anzeigepflicht**,
  - § 23 (2) wenn der VN nachträglich erkennt, dass er ohne Einwilligung des VR eine Gefahrerhöhung vorgenommen oder gestattet hat,
  - § 23 (3) eine Gefahrerhöhung unabhängig von seinem Willen eingetreten ist.

§ 27 Es muss sich dabei um eine erhebliche Gefahrerhöhung handeln.

b) Verletzungsfolgen

➤ Kündigung

§ 24 (1) S. 1 Bei **vorsätzlicher** oder **grob fahrlässiger Verletzung der Gefahrstandspflicht** ist die **fristlose Kündigung** durch den VR vorgesehen. S. 2 Bei Verletzung durch **einfache Fahrlässigkeit** kann der VR nur **mit Monatsfrist kündigen**.

Das Kündigungsrecht erlischt:

§ 24 (3)
- wenn es nicht innerhalb eines Monats von dem Zeitpunkt an ausgeübt wird, in welchem der VR von der Erhöhung der Gefahr Kenntnis erlangt **(Klarstellungsprinzip)**,
- wenn die Gefahrerhöhung wieder rückgängig gemacht wurde, bevor die Kündigung wirksam wird.

(2) Bei **Verletzung der Anzeigepflicht** kann der VR **mit Monatsfrist kündigen**.

Die Wahrnehmungsfrist beträgt ebenfalls einen Monat.

➤ Vertragsänderung statt Kündigung

§ 25 (1) S. 1 Anstelle der Kündigung kann der VR auch ab dem Zeitpunkt der Gefahrerhöhung die Zahlung der dem Risiko entsprechenden höheren Prämie verlangen oder die Absicherung der höheren Gefahr ausschließen. Die Wahrnehmungsfrist hierfür beträgt ebenfalls einen Monat. S. 2 Das Recht zur Vertragsänderung erlischt, wenn der VR nicht innerhalb der Wahrnehmungsfrist die Vertragsänderung verlangt oder wenn der VN den alten Zustand wieder herstellt.

(2) Fordert der VR für die höhere Gefahr eine um mindestens 10 % höhere Prämie oder schließt er die Gefahr aus, hat der VN das Recht zur fristlosen Kündigung (Wahrnehmungsfrist 1 Monat). Der VR hat auf dieses Kündigungsrecht hinzuweisen.

➤ Leistungsfreiheit

§ 26 (3) Zur Leistungsfreiheit können nur solche Verstöße führen, die **kausal** für den Versicherungsfall oder den Umfang der Leistung des Versicherers sind.

Grundsätzlich gilt:

§ 26 (1) S. 1 **Vorsätzliche** (kausale) **Verstöße** führen zur Leistungsfreiheit.

S. 2 **Grob fahrlässige Verstöße** berechtigen den VR, die Leistung entsprechend der Schwere des Verschuldens zu kürzen.

Einfach fahrlässige Verstöße bleiben folgenlos.

Die Beweislast für Vorsatz trägt der VR; von grober Fahrlässigkeit muss sich der VN entlasten.

Hat der VN die Anzeigepflicht verletzt (Anzeige von nachträglich erkannten subjektiven Gefahrerhöhungen oder Anzeige von objektiven Gefahrerhöhungen), tritt die vorbeschriebene Leistungsfreiheit oder -kürzung nur dann ein, wenn der Versicherungsfall später als einen Monat nach dem Zeitpunkt eintritt, zu dem die Anzeige dem VR hätte zugehen müssen. VVG § 26 (2)

Beispiel:

Der VN erfährt am 27. April d. J., dass Unterputzkabel wegen der sonst spröde werdenden Ummantelung eingeputzt sein müssen und unverputzt hinter den angebrachten Holzpaneelen eine Gefahrerhöhung darstellen können (vgl. Beispiel in A 4.1.1). Er hätte jetzt unverzüglich, d. h. innerhalb von zwei bis drei Tagen, also bis spätestens Ende April d. J., die erkannte subjektive Gefahrerhöhung anzeigen müssen. Tritt nach Ende Mai d. J. ein Brand infolge Kurzschluss bei den Unterputzkabeln auf, der zu einem Brand führt, ist der VR hierfür teilweise oder vollständig leistungsfrei.

Der Schaden ist kausal und die Frist zur Anzeige ist abgelaufen. Der Umfang der Leistungsfreiheit bestimmt sich nach dem Verschuldensgrad, der dem VN vorgehalten werden kann.

Ergänzende Informationen zur Leistungsfreiheit:

Der VR kann sich auf Leistungsfreiheit nur dann **nicht** berufen,

- wenn die Gefahrerhöhung für den Eintritt des Versicherungsfalles und für die Höhe des Schadens nicht kausal gewesen ist **(Kausalitätsprinzip)**, was allerdings der VN zu beweisen hat.

  Beispiel:

  Ein Haus wird anstelle des bisher vorhandenen Ziegeldachs mit einem Schilfdach versehen. Trotz der erhöhten Feuergefahr unterbleibt eine Anzeige. Wird das Haus danach durch eine Gasexplosion im Keller vollständig zerstört, so hat die Gefahrerhöhung den Schaden weder verursacht noch vergrößert. Der VR ist leistungspflichtig. Leistungsfrei wäre er dagegen, wenn das Haus bei einem Brand infolge der weichen Dachung restlos abbrennen würde.

- wenn die Gefahrerhöhung durch den VN nicht verschuldet wurde und er seiner Anzeigepflicht gemäß § 23 Abs. 2 VVG unverzüglich nachgekommen ist **(Verschuldensprinzip).**
- wenn die Wahrnehmungsfrist für die Kündigung des Versicherungsvertrages durch den VR zur Zeit des Eintritts des Versicherungsfalles bereits abgelaufen ist und die Kündigung nicht erfolgt ist **(Klarstellungsprinzip).**

Der VN trägt die **Beweislast,** wenn er sich vom Vorwurf des Vorsatzes oder der groben Fahrlässigkeit entlasten will, um die volle Versicherungsleistung zu erhalten.

Die Vorschriften über die Gefahrerhöhung finden keine Anwendung, wenn der VN zu der Gefahrerhöhung, z. B. durch ein Gebot der Menschlichkeit, veranlasst wurde.

Beispiel:

Während des Bügelns wird eine Hausfrau durch einen Hilfeschrei veranlasst, auf die Straße zu eilen. Da sie vergessen hat, das Bügeleisen abzustellen, entsteht ein Brand, der Teile des Hausrats zerstört.

4.2 Besondere gefahrerhöhende Umstände in der Hausratversicherung

a) Vorbemerkung

Die VHB 2014 zeigen in § 18 anzeigepflichtige Gefahrerhöhungen auf, die die Hausratversicherung insbesondere betreffen können (siehe nachstehend unter c). Die Rechtsfolgen werden, im Gegensatz zu älteren Hausrat-Versicherungsbedingungen, in den VHB 2014 nicht mehr geregelt, so dass die VVG-Regelungen gelten, wie sie in vorstehendem Abschnitt A 4.1 dargestellt sind.

b) Merkmale der Gefahrerhöhung

In § 27 Nr. 1 a der Hausratversicherungsbedingungen von 2008 (VHB 2008) ist definiert, wann eine Gefahrerhöhung in der Hausratversicherung vorliegt, nämlich wenn die tatsächlich vorhandenen Umstände so verändert werden,

- dass der Eintritt des Versicherungsfalles oder
- eine Vergrößerung des Schadens oder
- die ungerechtfertigte Inanspruchnahme des Versicherers wahrscheinlicher werden.

c) Anzeigepflichtige Gefahrerhöhungen nach VHB 2014

Nach den VHB 2014 kann eine anzeigepflichtige Gefahrerhöhung insbesondere dann vorliegen, wenn

VGB 2014 § 18 (a)

- sich ein Umstand ändert, nach dem im Antrag gefragt wird;

Beispiel:
Der VN hat angegeben, dass die Kellerfenster durch Gitter gesichert sind. Ein Kellerraum wird später zum Gästeschlafzimmer umgebaut und das Gitter entfernt.

§ 18 (b)

- wenn sich anlässlich eines Wohnungswechsels ein Umstand ändert, nach dem im Antrag gefragt worden ist;

Beispiel:
Der VR hatte im Antrag zur Hausratversicherung nach Sicherungen für die Kellerfenster und -schächte gefragt (siehe Antrag im auslaufenden Proximus 2 Bedingungswerk). Hatte der VN bisher ein Einfamilienhaus gemietet, bei dem die Kellerroste verankert waren und zieht jetzt in ein Einfamilienhaus ohne jegliche Sicherung der Kellerschächte, muss er dies anzeigen.

Anmerkung: In dem nur auszugsweise wiedergegebenen Antragsformular zur Hausratversicherung im Proximus 3 Bedingungswerk ist die Frage nach Sicherungen nicht abgedruckt, im Gegensatz zum Antragsformular im **Proximus 2 Bedingungswerk.**

§ 18 (c)

- die ansonsten ständig bewohnte Wohnung länger als 60 Tage oder eine für den Einzelfall vereinbarte längere Frist hinaus unbewohnt und unbeaufsichtigt bleibt;

Beispiel:
Der VN ist zu Montagearbeiten für vier Monate im Ausland und hat niemanden für die Beaufsichtigung der Wohnung bestellt.

Die Beaufsichtigung der Wohnung ist gegeben, wenn sich während der Nacht eine dazu berechtigte volljährige Person darin aufhält.

– vereinbarte Sicherungen beseitigt, vermindert oder in nicht gebrauchsfähigem Zustand sind. Das gilt auch bei einem Wohnungswechsel. VHB 2014 § 18 (d)

Beispiel:
Laut Vereinbarung ist zum Schutz der versicherten Wertsachen eine Einbruchmeldeanlage mit örtlicher Alarmgabe und zusätzlichem Wähl- und Ansagegerät zu installieren. Nach einem Defekt lässt der VN die preiswertere Einbruchmeldeanlage mit örtlicher Alarmgabe aber ohne automatisches Wähl- und Ansagegerät montieren.

Exkurs: Gefahrerhöhung in der Wohngebäudeversicherung

Nach VGB 2014 liegt eine anzeigepflichtige Gefahrerhöhung vor, VGB 2014 § 18 Nr. 1

– wenn sich ein Umstand ändert, nach dem der VR vor Vertragsschluss gefragt hat,
– wenn ein Gebäude bzw. ein Teil davon nicht genutzt wird,
– wenn bei Baumaßnahmen das Dach teilweise oder ganz entfernt oder das Gebäude überwiegend unbenutzbar wird,
– wenn im Gebäude ein Gewerbebetrieb aufgenommen oder verändert wird,
– das Gebäude nach Vertragsschluss unter Denkmalschutz gestellt wird.

d) Rechte des Versicherers

Die Rechte des VR bei Verletzung der Gefahrstandspflicht bzw. Anzeigepflicht bestimmen sich nach dem VVG (siehe vorstehend unter A 4.1).

Damit der Versicherungsschutz für den VN und die Vertragsbeziehung erhalten bleibt, wird der VR die Möglichkeiten der Vertragserhaltung prüfen, sofern nicht die Umstände der Obliegenheitsverletzung eine Vertragsbeendigung nahelegen.

Beispiel:
Die Wohnung des VN ist bereits seit 90 Tagen unbewohnt, da der VN im Ausland auf Montage weilt. Dies wurde dem VR nicht angezeigt. Als der VN dem VR jetzt mitteilt, dass er noch länger im Ausland bleiben werde, erfährt dieser erstmalig davon, dass die Wohnung derzeit unbewohnt ist.

Da das Risiko »Länger als 60 Tage (2 Monate) ununterbrochen unbewohnt« eine Gefahrerhöhung darstellt, diese aber gegen Prämienzuschlag versicherbar ist, kann der VR ab dem 3. Monat für diesen und jeden weiteren Monat den tariflich vorgesehenen Prämienzuschlag verlangen. Der VR hat dann allerdings kein Kündigungsrecht mehr.

Der VR wird hier zunächst die höhere Prämie einfordern und diese auch dem VN gegenüber begründen.

Die Mitteilung über die Prämienerhöhung berechtigt den VN wiederum, den Versicherungsvertrag innerhalb eines Monats zum Zeitpunkt des Wirksamwerdens der Prämienerhöhung zu kündigen.

Anstelle der Vertragsänderung durch Vereinbarung einer erhöhten Prämie könnte der VR die Absicherung der erhöhten Gefahr auch ausschließen.

Das Recht des VR zur Vertragsänderung erlischt, wenn es nicht innerhalb eines Monats nach Kenntniserlangung über die höhere Gefahr ausgeübt wird (Wahrnehmungsfrist) oder der VN den alten Zustand wieder hergestellt hat.

4.3 Obliegenheit vor Eintritt des Versicherungsfalles (Sicherheitsvorschrift)

Die VHB 2014 kennen im Gegensatz zu den VGB 2014 (siehe B 2.7.5) nur die folgende, als **Obliegenheit vor Eintritt des Versicherungsfalles** bezeichneten Sicherheitsvorschrift:

VHB 2014 § 17 Nr. 1

Der Versicherungsnehmer hat in der kalten Jahreszeit die Wohnung zu beheizen und dies zu kontrollieren oder alle wasserführenden Anlagen und Einrichtungen abzusperren, zu entleeren und entleert zu halten.

Beispiel:

Der VN fährt für zwei Wochen in den Winterurlaub. Da er Heizkosten sparen will, fährt er die Heizung so weit herunter, dass nur noch leicht angewärmtes Wasser durch die Anlage fließt. Die Räume kühlen zusehends aus und in einer Nacht mit strengem Frost friert eines der Rohre ein. Da die Zirkulation unterbrochen ist, kann sich der Frost so stark ausdehnen, dass ein Rohr später platzt.

§ 17 Nr. 2

Das Verhalten des VN ist als grob fahrlässig einzustufen und der VR ist berechtigt, die Leistung entsprechend der Schwere des Verschuldens des VN zu kürzen (Quotelung). Der VN muss ggf. beweisen, dass sein Verhalten nicht grob fahrlässig war, wenn er die Leistungskürzung vermeiden will.

Lernkontrollen zu A 4

Obliegenheiten während der Vertragsdauer

1 Lösen Sie den nachstehenden Fall wie folgt:

Gehen Sie von einem grob fahrlässigen Verhalten des VN aus, soweit eine Obliegenheit verletzt wurde.

Ein VN, der seit mehreren Jahren eine Hausratversicherung unterhält, errichtet am 15. März d. J. ein Baugerüst um sein Einfamilienhaus. Es soll für ca. 9 Monate stehen bleiben. Tatsächlich wird es auch erst wieder am 20. Dez. d. J. abgebaut. Der VR erhielt keine Kenntnis von dem Vorgang.

a) Welche Obliegenheit hat der VN hier verletzt?

b) Wie lässt sich diese Obliegenheit versicherungsrechtlich begründen?

c) Erst bei der Abrechnung eines Einbruchschadens erfährt der VR von der Obliegenheitsverletzung.

 c1) Kann jetzt der VR den Vertrag kündigen (mit Begründung)?

 c2) Nehmen Sie an, der VR will am Vertrag festhalten, besteht aber auf einem vorübergehenden Risikozuschlag zur Prämie. Muss der VN diesen Zuschlag bezahlen (mit Begründung)?

d) Inwieweit ist der VR für den schon eingetretenen Einbruchschaden leistungspflichtig, wenn sich dieser am 10. Okt. d. J. ereignete und die Diebe

d1) durch eine aufgebrochene Kellertür bzw.

d2) durch ein Fenster im Dachgeschoss ins Haus gelangten (jeweils mit Begründung)?

e) Wie ist die Leistungspflicht des Versicherers zu beurteilen, wenn sich der Einbruchdiebstahl erst am 22. Dez. d. J. ereignete?

2 Der VN bringt im Rahmen energetischer Sanierung Dämmplatten vom Baumarkt unter der gesamten Betonkellerdecke an und lässt diese anschließend verputzen. Durch einen Bekannten erfährt er am 27. April d. J., dass diese Dämmplatten nach der DIN-Norm nur als schwer entflammbar eingestuft werden. Im Heizungskeller wäre aber nicht brennbares Material sinnvoller gewesen. Der Rückbau ist zu aufwändig, da zwischenzeitlich eine Vielzahl von Rohren der später zusätzlich eingebrachten Solarheizungsanlage unter der Decke hängen.

a) Prüfen Sie zunächst, welche Obliegenheit angesprochen ist und bis wann diese zu erfüllen ist.

b) Angenommen, der VN erfüllt die geforderte Obliegenheit fristgemäß. Welche Rechte hat dann der VR.

c) Angenommen, der VN erfüllt die geforderte Obliegenheit nicht. Am 6. Juli gerät die Heiztherme im Heizungskeller in Brand. Das Dämmmaterial entzündet sich. Der dabei entstehende Rauch beschädigt diversen Hausrat im Keller.

Beurteilen Sie die Leistungspflicht des VR.

3 Lösen Sie den nachstehenden Fall unter der Annahme eines grob fahrlässigen Verhaltens des VN.

Der VN unterhält eine Hausratversicherung (Versicherungsperiode 01.08. d.J. 0 Uhr – 31.07. n.J. 24 Uhr) für den Hausrat in seiner gemieteten Wohnung.

Auf dem Nachbargrundstück wird ein feuer- und explosionsgefährlicher Betrieb errichtet.

a) Um welche Art der Gefahrerhöhung handelt es sich hier?

b) Welche Verpflichtung trifft den VN in einem solchen Fall?

c) Welche Rechte ergeben sich für den VR grundsätzlich bzw. dann, wenn der VN seiner Verpflichtung nicht nachkommt?

d) Kann sich der VR zur Durchsetzung seines Rechts beliebig lange Zeit lassen?

e) Der VN hat am 15. Mai d. J. erstmalig von der Gefahrerhöhung erfahren. Am 10. Juni d. J. setzt er den VR davon in Kenntnis. Wie ist die Leistungspflicht des Versicherers geregelt (mit Begründung), wenn dieser am 20. Juni d. J. kündigt und der Schadensfall wie folgt eingetreten ist:

e1) am 08. Juni d. J. mit Kausalität,

e2) am 30. Juni d. J. mit Kausalität,

e3) am 10. Juli d. J. ohne Kausalität,

e4) am 25. Juli d. J. ohne Kausalität?

f) Bis wann steht dem VR im Falle einer Kündigung die Prämie zu?

4 Prüfen Sie, ob in folgenden Fällen eine Gefahrerhöhung vorliegt (mit Begründung):

a) Der VN hängt seinen Mantel mit Schlüsselbund und Brieftasche, in der sich auch Visitenkarten von ihm befinden, an die Garderobe eines Restaurants. Dort wird der Mantel entwendet. 24 Stunden später dringen Täter mit den Schlüsseln in das Mehrfamilienhaus und die Wohnung des VN ein. Dort lassen sie den Schlüssel im Zylinder stecken und entwenden wertvolle Hausratgegenstände

b) Der VN wird von seiner Firma für sechs Wochen zur Montage nach Dubai geschickt. Er versäumt es, jemanden mit der gelegentlichen Kontrolle seiner Wohnung zu beauftragen.

c) Ein Fenster der Wohnung des VN schließt nicht mehr richtig. Der Handwerksbetrieb ist im Moment überlastet und will erst in sieben Tagen kommen. Deshalb lässt der VN die Kunststoffrolllade vor dem Fenster rund um die Uhr geschlossen.

d) Der VN hat die als defekt geglaubte Leitung eines Elektrogerätes selbst ausgetauscht. Tatsächlich ist der Defekt aber in dem Elektrogerät und es besteht Kurzschlussgefahr, die zu einem Brand führen kann.

e) Der VN sieht, wie sich sein Nachbar beim Holzhacken schwer verletzt. Kurz entschlossen bringt er ihn ins Krankenhaus und wartet die Behandlung ab. In der Aufregung hat er völlig vergessen, seinen Elektroherd abzustellen. Als er wieder nach Hause kommt, hat die Feuerwehr den entstandenen Küchenbrand bereits gelöscht.

5 Versicherungsfall und Entschädigung

5.1 Obliegenheiten bei und nach Eintritt des Versicherungsfalles

Bei bzw. **nach** Eintritt des Versicherungsfalles hat der VN weitere Obliegenheiten – gesetzliche und vertragliche – zu beachten. Bei Verstoß droht Leistungsfreiheit bzw. Leistungskürzung. Allerdings hat der VN Entlastungsmöglichkeiten: VHB 2014 § 19

- Es liegt kein Verschulden vor **(fehlendes Verschulden).**
- Das Verschulden liegt nur im Bereich der **leichten Fahrlässigkeit.**
- Das Verschulden liegt zwar im Bereich der »groben Fahrlässigkeit«, war aber für die Regulierung des Versicherungsfalls ohne Einfluss **(fehlende Kausalität).**

5.1.1 Abwendung und Minderung des Schadens

➤ Pflichten des VN

Den VN trifft eine grundsätzliche Pflicht zur Abwendung und Minderung des Schadens. Er hat sich dabei so zu verhalten, als ob er nicht versichert wäre. VVG § 82 VHB 2014 § 19 (a) (aa)

Das bedeutet, er hat alles zu tun, um den Schaden so gering wie möglich zu halten. Dies hat **unverzüglich** mit der im Verkehr erforderlichen Sorgfalt zu erfolgen, und zwar auch dann, wenn der Erfolg zweifelhaft ist.

Beispiele:

- Der Waldbrand nähert sich dem Wohnhaus, es werden Gräben ausgehoben und Bäume gefällt, um so das Feuer vom Haus fernzuhalten **(Abwendungspflicht).**
- Nach einem Sturm- oder Feuerschaden muss z. B. durch Notverglasung, Errichtung eines Notdaches bzw. Vorkehrungen gegen die Entwendung versicherter Sachen der Schaden so gering wie möglich gehalten werden **(Minderungspflicht).**

➤ Weisungen des Versicherers

Der VN hat auch **Weisungen** des Versicherers **zu befolgen** und – soweit nicht unaufschiebbare Maßnahmen vorzunehmen sind – solche **Weisungen** auch **einzuholen.** VVG § 82 (2) VHB 2014 § 19 (a) (cc), (dd)

Folgende Besonderheiten sind zu erwähnen:

- Weisungen, die der VR zur Minderung oder Abwehr des Schadens erteilt, müssen zumutbar sein. Der VN braucht sich hierfür aber keiner Gefahr für Leib und Leben auszusetzen. VVG § 82 (2) S. 1

  Beispiel:

  Der VR fordert den VN auf, wertvolle Gegenstände aus dem durch Brand stark beschädigten Gebäude sicherzustellen. Teile des Gebäudes sind jedoch einsturzgefährdet.

- Wird die Obliegenheit zur Schadenminderung und -abwehr durch den VN verletzt, kann dies zu teilweiser oder vollständiger Leistungsfreiheit des VR führen. Weitere Einzelheiten sind unter A 5.1.4 dargestellt. § 82 (3), (4)

➤ Aufwendungsersatz und erweiterter Aufwendungsersatz

VVG § 83 Kosten der Schadenabwehr bzw. –minderung (sog. **Rettungskosten**), die der VN für geboten halten durfte, muss der VR ersetzen (vgl. A 2.5.2).

§ 90 In der Sachversicherung kann der VN darüber hinaus den Ersatz der Aufwendungen, um einen unmittelbar bevorstehenden Versicherungsfall abzuwenden (sog. **Vorerstreckung**), verlangen. Im VVG wird dieser Ersatz als **Erweiterter Aufwendungsersatz** bezeichnet.

Hinweis:

Der Aufwendungsersatz nach § 82 VVG und der erweitere Aufwendungsersatz nach § 90 VVG sind bereits in Abschnitt A 2.5 – Versicherte Kosten und Aufwendungsersatz dargestellt.

5.1.2 Anzeige des Versicherungsfalles

VVG § 30 VHB 2014 § 19 (a) (bb) Die Anzeige hat **unverzüglich**, d. h. ohne schuldhaftes Zögern, zu erfolgen **(Anzeigepflicht)**, wobei die Schadenstelle möglichst so lange unverändert bleiben soll, bis sie durch den VR freigegeben worden ist.

Der VR soll dadurch in die Lage versetzt werden, den Versicherungsfall so schnell wie möglich festzustellen, um

- einerseits eine Ausweitung des Umfangs der Leistungspflicht infolge Beweismittelverlust zu verhindern und
- andererseits eine kostengünstige Bearbeitung und Regulierung einleiten zu können.

§ 19 (a) (ee) Schäden durch strafbare Handlung gegen das Eigentum sind **sofort** der zuständigen Polizeidienststelle anzuzeigen.

§ 19 (a) (ff) Dem VR und der zuständigen Polizeidienststelle ist ein Verzeichnis der abhanden gekommenen Sachen einzureichen (sog. **Stehlgutliste**).

Durch die geforderte sofortige Einschaltung der Polizei soll

- zum einen der Schaden gemindert werden, indem etwa die Täter möglichst schnell verfolgt und eventuell gefasst werden können,
- zum anderen will sich der VR davor absichern, dass er durch einen vorgetäuschten Versicherungsfall in Anspruch genommen wird.

§ 19 (a) (jj) Abhanden gekommene Sparbücher und andere sperrfähige Urkunden müssen unverzüglich gesperrt werden. Für abhanden gekommene Wertpapiere ist ein Aufgebotsverfahren einzuleiten.

Die dabei entstehenden Kosten stellen Rettungskosten dar und werden als solche ersetzt.

5.1.3 Auskunfts- und Belegpflicht

Sie unterscheidet sich von der Anzeigepflicht dadurch, dass sie nicht spontan, sondern nur auf Verlangen zu erfüllen ist.

VHB 2014 § 19 (a) (hh) VVG § 31 Nach Eintritt des Versicherungsfalles kann der VR (Regulierungsbeauftragter) verlangen:

- dass der VN **jede Auskunft** erteilt, die **zur Feststellung** des Versicherungsfalls oder des Umfangs der Leistungspflicht des VR **erforderlich** ist.

Erfüllt wird diese Auskunftspflicht regelmäßig durch Ausfüllen eines vom VR übermittelten Vordruckes (**Schadenanzeige**).

> **Beispiele für auskunftspflichtige Tatsachen:**
> Ursachen, Hergang, nähere Umstände des Geschehens, Anschaffungspreis und Anschaffungsjahr der beschädigten Sache, frühere Versicherungen, Vorschäden, aber auch Werturteile – auf wessen Schuld das Schadenereignis zurückzuführen ist – fallen unter die Auskunftspflicht.

Der VR hat das Recht, nach allen Umständen zu fragen, selbst wenn der VN dem VR dabei eigenes strafrechtliches Verhalten, z. B. Fahren unter Alkoholeinfluss, anvertrauen muss.

Der VN hat dem VR auch jede Untersuchung über Ursache und Höhe des Schadens und über den Umfang der Entschädigungspflicht zu gestatten.

- dass der VN **Belege** – wie z. B. Kaufbelege – **insoweit** beizubringen hat, **als ihm die Beschaffung billigerweise zugemutet werden kann.** VHB 2014 § 19 (a) (ii)

Soweit dem VN Kosten für die Ermittlung und Feststellung eines zu ersetzenden Schadens entstehen, ersetzt der VR diese bis zur vereinbarten Höhe. Sachverständigenkosten werden nur ersetzt, soweit der VR die Hinzuziehung verlangt oder der VN hierzu vertraglich verpflichtet war. VVG § 85

5.1.4 Rechtsfolgen der Verletzung einer Obliegenheit bei Eintritt des Versicherungsfalles

a) Verletzung der Obliegenheit zur Schadenminderung und -abwehr

Nur bei vorsätzlicher Verletzung der Obliegenheit zur Schadenminderung und -abwehr ist der VR leistungsfrei. Bei grober Fahrlässigkeit ist eine Kürzung der Leistung, entsprechend der Schwere des Verstoßes, zulässig **(Quotelung)**. Ist der VR berechtigt, die Leistung wegen grober Verletzung dieser Obliegenheit zu kürzen, kann er auch die vom VN aufgebrachten Rettungskosten im Rahmen des Aufwendungsersatzes entsprechend kürzen. § 82 (3), (4)

> **Beispiel:**
> Der VR weist den VN an, die vor dem Brand geretteten Sachen bei einer Spedition einlagern zu lassen. Das hält der VN für überflüssig und lässt die Sachen durch die Aufräumungshelfer in seine unbeschädigt gebliebene Garage bringen. Im weiteren Verlauf der Aufräumungsarbeiten kommen Teile davon aus der Garage abhanden.

Das Abhandenkommen versicherter Sachen im Zusammenhang mit einem ersatzpflichtigen Versicherungsfall ist grundsätzlich versichert. Der VN hat sich hier jedoch grob fahrlässig verhalten und muss deshalb eine Kürzung beim Ersatz dieser Sachen und den dabei entstandenen Rettungskosten hinnehmen.

Die Leistungspflicht des VR bleibt bei vorsätzlicher oder grob fahrlässiger Obliegenheitsverletzung in vollem Umfange bestehen, wenn kein Kausalzusammenhang zwischen der Obliegenheitsverletzung und dem Eintritt des Versicherungsfalles besteht und der VN dies nachweist. Das gilt nicht, wenn der VN die Obliegenheit arglistig verletzt hat.

b) Verletzung der Auskunfts- oder Aufklärungsobliegenheit

Beispiel:

Während seiner Abwesenheit klettern Einbrecher auf den Balkon des VN, brechen die Balkontür auf und entwenden Bargeld, Schmuck und Geräte der Unterhaltungselektronik.

Der VN zeigt den Einbruch zwar unverzüglich bei der Polizei an. Die von der Polizei geforderte Stehlgutliste reicht er erst nach einer Woche ein. Die gestohlenen Gegenstände sind nur der Art nach benannt (z. B. DVD-Player). Wesentliche Identifikationsmerkmale (z. B. Typenbezeichnung) fehlen. An der Balkontür unternimmt der VN selber einen Reparaturversuch, der ihm nicht gelingt. Zu allem Überfluss ergänzt er zwei Wochen später die Stehlgutliste noch um einen gestohlenen Brillantring, für den er keinen Kaufbeleg vorweisen kann.

Aufgrund der Vorkommnisse im vorgenannten Beispiel ist zu prüfen, ob Obliegenheiten bei Eintritt des Versicherungsfalles verletzt wurden, die für die Feststellung des Versicherungsfalles oder den Umfang der Leistungspflicht bedeutend sind. Sofern dies bejaht wird (Kausalität ist gegeben) muss der Verschuldensgrad des VN ermittelt werden. Danach bestimmt sich, ob der VR die Leistung ganz oder teilweise verweigern kann. Bei Verletzung einer **Auskunfts- oder Aufklärungsobliegenheit** ist der VR hierzu nur berechtigt, wenn er zuvor durch gesonderte **Mitteilung in Textform** auf diese **Rechtsfolge** hingewiesen hat.

VVG § 28 (4)

- Hinter der verspätet eingereichten und auch unvollständig ausgefüllten Stehlgutliste könnte Vorsatz des VN stecken. Vielleicht will er die Ermittlungen erschweren, damit die Sachen nicht wieder herbeigeschafft werden und er den Neuwert ersetzt bekommt.
- Der Reparaturversuch an der Balkontür ist grob fahrlässig; soweit es um die nicht bewusste Beseitigung von Einbruchspuren geht.
- Die Nachmeldung des gestohlenen Brillantrings, der nicht belegt werden kann, legt den Verdacht nahe, dass der VN den VR arglistig täuschen will.

Aus der nachstehenden Übersicht können die infrage kommenden Rechtsfolgen in Abhängigkeit vom Verschuldensgrad des VN entnommen werden:

Übersicht: Rechtsfolgen der Obliegenheitsverletzung bei Eintritt des Versicherungsfalles

Verhalten des VN	Kausalität gegeben	Keine Kausalität
► **Vorsatz**	VR ist leistungsfrei	VR bleibt leistungspflichtig
► **grobe Fahrlässigkeit**	VR kann die Leistung nach der Schwere des Verschuldens kürzen (Quotelung)	VR bleibt leistungspflichtig
► **einfache Fahrlässigkeit**	VR ist leistungspflichtig	
► **arglistige Täuschung**	VR ist leistungsfrei	

Lernkontrollen zu A 5.1

Obliegenheiten bei Eintritt des Versicherungsfalles

1 Bestimmen Sie in den nachfolgenden Fällen, welche Obliegenheit verletzt wurde:

a) Der VN macht unwahre Angaben zur Schadenhöhe.

b) Der VN unternimmt keinen Löschversuch.

c) Der VN lässt das vom VR geforderte Notdach nicht montieren.

d) Der VN legt einen falschen Kaufbeleg vor.

e) Der VN leitet nach einem Einbruch kein Aufgebotsverfahren für die gestohlenen Wertpapiere ein.

f) Den mit dem Schadenbesichtiger vereinbarten Besichtigungstermin nimmt der VN nicht wahr.

2 Der VN ist in der Nacht von Samstag auf Sonntag in einer Diskothek. Als er am Sonntagmorgen heimkehrt, muss er feststellen, dass in seine Wohnung eingebrochen und seine neue Digitalkamera gestohlen wurde. Da er sehr müde ist, ruft er nicht sofort die Polizei an sondern schläft sich erst einmal aus. Abends kommen Freunde, die ihn zum Kinobesuch abholen wollen. Von ihnen lässt er sich überreden, den Einbruch erst am Montag bei der Polizei und bei der Versicherung zu melden und dabei als Schadenzeitpunkt die Nacht zum Montag statt zum Sonntag anzugeben.

Genau so verfährt der VN. Auf der Polizeiwache erfährt er noch, dass jemand am gestrigen Sonntag angerufen habe, nachdem ihm eine neue Digitalkamera von einer zweifelhaften Person zu einem Schleuderpreis angeboten worden sei.

Drei Tage später wird diese zweifelhafte Person von der Polizei gefasst. Die Digitalkamera kann dabei sichergestellt werden, sie ist jedoch durch eingedrungenes Regenwasser unbrauchbar geworden.

Die Ermittlungen des Versicherers und der Polizei ergeben, dass es sich um die Digitalkamera des VN handelt.

Der VN möchte die Digitalkamera von seinem VR ersetzt haben. Prüfen Sie die Rechtslage nach VHB 2014.

5.2 Entschädigungsleistung

5.2.1 Formelle und materielle Deckungsprüfung

Durch seine **Schadenanzeige** setzt der VN das Schadenermittlungsverfahren in Gang.

a) Formelle Deckungsprüfung

Im Rahmen dieser Prüfung, die das Innenverhältnis zwischen VN und VR betrifft, sind insbesondere folgende Fragen zu klären:

- Besteht der Versicherungsvertrag?
- Wurde die Prämie rechtzeitig bezahlt?
- Ist das schadenverursachende Risiko versichert?
- Liegt das Schadenereignis innerhalb des Vertragszeitraums?
- Fällt das Schadenereignis unter einen Ausschlusstatbestand?
- Hat der VN Obliegenheiten verletzt?

Kommt der VR zu dem Ergebnis, dass Versicherungsschutz nicht gegeben ist, braucht die materielle Deckungsprüfung nicht mehr durchgeführt zu werden.

b) Materielle Deckungsprüfung

Im Rahmen dieser Prüfung wird der Umfang der Leistungspflicht ermittelt (siehe nächste Abschnitte).

5.2.2 Ermittlung von Versicherungswert und Schadenart

5.2.2.1 Versicherungswert als Grundlage der Entschädigungsberechnung

a) Neuwert als Versicherungswert

VHB 2014 § 9 Nr. 1 (a)

Grundanliegen der Hausratversicherung ist es, dem VN nach einem entschädigungspflichtigen Versicherungsfall den Wiederbeschaffungspreis von Sachen gleicher Art und Güte in neuwertigem Zustand (Neuwert) zu ersetzen, damit er den Verlust sofort ausgleichen und möglichst unbelastet in seiner Wohnung weiter leben kann.

Beispiele:

(1) Eine vor 10 Jahren angeschaffte Bettcouch zum Preis von 1 200,00 € verbrennt. Eine vergleichbare Bettcouch kostet heute 1 400,00 €. Grundlage für die Entschädigungsberechnung ist der heutige Neuwert von 1 400,00 €.

(2) Ein Laptop, angeschafft vor 4 Jahren für 500,00 €, wird bei einem Einbruch entwendet. Heute kostet ein von der Größe her vergleichbarer Laptop, der aber technisch sogar noch besser ausgestattet ist, nur noch 400,00 €. Grundlage für die Entschädigungsberechnung ist der Wiederbeschaffungspreis von 400,00 €.

b) Versicherungswert von Kunstgegenständen und Antiquitäten

§ 9 Nr. 1 (b)

Da bei diesen Sachen eine Wiederbeschaffung in neuwertigem Zustand ausgeschlossen ist, gilt als Versicherungswert für die Entschädigungsberechnung der Wiederbeschaffungspreis von Sachen gleicher Art und Güte.

Beispiel:

Der VN hat seinerzeit eine der limitierten und vom Künstler Christo handsignierten Grafiken des Projektes »Wrapped Reichstag« gerahmt in einer Galerie für 450,00 € erworben. Ein Anbieter in einem Internet-Auktionshaus bietet heute eine solche signierte und gerahmte Grafik im Sofortkauf für 300,00 € an. Grundlage für die Entschädigungsberechnung ist der Wiederbeschaffungspreis von 300,00 €.

c) Gemeiner Wert als Versicherungswert

§ 9 Nr. 1 (c)

Für Sachen, die im Haushalt des VN nicht mehr zu verwenden sind, gilt als Versicherungswert für die Entschädigungsberechnung der für den VN erzielbare Verkaufspreis (gemeiner Wert).

Beispiel:

Der VN besitzt ein altes Akkordeon, dessen Balg eingerissen ist, so dass es nicht mehr erklingen kann. Für Dekorationszwecke ist es aber geeignet und deshalb noch verkäuflich. Grundlage für die Entschädigungsberechnung ist der erzielbare Verkaufspreis.

d) Entschädigungsgrenzen bei Wertsachen

§ 9 Nr. 1 (d)

Bei Wertsachen wird der Versicherungswert ggf. durch die Entschädigungsgrenzen begrenzt (vgl. hierzu A 5.2.3.2).

5.2.2.2 Feststellung der Schadenart an versicherten Sachen

Bei der Schadenfeststellung sind zu unterscheiden:

- Schäden durch **Zerstörung** oder **Abhandenkommen** von Sachen
- Schäden durch **Beschädigung** von Sachen

a) Zerstörung oder Abhandenkommen von Sachen

Zerstörung liegt vor, wenn die Sache unbrauchbar geworden oder eine Reparatur wirtschaftlich nicht mehr zu vertreten ist (technischer oder wirtschaftlicher Totalschaden).

Abhandenkommen liegt vor, wenn der VN unfreiwillig den Besitz an einer Sache im Zusammenhang mit einem Versicherungsfall verliert.

b) Beschädigung von Sachen

Beschädigung liegt vor, wenn die Reparatur möglich und wirtschaftlich zu vertreten ist.

Bei **Schönheitsschäden** wird nur der Minderwert der Sache erstattet. Ein Schönheitsschaden liegt vor, wenn die Gebrauchsfähigkeit einer Sache durch den Schadeneintritt nicht beeinträchtigt ist und dem VN die Nutzung ohne Reparatur zugemutet werden kann. VHB 2014 § 13 Nr. 1 (b) S. 2

Beispiel:

Das Furnier eines Schranksockels ist im Seitenbereich infolge eines versicherten Nässeschadens leicht aufgequollen. Da der Schrank in einer Raumecke steht, ist der Schaden nicht sichtbar. Für eine Reparatur müsste der Schrank aufwändig abgebaut werden.

5.2.3 Entschädigung für versicherte Sachen

5.2.3.1 Schadenart und Versicherungswert als Bestimmungsfaktoren der Schadenhöhe

Beispiel:

Durch einen Zimmerbrand entstehen folgende Schäden:

– Zerstörung einer Couch	Neupreis	3 800,00 €
– Beschädigung eines Schrankes	Neupreis	700,00 €
	Reparaturkosten	650,00 €
Wertminderung nach Reparatur wegen Farbabweichung		100,00 €
– Beschädigung des Holzfurniers eines defekten Klaviers		
Neupreis		6 150,00 €
Reparaturkosten für das Holzfurnier		750,00 €
Erzielbarer Verkaufspreis vor Brandschaden		500,00 €
Restwert		100,00 €

Lösung:

– Couch	3 800,00 €	①
– Schrank	700,00 €	②
– Klavier	400,00 €	③
Entschädigung	4 900,00 €	

Erläuterungen:

① Ersatz des Neupreises wegen Zerstörung.

② Reparaturkosten und Wertminderung übersteigen den VW von 700,00 €. In diesem Falle wird maximal der VW ersetzt.

③ Das Klavier ist nur zum gemeinen Wert von 500,00 € versichert, da es vor Schadeneintritt nicht mehr zu verwenden war. Ersetzt wird der gemeine Wert abzüglich Restwert.

➤ Ein Restwert wird angerechnet.

a) Entschädigung bei Zerstörung oder Abhandenkommen von Sachen

VHB 2014 § 13 Nr. 1 (a) § 9 Nr. 1

Als Schadenhöhe ist der VW in Form des **Neuwertes** bei Eintritt des Versicherungsfalles am Schadentag anzusetzen. Für Sachen, die für ihren Zweck im Haushalt nicht mehr zu verwenden sind, gilt als Schadenhöhe der VW in Form des **gemeinen Wertes**.

§ 13 Nr. 2

Ein evtl. **Restwert** ist in Abzug zu bringen.

Ein Restwert kann infrage kommen, wenn die Reparatur zwar technisch möglich, wirtschaftlich aber nicht zu vertreten ist **(wirtschaftlicher Totalschaden)** und die beschädigte Sache für den VN noch einen Gebrauchswert hat.

b) Entschädigung bei Beschädigung von Sachen

VHB 2014 § 13 Nr. 1 (b)

Die Höhe des Schadens wird durch die **notwendigen Reparaturkosten** im Zeitpunkt des Versicherungsfalles zuzüglich einer etwa verbleibenden **Wertminderung,** höchstens jedoch durch den VW der beschädigten Sache, bestimmt.

Bei beschädigten Sachen muss deshalb geprüft werden, ob die festgestellte Schadenhöhe (Reparaturkosten zuzüglich einer Wertminderung) den VW übersteigt. Für diesen Fall bildet der VW die Obergrenze der Entschädigung (wirtschaftlicher Totalschaden, der als Zerstörung angesehen wird).

Beispiel:

Die Reparatur eines durch Brand beschädigten Schrankes soll 1 500,00 € kosten. Ein gleichwertiger neuer Schrank kostet aber nur 1 300,00 €. Der VR ersetzt 1 300,00 €.

Bei beschädigten Sachen ist oft problematisch, ob der VN die Reparatur hinnehmen muss oder ob er Anspruch auf Ersatz der beschädigten Sache hat, da das Aussehen reparierter Sachen durch Farb- oder Strukturabweichungen beeinträchtigt sein kann.

5.2.3.2 Entschädigung und Versicherungswert von Wertsachen

Bei der Entschädigungsberechnung für Wertsachen sind zu beachten:

- die **Entschädigungsgrenzen** für Wertsachen,
- der **Versicherungswert** der Wertsachen.

➤ Gruppen von Wertsachen und Entschädigungsgrenzen

§ 14 Nr. 1 (a)

Die VHB 2014 unterscheiden fünf Gruppen von Wertsachen und setzen dabei Entschädigungsgrenzen fest:

Nr. 2 (a)

- eine **prozentuale Entschädigungsgrenze** von 20 % der VS für **alle** Wertsachen
  Als VS gilt die um den Vorsorgebetrag angepasste VS.
  Vertraglich kann eine Erhöhung der prozentualen Entschädigungsgrenze vereinbart werden.

- zusätzlich **betragsmäßig näher bestimmte Entschädigungsgrenzen** für die nachstehend aufgeführten Gruppen von Wertsachen gem. a) – c) VHB 2014 § 14 Nr. 2 (b)

  Die betragsmäßig bestimmten Entschädigungsgrenzen gelten nur, soweit sich die Sachen außerhalb besonderer, in den Bedingungen näher bezeichneter Sicherheitseinrichtungen befinden.

Die **Gruppen von Wertsachen** und die ggf. in Frage kommenden betragsmäßig bestimmten Entschädigungsgrenzen ergeben sich aus dem nachstehenden Schaubild. Die Entschädigungsgrenzen gelten, soweit keine andere Vereinbarung zwischen VN und VR getroffen wurde.

Nr. 1 (a)
Nr. 1 (b)

Übersicht: Gruppen von Wertsachen nach den VHB 2014	Betragsmäßig bestimmte Entschädigungsgrenzen	Prozentuale Entschädigungsgrenze
a) Bargeld und auf Geldkarten geladene Beträge	1 500,00 €	
b) Urkunden einschließlich Sparbücher, sonstige Wertpapiere	3 000,00 €	
c) Schmucksachen, Edelsteine, Perlen, Briefmarken, Münzen, Medaillen, Sachen aus Gold oder Platin	20 000,00 €	20 % der VS
d) Pelze, handgeknüpfte Teppiche und Gobelins, Kunstgegenstände, Sachen aus Silber (soweit sie nicht unter c) fallen)	keine	
e) Sachen, die über 100 Jahre alt sind (Antiquitäten), ausgenommen Möbel	keine	

Beispiel:

Einbruchdiebstahlschaden:

Bargeld im Schreibtisch	1 750,00 €
Sparbücher	3 500,00 €
Schmuck und Briefmarken im Wohnzimmerschrank	12 500,00 €
diverse handgeknüpfte Teppiche	15 000,00 €
VS 130 000,00 € + 10 % Vorsorgebetrag	143 000,00 €

Lösung:

Bargeld	1 500,00 €	①
Sparbücher	3 000,00 €	②
Schmuck und Briefmarken	12 500,00 €	③
handgeknüpfte Teppiche	15 000,00 €	④
Summe	32 000,00 €	
Entschädigung maximal (20 % von 143 000,00 €)	28 600,00 €	⑤

Erläuterungen:

① Max. 1 500,00 € aufgrund der betragsmäßig bestimmten Entschädigungsgrenze (siehe a) der Übersicht).

② Max. 3 000,00 € aufgrund der betragsmäßig bestimmten Entschädigungsgrenze (siehe b) der Übersicht).

③ Die betragsmäßig bestimmte Entschädigungsgrenze von 20 000,00 € (siehe c) der Übersicht) wird nicht überschritten.

④ Es gibt hierfür keine betragsmäßig bestimmte Entschädigungsgrenze.

⑤ Aufgrund der prozentualen Entschädigungsgrenze werden für Wertsachen maximal 20 % der VS ersetzt.

➤ Ermittlung des Versicherungswertes von Wertsachen

VHB 2014 § 9 Nr. 1 (d)

➤ Bei der Ermittlung des Versicherungswertes von Wertsachen dürfen höchstens die Entschädigungsgrenzen berücksichtigt werden.

Der VW von Wertsachen ist im Rahmen der Entschädigungsberechnung getrennt vom übrigen Hausrat zu ermitteln, da auch hier gilt, dass der VW die Obergrenze der Entschädigung bildet.

1. Liegt der **VW unter den Entschädigungsgrenzen**, so ist ihr voller Wert als VW anzusetzen.

Beispiel:

Der VN hat ein Sparbuch, auf dem 2 500,00 € eingezahlt sind. Ferner besitzt er einen Teppich, dessen Wert ein Sachverständiger mit 15 000,00 € festgesetzt hat. Beides wird bei einem Einbruchdiebstahl entwendet. Die Hausrat-VS beträgt 100 000,00 €.

§ 14 Nr. 2 (b) (aa)

Der Sparbetrag liegt unter der betragsmäßig bestimmten Entschädigungsgrenze von 3 000,00 €, so dass 2 500,00 € als VW anzusetzen sind. Sparbetrag und Wert des Teppichs liegen unter der prozentual errechneten Entschädigungsgrenze von 22 000,00 € (20 % der VS zuzügl. Vorsorgebetrag).

Nr. 2 a

Der VR wird daher den Wert des Sparbuches und des Teppichs **voll ersetzen**.

2. Liegt der **VW über den Entschädigungsgrenzen**, so sind höchstens die Entschädigungsgrenzen als VW anzusetzen.

Beispiel:

Der VN hat ein Sparbuch, auf dem 3 400,00 € eingezahlt sind. Ferner besitzt er einen Teppich, dessen Wert ein Sachverständiger mit 25 000,00 € festgesetzt hat. Beides wird bei einem Einbruchdiebstahl entwendet. Die Hausrat-VS beträgt 100 000,00 €.

Der Sparbetrag liegt über der betragsmäßig bestimmten Entschädigungsgrenze von 3 000,00 €, so dass hierfür 3 000,00 € als VW anzusetzen sind. Der VW des Sparbetrages (3 000,00 €) und der Wert des Teppichs (25 000,00 €), für den es keine betragsmäßig bestimmte Entschädigungsgrenze gibt, liegen über der prozentual errechneten Entschädigungsgrenze von 22 000,00 € (20 % der VS zuzügl. Vorsorgebetrag), so dass für die Wertsachen insgesamt 22 000,00 € als VW anzusetzen sind.

Der VR wird die genannten Wertsachen **nur im Rahmen der Entschädigungsgrenzen** ersetzen, also insgesamt nur 22 000,00 €.

Dem VW der Wertsachen kommt eine weitere bedeutende Rolle zu, wenn der VN unterversichert ist. Einzelheiten hierzu sind im Zusammenhang mit der Schaden- und Leistungsbearbeitung in Band 3, Abschn. D 2.5, dargestellt.

5.2.3.3 Entschädigungsgrenze im Rahmen der Außenversicherung

Für die bedingungsgemäß gewährte Außenversicherung im Rahmen der Hausratversicherung ist die Entschädigung auf 10 % der VS, höchstens jedoch 10 000,00 € begrenzt. VHB 2014 § 7 Nr. 4

Beispiel:
Das Hotelzimmer des alleinstehenden VN wird am Urlaubsort aufgebrochen und sein gesamtes Urlaubsgepäck (VW 8 000,00 €) sowie die Geldkarte, auf der 2 000,00 € gespeichert sind, gestohlen. Die VS seiner Hausratversicherung beträgt 60 000,00 €.

Der VR wird wie folgt abrechnen:

Geldkarte als Wertsache	max. 1 500,00 €
Urlaubsgepäck	8 000,00 €
	9 500,00 €
Entschädigung max. 10 % der VS + Vorsorgebetrag =	**6 600,00 €**

5.2.3.4 Ersatz der Umsatzsteuer (Mehrwertsteuer)

Beispiel:
Für die Reparatur eines durch Brand beschädigten Schrankes hat der VN folgenden Kostenvoranschlag durch eine Tischlerei erstellen lassen:

Reparaturkosten	500,00 €
19 % Mehrwertsteuer	95,00 €
	595,00 €

Der VN überlegt, ob er
- den Schrank reparieren lassen soll oder
- ob er einen neuen Schrank kaufen soll, der allerdings teurer wäre oder
- ob er auf den Schrank zukünftig verzichten will und mit dem VR auf Basis des Kostenvoranschlages abrechnen soll.

Die Mehrwertsteuer wird grundsätzlich nur dann ersetzt, wenn sie auch tatsächlich gezahlt wurde und der VN nicht vorsteuerabzugsberechtigt ist. § 13 Nr. 4

Vorsteuerabzugsberechtigt sind z. B. Unternehmer, die mit solchen Waren handeln. Für Endverbraucher (das sind die Personen, die die Ware am Ende der Produktionskette für ihren Bedarf kaufen) ist die Mehrwertsteuer fester Bestandteil des ausgewiesenen Preises.

- Wird der Schrank im vorstehenden Beispiel repariert, muss der VR die Reparaturkosten und die darauf anfallende Mehrwertsteuer, also 595,00 € ersetzen.
- Kauft der VN einen neuen Schrank z. B. für 833,00 € einschl. Mehrwertsteuer, wobei der Mehrwertsteueranteil in dem Preis 133,00 € beträgt, muss der VR ebenfalls 500,00 € und 95,00 € Mehrwertsteuer erstatten, da der VN gezahlte Mehrwertsteuer in dieser Höhe nachweisen kann.
- Rechnet der VN auf Basis des Kostenvoranschlages mit dem VR ab, hat er nur 500,00 € als Schadenersatz zu leisten.

Wäre der VN vorsteuerabzugsberechtigt, sind auch nur 500,00 € zu erstatten.

5.2.4 Entschädigung versicherter Kosten und Aufwendungsersatz

a) Maximale Entschädigung

VHB 2014 § 13 Nr. 5 S. 1

Nach den VHB 2014 gilt zunächst:

Die Entschädigung für **versicherte Sachen** und **versicherte Kosten** ist auf die vereinbarte VS einschließlich Vorsorgebetrag begrenzt.

§ 13 Nr. 5 S. 3

Wird die VS einschließlich Vorsorgebetrag durch die Entschädigung des Sachschadens bereits vollständig ausgeschöpft, werden versicherte Kosten darüber hinaus bis zu 10 % der VS einschließlich Vorsorgebetrag ersetzt.

Beispiel:

Die VS der Hausratversicherung beträgt 60000,00€.

Die maximale Entschädigungsgrenze errechnet sich dann wie folgt:

Versicherungssumme	60000,00€
+ 10 % Vorsorgebetrag	6000,00€
	66000,00€
+ weitere 10 % zur Kostendeckung	6600,00€
maximale Entschädigung	72600,00€

VVG § 83 (3)

Unbegrenzt ersetzt werden im Rahmen des Aufwendungsersatzes (vgl. A 2.5.2) die Schadenabwendungs- und -minderungskosten (sog. Rettungskosten), soweit sie der VR veranlasst hat.

b) Entschädigung versicherter Kosten

Beispiel:

Vertragsdaten:

VS 35100,00€ + 3510,00€ Vorsorgebetrag = 38610,00€

Kostenentschädigung nach Entschädigung des Sachschadens bis 10 % über die VS hinaus.

Der Schadenregulierer ermittelt: Totalschaden am Hausrat infolge Brand

VW vor dem Schadeneintritt	35100,00€	
Rettungskosten, die der VR veranlasst hat	1000,00€	
Aufräumungskosten	7500,00€	
Lösung:		
Entschädigung für den Sachschaden	35100,00€	
Kostenentschädigung für Aufräumungskosten	7371,00€	①
vom VR veranlasste Rettungskosten	1000,00€	②
Gesamtentschädigung	43471,00€	

Erläuterungen:

① Die VS von 35 100,00 € ist durch die Entschädigung des Sachschadens »verbraucht«. Für die Entschädigung der Aufräumungskosten stehen noch zur Verfügung: 3 510,00 € aus der noch unverbrauchten Vorsorge-VS und weitere 10 % von der um den Vorsorgebetrag angepassten VS von 38 610,00 € = 3 861,00 €, also insgesamt 7 371,00 €. In der Praxis werden die Aufräumungskosten aufgrund besonderer Vereinbarung häufig unbeschränkt entschädigt.

② Die Rettungskosten werden voll erstattet, da sie der VR veranlasst hat.

Sind Sachschaden und Kostenschaden kleiner als die maximale Entschädigungsgrenze, werden die versicherten Kosten voll ersetzt, soweit nicht bestimmte Obergrenzen (z. B. für Hotelkosten) zu beachten sind.

Beispiel:

Versicherungssumme	50 000,00 €
Der VN macht geltend:	
Sachschaden	46 000,00 €
Aufräumungskosten	8 000,00 €
tägliche Hotelkosten von 80,00 € für 60 Tage	
Lösung:	
Entschädigung für den Sachschaden	46 000,00 €
Entschädigung für die Aufräumungskosten	8 000,00 €
Entschädigung für die Hotelkosten	
1 Promille der VS + Vorsorgebetrag = 55,00 € · 60 Tage	3 300,00 €
	57 300,00 €

Erläuterungen:

- Die Hotelkosten sind nur bis 1 Promille der VS und längstens für 100 Tage versichert.
- Der Betrag von 57 300,00 € liegt zwar schon über der VS von 50 000,00 € und dem Vorsorgebetrag von 5 000,00 €, aber noch unter der maximalen Entschädigungsgrenze, die hier 55 000,00 € + weitere 10 % für die Kostendeckung, also 60 500,00 € betragen würde.

c) Aufwendungsersatz

Für ersatzpflichtige **Aufwendungen des Versicherungsnehmers zur Abwendung und Minderung des Schadens** war in § 31 Nr. 1 d) der VHB 2008 geregelt:

> Der Ersatz für **Aufwendungen des VN** zur Abwendung und Minderung des Schadens und die **Entschädigung für versicherte Sachen** beträgt zusammen höchstens die VS je vereinbarter Position.

In den VHB 2014 ist diese Regelung nicht mehr enthalten. Ihre Anwendbarkeit lässt sich aber aus § 83 Abs. 3 VVG und § 13 Nr. 5 Satz 2 VHB 2014 erschließen.

In § 83 Abs. 3 VVG heißt es, dass Aufwendungen, die der VN **gemäß den Weisungen des VR** macht, auch dann zu erstatten sind, wenn sie zusammen mit der sonstigen Entschädigung die VS übersteigen. In § 13 Nr. 5 Satz 2 VHB 2014 heißt es, dass der **auf Weisung des VR** entstandene Aufwendungsersatz unbegrenzt ersetzt wird.

Der Umkehrschluss aus diesen Bestimmungen lässt nur die Folgerung zu, dass ansonsten für die Entschädigung von Sachschaden und Aufwendungsersatz die VS (in der Hausratversicherung einschl. Vorsorge-VS) als Höchstgrenze gilt (siehe auch Prölss/Martin, Kommentar zum VVG, § 83 VVG, Randnummer 19).

VVG § 85 (1)

Schadenermittlungskosten, die den Umständen nach geboten waren, ersetzt der VR. Er muss sie auch dann noch ersetzen, wenn sie zusammen mit der sonstigen Entschädigung die VS übersteigen.

Sachverständigenkosten werden nur ersetzt,

§ 85 (2)

- wenn der Vertrag die Hinzuziehung eines Sachverständigen vorsieht,
- wenn der VR zur Hinzuziehung aufgefordert hat.

5.2.5 Anrechnung einer Unterversicherung

§ 175

Nach den Bestimmungen des VVG liegt eine Unterversicherung vor, wenn die VS **erheblich** niedriger als der VW bei Eintritt des Versicherungsfalles ist. Die Rechtsprechung hat bisher diese Erheblichkeit bei einer Abweichung von mehr als 10 % bejaht. Die abdingbare Vorschrift des § 175 VVG bereitet in der Hausratversicherung jedoch keine Probleme, da der VR eine prämienfreie Vorsorge-VS von 10 % der vereinbarten VS gewährt. Unterversicherung besteht danach erst, wenn der VW größer ist als die VS + 10 % Vorsorgesumme.

VHB 2014 § 13 Nr. 3

§ 13 Nr. 7 S. 2 VVG § 85 (3)

Bei der Entschädigung der versicherten Kosten, des Aufwendungsersatzes und der Schadenermittlungskosten wird eine bestehende Unterversicherung ebenfalls berücksichtigt.

Im Falle einer Unterversicherung wird nach folgender Formel abgerechnet:

VHB 2014 § 13 Nr. 6

$$\textbf{Entschädigung} = \frac{\textbf{Schaden} \cdot \textbf{(VS + 10 \% Vorsorgebetrag)}}{\textbf{VW}}$$

Nr. 2 § 9 Nr. 1 (d)

Ein Restwert wird vom Schaden abgezogen. Bei der Ermittlung des VW werden Wertsachen mit ihren Entschädigungsgrenzen berücksichtigt.

a) Sachschaden und Unterversicherung

Beispiel:

Ein versicherter Sachschaden von 4 025,00 € würde im Falle einer Unterversicherung wie folgt entschädigt, wenn die nachstehenden Daten zugrunde gelegt werden:

VS 50 000,00 €, VW 75 000,00 €, ermittelter Entschädigungsbetrag ohne Unterversicherung 4 025,00 €

Lösung:

Entschädigung = 4 025,00 · (50 000,00 + 5 000,00) : 75 000,00
= 2 951,67 €

b) Entschädigung von Wertsachen bei Unterversicherung

Die Entschädigung von Wertsachen bei Unterversicherung ist in Band 3, Abschn. D 2.5, dargestellt.

c) Kostenschaden und Unterversicherung

Die Grundsätze über die Entschädigung versicherter Sachen gelten auch für die Entschädigung versicherter Kosten und den Aufwendungsersatz.

Im Falle einer Unterversicherung werden die versicherten Kosten und der Aufwendungsersatz ebenfalls nach der Unterversicherungsformel abgerechnet. VHB 2014 § 13 Nr. 7 S. 2

Nur vom VR veranlasste Rettungskosten werden voll entschädigt. Nr. 5, S. 2

Beispiel:

Versicherte Aufräumungskosten von 4 000,00 € und Aufwendungen zur Schadenabwendung von 1 000,00 € würden im Falle einer Unterversicherung wie folgt entschädigt, wenn die nachstehenden Daten zugrunde gelegt werden:

VS 75 000,00 €, VW 95 000,00 €

Lösung:

Entschädigung = 5 000,00 · (75 000,00 + 7 500,00) : 95 000,00
= 4 342,11 €

Hinweis:

Weiter gehende Ausführungen im Zusammenhang mit dem Versicherungsfall finden sich in der Buchreihe in

Band 3, Abschnitt D – Schaden- und Leistungsbearbeitung

5.2.6 Fälligkeit der Leistung

Die Entschädigung wird fällig, wenn die Feststellungen des VR zum Grunde und zur Höhe des Anspruchs abgeschlossen sind. § 15 Nr. 1 S. 1

Häufig dauern die Ermittlungen länger an. Für diesen Fall kann der VN einen Monat nach Meldung des Schadens verlangen, dass der Betrag als Abschlagszahlung zu leisten ist, der voraussichtlich mindestens als Entschädigung anfallen wird. S. 2

Entschädigungszahlungen, die später als einen Monat nach Meldung des Schadens erfolgen, sind seit der Anzeige des Schadens zu verzinsen. Nr. 2

In Abschnitt B 2.8.6 ist im Zusammenhang mit der Wohngebäudeversicherung das Berechnungsverfahren der Verzinsung dargestellt.

Die Bestimmungen zur Höhe des Zinssatzes sind in der Wohngebäude- und Hausratversicherung identisch (vgl. § 15 Nr. 3 (c) VGB 2014, § 15 Nr. 2 (b) VHB 2014).

Zeiträume bei der Berechnung von Fristen sind gehemmt, solange infolge Verschuldens des VN die Entschädigung nicht ermittelt oder nicht gezahlt werden kann (Zum Wesen der **Hemmung**, vgl. A 6.3). Nr. 3

Bestehen Zweifel an der Empfangsberechtigung des VN oder ist z. B. ein strafgerichtliches Verfahren gegen ihn eingeleitet, kann der VR die Zahlung aufschieben. Nr. 4

5.2.7 Fortfall oder Einschränkung der Leistungspflicht aus besonderen Gründen

a) Vorsätzliches Handeln

VVG § 81 (1) Führt der VN den Versicherungsfall vorsätzlich herbei, entfällt die Entschädigungspflicht für den VR. Schäden, die Dritte vorsätzlich herbeiführen, sind hingegen versichert.

Beispiele:

(1) Der VN zündet sein unverkäufliches Haus an, um über die erwartete Versicherungsleistung an das gewünschte Geld zu kommen. Kann ihm der Vorsatz nachgewiesen werden, ist der VR leistungsfrei.

(2) Der böswillige Nachbar legt nach einem Nachbarschaftsstreit Feuer beim VN. Der VR ist leistungspflichtig, kann aber beim Nachbarn Regress nehmen.

b) Grob fahrlässiges Handeln

§ 81 (2) Entsteht der Schaden durch grob fahrlässiges Verhalten des VN, ist der VR berechtigt, die Leistung entsprechend der Schwere des Verschuldens des VN zu kürzen (Quotelung).

Beispiel:

Der VN fährt zur Arbeit, kontrolliert aber vor dem Verlassen der Wohnung nicht, ob alle Fenster und Türen ordnungsgemäß geschlossen sind. Einbrecher brechen durch ein in Kippstellung stehendes Fenster in die Wohnung ein.

Weitere Beispiele grober Fahrlässigkeit sind:

- Rauchen im Bett
- unbeaufsichtigt brennende Kerzen am Weihnachtsbaum für länger als nur eine kurze Zeitspanne
- kein Absperren von Wasserzuläufen (Spülmaschine, Waschmaschine) bei Verlassen der Wohnung für längere Zeit (z. B. Urlaubsreise)

c) Versicherungsbetrug und Versicherungsmissbrauch

Beispiele:

1. Der VN behauptet nach einem Einbruchdiebstahl, dass seine teure Digitalkamera gestohlen worden sei und legt den Anschaffungsbeleg vor. Tatsächlich wurde sie aber nicht gestohlen, was dem VR über Dritte zu Ohren kommt, da sich der VN mit dieser »Idee« gebrüstet hat.
2. Der VN manipuliert einen Überspannungschaden an seinem Fernsehgerät und zeigt diesen als Überspannungsschaden durch Blitz an, um in den Genuss eines neuen Fernsehgerätes zu kommen. Die Klausel PK 7111 wurde zu dem Vertrag vereinbart. Der beauftragte Sachverständige kann zweifelsfrei nachweisen, dass der Schaden nicht durch Blitz sondern Zuführung einer Überspannung entstanden ist.

Im Beispielsfall 1 liegt Betrug nach § 263 StGB vor. Der VN will sich hier durch Vorspiegelung falscher Tatsachen einen Vermögensvorteil verschaffen.

Im Beispielsfall 2 liegt ein Versicherungsmissbrauch nach § 265 StGB vor; denn die hier gegen Überspannung versicherte Sache wird bewusst zerstört bzw. beschädigt, um sich eine Leistung aus der Versicherung zu verschaffen, Versicherungsbetrug und Versicherungsmissbrauch ziehen zivilrechtliche und strafrechtliche Konsequenzen nach sich.

➤ Zivilrechtliche Konsequenzen

Der VR kann den Versicherungsvertrag aus wichtigem Grund gemäß § 314 BGB kündigen und wird leistungsfrei. Bereits erbrachte Leistungen und Vorschüsse können nach den Vorschriften über die ungerechtfertige Bereicherung (§ 812 ff. BGB) zurückgefordert werden.

Im Betrugs- bzw. Missbrauchsfall hat der Versicherer ferner die Möglichkeit, die ihm entstandenen Kosten vom VN einzufordern.

In Gerichtsentscheidungen der jüngeren Vergangenheit sind die Täter bereits mit den Ermittlungskosten belastet worden, wenn der Betrug durch Indizien belegbar war. (Quelle: Website des GDV im Nov. 2014; www.gdv.de, Stichwort Versicherungsbetrug)

Zu den Ermittlungskosten zählen:

- **Kosten** eines Sachverständigen
- **Kosten** eines Ermittlers
- **Hausinterne Mehrkosten** für Sachbearbeiter

➤ Strafrechtliche Konsequenzen

Versicherungsbetrug wird nach § 263 StGB mit Freiheitsstrafe bis zu fünf Jahren oder mit Geldstrafe bestraft.

Für bandenmäßigen Betrug gelten andere Strafmaße.

Versicherungsmissbrauch wird nach § 265 StGB mit Freiheitsstrafe bis zu drei Jahren oder mit Geldstrafe bestraft.

d) Verhalten des Repräsentanten

Zum Begriff des Repräsentanten, vgl. Band 1, B 6.3.a).

Der VN muss sich die Kenntnis und das Verhalten seinen Repräsentanten zurechnen lassen, d. h. der VR kann dem VN die Leistung verweigern bzw. kürzen, wenn die vorbeschriebenen Fälle auf dem Verhalten des Repräsentanten beruhen.

Lernkontrollen zu A 5.2

Entschädigungsleistungen

1 Im Anschluss an seine Schadenanzeige über einen Brand in seinem Einfamilienhaus reicht VN Heinz Kliche folgende Schadenaufstellung mit Belegen ein:

– Wohnzimmereinrichtung	7 500,00 €
– Reparatur technischer Geräte	300,00 €
– aussortierte Hausratgegenstände im Keller	700,00 €

- **Vertragsdaten**

  Aus dem Vertragsspiegel und dem Bericht des Schadenbesichtigers entnehmen Sie:

VS	35 000,00 €
Festgestellter Versicherungswert	45 000,00 €
Restwert der Wohnzimmereinrichtung	200,00 €

  Aussortierte und im Keller gelagerte Hausratgegenstände im Neuwert von 150,00 € sind technisch unbrauchbar gewesen und hätten nur einen Verkaufserlös von 10 % des Neuwertes erbracht.

- **Arbeitsauftrag**

  Erstellen Sie eine Regulierungsabrechnung für den VN.

2 Ein VN meldet folgenden ED-Schaden:

– Reparaturkosten an der durch die Einbrecher aufgestemmten Haustür des Mehrfamilienhauses	300,00 €
– Reparaturkosten für Beseitigung der Beschädigungen an der Wohnungstür	250,00 €
– Beseitigung von Vandalismusschäden im Hausflur des Mietshauses	600,00 €
– Diebstahl von Schmuck aus dem Wohnzimmerschrank	1 000,00 €
– Diebstahl der defekten Stereoanlage,	

was die Einbrecher wohl nicht bemerkt haben.

Neuwert	1 500,00 €
Erlös bei unrepariertem Verkauf	130,00 €

Die VS beträgt 45 000,00 €, der VW wird mit 60 000,00 € festgestellt.

Berechnen Sie die Entschädigung.

3 Nach einem Einbruchdiebstahl mit Raub meldet der VN folgenden Schaden:

Verlust von Bargeld, das in der Wohnung lagerte	2 000,00 €
Verlust von Bargeld, dass der VN auf Verlangen der Täter aus den Geschäftsräumen herbeigeschafft hat	5 000,00 €
Verlust des Familienschmucks	25 000,00 €
Verlust eines wertvollen Gemäldes	7 500,00 €

Die VS der Hausratversicherung beträgt 100 000,00 €. Es besteht keine Unterversicherung.

Berechnen Sie die Entschädigung.

4 Beim Umzug gerät der Anhänger des Möbelwagens in Brand. Es gelingt den Begleitpersonen einen Teil der Möbel vor dem Brand zu retten. Die allgemeine Aufregung nutzt ein Dritter, um die vom Brand gerettete Stereoanlage (Wert 2 000,00 €) zu entwenden. Der Schaden am Hausrat wird einschließlich der entwendeten Stereoanlage mit 12 000,00 € beziffert. Die VS der Hausratversicherung beträgt 70 000,00 €. Es besteht keine Unterversicherung.

Wie hoch ist die Entschädigungsleistung durch den VR?

5 Nach einer Explosion, bei der die gesamte Wohnung mit Einrichtung zerstört wurde, macht der VN geltend:

Sachschaden	40 000,00 €
Entsorgung des zerstörten Hausrates als Sondermüll,	
da asbesthaltige Stoffe im Gebäude freigesetzt wurden	8 000,00 €
Hotelkosten 60,00 € pro Tag für 80 Tage	

Versicherungssumme der Hausratversicherung 40 000,00 €.

Berechnen Sie die Entschädigung.

6 Verjährung von Versicherungsansprüchen

6.1 Wesen der Verjährung

Verjährung bedeutet, dass wegen des Ablaufs einer bestimmten Frist ein bestehender Anspruch nicht mehr durchgesetzt werden kann.

BGB § 194 (1) Jeder **Anspruch**, d.h. das Recht, von einem anderen ein Tun oder Unterlassen zu verlangen, unterliegt der Verjährung.

- **Verjährung bedeutet aber nicht, dass der Anspruch erlischt.** Vielmehr hat der Schuldner nur das Recht, die Erfüllung zu verweigern.

  Im Prozess kann der Schuldner gegen eine verjährte Forderung die **Einrede der Verjährung** erheben, sodass kein Urteil gegen ihn ergehen kann.

§ 214 (2)
- Außerdem kann das zur Erfüllung eines verjährten Anspruchs Geleistete nicht deshalb zurückverlangt werden, weil die Leistung in Unkenntnis der Verjährung bewirkt wurde.

6.2 Verjährung von Ansprüchen aus Versicherungsverträgen

§ 195 Für Ansprüche aus Versicherungsverträgen gilt die **Regelfrist von 3 Jahren** nach dem BGB.

§ 199 (1) Diese gesetzliche Verjährungsfrist beginnt mit dem Schluss des Jahres, in welchem die Leistung verlangt werden kann.

Beispiel:
Mitte Dezember des laufenden Jahres ist beim VN ein Hausratschaden eingetreten, den der VR sofort anerkannt hat. Auch zu Beginn des neuen Jahres ist allerdings noch keine Entschädigungszahlung erfolgt. Mit Beginn des neuen Jahres beginnt die dreijährige Verjährungsfrist zu laufen, in der der VN seinen Anspruch durchsetzen muss.

§ 199 (1) Nr. 2 Der Beginn der Verjährungsfrist setzt voraus, dass der Gläubiger (hier: der VN) von den, den Anspruch begründenden Umständen und der Person des Schuldners (hier: der VR) Kenntnis erlangt oder ohne grobe Fahrlässigkeit erlangen müsste. Hätte der VN im Beispielsfall auch ohne grobe Fahrlässigkeit nicht gewusst, dass ein Schaden eingetreten ist (z. B. versicherter Rohrbruch in der Wand), beginnt die Verjährungsfrist für den Schadenersatzanspruch noch nicht zu laufen.

6.3 Hemmung und Unterbrechung

➤ Hemmung

Im Falle der **Hemmung** ruht die Verjährung; d.h., es wird die Zeit der Hemmung nicht in die Verjährungsfrist eingerechnet. § 209 ff.

Die Verjährungsdauer wird also lediglich entsprechend verlängert und zwar taggenau.

Die Verjährung wird gehemmt, u.a. BGB §§ 203 ff.

- bei Schweben von Verhandlungen über den Anspruch,
- durch Rechtsverfolgung seitens des Gläubigers (Beantragung eines Mahnbescheids oder Klageerhebung),
- für die Dauer der Stundung durch den Gläubiger,
- durch die Klage auf Einleitung des Sachverständigenverfahrens.

Das Versicherungsvertragsgesetz hat noch zusätzlich einen besonderen Hemmungsgrund geschaffen, dessen Ausgestaltung im Vergleich zu § 203 BGB präziser und damit für die Versicherungspraxis vorteilhafter ist: »**Ist ein Anspruch des VN bei einem VR angemeldet worden, ist die Verjährung bis zu dem Zeitpunkt gehemmt, zu dem die Entscheidung des Versicherers dem Anspruchsteller in Textform zugeht.**« VVG § 15

Beispiel:

Hätte der VN im vorangegangenen Beispiel den Schaden von Mitte Dezember erst am 5. Januar angezeigt und wäre ihm daraufhin die Entscheidung des VR erst am 15. Januar zugegangen, wäre die am Schluss des vergangenen Jahres begonnene Verjährungsfrist vom 5. Januar bis 15. Januar gehemmt gewesen. Dieser Hemmungszeitraum von 10 Tagen wird an die dreijährige Verjährungsfrist angehängt.

Die Verjährung ist ferner gehemmt während der Dauer eines Beschwerdeverfahrens beim Ombudsmann (vgl. Band 1, C 3.2.e). VomVO § 12 (1)

Nach den VHB 2014 und VGB 2014 im **Proximus 3 Bedinungswerk** ist die Entschädigung – soweit sie nicht innerhalb eines Monats nach Meldung des Schadens geleistet wird – seit Anzeige des Schadens zu verzinsen. Kann die Entschädigung infolge Verschuldens des VN nicht ermittelt bzw. gezahlt werden, gilt der daraus resultierende Verzögerungszeitraum als **gehemmt** mit der Folge, dass hierfür kein Zinsanspruch besteht (vgl. § 15 Nr. 3 VHB 2014 und $ 15 Nr. 4 VGB 2014).

➤ Neubeginn

Die Verjährung beginnt erneut, wenn

1. der Schuldner dem Gläubiger gegenüber den Anspruch durch Abschlagszahlung, Zinszahlung, Sicherheitsleistung oder in anderer Weise (z.B. Stundungsbitte) anerkennt oder BGB § 212
2. eine gerichtliche oder behördliche Vollstreckungshandlung vorgenommen oder beantragt wird.

7 Abgrenzung der Geschäftsinhaltsversicherung von der Hausratversicherung

7.1 Risikoanalyse und Deckungskonzept für eine Geschäftsinhaltsversicherung

Beispiel:

Stefan Groß hat seinen Hausrat bei der Proximus Versicherung AG versichert. Er betreibt ein Fachgeschäft für Sanitärartikel in angemieteten Geschäftsräumen und möchte den Geschäftsinhalt auch bei der Proximus versichert sehen. Es wird auch Versicherungsschutz gewünscht für den Fall, dass der Betrieb durch ein Schadenereignis zeitweilig unterbrochen wird.

Seine Betriebseinrichtung hat einen Neuwert von 25 000,00 €. Der Neuwert der gelagerten Waren (Vorräte) wird mit 75 000,00 € ermittelt. Die angegebenen Werte können aufgrund der Geschäftstätigkeit um bis zu 10 % schwanken.

Das Risiko von Geschäften ist schon allein aufgrund der geschäftlichen Tätigkeit größer als das Risiko eines Haushaltes. Deshalb wurde für die Versicherung des Inhaltes von Geschäften die Geschäftsinhaltsversicherung geschaffen.

In der Geschäftsinhaltsversicherung werden

- die gesamte kaufmännische und technische Geschäfts- und Betriebseinrichtung,
- die Gebrauchsgegenstände der Betriebsangehörigen,
- alle Waren und Vorräte,
- fremdes Eigentum im Gewahrsam des Unternehmens

gegen die Gefahren Feuer, Einbruchdiebstahl, Raub, Leitungswasser und Sturm versichert, soweit dies vereinbart ist.

➤ Ertragsausfallversicherung und technische Versicherungen

Zur Abrundung des Geschäftsversicherungsschutzes kann insbesondere noch eine

- Betriebsunterbrechungsversicherung (BU-Versicherung),
- Feuerhaftungsversicherung,
- Elektronikversicherung,
- Maschinenversicherung

infrage kommen.

7.1.1 Risikoanalyse

Für die richtige Beratung des Kunden bedarf es einer **Risiko- und Bedarfsanalyse**. Der Kunde hat zwar häufig eine Bedarfsvorstellung, die aber in der Regel den tatsächlichen Bedarf mangels ausreichender Fachkenntnisse nicht erfasst.

Die Kundenberatung erfolgt in der Praxis üblicherweise mit einem Personalcomputer, auf dem eine Angebotssoftware zur Verfügung steht, die sowohl die Durchführung der Risikoanalyse als auch die Erstellung des Deckungskonzeptes unterstützt.

Für bestimmte Geschäftsinhalte sind dabei aus Vereinfachungsgründen pauschale Deckungen/Deckungserweiterungen vorgesehen (**Pauschaldeklaration**).

Risikoanalyse für die Geschäftsinhaltsversicherung

1. Branche/Betriebsart	**Sanitärfachhandel**
2. Versicherungsgrundstück	**41516 Grevenbroich Rheinstr. 1**
3. Sind Sie Eigentümer der Betriebseinrichtung?	**Nein**
4. Deklaration positionsweise oder pauschal?	**Pauschal**
5. Wann wurde die Versicherungssumme letztmalig angepasst?	**entfällt**
6. Wann wurde eine qualifizierte Summenermittlung durchgeführt?	**bei Risikoanalyse**
7. Jetziger Versicherer?	**entfällt**
8. Sind Einrichtungen zur Brandbekämpfung/-verhütung geplant bzw. vorhanden?	**geplant**
9. Werden die elektrischen Einrichtungen regelmäßig geprüft?	**Ja**
10. Zu versichernde Gefahren:	(**x**) Feuer (**x**) Einbruchdiebstahl (**x**) Leitungswasser (**x**) Sturm/Hagel (**x**) Elementarschäden
11. Für welche Gefahren soll das Betriebsunterbrechungsrisiko versichert werden?	(**x**) Feuer (**x**) Einbruchdiebstahl (**x**) Leitungswasser (**x**) Sturm/Hagel
12. Wert des Inventars? Betriebseinrichtung Vorräte Summenwert Inventar Vorsorge	 **25 000,00 €** **75 000,00 €** **100 000,00 €** **10 000,00 €**
13. Welche Art von Waren/Vorräten soll versichert werden?	**Sanitärartikel/-waren**
14. Werden zusätzliche Einschlüsse gewünscht im Rahmen einer Einzeldeklaration, im Rahmen einer Pauschaldeklaration? (bitte entsprechende Deklaration abgeben)	 **Nein** **Ja** **Siehe Pauschaldeklaration**

15. Welche Risiken, die durch Sachschäden entstehen, haben Auswirkungen auf die Ertragslage des Unternehmens?	
– Ertragsausfall durch den Ausfall eines Betriebsteils, von Maschinen oder technischer Einrichtungen?	**Nein**
– Beeinträchtigung/Unterbrechung des Betriebsablaufs durch Zerstörung/Beschädigung/Fehlen von Vorräten/Waren?	**Ja**
– Verzögerungen bei Wiederaufnahme des Betriebes nach Schadenfall aufgrund behördlicher Wiederherstellungs- bzw. Betriebsbeschränkungen?	**Ja**
16. Bezeichnung des Gebäudes	() Wohn- und Geschäftshaus (**x**) Geschäftshaus () sonstige Art
17. Bauart des Gebäudes Sind die Außenwände des Gebäudes überwiegend aus Holz?	**Nein**
18. Dachung des Gebäudes?	**Hartdach**
19. Befinden sich sonstige Betriebe, Geschäfte, Lager innerhalb des Gebäudes oder innerhalb von 10 m Entfernung?	**Nein**
20. Sind in den letzten 5 Jahren Schäden eingetreten? Wenn ja, bitte Art, Anzahl, Zeitpunkt und Höhe der Schäden angeben.	**Nein** **entfällt**
21. Wurde von einem Versicherer bereits ein Antrag abgelehnt oder ein Versicherungsvertrag gekündigt?	**Nein**

Pauschaldeklaration zur Geschäftsinhaltsversicherung

Versichert sind mit den jeweils angegebenen Entschädigungsgrenzen (höchstens Versicherungssumme), soweit die betreffende Gefahr mitversichert ist, auf Erstes Risiko:	**Pauschale Deckung/ Deckungserweiterung:**
Für die Gefahren F, Lw, St/H, ED: Sachen in der Bundesrepublik Deutschland (Außenversicherung) – jedoch nicht für Sachen in Baubuden und dergleichen	**Nicht versichert**
Für die Gefahr St/H: Sachen, die sich nicht in Gebäuden oder Räumen von Gebäuden befinden (Sachen im Freien)	**3 000,00 €**

Zusätzlich versichert sind summarisch in einer Position (Kosten und sonstige Erweiterungen), soweit die betreffende Gefahr mitversichert ist auf Erstes Risiko:	
Für die Gefahren F, Lw, St/H, ED: Aufräumungs- und Abbruchkosten, Bewegungs- und Schutzkosten	**20 000,00 €** statt 10 000,00 €
Sachverständigenkosten, soweit der entschädigungspflichtige Schaden 25 000,00 € übersteigt	**Nicht versichert**
Wiederherstellung von Akten, Plänen, Geschäftsbüchern, Karteien, Zeichnungen, Datenträgern	**5 000,00 €**
Mehrkosten durch Preissteigerung zwischen dem Eintritt des Versicherungsfalles und der Wiederherstellung oder Wiederbeschaffung, Mehrkosten durch Technologiefortschritt, Mehrkosten durch behördliche Wiederaufbaubeschränkungen	**10 000,00 €**
Für die Gefahr ED/Raub: Aufwendungen bei Abhandenkommen von Schlüsseln zu Geldschränken, mehrwandigen Stahlschränken mit einem Mindestgewicht von 300 kg oder eingemauerten Stahlwandschränken mit mehrwandiger Tür	**Nicht versichert**
Schäden, die – insbesondere am Schaufensterinhalt – eintreten, ohne dass der Täter das Gebäude betritt;	**Nicht versichert**
Sachen in Schaukästen und Vitrinen, außerhalb des Versicherungsortes, aber auf dem Grundstück auf dem der Versicherungsort liegt und in dessen unmittelbarer Umgebung	**Nicht versichert**
Bargeld, Urkunden (z. B. Sparbücher und sonstige Wertpapiere)	**1 000,00 €**
a) in verschlossenen Panzer-Geldschränken, Stahlschränken der Sicherungsklasse C oder mehrwandigen Stahlschränken mit einem Mindestgewicht von 300 kg, eingemauerten Stahlwandschränken mit mehrwandiger Tür	**15 000,00 €**
b) unter anderem Verschluss in Behältnissen, die erhöhte Sicherheit bieten und zwar gegen Wegnahme des Behältnisses selbst	**2 500,00 €**
Für die Gefahr St/H: an der Außenseite des Gebäudes angebrachte Antennenanlagen, Gefahrmelde-, Beleuchtungs- und Leuchtröhrenanlagen, Markisen, Schilder, Transparente, Überdachungen, Schutz- und Trennwände, soweit der Versicherungsnehmer die Gefahr trägt	**4 000,00 €** statt 3 000,00 €
Für die Gefahr Lw: Wasserverlust infolge eines Rohrbruchs; Schäden durch Wasser aus Aquarien und Wasserbetten	**Nicht versichert**

7.1.2 Deckungskonzept (Versicherungsangebot)

Aufgrund der Risikoanalyse kann nun das geeignete Deckungskonzept durch entsprechende Versicherungen angeboten werden. Das Deckungskonzept des nachstehenden Beispiels basiert auf der bisher betrachteten Risikoanalyse und ist an der Praxis orientiert.

Angebot zur Geschäftsinhaltsversicherung

1. Versicherungsort	Sanitärfachhandel (massive Außenwände, Hartdach) 41516 Grevenbroich Rheinstr. 1
2. Versicherte Sachen	– Technische und kaufmännische Betriebseinrichtung – Gebrauchsgegenstände der Betriebsangehörigen – Waren und Vorräte – Fremdes Eigentum im Gewahrsam des Unternehmers
3. Versicherte Gefahren	– Feuer – Einbruchdiebstahl/Vandalismus nach einem Einbruch – Leitungswasser – Sturm/Hagel – Betriebsunterbrechung bei eine der vorstehenden Gefahren – Elementarschäden
4. Versicherungssumme	Einrichtung 25 000 € Waren/Vorräte 75 000 € Vorsorge 10 000 €
5. Klein-BU-Summe	110 000,00 €
6. Prämienberechnung	
Geschäftsinhalt 110 000,00 zu 8,55 ‰ einschl. pauschale Deckungen	940,50 €
Klein-BU-Versicherung 110 000,00 € zu 2,40 ‰	264,00 €
Erhöhung der Entschädigungsgrenzen pauschaler Deckungen:	
Aufräumungs-, Abbruch-, Bewegungs- und Schutzkosten (10 000,00 €)	
um 10 000,00 € zu 12,00 ‰	120,00 €
außen angebrachte Sachen (3 000,00 €) um 1 000,00 € zu 15,80 ‰	15,80 €
Versicherungsentgelt	**1 340,30 €**

Die nicht näher ausgewiesenen Prämienanteile für die Feuerversicherung werden derzeit mit 22 % VersSt und die übrigen Prämienanteile mit 19 % VersSt belegt. 7. Die Pauschaldeklaration ist Bestandteil der Geschäfts-Inhaltsversicherung.	

7.2 Besonderheiten gegenüber der Hausratversicherung

7.2.1 Vertragsgrundlagen

Während die Hausratversicherung eine kombinierte (verbundene Versicherung) ist, stellt sich die Geschäftsinhaltsversicherung überwiegend als **gebündelte Versicherung** dar.

➤ Gebündelte Versicherung

Bei der **gebündelten Versicherung** wird die Versicherung der verschiedenen Gefahren (z. B. Feuer, Leitungswasser, Sturm) gleichzeitig mit nur einem Antrag beantragt und in einem Versicherungsschein dokumentiert, sodass in verwaltungsmäßiger Hinsicht nur **eine** Versicherung existiert.

In rechtlicher Hinsicht bestehen bei der gebündelten Versicherung weiterhin mehrere voneinander unabhängige Versicherungsverträge mit jeweils eigenen Bedingungswerken. Aufgrund ihrer rechtlichen Selbstständigkeit kann jeder der im Versicherungsschein dokumentierten Verträge einzeln gekündigt werden.

Gebündelte Geschäftsinhaltsversicherung
– Allgemeine Bedingungen für die Feuerversicherung **(AFB 2010)** – Allgemeine Bedingungen für die Sturmversicherung **(AStB 2010)** – Allgemeine Bedingungen für die Leitungswasserversicherung **(AWB 2010)** – Allgemeine Bedingungen für die Einbruchdiebstahl- und Raubversicherung **(AERB 2010)** **Zusätzlich kann insbesondere ergänzender Versicherungsschutz mit folgenden Vertragsgrundlagen vereinbart sein:** – Zusatzbedingungen für die einfache Betriebsunterbrechungsversicherung **(ZKBU 2010)** – Allgemeine Bedingungen für die Maschinenversicherung von stationären Maschinen **(AMB 2011)** – Allgemeine Bedingungen für die Elektronik-Versicherung **(ABE 2011)** – Besondere Bedingungen für die Versicherung weiterer Elementarschäden **(BWE 2010)**

Der GDV hat ein Musterbedingungswerk mit Musterklauseln und Erläuterungen sowie Musterpauschaldeklarationen für Gewerbe (Allgemeine Bedingungen für die Verbundene Sach-Gewerbeversicherung – VSG 2010) entwickelt. Nach diesem Bedingungswerk können nicht nur die »klassischen« Produktbestandteile der Gebäude- und Inhaltsversicherung, sondern auch die weiteren Elementargefahren, Glasbruch, Gefahren für Schäden an technischer Betriebseinrichtung, Transportgefahren »verbunden« (kombiniert) versichert werden.

Verbundene Versicherung

Bei der **verbundenen Versicherung** (auch **kombinierte** Versicherung genannt) werden die verschiedenen Gefahren zu einem neuen Versicherungszweig, z. B. Hausratversicherung, zusammengeschlossen.

Bei der verbundenen Versicherung sind die verschiedenen Gefahren in nur einem Vertrag mit nur einem Bedingungswerk versichert. Die verbundene Versicherung wird ebenfalls mit nur einem Antrag beantragt und in einem Versicherungsschein dokumentiert. Da der Vertrag in rechtlicher Hinsicht eine Einheit bildet, kann er auch normalerweise nur als Ganzes gekündigt werden. In der Verbundenen Wohngebäudeversicherung ist es möglich, jede der Gefahrengruppen auch einzeln zu versichern.

7.2.2 Positionsweise Versicherung und Vorsorgeversicherung

Für die **Versicherung des Geschäftsinhalts** werden grundsätzlich folgende Positionen unterschieden:

- technische und kaufmännische Betriebseinrichtung einschließlich Gebrauchsgegenständen der Betriebsangehörigen,
- gesamte Warenvorräte,
- Vorsorgesumme.

Klausel 1703

Die versicherbare Vorsorgesumme im Rahmen der Vorsorgeversicherung dient zum Ausgleich von Werterhöhungen und Bestandsschwankungen, damit im Versicherungsfall keine Unterversicherung besteht.

Beispiel:

	VS	VW	Schaden
1. Betriebseinrichtung	100 000,00 €	120 000,00 €	60 000,00 €
2. Warenvorräte	200 000,00 €	230 000,00 €	–
3. Vorsorgesumme für Pos. 1 und 2	50 000,00 €		

Die Vorsorgesumme muss hier auf beide Positionen verteilt werden, auch wenn Position 2 nicht vom Schaden betroffen wurde, denn sie wurde für beide Positionen genommen, und beide Positionen weisen eine Unterversicherung aus.

Reicht die Vorsorgesumme nicht aus, wird sie im Verhältnis der Unterversicherungen verteilt.

VHB 2014 § 13 Nr. 3

In der Hausratversicherung kennt man dagegen eine 10 %-ige Vorsorgesumme, die ohne besondere Vereinbarung gewährt wird.

7.2.3 Summarische Versicherung

Für die Positionen kann auch eine summarische Versicherung vereinbart werden, wenn jede der Positionen mit gleichem Prämiensatz versicherbar ist. Summarische Versicherung bedeutet, dass die Positionen zu einer Gruppe zusammengefasst werden. Soweit eine Position unterversichert ist, kann eine evtl. Überversicherung der anderen Position zum Ausgleich dienen.

Beispiel:

	VS	VW	Schaden
1. Betriebseinrichtung	130 000,00 €	100 000,00 €	–
2. Warenvorräte	250 000,00 €	280 000,00 €	60 000,00 €
3. Vorsorgesumme	–		
Summarische Versicherung	380 000,00 €	380 000,00 €	

Aufgrund der summarischen Versicherung kann die Überversicherung bei Position 1 zum Ausgleich der Unterversicherung bei Position 2 dienen. Ohne summarische Versicherung müsste die Unterversicherung bei der Position Warenvorräte angerechnet werden.

Aufräumungs-, Abbruch-, Bewegungs-, Schutz- und Feuerlöschkosten werden ebenfalls regelmäßig **summarisch** in einer Position versichert, wobei das Prinzip der Erstrisikoversicherung (vgl. A 7.2.6 b) gilt. Eine Unterversicherung ist deshalb nicht zu prüfen.

7.2.4 Einzeldeklaration und Pauschaldeklaration

Die ohne besondere Vereinbarung nach den Versicherungsbedingungen nicht versicherten Sachen und Kosten können im Rahmen der Einzeldeklaration oder Pauschaldeklaration versichert werden.

a) Einzeldeklaration

Für bestimmte Risiken, z. B. Juwelier-, Uhrmacher- und Bijouteriewarengeschäfte, Banken, Sparkassen und andere Geldinstitute, wird die **Einzeldeklaration** bei der Versicherung weiterer Sachen und Kosten gefordert. Der Antrag weist hierfür eine Fülle von Positionen aus. Für jede der Positionen ist die exakte VS zu bestimmen.

Beispiel: Auszug aus einem Antrag für Einzeldeklaration

4.	Bargeld, Urkunden (z. B. Sparbücher und sonstige Wertpapiere), Brief- und Wertmarken auf Erstes Risiko verschlossen im:			
4.1	Tresorraum der Sicherheitsstufe Kleintresorraum	T2 ☐ T20 ☐ T1 ☐ T10 ☐ LT0 ☐ LT1 ☐ ☐ Tresorraum alter Bauart		
4.2	Panzergeldschrank der Sicherheitsstufe	E ☐ E10 ☐ D2 ☐ D20 ☐ D1 ☐ D10 ☐		
4.3	gepanzerten Geldschrank			
4.4	Stahlschrank der Sicherheitsstufe (Mindestgewicht 300 kg)	C2F ☐ C1F ☐		
4.5	mehrwandigen Stahlschrank mit einem Mindestgewicht von 300 kg oder eingemauerten Stahlwandschrank mit mehrwandiger Tür			
4.6	unter anderem Verschluss in Behältnissen, die erhöhte Sicherheit bieten, und zwar auch gegen Wegnahme des Behältnisses selbst (jedoch nicht in Automaten)			
5.	Akten, Pläne, Geschäftsbücher, Karteien, Zeichnungen, Datenträger auf Erstes Risiko			
6.	Muster, Anschauungsmodelle, Prototypen und Ausstellungsstücke, ferner typengebundene, für die laufende Produktion nicht mehr benötigte Fertigungsvorrichtungen (Zeitwert) auf Erstes Risiko			

b) Pauschaldeklaration

Im Interesse der VN wird für die Versicherung von Büros, Geschäften, Betrieben und Lägern die Deklaration für die Versicherung zusätzlicher Sachen und Kosten so pauschal wie möglich gehalten. Der Antrag sieht deshalb zusätzliche Einschlüsse mit pauschalen Summen vor. Die pauschal vereinbarten Summen sind auf Erstes Risiko versichert. Siehe hierzu auch das Beispiel in Abschnitt A 7.1.1 – Pauschaldeklaration zur Geschäftsinhaltsversicherung.

7.2.5 Versicherungsort und Außenversicherung

AFB/AWB/ AStB 2010 §6 Nr. 1 b

> »Versicherungsort sind die in dem Versicherungsvertrag bezeichneten Gebäude oder Räume von Gebäuden oder die als Versicherungsort bezeichneten Grundstücke.«

AERB 2010 §6 Nr. 1 b

In der Einbruchdiebstahlversicherung stellen die im Versicherungsvertrag bezeichneten Räume eines Gebäudes den Versicherungsort bei Einbruchdiebstahl oder Vandalismus dar.

Gebrauchsgegenstände von Betriebsangehörigen sind nach AFB 2010, AWB 2010, AERB 2010 und AStB 2010 in deren Wohnräumen nicht versichert.

Ein räumlich weitergehender Versicherungsschutz bedarf im Gegensatz zur Hausratversicherung der besonderen Vereinbarung.

a) Freizügigkeit

Wird Freizügigkeit vereinbart, sind versicherte Sachen eines Versicherungsortes auch an den anderen, im Versicherungsschein **namentlich bezeichneten Orten** versichert.

Die Freizügigkeit hat Bedeutung, wenn Sachen im Rahmen der Fertigung oder Lagerhaltung zwischen den Versicherungsorten bewegt werden müssen.

Es werden unterschieden:

Klausel

1401 • Freizügigkeit zwischen Versicherungsorten mit je einer VS

1402 • Freizügigkeit zwischen Versicherungsorten mit gemeinsamer VS

b) Abhängige Außenversicherung

1404 Bei der abhängigen Außenversicherung sind Sachen einer Position nicht nur am Versicherungsort, sondern auch bis zu der hierfür vereinbarten besonderen VS außerhalb des Versicherungsortes versichert.

Beispiel:	**VS**
Position Vorräte mit fester Versicherungssumme	100 000,00 €
davon innerhalb der Bundesrepublik	20 000,00 €

In der Einbruchdiebstahlversicherung bleibt die Gebäudegebundenheit unberührt. In der Sturmversicherung gilt die Außenversicherung nur, wenn sich die Sachen in Gebäuden befinden.

Eine Unterversicherung kann infrage kommen, wenn

- die besondere VS kleiner ist als der Wert der außerhalb des Versicherungsortes befindlichen Sachen,
- die Position, für die die abhängige Außenversicherung genommen wurde, nicht ausreichend versichert ist.

c) Selbstständige Außenversicherung

Klausel 1405

Bei der selbstständigen Außenversicherung werden Sachen, die verschiedenen Positionen (z. B. Betriebseinrichtung, Vorräte) angehören können, in einer eigenen Position für den Fall, dass sie sich außerhalb des Versicherungsortes befinden, versichert. Soweit nichts anderes vereinbart ist, gilt die selbstständige Außenversicherung innerhalb der Bundesrepublik Deutschland.

Die bei der abhängigen Außenversicherung gemachten Ausführungen zur Einbruchdiebstahl- und Sturmversicherung gelten auch für die selbstständige Außenversicherung.

Eine Unterversicherung kann entstehen, wenn die Außenversicherungssumme nicht ausreicht, die Werte der außerhalb des Versicherungsortes befindlichen Sachen zu decken.

d) Grundsatz: Fremdversicherung vor Außenversicherung

Nach diesem Grundsatz tritt die Außenversicherung nur ein, soweit Entschädigung aus einem anderen Versicherungsvertrag nicht beansprucht werden kann.

Meldet der VN den Schaden seinem Außen-VR, so tritt dieser auf jeden Fall in Vorleistung.

7.2.6 Entschädigung von Sach- und Kostenschäden

a) Versicherungswert und Entschädigung nach dem Prinzip der Vollwertversicherung

Für die Versicherung von Sachen gilt das Prinzip der Vollwertversicherung, d. h., die VS muss dem VW entsprechen, um den versicherten Sachschaden voll entschädigt zu bekommen.

Als VW kann der Neuwert, der Zeitwert oder der gemeine Wert infrage kommen.

b) Entschädigung nach dem Prinzip der Erstrisikoversicherung

Bei der Versicherung auf Erstes Risiko gelten die Bestimmungen über die Unterversicherung nicht. Der VR entschädigt bis zur Höhe der vereinbarten VS.

Die Bezeichnung »Erstrisikoversicherung« rührt daher, dass der VR für nach diesem Prinzip versicherte Schäden bzw. Kosten bis zur Höhe der vereinbarten VS »als Erster« einzutreten hat, während der VN »als Zweiter« für den Teil eintritt, der die VS übersteigt.

Im Rahmen zusätzlicher Einschlüsse werden insbesondere auf Erstes Risiko versichert:

- Kosten (z. B. Aufräumungs-, Abbruch-, Bewegungs-, Schutzkosten);
- Wertsachen im Geldschrank oder unter anderem Verschluss;
- Wiederherstellung von Akten, Zeichnungen, Datenträgern;
- Gebäudebeschädigungen;
- Geschäftsberaubung;
- Transportberaubung;
- Sachen im Freien.

In der Hausratversicherung kennt man das Prinzip der Erstrisikoversicherung nicht, da im Falle einer Unterversicherung auch die Kostenentschädigung entsprechend gekürzt wird. VHB 2014 § 13 Nr. 7 S. 2

7.3 Einfache Betriebsunterbrechungsversicherung (Klein-BU-Versicherung)

Nach einem Feuer-, Einbruchdiebstahl-, Vandalismus-, Leitungswasser-, Sturm- oder Hagelschaden (Sachschaden) ist der Geschäfts- oder Betriebsablauf häufig für längere Zeit beeinträchtigt. Dennoch läuft ein großer Teil der Kosten, wie Gehälter, Löhne, Zinsen, Pacht, weiter. Schließlich wird durch den Ausfall der Gewinn gemindert. Als Folge des Sachschadens entsteht ein Vermögensschaden, der als Unterbrechungsschaden bezeichnet wird. Ein solcher Unterbrechungsschaden kann durch eine einfache Betriebsunterbrechungsversicherung (Klein-BU-Versicherung) versichert werden.

ZKBU 2010 Als Klein-BU-Versicherung wird eine speziell für Geschäfte und Betriebe geschaffene BU-Versicherung bezeichnet, mit der kleinen und mittleren Betrieben in einfacher Form entsprechender Versicherungsschutz geboten werden kann. Sie kann nur in Verbindung mit der Sachversicherung abgeschlossen werden und deckt als Unterbrechungsschaden

- den entgehenden Betriebsgewinn,
- den Aufwand an fortlaufenden Kosten

unter der Voraussetzung, dass auch der Sachschaden ersatzpflichtig ist.

Die **Versicherungssumme** der Klein-BU-Versicherung entspricht der vereinbarten Sach-VS für Einrichtung und Vorräte.

VHB 2014 § 8 (c) Die Hausratversicherung kennt als evtl. vergleichbaren Versicherungsschutz lediglich den Ersatz der Hotelkosten im Rahmen der versicherten Kosten für den Fall, dass die Wohnung infolge eines Versicherungsfalles unbewohnbar wurde.

Lernkontrollen zu A 7

Geschäftsinhaltsversicherung

1 Die Geschäftsversicherung kann als gebündelte Versicherung vereinbart sein.
   a) Wodurch ist eine gebündelte Versicherung gekennzeichnet?
   b) Wie unterscheidet sie sich von einer kombinierten Versicherung?

2 Hans Müller ist Inhaber eines größeren Baustoffhandels. Im Betrieb eines mit ihm befreundeten Unternehmers hat es vor kurzem gebrannt und der betroffene Unternehmer musste feststellen, dass er in vielen Bereichen unterversichert war und deshalb einen Teil seines Schadens nicht ersetzt bekommen hat. Herr Müller möchte sicher sein, dass er nach einem Schadensfall auch den vollen Schadenersatz bekommt. Er bittet deshalb um Überprüfung seiner Versicherung. Im telefonischen Vorgespräch erfahren Sie, dass vor allen Dingen während der Sommermonate größere Baustoffmengen je nach Auftragslage gelagert werden, während in den Wintermonaten nur vergleichsweise niedrige Lagermengen zu verzeichnen sind.

- **Vertragsspiegel (Auszug)**

  Gebündelte Geschäftsinhaltsversicherung nach AFB 2010, AStB 2010, AWB 2010, AERB 2010
  Versicherungssummen:
  Technische und kaufmännische Betriebseinrichtung 250 000,00 €
  Prämiensatz 1,7 ‰
  Warenvorräte 500 000,00 €, Prämiensatz 1,5 ‰

- **Arbeitsauftrag**

  Bereiten Sie das Beratungsgespräch stichwortartig vor. Skizzieren Sie hierfür auch denkbare Lösungsansätze, die eine Unterversicherung bei Herrn Müller vermeiden helfen. Grundsätzlich sollte auch überlegt werden, welcher Versicherungsschutz für Herrn Müller neben der bestehenden Versicherung noch infrage kommen könnte.

3 Erläutern Sie den Unterschied zwischen Pauschaldeklaration und Einzeldeklaration.

4 Welcher Zweck wird mit der Vereinbarung einer summarischen Versicherung verfolgt?

5 Für welche Positionen und Kosten werden Erstrisikoversicherungen üblicherweise vereinbart?

Lernsituationen

Kunden beim Abschluss von Hausratversicherungen beraten und Verträge bearbeiten

Lernsituation 1:

»Gute Vorbereitung erhöht die Erfolgschance.«

Sie sind Auszubildende/er in der Proximus-Agentur Krusenbaum.

Auf Ihrem Schreibtisch finden Sie folgende Telefonnotiz:

Anruf des Herrn Manfred Sollmer. Herr Sollmer hat geheiratet und zusammen mit seiner Ehefrau eine neue Wohnung in 40468 Neuss, Am Rheinhafen 10 bezogen. Seine Ehefrau habe ihre Möbel und eine wertvolle geerbte Münzsammlung mitgebracht. In den nächsten Tagen würden eine Einbauküche, die man in einem Möbelhaus ausgesucht habe, sowie eine komplette Satellitenanlage, die bei einem Radio- und Fernsehfachhandel bestellt wurden, montiert.

Herr Sollmer möchte so rasch wie möglich den gemeinsamen Hausrat versichert sehen und bittet um Rückruf zwecks Terminvereinbarung.

Der Agenturinhaber beauftragt Sie, alle notwendigen Vorbereitungen für das Beratungsgespräch zu treffen und dann den Besuchstermin zu vereinbaren. Sie sollen den Besuch anschließend im Beisein von Herrn Krusenbaum weitgehend selbstständig durchführen. Nur bei speziellen Fragen will er die Auskunft erteilen.

Damit Sie gut vorbereitet sind, hat Herr Krusenbaum die nachstehenden Aufgaben erstellt. Sie sollen sich damit auseinandersetzen und ihm später Ihre Ergebnisse präsentieren, damit er ggf. noch weitere Anregungen geben kann, bevor Sie den Kunden beraten.

Aufträge:

1. Welche Materialien benötigen Sie und welche weiteren organisatorischen Vorbereitungen treffen Sie für den Besuch, um die Beratung erfolgreich durchführen zu können?
2. Stellen Sie eine Liste der risikorelevanten Daten zusammen, die Sie zusammen mit dem Kunden für die gewünschte Hausratversicherung prüfen und ggf. erfassen müssen.
3. Notieren Sie für Ihre Vorbereitung noch einmal in Grundzügen den Umfang des Versicherungsschutzes der Hausratversicherung (versicherte Gefahren und Schäden, versicherte Sachen, versicherte Kosten), damit Sie dem Kunden den Versicherungsschutz beschreiben können und dabei nichts vergessen wird.
4. Prüfen Sie, ob sich aufgrund der schon vorhandenen Informationen ein spezieller Beratungsbedarf zum erforderlichen Umfang des Versicherungsschutzes abzeichnet und bereiten Sie auch diesen vor.
5. **Zusatzaufgabe:**
   a) Bereiten Sie sich darauf vor, dem Kunden zu erläutern, welche Erklärungen er mit der Unterschrift auf dem Antrag abgibt.
   b) Stellen Sie fest, welche Beratungs- und Dokumentationspflichten sowie Informationspflichten beachtet werden müssen.

Hilfsmittel:

- Bücher der Lehrbuchreihe, insbesondere der vorliegende Band 2
- **Proximus 3 Bedingungswerk** (VHB 2014, AGlB 2014, Antragsformular, Tarif), Druckstücke aus der Praxis
- Gesetze (VVG, VVG-InfoV)
- Kundendaten, die über den Kunden bereits gespeichert sind

Auszug aus der Kundendatei:

Versicherungsnehmer:	Manfred Sollmer
Anschrift:	40419 Dormagen, Eichenweg 14
Geburtsdatum:	10. Mai 1980
Beruf:	Selbstständiger Handelsvertreter
Tel.-Nr.:	02133/987789
Fax:	02133/987788
E-Mail:	Manfred@Sollmer.de
Bestehende Versicherungen:	Sportboot-Haftpflichtversicherung Tierhalter-Haftpflichtversicherung

Lernsituation 2:

»Hoffentlich ist alles versichert!«

Hilfsmittel:

Sie finden auf Ihrem Schreibtisch das folgende Schreiben des Kunden Axel Kerkmann:

Axel Kerkmann 20. Juni 20...

Proximus Agentur
Max Krusenbaum

Kastanienstr. 12
45678 Bochum-Höntrop

Hausratversicherung Nr. 834 567 9

Sehr geehrte Damen und Herren,

Gestern war ich mit meiner Tochter, die in Berlin studiert und derzeit Semesterferien hat, im hiesigen Freibad. Als wir am Spätnachmittag nach Hause gehen wollten, mussten wir feststellen, dass mein Spind im Umkleideraum aufgebrochen worden war. Es fehlten mein Portemonnaie mit ca. 50,00 € Bargeld und einer Geldkarte, auf der 250,00 € geladen waren, sowie mein Schlüsselbund. Wir haben sofort den Bademeister informiert, der die Polizei verständigt hat. Vor dem Schwimmbad mussten wir dann feststellen, dass unsere Fahrräder nicht mehr da waren. Die Fahrräder waren zusammengekettet gewesen und der Schlüssel war an meinem gestohlenen Schlüsselbund. Meine Tochter hatte das Fahrrad von unserer Nachbarin geliehen, da sie ihr Fahrrad mit nach Berlin genommen hat.

Zuhause angekommen war die Polizei schon in unserer Wohnung. Nachbarn hatten die Hilfeschreie meiner Mutter gehört und die Polizei angerufen. Die Täter sind mit dem gestohlenen Hausschlüssel in die Wohnung eingedrungen und haben alles durchwühlt. Die Wände, Decken und Möbel des Wohnzimmers haben sie mit Farbe besprüht. Im ehemaligen Arbeitszimmer meiner Frau sind sie auf meine 80-jährige, an Altersdemenz leidende Mutter gestoßen. Man hat sie bedroht und zur Herausgabe ihres Schmuckes, dessen Wert ich auf 10 000,00 € schätze, sowie ihres Bargeldes in Höhe von 1 300,00 € gezwungen. Sie liegt derzeit mit einem Schock im Krankenhaus.

Meine Mutter habe ich erst vor 4 Wochen zu mir genommen, nachdem sie zum wiederholten Male den Weg in ihre alte Wohnung nicht mehr gefunden hat. Sie bedarf zunehmender Pflege. Ich habe das ehemalige Arbeitszimmer meiner Frau, die mich vor 4 Monaten verlassen und dabei den halben Hausrat mitgenommen hat, für sie umgebaut. Meine Mutter hat leider keine eigenen Versicherungen, wie ich jetzt feststellen muss.

Bitte teilen Sie mir mit, ob meine Hausratversicherung den Schaden und auch die Krankenhauskosten deckt und was ich ggf. noch unternehmen muss.

Mit freundlichen Grüßen

Axel Kerkmann

Auftrag:

Neben dem Schreiben von Herrn Kerkmann liegt folgende Notiz von Herrn Krusenbaum:

Notiz:

- Bitte Termin mit Herrn Kerkmann vereinbaren
- Sachverhalte erfordern Kundenbesuch mit Beratung
- Besprechungsablauf und -inhalte bitte stichwortartig vorbereiten

Hilfsmittel:

- Bücher der Lehrbuchreihe, insbesondere der vorliegende Band 2
- **Proximus 3 Bedingungswerk** (VHB 2014, Tarif), Druckstücke aus der Praxis
- Kundendaten, die über den Kunden bereits gespeichert sind

Auszug aus der Kundendatei:

Versicherungsnehmer:	Axel Kerkmann
Anschrift:	40479 Bochum-Stiepel, Am Rotdorn 14
Geburtsdatum:	12. Dez. 1959
Beruf:	Oberamtsrat
Tel.-Nr.:	02329/999778
Fax:	
E-Mail:	Manfred.Kerkmann@globalnet.de
Bestehende Versicherungen:	Hausratversicherung nach VHB 2014
Versicherungsperiode:	01.07. d.J. 0 Uhr – 30.06. n.J. 24 Uhr
Qm-Wohnfläche:	110
Versicherungssumme:	71 500,00 €
Beitrag jährlich:	234,50 €
Beitragsrückstand:	nein
Besondere Vereinbarungen:	Klausel PK 7110 (bis 1 % der VS) Klausel PK 7712

B Wohngebäudeversicherung

1 Risikodeckung für ein Wohngebäude

Deckungskonzept für ein Wohngebäude

➤ **vor Bezugsfertigkeit**

- Feuer-Rohbauversicherung
- Bauleistungsversicherung
- Bauherren-Haftpflichtversicherung

➤ **nach Bezugsfertigkeit**

Grunddeckung nach VGB 2014

- Brand
- Blitzschlag
- Explosion / Implosion
- Anprall / Absturz eines Luftfahrzeuges, seiner Teile oder Ladung

- Leitungswasser
  - Bruchschäden
  - Nässeschäden

- Naturgefahren
  - Sturm
  - Hagel
  - Weitere Elementargefahren, sofern gesondert vereinbart

Zusatzdeckung nach besonderer Vereinbarung

- Überspannung
- Nutzwärmeschäden
- Bestimmte Rohre auf dem und außerhalb vom Versicherungsgrundstück
- Sonstige Klauseln, z. B. Gebäudebeschädigungen durch Dritte

Ergänzende Versicherungsverträge

- Mietverlustversicherung
- Glasversicherung
- Haftpflichtversicherung
  - Gewässerschäden
  - Haus- und Grundbesitzer

1.1 Vertragsgrundlagen und Anwendungsbereich der Wohngebäudeversicherung

a) Vertragsgrundlagen

Vertragsgrundlagen sind in erster Linie die Versicherungsbedingungen und die Klauseln.

➤ Allgemeine Wohngebäude Versicherungsbedingungen (VGB 2014 – Wert 1914)

Vorbemerkung:

»Wert 1914« steht dafür, dass bei dieser Form der Wohngebäudeversicherung als Basis eine VS in Preisen des Jahres 1914 bestimmt wird, die dem Versicherungswert des Wohngebäudes im Jahr1914 entsprechen muss (vgl. B 2.7.1). Man spricht in diesem Zusammenhang auch vom **Summenmodell** als Abgrenzung zur Wohngebäudeversicherung nach dem Wohnflächenmodell (siehe weiter unten).

Die Abkürzung »VGB« steht für »Verbundene Gebäudeversicherungs-Bedingungen«, womit zum Ausdruck gebracht wird, dass mehrere Gefahrengruppen, ausgenommen die Versicherung weiterer Elementargefahren, in der Wohngebäudeversicherung zusammengefasst sind, nämlich

- Brand/Blitzschlag/Explosion/Implosion/Anprall oder Absturz eines Luftfahrzeuges, seiner Teile oder seiner Ladung,
- Leitungswasser (Bruchschäden, Nässeschäden),
- Naturgefahren.

VGB 2014 § 1 Nr. 1 S. 2

Im Gegensatz zur Hausratversicherung (vgl. A 2.2) sind diese drei Gefahrengruppen, ausgenommen die Versicherung weiterer Elementargefahren, in der Wohngebäudeversicherung aber auch einzeln versicherbar.

Der Zusatz 2014 steht für das Entwicklungsjahr der vorliegenden VGB.

Die VGB 2014 bieten eine Grunddeckung für typische Gefahren und Schäden, die ein Wohngebäude bedrohen.

Nach § 4 Nr. 3 VGB 2014 kann die Versicherung weiterer Elementargefahren in den Wohngebäudeversicherung eingeschlossen werden (vgl. B 2.1.4).

➤ Gestaltung der Wohngebäudeversicherung nach dem Wohnflächenmodell

Anstelle der Wohngebäudeversicherung »Wert 1914« kann bei der Proximus Versicherung durch Vereinbarung der Klausel PK 7799 auch die Wohngebäudeversicherung »**Wohnflächenmodell**« vereinbart werden.

Beim Wohnflächenmodell ist die richtige Wohn- und Nutzfläche anzugeben. Es gibt keine VS. Versichert ist der Neubauwert des Gebäudes, wenn die richtige Grundprämie, multipliziert mit dem Anpassungsfaktor (vgl. B 2.7.2.3) gezahlt wird.

Grundprämie = Wohn- und Nutzfläche · Prämie je qm Wohn- und Nutzfläche

Einzelheiten hierzu sind in Abschnitt B 2.5 und insbesondere in Abschnitt B 2.9 dargestellt, wo sich eine vergleichende Gegenüberstellung der Versicherung nach dem Summenmodell und nach dem Wohnflächenmodell findet.

➤ Klauseln für die Erweiterung der Grunddeckung

Neben den Allgemeinen Versicherungsbedingungen kennt die Wohngebäudeversicherung ein Bündel von Klauseln zur Erweiterung der Grunddeckung (vgl. B 2.5).

➤ Versicherungsschutzpakete der Praxis

Die Praxis bietet verschiedene Pakete hinsichtlich des Versicherungsumfangs zur Verbundenen Wohngebäudeversicherung und hat sie auch mit Produktnamen wie z. B. Standard, Komfort usw. versehen, um dem individuellen Sicherheitsbedürfnis des Kunden produktgerecht entsprechen zu können. Das Standardpaket bietet dabei üblicherweise den Versicherungsschutz, wie ihn die Grunddeckung nach den VGB 2014 vorsieht. Der Versicherungsschutz in den weiter gehenden Paketen besteht im Grunde aus der Standarddeckung und dem Einschluss bestimmter Klauseln bzw. Ausweitung von Entschädigungsgrenzen. Teilweise ist der so erweiterte Versicherungsschutz in die Allgemeinen Versicherungsbedingungen eingearbeitet worden, womit auch im Wettbewerb eine Produktdifferenzierung erreicht wird.

b) Anwendungsbereiche

Die Wohngebäudeversicherung nach den VGB 2014 ist nicht auf reine Wohngebäude beschränkt, sondern auch für die Versicherung gemischt genutzter Gebäude konzipiert, die sowohl Wohnzwecken als auch gewerblichen oder öffentlichen Zwecken dienen.

Ist der Anteil der Wohnfläche jedoch niedriger als 50 %, wird der Versicherungsschutz üblicherweise nicht mehr nach den VGB 2014, sondern im Rahmen einer gewerblichen Versicherung geboten, da sich der Schadenverlauf bei solchen Objekten von den überwiegend zu Wohnzwecken genutzten Gebäuden unterscheidet.

Beispiel:

- Haus, das ausschließlich zu Wohnzwecken genutzt wird = reines Wohngebäude
- Wohnhaus mit Arztpraxis = gemischt genutztes Gebäude
- Bürohaus mit Hausmeisterwohnung = nicht nach VGB 2014 versicherbar

1.2 Ergänzende Versicherungsverträge

Im Rahmen der Kundenberatung gilt es, den Kunden umfassend über die Risiken und Versicherungsmöglichkeiten im Zusammenhang mit dem Bau, Kauf oder Besitz einer Immobilie zu informieren und die Versicherungsmöglichkeiten aufzuzeigen.

Neben der Wohngebäudeversicherung nach den VGB 2014 und Einschluss entsprechender Klauseln sind in diesem Zusammenhang insbesondere zu erwähnen:

- **Glasversicherung**
- **Feuerrohbauversicherung** (vgl. B 2.6.3)
- **Bauleistungsversicherung** (vgl. Band 3)
- **Bauherren-Haftpflichtversicherung** (vgl. Band 3)
  Versicherungsschutz besteht für die gesetzliche Haftpflicht als Bauherr bei Neubauten oder größeren Umbauten.
  Kleinere Bauvorhaben sind bis zu einer bestimmten Bausumme (z. B. 50 000,00 €) in der Privat-Haftpflichtversicherung mitversichert (vgl. Band 3).

- **Gewässerschäden-Haftpflichtversicherung**
  Nach dem Wasserhaushaltsgesetz haftet der VN als Betreiber einer Heizölanlage (Anlagenhaftung) für Schäden durch Verseuchung (vgl. Band 3).
- **Haus- und Grundbesitzer-Haftpflichtversicherung**
  Das Haftpflichtrisiko als Eigentümer eines Einfamilienhauses oder einer Wohnung ist über die Privat-Haftpflichtversicherung gedeckt, wenn bestimmte Voraussetzungen erfüllt sind (vgl. Band 3).
- **Mietverlustversicherung** (vgl. B 2.6.2)

1.3 Wirtschaftliche Bedeutung der Wohngebäudeversicherung

Die Gebäudeversicherung wird in der Bundesrepublik Deutschland von

- Aktiengesellschaften,
- Versicherungsvereinen auf Gegenseitigkeit,
- öffentlich-rechtlichen Versicherern

wahrgenommen.

Mit einem Prämienvolumen von ca. 5,6 Mrd. € im Jahr 2013 ist die Verbundene Wohngebäudeversicherung ein bedeutender Sachversicherungszweig. Im Jahr 2013 wurden insgesamt 5,9 Mrd. € an Leistungen für versicherte Schäden erbracht.

Lernkontrollen zu B 1

Vertragsgrundlagen

1 Auf welchen vertraglichen Grundlagen basiert die Wohngebäudeversicherung?

2 Erläutern Sie, weshalb die Wohngebäudeversicherung als verbundene Versicherung bezeichnet wird.

3 Prüfen Sie, ob die Gefahrengruppen der Wohngebäudeversicherung auch einzeln versicherbar sind.

4 Für welche Objekte findet die Wohngebäudeversicherung nach VGB 2014 Anwendung? Nennen Sie zwei Beispiele.

2 Deckungsumfang der Wohngebäudeversicherung nach VGB 2014

2.1 Versicherte Sachen

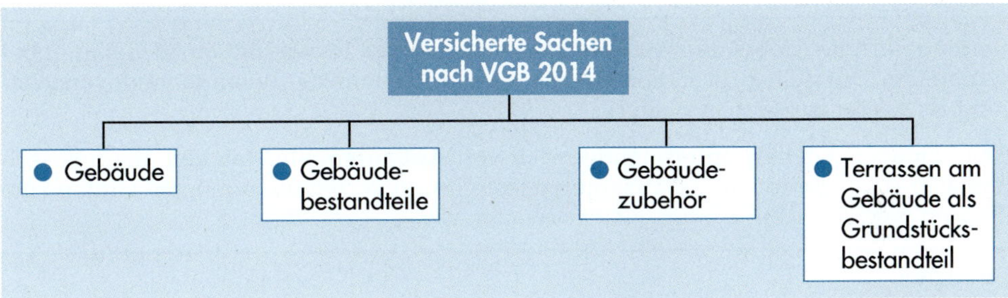

2.1.1 Gebäude und Gebäudebestandteile

»Versichert sind die in dem Versicherungsschein bezeichneten Gebäude mit ihren Gebäudebestandteilen und Gebäudezubehör einschließlich unmittelbar an das Gebäude anschließender Terrassen auf dem im Versicherungsschein bezeichneten Versicherungsgrundstück.« VGB 2014 § 5 Nr. 1

Nach allgemeiner Auffassung ist ein **Gebäude** ein mit dem Erdboden verbundenes Bauwerk, das von Menschen betreten werden kann und dazu geeignet und bestimmt ist, gegen äußere Einflüsse Schutz zu gewähren.

Gebäude zählen aufgrund ihrer festen und dauerhaften Verbindung mit dem Boden zu den unbeweglichen Sachen. Baracken, Wohncontainer, Baubuden, die auf dem Grund und Boden lediglich aufliegen, sind danach keine Gebäude im Sinne der Wohngebäudeversicherung.

Das zu versichernde Gebäude wird in der Regel durch Benennung des Versicherungsgrundstücks, auf dem es sich befindet, eindeutig bestimmt. Versicherungsgrundstück ist regelmäßig das **Flurstück**, auf dem das versicherte Gebäude steht (**Versicherungsort**). Nr. 2 (e) S. 1

Teilen sich mehrere Gebäude ein Flurstück, ist Versicherungsort derjenige Teil des Flurstücks, der durch Einfriedung oder anderweitige Abgrenzung zu dem Gebäude zählt. Nr. 2 (e) S. 2

Als **Gebäudebestandteile** gelten alle Bauteile, die in das Gebäude eingefügt wurden und die durch ihre feste Verbindung mit dem Gebäude ihre Selbstständigkeit verloren haben. Die VGB 2014 regeln nicht, welche Gebäudebestandteile bzw. Gebäudeteile im Einzelnen versichert sind (Ausnahme: Einbaumöbel/-küchen, s. weiter unten). In Zweifelsfällen ist deshalb nach den sachenrechtlichen Grundsätzen des BGB und der Verkehrsanschauung zu entscheiden.

Das BGB kennt den Begriff der wesentlichen Bestandteile. **Wesentliche Bestandteile** einer Sache sind solche, die voneinander nicht getrennt werden können, ohne dass der eine oder andere zerstört oder in seinem Wesen verändert wird. BGB § 93

Die VGB 2014 trennen nicht nach wesentlichen und einfachen Bestandteilen, sodass letztere auch versichert sind, wenn sie nach der Verkehrsauffassung als Gebäudebestandteil angesehen werden.

Beispiele für Gebäudebestandteile:

Türen, Fenster, Balkone, eingeklebte Teppichböden, Innenschwimmbecken, Einbruchmeldeanlagen, Tapeten.

Besonderheit: Unterschiede zwischen Einbaumöbeln/-küchen und Anbaumöbeln/-küchen

> **Beispiel:**
> Ein Tischler fertigt exakt nach dem Raummaß einen Wandschrank und baut diesen ein.

VGB 2014 § 5 Nr. 2 (b) S. 2

Derart gefertigte Möbel und Küchen werden durch den festen Einbau zu Gebäudebestandteilen. Die VGB 2014 stellen klar, dass sie im Rahmen der Wohngebäudeversicherung als solche mitversichert sind.

Einbaumöbel/-küchen unterscheiden sich von **Anbaumöbeln/-küchen**, die aus serienmäßig produzierten Teilen zusammengestellt und verbaut werden. Sie zählen zum Hausrat (vgl. A 2.1.2).

> **Beispiel:**
> Ein Vermieter lässt durch ein Küchenstudio in jede der Mietwohnungen eine Küchenzeile einbauen, die genau von Wand zu Wand reicht und aus vorgefertigten Serienelementen zusammengestellt ist.

VHB 2014 § 6 Nr. 2 (c) (bb)

Diese Küchen sind keine Einbauküchen i.S. der VGB 2014 sondern Anbauküchen nach VHB 2014. Sie stehen im Eigentum des Vermieters, zählen aber im Rahmen der Hausratversicherung des Mieters als fremdes Eigentum zu den dort versicherten Sachen. Nach § 6 Nr. 4 (b) VHB 2014 zählen vom Gebäudeeigentümer eingebrachte Sachen, für die er die Gefahr trägt, zwar nicht zum Hausrat. Die Praxis wendet diese Vorschrift aber auf vom Vermieter eingebrachte Anbauküchen nicht an, da diese Küchen dem Mieter und nicht dem Gebäudezweck dienen sollen. Die Möblierung liegt ja normalerweise auch beim Mieter.

2.1.2 Gebäudezubehör und weitere Grundstücksbestandteile

➤ Zubehör

Beim **Gebäudezubehör** handelt es sich um bewegliche Sachen, auch wenn es im Einzelfall mit dem Gebäude verbunden ist. **Gebäudezubehör** grenzt sich von den Bestandteilen eines Gebäudes dadurch ab, dass es entfernt werden kann, ohne das Gebäude in seinem Wesen oder Wert zu verändern.

VGB 2014 § 5 Nr. 2 (c)

Gebäudezubehör gilt als versichert,

A) wenn es sich im Gebäude befindet

   oder

B) außen angebracht ist

   und

a) für die Instandhaltung des versicherten Gebäudes

   oder

b) der überwiegenden Zweckbestimmung des Gebäudes (beim Wohngebäude ist das der Wohnzweck)

   dient.

Beispiele:

zu Aa)	Gebäudereparaturmaterial (Ersatzfliesen, Werkzeuge)
zu Ab)	Gemeinschaftswaschanlage, Heizölvorräte im Kellertank
zu Ba)	aushängbare Dachleiter auf dem Dach für den Kaminzugang
zu Bb)	Pflanzkübel am Balkongeländer

Folgendes Zubehör wäre beispielsweise **nicht versichert**:

- Leuchtröhrenanlage für Reklamezwecke an einem Wohnhaus.
  Sie dient nicht der überwiegenden Zweckbestimmung des Gebäudes (hier: Wohnzweck).
- Heizölvorrat in einem außen liegenden Erdtank.
  Der Vorrat befindet sich nicht im Gebäude.

Mitversichert sind als Gebäudezubehör auf dem im Versicherungsschein bezeichneten Grundstück VGB 2014 § 5 Nr. 2 (c) S. 2

- Klingel- und Briefkastenanlagen,
- Müllboxen.

Besonderheit: Abgrenzung zwischen Gebäudebestandteilen und Zubehör

Häufig ist strittig, ob eine **Markise** oder eine **Antennenanlage** als Gebäudebestandteil oder als Gebäudezubehör anzusehen ist. Für die Beantwortung der Frage ist entscheidend, wie die Markise oder Antennenanlage baulich angebracht ist. Eine in das Mauerwerk integrierte und mit diesem bündig abschließende Markise ist Gebäudebestandteil, da sie eine Lücke im Mauerwerk hinterlässt, wenn man sie entfernt. Eine Markise, die lediglich auf das Mauerwerk aufgeschraubt wurde, ist Gebäudezubehör, da sie problemlos entfernt werden kann. Entsprechend verhält es sich mit Antennenanlagen.

Markisen und private Antennenanlagen sind auch in der Hausratversicherung versichert, so dass es unter bestimmten Umständen zu einer Mehrfachversicherung kommen kann (vgl. A 2.1.2).

➤ Weitere Grundstücksbestandteile

Grundstücksbestandteile zeichnen sich dadurch aus, dass sie mit dem Grund und Boden des Versicherungsgrundstücks **fest verbunden** sind.

Nach den VGB 2014 sind nur Terrassen auf dem Versicherungsgrundstück, die unmittelbar an das Gebäude anschließen, mitversichert. § 5 Nr. 1 S. 1

Weitere Grundstücksbestandteile, z. B. Carports, Gewächshäuser, Grundstückszäune, Fahnenmasten, Hundehütten können durch besondere Vereinbarung mitversichert werden (vgl. B 2.3.4 b). S. 2

2.1.3 Nicht versicherte Sachen

- Nicht versichert sind Photovoltaikanlagen sowie deren zugehörige Installationen.

VGB 2014 § 5 Nr. 3 a Nr. 3 b

- Nicht versichert sind in das Gebäude nachträglich eingefügte – nicht aber ausgetauschte – Sachen, die ein Mieter oder Wohnungseigentümer auf seine Kosten beschafft oder übernommen hat und daher hierfür die Gefahr trägt.

Beispiele:

- Der Wohnungseigentümer beseitigt die bisher offene Bauweise seiner Wohnung durch Ständerwände und Türeinbauten, um Heizkosten einzusparen.
- Der Wohnungseigentümer hat vom Vorgänger einen Einbauschrank, der seinerzeit exakt nach den Maßen der Diele gefertigt wurde, übernommen. Durch einen Nässeschaden wird er in Mitleidenschaft gezogen.
- Der VN lässt als Mieter auf seine Gefahr und Kosten mit Zustimmung des Vermieters ein Gäste-WC in die Mietwohnung einbauen.

Der im Beispiel genannte Einbauschrank ist als nachträglich eingefügte Sache zwar Gebäudebestandteil geworden, zählt aber weiterhin nicht zu den versicherten Sachen der Wohngebäudeversicherung sondern der Hausratversicherung, da der Wohnungseigentümer die Gefahr trägt und deshalb ein wirtschaftliches Interesse an der Versicherung hat.

Die neuen Ständerwände und Türen sind als nachträglich eingefügte Sachen, für die der Wohnungseigentümer alleine die Gefahr trägt, auch nur in dessen Hausratversicherung versichert.

Das Gäste-WC ist als eine vom Mieter eingefügte Sache in seiner Hausratversicherung versichert (vgl. A 2.1.2).

Nr. 3 b Sachen, die von vornherein in der Wohngebäudeversicherung versichert sind und die ein Mieter oder Wohnungseigentümer nachträglich austauscht, zählen weiter zur Wohngebäudeversicherung, auch wenn die ausgetauschten Sachen höherwertig sind.

Nr. 3 c

- Nicht versichert sind elektronisch gespeicherte Daten und Programme.

Beispiel:

Das Programm der computergesteuerten Heizungsanlage arbeitet nach dem Austritt von Wasserdampf aus der Heizung nicht mehr.

Versicherungsschutz kann durch Einschluss der Klausel PK 7168 erworben werden.

2.1.4 Gesondert versicherbare Sachen

a) Gebäudebestandteile

– **Photovoltaikanlagen**

Versicherbar ist eine auf dem Hausdach befestigte Photovoltaikanlage (Aufdachmontage). Mitversichert sind dann auch die zur Anlage gehörenden Solarmodule, Montagerahmen, Befestigungselemente, Mess-, Steuer- und Regeltechnik, Wechselrichter und Verkabelung.

Eine Photovoltaikanlage dient der Stromerzeugung aus Sonnenenergie, während mit Solarheizungsanlagen warmes Wasser gewonnen wird. Die Kollektoren von Solarheizungsanlagen sind bei Winkeldächern regelmäßig am Dach befestigt, während man sie auf Flachdächer nur aufstellt und den Aufstellrahmen mit Betonplatten beschwert. Je nach Befestigungstechnik zählen sie zu den Gebäudebestandteilen oder zum Gebäudezubehör und gelten damit zu den versicherten Sachen nach VGB 2014.

– **Sachen, die ein Mieter oder Wohnungseigentümer eingefügt hat**

  Diese Sachen sind nicht Gegenstand der Wohngebäudeversicherung, sondern in der Hausratversicherung des Mieters oder Wohnungseigentümers versichert, wenn er sie auf seine Kosten beschafft hat und für sie die Gefahr trägt. VGB 2014 § 5 Nr. 3 (b) VHB 2014 § 6 Nr. 2 (c) (aa)

  Übernimmt der Vermieter bzw. die Wohnungseigentümergemeinschaft hierfür die Gefahr, zählen sie zu den Gebäudebestandteilen und sind in der Wohngebäudeversicherung versichert. Die Vereinbarung über die geänderte Gefahrtragung ist vom VN nachzuweisen. Ggf. ist die Höhe der VS anzupassen. VGB 2014 § 5 Nr. 3 (b) S. 2

Besonderheit: Versicherbarkeit der vom Mieter oder Wohnungseigentümer eingefügten Sachen durch den Vermieter bzw. die Wohnungseigentümergemeinschaft

Die Versicherbarkeit der durch Mieter oder Wohnungseigentümer eingefügten Sachen durch den Vermieter bzw. die Wohnungseigentümergemeinschaft betrifft nur solche Sachen, bei denen die Gefahrtragung beim Mieter bzw. Wohnungseigentümer verbleibt.

> **Beispiel:**
> Der Wohnungseigentümer hat mit Zustimmung der Wohnungseigentümergemeinschaft eine Photovoltaikanlage auf dem Dach montieren lassen, die Strom für seine Wohnung erzeugen soll und hierfür die Kosten und Gefahrtragung übernommen.

Für diese eingefügte Sache hat der Wohnungseigentümer allerdings keinen Versicherungsschutz aus seiner Hausratversicherung, da sich die Sache nicht nur vorübergehend sondern ständig außerhalb der Wohnung (Versicherungsort) befindet und deshalb Außenversicherungsschutz nicht besteht. VHB 2014 § 7 Nr. 1

Für Sturm- und Hagelschäden würde der Außenversicherungsschutz der Hausratversicherung ohnehin nicht greifen, da der Grundsatz der Gebäudegebundenheit nach § 5 Nr. 4 (b) (bb) VHB 2014 gilt. Nr. 3

Versicherungsmöglichkeiten für in das Gebäude eingefügte Sachen bestehen:

– durch Vereinbarung der Klausel PK7212 zur Hausratversicherung (im **Proximus 3 Bedingungswerk** nicht abgedruckt),
– durch gesonderte Vereinbarung zur Wohngebäudeversicherung der Wohnungseigentümergemeinschaft nach VGB 2014. VGB 2014 § 5 Nr. 4 (b)

---

b) Grundstücksbestandteile

Folgende Grundstücksbestandteile können durch separate Vereinbarung mitversichert werden:

– Carports
– Gewächs- und Gartenhäuser Nr. 4 c
– Grundstückseinfriedungen (auch Hecken)
– Hof- und Gehwegbefestigungen
– Hundehütten
– Masten- und Freileitungen
– Wege und Gartenbeleuchtungen

2.1.5 Übersicht: Zuständigkeit der Hausrat- bzw. Wohngebäudeversicherung für nachträglich in das Gebäude eingefügte bzw. im Gebäude ausgetauschte Sachen

Nachträglicher Einbau bzw. Austausch von Sachen, die zu den Gebäudebestandteilen zählen:	Hausratversicherung des Mieters bzw. Wohnungseigentümers	Wohngebäudeversicherung des Vermieters bzw. der Wohnungseigentümergemeinschaft
• Austausch des vom Vermieter eingebrachten, fest eingeklebten Teppichbodens nach Verschmutzung auf Kosten des Mieters	**nicht versichert** § 6 Nr. 4 (b) S. 2 VHB 2014	**versichert** § 5 Nr. 2 (b) VGB 2014 (§ 5 Nr. 3 (b) VGB 2014 trifft nicht zu. Es findet nur ein Austausch statt.)
• Einbringung eines Teppichbodens durch den Wohnungseigentümer auf seine Kosten, der auf dem vorhandenen Parkettboden mit Klebestreifen befestigt wird.	**versichert** § 6 Nr. 2 (c) (aa) VHB 2014	**nicht versichert** nach § 5 Nr. 3 (b) VGB 2014
• Einbau einer maßgefertigten Einbauküche auf Gefahr und Kosten des Mieters	**versichert** § 6 Nr. 2 (c) (aa) VHB 2014	**nicht versichert** nach § 5 Nr. 3 (b) VGB 2014
• Der Vermieter lässt auf seine Gefahr und Kosten eine Dusche in die vermietete Wohnung einbauen.	**nicht versichert** § 6 Nr. 4 (b) VHB 2014	**versichert** § 5 Nr. 2 (b) VGB 2014
• Der Mieter tauscht auf seine Kosten die vorhandenen Sanitärobjekte gegen höherwertige Objekte aus.	**nicht versichert** § 6 Nr. 4 (b) S. 2 VHB 2014	**versichert** § 5 Nr. 2 (b) VGB 2014 (§ 5 Nr. 3 (b) VGB 2014 trifft nicht zu. Es findet nur ein Austausch statt.)
• Der Vermieter hat vor der Vermietung Anbauküchen in die Mietobjekte einbauen lassen.	**versichert** § 6 Nr. 2 (c) (bb) VHB 2014 § 6 Nr. 4 (b) VHB 2014 wird praxisüblich für solche Anbauküchen nicht angewendet, da sie im Mieterinteresse stehen und nicht dem Gebäudezweck dienen	**nicht versichert** Kein Gebäudebestandteil nach § 5 Nr. 2 (b) VGB 2014

Nachträglicher Einbau bzw. Austausch von Sachen, die zu den Gebäudebestandteilen zählen:	Hausratversicherung des Mieters bzw. Wohnungseigentümers	Wohngebäudeversicherung des Vermieters bzw. der Wohnungseigentümergemeinschaft
• Der Wohnungseigentümer lässt nachträglich auf seine Gefahr und Kosten seine Wohnung durch eine Einbruchmeldeanlage sichern.	**versichert** § 6 Nr. 2 (c) (aa) VHB 2014	**nicht versichert** nach § 5 Nr. 3 (b) VGB 2014

Hinweis:

In Band 3, Abschnitt D 2.5 zur Schaden- und Leistungsbearbeitung findet sich u. a. eine Übersicht, in der die Zuordnung von Sachen zur Gebäude- und Hausratversicherung noch einmal dargestellt und erläutert ist.

Lernkontrollen zu B 2.1

Versicherte Sachen

1 Ordnen Sie die nachstehenden Sachen wie folgt zu:

1 – Versicherte Gebäudebestandteile lt. VGB 2014
2 – Versichertes Gebäudezubehör lt. VGB 2014
3 – Versicherter Grundstücksbestandteil lt. VGB 2014
4 – Gebäudezubehör bzw. Grundstücksbestandteile, die nur aufgrund besonderer Vereinbarung versichert sind
5 – Kein Gebäudebestandteil bzw. Gebäudezubehör

a) Eingeklebter Teppichfußboden
b) Markise, die am Mauerwerk außen angebracht ist
c) Brennstoffvorräte im Keller für die Heizungsanlage
d) Waschbecken
e) Wohnungstür
f) Deckenlampe im Wohnzimmer
g) Müllboxen
h) Terrasse
i) Rollläden
k) Ersatzfliesen im Keller
l) Gartenzaun
m) Leuchtreklame des Lottogeschäfts im Erdgeschoss
n) Erdöltank auf dem Versicherungsgrundstück
o) Liegestühle auf der Dachterrasse

2 Durch Sturm werden die unten stehenden Sachen zerstört bzw. beschädigt. Prüfen Sie, ob die Wohngebäudeversicherung nach VGB 2014 Versicherungsschutz für diese Sachen gewährt. Es ist unstrittig, dass ein Sturm im Sinne der Versicherungsbedingungen vorgelegen hat.

a) Eine vom Mieter angebrachte Satellitenschüssel wird abgerissen und beim Aufprall deformiert.

b) Terrassenfliesen der an das Gebäude unmittelbar angrenzenden Terrasse und Gartenmöbel werden durch herabfallende Ziegel beschädigt.

c) Die Äste eines umgewehten Baumes richten erheblichen Schaden am Dach, dem Fensterglas, den am Balkongeländer angebrachten Pflanzen und der Umzäunung des Grundstücks an.

d) Die Gemeinschaftsantenne knickt durch den Staudruck des Sturmes um.

e) Dachziegel fallen auf das Auto des VN und auf das Auto eines Besuchers.

3 Mieter Müller hat aufwändige Umbau- und Renovierungsarbeiten auf eigene Kosten in seiner Mietwohnung ausführen lassen. Da sein Vermieter ihm erklärt hat, dass er hierfür keinerlei Risiko übernehmen wolle, fragt er an, ob und wo diese Sache ggf. versichert oder zu versichern sind:

Die einfachen Fliesen des Bades wurden entfernt und glasierte, höherwertige Fliesen eingeklebt. Sämtliche Sanitärobjekte wurden erneuert und zusätzlich eine Whirlpoolwanne eingebaut. Ins Wohnzimmer wurde ein Kaminofen eingefügt und auf den vorhandenen PVC-Boden ein hochwertiger Teppichboden aufgebracht. Das Zimmerfenster mit Einfachverglasung wurde durch ein Fenster mit Isolierglas ersetzt. Schließlich sind in allen Räumen die Raufasertapeten durch Glasfasertapeten ersetzt worden.

4 Anruf des VN Peter Mertens:

Herr Mertens teilt mit, dass durch seinen Mieter Rollläden an den Fenstern der Westseite der vermieteten Wohnung montiert wurden. Er möchte wissen, ob diese Rollläden in seiner Wohngebäudeversicherung mitversichert sind.

Auf Nachfrage erklärt er, dass der Mieter die Rollläden auf eigene Kosten und Gefahr, aber mit seiner Zustimmung angebracht habe.

Arbeitsauftrag

Informieren Sie Herrn Mertens über den Versicherungsschutz bzw. die Versicherungsmöglichkeiten.

2.2 Versicherte Gefahren und Schäden

Versicherte Gefahren

- Brand
- Blitzschlag
- Explosion / Implosion
- Anprall / Absturz eines Luftfahrzeuges, seiner Teile oder Ladung

- Leitungswasser
- Wasserdampf
- bestimmte Flüssigkeiten (z.B. Sole)

- Naturgefahren
  - Sturm
  - Hagel
  - Weitere Elementargefahren, sofern gesondert vereinbart

Versicherte Schäden

- Schäden durch unmittelbare Gefahreneinwirkung
  - Zerstörung
  - Beschädigung
- Unvermeidliche Folgeschäden
- Abhandenkommen infolge Gefahreneintritt

- Bruchschäden an bestimmten Rohren
- Frostschäden an bestimmten Sachen

(Anm.: Nässeschäden entstehen im Gegensatz zu Bruch- und Frostschäden regelmäßig durch die unmittelbare Einwirkung der Gefahr Leitungswasser)

➤ Gefahrenverbund oder Teilversicherung

Jede der versicherten Gefahren kann im Verbund miteinander oder einzeln versichert werden. Der Gefahrenverbund führt zur **Verbundenen Wohngebäudeversicherung**, die Versicherung einzelner Gefahren zu entsprechenden **Teilversicherungen.** VGB 2014 § 1 Nr. 1 S. 2

➤ Versicherungsfall

Nach den Versicherungsbedingungen wird Entschädigung geleistet für versicherte Sachen, die durch § 2 Nr. 1

- Eintritt einer versicherten Gefahr
- zerstört oder beschädigt werden oder infolge eines solchen Ereignisses abhanden kommen.

Beispiel:

Infolge eines Rohrbruches strömt Leitungswasser aus. Der Parkettboden quillt irreparabel auf. Der Wandputz sowie Möbel werden im Sockelbereich beschädigt. Damit die Zimmertüren nicht auch noch aufquellen, werden diese ausgehängt und in den Hausflur gestellt. Dort wird eine der Zimmertüren entwendet.

Erläuterungen:

- Leitungswasser ist eine versicherte Gefahr nach VGB 2014, wenn es bestimmungswidrig austritt und Schäden an den versicherten Sachen verursacht (sog. Nässeschäden).
- Der zerstörte Parkettboden ist ein Gebäudebestandteil und die Kosten für einen neuen Parkettboden werden ersetzt.
- Der beschädigte Putz im Sockelbereich zählt ebenfalls zum Gebäude, so dass die Reparaturkosten hierfür auch übernommen werden.
- Die Möbel sind Gegenstand der Hausratversicherung und nur dort versichert.
- Die entwendete Zimmertür ist nach VGB 2014 versichert, da sie zu den versicherten Gebäudebestandteilen zählt und im Zusammenhang mit dem versicherten Leitungswasserschaden abhanden gekommen ist.

Die Merkmale **Zerstörung, Beschädigung** und **Abhandenkommen** von Sachen wurden bereits im Zusammenhang mit der Hausratversicherung untersucht. Insofern wird auf die dort gemachten Ausführungen verwiesen (vgl. A 2.2).

Auch für die Wohngebäudeversicherung gilt, dass nur dann ein versicherter Schaden vorliegt, wenn eine der versicherten Gefahren **(Schadenursache)** auf die versicherten Sachen schädigend eingewirkt hat **(Schaden)**. Es muss also ein **adäquater Kausalzusammenhang** zwischen Schadenereignis und Schaden bestehen.

Die Ersatzpflicht des VR entsteht nicht, soweit Einschränkungen oder Ausschlüsse nach den Versicherungsbedingungen gelten.

2.2.1 Brand, Blitzschlag, Explosion, Implosion, Luftfahrzeug

VGB 2014 § 2 Nr. 1–4

Die in der Wohngebäudeversicherung versicherten Gefahren Brand, Blitzschlag, Explosion, Implosion, Anprall oder Absturz eines Luftfahrzeuges, seiner Teile oder seiner Ladung decken sich mit diesen auch in der Hausratversicherung versicherten Gefahren. Insofern kann auf die Ausführungen in den Abschnitten A 2.2 und A 2.3 verwiesen werden.

Nr. 5 (d)

Ein wesentlicher **Unterschied** besteht jedoch **bei der Gefahr Brand**. In der Wohngebäudeversicherung sind Brandschäden, die dadurch entstehen, dass die versicherten Sachen einem Nutzfeuer oder der Wärme zur Bearbeitung oder einem sonstigen Zweck ausgesetzt werden, nicht versichert.

Beispiele:

- Der VN stellt einen Heizstrahler vor eine vom Regen durchnässte Wand, damit sie schneller abtrocknet. Durch die Hitze des Heizstrahlers fängt die Tapete an zu brennen.
- Der VN zersägt den abgebauten Tannenbaum, presst die Äste in seinen Kaminofen und zündet das Holz an. Das wegen der völlig trockenen Äste und Nadeln entstehende Feuer jagt ihm Angst und Schrecken ein; denn gewaltige Flammen ziehen durch das Kaminrohr seines Bungalows und schlagen weithin sichtbar oben aus dem Kaminrohr. Durch die enorme Hitze werden sowohl der Kaminofen als auch das Kaminrohr beschädigt.

Nr. 3 S. 2

Überspannungs-, Überstrom- oder Kurzschlussschäden an elektrischen Einrichtungen und Geräten durch Blitzschlag sind nur versichert, wenn an Sachen auf dem Grundstück, auf dem der Versicherungsort liegt, durch Blitzschlag Schäden anderer Art ent standen sind. Spuren eines Blitzschlags an diesem Grundstück, an dort befindlichen Antennen oder anderen Sachen als elektrischen Einrichtungen und Geräten gelten auch als Schäden anderer Art. VGB 2014 § 2 Nr. 3 S. 3

Beispiele:

1. Der Blitz schlägt in den Dachstuhl des Hauses. Im Stromnetz entsteht eine Überspannung, die den Fernsehapparat zerstört.
2. Der Blitz schlägt in eine Antenne auf dem Grundstück. Dadurch entsteht der in Beispiel 1 genannte Schaden.
3. Der Blitz schlägt in einen Baum des Nachbargrundstücks. Es entsteht der in Beispiel 1 genannte Schaden.

Im **Beispiel 1** besteht Versicherungsschutz, da durch Blitzschlag Schäden anderer Art an Sachen auf dem Grundstück des Versicherungsortes entstanden sind. Im **Beispiel 2** besteht auch Versicherungsschutz; denn die Antenne wird Blitzschlagspuren aufweisen, die als Schäden anderer Art gelten und so den Versicherungsschutz nach § 2 Nr. 3 Satz 3 VGB 2014 für den Überspannungsschaden begründen. Im **Beispiel 3** wirkt der Blitz schädigend auf dem Nachbargrundstück, sodass der Überspannungsschaden am Fernsehgerät nicht gedeckt ist.

Nicht nach den VGB 2014 versicherte Überspannungs-, Überstrom und Kurzschlussschäden durch Blitzschlag können durch Klauselvereinbarung eingeschlossen werden (vgl. B 2.5). Klausel PK 7160

2.2.2 Leitungswasser

Unter der Gefahrenbezeichnung »Leitungswasser« unterscheiden die VGB 2014, wie auch die VHB 2014, VGB 2014 § 3

- Bruchschäden,
- Nässeschäden.

a) Bruchschäden

Nach den VGB 2014 werden unterschieden:

a1) Bruchschäden innerhalb von Gebäuden

Versichert sind:

- **Frostbedingte und sonstige Bruchschäden an Rohren** § 3 Nr. 1 (a)
  - der Wasserversorgung (Zu- oder Ableitungen) oder den damit verbundenen Schläuchen
  - der Warmwasser- oder Dampfheizung,
  - von Klima-, Wärmepumpen- oder Solarheizungsanlagen,
  - von Wasserlösch- oder Berieselungsanlagen.

  Die Rohre der genannten Einrichtungen dürfen nicht Bestandteil von Heizkesseln, Boilern oder vergleichbaren Anlagen sein.

  Rohre von Solarheizungsanlagen auf dem Dach gelten als Rohre innerhalb des Gebäudes. Nr. 1 (b)

  Als innerhalb eines Gebäudes gilt nicht der Bereich zwischen den Fundamenten unterhalb des Gebäudes. Auf den Fundamenten liegt bekanntlich die Bodenplatte eines Gebäudes. Die darunter verlegten Rohre zählen also in jedem Falle nicht mehr zu den vorgenannten Rohren.

VGB 2014 § 3 Nr. 1 (c)

- **Frostbedingte Bruchschäden** an
  - Gegenständen der sanitären oder ähnlichen Installationen und Einrichtungen, sowie deren Anschlussschläuche.
  - Heizkörpern, Heizkesseln, Boilern oder an vergleichbaren Teilen von Warmwasserheizungs-, Dampfheizungs-, Klima-, Wärmepumpen- oder Solarheizungsanlagen.

a2) Bruchschäden außerhalb von Gebäuden

- **Frostbedingte und sonstige Bruchschäden** an
  - Zuleitungsrohren der Wasserversorgung,

    Ableitungsrohre außerhalb des Gebäudes können nach den Klauseln PK 7262 und PK 7263 versichert werden (vgl. B 2.5).
  - Rohren der Warmwasser- oder Dampfheizung, Klima-, Wärmepumpen- oder Solarheizungsanlagen,

  soweit diese Rohre der Versorgung versicherter Gebäude und Anlagen dienen und sich auf dem Versicherungsgrundstück befinden, wobei der VN für sie die Gefahr tragen muss.

Erläuterungen zur Versicherung von Bruchschäden nach VGB 2014:

Zu a1) Bruchschäden innerhalb versicherter Gebäude

Beispiele:

1. Eine Küchenwand muss aufgeschlagen werden, um an die Stelle eines Rohrbruches zu gelangen. Das an der Rohrbruchstelle ausgetretene Wasser hat Decke und Boden durchnässt.
2. Durch Frosteinwirkung platzt der Wasserhahn in der Waschküche.

§ 3 Nr. 1 (a) Im **Beispiel 1** liegt ein versicherter **Bruchschaden** an einem Rohr der Wasserversorgung mit nachfolgendem Nässeschaden vor. Im Rahmen des Rohrbruchschadens werden auch Kosten der Nebenarbeiten ersetzt. Hierzu zählen das Freilegen und Aufstemmen der Bruchstelle, der Einbau der neuen Rohrstücke und die Wiederherstellung des ursprünglichen Zustandes.

Dasselbe gilt auch für sog. **Suchkosten**, da es sich bei Rohrbrüchen oftmals um versteckte Schäden handelt, die an im Mauerwerk verlegten Rohren entstehen. Bloße Undichtigkeiten sind kein Rohrbruch. Sie fallen deshalb auch nicht unter die Rohrbruchversicherung. Schäden durch das bestimmungswidrig austretende Wasser sind jedoch als Nässeschäden versichert.

Versichert wären auch die Kosten für das **Auftauen** von zugefrorenen Rohrleitungen, da solche Maßnahmen der Abwendung oder Minderung des Schadens dienen.

Nr. 1 (b) Im **Beispiel 2** liegt ein versicherter **Frostschaden** an einer in den Bedingungen ausdrücklich genannten Einrichtung (hier: Armatur) innerhalb des versicherten Gebäudes vor. Die Aufzählung in den Versicherungsbedingungen stellt klar, dass nicht alle Schäden durch Frost, sondern nur Frostschäden an den genannten Sachen versichert sind.

Zu a2) Bruchschäden außerhalb des versicherten Gebäudes

Nr. 2 Außerhalb versicherter Gebäude ist die Haftung für Rohrbruch- und Frostschäden bedingungsgemäß begrenzt.

Beispiele:

1. Das im Vorgarten verlegte Zuleitungsrohr für die Wasserversorgung des Wohngebäudes platzt durch Frosteinwirkung.
2. Die Wasserleitung zum Springbrunnen geht an einer Stelle der im Garten des Grundstückes verlegten Rohrleitung zu Bruch.
3. Das Abwasserrohr des Wohngebäudes bricht im Bereich des Vorgartens.
4. Das Zuleitungsrohr der Wasserversorgung, für das der VN die Gefahr trägt, verläuft teilweise über ein fremdes, nicht versichertes Grundstück. Hier entsteht durch Korrosion ein Rohrbruch.

Zu 1: Dieser Fall wird von den Versicherungsbedingungen erfasst, und es besteht Versicherungsschutz, da es sich um ein **Zuleitungsrohr** handelt, das der Versorgung des versicherten Gebäudes dient und sich auf dem versicherten Grundstück befindet.

Zu 2: Die gebrochene Rohrleitung dient nicht der Wasserversorgung des versicherten Gebäudes, sondern **sonstigen Zwecken.** Es besteht bedingungsgemäß kein Versicherungsschutz.

Bruchschäden an solchen Rohren und an Rohren von bestimmten Heizungsanlagen, die auf dem Grundstück verlegt sind, aber nicht der Versorgung versicherter Gebäude oder Anlagen dienen, können nach Klausel PK 7260 gesondert versichert werden (vgl. B 2.5).

Zu 3: Es besteht kein Versicherungsschutz.

Nässeschäden am versicherten Gebäude infolge des gebrochenen Abwasserrohres außerhalb des Grundstücks sind jedoch versichert, da ein bestimmungswidriges Austreten von Leitungswasser aus einem Ableitungsrohr der Wasserversorgung vorliegt. VGB 2014 § 5 Nr. 3

Frost- und Bruchschäden an Ableitungsrohren außerhalb des Grundstücks, die der Entsorgung des versicherten Gebäudes dienen, können über die Klausel PK 7262 versichert werden, wenn die Rohre auf dem Versicherungsgrundstück verlegt sind. Ableitungsrohre außerhalb des Versicherungsgrundstücks sind nach Klausel PK 7263 versicherbar (vgl. B 2.5).

Rohre der Dachrinne (Regenfallrohre) sind ebenfalls nicht versichert, da sie keine Ableitungsrohre der Wasserversorgung darstellen. Sie können nach Klausel PK 7166 versichert werden, wenn sie innerhalb des Gebäudes verlegt sind.

Zu 4: Es besteht kein Versicherungsschutz.

Frost- oder Bruchschäden an Zuleitungsrohren, die außerhalb des versicherten Grundstückes verlegt sind und für die der VN die Gefahr trägt, können nach Klausel PK 7261 versichert werden (vgl. B 2.5).

Exkurs: Versicherte Bruchschäden nach VHB 2014

Die **VHB 2014** kennen auch die oben unter a1) genannten Bruchschäden innerhalb von Gebäuden. Rohre von Solarheizungsanlagen auf dem Dach gelten sowohl nach VGB 2014 als auch nach VHB 2014 als Rohre innerhalb des Gebäudes. § 4 Nr. 1

Im Gegensatz zu den VGB 2014 müssen die genannten Rohre bzw. Installationen nach VHB 2014 aber zum Hausrat gehören. Das ist nur dann der Fall, wenn ein Mieter oder Wohnungseigentümer diese auf seine Kosten beschafft oder übernommen hat und für sie die Gefahr trägt (vgl. A 2.1.2). Die Wohngebäudeversicherung bietet für diesen Fall nämlich keinen Versicherungsschutz (vgl. B 2.1.3). § 5 Nr. 3 (b)

Rohre oder Installationen, die vom Vermieter oder der Wohnungseigentümergemeinschaft eingebracht wurden, sind dagegen grundsätzlich nur über die Wohngebäudeversicherung versichert.

---

b) Nässeschäden

Beispiel:
Aus einem defekten Abwasserrohr tritt schmutziges Abwasser aus und beschädigt den Anstrich von Decken und Wänden.

Es liegt nach den VGB 2014 ein bestimmungswidriger Austritt von Leitungswasser aus einem Rohr der Wasserversorgung (hier: Ableitungsrohr) vor. Decken und Wänden zählen zu den versicherten Sachen nach VGB 2014 (vgl. B 2.1), so dass der Schaden als sog. Nässeschaden versichert ist. Grundsätzlich gilt: Nicht der Austritt von Leitungswasser, sondern nur der Schaden muss sich am Versicherungsort ereignen. Ist die Schadenursache im Beispielsfall auf dem Nachbargrundstück eingetreten, besteht ebenfalls Versicherungsschutz.

Ist der Defekt an dem Abflussrohr durch Rohrbruch (z. B. infolge Erschütterung, Korrosion) entstanden, ist der Schaden an dem Rohrbruch als Bruchschaden ebenfalls nach VGB 2014 versichert. Eine bloße Undichtigkeit des Abwasserrohres, z. B. infolge fehlerhafter Montage, ist hingegen kein versicherter Rohrbruchschaden. Gleichwohl wäre der Nässeschaden versichert, da das Abwasser bestimmungswidrig austritt.

Die Bestimmungen zu Nässeschäden in den VGB 2014 decken sich inhaltlich mit den entsprechenden Bestimmungen in den VHB 2014, so dass auf die dort gemachten Ausführungen verwiesen werden kann (vgl. A 2.2.6 b).

Besonderheit: Reparaturkostenersatz für Nässeschäden an Bodenbelägen, Innenanstrichen oder Tapeten in gemieteten bzw. in Sondereigentum befindlichen Wohnungen durch die Hausratversicherung

VHB 2014 § 8 Nr. 1 (h)

Wie bereits in Abschnitt A 2.2.6 dargestellt, sind die Kosten für Reparaturen in gemieteten bzw. in Sondereigentum befindlichen Wohnungen an Bodenbelägen, Innenanstrichen oder Tapeten, die durch Leitungswasser beschädigt worden sind, durch die Hausratversicherung versichert. Da solche Schäden aber auch Gegenstand der Wohngebäudeversicherung sind, liegt eine Mehrfachversicherung bei Bestehen einer Wohngebäudeversicherung für den Vermieter und Hausratversicherung für den Mieter vor.

Zur Schadenregulierung, vgl. A 2.2.6, ferner Bd. 3, D 2.5 zur Schaden- und Leistungsbearbeitung.

2.2.3 Naturgefahren Sturm, Hagel

Beispiele:

- Durch einen orkanartigen Sturm werden Dachziegel aus der Verankerung gerissen. Sie zerstören die vom Mieter angebrachte Satellitenschüssel auf dem Balkon.
- Hagel zerstört die Verglasung des Wintergartens und beschädigt die Wintergartenmöbel.

VGB 2014 § 4 Nr. 2 VHB 2014 § 6 N. 2 (c) (cc)

In beiden Fällen ist die versicherte Gefahr Sturm bzw. Hagel eingetreten. Versichert ist bei dem **Sturmschaden** nach VGB 2014 nur der Schaden an den Dachziegeln. Die vom Mieter angebrachte Satellitenschüssel dient nur seiner Wohnung und ist deshalb Gegenstand der Hausratversicherung.

Bei dem **Hagelschaden** ist nur die Verglasung des Wintergartens als Gebäudebestandteil nach VGB 2014 versichert. Die durch Hagel beschädigten Wintergartenmöbel sind Gegenstand der Hausratversicherung.

Die Bestimmungen des § 4 Nr. 2 VGB 2014 decken sich inhaltlich mit den Bestimmungen in § 5 Nr. 2 VHB 2014, so dass insoweit auf die Ausführungen in Abschnitt A 2.2.7 verwiesen werden kann.

Es bleibt festzuhalten, dass sich der Sturm- bzw. Hagelschaden an versicherten Sachen der Wohngebäudeversicherung vollziehen muss. Zu den Ausschlüssen, vgl. nachstehend B 2.3.

2.2.4 Versicherung weiterer Elementargefahren durch gesonderte Vereinbarung

Versicherte Elementargefahren nach VGB 2014	Zusätzlich versicherbar nach § 4 Nr. 3 VGB 2014
• Feuer	• Überschwemmung/Rückstau
• Frost	• Erdbeben
• Sturm	• Erdsenkung/Erdrutsch
• Hagel	• Schneedruck/Lawinen
	• Vulkanausbruch

Die VGB 2014 sehen, wie auch die VHB 2014, die Versicherung weiterer Elementargefahren durch gesonderte Vereinbarung vor. VGB 2014 § 4 Nr. 3

Der Umfang des Versicherungsschutzes und auch die sonstigen Bestimmungen für den Einschluss (z. B. Tarifzonen, Risikoübernahme, Wartezeit, Selbstbeteiligung) decken sich mit denen in der Hausratversicherung. Insoweit kann auf die Ausführungen in Abschnitt A 2.2.8 verwiesen werden.

Exkurs: Risikoeinschätzung für Überschwemmungsrisiken

Für die Einschätzung des **Überschwemmungsrisikos** setzen die deutschen Versicherer die Software **ZÜRS** (Zonierungssystem für Überschwemmungen, Rückstau und Starkregen) ein.

In dieser Software werden die Überschwemmungsgebiete in unterschiedliche Gefährdungsklassen eingeteilt, Rückstau und Starkregen dagegen werden deutschlandweit einheitlich bewertet.

Nach Eingabe der Adressinformationen (Wohnort, Straße, Hausnummer) wird die ZÜRS-Zone (Gefährdungsklasse) angezeigt, soweit die Adresse in ZÜRS erfasst ist. Ca. 90 Prozent aller Adressen sind bereits erfasst.

ZÜRS-Zonen:
- Gefährdungsklasse 4: statistisch 1 mal in 10 Jahren ein Hochwasser
- Gefährdungsklasse 3: statistisch 1 mal in 10–50 Jahren ein Hochwasser
- Gefährdungsklasse 2: statistisch 1 mal in 50–200 Jahren ein Hochwasser
- Gefährdungsklasse 1: statistisch seltener als einmal alle 200 Jahre ein Hochwasser
- Gefährdungsklasse 0: keine Zuordnung möglich

Für das Risiko **Erdbeben** kennt man ferner eine **Zoneneinteilung nach Postleitzahlen**.

Bei besonders hohem Überschwemmungsrisiko wird die Elementargefahr Überschwemmung regelmäßig nicht versichert.

2.3 Nicht versicherte Schäden

a) Ausschlüsse bei allen versicherten Gefahren

		Beispiele/Hinweise
VVG § 81 (1)	– Vorsätzliches Verhalten des VN oder seines Repräsentanten[1]	Der VN legt nach einem Ehestreit Feuer.
VGB 2014 § 1 Nr. 2 (a)–(c)	– Krieg, innere Unruhen, Kernenergie	Der Ausschluss Krieg umfasst auch kriegsähnliche Ereignisse, Bürgerkrieg, Revolution, Rebellion, Aufstand. Der Ersatz von Kernenergieschäden richtet sich nach dem Atomgesetz. Die Betreiber von Kernanlagen sind zur Deckungsvorsorge verpflichtet und haben sich entsprechend versichert.

b) Leistungskürzung im Verhältnis der Schwere des Verschuldens

		Beispiele/Hinweise
VVG § 81 (2)	– Grob fahrlässiges Verhalten des VN oder seines Repräsentanten	VN belässt die Fenster bei Sturm auf Kippstellung. Der Pächter lässt Teile des Gebäudes im Winter unbeheizt. Der VR ist berechtigt, die Leistung um die Quote, die entsprechend der Schwere des Verschuldens als angemessen angesehen wird, zu kürzen (sog. **Quotelung**).

c) Partielle Ausschlüsse

➤ Ausschlüsse bei den versicherten Gefahren Brand, Blitzschlag, Explosion, Implosion

		Beispiele/Hinweise
VGB 2014 § 2 Nr. 5 (a)	– Erdbeben	Erdbeben ist im Rahmen der weiteren Elementargefahren versicherbar.
Nr. 5 (b)	– Sengschäden	Sengstelle auf dem eingeklebten Teppichboden durch Zigarettenglut. Sengschäden als Folge von Brand, Blitzschlag, Explosion oder Implosion sind versichert.

1 Als **Repräsentant** gilt eine Person, der das versicherte Gebäude aufgrund eines Miet-, Pacht- oder ähnlichen Verhältnisses für längere Zeit in alleinige Obhut gegeben wurde. Mieter von Mietwohnungen sind in der Regel keine Repräsentanten, da sie nur einen bestimmten Gebäudeteil mieten.

	Beispiele/Hinweise	
– Schäden durch im Verbrennungsraum auftretende Explosionen bei Verbrennungskraftmaschinen; an Schaltorganen von elektrischen Schalter durch den in ihnen auftretenden Gasdruck.	In gemischt genutzten Gebäuden (privat/gewerblich) kann der Ausschluss von Bedeutung sein, soweit eine Versicherung nach VGB 2014 wegen des gewerblichen Anteils überhaupt noch möglich ist.	VGB 2014 § 2 Nr. 5 (c)
– Betriebsschäden (Nutzwärmeschäden)	Schäden am Schornstein durch Rußablagerungen. Feuer-Nutzwärmeschäden sind über Klausel PK 7161 versicherbar (vgl. B 2.5).	Nr. 5 (d)
– Überspannungs-, Überstrom- oder Kurzschlussschäden an elektrischen Einrichtungen und Geräten, ohne dass Sachen auf dem Grundstück des Versicherungsortes Schäden anderer Art durch Blitzschlag oder Spuren eines Blitzschlages aufweisen.	Überspannung im Stromnetz durch atmosphärische Elektrizität bei Gewitter zerstört die Elektronik der Heizungsanlage. Überspannungschäden durch Blitz sind nach Klausel PK 7160 versicherbar (vgl. B 2.5).	Nr. 3 S. 2

➤ Ausschlüsse bei der versicherten Gefahr Leitungswasser

	Beispiele/Hinweise	
– Regenwasser aus Fallrohren	Der Ausschluss dient der Klarstellung, obwohl er sich schon daraus ergibt, dass ein Regenfallrohr kein versichertes Ableitungsrohr der Wasserversorgung ist.	§ 3 Nr. 4 (a) (aa)
– Plansch- oder Reinigungswasser, Leitungswasser aus mobilen Behältnissen, z. B. Eimern	Überschwappendes Wasser durch badende Kinder, das ins Mauerwerk eindringt.	Nr. 4 (a) (bb)
– Schwamm	Mauerfeuchtigkeit führt allmählich zur Schwammbildung.	Nr. 4 (a) (cc)
– Grundwasser, stehendes oder fließendes Gewässer, Überschwemmung, Witterungsniederschläge, Rückstau	Heftiger Regen verursacht einen Rückstau im Keller. Überschwemmung und Rückstau sind im Rahmen der weiteren Elemetargefahren versicherbar.	Nr. 4 (a) (dd)

➤ Weitere Ausschlüsse bei der versicherten Gefahr Leitungswasser

	Beispiele/Hinweise	
– Erdbeben, Schneedruck, Lawinen, Vulkanausbruch	Diese Elementargefahren sind gesondert versicherbar.	§ 3 Nr. 4 (a) (ee)

		Beispiele/Hinweise
VGB 2014 § 3 Nr. 4 (a) (ff)	– Erdsenkung oder Erdrutsch	An der Hauswand bzw. einem nach VGB 2014 grundsätzlich versicherten Zuleitungsrohr auf dem Versicherungsgrundstück entsteht ein Riss nach Erdsenkung. Ausnahme: Leitungswasser als Ursache. Versicherbar im Rahmen der weiteren Elementargefahren.
Nr. 4 (a) (gg), (ii)	– Rohrbruch- und Nässeschäden als Folge von Brand, Blitzschlag, Explosion, Implosion, Absturz/Anprall eines Luftfahrzeuges/seiner Teile/seiner Ladung, Sturm/Hagel.	Diese Schäden sind als Folgeschäden der genannten Gefahren versichert.
Nr. 4 (a) (hh)	– Öffnen der Sprinkler oder Bedienen der Berieselungsdüsen wegen eines Brandes, durch Druckproben, Umbauten oder Reparaturarbeiten	Bei Wartungsarbeiten öffnet sich eine Berieselungsdüse.
Nr. 4 (b)	– Schäden vor Bezugsfertigkeit des Gebäudes	Ein Wasserrohr bricht und Leitungswasser durchnässt das noch nicht bezugsfertige Gebäude.

➤ Ausschlüsse bei den versicherten Gefahren Sturm, Hagel und den weiteren Elementargefahren

		Beispiele/Hinweise
§ 4 Nr. 4 (a) (aa)	– Sturmflut	Sie ist auch **nicht** als Elementargefahr gesondert versicherbar.
Nr. 4 (a) (bb)	– Eindringen von Regen, Hagel, Schnee oder Schmutz durch (vom VN bzw. seinem Repräsentanten) nicht ordnungsgemäß geschlossene Fenster, Außentüren oder andere Öffnungen	angelehntes Fenster, offen stehende Dachluke Schnee dringt durch ein Fenster in Kippstellung ein.
Nr. 4 (a) (cc)	– Grundwasser, das nicht an die Erdoberfläche gedrungen ist	Dieser Ausschluss dient der Klarstellung im Rahmen der gesondert versicherbaren Elementargefahr Überschwemmung.
Nr. 4 (a) (dd)	– Brand, Blitzschlag, Explosion, Anprall eines Luftfahrzeuges, seiner Teile oder seiner Ladung; dies gilt nicht für Erdbeben	Diese Gefahren sind **im Rahmen der Naturgefahren** nach den VHB 2014 ausgeschlossen, da sie bereits als eigenständige Gefahren, ausgenommen wenn sie durch Erdbeben eintreten, versichert sind.

	Beispiele/Hinweise	
– Trockenheit oder Austrocknung	Trockenheit nach z. B. extrem langer Hitzeperiode führt zu einem Riss im Gebäude. Der Vorgang fällt nicht unter den Versicherungsschutz der gesondert versicherbaren Elementargefahren.	VGB 2014 § 4 Nr. 4 (a) (ee)
– Schäden an nicht fertigen Gebäuden oder Gebäudeteilen und darin befindlichen Sachen	Sturm deckt das Dach des noch nicht fertiggestellten Einfamilienhauses ab.	Nr. 4 (b) (aa)
– Laden- und Schaufensterscheiben	In der Glasversicherung versicherbar.	Nr. 4 (b) (bb)

Lernkontrollen zu B 2.2 und B 2.3

Versicherte Gefahren und Schäden

Brand

1 Prüfen Sie, ob die folgenden Ereignisse unter den Brandbegriff nach § 2 Nr. 2 VGB 2014 fallen.

a) Eine qualmende Lampe beschädigt die Tapeten.

b) Durch Funkenflug gerät das Dach in Brand.

c) Fermentationsschaden (Übergärung oder Verkohlung) von Heu.

d) Die Temperatur steigt im Heu durch den Oxydationsprozess. Es kommt zur Entzündung und das Heu verbrennt.

e) Vaters Hemd trägt bei einem Bügelversuch durch die minderjährige Tochter eine angesengte Stelle davon.

2 In der Küche einer Mietwohnung im versicherten Mehrfamilienhaus bricht durch Kurzschluss ein Brand aus. Prüfen Sie, ob die entstandenen Sachschäden von der Wohngebäudeversicherung nach VGB 2014 für das Mehrfamilienhaus gedeckt werden.

a) Boden, Decke und Wände der Küche werden erheblich beschädigt; die Anbauküche wird vollständig zerstört.

b) Das Feuer hat sich an einer Stelle durch die Decke ausgeweitet und in der darüberliegenden Wohnung den PVC-Boden angesengt.

c) Der Rauch ist über einen Lüftungsschacht in die Wohnung des Mieters im Dachgeschoss eingedrungen und hat dort Rußschäden in den Räumen und an den Möbeln verursacht.

d) Löschwasser ist in die untere Wohnung gelaufen. Eine dort vom Mieter eingebrachte Edelholzdecke ist durch Wasserflecken beschädigt.

e) Wegen der Rauchentwicklung wurden die Bewohner des Mehrfamilienhauses und des Nachbarhauses evakuiert. Ein Bewohner des Nachbarhauses zeigt an, dass ein wertvolles Ölgemälde in der allgemeinen Aufregung abhanden gekommen sei.

f) Durch den Mieter, in dessen Wohnung der Brand ausbrach, wird das Abhandenkommen eines Laptops (tragbarer Computer) und eines Fensterflügels, den die Feuerwehrleute für den ungehinderten Zugang ausgehängt haben, angezeigt.

Blitzschlag

3 Prüfen Sie, ob nach § 2 Nr. 3 VGB 2014 ein ersatzpflichtiger Blitzschaden und ggf. ersatzpflichtiger Folgeschaden eingetreten ist.

a) Der Blitz schlägt in den Dachstuhl des Hauses ein, ohne dass es dadurch zu einem Feuer kommt.

b) Ein Blitz schlägt in die elektrischen Leitungen des Nachbarhauses ein. Infolge der Überspannung im Stromnetz wird das elektronische Steuergerät der Heizungsanlage zerstört.

c) Wie würden Sie den Fall b) beurteilen, wenn das Steuergerät der Heizungsanlage in Brand gerät und die Wand, an der das Gerät angebracht ist, Brandspuren davonträgt?

d) Der Blitz schlägt in einen Baum in unmittelbarer Hausnähe ein, wodurch Fensterscheiben zerspringen.

e) Der Blitz schlägt in die Dachrinne. Am Haus entsteht ein Sengschaden.

f) Durch kalten Schlag wird das Dach des Geräteschuppens im Garten abgedeckt.

4 Ein Blitz schlägt in den Mast einer Hochspannungsleitung ein. Dadurch steigt die Voltzahl im Stromnetz erheblich an und zerstört die Elektronik der Abwasserhebeanlage im Keller.

a) Besteht Versicherungsschutz nach den VGB 2014?

b) Wie würden Sie den Fall entscheiden, wenn der Blitz unmittelbar in das versicherte Gebäude einschlägt?

Explosion/Implosion

5 Prüfen Sie, ob nach § 2 Nr. 4 VGB 2014 ein ersatzpflichtiger Schaden vorliegt.

a) Durch eine Gasexplosion im Nachbarhaus werden Fenster und Türen des versicherten Gebäudes eingedrückt.

b) Das Wasserleitungsrohr zum Gartenspringbrunnen zerbricht durch Frosteinwirkung mit explosionsartigem Knall.

c) Eine Weinflasche explodiert im Keller. Die umherfliegenden Glassplitter zerstören eine Glasscheibe des Kellerfensters.

d) Mit explosionsartigem Knall zerfällt die Bildröhre des Fernsehapparates. Umherfliegende Splitter beschädigen die Tapete sowie das Furnier von Möbelstücken.

Luftfahrzeuge

6 Ein Düsenjäger gerät ins Trudeln und überfliegt in kurzer Höhe das versicherte Einfamilienhaus. Durch den Unterdruck beim Überfliegen werden Dachziegel abgerissen. Der Pilot kann das Flugzeug abfangen und unerkannt weiterfliegen.

Leistet der Wohngebäudeversicherer?

7 Der Sohn des Nachbarn hat ein ferngesteuertes Modellflugzeug zum Geburtstag erhalten. Sein erster Flugversuch endet im Wohnzimmer des Nachbarn; denn das Flugzeug hat das Glas der Schiebetür zur Terrasse durchschlagen.

Leistet der Wohngebäudeversicherer?

Leitungswasser

8 In der Wohnung eines Mieters platzt der Wasserschlauch an der Spülmaschine. Das Wasser dringt über mehrere Etagen bis in den Keller vor. Es entstehen erhebliche Wasserflecken am Putz der Decken und Wände. In den Wohnungen haben sich Tapeten gelöst. Ferner sind die Parkettfußböden teilweise aufgequollen.

Leistet der Wohngebäudeversicherer?

9 Durch eine Verstopfung im Abflussrohr der Regenrinne staut sich das Regenwasser.

a) Es gelangt in die Dachgeschosswohnung, wodurch der Wandanstrich erhebliche Wasserflecken davonträgt.

Besteht Versicherungsschutz nach VGB 2014?

b) Ist der VR leistungspflichtig, wenn durch einsetzenden Frost das Abflussrohr platzt?

10 In der Nähe des in der Wand liegenden Spülkastens der Toilette bildet sich ein Wasserfleck in den Fugen der Wandfliesen. Der VN vermutet einen Wasserrohrbruch und beauftragt einen Handwerker, der die verflieste Wand aufstemmt, um nach der Ursache zu forschen. Es stellt sich heraus, dass das Zuleitungsrohr zum Spülkasten nicht beschädigt ist, sondern Regenwasser über eine Undichtigkeit an der Außenfensterbank ins Mauerwerk gelangt.

Ersetzt der Wohngebäude-VR die Suchkosten?

11 In einem Boiler bricht ein Wasserrohr infolge von Korrosion. Das austretende Wasser beschädigt den zur Mietwohnung gehörenden, fest eingeklebten Teppichboden. Ferner sind Wohnungstüren im unteren Bereich sowie Möbel im Sockelbereich aufgequollen.

Der Mieter hat eine Hausratversicherung und der Vermieter hat eine Wohngebäudeversicherung.

Prüfen Sie, wer für den Schaden aufkommt.

12 Nach einer Explosion im Nachbarhaus der Reihenhaussiedlung dringt Leitungswasser in das Haus des VN Müller ein und verursacht u. a. beträchtliche Gebäudeschäden. Herr Müller hat nur eine Feuerversicherung für sein Gebäude abgeschlossen, während für den Nachbarn Schmitz eine Verbundene Wohngebäudeversicherung besteht.

Nehmen Sie zur Schadenregulierung Stellung.

13 Unbemerkt sickert Abwasser aus einem defekten Ableitungsrohr außerhalb des Wohngebäudes ins Erdreich. Nach geraumer Zeit bildet sich Schwamm an den Kellerwänden.

a) Kommt die Wohngebäudeversicherung nach VGB 2014 für den Schaden auf?

b) Wie würden Sie den Fall beurteilen, wenn es zur Rissbildung im Mauerwerk kommt, da durch das Wasser Erdreich weggespült wurde und ein Erdrutsch entstehen konnte?

14 Ein VN teilt mit, dass er in seinem Garten ein Außenschwimmbad mit entsprechenden Zu- und Ableitungsrohren hat einbauen lassen. Er will wissen, inwieweit diese Anlage über seine Wohngebäudeversicherung nach VGB 2014 mitversichert ist.

- **Arbeitsauftrag**

Klären Sie den Kunden im Zusammenhang mit dem Schwimmbad darüber auf, welche Deckungslücken trotz des Versicherungsschutzes nach den VGB 2014 bestehen.

Anmerkung: Die Schließung der Deckungslücken durch Klauselvereinbarungen ist Gegenstand der Aufgabe 3 bei den »Lernkontrollen zu B 2.5 und B 2.6«.

Naturgefahren

15 Ein VN zeigt folgenden Schaden an:

»Während der Nacht hat es heftig gestürmt und geregnet. Die hochgeklappte und an der Hauswand abgestellte Tischtennisplatte riss aus dem Sicherungshalter und fiel in das Terrassenfenster. Das Glas zerbrach und der Rahmen wurde erheblich beschädigt. Eindringender Regen floss in den Parkettfußboden, der hässliche Wasserflecken davongetragen hat. Auf dem Balkon im Obergeschoss wurde das Regenwasser vor die Balkontür gedrückt, von wo es durch die Fenstertürschlitze ins Innere gelangte. Hier sind Wasserflecken an der angrenzenden Wand, dem Teppichfußboden und der Decke in dem darunter liegenden Zimmer entstanden.«

- **Fragestellung**
  Der VN fragt an, ob die Wohngebäudeversicherung für die entstandenen Schäden aufkommt.
- **Arbeitsauftrag**
  Entwickeln Sie das Antwortschreiben.

16 Aus der Tageszeitung: Baukran stürzte um

»Ein orkanartiger Sturm fegte am Wochenende über die südliche Stadthälfte und hinterließ eine Schneise der Verwüstung. Bäume wurden entwurzelt und auf Dächer und parkende Autos geschleudert. Im Stadtteil Wersten stürzte ein Baukran auf ein Wohnhaus. Das Dach wurde eingedrückt und eine Wohnung im Dachgeschoss samt Einrichtung stark beschädigt. Herabfallende Ziegel zertrümmerten ein Gewächshaus im Hof.«

Prüfen Sie, welche der Schäden durch die Wohngebäudeversicherung nach VGB 2014 gedeckt sind, sofern bei den Geschädigten eine solche besteht.

17 Hagelkörner haben die Lichtkuppel des Einfamilienhauses unseres VN zertrümmert. Der eindringende Hagel führte zu weiteren Schäden am Parkettfußboden, an den Tapeten und Möbeln. Während des Hagels herrschte Windstärke 6.

Der VN will wissen, ob der Hagelschaden von seiner Wohngebäudeversicherung übernommen wird.

18 In die Wohngebäudeversicherung des VN sind durch gesonderte Vereinbarung die weiteren Elementargefahren nach § 4 Nr. 3 VGB 2014 eingeschlossen worden.

Prüfen Sie, ob der VN in den nachstehenden Fällen eine Leistung erwarten darf oder nicht (mit Begründung).

a) Durch lang anhaltende Niederschläge steigt der Grundwasserpegel an. Das Grundwasser durchfeuchtet das Kellermauerwerk oberhalb der Kellerbodenplatte.

b) Durch eine lang anhaltende Trockenheit spannt sich die Dachfolie auf dem Bungalow und reisst schließlich, was zunächst unbemerkt bleibt. Bei einem später folgenden, heftigen Gewitter dringt Regenwasser in das Gebäude ein.

c) Die Dachfolie des Bungalows reisst unter den gewaltigen Schneemassen, die sich aufgetürmt haben.

19 Heftige Regenfälle haben zu einer Überschwemmung im Wohngebiet des VN geführt. Das etwas höher gelegene Wohnhaus des VN ist von der Überschwemmung gerade noch verschont worden. Wohl hat sich an einer Kellerwand ein Riss gebildet, da Erdreich fortgeschwemmt wurde. Ferner gab es in der Waschküche, die tiefer liegt als die übrigen Kellerräume, einen Rückstau.

Prüfen Sie, ob der VN Versicherungsschutz aus den mitversicherten weiteren Elementargefahren hat.

2.4 Versicherte Kosten, versicherter Mietausfall und Aufwendungsersatz

2.4.1 Versicherte Kosten

Ersetzt werden die infolge eines Versicherungsfalles **notwendigen** versicherten Kosten im Rahmen der Entschädigungsgrenzen (vgl. B 2.4.5). Der VR prüft, ob die entstandenen Kosten infolge des Versicherungsfalles objektiv für notwendig erachtet werden können.

a) Aufräum- und Abbruchkosten

Hierbei handelt es sich um die notwendigen Kosten für das Aufräumen und den Abbruch von **versicherten** Sachen, für das Abfahren zur nächsten Ablagerungsstelle und für die Ablagerung oder Vernichtung. VGB 2014 § 7 Nr. 1 (a)

Beispiel:
Herumliegende Gebäudeteile müssen beseitigt und eine einsturzgefährdete Wand abgerissen werden.

Aufräumen und Abbrechen sind insbesondere aus Sicherheitsgründen notwendig. Versichert sind nach den VGB 2014 jedoch nur die Kosten, soweit die aufgeräumte bzw. abgebrochene Sache selbst durch den Vertrag versichert ist. Die Kosten für die Beseitigung eines durch Sturm umgestürzten Baumes oder die Entsorgung verseuchten Bodens (Dekontamination) werden demzufolge nicht ersetzt.

Beispiele:
1. Durch Sturmeinwirkung fällt ein Baum auf die zum Wohnhaus gehörende Garage auf dem Versicherungsgrundstück. Der Baum muss zunächst zersägt und dann zusammen mit den Trümmern der Garage abgefahren werden.
2. Durch eine Explosion im Keller ist der Heizöltank aus Kunststoff leck geschlagen geworden. Heizöl ist in das Erdreich eingedrungen. Zerstörte Hausratgegenstände im Keller und das dekontaminierte Erdreich müssen entsorgt werden.

Zu 1: Der Baum ist keine versicherte Sache, so dass die Kosten für das Zersägen und den Abtransport nicht zu den versicherten Aufräumkosten zählen. Solche

Kosten sind über Klausel PK 7363 versicherbar. Die Kosten für die Beseitigung der Garagentrümmer sind bis zur maximalen Entschädigungsgrenze für solche Kosten (vgl. B 2.4.5) versichert.

Teilweiser Kostenersatz kann evtl. im Rahmen der versicherten Bewegungs- und Schutzkosten (siehe nachstehend) in Frage kommen; denn für die Wiederherstellung der Garage müssen anderen Sachen (hier: Baumteil, der auf der Garage liegt) bewegt werden. Die zu bewegenden Sachen müssen nämlich keine versicherten Sachen nach VGB 2014 sein.

Zu 2: Die Kosten für das Wegräumen und den Abtransport der zerstörten Hausratgegenstände übernimmt die Hausratversicherung bis zur maximalen Entschädigungsgrenze für solche Kosten (vgl. A 5.2.4). Das Erdreich ist keine versicherte Sache in der Wohngebäudeversicherung, sodass die Entsorgungskosten hierfür nicht ersetzt werden. Kosten für die Dekontamination von Erdreich können über Klausel PK 7362 versichert werden.

b) Bewegungs- und Schutzkosten

VGB 2014 § 7 Nr. 1 (b) — Die Bestimmungen hierzu sind in den VHB 2014 und VGB 2014 gleichlautend, so dass auf die Ausführungen in Abschn. A 2.5.1 verwiesen werden kann.

> **Beispiel:**
> Um den Rohrbruch in der Wand reparieren zu können muss die Einbauküche abgebaut, zwischengelagert und später wieder aufgestellt werden.

Die kostengünstigste Lösung wird vom VR ersetzt. Der Kostenersatz für eine Zwischenlagerung außerhalb des Versicherungsortes kann also nur infrage kommen, wenn eine Lagerung vor Ort nicht möglich ist.

2.4.2 Versicherte Mehrkosten

§ 8 Nr. 1 — Mehrkosten entstehen, wenn der tatsächliche Wiederherstellungsaufwand infolge zu beachtender Vorschriften und Auflagen größer ist als der Aufwand für die Wiederherstellung in gleicher Art und Güte ohne diese Auflagen und Vorschriften.

a) Mehrkosten durch behördliche Wiederherstellungsbeschränkungen

Die VGB 2014 kennen folgende Fälle:

Nr. 2 (a)
- **Die versicherte Sache darf aufgrund öffentlich-rechtlicher Vorschriften nicht in derselben Art und Güte wiederhergestellt oder wiederbeschafft werden.**

> **Beispiel:**
> Nach einem Dachstuhlbrand hat der VN beim Wiederaufbau die Vorschriften zur Wärmedämmung des Daches nach der Energiesparverordnung zu beachten.

Nr. 2 (b) — Nicht versichert sind diese Mehrkosten, wenn schon vor Eintritt des Versicherungsfalles die behördliche Anordnung erteilt oder die Nutzung der Sache ganz oder teilweise untersagt war.

- **Die versicherte und vom Schaden betroffene Sache darf aufgrund behördlicher Wiederherstellungsbeschränkungen nur an anderer Stelle wiederhergestellt werden.** VGB 2014 § 8 Nr. 2 (c)

> **Beispiel:**
> Der geänderte Flächennutzungsplan sieht vor, dass das bisher gemischt genutzte Wohngebiet schrittweise in ein reines Wohngebiet umgewandelt werden soll. Der VN bekommt daher keine Genehmigung, das durch Explosion zerstörte Wohn- und Geschäftshaus an der bisherigen Stelle wieder aufzubauen.

Nach den VGB 2014 werden allerdings nur die Mehrkosten ersetzt, die beim Wiederaufbau an der bisherigen Stelle angefallen wären.

b) Mehrkosten durch Preissteigerungen nach Eintritt des Versicherungsfalles

Nr. 3

> **Beispiel:**
> Kurz nach dem Versicherungsfall haben sich die Tarifpartner am Bau auf eine Lohnsteigerung von 5 % verständigt. Obgleich der VN sofort alles für den Wiederaufbau eingeleitet hat, wird er dadurch mit höheren Wiederaufbaukosten konfrontiert.

Hätte der VN den Wiederaufbau verzögert und wäre in dieser Zeit die Preissteigerung eingetreten, ersetzt der VR die Mehrkosten nur in dem Umfang, wie sie auch bei unverzüglicher Wiederherstellung entstanden wären.

Mehrkosten infolge von Betriebsbeschränkungen, Kapitalmangel sowie bestimmter behördlicher Auflagen oder Wiederherstellungsbeschränkungen (z. B. wiederverwendbare Reste dürfen nicht mehr verwendet werden) sind nicht versichert. Im Übrigen beschränkt sich der Ersatz der Mehrkosten nur auf die tatsächlich vom Schaden betroffenen Gebäudeteile.

c) Entschädigungsgrenzen

Die Entschädigung für versicherte Mehrkosten ist je Versicherungsfall begrenzt. Zu Einzelheiten, siehe B 2.4.5.

2.4.3 Mietausfallschaden

Grundsätzlich sind zu unterscheiden:

- **Mietausfall** für vermietete Wohnräume,
- **Mietwert** (»Mietausfall«) der vom VN selbst bewohnten Räume.

Die Versicherung des Mietausfalls oder des Mietwertes erstreckt sich **nicht auf gewerbliche Räume**, soweit nicht etwas anderes vereinbart ist. § 9 Nr. 3

➤ Ersatz des Mietausfalls für vermietete Wohnräume

Nr. 1 (a)

> **Beispiel:**
> Durch einen Rohrbruch im Fußboden der darüber liegenden Wohnung ist das Wohnzimmer eines Mieters nicht mehr bewohnbar. Der Mieter kürzt für den Zeitraum der Beeinträchtigung anteilig sowohl die Miete als auch die Mietnebenkosten für Heizung, Strom usw.

Voraussetzungen der Entschädigungspflicht des Versicherers sind:

- Der vom Schaden betroffene Wohnraum war im Zeitpunkt des Schadeneintritts vermietet.
- Der Mieter hat ein Recht, die Mietzahlung zu verweigern, und er macht von diesem Recht auch Gebrauch.

BGB § 536

Ist die vermietete Wohnung mit einem Fehler behaftet, der ihre Tauglichkeit zum dem vertragsmäßigen Gebrauch aufhebt oder mindert, ist der Mieter von der Mietzahlung ganz oder teilweise befreit. Unerhebliche Beeinträchtigungen kommen nicht in Betracht.

Ersetzt werden der nachweisbar entstandene Mietausfall und etwaige fortlaufende Mietnebenkosten, deren Zahlung der Mieter ebenfalls berechtigt verweigert. Zu den Mietnebenkosten zählen die üblicherweise auf die Mieter umgelegten Betriebskosten eines Wohngebäudes, wie z. B. die Kosten der Heizung, der Wasserversorgung, der Müllabfuhr, der Treppenhaus- und Kellerbeleuchtung.

VGB 2014 § 9 Nr. 1 (b)

➤ »Mietausfall« für die vom VN selbst bewohnten Räume

> **Beispiel:**
> Ein Schadenfeuer hat die Küche im Untergeschoss des Einfamilienhauses zerstört. Qualm und Ruß sind in die angrenzenden Räume gedrungen, wodurch diese auch unbewohnbar geworden sind.

Der Ersatz des »Mietausfalles« bei selbst bewohnten Räumen stellt eine Entschädigung für den entgehenden Nutzen dar, da der VN bis zur Wiederherstellung des Gebäudes anderweitig Unterkunft beschaffen muss.

Die Leistungspflicht des Versicherers besteht nur, wenn die Wohnräume durch den Versicherungsfall unbenutzbar geworden sind und eine Beschränkung auf den benutzbar gebliebenen Wohnungsteil nicht zugemutet werden kann.

> **Beispiel:**
> Diele, Bad und Abstellkammer sind unbeschädigt geblieben.

Mangels Küche und eines geeigneten Schlafraums ist die Nutzung der Wohnung nicht zumutbar.

Entschädigt wird der **ortsübliche Mietwert** für eine vergleichbare Wohnung einschließlich fortlaufender Nebenkosten im Sinne des Mietrechts.

➤ Dauer der Haftzeit

Nr. 2 (a) Mietausfall und Mietwert werden bis zur Wiederbenutzbarkeit der Wohnung, höchstens jedoch für 12 Monate seit dem Eintritt des Versicherungsfalles, ersetzt, soweit nicht etwas anderes vereinbart ist.

Nr. 2 (b) Verzögert der VN die Wiederbenutzung schuldhaft, wird der Mietausfall oder Mietwert entsprechend der schuldhaften Verzögerung nicht ersetzt.

2.4.4 Aufwendungsersatz und erweiterter Aufwendungsersatz

a) Aufwendungen zur Abwendung und Minderung des Schadens nach § 83 VVG

Beispiel:
Unmittelbar nach einem Dachstuhlbrand veranlasst der VN, dass der Dachstuhl mit einer Plane abgedeckt wird, um Folgeschäden durch Regen zu vermeiden.

Für die Schadenabwendungs- und Schadenminderungskosten, auch Rettungskosten genannt, und ihren Ersatz im Rahmen der Bestimmungen des § 83 VVG zum Aufwendungsersatz gelten die bereits in Abschnitt A 2.5.2 a gemachten Ausführungen sinngemäß.

Rettungskosten sind von den Kosten der Schadenverhütung, die der VN tragen muss, zu unterscheiden. Die Kosten für eine Brandmeldeanlage fallen also nicht unter den Versicherungsschutz, ebenso nicht die Kosten, die der VN zur Erfüllung der Sicherheitsvorschriften gem. § 17 Nr. 1 VGB 2014 aufwenden muss (vgl. B 2.7.5).

Aufwendungen für Leistungen der Feuerwehren (sog. **Feuerlöschkosten**) sind unentgeltlich, wenn die Leistungen im öffentlichen Interesse erbracht werden. Das ist im Rahmen der Sachversicherung bei Bränden und bei Notständen durch Naturereignisse regelmäßig der Fall. Soweit dem VN weitere Kosten entstehen sollten, sind diese ggf. als Aufwendungen für Schadenminderung oder -abwehr gedeckt.

b) Aufwendungen zur Abwendung oder Minderung eines unmittelbar bevorstehenden Versicherungsfalles nach § 90 VVG

Beispiel:
Der Wald, an dem das Haus des VN steht, ist in Brand geraten. Mit einem Gartenschlauch bewässert der VN stundenlang sein Anwesen, um einen Brand durch Funkenflug zu verhindern. Die Kosten des verbrauchten Wassers möchte er vom VR ersetzt haben.

Es handelt sich hierbei um den Ersatz der Aufwendungen des VN nach § 90 VVG, die dieser getätigt hat, um einen unmittelbar bevorstehenden Versicherungsfall abzuwenden oder in seinen Auswirkungen zu mindern (sog. erweiterter Aufwendungsersatz, vgl. A 2.5.2 b).

c) Kosten der Ermittlung und Feststellung des Schadens nach § 85 VVG

Diese auch als **Schadenermittlungskosten** bezeichneten Kosten werden ersetzt, wenn sie den Umständen nach geboten waren (siehe hierzu auch A 2.5.2 c).

Beispiel:
Nach einem Rohrbruch holt der VN ein Reparaturangebot ein (Kosten hierfür 75,00 €), das er an den VR weiterleitet.

Sachverständigenkosten werden ersetzt, wenn der VR die Hinzuziehung eines Sachverständigen verlangt oder der VN hierzu vertraglich verpflichtet ist.

2.4.5 Entschädigungsgrenzen bei Kostenschäden und Aufwendungsersatz

Die Entschädigung für

- **Aufräum- und Abbruchkosten**
- **Bewegungs- und Schutzkosten**

ist begrenzt

VGB 2014 § 7 Nr. 2 (a)
- in der Gleitenden Neuwertversicherung auf 5 % der VS »Wert 1914«, multipliziert mit dem Anpassungsfaktor (vgl. B 2.7.2.3),

Nr. 2 (b)
- bei der Versicherung zum Neuwert, Zeitwert oder gemeinen Wert (vgl. B 2.7.3) auf 5 % der VS.

Für **Mehrkosten infolge behördlicher Auflagen und infolge von Preissteigungen** ist die Entschädigung wie folgt begrenzt:

§ 8 Nr. 4 (a)
- in der Gleitenden Neuwertversicherung auf 5 % der VS »Wert 1914«, multipliziert mit dem Anpassungsfaktor,

Nr. 4 (b)
- bei der Versicherung zum Neuwert, Zeitwert oder gemeinen Wert auf 5 % der VS.

§ 14 Nr. 8 Die **Gesamtentschädigung** für versicherte Sachen nach § 5 VGB 2014, versicherte Kosten nach § 7 VGB 2014, versicherte Mehrkosten nach § 8 VGB 2014 und versichertem Mietausfall bzw. Mietwert nach § 9 VGB 2014 ist **in der Neu- und Zeitwertversicherung** je Versicherungsfall jedoch auf die VS begrenzt. Schadenabwendungs- und Schadenminderungskosten, die auf Weisung des VN entstanden sind, werden unbegrenzt ersetzt.

Für ersatzpflichtige **Aufwendungen zur Abwendung und Minderung des Schadens** (sog. Aufwendungsersatz) gelten ansonsten die bereits in Abschnitt A 2.5.2 gemachten Ausführungen, wonach u. a. die VS die Obergrenze für die Gesamtentschädigung bildet.

Da die **Gleitende Neuwertversicherung** nur die VS »Wert 1914« kennt, werden die für geboten gehaltenen Kosten dort regelmäßig unbegrenzt ersetzt, während bei der Neuwert- und Zeitwertversicherung von Wohngebäuden die VS als Obergrenze der Entschädigung zu beachten ist.

Weitere Einzelheiten sind in Abschnitt B 2.8.3 im Zusammenhang mit der Entschädigungsberechnung dargestellt.

Lernkontrollen zu B 2.4

Kostenschaden

1 Prüfen Sie, ob die nachstehenden, im Zusammenhang mit einem Versicherungsfall entstandenen Kosten versichert sind:

a) Durch Brand im Ladenlokal eines ansonsten überwiegend zu Wohnzwecken benutzten Hauses sind hochtoxische Substanzen freigesetzt worden. Der Brandschutt musste aufwendig analysiert und zwischengelagert werden, ehe er als Sondermüll entsorgt werden konnte. Die Analyse sowie Zwischen- und Endlagerung haben beträchtliche Kosten verursacht. Teile der giftigen Substanzen sind durch Löschwasser auch ins Erdreich gedrungen, welches ebenfalls sehr kostenintensiv entsorgt werden musste.

b) Nachdem der Blitz in sein abgelegenes Haus eingeschlagen und den Dachstuhl entzündet hat, alarmiert der VN die Werksfeuerwehr eines nahe gelegenen Werkes und die zuständige örtliche Feuerwehr. Die zuerst eintreffende Werksfeuerwehr verlangt für ihren Einsatz eine Kostenerstattung.

c) Wegen Einsturzgefahr wird der teilweise durch einen Sturm abgedeckte Dachstuhl durch einen Dachdeckerbetrieb vollständig abgedeckt. Beschädigte Ziegel werden aussortiert und zur Mülldeponie gefahren. Schließlich wird eine Plane aufgebracht, um das Eindringen von Regenwasser zu verhindern. Sämtliche Leistungen verursachen nicht unerhebliche Kosten.

d) Durch Sturm bricht eine Pappel im Hof des VN und fällt auf das Dach des Wohnhauses. Um das Dach notdürftig reparieren zu können, muss die auf dem Dach liegende Pappel zunächst zersägt und abtransportiert werden. Der Dachdecker stellt die Kosten hierfür neben den Kosten für die Notreparatur in Rechnung.

e) Um den versicherten Rohrbruch in der Fußbodenheizung reparieren zu können, müssen Einbaumöbel abgebaut und wegen Raumknappheit am Schadenort in einer Spedition zwischengelagert werden. Der VN möchte die Kosten hierfür neben den Reparaturkosten für den Rohrbruch erstattet haben.

Mietausfallschaden

2 Das Einfamilienhaus des VN ist durch Blitzschlag im Obergeschoss beschädigt. Im Obergeschoss liegen die Schlafräume der Familie. Die Eltern haben ihr Schlafzimmer ins Wohnzimmer verlegt, während die beiden minderjährigen Kinder vorübergehend zu Verwandten ziehen. Der VN fragt an, ob er den anteiligen Mietwert für die momentan nicht benutzbaren Räume ersetzt bekommen kann, um seinerseits die Verwandten für die Unterbringung seiner Kinder bezahlen zu können.

- **Arbeitsauftrag**
  Antworten Sie dem VN.

3 Ein Mieter des VN verweigert die Zahlung eines Teils der Wohnungsmiete und der anteiligen Nebenkosten, nachdem durch einen Rohrbruch in der darüber liegenden Wohnung Decken, Fußböden und Wände seiner Wohnung durchfeuchtet sind.

Kann der VN die Erstattung des Mietausfalls aus seiner Verbundenen Wohngebäudeversicherung erwarten?

4 Die Versicherungsnehmerin Heide Hansen teilt mit:

»In meiner Fußpflegepraxis, die sich in meinem Einfamilienhaus befindet, ist ein Wasserrohr gebrochen. Das frei gewordene Wasser hat erhebliche Schäden an Fußböden und Wänden angerichtet. Austrocknung und Reparaturarbeiten werden mindestens einen Monat Zeit beanspruchen. Da ich auf die Praxis angewiesen bin, habe ich in der Nachbarschaft einen Raum angemietet und die Praxiseinrichtung dorthin bringen lassen, zumal sie für die Reparaturarbeiten ohnehin ausgelagert werden musste. Bitte teilen Sie mir mit, ob die Mietkosten und die Umzugskosten aus meiner Praxis sowie die noch entstehenden Kosten für die Rückführung der Einrichtung versichert sind.«

- **Arbeitsauftrag**
  Antworten Sie der Versicherungsnehmerin Hansen.

2.5 Klauselvereinbarungen

Durch Vereinbarung von Klauseln kann die Grunddeckung nach den VGB 2014 individuell erweitert werden. Nachstehend findet sich ein Auswahl von Klauseln, die in Verbindung mit den VGB 2014 eingeschlossen werden können:

a) Versicherte Gefahren und Schäden

- **Klausel PK 7160** – **Überspannung**
  Ergänzend zum Versicherungsschutz für Blitzschlagschäden nach § 2 Nr. 3 S. 2 VGB 2014 ersetzt der VR auch die dort ausgeschlossenen Schäden an elektrischen Einrichtungen und Geräten durch Überspannung, Überstrom und Kurzschluss infolge Blitz oder atmosphärisch bedingter Elektrizität, wobei die Entschädigung in der Gleitenden Neuwertversicherung, sofern keine andere Vereinbarung gilt, je Versicherungsfall begrenzt ist auf 1 % der mit dem Anpassungsfaktor multiplizierten VS »Wert 1914« (zum Anpassungsfaktor vgl. B 2.7.2.3). Gilt der Neuwert, Zeitwert oder gemeine Wert (vgl. B 2.7.3) als VW, beträgt die Entschädigungsgrenze 1 % der VS.
- **Klausel PK 7161** – **Einschluss von Nutzwärmeschäden**
  Abweichend von § 2 Nr. 5 (d) VGB 2014 werden auch Schäden durch Nutzfeuer oder Wärme ersetzt.
- **Klausel PK 7165** – **Fahrzeuganprall**
  Zerstörung, Beschädigung oder Abhandenkommen von versicherten Sachen infolge Anprall eines Straßenfahrzeuges, das nicht vom VN bzw. seinen Mitbewohnern oder Besuchern gelenkt worden sein darf, oder eines Schienenfahrzeuges, werden durch diese Klausel versichert.
- **Klausel PK 7166** – **Regenfallrohre innerhalb des Gebäudes**
  Bestimmungswidrig austretendes Wasser aus im Gebäude verlaufenden Regenrohren wird durch diese Klausel dem Leitungswasser gleichgestellt. Die dadurch entstehenden Nässeschäden sind gedeckt.
  Ferner sind frostbedingte und sonstige Bruchschäden an den in Rede stehenden Rohren versichert.
- **Klausel PK 7167** – **Kosten für die Beseitigung von Rohrverstopfungen**
  Mitversichert werden die notwendigen Kosten für die Beseitigung von Verstopfungen von bestimmten Ableitungsrohren.
- **Klausel PK 7168** – **Datenrettungskosten**
  Versichert sind die Kosten der Wiederherstellung von privat genutzten Daten und Programmen durch einen Versicherungsfall am Versicherungsort, wenn der Datenverlust auf einer ersatzpflichtigen Substanzbeschädigung des Datenträgers beruht. Kosten eines neuerlichen Lizenzerwerbs sind nicht versichert. Die Entschädigungsgrenze beträge 2 000,00 €.

b) Versicherte Sachen

- **Klausel PK 7260 – Weitere Zuleitungsrohre auf dem Versicherungsgrundstück**
  Frost- und Bruchschäden an Zuleitungsrohren der Wasserversorgung oder an den Rohren der Warmwasserheizungs-, Dampfheizungs-, Klima-, Wärmepumpen- oder Solaranlagen, die auf dem Grundstück verlegt sind, die aber nicht der Versorgung versicherter Gebäude oder Anlagen dienen und nach den VGB 2014 daher auch nicht versichert sind, werden durch diese Klausel eingeschlossen, wenn der VN für diese Rohre die Gefahr trägt.
- **Klausel PK 7261 – Weitere Zuleitungsrohre außerhalb des Versicherungsgrundstücks**
  Versichert sind Frost- und sonstige Bruchschäden an den schon in Klausel PK 7260 genannten Rohren, die außerhalb des Versicherungsgrundstücks liegen und der Versorgung des versicherten Gebäudes oder Anlagen dienen und der VN für sie die Gefahr trägt.
- **Klausel PK 7262 – Weitere Ableitungsrohre auf dem Versicherungsgrundstück**
  Versichert sind Frost- und sonstige Bruchschäden an Ableitungsrohren der Wasserversorgung, die auf dem Grundstück verlegt sind, bis zur vereinbarten Entschädigungsgrenze analog Klausel PK 7160, soweit sie der Entsorgung des versicherten Gebäudes dienen.
- **Klausel PK 7263 – Ableitungsrohre außerhalb des Versicherungsgrundstücks**
  Versichert sind Frost- und sonstige Bruchschäden an Wasserableitungsrohren des VN (er trägt die Gefahr), die außerhalb des Versicherungsgrundstücks verlegt sind und der Entsorgung versicherter Gebäude oder Anlagen dienen. Die Entschädigungsgrenze entspricht der in Klausel PK 7160.

  Ist die Gleitende Neuwertversicherung durch Einschluss von Klausel PK 7799 nach dem Wohnflächenmodell vereinbart, beträgt die Entschädigungsgrenze 5 000,00 €.

Zu den dargestellten Klauseln PK 7260 bis PK 7263 gilt, dass sich der Versicherungsschutz nicht auf Rohre bezieht, die ausschließlich gewerblich genutzt werden.

- **Klausel PK 7264 – Sonstiges Zubehör und sonstige Grundstücksbestandteile**
  Versichert sind in Erweiterung von § 5 Nr. 4 VGB 2014 auch Carports, Gewächs- und Gartenhäuser, Grundstückseinfriedungen, Hof- und Gehwegbefestigungen, Hundehütten, Masten und Freileitungen auf dem Grundstück lt. Versicherungsschein. Die Entschädigungsgrenze entspricht der in Klausel PK 7160, bei der Versicherung nach dem Wohnflächenmodell (Klausel PK 7799) 5 000,00 €.
- **Klausel PK 7265 – Sonstige Bruchschäden an Armaturen**
  Frostbedingte Bruchschäden an Armaturen (z. B. Wasser- und Absperrhähnen) sowie die Kosten für den Austausch, soweit dieser im Zusammenhang mit einem versicherten Rohrbruch notwendig ist, werden ersetzt.
  Die Entschädigungsgrenze beträgt 500,00 € je Versicherungsfall.

c) Versicherte Kosten

- **Klausel PK 7361** – **Gebäudebeschädigung durch unbefugte Dritte**
  Soweit Türen, Schlösser, Fenster, Rollläden und Schutzgitter durch Einbruch oder Versuch einer solchen Tat bei Zwei- oder Mehrfamilienhäusern beschädigt oder zerstört werden, sind die Kosten für die Schadenbeseitigung versichert.
  Die Entschädigungsgrenze beträgt 10 000,00 €.
- **Klausel PK 7362** – **Kosten für die Dekontamination von Erdreich**
  Gegenstand dieser Klausel sind die im Zusammenhang mit einem Versicherungsfall entstehenden Kosten, wenn Erdreich aufgrund behördlicher Anordnungen untersucht, dekontaminiert, ausgetauscht, transportiert, abgelagert, vernichtet werden muss.
  Die Entschädigung ist auf 20 000,00 € je Versicherungsfall beschränkt.
- **Klausel PK 7363** – **Aufwendungen für die Beseitigung umgestürzter Bäume**
  Ersetzt werden die notwenigen Kosten für das Entfernen, den Abtransport und die Entsorgung durch Blitzschlag oder Sturm umgestürzter Bäume auf dem Versicherungsgrundstück, wenn sie sich auf natürlichem Wege nicht mehr regenerieren. Bäume zählen nach den VGB 2014 nicht zu den versicherten Sachen und fallen deshalb auch nicht unter den Ersatz der Aufräumkosten gem. § 7 Nr. 1 (a) VGB 2014.
  Die Entschädigung ist je Versicherungsfall auf 2 000,00 € beschränkt.
- **Klausel PK 7364** – **Wasserverlust**
  Ersetzt wird der Frischwasserverlust infolge eines Versicherungsfalles, soweit dieses Wasser durch das Wasserversorungsunternehmen in Rechnung gestellt wird. Die Entschädigungsgrenze beträgt 500,00 €.
- **Klausel PK 7366** – **Graffitischäden**
  Graffitischäden an Außenseiten von versicherten Sachen im Sinne von § 5 VGB 2014 werden bis 10 000,00 € ersetzt, wobei ein Selbstbehalt von 500,00 € gilt.

d) Entschädigung

- **Klausel PK 7761** – **Selbstbehalt**
  Die Entschädigung wird je Versicherungsfall um den vereinbarten Selbstbehalt von 500,00 € gekürzt. Hiervon ausgenommen ist der auf Aufwendungsersatz, der auf Veranlassung des VR entstanden ist.

e) Wohngebäudeversicherung nach dem Wohnflächenmodell

- **Klausel 7799** – **Wohnflächenmodell**
  Wird diese Klausel vereinbart, gelten für die Prämienberechnung und auch die Entschädigungsberechnung die konkrete Ausgestaltung des Gebäudes (Fläche, Gebäudetyp, Bauausführung und -ausstattung usw.) als Grundlage. Eine VS im eigentlichen Sinne gibt es nicht. Der Versicherungsschutz bezieht sich auf den ortsüblichen Neubauwert.

Weitere Einzelheiten und eine vergleichende Gegenüberstellung mit der Wohngebäudeversicherung »Wert 1914« (sog. Summenmodell) sind in Abschnitt B 2.9 dargestellt.

f) Verhaltens- und Wissenzurechnung, Vertretung

- **Klausel PK 7862 – Makler**
  Diese Klausel entspricht exakt der Klausel PK 7812 im Rahmen der Hausratversicherung (vgl. A 2.6 e).

2.6 Ergänzende Versicherungsverträge

2.6.1 Glasversicherung

a) Versicherungsumfang

Es gelten die Allgemeinen Bedingungen für die Glasversicherung (AGlB 2014) mit zugehörigen Klauseln. Im **Proximus 3 Bedingungswerk** werden nach dem Tarif Glasversicherung (Basis AGlB 2014) in Verbindung mit der Wohngebäudeversicherung folgende **Versicherungsmöglichkeiten** angeboten: AGlB 2014

- **Glas-Pauschalversicherung für das Einfamilienhaus (Einzel- oder Reihenhaus, Doppelhaushälfte) nach der Wohnfläche in m²**
- **Glas-Pauschalversicherung für die Wohnung im Mehrfamilienhaus nach der Wohnfläche in m²**
- **Besonders zu beantragende Sachen**
  Hierunter fallen Aquarien, Terrarien, künstlerisch bearbeitete Scheiben, Sonderkosten (z. B. für Gerüste), nach AGlB 2014 nur aufgrund besonderer Vereinbarung versicherte Sachen und Kosten.

  Bis 500,00 € sind künstlerisch bearbeitete Scheiben sowie Sonderkosten für Gerüste, Kräne, Beseitigung von Hindernissen prämienfrei mitversichert.

Die genannten Versicherungsmöglichkeiten gelten auch für die Hausratversicherung nach dem **Proximus 3 Bedingungswerk,** so dass auf die weiter gehenden Ausführungen in Abschnitt A 2.7 verwiesen werden kann.

Die **Praxis** kennt insbesondere noch folgende **Versicherungsmöglichkeiten:**

- **Glas-Pauschalversicherung für die Verglasung des gesamten Gebäudes**
  Versichert sind: Außen- und Innenscheiben, Lichtkuppeln, Scheiben von Sonnenkollektoren, Glasbausteine, Profilbaugläser und Dachverglasungen einschließlich Kosten der Notverglasung. Nicht versichert sind: Werbeanlagen, Verglasungen von Ladengeschäften und Gaststätten.
- **Glas-Pauschalversicherung für die Verglasung des Gebäudes, die dem allgemeinen Gebrauch dient**
  Der unter der Glaspauschalversicherung für die Verglasung des gesamten Gebäudes beschriebene Versicherungsschutz ist auf die dem allgemeinen Gebrauch dienenden Gebäudebereiche (z. B. Treppenhäuser, Kellerräume usw.) beschränkt.
- **Glas-Einzelversicherung**
  Versichert sind die beantragten fertig eingesetzten Scheiben. Auf Erstes Risiko können üblicherweise mitversichert werden: künstlerisch bearbeitete Glasscheiben über 500,00 €, Malereien u. dgl. über 500,00 €, Gerüstkosten u. dgl. über 500,00 €.
- **Werbeanlagen**
  Sie sind gegen Bruch versichert; ferner sind Gerüstkosten u.dgl. auf Erstes Risiko in der Regel bis 500,00 € mitversicherbar.

b) Ersatzleistung und Anpassung der Versicherung

Hier kann auf die Ausführungen in Abschnitt A 2.7.2 verwiesen werden, da diese Regelungen auch bei der Glasversicherung für ein Wohngebäude Anwendung finden.

2.6.2 Mietverlustversicherung

ABM 2008 Nach den VGB 2014 ist nur der Mietausfall von **Wohnräumen** versichert. Soweit das Gebäude **gewerblich** genutzt wird, entsteht eine Deckungslücke, die mit der Mietverlustversicherung nach den Allgemeinen Bedingungen für die Mietverlustversicherung (ABM 2008) geschlossen werden kann.

§ 2–5 Versichert sind die Gefahren Brand, Blitzschlag, Explosion, Anprall oder Absturz eines bemannten Flugkörpers, seiner Teile oder seiner Ladung, Leitungswasser (Bruch-Sachschäden, Nässe-Sachschäden), Sturm/Hagel.

Tritt aufgrund dieser Gefahren ein ersatzpflichtiger Versicherungsfall ein, ersetzt der VR

§ 1
- den Ausfall an Mietzins aus den vermieteten Räumen einschließlich der Mietnebenkosten,
- den Nutzungsausfall selbst genutzter sowie unentgeltlich überlassener Räume.

VW ist

§ 8
- für vermietete Räume der Wert einer Jahresmiete,
- für selbst genutzte oder unentgeltlich Dritten überlassene Räume der ortsübliche Jahresmietwert,
- die Summe der fortlaufenden Nebenkosten für die Dauer eines Jahres.

§ 9 Nr. 1 c Die Haftzeit beträgt 12 Monate, kann aber vertraglich ausgedehnt werden (z. B. auf 24 Monate).

2.6.3 Feuerrohbauversicherung

Die Feuerrohbauversicherung bietet Versicherungsschutz für das im Bau befindliche Gebäude vom Baubeginn bis zur Bezugsfertigkeit. Mitversichert sind die vom VN beschafften und auf dem Grundstück gelagerten Baustoffe und Bauteile, für die er auch die Gefahr trägt.

Für Bauteile und Baustoffe, die Handwerker auf ihre Gefahr auf dem Versicherungsgrundstück lagern, kann über eine gesonderte **Vorräteversicherung** vorgesorgt werden.

Die Feuerrohbauversicherung wird zusammen mit der Wohngebäudeversicherung gegen Feuer-, Leitungswasser-, Sturm- und Hagelschäden vor Baubeginn oder während der Bauzeit vereinbart und dann **prämienfrei für 12 Monate** gewährt, wenn für die Wohngebäudeversicherung eine 3-jährige Vertragsdauer gilt.

Manche VR sehen für die Rohbauversicherung sogar 24 Monate vor, um in jedem Fall auch längere Bauzeiten für den Bauherrn aufzufangen.

Sobald das Wohngebäude bezugsfertig ist, geht die Rohbauversicherung in die reguläre Wohngebäudeversicherung über. Der Feuer-Versicherungsschutz wird automatisch um den Versicherungsschutz gegen Leitungswasser-, Sturm- und Hagelschäden und, soweit beantragt, die Versicherung weiterer Elementargefahren ergänzt.

Die prämienfreie Rohbauversicherung wird auf die Wohngebäudeversicherung nicht angerechnet, sodass die erste Jahresprämie von vornherein für 1½ Jahre gilt oder erst nach Ablauf der 6 Monate Rohbauversicherung fällig wird.

2.6.4 Sonstige Versicherungen

a) Bauleistungsversicherung

Sie bietet Versicherungsschutz gegen Beschädigungen und Zerstörungen während des Neubaus, Aus- oder Umbaus. Zu Einzelheiten siehe Band 3.

b) Haus- und Grundbesitzer-Haftpflichtversicherung

Sie bietet insbesondere Versicherungsschutz, wenn der VN z. B. nach den Bestimmungen der §§ 836 – 838 BGB in Anspruch genommen wird (vgl. Band 3).

c) Gewässerschäden-Haftpflichtversicherung

Das Wasserhaushaltsgesetz kennt u. a. die **Anlagenhaftung**. Hausbesitzer mit einer Heizölanlage können sich vor diesem Risiko durch eine Gewässerschäden-Haftpflichtversicherung absichern (vgl. Band 3).

d) Bauherren-Haftpflichtversicherung

Der Bauherr hat u. a. eine Verkehrssicherungspflicht dahingehend, dass Dritte durch die Baustelle nicht zu Schaden kommen können. Eventuelle Haftpflichtansprüche können durch die Bauherren-Haftpflichtversicherung abgedeckt werden (vgl. Band 3).

Lernkontrollen zu B 2.5 und B 2.6

Klauseln

1 Prüfen Sie zu den nachfolgenden Fällen

ob die VGB 2014 bereits ausreichende Deckung bieten

oder

welche Klausel ggf. vereinbart sein muss

oder

ob kein Versicherungsschutz gewährt werden kann.

a) Der Blitz schlägt in einen Baum auf dem Nachbargrundstück ein. Es entstehen Blitzstromwanderwellen, die die Elektronik der Heizungsanlage zerstören.

b) Ein aus dem Kamin spritzendes Glutstück fällt auf den eingeklebten Teppichboden und brennt ein faustgroßes Loch in diesen.

c) Der Fahrer eines Kleinlastwagens verliert die Kontrolle über sein Fahrzeug und rammt die Hauswand. Es entsteht ein Riss im Klinkermauerwerk. Das Fahrzeug kann unerkannt entkommen.

d) Regenwasser eines heftigen Gewitters kann auf Grund eines verstopften, außen liegenden Regenfallrohres nicht schnell genug abfließen. Es staut sich in der Dachrinne und dringt in eine Mansardenwohnung ein. Fußböden, Wände und Tapeten der Wohnung werden beschädigt.

e) Das Ableitungsrohr des versicherten Gebäudes ist in unmittelbarer Hausnähe unter der Last von angelieferten Baumaterialien für die Gartenneugestaltung gebrochen und ausströmendes Abwasser über ein Kellerfenster in den Keller eingedrungen. Die Beseitigung der Gebäudeschäden im Keller und die Reparatur des gebrochenen Rohres verursachen beträchtliche Kosten.

f) Sturm beschädigt das Dach des Einfamilienhauses und des Gartenhauses.

g) Ein Unbekannter bricht die Kellertür aus der Verankerung um in das Gebäude zu gelangen. Im Haus verunreinigt er die Wände durch Graffiti.

2 Die Eheleute Melanie und Sven Krüger haben ein frei stehendes Einfamilienhaus auf dem Land gekauft. Im Garten befindet sich ein Whirlpool. Sie wollen in Kürze einziehen und von Ihnen hinsichtlich der Gestaltung des Versicherungsschutzes aus der Wohngebäudeversicherung beraten werden.

Im Gespräch erfahren Sie folgende nähere Einzelheiten:

Das Haus hat eine elektronisch gesteuerte Hebeanlage für Abwässer, die im Keller anfallen. Die Wasserversorgung des Whirlpools erfolgt über ein Zuleitungsrohr vom Haus aus, während das Abwasserrohr direkt ins Kanalnetz führt. Im Garten gibt es ferner ein Gewächshaus.

Arbeitsauftrag

Bereiten Sie ein Beratungsgespräch wie folgt vor:

a) Stellen Sie anhand vorbeschriebener Risikolage zunächst fest, welchen Versicherungsschutz die VGB 2014 bereits bieten und welche Deckungslücken bestehen würden.

b) Unterbreiten Sie einen Vorschlag, wie der Versicherungsschutz sinnvoll erweitert werden sollte.

3 In Aufgabe 14 der »Lernkontrollen zu B 2.1 und B 2.2« wurden im Zusammenhang mit einem Außenschwimmbad die Deckungslücken nach VGB 2014 ermittelt.

Prüfen Sie, ob diese Deckungslücken geschlossen werden können.

4 Unbekannte Täter haben Fenster, Rollläden, Haustür und Außenmauerwerk des versicherten Einfamilienhauses mit einer Farbspraydose besprüht. Im Vertrag ist die Klausel PK 7361 eingeschlossen.

Besteht Versicherungsschutz für die Kosten der Schadenbeseitigung?

5 Nach einem heftigen Gewitterregen stand der Keller eines Einfamilienhauses unter Wasser. Der herbeigerufene Installateur stellte fest, dass eine im Erdreich liegende Rohrmuffe des Abwasserrohres der Dachentwässerung gebrochen war, sodass das ausströmende Wasser über ein Kellerfenster in den Keller eindringen konnte.

Besteht hierfür Versicherungsschutz, wenn Klausel PK 7262 zu den VGB 2014 vereinbart ist?

Glasversicherung

6 An die bestehende Wohngebäudeversicherung für ein Einfamilienhaus ist eine Glasversicherung nach AGlB 2014 für die Verglasung des gesamten Gebäudes angebündelt.

Durch den explosionsartigen Knall eines vorbeifliegenden Überschallflugzeuges zerspringen Fensterscheiben und eine Lichtkuppel des Einfamilienhauses. Außerdem fallen mehrere kostbare Wein- und Sektgläser vom Regal. Der VN lässt eine Notverglasung anbringen (Kosten 150,00 €) und reicht eine Rechnung über neue Wein- und Sektgläser in Höhe von

210,00 € ein. Der Kostenvoranschlag des Glasers weist einen Betrag von 700,00 € für den Einbau der zerstörten Fensterscheiben und 450,00 € für den Ersatz der Lichtkuppel aus.

Welchen Betrag wird der VR voraussichtlich für diesen Versicherungsfall aufwenden, wenn das vereinbarte Versicherungsschutzpaket exakt den Bestimmungen der AGIB 2014 entspricht?

Mietverlustversicherung

7 Die Versicherungsnehmerin Christa Resech schreibt:

»In der Wohnung meines Mieters Alfons Speth ist ein Wasserrohr geplatzt. Das ausströmende Wasser hat erhebliche Schäden am Fußboden und an den Wänden angerichtet. Ferner ist das Wasser in mein unter der Wohnung liegendes Ladenlokal gelaufen. Der Schaden in der Wohnung wird auf 2 400,00 € und im Ladenlokal auf 3 150,00 € geschätzt. Die Reparatur dauert voraussichtlich 2 Monate. Für diese Zeit zahlt der Mieter nur eine um 50 % gekürzte Miete von 300,00 €. Ich werde ein Ladenlokal mieten, das von der Lage und Größe her meinem Ladenlokal entspricht. Hierfür sind 1 600,00 € an Miete insgesamt zu zahlen. Bitte teilen Sie mir mit, ob und inwieweit der Schaden reguliert wird.«

- **Auszug aus den Vertragsunterlagen**

  Die Hauseigentümerin hat eine Wohngebäude- und eine Mietverlustversicherung, der Mieter eine Hausratversicherung. Es besteht keine Unterversicherung.

- **Arbeitsauftrag**

  Antworten Sie der Versicherungsnehmerin Resech.

2.7 Versicherungswert und Versicherungsvertrag (VGB 2014 – Wert 1914)

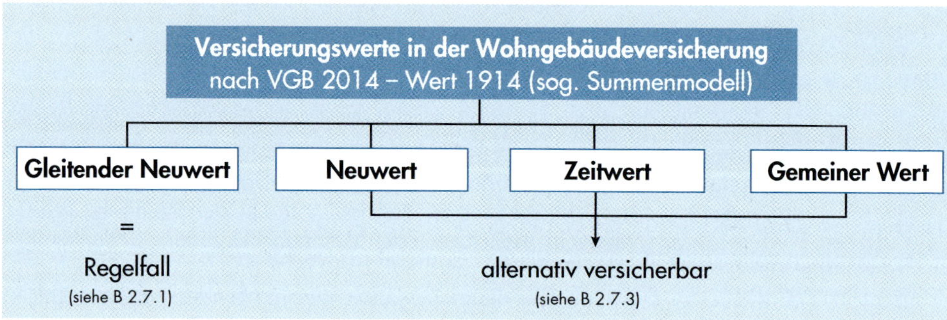

2.7.1 System der Gleitenden Neuwertversicherung

Aufgabe der Gleitenden Neuwertversicherung ist es, eine durch Preissteigerungen bedingte Unterversicherung zu vermeiden.

Übersicht: Wesentliche Vertragsmerkmale der Gleitenden Neuwertversicherung

siehe B 2.7.1.1	**Versicherungssumme (VS):**	VS ist der ortübliche Neubauwert, ausgedrückt in Preisen des Jahres 1914 (VS »Wert 1914«).
siehe B 2.7.1.2	**Ermittlung der VS »Wert 1914«:**	Der VR bietet drei praktikable Verfahren an.
siehe B 2.7.2.1 – B 2.7.2.3	**Prämie:**	Die Prämie für die VS »Wert 1914« wird mit dem Anpassungsfaktor an die Baukostenentwicklung angepasst.
VGB 2014 § 10 Nr. 1 (a) (bb)	**Versicherungsschutz:**	Der VR passt den Versicherungsschutz an die Baukostenentwicklung an.

2.7.1.1 Vertragsgestaltung

➤ **Gleitender Versicherungswert und Versicherungssumme »Wert 1914«**

§ 10 Nr. 1 (a) (aa)

»Der Gleitende Neuwert ist der Betrag, der aufzuwenden ist, um Sachen gleicher Art und Güte in neuwertigem Zustand herzustellen, ausgedrückt in Preisen des Jahres 1914. Maßgebend ist der ortsübliche Neubauwert einschließlich Architektengebühren sowie sonstige Konstruktions- und Planungskosten.«

Bestandteil des Gleitenden Neuwertes sind insoweit auch Aufwendungen, die dadurch entstehen, dass die Wiederherstellung der Sachen in derselben Art und Güte infolge Technologiefortschritts entweder nicht möglich ist oder nur mit unwirtschaftlichem Aufwand möglich wäre. Die Ersatzgüter müssen hierbei den vorhandenen Sachen möglichst nahe kommen.

Mit Beginn des Ersten Weltkrieges stiegen die bis dahin stabilen Baupreise enorm an. Um einer Unterversicherung vorzubeugen, gingen die zwischenzeitlich aufgelösten Pflicht- und Monopolanstalten dazu über, ihre **Haftung** und **Prämien** (Beiträge) der Baupreisentwicklung anzupassen. Als Basisjahr für die Ermittlung der Baupreissteigerungen wählte man das Jahr 1914, da es das letzte Jahr mit stabilen Baupreisen war. Dieses Prinzip wurde von anderen Versicherern übernommen und wird noch heute überwiegend praktiziert.

Der Neubauwert in Preisen des Jahres 1914 (gleitender Neuwert nach VGB 2014) dient als Grundlage zur Festsetzung der Versicherungssumme »Wert 1914«. VGB 2014 § 12 Nr. 1 S. 1

➤ Prämie und Haftung

Aus der VS »Wert 1914« und dem risikoäquivalenten Prämiensatz wird die Jahresprämie 1914 ermittelt (vgl. B 2.7.2.1). Die Jahresprämie 1914 wird wiederum mit dem bei Prämienfälligkeit gültigen **Anpassungsfaktor**, der als sog. Mischfaktor die Veränderung der Baupreise und der Tariflöhne im Baugewerbe erfasst (vgl. B 2.7.2.3), multipliziert und dem VN zusammen mit der Versicherungsteuer in Rechnung gestellt.

Unter der Voraussetzung, dass

- der Gleitende Neuwert, ausgedrückt in Preisen des Jahres 1914, richtig bestimmt wurde,
- der gleitende Neuwert als VS »Wert 1914« vereinbart wurde,
- die mit dem Anpassungsfaktor multiplizierte Prämie 1914 gezahlt wird,

haftet der VR für alle Schäden am versicherten Gebäude ohne betragsmäßige Begrenzung (siehe auch B 2.7.1.3 Unterversicherungsverzicht). Nr. 2

Eine VS auf der Basis des heutigen Neubauwertes wird im System der Gleitenden Neuwertversicherung nicht ermittelt und ist auch überflüssig, da eine summenmäßige Obergrenze für die Haftung nicht existiert.

Der VR garantiert, dass sich die Haftung an die Baupreisentwicklung anpasst, wenn die mit dem Anpassungsfaktor multiplizierte Prämie 1914 gezahlt wird. § 10 Nr. 1 (a) (bb)

Der VN kann der Mitteilung über die Erhöhung des Anpassungsfaktors und damit der Prämie innerhalb eines Monats nach Zugang in Textform widersprechen. Die Versicherung wird dann als **Neuwertversicherung** zur bisherigen Prämie fortgeführt (vgl. B 2.7.3 c). § 13 Nr. 2 (c)

In der Gleitenden Neuwertversicherung kommt es also wesentlich auf die richtige Ermittlung des ortsüblichen Neubauwertes in Preisen des Jahres 1914 als Grundlage für die **VS »Wert 1914«** an, wenn ausreichender Versicherungsschutz bestehen soll.

Werden während der Vertragszeit Ausbauten, Anbauten oder Wertverbesserungen vorgenommen, ist diese Änderung dem VR unverzüglich anzuzeigen, da sonst die Gefahr einer Unterversicherung besteht. § 12 Nr. 2 (c)

Bis zum Schluss der laufenden Versicherungsperiode besteht auch für wertsteigernde bauliche Maßnahmen Versicherungsschutz. § 10 Nr. 1 (a) (cc)

2.7.1.2 Verfahren zur Ermittlung der Versicherungssumme »Wert 1914« nach den VGB 2014

Die Versicherungssumme ist nach dem ortsüblichen Neubauwert zu ermitteln, der in den Preisen des Jahres 1914 ausgedrückt wird (Versicherungssumme »Wert 1914«). § 12 Nr. 1 S. 1

Der VN trägt die Verantwortung für die richtige Bemessung der VS. Der VR hat den VN nach der Rechtsprechung hierbei umfassend zu beraten.

Um dieser Pflicht zu genügen, sehen die Versicherungsbedingungen **drei** praktikable **Alternativen** für die Ermittlung der VS »Wert 1914« vor, die vom VN problemlos erfüllt werden können.

Anerkannte Schätzung eines Bausachverständigen	**Angabe des Neuwertes in Preisen eines anderen Jahres**	**Zutreffende Beantwortung von Antragsfragen nach Größe, Ausbau und Ausstattung des Gebäudes**
§ 12 Nr. 1 (a) VGB 2014	§ 12 Nr. 1 (b) VGB 2014	§ 12 Nr. 1 (c) VGB 2014

a) Schätzung eines Bausachverständigen

VGB 2014 § 12 Nr. 1 (a)

Der VN lässt durch einen Bausachverständigen das Gebäude schätzen und die VS »Wert 1914« festsetzen. Erkennt der VR diese VS an, gilt sie als richtig ermittelt. Der VR verzichtet gleichzeitig auf die Einrede der Unterversicherung.

b) Angabe des Neuwertes in Preisen eines anderen Jahres

Nr. 1 (b)

Der VN gibt den Neubauwert des Gebäudes in Preisen eines anderen Jahres zutreffend an. Der VR berechnet auf seine Verantwortung aus dem angegebenen Wert die VS »Wert 1914«. Hierfür verwendet er üblicherweise einen Baukostenindex.

Bei diesem Verfahren kommt es wesentlich darauf an, dass der VN den Preis des betreffenden Jahres richtig angibt, da er sonst ggf. unterversichert ist. Der VR trägt nur das Umrechnungsrisiko. Wurde der Neubauwert in Preisen eines Jahres richtig angegeben, verzichtet der VR auch bei diesem Verfahren auf die Einrede der Unterversicherung.

➤ Ermittlung der VS »Wert 1914« mit einem Baukostenindex

Der GDV gibt jedes Jahr im Sommer seinen Mitgliedsunternehmen

- den Mai-Wert des aktuellen Baukostenindexes zur Verwendung für das kommende Jahr,
- den Baukostenindex des vorangegangenen Jahres auf der Basis 1914 = 100,
- den Anpassungsfaktor (und weitere Faktoren für die Sachversicherung)

bekannt.

Grundlage für die Indizes sind statistische Untersuchungen und Zahlenreihen des Statistischen Bundesamtes.

Vorbemerkung:

Die Versicherer sind an die Mitteilung des GDV nicht gebunden, sondern verwenden teilweise auch selbst errechnete Indizes.

Den nachstehenden Ausführungen liegen folgende **Indextabellen** eines Versicherers zur Ermittlung der VS »Wert 1914« zugrunde:

- **Indextabelle für M- bzw. DM-Werte:**

Mittlerer Baupreisindex für Wohngebäude (Basis 1914) – Auszug für die Jahre 1914 bis 2000

Jahr	Index	Jahr	Index	Jahr	Index	Jahr	Index
1914	100	**1970**	636,9	**1988**	1 480,5	**1996**	2 044,3
1915	112,1	**1975**	884,4	**1990**	1 534,5	**1997**	2 052,2
1930	159,2	**1980**	1 226,3	**1991**	1 746,9	**1998**	2 018,0
1940	130,6	**1981**	1 298,1	**1992**	1 858,7	**1999**	2 010,8
1950	234,4	**1983**	1 363,7	**1993**	1 950,4	**2000**	2 017,0
1960	367,5	**1985**	1 403,3	**1994**	1 997,1		
1965	491,1	**1987**	1 449,6	**1995**	2 046,1		

- **Indextabelle für Euro-Werte:**

Mittlerer Baupreisindex für Wohngebäude (Basis 1914) – Jahre 2001 bis 2014

Jahr	Index	Jahr	Index	Jahr	Index
2001	1 029,7	**2006**	1 077,0	**2011**	1 232,8
2002	1 029,4	**2007**	1 152,5	**2012**	1 264,9
2003	1 029,7	**2008**	1 177,7	**2013**	1 290,2
2004	1 030,7	**2009**	1 187,7	**2014**	1 310,3[1)]
2005	1 045,2	**2010**	1 199,6		

➤ Ermittlung der VS »Wert 1914« mit dem Baupreisindex (Basis 1914) für Wohngebäude, deren Baupreise in M bzw. DM bekannt sind

Beispiel:

Der Gebäudeneubauwert aus 1997 einschl. Architektengebühren sowie Konstruktions- und Planungskosten ist bekannt, er betrug 500 000,00 DM. Seit der Erstellung sind keine Wertverbesserungen vorgenommen worden (z. B. Anbauten). Die VS »Wert 1914« ist zu ermitteln.

Lösung:

Versicherungssummenermittlung VS »Wert 1914«

500 000,00 DM · 100 : 2 052,2 = 24 364,10 M ~ 24 400,00 M (auf volle Hundert M aufgerundet)

Erläuterung:

Die mit dem Bauindex ermittelte VS »Wert 1914« wird in der Praxis üblicherweise auf volle 100 M aufgerundet.

1 Bei dieser Indexzahl handelt es sich um den Baupreisindex Mai 2014, den der GDV seinen Mitgliedsunternehmen im Zusammenhang mit weiteren Indexzahlen für das Jahr 2015 mitgeteilt hat. Solange der Baupreisindex für das Jahr 2015 noch nicht vorliegt, ist im laufenden Jahr 2015 dieser Index von Mai 2014 anzuwenden.

➤ **Ermittlung der VS »Wert 1914« mit dem Baupreisindex (Basis 1914) für Wohngebäude, deren Baupreise in Euro bekannt sind**

Beispiel:
Der Neubauwert eines Gebäudes einschl. Architektengebühren sowie Konstruktions- und Planungskosten aus dem Jahr 2001 beträgt 260 000,00 €. Die VS »Wert 1914« ist zu ermitteln.

Lösung:
260 000,00 € · 100 : 1029,7 = 25 250,07 M ~ 25 300,00 M (auf volle Hundert M aufgerundet)

c) Zutreffende Beantwortung von Antragsfragen nach Größe, Ausbau und Ausstattung des Gebäudes im Summenermittlungsbogen

VGB 2014 § 12 Nr. 1 (c)

Wie aus dem auf der nächsten Seite abgebildeten und anhand des nachstehenden Beispiels ausgefüllten **Summenermittlungsbogen** ersichtlich, sind für die Ermittlung der VS »Wert 1914« von Wohngebäuden maßgebend:

- **der Gebäudetyp**
  Zu jedem Gebäudetyp ist der Wert 1914 pro m² Wohnfläche in M (Mark) angegeben.
- **die besonderen Ausstattungsmerkmale**
  Je nach Ausstattung sind Zuschläge oder Abschläge pro m² Wohnfläche vorgesehen.
- **die Wohnfläche**
- **Kellerausbau, Garagen**

Beispiel:
Eineinhalbgeschossige Bauweise mit ausgebautem Dachgeschoss, ausgebautem Keller und einer angebauten Garage.

Wohnfläche in den Obergeschossen:		120 m²	(165,00 M je m²)	①
Bauausführung:	Naturschieferdach		(4,00 M je m²)	
	Natursteinklinker		(5,00 M je m²)	
Innenausbau:	Natursteinböden		(4,00 M je m²)	
	Edelholztüren		(3,00 M je m²)	
Wohnfläche Keller:		40 m²	(15,00 M je m²)	

Lösung:

Wert 1914 pro m² Wohnfläche (165 + 4 + 5 + 4 + 3)	181,00 M	
Wert 1914 pro m² Wohnfläche Keller	15,00 M	
120 m² · 181,00 M	21 720,00 M	
40 m² · 15,00 M	600,00 M	
Garage	700,00 M	
Versicherungssumme »Wert 1914«	23 020,00 M	②

Erläuterungen:

① Gebäudetyp, Dachgeschoss (DG) ausgebaut, Erdgeschoss (EG), mit Unterkellerung.

② Die VS »Wert 1914« sollte bei diesem Verfahren nicht mehr auf volle 100,00 M gerundet werden, da die Richtpreise des Summenermittlungsbogens (siehe vorhergehende Seite) bereits ausreichend bemessen sind. Gleichwohl ist die Rundung in der Praxis üblich.

Die Berechnung der VS »Wert 1914« nimmt der VR anhand der Angaben des VN vor.

Ermittlung der Versicherungssumme 1914 für Wohngebäude

nach Wohnfläche und Ausstattungsmerkmalen (nur für Ein- und Zweifamilienhäuser der Bauartklassen I und II oder Fertighausgruppen 1 und 2, die ausschließlich Wohnzwecken dienen)

Antragsteller/ Versicherungs-nehmer

Anrede ○ Herr ○ Frau

Name ______

Vorname ______

Straße, Haus-Nr. ______

Postleitzahl, Wohnort ______

Ermittlung des Gebäudetypes

Auch für Reihenhäuser, Häuser in Hanglage und mit anderen als den eingezeichneten Dachneigungen. Anzukreuzen ist der überwiegende Gebäudetyp, wenn das Gebäude nicht eindeutig zuzuordnen ist. — Wert 1914

EG – Erdgeschoss OG – Obergeschoss DG – Dachgeschoss

ohne Unterkellerung

	○ Flachdach EG	○ Flachdach EG + OG	○ DG nicht ausgebaut EG	○ DG ausgebaut EG	○ DG nicht ausgebaut EG + OG	○ DG ausgebaut EG + OG	
Wert 1914 pro qm Wohnfläche in Mark (M)	160	160	160	140	140	130	___ M

mit Unterkellerung (auch Teilunterkellerung)

	○ Flachdach EG	○ Flachdach EG + OG	○ DG nicht ausgebaut EG	○ DG ausgebaut EG	[X] DG nicht ausgebaut EG + OG	○ DG ausgebaut EG + OG	
Wert 1914 pro qm Wohnfläche in Mark (M)	190	190	190	165	165	150	165 M

Anmerkung:
Nebengebäude, Schwimmbäder, weiteres Zubehör und sonstige Grundstücksbestandteile sind im Antrag gesondert zu bewerten.

Ermittlung der Bauausführungen und -ausstattungen

Der für den jeweiligen Gebäudetyp angegebene Wert berücksichtigt folgende übliche Bauausführungen und -ausstattungen:
Außenwände mit gefugtem Mauerwerk, Putz, Verkleidung oder Verblendsteinen; Parkett-, Teppich- oder Fliesenböden; Doppelfenster oder Isolierverglasung; Nassräume und Küche gefliest; Bad/Dusche; Zentralheizung und zentrale Warmwasserversorgung.

	Bauausführung		Innenausbau				Installation		
	Dach	Außenwände	Decken/Wände	Fußböden	Fenster	Türen	Sanitär	Heizung	
	Naturschieferdach, Kupferdach	Naturstein-, Keramik-, Kunststeinverkleidung, Handstrich-Klinker	Stuckarbeiten, Edelholzverkleidungen	Natursteinböden, Parkett- oder Teppichböden in hochwertiger Qualität	Leichtmetall- oder Holzsprossenfenster	Edelholztüren	hochwertige sanitäre Einrichtungen	Wärmepumpen, Solaranlagen, Fußboden- und Deckenheizung	
Zuschläge Wert 1914 pro qm Wohnfläche in Mark (M)	[X] 4	[X] 5	○ 6	[X] 4	○ 4	[X] 3	○ 6	○ 6	16 M
				PVC-Böden auf Estrich	einfaches Fensterglas		ohne Bad/Dusche	Ofenheizung	
Abschläge Wert 1914 pro qm Wohnfläche in Mark (M)				○ 3	○ 3		○ 4	○ 4	– ___ M

Wert 1914 pro qm Wohnfläche — Summe der Werte 1914: 181 M

Ermittlung der Versicherungssumme „Wert 1914“

Wohnfläche	120 m²	x Wert 1914 pro qm Wohnfläche gem. Ziff 3	181 M	21720 M
Wohnfläche Keller	40 m²	x Zuschlag für Wohnflächenausbau	15 M	600 M

Garagen außerhalb des Wohngebäudes

○ Keine Garage

	1 Garage	2 Garagen	3 Garagen	
Wert 1914 in Mark (M)	[X] 700	○ 1400	○ 2100	700 M

Versicherungssumme „Wert 1914“ 23020 M

Das Beispiel zeigt:
Die Wohnfläche des zutreffenden Gebäudetyps wird mit dem Wert 1914 pro m² Wohnfläche multipliziert. Je nach Bauausführung und -ausstattung sind noch Zu- bzw. Abschläge pro m² Wohnfläche zu berücksichtigen. Ein zu Wohnzwecken ausgebautes Kellergeschoss wird zusätzlich mit 15,00 M pro m² ausgebauter Wohnfläche angesetzt. Garagen werden jeweils mit 700,00 M als Wert 1914 einbezogen.

Die Summe der so ermittelten Einzelergebnisse stellt die VS »Wert 1914« dar.

Hinweis:

Die Praxis kennt für mehrgeschossige Wohn- und gemischt genutzte Gebäude ebenfalls einen Summenermittlungsbogen. Der wesentliche Unterschied zu dem auf der vorhergehenden Seite abgebildeten Summenermittlungsbogen besteht darin, dass die Wohnflächen, getrennt nach der Geschossart (Keller, EG, OG, DG), und die gewerblich genutzten Flächen in den jeweiligen Geschossen anzugeben sind.

Die früher übliche Berechnung der VS »Wert 1914« anhand des cm³-umbauten Raumes wird heute allenfalls noch für hochgeschossige Gebäude angewendet.

2.7.1.3 Unterversicherungsverzicht

VGB 2014 § 12 Nr. 2 (a)

Der VR nimmt bei der Entschädigung von versicherten Sachen einschl. Kosten und versichertem Mietausfall bzw. Mietwert keinen Abzug wegen Unterversicherung vor, wenn die VS »Wert 1914« nach einem der unter a) beschriebenen Verfahren vereinbart wird.

Nr. 2 (b)

Macht der VN falsche Angaben bei dem nach § 12 Nr. 1 (c) VGB 2014 vorgesehenen Verfahren, für das die Praxis den Summenermittlungsbogen kennt, bestimmen sich die Rechtsfolgen nach den Regelungen über die Anzeigepflichtverletzung. Danach kann der VR in Abhängigkeit von der Anzeigepflichtverletzung vom Vertrag zurücktreten, den Vertrag kündigen oder eine Vertragsanpassung vornehmen.

Ferner ist er berechtigt, die Unterversicherung bei der Entschädigungsberechnung zu berücksichtigen.

Wird die VS »Wert 1914« durch einen Bausachverständigen ermittelt und dann vereinbart, darf der VN darauf vertrauen, dass er richtig versichert ist und ein versicherter Schaden auch voll entschädigt wird. Gibt der VN den Neubauwert eines Jahres an, übernimmt der VR lediglich das Umrechnungsrisiko auf die VS »Wert 1914«. Stellt sich später heraus, dass der VN den Neubauwert nicht richtig angegeben hat, ist er vor einer Abrechnung nach der Unterversicherungsformel nicht geschützt.

Nr. 2 (c)

Nimmt der VN wertsteigernde bauliche Maßnahmen vor und zeigt diese nicht unverzüglich an, gilt der Unterversicherungsverzicht ebenfalls nicht. Ausnahme: Die Versicherungsperiode, in der die wertsteigernde Baumaßnahme vorgenommen wurde, ist noch nicht abgelaufen.

➤ **Berechnung der VS »Wert 1914«:**

- Mit dem Baupreisindex: Ergebnis auf volle 100,00 M aufrunden.
- Mit dem Summenermittlungsbogen: Ergebnis nur runden, wenn dies angegeben ist.

2.7.2 Tarifierung des zu versichernden Risikos

Vorbemerkung:
Den nachstehenden Ausführungen liegt der Tarif Wohngebäude (Basis VGB 2014) aus dem **Proximus 3 Bedingungswerk** zugrunde.

2.7.2.1 Tarifprämie und Versicherungsteuer

a) Tarif Wohngebäude (Basis VGB 2014)

Der Tarif weist unter Punkt 2.1 für die verschiedenen Gefahren die Grundprämie je 1 000 M VS »Wert 1914« für ein Normalrisiko aus. Bei den Gefahren Leitungswasser (LW), Sturm/Hagel (St/Hg) und Elementar wird zusätzlich nach **Tarifzonen** unterschieden. Für besondere Gefahrenverhältnisse (z. B. Ferienhaus, Schwimmbecken im Gebäude) sind **Zuschläge zur jeweiligen Grundprämie** in Promille vorgesehen.

Ferner kennt der Tarif **Prämien für zusätzliche Einschlüsse** in Promille, z. B. Einschluss der Klausel PK 7261. In der gleitenden Neuwertversicherung wird die Summe der Promillesätze mit dem gültigen Anpassungsfaktor (vgl. B 2.7.2.3) multipliziert. Unter bestimmten Voraussetzungen (z. B. Neubau, Selbstbeteiligung) wird ein **Rabatt** (Nachlässe lt. Tarif) in Prozent gewährt.

Bei vereinbarter 3-jähriger Laufzeit ist ein **Dauernachlass** von 10 % vorgesehen.

Ferner kennt der Tarif einen **Zahlungsweise-Nachlass**, ausgenommen bei monatlicher Zahlung (vgl. B 2.7.2.4 b).

Die **Mindestprämie** (ohne VersSt) beträgt abzüglich Dauernachlass 40,00 €.

b) Versicherungsteuer (VersSt)

Höhe der VersSt in der Verbundenen Wohngebäudeversicherung

Stand März 2015	Steuersatz nach § 6 VersStG	Steuerberechnung nach § 5 VersStG	effektiver Versicherungsteuersatz
Wohngebäudeversicherung:			
• **Feuer und übrige Gefahren**	19 %	von 86 % des Versicherungsentgeltes	16,34 %
• **nur Feuer als versicherte Gefahr**	22 %	von 60 % des Versicherungsentgeltes	13,2 %
• **nur Versicherung der übrigen Gefahren**	19 %	vom Versicherungsentgelt	19 %

Aus **Vereinfachungsgründen** wird in den nachstehenden Berechnungsbeispielen, wie auch schon bei der Hausratversicherung (vgl. A 3.3.1 g), mit den effektiven Versicherungsteuersätzen gerechnet.

2.7.2.2 Tarifmerkmale

Tarifierungsmerkmale in der Verbundenen Wohngebäudeversicherung sind insbesondere:

a) Bauweise der Gebäude

Die Tarife unterscheiden i. d. R. nach Bauartklassen und Fertighausgruppen. Für Häuser der Fertighausgruppe 1 werden üblicherweise die Grundprämien der Bauartklasse I, II zugrundegelegt.

➤ Bauartklassen (BAK)

<table>
<tr><th>Klasse</th><th>Außenwände</th><th>Dacheindeckung</th></tr>
<tr><td>I</td><td>Massiv (Mauerwerk, Beton)</td><td rowspan="3">hart
(z. B. Ziegel, Schiefer, Betonplatten, Metall, gesandete Dachpappe)</td></tr>
<tr><td>II</td><td>Stahl- oder Holzfachwerk mit Stein- oder Glasfüllung, Stahl- oder Stahlbetonkonstruktion mit Wandplattenverkleidung aus nichtbrennbarem Material (z. B. Profilblech, Asbestzement)</td></tr>
<tr><td>III</td><td>Holz, Holzfachwerk mit Lehmfüllung, Holzkonstruktion mit Verkleidung jeglicher Art, Stahl- oder Stahlbetonkonstruktion mit Wandplattenverkleidung aus Holz oder Kunststoff, Gebäude mit einer oder mehreren offenen Seiten</td></tr>
<tr><td>IV</td><td>Wie Klasse I oder II</td><td rowspan="2">weich
(z. B. vollständige oder teilweise Eindeckung mit Holz, Ried, Schilf, Stroh u. Ä.)</td></tr>
<tr><td>V</td><td>Wie Klasse III</td></tr>
<tr><td></td><td>Bei gemischter Bauweise gilt die ungünstigere, wenn auf diese ein Anteil von mehr als 25 % entfällt.</td><td></td></tr>
</table>

➤ Fertighausgruppen (FHG)

<table>
<tr><th>Gruppe</th><th>Außenwände</th><th>Dacheindeckung</th></tr>
<tr><td>1</td><td>In allen Teilen – einschließlich der tragenden Konstruktion – aus feuerbeständigen Bauteilen (massiv)</td><td rowspan="3">hart
(z. B. Ziegel, Schiefer, Betonplatten, Asbestzementplatten, Metall, gesandete Dachpappe)</td></tr>
<tr><td>2</td><td>Fundament massiv, tragende Konstruktion aus Stahl, Holz, Leichtbauteilen oder dergleichen, außen mit feuerhemmenden Bauteilen bzw. nicht brennbaren Baustoffen verkleidet (z. B. Putz, Klinkersteine, Gipsplatten, Profilblech, kein Kunststoff)</td></tr>
<tr><td>3</td><td>Wie Gruppe 2, jedoch ohne feuerhemmende Ummantelung bzw. Verkleidung</td></tr>
</table>

b) Nutzungsart

Es werden in der Regel unterschieden:

- reine Wohngebäude,
- gemischt genutzte Gebäude,
- nicht ständig bewohnte Ferien- und Wochenendhäuser sowie ähnliche Gebäude.

c) Tarifzonen

Der Tarif kennt üblicherweise vier **Leitungswasserzonen**, zwei **Sturm-/Hagelzonen** und zwei **Elementar-Tarifzonen,** die anhand der Postleitzahlen ausgewiesen werden.

Die Leitungswasserzonen sind auf die unterschiedliche Wasserversorgung (Stadt, Land), die Sturmzonen auf die regionalen Sturmunterschiede und die Elementarzonen insbesondere auf das Überschwemmungsrisiko zurückzuführen.

Beispiele:

Auszug aus dem Tarif Wohngebäude (Basis VGB 2014)

Leitungswasser			
Zone 1	**Zone 2**	**Zone 3**	**Zone 4**
01067–04938 14467–17509 86874–86875	06108–06132 34346–34355 67480–67551	20095–21149 42549–42579 74360–74363	34117–34329 74937–75015 95666–95679
Sturm/Hagel		**Weitere Elementargefahren**	
Zone 1	**Zone 2**	**Zone 1**	**Zone 2**
27333–27336 53545–53579 76437–76599	27327–27330 66111–67489 94315–94469	Postleitzahlengebiete, soweit nicht unter Tarifzone II aufgeführt	04626–04639 71083–71101 08265–08267

d) Besondere Gefahrenverhältnisse

Die besonderen Gefahrenverhältnisse, z. B. Fertighäuser der Gruppe 2 und 3, Wochenend- oder Ferienhaus, Schwimmbecken im Gebäude, sind durch Zuschläge zu berücksichtigen.

e) Vorschäden

Bei zwei oder mehr Schäden in den letzten 10 Jahren erfolgt häufig keine Risikoübernahme mehr.

2.7.2.3 Prämienberechnung mit dem Anpassungsfaktor

Zunächst wird die Prämie für die VS »Wert 1914« ermittelt. Diese Prämie wird anschließend mit dem derzeit gültigen Anpassungsfaktor multipliziert und ergibt die **Jahresprämie** ohne Nachlässe (z. B. Dauernachlass). VGB 2014 § 13 Nr. 1

In Versicherungsbedingungen, die vor Einführung des Euro entwickelt wurden, wird der Anpassungsfaktor üblicherweise als **gleitender Neuwertfaktor** bezeichnet.

Anpassungsfaktor (für EURO-Prämien)			
ab 01. Jan. 2004	13,16	ab 01. Jan. 2010	15,08
ab 01. Jan. 2005	13,35	ab 01. Jan. 2011	15,31
ab 01. Jan. 2006	13,42	ab 01. Jan. 2012	15,66
ab 01. Jan. 2007	13,57	ab 01. Jan. 2013	16,08
ab 01. Jan. 2008	14,43	ab 01. Jan. 2014	16,45
ab 01. Jan. 2009	14,91	ab 01. Jan. 2015	16,74

Der Anpassungsfaktor ist ein Mischfaktor, der die Änderung des Baupreisindexes für Wohngebäude zu 80 Prozent und die des Tariflohnindexes für das Baugewerbe zu 20 Prozent berücksichtigt. Er erhöht oder vermindert sich jeweils zum 1. Januar eines jeden Jahres für die in diesem Jahr beginnende Versicherungsperiode entsprechend dem Prozentsatz, um den sich die genannten Indices gegenüber dem Monat Mai (Baupreisindex) bzw. April (Tariflohnindex) des Vorjahres geändert haben.

Beispiel:

Wohngebäudeversicherung (F, Lw, St/Hg)
VS »Wert 1914« für ein reines Wohngebäude (BAK I)
in 01067 Dresden

(Leitungswasserzone 1, Sturmzone 1)	23 020,00 M
Grundprämie lt. Tarif:	
F 0,20 + Lw (Zone I) 0,30 + St/Hg (Zone I) 0,25	0,75 ‰
Anpassungsfaktor 2015	16,08
Kein Dauernachlass	
Zahlungsweise-Nachlass (jährliche Zahlungsweise)	

Lösung:

Jahresprämie 1914: 23 020,00 M zu 0,75 ‰	17,27 M		①
· Anpassungsfaktor 16,74 für 2015	289,10 €		②
– 5 % Zahlungsweise-Nachlass	14,46 €	274,64 €	③
+ 16,34 % VersSt		44,88 €	④
Jahresprämie 2015		319,52 €	⑤

Erläuterungen:

① Die Prämie 1914 wird auf 2 Nachkommastellen genau gerechnet.

② Das Ergebnis stellt die Jahresprämie im Sinne von § 13 Nr. 1 Satz 2 VGB 2014 dar (also ohne evtl. Nachlässe) und wird auf Cents genau berechnet.

③ Der Zahlungsweise-Nachlass in der Wohngebäudeversicherung entspricht dem in der Hausratversicherung (vgl. A 3.3 f)
Die Prämie, von der anschließend die VersSt berechnet wird, stellt das Versicherungsentgelt (auch Tarifprämie genannt) dar (hier: 274,64 €).

④ Die VersSt ist auf Cents genau zu berechnen.

⑤ Versicherungsentgelt und VersSt ergeben die zu zahlende Prämie (Erst- bzw. Folgeprämie).

➤ Prämie 1914, Versicherungsentgelt und VersSt werden jeweils auf 2 Nachkommastellen genau berechnet.

2.7.2.4 Zuschläge, zusätzliche Einschlüsse und Nachlässe

a) Versicherungstechnische Zuschläge und zusätzliche Einschlüsse

Der Tarif Wohngebäude (Basis VGB 2014) unterscheidet:

- Zuschläge zum Grundbeitrag für besonderer Gefahrenverhältnisse
  Diese Zuschläge werden auch als versicherungstechnische Zuschläge bezeichnet.
- Prämien für zusätzliche Einschlüsse

Die Zuschläge und Prämien für zusätzliche Einschlüsse sind in den Tarifen der Versicherer üblicherweise in Promille angegeben.

Beispiel:

Wohngebäudeversicherung (F, Lw, St/Hg)
Ferienhaus (Fertighaus der Gruppe 2)
in 16812 Neuruppin
(Leitungswasserzone 1, Sturmzone 1)

VS »Wert 1914« gemäß Summenermittlungsbogen	17 500,00 M
Grundprämie lt. Tarif:	
F 0,20 + Lw (Zone 1) 0,30 + St/Hg (Zone 1) 0,25	0,75 ‰
Gefahrenzuschläge:	
Fertighaus der Gruppe 2 (F 0,15)	0,15 ‰
Ferienhaus (F 0,55 + Lw 0,05)	0,60 ‰
Prämie für zusätzliche Einschlüsse:	
Klausel PK 7160 (Überspannungsschäden)	0,05 ‰
Klausel PK 7260 (Weitere Zuleitungsrohre auf dem Grundstück)	0,10 ‰
Anpassungsfaktor 2015	16,74

Kein Dauernachlass
Zahlungsweise-Nachlass (jährliche Zahlungsweise)

Lösung:

Jahresprämie 1914 (17 500,00 M zu 1,65 ‰)	28,88 M	①
· Anpassungsfaktor 16,74 für 2015	483,45 €	②

Von der so berechneten Tarifprämie (Jahresprämie) werden ggf. weitere Nachlässe (siehe nachstehend unter b) abgezogen, bevor die VersSt berechnet und hinzugefügt wird.

Erläuterungen:

① Die Gefahrenzuschläge in Promille und Prämien für zusätzliche Einschlüsse in Promille werden der Grundprämie in Promille lt. Tarif hinzuaddiert.

② Die berechnete Tarifprämie ohne evtl. Nachlässe stellt die Jahresprämie im Sinne von § 13 Nr. 1 Satz 2 VGB 2014 dar.

b) Nachlässe (Rabatte)

Die Wohngebäudeversicherung kennt in der Praxis u. a. Nachlässe von der Tarifprämie

- für Neubauten, längstens bis zum Ende des Versicherungsjahres, in dem das Gebäude 10 Jahre alt wird;
- für Mehrfamilienhäuser mit einer VS »Wert 1914« ab 50 000,00 M;
- für vereinbarte Selbstbeteiligungen (Klausel PK 7761);
  Anstelle von Rabatten für vereinbarte Selbstbeteiligungen kennen manche VR in ihren Tarifen auch eigene Prämiensätze für Versicherungen mit Selbstbehalt.
- bei vereinbarter 3-jähriger Laufzeit.

Die Nachlässe sind üblicherweise in Prozent angegeben.

Je nach Zahlungsweise ist auch noch ein **Zahlungsweise-Nachlass,** wie auch in der Hausratversicherung (vgl. A 3.3.1 f), zu berücksichtigen.

Beispiel:

Wohngebäudeversicherung (F, Lw, St/Hg)

VS »Wert 1914« für ein 15 Jahre altes Mehrfamilienhaus in 41516 Grevenbroich

(Leitungswasserzone 4, Sturmzone 2)	60 000,00 M
Grundprämie lt. Tarif:	
F 0,20 + Lw (Zone 4) 0,45 + St/Hg (Zone 2) 0,30	0,95 ‰
Prämien für zusätzliche Einschlüsse:	
Klausel PK 7262 (Weitere Ableitungsrohre auf dem Versicherungsgrundstück)	0,20 ‰
Klausel PK 7361 (Gebäudebeschädigungen durch unbefugte Dritte)	0,09 ‰
Nachlässe:	
Mehrfamilienhausrabatt	10 %
Rabatt wegen Selbstbeteiligung (Klausel PK 7761)	20 %
Dauernachlass (vereinbarte 3-jährige Laufzeit)	10 %
Zahlungsweise-Nachlass (jährliche Zahlungsweise)	
Anpassungsfaktor 2015	16,74

Lösung:

Jahresprämie 1914 (60 000,00 M zu 1,24 ‰)		74,40 M	①
· Anpassungsfaktor 16,74 für 2015		1 245,46 €	②
– 10 % Mehrfamilienhausrabatt	124,55 €	1 120,91 €	③
– 20 % Rabatt wegen Selbstbeteiligung	224,18 €	896,73 €	③
– 10 % Dauernachlass	89,67 €	807,06 €	③
– 5 % Zahlungsweise-Nachlass	40,35 €	766,71 €	④
+ 16,34 % VersSt		125,28 €	
Jahresprämie 2015		891,99 €	

Erläuterungen:

① Zunächst wird die Prämie 1914 einschließlich Zuschläge/Prämien für zusätzliche Einschlüsse berechnet.

② Das Ergebnis stellt die Jahresprämie im Sinne von § 13 Nr. 1 Satz 2 VGB 2014 dar (also ohne evtl. Nachlässe). Im Sinne des Tarifs Wohngebäude (Basis VGB 2014) ist sie die Tarifprämie, von der die Nachlässe in Prozent zu berechnen sind.

③ Die Nachlässe werden multiplikativ (d. h. nacheinander und immer ausgehend vom letzten Zwischenergebnis) auf Cents genau berechnet.

④ Die um die Nachlässe verminderte Tarifprämie stellt hier das Versicherungsentgelt dar, von dem die VersSt zu berechnen ist.

c) Schritte der Prämienberechnung nach Tarif Wohngebäude (Basis VGB 2014) im Überblick

- **Bauartklasse** bestimmen
- **Tarifzonen** für LW, St/Hg und Elementar anhand der Postleitzahl bestimmen
- **Grundprämie** in Promille lt. Tarif für die versicherten Gefahren gem. Bauartklasse I, II oder Fertighausgruppe 1 bestimmen.
  Zuschlag zur Grundprämie bei anderen Bauartklassen oder Fertighausgruppen bestimmen.
- **Prämien in Promille für die gewünschten zusätzlichen Einschlüsse** bestimmen.
- Grundprämiensätze, Zuschläge und Prämien für zusätzliche Einschlüsse (alle in Promille) **addieren.**
- **Jahresprämie 1914** anhand der VS 1914 und der vorgenannten Summe der Promillesätze berechnen.
- **Jahresprämie** 1914 mit dem gültigen **Anpassungsfaktor** multiplizieren. Das Ergebnis stellt die Jahresprämie im Sinne von § 13 Nr. 1 Satz 2 VGB 2014 dar (also ohne evtl. Nachlässe).
- Die vorgenannte Jahresprämie ist zugleich die Tarifprämie im Sinne des Tarifs Wohngebäude (Basis VGB 2014) von der die **Nachlässe** in Prozent multiplikativ (d. h. nacheinander und immer ausgehend vom letzten Zwischenergebnis) zu berechnen sind, die dann zur endgültigen Tarifprämie führen.
- Die endgültige Tarifprämie stellt gleichzeitig das **Versicherungsentgelt** dar, von dem die **VersSt** zu berechnen ist.

2.7.3 Neuwert, Zeitwert, Gemeiner Wert als Versicherungswert

Anstelle der Gleitenden Neuwertversicherung kann die Versicherung auch zum Neuwert, Zeitwert oder Gemeinen Wert vereinbart werden. VGB 2014 § 10 Nr. 1

a) Definitionen

Der **Neuwert** ist der Betrag, der aufzuwenden ist, um Sachen gleicher Art und Güte in neuwertigem Zustand herzustellen, wobei der ortsübliche Neubauwert einschließlich Architektengebühren sowie sonstige Konstruktions- und Planungskosten maßgebend sind. Nr. 1 (b)

Der **Zeitwert** errechnet sich aus dem Neuwert abzüglich der Wertminderung, die sich aus Alter und Abnutzung ergibt. Nr. 1 (c)

Ist das Gebäude zum Abbruch bestimmt oder sonst dauernd entwertet, ist nur noch der erzielbare Verkaufspreis ohne Grundstücksanteile versichert **(Gemeiner Wert)**. Nr. 1 (d)

Der **Gemeine Wert** ist der für den VN erzielbare Verkaufspreis.

Eine dauernde Entwertung liegt insbesondere vor, wenn das Gebäude für seinen Zweck nicht mehr zu verwenden ist.

b) Prämienberechnung am Beispiel einer Versicherung zum Gemeinen Wert

Beispiel:

Der VN besitzt ein renovierungsbedürftig gewordenes Wohnhaus in 40464 Neuss, dessen Abriss irgendwann wegen einer Straßenbaumaßnahme geplant ist. Aus diesem Grunde beschließt er, die Renovierung nicht mehr durchzuführen, sondern am Ende des Jahres in ein neues Haus umzuziehen. Da auf dem Grundstück des alten Hauses noch eine Resthypothek lastet und der Hypothekengläubiger grundsätzlich in einem solchen Fall das Bestehen einer Feuerversicherung verlangt, soll das Haus ab der nächsten Versicherungsperiode zum Gemeinen Wert und nur gegen die Gefahr Feuer versichert werden (Versicherungsdauer 1 Jahr mit Verlängerungsklausel). Der Gemeine Wert wird mit 50 000,00 € festgestellt.

Wie hoch ist der Jahresbeitrag 2015 einschließlich VersSt?

Grundbeitrag lt. Tarif: F	0,20 ‰
Zuschlag (nicht ständig bewohntes Gebäude)	0,55 ‰

Lösung:

Versicherungsentgelt (50 000,00 € zu 0,75 ‰)	37,50 €	
– 5 % Zahlungsweise-Nachlass	1,88 €	35,62 €
Die Mindestprämie lt. Tarif ist anzusetzen		40,00 €
+ VersSt (nur Feuer) 13,2 %		5,28 €
Jahresprämie 2015		45,28 €

c) Umwandlung einer Gleitenden Neuwertversicherung in eine Neuwertversicherung, wenn der VN einer Erhöhung der Prämie mit dem Anpassungsfaktor widerspricht

Beispiel:

Lt. Versicherungsschein beträgt die Versicherungssumme »Wert 1914« 23 000,00 M, der Prämiensatz 0,75 ‰ und die Jahresprämie 1914 17,25 M (Versicherungsperiode 01.01. d. J. 0 Uhr – 31.12. d. J. 24 Uhr).

Im Jahr 2014 wurde diese mit dem Anpassungsfaktor 16,45 multipliziert und ergab als Jahresprämie ohne VersSt den Betrag von 283,76 € (=Versicherungsentgelt), der vom VN akzeptiert wurde.

Der Mitteilung über die Erhöhung der Jahresprämie 1914 mit dem Anpassungsfaktor 16,74 für 2015 widerspricht der VN rechtzeitig in Textform.

VGB 2014 § 13 Nr. 2 (c)

Der VN ist berechtigt, einer Erhöhung der Prämie infolge Erhöhung des Anpassungsfaktors in Textform zu widersprechen, und zwar innerhalb eines Monats nach Zugang der Mitteilung über die Erhöhung. Zur Fristwahrung genügt die rechtzeitige Absendung.

Widerspricht der VN fristgemäß, wird die Erhöhung nicht wirksam. Der Vertrag bleibt dann als **Neuwertversicherung** zur bisherigen letzten Prämie bestehen.

Die **VS für die Neuwertversicherung** wird wie folgt errechnet:

VS »Wert 1914« · 1/100 des Baupreisindexes für Wohngebäude vom Mai des Vorjahres

Der mittlere Baupreisindex von Mai des Vorjahres (hier: Mai 2014) beträgt 1 310,3 (siehe Indextabelle in B 2.7.1.2).

Beispiel (Fortsetzung):

Umwandlung in eine Neuwertversicherung ab dem 01. Jan. 2015

VS der Neuwertversicherung: 23 000 M · 1 310,3 / 100 =	301 369,00 €
Prämie:	
Versicherungsentgelt 2014 (sog. bisherige Prämie)	283,76 €
+ 16,34 % VersSt	46,37 €
neue Jahresprämie ab 2015	330,13 €

Die neue VS zur bisherigen Prämie (Versicherungsentgelt) führt auch zu einem neuen Prämiensatz, nämlich zu 0,94 ‰ (gerundet).

2.7.4 Neuordnung und vorzeitige Beendigung des Versicherungsvertrages

a) Neuordnung des Vertrages

Kommt es innerhalb der Versicherungsperiode zu einer Veränderung der Risikosituation, z. B. durch Anbauten, ist der Versicherungsvertrag neu zu ordnen und eine neue Prämie zu berechnen.

Grundsätzlich werden, wie auch bei der Hausratversicherung (vgl. A 3.4.3), die beiden nachstehenden Verfahren für die Durchführung einer Neuordnung unterschieden:

- **Änderung des bestehenden Vertrages und Erhebung einer Nachprämie für den Rest der Versicherungsperiode.**

  Eine Nachprämie wird immer dann berechnet, wenn es zu einer prämienerhöhenden Vertragsneuordnung kommt, die Versicherungsperiode selbst aber unverändert bleibt.

  Neues und altes Versicherungsentgelt für ein Versicherungsjahr werden gegenübergestellt und aus der Differenz p. r. t. (zeitanteilig) die Nachprämie berechnet.

  Die Nachprämie ist versicherungsteuerpflichtig.

- **Neuvertrag bei gleichzeitiger Aufhebung des bisherigen Vertrages und Verrechnung einer Rückprämie.**

  Eine zeitanteilige Rückprämie entsteht, wenn der bisherige Vertrag in der laufenden Versicherungsperiode aufgehoben wird.

  Die Rückprämie (ohne VersSt) wird von der neuen Prämie (ohne VersSt) abgezogen und nur für die Differenz die VersSt berechnet.

  Mit Beginn des neuen Vertrages beginnt auch eine neue Versicherungsperiode.

b) Rückprämie bei vorzeitiger Beendigung des Versicherungsvertrages

Bei vorzeitiger Vertragsbeendigung können die VGB 2014 oder das VVG die Rückerstattung unverbrauchter Prämienteile vorsehen. Das ist z. B. in den VGB 2014 bei der Kündigung durch den VN oder den VR nach Veräußerung der versicherten Sache der Fall. VGB 2014 § 20 Nr. 2 (d)

Maßgebliche Rechtsvorschrift im VVG für die Rückerstattung unverbrauchter Prämien bei vorzeitiger Vertragsbeendigung ist § 39 VVG.

VVG § 80 (2) Fällt das versicherte Interesse nach Beginn der Versicherung fort, steht dem VR eine Prämie in der Höhe zu, als sei der Vertrag von vornherein nur bis zum Zeitpunkt des Interessenwegfalls beantragt worden.

VGB 2014 § 21 Eine vorzeitige Vertragsbeendigung entsteht in erster Linie durch das Kündigungsrecht von VR und VN nach dem Versicherungsfall. Die Kündigung des VN wird sofort wirksam. Der VN kann jedoch bestimmen, dass seine Kündigung zu einem späteren Termin, spätestens jedoch zum Ende der laufenden Versicherungsperiode, wirksam wird. Der VR hat eine Kündigungsfrist von einem Monat einzuhalten.

Das Verfahren für die Berechnung einer Rückprämie entspricht dem beispielhaft für die Hausratversicherung dargestellten Verfahren (vgl. A 3.4.4).

- Der VN hat einen Anspruch auf Rückerstattung des unverbrauchten Prämienteils wenn der Vertrag vorzeitig beendet wird.
- Die Abrechnung erfolgt zeitanteilig (p.r.t.) wie in der Hausratversicherung.
- Die anteilige VersSt ist ebenfalls zu erstatten.

2.7.5 Obliegenheiten vor dem Versicherungsfall (Sicherheitsvorschriften)

§ 17 Nr. 1 Die Sicherheitsvorschriften zählen zu den vertraglichen Obliegenheiten des VN, die während der Vertragsdauer zu erfüllen sind. Sie dienen dazu, die versicherte Gefahr zu vermindern, drohende Gefahrerhöhungen zu verhüten und eingetretene Gefahrerhöhungen auszugleichen.

Wird eine der Sicherheitsvorschriften verletzt, hat der VR das Recht, den Vertrag innerhalb eines Monats ab Kenntnis von der Verletzung fristlos zu kündigen. Durch die fristlose Kündigung verliert der VN gleichzeitig den Versicherungsschutz, es sei denn, dass die Verletzung keinen Einfluss auf den Eintritt des Versicherungsfalles oder den Umfang der dem VR obliegenden Leistung gehabt hat.
Wurde die Sicherheitsvorschrift unverschuldet verletzt, hat der VR kein Kündigungsrecht und der Versicherungsschutz bleibt bestehen.

Die bedingungsgemäß zu beachtenden Sicherheitsvorschriften gelten für alle versicherten Gefahren. Dennoch dürfte ihr Hauptanwendungsfall die Leitungswasser- und Sturmversicherung sein.

Im Einzelnen gilt:

Nr. 1 (a)
- Der VN hat die versicherten Sachen, insbesondere Wasser führende Anlagen und Einrichtungen, Dächer und außen angebrachte Sachen stets **in ordnungsgemäßem Zustand zu erhalten** und Mängel oder Schäden unverzüglich beseitigen zu lassen.

  Durch diese Vorschrift wird deutlich, dass Kosten der Instandhaltung und Beseitigung von Mängeln nicht Gegenstand der Wohngebäudeversicherung sind.

Nr. 1 (b)
- Der VN hat nicht genutzte Gebäude oder Gebäudeteile **häufig zu kontrollieren** und dort alle Wasser führenden Anlagen und Einrichtungen abzusperren, zu entleeren und entleert zu halten.

  Nicht genutzte Gebäude sind unbewohnte, also leer stehende Gebäude. Ein infolge Urlaub oder Krankheit nicht bewohntes Haus gilt nicht als unbenutzt, wenn es ansonsten ständig bewohnt ist.
  Kann ein Gebäude infolge Umbau oder Renovierung insgesamt nicht genutzt werden, ist es **unbenutzt**. Der Versicherungsschutz in der Leitungswasser- und Sturmversicherung entfällt;

denn das Gebäude stellt sich als nicht bezugsfertig dar (vgl. §3 Nr. 4 (b), § 4 Nr. 4 (b) (aa) VGB 2014). Der Feuerversicherungsschutz bleibt jedoch unberührt.

- Der VN hat **in der kalten Jahreszeit** alle Gebäude und Gebäudeteile **zu beheizen** und dies genügend zu kontrollieren oder dort alle Wasser führenden Anlagen und Einrichtungen abzusperren, zu entleeren oder entleert zu halten. VGB 2014 § 17 Nr. 1 (c)
- Der VN hat zur Vermeidung von Überschwemmungs- bzw Rückstauschäden
  - in rückstaugefährdeten Räumen die Rückstausicherungen funktionsbereit zu halten und
  - Abflussleitungen auf dem Versicherungsgrundstück freizuhalten.

  Dieser Obliegenheit kommt eine besondere Bedeutung im Rahmen der vereinbarten Versicherung weiterer Elementargefahren zu.

Der VN muss sich auch das Verhalten seines Repräsentanten anrechnen lassen.

2.7.6 Veräußerung und Vererbung eines versicherten Gebäudes

Wohngebäude	
Formen des Eigentumswechsels	**Zeitpunkt des Eigentumsübergangs**
• Veräußerung → Kaufvertrag → Vorweggenommene Erbfolge	• Eintragung ins Grundbuch
• Erbfolge	• Tod des Erblassers
• Zwangsversteigerung	• Zeitpunkt des Zuschlags

2.7.6.1 Formen des Eigentumswechsels

➤ Veräußerung

Unter Veräußerung versteht man eine Eigentumsübertragung, der ein Rechtsgeschäft zugrunde liegt. Dieses Rechtsgeschäft ist in der Regel ein **Kaufvertrag.**

Die **vorweggenommene Erbfolge** gilt ebenfalls als Veräußerung; denn es wird ein Vertrag zwischen Erblasser und zukünftigem Erben geschlossen, wonach das Eigentum am Objekt bereits zu Lebzeiten auf den zukünftigen Erben übergehen soll.

Ein Vertrag, mit dem das Eigentum an einem Grundstück übertragen bzw. erworben werden soll, bedarf der notariellen Beurkundung. Da das Gebäude als wesentlicher Bestandteil eines Grundstückes nicht Gegenstand besonderer Rechte sein kann, wird es von dieser Vorschrift mit erfasst. BGB §§ 311 b, 93

➤ Erbfolge

Bei der Erbfolge handelt es sich nicht um eine Eigentumsübertragung, der ein Rechtsgeschäft vorausgegangen ist, sondern um einen Erwerb kraft Gesetzes.

➤ Zwangsversteigerung

Bei der Zwangsversteigerung findet der Eigentumsübergang kraft staatlichen Hoheitsaktes statt.

2.7.6.2 Zeitpunkt des Eigentumsübergangs

➤ Veräußerung

Die Veräußerung eines Grundstücks wird ins Grundbuch eingetragen. Mit dem Zeitpunkt der Eintragung erfolgt der Eigentumsübergang auf den Erwerber.

Die dingliche Einigung zwischen den Parteien, wonach das Eigentum übergehen soll, bezeichnet man als Auflassung, die ebenfalls der notariellen Beurkundung bedarf. Sie wird in der Praxis aber regelmäßig mit in den notariell beurkundeten Vertrag über den Verkauf bzw. die vorweggenommene Erbfolge aufgenommen, während die Grundbucheintragung und damit der Eigentumsübergang oft erst Monate später erfolgt.

➤ Erbfolge

Bei der Erbfolge erfolgt der Eigentumsübergang mit dem Tode des Erblassers.

➤ Zwangsversteigerung

Bei der Zwangsversteigerung geht das Eigentum mit dem Zuschlag im Versteigerungsverfahren über.

2.7.6.3 Auswirkungen auf den Versicherungsvertrag

VGB 2014 § 20

Die Rechtsfolgen bei einer **Veräußerung** sind in den VGB 2014 ausdrücklich geregelt. Insoweit ersetzen bzw. ergänzen sie die entsprechenden Vorschriften im VVG (§§ 95 ff. VVG).

Das VVG bestimmt, dass bei einer **Zwangsversteigerung** die Vorschriften über die Veräußerung der versicherten Sache (§ 99 VVG) entsprechend anzuwenden sind (siehe auch B 2.7.6.4).

a) Übergang des Versicherungsvertrages auf den neuen Eigentümer

Nr. 1 (a)

Bei einer **Veräußerung** tritt mit dem Eigentumsübergang (bei Immobilien das Datum des Grundbucheintrags) der Erwerber in die Rechte und Pflichten des Versicherungsnehmers ein. Er wird also Vertragspartner des VR. Für die Prämie der laufenden Versicherungsperiode haften jedoch der bisherige und der neue Eigentümer (Erwerber) als Gesamtschuldner.

Bei der **Erbfolge** tritt der Erbe in alle Rechte und Pflichten des Erblassers ein. Der Erbe bzw. eine Erbengemeinschaft ist deshalb zur Vertragsfortsetzung verpflichtet.

b) Anzeige der Veräußerung

Nr. 3

Sowohl der bisherige Eigentümer als auch der neue Eigentümer sind verpflichtet, die Veräußerung dem VR unverzüglich anzuzeigen. Die Anzeige muss in Textform erfolgen. Wird diese Obliegenheit verletzt, ist der VR unter folgenden Voraussetzungen leistungsfrei:

- Der Versicherungsfall tritt später als einen Monat nach dem Zeitpunkt ein, zu dem die Anzeige hätte zugehen müssen.
- Der VR weist nach, dass er den mit dem bisherigen Eigentümer bestehenden Vertrag mit dem neuen Eigentümer nicht geschlossen hätte.

Beispiel:

Der neue Eigentümer richtet in dem Gebäude ein Nachtlokal ein. Der Eigentumsübergang wird dem VR nicht angezeigt. Drei Monate später zünden unbekannte Täter das Nachtlokal an.

Nachtlokale gelten als besonders gefährdet. Hätte der VR von der jetzigen Verwendung des Gebäudes Kenntnis gehabt, hätte er von seinem nachstehend beschriebenen Kündigungsrecht Gebrauch machen können.

Die Leistungsablehnung wegen unterbliebener Anzeige ist daher nicht unbillig.

c) Kündigungsrechte der Vertragspartner

Bei einer Veräußerung oder Zwangsversteigerung hat der Erwerber das Recht, den Versicherungsvertrag mit sofortiger Wirkung oder zum Ende der laufenden Versicherungsperiode in Schriftform zu kündigen. Die Ausübungsfrist beträgt 1 Monat und beginnt mit dem Eigentumsübergang. VGB 2014 § 20 Nr. 2 (b)

In der Praxis geht die Eintragungsnachricht des Grundbuchamtes dem Erwerber gelegentlich erst nach Ablauf der Kündigungsfrist zu. Für diesen Fall sind die VR bereit, die Kündigung noch als rechtzeitig anzuerkennen, wenn sie der Erwerber unverzüglich nach der Information durch das Grundbuchamt ausspricht.

Hat der Erwerber keine Kenntnis vom Bestehen der Versicherung, beginnt die Ausübungsfrist erst, wenn er Kenntnis von der Versicherung erlangt.

Der Erbe aufgrund der gesetzlichen Erbfolge hat kein außerordentliches Kündigungsrecht aufgrund des Erwerbs, da er verpflichtet ist, den Vertrag fortzusetzen.

Der VR ist ebenfalls berechtigt, dem Erwerber das Versicherungsverhältnis mit einmonatiger Kündigungsfrist zu kündigen. Die Ausübungsfrist beträgt ebenfalls einen Monat und beginnt mit Zugang der Anzeige über den Eigentumsübergang. Nr. 2 (a)

Kündigen der Erwerber oder der VR den Versicherungsvertrag, so haftet nur der bisherige VN und nicht auch der Erwerber für die Zahlung der Prämie. Nr. 2 (c)

Bei Kündigung des Vertrages hat der VR nur Anspruch auf den Teil der Prämie, der der abgelaufenen Vertragszeit entspricht. Nr. 2 (d)

2.7.6.4 Bestimmungen zur Veräußerung der versicherten Sache im VVG

Das VVG enthält Regelungen VVG

- zum Eintritt des Erwerbers in das Versicherungsverhältnis, § 95 (1), (2)
- zur Kündigung nach Veräußerung, § 96 (1), (2)
- zur Anzeige der Veräußerung, § 97 (1)
- zur Anwendung der Vorschriften bei einer Zwangsversteigerung. § 99

Zu beachten ist ferner:

- Wird das Versicherungsverhältnis innerhalb der Versicherungsperiode beendet, endet auch die Zahlungspflicht zu diesem Zeitpunkt. § 39 (1) S. 1
- Für die Leistungsfreiheit bei unterlassener Anzeige muss folgende Voraussetzung erfüllt sein:

  Der VR muss nachweisen, dass er den übergegangenen Versicherungsvertrag mit dem Erwerber nicht geschlossen hätte. § 97 (1) S. 2
- Der VR kann sich auf eine Bestimmung des Versicherungsvertrages, durch die von den Regelungen zur Veräußerung der versicherten Sache im VVG zum Nachteil des Erwerbers abgewichen wird, nicht berufen. § 98

Diese VVG-Normen kommen für den Bereich der Wohngebäudeversicherung im Wesentlichen nur bei der Berufung auf Leistungsfreiheit zum Tragen, da durch die VGB 2014 die Rechtsverhältnisse nach Eigentumsübergang, die Kündigungsrechte und die Anzeigepflichten vertraglich geregelt sind.

Lernkontrollen zu B 2.7

Verwenden Sie bei den folgenden Aufgaben den Tarif im **Proximus 3 Bedingungswerk,** soweit dies erforderlich ist.

Ermittlung der Versicherungssumme

1 Berechnen Sie die VS »Wert 1914«.

a) Baukosten für ein Mehrfamilienhaus im Jahr 1950 180 000,00 DM
Baunebenkosten 15 %

b) Baukosten für ein Einfamilienhaus im Jahr 1970
einschließlich Nebenkosten 220 000,00 DM
Anbau im Jahr 1983 50 000,00 DM

c) Ein VN legt folgende DM-Rechnungen aus dem Jahr 1994 vor und bittet, seine VS 1914 von 20 000,00 M richtig anzupassen (Rundung der Erhöhungssumme auf volle 100,00 M).

Isolierverglasung einschließlich Einbaukosten	24 000,00 DM
Wärme dämmende Maßnahmen	30 000,00 DM
Erneuerung des Daches	15 000,00 DM
Dachausbau	25 000,00 DM
Renovierung des übrigen Hauses	12 000,00 DM

2 Berechnen Sie die VS »Wert 1914« mithilfe des Summenermittlungsbogens. Das Ergebnis ist auf volle 100 M zu runden.

a) Bungalow mit nicht ausgebautem Keller, Leichtmetallfenster, Fußbodenheizung, Edelholzverkleidung an den Decken, eine angebaute Garage, Wohnfläche 156 m².

b) Zweieinhalbgeschossiges Wohnhaus (Dachgeschoss ausgebaut) mit Keller, Naturschieferdach, Handstrichklinker, Teppichböden in hochwertiger Qualität, Edelholztüren, 280 m² Wohnfläche, 40 m² ausgebaute Kellerfläche, 2 Garagen sind am Haus angebaut.

Tarifierung

3 Berechnen Sie die Prämie 2015 (jährliche Zahlungsweise) einschließlich VersSt für folgende Verbundene Wohngebäudeversicherungen, wobei ein Dauerrabatt nicht zu berücksichtigen ist:

a) VS »Wert 1914«: 23 500,00 M; versicherte Gefahren: Feuer, Leitungswasser, Sturm, Hagel; Grundbeitrag einschließlich Zuschläge: 1,1 ‰.

b) VS »Wert 1914«: 27 300,00 M; versicherte Gefahren: Leitungswasser, Sturm, Hagel; Grundbeitrag: 0,85 ‰.

c) Einfamilienhaus (Erdgeschoss, Flachdach, nicht ausgebauter Keller), Wohnfläche 120 m²; versicherte Gefahr: nur Feuer; Beitragssatz: 0,20 ‰.

4 Die VN Renate Handick wünscht ein Versicherungsschutzangebot zum Grundbeitrag (ohne Selbstbeteiligung) mit einjähriger Vertragsdauer für ihr 40 Jahre altes Wohnhaus in 67547 Worms.

- **Objektdaten**

  Sie ermitteln folgende Objektdaten:

  Zweigeschossiges Wohnhaus mit nicht ausgebautem Dachgeschoss und ohne Unterkellerung, Ausführung in Holzfachwerk mit Steinfüllung, Ziegeldach, Ofenheizung, Wohnfläche 120 m²

- **Arbeitsauftrag**

  Unterbreiten Sie ein Versicherungsschutzangebot mit Prämienberechnung für das Jahr 2015, wenn die Jahresprämie in einer Summe gezahlt wird.

5 Das Haus des VN wird in absehbarer Zeit dem Braunkohletagebau im linksrheinischen Tagebaugebiet Garzweiler II weichen müssen. Der VN beschließt, schon heute diese Region zu verlassen.

Sein Haus bleibt unbewohnt und soll ab der nächsten Versicherungsperiode bis zum Ankauf durch den Tagebaubetreiber in ca. 1 ½ Jahren nur gegen die Gefahr Feuer versichert werden. Der Gemeine Wert wird mit 30 000,00 € ermittelt.

Lage des Objektes: 41812 Erkelenz-Keyenberg

Berechnen Sie die zu zahlende Jahresprämie einschl. VersSt. bei jährlicher Zahlungsweise.

6 Die Beitragsrechnung 2015 für eine Verbundene Wohngebäudeversicherung mit einer VS »Wert 1914« von 24 600,00 M lautet einschließlich 16,34 % VersSt über eine Jahresprämie von 477,89 €. Es ist jährliche Prämienzahlung vereinbart (kein Dauernachlass).

Welcher Prämiensatz wurde zugrunde gelegt?

7 Die mit dem Anpassungsfaktor für 2015 vervielfachte Jahresprämie 1914 beträgt 388,03 € (ohne VersSt).

a) Wie hoch ist die Jahresprämie 1914?

b) Wie hoch ist die VS »Wert 1914«, wenn dem Vertrag ein Prämiensatz von 0,95 ‰ zugrunde liegt?

Zuschläge und Nachlässe

8 Die VS »Wert 1914« für ein größeres Mehrfamilienhaus wird mit 80 500,00 M ermittelt. Für die Einzelgefahren gelten folgende Grundprämiensätze:

– Feuer (Bauartklasse I)	0,20 ‰
– Leitungswasser (Tarifzone 2)	0,35 ‰
– Sturm (Tarifzone 1)	0,25 ‰

Folgende Prämien für zusätzliche Einschlüsse werden erhoben:

– Klausel PK 7160	0,05 ‰
– Klausel PK 7167	0,10 ‰
– Klausel PK 7260	0,10 ‰
– Klausel PK 7262	0,20 ‰
– Klausel PK 7362	0,15 ‰

Wie hoch ist die vierteljährliche Prämie im Jahr 2015 einschließlich VersSt für eine 3-jährige Versicherungsdauer?

9 Die Kundin Monika Ahlers hält zwei Versicherungsschutzangebote (Gleitende Neuwertversicherung mit 500,00 € Selbstbeteiligung je Schadensfall, einjährige Vertragsdauer) für ihr Einfamilienhaus in Händen. Versicherer A nennt als Grundprämiensatz 1,05 ‰ und gewährt aufgrund der Selbstbeteiligung einen Rabatt von 20 % auf die Jahresprämie. Versicherer B nennt eine Jahresprämie im Jahr 2015 von 369,48 € und vermerkt, dass der Grundprämiensatz um 0,10 ‰ wegen der Selbstbeteiligung gemindert werden konnte. Beide VR haben 24 800,00 M als VS »Wert 1914« zugrunde gelegt.

Beide VR weisen in ihren Angeboten darauf hin, dass sich die Jahresprämie noch um einen Dauernachlass von 10 % bei vereinbarter 3-jähriger Versicherungsdauer, sowie einem Zahlungsweise-Nachlass verringern kann, was mangels Antrag noch nicht berücksichtigt sei. In jedem Falle erhöht sich die Prämie aber noch um die gesetzliche VersSt.

a) Welche Versicherung ist bei sonst gleichen Leistungen für die Kundin günstiger? Begründen Sie Ihre Aussage anhand der angestellten Berechnungen (ohne Dauer- und Zahlungsweise-Nachlass).

b) Wie hoch ist der Grundprämiensatz (Prämiensatz ohne Minderung wegen vereinbarter Selbstbeteiligung) bei VR B?

10 Der Kunde Holger Müller bittet um ein Versicherungsschutzangebot für sein Mehrfamilienhaus.

Sie haben folgende Daten ermittelt:
- Wohngebäude der Bauartklasse II in 34353 Staufenberg
- Baukosten im Jahr 1988 1 710 000,00 DM
- Baunebenkosten 140 000,00 DM

Der Kunde wünscht als Ergebnis des Beratungsgespräches
- eine Gleitende Neuwertversicherung mit den versicherten Gefahren Feuer, Leitungswasser, Sturm/Hagel
- Mitversicherung von Überspannungsschäden bis zu 1 % der VS
- Klausel PK 7363 – Aufräumungskosten für Bäume bis 2 000,00 €
- Selbstbeteiligung von 500,00 € je Versicherungsfall

Arbeitsauftrag

Erstellen Sie das Versicherungsschutzangebot (halbjährliche Prämienzahlung, 3-jährige Dauer)

Neuordnung des Vertrages

11 Für eine gleitende Neuwertversicherung gelten folgende Daten:

VS »Wert 1914« 22 000,00 M, Versicherungsperiode 01.01. d. J. 0 Uhr – 31.12. d. J. 24 Uhr, Prämiensatz 0,75 ‰, Vertragsdauer 1 Jahr mit Verlängerungsklausel. Der VN hat im laufenden Jahr 2013 einen Anbau errichten lassen. Durch einen Sachverständigen wird ermittelt, dass der VW 1914 durch diesen Anbau um 3 000,00 M gestiegen ist.

Der Vertrag soll ab 10. April d. J. dergestalt neu geordnet werden, dass die Wertsteigerung durch den Anbau mitversichert ist.

Wie hoch ist die Nachprämie einschließlich VersSt im Jahr 2015?

12 Bei einem Kundenbesuch stellen Sie fest, dass der VN bereits im Jahr 1994 sein Haus um einen Anbau erweitert hat. Der VN beziffert die damaligen Baukosten in DM einschließlich Baunebenkosten für den Anbau auf 95 000,00 DM.

- **Vertragsdaten**
  In Ihrer Kundendatenbank sind folgende Vertragsdaten vermerkt:

VS »Wert 1914«	27 800,00 M
Grundprämiensatz	0,95 ‰
Prämie für den Einschluss der Klausel PK 7160	0,05 ‰
Versicherungsperiode	01.01. d.J. 0 Uhr – 31.12. d.J. 24 Uhr

- **Arbeitsauftrag**
  Unterbreiten Sie dem Kunden ein Angebot zur Vertragsanpassung ab dem 01. Aug. 2013, wobei die Versicherungsperiode unverändert bleiben soll. Ein Dauerrabatt ist nicht zu berücksichtigen (jährliche Zahlungsweise).

13 Ein Wohngebäude ist mit einer VS »Wert 1914« von 43 700,00 M zu einem Prämiensatz von 1,35 ‰ einschließlich Zuschläge versichert (Versicherungsperiode 15.02. d.J. 0 Uhr – 14.01. n.J. 24 Uhr, Vertragsdauer < 3 Jahre, jährliche Zahlungsweise).

Ab 01. Sept. 2015 erfolgt eine Vertragsneuordnung:

Die VS 1914 wird um 5 600,00 M erhöht, der Prämiensatz für das Risiko auf 1,50 ‰ einschließlich Prämie für zusätzliche Einschlüsse festgesetzt. Die Vertragsdauer bleibt unverändert (neue Versicherungsperiode 01.09. d.J. 0 Uhr – 31.08. n.J. 24 Uhr).

a) Wie viel € einschl. 16,34 % VersSt betrug die zum 15. Febr. 2015 gezahlte Jahresprämie?
b) Für wie viel Tage wird die Prämie aus dem Vorvertrag angerechnet?
c) Wie hoch ist die unverbrauchte Prämie ohne VersSt aus dem Vorvertrag?
d) Wie hoch ist die Prämienschuld am 01. Sept. 2015 einschließlich VersSt unter Berücksichtigung der unverbrauchten Prämie aus dem Vorvertrag?
e) Erstellen Sie die Abrechnung für den Fall, dass die bisherige Versicherungsperiode beibehalten und eine Nachprämie ab dem 01. Sept. 2015 für den Rest der Versicherungsperiode erhoben wird.

Vorzeitige Vertragsbeendigung

14 Für eine Gleitende Neuwertversicherung (Versicherungsperiode 15.04. d.J. 0 Uhr – 14.04. n.J. 24 Uhr) zahlt der VN eine Jahresprämie von 504,45 € einschließlich 16,34 % VersSt. Nach einem Schadensfall kündigt der VR den Versicherungsvertrag bedingungsgemäß am 20. Okt. d.J. Das Kündigungsschreiben geht dem VN am 21. Okt. d.J. zu.

Berechnen Sie die Rückprämie einschließlich 16,34 % VersSt.

Veräußerung und Vererbung

15 Zu welchem Zeitpunkt geht die Wohngebäudeversicherung zu einem Gebäude auf den Erwerber über, wenn das betreffende Gebäude erworben wird

a) durch einen Vertrag zwischen Veräußerer und Erwerber,
b) durch eine testamentarische Verfügung des Erblassers,
c) in einem Zwangsversteigerungsverfahren?

16 Die Erbengemeinschaft der Erblasserin Gerda Amelung verkauft das durch Erbfolge erworbene Grundstück mit Wohngebäude an den Kaufinteressenten Heinz Berthold. Da ein Versicherungsschein im Nachlass nicht gefunden wird, geht man davon aus, dass eine Wohngebäudeversicherung nicht besteht. Der Erwerber Heinz Berthold beantragt deshalb nach erfolgter Grundbucheintragung bei der Proximus Versicherung AG eine Wohngebäudeversicherung nach VGB 2014. Genau zu dieser Zeit gelangt eine von der Südstern Versicherung VVaG verschickte und an Frau Gerda Amelung adressierte Prämienrechnung über die zweite Halbjahresprämie der laufenden Versicherungsperiode in die Hände der Erbengemeinschaft. Diese erfährt jetzt vom Bestehen einer Wohngebäudeversicherung für das geerbte und inzwischen verkaufte Gebäude. Die Mehrheit der Erben fühlt sich nicht mehr zuständig und man beschließt, die Prämienrechnung an den Käufer Heinz Berthold weiterzuleiten.

Fragestellungen

a) Herr Berthold wendet sich telefonisch an die Proximus Versicherung AG. Er möchte, dass auf jeden Fall die dort beantragte Versicherung zustande kommt, da alle seine Versicherungen bei der Proximus Versicherung AG bestehen. Sie nehmen dieses Telefongespräch entgegen und erfahren auch, dass die vereinbarte VS »Wert 1914« durch einen Sachverständigen ermittelt wurde, also richtig ist. Klären Sie Herrn Berthold über die Rechtslage und wie er sich ggf. verhalten muss, auf.

b) Eine der Erben möchte es genauer wissen und teilt deshalb der Südstern Versicherung VVaG die Sachlage und den Namen sowie die Anschrift des Erwerbers mit. Was würden Sie dem Erben in einem Antwortbrief mitteilen, wenn Sie bei der Südstern Versicherung VVaG beschäftigt wären?

17 Arne Müller hat am 10. April d. J. bei einer Zwangsversteigerung ein Einfamilienhaus angesteigert. 6 Wochen später erhält er von der Südstern-Versicherung VVaG ein Schreiben, dass die am 1. Januar d. J. fällig gewesene Jahresprämie noch unbezahlt sei. Er wird aufgefordert, diese Prämie als neuer Eigentümer des Hauses zu zahlen.

Arne Müller, der alle seine Versicherungen bei der Proximus Versicherung AG unterhält, möchte auch gerne das erworbene Einfamilienhaus dort versichert sehen und bittet Sie um Rat, wie er sich verhalten soll.

Beraten Sie den Kunden sachgerecht.

2.8 Versicherungsfall

2.8.1 Eintritt des Versicherungsfalles

In der Wohngebäudeversicherung gilt als Versicherungsfall die Zerstörung, Beschädigung oder das Abhandenkommen von versicherten Sachen durch Eintritt einer versicherten Gefahr. Ebenso als Versicherungsfall gelten die aufgezeigten Bruchschäden bei der Gefahr Leitungswasser (vgl. B 2.2.2). Kostenschäden oder Mietausfallschäden sind keine eigenständigen Versicherungsfälle. VGB 2014 § 1 Nr. 1

Grundsätzlich wird nur während der materiellen Dauer des Versicherungsvertrages Versicherungsschutz gewährt.

2.8.2 Obliegenheiten im Versicherungsfall

a) Bedeutung der Obliegenheiten

Die Obliegenheiten im Versicherungsfall dienen § 19

- der Minderung und Abwendung von Schäden,
- der Feststellung des Schadens dem Grunde nach,
- der Ermittlung der Schadenhöhe.

➤ Minderung und Abwendung von Schäden

Der VN hat den Schaden nach Möglichkeit abzuwenden oder zu mindern und dabei die Weisungen des VR zu befolgen. Ggf. hat er solche Weisungen einzuholen, wenn die Umstände es gestatten.

➤ Feststellung des Schadens dem Grunde nach

Der VN hat dem VR den Schaden unverzüglich anzuzeigen, dabei für Aufklärung zu sorgen und die notwendigen Auskünfte zu erteilen, damit der VR die Leistungspflicht dem Grunde nach beurteilen kann. Das Schadenbild ist hierfür nach Möglichkeit unverändert zu lassen oder ggf. nachvollziehbar zu dokumentieren. Sind versicherte Gebäudebestandteile abhanden gekommen, sind dem VR und der zuständigen Polizeidienststelle unverzüglich ein Verzeichnis der abhanden gekommenen Gegenstände einzureichen. Strafbare Handlungen (z. B. Brandstiftung) sind unverzüglich der Polizei anzuzeigen.

Durch die unverzügliche Schadenanzeige wird der VR auch in die Lage versetzt, Maßnahmen zur Schadenminderung einzuleiten. Bei Sturmschäden könnte er eine Notreparatur veranlassen, um weiteren Schäden vorzubeugen.

➤ Ermittlung der Schadenhöhe

Die Aufklärungs- und Auskunftspflicht des VN soll dem VR ferner ermöglichen, die Höhe des Schadens festzustellen. Hierfür kann er Belege in Form von Kostenvoranschlägen oder Reparaturrechnungen verlangen.

b) Rechtsfolgen bei Obliegenheitsverletzung

Die Rechtsfolgen einer Obliegenheitsverletzung bei Eintritt des Versicherungsfalles entsprechen den für diesen Fall schon zur Hausratversicherung dargestellten Rechtsfolgen (vgl. A 5.1.4).

Im Einzelnen gilt auch hier:

- Bei vorsätzlicher Verletzung ist der VR leistungsfrei.
- Bei grob fahrlässiger Verletzung ist der VR berechtigt, seine Leistung im Verhältnis der Schwere des Verschuldens des VN zu kürzen.

Der VN behält den Versicherungsschutz bei grober Fahrlässigkeit, wenn die Verletzung weder die Feststellung des Versicherungsfalles noch die Bemessung der Leistung beeinflusst hat.

Wird eine Auskunfts- oder Aufklärungsobliegenheit verletzt, ist der VR nur dann vollständig oder teilweise leistungsfrei, wenn er den VN zuvor gesondert in Textform auf diese Rechtsfolge hingewiesen hat.

2.8.3 Entschädigungsberechnung

a) Versicherung zum Gleitenden Neuwert oder Neuwert

➤ Sachschaden

Der VR ersetzt in der Gleitenden Neuwertversicherung und in der Neuwertversicherung

VGB 2014 § 14 Nr. 1 (a) (aa)
- bei **zerstörten Gebäuden** die ortsüblichen **Wiederherstellungskosten** des Gebäudes einschließlich der Architektengebühren sowie Konstruktions- und Planungskosten;

Nr. 1 (a) (bb)
- bei **beschädigten Gebäuden** oder sonstigen **beschädigten Sachen** die notwendigen **Reparaturkosten** unmittelbar vor Eintritt des Versicherungsfalles zuzüglich einer **Wertminderung,** die durch Reparatur nicht auszugleichen ist, höchstens jedoch den VW bei Eintritt des Versicherungsfalles;
  Reparaturkosten, die über das notwendige Maß hinausgehen, werden nicht ersetzt. Das kann z. B. der Fall sein, wenn der VN für die Reparatur eine aufwändigere Dacheindeckung **(= Wertsteigerung)** verlangt.

  Ist eine Reparatur technisch möglich, aber wirtschaftlich nicht sinnvoll, weil die Reparaturkosten den Neuwert übersteigen, liegt ebenso ein Totalschaden vor wie bei vollständiger Zerstörung. Grundlage für die Entschädigungsberechnung ist dann der Neuwert, wobei Restwerte in Abzug gebracht werden.

Nr. 1 (a) (cc)
- bei **zerstörten oder abhanden gekommenen Sachen** den **Wiederbeschaffungspreis** von Sachen gleicher Art und Güte im neuwertigen Zustand bei Eintritt des Versicherungsfalles.

Nr. 1 (c) **Restwerte** werden angerechnet.

➤ Wiederherstellungsklausel

Nr. 7 Der VN erwirbt den Anspruch auf **Zahlung des den Zeitwertschaden übersteigenden Betrages (Neuwertanteil)** nur, soweit er innerhalb von drei Jahren nach Eintritt des Versicherungsfalles sichergestellt hat, dass er die Entschädigung zum Wiederaufbau bzw. zur Wiederbeschaffung verwendet **(Wiederherstellungsklausel).**

Ist ein Wiederaufbau an der bisherigen Stelle nicht möglich oder wirtschaftlich nicht zu vertreten, genügt es, wenn das Gebäude an anderer Stelle innerhalb der Bundesrepublik Deutschland wieder hergestellt wird.

➤ Mehrkosten durch behördliche Wiederherstellungsbeschränkungen

Siehe hierzu auch B 2.4.2.a. Sie können entstehen,

- wenn die versicherte Sache **aufgrund öffentlich-rechtlicher Vorschriften** nicht in derselben Art und Güte wiederhergestellt oder wiederbeschafft werden darf. VGB 2014 § 8 Nr. 2 (a)

> **Beispiel:**
> Das Gebäude wurde im Jahr 1988 errichtet und im Jahr 2002 durch einen genehmigten Anbau erweitert. Im Jahr 2009 ist die Energiesparverordnung 2009 in Kraft getreten, die aufwändigere Dämmmaßnahmen bei Neubauten vorsieht. Nach einem Dachstuhlbrand sind die geforderten Dämmmaßnahmen vorzunehmen.

Hätte die Anordnung zur Dämmung auch für Altbauten gegolten und hätte der VN die geforderte Dämmung bis zum Eintritt des Versicherungsfalles noch nicht vorgenommen, würden die jetzt hierfür entstehenden Mehrkosten beim Wiederaufbau nicht ersetzt. Nr. 2 (b)

- wenn die versicherte und vom Schaden betroffene Sache **aufgrund behördlicher Wiederherstellungsbeschränkungen** nur an anderer Stelle wiederhergestellt werden darf. Nr. 2 (c)

> **Beispiel:**
> Der neue Flächennutzungsplan weist die Gegend, in der das vom Versicherungsfall betroffene Gebäude steht, als Naturschutzgebiet aus. Baugenehmigungen werden für dieses Gebiet nicht mehr erteilt.

Die dadurch entstehenden Mehrkosten werden nur in dem Umfang ersetzt, in dem sie auch bei Wiederherstellung an bisheriger Stelle entstanden wären.

➤ Mehrkosten durch Preissteigerungen nach Eintritt des Versicherungsfalles

> **Beispiel:**
> Die Tarifpartner im Baugewerbe haben sich zwischenzeitlich auf eine 4 %-ige Lohnsteigerung verständigt, wodurch sich der Wiederaufbau verteuert.

Mehrkosten durch Preissteigerungen zwischen Eintritt des Versicherungsfalles und unverzüglicher Wiederherstellung bzw. Wiederbeschaffung werden vom VR ersetzt. Nr. 3 (a)

Verzögert der VN die Wiederherstellung, werden nur die Mehrkosten einer unverzüglichen Wiederherstellung ersetzt. Mehrkosten durch außergewöhnliche Ereignisse, Betriebsbeschränkungen oder Kapitalmangel sind nicht versichert. Nr. 3 (b), (c)

➤ Entschädigungsgrenze für versicherte Mehrkosten

Sie werden ersetzt:

- in der Gleitenden Neuwertversicherung bis maximal 5 % der mit dem gültigen Anpassungsfaktor multiplizierten VS »Wert 1914«; Nr. 4 (a)
- in der Neuwert- und Zeitwertversicherung oder wenn nur noch der gemeine Wert ersetzt wird, bis maximal 5 % der VS. Nr. 4 (b)

Beispiel: Sachschaden und Mehrkosten:

Ein Zweifamilienhaus wird im Jahr 2015 durch eine Gasexplosion zerstört und das Dach der angebauten Garage beschädigt. Wiederaufbau und Reparatur werden unverzüglich veranlasst.

Zum Zeitpunkt des Schadeneintritts gelten folgende Daten:

VS »Wert 1914«	20 000,00 M
Gebäudeneuwert einschl. Architekten-/Planungskosten	190 000,00 €
Zeitwert	125 000,00 €
Restwert	10 000,00 €
Mehrkosten für den Wiederaufbau infolge behördlicher Auflagen bei unverzüglicher Wiederherstellung	7 500,00 €
Neuwertschaden am Garagendach	5 000,00 €
Zeitwertschaden	3 000,00 €
tatsächliche Reparaturkosten des Garagendachs infolge aufwändigerer Dacheindeckung	7 000,00 €

Lösung:

Entschädigung für das Gebäude		
Neuwertschaden	190 000,00 €	
+ Mehrkosten infolge behördlicher Auflagen	7 500,00 €	
– Restwert	10 000,00 €	
	187 500,00 €	①
Entschädigung für die Garage		
Reparaturkosten	7 000,00 €	
– Wertsteigerung durch aufwändigere Dacheindeckung	2 000,00 €	
	5 000,00 €	②

Erläuterungen:

① Der VR ersetzt den Neuwertschaden und die Mehrkosten infolge behördlicher Auflagen, zieht einen Restwert von der Entschädigung jedoch ab. Die Mehrkosten (ausgenommen infolge von Preissteigerungen) wären bis 5 % der VS »Wert 1914«, multipliziert mit dem Anpassungsfaktor, also im Jahr 2015 bis 16 470,00 € (= 5 % von 20 000,00 M · 16,74) im Beispielsfall gedeckt. Ohne Wiederaufbau bzw. Reparatur oder wenn nur der Zeitwert als VW vereinbart wäre, hätte der VR ersetzt:

Zeitwertschaden am Gebäude	125 000,00 €
+ Mehrkosten	7 500,00 €
– Restwert	10 000,00 €
	122 500,00 €

② Die Wertsteigerung infolge Reparatur ist hier nicht versichert, da die notwendigen Reparaturkosten überschritten werden. Ohne Reparatur der Garage hätte der VR nur den Zeitwertschaden von 3 000,00 € ersetzt.

Anmerkung: Soweit ein Selbstbehalt vereinbart ist, wird dieser von der ermittelten Entschädigung abgezogen.

➤ Kosten, Aufwendungsersatz und Mietausfall

VVG § 83 (1)

Aufwendungen zur Abwendung und Minderung des Schadens (**Schadenabwendungs- und Schadenminderungskosten**), die der VN bei Eintritt des Versicherungsfalles für geboten halten durfte, werden erstattet (sog. **Aufwendungsersatz**). Der Aufwendungsersatz ist bereits im Rahmen der Hausratversicherung dargestellt (vgl. A 2.5.2).

Die Entschädigung für **Aufräumungs- und Abbruchkosten, Bewegungs- und Schutzkosten** ist begrenzt

- in der Gleitenden Neuwertversicherung auf 5 % der VS »Wert 1914«, multipliziert mit dem im Zeitpunkt des Versicherungsfalles für den Vertrag geltenden Anpassungsfaktor, VGB 2014 § 7 Nr. 2 (a)
- sofern als VW nicht der gleitende Neuwert vereinbart ist, oder wenn nur noch der gemeine Wert ersetzt wird, auf 5 % der VS. Nr. 2 (b)

Mietausfall und Nebenkosten für vermietete Wohnräume oder **Mietwert** der selbst genutzten Wohnung werden für höchstens 12 Monate seit dem Eintritt des Versicherungsfalles ersetzt, soweit nicht etwas anderes vereinbart ist. § 9 Nr. 2 (a)

Beispiel: Kostenschaden und Mietausfall

Im Zusammenhang mit dem Explosionsschaden am Zweifamilienhaus macht der VN geltend:

Aufräumungs- und Abbruchkosten	17 300,00 €	
Mietwert der selbst genutzten Wohnung (300,00 € für 14 Monate)	4 200,00 €	
Mietausfall für die Einliegerwohnung (250,00 € für 14 Monate)	3 500,00 €	
Lösung:		
Entschädigung für Aufräumungs- und Abbruchkosten	16 740,00 €	①
Entschädigung für den Mietwert (12 · 300,00 €)	3 600,00 €	②
Entschädigung für den Mietausfall (12 · 250,00 €)	3 000,00 €	②
Entschädigung für Kosten und Mietausfall	23 340,00 €	

Erläuterungen:

① 5 % von 20 000,00 M (VS 1914) = 1 000,00 M
1 000,00 M · 16,74 (Anpassungsfaktor 2015) = 16 740,00 €

② Es werden höchstens 12 Monate berücksichtigt, sofern nichts anderes vereinbart ist.

➤ Mehrwertsteuer

Die Mehrwertsteuer wird nur unter bestimmten Voraussetzungen ersetzt (siehe unter e). § 13 Nr. 6

➤ Selbstbehalt

Im Rahmen der Wohngebäudeversicherung kann ein Selbstbehalt vereinbart werden. Klausel PK 7761

Beispiel: Tarif Wohngebäude (Basis VGB 2014)

Rabatt wegen Selbstbeteiligung (Klausel PK 7761)

Wird je versicherte Gefahr eine Selbstbeteiligung in Höhe von 500,00 € je Versicherungsfall vereinbart, so kann der Tarifbeitrag (einschließlich aller Zuschläge) reduziert werden (**20%**).

Die errechnete Entschädigungsleistung wird dann um diesen Selbstbehalt von 500,00 € gekürzt. Dies gilt nicht für Schadenabwendungs- oder Schadenminderungskosten. Je nach vereinbartem Selbstbehaltsmodell entsteht bei Kleinschäden keine Leistungspflicht des VR.

Gegenüber einer Versicherung ohne Selbstbehalt ist die Prämie bei vereinbartem Selbstbehalt günstiger.

- Anspruch auf Neuwertentschädigung besteht nur bei Wiederbeschaffung oder Wiederherstellung beschädigter Sachen.
- Restwerte und Selbstbehalte werden abgezogen.
- Bei der Entschädigung für Kosten und Mietausfall sind die Entschädigungsgrenzen zu beachten.

b) Versicherung zum Zeitwert

VGB 2014 § 14 Nr. 2 Ist als VW der Zeitwert vereinbart worden, steht dem VN auch nur die Entschädigung zum Zeitwert zu. Das ist bei zerstörten Gebäuden der Neuwert unmittelbar vor Eintritt des Versicherungsfalles abzüglich der Wertminderung durch Alter und Abnutzung.

Bei beschädigten Sachen werden die notwendigen Reparaturkosten zuzüglich einer durch Reparatur nicht auszugleichenden Wertminderung, höchstens jedoch der Zeitwert bei Eintritt des Versicherungsfalles, erstattet.

c) Versicherung zum Gemeinen Wert

Nr. 3 Bei **zum Abbruch bestimmten** oder sonst **dauernd entwerteten Gebäuden** wird nur der erzielbare **Verkaufspreis** ohne Grundstücksanteile **(Gemeiner Wert)** entschädigt.

d) Begrenzung der Gesamtentschädigung in der Neuwert- und Zeitwertversicherung

Nr. 8 Die Gesamtentschädigung für versicherte Sachen, versicherte Kosten und versicherten Mietausfall ist auf die VS beschränkt, wenn als VW der Neuwert oder Zeitwert vereinbart wurde.

Durch den VR veranlasste Schadenabwendungs- und Schadenminderungskosten werden unbegrenzt ersetzt.

e) Mehrwertsteuer und Entschädigung

Nr. 6 Die Mehrwertsteuer wird nicht ersetzt, wenn der VN vorsteuerabzugsberechtigt ist oder sie tatsächlich nicht gezahlt hat. Das gilt sowohl für die Entschädigung der Sachschäden als auch der Kostenschäden sowie des Mietausfalls bzw. Mietwertes.

2.8.4 Anrechnung einer Unterversicherung

Grundgedanke der VGB 2014 ist es, auf die Einrede der Unterversicherung zu verzichten, wenn die VS »Wert 1914« nach einer der drei in den VGB 2014 angebotenen Alternativen bestimmt und der Unterversicherungsverzicht vereinbart wurde (vgl. B 2.7.1.3).

a) Unterversicherung trotz Gleitender Neuwertversicherung

Zur Feststellung und Anrechnung einer Unterversicherung kann es kommen, wenn der VN

- die VS »Wert 1914« zwar nach einem der drei Verfahren ermittelt hat, ein Unterversicherungsverzicht aber nicht vereinbart wurde,
- den Baupreis eines Jahres falsch angegeben hat,

  Im Umkehrschluss zu § 12 Nr. 1 (b) VGB 2014 ist die daraus berechnete VS dann als nicht richtig ermittelt anzusehen.
- den Summenermittlungsbogen grob fahrlässig oder vorsätzlich fehlerhaft ausgefüllt hat,

Der VR wird für diesen Fall nach den Regeln über die Anzeigepflichtverletzung verfahren (Rücktritt bzw. Kündigung, Vertragsanpassung). In jedem Falle ist er trotz Unterversicherungsverzichtsvereinbarung berechtigt, eine Unterversicherung im Versicherungsfall zu berücksichtigen. VGB 2014 § 12 Nr. 2 (b)

- später Anbauten, Wertverbesserungen u.dgl. vorgenommen und dies nicht angezeigt hat,

Bis zum Schluss der laufenden Versicherungsperiode sind Maßnahmen, die den Wert des Gebäudes erhöhen, noch versichert. Nr. 2 (c) S. 2

- die VS 1914 selbst ermitteln wollte und diese zu niedrig ermittelt hat,

Nach den Bestimmungen des VVG muss die VS erheblich niedriger sein als der VW, damit eine Unterversicherung vorliegt. Die Rechtsprechung sah diese Erheblichkeit bisher bei einer Abweichung von mehr als 10 %. § 75 VVG ist allerdings abdingbar und hiervon wird in den VGB 2014 insofern Gebrauch gemacht, als das Merkmal der Erheblichkeit fehlt. VVG § 75

Die Entschädigung wird nach der Unterversicherungsformel berechnet:

$$\textbf{Entschädigung} = \frac{\textbf{Schadenbetrag} \cdot \textbf{VS »Wert 1914«}}{\textbf{VW 1914}}$$

VGB 2014 § 14 Nr. 9

Besteht Unterversicherung, wird auch

- die Entschädigung für versicherte Kosten nach § 7 VGB 2014,
- die Entschädigung für versicherte Mehrkosten nach § 8 VGB 2014
- die Entschädigung von Mietausfall und Mietwert einschl. fortlaufender Nebenkosten nach § 9 VGB 2014,
- der Aufwendungsersatz nach § 83 VVG

nach der Unterversicherungsformel berechnet, also die Entschädigung gekürzt.

Aufwendungsersatz auf Weisung des VR wird unbegrenzt ersetzt.

Bei der Entschädigung für versicherte Kosten und versicherte Mehrkosten ist abschließend noch zu prüfen, ob die Entschädigungsgrenze nach § 7 Nr. 2 VGB 2014 bzw. § 8 Nr. 4 VGB 2014 nicht überschritten wird.

Beispiel:

VS »Wert 1914«	25 000,00 M
VW 1914	30 000,00 M
Sachschaden	70 000,00 €
Kostenschaden	9 000,00 €
Mietausfall	6 000,00 €

Lösung:

$$\text{Entschädigung Sachschaden} = \frac{70\,000 \cdot 25\,000}{30\,000} \qquad 58\,333{,}33\,€ \quad ①$$

$$\text{Entschädigung Kostenschaden} = \frac{9000 \cdot 25\,000}{30\,000} \qquad 7\,500{,}00\,€ \quad ②$$

$$\text{Entschädigung Mietausfall} = \frac{6000 \cdot 25\,000}{30\,000} \qquad 5\,000{,}00\,€$$

Summe der Entschädigungen 70 833,33 €

Erläuterungen:

① Beim Leistungsrechnen ist jedes Ergebnis auf Cents genau zu ermitteln.

② Es ist in jedem Falle zu prüfen, ob die errechnete Entschädigung nicht über der Entschädigungsgrenze für bestimmte versicherte Kosten liegt.
Die **Entschädigungsgrenze** für das Jahr 2015 würde sich wie folgt errechnen:
5 % von 25 000,00 M = 1 250,00 M;
1 250,00 M · 16,74 (Anpassungsfaktor 2015) = 20 925,00 €.

Ergänzender Hinweis:
Ist nicht die Gleitende Neuwertversicherung vereinbart, wären 5 % der VS zu berechnen, um die Entschädigungsobergrenze für versicherte Kosten zu ermitteln.

b) Unterversicherung bei der Wohngebäudeversicherung zum Neuwert, Zeitwert, Gemeinen Wert

Eine Unterversicherung kann insbesondere dadurch entstehen, dass

- die VS einer Versicherung zum Neuwert, Zeitwert oder Gemeinen Wert zu niedrig bemessen wurde,
- der VN einer Prämienanpassung mit dem Anpassungsfaktor widersprochen hat, wodurch die Gleitende Neuwertversicherung zur Neuwertversicherung geworden ist mit der Konsequenz, dass sich die Versicherung nicht mehr an die Preisentwicklung im Wohngebäudebereich anpasst.

Die Unterversicherungsformel lautet:

$$\textbf{Entschädigung} = \frac{\textbf{Schaden} \cdot \textbf{VS}}{\textbf{VW}}$$

Versicherte Kosten, versicherte Mehrkosten, versicherter Mietausfall bzw. Mietwert und der Aufwendungsersatz, soweit nicht vom VR veranlasst, werden bei bestehender Unterversicherung auch mit der vorstehenden Unterversicherungsformel abgerechnet.

➤ Eine Unterversicherung wird auf den zu entschädigenden Sachschaden, den Kostenschaden, auf Mehrkosten, auf den Mietausfall bzw. Mietwert und den nicht vom VR veranlassten Aufwendungsersatz angerechnet.

2.8.5 Sachverständigenverfahren

VGB 2014 § 16

VN und VR können nach einem Versicherungsfall vereinbaren, dass die Schadenhöhe durch Sachverständige festgestellt wird. Der VN kann auch durch einseitige Erklärung ein Sachverständigenverfahren verlangen.

Am Sachverständigenverfahren sind die von beiden Parteien in Textform jeweils benannten Sachverständigen und ein durch die beiden Sachverständigen wiederum in Textform benannter dritter Sachverständiger als Obmann beteiligt.

Die Sachverständigen ermitteln unabhängig voneinander und legen den Parteien ihre Feststellungen vor. Bei Abweichungen entscheidet der Obmann. Die Feststellungen der Sachverständigen oder des Obmannes sind verbindlich.

Jede Partei trägt die Kosten ihres Sachverständigen. Die Kosten des Obmannes sind von den Parteien jeweils zur Hälfte zu übernehmen.

2.8.6 Fälligkeit der Leistung und Verzinsung der Entschädigung

Ist die Leistungspflicht dem Grunde und der Höhe nach festgestellt, ist die Auszahlung fällig. VGB 2014 § 15 Nr. 1 (a)

Einen Monat nach Anzeige eines Schadens kann der Betrag als Abschlagszahlung verlangt werden, der nach Lage der Sache mindestens zu zahlen ist.

Die Entschädigung ist seit Anzeige des Schadens zu verzinsen, soweit sie nicht innerhalb eines Monats gezahlt wurde. Der Neuwertanteil (Differenz zwischen Neuwert- und Zeitwertschaden) wird nur gezahlt und ggf. verzinst, wenn die bestimmungsmäßige Verwendung des Geldes sichergestellt ist. Nr. 3

Der Zinssatz liegt 1 % unter dem Basiszinssatz des BGB (§ 247), mindestens jedoch bei 4 % und höchstens bei 6 %.

Beispiel:

Am 12. Jan. 2015 geht beim VR die Anzeige des VN über einen Brandschaden in Höhe von 165 300,00 € zu. Der VR leistet nach Lage der Sache folgende Teilbeträge:

90 000,00 € am 05. Febr., 40 000,00 € am 14. Febr. Am 20. Febr. wird die Entschädigung in Schadenhöhe (also mit 165 300,00 €) festgestellt und der Rest gezahlt, da der VN den Schaden beseitigen lässt.

Welchen Betrag hat der VR zusätzlich an Zinsen gemäß VGB 2014 zu zahlen?

Lösung (mit Hilfe der Summarischen Zinsrechnung):

Leistungen des VR	Verzinsung	Tage	Zinszahlen	
90 000,00 € Abschlag	–	–	–	①
40 000,00 € Abschlag	12. Jan.–14. Febr.	32	12 800	
35 300,00 € Rest	12. Jan.–20. Febr.	38	13 414	
	Zinszahlensumme (#)		= 26 214	
	Zinsteller für 4 %:		90	②

Zinsen = # 26 214 : 90 = 291,27 € ③

Erläuterungen:

Zur Summarischen Zinsrechnung und zu den Regeln für die Berechnung der Zinstage, siehe Band 1 Anhang: Kaufmännisches Rechnen, Abschnitt 4.

① Die 1. Teilauszahlung erfolgte innerhalb eines Monats seit der Anzeige des Schadens und ist daher nicht zu verzinsen.

② Anzuwendender Zinssatz: Basiszinssatz – 1 % (mind. 4 %, max. 6 %)
Basiszinssatz am 01. Jan. 2015: –0,83 %; anzusetzen sind **4 % Mindestzinssatz**

③ Die Zinsen werden zusammen mit der Entschädigung fällig.

2.8.7 Schutz der Realgläubiger

Realgläubiger sind Gläubiger, die gegen dingliche Sicherung (Hypothek, Grund- oder Rentenschuld) einen Kredit (Realkredit) gewährt haben. Die Sicherung erstreckt sich nach den Bestimmungen des BGB auch auf eine Versicherungsforderung, soweit das dingliche gesicherte Objekt versichert ist, was der Regelfall sein dürfte. Danach haftet dem Realgläubiger anstelle des zerstörten oder beschädigten Gebäudes die Versicherungsforderung. Er erlangt kraft Gesetzes ein Pfandrecht an dieser Versicherungsforderung und ist damit Forderungspfandgläubiger. BGB §§ 1127 ff.

VVG § 94 (4) Hat der Realgläubiger sein Pfandrecht beim VR angemeldet, und das ist in der Praxis üblich, kann der VR mit befreiender Wirkung gegen den Realgläubiger an den Versicherten nur zahlen, wenn der Realgläubiger der Zahlung in Textform zugestimmt hat.

Diese Rechtsposition des Realgläubigers wird allerdings für den Bereich der Wohngebäudeversicherung eingeschränkt, da hier die Wiederherstellungsklausel gilt und deshalb § 1130 BGB zur Anwendung kommt. Danach ist der VR zur Zahlung der Entschädigung an den VN verpflichtet, wenn sie der Wiederherstellung des Gebäudes dient.

Auch wenn sich die Wiederherstellungsklausel nur auf den Neuwertanteil bezieht, genügt es schon, wenn der VR darauf hinweist, dass die Zahlung zum Zwecke der Wiederherstellung erfolgt.

§ 142 Der Hypothekengläubiger (Realgläubiger), der seine Hypothek beim Gebäudefeuer-VR angemeldet hat, ist von diesem in Textform **unverzüglich** zu informieren,

- wenn die Erstprämie (oder Einmalprämie) nicht rechtzeitig gezahlt wird;
- wenn der VN wegen Nichtzahlung der Folgeprämie qualifiziert mit Fristsetzung gemahnt wird;
- wenn der Vertrag nach Fristablauf wegen unterbliebener Zahlung der Folgeprämie gekündigt wird.

Der Eintritt eines bedeutenden Versicherungsfalles muss dem Hypothekengläubiger durch den VR innerhalb einer Woche in Textform angezeigt werden.

§148 Das VVG spricht zwar in den §§ 142–147 nur von der Hypothek und dem Hypothekengläubiger, hat diese Vorschriften aber für andere Grundpfandrechte (z.B. Grundschuld) für anwendbar erklärt.

Ist das jeweilige Grundpfandrecht beim VR angemeldet worden, gelten folgende Bestimmungen zur Fortdauer der Leistungspflicht gegenüber dem Realgläubiger:

§143 (1)
- Bei nicht rechtzeitiger Zahlung einer Folgeprämie besteht die Leistungspflicht noch einen Monat ab dem Zeitpunkt, zu dem der Realgläubiger über die Bestimmung der Zahlungsfrist oder die Kündigung in Textform informiert worden ist.

(2)
- Bei Beendigung des Versicherungsverhältnisses, ausgenommen bei Rücktritt oder Kündigung des VR wegen unterbliebener Prämienzahlung oder bei Kündigung des VN mit Zustimmung des Realgläubigers, besteht die Leistungspflicht noch zwei Monate ab dem Zeitpunkt, zu dem der Realgläubiger in Textform über die Beendigung informiert worden ist.

§ 143 (4) §142 Die Nichtigkeit des Vertrages (z.B. nach Anfechtung des VR wegen arglistiger Täuschung des VN) kann gegenüber dem Realgläubiger, der sein Grundpfandrecht angemeldet hat, nicht geltend gemacht werden. Das Vertragsverhältnis und damit die Leistungspflicht gegenüber dem Realgläubiger enden jedoch nach Ablauf von zwei Monaten, nachdem die Nichtigkeit des Vertrages durch den VR mitgeteilt wurde.

Hinweis:

Weitergehende Ausführungen im Zusammenhang mit dem Versicherungsfall finden sich in der Buchreihe in

Band 3, Abschnitt D – Schaden- und Leistungsbearbeitung

Lernkontrollen zu B 2.8

Sachschäden, Kosten und Mietausfall

1 Durch Sturm wird das Dach eines Mehrfamilienhauses abgedeckt. Regenwasser dringt in die obere Wohnung ein und zerstört dort die vom Vermieter eingebrachten Parkettfußböden, ferner die vom Mieter eingebrachten Holzdecken, für die der Mieter auch die Gefahr trägt.

Der VN bittet um Erstattung folgender Beträge:

– Rechnung des Dachdeckers	26 400,00 €
– Rechnung über die Erneuerung der Parkettfußböden	2 150,00 €
– Aufbau eines Notdaches nach dem Sturmschaden	800,00 €
– Schadenersatzanspruch des Mieters für die zerstörten Holzdecken	600,00 €

– Mietpreisminderung von monatlich 125,00 € durch den Mieter für 3 Monate.

Die Rechnung des Dachdeckers weist 2 300,00 € für den Einbau von Dachgauben aus, die vor dem Sturmschaden nicht vorhanden waren.

Prüfen Sie die Ersatzpflicht des VR nach den VGB 2014 und berechnen Sie die Höhe der Entschädigung.

2 Der VN Heiko Möller schreibt:

»Am 10. September habe ich Ihnen den durch Blitzeinschlag entstandenen Wohnungsbrand in der Mansardenwohnung meines Mieters, der keine Hausratversicherung hat, gemeldet. Inzwischen liegen mir diverse Handwerkerangebote für den Wiederaufbau vor. Für Abriss, Abtransport und Entsorgung des verbrannten Dachstuhls sowie das Ausräumen und Entsorgen der verbrannten Wohnungseinrichtung muss mit Kosten in Höhe von ca. 1 500,00 € gerechnet werden. Der Wiederaufbau des Dachstuhls und die Dacheindeckung sind mit ca. 22 500,00 € veranschlagt, wobei die Anbringung eines Blitzableiters auch vorgesehen ist. Die Gemeinde verlangt aus städtebaulichen Gründen, dass statt der bisher verwendeten klassischen Frankfurter Pfanne jetzt teurere Hohlziegel in glasierter Farbe verlegt werden müssen.

Der Innenausbau der Mansardenwohnung ist mit ca. 25 000,00 € kalkuliert. Diese Kosten sind vor allem deshalb so hoch, da das vom Mieter erneuerte Bad zerstört wurde.

Die Erneuerung der Satellitenschüssel des Mieters und der zum Haus gehörenden Gemeinschaftsantenne wird ca. 1 050,00 € kosten. Mein Mieter ist vorübergehend in ein Hotel gezogen und muss für Unterbringung und Verpflegung täglich 75,00 € aufbringen. Er zahlt verständlicherweise keine Miete mehr an mich.

Bitte teilen Sie mir vorab mit, ob Sie die aufgeführten Kosten grundsätzlich übernehmen; denn ich würde gerne die Handwerksfirmen mit der Schadenbeseitigung beauftragen.«

- **Auszug aus dem Vertragsspiegel**

Gleitende Neuwertversicherung nach VGB 2014
VS »Wert 1914« lt. Sachverständigengutachten bei Antragstellung: 35 600,00 M
Versicherte Gefahren: F, Lw, St, H
Versicherungsbeginn: 01.04.2014 0 Uhr
Versicherungsdauer: 3 Jahre
Besondere Vereinbarungen: keine

- **Arbeitsauftrag**
  Antworten Sie dem VN Möller.

3 Durch einen Brand im Jahr 2014, der von der Apotheke in einem versicherten Mehrfamilienhaus (VS »Wert 1914« 36 300,00 M) ausging, wird das Gebäude fast vollständig zerstört. Es entsteht ein Sachschaden von 370 000,00 €.

Der Brand und das Löschwasser haben zu chemischen Reaktionen bei diversen Artikeln der Apotheke geführt, sodass der Bauschutt entsorgt werden muss. Die stehen gebliebenen Gebäudeteile müssen wegen Baufälligkeit aus Sicherheitsgründen sofort abgerissen werden. Es entstehen Aufräumungs- und Abbruchkosten sowie Kosten für die Beseitigung und Lagerung des Schutts in Höhe von 30 000,00 €. Der Anteil des Apothekeninhalts am Schutt wird mit 2 000,00 € festgesetzt. Ferner wird ein Mietausfall von monatlich 1 600,00 € für voraussichtlich 14 Monate geltend gemacht.

Stellen Sie die Entschädigungsabrechnung (bei Wiederaufbau) nach VGB 2014 auf.

Anrechnung einer Unterversicherung

4 Durch Sturm wird das Dach eines Hauses fast vollständig abgedeckt. Die Dachbalken bleiben unbeschädigt.

Die Reparaturrechnung lautet über 24 000,00 € einschließlich 2 750,00 € für den Einbau eines zusätzlichen Dachfensters.

a) Wie hoch ist die Entschädigung aus der gleitenden Neuwertversicherung?

b) Wie hoch entschädigt der VR, wenn die VS »Wert 1914« mit 22 000,00 M und der VW 1914 mit 28 000,00 M festgestellt wird?

c) Welche Entschädigung leistet der VR im Falle b), wenn ein vereinbarter Schadenselbstbehalt von 500,00 € zu berücksichtigen ist?

5 Nach einem Brandschaden werden dem VN 13 400,00 € nicht ersetzt, da der VW 1914 von 25 000,00 M nur mit 20 000,00 M versichert war.

Wie hoch war der Brandschaden?

6 Der Anbau eines Gebäudes wird im Jahr 2011 durch Brand fast vollständig zerstört (VS »Wert 1914« für Haupthaus und Anbau 15 000,00 M).

Neuwertschaden	87 500,00 €
Zeitwertschaden	62 500,00 €
Restwert	7 500,00 €

Das Bauamt verlangt für den Wiederaufbau ein der neuen städtebaulichen Gesamtkonzeption angepasstes Material. Bei der Gelegenheit beschließt der VN, anstelle der bisherigen Heizkörper eine Fußbodenheizung einbauen zu lassen. Es entstehen Mehrkosten von insgesamt 9 250,00 €, davon 3 750,00 € für die Fußbodenheizung. Der Wiederaufbau ist durch den VN eingeleitet worden.

An Aufräumungs- und Abbruchkosten macht der VN 3 600,00 € geltend. Der Mietausfall beträgt insgesamt 3 150,00 € für 14 Monate.

a) Wie hoch ist die Entschädigung?

b) Wie hoch ist die Entschädigung, wenn der VW 1914 mit 18 000,00 M festgestellt wird?

7 Dach und Obergeschoss eines Hauses werden durch Brandstiftung zerstört. Der von einem Sachverständigen festgestellte Schaden beläuft sich auf 72 500,00 €. Die Wiederaufbaugenehmigung verzögert sich wegen der staatsanwaltlichen Ermittlungen. Inzwischen sind die Baupreise gestiegen, sodass schließlich 76 500,00 € für den Wiederaufbau aufgewendet werden müssen.

Wie hoch ist die Entschädigung, wenn die VS »Wert 1914« mit 25 000,00 M und der VW 1914 mit 30 000,00 M festgestellt wird?

8 Ein Einfamilienhaus ist nach Brand durch Blitzschlag unbewohnbar. Der VN möchte sofort wieder aufbauen und bittet um Ersatz des Schadens, den der Schadenbesichtiger ermittelt hat. Ferner macht er als »Mietausfall« für das von ihm allein bewohnte Einfamilienhaus monatlich 425,00 € und an monatlichen laufenden Nebenkosten 65,00 € für die voraussichtliche Wiederaufbaudauer von 15 Monaten geltend.

- **Vertragssituation**
  Sie entnehmen aus dem Vertragsspiegel und dem Besichtigungsbericht des Schadenbesichtigers folgende Angaben:

VS »Wert 1914«	17 000,00 M
Keine besonderen Vereinbarungen	
VW 1914	21 000,00 M
Sachschaden	92 500,00 €
Aufräumungskosten	3 250,00 €

- **Arbeitsauftrag**
  Antworten Sie dem VN.

9 Ein gemischt genutztes Gebäude ist zum Neuwert versichert. Durch Blitzeinschlag gerät das Haus in Brand und wird fast vollständig zerstört. Der Sachschaden beträgt 215 000,00 €. Durch Umstände, die im gewerblich genutzten Teil des Gebäudes liegen, entstehen gebäudebezogene Aufräumungskosten von insgesamt 16 500,00 €. Der Mietausfall für 15 Monate bei den vermieteten Wohnungen beträgt 700,00 € pro Monat.

Wie hoch ist die Entschädigung, wenn die VS 250 000,00 € beträgt und der VW mit 290 000,00 € ermittelt wird?

Verzinsung der Entschädigung

10 Ein VN meldet dem VR am 23. Juli einen Explosionsschaden in Höhe von 234 500,00 €, der sich am 20. Juli ereignete. Da der Wiederaufbau sichergestellt ist leistet der VR folgende Zahlungen: 100 000,00 € am 22. Aug., 50 000,00 € am 01. Sept., 50 000,00 € am 15. Sept., den Rest einschließlich Zinsen am 25. Sept.

Welchen Betrag überweist der VR am 25. Sept.? Annahme: Der Basiszinssatz beträgt 3,62 %.

11 Ein VN erhält eine Entschädigung in Höhe von 158 000,00 € in folgenden Teilbeträgen ausgezahlt: 60 000,00 € am 12. Febr., 70 000,00 € am 03. März, den Rest einschließlich 4,5 % Zinsen am 16. Juni.

Welchen Betrag erhält der VN am 16. Juni, wenn die Zahlungen ab dem 05. Jan. zu verzinsen waren?

12 Der VN Heiko Möller (vgl. Aufgabe 2) ruft nach seinem Schreiben am darauf folgenden Tag an und möchte noch wissen, wann er mit einer Zahlung aufgrund des Versicherungsfalles rechnen kann.

- **Arbeitsauftrag**
  Geben Sie die gewünschte Auskunft unter Zugrundelegung des Datums der Schadenanzeige (10. September).

2.9 Wohngebäudeversicherung nach »Wert 1914« (sog. »Summenmodell«) und nach dem »Wohnflächenmodell« im Vergleich

Anstelle der Wohngebäudeversicherung »Wert 1914« kann bei der Proximus Versicherung durch Vereinbarung der Klausel PK 7799 auch die Wohngebäudeversicherung nach dem »**Wohnflächenmodell**« gestaltet werden.

Bei Vereinbarung des »Wohnflächenmodells« wird das Gebäude im Versicherungsvertrag detailliert beschrieben. Hierfür werden zuvor im Antrag detaillierte Informationen zu Gebäudetyp, Fläche, Bauweise, Ausstattung und Nutzung erfasst. Es gibt keine VS im eigentlichen Sinne mehr, was sich auf die Bestimmung des Versicherungswertes, die Ermittlung der Prämie und die Entschädigungsberechnung auswirkt. In der Klausel PK 7799 – Wohnflächenmodell sind die daraus resultierenden Unterschiede zu den VGB 2014 geregelt.

Die wesentlichen Unterschiede zwischen »Summenmodell« und »Wohnflächenmodell« sind nachstehend gegenübergestellt.

2.9.1 Versicherungswert

»Wert 1914« (»Summenmodell«)	»Wohnflächenmodell«
§ 10 VGB 2014 unterscheidet folgende vereinbarte Versicherungswerte: • Gleitender Neuwert • Neuwert • Zeitwert • Gemeiner Wert	Klausel PK 7799 weist aus: • ortsüblicher Neubauwert • Gemeiner Wert

Der ortsübliche Neubauwert beim »Wohnflächenmodell« beinhaltet, wie auch der Gleitende Neuwert oder Neuwert beim Summenmodell, die Architektengebühren sowie sonstige Konstruktions- und Planungskosten.

Der Gemeine Wert gilt beim »Wohnflächenmodell«, wie auch beim »Summenmodell«, wenn das Gebäude zum Abbruch bestimmt oder sonst dauernd entwertet ist.

2.9.2 Ermittlung und Anpassung der Prämie

»Wert 1914« (»Summenmodell«)	»Wohnflächenmodell«
• Aus der VS »Wert 1914« und dem risikoäquivalenten Prämiensatz wird die Jahresprämie 1914 ermittelt. • Diese Jahresprämie 1914 wird für jede neue Versicherungsperiode mit dem dann gültigen Anpassungsfaktor multipliziert.	• Die Grundprämie errechnet sich aus der Wohn- und Nutzfläche multipliziert mit der Prämie je qm Wohn- und Nutzfläche. • Diese Grundprämie wird für jede neue Versicherungsperiode mit dem dann gültigen Anpassungsfaktor multipliziert.

Der wesentliche Unterschied besteht bei den beiden Modellen darin, wie die Ausgangsprämie (Jahresprämie 1914 bzw. Grundprämie) für die Anpassung mit dem Anpassungsfaktor bestimmt wird.

2.9.3 Entschädigungsberechnung

»Wert 1914« (»Summenmodell«)	»Wohnflächenmodell«
Gleitende Neuwertversicherung	**Ortsüblicher Neubauwert**
• Zerstörte Gebäude: Ortsübliche Wiederherstellungskosten (einschließlich Architektengebühren, Konstruktions- und Planungskosten)	• Zerstörte Gebäude: Ortsübliche Wiederherstellungskosten (einschließlich Architektengebühren, Konstruktions- und Planungskosten), ausgehend von den im Vertrag beschriebenen, wesentlichen Merkmalen (Fläche, Gebäudetyp usw.), die auch für die Prämienberechnung maßgebend waren.
• Beschädigte Gebäude und Sachen: Notwendige Reparaturkosten, ggf. zuzüglich Wertminderung	• Beschädigte Gebäude und Sachen: Notwendige Reparaturkosten, ggf. zuzüglich Wertminderung, ausgehend von den im Vertrag beschriebenen, wesentlichen Merkmalen (Fläche, Gebäudetyp usw.), die auch für die Prämienberechnung maßgebend waren.
• Zerstörte oder abhanden gekommene sonstige Sachen: Wiederbeschaffungspreis von Sachen gleicher Art und Güte im neuwertigen Zustand	• Zerstörte oder abhanden gekommene sonstige Sachen: Wiederbeschaffungspreis von Sachen gleicher Art und Güte im neuwertigen Zustand
Unterversicherungsverzicht	**Unterversicherungsverzicht**
• Wird die nach einem der 3 Verfahren gem. § 12 Nr. 1 VGB 2014 ermittelte VS »Wert 1914« vereinbart, findet kein Abzug wegen Unterversicherung statt.	• In Klausel PK 7799 nicht geregelt, aber: In der Praxis verzichtet der VR bei korrekter Gebäudebeschreibung regelmäßig auf den Einwand der Unterversicherung.
Unterversicherung	**Unterversicherung**
• Bei Unterversicherung errechnet sich die Entschädigung nach der Unterversicherungsformel gem. § 14 Nr. 9 VGB 2014	• Ist die konkrete Bauausführung höherwertiger als die im Vertrag beschriebene, wird nur auf der Grundlage der im Vertrag beschriebenen, wesentlichen Merkmale (Fläche, Gebäudetyp usw.), die auch für die Prämienberechnung maßgebend waren, entschädigt.

In der Praxis wird das Wohnflächenmodell in Abhängigkeit von der Geschäfts- bzw. Risikopolitik des VR regelmäßig nur für bestimmte Gebäude, z. B. reine Wohngebäude, Gebäude mit einer maximalen qm-Zahl, Gebäude ab einem bestimmten Baujahr, angeboten.

Lernsituationen

Kunden beim Abschluss von Wohngebäudeversicherungen beraten und Verträge bearbeiten

Lernsituation 1:

»Bauen heißt versichern«

Sie sind Auszubildende/er in der Proximus-Agentur Krusenbaum.

Kurz vor Mittag erscheint der Kunde Axel Kerkmann in der Agentur. Er berichtet, dass er auf einem geerbten Baugrundstück ein Einfamilienhaus errichten will. Bei der Bauträgergesellschaft »Traumhaus GmbH« hat er zusammen mit seiner Frau den Haustyp »Toscana« ausgewählt. Die Bauträgergesellschaft bietet das Haus schlüsselfertig an, räumt aber auch die Möglichkeit ein, Eigenleistungen zu erbringen oder Sonderwünsche einzuplanen. Mit seiner Bank hat er die Finanzierung bereits durchgesprochen. Die Bank verlangt für die Darlehensauszahlung u.a. den Nachweis, dass eine Gebäudeversicherung besteht, die während der Bauzeit und nach Fertigstellung Versicherungsschutz bietet.

Da er noch einen anderen Termin wahrnehmen muss, lässt er Ihnen die Unterlagen der Bauträgergesellschaft da und bittet Sie, ein Versicherungsschutzangebot mit Prämienberechnung vorzubereiten. Morgen will er wieder um die gleiche Zeit vorbeikommen.

Er erwähnt noch, dass neben dem Haus eine freistehende Doppelgarage errichtet wird. Sämtliche Maler- und Tapezierarbeiten wird er mit seiner Frau selbst ausführen.

Arbeitsauftrag:

Analysieren Sie die überlassenen Unterlagen und erstellen Sie das Versicherungsschutzangebot für eine Wohngebäudeversicherung, die Versicherungsschutz bereits ab Baubeginn bietet.

Zusatzaufgabe:

Stellen Sie grundsätzlich fest, welche weiteren Versicherungen während der Bauphase und nach Bezugsfertigkeit infrage kommen können.

Hilfsmittel:

- Bücher der Lehrbuchreihe, insbesondere der vorliegende Band 2
- **Proximus 3 Bedingungswerk** (VGB 2014, Tarif), Druckstücke aus der Praxis
- Schreiben der Traumhaus GmbH mit Baubeschreibung und Grundrissen

Traumhaus GmbH

Ihr Partner für schlüsselfertiges Bauen

Traumhaus GmbH, Werderstr. 34, 30455 Hannover

Herrn Axel
und Frau Martina Kerkmann

Am Rotdorn 14
44797 Bochum-Stiepel

Telefon: 030/435562
Fax: 030/435563
E-Mail: Mueller@Traumhaus.de

Ihre Nachricht vom	Ihre Zeichen	Unser Zeichen	Datum
23. Febr. 20...		me/ws	04. März. 20...

Bauprojekt: Bochum, Gartenstr. 10
Haustyp: Toscana

Sehr geehrte Frau Kerkmann,
sehr geehrter Herr Kerkmann,

wunschgemäß senden wir Ihnen zur Vorlage bei Banken und Versicherungen noch einmal folgende Unterlagen als Kopien zu :

- Baubeschreibung
- Baugrundrisse
  Erdgeschoss
  Obergeschoss
  Kellergeschoss

Sie teilten uns mit, dass Sie den mit Keller 1 bezeichneten Raum zu Wohnzwecken selbst umbauen wollen. Unser Angebotspreis beinhaltet hierfür keinerlei Vorleistungen, d. h. der Kellerraum wird unsererseits gemäß Baubeschreibung ausgeführt.

Bitte benachrichtigen Sie uns, wenn es zu Verzögerungen kommt und der geplante Baubeginn 1. April d. J. nicht eingehalten werden kann.

Mit freundlichen Grüßen

ppa. *Müller*

Objektart: Einfamilienhaus

Baubeschreibung:

Das Architektenhaus »Toscana« zeichnet sich durch pastellfarbene Thermoputzfassade und Holzsprossenfenster im EG und OG aus. Es gibt im OG keine Schrägen und somit mehr Raum. Der Wohn-/Essbereich ist nicht nur groß, sondern durch die großen Fensterflächen auch sehr hell. Direkt neben der Küche ist ein praktischer Abstellraum und gleich gegenüber der Küche der große Hauswirtschaftsraum. Ein geräumiges Zimmer, das als Büro oder Gästezimmer genutzt werden kann und ein Dusch-WC komplettieren das Erdgeschoss.

Das Obergeschoss zeichnet sich durch 2 Kinderzimmer, 1 Schlafzimmer und ein Bad mit hochwertigen Sanitärobjekten aus. Dachform: Flachdach. 2 Vollgeschosse (keine Schrägen), Stockwerke: 2

Die Grundfläche des Obergeschoss-Baukörpers ist bewusst kleiner ausgeführt. Dadurch wurde es möglich, die nicht überbaute Dachfläche des Erdgeschosses für einen umlaufenden Balkon zu nutzen. Jedes Zimmer (ausgenommen Bad) verfügt über eine Balkon-Fenstertür.

Heizung: Ölzentralheizung (außenliegender Erdtank)

Ausstattung

Türen: Edelholz

Fußböden: Naturstein

Bad: hochwertige Sanitärobjekte

Kellerräume: Estrichfußböden, elektrische Beleuchtung, nicht weiter ausgebaut

Kaufpreis:

169 900,00 € mit Thermoputzfassade, inkl. Bodenplatte, schlüsselfertig ohne Maler- und Tapezierarbeiten

Aufpreise:

Keller: 32 500,00 €

Doppelgarage: 18 000,00 €

Alle Preise inkl. MwSt.

Bauleistung

Sämtliche Entwurfs- und Planungsleistungen bis zu den Ausführungszeichnungen sind im Kaufpreis enthalten.

Die Fertigstellung und Übergabe des Objektes erfolgt spätestens 6 Monate nach Baubeginn.

Grundriss: Erdgeschoss

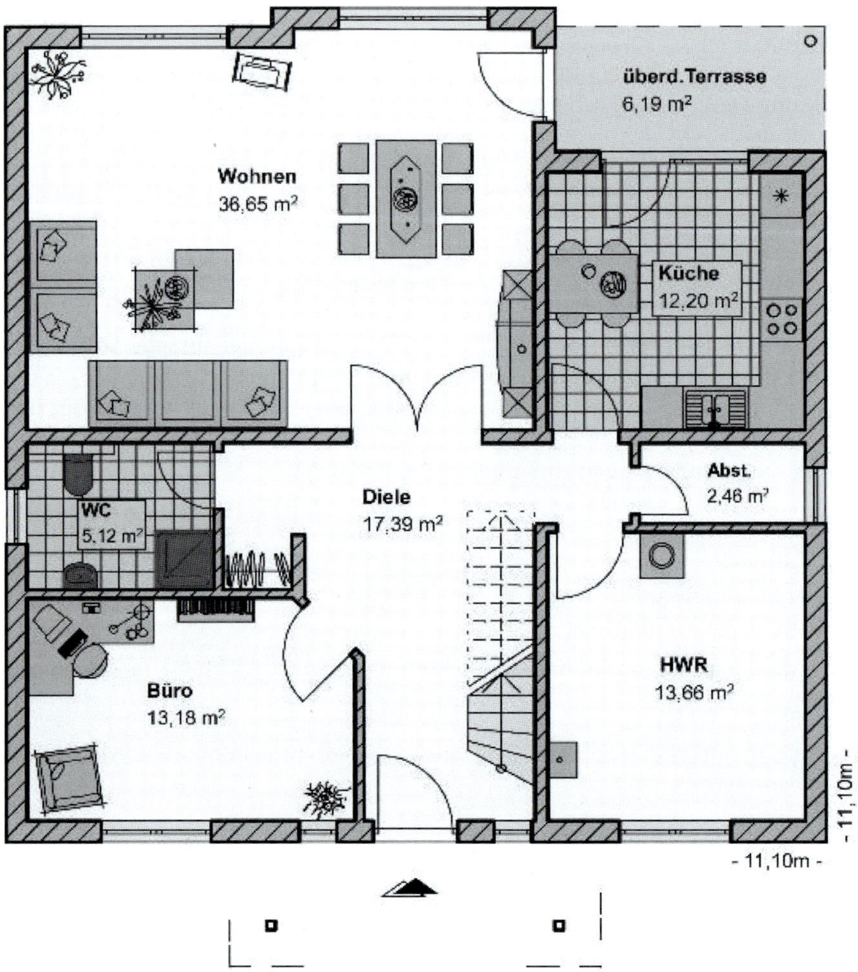

Grundriss: Obergeschoss

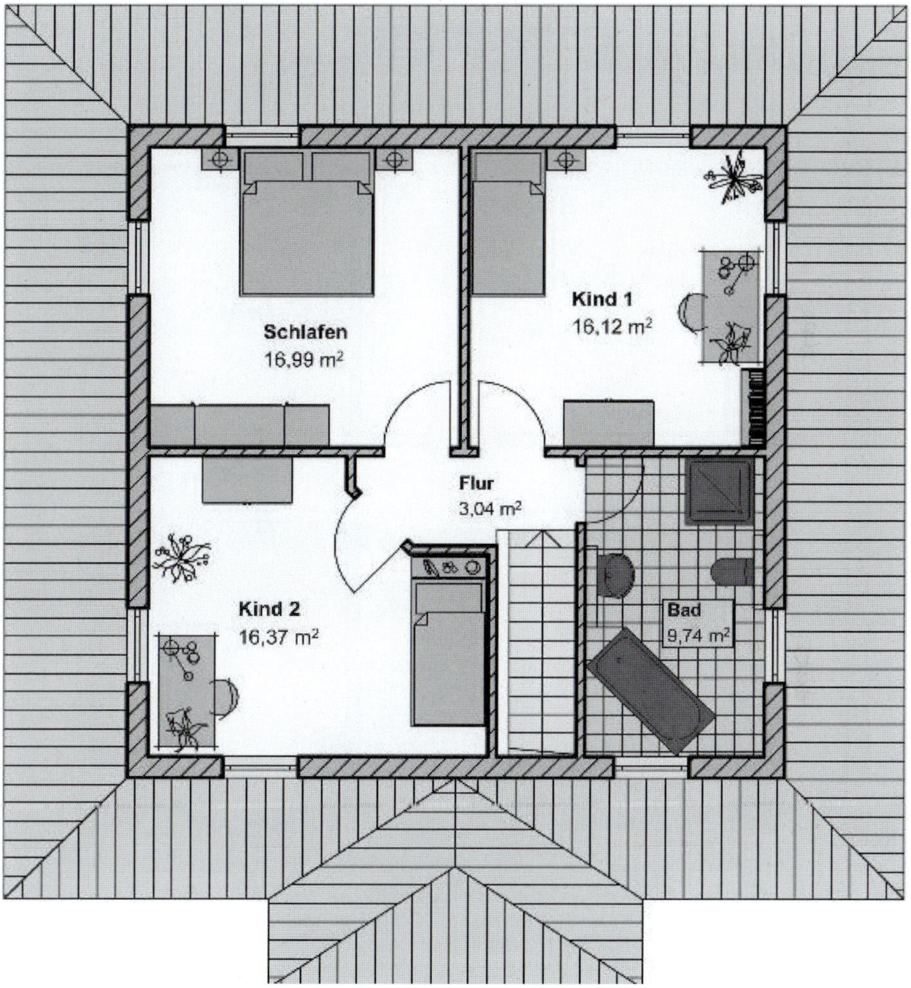

Grundriss: Kellergeschoss

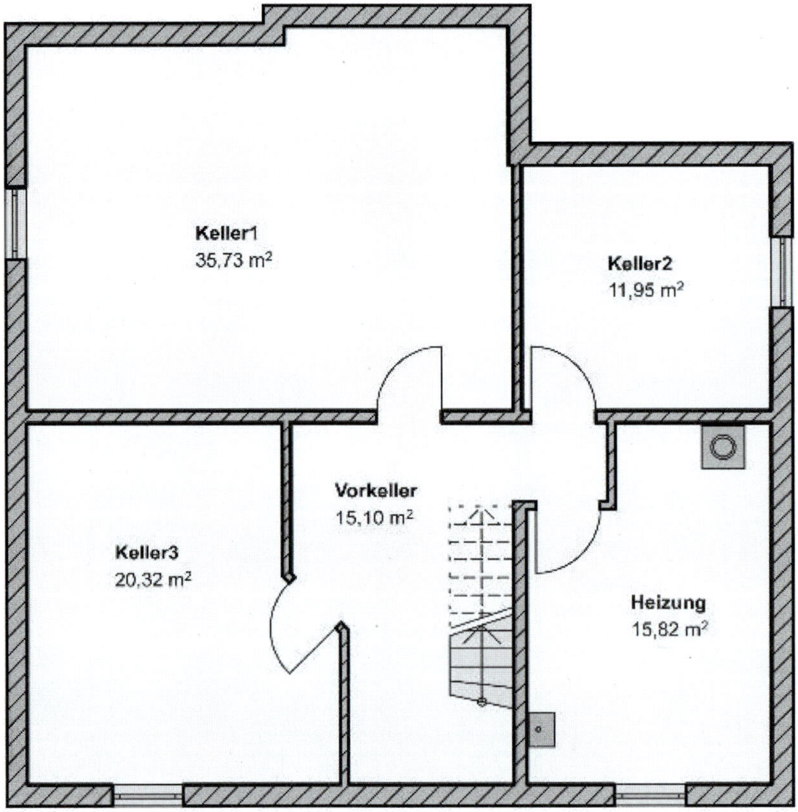

Lernsituation 2:

»Wer den Schaden hat ...«

Sie sind Auszubildende/er in der Proximus-Agentur Krusenbaum.

Als Sie am Morgen ins Büro kommen, finden Sie auf dem Anrufbeantworter folgende Nachricht von Frau Edelgard Böhmer vor:

»Guten Morgen. Hier spricht Edelgard Böhmer. Ich bin ja so verzweifelt. Diese Nacht ist eine Pappel auf mein Haus gefallen. Es hat ja so furchtbar gestürmt. Die Mansardenwohnung oben ist völlig kaputt. Die Frau Elstner, die in der Wohnung wohnt, war zum Glück nicht zuhause. Die Feuerwehr hat gesagt, ich solle sofort die Versicherung anrufen, damit jemand vorbei kommt. Die Hauswand ist auch nicht mehr stabil. Die Feuerwehr hat alles abgesperrt. Ich bin jetzt bei meiner Schwester. Bitte rufen Sie zurück und schicken Sie ganz schnell jemanden vorbei. Meine Schwester hat die Telefonnummer 02132/45320.«

Arbeitsauftrag:

Herr Krusenbaum muss gerade einen wichtigen Termin wahrnehmen und will danach zusammen mit Ihnen Frau Böhmer besuchen. Er bittet Sie, bei Frau Böhmer den Besuch anzukündigen und sich nach ihrer jetzigen Anschrift zu erkundigen. Zuvor sollen Sie sich mit dem Vertrag von Frau Böhmer befassen und alle Gesichtspunkte, die angesprochen werden müssen, zusammenstellen. Er weist Sie noch darauf hin, dass es sich bei dem Haus von Frau Böhmer um ein älteres Gebäude handelt. Der derzeit gültige Bebauungsplan schreibt dort jetzt Walmdächer und Klinkerfassaden vor.

Hilfsmittel:

- Bücher der Lehrbuchreihe, insbesondere der vorliegende Band 2
- **Proximus 3 Bedingungswerk** (VGB 2014), Druckstücke aus der Praxis
- Kundendaten, die über die Kundin gespeichert sind

Auszug aus der Kundendatei:

Versicherungsnehmer:	Edelgard Böhmer
Anschrift:	47799 Krefeld, Uerdinger Str. 13
Geburtsdatum:	10. Mai 1932
Beruf:	Rentnerin
Tel.-Nr.:	02151/76538
Fax:	–
E-Mail:	–
Bestehende Versicherungen:	Wohngebäudeversicherung nach VGB 2014
Versicherungsperiode:	01.01. d. J. 0 Uhr – 31.12. d. J. 24 Uhr
VS 1914:	22 000,00 M
Objektart:	Zweifamilienhaus
Bauart:	massiv, Fassade in Putzausführung, Spitzdach
Prämie jährlich:	264,50 €
Besondere Vereinbarungen:	Klausel PK 7363
Stand des Prämienkontos:	kein Prämienrückstand

C Vorsorgemaßnahmen und Lebensversicherung

1 Notwendigkeit privater Vorsorge

Situation:

Axel Schubert (30 Jahre) arbeitet als kaufmännischer Angestellter in einer Großhandlung. Er ist verheiratet und hat zwei Kinder. Sein monatliches Bruttogehalt beträgt 2 500,00 €.

Die ständigen Diskussionen in den Medien über Finanzierungsprobleme und Leistungskürzungen der Sozialversicherung beunruhigen ihn. Ihm ist nicht verborgen geblieben, dass es Versorgungslücken gibt, von denen man erwartet, dass sie noch größer werden. In einem ersten Schritt möchte er sich daher informieren, welche Leistungen die gesetzliche Rentenversicherung vorsieht, wenn er das Rentenalter erreicht, vorzeitig erwerbsunfähig wird oder stirbt. Vor diesem Hintergrund will er prüfen, welche private Vorsorge er noch treffen sollte.

1.1 Vorsorge für das Alter

a) Probleme der gesetzlichen Rentenversicherung

Für die große Mehrheit der Bevölkerung ist die gesetzliche Rente das wichtigste Standbein der Altersversorgung. In früheren Jahren sicherte diese Rente den Lebensstandard zum größten Teil ab. Diese Zeiten haben sich geändert. Die heutigen Rentner erhalten zwar noch eine relativ hohe Rente. Rentenerhöhungen finden aber kaum mehr statt, so dass Preissteigerungen den Wert der Rente kürzen. Die heutigen Arbeitnehmer dürfen später nur eine gesetzliche Rente erwarten, die nicht viel mehr als eine Grundversorgung darstellt.

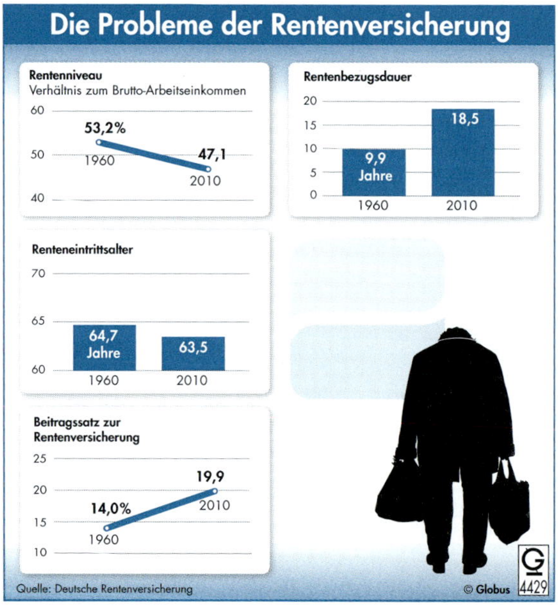

Diese Entwicklung ist vor allem auf folgende Ursachen zurückzuführen:

- Die Alterstruktur der Gesellschaft hat sich insbesondere wegen der rückläufigen Geburtenzahlen geändert. Diese neue Alterstruktur passt nicht mehr zum System der Rentenversicherung (siehe unter b)).
- Die Lebenserwartung und damit die Rentenbezugsdauer sind weiter ansteigend.

- Der Leistungskatalog der Rentenversicherung ist in früheren Jahren immer weiter ausgedehnt worden.
- Arbeitslosigkeit, späterer Eintritt ins Berufsleben und Frühverrentung sowie rückläufige Beschäftigtenzahlen haben zu Kürzungen auf der Einnahmenseite (Beitragseinnahmen) geführt.

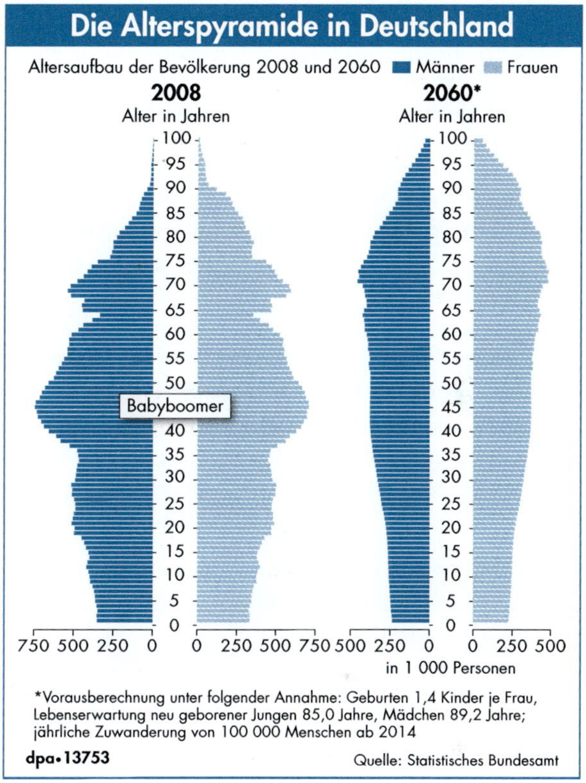

b) Umlageverfahren und Generationenvertrag

Die Finanzierung der Renten aus der gesetzlichen Rentenversicherung erfolgt nach dem sog. **Umlageverfahren**, d.h., die derzeitigen Rentenbezieher erhalten ihre Rente aus den laufenden Beiträgen der derzeit Erwerbstätigen (**Generationenvertrag**). Der Staat gibt einen Zuschuss. Die Höhe der von den Beschäftigten zu entrichtenden Rentenversicherungsbeiträge hängt von ihrem Bruttoeinkommen ab. Solange die Zahl der Erwerbstätigen deutlich über der Zahl der Rentner lag, funktionierte dieses System. Es gestattete sogar eine Anpassung der Renten, wenn die Einkommen der Erwerbstätigen stiegen.

Aus den oben genannten Gründe verändert sich dieses Verhältnis. Die Zahl der Rentner und die Rentenbezugsdauer – also die Ausgabenseite – steigen, während die Zahl der Beitragszahler weiter abnimmt.

Im Jahr 2012 standen einem Altersrentner zwei Beitragszahler gegenüber. Nach den Vorausberechnungen wird bereits im Jahr 2030 die Zahl der Rentner die Zahl der Beitragszahler übersteigen. Es ist einleuchtend, dass dies zu Kürzungen bei der gesetzlichen Rente führen muss.

c) Maßnahmen des Staates

Auf die sich abzeichnenden Probleme der Rentenversicherung hat der Gesetzgeber u.a. mit folgenden Maßnahmen reagiert:

- **Absenkung des Rentenniveaus**

  Das Rentenniveau drückt das Verhältnis der Renten zu den Löhnen und Gehältern aus. Läge das Renteniveau bei 100 %, wären Löhne bzw. Gehälter und Rente gleich hoch. Im Jahr 2013 betrug die Nettorente vor Steuern noch ca. 48,7 % des durchschnittlichen Nettogehalts. Für das Jahr 2030 wird ein Absinken auf 43 % prognostiziert.

  Zum Ausgleich der Absenkung des Rentenniveaus wurden steuerliche Anreize für eine kapitalgedeckte Zusatzvorsorge (sog. **Riester-Rente**) geschaffen (vgl. C 2.3.1).

- **Einführung eines Nachhaltigkeitsfaktors in die Rentenanpassungsformel**

  Durch diesen Faktor werden Veränderungen des zahlenmäßigen Verhältnisses von Rentnern zu Beitragszahlern berücksichtigt. Zukünftige Rentenanpassungen sollen dadurch gedämpft und Beitragssteigerungen in Grenzen gehalten werden.

  Durch eine **Niveausicherungsklausel** wird sichergestellt, dass das Renteniveau nicht unter einen bestimmten Wert sinken kann. Ferner wird angestrebt, dass der derzeitige Beitragssatz von 18,7 % (2015) bis zum Jahr 2030 nicht über 22 % steigt.

- **Anhebung der Altersgrenze bei vorzeitiger Altersrente**

  Die Altersgrenze für eine **vorzeitige Altersrente wegen Arbeitslosigkeit oder nach Altersteilzeit** ist vom 60. auf das 63. Lebensjahr angehoben worden.

  Für rentennahe Jahrgänge sind Vertrauensschutzregelungen vorgesehen. Wer nach dem 31. Dezember 1951 geboren ist, hat auf diese Altersrentenart keinen Anspruch mehr.

- **Regelaltersgrenze mit 67 Jahren**

  Die Regelaltersgrenze wird seit dem Jahr 2012, beginnend mit dem Jahrgang 1947, bis zum Jahr 2029 schrittweise auf 67 Jahre angehoben.

Anhebung der Altersgrenze auf 67			
Versicherte Geburtsjahr	Anhebung um Monate	auf das Alter	
		Jahr	Monate
1947	1	65	1
1948	2	65	2
1949	3	65	3
1950	4	65	4
1951	5	65	5
1952	6	65	6
1953	7	65	7
1954	8	65	8
1955	9	65	9
1956	10	65	10
1957	11	65	11
1958	12	66	0
1959	14	66	2
1960	16	66	4
1961	18	66	6
1962	20	66	8
1963	22	66	10
1964	24	67	0

Ein **Rentenbeginn mit 65 Jahren** ist gegen **Rentenabschläge** noch möglich.

Hat ein Versicherter 45 Jahre mit Pflichtbeiträgen aus Beschäftigung und Pflege sowie Zeiten der Kindererziehung bis zum 10. Lebensjahr des Kindes erreicht, kann er weiterhin mit 65 Jahren **abschlagfrei** in Rente gehen.

Besondere Regelungen gibt es für langjährig Versicherte mit 45 Versicherungsjahren (Rente mit 63), für schwerbehinderte Menschen, bei der Altersrente für Frauen, wegen Arbeitslosigkeit oder nach Altersteilzeitarbeit.

1.2 Risiko des vorzeitigen Todes

Beim Tod des gesetzlich Versicherten leistet die gesetzliche Rentenversicherung Renten wegen Todes an Witwen bzw. Witwer und an Waisen.

a) Witwen- und Witwerrente

Rentenberechtigt sind grundsätzlich der überlebende **Ehepartner** oder der überlebende **Lebenspartner** einer eingetragenen Lebenspartnerschaft.

➤ Kleine Witwen- oder Witwerrente

Sie wird gewährt, wenn

- der verstorbene Versicherte die allgemeine Wartezeit von 5 Jahren (vgl. C 2.2.1) erfüllt hatte und
- der Anspruchsberechtigte nicht wieder geheiratet oder eine neue Lebenspartnerschaft begründet hat.

Diese Rente beträgt 25 % der Rente des Verstorbenen. Sie wird für 2 Jahre geleistet.

Die kleine Witwen- oder Witwerrente wird unbegrenzt geleistet, wenn der Versicherte vor dem 1. Januar 2002 verstorben ist oder eine Ehe/Partnerschaft zu diesem Zeitpunkt bereits bestand und der Ehegatte/Partner älter als 40 Jahre war.

➤ Große Witwen- oder Witwerrente

Sie wird gewährt, wenn

- die Voraussetzungen für die kleine Witwen- oder Witwerrente erfüllt sind und
- der Hinterbliebene entweder das 45. Lebensjahr (diese Altersgrenze steigt bis 2012 schrittweise auf das 47. Lebensjahr an) vollendet hat oder
- ein eigenes Kind oder ein Kind des Verstorbenen, das das 18. Lebensjahr noch nicht vollendet hat, erzieht oder
- erwerbsgemindert ist.

Diese Rente beträgt 55 % der Rente des Verstorbenen.

Besonderheiten gelten u.a., wenn Kinder erzogen wurden oder der Versicherte vor dem 1. Januar 2002 verstorben ist.

b) Waisenrente

➤ Halbwaisenrente

Anspruch auf Halbwaisenrente besteht, wenn

- die Waise noch einen unterhaltspflichtigen Elternteil hat und
- der verstorbene Elternteil die allgemeine Wartezeit (vgl. C 2.2.1) erfüllt hat.

Sie beträgt 10 % der Rente zuzüglich eines Zuschlags, der an den rentenrechtlichen Zeiten des Verstorbenen orientiert ist.

➤ Vollwaisenrente

Anspruch auf Vollwaisenrente besteht, wenn die Waise keinen unterhaltspflichtigen Elternteil mehr hat.

Die Rente beträgt 20 % der Summe der Renten der beiden Verstorbenen, zuzüglich eines Zuschlages, der aus den rentenrechtlichen Zeiten beider Verstorbenen ermittelt wird. Sie wird bis zur Vollendung des 18. Lebensjahres, ggf. auch bis zur Vollendung des 27. Lebensjahres gezahlt, wenn die Waise sich z.B. in Schul- oder Berufsausbildung befindet.

1.3 Risiko der verminderten Erwerbsfähigkeit

Renten wegen verminderter Erwerbsfähigkeit sollen Einkommen ersetzen, wenn die Erwerbsfähigkeit eingeschränkt oder ganz weggefallen ist.

Für diese Rente müssen bestimmte Anspruchsvoraussetzungen erfüllt sein. So müssen z.B. in den letzten fünf Jahren vor Eintritt der Erwerbsminderung mindestens drei Jahre Pflichtbeiträge für eine versicherte Beschäftigung oder Tätigkeit geleistet worden sein.

a) Rente wegen teilweiser Erwerbsminderung

Sie wird gewährt, wenn der Versicherte

- wegen einer gesundheitsbedingten Minderung der Erwerbsfähigkeit außerstande ist, mindestens 6 Stunden täglich erwerbstätig zu sein und
- die versicherungsrechtlichen Voraussetzungen erfüllt sind (Mindestversicherungszeit 5 Jahre, in den letzten 5 Jahren vor Eintritt der Erwerbsminderung mindestens 3 Jahre Pflichtbeiträge für eine versicherungspflichtige Tätigkeit).

b) Rente wegen voller Erwerbsminderung

Sie wird gewährt, wenn der Versicherte

- wegen einer gesundheitsbedingten Minderung der Erwerbsfähigkeit außerstande ist, mindestens 3 Stunden täglich erwerbstätig zu sein und
- die versicherungsrechtlichen Voraussetzungen erfüllt sind (Mindestversicherungszeit 5 Jahre, in den letzten 5 Jahren vor Eintritt der Erwerbsminderung mindestens 3 Jahre Pflichtbeiträge für eine versicherungspflichtige Tätigkeit).

Kann ein Versicherter noch mindestens 3, aber nicht mehr als 6 Stunden arbeiten, hat er Anspruch auf die Rente wegen voller Erwerbsminderung, solange ihm kein entsprechender Arbeitsplatz vermittelt werden kann.

1.4 Grundlagen der Rentenberechnung

1.4.1 Merkmale der gesetzlichen Rentenversicherung

Rechtsgrundlagen	Sozialgesetzbuch VI – Versicherungspflicht für bestimmte Personengruppen gem. SGB VI §§ 1–6: Arbeitnehmer, Auszubildende, bestimmte Selbstständige – freiwillige Versicherung in bestimmten Fällen möglich
Träger	Deutsche Rentenversicherung Bund
Versicherte Risiken	Begrenzte Risikoübernahme für Alter (Altersrente), verminderte Erwerbsfähigkeit (Rente wegen teilweiser oder voller Erwerbsminderung), Tod (Hinterbliebenenrente) und Rehabilitation
Beiträge	Abhängigkeit der Beiträge vom versicherungspflichtigen Entgelt (≈ Bruttolohn) Beitragshöhe 2015: 18,7 % vom sozialversicherungspflichtigen Entgelt, höchstens jedoch von der Beitragsbemessungsgrenze **Beitragsbemessungsgrenze** 2015: – West: 72 600,00 € jährlich bzw. 6 050,00 € mtl. – Ost: 62 400,00 € jährlich bzw. 5 200,00 € mtl. Die Beiträge werden je zur Hälfte vom Arbeitnehmer und Arbeitgeber getragen.

Art der Leistung	Gesetzlich festgelegte Leistungen gem. SGB VI §§ 9–124 in Form von Rente (außer bei Rehabilitation und Abfindung von Witwen/Witwer bei Wiederheirat)
Fälligkeit der Leistung	Je nach Rentenart müssen **Wartezeiten** (Beitrags-, Ersatz- u. Kindererziehungszeiten) von unterschiedlicher Länge erfüllt und ein bestimmtes Mindestalter erreicht sein. Regelaltersrente: ab 65 Jahre (demnächst 67 Jahre), wenn zuvor die Wartezeit von 5 Jahren erfüllt ist.

Anmerkung: Ausgewählte Rechengrößen der Sozialversicherung sind im hinteren Buchdeckel innen abgedruckt.

1.4.2 Rentenformel und Rentenberechnung

Beispiel:

Herr Abetz ist am 22. Dez. 2014 65 Jahre alt geworden und bezieht ab dem 01. Jan. 2015 Altersrente. Wie hoch ist seine monatliche Rente?

SGB VI § 64

Monatsrente = Persönliche Entgeltpunkte · Rentenartfaktor · Aktueller Rentenwert

MR PEP RAF AR

a) Persönliche Entgeltpunkte

Die Persönlichen Entgeltpunkte (PEP) werden ermittelt, indem die Summe aller Entgeltpunkte während der Versicherungszeit mit dem Rentenzugangsfaktor multipliziert wird.

➤ Entgeltpunkte (EP)

$$\text{EP eines Jahres} = \frac{\text{persönlicher Bruttoverdienst des jeweiligen Jahres}}{\text{Bruttodurchschnittsverdienst aller Versicherten des jeweiligen Jahren}}$$

EP insgesamt = Summe aller Entgeltpunkte während der Versicherungsjahre

Anmerkung:

Zeiten der Berufsausbildung werden höchstens mit dem Durchschnittsverdienst aller Versicherten bewertet. Auch für Kindererziehungszeiten und andere beitragsfreie Zeiten (Arbeitslosigkeit, Krankheit, Frühinvalidität) werden EP unter Berücksichtigung der übrigen Gesamtbeitragsleistung angerechnet.

Durchschnittsentgelte (in EUR) aller Versicherten seit 2007

Jahr	Einkommen
2007	29 951,00 €
2008	30 625,00 €
2009	30 506,00 €
2010	31 144,00 €
2011	32 100,00 €
2012	33 002,00 €
2013	34 071,00 € (vorläufig)
2014	34 857,00 € (vorläufig)

1. Beispielfortsetzung:

Bis zum Ende des Jahres 2009 hat Herr Abetz nach einer Renteninformation seines Rentenversicherungsträgers insgesamt 35,55 Entgeltpunkte auf seinem Rentenversicherungskonto angesammelt.

In den Jahren 2010 bis 2014 hat er folgende anrechenbare Bruttojahresverdienste erzielt:

Jahr	Bruttojahresverdienst
2010	25 904,00 €
2011	27 743,00 €
2012	30 318,00 €
2013	31 350,00 €
2014	32 106,00 €

Die Berechnung der Entgeltpunkte für diesen Zeitraum stellt sich wie folgt dar:

Jahr	persönliches jährliches Bruttoverdienst	jährlicher Durchschnittsverdienst aller Versicherten lt. Tabelle	Engeltpunkte
2010	25 904,00 €	31 144,00 €	$\frac{25\,904}{31\,144} = 0{,}83$
2011	27 743,00 €	32 100,00 €	$\frac{27\,743}{32\,100} = 0{,}86$
2012	30 318,00 €	33 002,00 €	$\frac{30\,318}{33\,002} = 0{,}92$
2013	31 350,00 €	34 071,00 €	$\frac{31\,350}{34\,071} = 0{,}92$
2014	32 106,00 €	34 857,00 €	$\frac{32\,106}{34\,857} = 0{,}92$

Addiert man diese Entgeltpunkte zu den bis Ende 2009 erreichten 35,55 Entgeltpunkten ergibt sich als **Summe aller Entgeltpunkte 40**.

➤ Rentenzugangsfaktor (ZF)

Beginn der Altersrente	Zugangsfaktor
ab dem 65. Lebensjahr	1,0
nach dem 65. Lebensjahr	Zuschlag von 0,005 je Monat
vor dem 65. Lebensjahr	Abschlag von 0,003 je Monat

2. Beispielfortsetzung:

Im Falle von Herrn Abetz ist der **Zugangsfaktor 1,0** (Altersrente ab 65. Lebensjahr).

➤ Berechnung der Persönlichen Entgeltpunkte (PEP)

PEP = Summe aller EP · ZF

3. Beispielfortsetzung:
Bei 40 Entgeltpunkten während der Versicherungsdauer und einem Zugangsfaktor von 1,0 ergeben sich für Herrn Abetz **40 Persönliche Entgeltpunkte**.

b) Rentenartfaktor (RAF)

Je nach Art der Rente werden folgende Rentenartfaktoren verwendet:

Rentenart	Rentenartfaktor
Altersrente, Rente wegen voller Erwerbsminderung	1,00
Rente wegen teilweiser Erwerbsminderung	0,5
»große« Witwer-/Witwenrente	0,55
»kleine« Witwer-/Witwenrente	0,25
Vollwaisenrente	0,20
Halbwaisenrente	0,10

4. Beispielfortsetzung:
Für Herrn Abetz gilt der **Rentenartfaktor 1,0** (Altersrente).

c) Aktueller Rentenwert (AR)

Der aktuelle Rentenwert wird jährlich zum 01. Juli angepasst. Er gibt die Höhe der monatlichen Altersrente an, die ein Durchschnittsverdiener für ein Jahr Beitragsentrichtung mit einem Rentenzugangsfaktor 1 erhält.

Maßgebliche Veränderungsfaktoren für den aktuellen Rentenwert sind:

- Veränderung der Bruttolohn- und -gehaltssumme je durchschnittlich beschäftigten Arbeitnehmer
- Veränderung des Beitragsatzes zur Rentenversicherung
- Veränderung des Verhältnisses der Aktiven zu den Rentenbeziehern (ausgedrückt im sog. **Nachhaltigkeitsfaktor**).

Der aktuelle Rentenwert vom 01. Juli 2014 beträgt: 28,61 € (West) und 26,39 € (Ost).

5. Beispielfortsetzung:
Unter Anwendung der Rentenformel ergibt sich für Herrn Abetz folgende monatliche Altersrente (MR) ab dem 01. Jan. 2015:

$$\begin{array}{lllllll} MR & & PEP & & RAF & & AR \\ & = & 40 & \cdot & 1 & \cdot & 28{,}61 \end{array}$$

Die monatliche **Altersrente** beträgt 1 144,40 €.

1.5 Versorgungslücken

1.5.1 Lücken in der Altersversorgung

Für eine angemessene Altersversorgung wird üblicherweise ein Bedarf von 90 % des Nettoeinkommens unterstellt, da bestimmte Aufwendungen (z. B. Fahrten zur Arbeitsstätte) im Ruhestand fortfallen.

Der Versorgungsbedarf, der nicht durch die gesetzliche Rente und andere Vorsorgemaßnahmen (z. B. Betriebliche Altersversorgung) gedeckt ist, stellt die Versorgungslücke dar, die durch private Vorsorge geschlossen werden sollte.

Bei Besserverdienenden ist die Differenz zwischen gesetzlicher Rente und letztem Nettoarbeitseinkommen besonders groß, da für das Einkommen oberhalb der Beitragsbemessungsgrenze keine Rentenversicherungsbeiträge gezahlt und somit keine Rentenansprüche aufgebaut wurden.

Für eine überschlägige Berechnung der Versorgungslücke empfiehlt sich das folgende Schema:

Bruttogehalt
– Steuern
– Sozialabgaben
= Nettogehalt
– fortfallende Arbeitsaufwendungen
+ evtl. altersbedingte Mehrausgaben
= **Versorgungsbedarf im Alter**
– gesetzliche Rente
– zusätzliche Einkünfte (z. B. Betriebsrente)
+ Steuern und Sozialabgaben im Alter
= **Versorgungslücke**

Hinweis:

Die 2005 im Rahmen des Alterseinkünftegesetzes eingeführte nachgelagerte Besteuerung der Renteneinkünfte (vgl. C 9.4) erschwert die Ermittlung der Versorgungslücke. Der steuerpflichtige Anteil der Renten aus der gesetzlichen Rentenversicherung steigt in den nächsten Jahren stetig an. Deshalb führt eine brutto ausgezahlte Rentenleistung bei den einzelnen Leistungsempfängern zu unterschiedlichen Nettorenten. In diesem Zusammenhang bietet das **Deutsche Institut für Altersvorsorge** Schätzungen über die notwendige Höhe der persönlichen Sparraten zur Deckung der Versorgungslücken an, die sich trotz Bruttorentenauszahlung am Nettobedarf orientieren. (**www.dia-vorsorge.de**)

Situation (Fortsetzung):

Für Axel Schubert (vgl. Ausgangssituation in Abschn. C 1) würde sich unter Berücksichtigung seines derzeitigen Bruttoeinkommens von 2 500,00 mtl. (netto ca. 1 880,00 €) bei einem lückenlosen Versicherungsverlauf näherungsweise folgende Versorgungslücke im Alter von 65 Jahren ergeben, wenn 90 % des Nettoeinkommens als Ruhestandseinkommen angestrebt werden:

Derzeitiges Nettoeinkommen	Angestrebtes Einkommen im Ruhestand	Altersrente nach Abzug von Steuern und Sozialabgaben	Versorgungslücke
1 880,00 € mtl.	1 700,00 € mtl.	900,00 € mtl.	800,00 € mtl.

Besonderheit: Renteninformation der Deutschen Rentenversicherung

Die Deutsche Rentenversicherung verschickt jährlich an alle Versicherten, die mindestens 27 Jahre alt sind und bereits 5 Beitragsjahre auf ihrem Konto gespeichert haben, eine Renteninformation mit Versicherungsverlauf.

Sie bietet wichtige Informationen und Daten für die Planung der zusätzlichen privaten und betrieblichen Vorsorge. Unter anderem enthält sie eine Prognose über die gesetzliche Altersrente, weist die erreichten Entgeltpunkte aus und zeigt die verschiedenen Versicherungszeiten (**Versicherungsverlauf**).

Zum Versicherungsverlauf zählen auch Schul- und Ausbildungszeiten, Arbeitslosigkeit oder Kindererziehungszeiten. Der Versicherte kann prüfen, ob alles vollständig und richtig erfasst ist.

1.5.2 Lücken in der Hinterbliebenenversorgung

Schon die Höhe der bei vorzeitigem Tod vorgesehenen Rentenleistung lässt erkennen, dass eine Versorgungslücke entsteht. Diese ist besonders groß, wenn erst für wenige Jahre Beiträge zur Rentenversicherung geleistet wurden, da die Rente für den Fall des vorzeitigen Todes von den erworbenen Rentenansprüchen berechnet wird und diese dann noch gering sind.

Bei der Ermittlung der Versorgungslücke muss auch beachtet werden, ob und inwieweit Hinterbliebene selbstständig für ihren Unterhalt aufkommen können.

1.5.3 Lücken bei vorzeitiger Berufs- bzw. Erwerbsunfähigkeit

Gerade in jungen Jahren sind häufig die Anspruchsvoraussetzungen für eine Erwerbsminderungsrente noch nicht erfüllt.

Die Erwerbsminderungsrenten werden nicht bei **Berufsunfähigkeit** gezahlt.

Beispiel:

Ein Maurer kann wegen Bandscheibenvorfall nicht mehr auf der Baustelle arbeiten, eine sitzende Tätigkeit ist aber noch möglich. Der Maurer ist somit berufs-, aber nicht erwerbsunfähig.

Es ist allerdings fraglich, ob die berufsfremde Tätigkeit zu einem Einkommen führt, mit dem der bisherige Lebensstandard beibehalten werden kann.

Die Erwerbsminderungsrenten selbst stellen nur eine Grundversorgung dar.

Beispiel:

① Mirko Albertz (25 Jahre) arbeitet nach Beendigung der Ausbildung seit 5 Jahren als Anlagenbauer mit einem Durchschnittsverdienst von monatlich 1 719,00 € netto. Bei einem Autounfall wird er schwer verletzt und es wird Jahre dauern, ehe er wieder arbeiten kann. Für die Zeit der vollen Erwerbsminderung bekommt er eine Rente von ca. 640,00 €. Die Versorgungslücke beträgt 1 079,00 €.

② Hans Falk (55 Jahre) hat als Werkmeister 35 Jahre mit dem 1,3-fachen des Durchschnittsverdienstes gearbeitet und zuletzt 2 103,00 € netto verdient. Infolge eines Herzinfarkts ist er derzeit arbeitsunfähig und erhält für die Zeit der vollen Erwerbsminderung eine Rente von 1 235,00 €. Die Versorgungslücke beträgt 868,00 €.

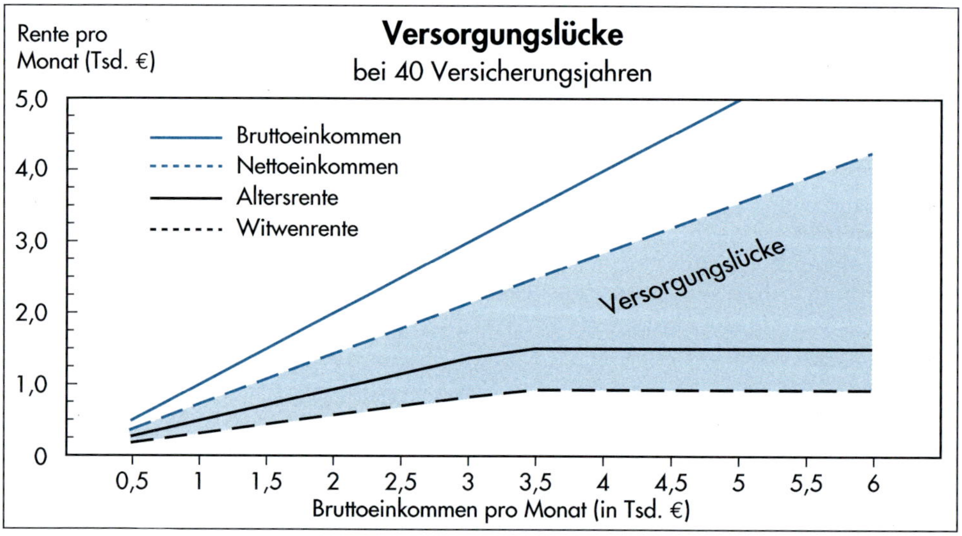

Übersicht: Bedeutende Rentenleistungen der Gesetzlichen Rentenversicherung

Rentenart	Beginn Frühestens (mit Abschlägen)	Normal (ohne Abschläge)	Versicherungsdauer (Wartezeit)	Voraussetzungen	Besonderheiten
Regelaltersrente	65	65 bzw. 67	5 Jahre		Schrittweise Anhebung ab 2012 von 65 auf 67 für die Geburtsjahrgänge 1947 und später
Altersrente für langjährig Versicherte	63 teilweise mit 62	65 bzw. 67	35 Jahre	ab Geburtsjahrgang 1949 schrittweise Anhebung von 65 auf 67	

Rentenart	Beginn		Versicherungsdauer (Wartezeit)	Voraussetzungen	Besonderheiten
	Frühestens (mit Abschlägen)	Normal (ohne Abschläge)			
Altersrente für Frauen	Schrittweise Anhebung von 60 auf 65	65	15 Jahre	vor 1952 geboren	nach 40. Lebensjahr mehr als 10 Jahre Pflichtbeiträge
Altersrente nach Altersteilzeit oder Arbeitslosigkeit	Schrittweise Anhebung von 60 auf 63	65	15 Jahre	vor 1952 geboren	
Altersrente für schwerbehinderte Menschen	Schrittweise Anhebung von 60 auf 63	63	35 Jahre	Anerkennung als Schwerbehinderter	
Rente wegen voller Erwerbsminderung*			5 Jahre	Arbeitsfähigkeit von weniger als 3 Stunden am Tag	In den letzten 5 Jahren vor dem Eintritt der Berufsunfähigkeit müssen mindestens 36 Kalendermonate mit Pflichtbeiträgen belegt werden.
Rente wegen teilweiser Erwerbsminderung*			5 Jahre	Arbeitsfähigkeit von mehr als 3, aber weniger als 6 Stunden am Tag	In den letzten 5 Jahren vor dem Eintritt der Berufsunfähigkeit müssen mindestens 36 Kalendermonate mit Pflichtbeiträgen belegt sein.
Witwen-/Witwerrente			Der Verstorbene muss 5 Jahre versichert gewesen sein.	Tod des versicherten Ehegatten Keine Wiederheirat Große Witwenrente bei Vollendung des 45. Lebensjahrs	große Witwenrente: 55 % der Rente wegen voller Erwerbsminderung des Verstorbenen (kleine Witwenrente: 25 %)

* Vor dem 2. Jan. 1961 Geborene haben noch Anspruch auf eine Rente wegen **Berufsunfähigkeit**.

Lernkontrollen zu C 1

Leistungen der gesetzlichen Rentenversicherung

1 Der Kunde Holger Müller, ledig, 34 Jahre alt, hat von den Finanzierungsproblemen der gesetzlichen Rentenversicherung (GRV) gehört.

a) Beschreiben Sie stichwortartig drei Ursachen, die für diese Probleme verantwortlich sind.

b) Welche Maßnahmen sind bisher ergriffen worden, um die Probleme zu entschärfen?

2 Frau Meyer, ledig, 36 Jahre alt, trägt sich mit dem Gedanken, Vorsorge für den Fall einer vorzeitigen Berufsunfähigkeit zu treffen.

Sie möchte von Ihnen zunächst wissen, welchen Schutz die gesetzliche Rentenversicherung bietet.

3 Holger Mantz, 44 Jahre, ist bei einer Bergtour tödlich verunglückt. Er war seit 15 Jahren in einer Maschinenfabrik als Angestellter tätig und hinterlässt eine Ehefrau (41 Jahre) und zwei Kinder im Alter von 15 und 17 Jahren.

Frau Mantz möchte wissen, ob und ggf. welche Rente sie von der gesetzlichen Rentenversicherung für sich und ihre Kinder erwarten darf.

Rentenberechnung und Versorgungslücke

4 Sie sind Mitarbeiter in einer Geschäftsstelle der Proximus Versicherung AG. Der Kunde Heinz-Dieter Claas besucht Sie an einem Vormittag. Er hat mehrfach gehört, dass der privaten Vorsorge ein immer größerer Stellenwert zukommt und möchte deshalb zunächst erfahren, warum die Eigenvorsorge zunehmend wichtiger wird. Ferner möchte er wissen, welche Vorsorgemaßnahmen er schon jetzt treffen sollte. Sie erfahren, dass Herr Claas als Mitarbeiter in einer Maschinenfabrik tätig ist. Er ist 32 Jahre alt, unverheiratet und hat ein monatliches Nettoeinkommen von 2 200,00 €. Leider hat Herr Claas keinerlei Unterlagen über seinen bisherigen Versicherungsverlauf in der gesetzlichen Rentenversicherung mitgebracht. An dieser Tatsache soll die jetzt gewünschte Beratung jedoch nicht scheitern.

Arbeitsauftrag

Erläutern Sie Herrn Claas zunächst die zunehmende Notwendigkeit der privaten Vorsorge. Zeigen Sie ihm ferner auf, in welcher Höhe und wie die Versorgung grundsätzlich aufgebaut sein sollte.

5 Erläutern Sie die Berechnungsweise für die Altersrente in der gesetzlichen Rentenversicherung (Rentenformel).

6 Herr Brunner ist am 20. Sept. 2014 65 Jahre alt geworden. Er beantragt zum 01. Okt. 2014 Altersrente. Einer Rentenauskunft der Bundesversicherungsanstalt für Angestellte aus dem Jahre 2009 ist zu entnehmen, dass seine persönlichen Entgeltpunkte 50,5 bis Ende 2008 betragen haben. Danach hat er noch folgende Bruttoverdienste:

2009	2010	2011
24 092,00 €	25 102,00 €	25 820,00 €

2012	2013	2014
26 408,00 €	26 945,00 €	20 002,00 €

a) Wie hoch ist seine anfängliche Monatsrente ab 01. Okt. 2014, wenn der aktuelle Rentenwert zum 1. Juli 2014 28,61 € beträgt?

b) Wie hoch wäre seine anfängliche Monatsrente gewesen, wenn er bereits ab seinem 63. Lebensjahr (01. Okt. 2012) Altersrente bezogen hätte und der maßgebliche aktuelle Rentenwert damals 28,07 € betrug? (Bruttoverdienst von Jan. bis Sept. 2012: 19 806,00 €)

7 Der VN Felix Krause (30 Jahre) aus Bochum möchte sich von Ihnen ausrechnen lassen, wie hoch seine Versorgungslücke im Rentenalter von 67 Jahren voraussichtlich sein wird und in welcher Höhe eine Rente aus anderen Quellen zur Verfügung stehen muss, um diese Lücke zu decken.

Herr Krause ist seit 10 Jahren berufstätig und rentenversicherungspflichtig. Sein derzeitiges Bruttogehalt beträgt 2 840,00 € und sein Nettogehalt 1 750,00 €. Das Bruttogehalt entspricht etwa dem monatlichen Durchschnittsverdienst aller Rentenversicherten. Es kann unterstellt werden, dass Herr Krauses Bruttogehalt während der gesamten Versicherungsdauer annähernd dem Durchschnittsverdienst aller Versicherten entspricht.

Arbeitsauftrag

Ermitteln Sie mit Hilfe der Rentenformel die voraussichtliche Altersrente von Herrn Krause bei lückenlosem Versicherungsverlauf (Renteneintrittsalter: 67 Jahre).

Berechnen Sie den notwendigen Rentenbetrag zur Deckung der Versorgungslücke.

Anmerkung: Die Problematik der Besteuerung von Renten, die bei der exakten Ermittlung der Versorgungslücke zu beachten wäre, ist aus Vereinfachungsgründen außer Acht zu lassen.

2 Bausteine für die Altersvorsorge

2.1 Dreischichtenmodell

Übersicht: Drei Schichten der Altersvorsorge

siehe C 2.4

3. Schicht
Übrige Vorsorge:
u.a. private Rentenversicherung, Kapital-Lebensversicherung

siehe C 2.3

2. Schicht
Kapitalgedeckte Zusatzvorsorge:
Riester-Rente, betriebliche Altersvorsorgung

siehe C 2.2

1. Schicht
Basisvorsorge:
Gesetzliche Rente, Basisrente (Rürup-Rente)

Staatlich gefördert

Aufgrund der Notwendigkeit, die staatliche Altersvorsorge durch betriebliche und private Vorsorge zu ergänzen, hat der Staat vielfältige Fördermöglichkeiten geschaffen (vgl. C 2.2.2, C 2.3.1 und C 2.3.2). In diesem Zusammenhang ist auch das Dreischichtenmodell der Altersvorsorge anstelle des bis dahin üblichen Dreisäulenmodells (1. Gesetzliche Altersvorsorge, 2. Betriebliche Altersvorsorge, 3. Private Altersvorsorge) entstanden.

Hinweis:

Die Kapitalbildung in Schicht 1 und 2 ist vor Abtretung und Pfändung sowie Anrechnung in der Arbeitslosen- und Sozialhilfe geschützt.

2.2 Basisvorsorge

Typisch für die Basisvorsorge ist die nachgelagerte Besteuerung, d.h. die Beiträge (sog. **Altersvorsorgebeiträge**) führen im Rahmen der Sonderausgaben zunächst zu einer steuerlichen Entlastung. Im Gegenzug werden die später anfallenden Rentenzahlungen versteuert.

Einzelheiten sind in C 2.2.3 dargestellt.

2.2.1 Gesetzliche Rente

Die gesetzliche Rente stellt für den größten Teil der Bevölkerung das wichtigste Standbein der Altersversorgung dar.

Selbstständige (z.B. Ärzte) sind i. d. R. einem berufsständischen Versorgungswerk und bestimmte Berufe einer eigenständigen Kasse (z.B. Landwirte der landwirtschaftlichen Alterskasse) angeschlossen. Diese Personen erhalten ihre Grundversorgung von diesen vergleichbaren Einrichtungen.

Die Beiträge (Arbeitnehmeranteil) zur gesetzlichen Rentenversicherung können im Rahmen der ansetzbaren **Altersvorsorgebeiträge** als **Sonderausgaben** geltend gemacht werden und führen so zu einer steuerlichen Entlastung.

Allerdings sind die später gezahlten Renten im Rahmen der nachgelagerten Besteuerung steuerpflichtig (Zu Einzelheiten vgl. C 2.2.3).

2.2.2 Basisrente

Die Basisrente ist der gesetzlichen Rente nachempfunden, allerdings mit dem Unterschied, dass sie von der privaten Versicherungswirtschaft nach dem **Kapitaldeckungsverfahren** organisiert ist. Man spricht auch von **Rürup-Rente.**

Der Begriff Rürup-Rente hat sich eingebürgert, da der Leiter der Kommission, die diese Variante der Altersversorgung im Zusammenhang mit der steuerlichen Förderung entwickelt hat, Bert Rürup hieß.

a) Arten der Rentenversicherung »Basisrente«

Das EStG unterscheidet zwei Arten der Rentenversicherung »Basisrente«, die steuerlich gefördert werden (vgl. C 2.2.3). EStG § 10

➤ Rentenversicherung zum Aufbau einer kapitalgedeckten Altersversorgung

Der Vertrag muss die Zahlung einer monatlichen, auf das Leben des Steuerpflichtigen bezogenen lebenslangen Leibrente nicht vor Vollendung des 62. Lebensjahres vorsehen. Abs. 1 Nr. 2 b) aa)

Diese Bestimmung hat in den **Allgemeinen Bedingungen für die Rentenversicherung gemäß § 10 Absatz 1 Nr. 2 Buchstabe b EStG (Basisrente)** ihren Niederschlag gefunden. AVB Basisrente

Der Vertrag darf zusätzlich die ergänzende Absicherung des Eintritts der Berufsunfähigkeit (Berufsunfähigkeitsrente), der verminderten Erwerbsfähigkeit (Erwerbsminderungsrente) oder von Hinterbliebenen (Hinterbliebenenrente) vorsehen. Proximus 3 BE S. 70 ff.

Im **Proximus 3 Bedingungswerk** ist die Zusatzversicherung »Hinterbliebenenrente« in den **Besonderen Bedingungen für die Hinterbliebenenrenten-Zusatzversicherung zur Rentenversicherung gemäß § 10 Absatz 1 Nr. 2 Buchstabe b EStG (Basisrente)** geregelt. Proximus 3 BE S. 76 ff.

➤ Selbstständige Berufsunfähigkeitsversicherung

Die steuerlich geförderte Rentenversicherung »Basisrente« kann auch als Selbstständige Berufsunfähigkeitsversicherung zur Absicherung der Berufsunfähigkeit oder der verminderten Erwerbsfähigkeit (Versicherungsfall) abgeschlossen werden. (Zum Wesen der Selbstständigen Berufsunfähigkeitsversicherung, vgl. C 3.4.1). Der Vertrag muss die Zahlung einer monatlichen, auf das Leben des Steuerpflichtigen bezogenen lebenslangen Leibrente für einen Versicherungsfall vorsehen, der bis zur Vollendung des 67. Lebensjahres eingetreten ist. EStG § 10 Abs. 1 Nr. 2 b) bb)

b) Gemeinsame Bestimmungen für die Arten der Rentenversicherung »Basisrente«

Die Ansprüche aus der Versicherung sind nach den Bestimmungen des EStG Abs. 1 Nr. 2 S. 2

- **nicht vererbbar** (sie verfallen also bei vorzeitigem Tod, sofern keine Hinterbliebenenversorgung mit eingeschlossen wurde),
- **nicht übertragbar** (die Ansprüche können beispielsweise nicht für eine Kreditsicherung abgetreten werden),
- **nicht veräußerbar** (die Ansprüche können nicht verkauft werden),
- **nicht kapitalisierbar** (es kann keine Kapitalzahlung anstelle der Rentenzahlung vereinbart werden).

c) Vertragsgestaltung

In der Praxis wird die vorstehende kapitalgeckte Altersversorgung in Form der **klassischen Rentenversicherung** oder als **fondsgebundene Rentenversicherung** angeboten.

➤ Klassische Rentenversicherung

Bei der klassischen Rentenversicherung wird eine Rente garantiert. Die Beiträge zum Kapitalaufbau werden vom Versicherungsunternehmen zumeist in festverzinslichen Wertpapieren, Immobilien und teilweise in Aktien angelegt. Der Sparer enthält eine Garantieverzinsung (seit 01.01.2015: 1,25 %) und ist an den Überschüssen beteiligt. Garantierente und Überschüsse ergeben zusammen die monatliche Gesamtrente. Die Beteiligung an den Überschüssen ist in den Allgemeinen Versicherungsbedingungen geregelt.

AVB Basisrente § 2

➤ Fondsgebundene Rentenversicherung

In diesem Fall werden die Beiträge für den Kapitalaufbau in Aktien- oder Rentenfonds oder auch in Mischfonds angelegt. Bei manchen Versicherern besteht die Möglichkeit, den Fonds auszuwählen und auch die Anlagepolitik (z. B. Zeitpunkt der Umschichtung) mitzubestimmen (vgl. C 3.5.2).

Die fondsgebundene Rentenversicherung bietet Chancen aber auch Risiken. Bei der Aktienanlage kann ein Kurseinbruch kurz vor Rentenbeginn zu erheblichen Renteneinbußen führen. Deshalb empfiehlt es sich, Renditechancen durch Aktienanlage in den ersten Vertragsjahren zu suchen und später auf sicherere Rentenfonds umzuschichten.

2.2.3 Steuerliche Behandlung der Basisvorsorge

2.2.3.1 Steuerliche Neuregelung im Zusammenhang mit dem Alterseinkünftegesetz 2005

Mit dem zum 1. Januar 2005 in Kraft getretenen **Alterseinkünftegesetz** gingen weitreichende steuerliche Änderungen, die auch die Lebensversicherung betreffen, einher. Der Gesetzgeber war durch ein Urteil des Bundesverfassungsgerichts aus dem Jahr 2002 verpflichtet worden, die unterschiedliche Besteuerung von Beamtenpensionen und Renten aus der gesetzlichen Rentenversicherung aufzuheben und die Gleichbehandlung aller Versorgungsempfänger in steuerlicher Hinsicht zu gewährleisten. Die Neuordnung der Besteuerung besteht in einem **schrittweisen Übergang zur nachgelagerten Besteuerung**.

Dabei gilt:

(1) Die Beiträge zur Altersvorsorge mindern bis zu einem jährlichen Höchstbetrag das zu versteuernde Einkommen.

(2) Die auf diesen Beiträgen beruhenden späteren Renten werden unter Berücksichtigung bestimmter Freibeträge in vollem Umfang steuerpflichtig.

Der Übergang zur nachgelagerten Besteuerung und zur Steuerfreistellung der Altersvorsorgeaufwendungen erfolgt aber **schrittweise**, da die bei sofortiger Einführung zunächst eintretenden Steuerausfälle für den Staat nicht verkraftbar wären. Das Prinzip der nachgelagerten Besteuerung trägt nicht nur der Forderung nach Gleichbehandlung aller Versorgungsempfänger Rechnung. Es bringt auch gegenüber anderen Lösungen vielfältige Vorteile mit sich und wird international am häufigsten angewandt.

Gleichzeitig wurden im Rahmen des Alterseinkünftegesetzes die steuerlichen Rahmenbedingungen für die betriebliche Altersversorgung in Form der **Direktversicherung** (vgl. C 2.3.2.2) verbessert und die Förderung der Altersvorsorge in Form der **Riester-Rente** (vgl. C 2.3.1) vereinfacht.

2.2.3.2 Altersvorsorgebeiträge als Sonderausgaben

a) Überblick

Vorsorgeaufwendungen zählen zu den beschränkt abzugsfähigen **Sonderausgaben**
Man unterscheidet:

Vorsorgeaufwendungen als Sonderausgaben § 10 EStG

- Altersvorsorgebeiträge zur Basisvorsorge § 10 (1) Nr. 2a, 2b EStG
  - Arbeitnehmeranteil zur GRV, Beiträge zur Basisrente (Rürup-Rente)
  - **Höchstbetrag**
  - 19 200 € (2015) mit jährlicher Steigerung um 2 % bis 24 000 € (2025)
- Sonstige Vorsorgeaufwendungen § 10 (1) Nr. 3a EStG
  - u. a. Beiträge zur Risikolebens-, Kranken-, Pflege-, Unfall- und Haftpflichtversicherung
  - **Höchstbeträge § 10 (4) EStG**
  - Arbeitnehmer: 1 900 € pro Jahr
  - Selbstständige: 2 800 € pro Jahr

b) Abzugsfähiger Höchstbetrag zur Basisvorsorge

Der abzugsfähige **Höchstbetrag** für Altersvorsorgebeiträge zur **gesetzlichen** Rentenversicherung (einschließlich des Arbeitgeberbeitrags) und anderen vergleichbaren Vorsorgemaßnahmen (z. B. Rürup-Rentenversicherung) steigt bis zum Jahr 2025 auf 24 000,00 € pro Kopf. Zusammen veranlagte Eheleute können dann bis 48 000,00 € als Sonderausgaben geltend machen. Im Jahr 2005 betrug der höchstmögliche Sonderausgabenabzug zunächst 60 % des damaligen Höchstbetrags von 20 000,00 € (d. h. 12 000,00 € pro Kopf). Dieser Prozentsatz steigt bis 2025 jährlich um 2 Prozentpunkte. Ab dem Jahr 2014 wurde der Höchstbetrag von 20 000,00 € auf 24 000,00 € erhöht. Für 2015 ergibt sich somit ein maximaler Sonderausgabenabzug in Höhe 19 200,00 € (= 80 % von 24 000,00 €).

Entwicklung der als Sonderausgabenabzug anerkannten Altersvorsorgebeträge 2005 bis 2013 (Höchstbetrag 20 000,00 €)

Jahr	**2005**	**2006**	**2007**	**2008**	**2009**	**2010**	**2011**	**2012**	**2013**
% vom Höchstbetrag (20 000 €)	60	62	64	66	68	70	72	74	76
Betrag in €	12 000	12 400	12 800	13 200	13 600	14 000	14 400	14 800	15 200

Entwicklung der als Sonderausgabenabzug anerkannten Altersvorsorgebeträge 2014 bis 2025 (Höchstbetrag 24 000,00 €)

Jahr	**2014**	**2015**	**2016**	**2017**	**2018**	**2019**	**2020**	**2022**	**2023**
% vom Höchstbetrag (24 000 €)	78	80	82	84	86	88	90	92	94
Betrag in €	18 720	19 200	19 680	20 160	20 640	21 120	21 600	22 080	22 560

Jahr	**2023**	**2024**	**2025**
% vom Höchstbetrag (24 000 €)	96	98	100
Betrag in €	23 040	23 520	24 000

Ermittlung des Sonderausgabenabzugs für das Jahr 2015

Beispiele:

Arbeitnehmer, alleinstehend **Bruttoeinkommen 2015: 50 000,00 €** **Beitragssatz zur GRV: 18,7 %** **Beitrag zu einer Rentenversicherung »Basisrente«: 2 000,00 €**		**Selbstständiger, alleinstehend** **Bruttoeinkommen 2015: 54 975,00 €** **Nicht versicherungspflichtig** **Rentenversicherung »Basisrente«: 11 450,00 €**	
AN-Anteil zur GRV	4 675,00 €		
+ Beitrag »Basisrente«	2 000,00 €	Beitrag »Basisrente«	11 350,00 €
+ AG-Anteil zur GRV	4 675,00 €		
= Altersvorsorgebeiträge	11 350,00 €	= Altersvorsorgebeiträge	11 350,00 €
davon 80 % im Jahr 2015	9 080,00 €	davon 80 % im Jahr 2015	9 080,00 €
– AG-Anteil zur GRV	4 675,00 €		
Sonderausgabenabzug 2015	**4 405,00 €**	**Sonderausgabenabzug 2015**	**9 080,00 €**

Erläuterungen:

- Für die Vergleichbarkeit wurde unterstellt, dass das Bruttoeinkommen des Selbstständigen dem Bruttoeinkommen des Arbeitnehmers zuzüglich AG-Anteil zur GRV sowie der Beitrag zur Rentenversicherung »Basisrente« entspricht und dass beide Altersvorsorgebeiträge in Höhe von 11 350,00 € leisten.
- Beim Arbeitnehmer werden der Arbeitnehmeranteil und der Arbeitgeberanteil zur GRV sowie der Beitrag zur Rentenversicherung »Basisrente« bei der Ermittlung der Altersvorsorgebeiträge zunächst berücksichtigt. Steuerlich anerkannt werden im Jahr 2015 80 % der Altersvorsorgebeiträge. Beim Arbeitnehmer ist der so ermittelte Betrag allerdings wieder um den Arbeitgeberanteil zur GRV zu kürzen.
- Selbstständige sind für ihre Altersversorgung eigenverantwortlich. Sie können deshalb im Jahr 2015 von den nachgewiesenen Altersvorsorgebeiträgen der Basisvorsorge 80 % als Sonderausgaben geltend machen.

Die Rentenversicherung »Basisrente« ist für Selbstständige, die keine Beiträge zur gesetzlichen Rentenversicherung oder einem vergleichbaren Versorgungswerk zahlen, besonders interessant, da die als Sonderausgaben abzugsfähigen Altersvorsorgebeiträge in vollem Umfange zur Verfügung stehen.

Ausschöpfung des Höchstbetrages

Möchte der im Beispiel genannte **Selbstständige** die Abzugsmöglichkeit im Jahr 2015 voll ausschöpfen, müsste er 24 000,00 € an Altersvorsorgebeiträgen nachweisen, wovon dann 80 % = 19 200,00 € als Sonderausgaben wirksam würden.

Für den **Arbeitnehmer** im Beispiel ergibt sich folgende Berechnung:

24 000,00 € – 9 350,00 € (AG- und AN-Anteil zur GRV) = 14 650,00 € erforderlicher Beitrag zur Rentenversicherung »Basisrente«.

Als **Sonderausgaben (Altersvorsorgebeiträge) im Jahr 2015** könnte er dann geltend machen:

9 350,00 € Gesamtbeitrag zur GRV + 14 650,00 € Beitrag »Basisrente« = 24 000,00 €, davon 80 % = 19 200,00 € – 4 675,00 € AG-Anteil zur GRV = 14 525,00 € als Sonderausgaben wirksam.

Hinweis: Bei Einkommen, die über der Beitragsbemessungsgrenze zur GRV liegen, darf der Beitrag nur von der Beitragsbemessungsgrenze berechnet und als Altersvorsorgebeitrag zur GRV angesetzt werden.

c) Sonstige Vorsorgeaufwendungen

Hinweis:

Die **Sonstigen Vorsorgeaufwendungen** sind keine Altersvorsorgebeiträge und zählen damit auch **nicht zur Basisvorsorge**. Sie werden im Folgenden kurz dargestellt, da sie im Zusammenhang mit den abzugsfähigen Sonderausgaben stehen.

Als Sonstige Vorsorgeaufwendungen können die Beiträge u. a. zur Risiko-Lebensversicherung (vgl. C 3.3.11), Krankenversicherung, Pflegeversicherung, Unfallversicherung, Haftpflicht- und Arbeitslosenversicherung geltend gemacht werden.

Es gelten folgende **Höchstbeträge** (EStG § 10 Abs. 4):

Arbeitnehmer:	1 900,00 €
Selbstständige:	2 800,00 €

Der Unterschied ist darin begründet, dass sich der Arbeitgeber an den Beiträgen zur Sozialversicherung beteiligt.

2.2.3.3 Besteuerung der Renten aus der Basisvorsorge

Ab 2005 unterliegen alle Bestandsrenten aus Altverträgen sowie die im Jahr 2005 erstmals gezahlten Renten bis zum Ende der Rentenzahlungen zu 50 % der Besteuerung. Für jeden neu hinzukommenden Rentnerjahrgang steigt der Besteuerungsanteil schrittweise um 2 % von 50 % im Jahr 2005 bis auf 100 % im Jahr 2040. Der sich bei Renteneintritt entsprechend der folgenden Tabelle ergebende Besteuerungsanteil gilt jeweils für die gesamte Rentenbezugszeit. Der steigende Besteuerungsanteil bei späterem Rentenbeginn wird mit der wachsenden steuerlichen Abzugsmöglichkeit der Beiträge zur Altersvorsorge begründet.

Jahr des Rentenbeginns	**bis 2005**	**2006**	**2007**	**2008**	**2009**	**2010**	**2011**	**2012**	**2013**	**2014**	**2015**	**2016**
Besteuerungsanteil in % der Rente	50	52	54	56	58	60	62	64	66	68	70	72

Jahr des Rentenbeginns	**2017**	**2018**	**2019**	**2020**	**2021**	**2022**	**2023**	**2024**	**2025**	**2026**	**2027**	**2028**
Besteuerungsanteil in % der Rente	74	76	78	80	81	82	83	84	85	86	87	88

Jahr des Rentenbeginns	**2029**	**2030**	**2031**	**2032**	**2033**	**2034**	**2035**	**2036**	**2037**	**2038**	**2039**	**2040**
Besteuerungsanteil in % der Rente	89	90	91	92	93	94	95	96	97	98	99	100

Lernkontrollen zu C 2.1 und C 2.2

Dreischichtenmodell und Basisvorsorge

1 Erläutern Sie das Dreischichtenmodell.

2

> Sie sind Mitarbeiter/in in der Proximus Agentur Hilmar Krause und erhalten am Vormittag Besuch vom Kunden Heinz Kuhn. Herr Kuhn, 33 Jahre alt, verheiratet, eine 4-jährige Tochter, ist als selbstständiger Architekt tätig. Er hat bisher bei der Proximus nur eine Risiko-Lebensversicherung zur Absicherung seiner Familie abgeschlossen. Da der Aufbau seines Architekturbüros zwischenzeitlich abgeschlossen ist und er jetzt freie Mittel zur Verfügung hat, möchte er etwas für seine zukünftige Altersversorgung tun, zumal er nicht gesetzlich versichert ist. Er hat gehört, dass die Eigenvorsorge für das Alter staatlich gefördert wird und bittet insbesondere zu diesem Punkt um entsprechende Informationen.

- **Arbeitsauftrag**
  Beraten Sie den Kunden.

3 Damit die Rente aus einer Rentenversicherung »Basisrente« für die Altersversorgung zur Verfügung steht, hat der Gesetzgeber sowohl zur Vertragsgestaltung als auch zur Verfügbarkeit Vorschriften erlassen. Zeigen Sie diese Vorschriften zur Rentenversicherung »Basisrente« auf.

Steuerliche Behandlung

4 Ein 40-jähriger Arbeitnehmer interessiert sich für die Rentenversicherung »Basisrente«. Sie ermitteln ein Arbeitseinkommen von jährlich 60 000,00 €.

a) Welcher Betrag ist maximal an steuerlich wirksamen Altersvorsorgebeiträgen zulässig?

b) Wie hoch sind der Arbeitnehmeranteil und der Arbeitgeberanteil zur gesetzlichen Rentenversicherung im Jahr 2015?

c) Welcher Betrag wäre hiervon im Jahr 2015 im Rahmen der Sonderausgaben steuerlich ansetzbar?

d) Wie hoch müsste der Beitrag für eine Rentenversicherung »Basisrente« sein, wenn er den Altersvorsorgebetrag voll ausschöpfen möchte und welcher Betrag wäre dann im Jahr 2015 im Rahmen der Sonderausgaben steuermindernd wirksam?

e) Mit welchem Prozentsatz wird seine Altersrente besteuert, wenn er mit 65 Jahren in den Ruhestand tritt?

5 Ein selbstständiger Schriftsteller wendet für eine Rentenversicherung »Basisrente« monatlich 900,00 € auf.

a) Wie hoch ist der als Sonderausgaben steuerwirksame Betrag aus den Beiträgen zu dieser Rentenversicherung »Basisrente« im Jahr 2015?

b) Bis zu welcher Höhe könnte der Schriftsteller noch »Sonstige Vorsorgeaufwendungen« im Jahr 2015 geltend machen und welche Versicherungsbeiträge können hierfür in Frage kommen?

2.3 Kapitalgedeckte Zusatzvorsorge

2.3.1 Kapitalgedeckte Altersvorsorge (Riester-Rente)

2.3.1.1 Altersvorsorgeverträge im Überblick

Die Riester-Rente wurde, wie bereits in C 1.1 festgestellt, zum Ausgleich der Absenkung des Rentenniveaus nach dem Rentenreformgesetz geschaffen.

Der Begriff Riester-Rente hat sich eingebürgert, da der damalige Bundesminister für Arbeit und Sozialordnung, Walter Riester, im Jahr 2001 die Reform eingeleitet hat. Neuere Versicherungsbedingungen sprechen allerdings nicht mehr von Riester-Rente sondern von **Zulagenrente.**

Verträge zur privaten Altersvorsorge werden von Kreditinstituten, Lebensversicherern, Bausparkassen, Finanzdienstleistern und Kapitalanlagegesellschaften angeboten. Die Verträge werden nur staatlich gefördert, wenn sie durch die Bundesanstalt für Finanzdienstleistungsaufsicht (BaFin) zertifiziert worden sind. AltZertG § 2

Der Abschluss eines entsprechenden Vertrages zur zusätzlichen Altersvorsorge ist freiwillig. Als Anreiz übernimmt der Staat einen Teil der Beiträge durch Zahlung einer sog. **Altersvorsorgezulage** oder durch Anerkennung der Beiträge als Sonderausgaben im Rahmen der Einkommensteuer (sog. **Günstigerprüfung**). Im Gegensatz zur umlagefinanzierten gesetzlichen Rente handelt es sich bei der »Riester-Rente« um eine Alterversorgung, die aus dem Kapital gedeckt wird, welches der Arbeitnehmer während seines Arbeitslebens selbst angespart hat (**kapitalgedeckte Altersversorgung**).

Nicht gefördert werden Personen, die von der Rentenabsenkung nicht betroffen sind oder der Absenkung aufgrund einer freiwilligen Versicherung entgehen können. Dazu gehören Selbstständige ohne Pflichtversicherung, Personen, die freiwillig in der gesetzlichen Rentenversicherung versichert sind, Rentner und Pensionäre, Sozialhilfeempfänger sowie geringfügig Beschäftigte, die versicherungsfrei sind.

Altersvorsorgezulage (Riester-Verträge) im Überblick (EStG 2010 §§ 79–99 und AltZertG Fassung 2012)	
berechtigter Personenkreis (§§ 79 und 10a EStG)	– alle sozialversicherungspflichtigen Arbeitnehmer einschließlich Auszubildende und pflichtversicherte Selbstständige (alle auch mit Wohnsitz im Ausland) – Beamte (auch Berufs- und Zeitsoldaten) und Arbeitnehmer im öffentlichen Dienst – Bezieher von Arbeitslosengeld I und II (Hartz IV) – Beschäftigte in Midi-Jobs (>450 bis 850 €) und bei Verzicht auf Versicherungsfreiheit in Mini-Jobs – bei Rente wegen voller Erwerbsunfähigkeit/Pension wegen Dienstunfähigkeit) – Wehr- und Zivildienstleistende, Mütter und Väter im Erziehungsurlaub – Ehegatten ohne eigenen Anspruch haben einen »abgeleiteten Zulagenanspruch«, müssen dafür jedoch einen eigenen Vertrag abschließen (Eigenbeitrag 60 € jährlich).
Einkommensgrenze	keine
mögliche Anlageformen (§ 82 EStG)	<u>Private Altersvorsorge</u> – Fondssparpläne – Banksparpläne – Private Rentenversicherung – Fondsgebundene Rentenversicherung <u>Betriebliche Altersvorsorge</u> – Direktversicherung (LV) – Pensionskassen – Pensionsfonds – Wohnriester-Verträge (seit 2008) Verträge müssen die »Riester-Kriterien« nach dem Altersvorsorge-Zertifizierungsgesetz (Alt-ZertG) erfüllen – Leistung nicht vor Vollendung des 62. Lebensjahres (Verträge vor 2012: 60. Lebensjahr) oder dem früheren Beginn der gesetzlichen Altersrente – Leistung nur als lebenslange Rentenzahlung (Ausnahme: Auszahlungsplan mit Anschlussrente ab dem 85. Lebensjahr bzw. Verwendung für selbst genutztes Wohneigentum)

Altersvorsorgezulage (Riester-Verträge) im Überblick (EStG 2010 §§ 79–99 und AltZertG Fassung 2012)	
Fortsetzung: mögliche Anlageformen (§ 82 EStG)	– zu Beginn der Auszahlungen muss der Anbieter garantieren, dass mindestens die eingezahlten Sparbeiträge (Eigenbeiträge und Zulagen) als Deckungskapital für die Rentenzahlung zur Verfügung stehen (d.h. die Anlageerträge des Anbieters müssen Kosten und evtl. Kursverluste decken) – Information des Anlegers über alle entstehenden Kosten vor Vertragsabschluss – die Abschluss- und Vertriebskosten müssen auf mindestens 5 Jahre gleichmäßig verteilt werden – mindestens ein Mal jährlich Information mittels Kontoauszug über eingegangene Beträge, gutgeschriebene Erträge bzw. Fondsanteilswertentwicklung und berechnete Kosten
Mindesteigenbeitrag, um die maximale Zulage zu erhalten (§ 86 EStG)	4 % vom sozialversicherungspflichtigen Bruttoeinkommen des Vorjahres, maximal von der Beitragsbemessungsgrenze – die Zulagen (auch die des Partners mit abgeleiteter Zulagenberechtigung) vermindern den zu zahlenden Eigenbeitrag – mindestens sind 60 € jährlich zu zahlen (Sockelbetrag); bei geringerer Zahlung wird die Zulage prozentual gekürzt; für den abgeleiteten Anspruch ist die Zahlung des Partners maßgeblich)
Art der Zahlung des Anlagebetrags	durch den Sparer an das Vertragsunternehmen (Ausnahmen bei der betrieblichen Altersvorsorge), mindestens 1x jährlich
Höhe der Förderung Altersvorsorgezulage (§§ 84 und 85 EStG)	a) Grundzulage 154 € · b) Kinderzulage 185 € · Geb.jahr ab 2008 300 € · seit 2008 erhalten Berufseinsteiger bis 25 J. einmalig 200 € zusätzlich
Abzug vom zu versteuernden Einkommen (§ 10a EStG)	Sonderausgabenabzug max. 2 100 € (Eigenbeitrag und Zulagen absetzbar) (ab 2012: +60 € für die 60 € Sockelbeitrag bei abgeleitetem Anspruch) Günstigerprüfung auf Antrag von Amts wegen, ob Steuervorteil durch Sonderausgabenabzug höher ist als die Zulagen; wenn ja: Steueranrechnung (Steuerrückzahlung) in Höhe des die Zulage übersteigenden Betrages des Steuervorteils.
Wie erhält der Sparer die Förderung? (§ 89 EStG)	– Antrag bis 31.12. des übernächsten Jahres über das Vertragsunternehmen an die Zentrale Zulagenstelle für Altersvermögen (ZfA) bei der Deutschen Rentenversicherung Bund (ab 2004 kann bevollmächtigtes Vertragsunternehmen direkt den Antrag stellen) – Überweisung der Zulage jährlich nach Antrag direkt auf das Anlagekonto (max. 2 Verträge) – Günstigerprüfung/Sonderausgabenabzug mit Anlage Vorsorgeaufwand zur Einkommensteuererklärung beantragen (ggf. wird der die Zulage übersteigende Teil des Steuervorteils vom FinA überwiesen oder mit der ESt-Schuld verrechnet)
Förderungsunschädliche Verfügung vor Ablauf der Sperrfrist (§ 93 EStG)	– zur Anschaffung/Herstellung/Entschuldung selbst genutzten Wohneigentums im Inland zinslose Entnahme möglich (mind. 3 000 €), dann Nachversteuerung ab Beginn Auszahlphase (nach BGH-Urteil auch für Immobilien im EU/EWR-Ausland) – seit 2014 kann eine förderunschädliche Entnahme während der Ansparphase erfolgen, wenn dies zur Finanzierung von Umbaumaßnahmen zum Reduzieren von Barrieren in oder an der Wohnung verwendet werden (mind. 20 000 € bzw. mind. 6 000 €, wenn innerhalb von 6 Jahren nach Anschaffung bzw. Herstellung der Wohnung). – bei Tod des Sparers, wenn Übertrag auf Riester-Vertrag des hinterbliebenen Ehepartners (dieser muss nicht selbst zulagenberechtigt sein) oder sofortige Rente für Witwen und Waisen (solange wie Kindergeld gezahlt wird) – Umzug in das EU-Ausland (aber Versteuerung der Riester-Rente in Deutschland, ohne Grundfreibetrag mit mindestens 25 %)

2.3.1.2 Versicherungsprodukte als Altersvorsorgeverträge im Sinne des Altersvorsorge-Zertifizierungsgesetzes (Riester-Rente)

Beispiel:

Axel Schubert möchte auf jeden Fall die staatliche geförderte Altersvorsorge nutzen und hat deshalb bei der Proximus Lebensversicherung wegen eines Vorsorgevertrages nachgefragt. Im Beratungsgespräch wird deutlich, dass eine klassische Rentenversicherung nach Tarif 20 (Proximus 3 TA, S. 143) den Vorstellungen von Axel Schubert entspricht.

AVB-AltZertG Proximus 3 BE S. 78 ff.

<table>
<tr><td colspan="2">Versicherungsbedingungen:
Allgemeinen Bedingungen für eine Rentenversicherung nach dem AltZertG (»Zulagenrente«)</td></tr>
<tr><td>Zielgruppe: Sicherheitsorientierte Kunden</td><td>Zielgruppe: Chancenorientierte Kunden</td></tr>
<tr><td colspan="2">Tarifliche Leistungen gemäß AVB-AltZertG:
– lebenslange monatliche Rente (§ 1 (1))
– Rentenbeginn nicht vor Vollendung des 62. Lebensjahres
– verminderte Rente vor Vollendung des 62. Lebensjahres, wenn bereits Altersrente aus einem gesetzlichen Alterssicherungssystem bezogen wird (§ 1 (1) S. 4)
– Abrufoption: 30 % des zu Rentenzahlungsbeginn zur Verfügung stehenden Kapitals (§ 2 (3))
– Verlängerungsoption: Hinausschieben des Rentenbeginns um 5 Jahre mit jederzeitiger Abrufoption</td></tr>
<tr><td colspan="2">Todesfallleistung vor Rentenbeginn:
Rückzahlung des gebildeten Kapitals (Deckungskapital, vgl. C 5.1.1) nach § 1 (5) einschließlich Überschussleistungen (§ 2 (3)) abzüglich der staatlichen Förderung
Todesfallleistung nach Rentenbeginn:
Mindestlaufzeit wählbar zwischen 0 Jahren und mittlerer Lebenserwartung.
Bei Tod während der Mindestlaufzeit wird die Rente bis zum vereinbarten Ende der Mindestlaufzeit gezahlt (§ 1 (6)). Die staatliche Förderung wird anteilig gekürzt.</td></tr>
<tr><td colspan="2">Garantie:
Bei Rentenbeginn stehen mindestens die eingezahlten Beiträge und zugeflossenen staatlichen Zulagen für die Bildung einer Rente zur Verfügung.</td></tr>
<tr><td colspan="2">Überschussbeteiligung:
Vor Rentenbeginn werden die jährlichen Überschussanteile für die Rente ab Rentenbeginn angesammelt und nach Rentenbeginn wird aus den dann anfallenden Überschüssen eine zusätzliche lebenslange Renten gebildet (§ 2 (3) (c))</td></tr>
</table>

In der Praxis kann auch die **fondsgebundene Rentenversicherung** als Altersvorsorgeprodukt im Sinne des AltZertG (Riester-Rente) gewählt werden.

Für die Riester-Rente gilt die sog. **Nominalgarantie**, d.h. es müssen für die Rentenbildung mindestens die Eigenbeiträge und die staatlichen Zulagen (siehe 2.3.1.3) zur Verfügung stehen.

Die Riester-Rente darf nicht übertragen (z.B. abgetreten) und nicht gepfändet werden. Letzteres ist im Rentenalter allerdings oberhalb der Freigrenzen möglich.

Die Anbieter von Riesterprodukten müssen über die **Kosten** ausführlich informieren. Bei Rentenversicherungen als Altersvorsorgeverträge ist die Höhe der Kosten abhängig von der Aufschubzeit.

Die später fälligen **Rentenzahlungen** aus dem Vertrag sind ebenso, wie die bereits betrachte gesetzliche Rente oder die »Basisrente«, **steuerpflichtig**.

2.3.1.3 Staatliche Förderung

a) Zulagenförderung und Mindesteigenbeitrag

EStG §§ 83 ff. § 90

Altersvorsorgezulage		
Veranlagungs-zeitraum	**Grund-zulage €**	**Kinder-zulage €**
ab 2008	154	185
Kinderzulage für nach 1. Januar 2008 geborene Kinder		300

Begünstigte Personen, die einen zertifizierten Altersvorsorgevertrag abgeschlossen haben, haben Anspruch auf die Altersvorsorgezulage. Sie setzt sich aus der **Grundzulage** und der **Kinderzulage** zusammen. Die Zulage wird nicht an den Anleger, sondern direkt an den Anbieter des Altersvorsorgevertrags zu Gunsten des Anlegers ausgezahlt.

➤ Zulagenantrag

Für die Beantragung der Zulage wurde zwischenzeitlich der **Dauer-Zulagenantrag** eingeführt. Der Anleger bevollmächtigt den Anbieter (z.B. die Versicherungsgesellschaft) einmal jährlich für ihn den Zulagenantrag zu stellen und dabei die erforderlichen Angaben zu machen (Basisdaten). Das maßgebliche Einkommen wird durch die Zentrale Stelle für Altersvorsorgevermögen (ZfA) im Datenausgleich mit der GRV oder den Besoldungsstellen für Beamte erhoben.

➤ Eigenleistung zum Erhalt der vollen Altersvorsorgezulage

§ 86 Die volle Zulage wird nur gewährt, wenn der Anleger einen bestimmten Mindesteigenbeitrag leistet. Dessen Höhe hängt vom rentenversicherungspflichtigen Einkommen (= Bruttoarbeitslohn lt. Lohnsteuerkarte bis zur Bemessungsgrenze) des vorangegangenen Kalenderjahres ab.

Notwendige Sparleistung für volle Zulage	
Veranlagungszeitraum	**Mindesteigenleistung einschl. aller Zulagen**
ab 2008	4 % der beitragspflichtigen Einnahmen, maximal 2 100,00 €

Beispiele:

1. Ein lediger Anleger hatte im Jahr 2014 einen Bruttoarbeitslohn von 40 000,00 €. Der Mindestbeitrag im Jahr 2015 beträgt somit 1 600,00 € (4 % von 40 000,00 €). Abzüglich der Grundzulage von 154,00 € ergibt sich eine Mindesteigenleistung von 1 446,00 €. Der Anleger muss also mindestens 1 446,00 € aus eigenen Mitteln anlegen, um die **volle** Grundzulage (154,00 €) zu erhalten. Würde er nur 723,00 € (= ½ der Mindesteigenleistung) anlegen, würde er auch nur die Hälfte der Grundzulage (= 77,00 €) erhalten.
2. Ein lediger Anleger hatte im Jahr 2014 einen Bruttoarbeitslohn von 80 000,00 €. Der vorläufige Mindestbeitrag im Jahr 2015 beträgt somit 4 % von 80 000,00 € = 3 200,00 €, max. aber nur 2 100,00 €. Abzüglich der Grundzulage von 154,00 € ergibt sich somit eine Mindesteigenleistung von 1 946,00 €. Der Anleger muss also mindestens 1 946,00 € aus eigenen Mitteln anlegen, um die **volle** Grundzulage von 154,00 € zu erhalten.

Hinweis:

Wird der Mindesteigenbeitrag nicht aufgewendet, erfolgt eine **Kürzung der Zulagen** im **Verhältnis** des »**tatsächlichen Eigenbeitrages**« zum »**Mindesteigenbeitrag**«.

Sockelbeitrag

Bei besonders niedrigen Einkommen kann unter Umständen allein aufgrund der Zulagen der vorbeschriebene Mindesteigenbeitrag in Prozent erreicht werden.

Damit der Mindesteigenbeitrag nicht ausschließlich durch Zulagen finanziert wird, ist ein Mindesteigenbeitrag von 60,00 € (Sockelbeitrag) zu leisten.

Beispiel:

Eine alleinerziehende Angestellte mit einem im Jahr 2009 geborenem Kind weist für das Jahr 2014 nur 1 200,00 € an rentenversicherungspflichtigem Einkommen nach, da sie überwiegend Elternteilzeit (Erziehungsurlaub) in Anspruch genommen hatte. Der Mindestbeitrag im Jahr 2015 würde demnach nur 4 % von 1 200,00 € = 48,00 € betragen. Sie muss den Sockelbetrag von 60,00 € aufbringen, um die Grundzulage von 154,00 € und die Kinderzulage von 300,00 € zu erhalten. Insgesamt ergibt sich so eine Sparleistung von 514,00 €. Die Förderquote beträgt 88,3 % (154,00 € + 300,00 € Zulagen von 514,00 € Sparleistung).

b) Förderung durch Sonderausgabenabzug anstelle von Zulagen (Günstigerprüfung)

EStG § 10 a

Anstelle eines Antrags auf Altervorsorgezulage kann der Anleger seine Eigenbeiträge zuzüglich der gewährten Zulagen auch als Sonderausgaben im Rahmen der Einkommensteuer bis zu den nebenstehenden Höchstbeträgen geltend machen.

Höchstbeträge für Sonderausgabenabzug	
Veranlagungszeitraum	**Höchstbetrag**
ab 2008	2 100,00 € (bzw. 2 160,00 € bei »abgeleitetem Zulagenanspruch« eines Ehegatten)

Sonderausgaben werden bei der Ermittlung des zu versteuernden Einkommens abgezogen. Somit ist die Höhe der Förderung abhängig vom **Einkommensteuersatz**, der von der Höhe des zu versteuernden Einkommens abhängt. Je höher der Steuersatz des Anlegers ist, umso höher ist auch die Steuerersparnis durch den Sonderausgabenabzug. Im Rahmen der Einkommensteuerveranlagung prüft das Finanzamt, welche Alternative **(Zulage oder Sonderausgabenabzug)** für den Anleger günstiger ist **(Günstigerprüfung)**. § 10 a (2)

Ist der Sonderausgabenabzug günstiger, wird die Einkommensteuer um die höchstmögliche dem Steuerpflichtigen zustehende Zulage erhöht, unabhängig davon, ob ein Zulageantrag gestellt wurde oder nicht. Auf diesem Wege holt das Finanzamt eine bereits gewährte Zulage wieder zurück. Stattdessen wird der Sonderausgabenabzug gewährt. Im Gegensatz zur bereits gewährten Zulage fließt der zusätzliche Einkommensteuervorteil aber nicht auf den Altersvorsorgevertrag, sondern kommt dem Steuerpflichtigen in Form einer geringeren Einkommensteuer direkt zugute.

c) Verwendung für eine selbst genutzte Wohnung

Das in einem Altervorsorgevertrag gebildete und geförderte Kapital kann wahlweise in voller Höhe oder aber bis zu 75 % **als Altersvorsorge-Eigenheimbetrag** alternativ wie folgt verwendet werden: § 92 a

- unmittelbar für die Anschaffung oder Herstellung einer Wohnung,
- zur Entschuldung einer Wohnung,

- für behindertengerechte Umbaumaßnahmen
- für den Erwerb von Geschäftsanteilen (Pflichtanteilen) an einer eingetragenen Genossenschaft für die Selbstnutzung einer Genossenschaftswohnung.

Als begünstige Wohnung gilt

- eine Wohnung im eigenen Haus oder
- eine eigene Eigentumswohnung oder
- eine Genossenschaftswohnung einer eingetragenen Genossenschaft.

Durch diese Regelung erkennt der Gesetzgeber an, dass die selbst genutzte Wohnung als ideale Ergänzung der privaten Altersvorsorge angesehen werden kann.

d) Beurteilung der Riester-Rente

Aus Sicht des Kunden sind bei Produkten der Riester-Rente u. a. folgende Aspekte zu berücksichtigen:

- Nur ein kleiner Teil der Versorgungslücke wird gedeckt.
- Weder Todesfall- noch Berufsunfähigkeitsrisiko sind abgedeckt.
- Bei vorzeitiger Aufhebung des Vertrags werden die Förderungsbeträge zurückgefordert.
- Die spätere Rente ist entsprechend der nachgelagerten Besteuerung in vollem Umfang steuerpflichtig.

EStG § 22 Nr. 5

Unter Renditegesichtspunkten sind Produkte der »Riester-Rente« insbesondere für Bezieher niedriger Einkommen mit Kindern interessant, die mit relativ geringen (vom Einkommen abhängigen) Mindestbeiträgen in den Genuss aller staatlichen Zuwendungen kommen.

Aufgrund der ab dem Jahr 2008 erhöhten Förderung können sich beachtliche Förderquoten ergeben.

Beispiele:

(1) Alleinstehender mit einem Bruttoarbeitslohn von 5 000,00 € jährlich.

(2) Alleinstehender mit einem Bruttoarbeitslohn von 40 000,00 € jährlich, Grenzsteuersatz 33 %

(3) Vierköpfige Familie: Der Ehemann erzielt einen Bruttoarbeitslohn von 40 000,00 € jährlich. Die Ehefrau zahlt den Sockelbeitrag von 60,00 €. Beide Kinder sind nach dem 01. Jan. 2008 geboren.

Beispiel	Mindesteigenbeitrag	Grundzulage	Kinderzulage[1]	Sparleistung	zusätzliche Steuerersparnis[2]	Förderquote
(1)	60,00 €	154,00 €	–	214,00 €	–	72 %
(2)	1 446,00 €	154,00 €	–	1 600,00 €	374,00 €	33 %
(3)	752,00 €	308,00 €	600,00 €	1 660,00 €	–	55 %

[1] Für nach dem 1. Jan. 2008 geborene Kinder beträgt die Zulage 300,00 €.
[2] Über die Zulagen hinausgehende Steuerersparnis

Erläuterungen:

Die Förderquote errechnet sich wie folgt: (Grundzulage + Kinderzulage) · 100 / Sparleistung. Sie drückt den prozentualen Anteil der Zulagen an der Sparleistung aus.

Zu (1): Als Eigenbeitrag ist der Sockelbeitrag zu leisten, da der Mindesteigenbeitrag (4 % vom Einkommen) geringer als der Sockelbeitrag ist.

Zu (2): Aufgrund der Günstigerprüfung ergibt sich für diesen Anleger eine höhere Förderung, wenn der Sonderausgabenabzug anstelle der Zulagen angewendet wird. Die Steuerersparnis ergibt sich im vorliegenden Fall wie folgt:

Gesamte Sparleistung: 1 600,00 €
Gesamte Steuerersparnis: 33 % (= Grenzsteuersatz) von 1 600,00 € = 528,00 €.
Hinweis: Der im Verhältnis zum Bruttoarbeitslohn hohe Grenzsteuersatz von 33 % kann durch die Erzielung anderer Einkünfte (z. B. Mieterträge) bedingt sein.
Diese Gesamtförderung in Höhe von 528,00 € setzt sich aus der Grundzulage in Höhe von 154,00 € und einer zusätzlichen Steuerersparnis in Höhe von 374,00 € zusammen. Die Zulage in Höhe von 154,00 € wurde bereits vor der Günstigerprüfung gewährt und dem Riesterkonto gutgeschrieben. Die restlichen 374,00 € werden im Rahmen der Einkommensteuerveranlagung an den Steuerpflichtigen erstattet bzw. mit seiner Steuerschuld verrechnet

Zu (3): Für diesen Anleger ist aufgrund der Kinderzulagen die Zulagenförderung günstiger als der Sonderausgabenabzug. Würde die Familie weniger als den Mindesteigenbeitrag, z. B. nur 500,00 € leisten, würden die Grund- und Kinderzulage im Verhältnis des tatsächlichen Eigenbeitrags zum Mindesteigenbeitrag wie folgt gekürzt:
Der tatsächliche Beitrag beträgt 66,49 % des Mindesteigenbeitrags: 500 · 100/752 = 66,49 %.
Die tatsächlich gewährten Zulagen betragen daher lediglich 66,49 % der maximal möglichen Zulagen und belaufen sich auf 603,73 €: (308,00 + 600,00) · 0,6649 = 603,73 €.

Bei nachträglichem Wegfall der staatlichen Förderung (z. B. vorzeitige Aufhebung des Vertrages) ist die Rendite wegen der hohen Verwaltungskosten aber wesentlich geringer als bei vergleichbaren Produkten.

e) Vorteile der Riester-Rente gegenüber der Rentenversicherung »Basisrente«

- Die Riester-Rente hat eine Kapitaloption.
- Die Riester-Rente kann bei Bedarf auch förderschädlich verwertet werden und ist somit insgesamt flexibler.
- Die Riester-Rente hat durch das Zulageverfahren eine steuerliche Mindestförderung; das ist gerade für niedrige Einkommen von Bedeutung.
- Die Riester-Rente hat mit § 10a EStG einen eigenen Sonderausgabenabzug, der nicht in steuerlicher Konkurrenz zu den Beiträgen für andere Vorsorgeformen steht.

2.3.2 Betriebliche Altersversorgung

Übersicht: Betriebliche Altersversorgung

Arbeitnehmerfinanziert durch Entgeltumwandlung	**Arbeitnehmerfinanziert** durch Entgeltumwandlung und **arbeitgeberfinanziert** lt. Tarifvertrag oder freiwillig	**Arbeitgeberfinanziert** freiwillig oder lt. Tarifvertrag

Durchführungswege

- Direktversicherung
- Direktzusage
- Pensionskasse
- Pensionsfonds
- Unterstützungskasse

Die Finanzierung der betrieblichen Altersversorgung kann auf drei Wegen erfolgen:

- **Entgeltumwandlung**

Der Arbeitnehmer macht von seinem Recht Gebrauch, dass Teile seines Lohnes bzw. Gehaltes zum Aufbau einer Betriebsrente mit staatlicher Förderung verwendet werden.

- **Entgeltumwandlung und Arbeitgeberbeteilligung**

Aufgrund tarifvertraglicher Vereinbarung oder auf freiwilliger Basis beteiligt sich der Arbeitgeber am Aufbau der Betriebsrente.

- **Finanzierung allein durch den Arbeitgeber**

Der Arbeitgeber macht seinem Arbeitnehmer eine Versorgungszusage und finanziert diese neben dem laufenden Gehalt.

Nachstehend sind die Besonderheiten der **Entgeltumwandlung** sowie die fünf Durchführungswege unter besonderer Berücksichtigung der **Direktversicherung** dargestellt.

2.3.2.1 Betriebliche Altersversorgung durch Entgeltumwandlung

a) Anspruch auf Entgeltumwandlung und staatliche Förderung

Arbeitnehmer, die gesetzlich versichert sind, haben seit dem Jahr 2002 Anspruch darauf, Teile ihres Lohnes bzw. Gehaltes in Betriebsrente umzuwandeln. Häufig wird hierfür das Weihnachts- bzw. Urlaubsgeld eingesetzt.

Der Arbeitgeber muss ein **betriebliches Versorgungswerk** anbieten oder zumindest eine **Direktversicherung** abschließen. Im Tarifvertrag kann der Durchführungsweg festgeschrieben sein. Der Arbeitnehmer hat i. d. R. keine Wahlmöglichkeit.

Verlangt der Arbeitnehmer die Entgeltumwandlung, muss er einen **Mindestbeitrag** leisten. Dieser liegt im Jahr 2015 bei 212,63 €.

SGB IV § 18

Der Mindestbeitrag errechnet sich aus 1/160 der Bezugsgröße der Sozialversicherung von 3 4020,00 € im Jahr 2015, die wiederum dem Durchschnittsgehalt von vor zwei Jahren entspricht.

b) Höchstbetrag und staatliche Förderung

EStG § 3 (63)

Der **Höchstbetrag**, den der Arbeitgeber umwandeln muss, liegt im Jahr 2015 bei 2 904,00 € und entspricht 4 % der Beitragsbemessungsgrenze (West) von 72 600,00 €. Für diesen Betrag sind keine Lohnsteuer und auch kein Sozialversicherungsbeitrag zu zahlen.

Für diesen Umwandlungsbetrag sind weder Lohnsteuer noch Sozialversicherungsabgaben zu zahlen.

Die Sozialabgabenbefreiung ist nicht unproblematisch, da mangels Beitragszahlung keine entsprechenden Rentenansprüche aufgebaut werden. Für den Arbeitgeber ist die Regelung vorteilhaft, da er den entsprechenden Arbeitgeberanteil zur Sozialversicherung einspart. Häufig ist deshalb in Tarifverträgen vereinbart, dass ein Arbeitgeberzuschuss für die Bildung der Betriebsrente geleistet werden muss.

Darüber hinaus kann der Arbeitnehmer bei der Direktversicherung durch Entgeltumwandlung jährlich weitere 1 800,00 € steuerfrei aber nicht sozialabgabenfrei einzahlen, sofern nicht die »alte« Pauschalversteuerung für einen Altvertrag (vor 2005 abgeschlossen) genutzt wird. Insgesamt können also im Jahr 2015 maximal 4 704,00 € für die Betriebsrente angelegt werden.

Wird für die Betriebsrente eine Unterstützungskasse eingesetzt, können sogar unbegrenzt Beiträge steuerfrei eingezahlt werden. EStG § 11

Nach Eintritt in den Ruhestand ist auf die Betriebsrente der volle Beitrag zur Kranken- und Pflegeversicherung zu zahlen. Das gilt auch, wenn anstelle einer Rente eine einmalige Kapitalleistung gewählt wird.

2.3.2.2 Direktversicherung

Staatlich geförderte Direktversicherungen, die nach dem 1. Januar 2005 abgeschlossen werden, sind eine besondere Form der Rentenversicherung. Zuvor konnte sie auch als Kapital-Lebensversicherung vereinbart werden.

Der **Arbeitgeber ist Versicherungsnehmer** und der **Arbeitnehmer die versicherte Person** sowie bezugsberechtigte Person für den Erlebensfall. Für den Todesfall sind die Hinterbliebenen des Arbeitnehmers bezugsberechtigt.

a) Direktversicherung durch Entgeltumwandlung

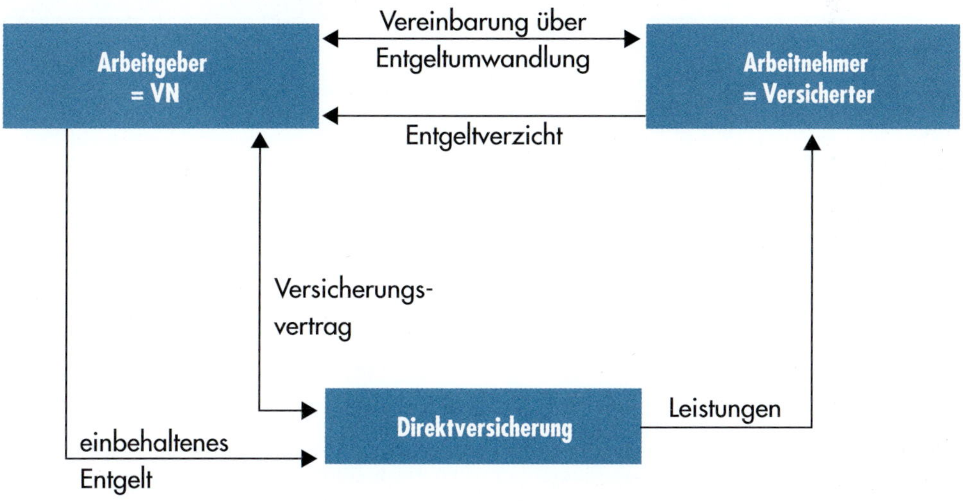

➤ Vertragsgestaltung

Der Arbeitgeber (VN) schließt auf das Leben seines Arbeitnehmers (versicherte Person) eine **Rentenversicherung** (lebenslange Leibrente oder Hinterbliebenenrente) ab, die den Kriterien für die staatliche Förderung genügt:

- Das **Endalter** der Direktversicherung darf für die staatliche Förderung nicht vor dem 60. Lebensjahr (bei Vertragsabschlüssen ab 01. Jan. 2012 nicht vor dem 62. Lebensjahr) liegen.
- **Zusatzversicherungen**, z. B. Berufsunfähigkeits-Rente und/oder Unfall-Zusatzversicherung, können eingeschlossen werden.

- Die **Beiträge** können monatlich, vierteljährlich, halbjährlich oder jährlich gezahlt werden. Einmalbeiträge oder die Abkürzung der Beitragszahlungsdauer sind ebenfalls möglich.
- Der Vertrag kann nach dem Ausscheiden auf den neuen Arbeitgeber übertragen oder privat weitergeführt werden (**Portabilität**).
- Die vorzeitige **Kündigung** des Versicherungsvertrages durch den Arbeitnehmer muss für die staatliche Förderung ausgeschlossen sein, wenn er aus dem Betrieb ausscheidet und die Direktversicherung mitnimmt.
- Das **Bezugsrecht** wird von Anfang an als **unwiderruflich** gestaltet und muss für den Erlebensfall auf den Arbeitnehmer, für den Fall seines vorzeitigen Todes auf seine Hinterbliebenen lauten. Durch das unwiderrufliche Bezugsrecht sind die Ansprüche des Arbeitnehmers von Beginn an für ihn **unverfallbar**.

EStG § 10 (1) Nr. 2 b

Hinterbliebene im steuerrechtlichen Sinne sind der Ehegatte und die Kinder, für die ein Kindergeldanspruch besteht oder ein Freibetrag gewährt wird.

- Der Einschluss einer **Kapitaloption** ist solange nicht schädlich, solange diese Option nicht ausgenutzt wird. Das Kapital wäre im Jahr der Fälligkeit allerdings voll zu versteuern, ohne irgendwelche steuerlichen Verteilungsmöglichkeiten.

➤ Vorteile der Gehaltsumwandlung für Arbeitnehmer und Arbeitgeber

Durch die in Abschnitt C 2.3.2.1 aufgezeigte Förderung der Entgeltumwandlung wird der Beitrag zur Direktversicherung durch Einsparungen an Steuern und Sozialabgaben mitfinanziert.

Beispiel:

Direktversicherung durch Entgeltumwandlung (monatlich 150,00 €)

Arbeitnehmer, ledig, keine Kinder

Sozialversicherungsbeiträge 2015		
	Arbeitnehmer	Arbeitgeber
Gesetzliche Rentenversicherung	9,35 %	9,35 %
Gesetzliche Krankenversicherung des Arbeitnehmers	7,30 % + 0,9 %[1)]	7,30 %
Arbeitslosenversicherung	1,50 %	1,50 %
Pflegepflichtversicherung	1,175 % + 0,25 %	1,175 %

1) Die Krankenkassen können vom Arbeitnehmer einen Zusatzbeitrag erheben. Es wird angenommen, dass dieser im vorliegenden Fall 0,9 % beträgt.

	Bisherige Gehaltsabrechnung	**Jetzige Gehaltsabrechnung**
Bruttogehalt	**2 000,00 €**	
Brutto nach Umwandlung		**1 850,00 €**
Lohnsteuer	209,41 €	175,41 €
Kirchensteuer (9 %)	18,48 €	14,03 €
Solidaritätszuschlag (5,5 %)	11,51 €	9,64 €
Sozialversicherungsbeiträge AN	409,50 €	378,79 €
Nettogehalt	**1 351,10 €**	**1 272,13 €**

Bei 150,00 € Entgeltumwandlung spart der Arbeitnehmer an Lohnsteuer 34,00 €, an Kirchensteuer 4,45 €, an Solidaritätszuschlag 1,87 € und an Sozialabgaben 30,71 €, also insgesamt 71,03 € ein. Die Entgeltumwandlung von 150,00 € bewirkt also nur einen Einkommensverzicht von 78,96 €, wie sich durch direkten Vergleich der Nettogehälter feststellen lässt.

Die Förderquote beträgt ca. 47,4 %, d. h. dieser Prozentsatz des Beitrages von 150,00 € wird aus staatlicher Förderung finanziert. Im Gegenzug ist die später fällige **Rente steuerpflichtig** (nachgelagerte Besteuerung).

Der Arbeitgeber spart den auf die Entgeltumwandlung entfallenden Arbeitgeberanteil an Sozialversicherungsbeiträgen.

Die Einsparung für den Arbeitgeber liegt geringfügig unter der Einsparung des Arbeitnehmers, da der Arbeitgeberanteil am Krankenversicherungsbeitrag und Pflegepflichtversicherungsbeitrag (Arbeitnehmer zahlt Kinderlosenzuschlag) geringer ist. Aufgrund dieser Ersparnis sehen manche Tarifverträge vor, dass sich der Arbeitgeber finanziell an der Direktversicherung durch Gehaltsumwandlung beteiligt; sie ist dann arbeitnehmer- und arbeitgeberfinanziert.

Hinweis:

Bei Direktversicherungen, die vor dem Jahr 2005 abgeschlossen wurden, war als Förderung die **Pauschalversteuerung** der Beiträge mit 20 % pauschaler Lohnsteuer (zuzüglich pauschale Kirchensteuer und Solidaritätszuschlag) möglich anstelle der sonst anfallenden Einkommensteuer. Die später fällige Renten sind dann nur mit dem **Ertragsanteil** zu versteuern (vgl. C 9.4).

Auf Antrag, der bis zum 30. Juni 2005 gestellt worden sein musste, wird bei diesen Altverträgen die Pauschalversteuerung anstelle der neuen Förderung fortgeführt.

---

b) Arbeitgeberfinanzierte Direktversicherung

Bei dieser Form hat der Arbeitgeber eine Versorgungszusage gemacht, die er auch finanzieren will und mit dem Arbeitnehmer die Direktversicherung als Durchführungsweg vereinbart.

Der Arbeitgeber kann jährlich bis zu 4 % der Beitragsbemessungsgrenze zur gesetzlichen Rentenversicherung (**2015**: 4 % von 72 600,00 € = **2 904,00** €) und weitere **1 800,00** € als Ausgaben für die Zukunftssicherung seines Mitarbeiters aufwenden, sofern in der Vergangenheit die Pauschalversteuerung nicht in Anspruch genommen wurde. Die Direktversicherungsbeiträge des Arbeitgebers sind für den Arbeitnehmer steuer- und sozialversicherungsfrei.

Der Arbeitgeber kann den Aufwand als **Betriebsausgaben** steuermindernd geltend machen.

Beispiel:

Versicherungsbeitrag jährlich	2 904,00 €
Steuerersparnis durch Ansatz als Betriebsausgaben (z. B. 30 %)	871,20 €
Tatsächlicher Aufwand für den Arbeitgeber	2 032,80 €

Die **Leistungen** aus der Direktversicherung sind durch den Arbeitnehmer **nachgelagert** zu versteuern.

Bis zum Eintritt der gesetzlichen **Unverfallbarkeit** der Versorgungsansprüche (vgl. C 2.3.2.7) behält der Arbeitgeber das alleinige Verfügungsrecht.

2.3.2.3 Direktzusage

Bei der Direktzusage (auch Pensions- oder unmittelbare Versorgungszusage) verpflichtet sich der Arbeitgeber, dem Arbeitnehmer oder dessen Angehörigen nach Beendigung des Arbeitsverhältnisses Versorgungsleistungen zu gewähren. Die Leistungen werden entweder vom Arbeitgeber allein oder durch gleichzeitige Beteiligung des Arbeitnehmers über die Entgeltumwandlung finanziert. Die arbeitgeberfinanzierten Beiträge beispielsweise zu einer Direktversicherung stellen steuermindernde Betriebsausgaben dar. Der Arbeitnehmer profitiert von der staatlichen Förderung der Gehaltsumwandlung.

Eine Direktzusage liegt auch vor, wenn der Arbeitnehmer das Geld im Rahmen der Gehaltsumwandlung beim Betrieb verzinslich anspart und der Arbeitgeber dann daraus die Rente zahlt. Bis zur Rentenzahlung kann der Arbeitgeber mit dem Geld wirtschaften, muss aber auch entsprechende Rückstellungen bilden. Für den Arbeitnehmer hat diese Variante den Vorteil, dass der Arbeitgeber i. d. R. die Organisation der Betriebsrente ohne Kosten durchführt.

Exkurs: Rückdeckungsversicherung

➤ Vertragsgestaltung

Unmittelbare Versorgungszusagen im Rahmen der betrieblichen Altersversorgung (z. B. Werkspensionen) stellen für ein Unternehmen ein betriebsfremdes Risiko dar. Der Arbeitgeber hat in diesem Zusammenhang die Möglichkeit, als VN eine Versicherung auf das Leben des Arbeitnehmers (= versicherte Person) abzuschließen (**Rückdeckungsversicherung**). Im Gegensatz zur Direktversicherung wird dem Arbeitnehmer aber kein Bezugsrecht eingeräumt, sodass der Arbeitgeber Leistungsempfänger bleibt.

➤ Steuerliche Behandlung

Für den Arbeitgeber stellen die Versicherungsbeiträge steuermindernde Betriebsausgaben dar. Das Deckungskapital ist in der Bilanz gewinnerhöhend zu aktivieren.

Eine Art Rückdeckungsversicherung ohne Versorgungszusage (unechte Rückdeckungsversicherung) liegt bei der sog. Key-man-Versicherung vor. Dabei wird auf das Leben eines leitenden Angestellten, der für das Unternehmen eine Schlüsselstellung einnimmt (Key-man) und nicht ohne weiteres ersetzt werden kann, eine Risikoversicherung (vgl. C 3.3.1.1) abgeschlossen. Im Todesfall sollen aus der Versicherungssumme die Kosten für die Suche und Einarbeitung einer Ersatzkraft gedeckt werden. Wenn die »Schlüsselkraft« allerdings das Arbeitsverhältnis kündigt, ist diese Art der Versicherung nutzlos.

2.3.2.4 Pensionskasse

BetrAVG §§ 1 (2), 1 a EStG § 4 c

Von einem oder mehreren Großunternehmen getragener und finanzierter Versicherungsverein auf Gegenseitigkeit, der Versorgungsleistungen für die Betriebsangehörigen erbringt. Arbeitgeberfinanzierte Beiträge sind steuermindernde Betriebsausgaben. Beiträge durch Entgeltumwandlung sind möglich. Die Pensionskasse gewährt einen Rechtsanspruch auf die Versorgungsleistung und unterliegt der Versicherungsaufsicht. Eine zusätzliche Insolvenzsicherung für den Insolvenzfall des Arbeitgebers entfällt aus diesem Grunde (siehe auch C 2.3.2.7). Die mit der betrieblichen Altersversorgung zusammenhängenden Risiken werden nicht vom Arbeitgeber, sondern von der Pensionskasse getragen.

2.3.2.5 Unterstützungskasse

Die Unterstützungskasse ist eine rechtlich selbstständige Versorgungseinrichtung. Sie führt die betriebliche Altersversorgung für einen oder mehrere Arbeitgeber durch. Der

Arbeitgeber zahlt die Beiträge (aus Entgeltumwandlung oder arbeitgeberfinanziert) für den Arbeitnehmer ein. Der Arbeitnehmer hat keinen Rechtsanspruch gegen die Unterstützungskasse sondern nur gegenüber dem Arbeitgeber. Die Ansprüche des Arbeitnehmers sind über den Pensions-Sicherungs-Verein (PSV) geschützt, falls der Arbeitgeber in die Insolvenz gerät (vgl. C 2.3.2.7).

2.3.2.6 Pensionsfonds

Im Rahmen der Reform der gesetzlichen Rentenversicherung wurde ab 2002 der **Pensionsfonds** als fünftes Modell für Betriebsrenten eingeführt. Auch Pensionsfonds sind rechtlich selbstständige Versorgungseinrichtungen (AG oder VVaG), in die Arbeitgeber und/oder Arbeitnehmer Beiträge für eine spätere Betriebsrente einzahlen. Der Pensionsfonds gewährt einen Rechtsanspruch auf die zugesagte Leistung und unterliegt der Versicherungsaufsicht.

Im Gegensatz zu herkömmlichen Lebens- und Rentenversicherungen sollen die Vorsorgegelder beim Pensionsfonds verstärkt am Aktienmarkt angelegt werden (z. B. Aktienanteil 70 %). Anlagen in Pensionsfonds werden staatlich im Rahmen der »Riester-Rente« (vgl. C 2.3.1) gefördert und müssen die entsprechenden Bedingungen erfüllen. Arbeitgeber sind aber in der Versorgungszusage flexibler als bei den anderen vier Modellen: Anstatt den Mitarbeitern einen festen Betrag als Rente zuzusagen, können sie sich auch lediglich verpflichten, feste Monatsbeiträge in den Pensionsfonds einzuzahlen. In diesem Fall hängt die Höhe der Betriebsrente vom Anlageerfolg des jeweiligen Fonds ab, wobei zu Rentenbeginn aber mindestens die eingezahlten Beiträge zur Verfügung stehen müssen.

2.3.2.7 Vorschriften zum Schutz der Arbeitnehmeransprüche

a) Sicherheit

Für die Absicherung der Ansprüche existieren grundsätzlich folgende Sicherungsinstrumente:

- **Sicherung über den Pensions-Sicherungs-Verein (PSV)**

  Der Pensions-Sicherungs-Verein wurde 1974 vom Bundesverband der deutschen Industrie (BDI) und dem Verein deutscher Lebensversicherer gegründet mit dem Zweck, die Ansprüche aus der betrieblichen Altersversorgung zu sichern.

  Durch den **PSV** werden die Verpflichtungen aus einer **Direktzusage** abgesichert, wenn der Arbeitgeber insolvent wird. Eine **Direktversicherung** ist ebenfalls beim PSV abzusichern, solange für den Arbeitnehmer kein unwiderrufliches Bezugsrecht besteht. BetrAVG § 7

- **Sicherung durch die Vorschriften des Versicherungsaufsichtsgesetzes (VAG)**

  Pensionsfonds und **Pensionskassen** unterliegen bestimmten Vorschriften des VAG und werden durch die Bundesanstalt für Finanzdienstleistungsaufsicht (BaFin) kontrolliert. VAG §§ 112 ff., 118a ff.

  Das gilt auch für den rückgedeckten Teil von Unterstützungskassen und die Überschüsse von Pensionsfonds. Versicherungsgesellschaften sind zusätzlich über die Auffanggesellschaft **Protektor** abgesichert. *VAG-Entwurf §§ 232 ff., §§ 236 ff.*

Hinweis:

Am 22. Okt. 2014 wurde der Entwurf für ein neues VAG vorgelegt (Bundestag-Drucksache 18/**2956**), mit dem die Finanzaufsicht über Versicherungen modernisiert werden soll. Das neue VAG soll am 01. Jan. 2016 in Kraft treten (zu Einzelheiten vgl. Abschnitt F). Soweit das VAG in diesem Lehrbuch zitiert ist, ist sowohl die Fundstelle im aktuellen VAG als auch im VAG-Entwurf (kursiv dargestellt) angegeben.

- **Sicherung durch den PSV und die Versicherungsaufsicht**

  Unterstützungskassen und **Pensionsfonds** werden zu bestimmten Teilen durch den PSV und zu anderen Teilen durch die Versicherungsaufsicht abgesichert.

- **Sonstige Sicherungen**

  Betriebsrentenbeiträge, die in eine Pensionskasse, einen Pensionsfonds oder eine Direktversicherung mit unwiderruflichem Bezugsrecht fließen, entziehen sich dem Zugriff des Arbeitgebers, so dass hier die Sicherung beim Anlageinstitut ansetzen muss.

b) Unverfallbarkeit und Portabilität (Mitnahmemöglichkeit)

Finanziert der Arbeitnehmer die betriebliche Altersversorgung durch Entgeltumwandlung, gelten besonders strenge Sicherheitsvorschriften:

- Die Anwartschaften sind von Anfang an unverfallbar.
- Sie bleiben bei einer Kündigung des Arbeitsverhältnisses erhalten.
- BetrAVG § 4 Der Arbeitnehmer muss das Recht haben, wenn er ausscheidet, die unverfallbar gewordene Anwartschaften mit eigenen Mitteln fortzuführen oder auf einen neuen Arbeitgeber übertragen zu lassen (**Portabilität**), wenn die Voraussetzungen erfüllt sind.
- Eine vom Arbeitnehmer finanzierte Direktversicherung darf vom Arbeitgeber weder verpfändet, abgetreten oder beliehen werden.
- Erwirtschaftete Überschüsse dürfen nur zur Leistungsverbesserung verwendet werden, müssen also wieder investiert werden.

Finanziert der Arbeitgeber Teile der Betriebsrente (auch zusätzlich zur Entgeltumwandlung) oder die ganze Betriebsrente (also ohne Entgeltumwandlung), gelten **Unverfallbarkeitsfristen**.

Für Betriebsrenten, die nach dem 1. Januar 2001 zugesagt wurden, gilt:

- Der Arbeitnehmer muss mindestens 30 Jahre alt sein

  und

- die Zusage muss seit 5 Jahren bestehen.

Sind diese Voraussetzungen erfüllt, wird der Anspruch unverfallbar, und es gelten die Regelungen zur Portabilität.

Übersicht: Formen der betrieblichen Altersversorgung

	Direktversicherung	Direktzusage	Pensionskasse	Pensionsfonds	Unterstützungskasse
Träger der Versicherung	Privatwirtschaftliches Versicherungsunternehmen	Unternehmen	Vom Arbeitgeber gegründeter rechtsfähiger Verein (Versicherungsverein aG)	Vom Arbeitgeber gegründete Aktiengesellschaft oder Pensionsfondsverein a.G.	Von Arbeitgeber gegründeter rechtsfähiger Verein
Finanzierung	Leistungen des Unternehmens, Überschusserträge, Entgeltumwandlung	In der Regel allein durch Leistungen des Unternehmens. Entgeltumwandlung möglich	Leistungen des Unternehmens, Kapitalerträge, Entgeltumwandlung	Leistungen des Unternehmens, Kapitalerträge, Entgeltumwandlung	Leistungen des Unternehmens, Kapitalerträge. Entgeltumwandlung möglich
Vorschriften zur Anlage des Kapitals	Strenge Vorschriften Beschränkte Anlage in Aktien erlaubt	Als Pensionsrückstellung im Unternehmen	Strenge Vorschriften	Umfangreiche Anlage in Aktien oder Aktienfonds erlaubt	Keine Vorschriften Auch Anleihe an das eigene Trägerunternehmen möglich
Risiken und Risikoabsicherung	Pflicht zur Insolvenzabsicherung nur, wenn Vertrag vom Unternehmen beliehen oder verpfändet wird	Bei Insolvenz tritt Pensions-Sicherungsverein ein.	Keine Pflicht zur Insolvenzabsicherung, da die Pensionskasse der Versicherungsaufsicht unterliegt	Erhöhtes Risiko wegen freier Anlagemöglichkeit in Aktien und Ak tienfonds mit Auswirkung auf Rentenhöhe Pflicht zur Insolvenzabsicherung	Bei Insolvenz tritt Pensions-Sicherungsverein ein.
Riester-Förderung	Riester-Förderung kann in Anspruch genommen werden.	Riester-Förderung nicht möglich.	Riester-Förderung kann in Anspruch genommen werden.	Riester-Förderung kann in Anspruch genommen werden.	Riester-Förderung nicht möglich.
Steuern und Sozialabgaben	Bei Entgeltumwandlung Beiträge bis 4 % der BbmG zur gesetzlichen Rentenversicherung steuer- und sozialabgabenfrei	Rückstellungsbetrag mindert den steuerpflichtigen Gewinn. Keine Sozialabgaben, wenn Leistungen allein vom Unternehmen finanziert werden	**Steuerfrei** sind vom Arbeitgeber gezahlte Beiträge bis zur BbmG der gesetzlichen Rentenversicherung **Sozialversicherungsfrei** in dieser Höhe sind Beiträge unabhängig davon ob sie vom Arbeitgeber oder Arbeitnehmer gezahlt werden	Bei Entgeltumwandlung Beiträge bis zu 4 % der BbmG zur gesetzlichen Rentenversicherung steuer- und sozialabgabenfrei	Leistungen des Arbeitgebers sind in unbegrenzter Höhe steuer- und abgabefrei.
Rentenanpassung	Keine Rentenanpassungspflicht	Rentenanpassung Pflicht	Keine Rentenanpassungspflicht	Keine Rentenanpassungspflicht	Rentenanpassung Pflicht

Lernkontrollen zu C 2.3

Förderung der kapitalgedeckten Altersvorsorge (Riester-Rente)

1 Welche Personengruppen werden im Rahmen der kapitalgedeckten Altersvorsorge (Riester-Rente) staatlich gefördert?

2 Erläutern Sie, was im Zusammenhang mit der Riester-Rente unter folgenden Beiträgen zu verstehen ist und wie hoch sie jeweils sind:

a) Mindestbeitrag

b) Eigenbeitrag

c) Höchstbeitrag

d) Sockelbeitrag

3 Stellen Sie für die folgenden Fälle im Rahmen einer Riester-Rente jeweils fest,

a) ob der Mindesteigenbeitrag geleistet wurde,

b) wie hoch die Zulagen im Jahr 2015 sein werden.

Fall 1	Fall 2	Fall 3
Auszubildender, keine Kinder, monatliche Ausbildungsvergütung 2014: 580,00 € Einzahlung 2015: monatlich 5,00 €	Angestellte, ledig, keine Kinder Bruttoarbeitslohn 2014: 56 940,00 € Einzahlung 2015: monatlich 162,17 €	Angestellter, verheiratet, 2 vor 2008 geborene Kinder, Bruttoarbeitslohn 2014: 36 500,00 € Einzahlung 2015: einmalig 1 500,00 €

4 Das Ehepaar Lück möchte sich bei Ihnen über die »Riester-Rente« informieren. Heinz Lück, geb. 15. Juli 1978 ist kaufmännischer Angestellter in einer Großhandlung. Er verdient 26 000,00 € brutto im Jahr. Sein Frau Martina, geb. 21. Nov. 1978, ist zurzeit arbeitslos. Das Ehepaar hat zwei vor 2008 geborene Kinder. Susanne Lück macht sich aufgrund ihrer Arbeitslosigkeit Sorgen um ihre Altersversorgung. Heinz Lück hat im Betrieb von der Möglichkeit einer staatlich geförderten zusätzlichen Altersvorsorge gehört.

Arbeitsauftrag

Erläutern Sie dem Ehepaar Lück die Möglichkeit einer staatlichen Förderung im Rahmen der »Riester-Rente«. Prüfen Sie, ob das Ehepaar Lück zum geförderten Personenkreis gehört und ermitteln Sie den Mindesteigenbeitrag sowie die Höhe der Zulagen, wenn die Sparleistungen im Jahr 2015 beginnen sollen.

5 Axel Molls, ledig, keine Kinder, hatte im Jahr 2014 ein sozialversicherungspflichtiges Jahreseinkommen von 50 000,00 €. Er zahlt im Jahr 2015 400,00 € in einen Altervorsorgevertrag nach dem AltZertG.

Welche Zulage erhält er?

6 Herr Frey ist alleinstehend. Er hatte im Jahr 2014 ein sozialversicherungspflichtiges Einkommen von 60 000,00 €. Er zahlt im Jahr 2015 auf einen Altersvorsorgevertrag (»Riester-Rente«) 2 100,00 € ein. Sein Grenzsteuersatz beträgt 40 %.

a) Erläutern Sie für den vorliegenden Fall, wie die staatliche Förderung der Altersvorsorge erfolgt.

b) Ermitteln Sie den Betrag der staatlichen Förderung von Herrn Frey für das Jahr 2015.

7 Was ist unter der Günstigerprüfung zu verstehen?

8 Am Nachmittag betritt eine Frau das Agenturbüro, die bisher noch nicht als Kundin registriert ist. Sie hat im Schaufernster der Agentur das Werbeplakat gesehen »Sorgen Sie jetzt für Ihr Alter vor und sichern Sie sich die staatliche Förderung der Riester-Rente. Wir beraten Sie gerne unverbindlich!«

a) Welche Informationen werden Sie grundsätzlich zunächst von der Kundin erbitten, um sie fachgerecht beraten zu können?

b) Ihre Befragung hat ergeben, dass die Interessentin zum begünstigten Personenkreis zählt, dass sie 2 minderjährige Kinder hat und geschieden ist. Stellen Sie stichwortartig zusammen, welche inhaltlichen Punkte im Rahmen des weiteren Beratungsgesprächs unbedingt angesprochen werden müssen. Gehen Sie davon aus, dass die Interessentin keinerlei Kenntnisse über die Riester-Rente hat.

Betriebliche Altersversorgung

9 **Beruf der Kunden**

Persönliche Merkmale	Kaufmann	Arzt	Abteilungsleiterin	Beamtin
Familienstand	ledig	verh., Ehefrau nicht erwerbstätig	angestellt	verbeamtet
Kinder	0	1	0	2
bisherige Vorsorge	Beiträge zu einer Kapitallebensvers.	Beiträge zu einem berufsständischen Versorgungswerk	Beiträge zur Gesetzlichen Rentenversicherung	Pension (keine Beiträge)

a) Ordnen Sie die bisherigen Vorsorgemaßnahmen der Kunden den verschiedenen Schichten des Dreischichtenmodells zu.

b) Stellen Sie fest, für welche der oben genannten Kunden der Abschluss einer Riester-Rente möglich ist.

c) Stellen Sie fest, für welche der oben genannten Kunden eine Förderung im Rahmen der betrieblichen Altersversorgung möglich ist.

d) Ermitteln Sie für die angestellte Abteilungsleiterin die maximale Höhe der im Jahr 2015 monatlich steuerfrei durch den Arbeitgeber in eine Direktversicherung einzahlbaren Beträge.

10 Die Firma Müller OHG ist ein mittelständisches Unternehmen der Eisen verarbeitenden Industrie. In letzter Zeit musste die Firma bei Einstellungsgesprächen erfahren, dass es immer schwieriger wird, Fach- und Führungskräfte zu gewinnen, wenn zwar die Gehaltsvorstellung erfüllt, eine betriebliche Altersversorgung aber nicht geboten werden kann. Man beschließt daher, sich von einem versierten Versicherungsfachmann über die Möglichkeiten einer betrieblichen Altersversorgung beraten zu lassen. Der für solche Beratungen im Außendienst tätige Spezialist bietet Ihnen an, ihn zu begleiten, und schlägt vor, dass Sie sich durch Beantwortung nachstehender Fragen auf das Beratungsgespräch vorbereiten. Informieren Sie sich im Lehrbuch und in einschlägigen Druckstücken Ihrer Versicherungsgesellschaft.

Fragestellungen

a) Welche Durchführungswege werden für die betriebliche Altersversorgung grundsätzlich unterschieden?

b) Was verbirgt sich hinter der arbeitnehmerfinanzierten betrieblichen Altersversorgung?

c) Welcher Mindestbeitrag und welcher Höchstbeitrag gilt im Jahr 2011 bei einer Entgeltumwandlung und wie werden diese Beträge berechnet?

d) Welche Vorteile hinsichtlich Steuern und Sozialabgaben bietet die Gehaltsumwandlung dem Arbeitnehmer und dem Arbeitgeber?

e) Wer sind die Vertragspartner bei einer Direktversicherung durch Entgeltumwandlung?

f) Was ist bei der Vertragsgestaltung zu beachten?

g) Durch welche Maßnahmen sind die berechtigten Interessen des Arbeitnehmers bei einer Direktversicherung durch Gehaltsumwandlung gesichert?

11 Was versteht man unter einer Direktzusage und wie wirkt sie sich steuerlich für den Arbeitgeber aus?

12 Welche Funktion hat der Pensions-Sicherungs-Verein (PSV)?

13 Was versteht man unter Portabilität?

Rückdeckungsversicherung

14 Rückdeckungsversicherung

a) Worin besteht der Zweck einer Rückdeckungsversicherung?

b) Beschreiben Sie die Vertragsgestaltung bei einer Rückdeckungsversicherung.

15 Was versteht man unter einer Key-man-Versicherung?

2.4 Kapitalanlageprodukte

Kapitalanlagen bilden als »**Übrige Vorsorge**« die dritte Schicht der Altersvorsorge nach dem Dreischichtenmodell.

In Frage kommen hierfür insbesondere:

- **Lebensversicherungsprodukte** (vgl. C 3.3.1),

  z. B. Kapital-Lebensversicherung, Fondsgebundene Lebensversicherung, Rentenversicherung mit Kapitalwahlrecht

- **Finanzprodukte** (vgl. Band 3, E),

  z. B. Schuldverschreibungen, Investmentfonds-Anteile, Aktien, Raten-Sparvertrag, Fonds-Ratensparvertrag

- **Immobilien**

  Mietfreies Wohnen im Eigenheim oder in der Eigentumswohnung oder Mieteinnahmen aus Immobilienbesitz entlasten den finanziellen Bedarf und wirken positiv auf eine eventuelle Versorgungslücke im Alter.

Typisch für den Aufbau der Vorsorge gemäß dieser dritten Schicht ist, dass er während des Erwerbslebens aus bereits versteuertem Einkommen finanziert wird. Daher unterliegt diese Vorsorge weniger Einschränkungen als die Anlageformen der ersten und zweiten Schicht. Diese **Flexibilität** bietet die Chance, evtl. hohe Renditen bei entsprechender Risikobereitschaft zu erzielen.

Steuerlich werden die Aufwendungen für die dritte Schicht nicht als Altersvorsorge sondern als **Kapitalanlage** angesehen. Die einkommensteuerrechtliche Behandlung ist in C 9 dargestellt.

3 Möglichkeiten der Bedarfs- und Risikodeckung durch verschiedene Formen der Lebensversicherung

Vorbemerkung:
Der Begriff Lebensversicherung steht als Oberbegriff für den Versicherungszweig, der Vorsorgeprodukte im Zusammenhang mit den typischen Lebensrisiken (vorzeitiger Tod, überlanges Leben, Berufsunfähigkeit) bietet.

3.1 Bedarfsanalyse

3.1.1 Motive für den Abschluss einer Lebensversicherung

a) Versicherbare Ereignisse

Die **Lebensversicherung** ist – wie die Kranken- und Unfallversicherung – eine **Personenversicherung**. Je nach Versicherungsart lassen sich dabei verschiedene Versicherungsfälle unterscheiden:

- Die versicherte Person stirbt während der Vertragslaufzeit.
- Die versicherte Person erlebt einen im Voraus vereinbarten Zeitpunkt.
- Bestimmte Ereignisse, die an die versicherte bzw. eine mitversicherte Person gebunden sind, treten während der Vertragslaufzeit ein (Berufsunfähigkeit, Pflegebedürftigkeit, Krankheit, Heirat).

Die Lebensversicherung zählt zur **Summenversicherung**. Im Versicherungsfall wird unabhängig vom tatsächlichen Geldbedarf die im Voraus vereinbarte Summe oder Rente zur Zahlung fällig **(abstrakte Bedarfsdeckung)**.

b) Zielvorstellungen der Versicherungskunden

Die mit einer Lebensversicherung angestrebten Ziele lassen sich wie folgt zusammenfassen:

- **Altersversorgung**
- **Versorgung bei vorzeitiger Berufsunfähigkeit/Pflegebedürftigkeit/Krankheit**
- **Hinterbliebenenversorgung**
- **Kapital-/Vermögensbildung**
- **Darlehenssicherung/-tilgung**

3.1.2 Strategien der Vorsorge

a) Vorsorgebedarf einzelner Kundengruppen

Die individuelle **Bedarfsanalyse** steht bei Lebensversicherungen, die der Alters- und Hinterbliebenenversorgung oder der Versorgung bei vorzeitiger Berufsunfähigkeit, Pflegebedürftigkeit und Krankheit dienen sollen, im Mittelpunkt einer bedarfsgerechten Kundenberatung. Eine solche Analyse des individuellen Risikos muss in bestimmten Zeitabständen – vornehmlich zu Beginn eines neuen Lebensabschnitts – wiederholt werden.

Bei der **Bedarfsanalyse** sind insbesondere folgende Umstände zu berücksichtigen:

- Alter des Kunden,
- Zahl und Alter der zu versorgenden Angehörigen,
- voraussichtliche Ansprüche aus der gesetzlichen Rentenversicherung (Alters- bzw. Erwerbsminderungsrente),
- Höhe der betrieblichen Versorgungszusagen,
- vorhandenes Privatvermögen, das im Bedarfsfall flüssig gemacht werden kann.

b) Zielgruppenkonzepte

Bei **Arbeitnehmern** besteht grundsätzlich **Vorsorgebedarf** für das Alter. Darüber hinaus lässt sich ihr Vorsorgebedarf nach der **Zielgruppe**, der sie angehören, grob wie folgt unterscheiden:

➤ Junge allein stehende Kunden

Bei dieser Zielgruppe spielt das **Todesfallrisiko** keine große Rolle. Erheblicher Vorsorgebedarf besteht allerdings für den Fall der **Berufs- oder Erwerbsunfähigkeit**, da in den ersten Berufsjahren diesbezüglich keine oder nur geringe Ansprüche auf Leistungen der gesetzlichen Rentenversicherung (vgl. C 2) oder betrieblicher Versorgungskassen bestehen. Außerdem sollte dieser Zielgruppe der langfristige **Vermögensaufbau** nahegelegt werden. Dazu bieten sich neben Lebensversicherungen auch die Produkte der Banken und Sparkassen (Sparpläne, Wertpapiersparen u. Ä.; vgl. Band 3, E), an.

➤ Junge Familien

Bei dieser Zielgruppe muss die Absicherung der **Todesfallrisikos** und die damit einhergehende Hinterbliebenenversorgung im Vordergrund stehen. Daneben ist eine angemessene Versorgung für den Fall der **Berufs- oder Erwerbsunfähigkeit** anzustreben. Die Vermögensbildung im Hinblick auf die **Altersversorgung** sollte im Rahmen der bestehenden Möglichkeiten begonnen bzw. fortgeführt werden, um die sich abzeichnende Versorgungslücke (vgl. C 2) zu schließen. Für den Bau oder Erwerb eines Eigenheims kommt u. U. ein **Finanzierung**skonzept unter Einbezug einer Lebensversicherung infrage.

➤ Gut situierte Familien mit Kindern

Das Risiko der Erwerbsminderung ist bei dieser Zielgruppe in bescheidenem Umfang durch die gesetzliche Rentenversicherung abgedeckt. Es empfehlen sich Lebensversicherungsprodukte, die gleichzeitig der eigenen **Altersversorgung** und der **Hinterbliebenenversorgung** dienen. Auch das Risiko der **Pflegebedürftigkeit** und dessen zusätzliche Absicherung über die Leistungen der gesetzlichen Pflegeversicherung hinaus sollten bedacht werden. Um die spätere **Ausbildung der Kinder** zu finanzieren, kommt evtl. eine Ausbildungsversicherung infrage.

Etablierte Haushalte ohne Verpflichtungen gegenüber Dritten

Soweit die wichtigsten Risiken abgedeckt sind, kommt für diese Zielgruppe evtl. eine Aufstockung bestehender kapitalbildender Versicherungen oder anderweitiger Sparformen infrage. Möglicherweise spielt auch die Wiederanlage von Beträgen aus einer fälligen Lebensversicherung eine Rolle.

Für Selbstständige, die keine Ansprüche auf Leistungen aus der gesetzlichen Rentenversicherung haben, ist die Bedarfsanalyse entsprechend zu modifizieren.

3.1.3 Versicherungsprodukte für die Bedarfsdeckung

Die Tarife der Lebensversicherung bieten zunächst ein fest vorgegebenes Leistungsspektrum, mit denen allgemeine Lösungen des Versicherungsbedarfs möglich sind. Um dem Kunden eine individuellere Lösung seiner Zielvorstellung durch Lebensversicherung anbieten zu können, sind im Laufe der Zeit flexiblere Gestaltungsmerkmale in die Tarife eingeflossen, wie z. B. variable Abläufe (Abrufklausel, Verlängerungsoption), variable Leistungen (erhöhter oder verminderter Todesfallschutz, Optionsrecht zur Anpassung des Versicherungsschutzes), variable Überschussverwendung (wahlweise Erhöhung der Erlebens- oder Todesfallsumme, Erwerb von Fondsanteilen).

Bei der kundenorientierten Tarifgestaltung lassen sich für Privatkunden grundsätzlich drei Produktgruppen unterscheiden:

Versorgung

Bei dieser Produktgruppe stehen die Altersversorgung, die Hinterbliebenenversorgung und die Absicherung bei Berufsunfähigkeit im Mittelpunkt der individuellen Versicherungsmöglichkeit.

Für die Altersversorgung nach der ersten und zweiten Schicht des Dreischichtenmodells sind insbesondere solche Produkte von Bedeutung, die im Rahmen der Altersvorsorgeaufwendungen steuerbegünstigt (vgl. C 2.2.3) sind oder die durch staatliche Zulagen gefördert werden (vgl. C 2.3.1).

Finanzierung

Diese Produktgruppe deckt alle individuellen Versicherungswünsche, die seitens des Kunden im Rahmen der Finanzierung eines Eigenheimes oder Kapitalanlageobjektes entstehen.

Anlage/Sparen

Die Produktgruppe reagiert flexibel auf die kundenindividuellen Einflussfaktoren

- Liquidität,
- Risiko,
- Renditeerwartung.

Entsprechend der Verfügbarkeit des Kapitals beim Kunden bzw. der Rückzahlungserwartung kann in regelmäßigen Beträgen gespart oder ein größerer Geldbetrag angelegt werden.

3.2 Private Rentenversicherung

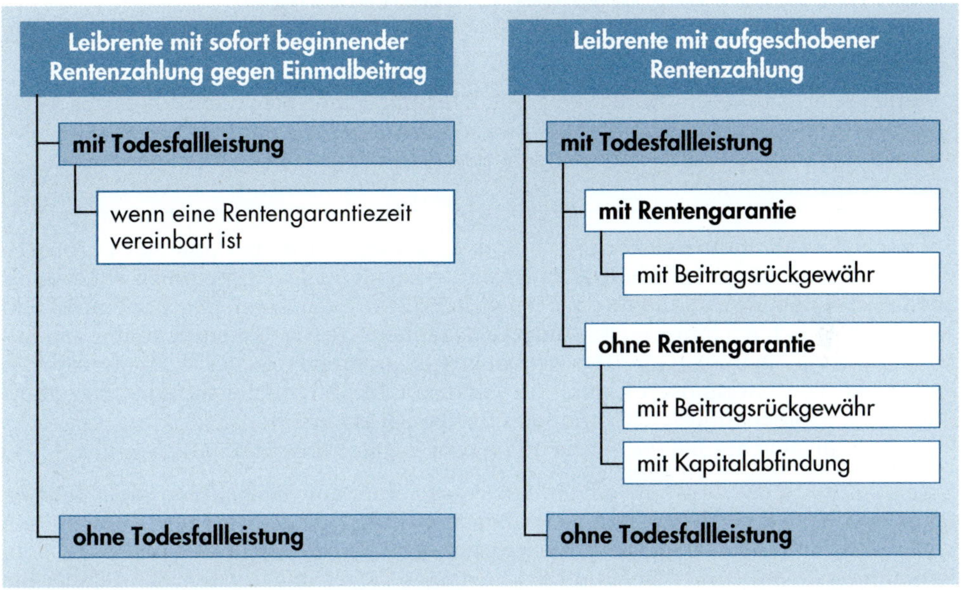

Die nachstehenden Formen der Rentenversicherung zählen nach dem Dreischichtenmodell zur Schicht 3 **(Übrige Vorsorge)**.

Es gelten die folgenden **Versicherungsbedingungen**:
- **»Allgemeinen Bedingungen für die Rentenversicherung mit sofort beginnender Rentenzahlung«**
- **»Allgemeine Bedingungen für die Rentenversicherung mit aufgeschobener Rentenzahlung«**

AVB-sof. beg. Rente Proximus 3 BE S. 119 ff.

AVB-aufgesch. Rente Proximus 3 BE S. 112 ff.

Hinweis: Rentenversicherungen zur Altersvorsorge nach Schicht 1 (Basisrente) bzw. Schicht 2 (Riester-Rente)

Die bereits dargestellte **Rentenversicherung** **»Basisrente«** (vgl. C 2.2.2) und auch die Rentenversicherung nach dem Gesetz über die Zertifizierung von Altersvorsorgeverträgen (**Riester-Rente**, vgl. C 2.3.1) sind ebenfalls **aufgeschobene Rentenversicherungen**. Als staatlich geförderte Vorsorge im Rahmen der Schicht 1 bzw. Schicht 2 sind sie allerdings nicht so flexibel verwertbar wie die im Folgenden dargestellten Rentenversicherungen zur Vorsorge nach Schicht 3.

Deshalb gibt es für die Rentenversicherung »Basisrente« und die Riester-Rentenversicherung eigene Bedingungswerke:

- **Allgemeine Bedingungen für die Rentenversicherung gemäß § 10 Absatz 1 Nr. 2 Buchstabe b EStG (Basisrente)**
- **Allgemeine Bedingungen für eine Rentenversicherung nach dem AltZertG (»Zulagenrente«)**

AVB-Basisrente Proximus 3 BE S. 70 ff.

AVB-AltZertG Proximus 3 BE S. 78 ff.

3.2.1 Leibrentenversicherung mit sofort beginnender Rentenzahlung

> **Beispiel:**
> Werner Moritz erhält in Kürze die Ablaufleistung seiner bis zum Endalter 65 laufenden Kapitallebensversicherung. Er trägt sich mit dem Gedanken, das Kapital bei seinem Lebensversicherer zu belassen, damit dieser ihm daraus eine lebenslängliche Rente zahlen kann.

Bei der **Sofort-Rentenversicherung** zahlt der VN den Beitrag in Form eines größeren Geldbetrags auf einmal **(Einmalzahlung)** und erhält dafür sofort Anspruch auf eine bis ans Lebensende zu zahlende Rente (lebenslängliche Leibrente). Die Rentenzahlung wird auch dann noch fortgesetzt, wenn die gezahlten Renten den entrichteten Einmalbeitrag wertmäßig übersteigen. Das ist bei keiner anderen Form der Kapitalanlage der Fall. Diese Versicherungsart kommt für Personen im Rentenalter infrage, die bereits über ein entsprechendes Geldvermögen für die Altersversorgung (z. B. aus einer fälligen Kapitalversicherung) verfügen und dieses Kapital verrenten lassen wollen.

Beschränkt sich die Leistungspflicht des Versicherers auf die Zahlung einer **lebenslänglichen Leibrente** (reine Erlebensfallversicherung), besteht für den Versicherten bei frühem Tod die Gefahr, dass nur ein geringer Teil des eingesetzten Kapitals in Rentenform an ihn zurückfließt und der Rest dem VR zufällt. Meistens wird daher die Sofort-Rentenversicherung um eine **Todesfallleistung** ergänzt. Das ist entweder in Form einer **Rentengarantiezeit** oder als **einmalige Kapitalzahlung bei Tod des Versicherten** möglich.

➤ Rentengarantiezeit bei vorzeitigem Tod des Versicherten

AVB-sof. beg. Rente § 1 (1)

Durch die Vereinbarung einer **Rentengarantiezeit** (siehe Tarif S 31 im **Proximus 3 Bedingungswerk:** Eintrittsalter 50 – 70 Jahre, Rentengarantiezeit 10 oder 20 Jahre) wird sichergestellt, dass die Rente unabhängig vom Tod des Versicherten mindestens bis zum Ablauf der Garantiezeit gezahlt wird. Stirbt der Versicherte während der Garantiezeit, endet die Rentenzahlung also trotzdem erst am Ende der Garantiezeit. Es handelt sich somit um eine **Zeitrente**. Der Bezugsberechtigte kann statt der Fortzahlung der Rente bis zum Ende der Garantiezeit auch die sofortige Auszahlung des **Barwertes** der künftigen Rente verlangen.

Je länger die Garantiezeit, desto geringer ist die laufende Rente, die aus dem Einmalbetrag gezahlt werden kann. Für die Hinterbliebenenvorsorge nach Ablauf der Garantiezeit kann eine **Hinterbliebenenrente** vereinbart werden. Häufig wird eine Hinterbliebenenrente von 60 % der zuvor an den Versicherten gezahlten Rente gewählt **(Hinterbliebenen-Zusatzversicherung)**.

➤ Tod des Versicherten ohne vereinbarte Rentengarantiezeit oder nach Ablauf der Rentengarantiezeit

§ 1 (1) S. 2

Es wird keine Leistung erbracht und der Vertrag endet.

In der Praxis wird aber bei vorzeitigem Tod vor Rentenbeginn in vielen Versicherungsbedingungen eine Kapitalabfindung geboten.

Bei der Kapitalabfindung fließt der Einmalbeitrag zuzüglich der Anteil an der Überschussbeteiligung an den Versicherten bzw. dessen Erben zurück. Diese im Vergleich zur Rentengarantiezeit stärkere Betonung der Hinterbliebenenversorgung führt notwendigerweise zu einer entsprechend geringeren Monatsrente.

3.2.2 Leibrentenversicherung mit aufgeschobener Rentenzahlung

Beispiel:

Günther Mehler ist ledig und kann deshalb Überlegungen zur Hinterbliebenenversorgung vernachlässigen. Aufgrund seines Familienstandes interessiert ihn in erster Linie, welche Vorsorge er für sein Alter treffen kann.

Im Gegensatz zur Sofortrente wird bei der **aufgeschobenen Rente** das erforderliche Kapital durch Beitragszahlung während einer mehrjährigen **Aufschubzeit** angesammelt. Üblicherweise wird die Aufschubzeit so gewählt, dass sie mit dem voraussichtlichen Wechsel in den Ruhestand endet. In den meisten Fällen stimmt die Beitragszahlungsdauer mit der Aufschubzeit überein. Die **regelmäßige Beitragszahlung** des Versicherungsnehmers ist finanzmathematisch ebenfalls als Rente aufzufassen, sodass in diesem Fall die Renteneinzahlung des Versicherungsnehmers während der Aufschubzeit durch die nachfolgende Rentenauszahlung des Versicherers abgelöst wird.

➤ Todesfallleistung

Stirbt der Versicherte während der Aufschubzeit (also vor Rentenbeginn), werden Rückzahlung der Beiträge zuzüglich der darauf entfallenden Überschussbeteiligung (siehe weiter unten), aber ohne die Beiträge für etwa eingeschlossene Zusatzversicherungen zurückgezahlt und der Vertrag endet. AVB-aufgesch. Rente § 1 (3)

Da dem VR bei frühem Tod des Versicherten u. U. hohe Beitragssummen ohne Gegenleistung zufallen, ist anstelle der reinen Erlebensfallversicherung auch die Vereinbarung einer zusätzlichen **Todesfallleistung** als Hinterbliebenenschutz möglich.

➤ Rentengarantiezeit

Ebenso wie bei der sofort beginnenden Rentenversicherung kann auch die aufgeschobene Rentenversicherung mit einer Rentengarantiezeit ausgestattet werden. Stirbt der Versicherte nach Rentenbeginn aber vor Ablauf der Garantiezeit, erhalten die Hinterbliebenen die Rente bis zum Ende der Garantiezeit bzw. den Barwert der noch ausstehenden Renten. § 1 (4)

Ist keine Rentengarantiezeit vereinbart, wird bei Tod der versicherten Person keine weitere Leistung mehr erbracht und der Vertrag endet.

➤ Kapitalwahlrecht

Der VN hat vor Ende der Aufschubzeit ein Wahlrecht, ob er statt der Rente eine einmalige **Kapitalabfindung** vorzieht, wonach der Vertrag dann endet. Die Höhe der Kapitalabfindung entspricht dem Einmalbeitrag, der für eine Sofortrente in gleicher Höhe wie die ursprünglich vereinbarte aufgeschobene Rente zu leisten wäre. Bei Ausübung des Kapitalwahlrechts kommt die Rentenversicherung einem langfristigen Sparvertrag gleich. § 1 (2) S. 1

➤ Tarifvariante

Der Rentenbeginn kann bei einigen Tarifen während der letzten 10 Jahre der Aufschubzeit **(= Rentenbeginnphase)** frei gewählt werden. Dadurch ist es möglich, den Rentenbeginn der privaten Versicherung an die **flexible Altersgrenze** der gesetzlichen Rentenversicherung anzupassen.

Bei Rentenbeginn wird das bis dahin angesparte Kapital wie ein Einmalbeitrag zur Sofort-Rentenversicherung behandelt. Da aber die Kosten für einen Vertragsabschluss entfallen, ist die Rente etwas höher als in der normalen Sofort-Rentenversicherung.

➤ Überschussbeteiligung

AVB-aufgesch. Rente § 1 (5), § 2

Der VN wird an den erwirtschafteten Überschüssen und den Bewertungsreserven beteiligt.

➤ Beurteilung der aufgeschobenen Leibrentenversicherung

Die Beiträge zur Rentenversicherung sind im Vergleich zur gemischten Kapitalversicherung geringer, da im letzteren Fall auch bei Tod des Versicherten die volle VS fällig wird.

Trotz der möglichen Vereinbarung einer Todesfallleistung in Form von Beitragsrückgewährung, Rentengarantiezeit oder Hinterbliebenenrente ist die Rentenversicherung nicht vorrangig zur Hinterbliebenenversorgung gedacht. Sie kommt vielmehr in erster Linie als Altersversorgung für Alleinstehende oder – bei bereits vorliegender Hinterbliebenenversorgung – als Zusatzeinkommen im Rentenalter in Betracht. Da bei einer reinen Altersrentenversicherung eine Risikoprüfung entfällt, kann ein Abschluss auch dann ratsam sein, wenn eine gemischte Kapitalversicherung aus gesundheitlichen Gründen nicht mehr infrage kommt.

3.3 Arten der Kapitallebensversicherung

Bei jeder Form der **Kapitalversicherung** wird – im Gegensatz zur privaten **Rentenversicherung** – die versicherte Leistung durch **einmalige** Zahlung (evtl. auch durch Teilauszahlungen) des vertraglich festgelegten Betrages (Versicherungssumme) erbracht. Eine spätere Verrentung der Kapitalleistung ist möglich, indem diese als Einmalzahlung für eine sofort beginnende Lebensrentenversicherung verwendet wird.

Die meisten Lebensversicherungen sind mit einem Sparvorgang verbunden, d.h. ein Teil des Beitrags wird als sog. Sparbeitrag zur Kapitalansammlung verwendet. In einem solchen Fall handelt es sich um eine **kapitalbildende Lebensversicherung**. Bei der Risikoversicherung wird kein Kapital angespart. Dennoch ist sie eine Kapitalversicherung, da als Versicherungsleistung eine Kapitalleistung in Form der VS vorgesehen ist.

Die aufgeschobene Rentenversicherung ist wiederum eine kapitalbildende Lebensversicherung, aber keine Kapitalversicherung, da in ihr zunächst der Kapitalbetrag angespart wird, aus dem dann später die Rente fließt.

3.3.1 Kapitallebensversicherungen ohne Kapitalbildung

AVB-Risiko

Proximus 3 BE S. 85 ff. S. 91 ff.

Es gelten folgende **Versicherungsbedingungen**:

- **Allgemeine Bedingungen für die Nichtraucher-Lebensversicherung**
- **Allgemeine Bedingungen für die Raucher-Lebensversicherung**

3.3.1.1 Risikoversicherung

> **Beispiel:**
> Heinz Ahrend hat für sich und seine Familie ein Einfamilienhaus erworben. Er ist dadurch finanziell sehr stark belastet, möchte seine Familie aber dennoch abgesichert wissen, wenn er vorzeitig sterben sollte.

➤ Risikoversicherung mit konstanter Todesfallsumme

Die Risikoversicherung deckt das Todesfallrisiko durch eine garantierte VS für einen bestimmten Zeitraum ab. Die Überschussverteilung im Tarif S TA 33 (Proximus 3, S. 147) erfolgt durch Beitragsverrechnung. Die Beiträge, die keine Sparanteile zur Ansammlung einer Erlebensfallsumme enthalten, sind – obwohl der Todesfall nicht eingetreten ist – durch die Abdeckung des Todesfallrisikos verbraucht.

Die Risikoversicherung eignet sich als preisgünstige Hinterbliebenenvorsorge für junge Familien, deren anderweitige Versorgungsansprüche noch gering sind. Auch als Kreditsicherungsmittel spielt die Risikoversicherung eine wichtige Rolle. Die Vertragsdauer, die zwischen einem und 40 Jahren liegen kann, endet mit dem 60. Lebensjahr des Versicherten. Üblicherweise liegt die Vertragsdauer in der Praxis zwischen 5 und 25 Jahren.

➤ Risikoumtauschversicherung

Die Risikoversicherung ist regelmäßig mit einem Umtauschrecht ausgestattet **(Risikoumtauschversicherung)**. Der VN kann in diesem Fall die Risikoversicherung bis spätestens zum Ende des 10. Versicherungsjahres ohne erneute Gesundheitsprüfung in eine **kapitalbildende Lebensversicherung** (vgl. C 3.3.1) mit derselben oder einer niedrigeren VS umtauschen **(Folgeversicherung)**. AVB-Risiko § 10

Für die Folgeversicherung gelten das Eintrittsalter und der Tarif zum Zeitpunkt der Umwandlung. Das kommt dem Abschluss einer neuen Lebensversicherung gleich. Der Vorteil ist im Wegfall einer erneuten Gesundheitsprüfung zu sehen.

Beispiel:

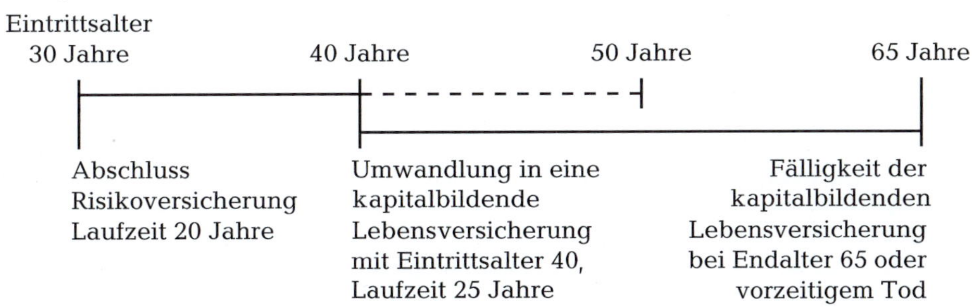

➤ Risikoversicherung mit variabler Versicherungssumme

Bei dieser in der Praxis anzutreffenden Form kann die Versicherungsdauer in maximal drei Phasen gegliedert werden, wobei für jede Phase eine andere Dauer und Todesfallsumme möglich ist. Der Beitrag kann einmalig oder laufend gezahlt werden.

3.3.1.2 Darlehensrestschuldversicherung

Die Risikoversicherung kann in der Praxis auch mit einer regelmäßig (z. B. monatlich oder jährlich) fallenden VS vereinbart werden. In dieser Form eignet sie sich insbesondere zur Absicherung von Darlehen, indem die VS der jeweiligen Restschuld des Darlehens angepasst wird **(Restschuldversicherung)**. Bei Tod des Zahlungspflichtigen, der zugleich versicherte Person ist, wird die dann fällige VS zur Ablösung der Schulden verwendet.

Die meisten Bausparkassen verlangen die Absicherung des noch ungetilgten Bauspardarlehens durch eine Lebensversicherung und vermitteln dem Darlehensnehmer dazu eine spezielle **Bausparrisikoversicherung**.

3.3.2 Kapitallebensversicherungen mit Kapitalbildung

Arten von Kapitallebensversicherungen mit Kapitalbildung

Kapitalversicherung auf den Todes- und Erlebensfall (gemischte Lebensversicherung)	Kapitalversicherung mit festem Auszahlungstermin oder Auszahlungsereignis	Kapitalversicherung auf den Todesfall
• Kapitalversicherung (Grundform) • Kapitalversicherung für zwei oder mehr Personen (auf verbundene Leben) • Kapitalversicherung mit Teilauszahlung	• Terminfixversicherung (Ausbildungsversicherung) • Kapitalversicherung auf den Heiratsfall (Aussteuerversicherung)	• Lebenslängliche Todesfallversicherung

ALB Proximus BE S. 105 ff.

Es gelten insbesondere folgende **Versicherungsbedingungen**:

- »Allgemeine Bedingungen für die kapitalbildende Lebensversicherung«

3.3.2.1 Kapitalversicherung auf den Todes- und Erlebensfall (gemischte Lebensversicherung)

Beispiel:
Herr Breitner möchte ein Kapital von 100 000,00 € zur Ergänzung seiner Altersversorgung ansparen. Bei seinem vorzeitigen Tod soll dieses Kapital seinen Hinterbliebenen (Ehefrau, 2 Kinder) zur Verfügung stehen.

➤ Tarifmerkmale

Bei der gemischten Lebensversicherung ist die im Voraus vereinbarte VS entweder am **Ende der Vertragslaufzeit (= Erlebensfall)** oder aber bei **vorzeitigem Tod (= Todesfall)** fällig. Der VR wird also auf jeden Fall leistungspflichtig (= unbedingte Leistungspflicht). Der Beitrag ist i. d. R. bis zum Eintritt des Versicherungsfalles (Todes- oder Erlebensfall) zu zahlen. Er umfasst u. a. einen Spar- und einen Risikoanteil. Der Sparanteil wird vom VR verzinslich angesammelt und wächst bis zum Ende der Vertragslaufzeit zusammen mit den darauf entfallenden Zinsen und Zinseszinsen auf die vereinbarte VS an (= kapitalbildende Lebensversicherung). Bei vorzeitigem Tod finanziert der VR aus dem Risikoanteil die Differenz zwischen dem bis dahin angesparten Kapital und der fälligen VS.

➤ Anwendungsbereiche

Die gemischte Lebensversicherung deckt somit einerseits durch eine **Risikoversicherung** das Todesfallrisiko für den Zeitraum der vereinbarten Vertragsdauer ab. Andererseits erfolgt eine **Sparkapitalbildung**, wobei dem VN für das Ende der Vertragsdauer ein Mindestkapital in Höhe der VS garantiert wird. Diese Lebensversicherungsart, bei der **Hinterbliebenenversorgung** und eigene **Altersvorsorge** miteinander verbunden werden, ist in Deutschland am weitesten verbreitet. Mit ihr lassen sich nicht nur bestehende Versorgungslücken decken, sondern beispielsweise auch Darlehen absichern und tilgen. Als sog. **Hypotheken- bzw. Tilgungsversicherung** hat sie in diesem Zusammenhang eine Bedeutung erlangt.

Besonderheiten

1. Kapitalversicherung auf den Todes-, Erlebens- und Krankheitsfall (Dread-Disease-Deckung)

Bei dieser Produktgestaltung der gemischten Lebensversicherung wird die VS nicht nur im Todes- oder Erlebensfall, sondern auch bei **schwerer Erkrankung** (Dread Disease) fällig. Dem Versicherten soll dadurch ermöglicht werden, den bei schweren Erkrankungen auftretenden Kapitalbedarf zu decken, der z. B. für die Finanzierung einer besonders guten medizinischen Versorgung, für Umbau an Haus oder Auto, für die Beschäftigung von Pflegepersonal oder für Erholungsreisen entsteht.

Als schwere Erkrankung gelten bei dieser Versicherung u. a. schwere Herzinfarkte, bestimmte Krebsarten, Bypassoperation, chronisches Nierenversagen, Schlaganfall und multiple Sklerose. Hinsichtlich der Gesundheitsprüfung (vgl. C 4.3.3) legt diese Versicherung strengere Maßstäbe als gewöhnlich an. Die Beiträge liegen ca. 10 % bis 20 % über denen herkömmlicher Kapitalversicherungen auf den Todes- und Erlebensfall. Für einige der gedeckten Krankheiten gilt eine Wartezeit von 3 Monaten.

2. Kapitalversicherung mit voneinander abweichenden Todes- und Erlebensfallsummen

> **Beispiel:**
> Eine Familie mit kleinen Kindern kann in den ersten Jahren der Versicherung einen hohen Todesfallschutz wählen, der zwischen 150 % und 400 % der Erlebensfallleistung liegen kann und nach einem vom Kunden festzulegenden Zeitpunkt, entsprechend dem fortgeschrittenen Alter der Kinder, sinkt.

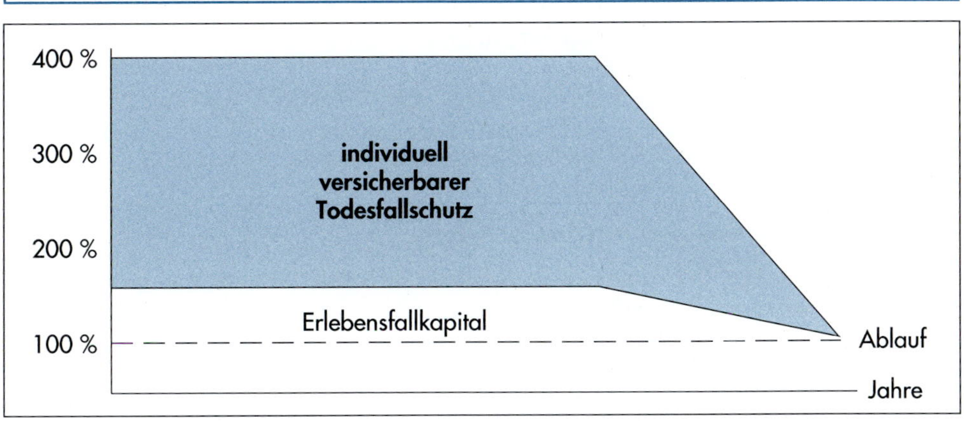

Wird den Zielen Altersvorsorge und Hinterbliebenenversorgung unterschiedliche Priorität eingeräumt, können bei dieser Tarifvariante der gemischten Lebensversicherung voneinander abweichende Todes- und Erlebensfallsummen gewählt werden.

Steht die Hinterbliebenenversorgung im Vordergrund (z. B. Familien mit kleinen Kindern), wird man die anfängliche Todesfallsumme gegenüber der Erlebensfallsumme vervielfachen. Ab einem vom VN festzulegenden Zeitpunkt (z. B. wenn der Absicherungsbedarf der Kinder sinkt) kann dann die Todesfallleistung (schrittweise) der Erlebensfallleistung angeglichen werden. Spielt dagegen der Hinterbliebenenschutz gegenüber der Altersversorgung eine untergeordnete Rolle (z. B. bei Ledigen), ist eine Vervielfachung der Erlebensfallsumme gegenüber der Todesfallsumme möglich. Bei Änderung der Lebenssituation (z. B. Heirat) kann der VN auf Wunsch auch nachträglich Todesfallschutz in Höhe der Erlebensfallsumme erhalten.

3.3.2.2 Kapitalversicherung mit Teilauszahlung

Beispiel:

Herr Breitner überlegt, ob er anstelle einer Einmalzahlung bei Ablauf der beabsichtigten gemischten Lebensversicherung die Variante mit Teilauszahlungen während der Vertragsdauer wählen soll. Er könnte dann vorzeitig Teile des für die Baufinanzierung seines Eigenheims aufgenommenen Darlehens tilgen, ohne den beabsichtigten Schutz für seine Hinterbliebenen zu verlieren.

Anstelle der Versicherungsleistung in **einer** Summe ist bei dieser in der Praxis anzutreffenden Tarifvariante der gemischten Lebensversicherung für den Erlebensfall auch eine **Auszahlung in Teilbeträgen** möglich. Die Todesfallsumme kann dabei während der gesamten Laufzeit gleich bleiben oder wahlweise um die bereits ausgezahlten Teilbeträge gekürzt werden.

Diese Versicherungsform eignet sich beispielsweise für Bauherren und jüngere Personen, die bei gleich bleibend hohem Todesfallschutz die periodischen Teilauszahlungen zur Darlehenstilgung bzw. für anderweitige Anschaffungen verwenden wollen.

3.3.2.3 Kapitalversicherung auf verbundene Leben

Bei einer **Versicherung auf verbundene Leben** wird das Todesfallrisiko zweier oder mehrerer Personen in einem Vertrag zusammengefasst. Dies ist sowohl bei **Kapital-** als auch bei **Rentenversicherungen** möglich.

Am häufigsten ist die verbundene Lebensversicherung in der Praxis in Form einer **gemischten Kapitalversicherung auf zwei Leben** anzutreffen. Die vereinbarte Leistung wird i. d. R. beim Tod des zuerst Sterbenden, spätestens am Ende der Laufzeit fällig. Mit dem Tod eines der Versicherten vor Laufzeitende erlischt die Versicherung.

Bei gleichzeitigem Tod beider Versicherten (z. B. bei Unfall) wird die Leistung nur einmal fällig. Da das Todesfallrisiko von zwei Personen in **einem** Vertrag zusammengefasst ist, muss der Beitrag höher sein als bei einer entsprechenden gemischten Lebensversicherung auf ein Leben.

Exkurs: Berechnung des mittleren Alters

Aus dem Eintrittsalter der versicherten Personen wird ein Zwischenalter gebildet, das für die Beitragsbemessung maßgebend ist.

Bei zwei Versicherten wird dieses Zwischenalters i. d. R. wie folgt ermittelt:

1. Bei Frauen Verminderung des Eintrittsalters um 5 Jahre
2. Ermittlung der Differenz zwischen beiden Altern

3. Verminderung des Eintrittsalters des älteren Versicherten um Korrekturjahre entsprechend folgender Tabelle:

Altersunterschied (Jahre)	Korrekturjahre	Altersunterschied (Jahre)	Korrekturjahre
0 bis 1	0	9 bis 12	4
2 bis 3	1	13 bis 18	5
4 bis 5	2	ab 19	6
6 bis 8	3		

Beispiel:

Ein 32-jähriger Mann und seine gleichaltrige Ehefrau schließen eine Kapitalversicherung auf den Todes- und Erlebensfall für verbundene Leben mit einer Laufzeit von 30 Jahren und einer VS von 50 000,00 € ab.

Berechnung des mittleren Alters:

Eintrittsalter des Mannes:	32 Jahre
Eintrittsalter der Frau:	32 Jahre – 5 Jahre = 27 Jahre
Differenz zwischen den beiden Eintrittsaltern:	5 Jahre
Korrekturjahre lt. Tabelle:	2 Jahre
Zwischenalter für Beitragsbemessung:	32 Jahre – 2 Korrekturjahre = 30 Jahre

Außer als **Partnerversicherung (Ehegattenversicherung)** in den Fällen, in denen der Tod eines Partners jeweils Versorgungsprobleme für den anderen bedeuten würde, wird die Kapitalversicherung auf verbundene Leben auch für Personengesellschaften (OHG, KG) als **Teilhaberversicherung** abgeschlossen. Dadurch soll der Geldbedarf gedeckt werden, der beim Ausscheiden eines Gesellschafters für das Unternehmen entstehen kann (z.B. Barabfindung der Erben beim Tod eines Gesellschafters oder Auszahlung des Geschäftsanteils beim Ausscheiden eines Gesellschafters aus Altersgründen). Die Personengesellschaft ist bei einer Teilhaberversicherung VN und Bezugsberechtigter.

3.3.2.4 Termfixversicherung

Beispiel:

Für die spätere Ausbildung seines zwei Jahre alten Sohnes Sven möchte Herr Breitner ein Kapital von 15 000,00 € ansparen. Das Kapital soll auch dann zur Verfügung stehen, wenn Herr Breitner vorzeitig stirbt.

➤ Tarifmerkmale

Normalerweise wird eine Lebensversicherung beim Tod des Versicherten fällig. Die **Versicherung mit festem Auszahlungstermin (Termfixversicherung)** ist eine Variante der gemischten Lebensversicherung. Sie sieht die Auszahlung der VS **nicht im Todesfall**, sondern **nur nach Ablauf der Versicherungsdauer** vor. Die Beiträge sind längstens bis zum Ende der Versicherungsdauer zu entrichten. Stirbt der Versicherte jedoch vorher, wird die Versicherung beitragsfrei und mit unveränderter VS bis zum Ende der

ALB Variante § 1 (2) Proximus 3 BE S. 105

vereinbarten Laufzeit fortgeführt. Die Ablaufleistung ist dabei genauso hoch, wie sie ohne Tod des Versicherten bei fortlaufender Beitragszahlung gewesen wäre. Allerdings lässt sich für den Todesfall auch eine sofortige Kapitalabfindung in Höhe der auf den Todestag abgezinsten VS vereinbaren.

➤ Anwendungsbereiche

Eine Termfixversicherung eignet sich für die Fälle, in denen ein vereinbarter Kapitalbetrag zu einem bestimmten Termin unabhängig vom Tod des Versicherten ausgezahlt werden soll. Diese Versicherungsform wird daher insbesondere von Eltern und Angehörigen als sog. **Ausbildungsversicherung** genutzt, um für Kinder bei Beginn der Berufsausbildung oder bei Existenzgründung einen bestimmten Geldbetrag zur Verfügung zu stellen.

Die Ausbildungsversicherung wird zweckmäßigerweise auf das Leben des Versorgers abgeschlossen, der die Kinderversorgung mit seinen Beiträgen finanziert und daher gleichzeitig VN ist. Stirbt der Versorger vorzeitig, läuft die Versicherung bei gleicher VS beitragsfrei weiter.

Das Kind selbst wird nicht versichert. Ihm wird jedoch häufig ein Bezugsrecht eingeräumt, wodurch es Anspruch auf Auszahlung von VS und Überschussbeteiligung zum vereinbarten Termin erwirbt. Sollte das bezugsberechtigte Kind vorher sterben, kann eine Vertragsauflösung erfolgen oder die Versicherung läuft weiter. Die Ablaufleistung wird dann zum vereinbarten Termin an einen beliebigen anderen Bezugsberechtigten ausgezahlt.

Der Vorteil gegenüber dem Ansparprozess bei einem Geldinstitut besteht darin, dass die Zielsumme auch beim Wegfall der laufenden Zahlungen (Beiträge) wegen Tod des Sparers (Versorgers) trotzdem zum vereinbarten Zeitpunkt zur Verfügung steht. Gegenüber einer Kapitalversicherung auf den Todes- und Erlebensfall sind die Beiträge bei der Ausbildungsversicherung niedriger, da die VS bei Tod der versicherten Person nicht fällig wird.

3.3.2.5 Heirats- und Aussteuerversicherung

Beispiel:

Der Familientradition folgend möchte Herr Breitner bei Heirat seiner z. Zt. 5-jährigen Tochter Miriam ein Kapital von 15 000,00 € zur Verfügung haben, um die Hochzeitsfeierlichkeiten und eine Aussteuer finanzieren zu können. Sollte die Tochter nicht heiraten, könnte sie mit dem Kapital ihren eigenen Hausstand begründen oder sich einen Bildungs- bzw. Studienwunsch erfüllen.

Die **Heirats-** bzw. **Aussteuerversicherung** weist ähnliche Merkmale wie die Ausbildungsversicherung auf. Bei dieser Versicherung gilt neben dem Tod des Versorgers und dem vereinbarten Endalter des Kindes (maximal bis zur Vollendung des 25. Lebensjahres) zusätzlich noch die standesamtlich beurkundete Heirat des Kindes als Versicherungsfall. Das Kind ist **mitversicherte Person** neben dem versicherten Versorger. Im Gegensatz zur Ausbildungsversicherung sind also bei der Heirats-/Aussteuerversicherung sowohl zwei Risiken (Tod und Heirat) als auch zwei Personen versichert.

Beim Tod des mitversicherten Kindes vor Ende der Laufzeit erfolgt eine Auflösung der Versicherung und die Beiträge werden zurückerstattet. Einige VR zahlen stattdessen auch das bis dahin angesparte Kapital und die darauf entfallenden Überschussanteile aus.

Beim Tod des versicherten Versorgers entfällt die weitere Beitragszahlung. Die VS zuzüglich der angefallenen Überschussanteile wird bei Heirat des Kindes, spätestens jedoch am vereinbarten Ablauftermin, ausgezahlt.

Um Missbräuche durch einen möglichst frühen Heiratstermin zu vermeiden, sind das Höchsteintrittsalter für das mitversicherte Kind (Junge oder Mädchen) i. d. R. auf 10 Jahre und die Höchstversicherungssumme auf 50 000,00 € beschränkt. Gegenüber der Ausbildungsversicherung müssen die Beiträge zur Heiratsversicherung – bei sonst gleichen Ausgangsdaten – höher sein, da in diesem Fall zusätzlich das Heiratsrisiko abgedeckt wird. Das Heiratsrisiko wird bei der Beitragskalkulation dadurch berücksichtigt, dass neben der Sterbetafel (vgl. C 4.3.4.2) auch eine Tabelle mit Heiratswahrscheinlichkeiten benutzt wird.

3.3.2.6 Lebenslängliche Todesfallversicherung

Beispiel:
Nadja Kettler wird ihrem Neffen eine Immobilie vererben. Sie möchte deshalb eine Lebensversicherung auf ihr Leben abschließen, die bei ihrem Tod eine Kapitalzahlung vorsieht, damit der Neffe die dann fällige Erbschaftsteuer bezahlen kann.

➤ Tarifmerkmale

Die **Todesfallversicherung** in ihrer ursprünglichen Form sieht eine **lebenslängliche Beitragszahlung** (höchstens jedoch bis zum 85. Lebensjahr) vor. Die Leistungspflicht des Versicherers tritt beim Tod der versicherten Person ein. Eine Abkürzung der Beitragszahlungsdauer mit beitragsfreiem Fortbestehen der Versicherung bis zur Fälligkeit ist aber möglich.

Es kann aber auch vereinbart werden, dass die VS spätestens beim Erreichen eines hohen Endalters (85., 90. oder 100. Lebensjahr) zu zahlen ist. Diese Form kommt einer Todes- und Erlebensfallversicherung mit entsprechend hohem Endalter gleich.

Da bei der beschriebenen Form der Todesfallversicherung die VS auf jeden Fall zu erbringen ist (= unbedingte Leistungspflicht des Versicherers), müssen in den Beiträgen Sparanteile enthalten sein, die zur Kapitalbildung verwendet werden. Eine Todesfallversicherung, bei der die Möglichkeit vertraglich eingeräumt wird, durch ein- oder mehrmalige Sonderzahlungen den Zeitpunkt der Fälligkeit beispielsweise auf das 65. Lebensjahr vorzuziehen (Laufzeitverkürzung bei gleich bleibender VS), wird auch als **Aus-** oder **Aufbauversicherung** bezeichnet.

➤ Anwendungsbereiche

Die lebenslängliche Todesfallversicherung eignet sich zur Hinterbliebenenvorsorge, zur Deckung der Bestattungskosten **(Sterbegeldversicherung)** und zur Erfüllung der Erbschaftsteuerpflicht **(Erbschaftsteuerversicherung)**.

Diese Versicherungsform kommt in der Praxis überwiegend als Sterbegeldversicherung mit einer VS von maximal 10 000,00 € vor.

Wird vom Recht ein- oder mehrmaliger Sonderzahlungen (Zuzahlungsrecht) Gebrauch gemacht, kann die Versicherung auch zur Ergänzung der Altersversorgung dienen **(Aufbauversicherung)**.

Hinweis:

Im **Proximus 3 Bedingungswerk** sind die Versicherungsbedingungen und Tarife zur Kapitalversicherung mit Teilauszahlung (vgl. C 3.3.2.2), Kapitalversicherung auf verbundene Leben (vgl. C 3.3.2.3), Heirats- und Aussteuerversicherung (vgl. C 3.3.2.5), Lebenslängliche Todesfallversicherung (vgl. C 3.3.2.6) nicht abgedruckt.

3.4 Weitere Versicherungsschutzangebote

Weitere Risikodeckungen durch

Selbstständige Versicherung
- Selbstständige Berufsunfähigkeits-Versicherung (SBV)
- Pflegerentenversicherung

Zusatzversicherung
- Unfall-Zusatzversicherung (UZV)
- Berufsunfähigkeits-Zusatzversicherung (BUZ)
- Hinterbliebenen-Zusatzversicherung

3.4.1 Selbstständige Berufsunfähigkeits-Versicherung (SBV)

AVB-SBV Proximus 3 BE S. 97 ff.

Es gelten folgende **Versicherungsbedingungen**:
- **»Allgemeine Bedingungen für die Berufsunfähigkeitsversicherung«**

Jeder fünfte Arbeitnehmer scheidet wegen Berufs- oder Erwerbsunfähigkeit vorzeitig aus dem Erwerbsleben aus. Hauptursachen sind Herz- und Kreislauferkrankungen sowie Rheuma und Gelenkserkrankungen. Da für nach dem 1.1.1961 Geborene das Risiko der Berufsunfähigkeit nicht mehr durch die gesetzliche Rentenversicherung abgesichert ist und die bis dahin möglichen Rentenleistungen wegen Berufsunfähigkeit und Erwerbsunfähigkeit durch eine **Erwerbsminderungsrente** ersetzt wurden, besteht bei Arbeitnehmern eine erhebliche **Versorgungslücke**. Für sie empfiehlt sich der Abschluss einer Berufsunfähigkeits-Versicherung besonders. Darüber hinaus bietet sich eine selbstständige Berufsunfähigkeits-Versicherung in erster Linie für solche Personen an, die auf eine Hinterbliebenenversorgung verzichten und kein Kapital ansparen wollen bzw. dazu bereits andere Vorsorgeformen nutzen.

a) Begriff der Berufsunfähigkeit

AVB-SBV § 2 (1)

Nach den Versicherungsbedingungen liegt **Berufsunfähigkeit** vor, wenn die versicherte Person infolge **Krankheit, Körperverletzung** oder mehr als altersentsprechenden Kräfteverfalls, die ärztlich nachzuweisen sind, voraussichtlich mindestens 6 Monate ununterbrochen ihren zuletzt ausgeübten Beruf, so wie er ohne gesundheitliche Beschränkung ausgestaltet war, nicht mehr zu mindestens 50 % ausüben und auch keine andere Tätigkeit ausübt, die ihrer bisherigen Lebensstellung entspricht.

Teilweise Berufsunfähigkeit liegt vor, wenn die vorgenannten Voraussetzungen nur in einem bestimmten Grad voraussichtlich dauernd erfüllt sind.

VVG § 172 (2) Das VVG beinhaltet ebenfalls eine Definition der Berufsunfähigkeit.

Das **Pflegefallrisiko** ist bei der SBV in folgender Form berücksichtigt:

AVB-SBV § 2 (5) Ist der Versicherte sechs Monate ununterbrochen pflegebedürftig mindestens im Rahmen der Pflegestufe I gewesen, so gilt die Fortdauer dieses Zustandes als Berufsunfähigkeit infolge Pflegebedürftigkeit.

§ 2 (6) Bewertungsmaßstab für die Pflegebedürftigkeit sind Art und Umfang der erforderlichen täglichen Hilfen durch eine andere Person. Der Bewertung wird eine Punktetabelle zugrundegelegt.

Es werden **3 Grade der Pflegebedürftigkeit** unterschieden, die sich nach der Zahl der bepunktetenVerrichtungen, die nicht mehr selbstständig ausgeführt werden können, bemessen. Beurteilungsmaßstab für die Punkteermittlung und daraus folgender Einstufung des Pflegefalls sind Art und Umfang der täglichen persönlichen Hilfe bei folgenden sechs Verrichtungen: 1. Fortbewegen im Zimmer, 2. Aufstehen und Zubettgehen, 3. An- und Auskleiden, 4. Waschen, Kämmen und Rasieren, 5. Einnehmen von Mahlzeiten, 6. Verrichtung der Notdurft.

Pflegestufe	Zahl der nicht mehr selbstständig ausführbaren Verrichtungen (Punkte)	Leistung in % der versicherten Rente
I	3	40
II	4 oder 5	70
III	6	100

Bei Beamten tritt der Versicherungsfall ein, wenn sie dienstunfähig sind.

b) Leistungen

Ist der Versicherte zu mindestens 50 % **berufsunfähig,** erbringt der VR folgende Leistungen: AVB-SBV § 1 (1)

- Zahlung der versicherten Berufsunfähigkeitsrente
- Volle Befreiung von der Beitragspflicht

Die Regelung, wonach der Versicherte für die Leistungspflicht zu mindestens 50 % berufsunfähig sein muss (sog. 50 %-Klausel), bezeichnet man als **Standard- bzw. Pauschalregelung**.

Neben dieser Pauschalregelung wird in der Praxis auch eine **Staffelregelung** angeboten. Danach ist die volle Rente erst ab einer Berufsunfähigkeit von mindestens 75 % bzw. 66 2/3 % fällig. Bei einem geringeren Grad der Berufsunfähigkeit (mindestens aber 25 % bzw. 33 1/3 %) wird nur ein entsprechender Prozentsatz der vollen Rente gezahlt.

Die Leistung bei Berufsunfähigkeit infolge Pflegebedürftigkeit ist in § 1 (2) AVB-SBV geregelt.

3.4.2 Unfall-Zusatzversicherung (UZV)

Es gelten folgende **Versicherungsbedingungen**:

- **Besondere Bedingungen für die Unfalltod-Zusatzversicherung**

BB-UZV Proximus 3 BE S. 135 f.

Bei den meisten Kapital- und Rentenversicherungen mit Todesfallleistung kann eine **Unfalltod-Zusatzversicherung** eingeschlossen werden. Wenn der Versicherte während der Versicherungsdauer einen Unfall erleidet und innerhalb eines Jahres an den Folgen stirbt, wird neben der Todesfallleistung aus der Hauptversicherung zusätzlich die vereinbarte UZV-Leistung fällig. § 1

Wie alle Zusatzversicherungen bildet auch die UZV mit der Versicherung, zu der sie abgeschlossen ist (Hauptversicherung), eine Einheit. Ohne die Hauptversicherung kann die Zusatzversicherung nicht fortgesetzt werden. Die Leistungshöhe der UZV ist an diejenige der Hauptversicherung gekoppelt. Wird die Leistung der Hauptversicherung herabgesetzt, vermindert sich auch der Versicherungsschutz aus der UZV. § 8

3.4.3 Berufsunfähigkeits-Zusatzversicherung (BUZ)

BB-BUZ Proximus 3 BE S. 131 ff.

Es gelten folgende Besondere Bedingungen:

- **Besondere Bedingungen für die Berufsunfähigkeits-Zusatzversicherung**

a) Leistungsumfang

Das Risiko der **Berufsunfähigkeit** kann zu fast allen Kapital- und Rentenversicherungen mit Todesfallleistung auch durch eine Berufsunfähigkeits-Zusatzversicherung (BUZ) abgeschlossen werden.

Bei Eintritt der Berufsunfähigkeit ist – je nach Vereinbarung – eine der folgenden Leistungen fällig:

- **Beitragsbefreiung**
  BUZ und Hauptversicherung werden für die Dauer der Berufsunfähigkeit, längstens jedoch bis zum Ende der Laufzeit, bei gleich bleibender VS beitragsfrei gestellt. Beide Versicherungen bleiben weiterhin bestehen.
- **Beitragsbefreiung und Rentenzahlung**
  Neben der Beitragsfreistellung wird eine Berufsunfähigkeitsrente gezahlt.
  Ist die Hauptversicherung eine Altersrentenversicherung, kann die Berufsunfähigkeitsrente höchstens so hoch sein wie die vereinbarte Altersrente. In einigen Fällen besteht auch die Möglichkeit, dass nach langjähriger, ununterbrochener Berufsunfähigkeit anstelle der weiteren Rentenzahlung eine Kapitalleistung gewählt werden kann.
  In der BUZ kennt man ebenfalls die **Pauschalregelung** und die **Staffelregelung**, soweit es um die Leistungspflicht des VR geht.

BB-BUZ § 1 (2)

Die Besonderen Bedingungen für die Berufsunfähigkeits-Zusatzversicherung sehen auch eine Leistung bei **Berufsunfähigkeit infolge Pflegebedürftigkeit** vor.

b) Tarifmerkmale

Wenn die Hauptversicherung erlischt (Ablauf, Tod, Vertragsaufhebung nach Kündigung), ist die BUZ beendet. Bei Umwandlung des Vertrages in eine beitragsfreie Versicherung (vgl. C 6.3 mit herabgesetzter VS wird geprüft, ob eine beitragsfreie BU-Rente aus der beitragsfreien VS gebildet werden kann, die der jährlichen Mindest-BU-Rente von z. B. 600,00 € entspricht. Ist dies der Fall, wird auch die BUZ als beitragsfreie Versicherung fortgeführt. Andernfalls erlischt die BUZ und das für die BU-Rentenbildung zur Verfügung stehende Kapital wird bei der Ermittlung der beitragsfreien VS mit berücksichtigt. Außerdem geht der Leistungsanspruch dann verloren, wenn der Grad der Berufsunfähigkeit unter 50 % (bei vereinbarter 50 %-Klausel) bzw. 25 % oder $33^1/_3$ % (bei vereinbarter 25/75 %-Klausel oder $33^1/_3$ / $66^2/_3$ %-Klausel) sinkt oder das Endalter der BUZ erreicht ist. Das Höchstendalter, das auch bei länger laufender Hauptversicherung nicht überschritten werden kann, beträgt i. d. R. 63 oder 65 Jahre (bei Frauen 60 Jahre).

Für die Risikoeinschätzung sind in der BUZ neben den Gesundheitsverhältnissen auch das Geschlecht und der ausgeübte Beruf von wesentlicher Bedeutung.

3.4.4 Hinterbliebenenrenten-Zusatzversicherung

Die **aufgeschobene Rentenversicherung** und die **Rentenversicherung mit sofort beginnender Rentenzahlung** können um eine **Hinterbliebenen-Rentenanwartschaft** für eine frei wählbare, mitzuversichernde Person erweitert werden **(Hinterbliebenenrenten-Zusatzversicherung)**.

Es gelten die folgenden **Versicherungsbedingungen**:

- **Besondere Bedingungen für die Hinterbliebenenrenten-Zusatzversicherung zur Rentenversicherung mit sofort beginnender Rentenzahlung**
- **Besondere Bedingungen für die Hinterbliebenenrenten-Zusatzversicherung zur Rentenversicherung mit aufgeschobener Rentenzahlung**

Proximus 3 BE S. 137

Die Leistungspflicht entsteht, wenn die die Rente beziehende versicherte Person stirbt und die mitversicherte Person zu diesem Zeitpunkt noch lebt.

Bei einer Hinterbliebenenrenten-Zusatzversicherung zur Rentenversicherung »Basisrente« darf die mitversicherte Person nur der Ehegatte sein. Bei Eintritt des Versicherungsfalles gemäß Zusatzversicherung muss die Ehe noch bestehen.

Die Zusatzversicherung kann, wie auch die UZV oder BUZ, ohne die Hauptversicherung nicht bestehen.

3.5 Besondere Vertragsformen

3.5.1 Dynamische Lebensversicherung

Es gelten folgende **Besondere Bedingungen**:

- **Besondere Bedingungen für die Lebensversicherung mit planmäßiger Erhöhung der Beiträge und Leistungen ohne erneute Gesundheitsprüfung**

Proximus 3 BE S. 140

Bei der **dynamischen Lebensversicherung (Zuwachsversicherung** bzw. **Wachstumsversicherung)** steht dem VN das Recht zu, den Beitrag und damit indirekt auch die spätere Versicherungsleistung jährlich **ohne erneute Gesundheitsprüfung** zu erhöhen. Das Risiko einer Verschlechterung des Gesundheitszustandes während der Vertragsdauer wird also vom VR übernommen. Aus dem erhöhten Beitrag wird jeweils die entsprechende Steigerung der VS unter Zugrundelegung des erreichten Alters und der Restlaufzeit ermittelt.

a) Maßstab für die planmäßige Erhöhung

Der Beitrag für die Versicherung einschließlich etwaiger Zusatzversicherungen erhöht sich jeweils im selben Verhältnis wie der geltende **Höchstbeitrag in der gesetzlichen Rentenversicherung.**

Da derzeit noch unterschiedliche Höchstbeiträge für Deutschland (West) und Deutschland (Ost) gelten, wird hierbei nach dem Wohnort des Versicherten unterschieden.

Der Höchstbeitrag zur gesetzlichen Rentenversicherung errechnet sich aus der jeweils aktuellen Beitragsbemessungsgrenze und dem aktuellen Beitragssatz. Da die Beitragsbemessungsgrenze das Durchschnittseinkommen der Bevölkerung widerspiegelt, führt eine Orientierung der Beitragssteigerung zur dynamischen Lebensversicherung an dieser Größe dazu, dass annäherungsweise eine Anpassung des Versicherungsschutzes an die allgemeine Einkommensentwicklung erfolgt.

b) Besonderheiten

Bei einer dynamischen Lebensversicherung verpflichtet sich lediglich der VR, die Erhöhung ohne Gesundheitsprüfung zu akzeptieren. Der VN hat demgegenüber zu jedem Erhöhungstermin die Möglichkeit, eine weitere Beitragserhöhung zu verhindern. Dazu muss er i. d. R. bis zum Ende des ersten Monats nach dem Erhöhungstermin **widersprechen** oder innerhalb von zwei Monaten nach dem Erhöhungszeitpunkt die Zahlung des ersten erhöhten Beitrags verweigern. Es können drei Erhöhungen hintereinander ausgelassen werden, ohne dass das Erhöhungsrecht erlischt. Die Erhöhungen werden i. d. R. längstens bis zum 65. Lebensjahr vorgenommen.

c) Wirkung der Erhöhung

Die sich aus der Beitragssteigerung ergebende VS wächst prozentual stets langsamer als der Beitrag selbst. Dies ist in der Tatsache begründet, dass

- bei jeder Erhöhung das gestiegene Eintrittsalter des Versicherten zugrunde gelegt wird (dadurch laufende Erhöhung des Risikoanteils am Erhöhungsbeitrag),
- die Restlaufzeit bis zum Ablauftermin ständig kürzer wird (dadurch kürzere Ansparzeit, geringerer Zinseffekt bei der Ansammlung des Deckungskapitals für die jeweilige Erhöhungssumme).

Die Vereinbarung einer Dynamik macht die regelmäßige Überprüfung des individuellen Versorgungsbedarfs zur Deckung der Versorgungslücke nicht überflüssig.

Da mit zunehmendem Alter erhebliche Teile des jährlichen Zusatzbeitrages zur Abdeckung des wachsenden Todesfallrisikos und nicht zur Kapitalansammlung verwendet werden und außerdem bei jeder Erhöhung vom VN zu tragende Verwaltungs- und Abschlusskosten anfallen, ist unter Renditegesichtspunkten eine Dynamik nach Vollendung des 50. Lebensjahres meistens nicht mehr sinnvoll.

Besonderheit: Nachversicherungsgarantie

Neben einer Kapital- und Rentenversicherung mit automatischer Anpassung werden teilweise auch Kapitalversicherungen mit einer zusätzlichen sog. **Ausbaugarantie (Nachversicherungsgarantie)** angeboten. In diesen Fällen hat der Versicherte das Recht, über die automatische Anpassung hinaus anlässlich bestimmter Ereignisse eine Erhöhung ohne erneute Gesundheitsprüfung zu verlangen.

Dieses Recht kann z. B. innerhalb von drei Monaten nach Eheschließung, Geburt oder Adoption eines Kindes, erfolgreichem Studienabschluss, bestandener Meisterprüfung u. Ä. ausgeübt werden.

Diese Möglichkeit zur Nachversicherung, bei der rechtlich jeweils ein neuer Versicherungsvertrag entsteht, ist an bestimmte Bedingungen hinsichtlich Höchst- und Mindestversicherungssumme, Höchstalter, Restlaufzeit usw. gebunden.

Angesichts der Gesundheitsbedrohung durch AIDS bieten viele VR die Möglichkeit zur Nachversicherung nur noch zurückhaltend an. Es soll verhindert werden, dass sich gefährdete Personen zunächst auf der Basis geringer Versicherungssummen Versicherungsschutz verschaffen und diesen ohne weitere Gesundheitsprüfung nach und nach weiter ausbauen.

3.5.2 Fondsgebundene Lebens-/Rentenversicherung (FLV)

a) Grundprinzip einer Fondsgebundenen Lebens-/Rentenversicherung (FLV)

AVB-FLV Proximus 3 BE S. 122

Es gelten die folgenden **Versicherungsbedingungen**:

- **Allgemeine Bedingungen für die fondsgebundene Lebens-/Rentenversicherung**

Sowohl die **gemischte Lebensversicherung** als auch die **Rentenversicherung** können als **fondsgebundene Versicherungen** abgeschlossen werden. In beiden Fällen erfolgt der Sparvorgang in der Form, dass die Sparanteile in ein Sondervermögen fließen. Diese Mittel werden – je nach Vertrag – in unterschiedliche Wertpapiere und Anlageformen (z. B. Aktien, Immobilien) investiert und in Anteilseinheiten aufgeteilt. Diese Fondsanteile bilden als **Anlagestock** innerhalb des **Sicherungsvermögens** (vgl. C 5.1.2.a) eine selbstständige Abteilung. Die Erträge des Anlagestockes wie z. B. Dividenden, Kursgewinne und Zinsen verbleiben im Anlagestock und bewirken einen Zinseszinseffekt der Anlage (Gewinnthesaurierung). Zudem erfolgt auch bei einer FLV eine Beteiligung der VN an den Kosten- und Risikoüberschüssen (vgl. C 5.2).

b) Fondsgebundene gemischte Lebensversicherung

Wie bei einer fondsgebundenen gemischten Lebensversicherung wird der im Gesamtbeitrag enthaltene Risikobeitrag für den Versicherungsschutz im Todesfall verwendet. Mit dem Sparbeitrag werden dagegen Fondsanteile gekauft. Eine garantierte Mindestverzinsung zum Rechnungszinsfuß erfolgt aber nicht. Somit ist bei der »klassischen« fondsgebundenen Lebensversicherung lediglich die Todesfallleistung garantiert. Die Höhe der Erlebensfallleistung hängt dagegen von der Entwicklung des bzw. der jeweiligen Fonds ab. Sie kann dementsprechend erheblichen Schwankungen unterliegen. Bei Vertragsablauf erhält der Bezugsberechtigte üblicherweise den Wert der bis dahin erworbenen Wertpapieranteile in einer Summe. Stattdessen kann auch vereinbart werden, dass diese Anteile bei Vertragsablauf in ein Wertdepot des Versicherungsnehmers – z. B. bei einer Bank – übertragen werden können.

c) Fondsgebundene Rentenversicherung

Bei dieser Form der Rentenversicherung wird – wie bei der aufgeschobenen Rentenversicherung – langfristig durch die Sparbeiträge Kapital aufgebaut. Dazu werden diese Sparbeiträge aber für den Kauf von Fondsanteilen verwendet. Nach Ablauf der Aufschubzeit wird aus dem vorhandenen Kapital (**Deckungskapital**) eine lebenslange Rente an den Versicherten gezahlt. Anstelle der Rentenzahlung kann häufig auch die einmalige Kapitalauszahlung vereinbart werden (**Kapitalwahlrecht**). Die Vereinbarung einer Rentengarantiezeit (z. B. 5 Jahre) ist möglich. Verstirbt der Versicherte, wird die Rente in diesem Fall noch bis zum Ablauf der **Rentengarantiezeit** erbracht. Stirbt die versicherte Person vor dem vereinbarten Rentenzahlungsbeginn, wird der Wert das bis dahin gebildeten Deckungskapitals an die Erben erstattet.

AVB-FLV § 2

d) Risiken

Die Sparbeiträge im Rahmen einer FLV fließen in Fonds mit verschiedenen Risikostufen. Der VN hat i. d. R. die Möglichkeit, nach seiner Risikobereitschaft zwischen verschiedenen Fonds zu wählen. Die Ablaufleistung einer FLV ist von der Wertentwicklung der gewählten Fonds abhängig. Die Gewinnchancen sind in der Regel höher als bei einer »normalen« Kapitallebens- oder Rentenversicherung. Andererseits besteht aber das Risiko, bei schlechter Fondsentwicklung Verlust zu erleiden. Daher kann der VN häufig den Vertrag mehrere Jahre über das ursprünglich vereinbarte Vertragsende hinaus beitragsfrei weiterführen, um ihm die Möglichkeit zu bieten, die Fondsanteile später bei wieder steigenden Kursen günstiger verkaufen zu können. Bei vorzeitiger Kündigung einer FLV sollte ebenfalls die aktuelle Kursentwicklung der Fondsanteile beobachtet und ggf. ein günstiger Zeitpunkt abgewartet werden.

Zur Risikominimierung bieten manche VR mehrere Fonds an. Dem Versicherten wird die Möglichkeit eingeräumt, die Verteilung der zukünftigen Sparanteile auf die verschiedenen Fonds zu ändern (»**shiften**«) oder die bereits angelegten Sparanteile neu auf die Fonds zu verteilen(»**switchen**«). Dennoch ist eine FLV wegen der unbestimmten Höhe des Deckungskapitals am Ende der Lauf- bzw. Aufschubzeit als alleinige Altersvorsorge nicht geeignet.

Inzwischen werden auch FLV angeboten, die eine gewisse Mindestleistung garantieren. In diesem Fall droht kein Totalverlust der eingezahlten Beiträge, da nur ein Teil der Sparbeiträge in Fondsanteilen angelegt wird oder die Sparanteile in sogenannte »Garantiefonds« investiert werden. Solche Garantien haben allerdings ihren Preis zu Lasten der Rendite. Die Absicherungen, die für solche Garantieversprechen erforderlich sind, werden nämlich durch den Kauf von Derivaten auf den Finanzmärkten (z. B. Hedging durch Optionsscheine) vorgenommen und sind mit hohen Kosten verbunden.

Proximus 3 BE S. 146

S. 408 ff.

Der Tarif S 32 sieht die Anlage in folgenden Risikoklassen vor:

Fondsname	**PROXIMUS Bond Invest** (Rentenfonds[1])	**PROXIMUS Balance Invest** (Mischfonds)	**PROXIMUS Global Invest** (weltweiter Aktienfonds)
Ziele	Erwirtschaftung eines mittel- bis langfristigen Wertzuwachses durch die Vereinnahmung laufender Zinserträge sowie durch eine positive Entwicklung der Vermögenswerte	Erwirtschaftung eines mittel- bis langfristigen Wertzuwachses durch die Vereinnahmung laufender Zinserträge sowie durch eine positive Entwicklung der Vermögenswerte	Erwirtschaftung eines mittel- bis langfristigen Wertzuwachses durch eine positive Entwicklung der Vermögenswerte.
Anlagepolitik	Anlagearten: • Anleihen von Unternehmen mit gute bis sehr guter Bonität • Bankschuldverschreibungen • sonst. festverzinsliche Wertpapiere Anlagemischung: • mindestens 51 % auf Euro lautende festverzinsliche Wertpapiere • max. 20 % gegenüber dem Euro abgesicherte Fremdwährungstitel • max. 49 % Geldmarktpapiere und Bankguthaben	Anlagearten: • verzinsliche Wertpapiere weltweit (i. d. R. Staatsanleihen) • in- und ausländische Aktien Anlagemischung: • mindestens 23 % auf Euro lautende festverzinsliche Wertpapiere weltweiter Emittenten • mindestens 21,5 % Aktien deutscher und 23,5 % Aktien ausländischer Unternehmen • max. 15 % Geldmarktpapiere und Bankguthaben • Derivate zu Investitions- und Absicherungszwecken	Anlagearten: • breit diversifizierte in- und ausländische Aktien • Derivate Anlagemischung: • mindestens 51 % Aktien in- und ausländischer Unternehmen • max. 49 % in Geldmarktpapiere und Bankguthaben. • max. 10 % Investmentanteile • Derivate zu Investitions- und Absicherungszwecken
Risikoklasse/ Ertragsprofil	**sicherheitsorientiert** Verlustrisiken niedrig Gewinnchancen niedrig	**renditeorientiert** Anteilswert des Mischfonds schwankt Verlustrisiken und Gewinnchancen über dem Durchschnitt	**chancenorientiert** Anteilswert des weltweit anlegenden Aktienfonds kann stark schwanken. Verlustrisiken hoch Gewinnchancen hoch

Diese Fonds werden von der Proximus Invest GmbH verwaltet, an der die Proximus Versicherung AG mit 70 %, die Proximus Lebensversicherung AG mit 25 % und die Süddeutsche Handelsbank mit 5 % beteiligt sind. Die Süddeutsche Handelsbank nimmt die Fonds in Verwahrung.

1 Die Bezeichnung Rentenfonds oder Rentenpapiere hat nichts mit der Rente im Alter zu tun. Vielmehr handelt es sich dabei um eine andere Bezeichnung für verzinsliche Wertpapiere bzw. für Fonds, die in solche Papiere investieren.

d) Rendite

Bei den Renditeüberlegungen ist zu bedenken, dass aus den Beiträgen sowohl die Kosten des Versicherers als auch die der Fondsgesellschaft gedeckt werden müssen.

Einerseits muss bei einer FLV mit erhöhten Abschlusskosten gerechnet werden. Während nämlich bei klassischen LV-Verträgen die einkalkulierten Abschlusskosten seit 2014 höchstens 25 ‰ der Summe aller vertraglich vereinbarten Beiträge betragen dürfen (vgl. C 4.3.4.2 c), gibt es bei fondsgebundenen Verträgen keine derartige Einschränkung. Zudem verursacht die Verwaltung der Fondsanteile Kosten, die aus den Beiträgen gedeckt werden müssen. Obwohl Ausgabeaufschläge für die Fondsanteile häufig entfallen, mindern die insgesamt anfallenden Kosten die Rendite der FLV doch erheblich.

e) Flexibilität und Transparenz

Vor Fälligkeit der Leistung kann der VN das bereits angesammelte Deckungskapital in einen anderen vom VR angebotenen Fonds umschichten **(shiften)**. Ein solcher Fondswechsel kann auch auf die künftigen Beiträge beschränkt werden **(switchen).** Nach den **Proximus 3 Bedingungen** sind sowohl die Übertragung von Deckungskapital in einen anderen Fonds (= shift) als der Fondswechsel für künftige Beiträge (= switch) kostenfrei.

AVB-FLV § 21 (1)

Trotz dieser Möglichkeiten des Fondswechsels ist die FLV gegenüber einer eigenen Fondsanlage ohne Versicherungscharakter vergleichsweise unflexibel. Kurzfristige Kursgewinne an der Börse kann der VN nicht realisieren, da er an die Kündigungsfristen bzw. an den Ablauftermin des Vertrages gebunden ist. Außerdem kann die Anlage nur in vom VR angebotenen Fonds erfolgen.

Im Vergleich zu einer »klassischen« gemischten LV oder Rentenversicherung ist bei einer FLV die Kapitalbildung transparenter. Die Sparanteile werden als (Fonds-) Sondervermögen gehalten und als Anlagestock getrennt vom Unternehmenskapital verwaltet und bilanziert. Die Erträge kommen so unmittelbar den Kunden zugute und können nicht als Unternehmensgewinne ausgewiesen werden. Allerdings ist die Höhe der Abschluss- und Verwaltungskoten undurchsichtiger als bei einer »klassischen« Versicherung. Zudem ist für den VN der Anteil von Risiko- und Sparbeitrag am Gesamtbeitrag häufig nicht ersichtlich.

f) Besonderheiten

Entsprechend den **Proximus 3 Bedingungen** hat eine unterjährige Zahlungsweise bei der FLV, anders als bei der klassischen Lebensversicherung (vgl. C 4.3.4.1 a), für den VN keine negative Auswirkung. Da die Sparanteile in ein Sondervermögen fließen und in Fonds investiert werden, erleidet des VR durch eine unterjährige Zahlungsweise keinen Zinsverlust. Wegen des sog. **Durchschnittskosteneffekts** (Cost-Average-Effekt) erweist sich die monatliche Beitragszahlung bei einer FLV als vorteilhaft. Dieser Effekt ergibt sich durch die Ausnutzen von Preisschwankungen für Investmentanteile. Die Zahl der mit einem bestimmten Betrag erwerbbaren Fondsanteile hängt vom jeweiligen Ausgabepreis ab. Der regelmäßige monatliche Kauf einer geringeren Zahl von Investmentanteilen führt erfahrungsgemäß zu einem günstigeren Kaufpreis je Anteil als die jährlich einmalige Beschaffung einer entsprechend großen Zahl von Fondsanteilen am jeweiligen Jahresanfang.

Die FLV weist gegenüber einer »traditionellen« gemischten LV oder einer Rentenversicherung teilweise Besonderheiten hinsichtlich der steuerlichen Behandlung auf, die in den Abschnitten C 9.2 und C 9.5 vermerkt sind.

Ein wesentlicher steuerrechtlicher Unterschied einer FLV gegenüber einem **Fondssparplan** (vgl. Band 3, E) besteht darin, dass unter bestimmten Voraussetzungen

- bei Kapitalleistungen aus einer FLV die Erträge nur mit dem halben individuellen Einkommensteuersatz (sog. Halbeinkünfteverfahren gem. § 3 Nr. 40 EStG) besteuert werden,
- bei Rentenleistungen aus einer FLV nur der Ertragsanteil (z.B. Rentenbeginn nach vollendetem 65. Lebensjahr: Ertragsanteil 18 %) der Einkommensteuer unterliegt.

Bei einem Fondssparplan unterliegen dagegen die gesamten Erträge der Abgeltungsteuer (25 % zzgl. Solidaritätszuschlag und ggf. Kirchensteuer).

3.5.3 Vermögensbildende Lebensversicherung

VermbG § 2 Neben Kontensparverträgen, Wertpapiersparverträgen (Aktien, Aktienfonds u. Ä.) und Bausparverträgen bzw. sonstigen wohnungswirtschaftlichen Aufwendungen sieht das **5. Vermögensbildungsgesetz** (VermBG) auch die sog. **Vermögensbildungsversiche-** § 9 **rung** in Form eines Kapitalversicherungsvertrages als Anlageform für vermögenswirksame Leistungen vor.

Als vermögensbildende Versicherungen kommen infrage:

- Kapitalversicherungen auf den Todes- und Erlebensfall (auch mit vorzeitiger Teilauszahlung)
- Kapitalversicherungen auf verbundene Leben
- Kapitalversicherungen mit festem Auszahlungstermin (Ausbildungs- oder Heiratsversicherung)

Vermögensbildende Versicherungen werden als Sondertarife mit einem geringeren Kostenanteil kalkuliert, sodass sie geringfügig unter den Normaltarifen liegen. Die Überschussbeteiligung ist dafür allerdings ebenfalls geringer als bei den normalen Lebensversicherungen.

➤ Merkmale einer vermögensbildenden Lebensversicherung

Folgende **Merkmale** muss eine vermögensbildende Versicherung grundsätzlich erfüllen:

- Der VN muss Arbeitnehmer sein.
- Die Versicherungsdauer muss mindestens 12 Jahre und darf höchstens 35 Jahre betragen. Das Endalter von 65 darf nur dann überschritten werden, wenn das Eintrittsalter zwischen 54 und 60 Jahren liegt und eine 12-jährige Laufzeit vereinbart wird.
- Der Monatsbeitrag muss mindestens 6,67 € und darf höchstens 40,00 € (jährlicher Höchstaufwand 480,00 €) betragen.
- Die Überschussanteile müssen zur Erhöhung der Versicherungsleistung verwendet werden. Ausnahme: Verrechnung mit fälligen Beiträgen nach mindestens einjähriger, fortdauernder Arbeitslosigkeit.
- Der Vertrag darf keine Zusatzversicherungen einschließen.
- Der Rückkaufswert (vgl. C 6.4) beträgt – auch im ersten Jahr – mindestens 50 % der eingezahlten Beiträge. Aufgrund dessen können die Sparanteile in der Anfangszeit nicht – wie sonst üblich – für die Abschlussprovision verwendet werden, sondern müssen bereits jetzt großenteils der Kapitalbildung dienen. Demzufolge ist die Vertreterprovision entprechend den Vorschriften der BaFin nicht schon nach einem Jahr, sondern – in Abhängigkeit von der Laufzeit – frühestens nach einem, spätestens nach sechs Jahren voll verdient. Bei vorzeitiger Kündigung des Vertrages durch den VN ist nur die zeitanteilige Provision verdient.

➤ Argumente für eine Kapital-Lebensversicherung als vermögenswirksame Anlageform

Vermögensbildende Lebensversicherungen sind für solche Personen interessant, denen tarifvertraglich eine vermögenswirksame Leistung durch den Arbeitgeber zusteht, die aber aufgrund ihres Einkommens keine Arbeitnehmersparzulage erhalten. Die vermögenswirksame Lebensversicherung wird nämlich staatlicherseits nicht durch eine Arbeitnehmersparzulage gefördert. Die Arbeitgeberleistung fließt so über die vermögenswirksame Lebensversicherung direkt in die Altersvorsorge.

Zu Einzelheiten der staatlichen Förderung von vermögenswirksamen Leistungen, siehe Band 1, D 6.2.3.

3.5.4 Kollektivversicherung (Gruppen- und Sammelversicherung)

Der größte Teil der Lebensversicherungen sind **Einzelversicherungen**, bei denen ein individueller Vertrag zwischen VN und VR abgeschlossen wird. Bei **Gruppen-** und **Sammelversicherungen** (auch Kollektivversicherungen genannt) wird demgegenüber eine Personengesamtheit durch **einen** Vertrag versichert. Die verwaltungsmäßige Zusammenfassung mehrerer Versicherter ermöglicht es, Abschluss- und Verwaltungskosten zu sparen, was sich in einer Beitragsminderung niederschlägt.

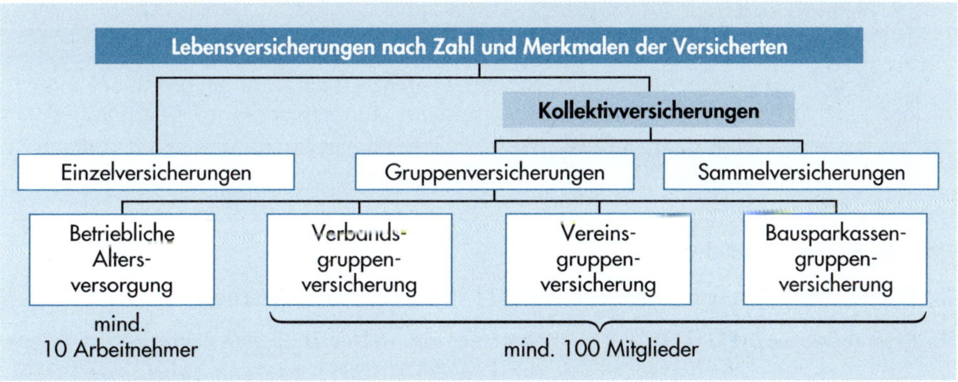

Gruppenversicherungsverträge unterscheiden sich von Sammelversicherungen darin, dass der in Frage kommende Personenkreis nach objektiven Merkmalen bestimmbar sein muss (z. B. alle Arbeitnehmer mit einer Betriebszugehörigkeitsdauer von mindestens 5 Jahren). In der Gruppenversicherung ist – sofern keine Sondertarife kalkuliert werden – ein Nachlass von bis zu 4 % vom laufenden Beitrag bzw. 1 % vom Einmalbeitrag sowie ein verringerter Ratenzuschlag möglich. Für die Sammelversicherung beträgt der Beitragsnachlass bis zu 3 % vom laufenden Beitrag bzw. 1 % vom Einmalbeitrag. Die Beitragsvergünstigung ist bei Gruppenversicherungsverträgen an eine für alle Versicherten einheitliche Beitragsberechnung, Versicherungs- und Leistungsart gebunden. Sowohl bei Sammel- als auch bei Gruppenversicherungen müssen die Beiträge in einer Summe kostenfrei an den VR übermittelt werden.

Lernkontrollen zu C 3

Risikoanalyse und Vorsorgebedarf

1 Sie sind in einer Agentur der Proximus Versicherung AG tätig und nehmen den Anruf des Kunden Werner Breitenbach entgegen.

Herr Breitenbach bittet um Terminvereinbarung für ein Beratungsgespräch, denn er möchte für sich und seine Familie (Ehefrau, 2 minderjährige Kinder) eine geeignete Vorsorge durch den Abschluss einer Lebensversicherung treffen. Herr Breitenbach ist bisher bei der Proximus Versicherung nur mit seinem Kraftfahrzeug (Kfz-Haftpflichtversicherung mit Teilkasko) versichert.

- **Auszug aus den gespeicherten Kundendaten zur Kraftfahrtversicherung**

VN: Werner Breitenbach
Wohnort: Krefeld, Nordstr. 72
Beruf: selbstständiger Architekt
Geburtsdatum: 21. April 1974
Weitere Daten für die Bedarfsanalyse stehen momentan noch nicht zur Verfügung.

- **Arbeitsauftrag**

Bereiten Sie das Beratungsgespräch vor, indem Sie **stichwortartig** notieren,
- welchen Versicherungsschutz Sie Herrn Breitenbach aufgrund der bereits bekannten persönlichen Daten grundsätzlich empfehlen können (mit kurzer Begründung),
- welche Daten Sie für eine noch individuellere Bedarfsanalyse benötigen und erfragen wollen.

Private Rentenversicherung

2 Was versteht man unter einer Sofortrente und unter einer aufgeschobenen Rente?

3 Beschreiben Sie die Vertragsgestaltung bei einer sog. »aufgeschobenen Rentenversicherung«.

4 Private Altersrentenversicherung

a) Begründen Sie, warum bei der privaten Altersrentenversicherung (Sofortrente oder aufgeschobene Rente) i. d. R. neben der Erlebensfallleistung auch eine Todesfallleistung vereinbart wird.

b) Welche Formen stehen für die Todesfallleistung zur Auswahl?

5 Sie sind als Versicherungsvertreter/-in der Proximus Versicherung AG z. Zt. beim Kunden Gerd Kielholtz zu Besuch, um einen Antrag auf eine Kapitallebensversicherung für den Todes- und Erlebensfall aufzunehmen. Beim Ausfüllen der Antragsfragen zum Gesundheitszustand schildert Ihnen Herr Kielholtz, dass er vor kurzem wegen einer Krebserkrankung operiert worden sei. Er fühle sich jedoch wieder gesund und möchte deshalb in jedem Fall ein Kapital ansparen, das als ergänzende Altersversorgung für sich und seine Ehefrau dienen soll. Darum habe er auch um den Kundenbesuch gebeten.

Als Versicherungsvertreter/-in sind Sie sich völlig darüber im Klaren, dass Herr Kielholtz mit einer Ablehnung seines Versicherungsantrages rechnen muss. Andererseits möchten Sie ihm aufgrund seiner lebensbejahenden Einstellung beim Aufbau der Altersversorgung behilflich sein. Im Rahmen der bisherigen Verhandlung wurde u. a. eine Übereinkunft über die geplante Vertragsdauer und die Höhe der Versicherungssumme getroffen

Arbeitsauftrag

Das Beratungsgespräch ist in eine Richtung zu führen, die zu einer Altersversorgung durch Lebensversicherung für Herrn Kielholtz trotz der derzeit ungünstigen Risikolage führt. Dabei ist Ihr Vorschlag verständlich zu begründen.

6 Erläutern Sie die Unterschiede zwischen

a) einer privaten Rentenversicherung ohne Kapitalwahlrecht und einer gemischten Lebensversicherung, deren Kapitalleistung bei Fälligkeit verrentet wird,

b) einer privaten Rentenversicherung bei Inanspruchnahme des Kapitalwahlrechts und einer gemischten Lebensversicherung.

Vorsorge durch Kapital-Lebensversicherung

7 Risikoversicherung

a) Erläutern Sie den Unterschied zwischen einer gemischten Lebensversicherung und einer Risikoversicherung.

b) Für welchen Personenkreis und für welche Zielsetzung eignet sich eine Risikoversicherung?

8 Erläutern Sie die Besonderheit einer Risikoumtauschversicherung.

9 Erläutern Sie die Unterschiede zwischen einer lebenslänglichen und einer kurzen (temporären) Todesfallversicherung (Risikoversicherung).

Vorsorgebedarf und Arten der Lebensversicherung

10 Sie sind in einer Agentur der Proximus Versicherung AG tätig und nehmen den Anruf der Kundin Agnes Strohe entgegen. Frau Strohe schildert Ihnen am Telefon, dass sie geschieden worden sei und deshalb an den Aufbau ihrer Altersversorgung denken müsse. Ferner möchte sie für den Fall ihres vorzeitigen Todes ihre dreijährige Tochter versorgt wissen. Aus den Unterhaltszahlungen, die der Vater für die Tochter leisten muss, möchte sie darüber hinaus ein Kapital aufbauen, das der Tochter bei Heirat oder Studium zur Verfügung steht. Da sie sich bereits bei einer Bank über entsprechende Sparpläne beraten lassen hat, möchte sie nun wissen, welche Vorsorgemöglichkeiten für den vorliegenden Fall im Rahmen einer Lebensversicherung bestehen und worin die Vorteile gegenüber einem Sparplan bei der Bank liegen.

Sie vereinbaren mit Frau Strohe einen Beratungstermin. In der Kundendatei stellen Sie fest, dass Frau Strohe bei der Proximus Versicherung bisher nur eine Unfallversicherung hat.

- **Auszug aus den gespeicherten Kundendaten zur Unfallversicherung**

VN: Agnes Strohe
Wohnort: Eisenach, Bachstr. 21
Beruf: Sekretärin
Geburtsdatum: 20. Okt. 1979

- **Arbeitsauftrag**
Bereiten Sie das Beratungsgespräch vor, indem Sie stichwortartig notieren, welchen Versicherungsschutz Sie Frau Strohe grundsätzlich empfehlen können (mit kurzer Begründung).

11 Erläutern Sie

a) die Besonderheiten einer Kapitalversicherung mit festem Auszahlungstermin (Termfixversicherung) gegenüber einer herkömmlichen gemischten Lebensversicherung,

b) mögliche Ziele, die mit einer Termfixversicherung verfolgt werden können.

12 Sie sind Mitarbeiter/-in einer Agentur der Proximus Versicherung AG. Während eines Beratungsgesprächs erwähnt die Kundin Frau Spörl (55 Jahre) beiläufig, dass sie für die Ausbildungsfinanzierung ihres 7-jährigen Patenkindes bei einer Bank einen Sparplan einrichten möchte. Auf ihre Nachfrage hin zeigt sie sich an weiteren Informationen über die Möglichkeit der Ausbildungsfinanzierung im Rahmen einer Lebensversicherung nicht uninteressiert. Wichtig ist ihr jedoch, dass sie in diesem Fall lediglich die Beiträge zu zahlen hat und an dem Versicherungsverhältnis nicht anderweitig beteiligt ist.

- **Arbeitsauftrag**
Erläutern Sie Frau Spörl ausführlich, wie sich die von ihr beabsichtigte Vorsorge im Rahmen einer Lebensversicherung erreichen lässt und welche Unterschiede zu einem Sparplan bestehen.

13 Ein Vater möchte für seine Tochter eine Heiratsversicherung (Aussteuerversicherung) abschließen.

a) Welche Besonderheiten weist diese Versicherung gegenüber einer reinen Termfixversicherung auf?

b) Erläutern Sie, welche Personen in diesem Fall an der Versicherung beteiligt sind.

c) Warum besteht bei der Heiratsversicherung eine Alters- und Summenbegrenzung?

d) Wie ist der Versicherungsverlauf, wenn der Vater bzw. die Tochter vor Ende der Laufzeit stirbt?

14 Sie sind Mitarbeiter/-in in einer Agentur der Proximus Versicherung AG. In einem Beratungsgespräch will sich Ihr Kunde, Herr Berger (30 Jahre), über die Möglichkeiten informieren, im Rahmen einer Lebensversicherung Vorsorge für seine nicht berufstätige Ehefrau und seine beiden Kinder zu treffen. Er erwähnt, dass er sich bereits bei einem Arbeitskollegen informiert hat. Dieser habe ihm zu einer Versicherung mit voneinander abweichenden Todes- und Erlebensfallsummen bzw. zu einer Lebensversicherung mit Teilauszahlung geraten. Er bittet Sie, ihm diese Versicherungsformen zu erklären und deren Eignung für den von ihm beabsichtigten Vorsorgezweck zu prüfen.

- **Arbeitsauftrag**
Bieten Sie Herrn Berger mehrere bedarfsgerechte Lebensversicherungsprodukte an und erläutern Sie ihm die Unterschiede.

15 Lebensversicherung auf verbundene Leben

a) Für welchen Personenkreis und für welche Zielsetzung eignet sich eine
   - Risikoversicherung auf verbundene Leben,
   - gemischte Kapitalversicherung auf verbundene Leben?

b) Erläutern Sie die Besonderheiten einer Versicherung auf verbundene Leben.

c) Ermitteln Sie das Zwischenalter für die Beitragsbemessung im Rahmen einer gemischten Lebensversicherung auf verbundene Leben, wenn das Eintrittsalter des Ehemannes 35 Jahre, das der Ehefrau 32 Jahre beträgt.

Weitere Versicherungsschutzangebote der Lebensversicherung

16 Unfall-Zusatzversicherung (UZV)

Erläutern Sie die Voraussetzungen für den Eintritt des Versicherungsfalles in der UZV und die Art der dann fälligen Leistung.

17 Selbstständige Berufsunfähigkeits-Versicherung

a) Erläutern Sie die Voraussetzungen für den Eintritt des Versicherungsfalles und die Art der dann fälligen Leistung.

b) Wann erlischt der Leistungsanspruch?

18 Versicherungsagent Hilmar Krause erläutert seinen beiden Auszubildenden Thorsten Müller und Carolin Schmalbach in einem Gespräch, dass zur Kundenbetreuung auch die Pflicht gehöre, den Kunden auf Lücken im Versicherungsschutz aufmerksam zu machen. Als Beispiel präsentiert er Ihnen die Vertragsdaten des von der Agentur betreuten Kunden Hans Plenert. Er beabsichtigt, mit dem Kunden ein Beratungsgespräch zu vereinbaren, an dem die beiden Auszubildenden nicht nur teilnehmen, sondern auch beratend tätig werden sollen.

- **Auszug aus den Vertragsdaten**

VN: Hans Plenert
Beruf: angestellter Einkäufer mit Reisetätigkeit
Geburtsdatum: 03. Jan. 1980

Versicherungsvertrag: Kapitallebensversicherung auf den Todes- und Erlebensfall
Versicherungsbeginn: 01. Juli 2002
Versicherungsablauf: 01. Juli 2045
Versicherungssumme: 60 000,00 €
Zusatzvereinbarungen: keine

- **Arbeitsauftrag**

Herr Krause fordert seine Auszubildenden auf, den Vertrag auf mögliche Versorgungslücken hin zu analysieren, die Versorgungslücken zu begründen und den inhaltlichen Ablauf des Beratungsgesprächs zwecks Schließung dieser Versorgungslücken vorzubereiten.
Versetzen Sie sich in die Lage der beiden Auszubildenden und bereiten Sie sich durch stichwortartige Aufzeichnungen auf den Einstieg in das Beratungsgespräch sowie auf den weiteren Ablauf vor.

19 Für welchen Personenkreis und für welche Zielsetzung eignet sich eine selbstständige Berufsunfähigkeits-Versicherung?

Besondere Vertragsformen

20 Dynamische Lebensversicherung

a) Erläutern Sie den Zweck einer dynamischen Versicherung.
b) Welche Vorteile bietet die Dynamisierung für den VN?
c) Wie kann der VN eine weitere Beitragserhöhung in Zukunft verhindern?
d) Wann erlischt das Erhöhungsrecht des Versicherungsnehmers?

21

Sie sind Mitarbeiter/-in in der Agentur Hilmar Krause der Proximus Versicherung AG.

Per Fax bittet der Versicherungsinteressent Ewald Weidemann, ihn an einem der nächsten Nachmittage in seinem Büro aufzusuchen. Er berichtet, dass er bisher der Lebensversicherung immer ablehnend gegenübergestanden habe, da die VS insbesondere durch Preissteigerungen während der langen Laufzeit entwertet würde und damit den Versorgungszweck bei Ablauf der Versicherung nicht mehr erfüllen könne. Durch Zufall habe er erfahren, dass es eine Lebensversicherung geben soll, die sich an der Beitragsentwicklung der gesetzlichen Rentenversicherung orientiere. Er will wissen, ob dies zutrifft und ob auch die Leistungen aus der Lebensversicherung dann entsprechend steigen. An einer solchen Versicherung wäre er sehr interessiert, um die in der Presse in jüngster Zeit zitierte Versorgungslücke durch die gesetzliche Rentenversicherung zu schließen.

Aus dem Kopf des Faxschreiben entnehmen Sie, dass Herr Weidemann Prokurist in der Firma Müller & Söhne KG, Großhandel für Textilien, ist.

Herr Weidemann ist in den Unterlagen der Agentur noch nicht als Versicherungskunde registriert.

Arbeitsauftrag

Bereiten Sie das Beratungsgespräch vor, indem Sie stichwortartig notieren,

- wie die zitierte dynamische Lebensversicherung versicherungstechnisch funktioniert,
- was Sie unternehmen wollen, um den Versicherungsinteressenten als Vertragspartner zu gewinnen.

22 Welche Lebensversicherungsarten kommen für die folgenden Lebensstationen infrage? Begründen Sie Ihre Zuordnung.

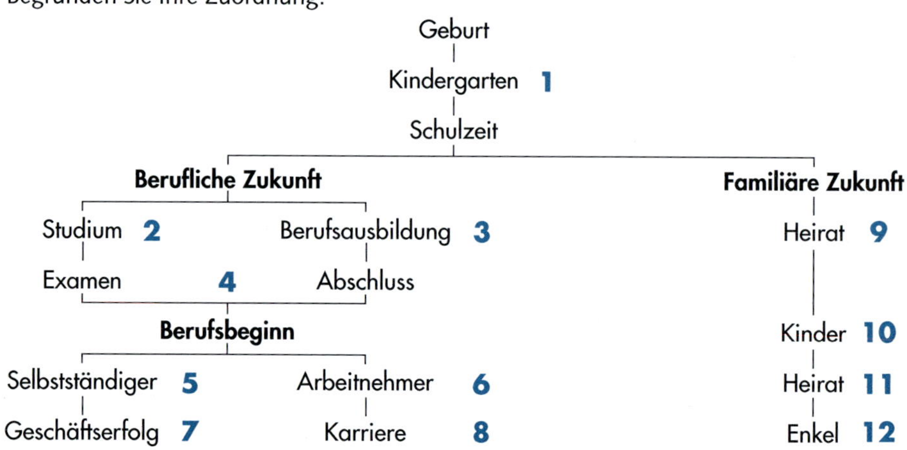

23 Sie sind Mitarbeiter/-in im Kunden-Info-Center einer Geschäftsstelle der Proximus Versicherung.

An Ihrem Arbeitsplatz besucht Sie das Ehepaar Max und Ilona Lechner.

Familie Lechner ist seit Jahren Kunde bei der Proximus Versicherung.

Auszug aus den Vertragsdaten zur Lebensversicherung

- Lebensversicherung für Herrn Max Lechner, geb. am 10. Febr. 1969:
  Kapitallebensversicherung auf den Todes- und Erlebensfall
  Versicherungssumme bei Vertragsabschluss: 50000,00€
  Versicherungsbeginn: 01. April 1992
  Versicherungsdauer: 30 Jahre
  Zusatzversicherung: Unfall-Zusatzversicherung
  Besondere Vereinbarungen: Dynamik (jährliche Beitragserhöhung im gleichen Verhältnis, wie der Höchstbeitrag in der gesetzlichen Rentenversicherung steigt)
  Derzeitige Höhe der VS: 109307,00€
- Selbstständige Berufsunfähigkeits-Versicherung für Herrn Max Lechner (kfm. Angestellter)
  Jährlicher Beitrag einschl. Stückkosten: 1200,00 €
  Tarif: S 35
  Beitrittsalter bei Vertragsabschluss: 35 Jahre
  Endalter: 65 Jahre
- Lebensversicherung für Frau Ilona Lechner, geb. am 19. Aug. 1970:
  Risikoversicherung mit Umtauschrecht
  Versicherungssumme: 20 000,00€
  Versicherungsbeginn: 01. Jan. 2008
  Versicherungsdauer: 10 Jahre
- Lebensversicherung für den Sohn Sven, geb. am 10. Nov. 1994:
  Termfixversicherung
  Versicherungssumme: 10 000,00€
  Versicherungsbeginn: 01. April 2002
  Versicherungsdauer: 15 Jahre

Fragestellungen

Das Ehepaar stellt Ihnen folgende Fragen zu den Lebensversicherungen und möchte hierzu beraten werden:

a) Herr Lechner hat bisher keine Beitragsanpassung im Rahmen der Dynamik ausgelassen und will nun wissen, warum die VS nicht im gleichen Verhältnis wie der Beitrag gestiegen ist. Geben Sie Herrn Lechner die gewünschte Auskunft.

b) Herr Lechner berichtet, dass sein Arbeitskollege durch einen Unfall während der Freizeit den rechten Arm verloren habe und dadurch seinen Beruf als technischer Zeichner nicht mehr ausüben könne. Er suche jetzt eine andere Tätigkeit, die sicherlich erheblich schlechter bezahlt werde. Herr Lechner möchte wissen, ob und in welcher Höhe seine Berufsunfähigkeits-Versicherung leisten würde, wenn ihn ein vergleichbares Schicksal treffen sollte.

Fortsetzung nächste Seite

c) Der Sohn Sven steht kurz vor dem Abitur und wird vor seinem Studium eine kaufmännische Ausbildung absolvieren. Er erhält dann neben der Ausbildungsvergütung auch vermögenswirksame Leistungen. Die Eheleute Lechner wollen wissen, ob die bestehende Ausbildungsversicherung als vermögenswirksame Anlageform herangezogen werden kann, was den Vorteil hätte, dass der Arbeitgeber durch die Beitragszahlung in Form vermögenswirksamer Leistungen sich quasi an den Kosten des zukünftigen Studiums beteilige.

d) Herr Lechner berichtet, dass er gerne die Beitragsanpassungen aufgrund der Dynamik aussetzen würde, wenn sein Sohn demnächst studiert, da ihm die Belastung sonst zu groß wird. Er geht von einer 5-jährigen Studiendauer aus. Beraten Sie ihn so, dass er später keine Nachteile erleidet.

e) Frau Lechner hat seit geraumer Zeit Kreislaufbeschwerden. Sie fürchtet, dass Sie nach Ablauf der jetzt bestehenden Lebensversicherung keinen weiteren Versicherungsschutz oder nur noch gegen erheblichen Zuschlag bekommt, und möchte deshalb wissen, was sie ggf. jetzt schon unternehmen kann.

24 Sie sind Mitarbeiterin in einer Agentur der Proximus Versicherung AG. Ihr Kunde Thomas Engels (40 Jahre, ledig, monatliches Bruttoeinkommen ca. 5500,00 €) möchte für sein Rentenalter vorsorgen. Er ist durch Nachrichten über die äußerst niedrige Verzinsung bei den klassischen Formen kapitalbildender Lebensversicherungen aufgeschreckt und sucht nach einer renditeträchtigeren Vorsorgemöglichkeit. Er hat gelesen, dass von den durch die Niedrigzinsphase ausgelösten positiven Entwicklungen an den Börsen auch fondsgebundene Lebensversicherungen profitieren. In diesem Zusammenhang will er sich über die Besonderheiten von fondsgebundenen Lebensversicherungen informieren.

Arbeitsauftrag

Erläutern Sie Herrn Engels

- das Grundprinzip einer fondsgebundenen Kapitallebens- bzw. Rentenversicherung,
- die von der Proximus AG nach Tarif S 32 angebotenen Fonds der verschiedenen Risikoklassen,
- die Renditechancen, das Risiko und andere Vor- und Nachteile einer fondsgebundenen Lebensversicherung gegenüber einer klassischen Kapitallebens- bzw. Rentenversicherung.

Geben Sie vor diesem Hintergrund Herrn Engels eine begründete Empfehlung für den Abschluss einer von der Proximus Lebensversicherung AG angeboten fondsgebundenen Lebensversicherung.

4 Zustandekommen des Lebensversicherungsvertrages

4.1 Rechtsgrundlagen

Die Lebensversicherung kann als Einzel- oder Gruppenversicherung vereinbart werden und beruht auf einem privatrechtlichen Vertrag. Rechtsgrundlagen sind vertragliche Vereinbarungen und gesetzliche Bestimmungen.

a) Rechtsgrundlagen vertraglicher Art

Hinsichtlich der vertraglichen Vereinbarungen sind zu unterscheiden:

- **Erklärungen auf dem Antrag**
- **Zusatzbedingungen** (z. B. Unfall-Zusatzversicherung, Berufsunfähigkeits-Zusatzversicherung)
- **Allgemeine Versicherungsbedingungen**

Teilweise werden die Allgemeinen Versicherungsbedingungen von den im Gesamtverband der Versicherungswirtschaft zusammengeschlossenen Fachverbänden als Musterbedingungen nach den Bestimmungen der Gruppenfreistellungsverordnung veröffentlicht und empfohlen. Für den Bereich der Lebensversicherung existieren solche Musterbedingungen für verschiedene Versicherungsformen (z. B. Allgemeine Bedingungen für die kapitalbildende Lebensversicherung).

b) Rechtsgrundlagen gesetzlicher Art

- **VVG:** Die gesetzlichen Bestimmungen des Versicherungsvertragsgesetzes enthalten besondere Rechtsvorschriften in den §§ 150–171 für die Lebensversicherung und in den §§ 172–176 für die Berufsunfähigkeitsversicherung. Ferner findet eine Vielzahl der Vorschriften des 1. Abschnitts von Kapitel 1 (§§ 1–73) und der Schlussvorschriften (§§ 209–215) Anwendung. VVG §§ 1–73, §§ 150–176, §§ 209 ff.
- **BGB**: Das Bürgerliche Gesetzbuch findet Anwendung, soweit in den vorgenannten Rechtsgrundlagen keine besondere Regelung getroffen ist.

4.2 Beteiligte Personen[1]

4.2.1 Versicherer und Versicherungsvermittler

In Deutschland sind VR in der Rechtsform einer Aktiengesellschaft (AG) einschließlich der Europäischen Gesellschaft (SE), eines Versicherungsvereins auf Gegenseitigkeit (VVaG) und einer Anstalt des öffentlichen Rechts zugelassen. Für den VN ergeben sich aus diesen unterschiedlichen Rechtsformen keine rechtlichen oder wirtschaftlichen Unterschiede. VAG § 7 *VAG-Entwurf § 8 (2)*

Der überwiegende Teil der Lebensversicherungsverträge kommt durch die Mitwirkung von Versicherungsvermittlern zustande.
Zu den **Beratungs- und Dokumentationspflichten** des Versicherungsvermittlers vgl. Band 1, B 3.2.

1 Die Rechte dritter Personen am Lebensversicherungsvertrag (Bezugsberechtigte, Abtretungs-, Pfändungs- und Insolvenzgläubiger) werden in Abschnitt E 4 behandelt.

4.2.2 Versicherungsnehmer und Beitragszahler

Der VN ist der Vertragspartner des VR. Er schuldet die fälligen Beiträge. Dies gilt auch dann, wenn mit dem VR vereinbart ist, dass eine andere Person die Beiträge überweist (z. B. der Arbeitgeber bei der vermögensbildenden Lebensversicherung).

Andererseits stehen dem VN alle Ansprüche und sonstigen Rechte aus dem Versicherungsvertrag zu. Dazu gehören neben dem Recht auf Gefahrtragung durch den VR auch die sog. **Gestaltungsrechte**, wie Kündigung, Benennung eines Bezugsberechtigten, Abtretung, Verpfändung und Vertragsänderungen.

Wird der Beitrag nicht vom VN, sondern von einer dritten Person gezahlt, so erzielt diese dadurch keinen versicherungsrechtlichen Vorteil. Zahlt beispielsweise ein Ehemann für seine Frau die Beiträge, so kann dieser nach einer Trennung keine Rechte aus der von ihm finanzierten Lebensversicherung beanspruchen. Für den VN bedeutet die Zahlung durch einen Dritten eine fortlaufende Schenkung, die grundsätzlich der Schenkungsteuer unterliegt.

Besonderheit: Minderjährige als Versicherungsnehmer

BGB § 1822 Nr. 5

Minderjährige sind nur mit Zustimmung des **Familiengerichts** zum Abschluss von Versicherungsverträgen berechtigt, sofern das Vertragsverhältnis länger als ein Jahr nach Vollendung des 18. Lebensjahres fortdauern soll.

§§ 1829 (1), 108 (3)

Wird diese Vorschrift nicht beachtet, sind die mit beschränkt Geschäftsfähigen geschlossenen Lebensversicherungsverträge auch dann **schwebend unwirksam**, wenn die Einwilligung des gesetzlichen Vertreters vorliegt. Sie werden erst nach der Genehmigung durch das Familiengericht rechtswirksam. In der Praxis bleibt bei Lebensversicherungsverträgen mit Minderjährigen die Zustimmungsbedürftigkeit durch das Familiengericht oft unberücksichtigt. Solche Verträge sind zunächst schwebend unwirksam. **Nach Eintritt der Volljährigkeit** wird die fehlende Genehmigung des Familiengerichts und die u. U. ebenfalls fehlende Zustimmung des gesetzlichen Vertreters durch die **eigene Genehmigung** des Versicherungsnehmers ersetzt.

Die Fortsetzung der Beitragszahlung nach Eintritt der Volljährigkeit reicht als Genehmigung durch schlüssiges Handeln aber nur dann aus, wenn dies in dem – für den VR nicht erkennbaren – Bewusstsein geschieht, dass der Vertrag andernfalls rechtsunwirksam ist. Wird ein schwebend unwirksamer Vertrag nicht genehmigt, kann sich der VN bis zum Ende der Vertragslaufzeit auf die Unwirksamkeit der beantragten Versicherung berufen. Bei versagter Genehmigung wird der bis dahin schwebend unwirksame Vertrag nichtig. In diesem Fall kann die Erstattung aller eingezahlten Beiträge einschließlich der Zinsen verlangt werden.

§§ 812 ff.

Im Todesfall könnte der Bezugsberechtigte demgegenüber vom VR trotzdem Leistung mit dem Hinweis verlangen, die fortgesetzte Beitragszahlung sei im Bewusstsein der ursprünglichen Unwirksamkeit erfolgt, sodass der Vertrag vom VN durch schlüssiges Handeln genehmigt wurde.

Aus diesen Gründen muss nach den Bestimmungen der BaFin der volljährig Gewordene vom VR über die schwebende Unwirksamkeit unterrichtet und ausdrücklich darauf aufmerksam gemacht werden, dass die Zahlung des fälligen Beitrags innerhalb einer Frist von vier Wochen als Genehmigung des Vertrages angesehen wird.

4.2.3 Versicherte Person (Versicherter)

Versicherte Person (Versicherter) ist diejenige natürliche Person, auf deren Leben die Versicherung abgeschlossen wird. Die vereinbarte Leistung ist fällig, wenn während der Versicherungsdauer bei der versicherten Person das versicherte Ereignis (z. B. Tod, Erleben, Berufsunfähigkeit) eintritt. Bei der Lebensversicherung auf verbundene Leben, der Heiratsversicherung und der Rentenversicherung mit Überlebens-(Übergangs-)Rente ist ausnahmsweise mehr als eine Person versichert.

In den meisten Fällen ist der VN zugleich auch die versicherte Person. Es ist dem VN aber auch möglich, die Versicherung auf das Leben einer anderen Person **(= Fremdversicherung)** abzuschließen. VVG § 150

Die versicherte Person erwirbt aber in diesem Fall keinerlei Einwilligungs- oder Gestaltungsrechte. Wenn die vereinbarte Leistung die gewöhnlichen Beerdigungskosten (zzt. ca. 9000,00 €) übersteigt, ist eine solche Fremdversicherung jedoch nur dann gültig, wenn die versicherte Person vor Vertragsabschluss ihre schriftliche Einwilligung gegeben hat. Dadurch soll die Spekulation mit fremden Leben eingeschränkt werden. Die Einwilligung kann bis zum Vertragsabschluss widerrufen werden.

Nach dem VVG ist die Einwilligung des Versicherten bei Kollektivlebensversicherungen im Bereich der betrieblichen Altersversorgung nicht erforderlich.

Besonderheit: Fremdversicherung bei Minderjährigen

Für die Fremdversicherung von Minderjährigen gelten Sondervorschriften des VVG, dass bei Abschluss von Versicherungen mit Todesfallcharakter auf das Leben von Personen unter 7 Jahren **(Kinderversicherungen)** die Todesfallleistung ca. 8000,00 € (Beerdigungskosten) betragen darf. Die Einwilligung des Kindes als versicherter Person ist in diesem Fall entbehrlich. § 150 (3)

Soll eine über die Beerdigungskosten hinausgehende Todesfallversicherung für ein Kind, das das 7. Lebensjahr noch nicht vollendet hat **(= geschäftsunfähiges Kind)**, abgeschlossen werden, dürfen die Eltern ihr Kind bei dessen erforderlicher Einwilligung nicht vertreten. Zur Vertretung des Kindes müsste daher vom Familiengericht ein Ergänzungspfleger bestellt werden. § 150 (2) S. 2

Auch ein **beschränkt geschäftsfähiges Kind** (vollendetes 7. Lebensjahr bis vollendetes 18. Lebensjahr) kann bei Abschluss einer über die Beerdigungskosten hinausgehenden Todesfallversicherung für die Einwilligung, die es als versicherte Person erteilen muss, nicht von seinen Eltern vertreten werden. Dies ist in diesem Fall aber ebenso wenig nötig wie die Bestellung eines Ergänzungspflegers, da beschränkt Geschäftsfähige ohne Zustimmung des gesetzlichen Vertreters Willenserklärungen abgeben können, durch die sie lediglich einen rechtlichen Vorteil erlangen. BGB § 107

Nach herrschender Meinung gilt diese BGB-Vorschrift auch für solche Rechtsgeschäfte, durch die der beschränkt Geschäftsfähige weder einen Vor- noch einen Nachteil erlangt (neutrale Rechtsgeschäfte). Das trifft für die Fremdversicherung auf das Leben eines beschränkt Geschäftsfähigen zu.

4.3 Vertragsabschluss

4.3.1 Antragstellung

Der VR macht den Vertragsabschluss von der Prüfung des zu übernehmenden Risikos, insbesondere von den Gesundheitsverhältnissen der versicherten Person, abhängig.

Angaben im Antrag zur Risikobeurteilung des Versicherten	
Fragengruppe	**Beispiele**
● Besondere Gefahren und Versicherungsanträge bei anderen Gesellschaften	– Gefahren im Beruf, in der Freizeit – Ablehnung oder Annahme unter Erschwerung bei anderen Versicherern
● Fragen bei einer beantragten jährlichen BU-Rente ab einer bestimmten Höhe	– Besteht Anspruch auf Berufs- oder Dienstunfähigkeitsrente? – Wie hoch ist die Rente?

Erklärungen zum Gesundheitszustand	
• Zeitlich befristete Fragen (Beschwerden usw. in den letzten 5 Jahren; Operationen, Strahlen- oder Chemotherapien, Alkohol- und Drogenabhängigkeit in den letzten 15 Jahren)	– Herz- und Kreislauferkrankungen – Infektionskrankheiten – Tumore (auch gutartige) – Einnahme von Schlaf-, Schmerz-, Beruhigungsmittel
• Zeitlich unbefristete Fragen	– HIV-Infektion – Selbsttötungsversuch
• Weitere Fragen	– Größe und Gewicht

Der Antrag wird i. d. R. vom VN gestellt und vom VR nach Prüfung angenommen oder abgelehnt. Die Annahme kann zu normalen oder zu erschwerten Bedingungen erfolgen. Trotz der Formfreiheit beim Abschluss des Versicherungsvertrages ist es üblich, die Antragstellung auf Vordrucken des Versicherers vorzunehmen.

Der **personenbezogene** Antragsteil umfasst u. a. Name und Anschrift des Versicherungsnehmers sowie Alter, Geschlecht, Beruf und Gesundheitsverhältnisse der versicherten Person. Daneben ist die Benennung eines Bezugsberechtigten möglich. Der **sachbezogene** Teil beinhaltet u. a. Tarif- und Leistungsbeschreibung, Beitragshöhe und -dauer sowie den Versicherungsbeginn.

Mit der Unterschrift des Antragstellers werden die folgenden, im Antrag regelmäßig vorgedruckten **Erklärungen** abgegeben:

- Bestätigung der **Richtigkeit der Angaben** im Antrag
- Entbindung der behandelnden Ärzte von der Schweigepflicht **(Schweigepflicht-Entbindungsklausel)**
- Genehmigung zur Speicherung der persönlichen Daten sowie deren Weitergabe an andere Personenversicherer **(Datenschutz-Ermächtigungsklausel)**
- Bestätigung der im VVG vorgesehenen **Rechtsbelehrung zum Widerrufsrecht**

Bei einer **Fremdversicherung** wird durch die zusätzliche Unterschrift der versicherten Person die **wahrheitsgemäße Beantwortung der Gesundheitsfragen** bestätigt und das **Einverständnis zum Abschluss der Versicherung** auf ihr Leben gegeben.

Im Zusammenhang mit der Antragstellung werden unterschieden:

Antragsmodell (vgl. Band 1, B 3.4.1)

Der VN stellt einen verbindlichen Antrag auf Abschluss eines Versicherungsvertrages auf der Grundlage der ihm zuvor überlassenen Bestimmungen und gegebenen Informationen zum Vertrag.

Invitatiomodell (vgl. Band 1, B 3.4.2)

Der »Antrag« gilt als Druckstück, mit dem der VN den VR auffordert, ein verbindliches Vertragsangebot zu unterbreiten. Der VR erstellt das Angebot in Form eines Versicherungsscheins, dem die Bestimmungen und Informationen zum Vertrag, sowie ein Annahmeformular beigefügt sind, das rechtlich als Antrag des VN gilt. Der VN wird gleichzeitig aufgefordert, dieses Formular als Einverständnis für den Vertragsabschluss zurückzusenden.

4.3.2 Antragsprüfung und Risikobeurteilung

Der Antrag wird dem VR entweder vom Vermittlungsvertreter oder vom Antragsteller selbst (Direktvertrieb) zugeleitet. Neben der formellen Prüfung (vollständige und richtige Daten) erfolgt dann insbesondere eine Prüfung der Gesundheitsverhältnisse.

Zu den **objektiven Risikomerkmalen**, die die Eintrittswahrscheinlichkeit des Versicherungsfalles (Tod, Unfall, Berufsunfähigkeit, Pflegebedürftigkeit) beeinflussen, gehören u. a. Lebensalter, Geschlecht, Gesundheitsverhältnisse, Vorerkrankungen und Beruf. Dieses **objektive Risiko** kann kalkuliert und bei der Risikobeurteilung durch eine entsprechende Beitragsgestaltung berücksichtigt werden. Nur schwer erfassbar sind dagegen die **subjektiven Risikomerkmale**, die in der Person des Versicherten selbst liegen. Dazu gehören u. a. Lebenswandel, Gesundheitsbewusstsein, Selbstmordneigung und Betrugsabsichten (»moralisches Risiko«).

Die **Tarifbeiträge** beziehen sich auf versicherte Personen, die hinsichtlich Gesundheitszustand, beruflicher Tätigkeit, sportlicher Betätigung usw. versicherungsmedizinisch **normale Risiken** darstellen. Abgesehen von der Dread-Disease-Deckung, der selbstständigen Berufsunfähigkeits-Versicherung und der Pflegerentenversicherung wird in der Lebensversicherung eine Gefahrenerhöhung nicht berücksichtigt. Der bei Vertragsabschluss vereinbarte Beitrag kann deshalb auch dann nicht erhöht werden, wenn sich der Gesundheitszustand der versicherten Person verschlechtert. Die **Risikoprüfung** dient daher der Ermittlung der von der Norm abweichenden Risiken.

Das **Ausmaß der Gesundheitsprüfung** hängt im Allgemeinen von der Höhe der VS ab. Die mit der Gesundheitsprüfung einhergehenden **Kosten** trägt der VR. Mögliche Risikoprüfungsmittel sind u. a.

- **Selbstauskünfte** des Antragstellers,
- **Berichte** der behandelnden **Ärzte**,
- **Rückfragen** über die sog. **Mitteilungsstelle für Sonderwagnisse** bei anderen Versicherern bezüglich solcher Verträge, die mit Risikozuschlag angenommen, abgelehnt, zurückgestellt oder durch Anfechtung bzw. Rücktritt aufgehoben wurden,
- **ärztliche Untersuchungen** (einschließlich Spezialuntersuchungen).

Während sich in der reinen Altersrentenversicherung eine Risikoprüfung gänzlich erübrigt, wird i. d. R. auch bei der Gruppenversicherung auf eine Gesundheitsprüfung in der sonst üblichen Form verzichtet.

Ist die Eintrittswahrscheinlichkeit für das zu versichernde Risiko (z. B. Tod, Berufsunfähigkeit, Pflegebedürftigkeit) nach Einschätzung des Versicherers zum Zeitpunkt der Antragsstellung zu groß (z. B. HIV-Infizierte, Alkoholiker, Krebskranke im fortgeschrittenen Stadium), gilt das Risiko als nicht versicherbar. Der Antrag wird abgelehnt oder vorläufig zurückgestellt, wenn die Möglichkeit besteht, dass der Antrag nach einiger Zeit mit Erschwernissen angenommen werden kann.

4.3.3 Antragsannahme und risikoeinschränkende Maßnahmen

Wenn gegen die Antragsannahme keine Bedenken bestehen, wird dem Antragsteller der Versicherungsschein oder eine gesonderte Annahmeerklärung zugesandt. Ergibt die Risikoprüfung hingegen Anzeichen für ein von der Norm abweichendes erhöhtes Risiko (z. B. Vorerkrankungen, gegenwärtiger Gesundheitszustand, Beruf), ist – soweit das Risiko überhaupt versicherbar ist – ein spezieller Risikoausgleich nötig. Die Art dieses Risikoausgleichs hängt vom erschwerenden Umstand, dem Eintrittsalter der versicherten Person sowie von Art und Dauer der Versicherung ab. Der VR unterbreitet dem Antragsteller ein neues Angebot (**Erschwerungsangebot**), das dann angenommen oder abgelehnt werden kann.

Risikozuschlag

Wenn die Risikoprüfung zu dem Ergebnis führt, dass der Antrag nicht zu normalen Bedingungen angenommen werden kann, kommt in vielen Fällen ein Beitragszuschlag infrage, durch den das überdurchschnittliche Risiko ausgeglichen wird. Der Risikozuschlag kann auch auf einen bestimmten Zeitraum beschränkt werden (z. B. nach einer Operation). Eine ähnliche Wirkung wird mit der Staffelung erzielt.

Staffelung

Bei einem vorübergehenden Risiko (z. B. nach einer kurz vor Vertragsabschluss erfolgten Operation) kann eine Verminderung der Versicherungsleistung in den ersten Jahren bei voller Beitragszahlung vereinbart werden **(Staffelung)**.

Beispiel:

¼-Staffelung bei einer Versicherungssumme von 100 000,00 €.

Eintritt des Versicherungsfalles	Leistung des Versicherers	
1. Jahr	25 000,00 €	(= 25%)
2. Jahr	50 000,00 €	(= 55%)
3. Jahr	75 000,00 €	(= 75%)
ab 4. Jahr	100 000,00 €	(= 100%)

Sonstige Erschwernisse

Als weitere risikoeinschränkende Maßnahmen kommen in Betracht:

- Abkürzung der Versicherungsdauer,
  (z. B. wenn mit späterem Ausbruch einer Krankheit gerechnet wird)
- Vereinbarung von verminderten Todesfallsummen,
- Alterserhöhung,
  (z. B. 30-Jähriger wird wie ein 35-jähriger Mann eingestuft)
- Leistungsausschlüsse in der BUZ bzw. SBV.

Besonderheit: Lebensversicherung ohne Risikoprüfung

In Deutschland werden nach amerkanischem Vorbild inzwischen auch Kapitallebensversicherungen und Sterbegeldversicherungen ohne Risikoprüfung angeboten. Als risikobegrenzende Maßnahmen sind bei diesen Versicherungen vorgesehen:

- Mindest- und Höchsteintrittsalter,
- Höchstversicherungssummen (z. B. 30 000,00 € bei der Kapitallebensversicherung, 10 000,00 € bei der Risikolebensversicherung),
- dreijährige Wartezeit, innerhalb deren bei Tod nur die Beiträge unverzinst zurückerstattet werden.

4.3.4 Beitragsberechnung

4.3.4.1 Beitragsarten

Laufender Beitrag		Einmalbeitrag
regelmäßige Beitragszahlung	Beitrags-depot	
Erst- und Folgebeitrag		Erstbeitrag

Die Höhe des Beitrages hängt in der Lebensversicherung insbesondere vom Alter der versicherten Person, der Versicherungsform (Tarif) und der Versicherungsdauer ab.

a) Laufender Beitrag

Bei laufender Beitragszahlung gilt der Tarifbeitrag für den Zeitraum der vereinbarten Versicherungsperiode.

Die Versicherungsperiode beträgt i. d. R. ein Jahr. Der jährliche Mindestbeitrag beläuft sich bei den Tarifen im **Proximus 3 Bedingungswerk** für Risiko-, Kapital- und Rentenversicherungen auf 240,00 € und für fondsgebundene Versicherungen auf 300,00 €. Ausgenommen davon sind Rentenversicherungen nach dem Altersvorsorgeverträge-Zertifizierungsgesetz (AltZertG).

Die kalkulierten Jahresbeiträge können auch in halbjährlichen, vierteljährlichen oder monatlichen Raten gezahlt werden. Nach den ALB ändert sich bei unterjähriger Beitragszahlung Fall auch die Versicherungsperiode. Sie beträgt entsprechend der Zahlungsweise einen Monat, ein Vierteljahr bzw. ein halbes Jahr **(echte unterjährige Beitragszahlung).** ALB § 10 (2)

Als Ausgleich dafür, dass dem VR bei unterjähriger Zahlungsweise Zinsverluste und erhöhte Inkassokosten entstehen, wird von zahlreichen VR ein Ratenzuschlag auf den Jahresbeitrag erhoben, z.B. 3 % bei vierteljährlicher und 5 % bei monatlicher Zahlungsweise.

Durch Ratenzuschläge erhöht sich der vom VN zu zahlende Gesamtbeitrag. Die Versicherungsleistung des VR bleibt dadurch aber unverändert.

Nach den Tarifen im **Proximus 3 Bedingungswerk** wird bei unterjähriger Zahlungsweise anstelle eines prozentualen Beitragszuschlags eine Beitragsumrechnung wie folgt vorgenommen **(Nachkalkulation):**

Die Beiträge sind auf der Basis einer jährlichen Beitragszahlung kalkuliert. Bei unterjährigen Zahlungsweisen ist eine Nachkalkulation mit folgenden Umrechnungsfaktoren erforderlich:

- Halbjährliche Zahlung 1,9607843
- Vierteljährliche Zahlung 3,8834951
- Monatliche Zahlung 11,4285710

Die Nachkalkulation betrifft nicht die Stückkosten bei unterjähriger Beitragszahlung.

Ausgenommen von dieser Regelung sind fondsgebundene Lebens-/Rentenversicherungen und die Zulagenrente (sog. Riester-Verträge).

Die bei unterjähriger Zahlungsweise entstehenden zusätzlichen Kosten und Zinsverluste werden bei dieser Vorgehensweise **nicht durch** einen prozentualen **Zuschlag auf den Jahresbruttobeitrag** ausgeglichen. Vielmehr erfolgt bei Anwendung der Umrechnungsfaktoren eine **Reduzierung** des leistungswirksamen **Jahresnettobeitrags** zugunsten der Kostenerstattung für den VR. Der insgesamt vom VN zu tragende Beitrag bleibt dabei unverändert. Dafür verringert sich aber die Versicherungsleistung.

Beispiel:

Ein VN möchte einen Halbjahresbeitrag von 600,00 € für eine Rentenversicherung »Basisrente« aufbringen.

(1) Aus dem gewünschten halbjährlichen Beitrag sind zunächst die Stückkosten bei halbjährlicher Zahlung herauszurechnen:

halbjährlicher Bruttobeitrag	600,00 €
– Stückkosten bei halbjährlicher Zahlungsweise	12,00 €
= halbjährlicher Nettobeitrag	588,00 €

(2) Der jährlich zur Verfügung stehende Nettobeitrag bei halbjährlicher Zahlung ist durch Nachkalkulation unter Verwendung des entsprechenden Umrechnungsfaktors zu ermitteln:

halbjährlicher Nettobeitrag	·	Umrechnungsfaktor	= jährlicher Nettobeitrag bei halbjährlicher Zahlungsweise
588,00 €	·	1,9607843	= 1 152,94 €

(3) Ermittlung der Rente, die für diesen jährlichen Nettobeitrag geboten werden kann:
Die im Tarif S10 für das entsprechende Eintrittsalter angegebene garantierte Monatsrente beruht auf einem Bruttojahresbeitrag (also incl. 24,00 € Stückkosten) von 1 200,00 €. Würde die für diesen Beitrag im Tarif ausgewiesene garantierte Monatsrente 100,00 € betragen, lässt sich die garantierte Monatsrente für den vorliegenden Fall wie folgt ermitteln:

jährlicher Bruttobeitrag für 100 € Monatsrente	1 200,00 €
– Stückkosten bei jährlicher Zahlungsweise	24,00 €
= jährlicher Nettobeitrag für 100 € Monatsrente	1 178,00 €

1 178,00 € Nettojahresbeitrag bei jährlicher Zahlungsweise	≙	100,00	€ Monatsrente
1 152,94 € Nettojahresbeitrag bei halbjährlicher Zahlungsweise	≙	x	€ Monatsrente

$$x = \frac{1\,152{,}94 \cdot 100}{1\,178} = 97{,}87\ €$$

Im vorliegenden Fall verringert sich der Nettojahresbeitrag durch die halbjährliche Zahlungsweise um 25,06 € (1 178,00 € – 1 152,94 €). Dadurch ergibt sich eine um 2,13 € niedrigere garantierte Monatsrente. Diese Verringerung ist sozusagen der »Preis« für die unterjährige (hier: halbjährliche) Zahlungsweise.
Der vom VN zu zahlende Gesamtbeitrag beträgt trotz der unterjährigen Zahlungsweise unverändert 600,00 € pro Halbjahr bzw. 1 200 € pro Jahr.

Ergänzender Hinweis: Die Umrechnungsfaktoren mit deren Hilfe die Reduzierung des Nettojahresbeitrags ermittelt wird, basieren auf den Ratenzuschlagssätzen von 2 % bei halbjährlicher, 3 % bei vierteljährlicher und 5 % bei monatlicher Zahlungsweise. Da zeigt das folgende Beispiel für eine monatliche Zahlungsweise:

Ratenzuschlag 5 % bzw. Zuschlagsfaktor auf den Jahresbruttobeitrag 1,05

Monatlicher Anteil: 1,05 : 12 = 0,0875 Umrechnungsfaktor: 1 : 0,0875 = 11,4285710

b) Einmalbeitrag

Anstelle der laufenden Beitragszahlung können fast alle Lebensversicherungen auch gegen Zahlung eines einzigen Beitrags **(Einmalbeitrag)** abgeschlossen werden. Allerdings unterliegen Lebensversicherungen gegen Einmalbeitrag besonderen Auflagen (z. B. hinsichtlich Höchstbeiträgen und Überschussbeteiligung durch die BaFin (Bundesamt für Finanzdienstleistungsaufsicht)).

Ausgenommen davon sind lediglich zertifizierte Altersvorsorgeverträge, die Berufsunfähigkeits-Versicherung und solche Versicherungen, bei denen die Versicherungsleistung u. a. in einer Beitragsbefreiung besteht (Terminfix- und Heiratsversicherung).

Bei den zertifizierten Altersvorsorgeverträgen werden allerdings die staatlichen Zulagen als Einmalzahlung und damit versicherungstechnisch wie ein Einmalbeitrag behandelt, da sie nicht zum Termin der Beitragsfälligkeit sondern erst später anfallen.

Versicherungen gegen Einmalbeitrag sind aufgrund der hohen Liquiditätsbelastung für den VN relativ selten.

Der Einmalbeitrag für eine gemischte Lebensversicherung mit einer Laufzeit von 30 Jahren und einer VS von 50 000,00 € beträgt bei einem Eintrittsalter von 30 Jahren (männlich) ca. 22 250,00 €.

Besonderheiten:

1. Abgrenzung: Einmalbeitrag – Beitragsdepot

Vom Einmalbeitrag ist das **Beitragsdepot** zu unterscheiden. Es handelt sich dabei um eine an den VR geleistete Vorauszahlung für in Zukunft fällig werdende laufende Beiträge. Das jeweilige Depotguthaben, von dem die laufenden Beiträge jährlich (bei fondsgebundener Lebensversicherung monatlich) abgebucht werden, wird vom VR wie ein Sparguthaben verzinst. Der Zinssatz kann sich während der Vertragslaufzeit ändern. Er darf nicht höher sein als derjenige für die verzinslich angesammelten Überschussanteile (zzt. ca. 4 %). Im Todesfall wird das noch nicht verbrauchte Depotguthaben zurückerstattet.

2. Bestimmungen des Geldwäschegesetzes im Zusammenhang mit dem VAG

Wenn der Jahresbeitrag mehr als 1 000,00 € bzw. der Einmalbeitrag oder die Depoteinzahlung mehr als 2 500,00 € beträgt, muss aufgrund des sog. Geldwäschegesetzes der VR bzw. der Versicherungsvermittler die Identität des VN anhand von Personalausweis oder Reisepass prüfen. Dabei sind Name, Geburtsdatum und Anschrift des VN sowie die Art, Nummer und ausstellende Behörde des Ausweises festzustellen. Um sog. Strohmanngeschäfte aufzudecken, wird außerdem im Antragsformular danach gefragt, ob der Antragsteller für Rechnung eines Dritten handelt. Die Pflicht zur Identifizierung des VN gilt aber dann bereits als erfüllt, wenn der VN die Beitragszahlung über ein Konto abwickelt, für dessen Eröffnung von der kontoführenden Bank die Identität des Verfügungsberechtigten schon überprüft wurde. Da der VR die Beiträge in den meisten Fällen mittels Lastschrift einzieht, entfällt i. d. R. die im Zusammenhang mit der Beitragszahlung vorgesehene Identifizierungspflicht. Erweist sich der Einzug des Beitrages von dem vom VN benannten Konto als nicht möglich, muss die zunächst zu Recht unterbliebene Identifizierung nachgeholt werden. Darüber hinaus gilt die Identifizierungspflicht aber generell für alle **Barzahlungen** ab 15 000,00 € (z. B. Rückzahlung eines Policendarlehens).

VAG § 80 e
VAG-Entwurf § 54
GwG § 4

VAG § 80 f
VAG-Entwurf § 55

4.3.4.2 Beitragsbestandteile und Beitragskalkulation

a) Überblick

Bei allen Lebensversicherungen ergibt sich der **Bruttobeitrag** aus der Summe von **Nettobeitrag** und **Kostenanteil**.

Je nach Art der vereinbarten Leistung besteht der **Nettobeitrag** seinerseits

- nur aus einem **Risikoanteil** (z. B. kurze Todesfallversicherung),
- aus einem **Risiko- und einem zusätzlichen Sparanteil** (z. B. Kapitalversicherungen auf den Todes- und Erlebensfall),
- nur aus einem **Sparanteil** (z. B. reine Erlebensfallversicherung in Form einer Leibrentenversicherung ohne Todesfallleistung).

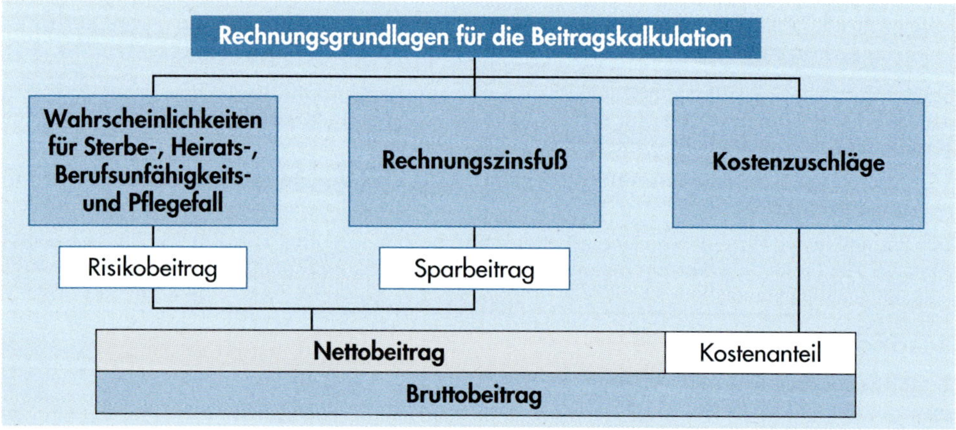

b) Risikoanteil

Der Risikoanteil dient zur Finanzierung der Versicherungsleistung, wenn während der Vertragslaufzeit der Versicherungsfall eintritt.

Bei allen Risikoarten (z. B. Tod, Erleben, Krankheit, Pflegefall, Berufsunfähigkeit, Heirat), ist die **Wahrscheinlichkeit** (= 1. Rechnungsgrundlage für die Beitragskalkulation) für den Eintritt des Versicherungsfalles von ausschlaggebender Bedeutung für die Beitragskalkulation. Je höher die Eintrittswahrscheinlichkeit, desto höher muss der **Risikobeitrag** und damit der Gesamtbeitrag sein. Die statistischen Erfahrungswerte können, je nach Risikoart, aus entsprechenden **Wahrscheinlichkeitstafeln** (Ausscheideordnungen) entnommen werden, von denen die **Sterbetafel** (Absterbeordnung) für die Lebensversicherung besonders bedeutsam ist.

Exkurs 1: Sterbetafel des Deutschen Aktuarvereins

Zur Berücksichtigung der Todesfallwahrscheinlichkeit im Rahmen der Beitragskalkulation für **Kapital**versicherungen legen die VR die vom Deutschen Aktuarverein (DAV) erstellte Richttafel DAV 2008 T zugrunde, in der die veränderten Lebenserwartungen entsprechend berücksichtigt sind. Auf dieser Basis erstellen die Gesellschaften häufig eigene Sterbetafeln. In der Praxis herrscht derzeit die Sterbetafel 7/14 vor. Die Richttafel aus dem Jahr 2008 weist gegenüber der Sterbetafel für die Gesamtbevölkerung erhebliche Sicherheitszuschläge auf, indem z. B. für eine LV mit Todesfallcharakter die Sterbewahrscheinlichkeit höher angenommen wird, als sie bezogen auf die Gesamtbevölkerung tatsächlich ist (vgl. Auszug aus der Sterbetafel). Außerdem ist die Richttafel 2008 wegen der unterschiedlichen Lebenserwartung in eine Sterbetafel für Raucher (DAV 2008 TR) und für Nichtraucher (DAV 2008 TNR) getrennt.

Seit dem 21. Dezember 2012 dürfen aufgrund eines Urteils des Europäischen Gerichtshofs bei Neuverträgen keine unterschiedlichen Versicherungsprämien für Männer und Frauen mehr erhoben werden. Deshalb wurden sog. Unisex-Tarife eingeführt.

Verantwortlicher Aktuar

Jeder Lebensversicherer muss einen sog. Verantwortlichen **Aktuar** bestellen. Dabei handelt es sich um einen Versicherungs- und Finanzmathematiker, der Mitarbeiter des VR oder unabhängiger Dienstleister sein kann und von der BaFin auf seine fachliche Eignung und Zuverlässigkeit überprüft wird. Die Aktuare sind im Deutschen Aktuarverein (DAV) zusammengeschlossen, der neben der BaFin eine wichtige Rolle in der Versicherungsaufsicht spielt. Der verantwortliche Aktuar muss u. a. für den VR die verschiedenen Rechnungsgrundlagen zur Beitragskalkulation herleiten oder den unternehmensspezifischen Gegebenheiten anpassen (z. B. Sterbetafel für die LV mit Todesfallcharakter, Sterbetafel für die Rentenversicherung, Berufsunfähigkeits- und Pflegefallwahrscheinlichkeiten).

VAG § 11 a

VAG-Entwurf § 141

Auszug aus der Sterbetafel für Deutschland 2009/2011 und der Richttafel DAV 2008 T

Vollendetes Alter in Jahren	Anzahl der Lebenden im Alter von … Jahren		Wahrscheinlichkeit, im nächsten Jahr zu sterben, in ‰ (= Sterbewahrscheinlichkeit)				Mittlere Lebenserwartung im Alter von … Jahren in Jahren	
	Männer	Frauen	Männer	Frauen	Männer	Frauen	Männer	Frauen
	Sterbetafel 2009/2011		Sterbetafel 2009/2011		DAV 2008 T (R u. NR)		Sterbetafel 2009/2011	
0	100000	100000	3,86	3,15	6,11	5,08	77,72	82,73
10	99489	99579	0,09	0,07	0,12	0,10	68,11	73,07
20	99261	99449	0,53	0,22	1,00	0,32	58,25	63,16
30	98695	99216	0,63	0,28	0,75	0,31	48,56	53,29
40	97854	98748	1,28	0,70	1,31	0,82	38,93	43,50
50	95691	97538	4,00	2,20	3,98	2,54	29,67	33,98
60	89568	94268	10,39	5,38	10,40	5,88	21,31	24,96
70	77011	87223	22,76	11,60	37,21	18,44	13,89	16,53
80	52456	70098	65,05	41,76	100,26	65,11	7,77	9,13
90	16530	29340	175,99	154,79	260,55	222,50	3,84	4,25
100	742	1877	375,26	346,84	485,30	468,25	1,98	2,14

Quellen: Statistisches Bundesamt, 18. Februar 2013; Richttafel des Deutschen Aktuarvereins 2008 (DAV 2008 T); Aggregat Raucher und Nichtraucher

Hinweis: Zur besseren Vergleichbarkeit mit der allgemeinen Sterbetafel wurde bei den DAV-Werten abweichend vom Original von 100 000 statt von 1 Mio. Lebendgeborenen ausgegangen.

Bei privaten Rentenversicherungen und der betrieblichen Altersvorsorge im Rahmen von Leibrentenversicherungen führt steigende Lebenserwartung bei unveränderter Beitragskalkulation hingegen zu längeren Rentenzeiten und damit einer Verringerung der Überschussbeteiligung. Daher gilt für die private **Rentenversicherung** bereits ab 2005 anstelle der früheren Sterbetafel für Rentenversicherungen aus dem Jahr 1994 (DAV 1994 R) eine neue Sterbetafel **(DAV 2004 R)**. Ein Vergleich der beiden Sterbetafeln ergibt beispielsweise für eine 65-jährige Person im Jahr 2004 bzw. im Jahr 2040 folgende Werte:

Restliche Lebenserwartung im Alter von 65 Jahren				
Jahr	Männer		Frauen	
	DAV 1994 R	DAV 2004 R	DAV 1994 R	DAV 2004 R
2004	21 Jahre	24 Jahre	25 Jahre	27 Jahre
2040	24 Jahre	30 Jahre	28 Jahre	34 Jahre

Gegenüber den Sterbetafeln des Statistischen Bundesamtes (s. o.) weist die DAV 2004 R eine deutlich höhere Lebenserwartung auf, weil die Erfahrungen zeigen, dass privat rentenversicherte Personen eine höhere Lebenserwartung als die Durchschnittsbevölkerung haben und aus versicherungsmathematischen Gründen kalkulatorische Puffer berücksichtigt wurden. Die Anwendung der neuen Sterbetafel führt bei neuen Verträgen zu einer erheblichen Beitragserhöhung in der privaten Rentenversicherung.

Exkurs 2: Berechnung des Risikobeitrags

Sterbewahrscheinlichkeit

Die Sterbetafel gibt an, wie viele Personen eines großen Anfangsbestandes gleichaltriger Personen (z. B. 100 000 Neugeborene) innerhalb des nächsten Jahres voraussichtlich sterben werden **(Sterbewahrscheinlichkeit)**.

Beispiel (vgl. Auszug aus der Sterbetafel):

Von 100 000 männlichen Neugeborenen erleben nach der Sterbetafel des Stat. Bundesamtes 98 695 das Alter 30. Die Wahrscheinlichkeit, zwischen Alter 30 und 31 zu sterben, beträgt für einen 30-jährigen Mann 0,63 ‰ (DAV: 0,75 ‰). Er hat noch eine durchschnittliche Lebenserwartung von 48,56 Jahren.

Beispiel zur Berechnung des Risikobeitrags:

Angenommen, 100 000 Männer im Alter von 30 Jahren schließen gleichzeitig eine einjährige Risikoversicherung über jeweils 1 000,00 € ab. Nach der amtlichen Sterbetafel ist dabei mit 63 Todesfällen zu rechnen, für die der VR 63 000,00 € an Todesfallleistung aufbringen muss. Es wird davon ausgegangen, dass die Versicherungsleistungen erst am Ende des Jahres ausgezahlt werden müssen. Wird ein Rechnungszinsfuß von 1,25 % unterstellt, beträgt der Barwert der künftigen Versicherungsleistung zum Zeitpunkt des Vertragsabschlusses 63 000,00 € : 1,0125 = 62 222,22 € (Zinseszinsrechnung). Jeder Versicherte muss demzufolge zu Beginn einen Risikobeitrag von 62 222,22 : 100 000,00 = 0,62 € entrichten. Da bei weiblichen Versicherten unter sonst gleichen Bedingungen nur mit 28 Todesfällen und einer Versicherungsleistung von 28 000,00 € gerechnet werden muss, würde der Risikobeitrag für Frauen nur 0,28 € pro versicherte Person betragen. Wegen der vom Europäischen Gerichtshof geforderten Einführung von sog. Unisex-Tarifen, gibt es seit Dezember 2012 keine unterschiedlichen Beiträge für Männer und Frauen mehr.

Wegen der erheblichen Sicherheits- und Kostenzuschläge sind die tatsächlichen Tarifbeiträge jeweils 50 % bis 70 % höher als die hier berechneten.

c) Sparanteil

Bei der gemischten Lebensversicherung ist die VS spätestens am Ende der Laufzeit fällig (= kapitalbildende Versicherung mit unbedingter Leistungspflicht). Wegen des kombinierten Versicherungs- und Sparvorgangs setzt sich in diesem Fall der Nettobeitrag aus einem Risiko- und einem zusätzlichen Sparanteil zusammen.

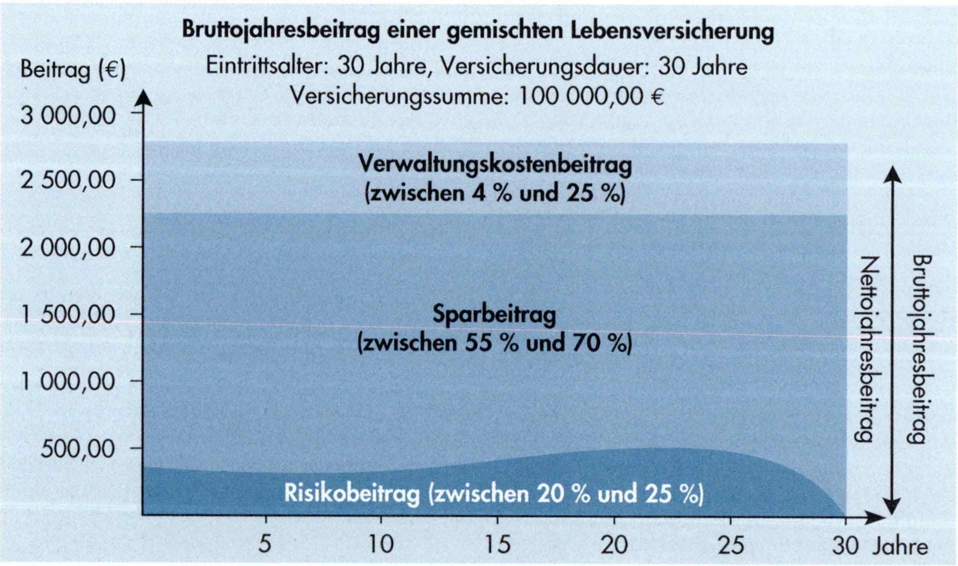

Der **Sparanteil** umfasst diejenigen Teile des Nettobeitrags, die nicht für die Deckung der Todesfallleistungen (Risikotragung) benötigt werden. Er dient zur Finanzierung der vertraglich zugesicherten Erlebensfallleistung (Versicherungssumme), indem diese Beitragsbestandteile mit einer garantierten jährlichen Verzinsung in Höhe des **Rechnungszinsfußes** (= 2. Rechnungsgrundlage der Beitragskalkulation) angespart werden.

Der Höchstrechnungszinsfuß (Garantiezins) wurde durch das Lebensversicherungsreformgesetz (01. Aug. 2014) zum 01. Januar 2015 für alle Neuverträge von zuvor 1,75 % auf nur noch 1,25 % gesenkt. Durch diese Maßnahme hat der Gesetzgeber der andauernden Niedrigzinsphase am Kapitalmarkt Rechnung getragen. Da die LV-Unternehmen die Sparanteile der Kunden in dieser Situation nur noch geringverzinslich anlegen können, müssen konsequenterweise auch die vertraglich vereinbarten Leistungen geringer ausfallen.

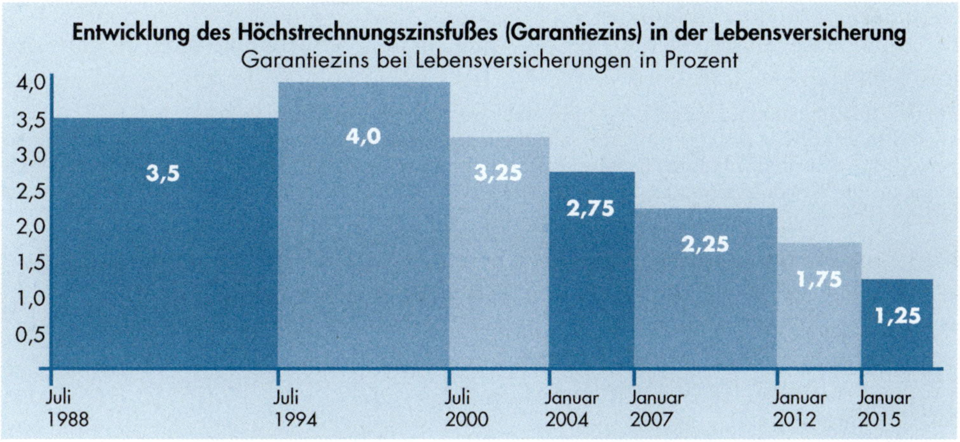

Vor dem Hintergrund der Absenkung des Höchstrechnungszinsfußes auf 1,25 % ab 2015 bieten inzwischen mehrere VR Tarife für kapitalbildende Lebensversicherungen ohne Garantiezins an. Den Kunden wird lediglich garantiert, dass die eingezahlten Beträge wieder ausgezahlt und eine lebenslange Rente gewährt wird. Die Höhe dieser Rente wird erst zu Beginn der Auszahlungsphase auf der Basis des dann geltenden (und möglicherweise höheren) Zinsniveaus ermittelt. Die VR stellen aufgrund der höheren Flexibilität solcher Tarife höhere Renditen in Aussicht.

Außer vom Rechnungszinsfuß hängt die Höhe des Spar- und Gesamtbeitrags entscheidend von der Laufzeit ab: Je kürzer die Laufzeit ist, desto höher muss der Sparbeitrag sein, um bei gegebenem Rechnungszinsfuß ein Kapital in Höhe der VS zu bilden.

d) Kostenanteil

Bei der Beitragskalkulation wird üblicherweise zwischen den **Abschlusskosten** und den laufenden Verwaltungskosten unterschieden.

Beide Kostenarten werden bei der Beitragskalkulation durch **Kostenzuschläge** berücksichtigt. Die Zuschläge gehen in den Bruttobeitrag ein und können während der Vertragslaufzeit nicht erhöht werden. Darin liegt ein wesentlicher Unterschied zu anderen Finanz-Dienstleistungsunternehmen wie Banken und Bausparkassen, die ihre Gebühren der jeweiligen Kostensituation flexibel anpassen können.

➤ Abschlusskosten

Die Abschlusskosten umfassen neben der an den Vermittler zu zahlenden Abschlussprovision u. a. auch die sonstigen Aufwendungen für den Außendienst sowie die Aufwendungen für Werbung, Antragsbearbeitung und Risikoprüfung (ärztliche Untersuchung). Der Kostenzuschlagssatz für die rechnungsmäßigen Abschlusskosten wird mit α bezeichnet.

Die rechnungsmäßigen Abschlusskosten werden seit 2015 **mit maximal 25‰** (früher 40‰) **der während der Vertragslaufzeit zu zahlenden Beiträge** angesetzt und auf die ersten fünf Jahre verteilt.

VVG-InfoV § 2 (1) Nr. 1

Im Rahmen der Informationspflichten sind dem VN die einkalkulierten Abschlusskosten als einheitlicher Gesamtbetrag in Euro mitzuteilen.

➤ Laufende Verwaltungskosten

Zu den laufenden Verwaltungskosten gehören neben den **Inkassokosten** sämtliche **mit der Verwaltung entstehenden Aufwendungen** (Bestandsführung, Korrespondenz, Vertragsänderungen, Ablauf der Versicherung).
Die Höhe dieser Kosten ist dem VN als Anteil an der Jahresprämie unter Angabe der jeweiligen Laufzeit bekannt zu geben.

Für die Deckung der laufenden Verwaltungskosten wird vorwiegend eine Kombination aus **Stückkosten** (häufig: K = 24,00 € pro Jahr) und **beitragsabhängigen Kosten** (ca. 4 % des Beitrages) verwendet. Dadurch soll dem Umstand Rechnung getragen werden, dass die laufenden Verwaltungskosten teilweise unabhängig von der Höhe der VS sind und den Charakter von Stückkosten haben.

Nach dem **Proximus 3 Bedingungswerk** betragen die Stückkosten bei

- jährlicher Zahlung 24 €
- halbjährlicher Zahlung 12 €
- vierteljährlicher Zahlung 6 €
- monatlicher Zahlung 2 €.

Das Ergebnis der Beitragskalkulationen findet sich in den Tarifen der Lebensversicherung.

4.3.4.3 Beitragsberechnung anhand von Tarifen

a) Ermittlung des Eintrittsalters

Beispiel:

Geburtstag der zu versichernden Person: 27. März 1983
Beantragter Versicherungsbeginn: 01. Okt. 2015

Berechnungsart 1 (Halbjahresmethode)	Berechnungsart 2 (Jahresmethode)
Versicherungsbeginn 01.10.2015 – Geburtstag 27.03.1983 04 06 32	Jahr des Versicherungsbeginns 2015 – Geburtsjahr 1983 32
Die zu versichernde Person ist bei Versicherungsbeginn 32 Jahre, 6 Monate und 4 Tage alt. Zum beantragten Beginn sind mehr als 6 Monate des aktuellen Lebensjahres vergangen.	Das Geburtsjahr der zu versichernden Person wird vom Jahr des Versicherungsbeginns abgezogen. Das Ergebnis wird als versicherungstechnisches Eintrittsalter zugrunde gelegt.
Versicherungstechnisches Beitrittsalter: 33 Jahre	**Versicherungstechnisches Beitrittsalter: 32 Jahre**
Durch Rückdatierung des Versicherungsbeginns auf den 01. Sept. 2015 könnte das Eintrittsalter auf 32 Jahre gesenkt werden.	

Im **Proximus 3 Bedingungswerk** ist für die Berechnung des Eintrittsalters die Jahresmethode vorgesehen.

b) Tarife und Beitragsberechnung für die Basisvorsorge

Übersicht: Tarif nach den Proximus Versicherungsbedingungen für die Basisvorsorge (Schicht 1 des Dreischichtenmodells)

- **Tarif S 10**

Aufgeschobene Rentenversicherung ohne Todesfallleistung

Rentenbeginnalter 63 Jahre bis 67 Jahre

Beispiel:

Herr Winter, 30 Jahre, interessiert sich für eine Rentenversicherung »Basisrente« nach Tarif S 10. Er möchte monatlich 200,00 € aufwenden und wissen, welche monatliche Rente bei Rentenbeginn mit dem 63. Lebensjahr garantiert zur Verfügung steht.

Lösung:

Bruttobeitrag p. a. lt. Tarif S 10	1 200,00 €	
– Stückkosten jährlich	24,00 €	
Nettobeitrag	1 176,00 €	①
Bei diesem Beitrag werden garantiert:		
– Rente am Anfang der Rentenbeginnphase lt. Tarif S 10	148,33 €	①
Tatsächlicher Bruttobeitrag monatlich von Herrn Winter	200,00 €	
– Stückkosten monatlich	2,00 €	
tatsächlicher Nettobeitrag monatlich	198,00 €	②
198,00 € · 11,428571 = Nettobeitrag jährlich	2 262,86 €	③
Garantierte Rente für Herrn Winter am Anfang der Rentenbeginnphase	285,42 €	④

Erläuterungen:

① Der Tarif S 10 weist beispielhaft für einen Beitrag von jährlich 1 200,00 € einschließlich Stückkosten aus:
- garantierte Rente bei Rentenphasenbeginn

Der Stückkostenzuschlag (24,00 € bei jährlicher Beitragszahlung) muss abgezogen werden, um den Nettobeitrag zu ermitteln.

② Bei monatlicher Zahlung steht für die Verrentung der laufend zu zahlende Monatsbeitrag ohne Stückkostenzuschlag (2,00 € bei monatlicher Beitragszahlung) zur Verfügung.

③ Bei monatlicher Zahlung wird eine Nachkalkulation zulasten des Nettobeitrags vorgenommen. Es stehen deshalb jährlich nicht 198,00 € · 12 Monate (= 2 376,00 €) sondern nur 198,00 € · 11,428571 (Umrechnungsfaktor, der die Verringerung des Nettobeitrags berücksichtigt) = 2 262,86 € zur Verfügung.

④ Die Rente für Herrn Winter bei monatlicher Zahlung wird wie folgt berechnet:

$$148{,}33 \cdot \frac{2\,262{,}86}{1\,176{,}00} = 285{,}42\,€$$

c) Tarife und Beitragsberechnung für die Zusatzvorsorge

Übersicht: Tarif nach den Proximus Versicherungsbedingungen für die Zusatzvorsorge (Schicht 2 des Dreischichtenmodells)

• **Tarif S 20**	Aufgeschobene Rentenversicherung (Zulagenrente) Rentengarantiezeit 10 Jahre Rentenbeginnalter 63 Jahre bis 67 Jahre

Beispiel:

Frau Sommer, 32 Jahre, ledig, kinderlos, interessiert sich für eine Riester-Rentenversicherung (Zulagenrente). Sie geht davon aus, dass sich ihr Einkommen nicht ändert und möchte ab dem Jahr 2015 den Mindesteigenbeitrag leisten um die Zulage zu erhalten. Sie will wissen, welche Rente sie nach Tarif S 20 (Rentenbeginn 63 Jahre, Rentengarantiezeit 10 Jahre) erwarten darf, wenn der Mindesteigenbeitrag laufend gezahlt wird.

Sie weiß, dass

- sie den Beitrag einmal jährlich anheben bzw. senken kann, wenn sich das jährliche Einkommen ändert, um die Fördervoraussetzungen nicht zu gefährden,
- die staatliche Zulage bei Gutschrift als zusätzliche Einmalzahlung behandelt wird, welche die Rente erhöht.

Bei der jetzigen Rentenberechnung sind diese Einflussfaktoren also nicht zu berücksichtigen.

Ihr Einkommen im Jahr 2014 (=Vorjahreseinkommen), das beitragspflichtig zur GRV ist, beträgt 40 000,00 €.

Lösung:

Bruttobeitrag p. a. lt. Tarif S 20	1 200,00 €	
– Stückkosten jährlich	24,00 €	
Nettobeitrag	1 176,00 €	①
Bei diesem Beitrag werden garantiert:		
– Rente am Anfang der Rentenbeginnphase	142,42 €	①
Berechnung des tatsächlichen Beitrages von Frau Sommer (hier: Mindesteigenbeitrag)		
4 % von 40 000,00 €	1 600,00 €	
– Grundzulage	154,00 €	
Mindesteigenbeitrag (tatsächlicher Bruttobeitrag)	1 446,00 €	
– Stückkosten jährlich	24,00 €	
tatsächlicher Nettobeitrag	1 422,00 €	②
Garantierte Rente für Frau Sommer am Anfang der Rentenbeginnphase	172,21 €	③

Erläuterungen:

① Der Tarif S 20 weist beispielhaft für einen Beitrag von 1 200,00 € einschließlich Stückkosten aus:

- garantierte Rente bei Rentenphasenbeginn

Der Stückkostenzuschlag (24,00 € bei jährlicher Beitragszahlung) muss abgezogen werden, um den Nettobeitrag zu ermitteln.

② Ab dem Jahr 2008 muss der Mindesteigenbeitrag zu einer Riester-Rentenversicherung 4 % vom zur GRV beitragspflichtigen Vorjahreseinkommen betragen, vermindert um die Zulagen (hier: Grundzulage 154,00 €, keine Kinderzulage). Der förderfähige Betrag einschließlich Zulagen beträgt ab dem Jahr 2008 max. 2 100,00 € (vgl. C 2.3.1.3).

③ Die Rente für Frau Sommer wird wie folgt berechnet:

$$142{,}42 \cdot \frac{1\,422{,}00}{1\,176{,}00} = 172{,}21\,€$$

d) Tarife und Beitragsberechnung für die Sonstige Vorsorge

Übersicht: Tarife nach den Proximus Versicherungsbedingungen für die Sonstige Vorsorge (Schicht 3 des Dreischichtenmodells)

Tarif S 30	Aufgeschobene Rentenversicherung mit Beitragsrückgewähr Rentengarantiezeit: 10 Jahre Rentenbeginnalter 63 Jahre oder 67 Jahre
Tarif S 31	Sofort beginnende Rentenversicherung gegen Einmalbeitrag Rentengarantiezeit 10 Jahre oder 20 Jahre
Tarif S 32	Fondsgebundene Rentenversicherung mit Kapitalwahlrecht Rentengarantiezeit 10 Jahre Rentenbeginnalter 67 Jahre
Tarif S 33	Risikoversicherung Versicherungsdauer 15 Jahre oder Endalter 60 Jahre
Tarif S 34	Kapitallebensversicherung
Tarif S 35	Selbstständige Berufsunfähigkeitsversicherung Endalter 63 oder 67 Jahre

Beispiel: Risiko-Lebensversicherung

Herr Dengler, 29 Jahre, Nichtraucher, möchte für den Fall des vorzeitigen Todes seine Hinterbliebenen versorgt wissen und wünscht eine Risikoversicherung, die bis zu seinem 60. Lebensjahr laufen soll. Hierfür will er monatlich 50,00 € aufwenden.

Lösung:

Bruttobeitrag p. a. lt. Tarif S 33	1 200,00 €	
– Stückkosten jährlich	24,00 €	
Nettobeitrag	1 176,00 €	①
Für diesen Beitrag gilt lt. Tarif (EA 29, Endalter 60):		
– Garantierte Versicherungssumme	609 231,00 €	①
Tatsächlicher Bruttobeitrag monatlich	50,00 €	
– Stückkosten monatlich	2,00 €	
tatsächlicher Nettobeitrag monatlich	48,00 €	②
48,00 € · 11,428571= Nettobeitrag jährlich	548,57 €	③
Garantierte Versicherungssumme	284 188,00 €	④

Erläuterungen:

① Der Tarif S 33 weist beispielhaft für einen Beitrag von 1 200,00 € einschließlich Stückkosten aus:

– Garantierte Versicherungssumme

Der Stückkostenzuschlag (24,00 € bei jährlicher Beitragszahlung) muss abgezogen werden, um den Nettobeitrag zu ermitteln.

② Vom Monatsbeitrag, den der Kunde zahlen will, ist der Stückkostenzuschlag (2,00 € bei monatlicher Beitragszahlung) abzuziehen.

③ Bei monatlicher Zahlung wird eine Nachkalkulation zulasten des Nettobeitrags vorgenommen. Es stehen deshalb nicht 48,00 € · 12 Monate sondern nur 48,00 € · 11,428571 (Umrechnungsfaktor, der die Verringung des Nettobeitrags berücksichtigt) zur Verfügung.

④ Die VS für Herrn Dengler wird wie folgt berechnet:

$$609\,231 \cdot \frac{548{,}57}{1\,176{,}00} = 284\,188{,}00\text{ € Versicherungssumme}$$

Beispiel: Berufsunfähigkeits-Versicherung

Frau Dr. Frentzen, 40 Jahre, Rechtsanwältin, möchte jährlich 1 200,00 € für eine Selbstständige Berufsunfähigkeits-Versicherung auf das Endalter 67 aufwenden. Sie möchte wissen, wie hoch die garantierte und die gesamte BU-Rente sein wird.

Lösung:

Bruttobeitrag p. a. lt. Tarif S 35	1 200,00 €	
– Stückkosten jährlich	24,00 €	
Nettobeitrag	1 176,00 €	①
Für diesen Beitrag gilt lt. Tarif (EA 40, Rente mit 67):		
– monatliche BU-Rente (garantiert)	847,00 €	①
– Rente gesamt (einschließlich Überschussbeteiligung	1 211,21 €	①

Frau Dr. Frentzen erhält lt. Tarif S 35 einen Akademikerrabatt von 20 %, so dass für die Berechnung der BU-Rente der Nettobeitrag von 1 176,00 € mit 80 % anzusetzen ist. 100 % entspricht dann einem Nettobeitrag (Bruttobeitrag – Stückkosten) von 1 680,00 €. Tatsächlich zahlt Frau Dr. Frentzen aber nur 1 200,00 € (1 176,00 € + 24,00 € Stückkosten).

Garantierte monatliche BU Rente	1 058,74 €	②
monatliche BU-Rente gesamt	1 514,01 €	②

Erläuterungen:

① Der Tarif S 35 weist beispielhaft für einen Beitrag von 1 200,00 € einschließlich Stückkosten aus:

- BU-Rente
- Rente gesamt (= BU-Rente zzgl. Bonusrente aus Überschussbeteiligung; vgl. C 5.3)

Der Stückkostenzuschlag (24,00 € bei jährlicher Beitragszahlung) muss abgezogen werden, um den Nettobeitrag zu ermitteln.

② Da Akademiker 20 % Beitragsrabatt erhalten und Frau Dr. Frentzen 1 200,00 € aufwenden will, kann der errechnete Nettobeitrag gleich 80 % gesetzt werden. Der 100 %-Nettobeitrag (Bruttobeitrag – Stückkosten) beträgt demnach 1 470,00 €.

Die BU-Renten können nun mithilfe der Nettobeiträge von 80 % und 100 % oder direkt durch Anwendung der Prozentsätze errechnet werden:

847,00 € (bzw. 1 211,21 €) · 1 470 : 1 176 oder 847,00 € (bzw. 1 211,21 €) · 100 : 80

Beispiel: Fondsgebundene Rentenversicherung

Thomas Engels, 40 Jahre, selbständiger Kaufmann, möchte monatlich 200,00 € für eine fondsgebundene Rentenversicherung mit Kapitalwahlrecht mit Endalter 67 Jahre aufwenden. Er wünscht die Anlage in einem renditeorientierten Fonds und möchte wissen, mit welcher Kapitalabfindung bzw. welcher monatlichen Rente er rechnen kann.

Lösung:

Eintrittsalter: 40 Jahre	Endalter: 67 Jahre
Risikoklasse: Renditeorientiert PROXIMUS Balance Invest (6 %)	
Bruttobeitrag p.a. lt. Tarif S 32	1. 200,00 €
Für diesen Fall gilt lt. Tarif:	
Kapitalabfindung:	93 116,00 € ②③
Lebenslange monatliche Leibrente:	492,25 € ②③
Tatsächlicher Bruttobeitrag monatlich	200,00 € ①
Tatsächlicher Bruttobeitrag jährlich	2 400,00 € ①
Tarifliche Leistungen:	
Kapitalabfindung	186 232,00 € ① ②
Lebenslange monatliche Leibrente:	984,50 € ① ②

Erläuterungen:

① Da für eine fondsgebundenen Rentenversicherung bei unterjähriger Zahlungsweise keine Nachkalkulation vorgenommen wird, entspricht der tatsächliche Monatsbeitrag von 200,00 € einem tatsächlichen Jahresbeitrag von 2 400,00 €. Die für 1 200,00 € jährlichen Beitrag ausgewiesenen Leistungen lt. Tarif **verdoppeln** sich somit (93 116,00 € Kapitalabfindung · 2 = 186 232,00 € , 492,25 € Rente · 2 = 984,50 €).

② Bei den angegebenen Leistungen handelt es sich um Modellrechnungen. Dabei wird für den renditeorientierten Fonds PROXIMUS Balance Invest eine jährliche Wertsteigerung von 6 % unterstellt. Eine Garantie für eine bestimmte Höhe der Kapitalabfindung bzw. der Rentenhöhe kann vor Fälligkeit der Leistung nicht abgegeben werden. Es besteht im schlimmsten Fall sogar die Gefahr eines Totalverlustes (ALB-FLV § 1 (3)).

③ Gem. § 2 (2) ALB-FLV wird die Höhe der Rente aus dem zum Rentenzahlungsbeginn vorhandenen Wert des Deckungskapitals und dem vereinbarten Rentenfaktor ermittelt. Der Rentenfaktor gibt an, wie viel Rente je 10 000 € des bei Rentenzahlungsbeginn vorhandenen Deckungskapitals gezahlt wird. Der (garantierte) Rentenfaktor ist weder aus den Bedingungen noch aus dem Antragsformular ersichtlich. Er wird vielmehr bei Antragstellung vom VR in Abhängigkeit von den aktuellen Rechnungsgrundlagen festgelegt und in der Police ausgewiesen.

Für die tariflichen Leistungen würde sich folgender (unverbindliche) Rentenfaktor ergeben:

Kapitalabfindung (Deckungskapital) 93 116,00 €; Monatliche Rente 492,25 €

Berechnung des Rentenfaktors: 93 116 € Deckungskapital ≙ 492,25 € Rente
10 000 € Deckungskapital ≙ x € Rente

$$x = \frac{10\,000 \cdot 492{,}25}{93\,116} = 52{,}86\ €$$

Nach der vorliegenden Modellrechnung beträgt der unverbindliche Rentenfaktor 52,86 €, d. h. es werden je 10 000 € Deckungskapital 52,86 € Rente gezahlt.

Hinweis: Der in § 2 (2) ALB-FLV erwähnte **garantierte Rentenfaktor** darf nicht mit einer Rentengarantie verwechselt werden. Trotz eines in der Police genannten garantierten Rentenfaktors (z. B. 45,00 € je 10 000 € Deckungskapital) ist die tatsächliche Höhe der Rente nicht im Voraus bestimmbar, da die Höhe des zu Beginn der Rentenzahlung vorhandenen Deckungskapitals nicht vorhergesagt werden kann. Wenn im Extremfall zu Beginn der Rentenzahlung kein Deckungskapital vorhanden ist (Totalverlust), kann es auch keine Rente geben. Trotz eines vereinbarten garantierten Rentenfaktors wäre die Rente dann 0 €. Der Rentenfaktor sagt somit nur etwas über das Verhältnis zwischen einem am Ende der Ansparphase tatsächlich vorhandenen Deckungskapital und der sich daraus ergebenden lebenslangen Leibrente aus. Der Rentenfaktor hängt entscheidend von den Rechnungsgrundlagen (Lebenswartung, Kapitalverzinsung am Ende der Ansparphase) ab. Dabei muss zwischen einem »harten« garantierten Rentenfaktor (= Rentenfaktor, der während der Vertragslaufzeit nicht wieder geändert werden kann) und einem »weichen« garantierte Rentenfaktor (= Rentenfaktor, der zwar das Wort »garantiert« beinhaltet, dennoch unter bestimmten Voraussetzungen angepasst werden kann) unterschieden werden. Viele VR behalten sich eine Anpassung des »garantierten« Rentenfaktors bei Änderung der Rechnungsgrundlagen (z. B. neue Sterbetafel mit erhöhter Lebenserwartung) vor.

4.3.5 Versicherungsbeginn

ALB § 3
Proximus 3 BE S. 107

Der Versicherungsvertrag kommt beim Antragsmodell dadurch zustande, dass dem VN der Versicherungsschein (Police) ausgehändigt wird **(formeller Beginn)**. Beim Invitatiomodell ist der formelle Beginn dann gegeben, wenn das vom VR vorbereitete und durch den VN zurückgesandte Annahmeformular dem VR zugeht. Der Versicherungsschutz (sog. **materieller Beginn**) beginnt nach den **Allgemeinen Bedingungen für die kapitalbildende Lebensversicherung (ALB)** bereits mit dem formellen Beginn, jedoch nicht vor dem technischen Beginn (Beginn lt. Versicherungsschein). Er kann entfallen, wenn der Beitrag nicht rechtzeitig gezahlt wird.

Der VR ist bei nicht rechtzeitiger Zahlung allerdings nur dann leistungsfrei, wenn er den VN durch gesonderte Mitteilung in Textform oder durch einen auffälligen Hinweis im Versicherungsschein auf die Rechtsfolge der Nichtzahlung aufmerksam gemacht hat.

§ 10 (2)

Die einmalige oder erste Prämie ist unverzüglich nach Ablauf von 30 Tagen nach Zugang des Versicherungsscheins zu zahlen.

Exkurs: Vorläufiger Versicherungsschutz ab Antragstellung

Es gelten die folgenden **Versicherungsbedingungen**: AVB-vorl. V Proxi-mus 3 BE S. 138 f.

- **Besondere Bedingungen für den vorläufigen Versicherungsschutz**

Der VR kann mit der Antragstellung einen vorläufigen Versicherungsschutz anbieten. Dieser erstreckt sich auf die für den Todesfall beantragten Kapital-Leistungen aus der Risikoversicherung und der kapitalbildenden Lebensversicherung. § 1

Voraussetzungen für vorläufigen Versicherungsschutz

- Der technische Beginn liegt nicht später als zwei Monate nach der Antragstellung. § 2
- Es wurde eine Einzugsermächtigung erteilt.
- Das Zustandekommen der beantragten Versicherung wird nicht von besonderen Voraussetzungen (z. B. Gewährung eines Hypothekendarlehens) abhängig gemacht.
- Der Antrag bewegt sich im Rahmen der angebotenen Tarife und deren Bedingungen.
- Die versicherte Person hat bei Unterzeichnung des Antrags das 7. Lebensjahr schon und das 65. Lebensjahr noch nicht vollendet.

Beginn und Beendigung des vorläufigen Versicherungsschutzes

Der vorläufige Versicherungsschutz beginnt am Tag, an dem der Antrag beim VR eingeht. § 3

Der vorläufige Versicherungsschutz endet spätestens zwei Monate nach Unterzeichnung des Antrags.

Der vorläufige Versicherungsschutz endet, wenn

- zwei Monate nach Unterzeichnung des Antrags vergangen sind,
- der Versicherungsschutz aus der beantragten Versicherung begonnen hat,
- der Antrag vom VR abgelehnt wurde,
- der Antrag angefochten oder zurückgenommen wurde,
- der Einlösungsbeitrag nicht eingezogen werden konnte oder dem Einzug widersprochen wurde,
- der VN von seinem Widerrufsrecht Gebrauch gemacht hat,
- ein Vertrag über die Hauptversicherung mit einem anderen VR geschlossen wurde. (Der VN hat dies unverzüglich anzuzeigen.)

Für den vorläufigen Versicherungsschutz wird kein besonderer Beitrag erhoben. Im Leistungsfall ist jedoch ein Entgelt fällig, das dem Beitrag der beantragten Versicherung für den Zeitraum vom Beginn des vorläufigen Versicherungsschutzes bis zum Eintritt des Versicherungsfalles entspricht. Dieser Betrag wird mit dem bereits gezahlten Einlösungsbeitrag verrechnet und entspricht höchstens dem Tarifbeitrag für die im Rahmen des vorläufigen Versicherungsschutzes vorgesehenen Höchstsummen. § 5

Lernkontrollen zu C 4

Beteiligte Personen am Lebensversicherungsvertrag

1 In welchem Fall ist bei der Fremdversicherung die schriftliche Einwilligung der versicherten Person nötig? Begründen Sie diese Regelung.

2 Erläutern Sie die Besonderheiten, wenn
a) der VN minderjährig ist,
b) die versicherte Person
- jünger als 7 Jahre ist,
- minderjährig, aber älter als 7 Jahre ist.

3 Bei welchen Arten der Lebensversicherung gibt es mehr als eine versicherte Person?

4 Sie sind in einer Agentur der Proximus Versicherung AG tätig und werden von Frau Schäfer (60 Jahre) besucht. Frau Schäfer will für ihre 10-jährige Enkelin eine Kapitallebensversicherung über 12 500,00 € mit einer Laufzeit von 12 Jahren abschließen und die laufenden Beiträge übernehmen. Versicherte Person soll die Enkelin sein.

- **Arbeitsauftrag**
  Beraten Sie Frau Schäfer, ob und wie dies realisierbar ist, welche Rechte und Pflichten sie dadurch ggf. übernimmt und was geschieht, wenn sie vorzeitig stirbt.

5 Sie sind Mitarbeiter/-in in der Betriebsabteilung Leben der Proximus Versicherung AG. Folgendes Schreiben der VN Heike Ohlert wird Ihnen durch den Büroleiter vorgelegt:

> Sehr geehrte Damen und Herren,
>
> durch Ihren Versicherungsvertreter bin ich seinerzeit zum Abschluss einer Lebensversicherung bewegt worden. Ich werde in zwei Monaten volljährig und habe dies schon jetzt zum Anlass genommen, sämtliche Verpflichtungen zu überprüfen, für die ich dann alleine einzustehen habe. Ich komme zu dem Ergebnis, dass eine Lebensversicherung für mich zur Zeit überflüssig ist, da ich dringendere Wünsche (z. B. Erwerb des Führerscheins) zunächst erfüllen möchte. Bitte beenden Sie den Vertrag mit dem Tag meiner Volljährigkeit und zahlen Sie die bisher eingezahlten Beiträge an mich zurück.
>
> Mit freundlichen Grüßen
>
> Heike Ohlert

- **Auszug aus dem Vertragsspiegel**

> Auszug aus dem Vertragsspiegel
> Kapitalversicherung auf den Todes- und Erlebensfall
> Versicherte Person und VN: Heike Ohlert
> Versicherungsbeginn: 01. Okt. 2010
> Versicherungsdauer: 15 Jahre
> Versicherungssumme: 10 000,00 €
> Beitragszahler: Josef Ohlert (Vater)
> Der Antrag trägt die Unterschriften von Heike Ohlert und Josef Ohlert.

- **Arbeitsauftrag**
  Sie sollen prüfen, ob der Vertrag zu erfüllen ist oder ob dem Aufhebungsbegehren der VN nachgekommen werden kann.

Vertragsabschluss

6 Warum erübrigt sich in der reinen Altersrentenversicherung eine Gesundheitsprüfung?

7 Nennen Sie Beispiele für objektive und subjektive Risiken in der Lebensversicherung.

8 Nach Aufforderung durch den VR muss der Antragsteller dem VR vor Vertragsabschluss nach VVG alle noch eingetretenen risikoerhöhenden Veränderungen mitteilen. Nennen Sie Beispiele für solche Risikoveränderungen.

9 Sie sind Mitarbeiter/-in der Antragsabteilung Leben der Proximus Versicherung AG. Der Antrag der Kundin Monika Jentzsch weist aus, dass sich die Kundin vor einem halben Jahr wegen eines Gallenleidens einer Operation unterziehen musste. Sie holen eine Arztauskunft ein und erfahren, dass Frau Jentzsch gute Aussichten hat, dass das Leiden auf Dauer ganz ausheilt.

- **Auszug aus dem Antragsdaten**

  Kapitallebensversicherung auf den Todes- und Erlebensfall
  Zu versichernde Person: Monika Jentzsch, geb. 24. Nov. 1974
  Versicherungssumme: 40 000,00 €
  Beantragter Versicherungsbeginn: 01. Febr. d. J.
  Versicherungsdauer: 25 Jahre
  Zusatzvereinbarungen: keine

- **Arbeitsauftrag**

  Sie sollen eine Risikobeurteilung vornehmen und entscheiden, ob und ggf. unter welchen Bedingungen der Antrag angenommen werden kann. Formulieren Sie das Ergebnis Ihrer Risikobeurteilung und Ihre Annahmeentscheidung (mit kurzer Begründung) in Stichworten.

10 In welchem Fall bietet sich eine Abkürzung der Versicherungsdauer als risikoeinschränkende Maßnahme an?

11 Welche Wirkung hat die »Annahme zu erschwerten Bedingungen« für das Zustandekommen des Lebensversicherungsvertrages?

12 Welche Art der Lebensversicherung kann einem Antragsteller angeboten werden, der aus gesundheitlichen Gründen nicht im Rahmen einer gemischten Lebensversicherung versicherbar ist? Begründen Sie Ihre Antwort.

Versicherungsbeginn

13 Erläutern Sie Vorgehensweise und Zweck einer Rückdatierung im Rahmen der Lebensversicherung.

14 Erläutern Sie, ab welchem Zeitpunkt voller Versicherungsschutz im Rahmen der gemischten Lebensversicherung besteht.

15 Nach Antragstellung bietet der VR einen vorläufigen Versicherungsschutz. Erläutern Sie dazu
- die Höchstsummen (einschließlich UZV),
- die Voraussetzungen,
- den Beginn,
- die Beendigungsmöglichkeiten.

16 Sie sind Mitarbeiter in der Antragsabteilung Leben der Proximus Versicherung AG und erhalten das folgende Schreiben der Kundin Sandra Lützenrath:

> Sehr geehrte Damen und Herren,
>
> am gestrigen Tage habe ich den Versicherungsschein zu der von mir beantragten Lebensversicherung erhalten. Aus dem Kontoauszug meiner Bank ersehe ich, dass Sie auch schon den ersten Beitrag eingezogen haben.
>
> Leider ist bei mir unerwartet ein finanzieller Engpass eingetreten und ich würde deshalb gerne von der Versicherung Abstand nehmen.
>
> Was kann ich noch unternehmen, damit der abgebuchte Beitrag zurückerstattet wird und ich aus der weiteren vertraglichen Verpflichtung entlassen werde? Bitte haben Sie Verständnis für meine Situation.
>
> Gerne erwarte ich Ihre Rückantwort.
>
> Mit freundlichen Grüßen
> Sandra Lützenrath

- **Auszug aus den Vertragsunterlagen**

> Kapitallebensversicherung auf den Todes- und Erlebensfall
> Versicherte Person und VN: Sandra Lützenrath
> Versicherungssumme: 150 000,00 €
> Versicherungsbeginn: 01. Mai d. J.
> Versicherungsdauer: 30 Jahre
> Jährlicher Beitrag: 4 550,00 €
>
> Besondere Vereinbarungen: Vorläufiger Versicherungsschutz ab Antragstellung bis 100 000,00 € VS, Einzugsermächtigung für die Beiträge.
>
> Antragsaufnahme durch die Versicherungsagentur Hilmar Krause am 20. März d. J.
>
> Bei Antragstellung wurden alle Bestimmungen und Informationen zum Vertrag überlassen.
>
> Zustellung der Police am 04. Mai d. J.

- **Arbeitsauftrag**

  Prüfen Sie die Rechtslage und skizzieren Sie den Inhalt des Antwortschreibens an Frau Lützenrath.

Beitrag

17 Erläutern Sie den Unterschied zwischen Einmalbeitrag und Beitragsdepot.

18 Nennen und erläutern Sie die Beitragsbestandteile.

19 Ermitteln Sie mit Hilfe der Sterbetafel in Abschnitt C 4.3.4.2 für einen 40-jährigen Mann und für eine gleichaltrige Frau

a) die einjährige Sterbewahrscheinlichkeit,

b) die mittleren Lebenserwartungen.

Erläutern Sie die Zahlen.

20 Aufgrund einer Entscheidung des Europäischen Gerichtshofes sind seit Dezember 2012 unterschiedliche Tarife für Frauen und Männer trotz der unterschiedlichen Lebenserwartungen nicht mehr zulässig.

Erläutern Sie, wie sich für Männer und Frau die Beiträge der neuen Unisextarife gegenüber den früheren geschlechtsspezifischen Tarifen auswirken,

a) in der gemischten Lebensversicherung,

b) in der aufgeschobenen Rentenversicherung.

21 Erläutern Sie die Konsequenzen einer

a) Erhöhung,

b) Senkung

des Rechnungszinsfußes für den Beitrag in der gemischten Lebensversicherung.

22 Frau Blatt, 35 Jahre, selbstständige Kauffrau, möchte vorsorgen. Sie interessiert sich für eine Rentenversicherung mit Rentenbeginn im 63. Lebensjahr und hätte gerne Alternativen vorgeschlagen.

Sie will vierteljährlich 1 500,00 € aufwenden.

Stellen Sie die erforderlichen Berechnungen an:

a) für eine aufgeschobene Rentenversicherung mit Garantieleistung als Basisvorsorge,

b) für eine aufgeschobene Rentenversicherung mit Beitragsrückgewähr als Sonstige Vorsorge,

c) für eine kapitalbildende Lebensversicherung als Sonstige Vorsorge.

23 Herr Conrads, 30 Jahre, ledig, kinderlos, möchte monatlich 90,00 € für eine Rentenversicherung als Altersvorsorgevertrag im Sinne des Altersvorsorgeverträge-Zertifizierungsgesetzes aufbringen.

Er möchte wissen, welches Kapital und welche Rente der infrage kommende Tarif (Rentenbeginn 63 Jahre, Rentengarantiezeit 10 Jahre) ausweist.

24 Herr Neuenfeldt, 32 Jahre, Nichtraucher, möchte für den Fall des vorzeitigen Todes seine Ehefrau und seine beiden Kinder versorgt wissen. Er wünscht eine Risikoversicherung, die bis zu seinem 60. Lebensjahr laufen soll. Hierfür will er monatlich 30,00 € aufwenden.

a) Welche VS kann ihm hierfür geboten werden?

b) Wie hoch wäre die entsprechende VS, wenn Herr Neuenfeldt Raucher wäre?

25 Frau Blatt (vgl. Aufgabe 22) hat erkannt, dass eine Vorsorge für den Fall der Berufsunfähigkeit ebenfalls notwendig ist. Hierfür möchte sie halbjährlich 600,00 € aufwenden.

Wie hoch werden die garantierte und die gesamte BU-Rente sein?

26 Günter Bergmann, 45 Jahre, selbstständiger Architekt, möchte monatlich 400,00 € in eine fondsgebundene Rentenversicherung mit Rentenbeginn ab 67 Jahre einzahlen. Sein Risikoprofil gibt er mit »chancenorientiert« an.

a) Ermitteln Sie, welche monatliche Leibrente sich für diesen Fall lt. Tarif ergibt.

b) Erläutern Sie Herrn Bergmann, warum es sich bei der Berechnung um eine Modellrechnung handelt und welche Annahmen dieser Berechnung zugrunde liegen.

c) Herr Bergmann möchte wissen, ob anstelle der monatlichen Zahlungen eine jährliche Zahlung günstiger für ihn ist. Geben Sie Ihm eine fundierte Antwort.

d) Nach Durchsicht der ALB-FLV bittet Herr Bergmann um Erläuterung der Formulierungen in § 2 (2) ALB-FVL: »Die Höhe der Rente wird aus dem zum Rentenzahlungstermin vorhandenen Wert des Deckungskapitals und dem vereinbarten Rentenfaktor ermittelt. Sollte zum Zeitpunkt des Zahlungsbeginns der aktuelle Rentenfaktor über dem garantierten Rentenfaktor liegen, verwenden wir den aktuellen Rentenfaktor.«

5 Entstehung, Verteilung und Verwendung von Überschüssen in der Lebensversicherung

5.1 Beitragsverwendung

5.1.1 Deckungskapital

➤ Deckungskapital zur Finanzierung der Erlebensfallleistung

Bei kapitalbildenden Lebensversicherungen (z. B. aufgeschobene Rentenversicherung mit Garantieleistung, gemischte Lebensversicherung) wird aus dem mit dem Rechnungszins verzinsten Sparbeiträgen ein Deckungskapital gebildet.

Die Höhe der Sparanteile ist so kalkuliert, dass das Deckungskapital bei gegebenem Rechnungszinsfuß

- bei der aufgeschobenen Rentenversicherung am Ende Aufschubzeit die erforderliche Höhe erreicht, um die garantierte Rente daraus finanzieren zu können,
- bei der gemischten Lebensversicherung und den verwandten Formen (z. B. Terminfixversicherung) am Ende der Vertragslaufzeit die vereinbarte VS erreicht.

Bei der gemischten Lebensversicherung stellt der Unterschiedsbetrag zwischen dem Deckungskapital und der VS das **riskierte Kapital** dar.

Das ist der Betrag, der bei vorzeitigem Tod des Versicherten über das bereits vorhandene Deckungskapital hinaus zur Deckung der Todesfallleistung benötigt wird. Das riskierte Kapital wird im Zeitablauf aufgrund des anwachsenden Deckungskapitals immer geringer. Seine Finanzierung erfolgt aus den im Nettobeitrag enthaltenen Risikoanteilen.

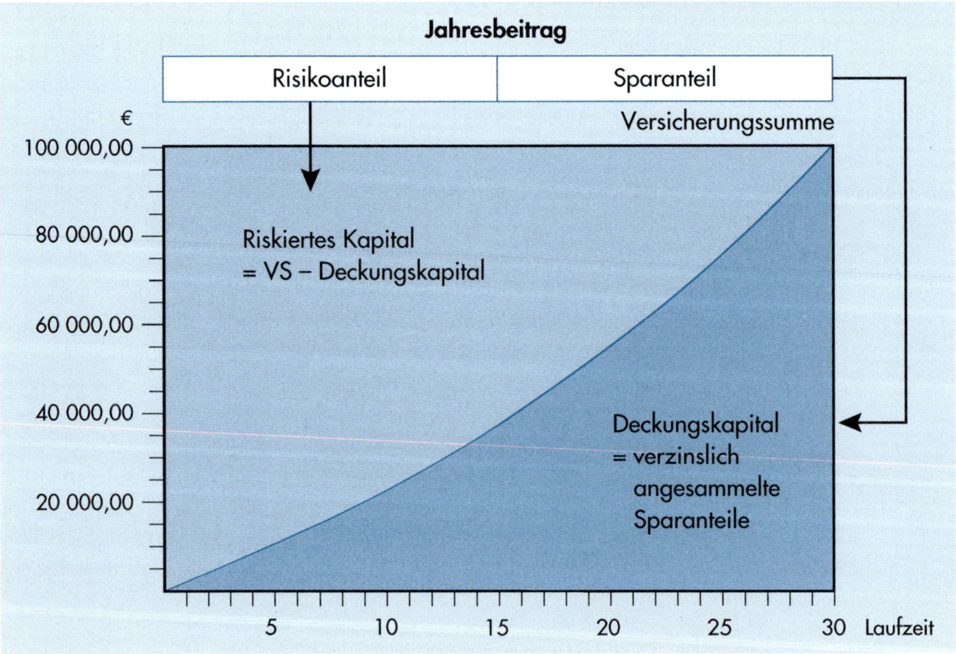

Für den VR ist das Risiko bei einer Versicherung gegen Einmalbeitrag wesentlich geringer, da das riskierte Kapital entsprechend kleiner ist als bei einer vergleichbaren Versicherung mit laufender Beitragszahlung.

➤ Deckungskapital zur Finanzierung der Todesfallleistung

Obwohl das Todesfallrisiko des Versicherten mit zunehmendem Alter steigt, bleiben die Beiträge zu einer Kapitallebensversicherung für die gesamte Versicherungsdauer unverändert (Ausnahme: Dynamisierung). Bei der Beitragskalkulation wird daher sowohl in der **Risikoversicherung** als auch in der **gemischten Lebensversicherung** der Risikobeitrag höher angesetzt, als es in den Anfangsjahren zur Deckung der rechnungsmäßigen Todesfälle nötig ist. Diese in den ersten Jahren zu viel erhobenen und noch nicht verbrauchten **Risikoanteile** werden ebenfalls in Form eines **Deckungskapitals** verzinslich angesammelt. Wenn im Laufe der Zeit die Todesfallleistungen die jährlichen Risikobeiträge übersteigen, wird der Fehlbetrag aus diesem Deckungskapital finanziert. Der für die fälligen Versicherungsleistungen **tatsächlich** benötigte Risikobeitrag (= natürlicher Beitrag) ist also in jedem Jahr verschieden, da er u. a. vom erreichten Lebensalter abhängt.

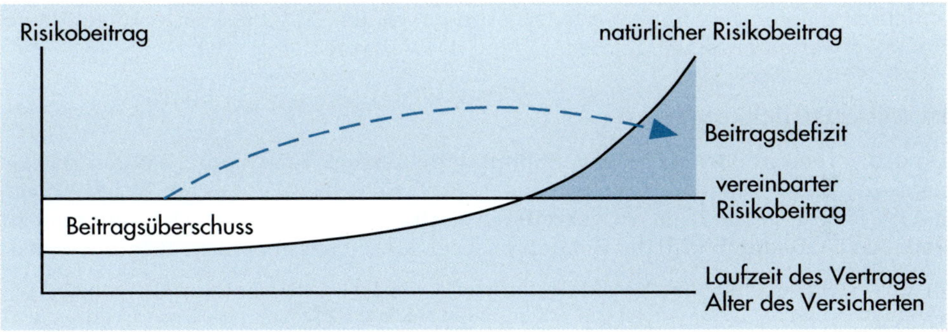

Das **Deckungskapital** einer **Risikoversicherung** ist während der ganzen Versicherungsdauer im Verhältnis zu den gezahlten Beiträgen sehr niedrig und bei Ablauf der Versicherung völlig aufgebraucht. Bei Risikoversicherungen mit kurzer Laufzeit und niedrigem Eintrittsalter wird sogar häufig gänzlich auf die Deckungskapitalbildung verzichtet, da sich in diesem Fall das Todesfallrisiko während der Laufzeit nur unwesentlich erhöht.

➤ Weitere Aufgaben des Deckungskapitals

- Grundlage für eine mögliche Vorauszahlung auf die Versicherungsleistung (»Policendarlehen«, vgl. C 6.2),
- Grundlage für die Berechnung der Rückvergütung, die dem VN bei vorzeitiger Vertragsbeendigung zusteht (vgl. C 6.4),
- Grundlage für die Berechnung der beitragsfreien VS bei vorzeitiger Einstellung der Beitragszahlungen (vgl. C 6.3),

b) Zillmerverfahren und Auswirkung auf das Deckungskapital

Beim Abschluss einer Lebensversicherung entstehen Kosten (z. B. Kosten der Risikoprüfung, Abschlussprovision für den Vermittler), die dem VN nicht gesondert in Rechnung gestellt werden, sondern in den zu zahlenden Beitrag einkalkuliert sind. Der Versicherer finanziert diese Kosten vor und erhält aus den Beitragszahlungen diesen vorfinanzierten Betrag ratenweise zurück.

Die Verrechnung der noch nicht getilgten Abschlusskosten erfolgt häufig in Anlehnung an ein nach dem Versicherungsmathematiker August Zillmer (1831–1893) benanntes Verfahren **(Zillmerung)**. Danach wird, vereinfacht ausgedrückt, das anwachsende Deckungskapital um die noch nicht getilgten Abschlusskosten vermindert **(= gezillmertes Deckungskapital).** Zu Beginn der Versicherung entsteht auf diese Weise zunächst ein negatives Deckungskapital. Bei einer vorzeitigen Vertragsbeendigung würde deshalb auch kein oder nur ein geringes Deckungskapital für die Rückvergütung an den Versicherungsnehmer zur Verfügung stehen.

Dem wird durch einen sog. **Höchstzillmersatz**, d.h. durch eine Begrenzung der Abschlusskosten und durch gesetzlich Vorschriften für einen **Mindestrückkaufswert** (siehe nachstehend c) entgegenwirkt.

DeckRV § 4

ALB § 14 (2)

Das Zillmerverfahren ist in der Deckungsrückstellungsverordnung (DeckRV) geregelt. Durch das Lebensversicherungsreformgesetz wurde der Höchstzillmersatz von zuvor 40‰ der Summe aller Beiträge auf 25‰ gesenkt.[1] Das bedeutet, dass ein VR in den ersten fünf Jahren der Vertragslaufzeit die Abschlusskosten nur in Höhe von bis zu 25‰ der Beitragssumme eines Lebensversicherungsvertrages in der Bilanz mit dem Deckungskapital (= Sparguthaben des VN) verrechnen kann. Der Gesetzgeber verspricht sich von dieser Senkung eine Verringerung der Abschlusskosten und höhere Rückkaufwerte bei vorzeitiger Beendigung des Vertrages.

c) Mindestrückkaufswert

VVG § 169 (3)

Da das vorbeschriebene Zillmerverfahren in den ersten Versicherungsjahren zu keinem bzw. nur geringen Deckungskapital führt, sieht das VVG einen **Mindestrückkaufswert** vor, der im Falle der **vorzeitigen Vertragsbeendigung durch Kündigung** zu erstatten ist. Dadurch wird das Zillmerverfahren als solches aber nicht ausgeschlossen.

Dem VN steht der Mindestrückkaufswert nicht zu, wenn der Vertrag durch den VR angefochten wird oder wenn der VR den Rücktritt erklärt, da in solchen Fällen ein erhebliches Verschulden des VN vorliegt.

§ 169 (5) S. 1

Bei einer Kündigung muss **mindestens** der Betrag des Deckungskapitals erstattet werden, der sich bei gleichmäßiger Verteilung der angesetzten Abschluss- und Vertriebskosten auf die ersten fünf Jahre ergibt. Von diesem Betrag können weitere **Abzüge** vorgenommen werden, die allerdings zuvor vereinbart sein müssen. Sie müssen ferner beziffert und angemessen sein.

ALB § 12 (3), (5)

Die Verteilung der Abschluss- und Vertriebskosten in gleichmäßigen Jahresbeiträgen über einen Zeitraum von 5 Jahren ist in die ALB übernommen worden. Ferner sind dort die gestatteten Abzüge geregelt, womit sie Vertragsbestandteil werden. Ihre Bezifferung ist in der Werteentwicklung des Versicherungsscheins dargestellt.

Durch die Abzüge wird die Veränderung folgender Umstände infolge der vorzeitigen Vertragsbeendigung berücksichtigt:

- Veränderung der Risikolage

  Jüngere Versicherte verlassen die Risikogemeinschaft eher als ältere, so dass sich das Risiko innerhalb der Risikogemeinschaft verschiebt.

- Ausgleich für kollektiv gestelltes Risikokapital

  Bei vorzeitiger Vertragsauflösung geht der Risikogemeinschaft Kapital verloren, mit dem Garantien und Optionen finanziert werden können. Durch diesen Abzug soll hierfür ein Ausgleich erfolgen.

---

1 Der diesbezüglich in den Bedingungen von Proximus 3 angegebene Satz von 4 % ist veraltet.

- Beteiligung an den außerplanmäßigen Kosten für die Sachbearbeitung
  Die Bearbeitung der Kündigung ist mit zusätzlichem Aufwand verbunden.
  Der Abzug entfällt, wenn während der letzten 5 Jahre vor dem vorgesehenen Rentenbeginn gekündigt wird und die versicherte Person dann mindestens 59 Jahre alt ist.

Ein Abzug für die noch nicht getilgten Abschlusskosten ist nicht zulässig. Der VR bekommt also im Falle der vorzeitigen Vertragsbeendigung durch Kündigung nur den Teil der Abschlusskosten erstattet, der durch die bis dahin gezahlten Beiträge gedeckt wurde. VVG § 169 (5) S. 2

5.1.2 Kapitalanlagen

a) Sicherungsvermögen

Die Deckungskapitalsummen aus allen Verträgen eines Lebensvesicherers wird zum Bilanzstichtag (i. d. R. 31. Dez.) berechnet und geht als **Deckungsrückstellung** auf die Passivseite der Bilanz ein. Die Deckungsrückstellung bildet als Teil des Fremdkapitals üblicherweise den größten Passivposten in der Bilanz. VAG § 65

Die entsprechenden Vermögenswerte, in die das Deckungskapital investiert (angelegt) wird, stellen einen Teil des auf der Aktivseite auszuweisenden **Sicherungsvermögens** dar. § 66

Zu fondsgebundenen Lebensversicherungen wird der Teil des Sicherungsvermögens, in das die Sparbeiträge zur Kapitalanlage geflossen sind, als **Anlagestock** bezeichnet. § 54 b (1)

Das Sicherungsvermögen ist Teil des sog. **gebundenen Vermögens**, zu dem auch andere Rückstellungen, wie z. B. die Rückstellung für Beiragsrückerstattung, zählen (sog. **Sonstiges gebundenes Vermögen**). In die Rückstellung für Beitragsrückerstattung werden Überschüsse eingestellt, die im Rahmen der Gewinnbeteiligung an die VN auszuschütten sind (vgl. C 5.3).

b) Anlagegrundsätze und Anlageformen für das gebundene Vermögen

Vorbemerkung: § 54 b (3)

Die nachstehend beschriebenen Bestimmungen des VAG und der Anlagenverordnung (AnlV) zu Anlagegrundsätzen und Anlageformen gelten nicht für den Anlagstock der fondsgebundenen Lebensversicherung, es sei denn, sie schließen eine garantierte Mindestleistung ein.

Kurzgefasst: Die nachstehenden Vorschriften gelten für alle Lebensvesicherungsformen mit einer Garantieleistung (i. d. R. ist dies die Garantieverzinsung in Höhe des Rechnungszinsfußes).

➤ Anlagegrundsätze

Das gebundene Vermögen muss vom VR so angelegt werden, dass möglichst hohe **Sicherheit** und **Rentabilität** bei jederzeitiger Liquidität unter Wahrung einer angemessenen **Mischung** und **Streuung** erreicht wird. § 54 (1) AnlV §§ 1,2

- **Sicherheit**

Die Erfüllbarkeit der Verträge muss jederzeit gewährleistet sein. Es dürfen keine Spekulationsgeschäfte getätigt werden.

- **Rentabilität**

Es müssen Erträge erwirtschaftet werden, die eine angemessene Überschussbeteiligung der VN ermöglichen.

- **Liquidität**

Die Zahlungsfähigkeit auch zur Erfüllung kurzfristig fälliger Verbindlichkeiten muss ständig gewährleistet sein.

- **Mischung**

AnlV § 3 Durch die Mischung verschiedener Anlagearten soll das Risiko verteilt und begrenzt werden.

- **Streuung**

§ 4 Auch innerhalb der einzelnen Anlagearten muss eine Risikoverteilung nach Branchen und Fälligkeiten vorgenommen werden.

➤ Anlageformen für das gebundene Vermögen

§ 2 Zu den erlaubten **Anlageformen** für das gebundene Vermögen gemäß AnlV gehören u. a.:

- Forderungen, für die Grundpfandrechte eingeräumt wurden,
- bestimmte festverzinsliche Wertpapiere,
- Vorauszahlungen auf die Versicherungssumme (vgl. C 6.2),
- Darlehen an Bund, Länder und Gemeinden,
- Grundstücke und Gebäude,
- § 3 (3) Aktien, Investmentfonds und ähnliche Beteiligungen (zusammen bis höchstens 35 % des Sicherungsvermögens und des sonstigen gebundenen Vermögens),
- Festgelder, Termingelder und Spareinlagen.

Exkurs: Öffnungsklausel

§ 2 (2) § 3 Nr. 4 Aufgrund der sog. **Öffnungsklausel** können bis zu 5 % des Sicherungsvermögens und des sonstigen gebundenen Vermögens auch in andere als die nach dem Anlagekatalogzulässigen Formen bzw. über die im Anlagekatalog genannten Grenzen hinaus investiert werden.

Die Vergabe von Konsumenten- und Betriebsmittelkrediten sowie die Anlage in beweglichen Sachen und immateriellen Vermögensgegenständen ist aber nach wie vor ausgeschlossen.

---

c) Ausschüttungssperre und Stärkung der Eigenkapitalbasis

Um sicherzustellen, dass die Lebensversicherer ihre Garantieverpflichtungen auch bei dauerhaft niedrigen Zinsen erfüllen können, sieht das Lebensversicherungsreformgesetz vom 1. Aug. 2014 für bestimmte Fälle eine Ausschüttungssperre für Dividenden vor. Damit soll verhindert werden, dass Dividenden an die Aktionäre ausgeschüttet werden können, obwohl diese Mittel zur Sicherung der Garantien benötigt werden.

Durch eine Novelle des VAG sollen ab 2016 die europaweiten Vorschriften Solvency II auch für die deutsche Versicherungsbranche gelten. Damit geht bei den Unternehmen u. a. eine Stärkung der Eigenkapitalbasis einher, um die Versicherer krisenfester zu machen.

Aktiva	Bilanz einer Lebensversicherungs-AG	Passiva

Aktiva

- Ausstehende Einlagen auf das gezeichnete Kapital
- Immaterielle Vermögensgegenstände
- Kapitalanlagen

Kapitalanlagen		
Grundstücke, Hypotheken und Grundschuldforderungen, Rentenschuldforderungen, Namensschuldverschreibungen, Schuldscheinforderungen und -darlehen, Schuldbuchforderungen, Vorauszahlungen auf Versicherungsscheine, sonstige Wertpapiere und Anteile, Fest-, Termin- und Spargelder.	Sicherungsvermögen	Gebundenes Vermögen
	Sonstiges gebundenes Vermögen	Gebundenes Vermögen
	ungebundenes Vermögen	

- Forderungen und sonstige Vermögensgegenstände

Passiva

- Eigenkapital
  - gezeichnetes Kapital
  - Rücklagen
- Versicherungstechnische Rückstellungen

Versicherungstechnische Rückstellungen	
Deckungsrückstellung	Versicherungstechnisches Fremdkapital
Rückstellung für Beitragsrückerstattung (vgl. C 5.3.5) und andere versicherungstechnische Rückstellungen	Versicherungstechnisches Fremdkapital

- Andere Rückstellungen
- Andere Verbindlichkeiten

Lernkontrollen zu C 5.1

Beitragsverwendung

1 Erläutern Sie Aufgaben und Zusammensetzung des Deckungskapitals in der gemischten Lebensversicherung.

2 Der Versicherungsmathematiker August Zillmer hat im vorigen Jahrhundert ein Verfahren entwickelt, das bis heute von den meisten Lebensversicherern angewandt wird.

a) Erläutern Sie den Zweck dieses sog. Zillmerverfahrens.

b) Erläutern Sie die Auswirkungen der Zillmerung auf das Deckungskapital.

c) Bei vorzeitiger Beendigung des Vertrages durch Kündigung sieht das VVG in § 169 Abs. 3 einen Mindestrückkaufswert vor. Womit wird der Mindestrückkaufswert begründet und wie wird er berechnet?

d) Erläutern Sie die Bedeutung des Höchstzillmersatzes.

3 Erläutern und begründen Sie die dargestellten Kurvenverläufe einer dynamischen Lebensversicherung. Vergleichen Sie die Entwicklungen mit einer gemischten Lebensversicherung ohne Dynamik.

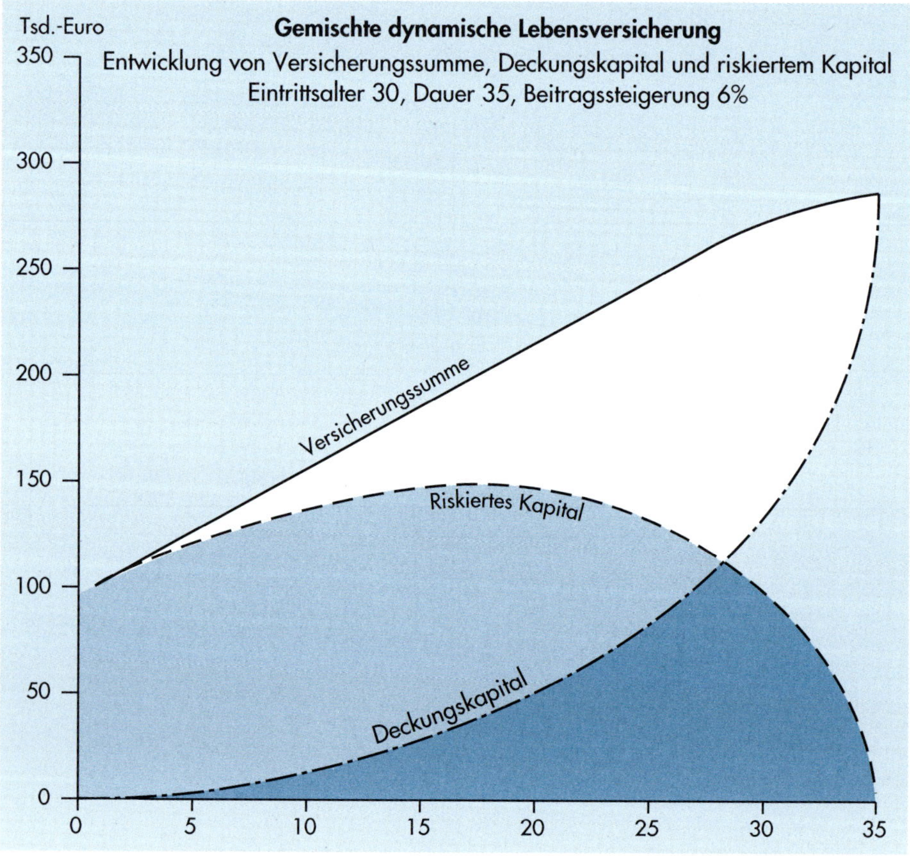

4 Erläutern und begründen Sie, ob es hinsichtlich der Beitragshöhe Unterschiede zwischen einer Lebensversicherung auf verbundene Leben und einer herkömmlichen Lebensversicherung bei sonst gleichen Bedingungen gibt.

5 Vergleichen Sie für die folgenden Fälle die Höhe des Risikos für den VR, wenn Eintrittsalter, VS und Laufzeit bei beiden Versicherungsarten übereinstimmen:

a) Risikoversicherung – gemischte Lebensversicherung

b) gemischte Lebensversicherung mit laufender Beitragszahlung – gemischte Lebensversicherung gegen Einmalbeitrag

Begründen Sie Ihre Aussagen.

6 Deckungsrückstellung, Kapitalanlagen

a) Erläutern Sie die Begriffe Deckungskapital, Deckungsrückstellung, Sicherungsvermögen.

b) Erläutern Sie die Möglichkeiten und Grundsätze, die vom VR bei der Anlage des Sicherungsvermögens beachtet werden müssen.

7 Die Versicherungsnehmerin Hannelore Frohme erscheint im Büro der Agentur Hilmar Krause mit folgendem Anliegen: Sie wünscht eine Vertragsänderung dergestalt, dass die Vertragslaufzeit mit Wirkung vom 01. April 2015 um 10 Jahre verlängert wird. Sie sei dann bei Fälligkeit der Lebensversicherung 55 Jahre und wolle die Erlebensfall-Leistung für ihren geplanten vorzeitigen Ruhestand mit heranziehen.

- **Auszug aus dem Vertragsspiegel**

Kapitallebensversicherung auf den Todes- und Erlebensfall
Versicherte Person: Hannelore Frohme, geb. am 05. April 1978
Versicherungssumme: 200 000,00 €
Versicherungsbeginn: 01. April 2008
Versicherungsdauer: 15 Jahre
Zusatzvereinbarungen: keine

- **Arbeitsauftrag**

a) Erläutern Sie Frau Frohme die Auswirkungen der Laufzeitverlängerung
   – auf den dann zu zahlenden Versicherungsbeitrag,
   – auf den Sparanteil,
   – auf den Risikoanteil,
   – auf das vorhandene Deckungskapital.

b) Können Sie Frau Frohme die Möglichkeit der Vertragsverlängerung bestätigen, wenn sie diese durchführen möchte?

8 Sie sind Mitarbeiter/-in der Proximus Versicherung AG. Sie werden mit der Bearbeitung des folgenden Kundenschreibens beauftragt.

Auszug:

Ihrem Geschäftsbericht habe ich entnommen, dass die in Ihrer Bilanz ausgewiesenen »Sonstigen Kapitalanlagen« nur zu 15 % aus Aktien und Investmentanteilen bestehen. Der Rest ist in festverzinslichen Wertpapieren, Schuldverschreibungen, Darlehen usw. angelegt. Gerade in den letzten Jahren sind aber mit Aktien zwei- und zum Teil dreistellige Renditen zu erzielen gewesen. Einer Gesellschaft, die sich solche lukrativen Anlagemöglichkeiten entgehen lässt und dadurch ihre Versicherten schädigt, werde ich künftig keinen Cent mehr anvertrauen …

- **Arbeitsauftrag**

Entwerfen Sie ein kundenorientiertes Antwortschreiben.

5.2 Überschussquellen

VAG § 11

VAG-Entwurf § 138

Aufgrund der langen Vertragslaufzeiten (im Durchschnitt 28 Jahre) sind mögliche Veränderungen bei den Risikoverhältnissen, den Kapitalmarktbedingungen und der Kostenentwicklung für den VR nicht vorhersehbar. Um trotzdem bei konstanter Beitragshöhe die **dauernde Erfüllbarkeit der Verträge** sicherzustellen und die zugesagten Versicherungsleistungen in jedem Fall erbringen zu können, werden die Beiträge äußerst vorsichtig kalkuliert.

Dieses Vorgehen führt zu überhöhten Beiträgen, aufgrund derer erhebliche Überschüsse entstehen.

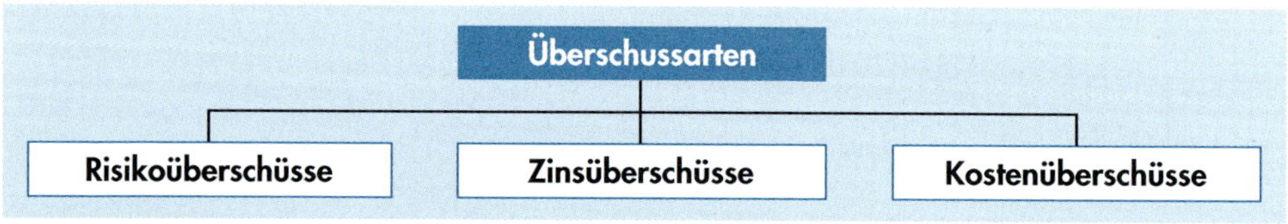

5.2.1 Risikoüberschüsse

Riskoüberschüsse entstehen, wenn in Wirklichkeit weniger Versicherungsfälle eintreten, als bei der Kalkulation des Risikobeitrags angenommen wurde.

Im Zusammenhang mit dem Todesfallrisiko ergeben sich sog. **Sterblichkeitsüberschüsse**, da der Risikobeitrag u. a. aus folgenden Gründen zu hoch bemessen ist:

- Die **Lebenserwartung** der Bevölkerung ist in den letzten Jahren gegenüber den in den Sterbetafeln der Versicherungswirtschaft ausgewiesenen Werten weiter gestiegen.
- Aufgrund der **Risikoauslese** (Gesundheitsprüfung u. a.) fällt das Todesfallrisiko bei den Versicherten geringer als in der Sterbetafel aus.
- Es wird eine **modifizierte Sterbetafel** verwendet, bei der Sicherheitszuschläge in Form einer Alterserhöhung berücksichtigt sind. Wegen dieser fiktiven Alterserhöhung ist das tatsächliche Todesfallrisiko geringer als das angenommene.

Die Risikoüberschüsse tragen im Durchschnitt mit 20 % zur Überschusssumme bei.

Aufgrund des Lebensversicherungsreformgesetzes vom 1. August 2014 ist die Mindestbeteiligung der VN an den Risikoüberschüssen von vorher 75 % auf 90 % gestiegen. Dies gilt für alle Verträge, die ab 2015 fällig werden.

5.2.2 Zinsüberschüsse

Bei der Beitragskalkulation zur kapitalbildenden Lebensversicherung wird die Höhe des Sparanteils so hoch angesetzt, dass eine Verzinsung zum Rechnungszinsfuß (seit 01.01.2015: 1,25 %) ausreicht, um bis zum Laufzeitende das Deckungskapital auf die Höhe der VS anwachsen zu lassen.

Die tatsächliche Verzinsung der vom Versicherer zinsbringend angelegten Sparanteile ist in der Regel höher.

Die Differenz zwischen tatsächlicher und kalkulierter Verzinsung hat als sog. **Zinsüberschüsse** den größten Anteil (ca. 80 %) an der Summe der Überschüsse.

5.2.3 Kostenüberschüsse

Sind beispielsweise die tatsächlichen Verwaltungkosten geringer als die kalkulierten (z. B. durch Rationalisierung), entstehen sog. **Verwaltungskostenüberschüsse**. Diese werden allerdings – insbesondere bei Versicherern mit Außendienst – großenteils zur Deckung der außerrechnungsmäßigen Abschlusskosten benötigt, da i.d.R. höhere Abschlusskosten anfallen, als rechnungsmäßig durch den einmaligen Abschlusskostensatz berücksichtigt sind. Der Beitrag der Kostenüberschüsse zu den Gesamtüberschüssen ist daher gering.

5.3 Überschussbeteiligung und Überschussverteilung

5.3.1 Grundsatz

Die VN haben einen Rechtsanspruch auf die Rückgewährung der zuviel erhobenen Beitragsteile. Regelmäßig sind zu den verschiedenen Formen der Lebensversicherung die Grundsätze und Maßstäbe für die Überschussbeteiligung in § 2 der jeweiligen Allgemeinen Versicherungsbedingungen dargestellt. ALB § 2

Grundlage für den **Umfang der Überschussbeteiligung** sind einschlägige Bestimmungen im VAG und insbesondere die dazu erlassene Verordnung über die Mindestbeitragsrückerstattung in der Lebensversicherung (MindZV). VAG §§ 56 a *VAG-Entwurf § 140*

Bei Verträgen, die im Sinne der MindZV als sog. Altbestand gelten, sowie beim Neubestand sind nach Abzug der rechnungsmäßigen Zinsen und der Direktgutschrift (vgl. C 5.3.4) mindestens 90 % der Nettokapitalerträge der **Rückstellung für Beitragsrückerstattung** (RfB, vgl. C 5.3.5) zuzuführen (= **Mindestzuführung**), wenn sie als überschussberechtigt gelten. Allerdings muss der VR die Versicherten dann auch an positiven Überschüssen aus anderen Überschussquellen (z. B. Risikoüberschüsse) beteiligen. Die Mindestzuführung zur RfB aus dem Risikoergebnis beträgt 75 % und aus dem übrigen Ergebnis 50 %. Für Pensionskassen gelten in diesem Zusammenhang noch besondere Vorschriften. Eine Besonderheit gilt hinsichtlich der Beteiligung an den stillen Reserven (vgl. C 5.3.2). MindZV §§ 2, 4 (3)

5.3.2 Beteiligung an den Bewertungsreserven

Sieht der Vertrag eine Überschussbeteiligung vor, bezieht sich die Überschussbeteiligung nicht nur auf den im Jahresabschluss festgestellten Überschuss sondern auch auf die Bewertungsreserven (stille Reserven). VVG § 153 (1)

Das VVG folgt insoweit den Vorgaben des Bundesverfassungsgerichtes, wonach der VN an den Bewertungsreserven zu beteiligen ist, da diese Vermögenswerte duch seine Beitragszahlungen geschaffen wurden.

Stille Reserven entstehen durch Unterbewertung von Akiva und Überbewertung von Passiva.

Die Bewertungsreserven sind zukünftig jährlich neu zu ermitteln und nach einem verursachungsorientierten Verfahren rechnerisch zuzuordnen. Bei Vertragsbeendigung vor August 2014 wurde der ermittelte Betrag zur Hälfte zugeteilt und ausgezahlt. § 153 (3)

Aufgrund des Lebensversicherungsreformgesetztes vom 1. Aug. 2014 wurde die Pflicht zur Beteiligung der VN an den Bewertungsreserven gelockert. Während ein ausscheidender VN an den Bewertungsreserven von Aktien und Immobilien nach wie vor zur Hälfte beteiligt werden muss, gilt für die Bewertungsreserven auf festverzinsliche Wertpapiere (= mehr als 85% aller Kapitalanlagen der VR) folgende Regelung:

Gerät der VR in finanzielle Schwierigkeiten, so dass er bei Ausschüttung der Bewertungsreserven seine Garantieleistung gegenüber anderen Kunden nicht erfüllen könnte, ist er von der Pflicht befreit, einen jetzt ausscheidenden VN an den Bewertungsreserven für festverzinsliche Wertpapiere zu beteiligen. Durch diese Vorschrift will der Gesetzgeber zur finanziellen Stabilisierung der VR beitragen, um die zugesagten Garantieleistungen für die Bestandskunden trotz der Niedrigzinsphase zu sichern.

Diese Regelung, die bei VN mit jetzt fälliger Ablaufleistung zu Ertragseinbußen führen kann, wird wie folgt begründet:

Bewertungsreserven bei festverzinslichen Wertpapieren entstehen dann, wenn der gegenwärtige Börsenkurs die Anschaffungskosten übersteigt. Festverzinsliche Wertpapiere, die ein VR vor Beginn der Finanzkrise erworben hat, weisen einen vergleichsweise hohen Nominalzins auf. Demzufolge werden solche Papiere in der gegenwärtigen Niedrigzinsphase zu hohen Kursen an der Börse gehandelt. Werden die Wertpapieren aber nicht verkauft, entsteht für den VR durch die Kurssteigerung lediglich ein Buchgewinn. Da ein VR solche Papiere üblicherweise bis zum Ende der Laufzeit in seinem Bestand hält und die zwischenzeitlichen Buchgewinne nicht realisiert, würde die Beteiligung der VN an den Bewertungsreserven zu einer erheblichen Liquiditätsbelastung für den VR führen. Die Rückzahlung der Wertpapiere am Fälligkeitstag erfolgt nämlich lediglich zu ihrem Nennwert.

Der beim VR verbleibende Teil an Bewertungsreserven dient als Risikopuffer, um Schwankungen des Kapitalmarktes auszugleichen. Insofern hat das Verfahren eine gewisse Ähnlichkeit mit der Zuteilung aus der Rückstellung für Beitragsrückerstattung.

Übersicht: Rückflüsse an die Versicherten

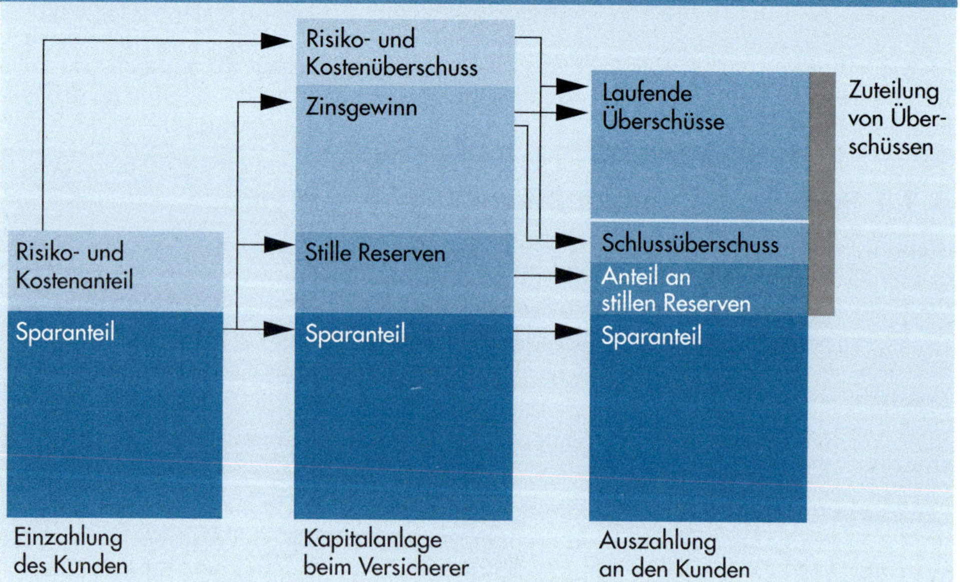

Quelle: Finanztest 8/2008, S. 45

5.3.3 Abrechnungsverbände

Um die einzelnen VN möglichst verursachungsgerecht an den mit ihren Beiträgen erzielten Überschüssen zu beteiligen, erfolgt die Überschussermittlung getrennt nach Versicherungsarten bzw. Tarifen. Gleichartige Versicherungen werden dabei zu einem sog. **Abrechnungsverband** zusammengefasst. Der Abrechnungsverband, dem die jeweilige Versicherung angehört, ist in den Versicherungsbedingungen angegeben.

In der Praxis bestehen u. a. solche Abrechnungsverbände für Einzel-Kapitallebensversicherungen, vermögensbildende Versicherungen, fondsgebundene Lebensversicherungen, Rentenversicherungen und Berufsunfähigkeitsversicherungen.

5.3.4 Direktgutschrift

Die VR sind bestrebt, die Überschüsse möglich verursachungsgerecht und zeitnah zuzuteilen (sog. **natürliches Verteilungsverfahren**). In diesem Zusammenhang kennt man die Direktgutschrift.

Danach wird ein Teil der zuviel erhobenen Beiträge noch im selben Jahr als sog. **Sofortbeteiligung** den Versicherungsnehmern wieder gutgeschrieben. Die Direktgutschriften werden hierfür von den Beträgen, die als Mindestzuführung zur Rückstellung für Beitragsrückerstattung ermittelt wurden, abgezogen.

MindZV § 4 (6)

5.3.5 Rückstellung für Beitragsrückerstattung (RfB)

Die nach Zuteilung der Direktgutschrift verbleibenden Überschüsse werden zunächst der **Rückstellung für Beitragsrückerstattung** (RfB) zugeführt und den Versicherungsnehmern mit einer zeitlichen Verzögerung von zwei Jahren sowie im Rahmen der Beteiligung an den stillen Reserven gutgeschrieben.

VAG § 56 a (3) *VAG-Entwurf § 140*

Die Höhe der Überschussanteile, die in jedem Jahr zulasten der RfB den Versicherungsnehmern gutzuschreiben sind (= teilweise Auflösung der RfB), wird ein bis zwei Jahre vorher durch eine sog. **Vorausdeklaration** im Geschäftsbericht des Versicherers veröffentlicht.

Durch die um den sog. **Deklarationszeitraum** verzögerte Zuteilung der in der laufenden Periode entstandenen Überschüsse erhält die RfB die Funktion eines Puffers. Eine vorübergehende Minderung des Bruttoergebnisses zwingt deshalb nicht zu einer kurzfristigen Anpassung der bisherigen Beteiligungssätze. Schwankungen können vielmehr dadurch ausgeglichen werden, dass der VR jeweils nur einen Beteiligungssatz festlegt, der die RfB niemals vollständig ausschöpft. Um aber eine zu hohe Ansammlung von Überschüssen in der RfB zu verhindern, gilt für die RfB eine von der BaFin festgelegte Höchstgrenze. Dadurch werden die VR zu einer regelmäßigen und nicht allzu zeitfernen Ausschüttung der Überschussanteile gezwungen.

5.3.6 Schlussüberschussanteil

Aufgrund der Tatsache, dass dem VN auch in den letzten Versicherungsjahren Überschussanteile zustehen, die durch die zeitlich verzögerten Entnahmen aus den RfB erst später zur Auszahlung gelangen, wird bei Beendigung der Versicherung durch Ablauf oder vorzeitigen Tod ein Schlussüberschussanteil (**Nachdividende**) fällig. Außerdem sollen damit die auf den Vertrag entfallenden restlichen Überschussanteile abgegolten werden, die dadurch entstehen, dass zur Vermeidung von Schwankungen bei der Höhe der Überschussanteile der jährliche Entnahmesatz aus den RfB geringer festgelegt wird, als es den tatsächlich erzielten Überschüssen entspricht. Üblicherweise beträgt der Schlussüberschussanteil weniger als 5 % der VS.

Übersicht: Überschussbeteiligung

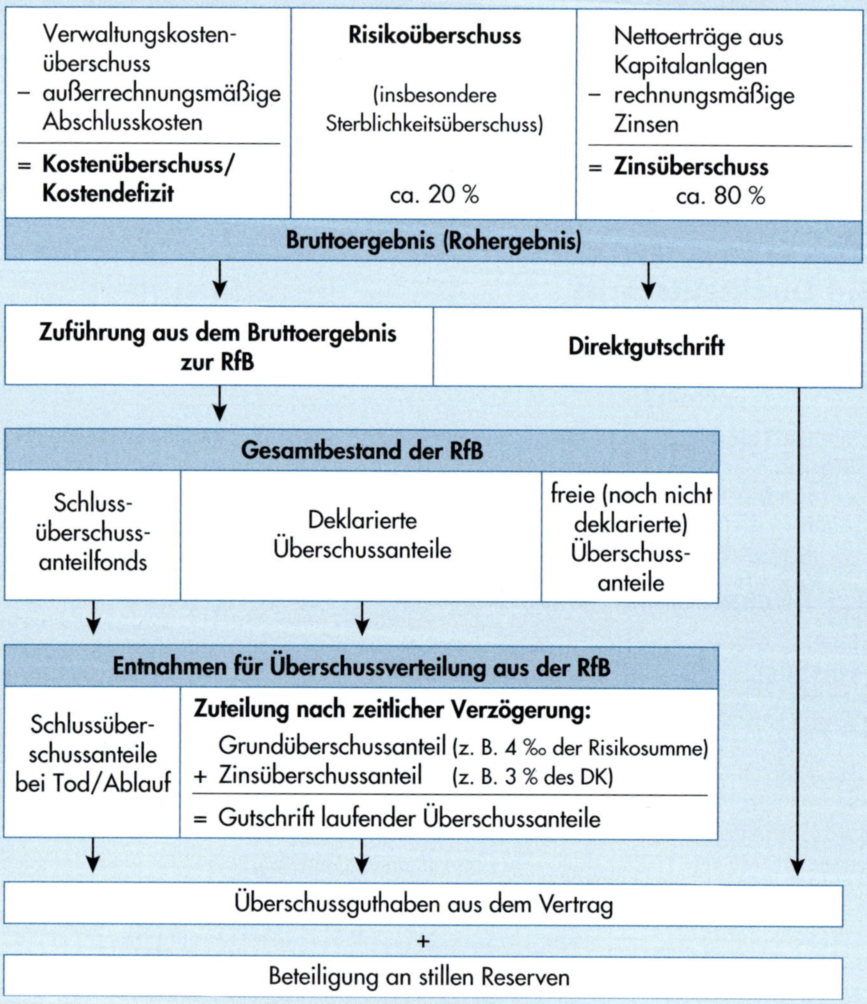

5.3.7 Modellrechnung, Angabe der effektiven Kosten und jährliche Unterrichtung

Die früher in der Versicherungspraxis eingesetzten Beispielrechnungen zur Überschussentwicklung waren ohne gesetzliche Regelung und deshalb untereinander nur schwer vergleichbar.

VVG § 154 (1) Nach dem VVG sind die VR verpflichet, eine normierte Modellrechnung aufzustellen, in der die mögliche Ablaufleistung unter Zugrundelegung der Rechnungsgrundlagen für die Prämienkalkulation mit drei verschiedenen Zinssätzen dargestellt wird. Dies gilt nicht für Risikoversicherungen und fondsgebundene Lebensversicherungen.

§ 155 Ferner sieht das VVG eine jährliche Unterrichtung in Textform über die Entwicklung der Ansprüche unter Einbeziehung der Überschussbeteiligung vor.

In der »Verordnung über Informationspflichten bei Versicherungsverträgen (VVG-Informationspflichtenverordnung«, abgek. VVG-InfoV) ist die jährliche Informationspflicht geregelt (vgl. A 3.3). VVG-InfoV § 2

Aufgrund des Lebensversicherungsreformgesetztes müssen Lebensversicherungsverträge seit 2015 eine Kennzahl zur tatsächlichen Kostenbelastung enthalten. Solche Angaben waren für die staatlich geförderten Riester-Verträge schon immer vorgeschrieben. Dabei muss der Betrag angegeben werden, um den sich die Rendite einer Kapitallebensversicherung durch die Abschlusskosten insgesamt verringert. Allerdings sind solche Angaben nur dann aussagefähig, wenn der Vertrag bis zum Ende der Laufzeit durchgehalten wird. Die tatsächliche Höhe der Abschlussprovisionen muss nicht genannt werden.

5.3.8 Überblick über wesentliche Änderungen durch das Lebensversicherungsreformgesetz (LVRG) vom 01. August 2014

Die weltweite Finanz- und Wirtschaftskrise seit 2008 hat zu einer extremen Niedrigzinspolitik der Zentralbanken geführt. Dadurch haben sich die Rahmenbedingungen für die LV-Unternehmen enorm verschlechtert. LV-Unternehmen investieren die Sparbeiträge ihrer Kunden großenteils in sichere Anlageformen wie Staatsanleihen. Diese festverzinslichen Wertpapiere sind aber derzeit nur mit einem sehr niedrigen Zinssatz ausgestattet. Angesichts der nur gering verzinsten Kapitalneuanlagen wird es für die LV-Unternehmen zunehmend schwieriger, die in früheren Jahren den Kunden vertraglich zugesicherte Garantieverzinsung zu gewährleisten. Vor diesem Hintergrund hat der Gesetzgeber im August 2014 das Lebensversicherungsreformgesetz (LVRG) mit folgenden wesentlichen Neuregelungen erlassen:

Vorteile für VN	Nachteile für VN
Ausschüttungssperre für Dividenden bei Gefährdung der vertraglichen Garantieleistungen Zweck: Sicherung der den VN garantierten Leistungen hat Vorrang vor der Gewinnbeteiligung der Aktionäre	Absenkung des Höchstrechnungszinsfußes (Garantiezins) von 1,75 % auf 1,25 % ab 2015 Zweck: Anpassung der garantierten Leistungen an das Niedrigzinsumfeld
Angabe der Auswirkungen der Abschluss- und Vertriebskosten auf die Rendite der Lebensversicherung Zweck: Erhöhung der Transparenz (Die genaue Höhe der Abschluss- und Vertriebskosten muss aber nicht angegeben werden.)	Bei Kündigung oder Vertragsablauf: Absenkung der Beteiligung an den Bewertungsreserven festverzinslicher Wertpapiere Zweck: Sicherung der garantieren Leistungen für Bestands- und Neukunden zulasten der ausscheidenden Kunden
Absenkung des Höchstzillmersatzes von 40 ‰ der Beitragssumme während der Vertragslaufzeit auf 25 ‰ Zweck: Senkung der Abschlusskosten und Erhöhung des Rückkaufswertes	
Erhöhung der Mindestbeteiligung der VN an den Risikoüberschüssen von 75 % auf 90 % für alle Verträge, die ab 2015 fällig werden	

Lernkontrollen zu C 5.2 und C 5.3

Überschussquellen und Überschussverteilung

1 Erläutern Sie Quellen und Ursachen der Überschussentstehung in der gemischten Lebensversicherung.

2 Warum kann in der gemischten Lebensversicherung zwar die VS, nicht aber die Ablaufleistung garantiert werden?

3 Vergleichende Untersuchungen über die Leistungsfähigkeit verschiedener Lebensversicherer führen immer wieder zu dem Ergebnis, dass die Tarifbeiträge bei gleicher VS in der gemischten Lebensversicherung annähernd gleich hoch sind. Die Ablaufleistungen in Vergangenheit und Zukunft weichen dagegen teilweise erheblich voneinander ab. Erklären Sie diese Untersuchungsergebnisse.

4 Direktgutschrift

a) Erläutern Sie die Beitragsrückerstattung in Form der Direktgutschrift.

b) Welche Vorteile bietet dieses Verfahren für den VN?

c) Warum werden nicht sämtliche Überschüsse, die den Versicherungsnehmern zustehen, in dieser Form gutgeschrieben?

5 Erläutern Sie Entstehung, Zusammensetzung und Verwendung der Rückstellung für Beitragsrückerstattung (RfB).

6 Sie sind Mitarbeiter/-in der Proximus Versicherung AG. Sie werden mit der Bearbeitung des folgenden Kundenschreibens beauftragt.

Auszug:

Vielen Dank für die Zusendung der Übersicht über die diesjährige Gewinngutschrift. Die darin enthaltene Berechnung meines Gewinnguthabens ist aber m. E. fehlerhaft. Ich habe bisher 6 Jahre lang einen Jahresbeitrag von 1 500,00 €, also insgesamt 9 000,00 € geleistet. Das ausgewiesene Guthaben, bestehend aus Deckungskapital und Gewinnguthaben, beträgt aber nur 6 800,00 €. Ich bitte um Überprüfung und Zusendung einer neuen Bescheinigung …

- **Arbeitsauftrag**
  Entwerfen Sie ein kundenorientiertes Antwortschreiben.

7 Die aus den Deckungskapitalien getätigten Kapitalanlagen von 1,75 Mrd. € erbrachten in einem Geschäftsjahr einen Zinsertrag von 80 Mio. €.

a) Um wie viel tausend € weicht der erzielte Zinsgewinn von dem mit 1,25 % kalkulierten und ab 2015 gültigen rechnungsmäßigen Zins ab?

b) Wie viel € stehen noch für die RfB und sonstige Zwecke zur Verfügung, nachdem die Versicherten der Gewinngruppe eine Direktgutschrift aus dem Zinsgewinn in Höhe von 1 % ihres Deckungskapitals erhalten haben?

8 Ein Lebens-VR erzielte in einem Geschäftsjahr Zinserträge in Höhe von 277,02 Mio. € durch die aus den Deckungskapitalien getätigten Kapitalanlagen von 4860 Mio. €.

a) Um wie viel Prozentpunkte weicht der erzielte Zinssatz vom rechnungsmäßig ab 2015 vorgesehenen Zinssatz von 1,25 % ab?

b) Die Direktgutschrift aus dem Zinsgewinn entspricht 1 % der Deckungskapitalien. Vom verbleibenden Zinsgewinn werden 3 % für zugesagte Versicherungsleistungen abgezogen und der Rest in die RfB eingestellt. Wie hoch sind Direktgutschrift und RfB?

5.4 Überschussverwendung

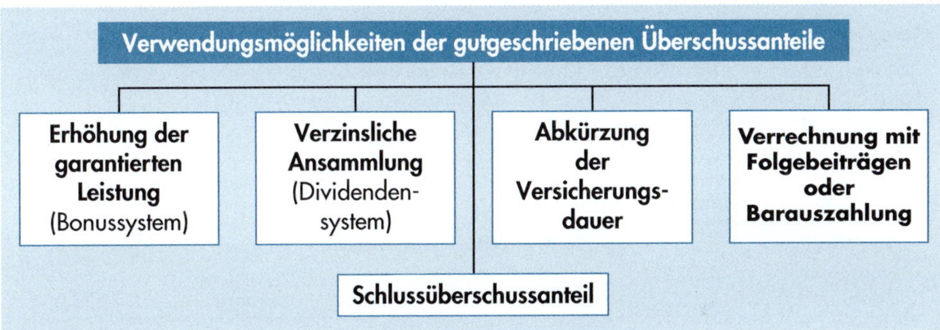

Regelungen zur Überschussverwendung in den Allgemeinen Versicherungsbedingungen	
Verzinsliche Ansammlung während der Aufschubzeit bzw. Vertragsdauer	ABV-Basis-Rente § 2 (3) (b) AVB-aufgesch. Rente § 2 (2) (c)
Verzinsliche Ansammlung oder Beitragsverrechnung oder Barauszahlung	ALB § 2 (4) (f)
Beitragsverrechnung	AVB-Risiko § 2 (3) (c)
Bonusrente	AVB-SBV § 3 (3) (c)
Variable Gewinnrente (Zusatzrente) nach Rentenbeginn	AVB-aufgesch. Rente § 2 (2) (c) AVB-FLV § 2 (3) (c)
Verzinsliche Ansammlung	AVB-AltZG § 2 (3) (c)

5.4.1 Erhöhung der garantierten Leistung (Bonussystem)

Die Erhöhung der garantierten Leistung ist eine weit verbreitete Verwendungsart der Überschüsse. Die dem VN jährlich zugeteilten Überschussanteile werden dabei jedes Mal als Einmalbeitrag für eine Erhöhung der VS (= **Bonussumme**) bzw. der versicherten Rente nach Rentenbeginn(= **dynamische Rente**) verwendet. Für den Rest der Vertragslaufzeit ist das so gebildete Kapital für die Summenerhöhung bzw. Rentenerhöhung wiederum überschussberechtigt, sodass ein Zinseszinseffekt entsteht.

Bei der gemischten Lebensversicherung wird in den meisten Fällen ein zusätzlicher **Todesfallbonus** vereinbart, der die Todesfallleistung um mindestens 10 % gegenüber der ursprünglichen VS erhöht.

5.4.2 Verzinsliche Ansammlung

Die Überschussverwendung kann auch in der Weise erfolgen, dass die zugeteilten Überschussanteile Jahr für Jahr einem Ansammlungskonto gutgeschrieben werden. Bei dieser **verzinslichen Ansammlung** handelt es sich um einen reinen Sparprozess. Der sog. Ansammlungszinssatz entspricht der durchschnittlichen Verzinsung der Kapitalanlage des Versicherers. Die Zinsen werden wiederum am Ende eines jeden Versicherungsjahres gutgeschrieben. Bei Beendigung des Vertrages wird das Sparguthaben zusammen mit der vertraglich zugesicherten Leistung (Versicherungssumme) ausgezahlt.

Diese Form der Überschussverwendung führt in der gemischten Lebensversicherung bei frühzeitigem Eintritt des Todesfalls zu einer niedrigeren Versicherungsleistung als das Bonussystem. Die Ablaufleistung am Ende der Laufzeit ist dagegen bei der verzinslichen Ansammlung höher als beim Bonussystem.

Beispiel:

Überschüsse einer gemischten Lebensversicherung bei unterschiedlicher Verwendung der Überschussanteile. Eintrittsalter: 30 Jahre, Laufzeit: 30 Jahre, VS: 100 000,00 €, Jahresbeitrag: 2 592,00 €.

Erlebensfallleistung beim Bonussystem		**Erlebensfallleistung bei verzinslicher Ansammlung**	
garantierte VS	100 000,00 €	garantierte VS	100 000,00 €
+ möglicher Erlebensfallbonus	115 963,00 €	+ mögliches Guthaben aus verzinslicher Ansammlung	117 828,00 €
= mögliche Ablaufleistung	215 963,00 €	= mögliche Ablaufleistung	218 828,00 €

Die unterschiedlichen Versicherungsleistungen sind dadurch bedingt, dass beim Bonussystem die VS erhöht wird und somit ein Teil des jährlichen Überschussanteils (= Einmalbeitrag) als Risikobeitrag zur Abdeckung der erhöhten Todesfallsumme verwendet werden muss. Nur der im Einmalbeitrag enthaltene Sparanteil kann verzinslich angesammelt und zur Erhöhung der Ablaufleistung verwendet werden. Bei der verzinslichen Ansammlung erfolgt hingegen eine Gutschrift und Verzinsung der vollen Überschussanteile, da in diesem Fall kein Risikobeitrag zur Abdeckung einer erhöhten Todesfallsumme abgezweigt werden muss.

5.4.3 Abkürzung der Versicherungsdauer einer gemischten Lebensversicherung

Werden die Überschussanteile nicht für eine Erhöhung der VS verwendet, sondern dem Deckungskapital zugeschlagen, wächst dieses Kapital früher als vereinbart auf die ursprüngliche VS an. Sobald die VS erreicht bzw. überschritten wird, ist die Vertragsdauer beendet.

Diese Verwendungsart der Überschussanteile ist inzwischen fast völlig bedeutungslos. Anstelle der beschriebenen Abkürzung der Versicherungsdauer kommt in der Praxis heute bei Bedarf die sog. **Abrufklausel** zur Anwendung. Bei Vertragsabschluss wird vereinbart, dass der VN ab dem Jahr, in dem die Summe aus Deckungskapital und Überschussguthaben die VS erreicht, eine Beendigung des Vertrages verlangen kann, ohne dass auf den Schlussüberschussanteil verzichtet werden muss.

5.4.4 Verrechnung mit den Folgebeiträgen oder Bardividende

Die Überschussanteile können auch mit den laufenden Beiträgen verrechnet werden. Dadurch verringert sich der Beitragsaufwand des Versicherungsnehmers bei gleichbleibender VS. In der kapitalbildenden Lebensversicherung wird diese Verwendungsart aber nur in Ausnahmefällen vereinbart. Die sinkenden Beiträge laufen dem normalerweise mit einer kapitalbildenden Lebensversicherung bezweckten Sparvorgang zuwider. Bei vermögensbildenden Lebensversicherungen ist die Beitragsverrechnung ohnehin unzulässig.

In der Risikoversicherung spielt diese Verwendungsform als sog. **Sofort-Überschussbeteiligung** hingegen eine größere Rolle. Bei Verzicht auf eine anderweitige Überschussbeteiligung (Todesfallbonus) kann auf diese Art ein gleich bleibender Todesfallschutz mit vergleichsweise niedrigen Beiträgen erreicht werden.

Beispiel: Risikoversicherung

Eintrittsalter: 30 Jahre; Laufzeit: 10 Jahre; Versicherungssumme: 100 000,00 €

Überschuss-beteiligung	Jahres-beitrag (€)	garantierte Todesfallleistung (€)	Todesfallbonus
Todesfallbonus	446,00 €	100 000,00 €	60 000,00 €
Beitragsverrechnung	312,00 €	100 000,00 €	0,00 €

Theoretisch ist auch eine Barauszahlung der Überschussanteile möglich (**Bardividende**). Diese Verwendungsform hat aber in der Praxis keine Bedeutung.

Lernkontrollen zu C 5.4

Überschussverwendung

1 Erläutern Sie vier verschiedene Verwendungsmöglichkeiten für die Überschussbeteiligung der VN.

2 Vergleichen Sie die verzinsliche Ansammlung der Überschüsse mit dem Bonussystem. In welchem Fall ist die verzinsliche Ansammlung, in welchem Fall das Bonussystem günstiger?

3 Sie sind Mitarbeiter/-in in einer Agentur der Proximus Versicherung AG. Vor einigen Tagen haben Sie Herrn Schöller (25 Jahre, ledig) bezüglich des Abschlusses einer gemischten Lebensversicherung beraten und ihm entsprechende Unterlagen überlassen. Heute schickt Herr Schöller Ihnen folgendes Fax:

Auszug:

Vielen Dank für die Überlassung der Unterlagen. Bei Durchsicht der Allgemeinen Versicherungsbedingungen habe ich festgestellt, dass ich für die Verwendung der laufenden Gewinnanteile ein Wahlrecht zwischen verzinslicher Ansammlung, Bonussystem und Verrechnung mit den Folgebeiträgen habe. Zu welcher Variante würden Sie mir in meinem Fall raten?

- **Arbeitsauftrag**
  Entwerfen Sie ein kundenorientiertes Antwortschreiben, in dem Sie die unterschiedlichen Verwendungsmöglichkeiten erläutern und Herrn Schöller einen Vorschlag unterbreiten.

4 Erläutern Sie folgende Aussage: »Beim Bonussystem im Rahmen der gemischten Lebensversicherung sind die Überschüsse überschussberechtigt.«

5 Sie sind Mitarbeiter/-in in einer Agentur der Proximus Versicherung AG. Ihre Kundin Christiane Frings hat vor längerer Zeit einen Vertrag nach Tarif S 30 (Rentenversicherung mit aufgeschobener Rentenzahlung mit Garantieleistung) abgeschlossen. In der Presse hat sie gelesen, dass der Gesetzgeber 2014 ein »Rettungspaket für die Lebensversicherer« geschnürt hat, aufgrund dessen sich angeblich sowohl Vor- als auch Nachteile für die Versicherten ergeben. Aus entsprechenden Pressebericht hat sie sich folgende Stichwörter notiert:

- Erhöhung der Mindestbeteiligung an Risikoüberschüssen
- Senkung der Beteiligung an den Bewertungsreserven
- Senkung des Höchstrechnungszinsfußes
- Senkung des Höchstzillmersatzes
- Ausschüttungssperre

Frau Frings wünscht von Ihnen eine Erklärung der genannten Stichwörter und möchte wissen, ob und ggf. wie sich diese gesetzlichen Änderungen auf ihren Vertrag auswirken.

Arbeitsauftrag
Erläutern Sie Frau Frings die einzelnen Maßnahmen. Geben Sie ihr Auskunft über die Auswirkungen der Änderungen auf ihren Rentenversicherungsvertrag.

6 Änderung und vorzeitige Beendigung des Lebensversicherungsvertrages

6.1 Möglichkeiten zur Überbrückung von Zahlungsschwierigkeiten

6.1.1 Maßnahmen bei vorübergehenden Zahlungsschwierigkeiten

Um bei vorübergehenden Zahlungsschwierigkeiten des Versicherungsnehmers (z. B. Arbeitslosigkeit) den Versicherungsvertrag weiter aufrechtzuerhalten, bestehen folgende Überbrückungsmöglichkeiten:

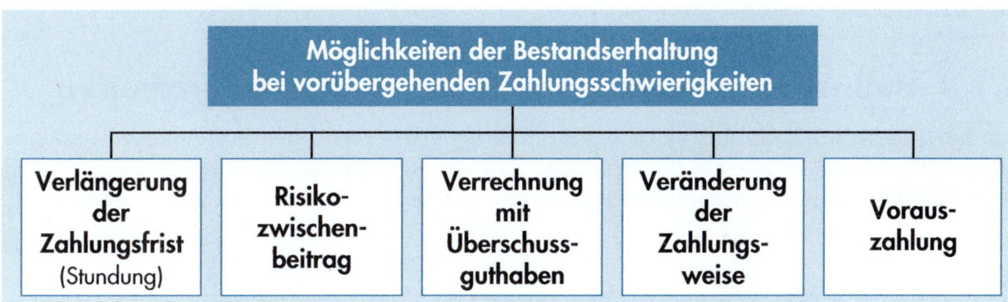

➤ Verlängerung der Zahlungsfrist (Stundung)

Bei Zahlungsschwierigkeiten kann die Zahlungsfrist für die Folgebeiträge aufgrund einer schriftlichen Vereinbarung i. d. R. um bis zu 6 Monate verlängert werden. Der Versicherungsschutz bleibt während dieser Zeit bestehen. Nach Ablauf der Frist sind die ausstehenden Beiträge in einer Summe oder als Beitragszuschlag nachzuzahlen.

Ist dies nicht möglich, kann der Ausgleich u. a. durch

- Herabsetzung der VS bei gleich bleibender Beitragshöhe und Laufzeit,
- Verrechnung mit einer Vorauszahlung oder einem Überschussguthaben erfolgen.

➤ Risikozwischenbeitrag

Bei einer gemischten Lebensversicherung besteht die Möglichkeit, für zunächst 12 Monate einen um den Sparanteil (ca. 60–70 % des Bruttobeitrags) verminderten Beitrag zu zahlen. Eine Verlängerung um weitere 12 Monate ist i. d. R. möglich. In dieser Zeit wird somit der Sparvorgang ausgesetzt, während die Hinterbliebenenversorgung aufgrund des weiterhin zu zahlenden Risiko-und Kostenanteils **(= Risikozwischenbeitrag)** erhalten bleibt. Die nicht entrichteten Sparbeiträge werden später auf die restliche Beitragszahlungsdauer umgelegt und erhöhen die Folgebeiträge entsprechend.

Auch kann vereinbart werden, dass die Dauer des Versicherungsvertrages um die Dauer der Stundung verlängert wird. Versicherungstechnisch verschieben sich für diesen Fall das Eintrittsalter und das Endalter um den Stundungszeitraum. Das versicherungstechnisch höhere Eintrittsalter führt regelmäßig zu einem geringfügig höheren zukünftigen Beitrag. Ferner wird üblicherweise eine vereinfachte Gesundheitsprüfung durchgeführt, da der VR das Risiko infolge der Dauerverlängerung länger tragen muss.

➤ Verrechnung mit dem Überschussguthaben

Bei einer gemischten Lebensversicherung kann ein Beitragsrückstand u. U. auch mit einem bestehenden Überschussguthaben verrechnet werden. Erfolgt die Verrechnung zulasten des Deckungskapitals, muss der VN in Zukunft einen höheren Beitrag bei gleicher VS leisten.

➤ Änderung der Zahlungsweise

Bei bisher jährlicher, halbjährlicher oder vierteljährlicher Zahlungsweise kann zur Zahlungserleichterung eine Umstellung auf Monatsbeiträge erfolgen.

➤ Vorauszahlung auf die Versicherungssumme

Bis zur Höhe des Beleihungswertes kann eine Vorauszahlung (Policendarlehen) gewährt werden.

Siehe hierzu die Ausführungen in C 6.2.

6.1.2 Maßnahmen bei dauernden Zahlungsschwierigkeiten

Um bei dauernden Zahlungsschwierigkeiten des Versicherungsnehmers den Versicherungsvertrag weiter aufrechtzuerhalten, können u. a. folgende Vertragsänderungen vorgenommen werden, sodass geringere oder gar keine Beiträge mehr zu leisten sind:

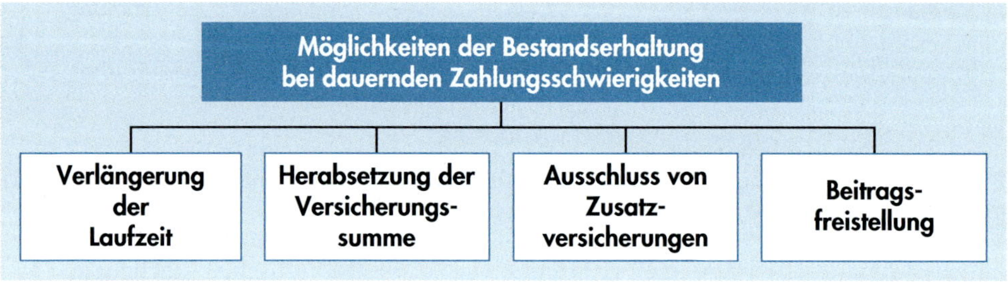

➤ Verlängerung der Laufzeit

Bei sonst gleich bleibendem Vertragsinhalt ergibt sich aus einer Laufzeitverlängerung ein geringerer (dafür aber länger zu zahlender) Beitrag. Das neue Endalter darf aber das im Geschäftsplan festgelegte Höchstendalter nicht überschreiten und sollte auch im Hinblick auf die Funktion der Versicherung als Altersversorgung für den VN bedarfsgerecht sein. Diese Maßnahme kommt daher nur für Verträge in Betracht, für die nicht ohnehin schon eine lange Laufzeit vereinbart war.

➤ Herabsetzung der Versicherungssumme

Bei gleich bleibender Laufzeit bedingt eine Verringerung der VS eine Beitragssenkung (= Teilkündigung). Der Versicherungsschutz wird dadurch aber ebenfalls gemindert. Zudem dürfen die bei den einzelnen Tarifen vorgesehenen Mindestversicherungssummen nicht unterschritten werden.

➤ Ausschluss von Zusatzversicherungen

Beim Ausschluss von Zusatzversicherungen wie UZV und BUZ wird die Beitragsminderung durch eine Verringerung des Versicherungsschutzes erkauft.

➤ Beitragsfreistellung

Siehe hierzu die Ausführungen in C 6.3.

6.2 Vorauszahlung auf die Versicherungssumme (»Policendarlehen«)

Während der Vertragslaufzeit kann der VR dem VN bei der gemischten Lebensversicherung und den verwandten Formen eine zu verzinsende **Vorauszahlung** auf die Versicherungsleistung gewähren.

Die Vorauszahlung wird zuweilen auch als **Policendarlehen** bezeichnet. Im juristischen Sinne handelt es sich hier bei aber i. d. R. nicht um ein Darlehen, weil die Vorauszahlung mit der VS verrechnet wird. Dazu wäre – wozu der VR auch berechtigt ist – der Abschluss eines zusätzlichen Darlehensvertrages nötig. BGB § 488 ff. § 387

Die Höhe der Vorauszahlung ist auf den sog. **Beleihungswert** beschränkt. Der Beleihungswert basiert auf dem jeweiligen Rückkaufswert, der bei Kündigung der Versicherung ausbezahlt würde (vgl. C 6.4).

Bei einer vorzeitigen Vertragsauflösung ist der VR unter Umständen verpflichtet, Kapitalertragsteuer (ab 2009: Abgeltungsteuer) einzubehalten und an das Finanzamt abzuführen (vgl. C 9.3). Sofern dies zutreffen kann, wird der Beleihungswert niedriger angesetzt, damit die abzuführende Steuer ggf. zur Verfügung steht.

Einen Rechtsanspruch auf ein Policendarlehen hat der VN allerdings nicht. Der VN ist berechtigt, eine gewährte Vorauszahlung jederzeit ganz oder teilweise zurückzuzahlen. Andererseits kann aber der VR die Rückzahlung vor Vertragsende nicht verlangen. Im Versicherungsfall wird die fällige Versicherungsleistung um die noch ausstehende Vorauszahlung gemindert.

Bei den für die Vorauszahlung zu entrichtenden Zinsen handelt es sich in Wirklichkeit um einen Zusatzbeitrag. Dieser Zusatzbeitrag bildet die Entschädigung dafür, dass der VR durch die Vorauszahlung geringere Zinserträge bei seinen übrigen Vermögensanlagen erzielt. Die entgangenen Zinsen sind aber bei der Kalkulation von Beitrag (rechnungsmäßige Zinsen) und Überschussanteilen (außerrechnungsmäßige Zinsen) berücksichtigt und müssen daher entsprechend ausgeglichen werden. Aufgrund dieses Beitragscharakters der Zinsen gelten bei nicht rechtzeitiger Zahlung die gleichen Folgen wie beim Zahlungsverzug für den Folgebeitrag.

Sowohl Vorauszahlungen als auch Darlehen an VN sind ausdrücklich als Anlageformen für das Sicherungsvermögen zugelassen (vgl. C 5.1.2). AnlV § 1 Nr. 5

6.3 Umwandlung in eine beitragsfreie Versicherung

Der VN hat das Recht, eine **gemischte Lebensversicherung** mit laufender Beitragszahlung unter bestimmten Voraussetzungen ganz oder teilweise in eine zukünftig beitragsfreie Versicherung mit herabgesetzter VS umzuwandeln. ALB § 9 (4)

Die neue VS muss nach anerkannten finanzmathematischen Regeln berechnet werden. Grundlage für die Berechnung ist der vorhandene Rückkaufswert (vgl. C 6.4). Auf der Grundlage dieses Rückkaufswertes kann– ähnlich wie bei einem Einmalbeitrag – die neue VS unter Berücksichtigung der Restlaufzeit berechnet werden. Die herabgesetzte VS muss dabei mindestens die entsprechende Garantiesumme, die bei Vertragsabschluss für die einzelnen Laufzeitjahre vereinbart wurde, erreichen. Wenn zwar schon ein Rückkaufswert vorhanden ist, dieser aber noch nicht ausreicht, um eine bestimmte Mindest-VS (z. B. 500,00 €) zu bilden, wird der Rückkaufswert ausgezahlt. VVG § 165

Beispiel: Entwicklung der beitragsfreien Versicherungssumme bei einer gemischten Lebensversicherung

Beispieldaten: Versicherungssumme 100 000,00 €; Eintrittsalter 30 Jahre; Laufzeit 30 Jahre; Jahresbeitrag 2 592,00 €

Jahr	beitragsfreie Versichungssumme	Jahr	beitragsfreie Versicherungssumme
1	0,00 €	10	33 092,00 €
2	0,00 €	15	51 620,00 €
3	3 050,00 €	20	67 809,00 €
4	7 503,00 €	25	82 042,00 €
5	12 038,00 €	30	100 000,00 €

Wenn der VN die Umwandlung in eine künftig beitragsfreie Versicherung beantragt, wird der VN von der Pflicht zur weiteren Beitragszahlung befreit, während der VR – in vermindertem Umfang – leistungspflichtig bleibt. Die bei der Beitragsfreistellung zu beachtenden Termine und Fristen entsprechen denen der Kündigung (vgl. C 6.4).

Die Möglichkeit zur Umwandlung in eine beitragsfreie Versicherung gilt u. a. auch für die

- Risikoversicherung, falls ein Deckungskapital gebildet wurde,
- Berufsunfähigkeits-Zusatzversicherung.

Die Umwandlung in eine beitragsfreie Versicherung kann auch das Ergebnis einer Kündigung seitens des Versicherers beim Zahlungsverzug sein.

6.4 Kündigung und Rückkaufswert am Beispiel der gemischten Lebensversicherung

6.4.1 Kündigung durch den Versicherungsnehmer

VVG § 168 ALB § 12 (1) § 10 (2) S. 3

Der VN kann den Vertrag jederzeit zum Ende der laufenden Versicherungsperiode ganz oder teilweise kündigen. Die Versicherungsperiode richtet sich nach der Zahlungsweise. Die Kündigung muss schriftlich erfolgen. Dieses Kündigungsrecht ist unabdingbar.

VVG § 169 ALB §13 (3) VVG § 169 (3) 1. Halbsatz

Kündigt der VN, hat er einen vertraglichen Anspruch auf Erstattung des **Rückkaufswertes**.

> ➤ Der Rückkaufswert ist das nach anerkannten Regeln der Versicherungsmathematik mit den Rechnungsgrundlagen der Prämienkalkulation zum Schluss der laufenden Versicherungsperiode berechnete Deckungskapital der Versicherung.

§ 169 (4)

Bei bestimmten fondsgebundenen Versicherungen und Versicherungen, für die ein Anlagestock nach § 54 b VAG vorgesehen ist, wird der Rückkaufswert als Zeitwert der Versicherung berechnet, soweit nicht eine bestimmte Leistung garantiert ist.

Bei einer Kündigung des Versicherungsverhältnisses ist ggf. der **Mindestrückkaufswert** maßgebend.

Maßgeblich für den Mindestrückkaufswert ist der Betrag, der sich errechnet, wenn die Abschluss- und Vertriebskosten unter Beachtung des nur zulässigen Höchstzillmersatzes rechnerisch auf die ersten 5 Vertragsjahre verteilt werden. Der VR ist zu bestimmten Abzügen berechtigt, wenn diese zuvor vereinbart, beziffert und angemessen sind. Eine Vereinbarung, wonach noch nicht getilgte Abschluss- und Vertriebskosten noch abgezogen werden, ist nicht zulässig.

VVG § 169 (3) 2. Halbsatz, (5)

Beispiel: Entwicklung der garantierten Rückkaufswerte bei einer gemischten Lebensversicherung

Beispieldaten: Versicherungssumme 100 000,00 €; Eintrittsalter 30 Jahre; Laufzeit 30 Jahre; Jahresbeitrag 2 592,00 €

Jahr	Rückkaufswert			Jahr	Rückkaufswert		
	garantiert	Überschuss	insgesamt		garantiert	Überschuss	insgesamt
1	0,00	35,00	35,00	10	19 802,00	4 866,00	24 668,00
2	0,00	112,00	112,00	15	35 433,00	12 997,00	48 430,00
3	1 511,00	270,00	1 781,00	20	53 499,00	27 397,00	80 896,00
4	3 886,00	573,00	4 459,00	25	74 561,00	59 059,00	133 620,00
5	6 343,00	977,00	7 320,00	30	100 000,00	115 963,00	215 963,00

In den Versicherungsbedingungen zu folgenden Versicherungsarten ist ebenfalls eine Rückerstattung vorgesehen, soweit ein entsprechendes Deckungskapital vorhanden ist:

- Risikoversicherung,
- Berufsunfähigkeits-Zusatzversicherung, wenn gleichzeitig auch die Hauptversicherung gekündigt wird,
- Selbstständige Berufsunfähigkeitsversicherung.

In der vermögensbildenden Lebensversicherung gibt es keinen Mindestrückkaufswert.

Der VN muss vor Abgabe seiner Vertragserklärung über die Höhe und Verteilung der ihn belastenden Abschluss- und Vertriebskosten informiert werden. Außerdem ist der Rückkaufswert von vorneherein für jedes Vertragsjahr anzugeben, damit der VN weiß, mit welchen garantierten Beträgen er in den einzelnen Vertragsjahren rechnen kann.

6.4.2 Kündigung durch den Versicherer

Dem VR steht kein ordentliches Kündigungsrecht zu. Damit soll verhindert werden, dass einem vertragstreuen VN gegen seinen Willen die Alters- und Hinterbliebenenversorgung entzogen wird.

Der VR hat lediglich in bestimmten Fällen ein außerordentliches Kündigungsrecht (z. B. bei Zahlungsverzug).

6.4.3 Abrechnung bei vorzeitiger Beendigung des Versicherungsvertrages

Beispiel 1: Kündigung durch den VN

Eine gemischte Lebensversicherung mit einer VS von 100 000,00 € wird zum 30. Sept. vom VN gekündigt. Die Monatsbeiträge in Höhe von 115,00 € sind bis zum 01. Juli bezahlt. Der nach § 12 (3) ALB ermittelte Rückkaufswert beträgt 42 430,00 €. Außerdem werden die rückständigen Beiträge zuzüglich 6 % Verzugszinsen einbehalten.

Lösung:

Rückkaufswert (30. Sept.)	42 430,00 €	
– ausstehende Beiträge (01. Aug. und 01. Sept.)	230,00 €	
– Verzugszinsen (6 %)		
vom 01. Aug. für 2 Monate von 115,00 € = 1,15 €		
vom 01. Sept. für 1 Monat von 115,00 € = 0,58 €	1,73 €	①
= Auszahlungsbetrag (Wert 30. Sept.)	42 198,27 €	

Erläuterungen:

① Die Verzugszinsen können auch wie folgt berechnet werden:

Vom 01. Aug. für = 2 Monate

Vom 01. Sept. für = 1 Monat

Summe 3 Monate (= 90 Tage)

$$\text{Zinsen (Z)} = \frac{\text{Monatsbeitrag (K)} \cdot \text{Zinssatz (p)} \cdot \text{Tage (t)}}{100 \cdot 360}$$

$$= \frac{115{,}00 \cdot 6 \cdot 90}{100 \cdot 360}$$

$$= 1{,}73\,€$$

Beispiel 2: Kündigung durch den VR nach Zahlungsverzug

Eine gemischte Lebensversicherung mit einer VS von 100 000,00 € wird nach erfolgloser Mahnung durch den VR gekündigt.

Vom Rückkaufswert von 34 350,00 €, berechnet für den Zeitpunkt der Umwandlung in eine beitragsfreie Versicherung, sind noch 4 unbezahlte Monatsraten zu je 120,00 € zu sowie Verzugszinsen und Mahngebühren in Höhe von insgesamt 7,50 € abzuziehen.

Wie hoch ist die beitragsfreie VS (auf volle € gerundet), wenn unter Berücksichtigung des derzeitigen Eintrittsalters und der Restlaufzeit der Einmalbeitrag 650,00 € für 1 000,00 € VS beträgt?

Lösung:

Rückkaufswert	34 350,00 €
– ausstehende Beiträge (4 · 120,00 €)	480,00 €
– Verzugszinsen und Mahngebühren	7,50 €
= anzusetzender Einmalbetrag	33 862,50 €

650,00 € ≙ 1 000,00 € VS

33 862,00 € ≙ x € VS   x = 52 096,15 = 52 096,00 € beitragsfreie VS

(auf volle € gerundet)

Erläuterungen:

Wird ein Folgebeitrag nicht rechtzeitig gezahlt, verschickt der VR auf Kosten des VN (Mahngebühr 7,50 € gem. § 16 (1) ALB) eine schriftliche Mahnung und setzt darin eine Zahlungsfrist von zwei Wochen. Wird der Rückstand nicht innerhalb der gesetzten Frist beglichen, entfällt oder vermindert sich der Versicherungsschutz. ALB § 11 (3)

Die Folgewirkungen sind in § 166 VVG geregelt. Der Vertrag wird behandelt, als sei er in eine beitragsfreie Versicherung umgewandelt worden. Sofern eine beitragsfreie VS nach Verrechnung der unbezahlten Beiträge, Zinsen und Kosten gebildet werden kann, ist der VR im Versicherungsfall nur noch in dieser Höhe leistungspflichtig, ansonsten ist er leistungsfrei. VVG § 166

Kündigt der VR den Vertrag wegen des Zahlungsverzuges, wirkt diese Kündigung als Umwandlung in eine beitragsfreie Versicherung. Der Vertrag wird in Höhe der beitragsfreien VS fortgeführt.

Lernkontrollen zu C 6

Überbrückung von Zahlungsschwierigkeiten

1 Ein VN kann nach 10-jähriger Vertragsdauer die Beiträge zu einer gemischten Lebensversicherung wegen **vorübergehender** Arbeitslosigkeit nicht aufbringen. Erläutern Sie verschiedene Möglichkeiten zur Überbrückung der Zahlungsschwierigkeiten. Verdeutlichen Sie dabei die unterschiedlichen Wirkungen der einzelnen Maßnahmen.

2 Ein VN kann nach 10-jähriger Vertragsdauer die Beiträge zu einer gemischten Lebensversicherung **in Zukunft** nicht mehr bzw. nicht mehr im bisherigen Umfang aufbringen. Erläutern Sie verschiedene Möglichkeiten, wie trotz dieser Zahlungsschwierigkeiten der Vertrag weiterhin aufrechterhalten werden könnte. Verdeutlichen Sie dabei die unterschiedlichen Wirkungen der einzelnen Maßnahmen.

3 Sie erhalten als Mitarbeiter in der Betriebsabteilung Lebensversicherung der Proximus Versicherung AG das folgende Schreiben der Kundin Melanie Förster vom 21. Mai d. J. zur Bearbeitung:

> Sehr geehrte Damen und Herren,
>
> momentan kann ich den Versicherungsbeitrag und auch den Rückstand nicht zahlen. Auf den Versicherungsschutz bin ich aber dringend angewiesen. Können Sie mir die Beitragszahlung bis zum Jahresende stunden? Den Rückstand würde ich dann gerne in Raten neben der weiteren Beitragszahlung ab dem nächsten Jahr tilgen. Gerne höre ich Ihre Rückantwort.
>
> Mit freundlichen Grüßen
>
> **Melanie Förster**

Fortsetzung der Aufgabe auf der nächsten Seite

- **Auszug aus dem Vertragsspiegel**

> VS: 100000,00 €
> Versicherungsbeginn: 01. Jan. 1998
> Vertragsdauer: 25 Jahre
> Das vorhandene Deckungskapital beträgt ca. 400 ‰ der VS.
> Die Beiträge sind bis zum 31. Jan. d. J. bezahlt und seit dem 1. Febr. d. J. rückständig.
> Qualifizierte Mahnung mit Kündigung am 06. April d. J.
> Unwiderruflich bezugsberechtigt für den Todes- und Erlebensfall:
> Bank für Immobilienfinanzierung, Bad Neuhaus

- **Arbeitsauftrag**

Skizzieren Sie den Inhalt des Antwortschreibens an Frau Förster. Gehen Sie dabei auf die derzeitige Vertragslage ein und unterbreiten Sie einen Vorschlag, wie Sie Frau Förster bei der Überbrückung der Zahlungsschwierigkeiten helfen wollen.

Anmerkung: Es wird davon ausgegangen, dass in der Praxis die erforderlichen Berechnungen durch den Computer vorgenommen werden, wenn feststeht, welche Lösung Frau Förster angeboten werden soll. Auf Berechnungen kann daher verzichtet werden. Es kommt hier in der Entwurfsphase nur darauf an, eine geeignete Lösung für Frau Förster zu bestimmen.

4 Auf Ihrem Schreibtisch im Büro der Betriebsabteilung Lebensversicherung liegt das folgende Schreiben vom 06. Sept. d. J. zur Bearbeitung:

> Sehr geehrte Damen und Herren,
>
> den angemahnten Beitragsrückstand kann ich leider nicht zahlen. Ich sehe auch keine Möglichkeit, diesen Rückstand später nachzuzahlen. Andererseits bin ich an dem Versicherungsschutz sehr interessiert. Bitte teilen Sie mir mit, wie man den rückständigen Beitragszeitraum überbrücken kann. Ich garantiere Ihnen, die Beiträge ab dem nächsten Monat wieder pünktlich zu entrichten. Gerne höre ich Ihre Rückantwort.
>
> Mit freundlichen Grüßen
>
> **Irene Eppler**

- **Auszug aus dem Vertragsspiegel**

> VS: 90000,00 €
> Versicherungsbeginn: 01. Jan. 2001
> Vertragsdauer: 30 Jahre
> Das vorhandene Deckungskapital beträgt 18000,00 €.
> Die Beiträge von monatlich 220,00 € sind seit dem 01. Juni d. J. rückständig.
> Qualifizierte Mahnung mit Kündigung am 03. Sept. d. J. (angemahnter Beitragsrückstand einschließlich Zinsen und Kosten: 900,00 €)

- **Arbeitsauftrag**

Skizzieren Sie, welchen Lösungsvorschlag Sie Frau Eppler unterbreiten werden.

Vorauszahlung auf die Versicherungssumme

5 Sie sind Mitarbeiter/-in der Proximus Versicherung AG. Sie werden mit der Bearbeitung des folgenden Kundenschreibens beauftragt.

Auszug:

Den Versicherungsbedingungen habe ich entnommen, dass ich auf meine Lebensversicherung auch ein Darlehen erhalten kann. Ich habe inzwischen nach meiner Berechnung 15000,00 € an Beiträgen erbracht. Da ich mich derzeit in einer finanziellen Notlage befinde, bitte ich darum, mir ein Darlehen in dieser Höhe zu gewähren und den Betrag möglichst bald auf mein Konto, von dem Sie die Beiträge einziehen, zu überweisen …

- **Auszug aus dem Vertragsspiegel**

VS: 30000,00 €

Versicherungsbeginn: 01. Okt. 1999

Das vorhandene Deckungskapital beträgt 400 ‰ der VS.

- **Arbeitsauftrag**

Entwerfen Sie ein kundenorientiertes Antwortschreiben.

6 Zu einer seit 4 Jahren bestehenden Kapitalversicherung auf den Todes- und Erlebensfall mit einer VS von 80000,00 € wird ein Policendarlehen gewünscht.

Nach den Beleihungsrichtlinien des VR kann ein Policendarlehen bis zur Höhe des Rückkaufswertes, der im Falle einer vorzeitigen Vertragsaufhebung ausgezahlt würde, gewährt werden. Die Zinsen hierfür betragen 4 % p. a. und sind halbjährlich im Voraus zu zahlen.

Bei Beleihung innerhalb der ersten 12 Versicherungsjahre vermindert sich das höchstmögliche Policendarlehen um die Kapitalertragsteuer (Abgeltungsteuer) auf die Kapitalerträge.

Welchen Auszahlungsbetrag kann der VN erwarten, wenn folgende Daten zu berücksichtigen sind:

- vorhandenes Deckungskapital: 18592,00 €;
- ggf. steuerpflichtige Kapitalerträge: 1600,00 €;
- Höhe der Abgeltungsteuer: zzt. 25 %, zuzüglich weiterer 5,5 % Solidaritätszuschlag von der errechneten Abgeltungsteuer (ggf. zuzügl. Kirchensteuer).

Die Zinsen für das erste Halbjahr werden vom Darlehensbetrag sofort einbehalten (ggf. zuzügl. Kirchensteuer).

Anmerkung: Die Kapitalertragsteuer (Abgeltungsteuer) muss vom VR einbehalten und an das Finanzamt abgeführt werden, wenn eine Versicherung vor Ablauf der Mindestvertragsdauer ganz oder teilweise zurückgekauft wird. Die Gewährung eines Policendarlehens ist kein Rückkauf. Würde der VR jedoch das Policendarlehen bis zur Höhe des Rückkaufswertes gewähren und der VN den Vertrag anschließend kündigen, stünde kein Kapital mehr aus der Lebensversicherung zur Begleichung der dann fälligen Kapitalertragsteuer zur Verfügung.

7 Sie sind Mitarbeiter/-in der Proximus Versicherung AG und erhalten den Anruf der Kundin Heike Schlömer. Frau Schlömer wurde zum Ausgleich eines Beitragsrückstandes ein sog. Verrechnungsdarlehen gewährt. Sie ist nun völlig überrascht, dass sie Zinsen zahlen soll, obgleich der Rückstand doch jetzt beglichen sei. Sie wendet ferner ein, dass die zukünftige Versicherungsleistung um dieses Verrechnungsdarlehen gekürzt würde und dass der Beitragsrückstand letztlich aus ihrem Guthaben, das sie bei der Versicherung unterhalte, gedeckt worden sei.

- **Fragestellung**
  Was werden Sie Frau Schlömer am Telefon entgegnen? Skizzieren Sie Ihre Antwort stichwortartig.

Beitragsfreistellung, Kündigung

8 Umwandlung in eine beitragsfreie Versicherung

a) Unter welchen Voraussetzungen kann eine gemischte Lebensversicherung in eine künftig beitragsfreie Versicherung umgewandelt werden?

b) Wie wird die Höhe der durch die Umwandlung herabgesetzten VS berechnet?

c) In welchem Fall ist die Umwandlung in eine beitragsfreie Versicherung nicht auf den Antrag des Versicherungsnehmers, sondern auf Maßnahmen des Versicherers zurückzuführen?

9 Ein VN kündigt seinen schon länger bestehenden Vertrag über eine gemischte Lebensversicherung mit einer VS von 100 000,00 € zum 31. Dez. d. J. Das zum Kündigungstermin berechnete Deckungskapital beträgt 58 388,00 €. Die letzte Monatsrate in Höhe von 300,00 € wurde am 01. Okt gezahlt. Die Bemühungen des Außendienstes, ihn von der vorzeitigen Kündigung wegen der damit verbundenen Nachteile abzuhalten, sind fehlgeschlagen.

- **Fragestellung**

  a) Welcher Betrag wird dem VN ausbezahlt, wenn die rückständigen Beiträge einbehalten werden?

  b) Welche Nachteile infolge einer vorzeitigen Kündigung wird der Außendienst dem Kunden vermutlich erläutert haben?

10 Kündigung durch den VN

a) Wie ist das Kündigungsrecht des Versicherungsnehmers nach ALB geregelt?

b) Erläutern Sie, was unter dem Rückkaufswert zu verstehen ist und wie er nach VVG berechnet wird.

c) Welche Gründe sprechen gegen eine Kündigung des Lebensversicherungsvertrages?

d) Es wird behauptet, Risikoversicherungen wiesen keinen Rückkaufswert auf. Nehmen Sie dazu Stellung.

11 Ein VR kündigt eine gemischte Lebensversicherung mit einer VS von 70 000,00 €, nachdem eine Mahnung nach § 38 VVG erfolglos geblieben ist. Berechnen Sie die beitragsfreie VS (auf volle € abgerundet), wenn folgende Daten zugrunde liegen:

Rückkaufswert zum Zeitpunkt der Umwandlung in eine beitragsfreie Versicherung: 29 610,00 €; vier unbezahlte Monatsbeiträge über je 216,40 € sowie Verzugszinsen über 12,50 € und die unbezahlte Mahngebühr von 7,50 € sind zu verrechnen; Einmalbeitrag für 1 000,00 € beitragsfreie VS unter Berücksichtigung des Alters des VN und der Restlaufzeit: 578,20 €.

7 Versicherungsfall in der Lebensversicherung

7.1 Anzeige und Nachweis des Versicherungsfalls

Grundsätzlich ist der VN verpflichtet, dem VR den Eintritt des Versicherungsfalls anzuzeigen. VVG §30

Anzeigepflichtige Versicherungsfälle sind

- der Todesfall, soweit eine Todesfallleistung versichert ist,
- die Berufsunfähigkeit in der Selbstständigen Berufunfähigkeitsversicherung oder Berufsunfähigkeits-Zusatzversicherung,
- die Heirat in der Heirats- und Aussteuerversicherung.

Sofern keine Fremdversicherung vorliegt, sind anstelle des verstorbenen Versicherungsnehmers der Begünstigte, der Zessionar, der Pfandgläubiger oder die Erben anzeigepflichtig.

Für eine Leistung aus dem Versicherungsvertrag ist grundsätzlich der Versicherungsschein vorzulegen. Der Inhaber kann vom VR als berechtigter Leistungsempfänger angesehen werden. ALB §§7, 8

Aufgrund dieser **Inhaberklausel** ist der VR beispielsweise bei einer Todesfallleistung nicht verpflichtet, sich den Erbschein vorlegen zu lassen und den tatsächlichen Erben zu ermitteln. Allerdings kann der VR einen Nachweis der Berechtigung verlangen. Auch darf er nicht wider besseres Wissen und unter Verstoß gegen Treu und Glauben an den Inhaber des Versicherungsscheins leisten.

Besondere Nachweise im Versicherungsfall:

- **Todesfallversicherung:** Der Tod der versicherten oder mitversicherten Person muss dem VR unverzüglich angezeigt werden. §7 (2)

  Dabei sind folgende Unterlagen einzureichen:

  - amtliche Sterbeurkunde mit Geburtsdatum und -ort; anhand der Sterbeurkunde wird auch überprüft, ob das Eintrittsalter der versicherten Person im Antrag wahrheitsgemäß angegeben war;
  - ärztliches oder amtliches Zeugnis über die Todesursache sowie über Beginn und Verlauf der Krankheit, die zum Tode geführt hat; anhand dieses Zeugnisses wird überprüft, ob eine vorvertragliche Anzeigepflichtverletzung (verschwiegene Krankheit) oder eine Selbsttötung vorlag;
  - Nachweise zum Unfallhergang und zu den Unfallfolgen, sofern eine Leistung aus der UZV beansprucht wird; ein Unfalltod sollte dem Versicherer innerhalb von 48 Stunden gemeldet werden, damit u. U. rechtzeitig eine Obduktion veranlasst werden kann. BB-UZV §5 (1)

- **Heiratsversicherung:** Geburts- und Heiratsurkunde des mitversicherten Kindes
- **Rentenversicherung:** Nach Beginn der Rentenzahlung kann der VR den Nachweis verlangen, dass die versicherte Person noch lebt; der Todesfall ist unverzüglich anzuzeigen. AVB-aufgesch. Rente §6 (2), (3)
- **Berufsunfähigkeits-Zusatzversicherung:** Ausführliche Berichte der behandelnden Ärzte mit Angabe über Ursache, Beginn, Art, Verlauf und voraussichtlicher Dauer des Leidens sowie über den Grad der Berufsunfähigkeit; Angaben zu Beruf und Tätigkeit des Versicherten. BB-BUZ §4

7.2 Besonderheiten bei der Abwicklung des Versicherungsfalls am Beispiel der gemischten Lebensversicherung

7.2.1 Verletzung der vorvertraglichen Anzeigepflicht

Eine vorvertragliche Anzeigepflichtverletzung im Rahmen der Lebensversicherung liegt insbesonder bei falschen Angaben zu den Gesundheitsverhältnissen der versicherten Person vor. Anhand der im Versicherungsfall vorzulegenden ärztlichen Zeugnisse kann u. U. nachträglich überprüft werden, ob bei Vertragsabschluss derartige falsche, unvollständige oder irreführenden Angaben gemacht wurden.

Bei Verletzung der vorvertraglichen Anzeigepflicht stehen dem VR ggf. die bereits in Band 1, B 6.2.3 betrachteten Rechte zu und er ist ggf. auch leistungsfrei.

Auf folgende **Besonderheiten**, die die **Lebensversicherung** betreffen, sei an dieser Stelle hingewiesen:

VVG § 21 (3) ALB § 6 (16)

Die Rechte des VR bei Verletzung der vorvertraglichen Anzeigepflicht erlöschen nach Ablauf von fünf Jahren nach Vertragsabschluss. Hat der VN die Anzeigepflicht vorsätzlich oder arglistig verletzt, beläuft sich die Frist auf 10 Jahre.

7.2.2 Unrichtige Altersangabe

VVG § 157

Anhand der vorzulegenden Geburtsurkunde prüft der VR im Leistungsfall, ob das Eintrittsalter der versicherten Person bei Vertragsabschluss richtig angegeben wurde. Eine unrichtige Altersangabe gilt aber nicht als vorvertragliche Anzeigepflichtverletzung. War das Eintrittsalter zu niedrig angegeben, sodass ein zu geringer Beitrag gezahlt wurde, erfolgt eine Kürzung der Versicherungsleistung im Verhältnis des richtigen zum tatsächlich gezahlten Beitrag. Nur wenn bei richtiger Altersangabe der Vertrag nicht geschlossen worden wäre und der Versicherungsfall noch nicht eingetreten ist, kann der VR wegen unrichtiger Altersangabe vom Vertrag zurücktreten.

7.2.3 Selbsttötung

§ 161

ALB § 5

Anhand der einzureichenden ärztlichen Unterlagen kann festgestellt werden, ob es sich beim Tod der versicherten Person um Selbstmord gehandelt hat. Für diesen Fall sieht das VVG für die ersten 3 Jahre nach Vertragsabschluss die Leistungsfreiheit des Versicherers vor, wenn nicht nachgewiesen wird, dass die Tat in einem die freie Willensbestimmung ausschließenden Zustand krankhafter Störung der Geistestätigkeit begangen worden ist. Die Ausschlussfrist von drei Jahren kann durch Einzelvereinbarung verlängert werden. Hiervon wird der VR vermutlich bei sehr hohen Versicherungssummen Gebrauch machen. Nach den ALB behalten sich die VR aber lediglich eine **Ausschlussfrist** von 3 Jahren vor. Begeht die versicherte Person während dieser Zeit ohne die genannten krankhaften Störungen Selbstmord, wird nur der Rückkaufswert ausgezahlt. In allen anderen Fällen wird Selbstmord versicherungsrechtlich wie ein normaler Todesfall behandelt.

7.2.4 Leistung bei Wehrdienst, inneren Unruhen oder Krieg

Der VR ist auch dann leistungspflichtig, wenn der Versicherte in Ausübung von Wehr- oder Polizeidienst bzw. bei inneren Unruhen getötet wurde. Steht der Tod jedoch in mittelbarem oder unmittelbarem Zusammenhang mit kriegerischen Ereignissen, ist die Leistungspflicht des VR auf die Erstattung des Rückkaufswertes beschränkt. Diese Einschränkung gilt dann nicht, wenn sich der Versicherte im Ausland aufgehalten hat und nicht aktiv an den kriegerischen Ereignissen beteiligt war **(passives Kriegsrisiko)**. ALB § 4

7.3 Fälligkeit und Verjährung der Versicherungsleistung

a) Fälligkeit

Die Versicherungsleistung wird erst fällig, wenn die Erhebungen beendet sind, die sich zur Feststellung des Versicherungsfalls und des Umfangs der Leistungspflicht als nötig erweisen. Ist der Versicherungsfall einen Monat nach der Anzeige noch nicht abgewickelt, wird auf Antrag eine Abschlagszahlung fällig. Sie ist auf den Betrag begrenzt, den der VR aufgrund der Sachlage mindestens zu zahlen hat. VVG § 14

In der Kapitalversicherung ist nach Auszahlung der Versicherungsleistung der Versicherungsfall endgültig abgeschlossen. Der Versicherungsvertrag erlischt infolge beidseitiger Erfüllung. Auf Antrag des Verfügungsberechtigten kann eine Kapitalleistung aber auch verrentet werden. Unter bestimmten Voraussetzungen ist andererseits auch die Abgeltung einer vereinbarten Rente durch eine einmalige Kapitalleistung möglich (Kapitalwahlrecht). In der Berufsunfähigkeitsversicherung besteht die Möglichkeit, dass die Voraussetzungen für den bereits eingetretenen Versicherungsfall durch Gesundung wieder entfallen, sodass weitere Versicherungsleistungen nachträglich gemindert oder aufgehoben werden. BGB § 362

Ist es dem VR nicht möglich, eine fällige Leistung auszuzahlen (z.B. Annahmeverweigerung oder unbekannter Aufenthaltsort des Empfangsberechtigten), kann er zur Erfüllung seiner Leistungspflicht den entsprechenden Betrag bei dem für ihn zuständigen Amtsgericht hinterlegen. § 372

Zahlt der VR im Leistungsfall gutgläubig an einen scheinbar Berechtigten (z.B. bei nichtiger Begünstigung), kann eine nochmalige Leistung an den wirklich Begünstigten nicht verlangt werden (analog § 407, 409 BGB).

b) Verjährung

Nach geltendem Recht verjähren Ansprüche aus Lebensversicherungsverträgen nach 3 Jahren. § 195

Das VVG regelt nur die **Hemmung** der Verjährung, wonach der Ablauf der Verjährungsfrist zwischen Anmeldung des Leistungsanspruches und Entscheidung des Versicherers hierüber gehemmt ist. VVG § 15

7.4 Leistungsberechnung am Beispiel der gemischten Lebensversicherung

Beispiel:

Ein VN hat für sich eine gemischte Lebensversicherung über 100 000,00 € abgeschlossen. Der monatliche Beitrag einschließlich UZV-Zuschlag für eine Verdoppelung der VS bei Unfalltod beträgt 180,90 €.

Der VN hat eine Vorauszahlung (Policendarlehen) in Höhe von 15 000,00 € erhalten, für die Zinsen in Höhe von 6 % p. a. monatlich im Voraus zusammen mit dem Beitrag zu zahlen sind.

Am 12. Nov. d. J. stirbt der VN an den Folgen eines Verkehrsunfalls, den er zwei Monate zuvor erlitten hatte. Die letzte Beitrags- und Zinszahlung erfolgte zur Fälligkeit 01. Sept. d. J.

Wie hoch ist die Versicherungsleistung an die bezugsberechtigte Person, wenn das Gewinnguthaben aufgrund verzinslicher Ansammlung zuzüglich Anteil an den Bewertungsreserven 10 860,00 € beträgt?

Lösung:

Versicherungssumme	100 000,00 €	
+ Unfall-Zusatzleistung	100 000,00 €	
+ Gewinnguthaben	10 860,00 €	
Summe	210 860,00 €	
– Vorauszahlung	15 000,00 €	
– ausstehende Beiträge bis zum Ende des Beitragszahlungsabschnitts (2 · 180,90 €)	361,80 €	①
– 6 % Zinsen für 41 Tage (01. Okt.–12. Nov.) von 15 000,00 €	102,50 €	②
= Versicherungsleistung	195 395,70 €	

Erläuterungen:

① Dem VR steht der Beitrag bis zum Ende des Beitragszahlungsabschnitts zu (hier: bis 30.11).

② Der Todestag ist der letzte Zinstag bei der Zinstageberechnung. Der erste Tag (hier: 01. Okt.) wird nicht mitgezählt.

Lernkontrollen zu C 7

Anzeige des Versicherungsfalles und Prüfung der Leistungspflicht

1 Welche Unterlagen sind dem Versicherer beim Tod der versicherten Person einzureichen?

2 Welche Bedeutung hat der Versicherungsschein für die Auszahlung der Versicherungsleistung?

3 Angenommen, bei der Leistungsbearbeitung stellt sich heraus, dass das Alter der versicherten Person bei Vertragsabschluss vor 10 Jahren zu niedrig angegeben wurde. Wie wirkt sich dieser Umstand auf die Leistung des Versicherers aus?

4 Sie sind Mitarbeiter in der Leistungsabteilung Leben der Proximus Versicherung AG und halten das Schreiben von Frau Barbara Meyer mit folgendem Inhalt zur Bearbeitung in Händen.

> Sehr geehrte Damen und Herren,
>
> meine Mutter ist am 12. Juni d. J. im Krankenhaus nach einer Operation am Herzen verstorben. Bitte überweisen Sie schon bald die Versicherungsleistung auf mein Konto 987654 bei der Sparkasse Neuhausen, da ich einen Teil des Geldes dringend für die Bestattungskosten benötige. Die in den Allgemeinen Versicherungsbedingungen geforderten Unterlagen sind als Anlage beigefügt.
>
> **Barbara Meyer**

- **Auszug aus dem Vertragsunterlagen**

> Kapitallebensversicherung auf den Todes- und Erlebensfall
> Versicherte Person und VN: Margarete Meyer, geb.Müller, geb. am 31. Jan. 1971
> Antragstellung: 11. März 2013
> Versicherungsbeginn: 01. April 2015
> Versicherungsdauer: 20 Jahre
> Versicherungssumme: 60 000,00 €
> Monatliche Beitragszahlung: 230,00 €
> Bezugsberechtigt für den Fall des vorzeitigen Todes: Barbara Meyer (Tochter der VN)
> Antragsangaben zur Gesundheit: Blinddarmoperation 1998; keine weiteren Angaben

- **Auszug aus dem eingereichten Arztbericht**

  Behandlung seit dem 18. Februar 2013. Patientin klagte über Beklemmungen in der Brust und Atemnot. Es wurde eine schwere Entzündung der rechten Herzklappe diagnostiziert und Frau Meyer bis auf weiteres arbeitsunfähig geschrieben. Am 11. Juni d. J. wurde eine Herztransplantation vorgenommen. An den Folgen einer plötzlich auftretenden Embolie ist Frau Meyer am darauffolgenden Tag im Krankenhaus verstorben. Alle Rettungsversuche waren erfolglos.

- **Arbeitsauftrag und Fragestellung**

  a) Prüfen Sie die Leistungspflicht und skizzieren Sie den Inhalt des Antwortschreibens an Frau Barbara Meyer.

  b) Würde Ihre Leistungsentscheidung anders ausfallen, wenn Frau Margarete Meyer nicht nach der Operation, sondern durch einen Verkehrsunfall verstorben wäre?

5 Wie ist die Rechtslage nach ALB, wenn die versicherte Person

a) Selbstmord begeht;

b) die versicherte Person vorsätzlich durch eine widerrechtliche Handlung des VN oder des Bezugsberechtigten getötet wird?

Leistungsberechnungen

6 Eine gemischte LV mit einer VS von 50 000,00 € wird nach einer vereinbarten Laufzeit von 15 Jahren zum 01. Juli d. J. fällig. Das durch verzinsliche Ansammlung entstandene Guthaben zuzüglich Anteil an den Bewertungsreserven beträgt 19 041,00 €. Außerdem wird ein Schlussüberschussanteil in Höhe von 2 543,00 € fällig. Auf die Versicherungsleistung ist eine Vorauszahlung in Höhe von 5 000,00 € zu einem Zinssatz von 7 % gewährt worden. Die am 01. Jan. d. J. fällige Halbjahresrate in Höhe von 1 402,50 sowie die im Voraus fälligen Halbjahreszinsen für die Vorauszahlung sind bei Ablauf der Versicherung noch nicht bezahlt. Für Verzugszinsen berechnet der Versicherer im vorliegenden Fall 50,00 €.

a) Wie hoch ist der Auszahlungsbetrag?

b) Wie hoch ist die Versicherungsleistung, wenn eine vorfällige Auszahlung zum 01. April gewünscht und ein Abzinsungsfaktor von 0,980 für 2 % (Zeitprozentsatz für 3 Monate) zugrunde gelegt wird?

7 Die versicherte Person ist am 25. Aug. d. J. verstorben. Der Bezugsberechtigte hat die geforderten Unterlagen nach den Allgemeinen Versicherungsbedingungen eingereicht und möchte nun wissen, welcher Betrag zur Auszahlung gelangt und wann er mit der Versicherungsleistung rechnen kann.

- **Auszug aus dem Vertragsspiegel**

Kapitallebensversicherung
Versicherungssumme: 60 000,00 €
Überschussverwendung: Verrechnung mit den fälligen Beiträgen
Vorauszahlung: 5 000,00 €, Zinsen 6 %
Versicherungsperiode: 01.10. d. J. – 30.09. n. J.
Die Beiträge und Zinsen sind bis zum Ende der Versicherungsperiode gezahlt. Der Versicherungsfall ist als leistungspflichtig anerkannt.

- **Arbeitsauftrag**

Erstellen Sie die Abrechnung und antworten Sie dem Bezugsberechtigten.

8 Bei einer Lebensversicherung mit einer VS von 100 000,00 € und einer Laufzeit von 12 Jahren wurde wegen einer Vorerkrankung eine ¼-Staffelung vereinbart. Wie hoch ist die garantierte Todesfallleistung, wenn der VN

a) im 3. Jahr,

b) im 6. Jahr stirbt?

Fälligkeit und Verjährung

9 Wie sind Fälligkeit und Verjährungsfrist für Ansprüche aus der Lebensversicherung geregelt?

10 Sie sind Mitarbeiter/-in in der Leistungsabteilung Leben der Proximus Versicherung AG und halten das folgende Schreiben von Frau Elke Schmitz in Händen:

Sehr geehrte Damen und Herren,

bei Aufräumungsarbeiten im Nachlass meiner Tante, Frau Anna Schmitz, habe ich einen Versicherungsschein Ihrer Gesellschaft von 1975 gefunden, der auf den Namen meines vor 17 Jahren verstorbenen Onkels, Herrn Wilhelm Schmitz, ausgestellt ist. Dieser Onkel war der Ehemann meiner jetzt verstorbenen Tante.

Meine Tante war in Verwaltungsangelegenheiten nie besonders sorgfältig und deshalb ist nicht auszuschließen, dass noch Ansprüche aus dem Versicherungsschein bestehen.

Sofern dies der Fall ist, bitte ich, den infrage kommenden Betrag auf mein Konto 123 456 bei der Eurobank zu überweisen. Meine Geschwister sollen auf keinen Fall bedacht werden; denn sie haben sich um die beiden nie gekümmert.

Mit freundlichen Grüßen

Elke Schmitz

Auszug aus dem Vertragsspiegel

Lebenslängliche Todesfallversicherung
Versicherungsbeginn: 01. Okt. 1975
Versicherte Person: Wilhelm Schmitz, geb. am 12. April 1946
Beitragsfreistellung nach qualifizierter Mahnung zum 01. Nov. 1989
Beitragsfreie Versicherungssumme: 5 500,00 €
Bezugsberechtigt: Anna Schmitz, geb. Heinen (Ehefrau des VN)

Arbeitsauftrag

a) Klären Sie die Rechtslage und zeichnen Sie diese stichwortartig auf.

b) Der Vorstand hat entschieden, dass Ansprüche aus Lebensversicherungen unabhängig vom Zeitpunkt ihres Eintritts grundsätzlich erfüllt werden sollen, um das Vertrauen in die Lebensversicherung als Vorsorgeinstrument nicht zu erschüttern. Wie würden Sie unter dieser Voraussetzung das Schreiben von Frau Elke Schmitz beantworten?

11 Sie sind Mitarbeiter/-in in der Agentur Krause und nehmen den Anruf von Frau Hannelore Böhme entgegen. Sie schildert Ihnen am Telefon, dass ihr Ehemann Peter Böhme schon vor 6 Wochen mit dem Motorrad schwer verunglückt sei. Er habe große Schädelverletzungen davongetragen und sei deshalb voraussichtlich auf Dauer in seinem Erinnerungsvermögen beeinträchtigt. Seinen Beruf könne er nach Auskunft des Stationsarztes im behandelnden Krankenhaus nicht mehr ausüben, wenn nicht noch ein Wunder geschieht.

Sie schildert Ihnen weiter, dass ihr Mann ihr immer geraten habe, sich sofort an die Agentur zu wenden, wenn er einmal verunglücken oder vorzeitig sterben solle, da er eine Lebensversicherung mit Zusatzversicherungen dort abgeschlossen hätte.

Auszug aus dem Vertragsspiegel

Kapitallebensversicherung auf den Todes- und Erlebensfall
Versicherte Person und VN: Peter Böhme, geb. am 10. Mai 1978
Versicherungssumme: 180 000,00 €
Versicherungsbeginn: 01. Jan. 1997
Versicherungsdauer: 40 Jahre
Monatliche Beitragszahlung: 378,00 €
Besondere Vereinbarungen: Unfall-Zusatzversicherung, Berufsunfähigkeits-Zusatzversicherung (Beitragsbefreiung und 24 % der VS als jährliche Rente) mit 50 %-Klausel

Arbeitsauftrag

Prüfen Sie den Vertrag und schildern Sie dann Frau Böhme, ob und ggf. wann mit einer Leistung gerechnet werden kann und was für die Abwicklung des Versicherungsfalles erforderlich ist.

Nehmen Sie Frau Böhme gegenüber auch zum Umfang und zur voraussichtlichen Höhe der Versicherungsleistung aufgrund des gegenwärtigen Informationsstandes Stellung und erläutern Sie Ihre Aussagen.

8 Rechte dritter Personen an der Lebensversicherung

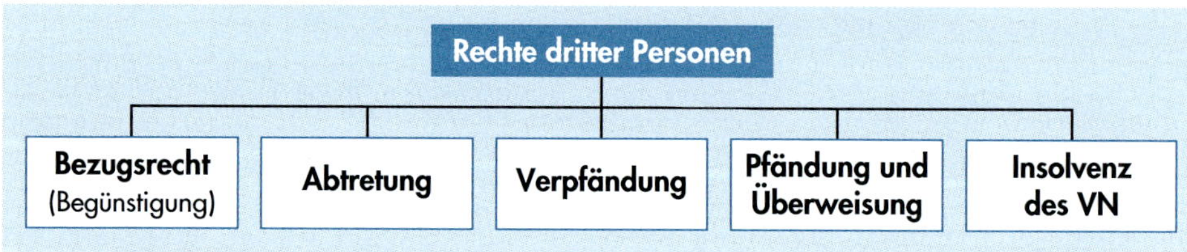

Grundsätzlich stehen dem VN alle Rechte aus dem Lebensversicherungsvertrag zu. Durch freiwillige oder zwangsweise Verfügungen können diese Rechte jedoch zugunsten Dritter eingeschränkt oder aufgehoben werden.

8.1 Bezugsrecht

Vorbemerkung:
Die vertraglichen Regelungen sind exemplarisch zitiert anhand der Allgemeinen Bedingungen für die kapitalbildende Lebensversicherung (ALB).

8.1.1 Wesen des Bezugsrechts

VVG §§ 159, 160 ALB § 9 (2)

Durch die Benennung eines Bezugsberechtigten (Begünstigten) kann der VN bzw. derjenige, der über die Gestaltungsrechte verfügt, bestimmen, wer im Versicherungsfall die Leistung erhalten soll. Dies ist bereits bei der Antragstellung oder später jederzeit möglich. Eine solche Begünstigung wird üblicherweise nur für den Todesfall ausgesprochen.

Daneben bestehen für die Einräumung eines Bezugsrechts aber auch folgende Möglichkeiten:

- Begünstigung auch (oder nur) für den Erlebensfall,
- unterschiedliche Begünstigte für den Todes- und Erlebensfall (geteiltes oder gespaltenes Bezugsrecht),
- Begünstigung nur für Teile der Versicherungsleistung (z. B. nur für die Versicherungssumme),
- Begünstigung mehrerer Bezugsberechtigter.

Das Bezugsrecht bezieht sich ausschließlich auf die **Versicherungsleistung**. Der VN behält alle anderen Rechte aus dem Vertrag.

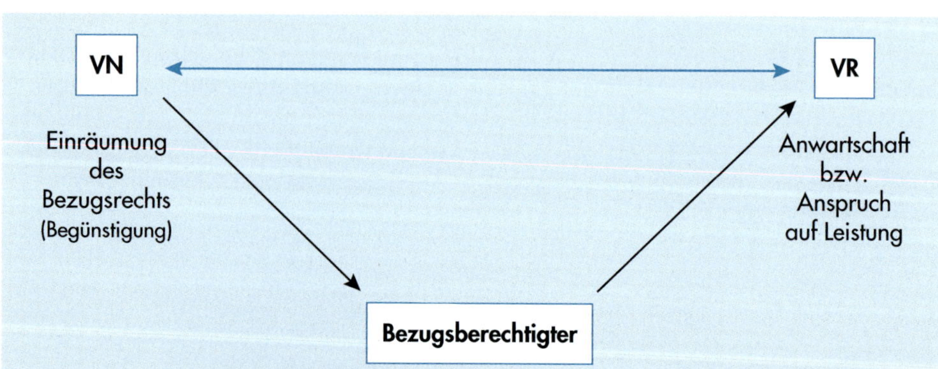

Wird ein **Bezugsrecht für den Todesfall** vereinbart, so erhält der Begünstigte die Versicherungsleistung direkt vom VR und nicht aus dem Nachlass des verstorbenen Versicherungsnehmers. Das bewirkt u. a., dass

- die Versicherungsleistung nicht auf das Erbteil des miterbenden Begünstigten angerechnet wird,
- der miterbende Begünstigte die Erbschaft ausschlagen kann, ohne die Versicherungsleistung zu verlieren,
- die im Testament übergangenen gesetzlichen Erben des Versicherungsnehmers keinen Pflichtteilsanspruch gegen den Begünstigten erheben können,
- die Gläubiger des verstorbenen Versicherungsnehmers nicht auf die Versicherungsleistung zugreifen können.

Räumt der VN seinem namentlich genannten oder nur als Ehemann bzw. Ehefrau bezeichneten Ehepartner ein Bezugsrecht ein, so bleibt dieser auch nach einer Scheidung und Wiederheirat des Versicherungsnehmers begünstigt. Die Ehescheidung ist versicherungsrechtlich lediglich im Rahmen der Direktversicherung (vgl. C 2.3.2.2) wegen des Versorgungsausgleichs von Bedeutung.

Die Begünstigung von Geliebten oder Lebensgefährten durch verheiratete VN gilt nach heutiger Rechtsauffassung nicht mehr als sittenwidrig und ist somit rechtswirksam.

Führt der für den Todesfall Begünstigte den Tod der versicherten Person vorsätzlich durch eine widerrechtliche Handlung herbei, so gilt die Begünstigung als nicht erfolgt. VVG § 162

Ein Bezugsrecht kann in widerruflicher und in unwiderruflicher Form eingeräumt werden.

➤ Widerrufliches Bezugsrecht

Fehlt eine ausdrückliche anderweitige Bestimmung, so handelt es sich immer um ein **widerrufliches Bezugsrecht**. Der VN kann in diesem Fall die Begünstigung während der Laufzeit jederzeit durch Mitteilung an den VR ändern. Die Änderung wird mit Zugang beim VR wirksam. § 159 (1); ALB § 9 (2)

Eine Änderung, die nur im **Testament** erfolgt und dem VR nicht bekannt ist, bewirkt keinen Widerruf des Bezugsrechts. Im Versicherungsfall ist an den ursprünglich Bezugsberechtigten zu leisten. Der VR ist in jedem Fall vor einer Doppelauszahlung geschützt. Der testamentarisch Begünstigte kann gegenüber dem Leistungsempfänger keine Ansprüche geltend machen. BGH 1981

Das widerrufliche Bezugsrecht beinhaltet lediglich eine **Anwartschaft** auf die Versicherungsleistung. Daraus kann der Bezugsberechtigte aber keinerlei Rechte ableiten. Erst bei Eintritt des Versicherungsfalles geht die Anwartschaft in einen Rechtsanspruch über. Wenn der Begünstigte während der Laufzeit stirbt, geht das Bezugsrecht nicht auf seine Erben über. Der VN kann dann vielmehr das Bezugsrecht neu festlegen oder auf eine erneute Begünstigung verzichten.

Mehrere Begünstigte sind – sofern nichts anderes bestimmt ist – stets zu gleichen Teilen begünstigt. Stirbt einer der widerruflich Begünstigten vor Eintritt des Versicherungsfalles, so geht sein Anteil auf die übrigen Begünstigten über. Sind die auf die Begünstigten entfallenden Anteile jedoch vom VN ausdrücklich festgelegt, würde derjenige des verstorbenen Begünstigten wieder an den VN zurückfallen (Nichterwerb gem. § 160 (3) VVG). VVG § 160 (1)

➤ Unwiderrufliches Bezugsrecht

Ein unwiderrufliches Bezugsrecht kann der VN nur mit Zustimmung des Begünstigten ändern. Das unwiderrufliche Bezugsrecht wird nach Eingang der schriftlichen Erklärung beim Versicherer wirksam. Es kann dann nur noch mit Zustimmung des unwiderruflich Begünstigen geändert oder aufgehoben werden. ALB § 9 (2) BGB § 330

Anders als beim widerruflichen Bezugsrecht erwirbt der Begünstigte **sofort** nach Wirksamwerden einen **Rechtsanspruch** auf die Versicherungsleistung, ohne dass er deren Auszahlung vor Fälligkeit verlangen kann. Das bedeutet beispielsweise, dass bei einer Kündigung die Rückvergütung an den Begünstigten auszuzahlen ist. Verfügungen des Versicherungsnehmers, die den Begünstigten benachteiligen (z.B. Vorauszahlung, Abtretung, Verpfändung), sind zudem nur wirksam, wenn die Genehmigung des Begünstigten vorliegt.

Allerdings werden dem VN neben dem Kündigungsrecht weiterhin das Recht auf Umwandlung in eine beitragsfreie Versicherung und solche Gestaltungrechte wie Herabsetzung der VS und Laufzeitverlängerung zugestanden. Insgesamt ist die Rechtsposition des Versicherungsnehmers aber weitaus schwächer als beim widerruflichen Bezugsrecht. Wenn der unwiderruflich Begünstigte stirbt, gehen die Ansprüche auf dessen Erben über.

Ein unwiderrufliches Bezugsrecht ist im Zusammenhang mit der Direktversicherung durch Entgeltumwandlung (vgl. C 2.3.2.2) üblich.

8.1.2 Vergleich zwischen widerruflichem und unwiderruflichem Bezugsrecht

Unterscheidungsmerkmal	Widerrufliches Bezugsrecht	Unwiderrufliches Bezugsrecht
Rechtsnatur/Leistungsanspruch	nur Anwartschaft; Rechtsanspruch erst beim Eintritt des Versicherungsfalls	sofort wirksamer Rechtsanspruch; schon vor Eintritt des Versicherungsfalls kann über den Anspruch verfügt werden
Form	schriftliche Erklärung des bisherigen Verfügungsberechtigten	schriftliche Erklärung des bisherigen Verfügungsberechtigten
Wirksamwerden	nach Zugang der schriftlichen Erklärung beim VR	nach Zugang der schriftlichen Erklärung beim VR
Widerruf des Bezugsrechts	jederzeit bis zum Eintritt des Versicherungsfalles möglich	nur mit Zustimmung des Begünstigten möglich
Kündigung (Rückkauf bzw. Umwandlung in beitragsfreie Versicherung) durch den VN	jederzeit möglich, Rückkaufswert gehört dem VN	jederzeit möglich, Rückkaufswert gehört dem Begünstigten
Gestaltungsrechte	bleiben uneingeschränkt beim VN = Rechtsstellung des VN bleibt unverändert	bleiben beim VN, aber die Ansprüche des Begünstigten dürfen nicht geschmälert werden = geschwächte Rechtsstellung des VN
Abtretung und Verpfändung durch den VN	jederzeit möglich, Bezugsrecht ruht während dieser Zeit; wenn der Gläubiger das Recht auf Widerruf des Bezugsrechts und das Recht auf Rückkauf gepfändet hat, kann er das Bezugsrecht widerrufen und das Kündigungsrecht ausüben	nur mit Zustimmung des Begünstigten möglich

Unterscheidungsmerkmal	Widerrufliches Bezugsrecht	Unwiderrufliches Bezugsrecht
Abtretung und Verpfändung durch Begünstigten	theoretisch möglich; der Gläubiger erwirbt dann aber lediglich die unsichere Anwartschaft, die vom VN geändert werden kann; als Kreditsicherungsmittel für den Begünstigten daher ungeeignet	jederzeit möglich (= Verfügung über den Anspruch)
Einräumung eines weiteren Bezugsrechts durch den Begünstigten	nicht möglich	jederzeit möglich (=Verfügung über den Anspruch)
Insolvenz des VN	Insolvenzverwalter kann das Bezugsrecht ändern; Rückkaufswert geht dann in die Insolvenzmasse ein	Rückkaufswert gehört nicht zur Insolvenzmasse, sondern zum Vermögen des Begünstigten
Insolvenz des Begünstigten	Anwartschaft gehört nicht zur Insolvenzmasse des Begünstigten	Anspruch gehört zur Insolvenzmasse des Begünstigten
Tod des Begünstigten	Bezugsrecht verfällt	Bezugsrecht fällt den Erben des Begünstigten zu, sofern die Vererblichkeit des Bezugsrechts nicht ausdrücklich ausgeschlossen wurde

8.2 Verpfändung und Abtretung

Vorbemerkung:
Die vertraglichen Regelungen sind exemplarisch zitiert anhand der Allgemeinen Bedingungen für die kapitalbildende Lebensversicherung (ALB).

8.2.1 Wesen der Verpfändung

Der VN kann die Ansprüche aus seiner Lebensversicherung als Kreditsicherungsmittel bis zur Höhe der Verbindlichkeit an seinen Gläubiger verpfänden. ALB § 9 (3)

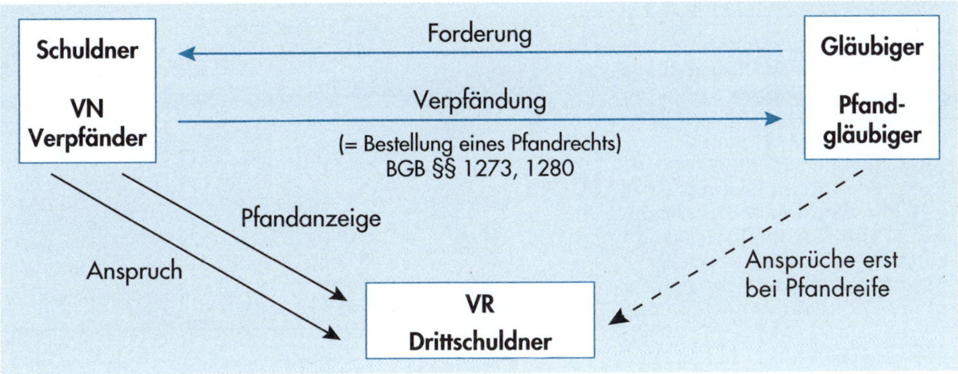

BGB §§ 1273 (2), 1204 §§ 1252, 1280 Tilgt der VN die fällige Verbindlichkeit nicht, kann der Pfandgläubiger seine Forderung aufgrund des Pfandrechts aus der Versicherungsleistung befriedigen. Ein Pfandrecht kann nicht ohne Forderung, zu deren Sicherung die Verpfändung erfolgt, bestehen **(= Akzessorietät des Pfandrechts)**. Wenn die der Verpfändung zugrundeliegende Forderung nicht mehr besteht, erlischt das Pfandrecht. Die Verpfändung ist nur wirksam, wenn sie dem VR (Drittschuldner) angezeigt wird.

In der Rechtspraxis ist die Verpfändung von Ansprüchen aus der Lebensversicherung weitgehend durch die **Sicherungsabtretung** (vgl. C 8.2.2) verdrängt. Eine Verpfändung kommt in erster Linie dann vor, wenn der VR dem VN ein Hypothekendarlehen gewährt und dieses zusätzlich sichern will. Da bei der Verpfändung – anders als bei der Abtretung – die Gläubigerstellung des Versicherungsnehmers gegenüber dem VR erhalten bleibt, ist es möglich und üblich, eine Verpfändung der Ansprüche aus dem Versicherungsvertrag an den VR selbst vorzunehmen. Eine Abtretung der Lebensversicherung an den VR als Sicherheit für das von ihm gewährte Darlehen ist aus rechtlichen Gründen nicht möglich (vgl. C 8.2.2).

§ 1276 Da die **Gestaltungsrechte** beim VN verbleiben, kann der Pfandgläubiger kein Bezugsrecht einräumen. Ein bereits vorher bestehendes widerrufliches Bezugsrecht wird durch die Verpfändungsanzeige des Versicherungsnehmers stillschweigend widerrufen. Sonstige Verfügungen des Versicherungsnehmers, die das Pfandrecht beeinträchtigen, bedürfen der Zustimmung des Pfandgläubigers. Der Pfandgläubiger kann Ansprüche in Höhe der Forderung aber erst dann geltend machen, wenn seine Forderung gegenüber dem Verpfänder fällig geworden ist **(= Pfandreife)**.

Rechtsstellung des Verpfänders und des Pfandgläubigers gegenüber dem Versicherer		
vor Pfandreife	**nach Pfandreife**	
	Versicherungsleistung ist fällig	**Versicherungsleistung ist noch nicht fällig**
Kündigung: VN braucht die Zustimmung des Pfandgläubigers **Vorauszahlung** (»Policendarlehen«):nur möglich, wenn die Rückvergütung nach Abzug der Vorauszahlung die Ansprüche des Pfandgläubigers nicht unterschreitet **Verfügungen/Änderungen durch VN:** Rechte von Dritten (z. B. Bezugsrechte) sind gegenüber dem Pfandrecht nachrangig **Mahnung, Kündigung, Anfechtung, Rücktritt durch VR:** Wirkung nur gegenüber dem VN	Pfandgläubiger kann Versicherungsleistung in Empfang nehmen, soweit sie zur Deckung seines Anspruchs nötig ist. VR kann mit befreiender Wirkung nur an den Pfandgläubiger zahlen (§ 1282 BGB).	Der Pfandgläubiger kann eine (Teil-)Abtretung des Rückkaufswertes an Zahlungsstatt verlangen (§ 1282 Abs. 1 BGB). Nach der Abtretung an Zahlungsstatt erhält der Pfandgläubiger eine Gläubigerstellung wie bei der Zession (vgl. E 4.2.2).
Fälligkeit der Versicherungsleistung: VR muss an Pfandgläubiger und Verfügungsberechtigten gemeinsam leisten (BGB § 1281). Da der Pfandgläubiger die Auszahlung erst bei Eintritt der Pfandreife verlangen kann, ist u. U. zur Wahrung der Interessen beider Parteien die Einrichtung eines »Und-Kontos« sinnvoll (Gemeinschaftskonto mit gemeinsamer Verfügungsberechtigung).		

8.2.2 Wesen der Abtretung

Die Rechte und Ansprüche aus dem Versicherungsvertrag können vom VN an einen Dritten durch Vertrag abgetreten werden. Das Vorliegen einer Forderung ist aber – im Gegensatz zur Verpfändung – keine Voraussetzung für die Abtretung **(= Abstraktheit der Abtretung).**

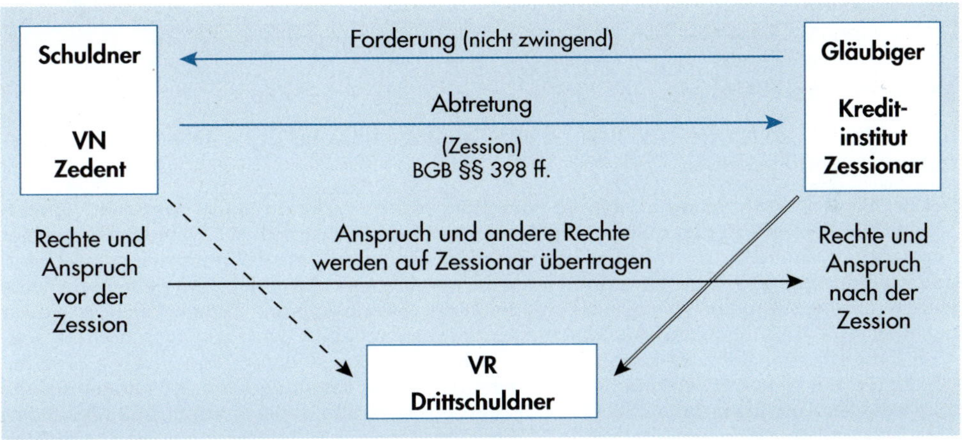

➤ Auswirkungen auf den Versicherungsvertrag

Nach den allgemeinen Bedingungen für die kapitalbildende Lebensversicherung ist die Abtretung dem VR gegenüber nur wirksam, wenn sie vom bisherigen Berechtigten (das ist im Regelfall der VN) angezeigt wurde **(= offene Zession).** ALB § 9 (3)

Erfolgt die Abtretungsanzeige gegenüber dem VR nicht **(= stille Zession),** hat das nach der Rechtsprechung die Unwirksamkeit der Abtretung zur Folge. Der VR kann mit schuldbefreiender Wirkung an den VN leisten. Der Zessionar hat in diesem Fall keinen Herausgabeanspruch an den VN. BGH 1080 BGB § 816 (2)

Liegt ein **unwiderrufliches** Bezugsrecht vor, muss der Begünstigte der Abtretung zustimmen. Solange der Begünstigte einen Zahlungsanspruch auf die Versicherungsleistung hat, ist es dem VN nicht möglich, seine übrigen Rechte (Gestaltungsrechte) aus dem Versicherungsvertrag an einen anderen Dritten zu übertragen. Ein **widerrufliches** Bezugsrecht wird dagegen durch die Abtretung stillschweigend für die Dauer der Abtretung widerrufen.

Die Übergabe des Versicherungsscheins ist zur Rechtswirksamkeit der Abtretung der Versicherungsansprüche nicht erforderlich, da der Versicherungsschein aufgrund der **Inhaberklausel** nach den ALB als **Ausweispapier** (Legitimations- oder »hinkendes« **Inhaberpapier**) kein selbstständiger Rechtsträger ist. § 808 ALB § 8 (2)

Die Inhaberklausel ermächtigt den VR, den Inhaber des Versicherungsscheines als berechtigt zur Verfügung aller Ansprüche aus dem Versicherungsvertrag anzusehen. Aus diesem Grund und der Tatsache, dass vor jeder Leistung aus dem Versicherungsvertrag dem VR bedingungsgemäß der Versicherungsschein vorzulegen ist, verlangt der Zessionar die Aushändigung des Versicherungsscheins.

Die Abtretung bezieht sich nicht nur – wie das Bezugsrecht – auf den Anspruch auf Auszahlung der Versicherungsleistung. Sie schließt vielmehr – wenn nicht ausdrücklich anders vereinbart – auch die übrigen Rechte ein. Der Zessionar tritt an die Stelle des bisherigen Gläubigers (Zedent) des Drittschuldners (= Gläubigerwechsel). BGB § 398

Der Zessionar kann daher

- die Umwandlung in eine beitragsfreie Versicherung vornehmen,
- den Versicherungsvertrag kündigen und die Auszahlung des Rückkaufswertes verlangen,
- Bezugsrechte widerrufen und neue aussprechen,
- die an ihn abgetretenen Ansprüche weiter abtreten oder verpfänden.

Die Abtretung ist aufgrund der Tatsache, dass der Zessionar auch die Gestaltungsrechte ausüben kann, im Vergleich zur Verpfändung das stärkere Recht.

Sicherungsabtretung

In der Praxis wird für die Besicherung von Krediten meistens nur eine sog. Sicherungsabtretung vorgenommen.

Bei der Sicherungsabtretung erfolgt die Abtretung nicht zwecks Erfüllung der Kreditverbindlichkeit, sondern nur zu deren Sicherung. Da eine Abtretung abstrakt, d.h. vom Bestehen einer Forderung unabhängig ist, wird im Innenverhältnis zwischen Versicherungsnehmer (Zedent) und Kreditinstitut (Zessionar) vereinbart, dass die abgetretenen Ansprüche nur geltend gemacht werden dürfen, wenn der VN seinem Schuldendienst (Verzinsung und Tilgung) nicht pünktlich nachkommt. Das Kreditinstitut erlangt dadurch im Innenverhältnis keine uneingeschränkte, sondern lediglich eine **fiduziarische** (treuhänderische) Gläubigerstellung. Wegen des abstrakten Charakters der Abtretung erwirbt der VN (Zedent) nach der Kredittilgung nicht automatisch die abgetretenen Ansprüche zurück. Bei einer Sicherungsabtretung ist das Kreditinstitut (Zessionar) aber aufgrund der nur treuhänderischen Gläubigerstellung zur Rückübertragung der Ansprüche verpflichtet. Die Zession wird durch schriftliche Anzeige des Zessionars an den VR aufgehoben, indem der Zessionar seine Rechte aufgibt. Im Außenverhältnis tritt das Kreditinstitut (Zessionar) aber in vollem Umfang die Rechtsnachfolge des Versicherungsnehmers (Zedent) an und muss daher Rücktritt, Anfechtung und Kündigung des Versicherers gegen sich gelten lassen.

Besonderheit: Kreditvergabe eines Versicherers an seinen Versicherungsnehmer und Besicherung durch die beim Versicherer bestehende Lebensversicherung

Versicherer vergeben im Rahmen der Kapitalanlagen Kredite. Kreditnehmer kann auch der Versicherungsnehmer sein. Als Sicherheit stellt er dem Versicherer die bei ihm abgeschlossene Lebensversicherung zur Verfügung. Dies kann allerdings nicht durch Abtretung geschehen, da der Versicherer dann die Gläubigerstellung des VN übertragen bekäme. Er wäre dann Schuldner und Gläubiger **aus dem Lebensversicherungsvertrag** zugleich. Deshalb wird als Sicherheit die Verpfändung der Forderung gewählt.

Wurde die Abtretung dennoch vereinbart, ist sie nach der Rechtsprechung in eine Verpfändung umzudeuten, bei der die Gläubigerstellung beim VN verbleibt.

8.2.3 Vergleich zwischen Abtretung und Verpfändung

	Verpfändung von Forderungen	**Abtretung von Forderungen (Zession)**
Rechtsgrundlage	§ 1273 ff. BGB Sicherung für den Pfandgläubiger durch dingliche Belastung der Versicherungsansprüche ohne Änderung der Rechtsstellung des VN als Gläubiger des VR	§ 398 ff. BGB Wechsel in der Person des Gläubigers: Der Zessionar tritt gegenüber dem VR in die Gläubigerstellung des VN
Bezeichnung der an den Rechtsverhältnissen beteiligten Personen	Gläubiger: Pfandgläubiger Schuldner/VN: Verpfänder (Pfandschuldner) VR: Drittschuldner	Gläubiger: Zessionar Schuldner/VN: Zedent VR: Drittschuldner
Gründe	Kreditsicherung	meistens Kreditsicherung (Sicherungsabtretung)
Forderung	unbedingt nötig, kein Pfandrecht ohne Sicherung einer Forderung; Pfandrecht ist akzessorisch	auch ohne Sicherung einer Forderung möglich; Abtretung ist abstrakt
Wirksamkeit gegenüber VR	schriftliche Anzeige an VR nötig, VR ist vor Doppelauszahlung geschützt	schriftliche Anzeige an VR nötig (= offene Zession), VR ist vor Doppelauszahlung geschützt
Rechte des VN	eingeschränkt; wenn das Pfandrecht durch Verfügungen beeinträchtigt wird, ist die Zustimmung des Pfandgläubigers nötig; alle Pflichten beim VN	neben dem Anspruch auf die Versicherungsleistung sind auch die Gestaltungsrechte abgetreten; alle Pflichten beim VN
Widerrufliches Bezugsrecht	verfällt bei Widerruf durch den Pfandgläubiger	verfällt bei Widerruf durch den Abtretungsgläubiger
Unwiderrufliches Bezugsrecht	Verpfändung nicht durch VN, sondern nur durch Begünstigten möglich	Abtretung nicht durch VN, sondern nur durch Begünstigten möglich
Verfügungsmöglichkeiten des Gläubigers	Dem Pfandgläubiger stehen nur die Ansprüche bis zur Höhe seiner Forderung zu = kein vermögensrechtlicher Übergang auf Pfandgläubiger.	Dem Zessionar stehen alle Rechte und Ansprüche aus dem Vertrag zu = vermögensrechtlicher Übergang auf Zessionar.
Kündigung und Rückerstattung	VN kann kündigen, sofern die Ansprüche des Pfandgläubigers nicht geschmälert werden; den die Forderung übersteigenden Teil des Rückkaufswertes erhält der VN	nur der Zessionar kann kündigen und den Rückkaufswert beanspruchen
Insolvenz des VN	Anspruch aus Versicherung fällt nicht in Insolvenzmasse	Anspruch aus Versicherung fällt nicht in Insolvenzmasse
Ende	Erlöschen der Forderung oder durch Freigabe; bei Entstehung einer neuen Forderung lebt die bisherige Verpfändung nicht wieder auf	Rückabtretung oder durch Anzeige des Zessionars (Verzicht, Freigabe)

8.3 Pfändung und Überweisung

ZPO §§ 704 ff., 828 ff.

Der Gläubiger eines Versicherungsnehmers kann aufgrund eines vollstreckbaren Titels (z. B. rechtskräftiges Gerichtsurteil oder Vollstreckungsbescheid) im Rahmen der Zwangsvollstreckung beim zuständigen Amtsgericht u. a. auch einen **Pfändungs- und Überweisungsbeschluss** im Hinblick auf eine bestehende Lebensversicherung erwirken.

Die Pfändung einer Lebensversicherung umfasst üblicherweise sämtliche Ansprüche und Rechte des Versicherungsnehmers.

Dadurch wird

§ 803 (1)

- dem VR (Drittschuldner) verboten, Zahlungen an den VN bzw. den Berechtigten zu leisten,
- dem VN bzw. dem Berechtigten verboten, über seinen Anspruch an den VR zu verfügen.

Der Pfändungsgläubiger kann die Versicherung allerdings nur bis zur Höhe seiner Forderung kündigen und rückerstatten lassen.

Liegt ein **unwiderrufliches Bezugsrecht** vor, ist die Pfändung fruchtlos. Würde dagegen ein Pfändungs- und Überweisungsbeschluss gegen den Begünstigten erwirkt, wäre eine Pfändung seines Auszahlungsanspruchs möglich. Ein **widerrufliches Bezugsrecht** muss vom Pfändungsgläubiger vor Eintritt des Versicherungsfalles **ausdrücklich** widerrufen werden, da andernfalls der Begünstigte trotz der Pfändung Anspruch auf die Versicherungsleistung hat. Der Bezugsberechtigte bzw. der Ehepartner und die Kinder des Versicherungsnehmers haben aber das Recht, zur Abwendung der Pfändung in den Versicherungsvertrag einzutreten **(Eintrittsrecht)**. Sie müssen in diesem Fall die Forderung des Pfändungsgläubigers bis zur Höhe des Rückkaufswertes befriedigen.

VVG § 167 ZPO §§ 850 ff. BGB §§ 400, 1274 (2) ZPO § 850 b (1) § 850 (3)

Aufgrund von Pfändungsschutzvorschriften sind Ansprüche aus bestimmten Kapital- und Rentenversicherungen gänzlich oder teilweise unpfändbar. Ihre Abtretung und Verpfändung ist damit ebenfalls ausgeschlossen. Dazu gehören u. a. Sterbegeldversicherungen, von der bis 3 579,00 € unpfändbar sind. Laufende Renten aus Versicherungsverträgen, die der VN zu seiner eigenen Versorgung oder der seiner unterhaltsberechtigten Angehörigen abgeschlossen hat, werden wie Arbeitseinkommen behandelt und sind als solche nur beschränkt pfändbar. Gleiches gilt für Renten aus der Berufsunfähigkeits(zusatz)versicherung.

8.4 Insolvenz des Versicherungsnehmers

InsO §§ 80, 148,166

Im Insolvenzfall gehören Rechte und Ansprüche des Versicherungsnehmers aus der Lebensversicherung zur Insolvenzmasse. Der VR kann seine Leistungen mit schuldbefreiender Wirkung nur an den Insolvenzverwalter erbringen.

§ 103

Ist die Laufzeit des Vertrages noch nicht beendet, kann der Insolvenzverwalter wählen, ob eine weitere Beitragszahlung zulasten der Insolvenzmasse erfolgen oder das Versicherungsverhältnis aufgelöst werden soll. Wird die Beitragszahlung fortgesetzt, gehört die Versicherungsleistung bei Fälligkeit zur Insolvenzmasse. Der Insolvenzverwalter muss aber bis dahin ein bestehendes **widerrufliches Bezugsrecht** ausdrücklich widerrufen haben, da sonst die Versicherungsleistung dem Begünstigten zufällt. Wenn das Versicherungsverhältnis dagegen aufgelöst wird, kommt das einer Kündigung gleich. Die Auszahlung des Rückkaufswertes muss an den Insolvenzverwalter erfolgen, sofern kein Bezugsrecht mehr besteht. Der Bezugsberechtigte bzw. der Ehegatte und die Kinder des VN haben aber das Recht, an Stelle des VN in den Vertrag einzutreten **(Eintrittsrecht)**. Sie müssen in diesem Fall die Forderungen der Insolvenzgläubiger bis zur Höhe des Rückkaufswertes erfüllen.

VVG § 170

Bei einem **unwiderruflichen Bezugsrecht** kann der Insolvenzverwalter weder durch Fortführung noch durch Auflösung des Versicherungsvertrages eine Erhöhung der Insolvenzmasse erreichen, weil der Anspruch auf die Versicherungsleistung bzw. die Rückerstattung dem Begünstigten zusteht.

Lernkontrollen zu C 8

Bezugsrecht

1 Erläutern Sie die erbrechtlichen Konsequenzen bei der Benennung eines Bezugsberechtigten.

2 In welcher Form muss die Einräumung eines Bezugsrechts erfolgen?

3 Erläutern Sie wesentliche Unterschiede zwischen einem widerruflichen und einem unwiderruflichen Bezugsrecht.

4 Angenommen, ein VN hat für die Todesfallleistung aus einer gemischten Lebensversicherung ein widerrufliches Bezugsrecht eingeräumt. In einem später abgefassten Testament wird für den vorzeitigen Todesfall eine andere Person mit der Versicherungsleistung bedacht, ohne dass dem VR darüber Mitteilung gemacht wird. An wen muss der VR leisten? Begründen Sie Ihre Aussage.

5 Sie sind in der Leistungsabteilung Leben der Proximus Versicherung AG tätig und erhalten den Besuch des nebenberuflichen Vertreters Hans Wilckens.

Herr Wilckens hat Beziehungen zu mehreren Interessenten für eine Lebensversicherung angebahnt, musste jedoch bei einigen speziellen Kundenfragen zum widerruflichen Bezugsrecht die endgültige Beantwortung vorläufig schuldig bleiben. Bevor er die Kunden erneut aufsucht, möchte er sich genau informieren und schildert Ihnen die verschiedenen Fragestellungen der Kunden.

- **Arbeitsauftrag**

Beantworten Sie Herrn Wilckens die Fragestellungen.

- **Fragestellungen**

a) Ein Kunde wollte wissen, ob die Versicherungsleistung an die Erben des Bezugsberechtigten fällt, wenn dieser vor Fälligkeit der Lebensversicherung verstirbt.

b) Ein anderer Kunde möchte seine Ehefrau für den Todesfall als bezugsberechtigt einsetzen. Da er aber die Möglichkeit nicht ausschließt, dass die Ehe vorzeitig aufgelöst wird, möchte er seine derzeitige Ehefrau nicht namentlich bezeichnen. Er will wissen, ob die folgende Formulierung ausreicht, um die Versicherungsleistung für die Ehefrau im Zeitpunkt seines Todes sicherzustellen: »Begünstigt im Falle meines vorzeitigen Todes ist meine Ehefrau.«

c) Eine Kundin möchte ihre Kinder als bezugsberechtigt einsetzen. Für den Fall, dass die Entwicklung der Kinder nicht nach ihren Vorstellungen gerät, möchte sie über die Lebensversicherung endgültig durch eine testamentarische Bestimmung verfügen. Sie will wissen, ob die Lebensversicherungsgesellschaft die eventuelle testamentarische Bestimmung beachtet.

d) Ein weiterer Kunde fragte, ob und an wen die Versicherungsgesellschaft die Versicherungsleistung zahlt, wenn der Bezugsberechtigte bewusst den Tod des Versicherten herbeiführt.

6 Franz Erckens, Inhaber der Firma Erckens, Möbelfabrik, glaubt, die Partnerin seines Lebens gefunden zu haben, und er möchte deshalb alles unternehmen, um sie nicht mehr zu verlieren. Die Partnerin wünscht, ihr das Bezugsrecht zur bestehenden Lebensversicherung über 300000,00 € als unwiderruflich zu übertragen. Sie will dann ihren Beruf für ihn aufgeben und den Haushalt versorgen.

Aus diesem Grunde wird Franz Erckens in der Versicherungsagentur Krause vorstellig. Er möchte das Bezugsrecht als unwiderruflich gestalten, jedoch wissen, ob man die Bestimmung dergestalt formulieren kann, dass sie nur so lange gilt, wie seine Partnerin treu zu ihm steht.

- **Auszug aus dem Vertragsspiegel**

Kapitalversicherung auf den Todes- und Erlebensfall
Versicherungsbeginn: 01. Mai 1995
Versicherungsablauf: 01. Mai 2020
Versicherungssumme: 300000,00 €
Bezugsberechtigt: Im Erlebensfall der VN, bei vorzeitigem Tod der Bruder Heinz.

- **Arbeitsauftrag**

Klären Sie Herrn Erckens über die Wirkung einer unwiderruflichen Bezugsberechtigungsbestimmung auf und geben Sie ihm eine Verhaltensempfehlung.

Verpfändung und Abtretung

7 Verpfändung von Lebensversicherungsansprüchen

a) Zu welchem Zweck können Lebensversicherungsansprüche verpfändet werden?

b) In welchen Fällen kommt die Verpfändung von Lebensversicherungsansprüchen in der Praxis vor?

c) Welche Voraussetzungen müssen erfüllt sein, damit die Verpfändung wirksam ist?

8 Für eine verpfändete Lebensversicherung gelten folgende Daten:

VS 100000,00 €, Rückkaufswert 60000,00 €, abgesicherte Forderung 20000,00 €

Erläutern Sie die Rechtsansprüche des Pfandgläubigers in folgenden Fällen:

a) Versicherungsleistung fällig, aber Forderung noch nicht fällig (keine Pfandreife),

b) Forderung fällig (Pfandreife), aber Versicherungsleistung noch nicht fällig,

c) Versicherungsleistung und Forderung fällig.

9 Abtretung

a) Was ist im Zusammenhang mit einer Lebensversicherung unter einer Abtretung zu verstehen?

b) Welche Voraussetzungen müssen erfüllt sein, damit die Abtretung von Lebensversicherungsansprüchen wirksam ist?

c) Warum kann sich ein Lebensversicherer, der zugleich Kreditgeber ist, die Ansprüche aus der Lebensversicherung des Kreditnehmers nicht abtreten lassen?

d) Wenn eine Lebensversicherung gegenüber einer Bank als Kreditsicherungsmittel verwendet wird, wird i. d. R. eine sog. **Sicherungsabtretung** vorgenommen. Erläutern Sie die Besonderheiten dieser Abtretungsform.

e) Welche Rechte kann die Bank ausüben, wenn der Kredit- und Versicherungsnehmer seinen Zins- und Tilgungsverpflichtungen nicht nachkommt und der Versicherungsfall noch nicht eingetreten ist?

10 Erläutern Sie wesentliche Unterschiede zwischen Verpfändung und Abtretung von Lebensversicherungsansprüchen.

11 Sie sind Mitarbeiter/-in der Proximus Versicherung AG. An Ihrem Informationsschalter besucht Sie Herr Otto Sänger, Bruder des Kunden Erwin Sänger. Herr Otto Sänger berichtet Ihnen, dass er sich kürzlich selbstständig gemacht hat und die Ansprüche aus der Lebensversicherung einer Bank zur Kreditsicherung abtreten möchte.

- **Auszug aus dem Vertragsspiegel**

Kapitalversicherung auf den Todes-und Erlebensfall
Versicherungssumme: 50 000,00 €
Versicherungsbeginn: 01. März 1995
Versicherungsablauf: 01. März 2024
Versicherungsnehmer: Erwin Sänger, geb. 01. Sept. 1963
Versicherte Person: Erwin Sänger
Bezugsberechtigt für den Todes- und Erlebensfall: Otto Sänger
Beitrag: monatlich 105,59 €

- **Arbeitsauftrag**

Erläutern Sie Herrn Otto Sänger die Rechtslage.

12 Sie sind Mitarbeiter in der Leistungsabteilung Leben der Proximus Versicherung AG. In Ihrem Büro erscheinen Frau Brigitte Jäger (25 Jahre) und Herr Hans Jäger (18 Jahre). Sie schildern Ihnen zunächst, dass sie jeweils ein Kind aus den beiden Ehen ihres Vaters Georg Jäger seien.

Ihr Vater und seine zweite Ehefrau, die leibliche Mutter von Hans Jäger, seien am 10. Juli d. J. bei einer Bergtour in der Schweiz abgestürzt und tödlich verletzt aufgefunden worden. Im Nachlass habe man einen Versicherungsschein auf das Leben ihres Vaters gefunden. Da keine weiteren Erben in Betracht kommen, bitten sie um schnelle Auszahlung der Versicherungsleistung; denn es seien ihnen beträchtliche Kosten durch die Überführung und Bestattung der tödlich Verletzten entstanden. Ferner habe ihr Vater damals einen Kredit in Höhe von 50 000,00 € bei der Europäischen Kreditbank aufgenommen, der nach den zu Hause vorgefundenen Unterlagen erst mit 15 000,00 € getilgt sei.

- **Auszug aus dem Vertragsspiegel**

Kapitallebensversicherung auf den Todes- und Erlebensfall
Versicherte Person und VN: Georg Jäger, geb. am 15. Jan. 1961
Versicherungssumme: 90 000,00 €
Versicherungsbeginn: 01. Jan. 1990
Versicherungsdauer: 35 Jahre
Versicherungsperiode: 1 Jahr
Monatliche Beitragszahlung: 198,00 €
Letzte Beitragszahlung am 03. Juli d. J. für den Monat Juli.
Bezugsberechtigt für den Fall des vorzeitigen Todes: die Ehefrau im Zeitpunkt des Todes
Besondere Vereinbarungen: Unfall-Zusatzversicherung
Besondere Vermerke: Verpfändung der Lebensversicherung an die Europäische Kreditbank (Kredithöhe 50 000,00 €)
Derzeitiges Gewinnguthaben: 230 ‰ der VS.

- **Arbeitsauftrag**

a) Prüfen Sie die Rechtslage und schildern Sie den beiden Hinterbliebenen, ob und wann sie ggf. mit einer Leistung rechnen können und was für die Abwicklung des Versicherungsfalles grundsätzlich benötigt wird.

b) Berechnen Sie die voraussichtliche Höhe der Versicherungsleistung aufgrund des gegenwärtigen Informationsstandes und begründen Sie diese den beiden Hinterbliebenen gegenüber.

Pfändung, Insolvenz

13 Angenommen, im Rahmen einer Zwangsvollstreckung wird vom Gläubiger eine Lebensversicherung gepfändet.

a) Kann der Gläubiger trotz eines bestehenden Bezugsrechts den Rückkaufswert zur Begleichung seiner Forderung verlangen?

b) Was besagt in diesem Zusammenhang das sog. Eintrittsrecht?

14 Erläutern Sie, wie eine gemischte Lebensversicherung im Insolvenzfall des Versicherungsnehmers behandelt werden kann.

9 Steuerliche Behandlung der Lebensversicherung als Kapitalanlage

9.1 Vorbetrachtung

In den Abschnitten C 2.2.3 und C 2.3.1 wurden im Zusammenhang mit dem Dreischichtenmodell bereits

- die steuerliche Behandlung der Versicherungsverträge zur Altersvorsorge (Rentenversicherung, »Basisrente«)
- die Förderung der Altersvorsorge in Form der Riester-Rente (Rentenversicherung nach dem AltZertG),
- die steuerlichen Rahmenbedingungen für die betriebliche Altersversorgung, unter besonderer Berücksichtigung der Direktversicherung durch Entgeltumwandlung,

dargestellt.

Diese Versicherungen zählen, wie ausgeführt, zur ersten Schicht (Basisvorsorge) bzw. zweiten Schicht (Zusatzvorsorge) nach dem Dreischichtenmodell.

In diesem Abschnitt geht es ausschließlich um **Versicherungsverträge**, die **als Kapitalanlage** angesehen werden. Darunter fallen auch Versicherungsverträge, die als Sonstige Vorsorge im Rahmen der dritten Schicht abgeschlossen wurden.

Bis zum Ende des Jahres 2004 waren Kapitallebensversicherungen steuerbegünstigt. Da viele dieser Versicherungen nicht ausschließlich für die Altersvorsorge, sondern als frei verfügbare Kapitalanlagen genutzt wurden, ist das Steuerprivileg für **Neuverträge ab dem Jahr 2005** fortgefallen. Für Altverträge (Vertragsabschluss vor 2005) gibt es noch eine Steuerbegünstigung.

Todesfallleistungen unterliegen weder bei Altverträgen noch in Zukunft der Einkommensteuer. Bei Kapitalversicherungen bleiben auch die in der Erlebensfallleistung enthaltenen Sparanteile weiterhin einkommensteuerfrei.

9.2 Steuerliche Behandlung von Altverträgen

a) Steuerliche Behandlung von Altverträgen (Vertragsabschluss vor 2005)

Für die vor 2005 abgeschlossenen Verträge galt und gilt auch weiterhin unter den aus der folgenden Tabelle ersichtlichen Bedingungen sowohl eine Steuerbegünstigung der Beiträge als auch der Versicherungsleistung (sog. Vertrauensschutz für bestehende Verträge).

Übersicht: Steuerbegünstigung von Kapitalversicherungen mit Abschlussdatum vor 2005

Vertragsart	Beitrags-zahlung	Mindest-laufzeit	Beiträge sind Vorsorgeauf-wendungen gem. EStG § 10	Leistungen (Zinsen) sind einkommen-steuerfrei gem. EStG § 20 (1) Nr. 6
Kapitalversicherungen mit Sparanteil und Todesfall-summe 60 % der während der gesamten Laufzeit zu zahlenden Beiträge	laufend, mind. 5 Jahre lang	12 Jahre	ja	ja
	einmalig	–	nein	nein
Sonderfall: **Fondsgebun-dene LV** und Todesfall-summe 60 % der während der gesamten Laufzeit zu zahlenden Beiträge	laufend, mind. 5 Jahre lang	12 Jahre	nein	ja
	einmalig	–	nein	nein
Risikoversicherungen (= kurze Todesfallvers.)	laufend	nein	ja	ja[1]
	einmalig	nein	ja	ja[1]

Übersicht: Steuerbegünstigung von Rentenversicherungen mit Abschlussdatum vor 2005

Vertragsart	Beitrags-zahlung	Mindestlauf-zeit	Beiträge sind Vorsorgeauf-wendungen gem. EStG § 10	Leistungen (Zinsen) sind einkom-mensteuerfrei gem. EStG § 20 (1) Nr. 6
Rentenversicherungen ohne Kapitalwahlrecht	laufend	nein	ja	*
	einmalig	nein	ja	*
Rentenversicherungen mit Kapitalwahlrecht[1]	laufend, mind. 5 J. lang	12 Jahre	ja	*
	einmalig	–	nein	nein

*während der Ansparphase ja; Rentenleistungen sind mit dem Ertragsanteil zu versteuern (vgl. E 5.4)

EStG § 10 (Fassung vom 31.12.2004)

Die **Beiträge** zu Kapital- und Rentenversicherungen mit Abschlussdatum vor 2005 (Altverträge), die **früher** als **beschränkt abzugsfähige Sonderausgaben** begünstigt waren, können **künftig** zu 88 % (100% bei Rentenversicherungen ohne Kapitalwahlrecht) als **sonstige Vorsorgeaufwendungen** (EStG § 10 in der am 31.12.2004 gültigen Fassung) geltend gemacht werden. Es handelt sich dabei um Vorsorgeaufwendungen, die **nicht** zu den Altersvorsorgeaufwendungen gehören (vgl. D 3.2.3.2). Dazu gehören u. a. Beiträge zur Kranken-, Pflege-, Unfall-, Risiko- und Haftpflichtversicherung. Steuerpflichtige, die Beiträge für ihre Krankenversicherung in vollem Umfang allein tragen müssen (z. B. Selbstständige), können solche Aufwendung bis zu einem jähr-

1 Da die Beiträge zur Risikoversicherung keine Sparanteile beinhalten, fallen bei der Versicherungsleistung auch keine Zinsen an, die gem. EStG § 20 (1) Nr. 6 einkommensteuerpflichtig sein könnten.

lichen Höchstbetrag von 2 800,00 € steuermindernd geltend machen. Bei anderen Steuerpflichtigen (z. B. Arbeitnehmer) beläuft sich der Höchstbetrag auf 1 900,00 €.

Wie die Tabelle auf der vorhergehenden Seite zeigt, ist bei solchen Altverträgen die Anerkennung von Lebensversicherungsbeiträgen als Sonstige Vorsorgeaufwendungen bei **Kapitalversicherungen** gleichzeitig auch bedeutsam für die Einkommensteuerbefreiung der in der Erlebensfallleistung enthaltenen **rechnungsmäßigen** und **außerrechnungsmäßigen** Zinsen.

EStG § 10 (Fassung vom 31.12.2004)

Steuerliche Behandlung von Kapitallebensversicherungen mit Abschluss und Beitragszahlung vor 2005 (Altverträge) Kapitalauszahlung, mindestens 12 Jahre Laufzeit, mindestens 5 Jahre laufende Beitragszahlung, bei Verträgen ab April 1996: Todesfallsumme mindestens 60 % der gesamten Beitragssumme	
Beiträge	**Versicherungsleistungen**
Die Beiträge können gem. § 10 EStG zu 88 % als Sonderausgaben (sonstige Vorsorgeaufwendungen) geltend gemacht werden. Sie werden zusammen mit anderen Versicherungsbeiträgen bis maximal 2 800,00 € (bei sozialversicherungspflichtigen Arbeitnehmern bis maximal 1 900,00 €) im Jahr steuermindernd anerkannt.	Die in der Versicherungsleistung enthaltenen rechnungsmäßigen und außerrechnungsmäßigen Zinsen sind steuerfrei. Da die in der Versicherungsleistung enthaltenen Sparanteile sowie die Risiko- und Kostenüberschüsse ohnehin steuerfrei sind, ist somit die Versicherungsleistung in vollem Umfang steuerfrei. Das gilt neben der Ablaufleistung auch bei Kündigung oder Verkauf der Versicherung.

Steuerliche Behandlung von klassischen Rentenversicherungen mit Abschluss und Beitragszahlung vor 2005 (Altverträge) Die Regelungen gelten für Verträge ohne Kapitalwahlrecht. Ist ein Kapitalwahlrecht vereinbart, müssen gleichzeitig folgende Bedingungen erfüllt sein: Mindestlaufzeit 12 Jahre und mindestens 5 Jahre laufende Beitragszahlung	
Beiträge	**Versicherungsleistungen**
Gleiche Regelung wie bei Altverträgen der Kapitalversicherung (s.o.): Die Beiträge können gem. § 10 EStG zu 88 % (mit Kapitalwahlrecht) bzw. 100 % (ohne Kapitalwahlrecht) als Sonderausgaben (sonstige Vorsorgeaufwendungen) geltend gemacht werden. Sie werden zusammen mit anderen Versicherungsbeiträgen bis maximal 2 800,00 € (bei sozialversicherungspflichtigen Arbeitnehmern bis maximal 1 900,00 €) im Jahr steuermindernd anerkannt.	**Renten** sind nur teilweise steuerpflichtig. Der steuerpflichtige Ertragsanteil hängt vom Alter bei Rentenbeginn ab und ist niedriger als bisher (gleiche Regelung wie bei Neuverträgen der klassischen Rentenversicherungen, vgl. E 5.4). **Kapitalleistungen** sind steuerfrei (gleiche Regelung wie bei Altverträge der Kapitallebensversicherung, Begründung s. o.)

Wird eine Kapitallebensversicherung oder eine Rentenversicherung mit Kapitalwahlrecht vor Ablauf von 12 Jahren gekündigt oder verkauft, unterliegt der Kapitalertrag der **Abgeltungsteuer** in Höhe von 25 % (zzgl. SolZ und ggf. Kirchensteuer).

b) Auswirkungen von Vertragsänderungen bei Altverträgen

Werden steuerbegünstigten Altverträge z. B. hinsichtlich

- Laufzeit
- Versicherungssumme
- Tarif
- Beitragshöhe
- Beitragszahlungsdauer

geändert, geht die Steuerbegünstigung möglicherweise verloren. Solche Änderungen werden in bestimmten Fällen steuerlich als **Novation** (= neuer Steuerbeginn) angesehen.

Art der Vertragsänderung	steuerschädlich
Beitragserhöhung (außer bei ursprünglich vereinbarter Dynamisierung der Beiträge, Anpassungsversicherung)	ja
Beitragssenkung	nein
Erhöhung des Dynamisierungssatzes	ja
Verkürzung der Laufzeit (steigender Beitrag bei gleicher Leistung)	ja
Verlängerung der Laufzeit (sinkender Beitrag bei gleicher Leistung)	nein
Erhöhung der Versicherungssumme (außer bei ursprünglich vereinbarter Dynamisierung)	ja
Verringerung der Versicherungssumme	nein
Wechsel der versicherten Person	ja
Wechsel des Versicherungsnehmers	nein
Änderung der Zahlungsweise	nein
Einschluss/Ausschluss einer Zusatzversicherung	nein

9.3 Besteuerung von Neuverträgen der Kapitallebensversicherung ab 2005

a) Beiträge

Für Kapitallebensversicherungen, die nach dem 1. Januar 2005 abgeschlossen werden (Neuverträge), entfällt die bisherige Steuervergünstigung, da diese Anlageform nicht ausschließlich der Altersvorsorge, sondern der Vermögensbildung dient.

b) Leistungen

Ein bestimmter Teil der Versicherungsleistung (sog. **Unterschiedsbetrag**) stellt Ertrag dar, der zu den steuerpflichtigen Einkünften aus Kapitalvermögen zählt.

Berechnung des Unterschiedsbetrages:

EStG § 20 (1) Nr. 6

Versicherungsleistung im Erlebensfall oder bei Rückkauf
– Summe der Beiträge
= Ertrag

Bei Rentenversicherungen mit Kapitalwahlrecht wird als Versicherungsleistung das Kapital angesetzt.

Wird die Versicherungsleistung nach Vollendung des 60. Lebensjahres (bei Vertragsabschluss ab 2012: 62. Lebensjahr) und nach Ablauf von 12 Jahren seit dem Vertragsabschluss ausgezahlt, ist – trotz der inzwischen eingeführten Abgeltungsteuer – nach wie vor nur die Hälfte des Unterschiedsbetrages anzusetzen und mit dem individuellen Einkommensteuersatz zu versteuern (sog. **Halbeinkünfteverfahren**). Der VR überweist in diesem Fall von den Erträgen (= Unterschiedsbetrag zwischen Versicherungsleistung und Beiträgen) zunächst 25 % Abgeltungsteuer (zzgl. SolZ und evtl. Kirchensteuer) ans Finanzamt. Da der VN aber nicht der Abgeltungsteuer unterliegt, kann der diesen vorläufigen Abzug korrigieren lassen. Dazu muss er beim Finanzamt die Steuerbescheinigung, die er vom VR automatisch erhält, einreichen. Aus dieser Bescheinigung gehen die Höhe der Kapitalerträge und der abgeführten Abgeltungsteuer hervor. Diese bereits geleistete **Abgeltungsteuer** wird dann wie folgt verrechnet:

Beispiel:

Ein VN zahlt 30 Jahre lang monatlich LV-Beiträge in Höhe von 200,00 €. Mit 65 Jahren erhält er eine Ablaufleistung von 120 000,00 €. Sein Grenzsteuersatz beträgt 40%.

Ablaufleistung	120 000 €
– Versicherungsbeiträge	72 000 €
= voller Kapitalertrag	48 000 €
davon bereits abgeführte Abgeltungsteuer 25 % *)	12 000 €
halber Kapitalertrag	24 000 €
davon 40 % zu zahlende Einkommensteuer *)	9 600 €
zu viel gezahlte Steuer (= Steuererstattung)	2 400 €

*) Der SolZ und die Kirchensteuer bleiben aus Vereinfachungsgründen hier unberücksichtigt.

Für die Erträge aus einer fondsgebundenen Lebensversicherung gelten die vorstehenden Ausführungen entsprechend.

Bei der Ermittlung der Einkünfte aus Kapitalvermögen wird der **Sparer-Pauschbetrag** (801,00 €, bei zusammen veranlagten Eheleuten 1 602,00 €) berücksichtigt. EStG § 20 (9) § 20 (1) Nr. 6

Besteuerung von Kapitallebensversicherungen mit Abschluss nach dem 01. Januar 2005 (Neuverträge)		
Beiträge	**Versicherungsleistungen**	
Beiträge sind keine Sonderausgaben und wirken sich nicht steuermindernd aus.	Folgende beiden Bedingungen sind erfüllt: • Mindestlaufzeit 12 Jahre • Auszahlung nach Vollendung des 60. Lebensjahres (bei Vertragsabschlüssen ab 2012: 62. Lebensjahr)	Mindestens eine der nebenstehenden Bedingungen ist nicht erfüllt:
	Der Ertrag wird zur Hälfte im Rahmen der Einkommensteuer besteuert (**Halbeinkünfteverfahren**), sofern der Sparer-Pauschbetrag in Höhe von 801,00 € (bzw. 1 602,00 € bei Eheleuten) überschritten ist.	Der Ertrag wird im Rahmen der Abgeltungsteuer mit 25 % **voll besteuert**, sofern der Sparer-Pauschbetrag in Höhe von 801,00 € (bzw. 1 602,00 € bei Eheleuten) überschritten ist.

Wird eine Kapitallebensversicherung vor Ablauf von 12 Jahren bzw. vor Vollendung des 60. Lebensjahres (bei Vertragsabschlüssen ab 2012: vor Vollendung des 62. Lebensjahres) gekündigt oder verkauft, unterliegt der Ertrag der **Abgeltungsteuer** in Höhe von 25 % (zzgl. SolZ und evtl. Kirchensteuer). Das gilt auch für alle Kapitallebensversicherungen, bei denen eine kürzere Laufzeit als 12 Jahre und/oder ein niedrigeres Endalter als 60 Jahre vereinbart ist.

<table>
<tr><th colspan="4">Zusammenfassende Darstellung der Besteuerung von Kapitalleistungen aus Lebensversicherungen
(Kapitallebensversicherung und private Rentenversicherung mit Kapitalauszahlung) im Rahmen der Abgeltungsteuer ab 2009</th></tr>
<tr><th colspan="4">Abschluss vor dem 01. Januar 2005 (Altverträge)</th></tr>
<tr><td colspan="4">Voraussetzungen für Steuerbegünstigung bei Vertragsabschluss:
– mindestens 12 Jahre Laufzeit
– mind. 5 Jahre laufende Beitragszahlung
– bei Verträgen ab April 1996: Todesfallsumme mind. 60% der gesamten Beiträge</td></tr>
<tr><th colspan="3">Voraussetzungen waren bei Vertragsabschluss erfüllt</th><th>Voraussetzungen waren bei Vertragsabschluss nicht erfüllt</th></tr>
<tr><td>Ablaufleistung</td><td>Kündigung oder Verkauf nach Ablauf von 12 Jahren</td><td>Kündigung oder Verkauf vor Ablauf von 12 Jahre</td><td rowspan="2">25 % Abgeltungsteuer *) auf den Ertrag</td></tr>
<tr><td>steuerfrei</td><td>steuerfrei</td><td>25 % Abgeltungsteuer *) auf den Ertrag</td></tr>
</table>

<table>
<tr><th colspan="5">Abschluss ab dem 01. Januar 2005 (Neuverträge)</th></tr>
<tr><td colspan="5">Voraussetzungen für Steuerbegünstigung bei Vertragsabschluss:
– mindestens 12 Jahre Laufzeit
– Auszahlung nach Vollendung des 60. (Vertragsabschluss ab 2012: 62.) Lebensjahres</td></tr>
<tr><th colspan="4">Voraussetzungen waren bei Vertragsabschluss erfüllt</th><th>Voraussetzungen waren bei Vertragsabschluss nicht erfüllt</th></tr>
<tr><td>Ablaufleistung</td><td>Kündigung nach Ablauf von 12 Jahren und Anleger mind. 60 bzw. 62 Jahre alt</td><td>Verkauf nach Ablauf von 12 Jahren und Anleger mind. 60 bzw. 62 Jahre alt</td><td>Kündigung oder Verkauf vor Ablauf von 12 Jahre</td><td rowspan="2">25 % Abgeltungsteuer *) auf den Etrag</td></tr>
<tr><td>Ertrag zur Hälfte mit dem persönlichen Einkommensteuersatz steuerpflichtig (Halbeinkünfteverfahren)</td><td>Ertrag zur Hälfte mit dem persönlichen Einkommensteuersatz steuerpflichtig (Halbeinkünfteverfahren)</td><td>Ertrag zur Hälfte mit dem persönlichen Einkommensteuersatz steuerpflichtig (Halbeinkünfteverfahren)</td><td>25 % Abgeltungsteuer *) auf den Ertrag</td></tr>
<tr><td colspan="5">Zusammenfassung: Wenn bei einem LV-Vertrag die Voraussetzungen für die Steuerbegünstigung
– nicht erfüllt sind, ist die Besteuerung der Leistung bei Alt- und Neuverträgen gleich (Abgeltungssteuer)
– erfüllt sind, bleiben die Leistungen bei Altverträgen steuerfrei, während sie bei Neuverträgen dem Halbeinkünfteverfahren unterliegen.</td></tr>
</table>

<table>
<tr><th>Riester-Verträge</th><th>Rente oder Kapitalauszahlung im Rahmen der geförderten betrieblichen Altersvorsorge</th></tr>
<tr><td colspan="2">unabhängig von der Anlageart: keine Abgeltungsteuer</td></tr>
<tr><td colspan="2">aber: Besteuerung der Rente oder Kapitalauszahlung mit dem persönlichen Einkommensteuersatz *)</td></tr>
</table>

*) zzgl. SolZ und evtl. Kirchensteuer

9.4 Steuerliche Behandlung von Neuverträgen der privaten Rentenversicherung ab 2005 im Rahmen der Sonstigen Vorsorge

a) Beiträge

Die Beiträge zu diesen Formen der Rentenversicherung sind, im Gegensatz zur Rentenversicherung »Basisrente«, nicht steuerlich begünstigt.

b) Leistungen

Besteuerung der Renten aus Rentenversicherungen nach Schicht 3		
Klassische Rentenversicherung Verträge ab 2005	**Sofortrentenversicherung** (Alt- und Neuverträge, die nicht die Bedingungen der »Basisrente« erfüllen.)	**Fondsgebundene Lebensversicherung** (Alt- und Neuverträge)
Bei Rentenzahlung: Besteuerung des Ertragsanteils		

Steuerpflichtiger Ertragsanteil privater Renten nach 2005

Bei Rentenbeginn vollendetes Lebensjahr des Rentenberechtigten	**50**	**55**	**60**	**61**	**62**	**63**	**64**	**65**	**67**
Ertragsanteil ab 2005 (in %)	30	26	22	22	21	20	19	18	17

Während die Renten aus einer Rürup-Rentenversicherung im Rahmen der nachgelagerten Besteuerung steuerpflichtig sind, werden Renten aus privaten Rentenversicherungen im Sinne der Sonstigen Vorsorge (dritte Schicht des Dreischichtenmodells) nur mit ihrem **Ertragsanteil** besteuert. Dieser ist umso geringer, je später die Rente bezogen wird. Bei Eintritt in den Ruhestand mit 65 Jahren wären nur 18 % der Rente steuerpflichtig. Bedenkt man, dass ein steuerfreier Grundfreibetrag existiert, ist die tatsächliche Steuerbelastung noch geringer oder fällt sogar ganz weg. Der Nachteil, dass die Beiträge während der Ansparphase nicht als Vorsorgeaufwendungen geltend gemacht werden konnten, wird durch diesen Vorteil bei Rentenbezug aufgewogen.

Besteuerung der Kapitalleistungen aus Rentenversicherungen nach Schicht 3	
Klassische Rentenversicherung Verträge ab 2005	**Fondsgebundene Lebensversicherung** (Alt- und Neuverträge)
Es gilt die gleiche Regelung wie bei Neuverträgen von Kapitallebensversicherungen. Sofern der Sparer-Pauschbetrag in Höhe von 801,00 € (bzw. 1 602,00 € bei Eheleuten) überschritten ist, wird der Unterschiedsbetrag (Kapitalleistung – Beitragssumme) als Ertrag im Rahmen der **Abgeltungsteuer** mit 25 % (zzgl. SolZ und evtl. Kirchensteuer) besteuert. Wenn die Laufzeit allerdings mindestens 12 Jahre beträgt und der Versicherte das Kapital frühestens mit 60 Jahren (für Vertragsabschlüsse ab 2012: 62 Jahren) erhält, wird der Ertrag nur zur Hälfte mit dem individuellen Steuersatz besteuert (**Halbeinkünfteverfahren** gem. § 3 Nr. 40 EStG). Bei Kündigung oder Verkauf vor Ablauf von 12 Jahren unterliegt der Ertrag der **Abgeltungsteuer** in Höhe von 25 % (zzgl. SolZ und evtl. Kirchensteuer). Das gilt auch für alle Rentenversicherungen, bei denen eine kürzere Laufzeit als 12 Jahre und/oder ein niedrigeres Endalter als 60 Jahre (für Vertragsabschlüsse ab 2012: 62 Jahre) vereinbart ist.	

9.5 Lebensversicherungsbeiträge als Betriebsausgaben

Betriebsausgaben

Lebensversicherungsbeiträge sind dann als Betriebsausgaben anzusehen, wenn sie im Rahmen eines gewerblichen Unternehmens, eines land- und forstwirtschaftlichen Betriebes oder einer freiberuflichen Tätigkeit anfallen und ausschließlich durch den Betrieb veranlasst sind.

Diesen Anforderungen genügen nur bestimmte Lebensversicherungsarten. Dazu gehören u. a. die **Direktversicherung** und die **Rückdeckungsversicherung**. Dabei handelt es sich i. d. R. um Leistungen zugunsten Dritter.

Werden Lebensversicherungsbeiträge als Betriebsausgaben anerkannt, wirken sie sich gewinnmindernd aus und schmälern die **Einkommen-** bzw. **Körperschaftsteuer** sowie die **Gewerbesteuer**. Sofern bei solchen Versicherungen allerdings ein Deckungskapital entsteht, ist dieses zu aktivieren. Der jährliche Deckungskapitalzuwachs wirkt sich dann als gewinnerhöhender Ertrag aus. Daher tritt bei solchen Versicherungen i. d. R. kein steuerlicher Vorteil durch den Abzug der Beiträge als Betriebsausgaben ein. Die **Versicherungsleistung** ist als **Betriebseinnahme** zu behandeln. Der steuerpflichtige Betriebsgewinn erhöht sich dadurch aber nur insoweit, als die Versicherungsleistung das in der letzten Bilanz aktivierte Deckungskapital übersteigt. Eine Erhöhung des Betriebsgewinns in voller Höhe der Versicherungsleistung ergibt sich also nur dann, wenn der Versicherungsfall bereits im ersten Versicherungsjahr eintritt.

Körperschaftsteuer

Diejenigen Lebensversicherungsbeiträge, die als Betriebsausgaben abgezogen werden können, mindern bei juristischen Personen den Gewinn und damit die Körperschaftsteuer. Dabei kann es sich u. a. um Rückdeckungsversicherungen für die Arbeitnehmer handeln. Ansprüche aus Lebensversicherungen müssen – ebenso wie nach dem Einkommensteuerrecht – aktiviert werden. Ihre jährliche Erhöhung stellt einen Ertrag dar, der sich gewinnsteigernd auswirkt und zu einer erhöhten Körperschaftsteuer führt.

Gewerbesteuer

Als Betriebsausgaben abzugsfähige Lebensversicherungsbeiträge mindern außerdem den Gewerbeertrag, der die Bemessungsgrundlage für die Gewerbeertragsteuer darstellt. Die zu aktivierenden Ansprüche aus der Lebensversicherung führen in Höhe der jährlichen Steigerung zu einer Gewinnerhöhung und damit zu einer erhöhten Gewerbeertragsteuer.

Lernkontrollen zu C 9

Lebensversicherung und Einkommensteuer

1 Unter welchen Voraussetzungen können Lebensversicherungsbeiträge als Sonderausgaben steuerlich geltend gemacht werden? Unterscheiden Sie dabei zwischen Altverträgen (vor 2005) und Neuverträgen (ab 2005).

2 Wie werden die Versicherungsleistungen einer Kapitallebensversicherung einkommensteuerrechtlich behandelt? Unterscheiden Sie dabei zwischen Alterverträgen (vor 2005) und Neuverträgen (nach 2005).

3 Wie werden die Versicherungsleistungen einer privaten Rentenversicherung im Rahmen der Sonstigen Vorsorge einkommensteuerrechtlich behandelt? Unterscheiden Sie dabei zwischen Alt- und Neuverträgen.

4

Herr Otto Müller, verheiratet, selbstständiger Kaufmann, erscheint in der Agentur Krause der Proximus Versicherung AG. Er möchte über die steuerliche Behandlung seiner bestehenden Kapitallebensversicherung informiert werden. Außerdem beabsichtigt er eine weitere Versicherung zur Altervorsorge unter Ausnutzung steuerlicher Möglichkeiten abzuschließen.

- **Auszug aus dem Vertragsspiegel**

Kapitallebensversicherung auf den Todes- und Erlebensfall
Versicherte Person und VN: Otto Müller, geb. 23. Dez. 1973
VS: 50 000,00 €
Versicherungsbeginn: 01. Nov. 2003
Versicherungsablauf: 01. Nov. 2023
Monatlicher Versicherungsbeitrag: 199,00 €

- **Arbeitsauftrag**

a) Informieren Sie Herrn Müller über die steuerliche Behandlung seiner Kapitallebensversicherung.

b) Beraten Sie Herrn Müller hinsichtlich des gewünschten Abschlusses einer weiteren Versicherung unter Berücksichtigung der seit 2005 geltenden steuerlichen Regelungen.

5 **Fall 1**

Für Herrn Schubert liegen folgende Daten vor:

selbstständiger Kaufmann, ledig, keine Kinder

Herr Schubert hat 2004 eine Kapitallebensversicherung zu folgenden Bedingungen abgeschlossen:

Endalter:	60 Jahre
Laufzeit:	30 Jahre
Monatsbeiträge:	400,00 €
garantierte Ablaufleistung:	250 000,00 €
Sonstige jährliche Versicherungsbeiträge (Kranken-, Pflege-, Haftpflicht-, Unfallversicherung):	3 000,00 €

Fall 2

Für Herrn Dr. Graff liegen folgende Daten vor:

freiberuflich tätiger Rechtsanwalt, verheiratet, Ehefrau ist nicht berufstätig (Zusammenveranlagung mit Ehemann bei der Einkommensteuer), 1 Kind

Fortsetzung der Aufgabe auf der nächsten Seite

Herrn Dr. Graff liegt ein Angebot für eine private Rentenversicherung mit Kapitalwahlrecht mit folgenden Bedingungen vor:

Auszahlungsbeginn:	Vollendung des 65. Lebensjahres
Laufzeit:	31 Jahre
Beiträge bis zur Vollendung des 65. Lebensjahres:	monatlich 200,00 €
garantierte Ablaufleistung bei Ausübung des Kapitalwahlrechts:	130 000,00 €
garantierte Monatsrente:	720,00 €
Sonstige jährliche Versicherungsbeiträge (Kranken-, Pflege-, Haftpflicht-, Unfallversicherung):	6 400,00 €

Arbeitsauftrag

a) Ermitteln Sie für beide Fälle die Höhe der jährlich als Sonderausgaben steuerlich absetzbaren Versicherungsbeiträge.

b) Erläutern Sie die Besteuerung der Versicherungsleistung bei Ablauf der Versicherung zum vereinbarten Endalter. Unterscheiden Sie dabei im Fall 2 zwischen Ausübung des Kapitalwahlrechts und Rentenzahlung.

Lernsituationen

Vorsorgemaßnahmen und Lebensversicherung

Lernsituation 1:

»Gut versorgt jetzt und im Alter«

Sie sind Außendienstmitarbeiter der Proximus Versicherung AG. Der Kunde Walter Osner, der bisher bereits bei verschiedenen Haftpflicht- und Sachversicherungen von Ihnen beraten und betreut wurde, ist durch die Diskussion um die Finanzierungsprobleme der gesetzlichen Rentenversicherung stark verunsichert. Er bittet Sie um Beratung, ob er die zu erwartende Versorgungslücke im Rentenalter durch den Abschluss einer Lebensversicherung zumindest teilweise decken kann.

Datenspiegel des Kunden

Persönliche Daten

Name: Walter Osner

Wohnort: Bochum

Derzeitiges Alter des Kunden: 30 Jahre

Beruf: Angestellter in einer sozialen Einrichtung

Familienstand: verheiratet mit Maria Osner

Alter der Ehefrau: 25 Jahre

Kinder: 1 Kind: 2-jähriger Sohn

Derzeitige Einkommenssituation

Ehemann:	Bruttogehalt:	3 075,00 € mtl.
	Nettogehalt:	1 975,00 € mtl.
Ehefrau:	keine	

Künftige Einkommenssituation

Bis zur Vollendung des 67. Lebensjahres sind keine wesentlichen Gehaltserhöhungen zu erwarten.

Das Risiko einer Arbeitslosigkeit ist gering. Eine Vorruhestandsregelung ist nicht geplant.

Bisher erworbene Versorgungsansprüche

Ehemann: Gesetzliche Rentenversicherung: siehe Renteninformation 2014 »Deutsche Rentenversicherung Bund« Herr Osner war 3 Jahre auf Weltreise (2011–2013).

Betriebliche Alterversorgung: keine

Ehefrau: Gesetzliche Rentenversicherung: keine

Arbeitsauftrag

Herr Osner ist umfassend über Ursache und Höhe von Versorgungslücken, die ihn und seine Familienmitglieder betreffen können, zu informieren und es ist ein darauf abgestellter Vorschlag zur Bedarfsdeckung zu unterbreiten.

Gehen Sie wie folgt vor:

a) Analysieren Sie zunächst die Renteninformation der Deutschen Rentenversicherung Bund und stellen Sie fest, welche Hinweise im Zusammenhang mit potentiellen Versorgungslücken dort schon gemacht werden. Arbeiten Sie diese Informationen so auf, dass Sie diese Herrn Osner an Beispielen erläutern können.

b) Vollziehen Sie die Berechnung der in der Renteninformation ausgewiesenen Altersrente nach, so dass Sie in der Lage sind, die Rentenberechnung einem Laien verständlich zu erläutern. Informieren Sie sich ggf. noch einmal in Abschnitt C 2.2.1.

Hinweis:

Da die zukünftigen Entgeltpunkte bis zum Eintritt in den Ruhestand wegen Alters (hier: 67 Jahre) noch nicht vorliegen, wird unterstellt, dass der zuletzt erreichte Entgeltpunkt (hier 1,1530 für das Jahr 2014) auch für die zukünftigen Jahre gilt. Entsprechend wird mit ihm weiter gerechnet. Als Rentenwert pro Entgeltpunkt ist der aktuelle Rentenwert des Jahres 2014 (hier: 28,61 € West) verwendet worden.

---

c) Berechnen Sie die Versorgungslücke. Als Versorgungsziel wird 90 % des Nettogehaltes angestrebt.

d) Machen Sie Herrn Osner einen auf seinen Bedarf abgestimmten Vorschlag zur Deckung seiner Versorgungslücke im Rentenalter und sprechen Sie auch die anderen Versorgungslücken an.

Hilfsmittel:

Renteninformation 2014 mit Auszug aus dem Versicherungsverlauf, **Proximus 3 Bedingungswerk,** Lehrbuch, Internetrecherche

Auszug aus einem Informationsschreiben des »Deutsche Rentenversicherung Bund« an den Versicherten Walter Osner

Deutsche Rentenversicherung Bund
10704 Berlin

Ruhrstraße 2, 10709 Berlin

Postanschrift: 10704 Berlin
Telefon 030 865-1
Telefax 030 865-27240
Servicetelefon: 0800 3331919
www.deutsche-rentenversicherung-bund.de
drv@drv-bund.de

Datum 01.02.2015

Herrn
Walter Osner
Alter Zoll 48
40768 Bochum

Ihre Renteninformation

Sehr geehrter Herr Osner,

in dieser Renteninformation haben wir die für Sie vom 01.01.2005 bis zum 31.12.2014 gespeicherten Daten (siehe Versicherungsverlauf) und das geltende Rentenrecht berücksichtigt. Änderungen in Ihren persönlichen Verhältnissen und gesetzliche Änderungen können sich auf Ihre zu erwartende Rente auswirken. Bitte beachten Sie, dass von der Rente auch Kranken- und Pflegeversicherungsbeiträge sowie gegebenenfalls Steuern zu zahlen sind. Auf der Rückseite finden Sie zudem wichtige Erläuterungen und zusätzliche Informationen.

Rente wegen voller Erwerbsminderung
Nach Ihrem derzeitigen Kontostand sind die versicherungsrechtlichen Voraussetzungen (grundsätzlich in den letzten fünf Jahren vor Eintritt der Erwerbsminderung mindestens drei Jahre Pflichtbeitragszeiten) für eine Rente wegen Erwerbsminderung nicht erfüllt.

Höhe Ihrer künftigen Altersrente
Ihre bislang erreichte Rentenanwartschaft entspräche zum 67. Lebensjahr nach heutigem Stand einer monatlichen Altersrente von: **1411,72 EUR**

Zusätzlicher Vorsorgebedarf
Da die Renten im Vergleich zu den Löhnen künftig geringer steigen werden und sich somit die spätere Lücke zwischen Rente und Erwerbseinkommen vergrößert, wird eine zusätzliche Absicherung für das Alter wichtiger ("Versorgungslücke"). Bei der ergänzenden Altersvorsorge sollten Sie - wie bei Ihrer zu erwartenden Rente - den Kaufkraftverlust beachten.

Mit freundlichen Grüßen
Ihre Deutsche Rentenversicherung Bund

Anlagen: Versicherungsverlauf
Beiblatt

Bitte nehmen Sie diesen Beleg zu Ihren Rentenunterlagen.

Auszug aus dem Versicherungsverlauf

Jahr	Beitragspflichtiges Arbeitsentgelt in €	Duchschnittliches Jahresarbeitsentgelt in €	Entgeltpunkte
2005	23 771	29 202	0,8420
2006	25 117	29 494	0,8516
2007	25 516	29 591	0,8623
2008	29 446	30 625	0,9615
2009	30 505	30 506	1,000
2010	31 525	31 144	1,0121
2011	0	32 100	0
2012	0	33 002	0
2013	0	33 659	0
2014	40 190	34 857 (vorl.)	1,1530
2015		34 999 (vorl.)	

Lernsituation 2:

»Arbeitslos – wie soll ich da noch meine Versicherungen bezahlen?«

Sie sind Auszubildende/er in der Proximus Agentur Krusenbaum. Herr Krusenbaum legt Ihnen das folgende Kundenschreiben vor:

Siegfried Ophoven 23. Mai. 20..

Jenaer Str. 12

45257 Essen-Kupferdreh

Proximus Agentur

Max Krusenbaum

Kastanienstr. 12

45678 Bochum-Höntrop

Versicherungsverträge bei der Proximus

Sehr geehrte Damen und Herren,

meine Frau und ich waren bisher bei der Heidhauser Stahlfabrik tätig. Leider hat es betriebsbedingte Kündigungen gegeben und wir sind beide davon betroffen. Aus diesem Grunde sehe ich keine Möglichkeit, die Beiträge zu unseren Versicherungen in der bisherigen Höhe weiter zu zahlen.

Dennoch sähe ich gerne, dass unsere Familie auch weiterhin abgesichert ist, falls einem von uns beiden etwas zustoßen sollte.

Bitte unterbreiten Sie mir Vorschläge, was ich unternehmen kann, um die Beitragslast spürbar zu senken. Monatlich kann ich im Moment vielleicht noch 50,00 € für die Versicherungen aufbringen. Wir hoffen, schon bald wieder eine neue Arbeitsstelle zu finden, damit hier alles wieder in geordnete Bahnen kommt.

Mit freundlichen Grüßen

Siegfried Ophoven

Arbeitsauftrag

Analysieren Sie die Verträge und entwickeln Sie Vorschläge, um den Eheleuten Ophoven in der jetzigen Situation zu helfen.

Hilfsmittel:

Lehrbuch, **Proximus 3 Bedingungswerk,** gespeicherte Kundendaten und Vertragsdaten in der Agentur

Kundendaten	
Name, Vorname	Ophoven, Siegfried
geb. am	21. Januar 1979
Beruf	Stahlfacharbeiter
Anschrift	45257 Essen-Kupferdreh, Jenaer Str. 12
Bruttoeinkommen jährlich	40 000,00 €
Besonderheiten	keine
Familienstand/Partnerschaft	verheiratet
Ehepartner	
Ehepartner	Ophoven, Marga , geb. Brentowski
geb. am	13. Okt. 1981
Beruf	Bürofachkraft
ggf. abweichende Anschrift	wie oben
Bruttoeinkommen jährlich	20 000,00 €
Besonderheiten	–
Kind 1	Ophoven, Felix
geb. am	1. April 2004
Beruf/Tätigkeit	Schüler

Vertragsdaten	
Kapital-Lebensversicherung	Tarif S 34
Versicherte Person und VN	Ophoven, Siegfried
Versicherungssumme	80 000,00 €
Beginn – Ablauf (EA 67)	01. Febr. 2004 – 01. Febr. 2046
Jährlicher Beitrag Lebensversicherung	1 680,00 €
Zusatzversicherungen	Berufsunfähigkeits-Zusatzversicherung
Versicherte Leistungen	Beitragsbefreiung, 12 % BU-Rente
Jährlicher Beitrag BUZ-Versicherung	300,00 €
Bezugsberechtigt	Im Erlebensfall der Versicherte selbst, bei seinem vorzeitigen Tode die Ehefrau der gültigen Ehe im Zeitpunkt des Todes
Vorhandenes Deckungskapital	18 000,00 €
Überschussbeteiligung	Verzinsliche Ansammlung
Überschussguthaben	3 400,00 €
Besonderheit	Sicherungsabtretung von 20 000,00 € an die Duisburger Stadtbank

D Unfallversicherung

1 Vorsorge durch Private Unfallversicherung

1.1 Risikoanalyse und Versorgungslücken

Situation:
Die Familie Freyse umfasst folgende Familienmitglieder:
Bernd Freyse, 42 Jahre, Tiefbauingenieur und leidenschaftlicher Bergsteiger
Andrea Freyse, 41 Jahre, Hausfrau, Hobbys: Tennis spielen und kochen
Sven Freyse, 20 Jahre, Student, Hobbys: Motorrad fahren und surfen
Elisa Freyse, 17 Jahre, Auszubildende im Einzelhandel, Hobby: tanzen

Ein schwerer Unfall im Freundeskreis schreckt die Familie auf. Der 17-jährige Sohn eines befreundeten Ehepaares hat auf dem Weg zum Freizeitpark mit seinem Moped die Vorfahrt eines Pkws nicht beachtet und sich beim Zusammenstoß derart verletzt, dass er voraussichtlich für immer gelähmt sein wird.

Auf die befreundete Familie kommen jetzt erhebliche Kosten zu, denn es gilt, die Wohnung behindertengerecht auszustatten. An die weiteren Folgen mag im Moment noch keiner denken.

Familie Freyse ist erschüttert und ihr wird klar, dass auch sie in eine solche Situation geraten kann, zumal die Hobbys der männlichen Familienmitglieder mit einem hohen Unfallrisiko verbunden sind.

Man analysiert deshalb, inwieweit bereits eine Vorsorge besteht und welche Vorsorge noch geschaffen werden muss.

Jährlich werden in Deutschland ca. 6 Millionen Menschen bei Unfällen verletzt. Das entspricht in etwa der Einwohnerzahl der Großstädte Berlin, Hamburg und München zusammen. Zwei von drei Unfällen passieren dann, wenn kein Schutz durch die gesetzliche Unfallversicherung besteht (vgl. D 6), nämlich im Haushalt und in der Freizeit.

Dabei kann ein Unfall böse Folgen haben:

- Die vorübergehende oder dauernde Beeinträchtigung der körperlichen und geistigen Leistungsfähigkeit führt zu Einkommenseinbußen, da die Arbeitskraft nicht mehr in der gewohnten Weise zur Verfügung steht.
- Erforderliche Umbauten, Hilfsmittel, Pflegeunterbringung oder die Hilfe durch Dritte verursachen erhebliche Zusatzaufwendungen.

Die **gesetzliche Unfallversicherung** schützt Arbeitnehmer nur während der Arbeitszeit und auf dem Weg von und zur Arbeit. Die Leistungen bilden jedoch nur eine Grundversorgung, wie die beiden Berechnungsbeispiele zur Verletztenrente im Abschnitt D 6.1.4.3 zeigen. Auch Kinder, Schüler und Studenten haben nur den begrenzten Schutz durch die gesetzliche Unfallversicherung in Kindergarten, Schule oder Hochschule und auf dem Weg von und zu der jeweiligen Stätte. In der übrigen Zeit besteht allenfalls ein Schutz aus der Krankenversicherung. Die gesetzliche Krankenversicherung übernimmt die Behandlungskosten aufgrund der gesundheitlichen Schädigungen durch Unfall. Neben Zuschüssen für Hilfsmittel wird vorübergehend auch ein Krankengeld an Arbeitnehmer gezahlt. Die private Krankenversicherung erbringt die jeweils versicherten Leistungen. Auf Dauer besteht jedoch für die oben genannten Einkommenseinbußen und Zusatzaufwendungen keinerlei Deckung aus einer Krankenversicherung, sodass der privaten Vorsorge eine große Bedeutung zukommt.

Für die Risikobewältigung bietet sich eine auf die persönliche Lebenssituation zugeschnittene private Unfallversicherung an.

1.2 Rechtsgrundlagen des Versicherungsvertrages

a) Rechtsgrundlagen vertraglicher Art

Hinsichtlich der vertraglichen Vereinbarungen kennt das Bedingungswerk 2 »Proximus Versicherung«:

- **Erklärungen des VN auf dem Antrag** (z.B. Belehrung zur Verletzung der vorvertraglichen Anzeigepflicht, Erteilung eines SEPA-Lastschriftmandats, Einwilligung nach dem Bundesdatenschutzgesetz),
- **Besondere Bedingungen** (z.B. Besondere Bedingungen für die Versicherung von Hilfs- und Pflegeleistungen (Assistance-Leistungen) in der Unfallversicherung (BB Hilfe und Pflege/Senioren))
- **Allgemeine Unfallversicherungsbedingungen** (AUB 2014).

b) Rechtsgrundlagen gesetzlicher Art

VVG §§ 1–73, §§ 178–191

- **VVG:** Im VVG ist die Unfallversicherung in den §§ 178 – 191 geregelt. Ferner kommen die Allgemeinen Vorschriften (§§ 1 – 73) zur Anwendung.

  Die Unfallversicherung besteht aus Elementen der Summenversicherung, wie sie in der Personenversicherung üblich sind, und der Schadenversicherung. Für die Personenversicherung gelten die Vorschriften über die Schadenversicherung nicht, soweit sie nicht ausdrücklich für anwendbar erklärt worden sind (z. B. §§ 84 und 85 Abs. 1 und 3 VVG in § 189 VVG). Bei den Elementen der Schadenversicherung innerhalb der Unfallversicherung gelten gem. § 184 VVG die §§ 82 und 83 VVG nicht.

- **BGB:** Das Bürgerliche Gesetzbuch findet Anwendung, soweit in den vorgenannten Rechtsgrundlagen keine abschließende Regelung getroffen ist.

1.3 Wirtschaftliche Bedeutung der Privaten Unfallversicherung

Private Unfallversicherungen finden sich in vielfältigen Formen und Ausprägungen wieder.

- Für die Deckung des individuellen Bedarfs an Unfallversicherungsschutz bieten die Versicherer die sog. **Private Unfallversicherung** an. Zusätzlich können sog. **Assistance-Leistungen** eingeschlossen werden.
- Die Lebensversicherung kann um eine **Unfalltod-Zusatzversicherung** ergänzt werden (vgl. C 4.4.2).
- Inhabern von Kreditkarten wird als Zusatzleistung Unfallversicherungsschutz für bestimmte Risiken geboten (Unfallversicherung als **Ausschnittsversicherung**). In der Regel ist das Unfallrisiko während der Benutzung eines öffentlichen Verkehrsmittels oder Mietwagens sowie Hotelaufenthaltes versichert, wenn der Kreditkarteninhaber diese Leistungen zuvor mit der Kreditkarte bezahlt hat.

Die **Private Unfallversicherung** steht im Mittelpunkt der nachstehenden Ausführungen.

Das Prämienvolumen betrug im Jahr 2013 ca. 6,4 Mrd. €. Für Versicherungsfälle wurden ca. 3,1 Mrd. € aufgewendet.

Jährlich ereignen sich in Deutschland ca. 5,3 Millionen Unfälle zu Hause und in der Freizeit, 1,7 Millionen im Beruf, 1,4 Millionen in der Schule. Die Zahl der verkehrsbedingten Unfälle beträgt dabei ca. 2,4 Millionen. Neben vorbeugenden Maßnahmen zur Unfallverhütung kommt daher der Absicherung des Unfallrisikos eine besondere Bedeutung zu.

Die Private Unfallversicherung kann als Einzel- oder Gruppen-Unfallversicherung vereinbart werden und beruht ausnahmslos auf einem privatrechtlichen Vertrag. Rechtsgrundlagen sind vertragliche Vereinbarungen und gesetzliche Bestimmungen.

2 Umfang des Versicherungsschutzes

2.1 Unfallbegriff

AUB 2014 Ziff. 1.3

»Ein Unfall liegt vor, wenn die versicherte Person durch ein plötzlich von außen auf ihren Körper wirkendes Ereignis (Unfallereignis) unfreiwillig eine Gesundheitsschädigung erleidet. Die Unfreiwilligkeit wird bis zum Beweis des Gegenteils vermutet.«

VVG § 178 (2)

Der vorstehende Unfallbegriff deckt sich inhaltlich mit der Legaldefinition des Unfallbegriffs im VVG. Die Definition im VVG ist allerdings abdingbar, so dass eine anders lautende AVB-Regelung vorgehen würde.

Die Definition zum Unfallbegriff gliedert sich in zwei Teile, nämlich:

- das Unfallereignis,
- die unfreiwillige Gesundheitsschädigung.

a) Unfallereignis

An das Ereignis werden bestimmte Anforderungen gestellt, um als Unfallereignis zu gelten:

➤ Plötzlichkeit

BGH 1984

Mit dem Begriff »plötzlich« ist der Zeitablauf des Unfallgeschehens gemeint. Das objektive Geschehen muss sich nach einem Grundsatzurteil des BGH innerhalb eines kurzen Zeitraumes verwirklicht haben.

Die Plötzlichkeit bezieht sich **nur** auf das Unfallereignis, nicht jedoch auf die Folge in Form der Gesundheitsschädigung.

Beispiel:
Der Versicherte wird von einem schleudernden Fahrzeug erfasst und überfahren (= plötzliches Ereignis). Aufgrund der dabei erlittenen inneren Verletzungen verschlimmert sich sein Gesundheitszustand im Laufe der Zeit immer mehr (= Folge).

Das Begriffsmerkmal »plötzlich« dient zur Abgrenzung von solchen Ereignissen, die »allmählich« schädigend wirken, wie z. B. das Einatmen giftiger Stoffe bei gesundheitsgefährdenden Arbeiten.[1]

In der Privaten Unfallversicherung sollen nur solche Ereignisse Gegenstand der Versicherung sein, die so kurz wirken, dass man der schädigenden Einwirkung weder

1 In der Gesetzlichen Unfallversicherung sind Berufs- und Gewerbekrankheiten, die sich allmählich entwickeln, gedeckt.

ausweichen noch ihr wirksam begegnen kann. Nach dem bereits zitierten BGH-Urteil kommt es dann weder auf die Erwartungen und Vorstellungen des Betroffenen an, noch darauf, ob er den Schadeneintritt hätte vorhersehen können oder müssen. Auch bei fahrlässigem Verhalten kann das Merkmal »plötzlich« erfüllt sein.

Beispiel:

Der Versicherte begibt sich mit Turnschuhen auf eine Bergtour. Auf einem Steilstück rutscht er wegen der glatten Sohlen ab und stürzt mehrere Meter tief.

Das Verhalten war sicherlich fahrlässig, denn die mangelhafte Bergausrüstung begünstigte die Unfallmöglichkeit. Der Absturz war jedoch nicht gewollt, und das objektive Geschehen hat sich in Anwendung des in Rede stehenden BGH-Urteils innerhalb einer kurzen Zeitdauer, also **plötzlich**, verwirklicht.

Der Begriff der Plötzlichkeit erschöpft sich jedoch nicht nur in dem Zeitmoment, sondern er schließt auch die Momente des **Unerwarteten, Nichtvorausgesehenen, Unentrinnbaren** ein.

Beispiel:

Ein Bergwanderer rutscht in eine Felsspalte und kann sich nicht mehr befreien. Der Unfall bleibt unbeobachtet.

Die schädigende Wirkung dieses Ereignisses tritt nicht augenblicklich, sondern nach geraumer Zeit ein. Das Ereignis ist für den Betroffenen überraschend und unerwartet eingetreten. Er kann der Situation auch nicht entrinnen, sodass das Ereignis als plötzlich gilt.

➤ Einwirkung von außen auf den Körper

Die Einwirkung kann **mechanischer** (z.B. Berührung mit einem Gegenstand), **chemischer** (z.B. Gas), **thermischer** (z.B. Sturm), **elektrischer** (Strom) oder **sonstiger Natur** sein. Zusammenstöße im Verkehr, Verletzungen durch herabfallende Gegenstände oder durch Tiere wären als typische Beipiele zu nennen. Licht-, Temperatur- und Witterungseinflüsse fallen nicht unter den Unfallbegriff, da sie sich nur allmählich vollziehen.

Unter Umständen können solche Einflüsse jedoch als Einwirkung von außen auf den Körper angesehen werden. Im vorhergehenden Beispiel ist der Bergsteiger nicht mehr in der Lage, sich beispielsweise dem Nachtfrost zu entziehen. Für diesen Fall beginnt die Einwirkung auf den Körper mit der Bedrohung durch diesen Witterungseinfluss, da die Folgen hilflos erduldet werden müssen.

Bei Unfällen durch Blitz oder Hagelschlag besteht Versicherungsschutz, da diese Naturereignisse plötzlich von außen auf den Körper einwirken.

Eine Einwirkung von außen auf den Körper liegt auch vor, wenn der Versicherte durch eine **Eigenbewegung** einen Zusammenstoß mit der »Außenwelt« verursacht. Hierzu zählt beispielsweise der Sturz beim Laufen oder auch die unbeabsichtigte Selbstverletzung mit einem Gegenstand (z.B. Schneiden mit einem Rasiermesser).

Einatmen giftiger Gase oder **Tod durch Ertrinken** (Eindringen oder Einatmen von Wasser in die Atemwege) sind auch als plötzlich von außen auf den Körper einwirkende Ereignisse anzusehen.

Beruht ein Ereignis auf einem **inneren organischen Vorgang** (z.B. Sturz nach Kreislaufversagen), liegt kein Unfall vor. Gesundheitsschädigungen durch Anstrengungen sind ebenfalls innere Vorgänge und damit kein Unfall.

Die genannten **Merkmale des Unfallereignisses** hat der VN bzw. im Todesfall der Anspruchsteller (Bezugsberechtigter bzw. Erbe) zu beweisen.

An die Beweislast werden keine hohen Anforderungen gestellt. Häufig reicht der Beweis des ersten Anscheins aus.

Den VR trifft die Beweislast, wenn er sich auf einen Risikoausschluss (vgl. D 2.3) berufen will.

b) Unfreiwillige Gesundheitsschädigung

Nach dem Unfallbegriff fällt jede unfreiwillige Gesundheitsschädigung infolge eines Unfalls unter den Versicherungsschutz, soweit sie nicht durch die AUB 2014 eingeschränkt oder ausgeschlossen ist.

Der Zusatz »unfreiwillig« bedeutet, dass der Versicherungsfall weder durch unbedingten noch durch bedingten Vorsatz herbeigeführt sein darf. Unfallbedingte Gesundheitsschädigungen infolge grober Fahrlässigkeit sind versichert.

VVG § 178 (2) S. 2 § 191

Die Unfreiwilligkeit einer Gesundheitsschädigung wird bis zum Beweis des Gegenteils vermutet. Der VR muss gegebenenfalls beweisen, dass die geltend gemachte Gesundheitsschädigung freiwillig (z. B. durch Selbstverstümmelung) erfolgte. Eine abweichende Vereinbarung, wonach der VN die Darlegungs- und Beweislast für die Unfreiwilligkeit hat, ist nach VVG unzulässig.

§ 182

Will der VR die Leistung kürzen, weil Krankheiten oder Gebrechen bei der durch ein Unfallereignis hervorgerufenen Gesundheitsschädigung mitgewirkt haben, so muss er diese Mitwirkung ebenfalls beweisen (vgl. D 5.3.1 c).

Übersicht: Merkmale des Unfallbegriffs

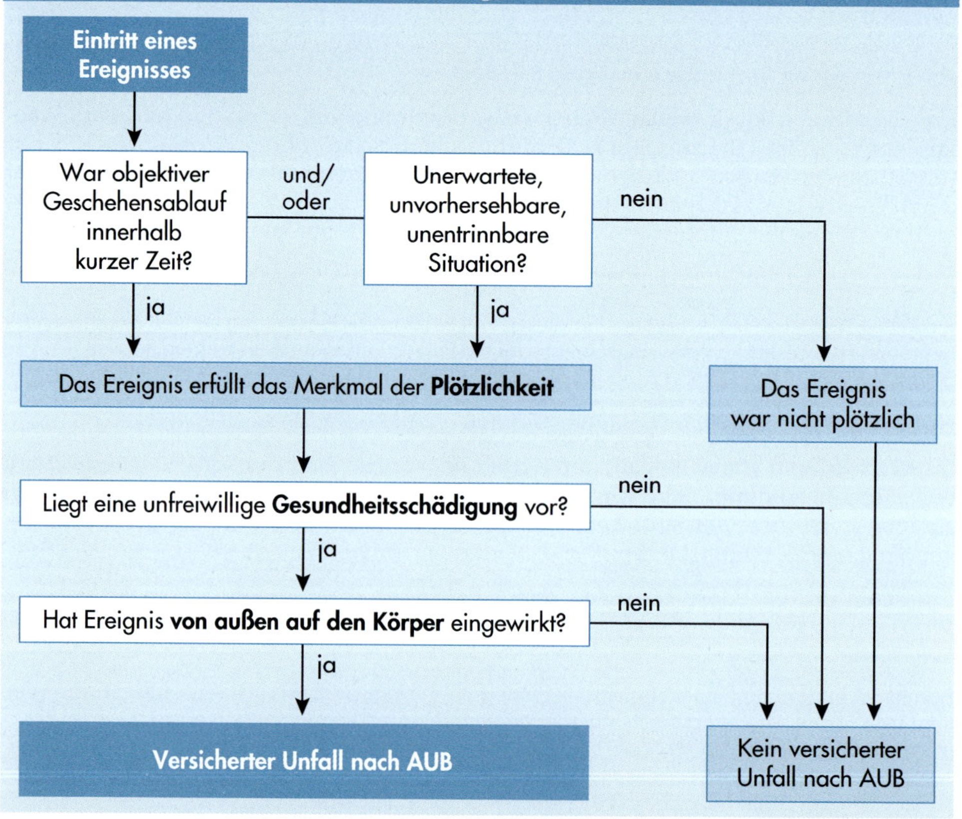

2.2 Erweiterung des Unfallbegriffs

AUB 2014 Ziff. 1.4

> **Beispiel:**
> Der VN hilft einem Freund beim Umzug. Beim Anheben eines Klaviers erleidet er einen Kreuzbandriss im rechten Knie.

Nach dem erweiterten Unfallbegriff liegt auch dann ein Unfall vor, wenn durch eine **erhöhte Kraftanstrengung**

- ein Gelenk an Gliedmaßen oder der Wirbelsäule verrenkt,
- Muskeln, Sehnen, Bänder oder Kapseln gezerrt oder zerrissen werden.

Der Zusatz »erhöhte« soll den Begriff »Kraftanstrengung« deutlich von den Bewegungsabläufen des täglichen Lebens abgrenzen.

Nicht unter den Versicherungsschutz fallen auf Verschleiß beruhende Bandscheiben- und Meniskusschäden, auch wenn sie mit vorausgegangenen Kraftanstrengungen begründet werden, da Bandscheibe und Meniskus anatomisch Knorpel sind und daher nicht in Zusammenhang mit Muskeln, Sehnen, Bändern oder Kapseln gebracht werden können.

2.3 Ausschlüsse

Ziff. 1.5 Ziff. 5

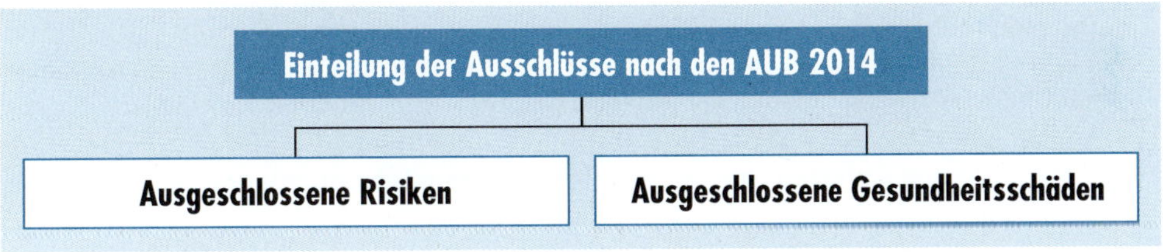

Die Risikoausschlussklauseln sind Teil der sekundären Risikobegrenzung.

2.3.1 Ausgeschlossene Risiken

- **Unfälle durch Bewusstseinsstörungen und bestimmte Anfälle.** Ziff. 5.1.1

  Die AUB 2014 erwähnen in diesem Zusammenhang ausdrücklich Trunkenheit, Schlaganfälle, epileptische Anfälle oder andere Krampfanfälle, die den ganzen Körper ergreifen. Unfälle nach Drogenkonsum oder Einnahme sonstiger Mittel fallen auch unter den genannten Ausschlusstatbestand.

  Nach einem BGH-Urteil ist eine alkoholbedingte Bewusstseinsstörung bei Kraftfahrern dann anzunehmen, wenn ein Blutalkoholgehalt von 1,1 Promille oder mehr ermittelt worden ist. BGH 1990

  Bei Radfahrern liegt die Grenze bei 1,6 ‰ und bei Fußgängern bei etwa 2 ‰.

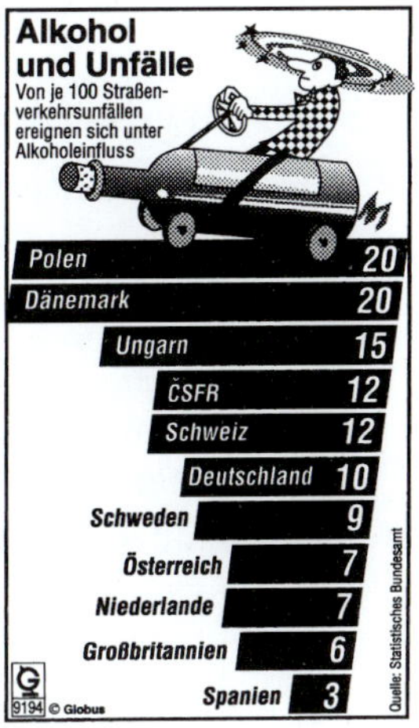

- **Unfälle infolge einer vorsätzlich ausgeführten oder versuchten Straftat.** AUB 2014 Ziff. 5.1.2

  Durch diese Ausschlussklausel wird der VR von einem möglicherweise höheren Unfallrisiko befreit, welches der Versicherte während der rechtswidrigen Handlung eingeht.

AUB 2014 Ziff. 5.1.3

- **Unfälle, die unmittelbar oder mittelbar durch Kriegs- oder Bürgerkriegsereignisse verursacht sind.**

  Versicherungsschutz besteht, wenn die versicherte Person auf Reisen im Ausland von solchen Ereignissen überrascht wird, längstens jedoch bis zum Ende des siebten Tages nach Kriegs- oder Bürgerkriegsbeginn.

  Die AUB 2014 schränken diese Versicherungsschutzerweiterung für bestimmte Fälle (z.B. Unfälle durch atomare, biologische oder chemische Waffen, auch ABC-Waffen genannt) jedoch aus.

  Unschuldigen Opfern eines Anschlages auf ein Verkehrsflugzeug oder einen Verkehrsflughafen wird aufgrund einer Verbandsempfehlung (Rundschreiben vom 05. März 1970) Versicherungsschutz gewährt.

  Bundeswehrangehörige genießen in Friedenszeiten den gleichen Unfallversicherungsschutz wie Zivilpersonen.

  Der Versicherungsschutz tritt außer Kraft, sobald der Versicherte im Krieg oder kriegsmäßigen Einsatz Dienst in einer militärischen oder ähnlichen Formation leistet. Er lebt wieder auf, wenn dem VR die Anzeige über die Beendigung dieses Dienstes zugegangen ist.

Ziff. 5.1.4

- **Unfälle der versicherten Person als Luftfahrzeugführer (auch Luftsportgeräteführer), soweit er nach deutschem Recht dafür eine Erlaubnis benötigt, als sonstiges Besatzungsmitglied eines Luftfahrzeuges oder bei einer dabei auszuübenden beruflichen Tätigkeit.**

  Die Risiken sind ausgeschlossen, weil sie als Sondergefahren im Rahmen der allgemeinen Unfallversicherung nicht versichert werden können. Der Luftfahrzeugführer, die Flugbegleiterin oder der zur Verkehrslenkung mit einem Hubschrauber eingesetzte Polizist haben also keinen Versicherungsschutz.

  Ansonsten sind Luftfahrtunfälle grundsätzlich mitversichert. Der Fahrgast in einem Freiluftballon oder bei einem Rundflug genießt nach den AUB 2014 Versicherungsschutz.

Ziff. 5.1.5

- **Unfälle bei Teilnahme als Fahrer, Beifahrer oder Insasse eines Motorfahrzeugs an Rennveranstaltungen und zugehörigen Übungsfahrten mit Motorfahrzeugen, bei denen es auf die Erzielung von Höchstgeschwindigkeiten ankommt**

  Der Ausschluss gilt auch für die beschriebenen Veranstaltungen mit motorgetriebenen Wasserfahrzeugen.

Ziff. 5.1.6

- **Unfälle, die unmittelbar oder mittelbar durch Kernenergie verursacht sind**

  Ausgeschlossen sind sämtliche Unfälle, die durch Kernenergie verursacht werden. Hierzu zählen neben Strahlenschäden auch Unfälle durch Explosionen, Druckveränderungen oder die dabei ausgelöste Panik.

2.3.2 Ausgeschlossene Gesundheitsschäden

Ziff. 5.2.1

- **Schäden an Bandscheiben sowie Blutungen aus inneren Organen und Gehirnblutungen**

  Bandscheibenschäden entstehen durch Abnutzung oder anlagebedingte Gewebeschwäche, während die genannten Blutungen in aller Regel auf Gefäßanomalien oder tuberkulösen Erkrankungen beruhen. Sie fallen nur dann unter den Versicherungsschutz, wenn die Ursache überwiegend, d.h. zu mehr als 50 %, in einem Unfallereignis liegt und für dieses Ereignis Versicherungsschutz besteht.

Ziff. 5.2.2

- **Gesundheitsschädigungen durch Strahlen**

  Von der Strahlenschädigung ist die bloße Hitzeeinwirkung zu unterscheiden.

  Plötzlich eintretende Verbrennungen durch eine starke nichtatomare Hitzewelle sind versichert, da sie nicht unter den Strahlenausschluss fallen.

Versicherungsschutz besteht jedoch für Gesundheitsschädigungen durch Röntgen-, Laser- und künstlich erzeugte ultraviolette Strahlen, die sich als Unfälle im Sinne des Unfallbegriffs darstellen (sog. **Röntgenklausel**). Berufskrankheiten infolge regelmäßigen Hantierens mit z. B. Röntgenapparaten sind keine Unfälle.

- **Gesundheitsschädigungen durch Eingriffe oder Heilmaßnahmen** AUB 2014 Ziff. 5.2.3

  Strahlendiagnostische und therapeutische Handlungen als Eingriffe oder Heilmaßnahmen fallen ausdrücklich auch unter den Ausschluss.

  Der Ausschluss entfällt, wenn die genannten Maßnahmen bzw. Eingriffe aufgrund eines versicherten Unfalls erforderlich wurden.

- **Infektionen** Ziff. 5.2.4

  Infektionen haben Krankheitscharakter und werden deshalb vom Unfallversicherungsschutz nicht erfasst. Sie sind jedoch versichert, wenn die Krankheitserreger durch eine nicht geringfügige Unfallverletzung oder durch Heilmaßnahmen bzw. Eingriffe als Folge eines versicherten Unfalls in den Körper gelangen. Infektionen durch Tollwut oder Wundstarrkrampf fallen ausdrücklich auch nicht unter den Ausschluss.

  Eine durch Zeckenbiss übertragene FrühsommerMeningo-Enzephalitis (FSME) oder Lyme-Borreliose fällt nur dann unter den Versicherungsschutz, wenn die Erkrankung frühestens 15 Tage nach Beginn oder spätestens 15 Tage nach Erlöschen des Versicherungsvertrages ausbricht. Unter die versicherten Impfschäden fallen Gesundheitsschädigungen durch Impfungen gegen Tollwut, Wundstarrkrampf und FSME.

Besonderheit: Vereinbarung der Infektionsklausel

Für **Berufe** und **Studierende** der **Human- und Tiermedizin** sowie für **Krankenpflegepersonal** und **Hebammen**, ferner für **Chemiker** und **Desinfektoren** kann der Versicherungsschutz auf berufsbedingte Gesundheitsschäden durch Infektionen erweitert werden (sog. **Infektionsklausel**).

Die Krankheitserreger müssen
- durch Beschädigung der Haut

  oder
- durch Einspritzen (bei Medizinberufen, Krankenpflegepersonal, Hebammen) bzw. plötzliches Eindringen (bei Chemikern, Desinfektoren) infektiöser Substanzen in Auge, Mund oder Nase in den Körper gelangt sein. Anhauchen, Anhusten oder Anniesen gelten noch nicht als Einspritzen.

- **Vergiftungen infolge Einnahme fester oder flüssiger Stoffe durch den Schlund (Eingang der Speiseröhre)** Ziff. 5.2.5

  Gewaltsames Einflößen ist keine Einnahme und daher versichert. Gasvergiftungen und Verätzungen (z. B. versehentliche Einnahme von Säure) fallen auch nicht unter den Ausschlusstatbestand, da es sich im ersten Falle nicht um einen festen oder flüssigen Stoff und im zweiten Falle nicht um eine Vergiftung handelt.

  Versicherungsschutz besteht jedoch für **Kinder**, die im Zeitpunkt des Unfalls das **10. Lebensjahr** noch nicht vollendet haben. Vergiftungen durch Nahrungsmittel sind jedoch ausgeschlossen.

- **Krankhafte Störungen infolge psychischer Reaktionen, auch wenn diese durch einen Unfall verursacht wurden** Ziff. 5.2.6

  Hierunter fallen insbesondere Erkrankungen infolge psychischer Einwirkung sowie psychische und nervöse Störungen (sog. **Neuroseklausel**).

AUB 2014 Ziff. 5.2.7

- **Bauch- und Unterleibsbrüche**

  Diese Brüche entstehen in der Regel durch eine anlagebedingte Bindegewebsschwäche. Sie fallen unter den Versicherungsschutz, wenn sie durch eine unter den Versicherungsvertrag fallende gewaltsame Einwirkung von außen entstanden sind, für die Unfallversicherungsschutz besteht.

Will sich der VR auf einen der vorgenannten Ausschlüsse berufen, muss er beweisen, dass der Ausschlusstatbestand gegeben ist.

Lernkontrollen zu D 2.1 bis D 2.3

Unfallbegriff, Ausschlüsse

1 Erläutern Sie die Merkmale des Unfallbegriffs nach den AUB 2014.

2 Prüfen Sie, ob und inwieweit die Merkmale des Unfallbegriffs nach den AUB 2014 in den folgenden Fällen erfüllt sind und ob der VR leistungspflichtig ist.

a) Ein Spaziergänger stolpert aus Unachtsamkeit über einen Stein, stürzt und erleidet einen komplizierten Knöchelbruch.

b) Ein Wanderer wird von einem Waldbrand überrascht und eingeschlossen. Mit einer schweren Rauchvergiftung wird er später aus der Luft gerettet.

c) Ein Fußballspieler wird vom Ball am Kopf getroffen und ohnmächtig. Er fällt und bricht sich einen Arm.

d) Wie ist der Fall c) zu beurteilen, wenn die Ohnmacht durch Überanstrengung entstanden ist?

e) Ein Bauarbeiter tritt in einen rostigen Nagel, der aus einer am Boden liegenden Schalungstafel herausragt. Der eingedrungene Rost führt zu einer Infektion.

f) Eine Mutter muss mit ansehen, wie ihr Kind unter ein Auto gerät. Sie erleidet einen schweren Schock.

g) Durch ungeschicktes Hantieren mit einer Kapp- und Gehrungssäge verliert ein Schreiner mehrere Finger seiner Hand.

h) Beim Versuch, ein Klavier anzuheben, erleidet der Versicherte einen Unterleibsbruch.

i) Ein Auslieferungsfahrer trinkt wegen der großen Kälte drei Glas Glühwein und begibt sich dann auf eine Auslieferungsfahrt, bei der er verunglückt. Man stellt einen Blutalkoholgehalt von 1,2 Promille fest.

j) Bei dem Versuch, auf einen Balkon zu klettern, um in die Wohnung einzubrechen, stürzt der Versicherte ab.

k) Im Urlaub wird der Versicherte vom Ausbruch eines Bürgerkrieges überrascht. Das Hotel, in dem er wohnt, ist Ziel eines Anschlages, wobei er schwer verletzt wird.

3 Welche Beweislast trifft den Anspruchsteller und welche den VR, wenn strittig ist, ob ein Unfall nach den AUB 2014 vorliegt?

4 Inwieweit besteht Versicherungsschutz nach den AUB 2014 bei Unfällen im Zusammenhang mit der Benutzung von Luftfahrzeugen und Luftsportgeräten?

5 Welche Vergiftungen fallen unter die Risikoausschlussklausel nach Ziff. 5.2.5 AUB 2014, und welche Vergiftungen werden von dieser Bestimmung nicht erfasst?

2.4 Leistungsarten

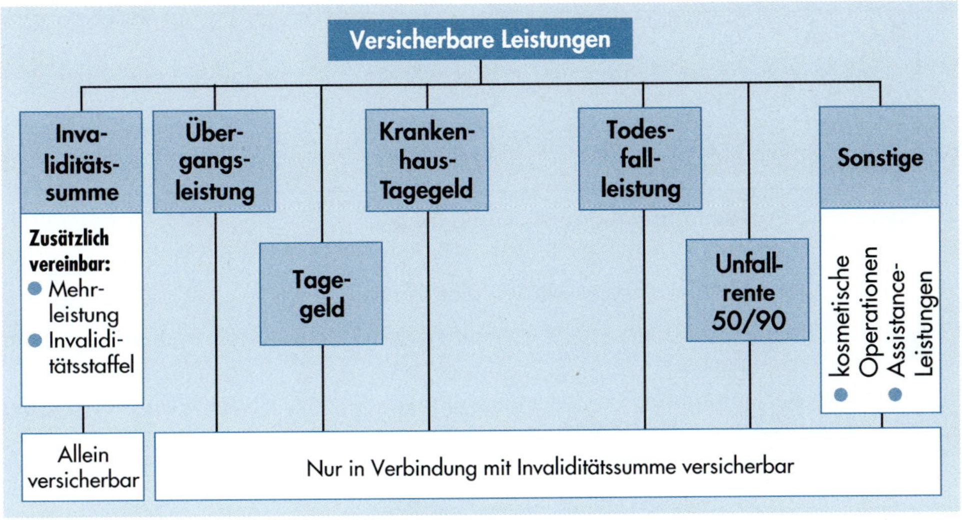

Der Versicherungsschutz einer Unfallversicherung findet seinen Ausdruck in den vereinbarten Leistungsarten (siehe hierzu die oben stehende Übersicht).

Such-, Bergungs- und Rettungskosten sind in den **Proximus 3 Unfalltarifen** bis 25 000,00 € prämienfrei eingeschlossen.

2.4.1 Invaliditätsleistung

Die Invaliditätsleistung ist die bedeutendste Leistungsart im Rahmen einer Unfallversicherung. Sie kann für sich allein versichert werden, alle anderen Leistungsarten jedoch nur in Verbindung mit ihr. Sie soll mindestens das Doppelte der vereinbarten Leistung für den Todesfall betragen. AUB 2014 Ziff. 2.1

a) Invaliditätsfall

Unter folgenden Voraussetzungen ist ein Anspruch auf Invaliditätsentschädigung nach einem Unfall gegeben: Ziff. 2.1.1

- Es muss eine **dauerhafte** Beeinträchtigung der körperlichen oder geistigen Leistungsfähigkeit **(Invalidität)** vorliegen. Die Beeinträchtigung ist nach VVG **dauerhaft**, wenn sie voraussichtlich länger als drei Jahre bestehen wird und eine Änderung des Zustandes nicht erwartet werden kann. Ziff. 2.1.1.1 VVG § 180

  Für die Beurteilung sind ausschließlich medizinische Gesichtspunkte maßgebend. Ausbildung und Beruf bzw. bisherige Tätigkeit spielen keine Rolle.

> **Beispiel:**
> Ein kaufmännischer Angestellter verliert bei einem Unfall die linke Hand. Seine körperliche Leistungsfähigkeit ist dadurch eingeschränkt, obgleich er seinen Beruf weiter ausüben kann.

Durch die Orientierung an der Leistungsfähigkeit erfasst die Unfallversicherung nicht nur die mögliche Beeinträchtigung im Erwerbsleben, sondern auch in der Freizeit.

- **Die Invalidität muss innerhalb von 15 Monaten nach dem Unfall eingetreten, ärztlich festgestellt und beim VR geltend gemacht sein.**

> **Beispiel:**
> Der VN ist bei einer Radtour am 1. Mai schwer gestürzt und hat ein Schädel-Hirn-Trauma erlitten.
> Nach dreizehnmonatiger Behandlung wird dem VN mitgeteilt, dass dauerhafte Schäden verbleiben.

Für den Anspruch auf Invaliditätsleistung muss.

AUB 2014 Ziff. 2.1.1.2
- die Invalidität innerhalb von 15 Monaten nach dem Unfall eingetreten und von einem Arzt schriftlich festgestellt worden sein;

Ziff. 2.1.1.3
- die Invalidität innerhalb von 15 Monaten nach dem Unfall beim VR geltend gemacht worden sein.

Wird eine der genannten Voraussetzungen nicht erfüllt, ist der Anspruch auf die Invaliditätsleistung ausgeschlossen.

Nur in besonderen Ausnahmefällen (z. B. VN liegt im Koma) lässt sich die versäumte Frist zur Geltendmachung entschuldigen.

Durch die 15-monatige Fristbestimmung für die Geltendmachung des Leistungsanspruchs soll sichergestellt werden, dass der VR rechtzeitig die gestellten Ansprüche dem Grunde nach überblicken und eine Schadenrückstellung bilden kann. Der Grad der Invalidität braucht noch nicht erkennbar oder gar festgestellt zu sein.

- **Keine Invaliditätsleistung bei Unfalltod im ersten Jahr**

> **Beispiel:**
> Der VN ist aufgrund der Schwere der Unfallverletzungen Vollinvalide geworden und befindet sich in andauernder Heilbehandlung. 11 Monate nach dem Unfall stirbt er an der Schwere der Verletzungen.

Ziff. 2.1.1.4
Es besteht kein Anspruch auf die Invalidtätsleistung, da der VN unfallbedingt innerhalb eines Jahres nach dem Unfall verstirbt. Soweit eine Todesfallleistung (vgl.D 2.4.5) vereinbart wurde, ist diese fällig.

Ziff. 9.3
Wünscht der VN aufgrund der offensichtlichen dauerhaften Invalidität sofort eine Invaliditätsleistung, kann diese vor Abschluss des Heilverfahrens innerhalb eines Jahres nach dem Unfall nur bis zur Höhe einer vereinbarten Todesfallsumme beansprucht werden.

Ziff. 2.1.2.3
Stirbt der VN an einer unfallfremden Ursache oder nach Ablauf eines Jahres unfallbedingt und waren die Voraussetzungen für die Leistung (Eintritt der Invalidität, ärztliche Feststellung, Geltendmachung der Invalidität) erfüllt, der Invaliditätsgrad aber noch nicht bemessen worden, leistet der VR nach dem Invaliditätsgrad, mit dem aufgrund der ärztlichen Befunde zu rechnen gewesen wäre.

> Todesfall- und Invaliditätsentschädigung werden niemals nebeneinander geleistet.

b) Leistungshöhe

Ziff. 2.1.2
Die Invaliditätsleistung wird als Kapitalbetrag erbracht, wobei sich die Höhe nach dem Grad der Invalidität richtet. Bei **Vollinvalidität** (100 %) wird die für den Invaliditätsfall vereinbarte Versicherungsleistung in voller Höhe gezahlt. Bei **Teilinvalidität** wird ein entsprechender Teil der vereinbarten Versicherungsleistung fällig.

Bestand schon eine **Vorinvalidität** oder haben bei den Unfallfolgen Krankheiten oder Gebrechen mitgewirkt (sog. **Mitwirkungsanteil**), wird der Invaliditätsgrad für die Leistungsberechnung gemindert, allerdings bei Mitwirkung von Krankheiten oder Gebrechen nur dann, wenn der Mitwirkungsanteil 25 % oder mehr beträgt. Einzelheiten hierzu sind im Zusammenhang mit der Leistungsberechnung (vgl. D 5.3.1) dargestellt.

AUB 2014 Ziff. 2.1.2.2.3 Ziff. 3

Hinweis:

Nach den im **Proximus 3 Bedingungswerk** dargestellten Tarifen 10, 30 und 50 für die Unfallversicherung (vgl. D 3.1.1) ist neben der beantragten VS für den Invaliditätsfall in jedem Falle anzugeben, ob

- eine **Mehrleistung** bei einem Invaliditätsgrad ab 70 % bzw. 90 %

oder

- ob eine der **progressiven Invaliditätsstaffeln** (225 %, 350 % oder 500 %)

gewünscht ist.

Je nach Invaliditätsgrad (siehe nachstehend unter c)) kann sich dann Invaliditätsleistung erhöhen (vgl. hierzu nachstehend unter e).

c) Bemessung des Invaliditätsgrades nach der Gliedertaxe

Der Invaliditätsgrad kann mit Hilfe der sog. **Gliedertaxe** festgestellt werden, soweit Gliedmaßen und Sinnesorgane betroffen sind.

Ziff. 2.1.2.2.1

Auszug aus der Gliedertaxe:

Verlust oder Funktionsunfähigkeit	Invaliditätsgrad
Arm	70 %
Hand	55 %
Daumen	20 %
Bein über der Mitte des Oberschenkels	70 %
große Zehe	5 %
Auge	50 %

Bei **Teilverlust** bzw. **teilweiser Funktionsbeeinträchtigung** gilt der entsprechende Teil der Invaliditätsgrade.

Beispiel:

Nach einem Unfall ist der vollständige linke Arm infolge der erlittenen Quetschungen zu 60 % beeinträchtigt. Der Invaliditätsgrad beträgt unter Berücksichtigung der Gliedertaxe 42 %.

Der Invaliditätsgrad wird für den vorstehenden Fall wie folgt ermittelt.

Bei Verlust oder 100 %-iger Beeinträchtigung der Funktionsfähigkeit des Armes würde der Invalidtätsgrad 70 % lt. Gliedertaxe betragen.
Bei nur 60 %-iger Beeinträchtigung beträgt der Invaliditätsgrad 60 % von 70 % lt. Gliedertaxe = 42 %.

Für in Heilberufen tätige Personen bietet die Praxis die »**Verbesserte Gliedertaxe für Heilberufe**« an.

d) Invaliditätsgrad nach ärztlichem Ermessen

AUB 2014 Ziff. 2.1.2.2.2

Kann die Gliedertaxe nicht angewendet werden, z. B. bei einer inneren Verletzung (sog. **Nicht-Gliedertax-Fall**), wird nach ärztlichem Ermessen verfahren.

> **Beispiel:**
>
> Soweit dauerhafte Schäden nach einem Schädel-Hirn-Trauma verbleiben, ist zu ermitteln, inwieweit die körperliche oder geistige Leistungsfähigkeit insgesamt beeinträchtigt ist.
>
> Die Beurteilung, inwieweit die normale körperliche oder geistige Leistungsfähigkeit **insgesamt** beeinträchtigt ist, erfolgt ausschließlich unter medizinischen Gesichtspunkten.

Bei Zusammentreffen eines Gliedertax-Falles mit einem Nicht-Gliedertax-Fall ist zunächst der Invaliditätsgrad nach der Gliedertaxe festzustellen. Der darüber hinausgehende Invaliditätsgrad ist anschließend ärztlich zu bemessen.

e) Mehrleistungen und Progressive Invaliditätsstaffeln

Die Grundsumme (auch Deckungssumme oder VS genannt) einer Unfallversicherung kann für den Invaliditätsfall durch Vereinbarung einer sog. **Mehrleistung** oder einer **progressiven Invaliditätsstaffel** gesteigert werden, um die versicherte Person bei besonders hoher Invaliditätr finanziell besser zu stellen.

In den jeweiligen **Besonderen Bedingungen** für Mehrleistungen oder Progressive Invaliditätsstaffeln sind die Leistungsvoraussetzung und -höhe geregelt.

Nachstehend sind die auswählbaren Leistungverbesserungen dargestellt:

- **Mehrleistungen bei einem Invaliditätsgrad ab 70 %**

  Bei diesem oder einem höheren Invaliditätsgrad als Folge eines Unfalls, der sich vor dem 67. Lebensjahr ereignet hat, wird die dreifache Invaliditätsleistung erbracht.

  BB Mehrleistungen 70

  Die jeweilige Mehrleistung zur Grundsumme ist allerdings auf 300 000,00 € beschränkt.

  > **Beispiel:**
  >
  > Die Versicherungsnehmerin ist 48 Jahre alt. Sie hat 2 Unfallversicherungsverträge bei der Proximus Versicherung.
  >
  > Vertrag 1 hat eine Invalidtätssumme von 120 000,00 € und Vertrag 2 von 80 000,00 €, zusammen also 200 000,00 € Invaliditätssumme (= Grundsumme).
  >
  > Es ist »Mehrleistung bei einem Invaliditätsgrad ab 70 %«vereinbart.
  >
  > Durch einen Unfall wird sie zu 85 % invalid.
  >
  > Die nach den BB Mehrleistungen 70 berechnete Invaliditätsleistung beträgt 470 000,00 €.

  Berechnung der Invaliditätsleistung:
  Die einfache Invaliditätsleistung würde nur 85 % von 200 000,00 € = 170 000,00 € betragen.
  Die dreifache Invaliditätsleistung gem. BB Mehrleistungen 70 beträgt 3 · 170 000,00 € = 510 000,00 €,
  aber:
  Die jeweilige Mehrleistung darf gegenüber der Grundsumme – auch bei mehreren Verträgen – 300 000,00 € nicht übersteigen.

510 000,00 € dreifache Invalidätsleistung minus 200 000,00 € Grundsumme = 310 000,00 € Mehrleistung zur Grundsumme. Der Betrag liegt über der Obergrenze von 300 000,00 €, so dass nur geleistet werden:
170 000,00 € einfache Invaliditätsleistung und max. 300 000,00 € Mehrleistung = 470 000,00 € Invaliditätsleistung nach AUB 2014 und BB Mehrleistungen 70.

Nach dem **Proximus 3 Bedingungswerk** kann bei Umstellung in den Tarif 50 (vgl. D 3.1.1) die »Mehrleistung bei einem Invaliditätsgrad ab 70 %« nicht fortgeführt werden. Es wird dann auf die nachstehend dargestellte »Mehrleistung bei einem Invaliditätsgrad ab 90 %« umgestellt, sofern nichts anderes vereinbart ist. Nach denn BB Mehrleistungen 90 wird die nachstehend beschriebene doppelte Invaliditätsleistung allerdings auch nur erbracht, wenn der Invaliditätsgrad mindestens 90 % beträgt und sich der Unfall vor Vollendung des 67. Lebensjahres der versicherten Person ereignet hat.

- **Mehrleistungen ab 90 % Invaliditätsgrad**

BB Mehrleistungen 90

Bei diesem oder einem höheren Invaliditätsgrad als Folge eines Unfalls, der sich vor dem 67. Lebensjahr ereignet hat, wird die doppelte Invaliditätsleistung erbracht.

Beispiel:
Der VN ist 52 Jahre. Er wird durch einen Unfall zu 95 % invalid. Seine Invaliditäts-VS beträgt 80 000,00 €. Da »Mehrleistung ab 90 % Invaliditätsgrad« vereinbart ist, beträgt die Invaliditätsleistung 190 % der Invaliditäts-VS; das sind 152 000,00 €.

Die jeweilige Mehrleistung zur Grundsumme ist, wie auch bei der »Mehrleistung bei einem Invaliditätsgrad ab 70 %« auf 300 000,00 € beschränkt.

- **Progressive Invaliditätsstaffeln U 225, U 350, U 500**

Aus der nachstehenden Tabelle können die Progressionsstufen und Leistungen entnommen werden:

Invaliditätssumme	Progressive Invaliditätsstaffel U 225	Progressive Invaliditätsstaffel U 350	Progressive Invaliditätsstaffel U 500
für den 25 % nicht übersteigenden Teil des Invaliditätsgrades	einfach	einfach	einfach
für den 25 %, nicht aber 50 % übersteigenden Teil des Invaliditätsgrades	doppelt	dreifach	fünffach
für den 50 % übersteigenden Teil des Invaliditätsgrades	dreifach	fünffach	siebenfach

Beispiel:
Progressive Invaliditätsstaffel U 350, Invaliditätsgrad 100 %,
Invaliditätssumme 100 000,00 €
Berechnung der Progression:

25 % (bis 25 % einfach)
\+ 75 % (Differenz zwischen 25 % und 50 % dreifach)
\+ 250 % (Differenz zwischen 50 % und 100 % fünffach)
= 350 % Entschädigungsprozentsatz von der Versicherungssumme

Bei einem Invaliditätsgrad von 100 % und einer versicherten Invaliditätssumme von 100 000,00 € beträgt die Invaliditätsleistung demzufolge 350 000,00 €.

2.4.2 Übergangsleistung

a) Leistungsvoraussetzungen

AUB 2014 Ziff. 2.3.1

Besteht nach Ablauf von sechs Monaten seit dem Unfall immer noch eine unfallbedingte Beeinträchtigung der körperlichen oder geistigen Leistungsfähigkeit von mehr als 50 % ohne dass Krankheiten oder Gebrechen mitgewirkt haben und hat diese Beeinträchtigung bis dahin ununterbrochen bestanden und wurde der Anspruch spätestens sieben Monate nach Eintritt des Unfalls ärztlich nachgewiesen und geltend gemacht, wird die vertraglich vereinbarte Übergangsleistung gezahlt.

Beispiel:

Der VN hat bei einem Kletterunfall eine Berstungstrümmerfraktur des ersten Lendenwirbels erlitten, die zu Lähmungserscheinungen am Unterkörper geführt hat. Nach sechsmonatigem Krankenhausaufenthalt und mehreren Eingriffen zur dorsalen und ventralen Stabilisierung des verletzten Wirbels ist noch keine wesentliche Besserung eingetreten. Der VN hat Anspruch auf die vereinbarte Übergangsleistung, da er sich kaum bewegen kann und die körperliche Leistungsfähigkeit dadurch noch immer zu mehr als 50 % beeinträchtigt ist.

Durch die Übergangsleistung soll dem Versicherten ein Kapital für Rehabilitationsmaßnahmen, ggf. auch für die Finanzierung der Heilbehandlung oder des Einnahmeausfalls, zur Verfügung stehen.

Ziff. 2.3.3

b) Sofortleistung

Bei schweren Verletzungen wird die Übergangsleistung sofort gezahlt **(Sofortleistung für Schwerstverletzte)**. Als schwere Verletzungen gelten Querschnittlähmung, Amputation von mindestens einem ganzen Fuß oder einer ganzen Hand, Schädelhirnverletzung mit einer Hirnprellung oder Hirnblutung, Verbrennungen zweiten oder dritten Grades von mehr als 30 % der Körperoberfläche, völlige Erblindung, bestimmte schwere Mehrfachverletzungen, wie z. B. Fraktur des Beckens und Fraktur der Wirbelsäule. Die Sofortleistung für Schwerstverletzte wird nicht gezahlt, wenn der Versicherte innerhalb von drei Tagen nach dem Unfall verstirbt.

2.4.3 Tagegeld

Ziff. 2.4

Die Tagegeldversicherung dient zur Deckung von Einkommensverlusten, wenn infolge eines Unfalls die bisherige Tätigkeit nicht mehr ganz oder nur zeitweise ausgeführt werden kann. Sie wird in erster Linie Selbstständigen, aber auch Hausfrauen und Arbeitnehmern, geboten.

Der Tarifauszug zur Einzel-Unfallversicherung im **Proximus 3 Bedingungswerk** kennt folgende Tagegeld-Versicherungsmöglichkeiten:

- ab 1. Tag für Selbstständige
- ab 15. Tag für Selbstständige und Hausfrauen
- ab 43. Tag für Selbstständige, Hausfrauen und Arbeitnehmer

Arbeitnehmer erhalten in den ersten sechs Wochen einer Arbeitsunfähigkeit ihre vollen Bezüge, weshalb für diesen Personenkreis üblicherweise eine Tagegeldzahlung erst ab dem 43. Tag versichert ist. Bei der Bemessung der Höhe ist zu bedenken, dass ab dem 43. Tag in der Regel ein Anspruch auf Krankengeld aus der Sozialversicherung besteht.

Das Tagegeld wird bei einer Beeinträchtigung der **Arbeitsfähigkeit** (Berufstätigkeit oder Beschäftigung des Versicherten) durch Unfall für die Dauer der ärztlichen

Behandlung gezahlt, und zwar längstens für ein Jahr, gerechnet ab Unfalltag. Seine Höhe richtet sich nach dem Grad der Beeinträchtigung. Die Bemessung des Beeinträchtigungsgrades richtet sich wiederum nach der Berufstätigkeit oder der Beschäftigung des Versicherten.

Beispiel:

Der VN ist Handelsvertreter. Nach einem Unfall kann er zwei Wochen lang wegen eines Gipsverbandes am Bein kein Auto fahren. Wohl kann er telefonisch akquirierend tätig sein. 75 % seiner Geschäfte tätigt er durch persönliche und 25 % durch telefonische Kontaktaufnahme.

Werden 75 % als Beeinträchtigung der Berufstätigkeit festgestellt, hat er Anspruch auf 75 % des vereinbarten Tagegeldes für die Dauer der Beeinträchtigung.

Sofern Krankheiten oder Gebrechen an den Unfallfolgen mitgewirkt haben, wird die Leistung gemindert, soweit der Mitwirkungsanteil 25 % oder mehr beträgt (vgl. D 5.3.1).

2.4.4 Krankenhaustagegeld, ambulante Operationen

Erfordern die Unfallfolgen eine vollstationäre Behandlung, wird für jeden Kalendertag des vollstationären Krankenhausaufenthaltes einschließlich Aufnahme- und Entlassungstag das vereinbarte Krankenhaustagegeld gezahlt, und zwar längstens für zwei Jahre vom Unfalltag an gerechnet. AUB 2014 Ziff. 2.5

Beispiel:

Der VN hat eine Krankenhaustagegeld von 50,00 € pro Tag vereinbart. Nach einem Unfall befindet er sich vom 28. März d. J. bis 14. April d. J. im Krankenhaus. Er hat Anspruch auf das vereinbarte Krankenhaustagegeld für 18 Tage.

Nicht als Krankenhausaufenthalt gilt der Aufenthalt in Sanatorien oder Kuranstalten.

Das Krankenhaustagegeld wird ferner für 7 Tage bei ambulanten chirugischen Operationen gezahlt, wenn der Versicherte wegen eines Unfalls ambulant operiert und deswegen für mindestens 7 Tage vollständig arbeitsunfähig bzw. in seinem Aufgaben- und Tätigkeitsbereich beeinträchtigt ist.

Durch die Versicherung eines Krankenhaustagegeldes lässt sich vor allem der folgende unfallbedingte Bedarf decken:

- Gesetzlicher Eigenanteil gem. § 39 (4) SGB V, den Pflichtversicherte ab dem 18. Lebensjahr als Zuzahlung bei stationärer Krankenhausbehandlung für längstens 28 Tage im Kalenderjahr tragen müssen.
- Mehrkosten bei Unterbringen in einem Zweibett- oder Einbettzimmer.
- Kosten einer Haushaltshilfe infolge der häuslichen Abwesenheit.

Sofern Krankheiten oder Gebrechen an den Unfallfolgen mitgewirkt haben, wird die Leistung gemindert, soweit der Mitwirkungsanteil 25 % oder mehr beträgt (vgl. D 5.3.1).

2.4.5 Todesfallleistung

Tritt der unfallbedingte Tod innerhalb eines Jahres ein, gerechnet vom Unfalltag an, liegt der Versicherungsfall für die Todesfallleistung vor. Stirbt der VN danach unfallbedingt, besteht der Anspruch nicht mehr. Ziff. 2.6

Beispiel:

Der VN hat am 10. Juni des vergangenen Jahres einen schweren Motorradunfall erlitten.

a) Am 20. April d. J. stirbt er an den Folgen des Unfalls.

b) Er stirbt nicht am 20. April d. J. sondern am 15. Juli d. J. an den Folgen des Unfalls.

Im Fall a) ist der Tod unfallbedingt innerhalb eines Jahres eingetreten. Der VR hat die Todesfallleistung in Höhe der vereinbarten Versicherungssumme an den Bezugsberechtigten zu leisten.

Im Fall b) stirbt der Versicherte an den Folgen des Unfalls nach Ablauf des ersten Jahres. Es besteht kein Anspruch mehr auf Todesfallleistung.

Wohl kann ggf. noch ein Invaliditätsanspruch zu entschädigen sein, der bis zum Tode bestanden hat.

Eine versicherte Todesfallleistung bewahrt die Hinterbliebenen vor unerwarteten finanziellen Belastungen. Sie kann üblicherweise nur in Verbindung mit der Invaliditätsversicherung vereinbart werden.

Haben Krankheiten oder Gebrechen bei den Unfallfolgen mitgewirkt und stirbt der Versicherte unfallbedingt innerhalb eines Jahres nach dem Unfall, wird die Todesfallleistung gemindert, soweit der Mitwirkungsanteil 25 % oder mehr beträgt (vgl. D 5.3.1).

2.4.6 Unfallrente 50/90

AUB 2014 Ziff. 2.2

Diese Leistungsart sieht eine monatliche Rentenleistung vor, wenn ein unfallbedingter Invaliditätsgrad von mindestens 50 % vorliegt. Bei einem unfallbedingten Invaliditätsgrad von mindestens 90 % verdoppelt sich die versicherte Leistung, sofern die Versicherung zum Unfallzeitpunkt nicht in Tarif 50 (vgl. D 3.1.1) geführt wird.

Beispiel:

Der VN hat u. a. eine Unfallrente 50/90 von 400,00 € monatlich vereinbart.

a) Der VN wird durch einen Unfall zu 60 % invalid.

b) Der VN wird durch einen Unfall zu 90 % invalid.

Im Fall a) hat der VN einen Anspruch auf 400,00 € monatliche Unfallrente.

Im Fall b) verdoppelt sich der Anspruch auf 800,00 € monatlich.

Im Übrigen gelten für diese Leistungsart bestimmte Voraussetzungen, wie sie auch für die Invaliditätsleistung gelten (vgl. D 2.4.1). Maßgeblich für die Feststellung des Invaliditätsgrades sind danach u. a. eine dauerhafte Invalidität (d.h. sie muss voraussichtlich länger als 3 Jahre bestehen und eine Änderung dieses Zustandes nicht zu erwarten sein) sowie die Gliedertaxe oder der Invaliditätsgrad nach ärztlichem Ermessen.

Die Unfallrente wird monatlich im Voraus gezahlt, rückwirkend ab dem Monat, in dem sich der Unfall ereignet hat. Die Zahlung endet zum Ende des Monats, in dem die versicherte Person stirbt oder der VR dem VN mitteilt, dass aufgrund einer Neubemessung der unfallbedingte Invalidätsgrad unter 50 % gesunken ist.

Die Verdopplung der Leistung entfällt, wenn der Invalidtätsgrad aufgrund einer Neubemessung unter 90 % gesunken ist.

2.4.7 Kostenersatz für kosmetische Operationen

Wird nach einem Unfall eine kosmetische Operation notwendig und wurde diese Leistungsergänzung versichert, leistet der VR Ersatz für AUB 2014 Ziff. 2.7

- Arzthonorare und sonstige Operationskosten,
- notwendige Kosten für Unterbringung und Verpflegung in einem Krankenhaus,
- Zahnbehandlungs- und Zahnersatzkosten, die durch einen unfallbedingten Verlust oder Teilverlust von Schneide- und Eckzähnen entstanden sind,

bis zur Höhe der vereinbarten Versicherungssumme. Die höchstens versicherbare Summe beträgt 25 000,00 €.

Die Leistungspflicht des VR entsteht nur, wenn kein Dritter (z. B. Unfallverursacher) für die Unfallfolgen eintreten muss oder dieser seine Leistungspflicht bestreitet.

2.4.8 Weitere Leistungsarten

2.4.8.1 Such-, Bergungs- und Rettungskosten

Diese Leistung wird **Proximus 3 Bedingungswerk** prämienfrei bis zu einer Höchstversicherungssumme von 25 000,00 € eingeschlossen. Ziff. 2.8

Als Bergungs- und Rettungskosten gelten insbesondere folgende Kosten:

- Suchaktionen nach Unfallverletzten (auch bei vermutetem Unfall),
- Bergung oder Rettung von Unfallverletzten,
- Transport ins Krankenhaus.

Die Leistungspflicht des VR entsteht auch hier nur, wenn kein Dritter für die Unfallfolgen eintreten muss oder der Dritte seine Leistungspflicht bestreitet.

2.4.8.2 Assistance-Leistungen bei Unfällen

BB Hilfe und Pflege/ Senioren

Assistance-Leistungen sind nach dem **Proximus 3 Bedingungswerk** bis 25 000,00 € nur im Tarif 50 mitversicherbar. Tarif 50 gilt für Personen ab dem vollendeten 50. Lebensjahr (vgl. D 3.1.1). Der Leistungsanspruch entsteht, wenn die versicherte Person durch einen Unfall hilfebedürftig wird.

Als Unfall gilt auch, wenn die versicherte Person unabhängig von der Ursache einen **Oberschenkelhalsbruch** erleidet. Der VR leistet einmalig 1 000,00 € für einen diagnostizierten Oberschenkelhalsbruch. Ziff. 1.3

Die versicherbare Assistance-Leistung bei Unfällen besteht grundsätzlich in einer **Serviceleistung**. Zuständig für Serviceleistungen ist die vom Versicherer beauftragte Servicezentrale. Der Leistungsumfang ist in den »**Besonderen Bedingungen für die Versicherung von Hilfs- und Pflegeleistungen (Assistance-Leistungen) in der Unfallversicherung (BB Hilfe und Pflege/Senioren)**« geregelt.

Zu den Assistance-Leistungen zählen u. a:

- Menüservice
- Fahrdienste (z. B. Krankengymnastik)
- Besorgungen und Einkäufe
- Wohnungsreinigung
- Wäscheservice
- bestimmte Pflegeleistungen

Die Hilfs- und Pflegeleistungen werden längstens für einen Zeitraum von 6 Monaten ab dem Unfalltag erbracht. Wird für den Verunfallten eine Pflegestufe im Sinne der gesetzlichen Pflegeversicherung anerkannt, wirkt sich diese auf die Leistungspflicht des privaten Unfallversicherers aus. Ziff. 4.2

Lernkontrollen zu D 2.4

Leistungsarten

1 Die versicherte Person ist durch eine unfallbedingte Kopfverletzung in ihrem Erinnerungsvermögen eingeschränkt, was jedoch keine Auswirkung auf ihre berufliche Tätigkeit in Form körperlicher Arbeit hat. Prüfen Sie, ob eine Invalidität im Sinne der AUB 2014 vorliegt.

2 Die unfallbedingte Invalidität einer versicherten Person ist sechs Monate nach dem Unfall ärztlich festgestellt worden. Drei Monate später stirbt die Person an den Unfallfolgen. Welche Leistung hat der VR zu erbringen?

3 Wie ist der Fall in Aufgabe 2 zu beurteilen, wenn der Tod

a) durch unfallfremde Ursache eingetreten ist, der Invaliditätsgrad aber noch nicht ärztlich festgestellt war?

b) später als ein Jahr nach dem Unfall unfallbedingt eintritt?

4 Stellen Sie unter Zuhilfenahme der Gliedertaxe fest, welcher Invaliditätsgrad jeweils vorliegt:

a) Verlust der linken Hand,

b) Verlust eines Armes,

c) Verlust des linken Beines über der Mitte des Oberschenkels und eines Auges.

5 Welche Invaliditätsleistung wird erbracht, wenn eine Invaliditätssumme von 200 000,00 € mit der progressiven Invaliditätsstaffel U 500 versichert ist und der Invaliditätsgrad mit 100 % festgestellt wird?

6 Stellen Sie die Bedeutung der Übergangsleistung und der Invaliditätsleistung dar.

7 Warum kann es sinnvoll sein, folgende Leistungsarten im Rahmen einer Unfallversicherung mitzuversichern:

a) Tagegeld,

b) Krankenhaustagegeld.

8 Im Rahmen der Unfallversicherung wurde die Mitversicherung der Kosten für kosmetische Operationen vereinbart. Welche Leistungen sehen die AUB 2014 für die Versicherung der Kosten für kosmetische Operationen in der Unfallversicherung vor?

9 Sie erhalten das folgende Anspruchsschreiben Ihres VN:

> »Ich musste mich noch einmal für 14 Tage ins Krankenhaus begeben aufgrund meines Unfalls, den ich vor eineinhalb Jahren erlitten habe. Mein unfallbedingter Schlüsselbeinbruch ist damals in einem 10-tägigen Krankenhausaufenthalt durch Nagelung mit so genannten Kürschnerdrähten behandelt worden. Bei Entfernung der Drähte ist dem Arzt seinerzeit ein Kunstfehler unterlaufen, sodass Drahtreste im Körper verblieben sind. Sie sind gewandert und mussten jetzt operativ aus dem Körper entfernt werden. Da diese Behandlung im unmittelbaren Zusammenhang mit meinem damaligen Unfall zu sehen ist, bitte ich um Überweisung des versicherten Krankenhaustagegeldes für die Zeit des jetzigen Krankenhausaufenthaltes.«

- **Auszug aus dem Vertragsspiegel**

Versicherte Leistungen:	
Invaliditätskapital:	150 000,00 €
Todesfallkapital:	10 000,00 €
Krankenhaustagegeld:	40,00 €
Genesungsgeld:	30,00 €

- **Arbeitsauftrag**

  Prüfen Sie, ob der Anspruch begründet ist, und antworten Sie dem VN.

10 Im Rahmen der Unfallversicherung ist u. a. eine Unfallrente 50/90 von 300,00 € vereinbart.

Am 15. März d. J. erleidet die versicherte Person einen Unfall und wird dauerhaft Invalide (60 %). Infolge Herzversagens verstirbt die versicherte Person am 10. Mai des Folgejahres.

a) Berechnen Sie die Summe der Leistungen, die der VR aus der vereinbarten Unfallrente 50/90 zu erbringen hat.

b) Ermitteln Sie die Summe der Leistungen für den Fall, dass der VN durch den Unfall dauerhaft zu 92 % invalid geworden ist.

3 Gestaltung des Unfallversicherungsschutzes

3.1 Versicherungsformen

3.1.1 Einzel-Unfallversicherung

Als Einzel-Unfallversicherung bezeichnet man die Versicherungsform, bei der der Versicherungsschutz auf die persönlichen Bedürfnisse und Wünsche einer einzelnen Person zugeschnitten wird. Im **Proximus 3 Bedingungswerk** werden hierfür angeboten:

- **Tarif 10** Kinder-Unfallversicherung ab Geburt bis zum vollendeten 16. Lebensjahr (vgl. nachstehend unter D 3.1.3)
- **Tarif 30** Vollzeitschutz für Personen vom vollendeten 16. bis zum vollendeten 67. Lebensjahr
  Der Tarif 30 unterscheidet zwei Gefahrengruppen (vgl. D 3.4)
  Mit Ablauf des Versicherungsjahres, in dem die versicherte Person das 67. Lebensjahr vollendet, wird die Versicherung automatisch auf den nachstehenden Tarif 50 umgestellt. Ein versichertes Tagegeld entfällt mit der Umstellung.
- **Tarif 50** Senioren-Unfallversicherung für Rentner/Pensionäre oder gleichgestellte Senioren. Der Tarif 50 ist ab dem vollendeten 50. Lebensjahr abschließbar.

Nach den »**Besonderen Bedingungen für die prämienfreie Kinder-Vorsorge-Unfallversicherung**« gewährt der Versicherer den neugeborenen leiblichen Kindern der versicherten Person beitragsfreien Versicherungsschutz für sechs Monate nach Vollendung der Geburt. Der Versicherungsschutz verlängert sich um sechs weitere Monate, wenn die Geburt während der ersten sechs Monate angezeigt wird. Die Leistungsarten und ihre jeweilige Leistungshöhe sind in den genannten Besonderen Bedingungen fest definiert.

3.1.2 Standard-Unfallversicherung

Im Gegensatz zur Einzel-Unfallversicherung sind feste Summenkombinationen im Zusammenhang mit den Leistungsarten (Pakete) und feste Prämien vorgesehen, um den Vertragsabschluss zu vereinfachen. In der Regel wird eine Einheitsprämie erhoben und keine Unterteilung in Gefahrengruppen vorgenommen.

3.1.3 Unfallversicherung zum Kinder-Tarif (Kinder-Unfallversicherung)

Eine Kinder-Unfallversicherung kann für Kinder bis zum vollendeten 16. Lebensjahr nach dem Kindertarif abgeschlossen werden. Ein Elternteil ist gewöhnlich VN.

Beispiel für eine Kinder-Unfallversicherung:

Invaliditätskapital (mit progressiver Invaliditätsstaffel U 500)	100 000,00 €
Todesfallkapital	5 000,00 €
Krankenhaustagegeld	50,00 €

Besonderheiten der Kinder-Unfallversicherung:

AUB 2014 Ziff. 6.1.1

- Die Kinder-Unfallversicherung wird zur vereinbarten Prämie bis zum Ende des Versicherungsjahres fortgeführt, in dem das versicherte Kind das 18. Lebensjahr vollendet. Danach kann der VN wählen, ob die Prämie nach dem Erwachsenentarif berechnet oder die bisherige Prämie als Erwachsenen-Tarifprämie angesehen werden soll, bei entsprechender Herabsetzung der Versicherungssummen.

Der VR weist den VN rechtzeitig auf das Wahlrecht hin. Macht der VN von seinem Wahlrecht bis spätestens zwei Monate nach Beginn des neuen Versicherungsjahres keinen Gebrauch, wird der Vertrag mit verringerten Versicherungssummen bei unveränderter Prämie fortgesetzt. AUB 2008 Ziff. 6.1.2

- Bei Kindern, die das 10. Lebensjahr noch nicht vollendet haben, sind Vergiftungen infolge versehentlicher Einnahme schädlicher Stoffe mitversichert. Ausgeschlossen bleiben Vergiftungen durch Nahrungsmittel. Ziff. 5.2.5

- Stirbt der VN, wird die Versicherung bis zum Ablauf des Versicherungsjahres prämienfrei weitergeführt, in dem das versicherte Kind das 18. Lebensjahr vollendet. Ziff. 11.7

  Der Tod des Versicherungsnehmers stellt insofern ein zusätzliches versichertes Risiko dar, für das aus den laufenden Prämienzahlungen der Versichertengemeinschaft eine Prämienrückstellung gebildet werden muss.

  Die Prämienfreistellung bei Tod des Versicherungsnehmers gilt jedoch nur dann als versichert, wenn der Versicherungsnehmer bei Beginn des Versicherungsschutzes das 50. Lebensjahr (bei manchen VR das 60. Lebensjahr) noch nicht vollendet hat, ferner die Versicherung nicht gekündigt war und der Tod des VN nicht durch Kriegs- oder Bürgerkriegsereignisse verursacht wurde. Diese Bestimmung soll Missbräuchen vorbeugen.

Im Rahmen der Unfallversicherung zum Kindertarif bieten manche VR auch die Möglichkeit, für den Fall krankheitsbedingter Invalidität eine lebenslange Rentenzahlung zu vereinbaren (sog. **Kinder-Invaliditäts-Zusatzversicherung**).

3.1.4 Familien-Unfallversicherung

In der Familien-Unfallversicherung werden die Familienmitglieder in einem Versicherungsschein versichert. Häufig sehen die Tarife feste Summenkombinationen mit einer einheitlichen Prämie jeweils für Partner und Partnerin, Einzelpersonen und Kinder vor, die dann zur Familien-Unfallversicherung zusammengestellt werden.

Wird die Familien-Unfallversicherung individuell nach dem Tarif für die Einzel-Unfallversicherung gebildet, gewährt der Versicherer üblicherweise einen Personennachlass auf die Prämie.

Im **Proximus 3 Bedingungswerk** ist ein Personennachlass von 15 % ab 3 Personen in einem Vertrag, unabhängig vom abgeschlossenen Tarif, vorgesehen.

Beispiel: Ehepaar mit einem Kind

	Tarif	Invaliditätskapital	Todesfallleistung	Krankenhaus-Tagegeld
31-jährige Mutter	30	200 000,00 €	30 000,00 €	40,00 €
10-jähriges Kind	10	200 000,00 €	10 000,00 €	40,00 €
52-jähriger Vater der Mutter	50	200 000,00 €	30 000,00 €	40,00 €

Für jede der Personen wird die Prämie zunächst nach dem versicherten Tarif berechnet. Die Einzelprämien werden addiert, von der Summe dann 15 % Personennachlass abgezogen und schließlich die Versicherungsteuer hinzugerechnet.

Wird ein weiteres Kind geboren, ist dieses zunächst zu den im Rahmen der »Besonderen Bedingungen für die prämienfreie Kinder-Vorsorge-Unfallversicherung« genannten Summen prämienfrei versichert (vgl. D 3.1.1). Danach bedarf es einer Erweiterung des Versicherungsvertrages, wenn das Kind im Rahmen der Familienversicherung versichert sein soll.

3.1.5 Senioren-Unfallversicherung

Das Risiko eines Unfalls ist im Alter erhöht; denn das Seh-, Hör- und Reaktionsvermögen sowie die Beweglichkeit nehmen ab. Während beispielsweise ein Straucheln von jungen Menschen meistens noch abgefangen werden kann, erleiden ältere Menschen dadurch häufig schwere Stürze mit weitreichenden Folgen (z. B. Oberschenkelhalsbruch).

Gelenke, Knochen und Muskeln regenerieren im Alter nicht mehr so wie in früheren Jahren. Deshalb sind längere oder dauernde gesundheitliche Einschränkungen möglich.

Entscheidet sich der Senior für eine Unfallversicherung, sollte besonderer Wert auf eine ausreichende Invaliditätsssumme, eine versicherte Übergangsleistung und der Einschluss von Assistance-Leistungen geachtet werden.

Im **Proximus 3 Bedingungswerk** wird der **Tarif 50** für die Senioren-Unfallversicherung angeboten.

Es gelten folgende Besonderheiten in diesem Tarif:

- Versicherbar ist dieser Tarif ab dem vollendeten 50. Lebensjahr.
- Eine versicherte Mehrleistung ab 90 % Invaliditätsgrad, also die Doppelauszahlung ab 90 % Invaliditätsgrad, entfällt, wenn die versicherte Person zum Unfallzeitpunkt das 67. Lebensjahr vollendet hat.
- Ein Tagegeld ist in diesem Tarif nicht versicherbar, da hierfür im Seniorenalter regelmäßig auch kein Bedarf mehr besteht.
- Assistance-Leistungen nach den »Besonderen Bedingungen für die Versicherung von Hilfs- und Pflegeleistungen (Assistance Leistungen) in der Unfallversicherung (BB Hilfe und Pflege/Senioren)« können nur in diesem Tarif vereinbart werden (vgl. D 2.4.8.2).
- Ein Oberschenkelhalsbruch ist bei Einschluss der Assistance-Leistung als Unfall mit einer Leistung von 1 000,00 €, unabhängig von der Ursache, als Unfall mitversichert.

Eine Versicherung nach Tarif 30 wird automatisch zum Ablauf des Versicherungsjahres auf Tarif 50 umgestellt, in dem der Versicherte das 67. Lebensjahr vollendet hat.

3.1.6 Unfallversicherung mit Prämienrückgewähr (UPR)

Bei dieser Versicherungsform werden die gezahlten Prämien ohne Versicherungsteuer, zurückerstattet, gleichgültig, ob ein Versicherungsfall eingetreten ist oder nicht.

Besonderheiten hinsichtlich der Prämienrückgewähr gelten, sofern Ratenzahlung für die Jahresprämie vereinbart war.

Folgende Vereinbarungen zur Prämienrückerstattung können unterschieden werden:

- Prämienrückerstattung nur bei Tod,
- Prämienrückerstattung bei Tod, spätestens nach Ablauf einer vereinbarten Dauer,
- Prämienrückerstattung bei Tod, spätestens nach Vollendung des 65., 60. oder 55. Lebensjahres.

Die Prämie wird zunächst auf der Grundlage einer Einzel-Unfallversicherung berechnet und dann mit einem Faktor vervielfacht, der sich nach dem Alter des Versicherten und der vorgesehenen Vertragsdauer bestimmt.

Der Anspruch auf Prämienrückgewähr kann in eine prämienfreie Kapitalversicherung umgewandelt und auch beliehen werden. Die Versicherungsform ist ferner mit einer Gewinnbeteiligung ausgestattet. Ein Vergleich mit der Kapital-Lebensversicherung, die eine Verbindung aus Versicherungs- und Sparvorgang darstellt, liegt nahe.

Das VAG sieht vor, dass für den Betrieb der Unfallversicherung mit Beitragsrückgewähr ein **Verantwortlicher Aktuar** zu bestellen ist, der die im VAG vorgesehenen Aufgaben eines Aktuars für diese Versicherungsform wahrzunehmen hat. VAG §§ 11 d, 11 a *VAG Entwurf §§ 161, 141*

Hinweis:

Das Geldwäschegesetz zieht die UPR-Versicherer in den Adressatenkreis der Mitwirkungspflichtigen dieses Gesetzes ein. Für die UPR-Versicherung gelten deshalb auch die Bestimmungen des Geldwäschegesetzes, wie sie bereits im Zusammenhang mit der Lebensversicherung dargestellt wurden (vgl. Besonderheiten in C 4.3.4.1).

3.1.7 Gruppen-Unfallversicherung

Gruppenverträge sind Verträge, in denen durch einen VN und einen Versicherungsschein mehrere Personen versichert sind.

Rechtsgrundlage des Vertrages sind die AUB 2014 und die »**Zusatzbedingungen für die Gruppen-Unfallversicherung**«.

Ein Gruppenvertrag kann abgeschlossen werden:

- mit einem Arbeitgeber zugunsten seiner Arbeitnehmer, entweder für Unfälle innerhalb und außerhalb des Berufes oder nur für Berufsunfälle mit und ohne Einschluss des Wegeunfalles oder nur für außerberufliche Unfälle,
- mit einem Verein zugunsten seiner Mitglieder gegen die aus der Vereinszugehörigkeit erwachsenden Unfallgefahren,
- zur Deckung einer vorübergehenden Gefahr (Sportveranstaltung, Ausstellung usw.),
- mit Firmen, Behörden, öffentlich-rechtlichen Körperschaften zugunsten einer Mehrheit von Personen gegen diejenigen Unfallgefahren, die diesen Personen aus einer Tätigkeit für den VN erwachsen können (z. B. ehrenamtliche Prüfer bei der Industrie- und Handelskammer, Aufsichtsratsmitglieder).

Man unterscheidet:

- **Gruppen-Unfallversicherung ohne Namensangabe**

  Die zu versichernden Personen sind so zu bezeichnen, dass ein Zweifel über die Zugehörigkeit zu dem versicherten Personenkreis nicht entstehen kann.

  Der VN leistet zunächst eine Prämienvorauszahlung für die laufende Versicherungsperiode. Nach Aufforderung durch den VR ist die Höchstzahl der in jedem Monat versichert gewesenen Personen bekannt zu geben. Der VR erstellt dann die endgültige Prämienabrechnung. Zu wenig gezahlte Prämien sind nachzuentrichten, zu viel gezahlte Prämien werden erstattet.

- **Gruppen-Unfallversicherung mit Namensangabe**

  Ausscheidende Personen sind abzumelden, neu hinzukommende anzumelden. Bisher nicht versicherte Personen können angemeldet werden, wenn Beruf oder Beschäftigung die gleichen sind wie die der bereits versicherten Personen. Sie gelten von der Absendung der Anmeldung an als versichert.

  Die Versicherung von Personen mit anderen Berufen oder anderer Beschäftigung bedarf der besonderen Vereinbarung.

Die Prämien zur Gruppenversicherung sind im Vergleich zur Einzel-Unfallversicherung günstiger, da Betriebskosten eingespart werden können.

Nach dem Sondertarif A können öffentlich-rechtliche Körperschaften und private Vereinigungen ihre Organe, nach dem Sondertarif B eine Reihe von Vereinen sowie die freiwillige Feuerwehr und Sanitätskolonnen ihre Mitglieder gegen Unfall versichern.

Der Gruppen-Vertrag endet, wenn der Betrieb oder die Vereinigung aufgelöst wird. Der Versicherungsschutz des einzelnen Versicherten erlischt nach Maßgabe der Zusatzbedingungen.

3.1.8 Sonstige Versicherungsformen

a) Freizeit-Unfallversicherung

Bei der Freizeit-Unfallversicherung wird von dem Prinzip des umfassenden Schutzes rund um die Uhr und auf der ganzen Erde insoweit abgewichen, als die Versicherung nur Unfälle außerhalb des Berufes und des direkten Weges nach und von der Arbeitsstätte umfasst. Man spricht daher auch von einer **Ausschnittsversicherung**.

b) Luftfahrt-Unfallversicherung

AUB 2014 Ziff. 5.1.4

Die AUB 2014 schließen bestimmte Unfälle des Versicherten im Zusammenhang mit Luftfahrzeugen vom Versicherungsschutz aus. Diese Unfälle sind Gegenstand der Luftfahrt-Unfallversicherung.

Folgende Versicherungsarten können unterschieden werden:

➤ Namentliche Luftfahrt-Unfallversicherung

Diese Versicherung erstreckt sich insbesondere auf Unfälle des Versicherten als Luftfahrzeugführer oder Besatzungsmitglied.

➤ Sitzplatzversicherung sowie obligatorische Passagier-Unfallversicherung (OPUV)

Gemäß § 44 Luftverkehrsgesetz (LuftVG) sind Fluggäste von Luftfahrtunternehmen gegen Unfälle versichert. Die aus der obligatorischen Passagier-Unfallversicherung berechtigten Personen können ihre Ansprüche selbstständig geltend machen.

LuftVG § 50

Der Luftfrachtführer ist verpflichtet, zur Deckung seiner Haftung auf Schadensersatz wegen der in § 44 genannten Schäden eine Haftpflichtversicherung zu unterhalten (obligatorische Haftpflichtversicherung).

➤ Spezialversicherungen für Flugzeugpersonal, Fallschirmspringer, Drachenflieger, Segelflieger usw.

Wegen des erhöhten Risikos werden diese Versicherungen in Zusammenarbeit mit dem Deutschen Luftpool, der eine Rückversicherungsgemeinschaft darstellt, betrieben.

Erwähnt sei noch die **Boden-Unfallversicherung** für Zuschauer.

Lernkontrollen zu D 3.1

Versicherungsformen

1

Sie sind Mitarbeiter/-in in einer Versicherungsagentur der Proximus Versicherung AG.

Der praktische Arzt Dr. Horst Deußen hat darum gebeten, ihm nach Ende der Sprechstunde eine Versicherungsbestätigung (VB-Nummer) vorbeizubringen, da er seinen Zweitwagen wieder zulassen wolle.

Sie erscheinen in der Praxis und kommen in ein Gespräch mit dem Arzt. Dabei erfahren Sie, dass Herr Dr. Deußen weder für sich noch für seine Familienmitglieder eine Unfallversicherung hat.

Die Familie besteht aus der nicht berufstätigen Ehefrau, dem 17-jährigen Sohn Sven, der noch die Schule besucht, und dem dreijährigen Nesthäkchen Ilona, die bald in den Kindergarten kommt.

Leider haben Sie keine Unterlagen zur Unfallversicherung dabei. Dennoch wollen Sie sich nicht die Chance entgehen lassen, den Arzt von der Notwendigkeit der Unfallversicherung zu überzeugen und ihm einen für sich und seine Familie geeigneten Versicherungsschutz anzubieten.

- **Arbeitsauftrag**

  Nehmen Sie eine Risikoanalyse vor, deren Ergebnis stichwortartig festzuhalten ist.

  Zeigen Sie anschließend das Versicherungsschutzangebot auf, welches Sie dem Arzt im Gespräch unterbreiten würden.

2

Sie sind Mitarbeiter der Versicherungsagentur Hilmar Krause und nehmen den Anruf des Kunden Paul Klein entgegen.

Der Kunde schildert Ihnen am Telefon, dass sein 11-jähriger Sohn Michael als Mitglied im Alpenverein an Klettertouren für Jugendliche teilnimmt. Er möchte einen Beratungstermin vereinbaren, bittet aber jetzt schon um eine telefonische Vorabauskunft, wie das Unfallrisiko seines Sohnes ggf. durch eine entsprechende Versicherung abgedeckt werden kann. Im Rahmen des Telefonats erfahren Sie ferner, dass der VN auch eine sechsjährige Tochter hat, die eine kleine Naschkatze sein soll und deshalb gerne beim Backen und Kochen in der Küche hilft.

- **Kundenspiegel**

  Sie entnehmen am Bildschirm aus den gespeicherten Kundendaten, dass für die Familie noch keine Unfallversicherung bei Ihrer Gesellschaft besteht.

- **Fragestellungen**

  Worauf würden Sie den Kunden in der jetzigen Beratungsphase schon besonders hinweisen und welche Versicherungsmöglichkeiten könnten Sie ihm jetzt schon grundsätzlich aufzeigen?

3 Wie ist es möglich, dass in der Unfallversicherung mit Prämienrückgewähr die gezahlten Prämien bei Tod oder Ablauf zurückerstattet werden und zusätzlich eine Gewinnbeteiligung des Versicherten vorgesehen ist, nachdem zuvor aus den Prämien die eingetretenen Versicherungsfälle bezahlt und die Kosten des Versicherers gedeckt worden sind?

4 Eine Vertriebsgesellschaft möchte ihre Reisenden während der Reisetätigkeit unfallversichert wissen. Stellen Sie die vertraglichen Gestaltungsmöglichkeiten dar.

5

Das Vorstandssekretariat der Nord-Maschinenwerke AG stellt folgende Anfrage:

»Unser neues Vorstandsmitglied, Herr Dr. Peter Mersmann, wird bei Geschäftsreisen sowohl mit den Linienflugzeugen der großen Fluggesellschaften als auch mit dem firmeneigenen Flugzeug, das er dann selber führt, fliegen. Bitte teilen Sie uns mit, ob Versicherungsschutz aus der Unfallversicherung für unser neues Vorstandsmitglied nach den AUB 2014 bei diesen Flügen besteht und wie der gegebenenfalls fehlende Versicherungsschutz versichert werden kann.«

- **Arbeitsauftrag**

Verfassen Sie das Antwortschreiben an die Nord-Maschinenwerke AG.

6

Sie sind Mitarbeiter in einer Versicherungsagentur der Proximus Versicherung AG und nehmen den Anruf des Kunden Herbert Baier entgegen.

Herr Baier schildert Ihnen, dass sein Sohn Markus bald volljährig wird und kurz vor dem Abitur steht. Er möchte wissen, ob die für seinen Sohn bestehende Unfallversicherung zu den vereinbarten Bedingungen fortgeführt werden kann, bis sein Sohn die Schulausbildung und das anschließende Studium beendet hat. Ferner möchte er erfahren, was mit der Unfallversicherung passiert, wenn er als Vater vorzeitig sterben sollte, und ob die Unfallversicherung auch für Unfälle in der Schule leistet.

Sie vereinbaren mit Herrn Baier, dass Sie ihn später noch einmal anrufen werden, um die gewünschte Auskunft zu erteilen, da Sie sich zuvor über die Vertragsdaten informieren wollen.

- **Auszug aus dem Vertragsspiegel**

Unfallversicherung zum Kindertarif

Versicherte Leistungen:

Invaliditätskapital (mit progressiver Invaliditätsstaffel U 350): 75 000,00 €

Todesfallkapital: 5 000,00 €

Krankenhaustagegeld: 20,00 €

Versicherte Person: Markus Baier

VN: Herbert Baier, geb. 10. Mai 1972

- **Arbeitsauftrag**

Stellen Sie stichwortartig zusammen, welche Auskünfte Sie Herrn Baier bei Ihrem telefonischen Rückruf geben wollen.

3.2 Ermittlung des Versicherungsbedarfs

Die Tarife der Unfallversicherer halten im Rahmen der Annahmerichtlinien regelmäßig Empfehlungen für die Wahl der Versicherungssummen bereit.

Beispiel aus dem Tarif eines Versicherers:

Invaliditätskapital	Es sollte nach folgender Faustformel ermittelt werden: ½ Brutto-Monatsverdienst · 100 (Mindest-VS 50 000,00 €)
Übergangsleistung	10 % der Invaliditätssumme, mindestens 1 000,00 € und höchstens 20 000,00 €
Todesfallkapital	höchstens 1/3 des Invaliditätskapitals (Mindest-VS 5 000,00 €)
Tagegeld	Tagegeld wird nur in Verbindung mit der Invaliditätsversicherung geboten, und zwar bis zu 0,25 ‰ des Invaliditätskapitals, höchstens 100,00 € (Mindesttagegeld: 15,00 €).
Krankenhaustagegeld	Das Krankenhaustagegeld wird allein als auch in Verbindung mit dem Genesungsgeld angeboten. Es sollte jeweils 0,5 ‰ des Invaliditätskapitals betragen, wobei die Höchst-VS jeweils 100,00 € (50,00 € in der Kinder-Unfallversicherung) beträgt. Der Mindestsatz beträgt 10,00 € Krankenhaustagegeld.
Unfallrente 50/90	Die Höhe sollte mindestens dem halben Bruttomonatsverdienst entsprechen.

Ausgangspunkt für die richtige Bedarfsermittlung ist also im Regelfall der Brutto-Monatsverdienst, von dem aus zunächst das zu versichernde Invaliditätskapital ermittelt wird. Durch Vereinbarung einer Mehrleistung oder progressiven Invaliditätsstaffel beim Invaliditätskapital lässt sich dieser Versicherungsschutz noch erweitern (vgl. D 2.4.1 e). Die Summenwahl bei den übrigen Leistungsarten (ausgenommen Unfallrente 50/90) nimmt ihren Ausgang vom Invaliditätskapital, wobei die dargestellten Berechnungsempfehlungen als Erfahrungssätze gelten.

3.3 Zustandekommen des Vertrages

a) Antragstellung (Vertragserklärung)

Die Angaben des Antragstellers sollen darüber Aufschluss geben, welches Risiko zu versichern ist. Deshalb sind alle Antragsfragen vollständig und richtig zu beantworten. AUB 2014 Ziff. 13.1

Der Antragsteller wird durch gesonderte Mitteilung in Textform auf die Folgen einer Anzeigepflichtverletzung hingewiesen.

Der Antrag ist vom Antragsteller und ggf. von der bzw. den namentlich bestimmten Personen zu unterzeichnen, auf die sich die Versicherung erstrecken soll.

Bei Minderjährigen ist die Unterschrift des gesetzlichen Vertreters erforderlich. Soll der Vertrag länger als ein Jahr über das 18. Lebensjahr hinaus mit laufender Beitragszahlung fortbestehen, ist zusätzlich die Genehmigung des Familiengerichtes notwendig (s. auch Abschn. C 4.2.2). BGB §§ 1643, 1822 Nr. 5

Es gelten die in Band 1 B 3.2 und B 3.3 dargestellten Beratungs-, Informations- und Dokumentationspflichten sowie das Widerrufsrecht nach § 8 VVG.

b) Aufnahmefähigkeit nach Altersstufen

Alter	Folge
Nach Vollendung der Geburt	Versicherungsmöglichkeit in der Kinder-Unfallversicherung (Tarif 10).
16 Jahre	Höchsteintrittsalter für die Versicherung nach der Tarifart Kinder (Tarif 10). Möglichkeit für Schüler und Studenten, eine Unfallversicherung nach Tarif 30 abzuschließen.
18 Jahre	Möglichkeit, für sich selbst eine Unfallversicherung mit ein- oder mehrjähriger Dauer abzuschließen (Tarif 30). Umstellung einer Unfallversicherung nach dem Kinder-Tarif auf die Tarifart Erwachsene.
Ab dem 50. Lebensjahr	Unfallversicherung für Rentner/Pensionäre oder gleichgestellte Senioren (Tarif 50)
67. Lebensjahr	Umstellung des Versicherungsschutzes nach Tarif 30 auf den Tarif 50.

Anmerkung: Die Tarifarten beziehen sich auf den im **Proximus 3 Bedingungswerk** abgebildeten Tarifauszug zur Einzel-Unfallversicherung.

3.4 Gefahrengruppen und Prämienberechnung

a) Gefahrengruppen

Die Unfallversicherung kennt überwiegend zwei Gefahrengruppen, die auf die Tätigkeit in einem Beruf, also nicht auf den erlernten Beruf, abstellen. Teilweise wird auch nach drei Gefahrengruppen (A, B, C) unterschieden.

Frauen werden von vielen Versicherern ohne Rücksicht auf ihre Tätigkeit der Gefahrengruppe A zugeordnet.

Im **Proximus 3 Bedingungswerk** werden für eine Unfallversicherung nach Tarif 30 die Gefahrengruppen A und B unterschieden.

➤ Gefahrengruppe A

Zu dieser Gruppe gehören

- Personen mit kaufmännischer oder verwaltender Berufstätigkeit im Innen- und Außendienst
- Personen mit leitender oder Aufsicht führender Tätigkeit im Betrieb oder auf Baustellen
- Personen im Gesundheitswesen oder in der Schönheitspflege
- Schüler, Studenten, Arbeitssuchende, Hausmänner und Hausfrauen

➤ Gefahrengruppe B

Zu dieser Gruppe gehören:

- Personen mit körperlicher oder handwerklicher Berufstätigkeit
- Personen, die mit ätzenden, giftigen, leicht entzündlichen oder explosiblen Stoffen tätig sind

➤ Berufsgruppenverzeichnis

Im Rahmen eines weiteren Berufsgruppenverzeichnisses wird dargestellt, welche vergleichbaren Berufe zur Gefahrengruppe A oder B gehören.

> **Beispiel:**
> **Gefahrengruppe A**
> **Schönheitspflege:** Friseure, Kosmetiker
> **Gefahrengruppe B**
> **Dienstleistung:** Hausmeister

Frauen werden in die Gefahrengruppe eingeordnet, die ihrer beruflichen Tätigkeit entspricht.

Nicht versichert werden nach **Proximus 3 Bedingungswerk:**

- Artisten,
- Berufs-, Vertrags- und Lizenzsportler,
- Rennfahrer,
- Sprengpersonal (einschl. Munitionssuche und -räumung),
- Stuntmen,
- Tierbändiger.

Anfragepflichtige Berufe bzw. **Tätigkeiten** sind:

- Berufstaucher
- Piloten
- Beruflich fliegendes Personoal

b) Prämienberechnung

Für jede versicherte Leistungsart im Tarif 30 wird die Prämie einzeln entsprechend der Gefahrengruppe berechnet, zu der die zu versichernde Person zählt.

Die zu zahlende Gesamtprämie ergibt sich aus der Summe der Einzelprämien, ggf. vermindert um einen Personennachlass von 15 % ab 3 Personen in einem Vertrag und einem Dauernachlas von 10 % bei 3-jähriger Vertragslaufzeit, zuzüglich Versicherungsteuer.

Bei unterjähriger Zahlungsweise ist im **Proximus 3 Bedingungswerk** kein Zuschlag vorgesehen.

Der Mindestmonatsprämie beträgt 2,50 €, die Mindestjahresprämie beträgt 30,00 € nach dem Tarifauszug zur Einzel-Unfallversicherung im **Proximus 3 Bedingungswerk.**

Beispiel:

Vorbemerkung: Dem Beispiel liegt der Tarifauszug zur Einzel-Unfallversicherung aus dem **Proximus 3 Bedingungswerk** zugrunde.

Der selbstständige Handelsvertreter Hans Schäfer, 35 Jahre, beantragt eine Einzelunfallversicherung (Vollzeitschutz für Berufstätige) mit 3-jähriger Vertragsdauer und folgenden Leistungen:

Invaliditätskapital 150 000,00 € mit progressiver Invaliditätsstaffel U 350

Todesfallkapital 50 000,00 €

Übergangsleistung 15 000,00 €

Tagegeld 40,00 € ab dem 15. Tag

Krankenhaustagegeld je 75,00 € pro Tag

Wie hoch ist die zu zahlende jährliche Prämie?

Lösung:

Gefahrengruppe A, Tarif 30

Invaliditätsleistung	150 000,00 €	zu 2,70 ‰	405,00 €
+ Todesfallleistung	50 000,00 €	zu 1,66 ‰	83,00 €
+ Übergangsleistung	15 000,00 €	zu 3,32 ‰	49,80 €
+ Tagegeld ab 15. Tag	40,00 €	zu 8,40 € je 1,00 €	336,00 €
+ Krankenhaustagegeld	75,00 €	zu 0,82 € je 1,00 €	61,50 €
= Zwischensumme:			935,30 €
– 10 % Dauernachlass			93,53 €
			841,77 €
+ 19 % Versicherungsteuer			42,09 €
= zu zahlende Jahresprämie			883,86 €

Kosten für Such-, Bergungs- oder Rettungseinsätze bis 25 000,00 € sind prämienfrei mitversichert.

➤ Es gelten die üblichen Rechenregeln für die Prämienberechnung, d. h. Einzelprämien, Nachlässe und Versicherungsteuer sind Cents genau zu berechnen.

3.5 Beginn des Versicherungsschutzes

AUB 2014 Ziff. 10.1 Ziff. 11.2.1

Der Versicherungsschutz beginnt (sog. materieller Beginn) zu dem im Versicherungsschein angegebenen Zeitpunkt (sog. technischer Beginn), wenn der erste oder einmalige Beitrag unverzüglich nach Ablauf von 14 Tagen nach Zugang des Versicherungsscheins gezahlt wird.

Eine erteilte Einzugsermächtigung gilt als Zahlung der Erstprämie, wenn das Geldinstitut eine Gutschrift nach der ersten Anforderung erteilt und die Abbuchung nicht widerrufen wird.

Manche Gesellschaften bieten einen **vorläufigen Versicherungsschutz** bereits ab drittem Tag nach der Antragsaufnahme, jedoch nicht vor Eingang des Antrages bei der zuständigen Stelle. Der vorläufige Versicherungsschutz endet in der Regel mit dem materiellen Beginn der beantragten Unfallversicherung oder mit der Ablehnung des Antrages.

Lernkontrollen zu D 3.2 bis D 3.5

Versicherungsvertrag und Prämienberechnung

Verwenden Sie bei den folgenden Aufgaben den Tarif im **Proximus 3 Bedingungswerk**, soweit dies erforderlich ist oder den Tarif einer Versicherungsgesellschaft.

1 Ein Abteilungsleiter (4200,00 € Brutto-Monatsverdienst) wünscht eine Einzel-Unfallversicherung. Besonderen Wert legt er auf eine möglichst hohe Leistung für den Invaliditätsfall.

- **Arbeitsauftrag**

Bieten Sie bedarfsorientierte Versicherungssummen für die gewünschten Leistungsarten Invalidität, Übergangsleistung, Tod und Krankenhaustagegeld an und berechnen Sie die jährliche Prämie (kein Dauernachlass) einschließlich Versicherungsteuer.

2 Die Eheleute Schmitz, beide als kaufmännische Angestellte tätig, beantragen für sich und ihre zweijährige Tochter eine Familienunfallversicherung mit einjähriger Vertragsdauer und folgenden Leistungen:

- 75000,00 € jeweils für den Invaliditätsfall (mit progressiver Invaliditätsstaffel U 225)
- 25000,00 € jeweils für den Todesfall von Frau oder Herrn Schmitz
- 5000,00 € für den Todesfall der zweijährigen Tochter
- Für Frau Schmitz wird zusätzlich ein Krankenhaustagegeld von 30,00 € pro Tag vereinbart.

Wie hoch ist die Jahresprämie einschließlich Versicherungsteuer?

3 Herr und Frau Sommer stellen einen Antrag auf Abschluss einer privaten Unfallversicherung mit 3-jähriger Vertragsdauer. Herr Sommer ist selbstständiger Malermeister, Frau Sommer ist Hausfrau.

Es wird folgender Versicherungsschutz gewünscht:

- VS im Invaliditätsfall 120000,00 € mit progressiver Invaliditätsstaffel U 350
- VS im Todesfall 40000,00 €
- Herr Sommer wünscht für sich zusätzlich ein Unfall-Tagegeld ab dem 15. Tag in Höhe von 30,00 €, falls er unfallbedingt nicht mehr mitarbeiten kann.
- Für die Ehefrau wird ferner ein Krankenhaustagegeld von 60,00 € in gleicher Höhe gewünscht, um die Kosten einer Haushaltshilfe bezahlen zu können.
- Darüber hinaus sollen kosmetische Operationen für die Eheleute bis zu einer Höhe von 10000,00 € mitversichert werden.

Berechnen Sie die halbjährliche Prämie einschließlich Versicherungsteuer.

4 Sie beraten den ledigen Dachdeckergesellen Franz Bernhardt zur Unfallversicherung und sind übereingekommen, dass als Invaliditätssumme 120000,00 € mit 225 % Progression versichert werden sollten. Herr Bernhardt sagt ihnen, dass er in Kürze heiraten werde und deshalb auch der Todesfall abzudecken sei. Ferner möchte er die Übergangsleistung, ein Krankenhaustagegeld und eine Unfallrente 50/90 vereinbaren. Er bittet auch hier um Ihren Vorschlag für die zu versichernde Leistung.

Seine zukünftige Frau, die als Pflegerin tätig ist, möchte er mit den gleichen Leistungen versichert wissen, da sie in etwa das gleiche Einkommen habe wie er.

- **Arbeitsauftrag**

Unterbreiten Sie den zukünftigen Eheleuten ein Unfallversicherungsschutz-Angebot mit Prämienberechnung. Orientieren Sie sich bezüglich der zu versichernden Summen ggf. an den Empfehlungen eines Versicherers (vgl. D 3.2). Als Unfallrente sollen für Herrn Bernhardt 1 000,00 € und für seine zukünftige Ehefrau 800,00 € versichert werden. Es wird eine 3-jährige Vertragsdauer und vierteljährliche Prämienzahlung gewünscht.

4 Vertragsänderung

4.1 Umstellung des Kinder-Tarifs

AUB 2014 Ziff. 6.1

Die Kinder-Unfallversicherung (vgl. D 3.1.3) wird als solche zur vereinbarten Prämie bis zum Ende des Versicherungsjahres geführt, in dem das versicherte Kind das 18. Lebensjahr vollendet. Ab dann gilt der Tarif für Erwachsene.

Der VN kann zwischen den beiden folgenden Alternativen wählen:

- Die bisherigen Versicherungssummen werden beibehalten und die Prämie hierfür nach dem Erwachsenentarif in Rechnung gestellt.
- Die bisherige Prämie wird als Ausgangsbasis beibehalten und die hierfür versicherbaren Summen nach dem Erwachsenentarif dem Vertrag für die Zukunft zugrunde gelegt.

Der VR weist den VN rechtzeitig auf das Wahlrecht hin. Macht der VN von seinem Wahlrecht bis spätestens zwei Monate nach Beginn des neuen Versicherungsjahres keinen Gebrauch, wird der Vertrag mit verringerten Versicherungssummen bei unveränderter Prämie fortgesetzt.

4.2 Änderung der Berufstätigkeit bzw. Beschäftigung

Ziff. 6.2

Als eine während der Vertragsdauer zu erfüllende Obliegenheit kennen die AUB 2014 die **unverzügliche Anzeige** von **Änderungen der Berufstätigkeit** oder **Beschäftigung** des Versicherten.

VVG § 181

Nach der halbzwingenden Vorschrift des § 181 VVG gilt eine Änderung der Umstände – dazu zählt auch der Wechsel der Berufstätigkeit oder Beschäftigung – nur dann als Gefahrerhöhung, wenn der jeweilige Änderungstatbestand ausdrücklich in Textform als Gefahrerhöhung vereinbart wurde.

Der VR prüft dann anhand des dem Vertrag zugrunde liegenden Berufsgruppenverzeichnisses ob sich die Gefahrengruppe (vgl. D 3.4.a) und damit die Grundlage für die Prämienberechnung ändert. Sofern dies der Fall ist, kennen die AUB 2014 zwei unterschiedliche Auswirkungen:

- Errechnen sich bei gleicher Prämie niedrigere Versicherungssummen beim zugrunde liegenden Tarif, gelten diese nach Ablauf eines Monats ab der Änderung. AUB 2014 Ziff. 6.2.2

Beispiel:

Der VN war bisher mit mäßigem Erfolg als selbstständiger Handelsvertreter tätig. Als Tierliebhaber hat er sich nun zum Tierpfleger ausbilden lassen und ist seit dem 1. Februar d. J. als solcher tätig. Diese Änderung zeigt er dem VR am 2. Februar d. J. an.

Für ihn besteht folgende Unfallversicherung nach Tarif 30:

- Invalidität mit Progression Staffel Modell 225, VS 80 000,00 €
  Prämiensatz 2,16 ‰, Prämie jährlich ohne VersSt 172,80 €
- Todesfallleistung, VS 40 000,00 €
  Prämiensatz 1,66 ‰, Prämie jährlich ohne VersSt 66,40 €

Die Versicherungssummen ändern sich ab 1. März d. J. wie folgt:

- Invaliditätssumme 53 333,00 € (ger.)
- Todesfallsumme 26 667,00 € (ger.)

Erläuterung:

Der VN zählt ab 1. Febr. d. J. zur Gefahrengruppe B. Normalerweise müsste eine höherer Prämie gezahlt werden, nämlich 80 000,00 € zu 3,24 ‰ = 259,20 € für die Invaliditätssumme und 40 000,00 € zu 2,49 ‰ = 99,60 €, zusammen also 358,80 € (zzgl. VersSt). Da die alten Prämienhöhen weiter gelten, werden die Versicherungssummen im Verhältnis herabgesetzt (80 000 x 172,80/259,20 bzw. 40 000 x 66,40/99,60).

- Errechnen sich dagegen höhere Versicherungssummen, so gelten diese, sobald die Erklärung zugeht, spätestens aber nach Ablauf eines Monats ab Zeitpunkt der Änderung. Höhere VS ergeben sich, wenn aufgrund der Änderung in der Berufstätigkeit bzw. Beschäftigung nicht mehr die Gefahrengruppe B, sondern die Gefahrengruppe A gilt.

Auf besonderen Wunsch des VN wird der Vertrag auch mit den bisherigen Versicherungssummen, aber neuer Prämie, fortgeführt. Ziff. 6.2.2

Kommt der VN seiner Anzeigepflicht nicht nach, so werden die Interessen des VR nicht unbedingt verletzt, da die neuen Versicherungssummen nach Ablauf der Einmonatsfrist ab Zeitpunkt der Änderung gelten. Dass eine Änderung der Berufstätigkeit bzw. Beschäftigung eingetreten ist, wird er spätestens mit der Anzeige eines Versicherungsfalles erfahren. VVG § 181 (2)

Weitergehende Rechte schließt das VVG aus; es sei denn, der VN hat die Gefahrerhöhung arglistig nicht angezeigt.

4.3 Altersbedingte Tarifänderung

AUB 2014 Ziff. 6.3

Versicherte Personen im Tarif 30 werden mit Vollendung des 67. Lebensjahres in den Tarif 50 umgestellt.

Das bewirkt:

BB Mehrleistungen 70

- Eine versicherte Mehrleistung bei einem Invaliditätsgrad ab 70 % wird nicht fortgeführt.
- Laut Tarif 50 entfällt auch eine Doppelauszahlung ab 90 % Invaliditätsgrad, soweit diese versichert war.
- Ferner entfällt lt. Tarif ein versichertes Tagegeld bei Umstellung in Tarif 50.
- Die Prämie wird günstiger, da die Grundprämiensätze im Tarif 50 gegenüber dem Tarif 30 niedriger sind und die vorgenannten Leistungsarten, soweit versichert, bei der altersbedingten Tarifänderung fortfallen.

Der VR schickt dem VN rechtzeitig vor der Umstellung nach Tarif 50 den neuen Versicherungsschein mit Hinweisen zu den Versicherungssummen und der zu zahlenden Prämie.

Der VN kann das Versicherungsverhältnis hinsichtlich der betroffenen versicherten Person innerhalb eines Monats nach Zugang der Änderungsmitteilung zum Änderungstermin kündigen.

5 Leistungsfall

5.1 Obliegenheiten nach Eintritt des Versicherungsfalles

- **Einschaltung eines Arztes**

AUB 2014 Ziff. 7.1

Der VN oder die versicherte Person sind nach dem Unfall verpflichtet, unverzüglich einen Arzt hinzuzuziehen und den ärztlichen Anordnungen nachzukommen.

VVG § 184

Die Bestimmungen des § 82 VVG (Abwendung und Minderung des Schadens) und § 83 VVG (Aufwendungsersatz) gelten nicht für die Unfallversicherung.

- **Auskunfts- und Belegpflicht**

AUB 2014 Ziff. 7.2

Regelmäßig übersendet der VR ein Formular für die Unfallanzeige, nachdem er von dem Unfall Kenntnis erlangt hat. Der VN hat dieses Formular **wahrheitsgemäß** auszufüllen und dieses sowie alle weiteren Angaben, um die der VR bittet, **unverzüglich** dem VR zuzuleiten

Ziff. 7.5

Bei **Tod** besteht die **besondere Verpflichtung**, diesen innerhalb von 48 Stunden anzuzeigen. Diese kurze Frist ist erforderlich, da die Beweissicherung des Versicherers wegen der alsbaldigen Bestattung sonst erschwert oder verhindert würde. Zur Anzeige ist derjenige verpflichtet, der Ansprüche aus dem Versicherungsvertrag geltend macht, also Erben oder Bezugsberechtigte. Dem VR ist ferner das Recht zu verschaffen, eine Obduktion durch einen beauftragten Arzt vornehmen zu lassen. Durch die Obduktion soll festgestellt werden, inwieweit der Unfall und inwieweit unfallfremde Ursachen zum Tode geführt haben.

Besonderheit:
Hinweispflichten des VR bei der Anzeige des Versicherungsfalles

Zeigt der VN den Versicherungsfall an, muss der VR den VN auf vertragliche Anspruchs- und Fälligkeitsvoraussetzungen sowie einzuhaltende Fristen in Textform gesondert hinweisen. VVG § 186

Diese Hinweispflicht wurde geschaffen, da ein durchschnittlicher VN regelmäßig die AUB 2014 nicht eingehend studiert und deshalb beispielsweise nicht weiß, dass ein Invaliditätsanspruch innerhalb von 15 Monaten nach dem Unfall ärztlich festgestellt und geltend gemacht sein muss. Unterbleibt der Hinweis, kann sich der VR auf Fristversäumnis nicht berufen. AUB 2014 Ziff. 2.1.1.2 u. 2.1.1.3

Auf Verlangen hat sich der Versicherte von den vom VR beauftragten Ärzten untersuchen zu lassen. Ziff. 7.3

Die notwendigen **Kosten für die Untersuchung** einschließlich eines eventuellen Verdienstausfalles übernimmt der VR.

Für den ärztlichen Bericht haben die Unfall- und Kraftfahrtversicherer im GDV das Computerprogramm CUBUS (Computerunterstütztes Berichtswesen Unfall/Schaden) entwickelt, das aus 16 Bausteinen besteht. Der Arzt ruft nur die Bausteine auf, die der VR für die benötigten Informationen vorgibt.

Ärztliche Gebühren, die dem VN zur Begründung der Leistungspflicht entstehen, übernimmt der VR je Leistungsart bis zu 100,00 €. Ziff. 9.1

Ärzte, die den Versicherten behandelt oder untersucht haben, sind von der **Schweigepflicht** zu **entbinden**, damit sie die erforderlichen Auskünfte erteilen können. Andere VR (z. B. Krankenversicherer) und Behörden (z. B. Staatsanwaltschaft) sind ebenfalls zur Auskunft zu ermächtigen. Die notwendigen Erklärungen sind im Formular für die Unfallanzeige vorgedruckt und werden mit dieser abgegeben. Ziff. 7.4

Ermächtigt die versicherte Person den VR nicht, muss sie die Auskünfte selbst einholen und dem VR zur Verfügung stellen.

- **Folgen von Obliegenheitsverletzungen**

Wird gegen eine nach Eintritt des Versicherungsfalles zu erfüllende Obliegenheit verstoßen, gilt: Ziff. 8

Bei **vorsätzlicher Obliegenheitsverletzung** wird der VR leistungsfrei, es sei denn, der VN weist nach, dass die Verletzung der Obliegenheit weder für den Eintritt des Versicherungsfalles noch für die Feststellung oder den Umfang der Leistungspflicht ursächlich war.

> **Beispiel:**
> Der VN verschweigt das Bestehen einer weiteren Unfallversicherung mit unbedeutenden Versicherungssummen trotz ausdrücklicher Frage in der Schadenanzeige.

Bei **grober Fahrlässigkeit** ist der VR berechtigt, die Leistung in einem der Schwere des Verschuldens entsprechenden Verhältnis zu kürzen.

Der Versicherungsschutz bleibt bestehen, wenn der VN alternativ nachweist,

- dass die Obliegenheit nicht grob fahrlässig verletzt wurde,
- dass die Verletzung weder für den Eintritt des Versicherungsfalles noch für die Feststellung oder den Umfang der Leistungspflicht ursächlich war.

Voraussetzung für die Leistungsverweigerung bzw. –kürzung durch den VR ist, dass er zuvor durch gesonderte Mitteilung in Textform auf die Rechtsfolgen hingewiesen hat.

Bei **einfacher Fahrlässigkeit** oder **nicht schuldhafter Verletzung** von Obliegenheiten ist der VR leistungspflichtig.

Hat der VN **arglistig** gehandelt, ist der VR in jedem Falle leistungsfrei.

5.2 Feststellung der Leistungspflicht

Für die Regulierung eines Unfallschadens nimmt der VR eine **formelle** und **materielle Deckungsprüfung** vor.

a) Formelle Deckungsprüfung

Diese Prüfung bezieht sich u. a. auf folgende Fragen:

- Besteht ein gültiger Unfallversicherungsvertrag?
- Fällt der gemeldete Unfall in den versicherten Zeitraum?
- Ist der Versicherungsschein eingelöst worden?
- Ist der VN mit der Zahlung einer Folgeprämie in Verzug?
- Liegt eine Obliegenheitsverletzung vor?

Kommt der VR aufgrund dieser Prüfung zu dem Ergebnis, dass Versicherungsschutz zum Unfallzeitpunkt gegeben war, schließt sich die eigentliche Unfallbearbeitung an.

b) Materielle Deckungsprüfung

Im Rahmen dieser Prüfung wird geklärt:

- Ist der gemeldete Unfall ein Versicherungsfall nach den AUB 2014?
- Liegt evtl. ein Ausschlusstatbestand vor?
- Welche Leistungen sind aus dem Vertrag zu erbringen?

Für die materielle Deckungsprüfung ist erforderlich, dass der Anspruchsteller alle notwendigen Unterlagen beigebracht hat.

5.3 Leistungsberechnungen

5.3.1 Invaliditätsentschädigung

a) Invaliditätsgrad

AUB 2014 Ziff. 2.1

Die Invaliditätsleistung ist die bedeutendste Leistungsart im Rahmen einer Unfallversicherung. Für die Berechnung der Leistung ist zunächst der Grad der Invalidität festzustellen.

Der Invaliditätsgrad kann mithilfe der sog. **Gliedertaxe** festgestellt werden, soweit Gliedmaßen und Sinnesorgane betroffen sind.

Gliedertaxe bei Verlust oder Funktionsunfähigkeit

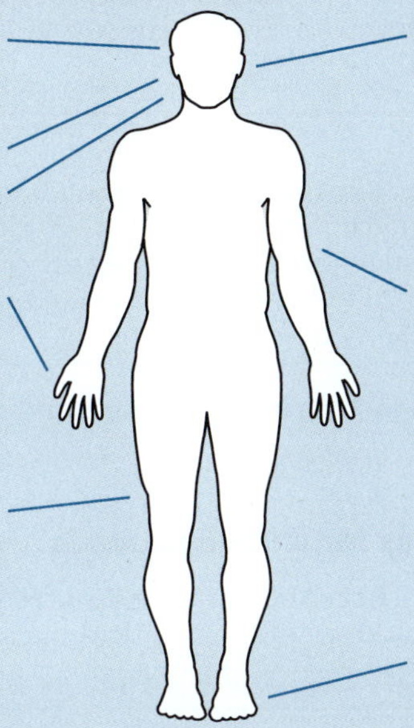

Auge
- ein Auge 50 %
- beide Augen 100 %

Geruchssinn 10 %

Geschmackssinn 5 %

Hand 55 %
- Daumen 20 %
- Zeigefinger 10 %
- anderer Finger 5 %

Bein
- über der Mitte des Oberschenkels 70 %
- bis zur Mitte des Oberschenkels 60 %
- bis unterhalb des Knies 50 %
- bis zur Mitte des Unterschenkels 45 %

Gehör
- auf einem Ohr 30 %
- auf beiden Ohren 60 %

Arm
- im Schultergelenk 70 %
- bis oberhalb des Ellenbogengelenks 65 %
- unterhalb des Ellenbogengelenks 60 %

Fuß
- im Fußgelenk 40 %
- große Zehe 5 %
- andere Zehe 2 %

Sind **mehrere Funktionen** beeinträchtigt, so werden die sich aus der Gliedertaxe ergebenden Invaliditätsgrade bis zu max. 100 % addiert (sog. **Additionsklausel**).

Beispiel:

Die versicherte Person verliert durch einen Unfall das linke Bein über der Mitte des Oberschenkels (Invaliditätsgrad laut Gliedertaxe 70 %) und das rechte Bein bis unterhalb des Knies (Invaliditätsgrad laut Gliedertaxe 50 %). Die Gesamtinvalidität beträgt 100 %.

Erläuterung:

Aufgrund der Additionsklausel werden die Invaliditätsgrade addiert. Die Gesamtinvalidität kann aber nie mehr als 100 % betragen.

Bei **Teilverlust oder Funktionsbeeinträchtigung** eines Körperteils oder Sinnesorgans wird der entsprechende Teil des Prozentsatzes der Gliedertaxe angenommen.

Beispiel:

Die versicherte Person verliert durch Unfall die Sehkraft auf dem linken Auge (Invaliditätsgrad laut Gliedertaxe 50 %) zu 60 %. Die Gesamtinvalidität beträgt 30 %.

Erläuterung:

Der Invaliditätsgrad von 50 % laut Gliedertaxe bei Verlust eines Auges setzt die 100 %ige Beeinträchtigung des betroffenen Auges voraus. Im Beispielsfall beträgt die Beeinträchtigung 60 %. Es werden demzufolge nur 60 % von 50 % = 30 % als Invaliditätsgrad festgesetzt.

b) Vorinvalidität

AUB 2014 Ziff. 2.1.2.2.3

Wird durch den Unfall eine körperliche oder geistige **Funktion** betroffen, die **schon vorher dauernd beeinträchtigt** war, so wird ein Abzug in Höhe dieser Vorinvalidität vom jetzigen Invaliditätsgrad vor genommen.

Beispiel:

Der VN hatte vor Abschluss der Unfallversicherung bereits einen Daumen der **linken** Hand verloren (Invaliditätsgrad lt. Gliedertaxe 20 %). Er verliert jetzt bei einem Unfall die linke Hand (Invaliditätsgrad lt. Gliedertaxe 55 %). Der Unfallversicherer wird die Vorinvalidität von 20 % von 55 % in Abzug bringen und die Leistung für einen Invaliditätsgrad von 35 % berechnen.

Hätte der VN im vorstehenden Beispiel die **rechte** Hand verloren, würde die Vorinvalidität nicht berücksichtigt.

c) Berücksichtigung eines Mitwirkungsanteils

Ziff. 3

Haben bei den Unfallfolgen **Krankheiten** oder **Gebrechen** mitgewirkt, so wird der Invaliditätsgrad bzw. die Leistung um den Mitwirkungsanteil gekürzt, wenn dieser mindestens 25 % beträgt.

Beispiel:

Frau Severing erblindet nach einem Unfall auf dem linken Auge (Invaliditätsgrad lt. Gliedertaxe 50 %). An der Erblindung hat eine nicht unfallbedingte Vorerkrankung zu 60 % mitgewirkt.

Der VR wird den Invaliditätsgrad lt. Gliedertaxe von 50 % um 60 % (= 30 % Mitwirkungsanteil) auf 20 % kürzen.

Hätte die unfallbedingte Vorerkrankung nur zu 40 % mitgewirkt, hätte der Mitwirkungsanteil rechnerisch nur 20 % betragen (40 % von 50 % lt. Gliedertaxe) und wäre unberücksichtigt geblieben, da er mindestens 25 % betragen muss.

VVG § 182

Der VR hat die Darlegungs- und Beweislast, dass Krankheiten oder Gebrechen bei der Gesundheitsschädigung mitgewirkt haben.

Hinweis:

Im Zusammenhang mit dem Lernfeld »Schaden- und Leistungsbearbeitung« ist in Band 3 jeweils ein Berechnungsbeispiel unter Berücksichtigung einer Vorinvalidität und eines Mitwirkungsanteils ausführlich dargestellt.

---

d) Berechnung der Invaliditätsleistung

Die Höhe der Leistung wird vom Invaliditätsgrad und der vereinbarten VS für den Invaliditätsfall bestimmt. Sofern eine progressive Invaliditätsstaffel vereinbart ist, vervielfacht sich die Invaliditätssumme in Abhängigkeit vom jeweiligen Invaliditätsgrad.

Beispiel:

Der VN hat eine VS von 120 000,00 € für den Invaliditätsfall versichert. Nach einem Unfall wird der Invaliditätsgrad mit 90 % festgestellt.

Wie hoch ist die Kapitalleistung, wenn die progressive Invaliditätsstaffel U 350 vereinbart wurde?

Lösung:

Die Invaliditätsleistung beträgt 360 000,00 €.

Erläuterung:

Die Progression berechnet sich wie folgt:

25 % (Invaliditätsgrad bis 25 % einfach)
\+ 75 % (Differenz zwischen 25 % und 50 % dreifach)
\+ 200 % (Differenz zwischen 50 % und 90 % fünffach)
= 300 % (bei 120 000,00 € VS = 360 000,00 € Leistung)

5.3.2 Tagegeld, Krankenhaustagegeld und ambulante Operationen

Ein versichertes **Tagegeld** wird bei Beeinträchtigung der **Arbeitsfähigkeit** (Berufstätigkeit oder Beschäftigung des Versicherten) durch Unfall für die Dauer der ärztlichen Behandlung gezahlt, und zwar längstens für ein Jahr, gerechnet ab Unfalltag. Seine Höhe richtet sich nach dem Grad der Beeinträchtigung. AUB 2014 Ziff. 2.4

Beispiel:

Die versicherte Person ist nach einem Unfall für 50 Tage voll arbeitsunfähig und für weitere 20 Tage zu 50 % arbeitsunfähig. Es ist ein Tagegeld von 40,00 € ab dem 43. Tag versichert.

Lösung:

Tagegeld vom 43. bis 50. Tag (8 Tage à 40,00 €)	320,00 €	①
+ Tagegeld für weitere 20 Tage (20 Tage à 20,00 €)	400,00 €	②
= Gesamtleistung für Tagegeld	720,00 €	

Erläuterungen:

① Es wird tagegenau abgerechnet.

② Die Höhe des Tagegeldes richtet sich nach der Beeinträchtigung der Arbeitsfähigkeit (hier 50 %).

Krankenhaustagegeld wird für jeden Kalendertag der vollstationären Behandlung, also einschließlich Aufnahme- und Entlassungstag, längstens jedoch für zwei Jahre, gezahlt. Ziff. 2.5

Bei unfallbedingt notwendigen ambulanten chirugischen Operationen wird das Krankenhaustagegeld für längstens 7 Tage gezahlt, wenn der Versicherte deswegen für mindestens 7 Tage ununterbrochen und vollständig in der Ausübung seines Berufes, bei Nichtberufstätigkeit in seiner allgemeinen Arbeitsfähigkeit, beeinträchtigt ist.

5.4 Fälligkeit der Leistung

a) Erklärung über die Leistungspflicht

AUB 2014 Ziff. 9.1 VVG § 187 (1)

Bezieht sich der Leistungsanspruch auf die Todesfallsumme, das Tagegeld, das Krankenhaus-Tagegeld, die Heilkosten oder die Übergangsleistung und sind dem VR alle notwendigen Unterlagen zur Feststellung des Unfallherganges und der Unfallfolgen zugegangen, hat er sich in Textform **innerhalb eines Monats** zu erklären, ob und in welcher Höhe er den Anspruch anerkennt. Wird eine **Invaliditätsleistung** oder **Unfallrente** geltend gemacht, beträgt die **Frist drei Monate**. Die Dreimonatsfrist beginnt zu laufen, wenn neben den genannten Unterlagen noch der Nachweis über den Abschluss des für die Bemessung der Invalidität notwendigen Heilverfahrens beigebracht ist.

Beispiel:
Der Unfall hat sich am 10. April d. J. ereignet. Am 25. Sept. d. J. zeigt sich als Ergebnis des Heilverfahrens, dass eine dauernde Beeinträchtigung der Leistungsfähigkeit von 70 % verbleibt. Der VR erhält diesen Nachweis am 28. Sept. d. J. Er kann dann den Anspruch prüfen und muss sich bis zum 28. Dez. d. J. zur Leistungspflicht erklären.

Da die Invalidität als Unfallfolge innerhalb eines Jahres vom Unfalltag an gerechnet eingetreten und spätestens innerhalb von 15 Monaten nach dem Unfall von einem Arzt schriftlich festgestellt und vom Anspruchsteller geltend gemacht sein muss, liegt die Erklärung des Versicherers über die Leistungspflicht spätestens 18 Monate nach dem Unfall vor, wenn man die Dreimonatsfrist hinzurechnet.

§ 186

Nach dem VVG muss der VR den VN auf die vertraglichen Anspruchs- und Fälligkeitsvoraussetzungen bei Anzeige des Versicherungsfalles in Textform hinweisen. Ansonsten kann er sich auf die Fristversäumnis nicht berufen.

AUB 2014 Ziff. 9.1

Ärztliche Gebühren, die dem VN zur Begründung des Leistungsanspruches entstehen, übernimmt in gewissem Rahmen der VR (vgl. D 5.1).

Der Abschluss des Heilverfahrens zur Feststellung der Invalidität ist nicht gleichbedeutend mit dem Abschluss der Heilbehandlung nach dem Unfall. Lässt sich aufgrund des Heilverfahrens bestimmen, welche dauernden Unfallfolgen verbleiben, kann der Invaliditätsgrad festgelegt werden. Unabhängig davon kann eine weitere Heilbehandlung, z. B. wegen unfallbedingter psychischer Erkrankung, notwendig sein.

Die Ein- bzw. Dreimonatsfrist soll dem Anspruchsteller die Gewissheit geben, dass der Versicherungsfall bearbeitet und nicht hinausgezögert wird. Für den VR bedeuten die Fristen eine angemessene Zeitspanne, um die Leistungspflicht prüfen zu können.

Die **Erklärung** über die Leistungspflicht ist nach herrschender Ansicht eine **einseitige Meinungsäußerung** und **Information** an den Anspruchsteller und kein abstraktes Schuldanerkenntnis. Der VR kann daher noch alle Einwendungen gegen den anerkannten Anspruch geltend machen, wenn ihm nachträglich neue Tatsachen bekannt werden.

b) Zahlung der Entschädigung

Ziff. 9.2 VVG § 187 (2)

Ist die Erklärung über die Leistungspflicht ergangen oder haben sich VR und VN über Grund und Höhe des Anspruchs geeinigt, muss der VR die Leistung innerhalb von 14 Tagen erbringen.

Ziff. 9.3

Innerhalb eines Jahres nach Eintritt des Unfalles kann eine Invaliditätsleistung vor Abschluss des Heilverfahrens bis zur Höhe einer vereinbarten Todesfallsumme beansprucht werden.

Steht die Leistungspflicht nur dem Grunde nach fest, zahlt der VR auf Verlangen des VN angemessene Vorschüsse.

Besonderheit: Neubemessung des Invaliditätsgrades

VN und VR sind berechtigt, den Invaliditätsgrad jährlich, längstens bis zu drei Jahren nach Eintritt des Unfalles, erneut ärztlich bemessen zu lassen. Bei Kindern bis zur Vollendung des 14. Lebensjahres verlängert sich diese Frist von drei auf fünf Jahre. Der VR muss dieses Recht im Zusammenhang mit der Erklärung über die Leistungspflicht wahrnehmen, wenn er davon Gebrauch machen will, d. h., der VR erklärt seinen Vorbehalt, die Leistungspflicht innerhalb der geltenden Frist neu zu bemessen. AUB 2014 Ziff. 9.4 VVG § 188

Über das Recht muss der VR den VN belehren.

Ergibt die endgültige Bemessung eine höhere Invaliditätsleistung, so ist der Mehrbetrag gegenüber der bereits erbrachten Leistung mit 5 % jährlich zu verzinsen.

Lernkontrollen zu D 4 und D5

Vertragsänderung und Leistungsfall

1

Am 12. Sept. d. J. stellte ein selbstständiger Maurermeister, der wegen seiner Geschäftsgröße auf den Baustellen nur noch Aufsicht führend tätig ist, einen Antrag auf Einzel-Unfallversicherung (beantragter Versicherungsbeginn 01. Okt. d. J.). Am 04. Okt. d. J. erhielt er den Versicherungsschein auf dem Postwege. Einen Tag nach Erhalt des Versicherungsscheins wurde der Maurermeister auf einer Baustelle von einem herabfallenden Brett an der Schulter getroffen. Er erlitt einen Schlüsselbeinbruch und mehrere Rippenbrüche und wird noch am gleichen Tag ins Krankenhaus eingeliefert, aus dem er am 20. Okt. d. J. wieder entlassen wird.
Am 22. Okt. d. J. teilt Ihnen der VN den Sachverhalt mit. Sie senden eine Unfallanzeige zu, die der VN erst am 10. Dez. d. J. ausgefüllt zurücksendet.

- **Auszug aus den Vertragsunterlagen**

Versicherte Leistungen: Tod 20 000,00 €, Invalidität 60 000,00 €, Übergangsleistung 6 000,00 €, Krankenhaustagegeld 20,00 €.
Beitrag nach der Gefahrengruppe A
Zugang der Erstprämie am 06. Okt. d. J.

- **Fragestellungen**

a) Ist der Maurermeister in die richtige Gefahrengruppe eingeordnet worden (mit Begründung)?

b) Welche der Leistungsarten ist angesprochen, wenn der Versicherungsschutz für diesen Unfall bejaht werden sollte?

c) Besteht Versicherungsschutz für diesen Unfall?

d) Kann sich der VR für den Fall, dass Versicherungsschutz besteht, auf Leistungsfreiheit wegen Verletzung einer Obliegenheit berufen?

2 Ein Vorarbeiter des in Rede stehenden Maurermeisters (vgl. Aufgabe 1) ist schwer erkrankt. Da kein Ersatz für die Dauer von ca. drei Monaten gefunden werden kann, nimmt der Maurermeister die Aufgabe des Vorarbeiters auf einer der Baustellen für diese Zeit wahr. Er glaubt sich ausreichend mit der bestehenden Unfallversicherung versichert und unternimmt deshalb in dieser Hinsicht nichts.

- **Fragestellungen**

a) Verhält sich der Maurermeister bezüglich seines Unfallversicherungsvertrages richtig?

b) Schon am dritten Tag erleidet der Maurermeister einen schweren Unfall auf der Baustelle. Nach Abschluss des Heilverfahrens wird eine dauernde Minderung der Leistungsfähigkeit von 25 % festgestellt. Wie hoch ist die Invaliditätsentschädigung (mit Begründung), wenn die Versicherungssumme 60000,00 € beträgt?

c) Wie ist der Fall zu beurteilen, wenn sich der Unfall nicht am dritten Tag, sondern nach 10 Wochen ereignet hätte?

3 Sie entnehmen einem Unfallbericht, dem weitere Nachweise beigefügt sind, folgende Angaben:

Der Versicherte Klaus-Peter Glasser hat am 04. Sept. d. J. einen Unfall bei einer Auslieferungsfahrt mit dem firmeneigenen LKW seines Arbeitgebers erlitten, der nach ärztlicher Feststellung zu einer Verminderung der Gebrauchsfähigkeit der linken Hand um 60 % führte.

Herr Glasser ist seit drei Monaten bei der Speditionsfirma Interglobus GmbH als Berufskraftfahrer tätig.

- **Auszug aus dem Vertragsunterlagen**

Versicherte Person und VN: Klaus-Peter Glasser

Beruf: Lagerleiter

Versicherungsbeginn: 01. Jan. 2014

Tarif 30

Versicherte Leistungen: Invalidität 100000,00 € mit progressiver Invaliditätsstaffel Modell 225 nach AUB 2014

Prämiensatz 2,16‰

Todesfall 40000,00 €

Prämiensatz 1,66‰

jährliche Zahlungsweise

Bisheriger Vertragsverlauf: keine Änderungen, kein Versicherungsfall

Anmerkung: Die bisherigen Prämiensätze sollen auch noch heute gelten.

- **Fragestellungen**

a) Welche Entschädigungsleistung kann Herr Klaus-Peter Glasser erwarten?

b) Wie begründen Sie Herrn Glasser gegenüber die Höhe der Entschädigung?

4 Was versteht man unter der formellen und materiellen Deckungsprüfung?

5 Welche Folgen hat die vorsätzliche Verletzung einer Obliegenheit, die nach Eintritt des Versicherungsfalles zu erfüllen war?

6 Ein 45-jähriger Techniker verunfallt. Berechnen Sie den Invaliditätsgrad mithilfe der Gliedertaxe, wenn alternativ folgende Beeinträchtigungen der körperlichen und geistigen Leistungsfähigkeit eingetreten sind:

a) Verlust der linken Hand
b) 50 %ige Gebrauchsminderung eines Armes
c) Verlust des linken Armes im Schultergelenk und eines Auges
d) wie c), jedoch wurde die linke Hand schon bei einem früheren Unfall verloren.
e) wie c), jedoch hat bei dem Verlust des Auges eine Erkrankung zu 60 %, wie die vom VR beauftragten Ärzte feststellen, mitgewirkt.

7 Sie sind im Rahmen Ihrer Ausbildung in der Schadenabteilung der Unfallversicherung tätig und sollen folgenden Versicherungsfall bearbeiten:

Aus dem Bericht des behandelnden Arztes entnehmen Sie, dass der Versicherte am 16. März d. J. einen Autounfall erlitten hat. Glassplitter der Windschutzscheibe sind in sein linkes Auge eingedrungen. Nach ärztlichem Gutachten wird die Sehkraft auf dem linken Auge um 60 % dauerhaft eingeschränkt sein. Außerdem mussten Daumen und Zeigefinger an der linken Hand aufgrund schwerster Schnittverletzungen amputiert werden.

- **Auszug aus dem Vertragsspiegel**

Versicherte Person: Karlheinz Heltmann

Beruf: Handelsvertreter

Versicherte Leistungen: Invalidität 50 000,00 € mit progressiver Invaliditätsstaffel Modell 350,

Todesfall 15 000,00 €

- **Fragestellung**

a) Wie hoch ist der Invaliditätsgrad?
b) Welche Kapitalleistung erbringt der VR?

8 Ein VN hat im Rahmen einer Einzelunfallversicherung folgenden Versicherungsschutz vereinbart:

Invaliditätssumme: 75 000,00 €
Todesfallsumme: 25 000,00 €
Krankenhaustagegeld 30,00 €.

Nach einem Unfall am 23. April wird er stationär behandelt. Am 15. Mai wird der VN aus dem Krankenhaus entlassen, am 30. Juni endet die Arbeitsunfähigkeit.

Als Folge des Unfalles ermittelt der VR eine dauerhafte 30 %ige Einschränkung der Gebrauchsfähigkeit des linken Beines (Gliedertaxe 70 %).

a) Wie hoch ist die Kapitalentschädigung aufgrund der Invalidität ?
b) Wieviel Krankenhaustagegeld erhält der VN?

9 Ein Unfallverletzter reicht am 02. Sept. d. J. seinem Unfallversicherer die vollständig ausgefüllte Unfall-Schadenanzeige auf vorgeschriebenem Formular ein und bittet um Leistungsabrechnung. Es werden geltend gemacht:

Invaliditätsgrad 20 % aufgrund eines Gutachtens des Arztes, der den VN wegen der Unfallfolgen noch immer behandelt.

Krankenhaustagegeld für vier Wochen aufgrund einer Bescheinigung des Krankenhauses über die Aufenthaltsdauer.

Ersatz der Kosten für das ärztliche Gutachten in Höhe von 150,00 € und der Kosten für die Bescheinigung des Krankenhauses 15,00 €.

- **Auszug aus dem Vertragsspiegel**

Unfalltag: 25. Juni d. J.

Anzeige des Unfalls: 27. Juni d. J.

Versicherte Leistungen: Invalidität 40 000,00 € mit Mehrleistungen ab 90 % Invaliditätsgrad

Krankenhaustagegeld 20,00 € pro Tag

- **Fragestellungen**

a) Wann darf der Anspruchsteller mit einer Erklärung des Versicherers über die Leistungspflicht rechnen?

b) Besteht ein Anspruch auf Erstattung der Kosten für die durch den VN vorgelegten Nachweise und ggf. in welcher Höhe?

c) Im Zusammenhang mit der Erklärung über die Leistungspflicht fordert der VR, dass der Invaliditätsgrad des Unfallverletzten jedes Jahr erneut ärztlich bemessen werden soll. Ist der VR hierzu berechtigt?

d) Der VR möchte die Zahlung der Invaliditätsleistung bis zum Ende des ersten Jahres nach dem Unfall zurückstellen. Ist er hierzu berechtigt?

10 Ein VN hat folgende Unfallversicherung abgeschlossen:

40 000,00 € Tod, 80 000,00 € Invalidität, 80,00 € Tagegeld ab dem 43. Tag und Krankenhaustagegeld von je 25,00 €.

Infolge eines Unfalls war er

vom 02. Jan. d. J. bis 19. März d. J. zu 100 % arbeitsunfähig,

vom 20. März d. J. bis 04. April d. J. zu 50 % arbeitsunfähig,

vom 05. April d. J. bis 19. April d. J. zu 30 % arbeitsunfähig.

Für die Zeit vom 21. Jan. d. J. bis 05. März d. J. musste er sich in stationäre Behandlung begeben. Als Dauerunfallfolgen bleiben die vollständige Gebrauchsunfähigkeit der linken Hand und die 40 %ige Gebrauchsunfähigkeit des linken Fußes.

Berechnen Sie

a) die Invaliditätsleistung,

b) das Tagegeld,

c) das Krankenhaustagegeld.

11 Die Ermittlungen des Versicherers zu dem Unfall eines Handelsvertreters sind abgeschlossen, sodass die Versicherungsleistung berechnet werden kann.

Infolge des Unfalls (in einem Schaltjahr) war der Handelsvertreter

vom 05. Jan. bis 29. Febr. zu 100 % arbeitsunfähig,

vom 01. März bis 06. März zu 50 % arbeitsunfähig,

vom 07. März bis 22. März zu 30 % arbeitsunfähig.

Für die Zeit vom 06. Jan. bis 11. Febr. musste er sich in stationäre Behandlung begeben.

Als Dauerfolgen bleiben die 70 %ige Gebrauchsunfähigkeit des linken Fußes (Gliedertaxe 40 %) und der Verlust des Zeigefingers der rechten Hand (Gliedertaxe 10 %). Die 70 %ige Gebrauchsunfähigkeit des linken Fußes ist zu 50 % durch eine Vorerkrankung bedingt.

- **Auszug aus dem Vertragsunterlagen**

50 000,00 € für den Todesfall

150 000,00 € für den Invaliditätsfall

mit progressiver Invaliditätsstaffel Modell 350

40,00 € Tagegeld ab dem 43. Tag

Krankenhaustagegeld 20,00 €

- **Fragestellungen**

a) Welchen Invaliditätsgrad legt der Versicherer als Folge des jetzt erlittenen Unfalls für seine Leistungsberechnung zugrunde?

b) Welche Leistungen sind zu erbringen und in welcher Höhe?

6 Gesetzliche Unfallversicherung

6.1 Leistungen der gesetzlichen Unfallversicherung

6.1.1 Aufgaben und Versicherungsträger

a) Gesetzliche Grundlage

SGB VII Die Gesetzliche Unfallversicherung ist im SGB VII (Sozialgesetzbuch Siebtes Buch) geregelt.

b) Prävention, Rehabilitation und Entschädigung

§ 1 Die gesetzliche Unfallversicherung hat die Aufgabe

- mit allen geeigneten Mitteln Arbeitsunfälle und Berufskrankheiten sowie arbeitsbedingte Gesundheitsgefahren zu verhüten (**Prävention**),
- nach Eintritt von Arbeitsunfällen und Berufskrankheiten
  - die Gesundheit und die Leistungsfähigkeit der Versicherten mit allen geeigneten Mitteln wiederherzustellen (**Rehabilitation**),
  - die Versicherten oder ihre Hinterbliebenen durch Geldleistungen zu entschädigen (**Entschädigung**).

Die Prävention findet ihren Ausdruck durch Maßnahmen zur Unfallverhütung.

c) Träger der gesetzlichen Unfallversicherung

§ 114 Die Unfallversicherung wird von **Gewerblichen Berufsgenossenschaften** einschließlich der See-Berufsgenossenschaft, **Landwirtschaftlichen Berufsgenossenschaften** und **weiteren Unfallversicherungsträgern** (z.B. Bund, Unfallkasse Post und Telekom, Unfallkassen der Länder, Gemeinde-Unfallversicherungsverbände) durchgeführt.

Die Berufsgenossenschaften führen die Unfallversicherung in den ihnen jeweils zugeteilten Gewerbezweigen durch, während den Gemeinden, den Gemeinde-Unfallversicherungsverbänden, den Ländern und dem Bund die Unfallversicherung für die Arbeitnehmer der unmittelbaren Staatsverwaltung aber auch für bestimmte weitere Personengruppen (z.B. Schüler, Studenten) gesetzlich übertragen ist.

6.1.2 Versicherter Personenkreis

a) Versicherung kraft Gesetzes

§ 2 Kraft Gesetzes sind die in § 2 SGB VII genannten Personen versichert. Hierzu zählen insbesondere:

- Beschäftigte (einschließlich der Heimarbeiter) unabhängig von der Höhe ihres Arbeitsentgelts
- Lernende während der beruflichen Aus- und Fortbildung
- Kinder während des Besuchs von bestimmten Tageseinrichtungen (z.B. öffentlichen Kindergärten)
- Schüler während des Besuchs von allgemein- oder berufsbildenden Schulen
- Studierende während der Aus- und Fortbildung an Hochschulen

Die vollständige Aufzählung der kraft Gesetzes versicherten Personen würde an dieser Stelle den Rahmen sprengen. So genießt man beispielsweise auch Unfallversicherungsschutz kraft Gesetzes beim Blutspenden.

b) Versicherung kraft Satzung

Durch ihre Satzung können die Träger der Unfallversicherung die Versicherungspflicht auf weitere Personen ausdehnen. Hierfür kommen insbesondere Unternehmer und die im Unternehmen mitarbeitenden Ehegatten in Frage, soweit sie nicht schon kraft Gesetzes versichert sind.

6.1.3 Eintritt des Versicherungsfalles

Versicherungsfälle sind **Arbeitsunfälle** und **Berufskrankheiten**.

Ein **Arbeitsunfall** ist ein Unfall infolge einer versicherten Tätigkeit. Als Unfall gilt ein zeitlich begrenztes, von außen auf den Körper einwirkendes Ereignis, das zum Gesundheitsschaden oder zum Tod führt und sich während der versicherten Tätigkeit ereignet hat. Da der Besuch einer Kindertageseinrichtung, einer Schule oder Hochschule eine versicherte Tätigkeit darstellt, ist ein Unfall bei dieser Tätigkeit ebenfalls ein Arbeitsunfall. SGB VII § 8

Der Gesetzgeber hat den Schutz der Unfallversicherung auf die sog. **Wegeunfälle** ausgedehnt. Hierunter fallen alle Unfälle auf einem mit der versicherten Tätigkeit zusammenhängenden Weg zum und vom Ort der Tätigkeit. Verunglückt der Versicherte auf einem solchen Weg, liegt ebenfalls ein Arbeitsunfall vor. Im Einzelfall wird der Unfallversicherungsträger allerdings prüfen, ob der Weg noch im Zusammenhang mit der versicherten Tätigkeit stand oder ob bereits einer nicht mehr versicherten Tätigkeit nachgegangen wurde.

Beispiel:
Der direkte Weg von der Arbeit nach Hause steht noch im Zusammenhang mit der versicherten Tätigkeit, der Bummel über den Weihnachtsmarkt nach Feierabend aber nicht mehr.

Eine **Berufskrankheit** ist eine Krankheit, die die Bundesregierung durch Rechtsverordnung als solche näher bezeichnet hat und die der Versicherte infolge einer versicherten Tätigkeit erleidet. Der Leistungsanspruch setzt voraus, dass zwischen schädigender Einwirkung und Erkrankung ein rechtlich wesentlicher Zusammenhang mit Wahrscheinlichkeit gegeben ist. Die bloße Vermutung reicht nicht aus. § 9

Durch die **Öffnungsklausel** in § 9 Abs. 2 SGB VII sind die Unfallversicherungsträger verpflichtet, auch noch nicht in der Rechtsverordnung genannte Krankheiten wie Berufskrankheiten zu entschädigen, wenn sie durch die versicherte Tätigkeit entstanden sind und sie in der Liste nur deshalb fehlen, weil sie als Berufskrankheiten bisher noch nicht hinreichend bekannt bzw. als solche registriert waren.

6.1.4 Umfang der Leistungen in der Gesetzlichen Unfallversicherung

6.1.4.1 Leistungsarten

Nach Eintritt des Versicherungsfalles (Arbeitsunfall, Berufskrankheit) hat der Versicherte Anspruch auf die verschiedenen Leistungen der Unfallversicherung. Aus der nachfolgenden Übersicht können die verschiedenen Leistungsarten entsprechend der Systematik im SGB VII entnommen werden: SGB VII §§ 26 ff.

Leistungsart	Umfang der Leistungen
Heilbehandlung	– Ärztliche und zahnärztliche Behandlung – Arznei- und Verbandsmittel – Heilmittel (z. B. auch Sprachtherapie) – Hilfsmittel – Häusliche Krankenpflege – Behandlung in Krankenhäusern und Rehabilitationseinrichtungen
Berufsfördernde Leistungen zur Rehabilitation	– Erhaltung oder Erlangung eines Arbeitsplatzes einschließlich Förderung der Arbeitsaufnahme – Berufsvorbereitung – Berufliche Anpassung, Fortbildung, Ausbildung, Umschulung – Hilfen zu einer angemessenen Schulbildung – Arbeits- und Berufsförderung (z. B. in einer anerkannten Werkstatt für Behinderte) – Leistungen an Arbeitgeber zur dauerhaften beruflichen Eingliederung, Probebeschäftigung, Ausbildung und Umschulung
Leistungen zur sozialen Rehabilitation und ergänzende Leistungen	– Kraftfahrzeughilfe – Wohnungshilfe – Haushaltshilfe – Reisekosten
Leistungen bei Pflegebedürftigkeit	– Pflegegeld oder – Pflegekraft (wird gestellt) oder – Heimpflege
Geldleistungen während der Heilbehandlung und der beruflichen Rehabilitation	– Verletztengeld – Übergangsgeld
Renten an Versicherte	siehe nachstehend in D 6.1.4.2
Leistungen an Hinterbliebene	– Sterbegeld – Kosten der Überführung und Bestattung – Hinterbliebenenrenten – Beihilfe statt Rente (für Witwer, Witwen, Waisen, wenn bestimmte Voraussetzungen vorliegen)

6.1.4.2 Renten an Versicherte

SGB VII § 56 (1)

Versicherte, deren Erwerbsfähigkeit infolge eines Versicherungsfalles (Arbeitsunfall bzw. Berufskrankheit) über die 26. Woche nach dem Versicherungsfall hinaus um wenigstens 20 % vermindert ist, haben Anspruch auf Rente. Die Rente soll die durch den Versicherungsfall eingetretene Beeinträchtigung ausgleichen. Darüber hinaus hat sie eine »Schmerzensgeldersatzfunktion«.

War die Erwerbsfähigkeit durch einen früheren Arbeitsunfall bereits gemindert und wird zusammen mit dem jetzigen Arbeitsunfall die 20%-Grenze erreicht bzw. überschritten, besteht auch für den früher eingetretenen Arbeitsunfall Anspruch auf Rente. Die Folgen eines Arbeitsunfalls sind aber nur zu berücksichtigen, wenn sie die Erwerbsfähigkeit um mindestens 10 % mindern.

Im Laufe der Jahre haben sich für bestimmte Verletzungen Erfahrungswerte über den Grad der Erwerbsminderung gebildet, die von den Unfallversicherungsträgern in einer sog. »**Gliedertaxe**« festgehalten wurden. Danach bedeutet beispielsweise der Verlust der rechten Hand eines Rechtshänders eine Erwerbsminderung von 60 %, der Verlust des rechten Armes schon 80 %.

Die Gliedertaxe hat aber nur die Funktion einer Anleitung, da bei der Bemessung der Erwerbsminderung die individuellen Auswirkungen beim Versicherten zu berücksichtigen sind. Bei Kindern und Jugendlichen ist für die Bemessung der Erwerbsminderung die künftige wirtschaftliche Existenzsicherung von erheblicher Bedeutung.

6.1.4.3 Grundzüge der Berechnung der Verletztenrente

a) Berechnungsgrundlage

SGB VII §§ 82 ff.

Die Rente wird im Allgemeinen nach dem **Jahresarbeitsverdienst** des Versicherten berechnet. Bei einem Arbeitsunfall werden für die Ermittlung des Jahresarbeitsverdienstes die letzten 12 Kalendermonate vor dem Monat, in dem der Versicherungsfall eingetreten ist, zugrundegelegt, während bei Berufskrankheiten der letzte im Zusammenhang mit der Berufskrankheit stehende Arbeitstag als Tag des Versicherungsfalles angesetzt wird, wenn dies für den Versicherten günstiger ist.

Bei der Ermittlung des Jahresarbeitsverdienstes sind **Mindest- und Höchstgrenzen** zu beachten, die wiederum von der im Zeitpunkt des Versicherungsfalles maßgebenden **Bezugsgröße** abhängen (2013: 32 340,00 € West, 27 300,00 € Ost).

Die **Höchstgrenze** beträgt das Zweifache der im Zeitpunkt des Versicherungsfalls maßgebenden Bezugsgröße, wobei die Satzung des jeweiligen Unfallversicherungsträgers eine höhere Obergrenze bestimmen kann.

Als **Mindestjahresarbeitsverdienste** gelten folgende Sätze:

- für Versicherte, die das 18. Lebensjahr vollendet haben, 60 % der Bezugsgröße
- für Versicherte, nach dem 15. und vor dem 18. Geburtstag, 40 % der Bezugsgröße
- für Kinder nach dem 6. und vor dem 15. Geburtstag, 33,33 % der Bezugsgröße
- für Kinder, die das 6. Lebensjahr noch nicht vollendet haben, 25 % der Bezugsgröße

b) Höhe der Rente

Hat der Versicherte seine Erwerbsfähigkeit verloren, besteht Anspruch auf **Vollrente**. Sie beträgt $^2/_3$ des Jahresarbeitsverdienstes. Ist die Erwerbsfähigkeit durch die Folgen des Versicherungsfalls eingeschränkt, wird eine am Grad der Erwerbsminderung ausgerichtete **Teilrente** gewährt. § 56 (3)

Bei einer Erwerbsminderung von 50 % oder mehr erhöht sich die Rente um 10 % (**Schwerverletztenrente**). § 57

Berechnungsbeispiele:

Der Jahresarbeitsverdienst des Unfallverletzten soll 25 350,00 € betragen. Dieser Betrag liegt innerhalb der Grenzen, so dass eine Mindest- bzw. Höchstgrenze für die Rentenberechnung nicht angesetzt werden muss.

(1) **Berechnung der Vollrente** (volle Erwerbsunfähigkeit)

Rente: 25 350 · 2/3	16 900,00 €	
Schwerverletztenrente	10 % von 16 900	1 690,00 €
Jahresrente		18 590,00 €
Monatsrente		**1 549,17 €**

(2) **Berechnung der Teilrente** (geminderte Erwerbsfähigkeit von z.B. 40 %)

Rente: 40 % von 16 900	6 760,00 €	
Schwerverletztenrente		0,00 €
Jahresrente		6 760,00 €
Monatsrente		**563,33**

Die Unfallrenten werden jährlich in der gleichen Höhe angepasst, wie sich die Renten der gesetzlichen Rentenversicherung ohne Berücksichtigung der Veränderungen der Belastungen bei Renten verändern.

In bestimmten Fällen können Versicherte anstelle der Rente einen **Kapitalbetrag** erhalten.

Lernsituationen

Versicherungsschutz, Vertragsgestaltung und Leistungsfall in der Unfallversicherung

Lernsituation 1:

»Ein Unfall kommt plötzlich – sichern Sie vor«

Familie Hilscher umfasst folgende Familienmitglieder:
Günther Hilscher, selbstständiger Glasermeister

Eva Hilscher, Hausfrau

Jan Hilscher, Schüler

Daniela Hilscher, 21 Jahre, Flugbegleiterin bei der Lufthansa

Sie hat eine einjährige Tochter, die von Günther und Eva Hilscher während ihrer Abwesenheit betreut wird.

Günther Hilscher ist leidenschaftlicher Autoliebhaber. Er gehört einem Autoclub an, der sich regelmäßig zu privaten Fahrtveranstaltungen auf dem Nürburgring trifft. Ferner ist er im hiesigen Schützenverein, wo es schon mal häufiger feucht-fröhlich zugeht.

Seine Frau hat er bei Motorsportveranstaltungen kenngelernt. Sie fährt in ihrer Freizeit leidenschaftlich gern Motorrad.

Sohn Jan lässt es da viel ruhiger angehen. Er ist Mitglied im hiesigen Sportverein bei der Abteilung Bogenschützen. »Wenn das mal nicht ins Auge geht!« meint sein Vater nur dazu.

Daniela Hilscher kocht leidenschaftlich gerne und verbringt deshalb einen großen Teil ihrer Freizeit in der Küche. »Das ist mein Ausgleich dafür, dass ich während der Flüge von den Mahlzeiten des Catering-Service leben muss«, meint sie lakonisch und portioniert dabei mit einer Geflügelschere die gerade zubereitete Ente.

Arbeitsauftrag
Analysieren Sie die Risikosituation und bieten Sie einen bedarfsgerechten Unfallversicherungsschutz (mit Beitragsberechnung) an, der dem Kunden zu erläutern ist.

Dokumentieren Sie Ihre Beratung.

Hilfsmittel:
Lehrbuch, **Proximus 3 Bedingungswerk,** gespeicherte Kundendaten in der Agentur

Kundendaten	
Name, Vorname	Hilscher, Günther
geb. am	23. Februar 1966
Beruf	Selbstständiger Glasermeister
Anschrift	54321 Rösrath, Im Winkel 4
Bruttoeinkommen jährlich	60 000,00 €
Besonderheiten	Verlust des rechten Zeigefingers 2010 durch Unfall
Familienstand/Partnerschaft	verheiratet
Nur ausfüllen, wenn verheiratet oder getrennt lebend oder eine Partnerschaft besteht	
Ehepartner/Lebenspartner	Hilscher, Eva
geb. am	4. Mai 1971
Beruf	Hausfrau
ggf. abweichende Anschrift	wie oben
Bruttoeinkommen jährlich	ohne
Besonderheiten	
Kind 1	Hilscher, Jan
geb. am	24. Dezember 2005
Beruf/Tätigkeit	Schüler
ggf. abweichende Anschrift	wie oben
Bruttoeinkommen jährlich	
Besonderheiten	Internatsschüler
Kind 2	Hilscher, Daniela
geb. am	13. April 1994
Beruf/Tätigkeit	Flugbegleiterin
ggf. abweichende Anschrift	
Bruttoeinkommen jährlich	18 000,00 €
Besonderheiten	1 Kind (siehe Kind 3)
Kind 3	Maike Hilscher
geb. am	10. November 2014
Beruf/Tätigkeit	ohne
ggf. abweichende Anschrift	
Besonderheiten	Enkelin des Kunden, wohnt dort

Lernsituation 2:

»Bei allem Unglück: Glücklicherweise wurde vorgesorgt.«

Sie sind Auszubildende/er in der Proximus Agentur Krusenbaum. Auf dem Schreibtisch finden Sie das folgende Schreiben vor:

Werner Neumann 23. Mai. 20..
Berliner Allee 23
44575 Castrop-Rauxel

Proximus Agentur
Max Krusenbaum
Kastanienstr. 12
45678 Bochum-Höntrop

Unfallversicherung meiner Tochter und meines Schwiegersohnes

Sehr geehrte Damen und Herren,

zunächst muss ich Ihnen die traurige Mitteilung machen, dass die Familie meiner Tochter einen Autounfall hatte, wobei mein Schwiegersohn zu Tode zu gekommen ist und meine Tochter Nadine sowie mein Enkel Jan schwer verletzt wurden. Sie liegen beide im Elisabeth-Krankenhaus und sind glücklicherweise bei vollem Bewusstsein. Es steht allerdings zu befürchten, dass meine Tochter dauernde Folgen davontragen wird; denn sie hat schwere Quetschungen erlitten. Mein Enkel Jan hat Schnittverletzungen im Gesicht erlitten. Sie werden beide wohl noch länger im Krankenhaus bleiben müssen.

Nach den Ermittlungen der Polizei ist der Unfall vermutlich durch Selbstverschulden entstanden, so dass man nicht mit Schadenersatz durch Dritte rechnen kann.

Mein Schwiegersohn hat immer davon gesprochen, dass er bei der Proximus Versicherung für sich und seine Familienmitglieder vorgesorgt habe. Von meiner Tochter habe ich die Vollmacht bekommen, alle ihre Angelegenheiten zu regeln. Den Nachweis füge ich als Anlage bei.

Bitte rufen Sie mich zwecks Vereinbarung eines Beratungstermins an, was jetzt unternommen werden muss und welche Leistungen meine Tochter erwarten darf. Sie ist in der jetzigen Situation dringend auf das Geld angewiesen, zumal niemand schadenersatzpflichtig ist, wie bereits oben erwähnt.

Mit freundlichen Grüßen

Werner Neumann

Vollmacht

Hiermit bevollmächtige ich meinen Vater

Werner Neumann
Berliner Allee 23
44575 Castrop-Rauxel

alle meine Angelegenheiten bei Behörden, Versicherungen usw. wahrzunehmen, da ich im Moment im Krankenhaus liege.

Mein Vater ist auch bevollmächtigt, Erklärungen für mich abzugeben und Zahlungen entgegenzunehmen.

Nadine Helpenstein, geb. Neumann

Arbeitsauftrag

Neben dem Schreiben finden Sie folgende handschriftliche Notiz von Herr Krusenbaum:

Bitte Kundenbesuch vorbereiten und mit Herrn Neumann einen Termin vereinbaren.

Hilfsmittel:

Lehrbuch, **Proximus 3 Bedingungswerk,** Vollmacht von Frau Nadine Helpenstein, gespeicherte Kundendaten und Vertragsdaten in der Agentur

Kundendaten			
Name, Vorname	Helpenstein, Manfred		
geb. am	23. September 1973		
Beruf	Verwaltungsrat		
Anschrift	45279 Essen-Freisenbruch, Bataverstr. 33		
Bruttoeinkommen jährlich	45 000,00 €		
Besonderheiten	keine		
Familienstand/Partnerschaft	verheiratet		
Ehepartner			
Ehepartner	Helpenstein, Nadine , geb. Neumann		
geb. am	14. Juni 1975		
Beruf	Hausfrau		
ggf. abweichende Anschrift	wie oben		
Bruttoeinkommen jährlich	–		
Besonderheiten	–		
Kind 1	Helpenstein, Jan		
geb. am	21. Oktober 2002		
Beruf/Tätigkeit	Schüler		
Vertragsdaten Unfallversicherung			
	Tarif 10	Tarif 30	Tarif 30
Versicherte Person	Jan Helpenstein	Manfred Helpenstein	Nadine Helpenstein
Versicherungsnehmer	Manfred Helpenstein		
Unfalltod-VS	10 000,00 €	20 000,00 €	30 000,00 €
Invalidität Modell 225	20 000,00 €	40 000,00 €	40 000,00 €
Übergangsleistung	2 000,00 €	4 000.00 €	4 000,00 €
Kosmetische Operationen	5 000,00 €	5 000.00 €	5 000,00 €
Krankenhaustagegeld	20 00 €	40 00 €	40 00 €
Bezugsberechtigt bei Tod	Eheleute Manfred und Nadine Helpenstein	Nadine Helpenstein, geb. Neumann	Manfred Helpenstein

E Private Krankenversicherung

1 Grundlagen

1.1 Risikoanalyse und Risikobewältigung

Situation:
Der Schreinermeister Klaus Fröhlich ist bisher bei einem großen Unternehmen für Fenster- und Türenbau beschäftigt. Herr Fröhlich ist Mitglied einer gesetzlichen Krankenversicherung. Er möchte sich selbstständig machen. In diesem Zusammenhang stellt er Überlegungen an, ob er künftig weiterhin in der gesetzlichen Versicherung verbleiben und diesen Versicherungsschutz ggf. durch eine private Krankenversicherung ergänzen soll oder ob der vollständige Wechsel in die private Krankenversicherung für ihn günstiger ist.

Herr Fröhlich ist verheiratet. Seine Ehefrau Karin geht einer Teilzeitbeschäftigung nach und verdient monatlich 1 600,00 € brutto.

Krankenversicherungsschutz für alle

Seit 1. April 2007
Pflicht zur Versicherung für bisher nicht krankenversicherte Personen, die der gesetzlichen Krankenversicherung (GKV) zuzuordnen sind.

Seit 1. Juli 2007
Beitrittsrecht in den modifizierten Standardtarif für nicht krankenversicherte Personen, die der privaten Krankenversicherung (PKV) zuzuordnen sind.

Seit 1. Januar 2009
Pflicht zur Versicherung für bisher nicht krankenversicherte Personen, die der privaten Krankenversicherung (PKV) zuzuordnen sind.

Zur Risikobewältigung empfiehlt sich für Personen, die wegen ihrer beruflichen Biografie der PKV zuzuordnen sind – zum Beispiel hauptberuflich Selbstständige oder Beamte – der Abschluss einer privaten Krankenversicherung mit einem Tarif, der Leistungen für ambulante und stationäre Heilbehandlung sowie für Zahnbehandlung und Zahnersatz vorsieht. Das Risiko der Pflegebedürftigkeit wird durch den Abschluss einer privaten Pflegepflichtversicherung abgesichert. Mit dem Abschluss einer Krankentagegeldversicherung kann das Risiko des Verdienstausfalls bei Arbeitsunfähigkeit bewältigt werden.

Den Mitgliedern der gesetzlichen Krankenversicherung steht nach dem Leistungskatalog des Sozialgesetzbuches eine **Grundversorgung** zu. Für diesen Personenkreis besteht weiterer Versicherungsbedarf einerseits für Leistungen, die von der GKV in der Regel nicht erbracht werden. Diese werden über Zusatzversicherungen abgedeckt (z. B. Krankenhaus-Tagegeldversicherung, stationäre Zusatzversicherung für Ein- oder Zweibettzimmerunterbringung im Krankenhaus, Chefarztbehandlung). Andererseits besteht Versicherungsbedarf für Leistungen, die von der GKV nur **teilweise** erbracht werden. Hierfür wurden von der PKV so genannte Ergänzungstarife entwickelt (z. B. Ergänzungsleistungen für Zahnersatz).

1.2 Grundversorgung der gesetzlichen Krankenversicherung (GKV)

1.2.1 Aufgaben der GKV

Der Krankenversicherungsschutz wird in der Bundesrepublik Deutschland durch das »gegliederte Krankenversicherungssystem« gewährleistet. Träger dieses Systems sind einerseits die GKV, die in verschiedene Kassenarten (z. B. Allgemeine Ortskrankenkassen, Ersatzkassen etc.) aufgeteilt ist, und andererseits die private Krankenversicherung (PKV). Der größte Teil der Bevölkerung des Bundesgebietes, rund 90 %, gehört der GKV an.

Die Aufgaben der GKV hat der Gesetzgeber definiert:

> »Die Krankenversicherung als Solidargemeinschaft hat die Aufgabe, die Gesundheit der Versicherten zu erhalten, wiederherzustellen oder ihren Gesundheitszustand zu bessern. Die Versicherten sind für ihre Gesundheit mit verantwortlich; sie sollen durch eine gesundheitsbewusste Lebensführung, durch frühzeitige Beteiligung an gesundheitlichen Vorsorgemaßnahmen sowie durch aktive Mitwirkung an Krankenbehandlung und Rehabilitation dazu beitragen, den Eintritt von Krankheit und Behinderung zu vermeiden oder ihre Folgen zu überwinden. Die Krankenkassen haben den Versicherten dabei durch Aufklärung, Beratung und Leistungen zu helfen und auf gesunde Lebensverhältnisse hinzuwirken.« SGB V § 1

Die Aufgaben der GKV bestehen primär darin, den Mitgliedern eine **Grundversorgung für das Krankheitsrisiko** zu bieten und sie damit vor finanziellen Nachteilen zu schützen.

1.2.2 Versicherte Personen

Der versicherte Personenkreis der GKV umfasst folgende drei Gruppen von Mitgliedern:

Pflichtversicherte	Freiwillig Versicherte	Familienversicherte

a) Pflichtversicherte

Die Pflichtversicherung entsteht kraft Gesetzes und ohne Rücksicht auf den Willen des Versicherten oder den des Arbeitgebers. Die Pflichtversicherung kann weder schriftlich noch durch mündliche Absprache zwischen den Beteiligten ausgeschlossen werden. Folgende Personen sind u. a. kraft Gesetzes versicherungspflichtig:

- Arbeiter, Angestellte und zu ihrer Berufsausbildung Beschäftigte, die gegen Arbeitsentgelt beschäftigt sind. § 5

  Arbeiter und Angestellte können jedoch unter bestimmten Umständen von der GKV in die PKV wechseln (vgl. E 1.3.1).
- Personen in der Zeit, für die sie Arbeitslosengeld oder Unterhaltsgeld nach SGB III beziehen, soweit sie nicht familienversichert sind.
- Personen in der Zeit, für die sie Arbeitslosengeld II nach SGB II beziehen, soweit sie nicht familienversichert sind.
- Landwirte, ihre mitarbeitenden Familienangehörigen und Altenteiler nach näherer Bestimmung des Zweiten Gesetzes über die Krankenversicherung der Landwirte.

- Künstler und Publizisten nach näherer Bestimmung des Künstlersozialversicherungsgesetzes.
- Personen, die in Einrichtungen der Jugendhilfe für eine Erwerbstätigkeit befähigt werden sollen.
- Teilnehmer an Leistungen zur Teilhabe am Arbeitsleben.
- Behinderte Menschen, die in anerkannten Werkstätten für behinderte Menschen oder in bestimmten Blindenwerkstätten oder für diese Einrichtungen in Heimarbeit tätig sind.
- Studenten, die an staatlichen oder staatlich anerkannten Hochschulen eingeschrieben sind, bis zum Abschluss des 14. Fachsemesters, längstens bis zur Vollendung des 30. Lebensjahres.
- Rentner der gesetzlichen Rentenversicherung, wenn sie seit der erstmaligen Aufnahme einer Erwerbstätigkeit bis zur Stellung des Rentenantrags mindestens neun Zehntel der zweiten Hälfte des Zeitraums Mitglied in der gesetzlichen Krankenversicherung waren oder im Rahmen der Familienversicherung versichert waren.
- Personen, die keinen anderweitigen Anspruch auf Absicherung im Krankheitsfall haben und zuletzt gesetzlich krankenversichert waren oder bisher nicht gesetzlich oder privat krankenversichert waren (außer hauptberuflich Selbstständige, Personen mit einem Jahresentgelt über der Jahresarbeitsentgeltgrenze, Beamte, Richter, Berufssoldaten).

b) Freiwillig Versicherte

Vorbemerkung: Aufgrund der generellen Krankenversicherungspflicht für alle ist die Bezeichnung Freiwillige Versicherung gem. § 9 SGB V so zu verstehen, dass bestimmte, nicht in der GKV versicherungspflichtige Personen, ihre generelle Versicherungspflicht durch freiwilligen Beitritt oder Verbleib in der GKV erfüllen können. Sie sind demzufolge **Versicherungsberechtigte** in der GKV.

Zur freiwilligen Versicherung können u. a. beitreten:

SGB V § 9

- Personen, die als Mitglieder aus der Versicherungspflicht ausgeschieden sind und unmittelbar vor dem Ausscheiden ununterbrochen mindestens 12 Monate oder in den letzten fünf Jahren vor dem Ausscheiden mindestens 24 Monate versichert waren.
- Personen, die aus der Familienversicherung (vgl. nachstehend) ausgeschieden sind. Diese Personen müssen ebenfalls die Vorversicherungszeit (12 Monate direkt vorher oder 24 Monate in den letzten fünf Jahren) erfüllen. Bei Kindern genügt es, wenn ein Elternteil die obige Vorversicherungszeit erfüllt hat.
- Schwerbehinderte im Sinne des § 1 des Schwerbehindertengesetzes, wenn sie, ein Elternteil oder ihr Ehegatte in den letzten fünf Jahren vor dem Beitritt mindestens drei Jahre versichert waren.
- Arbeitnehmer, deren Mitgliedschaft durch Beschäftigung im Ausland endete, wenn sie innerhalb von zwei Monaten nach Rückkehr in das Inland wieder eine Beschäftigung aufnehmen.

c) Obligatorische Anschlussversicherung

§ 188 (4) Die obligatorische Anschlussversicherung ist mit Wirkung ab 01. Aug. 2013 in das SGB V eingefügt worden. Musste man nach alter Rechtslage bei Beendigung der Mitgliedschaft in der GKV innerhalb einer Ausschlussfrist den Beitritt zur freiwilligen

Versicherung erklären, **setzt sich jetzt für Personen, deren Versicherungspflicht oder Familienversicherung endet, die Versicherung als freiwillige Versicherung fort.**

Dies betrifft vor allem Personen, deren Familienversicherung (siehe nachstehend unter d) aufgrund des erreichten Lebensjahres (z.B. 18. oder 25. Lebensjahr) endet, deren Beschäftigung bei einem Arbeitgeber endet oder deren Pflichtversicherung endet, weil sie sich selbstständig machen. SGB V § 10 (2)

Die Krankenkasse muss über die Fortführung der bisherigen Versicherung als freiwillige Versicherung informieren. Das Mitglied hat danach zwei Wochen Zeit, den Austritt zu erklären. Der Austritt wird nur wirksam, wenn ein anderweitiger Anspruch auf Absicherung im Krankheitsfall nachgewiesen wird.

d) Familienversicherte

Die Familienversicherung ist ein eigenständiges Versicherungsverhältnis, aber keine Mitgliedschaft. Sie beinhaltet die beitragsfreie Versicherung bestimmter Angehöriger der Mitglieder.

Familienversichert sind der **Ehegatte** und die **Kinder** von Mitgliedern, wenn diese Familienangehörigen

- ihren Wohnsitz oder gewöhnlichen Aufenthalt im Inland haben, nicht in der Krankenversicherung versicherungspflichtig oder freiwillig versichert sind, § 10 (1) Nr. 1, 2
- nicht versicherungsfrei oder von der Versicherungspflicht befreit sind, Nr. 3
- nicht hauptberuflich selbstständig erwerbstätig sind, Nr. 4
- kein Gesamteinkommen haben, das im Jahr 2015 den Betrag von monatlich 405,00 € (alte und neue Bundesländer) überschreitet (für geringfügig Beschäftigte gelten als Einkommensgrenze 450,00 € mtl.). Nr. 5

Ehegatten sind für die Dauer der Schutzfristen nach § 3 Abs. 2 und § 6 Abs. 1 des Mutterschutzgesetzes sowie der Elternzeit nicht versichert, wenn sie zuletzt vor diesen Zeiträumen nicht gesetzlich krankenversichert waren. Sie werden also nicht durch die kostenfreie Familienversicherung der Kasse des Ehegatten erfasst.

Beispiel:

Frau Eichhorn ist privat krankenversichert, Herr Eichhorn Mitglied in der GKV. Das Ehepaar erwartet Nachwuchs und Frau Eichhorn will nach der Geburt des Kindes Elternzeit nehmen. Frau Eichhorn ist während der Mutterschutzfristen und während der Elternzeit nicht bei ihrem Ehemann familienversichert. Die Aufnahme einer zulässigen Teilzeitbeschäftigung während der Elternzeit würde allerdings zur Versicherungspflicht in der GKV führen. Während der Elternzeit ist eine Teilzeitbeschäftigung bis zu 30 Stunden wöchentlich beim bisherigen Arbeitgeber zulässig.

Freiwillige Mitglieder müssen während der Elternzeit in der GKV grundsätzlich weiterhin Beiträge zahlen. Für diejenigen, die vor der Geburt des Kindes durch den Ehepartner in der gesetzlichen Krankenversicherung familienversichert waren, ändert sich nichts. Das Elterngeld wird in die Berechnung des für die Familienversicherung zulässigen Gesamteinkommens nicht einbezogen. Familienversichert ist auch der Ehepartner, der bisher als Arbeitnehmer freiwilliges Mitglied der GKV war und sich in der Elternzeit befindet, wenn die sonstigen Voraussetzungen für die Familienversicherung erfüllt sind.

Die Familienversicherung besteht für **Kinder**

- in der Regel bis zur Vollendung des 18. Lebensjahres,
- bis zum 23. Lebensjahr, sofern sie noch nicht erwerbstätig sind.

- bis zum 25. Lebensjahr, wenn sie sich in Studium oder Berufsausbildung befinden oder ein freiwilliges soziales Jahr (FSJ) oder ein freiwilliges ökologisches Jahr (FÖJ) im Sinne des Jugendfreiwilligendienstegesetzes oder Bundesfreiwilligendienst (BFD) leisten,

  Die im Rahmen der Berufsausbildung oder der vorgenannten Freiwilligendienste geleisteten Tätigkeiten stehen aber einer Beschäftigung im sozialversicherungsrechtlichen Sinne gleich, wenn ein Entgelt gezahlt wird. Das für den Eintritt der Versicherungspflicht geltende Erfordernis der Entgeltlichkeit wird regelmäßig durch die Ausbildungsvergütung bzw. beim Freiwilligendienst durch das gewährte Taschengeld und gegebenenfalls durch die Sachleistungen Verpflegung, Unterkunft und Arbeitskleidung bzw. entsprechende Geldersatzleistungen erfüllt, so dass eine eigene Versicherungspflicht in der GKV entsteht und die Mitversicherung in der Familienversicherung entfällt.

  Bei einer Ausbildungsvergütung bis 325,00 € zahlt der Arbeitgeber den Beitrag allein (§ 20 (3) S. 1 Nr. 1 SGB IV), ansonsten müssen Auzsubildende und Arbeitgeber die üblichen Anteile zahlen. Beim Freiwilligendienst werden die Beiträge zur GKV allein von der Einsatzstelle gezahlt (§ 20 (3) S. 1 Nr. 2 SGB IV).

  Siehe auch: http://www.bmg.bund.de/krankenversicherung/versicherte/freiwillige-im-bundesfreiwilligendienst.html

- ohne Altersgrenze, wenn sie weiterhin aufgrund ihrer Behinderung außerstande sind, sich selbst zu unterhalten.

e) Besonderheit bei Kindern, wenn ein Elternteil nicht gesetzlich versichert ist

Kinder sind in der Familienversicherung nicht versichert, wenn der mit den Kindern verwandte Ehegatte oder Lebenspartner nicht Mitglied der GKV ist und sein Gesamteinkommen regelmäßig im Monat 4575,00 € übersteigt (Wert für das Jahr 2015) **und** regelmäßig höher als das Gesamteinkommen des Mitglieds der GKV ist.

Für Arbeitnehmer, die am 31. Dez. 2002 ausschließlich privat vollversichert waren, gelten 4125,00 € als Einkommensgrenze.

Beispiel:

Herr Huber ist Mitglied in der GKV. Sein monatliches Gesamteinkommen beträgt 3600,00 €. Seine Ehefrau bezieht als Abteilungsleiterin ein monatliches Gesamteinkommen in Höhe von 4700,00 € und ist privat krankenversichert. Das gemeinsame Kind ist 15 Jahre alt und besucht ein Gymnasium.

Da das monatliche Gesamteinkommen der Mutter regelmäßig höher ist als das des Vaters, ist das Kind nicht über den Vater im Rahmen der Familienversicherung versichert, sondern muss gesondert versichert werden (privat oder als freiwilliges Mitglied in der GKV).

1.2.3 Versicherungsverhältnis und Beiträge

a) Versicherungsverhältnis und Beitragsbemessung

➤ Beginn des Versicherungsverhältnisses

Das Versicherungsverhältnis entsteht

SGB V §§ 5, 9

- kraft Gesetzes für **Versicherungspflichtige,**
- durch **Beitrittserklärung** bei freiwillig Versicherten.

➤ Beitragsbemessung

Für die Beitragsberechnung werden die **beitragspflichtigen Einnahmen** des Mitglieds und der gültige **Beitragssatz** der gesetzlichen Krankenversicherung zugrunde gelegt.

Für versicherungspflichtige Beschäftigte stellt in erster Linie das Arbeitsentgelt aus der versicherungspflichtigen Beschäftigung, aber auch Renten oder Versorgungsbezüge, eine beitragspflichtige Einnahme dar. Die beitragspflichtigen Einnahmen werden jedoch maximal bis zur **Beitragsbemessungsgrenze** berücksichtigt. SGB V § 226

Beitragsbemessungsgrenzen und Beitragssätze ab Januar 2015

	Krankenversicherung	Pflegeversicherung
Monatliche Beitragsbemessungsgrenze (alte und neue Bundesländer)	4 125,00 €	4 125,00 €
Beitragssatz in %	14,6 %	2,35 % (+ evtl.Kinderlosenzuschlag 0,25%*)
Entgeltgrenze für Beitragsfreiheit von geringfügigen Beschäftigungen. Nur der Arbeitgeber zahlt Beiträge an die GKV (13 %) und GRV (15 %).	450,00 €	450,00 €

* Gilt u. a. nicht für Personen vor Vollendung des 23. Lebensjahres, vor dem 1. Jan.1940 Geborene, Arbeitslosengeld II-Bezieher sowie für privat Pflegepflichtversicherte.

Für **freiwillige Mitglieder** wird die Beitragsbemessung durch die Satzung der Krankenkasse geregelt, wobei diese mindestens die Einnahmen des freiwilligen Mitglieds berücksichtigen muss, die bei einem vergleichbaren versicherungspflichtig Beschäftigten zugrunde zu legen sind. § 240

In der **Familienversicherung** sind die mitversicherten Angehörigen beitragsfrei eingeschlossen.

b) Beitragssätze

➤ Allgemeiner Beitragssatz

In der GKV gilt ein einheitlicher Beitragssatz, der durch Rechtsverordnung festgesetzt wird. Ab dem Jahr 2015 beträgt der **allgemeine Beitragssatz 14,6 %.** § 241

Jede Krankenkasse kann künftig einen **kassenindividuellen** einkommensabhängigen **Zusatzbeitrag** erheben.

Der Zusatzbeitrag ist von den Arbeitnehmern alleine zu tragen, der allgemeine Beitragssatz von 14,6 % wird hälftig von Arbeitnehmern und Arbeitgebern übernommen.

Beispiel:

Herr Müller ist bei der AOK Musterstadt versichert. Die Krankenkasse erhebt ab 2015 einen individuellen Zusatzbeitragssatz von 0,7 %. Der allgemeine Beitragssatz beträgt 14,6 %.

Herr Müller bezieht ein monatliches Einkommen in Höhe von 4 000,00 €. Für seine gesetzliche Krankenversicherung (ohne Pflegepflichtversicherung) muss er 7,3 % + 0,7 % = 8 % von 4 000,00 € (= 320,00 €) aufbringen. Der Arbeitgeber trägt nur 7,3 % von 4 000,00 € (= 292,00 €).

Übersicht: Arbeitnehmeranteil und Arbeitgeberanteil am Gesamtbeitragssatz

2015	Allgemeiner Beitragssatz + evtl. Zusatzbeitragsatz 14,6 % z. B. 0,9 %
AN-Anteil	Hälfte von 14,6 % = 7,3 % + 0,9 % = 8,2 %
AG-Anteil	Hälfte von 14,6 % = 7,3 %

Zusatzbeitrag und durchschnittlicher Zusatzbeitragssatz

Soweit der Finanzbedarf einer Krankenkasse durch die Zuweisungen aus dem Gesundheitsfonds nicht gedeckt ist, hat sie in ihrer Satzung zu bestimmen, dass von ihren Mitgliedern ein **einkommensabhängiger** Zusatzbeitrag erhoben wird.

SGB V § 242a

Das Bundesministerium für Gesundheit legt nach Auswertung der Ergebnisse des Schätzerkreises jährlich den durchschnittlichen Zusatzbeitragssatz fest. Für das Jahr 2015 beträgt dieser Satz 0,9 %. Bundesgesundheitsminister Gröhe erklärt dazu: »Der durchschnittliche Zusatzbeitragssatz ist ein wichtiger Gradmesser für die Haushaltsplanungen und Beitragssatzentscheidungen der Krankenkassen« (Pressemitteilung des Bundesministeriums für Gesundheit vom 22. Okt. 2014).

Der durchschnittliche Zusatzbeitragssatz ist eine Richtgröße für die Krankenkassen bei der Festlegung ihrer **individuellen** Zusatzbeitragssätze. Wie hoch der individuelle Zusatzbeitragssatz einer Krankenkasse ab 2015 für ihre Mitglieder ausfällt, legt die jeweilige Krankenkasse selbst fest. Der Zusatzbeitragssatz richtet sich unter anderem danach, wie wirtschaftlich eine Krankenkasse arbeitet und ob die Krankenkasse vorhandene Finanzreserven im Sinne der Versicherten einsetzt.

Bei einer erstmaligen Erhebung eines krankenkassenindividuellen Zusatzbeitrags oder Erhöhung eines krankenkassenindividuellen Zusatzbeitragssatzes haben die Versicherten ein **Sonderkündigungsrecht** (vgl. E 1.2.6).

Im Rahmen des Sonderkündigungsrechts muss eine Kündigung bis zum Ablauf des Monats erklärt werden, für den die Krankenkasse einen Zusatzbeitrag nach § 242 Abs. 1 SGB V erstmals erhebt oder ihn erhöht. Die Kündigung wird zum Ablauf des übernächsten Kalendermonats wirksam. Bis dahin muss das Mitglied den einkommensabhängigen Zusatzbeitrag bezahlen und kann dann in eine andere Krankenkasse wechseln. Die Krankenkassen werden zudem verpflichtet, jedes Mitglied auf den durchschnittlichen Zusatzbeitrag, der womöglich niedriger als der kassenindividuelle
§ 175 (4) ist, und den möglichen Wechsel in eine günstigere Krankenkasse hinzuweisen.
Das Sonderkündigungsrecht befreit von der achtzehnmonatigen Bindungsfrist, nicht aber von der Tragung des erhöhten Zusatzbeitrags im Zeitraum bis zum Krankenkassenwechsel.

Ermäßigter Beitragssatz

§ 243 Besteht kein Anspruch auf Krankengeld, gilt ein ermäßigter Beitragssatz. Der ermäßigte Beitragssatz beträgt 14 % der beitragspflichtigen Einnahmen der Mitglieder.

Besondere Beitragssätze gibt es für Wehrdienst- und Zivildienstleistende, Studenten und Praktikanten, Bezieher von Arbeitslosengeld II, Bezieher von Renten und Bezieher von Einnahmen, die Renten der gesetzlichen Rentenversicherung vergleichbar sind.

c) Beteiligung des Arbeitgebers an den Beiträgen zur Sozialversicherung

SGB IV § 28d

Die Beiträge zur Kranken-, Renten-, Arbeitslosen- und Pflegeversicherung für einen **kraft Gesetzes versicherten Beschäftigten** werden vom Arbeitgeber als sog. **Gesamtsozialversicherungsbeitrag** abgeführt, jedoch jeweils zur Hälfte vom Arbeitnehmer und Arbeitgeber getragen, ausgenommen der Zusatzbeitrag in der GKV und die 0,25 Prozentpunkte (Kinderlosenzuschlag) zur Pflegeversicherung (vgl. E 2.4).

Freiwillig Versicherte in der GKV erhalten von ihrem Arbeitgeber einen **Beitragszuschuss**. Dies gilt auch für Beschäftigte, die versicherungsfrei oder von der Versicherungspflicht befreit sind (vgl. Exkurs in E 1.3.2) und bei einem privaten Versicherungsunternehmen eine Versicherung unterhalten, die als sog. **substitutive Krankenversicherung** (vgl. E 1.5) gilt.

1.2.4 Leistungen der GKV

SGB V § 11 ff.

Systematik der Leistungsarten der gesetzlichen Krankenversicherung

Leistungen zur Krankheitsverhütung und Prävention	§§ 20 bis 23 SGB V
• Empfängnisverhütung • Sterilisation • Schwangerschaftsabbruch	§§ 24 bis 24 b SGB V
Leistungen zur Früherkennung von Krankheiten	§§ 25 bis 26 SGB V
Leistungen bei Krankheiten • Krankenbehandlung • Medizinische Rehabilitation • Krankengeld • Zahnersatz	§§ 27 bis 39 SGB V §§ 40 bis 43 b SGB V §§ 44 bis 51 SGB V §§ 55 bis 57 SGB V
Fahrkosten	§ 60 SGB V
Leistungen bei Schwangerschaft und Mutterschutz	§§ 195 bis 200 RVO

a) Leistungen zur Krankheitsverhütung und Prävention

Das Gesetz schreibt vor, dass die Krankenkassen in ihren Satzungen **Leistungen** zur **primären Prävention** vorsehen. Leistungen zur Primärprävention sollen dabei den allgemeinen Gesundheitszustand verbessern und insbesondere einen Beitrag zur Verminderung sozial bedingter Ungleichheit von Gesundheitschancen erbringen. Die Krankenkassen fördern Selbsthilfegruppen und -organisationen, die sich die gesundheitliche Prävention oder Rehabilitation zum Ziel gesetzt haben. § 20 ff.

Die Krankenkassen erbringen Leistungen im Rahmen betrieblicher Gesundheitsförderung und der Prävention gegenüber arbeitsbedingten Gesundheitsgefahren.

Ferner haben die Versicherten einen Anspruch auf Kostenübernahme für Schutzimpfungen. Ausgenommen sind nur noch solche Schutzimpfungen, die wegen eines durch einen privaten Auslandsaufenthalt erhöhten Gesundheitsrisikos erforderlich sind. Hier besteht dann ein Anspruch, wenn die Gefahr der Verschleppung einer übertragbaren Krankheit besteht.

Zur Krankheitsverhütung zählen auch Maßnahmen zur **Verhütung von Zahnerkrankungen**. Dabei wird zwischen der **Gruppenprophylaxe** (z. B. in Schulen und Kindergärten) und der **Individualprophylaxe** unterschieden.

Versicherte haben auch Anspruch auf **medizinische Vorsorgeleistungen** (z.B. Kuren). Die Krankenkasse kann aus medizinischen Gründen erforderliche ambulante Vorsorgeleistungen in anerkannten Kurorten erbringen. Diese Leistungen können mit einem Zuschuss von bis zu 13,00 € täglich unterstützt werden. Daneben ist auch die Behandlung mit Unterkunft und Verpflegung in einer Vorsorgeeinrichtung möglich. Diese Leistungen sollen für längstens drei Wochen erbracht werden. Ambulante Kuren können nicht vor Ablauf von drei Jahren erneut erbracht werden, stationäre nach Ablauf von vier Jahren.

Seit 1. April 2007 besteht ein Rechtsanspruch auf aus medizinischen Gründen erforderliche **Vorsorgeleistungen** in einer Einrichtung des Müttergenesungswerks oder einer gleichartigen Einrichtung.

b) Empfängnisverhütung, Sterilisation und Schwangerschaftsabbruch

SGB V §§ 24a, 24b

Versicherte haben Anspruch auf ärztliche Beratung über Fragen der Empfängnisregelung. Zur ärztlichen Beratung gehören auch die erforderliche Untersuchung und die Verordnung von empfängnisregelnden Mitteln. Versicherte bis zum vollendeten 20. Lebensjahr haben Anspruch auf Versorgung mit empfängnisverhütenden Mitteln, soweit sie ärztlich verordnet werden. Bei Schwangerschaftsabbruch und Sterilisation dürfen die Krankenkassen nur dann Leistungen erbringen, wenn diese nicht rechtswidrig sind.

c) Leistungen zur Früherkennung von Krankheiten

Hierunter fallen Gesundheitsuntersuchungen und Kinderuntersuchung.

➤ Gesundheitsuntersuchung

Zur Früherkennung von Krebserkrankungen haben Frauen vom 20. Lebensjahr und Männer vom 45. Lebensjahr an einmal jährlich Anspruch auf eine Untersuchung.

§ 25

Versicherte, die älter als 35 sind, haben jedes zweite Jahr Anspruch (»Check-up 35«) auf eine ärztliche Gesundheitsuntersuchung zur Früherkennung von Krankheiten, insbesondere von Herz-, Kreislauf-, Nierenerkrankung und Zuckerkrankheit.

➤ Kinderuntersuchung

Versicherte Kinder haben bis zur Vollendung des 6. Lebensjahres Anspruch auf Untersuchungen sowie nach Vollendung des 10. Lebensjahres auf eine Untersuchung zur Früherkennung von Krankheiten, die ihre körperliche und geistige Entwicklung in nicht geringfügigem Maße gefährden.

Seit 1. April 2007 wirkt es sich auf die Zuzahlungspflicht der Versicherten unter Umständen negativ aus, wenn sie Vorsorgemaßnahmen nicht in Anspruch nehmen (vgl. E 1.2.4 h).

d) Leistungen bei Krankheit

§§ 27 ff.

Das SGB V unterscheidet bezüglich der Leistungen nach **Krankenbehandlung**, medizinischer **Rehabilitation, Krankengeld** und **Zahnersatz**.

➤ Krankenbehandlung

Unter die Krankenbehandlung nach SGB V fallen insbesondere:

- **Ärztliche Behandlung**

  Sie umfasst die Tätigkeit des Arztes, die zur Verhütung, Früherkennung und Behandlung von Krankheiten nach den Regeln der ärztlichen Kunst ausreichend und zweckmäßig ist.

Die ärztliche Behandlung wird durch eine **vertragsärztliche Versorgung** erbracht. Die vertragsärztliche Versorgung gliedert sich in die **hausärztliche** und **fachärztliche** Versorgung. Mit Wirkung ab 1. April 2007 wurde durch das GKV-WSG die hausärztliche Versorgung erheblich gestärkt **(hausarztzentrierte Versorgung).** SGB V § 73b

- **Zahnärztliche Behandlung**

Die zahnärztliche Behandlung umfasst die Tätigkeit des Zahnarztes, die zur **Verhütung**, **Früherkennung** und **Behandlung** von Zahn-, Mund- und Kiefererkrankungen nach den Regeln der ärztlichen Kunst ausreichend und zweckmäßig ist. Sie umfasst auch konservierend-chirurgische Leistungen und Röntgenleistungen, die im Zusammenhang mit **Zahnersatz** einschließlich Zahnkronen und Suprakonstruktionen erbracht werden. § 28 (2)

Versicherte haben Anspruch auf **kieferorthopädische Versorgung** in medizinisch begründeten Indikationsgruppen, bei denen eine Kiefer- oder Zahnfehlstellung vorliegt, die das Kauen, Beißen, Sprechen, Atmen erheblich beeinträchtigt oder zu beeinträchtigen droht. § 29

- **Versorgung mit Arznei-, Verband-, Heil- und Hilfsmitteln**

Versicherte haben in der GKV Anspruch auf **Arznei-** oder **Verbandmittel,** wenn diese geeignet sind, einer drohenden Erkrankung vorzubeugen oder eine bestehende Krankheit zu lindern oder zu heilen. Sie müssen ärztlich verordnet sein. § 34

Für bestimmte wirkstoffgleiche Arzneimittel sowie für bestimmte Verbandmittel und Hilfsmittel sind **Festbeträge** für die Erstattung durch die im Gesetz genannten Institutionen festgelegt worden.

Für Arznei- und Verbandmittel ohne Festbetragregelung muss der Versicherte eine Zuzahlung leisten (vgl. auch E 1.2.4 h).

Heilmittel sind persönliche medizinische Leistungen wie z. B. medizinische Bäder, Krankengymnastik.

Zu den Kosten der Heilmittel haben Versicherte, die das 18. Lebensjahr vollendet haben, eine Zuzahlung zu leisten (vgl. E 1.2.4 h). **Hilfsmittel** sind vor allem technische Mittel, die körperliche Behinderungen unmittelbar mildern oder ausgleichen sollen. Bei Hilfsmitteln ist eine Eigenbeteiligung erforderlich (vgl. E 1.2.4 h). Ein Zuschuss zu einem Brillengestell wird nicht gewährt. § 32 (2) § 36, § 61

- **Häusliche Krankenpflege und Haushaltshilfe**

Häusliche Krankenpflege erhalten Versicherte in ihrem Haushalt oder ihrer Familie, wenn Krankenhausbehandlung nicht möglich ist oder durch die häusliche Pflege vermieden wird. Eine Haushaltshilfe ist von der Krankenkasse zu stellen, wenn die Weiterführung des Haushalts wegen einer Krankenhausbehandlung, einer häuslichen Krankenpflege oder wegen Leistungen der Rehabilitation nicht möglich ist.

- **Krankenhausbehandlung**

Die Krankenhausbehandlung kann vollstationär, teilstationär, vor- und nachstationär sowie ambulant erbracht werden.

Bei einer **vollstationären** Krankenhausbehandlung müssen Versicherte für längstens 28 Tage innerhalb eines Kalenderjahres 10,00 € je Kalendertag an das Krankenhaus zahlen. Diese Regelung gilt nicht für Personen unter dem 18. Lebensjahr.

Medizinische Rehabilitationsmaßnahmen und sonstige Leistungen zur Rehabilitation

SGB V § 40 Reicht zur Krankenbehandlung oder zur medizinischen Rehabilitation die ambulante Behandlung durch einen niedergelassenen Arzt nicht aus, erbringt die Krankenkasse **ambulante Rehabilitationsleistungen.** Die ambulante Reha-Leistung kann in Einrichtungen erbracht werden, mit der ein Versorgungsvertrag besteht oder auch durch wohnortnahe Einrichtungen (sog. **mobile Reha**).

Wenn auch die ambulante Rehabilitationskur nicht ausreicht, leistet die Krankenkasse **stationäre Rehabilitation** mit Unterkunft und Verpflegung in einer Rehabilitationseinrichtung.

Die Rehabilitationsleistungen sollen längstens für drei Wochen erbracht werden. Das Wiederholungsintervall beträgt vier Jahre. Bei einer Anschlussrehabilitation ist die Zuzahlung auf 28 Tage im Kalenderjahr begrenzt. Unter Anschlussrehabilitation ist eine stationäre Reha-Maßnahme zu verstehen, deren unmittelbarer Anschluss an eine Krankenhausbehandlung medizinisch notwendig ist.

§ 41 Versicherte haben auch Anspruch auf aus medizinischen Gründen erforderliche Rehabilitationsleistungen in einer Einrichtung des Müttergenesungswerks oder einer gleichartigen Einrichtung in Form einer Mutter-Kind- oder Vater-Kind-Maßnahme.

Krankengeld

§ 47 Versicherte haben Anspruch auf Krankengeld, wenn sie krankheitsbedingt arbeitsunfähig sind oder auf Kosten der Krankenkasse stationär in einem Krankenhaus, einer Vorsorge- oder bestimmten Rehabilitationseinrichtung behandelt werden müssen. Aufgrund gesetzlicher Vorschriften zahlt der Arbeitgeber bei Arbeitsunfähigkeit zunächst für sechs Wochen 100 % des Arbeitsentgeltes (ausgenommen Überstundenvergütungen) weiter. Anschließend zahlt die Krankenkasse 70 % des regelmäßig erzielten Bruttoarbeitsentgelts bis zur Beitragsbemessungsgrenze, jedoch nicht mehr als 90 % des letzten Nettoarbeitsentgelts.

Vom Krankengeld sind Beiträge zur gesetzlichen Renten-, Arbeitslosen- und Pflegepflichtversicherung zu zahlen.

Die Satzung der Krankenkasse kann für freiwillig Versicherte den Anspruch auf Krankengeld ausschließen oder zu einem späteren Zeitpunkt beginnen lassen.

§ 48 Das Krankengeld wird für den Fall der Arbeitsunfähigkeit wegen derselben Krankheit für längstens 78 Wochen innerhalb von je 3 Jahren gezahlt.

Für Ehegatten und Kinder wird im Rahmen der Familienversicherung kein Krankengeld gezahlt.

Krankengeld kann nicht gezahlt werden, wenn Versicherte u. a. beitragspflichtiges Arbeitsentgelt beziehen oder Übergangsgeld, Mutterschaftsgeld, Verletztengeld, Arbeitslosengeld oder Arbeitslosengeld II erhalten. Hier ruht der Anspruch auf Krankengeld.

Ab 1. Januar 2009 haben in der GKV freiwillig versicherte Selbstständige keinen Anspruch mehr auf Krankengeld. Dieser Personenkreis kann ab 1. Januar 2009 einen Krankengeld-Wahltarif bei der gesetzlichen Krankenkasse in Anspruch nehmen. Der Versicherte ist jedoch bei Vereinbarung dieses Wahltarifs drei Jahre an seine Krankenkasse gebunden. (vgl. E 1.2.5)

Zahnersatz

Für die medizinisch notwendige Versorgung mit Zahnersatz einschließlich der Zahnkronen besteht Anspruch auf befundbezogene **Festzuschüsse**. Sie umfassen 50 % der jeweiligen Regelversorgung. Für eigene Bemühungen zur Gesunderhaltung der Zähne erhöhen sich die Festzuschüsse um 20 %. Die Erhöhung entfällt, wenn der Gebisszustand des Versicherten regelmäßige Zahnpflege nicht erkennen lässt und während der letzten fünf Jahre keine regelmäßige zahnärztliche Behandlung bzw. Untersuchung stattgefunden hat.

e) Fahrtkosten (Fahrkosten lt. SGB V)

Die Krankenkassen übernehmen die Fahrkosten für alle Versicherten bei Fahrten zur stationären Behandlung, bei Rettungsfahrten und bei einem Krankentransport, bei dem der Versicherte während der Fahrt eine fachliche Betreuung benötigt. SGB V § 60

Kosten für Fahrten zu ambulanten Behandlungen werden grundsätzlich nicht übernommen. Eine Kostenübernahme ist jedoch möglich, wenn dadurch eine an sich gebotene stationäre oder teilstationäre Krankenhausbehandlung vermieden oder verkürzt wird oder für schwer in ihrer Mobilität eingeschränkte Personen (z. B. Schwerbehinderung, Pflegebedürftigkeit der Stufe II oder III). Die allgemeine Zuzahlungsregelung gilt auch für Fahrkosten (vgl. E 1.2.4 h).

f) Leistungen bei Schwangerschaft und Mutterschaft

Die Leistungen bei Schwangerschaft und Mutterschaft umfassen ärztliche Betreuung und Hebammenhilfe, Versorgung mit Arznei-, Verband- und Heilmitteln, stationäre Entbindung, häusliche Pflege, Haushaltshilfe und Mutterschaftsgeld. Zuzahlungen der Versicherten gibt es hier nicht.

Gesetzlich versicherte Frauen erhalten während der Mutterschutzfrist von ihrer Krankenkasse Mutterschaftsgeld. Die Mutterschutzfrist umfasst die Zeit von sechs Wochen vor und acht Wochen nach der Entbindung.

Das Mutterschaftsgeld beträgt höchstens 13,00 € pro Kalendertag.

g) Leistungsausschlüsse

Leistungsbeschränkungen und Leistungsausschlüsse sind vorgesehen, wenn sich der Versicherte eine Krankheit infolge einer medizinisch nicht indizierten Maßnahme zugezogen hat.

Um eine medizinisch nicht indizierte Maßnahme handelt es sich beispielsweise bei

- einer ästhetischen Operation,
- einer Tätowierung,
- einem Piercing.

In diesen Fällen hat die Krankenkasse die Versicherten in angemessener Höhe an den Krankheitskosten zu beteiligen. Außerdem ist das Krankengeld für die Dauer dieser Behandlung ganz oder teilweise zu versagen oder zurückzufordern.

Eine Beteiligung an den Krankheitskosten und die teilweise oder vollständige Rückforderung von Krankengeld sind auch vorgesehen, wenn sich der Versicherte eine Krankheit vorsätzlich oder bei einem von ihm begangenen Verbrechen oder vorsätzlichen Vergehen zugezogen hat.

Ferner besteht kein Anspruch auf Leistung, wenn sich jemand ins Inland begibt, um Versicherungsschutz zu erlangen. §§ 52, 52a

h) Zuzahlungen der Versicherten

Die Versicherten der GKV haben für bestimmte Leistungen Zuzahlungen und Eigenbeteiligungen zu leisten. Grundsätzlich wird bei allen Leistungen eine Zuzahlung von 10 Prozent der Kosten erhoben, höchstens allerdings 10,00 €, mindestens 5,00 €. Wenn die Kosten unter 5,00 € liegen, wird der tatsächliche Preis gezahlt.

Beispiele:

(1) Ein Medikament kostet 10,00 €. Die Zuzahlung beträgt dann den Mindestanteil in Höhe von 5,00 €.

(2) Ein Medikament kostet 80,00 €. Die Zuzahlung beträgt in diesem Fall 10 Prozent vom Preis, also 8,00 €.

(3) Ein Medikament kostet 135,00 €. Die Zuzahlung ist auf maximal 10,00 € begrenzt.

SGB V § 61

Übersicht: Zuzahlungs- und Finanzierungsregelungen

Kassenleistungen	Zuzahlungen	Ausnahmen
Arznei- und Verbandmittel	10 % des Preises, jedoch mindestens 5,00 € und maximal 10,00 € pro Arzneimittel. In jedem Fall sind nicht mehr als die Kosten des Mittels zu zahlen.	• Person hat das 18. Lebensjahr noch nicht vollendet. • Hilfsmittel, die zum Verbrauch bestimmt sind (z. B. Windeln bei Inkontinenz): 10 % der Verbrauchseinheit, max. 10,00 € pro Monat
Fahrtkosten (Fahrkosten lt. SGB V)	10 % des Fahrpreises, mindestens 5,00 € und höchstens 10,00 €. Mehr als die Kosten des Fahrpreises sind nicht zu zahlen	Keine (auch nicht für Kinder und Jugendliche)
Häusliche Krankenpflege	10 % der Kosten des Mittels, zuzüglich 10,00 € je Verordnung	• Person hat das 18. Lebensjahr noch nicht vollendet • bei häuslicher Krankenpflege auf 28 Tage im Kalenderjahr begrenzt
Haushaltshilfe	10 % der kalendertäglichen Kosten, jedoch höchstens 10,00 € und mindestens 5,00 €	
Heilmittel	10 % der Kosten des Mittels zuzüglich 10,00 € je Verordnung	
Hilfsmittel	10 % der Kosten für jedes Hilfsmittel (z. B. Rollstuhl, Hörgerät), jedoch mindestens 5,00 € und maximal 10,00 €. In jedem Fall sind nicht mehr als die Kosten des Mittels zu bezahlen.	
Stationäre Krankenhausbehandlung	10,00 € pro Tag	• begrenzt auf 28 Tage im Kalenderjahr • Person hat das 18. Lebensjahr noch nicht vollendet
Mütter- bzw. Väterkuren	10,00 € pro Tag	• Person hat das 18. Lebensjahr noch nicht vollendet
Soziotherapie	10 % der kalendertäglichen Kosten, jedoch höchstens 10,00 € und mindestens 5,00 €	
Stationäre Vorsorge und Rehabilitation	10,00 € pro Tag	• Bei Anschlussheilbehandlungen: Begrenzung auf 28 Tage im Kalenderjahr • Person hat das 18. Lebensjahr noch nicht vollendet

Kassenleistungen	Zuzahlungen	Ausnahmen
Zahnersatz	Die Eigenbeteiligung beträgt 50 % der festgesetzten Beträge für die jeweilige Regelversorgung. Die Höhe der Eigenbeteiligung vermindert sich um 20 % bzw. weitere 10 %, wenn der Versicherte in den letzten fünf bzw. 10 Jahren vor Behandlungsbeginn regelmäßig Zahnpflege betrieben hat und die Vorsorgeuntersuchungen lückenlos in Anspruch genommen hat.	• Person hat das 18. Lebensjahr noch nicht vollendet

i) Belastungsgrenze bei Zuzahlungen

Damit die soziale Balance gewahrt bleibt, sieht der Gesetzgeber im SGB V vor, dass Versicherte während jedes Kalenderjahres nur Zuzahlungen bis zur Belastungsgrenze zu leisten haben. Wird die Belastungsgrenze bereits innerhalb eines Kalenderjahres erreicht, hat die Krankenkasse eine Bescheinigung darüber zu erteilen, dass für den Rest des Kalenderjahres keine Zuzahlungen mehr zu leisten sind. SGB V § 62

Die Belastungsgrenze beträgt 2 % der jährlichen Bruttoeinnahmen zum Lebensunterhalt. Für chronisch Kranke, die wegen derselben schwerwiegenden Krankheit in Dauerbehandlung sind, beträgt sie 1 % der jährlichen Bruttoeinnahmen zum Lebensunterhalt. Die Belastungsgrenze für chronisch Kranke erhöht sich aber für bestimmte Altersgruppen seit 1. April 2007 auf 2 % der jährlichen Bruttoeinnahmen zum Lebensunterhalt, wenn Gesundheitsuntersuchungen bzw. Früherkennungsmaßnahmen nicht in Anspruch genommen worden sind.

Zu den jährlichen Bruttoeinnahmen zum Lebensunterhalt zählen u. a. Arbeitsentgelt, Einkünfte aus selbstständiger Tätigkeit, gesetzliche und private Renten, Betriebsrenten, Einkünfte aus Kapitalvermögen sowie aus Vermietung und Verpachtung, Arbeitslosengeld, Kranken- und Ubergangsgeld, Hilfen zum Lebensunterhalt. Nicht zu den Einnahmen gehören z. B. Grundrenten für Beschädigte nach Bundesversorgungsgesetz, Kindergeld, Erziehungs- bzw. Elterngeld, BaföG und Leistungen der Pflegeversicherung.

Bei der Berechnung der Bruttoeinnahmen zum Lebensunterhalt können Freibeträge für Ehegatten und für familienversicherte Kinder berücksichtigt werden. Als Freibeträge werden von den Bruttoeinnahmen im Jahr 2015 pauschal 5 103,00 € für den ersten Angehörigen, 3 402,00 € für jeden weiteren Angehörigen und 7 008,00 € (Kinderfreibetrag nach dem EStG bei gemeinsamer Veranlagung) für jedes Kind abgezogen (vgl. BSG-Urteil vom 30. Juni 2009 zur Anhebung der Kinderfreibeträge).

Beispiel:

Familie mit zwei Kindern, Ehefrau nicht erwerbstätig. Jährliche Bruttoeinnahmen aus dem Erwerbseinkommen des Ehemannes 40 000,00 €; keine chronische Erkrankungen.

Berechnung der Belastungsgrenze für 2015:

Bruttoeinnahmen	40 000,00 €
abzüglich Freibetrag Ehepartner	5 103,00 €
abzüglich Freibeträge Kinder (2 · 7 008,00 €)	14 016,00 €
= Grundlage für die Berechnung	20 881,00 €
Belastungsgrenze für 2015: 2 % von 20 881,00 € =	417,62 € pro Jahr

1.2.5 Wahltarife in der GKV

SGB V § 53

Die Krankenkassen haben vielfältige Möglichkeiten, ihren Versicherten Wahltarife anzubieten. Der Gesetzgeber sieht dabei verschiedene Arten von Wahltarifen vor.

Übersicht: Wahltarife in der GKV

Tarifangebote seit 1. April 2007	Tarifangebote ab 1. Januar 2009
Die Krankenkassen **müssen** ihren Mitgliedern folgende Tarife für die Teilnahme an besonderen Versorgungsformen anbieten: – Integrierte Versorgung – Besondere ambulante ärztliche Versorgung – Strukturierte Behandlungsprogramm bei chronischen Krankheiten (DMP = Disease Management Programme) – Modellvorhaben – Hausarztzentrierte Versorgung (Hausarzttarif) Die Versicherten erhalten von den Kassen in der Regel Prämienzahlungen oder Zuzahlungsermäßigungen. Alle gesetzlich Versicherten können diese Tarife wählen.	Die Krankenkassen **müssen** folgende Tarife anbieten: – Wahltarife mit Anspruch auf Krankengeld für bestimmte Personenkreise, die in der Regelversorgung dann keinen oder einen eingeschränkten Anspruch auf Krankengeld haben (z. B. für Selbstständige, die Mitglied in einer gesetzlichen Krankenkasse sind)
Die Krankenkassen **können** folgende Tarife anbieten: – Selbstbehalttarife – Tarife für Nichtinanspruchnahme von Leistungen – Variable Kostenerstattungstarife – Tarife, die die Übernahme der Kosten für von der Regelversorgung ausgeschlossene Arzneimittel der besonderen Therapierichtungen beinhalten	Die Krankenkassen **können** folgende Tarife anbieten: – Wahltarife mit eingeschränktem Leistungsumfang für bestimmte Personenkreise, die Teilkostenerstattung gewählt haben

Für alle Tarife, welche die Krankenkasse **freiwillig** anbieten **kann**, gilt eine Mindestbindungsfrist von **drei Jahren**. Zum 1. Jan. 2011 wurde die Mindestbindungsfrist für die Wahltarife »Prämienzahlung bei Nichtinanspruchnahme von Leistungen«, »Kostenerstattung« und »Arzneimittel der besonderen Therapierichtungen« von bisher drei Jahren auf ein Jahr verkürzt. Dies bedeutet, dass sich die Versicherten für diesen Zeitraum auf einen solchen gewählten Tarif gegenüber ihrer Krankenkasse festlegen. Ein Wechsel der Krankenkasse vor Ablauf dieser Zeit ist nur in Härtefällen möglich.

Bei den freiwillig angebotenen Wahltarifen erhalten die Mitglieder von ihrer Krankenkasse in der Regel spezielle Prämienzahlungen.

Beispiel:

Die junge Angestellte Iris Weidmann wählt bei ihrer Krankenkasse einen Selbstbehalttarif, bei dem sie im Krankheitsfall die ersten 1 000,00 € selbst aufbringen muss. Ihre Krankenkasse zahlt dafür jährlich eine Prämie von 600,00 €. Liegen die tatsächlichen Aufwendungen für medizinische Behandlungskosten z. B. bei 400,00 €, dann verringert sich die Beitragslast von Frau Weidmann unter dem Strich um 200,00 €. Für Versicherte, die ihre Behandlungskosten gering halten können, kann sich ein solcher Selbstbehalt durchaus lohnen.

Die Prämienzahlungen sind in der Höhe begrenzt. Sie dürfen 20 % der vom Mitglied in einem Jahr getragenen Beiträge, höchstens jedoch 600,00 € nicht überschreiten.

Versicherte, die ihre Beiträge nicht selbst zahlen – wie Bezieher von Arbeitslosengeld oder Arbeitslosengeld II – können diese Tarife nicht wählen.

1.2.6 Kassenwahl und Kassenwechsel

Versicherungspflichtige und -berechtigte können an ihrem Wohn- oder Beschäftigungsort zwischen Orts- und Ersatzkassen frei wählen. Unter bestimmten Voraussetzungen können auch Betriebs- oder Innungskrankenkassen gewählt werden. Für die gewählten Kassen besteht **Kontrahierungszwang**. SGB V § 173

Das Krankenkassenwahlrecht kann nach Vollendung des 15. Lebensjahres ausgeübt werden.

Versicherungspflichtige und Versicherungsberechtigte (freiwillig Versicherte) sind an die Wahl der Krankenkasse mindestens 18 Monate gebunden. § 175 (4) S. 1

Die 18-monatige Bindungsfrist gilt bei freiwillig Versicherten nicht, wenn die freiwillige Mitgliedschaft in der gesetzlichen Krankenversicherung zu Gunsten einer anderweitigen Absicherung im Krankheitsfall gekündigt wird, z. B. Abschluss einer substitutiven Krankenversicherung (vgl. E 1.5) bei einem privaten Krankenversicherungsunternehmen. S. 8

Eine **Kündigung der Mitgliedschaft** in der GKV ist zum Ablauf des übernächsten Kalendermonats möglich, gerechnet von dem Monat, in dem das Mitglied die Kündigung erklärt.

Die Krankenkasse hat dem Mitglied unverzüglich, spätestens jedoch innerhalb von zwei Wochen nach Eingang, eine Kündigungsbestätigung auszustellen.

Beispiel:
Die Kündigung geht am 24. April d. J. bei der Krankenkasse ein. Die Kündigung wird dann zum 30. Juni d. J. wirksam.

Eine Kündigung ist seit dem 1. April 2007 nur dann wirksam, wenn das Mitglied das Bestehen einer anderweitigen Absicherung im Krankheitsfall nachweist. Bei einem Kassenwechsel innerhalb der GKV geschieht dies durch Vorlage einer Mitgliedsbescheinigung, die von der neu gewählten Krankenkasse ausgestellt wird.

Erhebt die Kasse einen Zusatzbeitrag, erhöht sie ihren Zusatzbeitrag oder verringert sie ihre Prämien an die Versicherten, kann die Mitgliedschaft bis zum Eintritt dieser Maßnahme gekündigt werden **(Sonderkündigungsrecht).** Die Krankenkasse muss auf dieses Sonderkündigungsrecht einen Monat vor Wirksamwerden der Maßnahme hinweisen.

1.2.7 Sachleistungsprinzip und Kostenerstattungsprinzip

Der GKV liegt das **Sachleistungsprinzip** zugrunde. Dies bedeutet, dass die Krankenkassen ihren Versicherten die von diesen benötigten Leistungen in der Regel als Sach- oder Dienstleistungen zur Verfügung stellen und die Kosten unmittelbar mit den Leistungserbringern abrechnen. Hierzu schließen die Krankenkassen Verträge mit den Leistungserbringern (Apotheken, Ärzten, Krankenhäuser etc.).

In der GKV können seit 1. April 2004 alle Versicherten anstelle der Sach- oder Dienstleistungen aber auch **Kostenerstattung** in Anspruch nehmen. Dies ist aber nur möglich, soweit dies gesetzlich vorgeschrieben ist. Vor ihrer Wahl sind die Versicherten von ihrer § 13 (2)

Krankenkasse zu beraten. Dabei ist die Beschränkung der Wahl auf den Bereich der ambulanten Behandlung möglich. Stationäre Leistungen werden in diesem Falle als Sachleistungen erbracht.

Damit der Krankenkasse durch die vom Versicherten gewählte Kostenerstattung keine zusätzlichen Kosten entstehen, ist der Umfang der Kostenerstattung auf höchstens die Vergütung beschränkt, die die Krankenkasse bei Erbringung der Sachleistung zu tragen hätte. Die Kostenerstattung kommt zudem nur für solche Leistungen in Betracht, die die Krankenkasse auch als Sach- oder Dienstleistung hätte zur Verfügung stellen müssen. Hat ein Arzt z. B. auf die Zulassung verzichtet, ist eine Kostenerstattung nicht möglich. Die Versicherten sind seit 1. Jan. 2011 an ihre Wahl der Kostenerstattung mindestens ein Kalendervierteljahr gebunden. Bis 31. Dezember 2010 betrug die Mindestbindungsfrist ein Jahr.

1.2.8 Notwendigkeit und Ziele neuerer staatlicher Gesundheitsreformen

1.2.8.1 Gesundheitsreform 2007

Die Gesundheitsreform 2007 hatte zum Ziel, die Qualität der Versorgung zu verbessern sowie die Wahl- und Entscheidungsmöglichkeiten der Versicherten zu erhöhen. Die Reform bezweckte ferner, dass die Beiträge der Versicherten effizienter eingesetzt und mehr Wettbewerb, Wirtschaftlichkeit, Transparenz und Solidarität sichergestellt werden.

Die Gesundheitsreform 2007 hat nicht nur weitgehende Veränderungen und Konsequenzen für die GKV, sondern auch bedeutende Auswirkungen auf die Private Krankenversicherung (PKV) mit sich gebracht, und dies, obwohl die PKV im Titel des Gesetzes überhaupt nicht erwähnt wird. Nicht alle gesetzlichen Änderungen sind zum 1. April 2007 in Kraft getreten. Wesentliche Teile des Gesetzes wurden erst zu späteren Terminen wirksam.

Die wesentlichen Änderungen der Gesundheitsreform sind im Einzelnen:

➤ Allgemeine Pflicht zur Versicherung

Mit dem GKV-Wettbewerbsstärkungsgesetz (GKV-WSG), das u. a. zu Änderungen des SGB geführt hat, wird sichergestellt, dass alle Bürgerinnen und Bürger in Deutschland einen umfassenden Gesundheitsschutz haben.

Ab dem 1. Januar 2009 ist jede Person mit Wohnsitz in Deutschland **verpflichtet**, bei einem in Deutschland zum Geschäftsbetrieb zugelassenen Versicherungsunternehmen für sich und die von ihr gesetzlich vertretenen Personen eine Krankheitskostenvollversicherung abzuschließen.

Diese Pflicht besteht nicht für Personen, die

- in der GKV versichert oder versicherungspflichtig sind oder
- Anspruch auf freie Heilfürsorge (z. B. Polizeibeamte) haben, beihilfeberechtigt (z. B. Beamte) oder vergleichbare Ansprüche haben im Umfang der jeweiligen Berechtigung.
- Anspruch auf Leistungen nach § 2 Asylbewerberleistungsgesetz haben oder
- Empfänger von Sozialhilfeleistungen sind für die Dauer des Leistungsbezugs, wenn dieser vor dem 1. Januar 2009 begonnen hat.

➤ Wann ist die Pflicht zur Versicherung erfüllt?

Der Pflicht zur Versicherung wird genügt, wenn die Krankheitskostenvollversicherung eine Kostenerstattung für ambulante und stationäre Leistungen umfasst und der absolute oder prozentuale Selbstbehalt kalenderjährlich 5 000,00 € pro versicherte Person nicht übersteigt. VVG § 193 (3)

PKV-Versicherte, die ihren Vertrag bereits am 1. April 2007 abgeschlossen haben, erfüllen bereits die Voraussetzungen.

➤ Welche Sanktionen drohen bei Nichterfüllen der Pflicht zur Versicherung?

Sofern die Pflicht zur Versicherung nicht erfüllt wird, drohen den Versicherten Sanktionen. § 193 (4)

Für jeden angefangenen Monat, in dem der Abschluss eines Vertrages verspätet erfolgt, ist ein Beitragszuschlag in Höhe eines Monatsbeitrags zu zahlen. Ab dem sechsten Monat der Nichtversicherung reduziert sich der Zuschlag auf ein Sechstel des Monatsbeitrags. Kann die Dauer der Nichtversicherung nicht ermittelt werden, wird von einer Nachversicherungszeit von 5 Jahren ausgegangen. Zum Schutz vor sozialer Überforderung bei Beitragsschulden wurde nachträglich geregelt, dass kein Prämienzuschlag zu entrichten ist, wenn der Vertragsabschluss bis zum 31. Dezember 2013 beantragt wurde.

➤ Übergangsregelungen zur Versicherungspflicht

Die Versicherungspflicht gilt gleichermaßen in der gesetzlichen wie in der privaten Krankenversicherung. Dabei traten zu unterschiedlichen Zeitpunkten folgende Regelungen in Kraft:

Regelungen für die GKV ab 1. April 2007

Alle Personen ohne Absicherung im Krankheitsfall, die keinen anderweitigen Anspruch auf Absicherung haben und die zuletzt gesetzlich krankenversichert waren, sind in die Versicherungspflicht in der GKV einzubeziehen. Dies gilt z. B. auch für Auslandsrückkehrer, die früher in Deutschland zuletzt gesetzlich versichert waren. Versicherungspflicht in der GKV besteht auch für Personen, die bisher weder gesetzlich noch privat krankenversichert waren und ihrem Status nach der gesetzlichen Krankenversicherung zuzuordnen sind, weil sie z. B. als Arbeitnehmer tätig waren.

Nebenberuflich Selbstständige werden der GKV zugeordnet.

Regelungen für die PKV ab 1. Januar 2009

Ab dem 1. Januar 2009 sind alle Personen mit Wohnsitz in Deutschland, die aufgrund ihres beruflichen Status der PKV zuzuordnen sind und Personen ohne anderweitige Absicherung im Krankheitsfall, die ehemals privat versichert waren, verpflichtet, eine Krankheitskostenvollversicherung in der PKV abzuschließen. Sie erhalten das Recht, sich in einem neuen Basistarif der PKV zu versichern.

Beispiel 1:

Frau Kleinert ist geschieden und lebt vom Unterhalt ihres früheren Mannes. Während der Ehe hatte sie über ihren Ehemann einen Beihilfeanspruch und war bei einer privaten Krankenversicherung für die Restkosten versichert. Sie war noch nie in der gesetzlichen Krankenversicherung versichert. Da Frau Kleinert zuletzt privat krankenversichert war, ist die PKV zuständig. Seit dem 1. Januar 2009 besteht für sie die Pflicht, eine private Krankenversicherung in einem bestimmten Mindestumfang zu unterhalten (vgl. E 2.2.3 g).

Beispiel 2:
Das Ehepaar Schönholm lebt seit 30 Jahren im Ausland. Als Rentner wollen sie nun gerne nach Deutschland zurückkehren. Hier ist entscheidend, wo das Ehepaar zuletzt in Deutschland versichert war. Ist die GKV zuständig, können sie sich dort versichern, ist die PKV zuständig, kann sich das Ehepaar dort im Basistarif versichern.

Gesundheitsfonds

Mit der Einführung eines Gesundheitsfonds wurde die Finanzierung der GKV neu gestaltet. Ab 1. Januar 2009 gilt für alle Krankenkassen ein **bundeseinheitlich** gesetzlich festgelegter Beitragssatz, der von den Mitgliedern aller Krankenkassen verlangt wird.

Die Beiträge werden von den beitragspflichtigen Einnahmen berechnet und fließen gemeinsam mit Steuermitteln in den Gesundheitsfonds.

Die Krankenkassen erhalten vom Gesundheitsfonds eine einheitliche Grundpauschale pro Versicherten plus alters-, geschlechts- und risikojustierte Zu- und Abschläge zur Deckung ihrer standardisierten Leistungsausgaben. Hierdurch wird die unterschiedliche Risikostruktur der Versicherten berücksichtigt. Krankenkassen mit älteren und kranken Versicherten erhalten somit mehr Finanzmittel als Krankenkassen mit einer Vielzahl an jungen und gesunden Versicherten.

Darüber hinaus erhalten die Krankenkassen weitere Zuweisungen zur Deckung der sonstigen standardisierten Ausgaben (z. B. Verwaltungsausgaben).

Einen zusätzlichen Finanzbedarf, der über die Zuweisungen hinausgeht, sollen die Krankenkassen zunächst durch wirtschaftliches Verhalten und durch die Erhebung von Zusatzbeiträgen decken.

Der Gesundheitsfonds ist auf das System der GKV beschränkt. Eine Einbeziehung der PKV in den Fonds, was ursprünglich vorgesehen war, findet nicht statt.

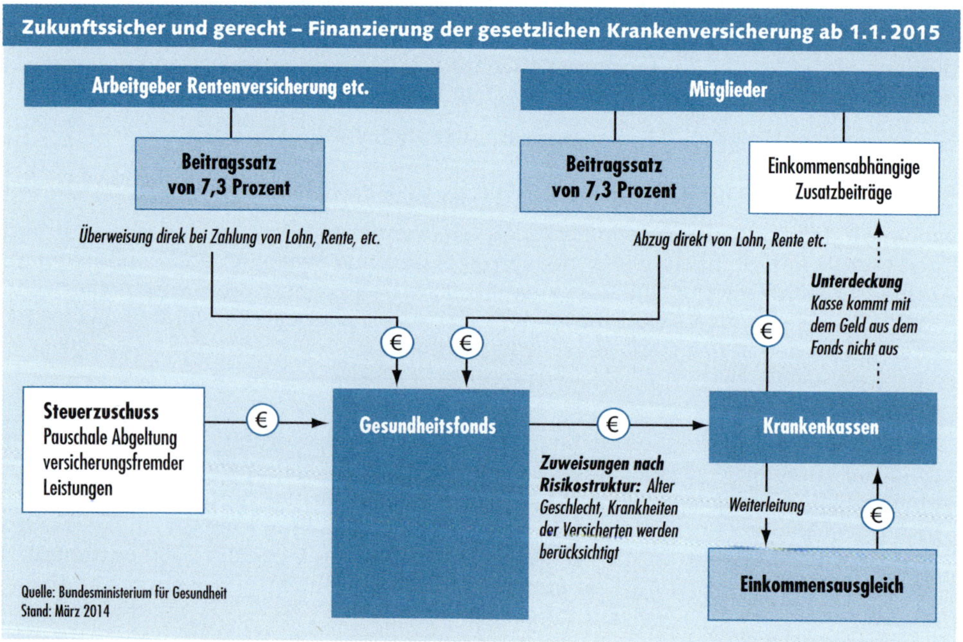

Bundeszuschüsse

Die Krankenkassen erhalten Zuschüsse in Form von Steuermitteln, damit die Finanzierung von gesamtgesellschaftlichen Aufgaben sichergestellt ist. Seit 2012 beträgt der Bundeszuschuss jährlich 14 Milliarden Euro. Im Jahr 2013 wurde er zur Konsolidierung des Bundeshaushaltes auf 11,5 Milliarden Euro abgesenkt. Nach dem Gesetzesentwurf des Haushaltbegleitgesetzes 2014 wird der Bundeszuschuss 2014 auf 10,5 Milliarden Euro vorübergehend abgesenkt. Ab 2015 beträgt der Bundeszuschuss wieder 14 Milliarden Euro und wird ab 2017 auf jährlich 14,5 Milliarden Euro festgeschrieben. Die Zuschüsse des Bundes werden in monatlichen Teilbeträgen an den Gesundheitsfonds überwiesen.

Bundeszuschüsse dienen zur Finanzierung versicherungsfremder Leistungen, z. B. beitragsfreie Familienversicherung von Kindern und Ehegatten oder Leistungen für Mutterschaft und Schwangerschaft. Für die Eltern privat versicherter Kinder bedeutet dies, dass sie sich als Steuerzahler an den GKV-Leistungen für andere Kinder »beteiligen«. Für die eigenen Kinder erhalten sie jedoch keine Beitragsentlastung.

Vergütungsformen für Ärzte

Bei der Vergütung der niedergelassenen Ärzte wurde ab 2009 das bisherige Gebührenordnungssystem (GOÄ/GOZ) abgeschafft. Es wurde durch eine neue Gebührenordnung mit festen Euro-Preisen ersetzt. Die Euro-Gebührenordnung enthält Pauschalvergütungen in überschaubarer Zahl sowie Einzelvergütungen für besonders förderungswürdige Leistungen, wie z. B. Hausarztbesuche. Für Haus- und Fachärzte gelten dabei unterschiedliche Kriterien, die den Unterschieden der hausärztlichen und fachärztlichen Versorgung Rechnung tragen sollen. Die bisherige Deckelung des Ärztebudgets wurde aufgehoben.

Ziel ist es, die Vergütungssysteme zwischen GKV und PKV weitgehend zu vereinheitlichen. Unterschiede werden bei den zulässigen Steigerungssätzen bleiben (vgl. E 6.2.1).

Auswirkungen auf die PKV

Das GKV-WSG enthält im Wesentlichen folgende Änderungen, die sich direkt auf die PKV auswirken:

- Pflicht zur Versicherung für Personen, welche der PKV zuzuordnen sind.
- Erschwerter Zugang für Arbeiter und Angestellte von der GKV zur PKV aufgrund der Einführung einer Dreijahresregelung für das Überschreiten der Versicherungspflichtgrenze.
- Einführung eines neuen Basistarifs zum 1. Januar 2009 und Überführung des bisherigen Standardtarifs in den Basistarif.
- Anrechnung von Alterungsrückstellungen im Umfang des Basistarifs bei Wechsel zu einem anderen Versicherungsunternehmen.

1.2.8.2 Gesundheitsreform 2011

Die Gesundheitsreform 2011 basiert auf folgenden gesetzlichen Regelungen, welche zum 1. Jan. 2011 in Kraft getreten sind:

- GKV-Finanzierungsgesetz (GKV-FinG)
- Gesetz zur Neuordnung des Arzneimittelmarktes (AMNOG)

a) Regelungen durch das GKV-Finanzierungsgesetz (GKV-FinG)

Das GKV-Finanzierungsgesetz enthält Regelungen, die insbesondere den Zielen dienen,

- die Finanzierungsgrundlage zu stärken,
- den Sozialausgleich gerecht zu gestalten,
- die Voraussetzungen für einen funktionsfähigen Wettbewerb zu schaffen und
- die Ausgaben zu stabilisieren.

Das GKV-Finanzierungsgesetz enthält im Wesentlichen folgende Änderungen:

- **Erhöhung des Beitragssatzes**

  Der allgemeine Beitragssatz wurde zum 1. Jan. 2011 von 14,9 % auf 15,5 % erhöht
- **Arbeitgeberzuschuss**

  Der Beitragszuschuss des Arbeitgebers in der Krankenversicherung wird dauerhaft auf 7,3 % eingefroren.
- **Zusatzbeiträge**

  Ab 2011 kann jede Krankenkasse individuell einen unbegrenzten einkommensunabhängigen Zusatzbeitrag erheben
- **Änderungen bei den Wahltarifen und der Kostenerstattung der GKV**
- **Wegfall der Drei-Jahresregelung für Arbeitnehmer**

  Die Wechselmöglichkeit von der GKV in die PKV wird für höherverdienende Arbeitnehmer wesentlich erleichtert (vgl. E 1.3.1)

b) Regelungen durch das Gesetz zur Neuordnung des Arzneimittelmarktes (AMNOG)

Mit diesem Gesetz sollen über die Gewährung von Rabatten Einsparungen im Arzneimittelbereich vorgenommen werden. Während bei den gesetzlich Krankenversicherten die Rabatte auf Arzneimittel von den Apotheken unmittelbar abgezogen werden, erfolgt die Einbeziehung der PKV in die Rabattansprüche über ein eigenes Abrechnungsmodell. Seit Jahresbeginn 2011 haben der Verband der Privaten Krankenversicherer e.V. und die Träger der Beihilfe das Gemeinschaftsunternehmen »Zesar« – Zentrale Stelle zur Abrechnung von Arzneimittelrabatten GmbH – in Köln gegründet. Dieses Unternehmen wird künftig für die 42 Mitgliedsunternehmen des PKV-Verbandes (Stand 2013) und die etwa 11 000 Beihilfestellen in Deutschland die neuen Rabattansprüche gegenüber den Arzneimittelherstellern geltend machen. Die PKV wird durch das AMNOG erstmals in die Kostendämpfungsmaßnahmen des Gesetzgebers einbezogen.

1.2.8.3 Gesundheitsreform 2015

Den Schwerpunkt der Reform 2015 bildet das GKV-Finanzstruktur- und Qualitäts-Weiterentwicklungsgesetz (GKV-FQWG).

Folgende Änderungen treten u. a. zum 1. Jan. 2015 in Kraft:

- Der allgemeine Beitragssatz zur gesetzlichen Krankenversicherung sinkt von 15,5 auf 14,6 Prozent.
- Der Arbeitgeberbeitrag bleibt unverändert bei 7,3 Prozent.
- Der bisherige Sonderbeitrag (für Zahnersatz und Lohnfortzahlung) von 0,9 Prozent entfällt.
- Der pauschale Zusatzbeitrag in festen Eurobeträgen entfällt und wird durch einen einkommensabhängigen, prozentualen Zusatzbeitrag ersetzt.
- Arbeitnehmer müssen einen etwaigen Zusatzbeitrag der Krankenkasse selbst tragen.
- Der Einzug des vollständigen Beitrags (Beitrag nach allgemeinen Beitragssatz + möglicher Zusatzbeitrag) erfolgt direkt über den Arbeitgeber. Damit entfällt der bisherige bürokratische Aufwand der Krankenkassen, die Zusatzbeiträge direkt von den Mitgliedern einzufordern.
- Mit einem vollständigen Einkommensausgleich will der Gesetzgeber verhindern, dass Krankenkassen mit vielen einkommensstarken Mitgliedern einen niedrigeren Beitragssatz benötigen als solche mit vielen einkommensschwachen Mitgliedern.
- Einen Sozialausgleich gibt es ab 2015 nicht mehr.
- Ab 2015 gilt beim Arztbesuch nur noch die elektronische Gesundheitskarte.
- Die unabhängige Patientenberatung wird gestärkt und das Angebot der telefonischen Beratung verbessert.

Durch den möglichen Zusatzbeitrag ist der Gesamtbeitragssatz bei den Krankenkassen zukünftig nicht mehr einheitlich.

1.2.9 Bedeutende Rechengrößen und Grenzwerte in der Kranken- und Pflegeversicherung im Überblick

Betrag im Jahr 2015	Erläuterung	Abschnitt im Lehrbuch
2,35 %	Beitragssatz (ohne Kinderlosenzuschlag von 0,25 %) in der Pflegepflichtversicherung	Band 2 E 1.2.3 a und E 2.4.1 f
14 %	Beitragssatz 2015 in der GKV für Versicherte, die keinen Anspruch auf Krankengeld haben (§ 243 SGB V).	Band 2 E 1.2.3 a
14,6 %	Beitragssatz in der Krankenversicherung	Band 2 E 1.2.3 a
27,84 €	maximaler Arbeitgeberzuschuss im Bundesland Sachsen zur Pflegepflichtversicherung nach Tarif PVN	Band 2 E 2.4.1 f
38,78 €	Höchstbeitrag für die Pflegepflichtversicherung im Tarif PVB	Band 2 E 2.4.1 f
48,47 €	maximaler Arbeitgeberzuschuss (außer in Sachsen) zur Pflegepflichtversicherung nach Tarif PVN	Band 2 E 2.4.1 f
96,94 €	Höchstbeitrag für die Pflegepflichtversicherung im Tarif PVN	Band 2 E 2.4.1 f
301,13 €	Maximaler Arbeitgeberzuschuss für eine private Krankenversicherung, die die gesetzliche Krankenversicherung ersetzt.	Band 2 E 1.3.2
405,00 €	Monatliches Gesamteinkommen, das nicht überschritten werden darf, um im Rahmen der Familienversicherung mitversichert zu sein (§ 10 Abs. 1 Nr. 5 SGB V). (ohne Beschäftigung)	Band 2 E 1.2.2 d
450,00 €	Zulässiges monatliches Gesamteinkommen von geringfügig Beschäftigten, um im Rahmen der Familienversicherung mitversichert zu sein (§ 10 Abs. 1 Nr. 5 SGB V). (mit Beschäftigung)	Band 2 E 1.2.2 d
450,00 €	Entgeltgrenze für Beitragsfreiheit von geringfügig Beschäftigten in der Kranken- und Pflegeversicherung. Nur der Arbeitgeber ist zur Beitragszahlung verpflichtet.	Band 2 E 1.2.3 a
639,38 €	Höchstbeitrag im Basistarif (berechnet aus allgemeiner Beitragssatz 14,6 + durchschnittlicher Zusatzbeitragssatz 0,9 = 15,5 % aus der Beitragsbemessungsgrenze von 4 125,00 €).	Band 2 E 2.2.3 h
4 125,00 €	Monatliche Beitragsbemessungsgrenze in der Krankenversicherung und Pflegepflichtversicherung	Band 2 E 1.2.3 a
4 575,00 €	Für Kinder ist die Familienversicherung ausgeschlossen, wenn der mit den Kindern verwandte Ehegatte oder Lebenspartner des Mitgliedes nicht Mitglied einer gesetzlichen Krankenkasse ist und darüber hinaus sein monatliches Einkommen im Jahr 2015 den Betrag von 4 575,00 € übersteigt und regelmäßig höher als das Gesamteinkommen des Mitglieds ist.	Band 2 E 1.2.2 d
49 500,00 €	Besondere JAEG. Sie gilt für Arbeitnehmer, die am 31.12.2002 wegen Überschreitens der JAEG nicht mehr versicherungspflichtig und deshalb privat krankenversichert waren.	Band 2 E 1.3.1
54 900,00 €	Allgemeine Jahresarbeitsentgeltgrenze (JAEG), auch Versicherungspflichtgrenze genannt, bis zu der Arbeitnehmer versicherungspflichtig in der GKV sind.	Band 2 E 1.3.1

1.3 Zielgruppen der privaten Krankenversicherung (PKV)

Ziel der PKV als Personenversicherung ist es, den Versicherten einen an die jeweilige Bedarfssituation angepassten Versicherungsschutz zu bieten. Seit Einführung der Pflicht zur Pflegeversicherung, die in der PKV ebenfalls erfüllt werden kann bzw. muss, ist diese bei der Bedarfsanalyse auch zu berücksichtigen.

Der **PKV** fallen damit im Rahmen ihrer Zielsetzung folgende Aufgaben zu:

Übernahme des **vollen Versicherungsschutzes** für solche Personen, die nicht gesetzlich versichert zu sein brauchen.

Übernahme eines **ergänzenden** oder **zusätzlichen Versicherungsschutzes** für gesetzlich versicherte Personen, um ihre individuellen Ansprüche zu erfüllen.

1.3.1 Nicht versicherungspflichtige Personen in der gesetzlichen Krankenversicherung

SGB V §§ 5, 6, 7

Versicherungsfreiheit besteht im Wesentlichen für **folgende Personen:**

- Hauptberuflich selbstständig Erwerbstätige (Selbstständige);
- Beamte (auch in Ausbildung und im Ruhestand), Richter, Zeit- und Berufssoldaten;
- freiberuflich Tätige, z.B. niedergelassene Ärzte, selbstständige Apotheker, selbstständige Rechtsanwälte, Notare, Architekten, Steuerberater;
- Personen mit geringfügiger Beschäftigung;
- Arbeiter und Angestellte, deren regelmäßiges Jahresarbeitsentgelt die Jahresarbeitsentgeltgrenze übersteigt;
- Studenten, die während der Dauer ihres Studiums gegen Arbeitsentgelt beschäftigt sind.

Der vorstehende Personenkreis unterliegt nicht der Versicherungspflicht in der GKV und benötigt einen Versicherungsschutz, der die finanziellen Folgen von Krankheiten, aber auch Leistungen für zahnärztliche Behandlung, Hilfsmittel u. dgl. deckt. Versicherungsbedarf besteht ferner für die Deckung des Verdienstausfalls bei Arbeitsunfähigkeit infolge von Krankheit oder für die Deckung zusätzlicher Kosten eines Krankenhausaufenthaltes (z.B. Vertretung) und für das Pflegefallrisiko.

Beamte erhalten eine **Beihilfe** ihres Dienstherrn zu den entstandenen Kosten der Krankheit usw. Dieser Personenkreis benötigt einen Versicherungsschutz, der die verbleibende Differenz an den Krankheitskosten und Pflegekosten deckt (vgl. E 2.2.3 c und Exkurs in E 6.2.2).

Hinweis:

Spätestens zum 1. Januar 2009 mussten alle Personen, für die Versicherungsfreiheit in der GKV bestand, mindestens eine private Krankheitskostenvollversicherung zum sog. Basistarif (vgl. E 2.2.3 h) abschließen.

Personen, die nach Vollendung des 55. Lebensjahres versicherungspflichtig werden, sind versicherungsfrei, wenn sie in den letzten fünf Jahren vor Eintritt der Versicherungspflicht nicht gesetzlich versichert waren. Weitere Voraussetzung ist, dass diese Personen mindestens die Hälfte dieser Zeit (2 Jahre und 6 Monate) versicherungsfrei, von der Versicherungspflicht befreit oder nicht versicherungspflichtig waren. Der vorstehenden Voraussetzung steht die Ehe- oder die Lebenspartnerschaft mit einer aufgeführten Person gleich.

SGB V § 6 (3) a Die Versicherungsfreiheit wegen Vollendung des 55. Lebensjahres gilt auch für Bezieher von Arbeitslosengeld II und für bisher nicht krankenversicherte Personen. Mit dieser Regelung soll eine Rückkehr in die gesetzliche Krankenversicherung für Personen erschwert werden, die in jungen Jahren nicht in der GKV versichert waren.

Diese gesetzliche Bestimmung hat Auswirkungen auf alle diejenigen privat krankenversicherten Personen, die z. B. wegen Wechsel von Voll- nach Teilzeitbeschäftigung, Unterschreiten der Jahresarbeitsentgeltgrenze versicherungspflichtig würden. Das gleiche gilt auch für privatversicherte Ehegatten von Beamten, Arbeitnehmer oder Selbstständigen, die z. B. durch Aufnahme einer Beschäftigung versicherungspflichtig würden.

Beispiel:

Karl Schneider (58) ist Lehrer im Beamtenverhältnis. Seine Ehefrau Hildegard (55) war bisher nicht berufstätig. Beide sind seit über 20 Jahren privat krankenversichert. Zum 1. Okt. 2015 beabsichtigt Frau Schneider eine grundsätzlich versicherungspflichtige Tätigkeit bei einer Versicherungsagentur aufzunehmen. Da Frau Schneider länger als fünf Jahre privat versichert ist, bleibt ihre Beschäftigung versicherungsfrei.

Neben den oben genannten Personen sind insbesondere solche Personen als potenzielle Kunden für eine private Krankenversicherung interessant, die während ihrer Versicherungspflicht Karriere machen und dabei mit ihrem Einkommen die Jahresarbeitsentgeltgrenze übersteigen, sodass die Versicherungspflicht in der gesetzlichen Krankenversicherung fortfällt. Diese Personen können als freiwillige Mitglieder in der gesetzlichen Krankenversicherung versichert bleiben oder sich nunmehr privat krankenversichern.

Exkurs: Fortfall der Versicherungspflicht in der gesetzlichen Krankenversicherung

Jahresarbeitsentgeltgrenze

Die **Jahresarbeitsentgeltgrenze (JAEG)** wird auch als Versicherungspflichtgrenze bezeichnet. Sie gibt an, welche Arbeitnehmer aufgrund ihres Jahreseinkommens (Jahresarbeitsentgelt) versicherungspflichtig in der gesetzlichen Krankenversicherung sind. Es gibt zwei verschiedene Jahresarbeitsentgeltgrenzen:

- Die **allgemeine JAEG** beträgt im gesamten Bundesgebiet für das Jahr 2015 **54 900,00 €**.
- Die **besondere JAEG** beträgt im Jahr 2015 **49 500,00 €.** Sie gilt für alle Arbeitnehmer, die am 31. Dezember 2002 wegen Überschreitens der an diesem Tag geltenden JAEG versicherungsfrei und bei einem privaten Krankenversicherungsunternehmen in einer substitutiven Krankenversicherung versichert waren (sog. **Altbestand**). (§ 6 (7))

Sowohl die allgemeine als auch die besondere JAEG werden jährlich angepasst. Die Bundesregierung setzt die JAEG-Grenzen jährlich in einer Rechtsverordnung fest.

Von der Jahresarbeitsentgeltgrenze ist die **Beitragsbemessungsgrenze (BBG)** zu unterscheiden. Die BBG ist die Obergrenze, bis zu der die Einnahmen der Versicherten (z. B. das Arbeitsentgelt bei Arbeitnehmern) für die Beitragsberechnung herangezogen werden. Die **Beitragsbemessungsgrenze** entspricht der **besonderen JAEG** und beträgt seit dem 1. Januar 2015 monatlich 4 125,00 € (49 500,00 € jährlich).

Ein Wechsel von freiwillig gesetzlich Krankenversicherten in die PKV war in der Zeit vom 2. Februar 2007 bis 31. Dez. 2010 nur nach der so genannten Drei-Jahres-Regelung möglich (Innerhalb des Drei-Jahres-Zeitraums musste das regelmäßige Arbeitsentgelt in jedem Kalenderjahr über der JAEG gelegen haben).

Ab 1. Jan. 2011 gilt folgende Regelung: Arbeitnehmer werden mit Ablauf jenes Jahres versicherungsfrei, in welchem ihr Arbeitsentgelt die JAEG übersteigt und voraussichtlich auch im Folgejahr oberhalb dieser Grenze liegen wird. Rückwirkende Erhöhungen des Entgelts werden dem Kalenderjahr zugerechnet, in dem der Anspruch auf das erhöhte Entgelt entstanden ist. SGB V § 6 (4)

Nicht erforderlich ist, dass der Arbeitnehmer in dem Jahr, in welchem sein regelmäßiges Arbeitsentgelt die JAEG übersteigt, tatsächlich auch ein Jahresgehalt in dieser Höhe erzielt hat. Es ist vielmehr ausreichend, dass sein Monatsgehalt, hochgerechnet für ein Jahr, die JAEG überschreitet.

Beispiel:

Fritz Keller bezieht in der Zeit von Januar bis November 2014 ein regelmäßiges Arbeitsentgelt von monatlich 4 350,00 €. Dies entspräche einem Jahresgehalt 2014 von 52 200,00 € (12 x 4 350,00 €). Im Dezember 2014 erhöht sich sein Monatsgehalt nach einer Gehaltserhöhung auf 4 600,00 €. Sein künftiges regelmäßiges Jahresentgelt beträgt somit 55 200,00 € (12 x 4 600,00 €). Insgesamt hat Fritz Keller im Jahr 2014 52 450,00 € verdient. Er liegt somit noch unter der JAEG für 2014 (53 550,00 €). Weil er allerdings ab Dezember 2014 ein regelmäßiges Jahresgehalt oberhalb der JAEG bezieht und auch im nächsten Jahr (JAEG 2015: 54 900,00 €) voraussichtlich beziehen wird, ist er ab dem 1. Januar 2015 versicherungsfrei und kann in die PKV wechseln.

Seit 2011 können auch Personen ohne Wartezeit in die PKV wechseln, die erstmals eine Beschäftigung aufnehmen und sofort ein Einkommen über der Versicherungspflichtgrenze erzielen. Das gleiche gilt für privat versicherte Selbstständige, die den Status der Selbstständigkeit aufgeben und in ein Arbeitsverhältnis wechseln.

Personenkreis	Status	Wechselmöglichkeit
Berufseinsteiger, mit ab Beginn über der JAEG liegenden Bezügen	Versicherungsfreiheit ab Beginn des Beschäftigungsverhältnisses	Grundsätzlich sofort. Freiwillige GKV-Mitglieder müssen die Kündigungsfrist einhalten (zum Ende des übernächsten Monats)
Arbeitnehmer, die nach Arbeitgeberwechsel im neuen Beschäftigungsverhältnis ab Beginn Bezüge oberhalb der JAEG haben	Versicherungsfreiheit ab Beginn der Tätigkeit beim neuen Arbeitgeber	Grundsätzlich sofort. Freiwillige GKV-Mitglieder müssen die Kündigungsfrist einhalten (zum Ende des übernächsten Monats)
Arbeitnehmer, die unmittelbar vor Aufnahme eines Beschäftigungsverhältnisses mit Bezügen oberhalb der JAEG eine selbstständige Tätigkeit ausgeübt haben	Versicherungsfreiheit ab Beginn des Beschäftigungsverhältnisses	Kündigung einer freiwilligen GKV-Mitgliedschaft unter Einhaltung der Kündigungsfrist
Arbeitnehmer, deren Bezüge über der JAEG liegen und die bisher im Ausland tätig waren	Versicherungsfreiheit ab Beginn der Beschäftigung in Deutschland	Kündigung einer etwaigen GKV-Mitgliedschaft unter Einhaltung der Kündigungsfrist
Arbeitnehmer, die im Laufe eines Jahres in einem bestehenden Beschäftigungsverhältnis aufgrund einer Gehaltserhöhung die JAEG überschreiten	Versicherungsfreiheit mit Ablauf des Jahres der Gehaltserhöhung, sofern die JAEG des Folgejahres ebenfalls überschritten wird	Zum 1. Jan. des Folgejahres (Austrittserklärung aus der GKV)

Die Mitgliedschaft von Personen, deren Versicherungspflicht nach § 6 Abs. 4 SGB V erlischt, endet nur, wenn das Mitglied innerhalb von zwei Wochen nach Hinweis der Krankenkasse über die Austrittsmöglichkeit seinen Austritt erklärt. Wird der Austritt nicht erklärt, setzt sich die Mitgliedschaft als freiwillige Mitgliedschaft fort, es sei denn, die Voraussetzungen der freiwilligen Versicherung sind nicht erfüllt

Jahresarbeitsentgelt

SGB V § 6 (1)

Ausschlaggebend für die Berechnung des Jahresentgelts sind die Empfehlungen und Rundschreiben der GKV-Spitzenverbände. Gesetzlich ist lediglich geregelt, dass Zuschläge, die mit Rücksicht auf die Familie gezahlt werden, unberücksichtigt bleiben.

Bei schwankenden Bezügen muss das regelmäßige Jahresarbeitsentgelt durch Schätzung ermittelt werden. Sofern sich die Schätzung später als unzutreffend erweist, ist eine Korrektur nur für die Zukunft möglich.

Für die Berechnung kann – vereinfacht – folgende Formel angewendet werden:

Berechnung des regelmäßigen Jahresarbeitsentgelts:

Monatsbezüge · 12
+ Einmalzahlungen (Urlaubs-, Weihnachtsgeld)
+ vermögenswirksame Leistungen
+ Überstundenvergütungen sowie sonstige Zulagen, soweit sie regelmäßig anfallen und pauschal vergütet werden
– Einnahmen, die kein Arbeitsentgelt sind (z. B. steuerfreie Zuschläge oder ggf. Beiträge zu einer betrieblichen Altersversorgung)
– unregelmäßiges Arbeitsentgelt (z. B. nicht pauschal vergütete Mehrarbeit)
– Familienzuschläge (z. B. Verheiratetenzuschläge)
= regelmäßiges Jahresarbeitsentgelt

Anmerkung:
Vom Jahresarbeitsentgelt werden alle Einnahmen abgezogen, die **nicht** regelmäßig gezahlt werden. Als regelmäßig werden die Einnahmen bezeichnet, die dem Grunde und der Höhe nach mindestens einmal jährlich mit an Sicherheit grenzender Wahrscheinlichkeit gewährt werden. Dazu zählen alle vertraglich vereinbarten, mindestens einmal jährlich gezahlten Vergütungen mit Ausnahme von Überstundenvergütungen für tatsächlich geleistete Überstunden. Diese sind nur dann regelmäßig, wenn sie als Pauschale gezahlt werden. Bonuszahlungen und einmalige Sonderzahlungen werden auf die JAEG angerechnet.

Beispiel:
Willi Holzmann erhält von seinem Arbeitgeber im Jahr 2015 ein monatliches Arbeitsentgelt in Höhe von 4 100,00 €. Im Juli d. J. zahlt der Arbeitgeber Urlaubsgeld in Höhe von 1 800,00 €. Aus Anlass des Firmenjubiläums erhalten alle Mitarbeiter 750,00 €. Das Weihnachtsgeld wird in Form eines 13. Monatsgehalts ausgezahlt. Außerdem erhält Herr Holzmann monatlich einen Familienzuschlag in Höhe von 50,00 €.

Berechnung des Jahresarbeitsentgelts:

Monatsbezüge 4 100,00 € · 12	49 200,00 €
+ Weihnachtsgeld	4 100,00 €
+ Urlaubsgeld	1 800,00 €
+ Jubiläumszulage	750,00 €
+ Familienzuschlag 50,00 € · 12	600,00 €
= Gesamteinnahmen	56 450,00 €
– Jubiläumszulage	750,00 €
– Familienzuschlag 50,00 € · 12	600,00 €
= Jahresarbeitsentgelt	**55 100,00 €**

Von den Gesamteinnahmen muss die **Jubiläumszulage** abgezogen werden, da es sich hier um eine nicht regelmäßige Zahlung handelt. Außerdem findet der **monatliche Familienzuschlag** keine Berücksichtigung.

Dies gilt seit 1. Juli 2000 allerdings nur noch für Personen, die das 55. Lebensjahr noch nicht vollendet haben.

1.3.2 Versicherungspflichtige Personen in der gesetzlichen Krankenversicherung

Für versicherungspflichtige Personen der GKV (vgl. E 1.2) bietet die PKV Versicherungsschutzangebote (vgl. E 2.5), welche

- den Grundversicherungsschutz der GKV ergänzen (z. B. Zahnersatz),
- die Deckungslücken im Versicherungsschutz der GKV schließen sollen (z. B. durch den Abschluss einer Auslandsreisekrankenversicherung),
- **zusätzlich** zum gesetzlichen Versicherungsschutz Leistungen erbringen, welche von der GKV überhaupt nicht angeboten werden (z. B. Unterbringung im Ein- oder Zweibettzimmer bei stationärem Krankenhausaufenthalt, Chefarztbehandlung).

Exkurs: Befreiung von der Versicherungspflicht in der gesetzlichen Krankenversicherung

➤ Voraussetzungen

Arbeitnehmer können sich **auf Antrag** von der Versicherungspflicht in der GKV befreien lassen, wenn sie durch folgende Tatbestände GKV-versicherungspflichtig werden: SGB V § 8

- Der bisher versicherungsfreie Arbeitnehmer wird wegen Erhöhung der Jahresarbeitsentgeltgrenze versicherungspflichtig;
- Aufnahme einer Erwerbstätigkeit während der Elternzeit;
- Wechsel von einer Vollzeitbeschäftigung in eine Teilzeitbeschäftigung, wenn sie bei Beginn der Teilzeitbeschäftigung mindestens fünf Jahre als Arbeitnehmer beschäftigt und wegen Überschreitens der Versicherungspflichtgrenze versicherungsfrei waren.

Der Antrag auf Befreiung ist innerhalb von drei Monaten nach Eintritt der Versicherungspflicht zu stellen und wirkt von Beginn der Versicherungspflicht an. Die Befreiung kann **nicht widerrufen** werden. Sie erstreckt sich nur auf den der Befreiung zugrunde liegenden Tatbestand.

Der Bezug von Geldleistungen wegen Arbeitslosigkeit führt allerdings wieder zur Versicherungspflicht. Dies gilt seit 1. Juli 2000 allerdings nur noch für Personen, die das 55. Lebensjahr noch nicht vollendet haben. Personen, die mindestens 55 Jahre alt sind und in den letzten 5 Jahren vorher PKV-versichert waren, werden nicht mehr versicherungspflichtig in der GKV.

Rentner bzw. **Rentenantragsteller** können sich ebenfalls von der Versicherungspflicht befreien lassen. Der Antrag auf Befreiung ist bei der Krankenkasse zu stellen, bei der der Rentenbezieher zuletzt versichert war. Er muss spätestens innerhalb von drei Monaten ab dem Tag der Rentenantragstellung bei der zuständigen Krankenkasse vorliegen.

Auch für **Studenten** ist auf Antrag eine Befreiung von der Versicherungspflicht möglich. Die Befreiung muss mit der Einschreibung erfolgen; in späteren Semestern kann keine Befreiung mehr vorgenommen werden.

Eine Befreiung von der Krankenversicherungspflicht ist auch bei Eintritt der **Arbeitslosigkeit** (Bezug von Arbeitslosengeld, Arbeitslosengeld II oder Unterhaltsgeld) möglich. Die Befreiung setzt voraus, dass der Arbeitslose in den letzten fünf Jahren vor dem Leistungsbezug **nicht** gesetzlich versichert war. Die Befreiung ist innerhalb von drei Monaten nach Beginn der Versicherungspflicht bei einer zuständigen Krankenkasse (z. B. AOK des Wohnortes, aber auch jede bundesweite Ersatzkasse) zu beantragen. Die Befreiung gilt für den gesamten Zeitraum einer Arbeitslosigkeit und des gleichzeitigen Bezugs von Arbeitslosengeld, Arbeitslosengeld II und Unterhaltsgeld. Sie ist für die Dauer dieses Zeitraums unwiderruflich. Die Befreiung ist allerdings nur dann möglich, wenn eine private Krankenversicherung besteht und die Leistungen der PKV nach Art und Umfang den Leistungen des SGB V entsprechen.

Bei einer Befreiung von der Versicherungspflicht übernimmt die Bundesanstalt für Arbeit die Beiträge zur PKV. Höchstens erstattet werden jedoch nur Beiträge bis zur Höhe, in der sie ohne Befreiung von der Versicherungspflicht in der GKV und in der sozialen Pflegeversicherung angefallen wären.

SGB V § 8 (1) Nr. 3

Ab 31. Dezember 2010 können sich auch Beschäftigte von der Versicherungspflicht in der GKV befreien lassen, die im Anschluss an die Zeiten des Bezugs von Elterngeld oder der Inanspruchnahme von Elternzeit oder Pflegezeit ein Beschäftigungsverhältnis aufnehmen, dessen Arbeitzeit auf maximal die Hälfte vergleichbarer Vollbeschäftigung begrenzt ist und welches bei Vollbeschäftigung mit einem Gehalt oberhalb der JAEG vergütet würde. Weitere Voraussetzung ist allerdings, dass der Arbeitnehmer seit mindestens fünf Jahren versicherungsfrei wegen Überschreitens der JAEG war. Bei diesem Zeitraum werden die Zeiten des Bezugs von Elterngeld oder der Inanspruchnahme von Eltern- oder Pflegezeit angerechnet.

Beispiel:

Frau Klose ist seit dem 1. Jan. 2008 wegen Überschreitens der JAEG versicherungsfrei und privat krankenversichert. In der Zeit vom 1. Juli 2012 bis 30. Juni 2015 nimmt sie Elternzeit, ohne einer Beschäftigung nachzugehen. Ab 1. Juli 2015 nimmt Frau Klose eine Teilzeitbeschäftigung mit einem Umfang von 19 Wochenstunden auf. Das Jahresgehalt beträgt 26 000,00 €. Eine vergleichbare Vollbeschäftigung liegt bei 38 Stunden in der Woche. Frau Klose kann sich innerhalb von drei Monaten nach Aufnahme der Teilzeitbeschäftigung von der Versicherungspflicht befreien lassen und weiter privat versichert bleiben.

➤ Beitragszuschüsse zur Krankenversicherung für Arbeitnehmer

Der Arbeitgeber ist verpflichtet, sich am Beitrag zur gesetzlichen Krankenversicherung seiner Arbeitnehmer zu beteiligen (vgl. E 1.2.3). Beschäftigte, die wegen Überschreitens der Jahresarbeitsentgeltgrenze versicherungsfrei oder die von der Versicherungspflicht befreit sind und eine Krankheitskosten-Vollversicherung bei einem privaten Krankenversicherungsunternehmen abgeschlossen haben, erhalten von ihrem Arbeitgeber ebenfalls einen Beitragszuschuss. SGB V § 257 (2)

Der **Arbeitgeberzuschuss** beträgt die Hälfte des tatsächlichen PKV-Krankenversicherungsbeitrags. Die obere Grenze des Zuschusses ist ab 1. Januar 1998 auf die Hälfte des Betrages begrenzt, der sich aus dem beitragspflichtigen Arbeitsentgelt (bis maximal zur Beitragsbemessungsgrenze) und dem Beitragssatz der Krankenkasse ergibt. Maßgeblich ist dabei der Beitragssatz vom 1. Januar des Vorjahres.

Der maximale Arbeitgeberzuschuss beträgt ab 1. Jan. 2015: 301,13 €.

Der besondere Vorteil für den Privatversicherten liegt darin, dass der Arbeitgeber sich auf diese Weise an den Beiträgen für die erhöhten Leistungen der PKV, wie Ein- oder Zweibettzimmer-Unterbringung und private Behandlung, beteiligt. Dagegen muss der Versicherte in der GKV die Beiträge für eine Zusatzversicherung allein tragen.

Der Beitragszuschuss für eine private Krankenversicherung wird ab 1. Januar 2009 nur dann vom Arbeitgeber gezahlt, wenn das Versicherungsunternehmen § 257 (2a)

- diese Krankenversicherung nach Art der Lebensversicherung betreibt,
- einen Basistarif im Sinne des § 12 Abs. 1a VAG anbietet,
- soweit es über versicherte Personen im brancheneinheitlichen Standardtarif im Sinne von § 257 Abs. 2a SGB V in der bis zum 31. Dezember 2008 geltenden Fassung verfügt, sich verpflichtet, die in § 257 Abs. 2a SGB V in der bis zum 31. Dezember 2008 geltenden Fassung in Bezug auf den Standardtarif genannten Pflichten einzuhalten,
- sich verpflichtet, den überwiegenden Teil der Überschüsse, die sich aus dem selbst abgeschlossenen Versicherungsgeschäft ergeben, zugunsten der Versicherten zu verwenden,
- vertraglich auf das ordentliche Kündigungsrecht verzichtet,
- die Krankenversicherung nicht zusammen mit anderen Versicherungssparten betreibt, wenn das Versicherungsunternehmen seinen Sitz in Deutschland hat.

Anmerkung:

Der Arbeitnehmer muss dem Arbeitgeber jeweils nach Ablauf von drei Jahren eine Bescheinigung seines Versicherungsunternehmens vorlegen, die dokumentiert, dass die Aufsichtsbehörde dem Unternehmen bestätigt hat, dass es die Krankenversicherung nach den oben genannten Voraussetzungen betreibt **(Qualitätsbescheinigung)**.

Für die Gewährung des Beitragszuschusses der Arbeitgeber zur Pflegepflichtversicherung gelten ebenfalls eine Reihe von Sondervorschriften (vgl. E 2.4.1 e). SGB XI § 61

Exkurs: Beitragszuschuss für privat versicherte Rentner

Auch Rentner, die privat krankenversichert sind, erhalten einen Beitragszuschuss. Der Zuschuss zur PKV wird am 1. März eines Jahres neu festgesetzt und gilt vom 1. Juli des jeweiligen Kalenderjahres bis zum 30. Juni des Folgejahres. Er beträgt aber höchstens die Hälfte des tatsächlichen Betrags. Der Zuschuss zur Pflegeversicherung ist seit dem 1. April 2004 entfallen.

1.4 Bedeutung der privaten Krankenversicherung

Die PKV einschließlich Pflegeversicherung hat sich zum zweitgrößten Individualversicherer in Deutschland entwickelt. Nach dem Brutto-Beitragsaufkommen im Jahre 2013 rangieren nur die Lebensversicherung mit 90,8 Mrd. € vor der PKV mit 35,9 Mrd. €.

Ende 2014 waren im Verband der privaten Krankenversicherer e. V. 42 Unternehmen als ordentliche Mitglieder, sieben außerordentliche Mitglieder und zwei verbundene Einrichtungen zusammengeschlossen. Die ordentlichen Mitglieder unterscheiden sich nach der Rechtsform in:

- 24 Aktiengesellschaften (AG),
- 18 Versicherungsvereine auf Gegenseitigkeit (VVaG).

Neben den Unternehmen, die dem Verband angehören, gibt es noch kleine und kleinere Krankenversicherungsvereine, die meist nur Zusatzleistungen bieten. Sie sind häufig nur berufsständisch orientiert und haben meist lediglich regional begrenzte Bedeutung.

Im Jahr 1995 ist die **Pflegeversicherung** gesetzlich eingeführt worden. Die Pflegeversicherung ist eine Pflichtversicherung für gesetzlich und privat Krankenversicherte nach dem Grundsatz »**Pflegeversicherung folgt Krankenversicherung**« (vgl. E 2.4).

Die privaten Krankenversicherer haben am 3. Juli 2003 eine Auffanggesellschaft gegründet. Die **Medicator AG** mit Sitz in Köln steht bereit, um die Erfüllung von Versicherungsverträgen zu sichern, falls ein PKV-Unternehmen in eine finanzielle Notlage gerät. Die Medicator AG verfügt über ein Haftungskapital in Höhe von 1 Mrd. €.

Alle Mitglieder des PKV-Verbandes gehören kraft Satzung auch der Medicator AG an, deren Aktienkapital im Alleinbesitz des Verbandes ist.

1.5 Rechtsgrundlagen der privaten Krankenversicherung

1.5.1 Gesetzliche Grundlagen

Rechtsquellen für die private Krankenversicherung finden sich im Bürgerlichen Gesetzbuch **(BGB)**, im Sozialgesetzbuch **(SGB)**, im Pflege-Versicherungsgesetz **(PflegeVG)** sowie im Versicherungsvertragsgesetz **(VVG)** und im Versicherungsaufsichtsgesetz **(VAG)**, ferner im EU-Recht.

Rechtsvorschriften finden sich auch im **Steuerrecht**, da die Beiträge zu einer Krankenversicherung nach dem Einkommensteuergesetz **(EStG)** im Rahmen der **Vorsorgeaufwendungen** steuerlich bis zu einer bestimmten Höhe geltend gemacht werden können (vgl. E 4.3).

Die Vollendung des europäischen Binnenmarktes und die Einführung der Pflegepflichtversicherung haben zu bedeutenden gesetzlichen Änderungen und Neuregelungen geführt.

➤ Regelungen im VVG

VVG §§ 192 ff.

Im VVG ist die »Krankenversicherung« in Kapitel 8 geregelt. Diese speziellen Vorschriften sollen im Wesentlichen sicherstellen, dass der Versicherungsschutz der substitutiven Krankenversicherung mindestens dem der gesetzlichen Krankenversicherung entspricht.

Besonderheit: Substitutive Krankenversicherung

a) Wesen der substitutiven Krankenversicherung

Unter der substitutiven Krankenversicherung ist eine Versicherung zu verstehen, die ganz oder teilweise die von der gesetzlichen Sozialversicherung gewährte Deckung im Krankheitsfall ersetzt und die mindestens dem Versicherungsschutz der GKV entspricht. Die substitutive Krankenversicherung gewährt denjenigen Personen Versicherungsschutz, die nicht versicherungspflichtig sind oder die von der Versicherungspflicht befreit sind. Für diesen Personenkreis ersetzt die PKV die fehlende oder nicht in Anspruch genommene Versicherungsmöglichkeit in der GKV. SGB VI §§ 5,6,8 VAG § 12 *VAG-Entwurf § 146*

Die substitutive Krankenversicherung umfasst regelmäßig den Bereich der Krankheitskostenversicherung (vgl. E 2.2), der Krankentagegeldversicherung (vgl. E 2.3) und der privaten Pflegepflichtversicherung (vgl. E 2.4). Nicht Gegenstand der substitutiven Krankenversicherung sind Versicherungsarten, die zusätzlich zur Sozialversicherung angeboten werden (vgl. E 2.5).

b) Besondere Rechtsvorschriften

Die substitutive Krankenversicherung darf im Inland nur nach Art der Lebensversicherung betrieben werden.

Dabei ist nach Gesetz das Folgende vorgeschrieben:

- Die Beiträge sind auf versicherungsmathematischer Grundlage (Wahrscheinlichkeitstafeln) zu berechnen.
- Die Alterungsrückstellung (vgl. E 4.1.2) ist nach HGB zu bilden. HGB § 341f
- Das ordentliche Kündigungsrecht des VR ist im Versicherungsvertrag auszuschließen.
- Dem VN ist im Versicherungsvertrag das Recht auf Vertragsänderungen durch Wechsel in andere Tarife einzuräumen (vgl. E 4.1.5).

Diese Bestimmungen gelten entsprechend für die nichtsubstitutive Krankenversicherung, sofern sie nach Art der Lebensversicherung betrieben wird. VAG § 12 (5) *VAG-Entwurf § 147*

Die in- und ausländischen PKV-Unternehmen, die in Deutschland die private Krankenversicherung als substitutive Krankenversicherung anbieten, sind verpflichtet, ihre Allgemeinen Versicherungsbedingungen (AVB) vor der erstmaligen Verwendung und bei jeder späteren Änderung der Aufsichtsbehörde vorzulegen. Die Aufsichtsbehörde verlangt in der substitutiven Krankenversicherung auch die Vorlage der technischen Berechnungsgrundlagen, also der Ausgangswerte für die Beitragsberechnung. Die Tarifvorlagepflicht beschränkt sich allerdings auf inländische VU.

Die Überwachung der im VAG niedergelegten Grundsätze für die Berechnung der Beiträge und der versicherungsmathematischen Rückstellungen übernimmt ein Verantwortlicher Aktuar. VAG § 12 (2) *VAG-Entwurf § 156*

c) Spartentrennungsgebot

Für die substitutive Krankenversicherung gilt in Deutschland das Spartentrennungsgebot. Der Betrieb der substitutiven Krankenversicherung muss getrennt von anderen Versicherungssparten betrieben werden. Das Spartentrennungsgebot gilt für inländische Unternehmen und für Versicherungen aus Drittstaaten, nicht jedoch für VR aus anderen EU- oder Vertragsstaaten des europäischen Wirtschaftsraumes (EWR). In Deutschland können Schaden- und Unfallversicherungsunternehmen nur die nichtsubstitutive Krankenversicherung betreiben.

➤ Regelungen im VAG

VAG §§ 12 §§ 12a–f *VAG-Entwurf § 147, 148, 150, 155, 157, 160*

In das VAG wurden die »Richtlinien für die Aufstellung technischer Geschäftspläne in der Krankenversicherung« übernommen. Für in- und ausländische VR ist damit im Bereich der Voll- und Pflegeversicherung die Kalkulation der Beiträge im Anwartschaftsdeckungsverfahren mit der Bildung von Alterungsrückstellungen verbindlich vorgeschrieben. Ferner enthält das VAG die Spezialvorschriften für die nach Art der Lebensversicherung betriebene substitutive Krankenversicherung sowie Regelungen über den Basistarif und den Notlagentarif.

Hinweis:

Am 22. Okt. 2014 wurde der Entwurf für ein neues VAG vorgelegt (Bundestag-Drucksache 18/**2956**), mit dem die Finanzaufsicht über Versicherungen modernisiert werden soll. Das neue VAG soll am 01. Jan. 2016 in Kraft treten (zu Einzelheiten, vgl. Abschnitt F). Soweit das VAG in diesem Lehrbuch zitiert ist, ist sowohl die Fundstelle im aktuellen VAG als auch im VAG-Entwurf (kursiv dargestellt) angegeben.

➤ Regelungen im SGB

SGB V §§ 257 (2a)

Die substitutive Krankenversicherung hat auch im fünften Buch des SGB Eingang gefunden.

Die Gesundheitsreform 2007 hat durch das GKV-WSG auch zahlreiche Änderungen für die PKV gebracht. Diese finden im fünften Buch des Sozialgesetzbuches ihren Niederschlag. Im fünften Buch des SGB finden sich auch Regelungen zur substitutiven Krankenversicherung.

SGB XI § 23

Aufgrund der Vorschrift des Artikels 1 PflegeVG ist ferner das 11. Buch des SGB geschaffen worden, in dem Bestimmungen für die private Pflegepflichtversicherung enthalten sind, so z. B. die Versicherungspflicht in der Pflegepflichtversicherung für Versicherte der privaten Krankenversicherung, sowie Regelungen über den Basistarif.

1.5.2 Vertragliche Grundlagen

Die konkreten vertraglichen Grundlagen der PKV werden durch die Allgemeinen Versicherungsbedingungen (AVB) geschaffen. Die AVB für die **Krankheitskosten- und Krankenhaustagegeldversicherung** sowie die **Krankentagegeldversicherung** bestehen aus:

- Musterbedingungen des PKV-Verbandes (brancheneinheitlich)
- *Tarifbedingungen* (unternehmensspezifisch)
- Tarife (unternehmensspezifisch)

Die Musterbedingungen sind unverbindliche Empfehlungen des PKV-Verbandes für die Gestaltung von Versicherungsbedingungen. Sie definieren unter anderem den Umfang des Versicherungsschutzes sowie die Rechte und Pflichten der VN. Die Musterbedingungen »gewährleisten einen Qualitätsstandard und sichern dem Versicherungsnehmer die Gewissheit eines ausgewogenen Vertragswerkes« (PKV-Verband).

Der PKV-Verband hat für die vorgenannten Krankenversicherungen folgende Musterbedingungen entwickelt:

Proximus 3 BE S. 180 S. 187

- Musterbedingungen für die **Krankheitskosten- und Krankenhaustagegeldversicherung** (MB/KK 2009), Stand: Juli 2013
- Musterbedingungen für die **Krankentagegeldversicherung** (MB/KT 2009), Stand: Juli 2013

Für weitere Tarife der privaten Krankenversicherung gibt es brancheneinheitliche Versicherungsbedingungen:

- Allgemeine Versicherungsbedingungen **Private Studentische Krankenversicherung** (MB/PSKV 2009), Stand: Mai 2014 Proximus 3 BE
- Allgemeine Versicherungsbedingungen **Basistarif** (MB/BT 2009), Stand: Juli 2013 S. 214
- Allgemeine Versicherungsbedingungen für den **Standardtarif** (MB/ST 2009), Stand: Sept. 2013 S. 213
- Musterbedingungen für die **ergänzende Pflegekrankenversicherung** (MB/EPV 2009), Stand: Juli 2013 S. 211
- Musterbedingungen für die staatlich geförderte **ergänzende Pflegeversicherung** (MB/GEPV 2013) S. 205
- Allgemeine Versicherungsbedingungen für die **private Pflegepflichtversicherung**. S. 193

  Die AVB bestehen bei der privaten Pflegepflichtversicherung aus:
  - Bedingungsteil MB/PPV 2014
  - Zusatzvereinbarungen
  - Tarif PV mit den Tarifstufen PVN und PVB
    (PVN = Personen ohne Beihilfeanspruch bei Pflegebedürftigkeit)
    (PVB = Personen mit Beihilfeanspruch)
- Allgemeine Versicherungsbedingungen für den **Notlagentarif** (AVB/NLT 2013) S. 222

Im **Proximus 3 Bedingungswerk** sind die Allgemeinen Versicherungsbedingungen (Seite 180–227) von den Tarifbedingungen (Seite 228–252) getrennt. Die Tarife befinden sich auf den Seiten 260–271.

Lernkontrollen zu E 1

Grundversorgung der GKV

1 Beschreiben Sie die wesentlichen Aufgaben der gesetzlichen Krankenversicherung (GKV).

2 Mit der Gesundheitsreform 2007 wurde eine »Versicherungspflicht für alle« eingeführt. Stellen Sie die Regelungen hierzu in ihren Grundzügen dar.

3 Welche Gruppen umfasst der versicherte Personenkreis der GKV?

4 Wer ist zur freiwilligen Versicherung in der GKV berechtigt?

5 Das Ehepaar Kunzmann bekommt im Januar 2015 erstmals Nachwuchs. Das Kind soll im Rahmen der Familienversicherung bei der Ehefrau in der gesetzlichen Krankenkasse mitversichert werden. Herr Kunzmann ist seit sechs Jahren privat krankenversichert. Er bezieht ein monatliches Bruttoentgelt in Höhe von derzeit 4 750,00 €. Seine Ehefrau Hannelore ist Mitglied einer Ersatzkasse. Ihr monatliches Bruttoeinkommen beträgt zur Zeit 3 400,00 €. Frau Kunzmann wird nach der Geburt der Tochter weiterhin einer Beschäftigung nachgehen.

- **Arbeitsauftrag**
Analysieren Sie die Situation und beraten Sie Familie Kunzmann.

6 Welche Leistungen stehen den Versicherten der gesetzlichen Krankenversicherung nach SGB V grundsätzlich zu?

7 Erläutern Sie, was unter »Check-up 35« zu verstehen ist.

8 Welche Belastungsgrenzen gibt es bei Zuzahlungen?

9 Durch das GKV-WSG, das u. a. zu Änderungen des SGB geführt hat, erhalten die gesetzlichen Krankenkasse die Möglichkeit, für ihre Versicherten Wahltarife anzubieten. Welche Tarife müssen die Kassen ab 1. April 2007 anbieten und welche Tarife können sie anbieten?

10 Herr Klein, gesetzlich bei einer Ersatzkasse versichert, beabsichtigt zum 1. Okt. 2015 zu einer günstigeren Betriebskrankenkasse zu wechseln. Wann muss Herr Klein bei seiner bisherigen Krankenkasse spätestens kündigen?

11 Welche Personenkreise kommen für den Abschluss einer Krankheitskosten-Vollversicherung infrage?

12 Welche Bedeutung haben die Jahresarbeitsentgeltgrenze und die Beitragsbemessungsgrenze?

13 Herr Winter hat sein Hochschulstudium erfolgreich beendet. Er nimmt ab 1. Juli 2015 erstmals eine Beschäftigung auf und bezieht bei einem namhaften deutschen Softwarehaus ein Monatsgehalt in Höhe von 4 700,00 €. Prüfen Sie, ob und wann Herr Winter sich privat krankenversichern kann.

14 Frau Meister bezieht in der Zeit vom 1. Januar bis 31. August 2014 ein monatliches Entgelt in Höhe von 4 250,00 €. Am 1. September 2014 erhält sie eine Gehaltserhöhung. Das neue Monatsgehalt beträgt bis zum Jahresende 2014 jeweils 4 600,00 € monatlich. Wann kommt frühestens für Frau Meister Versicherungsfreiheit nach den gesetzlichen Regelungen in Betracht?

15 Welche Personen können sich grundsätzlich von der Versicherungspflicht in der GKV befreien lassen?

16 Herr Hollerbach bezieht ein monatliches Bruttogehalt in Höhe von 3 800,00 €. Er erhält eine Urlaubsvergütung von 1 900,00 € sowie ein 13. Monatsgehalt als Weihnachtsgratifikation. Der Arbeitgeber gewährt Herrn Hollerbach eine monatliche Zulage für vermögenswirksame Leistungen in Höhe von 40,00 € monatlich sowie einen monatlichen Familienzuschlag von 60,00 € monatlich. Herr Hollerbach erhält außerdem eine einmalige jährliche Gewinnbeteiligung in Höhe von 1 500,00 €. Berechnen Sie das regelmäßige Jahresarbeitsentgelt im Sinne des § 6 Abs. 1 Nr. 1 SGB V.

17 Unter welchen Voraussetzungen ist der Arbeitgeber verpflichtet, seinem Arbeitnehmer einen Beitragszuschuss zur privaten Krankenversicherung zu gewähren?

18 Der kaufmännische Angestellte Martin Bohrmann erscheint in der Agentur Hans Müller der Proximus Krankenversicherung AG, um beraten zu werden.

Sein Arbeitgeber hat ihm schriftlich mitgeteilt, dass er wegen Erhöhung der Jahresarbeitsentgeltgrenze zu Beginn des neuen Kalenderjahres erstmals wieder versicherungspflichtig wird. Er will wissen, wie er das verstehen soll. Schließlich habe Herr Müller ihm seinerzeit zugesichert, dass seine private Krankenversicherung bei der Proximus Krankenversicherung AG die gesetzliche Krankenversicherung ersetzen kann, zumal sie nicht nur die gleichen Leistungen wie die gesetzliche Krankenversicherung, sondern noch darüber hinausgehende Leistungen erbringe.

Vertragsdaten

Martin Bohrmann, geb. 14. März 1970

Familienstand: ledig

Versicherungsbeginn: 01. Januar 2005

– Krankheitskosten-Vollversicherung Versicherte Leistungen:			
ambulante Heilbehandlung	(A0)	Monatsbeitrag	313,74 €
stationäre Heilbehandlung	(S1)	Monatsbeitrag	151,94 €
zahnärztliche Behandlung	(Z2)	Monatsbeitrag	68,63 €
– Krankentagegeldversicherung Leistung ab dem 43. Tag (50,00 € pro Tag)	(KT)	Monatsbeitrag	33,80 €
– Pflegepflichtversicherung	(PVN)	Monatsbeitrag	21,84 €

Arbeitsauftrag

Beraten Sie Herrn Bohrmann sachgerecht und teilen Sie ihm mit, was er ggf. unternehmen muss.

19 Sie erhalten folgendes Schreiben Ihres VN Thomas Roth:

»Mein bisheriger Arbeitgeber hat aus Altersgründen seinen Betrieb aufgegeben. Deshalb werde ich ab 01. Juli d.J. arbeitslos sein. Ich muss damit rechnen, evtl. bis Ende des Jahres keine neue Arbeitsstelle zu finden. Bitte teilen Sie mir kurzfristig mit, ob ich meinen privaten Krankenversicherungsschutz jetzt aufgeben und in die gesetzliche Krankenversicherung wechseln muss. Gerne erwarte ich Ihre Antwort.«

- **Auszug aus dem Vertragsspiegel**

Name:	Thomas Roth
Familienstand:	ledig
Geburtsdatum:	24. März 1972
Vertragsbeginn:	01. Januar 2006
Tarife:	Krankheitskosten-Vollversicherung:
	ambulant (A1)
	stationär (S1)
	Zahnbehandlung und -ersatz (Z2)
	Pflegepflichtversicherung (PVN)
Gesamtbeitrag:	418,48 €
Zahlungsweise:	monatlich

- **Arbeitsauftrag**

  Antworten Sie dem VN sachgerecht.

Rechtsquellen der PKV

20 Welche rechtlichen Bestimmungen liegen der PKV zugrunde?

21 Substitutive Krankenversicherung

a) Erklären Sie, was unter einer substitutiven Krankenversicherung zu verstehen ist.

b) Welche Versicherungsarten sind nicht Gegenstand der substitutiven Krankenversicherung?

c) Welche Regelungen sieht § 12 VAG für die nach Art der Lebensversicherung betriebene Krankenversicherung vor?

22 Aus welchen Teilen bestehen in der Regel die AVB in der PKV?

23 Für welche Tarife gibt es brancheneinheitliche Versicherungsbedingungen des PKV-Verbandes?

2 Versicherungsarten und Leistungen

2.1 Einteilung der Versicherungsarten

Übersicht: Versicherungsarten

Krankheitskostenversicherung	**Sonstiges**
Krankentagegeldversicherung	• Ambulante Ergänzungsversicherung • Krankenhaus-Zusatzversicherung • Krankenhaustagegeldversicherung • Pflegeergänzungsversicherung • Auslandsreise-Krankenversicherung • Kurversicherung • Private studentische Krankenversicherung • Anwartschaftsversicherung • Gruppenversicherung • Restschuldversicherung
Pflegepflichtversicherung	

Übersicht: Vertragstypische Leistungen nach § 192 VVG

Krankheitskosten § 192 Abs. 1 – 3 VVG	**Krankenhaustagegeld** § 192 Abs. 4 VVG	**Krankentagegeld** § 192 Abs. 5 VVG
Aufwendungen für medizinisch notwendige Heilbehandlung wegen Krankheit oder Unfallfolgen und für sonstige vereinbarte Leistungen einschließlich solcher bei Schwangerschaft und Entbindung sowie für ambulante Vorsorgeuntersuchungen zur Früherkennung von Krankheiten nach gesetzlich eingeführten Programmen.	Zahlung eines Tagegeldes für jeden Kalendertag medizinisch notwendiger stationärer Behandlung zur teilweisen oder vollständigen Deckung der Differenz zwischen den Erstattungsbeträgen aus der Krankheitskostenversicherung und den tatsächlich mit dem Krankenhausaufenthalt verbundenen Kosten.	Ersatz des Verdienstausfalls, der als Folge von Krankheit oder Unfall durch Arbeitsunfähigkeit entsteht, durch Zahlung des vereinbarten Krankengeldes.
↓	↓	↓
Schadenversicherung	**Summenversicherung**	**Summenversicherung**

Die PKV enthält sowohl Elemente der Schaden- als auch der Summenversicherung. Die **Schadenversicherung** beruht auf dem Prinzip der **konkreten Bedarfsdeckung.** In der PKV wird hauptsächlich die Krankheits**kosten**versicherung als Schadenversicherung betrieben.

MB/KT 2009 § 4 (2)

Die **Krankenhaustagegeld-** und die **Krankentagegeldversicherung** sind der **Summenversicherung** zuzuordnen, da die üblicherweise vereinbarten Leistungen dem Prinzip der **abstrakten Bedarfsdeckung** folgen. Bei beiden Versicherungsarten besteht kein Bereicherungsverbot. Nach den Versicherungsbedingungen darf allerdings das Krankentagegeld zusammen mit sonstigen Krankentage- und Krankengeldern den Tagessatz des Nettoeinkommens nicht übersteigen.

VVG § 192 (5)

Die im VVG zur Krankentagegeldversicherung gewählte Wortwahl »vereinbartes Tagegeld« einerseits und »Ersatz des Verdienstausfalls« andererseits gestattet die Ausgestaltung der Krankentagegeldversicherung nicht nur als Summenversicherung, sondern auch als Schadenversicherung.

MB/PPV 2014 § 1 (1)

Die **Pflegepflichtversicherung** geht zunächst vom Grundsatz der **konkreten Bedarfsdeckung** aus, da sie die Aufwendungen für die Pflege der Versicherten decken soll. Sie enthält aber auch Elemente einer Summenversicherung, da anstelle von Aufwendungsersatz ein Pflegegeld beantragt werden kann.

Die Angebotspalette der PKV-Unternehmen umfasst darüber hinaus eine große Anzahl weiterer Versicherungsarten (vgl. E 2.5).

2.2 Krankheitskostenversicherung

2.2.1 Gegenstand der Versicherung

Die Krankheitskostenversicherung bietet Versicherungsschutz für Krankheiten und Unfälle und andere im Vertrag genannte Ereignisse.

MB/KK 2009 § 1 (2)

Als Versicherungsfall gelten:

- medizinisch notwendige Heilbehandlung einer versicherten Person wegen Krankheit oder Unfallfolgen,

BGH 2003

  Der BGH entschied in einem Urteil, dass die medizinisch notwendige Heilbehandlung keine Beschränkung der Leistungspflicht des VR auf die kostengünstigste Behandlung bedeutet. Private Krankenversicherer müssen ihren Kunden auch teure Spezialbehandlungen in Privatkliniken bezahlen (BGH-Urteil vom 12. März 2003 AZ: IV ZR 278/01).

- Untersuchung und notwendige Behandlung wegen Schwangerschaft und Entbindung,
- ambulante Untersuchungen zur Früherkennung von Krankheiten nach gesetzlich eingeführten Programmen (gezielte Vorsorgeuntersuchungen),
- Tod, soweit hierfür Leistungen vereinbart sind.

TB § 1 zu Abs. 2b ba) Proximus 3 TA S. 228

Die **Tarifbedingungen** der Proximus Krankenversicherung AG sehen vor, dass die Versorgung in einem stationären Hospiz als Versicherungsfall gilt, sofern eine Krankheitskosten-Vollversicherung (siehe nachstehend unter a) besteht.

VVG § 192

Im VVG sind die vertragstypischen Leistungen bei der Krankheitskostenversicherung gesetzlich festgeschrieben.

Die Krankheitskostenversicherung kann als **Krankheitskosten-Vollversicherung** und **Krankheitskosten-Teilversicherung** vereinbart sein.

a) Krankheitskosten-Vollversicherung

Eine Krankheitskosten-Vollversicherung liegt vor, wenn mindestens

- die ambulante **und**
- die stationäre Heilbehandlung

versichert sind. In der Regel sind auch die Zahnbehandlungs- und Zahnersatzkosten in den Versicherungsschutz mit eingeschlossen.

Die Krankheitskosten-Vollversicherung wendet sich damit an alle Personen, die nicht der gesetzlichen Krankenversicherungspflicht unterliegen oder von dieser befreit sind.

b) Krankheitskosten-Teilversicherung

Eine Krankheitskosten-Teilversicherung umfasst Leistungen **entweder** für ambulante **oder** stationäre Behandlung, für Zahnbehandlung oder Kurkosten. Man unterscheidet die **selbstständige** und **unselbstständige** Teilversicherung.

➤ Selbstständige Teilversicherung

Die **selbstständige Teilversicherung** kann **allein** abgeschlossen werden und kommt in der Praxis vor allem als **ambulante Ergänzungsversicherung** (vgl. E 2.5.1) und **Krankenhaus-Zusatzversicherung** (vgl. E 2.5.2) vor. Sie wird von gesetzlich versicherten Personen gewählt, um den Versicherungsschutz der GKV zu ergänzen bzw. zu erweitern.

➤ Unselbstständige Teilversicherung

Die **unselbstständige Teilversicherung** kann nur zusätzlich zu einer Versicherung nach einem selbstständigen Tarif bei demselben Unternehmen abgeschlossen werden.

Beispiele:

- Herr Maier ist bereits privat krankenversichert. Da bei seinem bisher vereinbarten Tarif für Zahnbehandlung und Zahnersatz ein in der Höhe beschränkter Leistungsanspruch besteht, schließt er einen Zusatztarif für Zahnbehandlung und Zahnersatz ab. Dieser unselbstständige Zusatztarif kann nur zusammen mit dem bereits vereinbarten Tarif bestehen.
- Herr Müller möchte bei einem PKV-Unternehmen eine Kurtagegeldversicherung abschließen. Der Außendienstmitarbeiter erklärt ihm, dass eine Kurtagegeldversicherung nur von Kunden abgeschlossen werden kann, für die gleichzeitig bei demselben Unternehmen eine Krankheitskosten-Vollversicherung besteht.

2.2.2 Leistungsarten

Übersicht: Versicherungsarten

Leistungen

Tarif für ambulante Heilbehandlung	Tarif für stationäre Heilbehandlung	Tarif für zahnärztliche Behandlung
• ärztliche Beratung • Untersuchungen • Vorsorge-untersuchungen • Laborleistungen • Röntgenleistungen • ambulante Operationen • Arzneimittel • Verbandsmittel • Heilmittel • Hilfsmittel • Heilpraktiker-behandlung/Osteopathie • Transporte und Fahrten • Entbindungen	• ärztliche Leistungen einschl. Operationen • Unterbringung und Verpflegung • Krankenhausneben-leistungen für Diagnostik und Therapie • Leistungen der Hebamme • Krankenhaus-transporte • Kur- und Sanatoriumsbehandlung	• zahnärztliche Leistungen • Zahnersatz • Kieferorthopädie • Material- und Laborleistungen • Implantologie

MB/KK 2009 § 1 (1) Im Versicherungsfall wird der Ersatz von Aufwendungen für Heilbehandlung und sonst vereinbarte Leistungen gewährt.

Art und Höhe der Versicherungsleistungen bestimmen sich nach dem gewählten **Tarif** und den zugehörigen **Tarifbedingungen**.

Grundsätzlich können die nachfolgenden Tarife unterschieden werden:

a) Tarif für ambulante Heilbehandlung

Die Kosten für folgende Leistungen können als erstattungsfähig vorgesehen sein:

- **Arztbehandlungen**

  Diese umfassen die ärztlichen Beratungen, Hausbesuche, Untersuchungen, ambulante Operationen, Vorsorgeuntersuchungen, Sonderleistungen (z. B. Röntgendiagnostik und -therapie).

  Aufwendungen für ambulante **psychotherapeutische Behandlungen** werden in der Regel nicht unbeschränkt übernommen.

Beispiele aus Proximus 3 (Seite 258 f.):

- Ambulante Psychotherapie (ambulante Tarife A 0 – A 2) : 100 %, max. 30 Sitzungen/Kalenderjahr, darüber hinaus Leistungszusage erforderlich
- Ambulante Psychotherapie (Kompakttarif KPT) : 100 %, max. 10 Sitzungen/Kalenderjahr

§ 4 (2) Der versicherten Person steht die Wahl unter den niedergelassenen approbierten Ärzten und Zahnärzten frei.

- **Heilpraktikerbehandlung und Osteopathie**
- **Leistungen der Hebammen und Entbindungspfleger**
- **Schutzimpfungen**

  Hiervon sind Schutzimpfungen aus Anlass von Auslandsreisen regelmäßig ausgenommen.
- **Arzneimittel**

  Arzneimittel sind alle aus der Apotheke bezogenen Medikamente, die ärztlich verordnet und medizinisch notwendig sind.

  Nähr-, Stärkungs- und kosmetische Mittel sowie Mineralwasser und Badezusätze gelten nach den Tarifbedingungen nicht als Arzneimittel.
- **Heilmittel**

  Als Heilmittel gelten ausschließlich die Anwendungen der physikalischen Medizin.

  Beispiele:
  Bäder, Massagen, Inhalationen, Bestrahlungen, Krankengymnastik, Elektrotherapie.
- **Hilfsmittel**

  Hilfsmittel sind vor allem technische Mittel, die körperliche Behinderungen unmittelbar mildern oder ausgleichen sollen.

  Zu ihnen gehören z. B. Sehhilfen (Brillen), Hörgeräte, orthopädische Hilfsmittel, Krankenfahrstühle, Heimdialysegeräte nach entsprechender ärztlicher Verordnung.
- **Krankentransporte**

  Beim ambulanten Tarif kann die Kostenerstattung für Transporte zum oder vom nächstgelegenen Arzt vorgesehen sein.

Grundsätzlich gilt, dass die VR im vertraglichen Umfang für Untersuchungs- und Behandlungsmethoden und Arzneimittel leisten, die von der Schulmedizin überwiegend anerkannt sind. Ferner wird für Arzneimittel und Methoden geleistet, die sich in der Praxis als ebenso erfolgversprechend bewährt haben oder die angewandt werden, weil keine schulmedizinischen Arzneimittel oder Methoden zur Verfügung stehen. Der VR kann für diesen Fall die Leistungen jedoch auf den Betrag kürzen, der bei Anwendung vorhandener schulmedizinischer Arzneimittel oder Methoden angefallen wäre. MB/KK 2009 § 4 (6)

b) Tarife für stationäre Heilbehandlung

Zunächst gilt für die Krankheitskostenversicherung, dass der Versicherte die **freie Wahl** unter den öffentlichen und privaten Krankenhäusern hat, die § 4 (4)

- unter ständiger ärztlicher Leitung stehen,
- über ausreichende diagnostische und therapeutische Möglichkeiten verfügen,
- Krankengeschichten führen.

Für Behandlungen in gemischten Anstalten muss vor Behandlungsbeginn die schriftliche Kostenzusage des VR eingeholt werden. § 4 (5)

Gemischte Anstalten sind Krankenhäuser, die neben medizinisch notwendigen Heilbehandlungen auch Kur- bzw. Sanatoriumsbehandlungen durchführen bzw. Rekonvaleszenten (Genesende) aufnehmen.

Bei Tuberkulose-Erkrankungen (Tbc) wird in vertraglichem Umfange auch für die stationäre Behandlung in Tbc-Heilstätten und –Sanatorien geleistet.

Die Bundesanstalt für Finanzdienstleistungsaufsicht (BaFin) hat darauf hingewirkt, dass auch bei erst nachträglicher Leistungsprüfung durch den VR der Einwand fehlender vorheriger Leistungszusage in der Regel nicht erhoben wird, wenn sich eindeutig feststellen lässt, dass die stationäre Behandlung medizinisch notwendig war. Dies bedeutet, dass der VR nach erfolgter Behandlung prüft, ob eine stationäre Heilbehandlung stattfand oder ob lediglich eine Sanatoriumsbehandlung vorlag.

Liegt eine Behandlung in einer gemischten Anstalt vor, der keine vorherige Leistungszusage durch den VR vorausging, dann erstatten die Versicherungsunternehmen meistens nur ein Tagegeld für Kur- oder Sanatoriumsaufenthalt. Voraussetzung dafür ist allerdings, dass dieses Tagegeld tariflich vereinbart wurde. Weitere Leistungen (Kosten der Heilbehandlung, Unterbringung usw.) erstatten die VR nicht.

Der VR ersetzt im tariflichen Umfang die Abrechnungen für **allgemeine Krankenhausleistungen** (ärztliche Leistungen, Pflege usw.) und **Wahlleistungen** (z. B. Zwei- oder Einbettzimmer, privatärztliche Behandlung).

Zur Abrechnung der Krankenhausleistung nach der Bundespflegesatzverordnung und zur Leistungsabrechnung durch den VR, vgl. E 6.2.

c) Tarif für zahnärztliche Behandlung

Die Tarife können Leistungen vorsehen für:

- zahnärztliche Behandlung,
- Zahnersatz, (z. B. Inlays, Implantate)
- Kieferorthopädie,
- Zahnprophylaxe (z. B. professionelle Zahnreinigung)

Bei Zahnersatz und Kieferorthopädie ist in der Regel vor Behandlungsbeginn dem VR ein Heil- und Kostenplan vorzulegen.

Besonderheiten:

(1) Vereinbarung zusätzlicher Dienstleistungen in der Krankheitskostenversicherung

VVG § 192 (3)

Das VVG sieht vor, dass zusätzliche Dienstleistungen als Inhalt der Krankheitskostenversicherung vereinbart werden **können**. Die zusätzlichen Dienstleistungen bestehen insbesondere in Service, Beratung oder Unterstützung des VN im Zusammenhang mit der Erbringung versicherter Leistungen. Sie können u. a. auch die **Direktabrechnung** mit den medizinischen Leistungserbringern (z. B. Krankenhäuser, Ärzte) umfassen.

Mit der gesetzlichen Änderung werden Möglichkeiten zum **Managed Care** umgesetzt. Unter Managed Care wird häufig eine Vielzahl unterschiedlicher Arten von Maßnahmen zur Kostensteuerung subsumiert, z. B. Disease Management (Behandlung schwerer chronischer Erkrankungen anhand von evidenzbasierten medizinischen Leitlinien), Case Management (umfassende Betreuung und Therapie schwerer Einzelfallerkrankungen), Klinikketten in Trägerschaft von Versicherungsunternehmen etc.

(2) Auskunftsansprüche des VN

➤ Auskunft über den Umfang des Versicherungsschutzes

Der VN kann vor Beginn einer Heilbehandlung, deren Kosten voraussichtlich 2 000,00 € überschreiten werden, in Textform vom VR Auskunft über den Umfang des Versicherungsschutzes für die beabsichtige Heilbehandlung verlangen. Bei Beihilfeberechtigten beträgt die Summe 1 000,00 €. MB/KK 2009 § 4 (7) VVG § 192 (8)

Der VR muss in dringlichen Fällen unverzüglich, d. h. spätestens innerhalb von zwei Wochen antworten, ansonsten nach vier Wochen. Der VR ist verpflichtet lediglich innerhalb der Frist, und zwar auf der Grundlage der vorgelegten Unterlagen, zu antworten. Er muss seine Antwort begründen, aber nicht über die Leistung entscheiden. Die Auskunft des VR ist keine Leistungszusage. Sofern die Fristen nicht eingehalten werden, gilt hinsichtlich der medizinischen Notwendigkeit eine Beweislastumkehr.

➤ Auskunft über und Einsicht in Gutachten oder Stellungnahmen der Leistungsprüfung

Der VN oder die versicherte Person kann selbst Auskunft über und Einsicht in Gutachten oder Stellungnahmen verlangen, die der VR bei der Prüfung seiner Leistungspflicht über die Notwendigkeit einer medizinischen Behandlung eingeholt hat. Die bisherige Einschränkung auf einen Arzt oder Rechtsanwalt als Empfänger der Auskunft gilt nur noch, wenn therapeutische oder sonstige erhebliche Gründe entgegenstehen. MB/KK 2009 § 4 (8) VVG § 202 (1)

2.2.3 Tarifformen der Krankheitskostenversicherung

Umfang und Höhe der Versicherungsleistung werden einerseits durch die AVB und den gewählten Tarif mit seinen Tarifbedingungen, andererseits aber auch durch die versicherte Tarifform bestimmt.

Grundsätzlich kennt man die folgenden Tarifformen:

a) 100 %-Tarif

Der Hundertprozenttarif sieht die Erstattung aller Kosten vor.

Beispiele:

- Ambulante Heilbehandlung: 100 %ige Kostenerstattung ohne Selbstbeteiligung.
- Stationäre Heilbehandlung: 100 %ige Erstattung der Aufwendungen für ärztliche Leistungen, Pflegekosten und wunschgemäße Unterbringung im Ein- oder Zweibettzimmer.

b) Selbstbehalttarif

Der Selbstbehalttarif soll den Kunden an den Behandlungskosten beteiligen. Er wird auch als **Franchisetarif** bezeichnet. Der VR kürzt den Erstattungsbetrag um den vereinbarten Abzug (Selbstbehalt bzw. Abzugsfranchise).

Die Selbstbehalte können z. B. mit einem jährlichen absoluten Betrag oder einer prozentualen Selbstbeteiligung ausgestattet sein.

Beispiel:

Für Herrn Winter besteht bei der Proximus Krankenversicherung AG eine Krankheitskosten-Vollversicherung. Im ambulanten Bereich wurde der Tarif A1 vereinbart, der eine jährliche Selbstbeteiligung von 360,00 € vorsieht. Herr Winter reicht im Kalenderjahr 2013 folgende Rechnungen zur Erstattung ein:

Behandlungsdatum	Rechnungsart	Rechnungsbetrag	Erstattung
10.02.2015	Rezept	120,00 €	0,00 € ①
17.06.2015	ärztliche. Behandlung.	640,00 €	400,00 € ②
04.09.2015	Hilfsmittel, Rezept	210,00 € 40,00 €	210,00 € 40,00 €

Erläuterung:

① 120,00 € der Selbstbeteiligung von 360,00 € werden mit dem Rechnungsbetrag verrechnet. Die Erstattung beträgt 0,00 €.

② Die noch nicht verrechneten 240,00 € der Selbstbeteiligung von 360,00 € werden verrechnet, so dass nur 400,00 € vom Rechnungsbetrag erstattet werden.

Der VN erhält also erst dann eine Erstattung, wenn 360,00 € Selbstbeteiligung vollständig verrechnet worden sind.

Krankheitskosten-Vollversicherungen mit einem größeren absoluten Selbstbehalt, etwa ab 500,00 € je versicherte Person und Kalenderjahr, werden als **Großschadentarife** bezeichnet.

c) Quotentarif

Dieser Tarif sieht eine Selbstbeteiligung in prozentualer Form vor. Die versicherten Kosten werden in Höhe der vereinbarten Quote erstattet (z.B. 50 %, 30 %, 20 %). Der Quotentarif ist vornehmlich auf die Bedürfnisse der beihilfeberechtigten Personen (Beamte u.dgl.) zugeschnitten.

d) Kompakttarif

Bei Kompakttarifen werden die verschiedenen Leistungen mehrerer Bereiche (ambulante, stationäre und zahnärztliche Versorgung) miteinander kombiniert. Sie sind als Paket von Versicherungsleistungen konzipiert.

Zusatztarife für Leistungserweiterungen sind bei Kompakttarifen möglich und üblich. Die Kompakttarife sind für beitragsorientierte Zielgruppen konzipiert (z.B. junge Selbstständige).

Beispiel: Proximus Krankenversicherung AG

Der Kompakttarif (KPT) enthält u.a. folgende erstattungsfähigen Aufwendungen:

- 80 % ambulante Heilbehandlung, max. 5 000,00 € Selbstbehalt
- 100 % Zahnbehandlung
- 50 % Zahnersatz
- 90 % Kieferorthopädie
- Mehrbettzimmer ohne privatärztliche Behandlung

e) Optionstarif

Dieser Tarif sieht vor, dass dem Kunden bei Vertragsabschluss die Möglichkeit eingeräumt wird, bis zu einem bestimmten Termin den Versicherungsschutz ohne erneute Wartezeiten und Erschwernisse in einen leistungsstärkeren Tarif umzustellen. Der Optionstarif sieht als Zielgruppe ebenso vor:

- Arbeitnehmer, die noch nicht in die PKV wechseln können;
- freiwillig GKV-Versicherte, die durch Abschluss eines Wahltarifs gemäß § 53 SGB V an ihre Krankenkasse gebunden sind (vgl. E 1.2.5).

f) Beitragsentlastungsvereinbarung (BEV)

Es handelt sich um eine Krankheitskostenversicherung mit einer gegenüber anderen Tarifen modifizierten Beitragszahlung. Der VN zahlt, abhängig von Eintrittsalter und Geschlecht, einen zusätzlichen Mehrbeitrag. Dieser Mehrbeitrag bringt ihm ab dem 65. Lebensjahr eine Beitragsreduzierung. Die Beitragsreduktion wird vom VR garantiert. Hinzu kommt noch eine Überschussbeteiligung, die aus der Anlage des Mehrbeitrages resultiert.

Beispiel:
Ein 30-jähriger Mann zahlt heute 12,97 € mehr an Monatsbeitrag. Dafür ermäßigt sich unter Einbezug der Überschussbeteiligung sein Monatsbeitrag ab dem 65. Lebensjahr um 50,00 € nach dem Tarif BEV im Proximus 3 Bedingungswerk.

g) Standardtarif

Der Standardtarif ist ein brancheneinheitlicher Tarif in der PKV und erfüllt seit seiner gesetzlichen Einführung im Jahr 1994 eine soziale Schutzfunktion.Er garantiert den aufnahmefähigen und versicherungsfähigen Privatversicherten, dass sie keinen höheren Beitrag zahlen müssen als den durchschnittlichen Höchstbeitrag in der GKV **(Höchstbeitragsgarantie)**. Ziel des Standardtarifs ist es, innerhalb der PKV auch im Alter eine hinreichende gesundheitliche Versorgung zu tragbaren Beiträgen sicherzustellen.

MB/KK 2009 § 19
SGB V § 257 (2 a)
MB/ST 2009 § 8a

➤ Zugangsberechtigter Personenkreis

Im Standardtarif sind versicherbar:

- Personen ab Vollendung des 65. Lebensjahres und einer Vorversicherungszeit in der privaten Krankenversicherung von mindestens 10 Jahren in einem anderen Krankheitskosten-Volltarif.
- Personen ab Vollendung des 55. Lebensjahres sowie Rentner und Pensionäre bereits vor Vollendung des 55. Lebensjahres mit zehnjähriger Vorversicherungszeit in der PKV, wenn das jährliche Gesamteinkommen die Jahresarbeitsentgeltgrenze (im Jahr 2015: 54 900,00 €) nicht übersteigt.
- Beihilfeberechtigte Personen (Beamte und ihre Familienangehörige) können ab Alter 65 mit mindestens 10-jähriger Vorversicherungszeit ohne Berücksichtigung der Jahresarbeitsentgeltgrenze oder ab Alter 55 mit Berücksichtigung der Jahresarbeitsentgeltgrenze in einen **beihilfekonformen Standardtarif** wechseln (siehe weiter unten).

- Beihilfeberechtigte Personen, die nach allgemeinen Aufnahmeregeln aus Risikogründen nicht oder nur zu ungünstigen Konditionen (also gegen Risikozuschlag) versichert werden konnten, können unabhängig von ihrem Alter, der Vorversicherungszeit und dem Einkommen und ohne Risikozuschlag in den beihilfekonformen Standardtarif wechseln. Voraussetzung ist, dass die Aufnahme
  - innerhalb der ersten sechs Monate nach der Feststellung einer Behinderung nach § 4 Abs. 1 des Gesetzes zur Sicherung der Eingliederung Schwerbehinderter in Arbeit, Beruf und Gesellschaft oder
  - innerhalb der ersten sechs Monate nach der Berufung in das Beamtenverhältnis beantragt wird.

➤ Tarifstufen

Der Standardtarif wird in zwei Tarifstufen angeboten:

- Tarifstufe STN: Personen, die keinen Anspruch auf Beihilfe haben (Normalversicherte)
- Tarifstufe STB: Personen mit Beihilfeanspruch

Der Versicherungsschutz in der Tarifstufe STB ist beihilfekonform, d.h. der Umfang des Versicherungsschutzes entspricht dem nicht von der Beihilfe gedeckten Anteil der Krankheitskosten. Besteht beispielsweise ein Beihilfeanspruch in Höhe von 70 %, dann ist auch nur der Abschluss eines Versicherungsschutzes möglich, der die restlichen 30 % der Krankheitskosten abdeckt (zum Beihilfeanspruch vgl. E 6.2).

➤ Beiträge

Der Standardtarif ist mit einer Beitragsgarantie verbunden. Der Beitrag darf den in Frage kommenden Beitrag der GKV (z.B. 14,6 % + 0,9 % von 4 125,00 € = 639,38 €) nicht übersteigen. Im beihilfekonformen Standardtarif ist der Beitrag anteilig begrenzt. Bei einem 30prozentigen Versicherungsschutz beträgt der Höchstbeitrag beispielsweise 30 % des GKV-Beitrags (30 % von 639,38 € = 191,81 €). Zu berücksichtigen ist dabei noch, dass bei einem Wechsel in den Standardtarif die Alterungsrückstellung (vgl. E 4.1.2) des bisherigen Tarifs beim gleichen Unternehmen angerechnet wird.

Für Ehepaare, die beide im Standardtarif versichert sind, gibt es – ähnlich wie in der privaten Pflegepflichtversicherung – eine Beitragsbegrenzung. Liegt das Gesamteinkommen (= Summe der Einkünfte im Sinne des EStG) unter der Jahresarbeitsentgeltgrenze, dann wird der Gesamtbeitrag auf 150 % des in Frage kommenden GKV-Beitrags limitiert. Der Höchstbeitrag für Ehegatten beträgt im Jahr 2015 somit 959,07 € (= 150 % aus 639,38 €), pro Ehegatte also 479,53 €.

➤ Leistungen

Die tariflichen Leistungen des Standardtarifs orientieren sich an den Leistungen der GKV. Die Leistungszusage kann nicht in vollem Umfang dem üblichen PKV-Standard entsprechen, da aufgrund der Beitragsgarantie nicht immer risikoadäquate Beiträge erhoben werden können. Eine Kostenerstattung ist grundsätzlich für folgende Leistungsbereiche vorgesehen:

Ambulante ärztliche Behandlung, Psychotherapie, Rettungsfahrten, häusliche Behandlungspflege, Arznei- und Verbandsmittel, Heilmittel, Hilfsmittel, zahnärztliche Behandlung, Zahnersatz, Kieferorthopädie und stationäre Behandlung im Krankenhaus. Wahlleistungen im Krankenhaus (Chefarztbehandlung, Unterbringung im Ein- oder Zweibettzimmer) sind im Standardtarif nicht versichert. Eine diese Wahlleistungen erfassende Zusatzversicherung zum Standardtarif ist nicht zulässig.

Die Ärzte sind verpflichtet, bei Versicherten mit Standardtarif die Leistungen zu reduzierten Gebührensätzen abzurechnen (vgl. E 6.2).

Da die Versicherungskonditionen des Standardtarifs und des Basistarifs nicht identisch sind, können Bestandskunden im Standardtarif wahlweise entweder im Standardtarif verbleiben oder einen Antrag auf Umstellung in den Basistarif stellen.

MB/KK 2009 § 19

Für PKV-Altkunden (Vertragsabschluss vor dem 1. Januar 2009) wurde ausdrücklich ein dauerhaftes Wechselrecht in den Standardtarif eingeräumt.

Für Neukunden mit Vertragsabschluss ab 1. Januar 2009 bleibt der Standardtarif geschlossen.

h) Basistarif

Der Basistarif muss sowohl als 100 %-Absicherung als auch beihilfekonform angeboten werden. Zudem muss er Varianten vorsehen für Jugendliche, bei denen bis zum 21. Lebensjahr keine Alterungsrückstellungen gebildet werden. Der Basistarif stellt als Krankheitskosten-Vollversicherung eine substitutive Krankenversicherung dar.

VAG § 12 (1a) *VAG-Entwurf § 152 (1)*

Ende 2013 betrug der Bestand an versicherten Personen im Baisistarif in Deutschland 26 700 Personen (Quelle: Zahlenbericht 2013, S. 30).

BVG 1BvR 706/08

Das Bundesverfassungsgericht hat die Einführung des Basistarifs für rechtens erklärt. Die dagegen gerichteten Verfassungsbeschwerden von fünf Krankenversicherungsunternehmen und drei privat krankenversicherten Beschwerdeführern hat das Bundesverfassungsgericht zurückgewiesen.

➤ Zugangsberechtigter Personenkreis

Versicherungsunternehmen sind verpflichtet, nachfolgenden Personen Versicherungsschutz im Basistarif zu gewähren:

VVG § 193 (5)

- Alle freiwillig in der GKV versicherten Personen innerhalb von sechs Monaten nach Beginn der im SGB V vorgesehenen Wechselmöglichkeit als freiwilliges Mitglied.
- Alle Personen mit Wohnsitz in Deutschland, die weder in der GKV versicherungspflichtig sind, noch Anspruch auf Leistungen nach § 2 des Asylbewerberleistungsgesetzes haben, noch Empfänger von Sozialleistungen sind, noch eine Krankheitskostenvollversicherung bei einem in Deutschland zum Geschäftsbetrieb zugelassenen Krankenversicherungsunternehmen haben.
- Alle Personen mit Beihilfeanspruch, wenn sie einen die Beihilfe ergänzenden Versicherungsschutz benötigen, der die Pflicht zur Versicherung erfüllt.
- Alle Personen mit Wohnsitz in Deutschland, die nach dem 31. Dezember 2008 eine private Krankheitskosten-Vollversicherung abgeschlossen haben.

➤ Besonderheiten im Basistarif

Für die Aufnahme in den Basistarif besteht **Kontrahierungszwang**. Eine Aufnahmepflicht besteht nur dann nicht, wenn der Antragsteller schon einmal bei dem Versicherungsunternehmen versichert war und das Unternehmen den Vertrag wegen widerrechtlicher Drohung oder arglistiger Täuschung angefochten hat oder der Versicherer wegen vorsätzlicher Verletzung der vorvertraglichen Anzeigepflicht vom Versicherungsvertrag zurückgetreten ist.

VAG § 12 (1b) *VAG-Entwurf § 152 (2)*

VVG § 193 (5)
- Im Basistarif werden keine Risikozuschläge oder Leistungsausschlüsse vereinbart.

MB/BT 2009 § 3
- Die in der PKV üblichen Wartezeiten (vgl. E 5.1) von drei bzw. acht Monaten gelten im Basistarif nicht.

§ 204 (1)
- Eine Risikoprüfung ist zur Durchführung des Risikoausgleichs und für den Fall eines Wechsels vom Basistarif in Normaltarife zulässig.

VAG § 12 (1a)
- Der Abschluss von Zusatzversicherungen neben dem Basistarif ist im Gegensatz zum herkömmlichen Standardtarif zulässig.

VAG-Entwurf § 152 (1)
- Im Unterschied zur GKV wird im Basistarif für jede versicherte Person ein eigener Beitrag erhoben. Auch für Kinder und Jugendliche sind gesonderte Beiträge zu zahlen.

➤ Wechselmöglichkeiten in den Basistarif

Bei den Wechselmöglichkeiten von einem Normaltarif in den Basistarif muss differenziert werden, ob der Wechsel innerhalb desselben Versicherungsunternehmens erfolgt oder ob der Wechsel zu einem anderen Versicherungsunternehmen vorgenommen wird.

Übersicht: Wechselmöglichkeiten

Wechselrecht innerhalb desselben VU § 204 Abs. 1 Nr. 1 VVG	**Wechselrecht in ein anderes VU** § 204 Abs. 1 Nr. 2 VVG
Aus bestehenden Tarifen kann in den Basistarif gewechselt werden, wenn – die Krankheitskostenvollversicherung nach dem 31. Dezember 2008 abgeschlossen wurde (Neugeschäft). – der VN das 55. Lebensjahr vollendet hat oder vor dem 55. Lebensjahr die Voraussetzungen für eine Rente erfüllt und diese Rente beantragt hat oder ein Ruhegehalt nach beamtenrechtlichen Vorschriften bezieht oder hilfebedürftig nach den Vorschriften des SGB II oder SGB III ist (Bestandsgeschäft). – die bestehende Krankheitskostenvollversicherung vor dem 1. Januar 2009 abgeschlossen wurde und der Wechsel in den Basistarif vor dem 1. Juli 2009 beantragt wurde (Bestandsgeschäft). Die Alterungsrückstellung aus dem Normaltarif wird bei einem Wechsel in den Basistarif innerhalb desselben Unternehmens vollständig angerechnet.	In den Basistarif eines anderen VU können Versicherte wechseln, – deren Vertrag zum Normaltarif bereits **vor dem 1. Januar 2009** abgeschlossen wurde. Diese können unter Mitgabe von Alterungsrückstellungen wechseln, wenn die Kündigung des alten Vertrages vor dem 1. Juli 2009 erfolgt ist (der eigentliche Wechseltermin spielt dabei keine Rolle).

Bei Versicherungsverträgen, die nach dem 31. Dezember 2008 abgeschlossen worden sind, kann ein Versicherungsnehmer unter Mitnahme der Alterungsrückstellung in Höhe des Basistarifs wechseln, sofern bei dem neuen PKV-Unternehmen eine substitutive Krankenversicherung abgeschlossen wird.

VVG § 204 (1) Nr. 1

Es besteht auch die Möglichkeit vom Basistarif in einen anderen Tarif des Versicherers zu wechseln. In diesem Fall kann der VR auch den bei Vertragsschluss ermittelten Risikozuschlag verlangen.

Beiträge

Der Beitrag im Basistarif bemisst sich nach einer verbandseinheitlichen Nettoprämie. Für den Basistarif ohne Selbstbehalt und in allen Selbstbehaltsstufen darf der Beitrag den Höchstbeitrag der gesetzlichen Krankenversicherung nicht übersteigen. Seit 1. Jan. 2015 ergibt sich dieser Höchstbeitrag aus der Multiplikation des allgemeinen Beitragssatzes zuzüglich des durchschnittlichen Zusatzbeitragssatzes nach § 242 a SGB V mit der jeweils geltenden Beitragsbemessungsgrenze in der gesetzlichen Krankenversicherung (aktueller Wert 2015: 4 125,00 €). VAG § 12 (1c) *VAG-Entwurf § 152 (3)*

Für das **Jahr 2015** ergibt sich somit ein **Höchstbeitrag** im Basistarif von **639,38 €** (allgemeiner Beitragssatz 14,6 + durchschnittlicher Zusatzbeitragssatz 0,9 = 15,5 % aus der Beitragsbemessungsgrenze von 4 125,00 €).

Für beihilfeberechtigte Personen reduziert sich der Höchstbeitrag entsprechend dem jeweiligen Beihilfebemessungssatz.

Wenn allein durch die Zahlung des Beitrages soziale Hilfebedürftigkeit entsteht, reduziert sich der zu zahlende Beitrag auf die Hälfte. Besteht dann immer noch Hilfebedürftigkeit, beteiligt sich der zuständige Träger (Bundesagentur für Arbeit) im erforderlichen Umfang. Die Beteiligung in Form eines Zuschusses beträgt ca. 130,00 €. VAG § 12 (1c) *VAG-Entwurf § 152 (3), (4)*

Das Bundessozialgericht hat am 18. Januar 2011 mit seinem Urteil entschieden, dass ein Bezieher von Arbeitslosengeld II Anspruch darauf hat, dass der Träger der Grundsicherung die Beiträge zur privaten Krankenversicherung in **voller Höhe** übernehmen muss. Dem Grundsatzurteil zufolge sind die Jobcenter verpflichtet, die Beiträge privatversicherter Hartz-IV-Empfänger bis zur Höhe des Basistarifs in vollem Umfang zu übernehmen. BSG Az.: B 4 AS 108/10 R

Der VR kann verlangen, dass Zusatzversicherungen ruhen, wenn und solange ein Versicherter auf die Halbierung des Höchstbeitrags angewiesen ist. VVG § 193 (7)

Der Basistarif stellt eine substitutive Krankenversicherung dar. Somit gilt auch bei dieser Absicherung der gesetzliche Zuschlag in Höhe von 10 %. Dieser Zuschlag ist auch bei der Höchstbeitragsgrenze zu berücksichtigen.

Selbstbehalte

Die Versicherten im Basistarif haben die Wahl zwischen unterschiedlichen Selbstbeteiligungen. Es stehen Selbstbehalte in Höhe von 300,00 €, 600,00 €, 900,00 € oder 1 200,00 € zur Verfügung. In den beihilfekonformen Tarifen sind die Selbstbehaltstufen entsprechend den versicherten Prozentsätzen festzusetzen. Die Selbstbehaltstufen können von den Versicherten mit einer Frist von drei Monaten zum Ende der Mindestbindungsfrist von drei Jahren geändert werden. Der Basistarif muss allerdings auch ohne Selbstbeteiligung angeboten werden. VAG § 12 (1a) *VAG-Entwurf § 152 (1)*

Die vertragliche Mindestbindungsfrist für Verträge **mit Selbstbehalt** im Basistarif beträgt **drei Jahre**. Die Selbstbehaltstufen können von den Versicherten mit einer Frist von drei Monaten zum Ende der Mindestbindungsfrist geändert werden.

Durch eine Neuregelung wurde 2013 für die Versicherten ein Wahlrecht eingeräumt. Die Regelung sieht vor, die Vereinbarung eines Selbstbehaltes im Basistarif rückgängig zu machen und die Umstellung des Vertrages in den Basistarif ohne Selbstbehalt verlangen zu können, wenn der vereinbarte Selbstbehalt »nicht zu einer angemessenen Reduzierung der Prämie« führt. Die dreijährige Bindefrist nach § 12 Abs. 1a Satz 4 VAG an den Selbstbehalt gilt in diesem Fall nicht.

Leistungsumfang

Der Basistarif entspricht ebenso wie der Standardtarif dem Leistungsumfang in der gesetzlichen Krankenversicherung. Er enthält Vertragsleistungen, die in Art, Umfang und Höhe mit den Pflichtleistungen aus dem Sozialgesetzbuch (SGB V) jeweils vergleichbar sind. Der genaue Inhalt der Leistungen wird nicht geregelt. Der Gesetzgeber hat den PKV-Verband beauftragt, Regelungen hinsichtlich Art, Umfang und Höhe der Leistungen festzulegen.

SGB V § 75 (3b)

Die Vergütung für den Basistarif kann im Einvernehmen mit den Beihilfeträgern in Verträgen zwischen dem PKV-Verband mit den Kassenärztlichen Vereinigungen oder der Kassenärztlichen Bundesvereinigung geregelt werden.

Seit 1. April 2010 haben sich PKV-Verband und Kassenärztliche Bundesvereinigung auf folgende Vergütungsmultiplikatoren für den Basistarif geeinigt:

- für Laborleistungen nach Abschnitt M und Nr. 437 der GOÄ der 0,9-fache Satz der GOÄ,
- für technische Leistungen nach Abschnitt A, E und O der 1,0-fache Satz der GOÄ und
- für alle übrigen ärztlichen Leistungen der 1,2-fache Satz der GOÄ.

Leistungen nach der Gebührenordnung für Zahnärzte (GOZ) sind von dieser Einigung nicht betroffen. Hier gilt nach gesetzlicher Vorgabe der 2,0-fachen Satz der GOZ (vgl. auch E 6.2.1).

Der Versicherungsschutz im Basistarif umfasst nur die Behandlung bei kassenärztlich bzw. kassenzahnärztlich zugelassenen Ärzten.

Der Basistarif muss für Arbeitnehmer mit Absicherung für den Verdienstausfall abgeschlossen werden; für selbstständig Tätige ist der Abschluss optional.

Der Leistungsumfang im Basistarif kann durch den Gesetzgeber gekürzt oder sogar ganz aufgehoben werden. Einige Leistungen des Basistarifs sind für die PKV neu, z. B.. Leistungen für Soziotherapie, häusliche Krankenhilfe, Haushaltshilfe, ambulante Rehabilitationen und spezielle ambulante Palliativversorgungen.

VVG § 192 (7)

Im Basistarif haften VN und VR gegenüber dem Leistungserbringer **gesamtschuldnerisch**. Somit kann der Leistungserbringer seinen Anspruch direkt gegenüber dem VR geltend machen, soweit der VR aus dem Vertragsverhältnis zur Leistung verpflichtet ist.

Mindestverweildauer

Für Bestandskunden (die Krankheitskosten-Vollversicherung bestand vor dem 1. Jan. 2009) sieht die Kalkulationsverordnung folgende Voraussetzungen für die anteilige Übertragung der Alterungsrückstellung vor:

KalV § 13a (5)

Sofern ein VN in den Basistarif eines anderen VU wechselt, muss er dort mindestens 18 Monate im Basistarif versichert bleiben. Nach Ablauf dieser Mindestverweildauer besteht eine weitere einmalige Möglichkeit zu einem Wechsel unter Mitnahme der Alterungsrückstellung,

- entweder aus dem Basistarif in einen Krankheitskosten-Volltarif desselben PKV-Unternehmens
- oder in den Basistarif eines anderen Unternehmens.

i) Notlagentarif (NLT)

➤ Grundlagen und Zweck

Zum 01. Aug. 2013 ist das Gesetz zur Beseitigung sozialer Überforderung bei Beitragsschulden in der Krankenversicherung (Beitragsschuldengesetz) in Kraft getreten Durch dieses Gesetz wurde auch der so genannte Notlagentarif eingeführt.

»Mit dem Gesetz sollte nicht nur Beitragsschuldnern geholfen werden, sondern auch denjenigen, die bislang nicht krankenversichert waren«. (Mitteilung des Bundesgesundheitsministeriums, Bundestagsdrucksache 18/2969 vom 23.10.2014)
Der Notlagentarif hat den Charakter einer vorübergehenden Lösung bei Zahlungsschwierigkeiten und er sanktioniert zugleich die Nichtzahlung.« (PKV-Verband, Rechenschaftsbericht 2013, S. 109)

Die Einführung dieses Tarifs war notwendig, weil seit Einführung der Pflicht zur Versicherung im Jahre 2009, die Versicherer in der Krankheitskostenvollversicherung nicht mehr wegen Nichtzahlung der Beiträge kündigen konnten. Unter bestimmten Voraussetzungen wurden das Ruhen der Leistung festgestellt und Notfallleistungen gewährt. In der Ruhensphase lief der Beitrag in vollem Umfang weiter, wodurch beträchtliche Beitragsschulden entstanden.

Der Notlagentarif ist kein Tarif, der freiwillig abgeschlossen werden kann. Versicherungsnehmer, die sich am 01. Aug. 2013 aufgrund von Zahlungsverzug im Ruhen befinden und die, die ab dem 01. Aug. 2013 nach Durchführung eines gesetzlich vorgeschriebenen Mahnverfahrens ins Ruhen fallen, werden in den Notlagentarif umgestellt (vgl. E 6.1 b).

AVB/NLT 2013
VVG § 193 (7)
VAG-Entwurf § 153

➤ Tarifstufen

Im Notlagentarif bestehen zwei Tarifstufen:

- Tarifstufe NLTN für Normalversicherte
- Tarifstufe NLTB für Beihilfeberechtigte mit einer Erstattung der Behandlungskosten zu 20, 30 und 50 %.

➤ Beginn des Versicherungsschutzes, Wartezeiten

Der Versicherungsschutz beginnt mit dem Ruhen des Vertrages. Im Notlagentarif bestehen keine Wartezeiten. Risikozuschläge, Leistungsausschlüsse und Selbstbehalte entfallen während der Umstellung in den Notlagentarif.

➤ Leistungsumfang

Der NLT bietet Leistungen für Aufwendungen, die zur Heilbehandlung akuter Erkrankungen und Schmerzzustände sowie bei Schwangerschaft und Mutterschaft erforderlich sind. Für Kinder und Jugendliche sind darüber hinaus insbesondere Vorsorgeuntersuchungen und empfohlene Schutzimpfungen zu erstatten.

VAG § 12h (1)
VAG-Entwurf § 153 (1)

➤ Ende des Versicherungsschutzes

Sobald der VN alle Beitragsschulden, Säumniszuschläge und Beitreibungskosten gezahlt hat, wird der Vertrag ab dem ersten Tag des übernächsten Monats automatisch wieder in seinem ursprünglichen Tarif (= Tarif vor Eintritt des Ruhens) fortgesetzt.

AVB/NLT 2013 § 7 (2)
VVG § 193 (9)

Der Versicherungsschutz im NLT endet ferner, auch für schwebende Versicherungsfälle, mit Beendigung des Versicherungsverhältnisses.

AVB/NLT 2013 § 7 (1)

➤ Besonderheiten

VAG § 12h (2) *VAG-Entwurf § 153*

Ein Wechsel aus dem NLT in einen anderen Tarif ist ausgeschlossen. Jeder VR muss für die in seinem Unternehmen im Notlagentarif Versicherten einen einheitlichen Beitrag kalkulieren (Uniage-Kalkulation). Der Beitragssatz liegt für die Tarifstufe NLTN bei etwa 100,00 € im Monat. Der Notlagentarif ist arbeitgeberzuschussfähig.

Während der Versicherung im NLT wird keine Alterungsrückstellung gebildet. Bisher angesammelte Alterungsrückstellungen werden auf den Beitrag im NLT angerechnet. Es sind jedoch mindestens 75 % des Grundbeitrages des NLT zu zahlen, d.h. es dürfen monatlich bis zu 25 % des Monatsbeitrags aus den bereits gebildeten Alterungsrückstellungen entnommen werden.

In der Vergangenheit angesparte Alterungsrückstellungen werden während der Versicherungszeit im Notlagentarif »abgebaut«. Deshalb kann nach Rückkehr in den Normaltarif der Beitrag des bisherigen Versicherungsschutzes, auch ohne eine zwischenzeitliche Beitragsanpassung, höher sein als vorher.

Kritiker sehen in dem Notlagentarif aufgrund der kostendeckenden Pauschalprämie und dem fehlenden Aufbau von Alterungsrückstellungen »ein Umlageverfahren innerhalb des PKV-Tarifsegments« und damit einen Bruch in der Systematik der PKV. (vgl. Arentz, Christiane u. a.: »Zum Umgang mit Nicht-Zahlern in der Krankenversicherung«, Oktober 2013)

In der PKV sind bis zum 30. Juni 2014 100 000 Personen in den Notlagentarif aufgenommen worden.

Die Pflegepflichversicherung bleibt während der Umstellung in den NLT unverändert bestehen.

2.2.4 Selbstbeteiligungssysteme

Aufgrund der Kostenexplosion im Gesundheitswesen und den damit verbundenen Beitragssteigerungen gewinnt die Vereinbarung von Selbstbeteiligungen an Bedeutung.

Grundsätzlich kennt man folgende Selbstbeteiligungssysteme:

- **Prozentualsystem:** Der Versicherte trägt einen bestimmten prozentualen Anteil der Krankheitskosten selbst.

Beispiel:

Für Frau Sommer besteht bei der Oststern Krankenversicherung AG eine Krankheitskostenvollversicherung. Für den ambulanten Bereich wurde für den Tarifteil Arzneimittel eine 20 %ige Beteiligung vereinbart. Frau Sommer reicht im Kalenderjahr 2015 folgende Rechnungen zur Erstattung ein:

Behandlungsdatum	Rechnungsart	Rechnungsbetrag	Erstattung
15.03.2015	Arzneimittel	90,00 €	72,00 €
21.08.2015	Arzneimittel	140,00 €	112,00 €
04.11.2015	Arzneimittel	72,00 €	57,60 €

Erläuterung:

Bei dieser Tarifform wird für jede Arzneimittelrechnung 20 % vom Rechnungsbetrag abgezogen. Eine Begrenzung gibt es nicht.

- **Maximalsystem:** Der VR ersetzt die Kosten nur bis zu einem bestimmten Höchstsatz.

Inzwischen werden Tarife angeboten, die einen Selbstbehalt bis zu 5 000,00 € vorsehen. Dadurch wird eine wesentliche Beitragsreduktion erreicht.

Beim Basistarif muss die Möglichkeit eingeräumt werden, Selbstbehalte von 300, 600, 900 oder 1 200 Euro zu vereinbaren (vgl. E 2.2.3 h – Selbstbehalte).

Beispiel:

Für Herrn Kraft besteht bei der Oststern Krankenversicherung AG eine Krankheitskostenvollversicherung. Der Tarif sieht für Zahnersatz (außer bei Unfällen) eine Maximalerstattung in den ersten drei Jahren von 1 200,00 € je Kalenderjahr vor. Herr Kraft reicht im Kalenderjahr 2015 folgende Rechnungen zur Erstattung ein:

Behandlungsdatum	Rechnungsart	Rechnungsbetrag	Erstattung
10.04.2015	Zahnersatz	850,00 €	850,00 €
17.08.2015	Zahnersatz	600,00 €	350,00 €

Erläuterung:

Bei dieser Tarifform trägt der VN den Anteil, der über eine bestimmte Höchstgrenze hinausgeht.

- **Prozentual-Maximalsystem:** Der VR ersetzt einen prozentualen Anteil der Krankheitskosten bis zu einem bestimmten Höchstbetrag.

Beispiel:

Für Frau Schmidt besteht bei der Oststern Krankenversicherung AG eine Krankheitskostenvollversicherung. Für den ambulanten Bereich wurde der Tarif **A 20 %** (jährliche Selbstbeteiligung 20 %, höchstens 300,00 €) vereinbart. Frau Schmidt reicht im Kalenderjahr 2015 folgende Rechnungen zur Erstattung ein:

Behandlungsdatum	Rechnungsart	Rechnungsbetrag	Erstattung	Selbstbeteiligung
14.02.2015	ärztliche Behandlung	1 000,00 €	800,00 €	200,00 €
05.06.2015	Rezept	150,00 €	120,00 €	30,00 €
10.10.2015	ärztliche Behandlung	840,00 €	770,00 €	70,00 €
17.12.2015	Rezept	80,00 €	80,00 €	0,00 €

Erläuterung:

Bei dieser Tarifform wird die prozentuale Berechnung vorgenommen und geprüft, ob die Höchstgrenze der Selbstbeteiligung (hier: 300,00 €) schon erreicht ist oder noch nicht. Ist die Höchstgrenze erreicht, werden darüber hinausgehende Rechnungsbeträge voll erstattet.

2.3 Krankentagegeldversicherung

2.3.1 Gegenstand und Leistungen

MB/KT 2009 § 1 (1) Die Krankentagegeldversicherung bietet Versicherungsschutz gegen **Verdienstausfall**, der durch Arbeitsunfähigkeit infolge von Krankheiten oder Unfällen entsteht.

§ 1 (2) Als Versicherungsfall gilt die medizinisch notwendige Heilbehandlung einer versicherten Person wegen Krankheit oder Unfallfolgen, in deren Verlauf Arbeitsunfähigkeit ärztlich festgestellt wird.

§ 1 (3) **Arbeitsunfähigkeit** im Sinne der Bedingungen liegt vor, wenn die versicherte Person ihre berufliche Tätigkeit nach medizinischem Befund vorübergehend in keiner Weise ausüben kann, sie auch nicht ausübt und keiner anderweitigen Erwerbstätigkeit nachgeht.

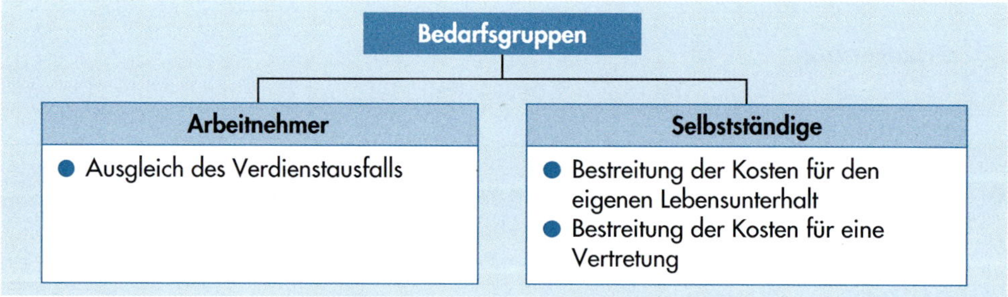

Versicherungspflichtige Arbeitnehmer erhalten im Krankheitsfalle nach Ablauf der 6-wöchigen Gehaltszahlung ein Krankengeld von ihrer Krankenkasse (vgl. E 1.2.4).

§ 4 (2) VVG § 192 (5) Für die Dauer der Arbeitsunfähigkeit wird das tariflich vereinbarte Tagegeld gezahlt. Das Krankentagegeld darf zusammen mit sonstigen Krankentage- und Krankengeldern das auf den Kalendertag umgerechnete, aus der beruflichen Tätigkeit herrührende Nettoeinkommen nicht übersteigen. Die Höhe des Monatsnettoeinkommens ergibt sich aus dem Durchschnittswert der letzten 12 Monate vor der Antragstellung.

MB/KT 2009 § 4 (3) Der VN ist verpflichtet, dem VR unverzüglich eine nicht nur vorübergehende Minderung des aus der Berufstätigkeit herrührenden Nettoeinkommens mitzuteilen.

Erhöht sich das Nettoeinkommen aus der beruflichen Tätigkeit, so kann das Krankentagegeld im Verhältnis der Steigerung des Nettoeinkommens auf Antrag höher versichert werden. Die Tarifbedingungen zahlreicher VU sehen vor, dass dem VN spätestens alle drei Jahre Gelegenheit gegeben wird, das vereinbarte Krankentagegeld entsprechend der allgemeinen Einkommensentwicklung der letzten Jahre zu erhöhen.

Der Krankentagegeldtarif für Arbeitnehmer (KT) im **Proximus 3 Bedingungswerk** (Seite 267) sieht vor, dass das Tagegeld ohne Gesundheitsprüfung und ohne Wartezeiten alle 3 Jahre entsprechend der allgemeinen Einkommensentwicklung angepasst werden kann.

Für die Geltendmachung des Tagegeldanspruchs ist eine Arbeitsunfähigkeitsbescheinigung des Arztes vorzulegen.

BGH IV ZR 110/99 Der Bundesgerichtshof hat in einem Urteil entschieden, dass der Privatpatient keinen Anspruch auf Leistung aus der Krankentagegeld-Versicherung hat, wenn er die Vorlage eines ärztliches Attests verweigert.

Exkurs: Berechnung des Krankengeldbedarfs (Versorgungslücke)

Beispiel 1: Herr Kuhn, verheiratet, ein Kind, Angestellter aus Stuttgart, bezieht ein durchschnittliches monatliches Bruttogehalt von 5 200,00 €. Netto erhält er 3 410,00 €.

Beispiel 2: Frau Kellermann, verheiratet, ein Kind, Angestellte eines Supermarktes in Köln, verdient durchschnittlich monatlich 2 900,00 € brutto. Das Nettogehalt beträgt 2 110,00 €.

Berechnungsgrundlagen	Beispiel 1	Beispiel 2
Beitragsbemessungsgrenze (BBG) 2015	4 125,00 €	4 125,00 €
Monatlicher Bruttoverdienst	5 200,00 €	2 900,00 €
Monatlicher Nettoverdienst	3 410,00 €	2 110,00 €
• 70 % vom mtl. Bruttogehalt • 70 % von der BBG (4 125,00 €) • 90 % vom mtl. Nettogehalt Der **niedrigere** der drei genannten Beträge gilt als Berechnungsgrundlage	3 640,00 € 2 887,50 € 3 069,00 € 2 887,50 €	2 030,00 € 2 887,50 € 1 899,00 € 1 899,00 €
– 12,025 % Sozialversicherungsbeiträge (2015)	347,22 €	228,35 €
= ausgezahltes Krankengeld	2 540,28 €	1 670,65 €
Krankengeldlücke: Monatlicher Nettoverdienst – ausgezahltes Krankengeld = monatliche Verdienstlücke 1/30 davon = tägliche Lücke	 3 410,00 € 2 540,28 € 869,72 € 28,99 €	 2 110,00 € 1 670,65 € 439,35 € 14,65 €
Zusätzlicher Krankengeldbedarf täglich (ger.)	**30,00 €**	**15,00 €**

Erläuterung:
Die GKV zahlt 70 % des Bruttoarbeitsentgeltes bis zur Beitragsbemessungsgrenze, maximal 90 % des letzten Nettoentgeltes. Der Versicherte muss vom Krankengeld die Beiträge zur gesetzlichen Rentenversicherung und zur Arbeitslosenversicherung sowie zur Pflegepflichtversicherung zu 50 % tragen. Die andere Hälfte übernimmt die GKV (Rentenversicherung 18,7 % + Arbeitslosenversicherung 3,0 % + Pflegeversicherung 2,35 %* = 24,05 %; davon die Hälfte = 12,025 %). Der Berechnung liegen die Beitragssätze des Jahres 2015 zugrunde. Der gesetzliche Versicherte ist während des Bezugs von Krankengeld beitragsfrei krankenversichert.

* Für Kinderlose 2,35 % zusätzlich 0,25 %, die Kinderlose allein zahlen müssen.

Der privat Krankenversicherte muss die gesamten Beiträge zur PKV, Pflegepflichtversicherung und gesetzlichen Rentenversicherung selbst aufbringen. Die Arbeitslosenversicherungsbeiträge werden von der PKV pauschal abgeführt.

Bei **Selbstständigen** gilt als Arbeitseinkommen der Gewinn (Umsatz abzüglich Betriebsausgaben) gemäß § 2 Abs. 2 Nr. 1 EStG. Da das Einkommen aus selbstständiger Tätigkeit häufig starken Schwankungen ausgesetzt ist, sollte hier eine jährliche Überprüfung des Krankentagegeldbedarfs vorgenommen werden und bei Bedarf eine Anpassung beim PKV-Unternehmen erfolgen.

Zum 1. Januar 2009 haben Selbstständige ihren Anspruch auf Krankengeld verloren, wenn sie freiwillig versichert sind. SGB V § 44 (2)

Für privat versicherte Arbeitnehmer empfiehlt sich der Abschluss einer Krankentagegeldversicherung in Höhe ihres Nettoeinkommens.

VVG § 195 (1)

Bei der Krankentagegeldversicherung kann vereinbart werden, dass die Versicherung mit Vollendung des 65. Lebensjahres der versicherten Person endet. Mit Rücksicht auf selbstständig und freiberuflich Beschäftigte sieht das Gesetz zu Gunsten des VN eine Verlängerungsoption bis zur Vollendung des 70. Lebensjahres ohne Risikoprüfung und Wartezeiten vor.

2.3.2 Tarifformen der Krankentagegeldversicherung

Man unterscheidet zwischen **Tagegeldtarifen** für **Selbstständige** und für **Arbeitnehmer**. Da Arbeitnehmern im Krankheitsfall für sechs Wochen das Gehalt bzw. der Lohn nach den Bestimmungen des **Entgeltfortzahlungsgesetzes** gezahlt wird, können sie erst nach einer Karenzzeit von 42 Tagen Tagegeldleistungen erhalten. Selbstständige erlangen einen Tagegeldanspruch in Abhängigkeit vom gewählten Tarif z.B. nach 3, 7 oder 14 Karenztagen.

Unter **Karenztagen** versteht man die leistungsfreien Tage in der Krankentagegeldversicherung. Die Karenztage zählen ab ärztlicher Feststellung der Arbeitsunfähigkeit.

Beispiel:

Der kaufmännische Angestellte Müller hat mit seinem VR ein Krankentagegeld von 40,00 €/Tag vereinbart. Herr Müller wird am 10. Okt. d.J. ins Krankenhaus eingeliefert. Die Entlassung erfolgt am 03. Nov. d.J. Der Hausarzt behandelt ihn anschließend weiter und schreibt ihn ab 21. Dez. d.J. gesund.

Leistung:

10. Okt.–20. Nov. = 42 Tage Karenzzeit
21. Nov.–20. Dez. = 30 Tage Anspruch auf Krankentagegeld
30 Tage · 40,00 €/Tag = 1 200,00 € Versicherungsleistung

Exkurs: Entgeltfortzahlung für Arbeitnehmer

Im Krankheitsfall und bei Maßnahmen der medizinischen Versorgung oder Rehabilitation ist der Arbeitgeber verpflichtet, das Arbeitsentgelt noch für maximal 6 Wochen zu zahlen. Die Entgeltfortzahlung beträgt 100 % des Arbeitsentgeltes.

Überstundenvergütungen werden bei der Bemessung der Entgeltfortzahlung nicht berücksichtigt.

Anspruch auf Fortzahlung des Arbeitsentgelts für 6 Wochen haben

Arbeitnehmer,

wenn sie

1. wegen unverschuldeter Arbeitsunfähigkeit durch Krankheit
oder
2. wegen Teilnahme an einer stationären Leistung zur medizinischen Vorsorge bzw. Rehabilitation
oder
3. wegen nicht rechtswidriger Sterilisation
oder
4. wegen rechtswidrigem, aber straffreien oder nicht rechtswidrigem Schwangerschaftsabbruch

an der Arbeitsleistung gehindert sind.

Für Beamte, Richter, Berufs- und Zeitsoldaten und gleichgestellte Personen gelten Regelungen außerhalb des Entgeltfortzahlungsgesetzes. Diese Personen haben Anspruch auf Fortzahlung ihrer Dienstbezüge ohne zeitliche Begrenzung nach beamtenrechtlichen Regelungen.

2.4 Private Pflegeversicherung

2.4.1 Gegenstand der Versicherung

a) Vorbetrachtung

Die Lebenserwartung der Bevölkerung in Deutschland ist permanent gestiegen, sodass eine große Zunahme der über 75-Jährigen zu verzeichnen ist. Personen ab diesem Alter sind in erhöhtem Maße vom Risiko der Pflegebedürftigkeit betroffen. Diese Situation machte eine Pflegepflichtversicherung dringend erforderlich. Am 1. Januar 1995 trat das »Gesetz zur sozialen Absicherung des Risikos der Pflegebedürftigkeit« **(Pflege-Versicherungsgesetz)** in Kraft, das die **Pflegepflichtversicherung** brachte.

Träger der Pflegepflichtversicherung sind die **soziale Pflegeversicherung** und **private Versicherungsunternehmen**.

b) Begriff der Pflegebedürftigkeit

Versicherungsfall ist die Pflegebedürftigkeit einer versicherten Person oder einer erheblich eingeschränkten Alltagskompetenz.

»Pflegebedürftig sind Personen, die wegen einer körperlichen, geistigen oder seelischen Krankheit oder Behinderung für die gewöhnlichen und regelmäßig wiederkehrenden Verrichtungen im Ablauf des täglichen Lebens auf Dauer, voraussichtlich für mindestens sechs Monate, ... in erheblichem oder höherem Maße der Hilfe bedürfen.« MB/PPV 2014 § 1 (2)

Diese Definition entspricht im Kern dem im Sozialgesetzbuch XI definierten Begriff der Pflegebedürftigkeit. SGB XI § 14

Krankheiten und Behinderungen im Sinne des Sozialgesetzbuches sind: § 14 (1)

- Verluste, Lähmungen oder andere Funktionsstörungen am Stütz- und Bewegungsapparat;
- Funktionsstörungen der inneren Organe oder Sinnesorgane;
- Störungen des Zentralnervensystems wie Antriebs-, Gedächtnis- oder Orientierungsstörungen sowie endogene Psychosen oder Neurosen oder geistige Behinderungen.

c) Versicherbare Personen in der privaten Pflegepflichtversicherung

Der Gesetzgeber ist davon ausgegangen, dass grundsätzlich Pflege- und Krankenversicherung bei demselben VR bestehen sollen, um Kompetenzstreitigkeiten zu vermeiden. In der Pflegepflichtversicherung gilt deshalb der Grundsatz »**Pflegeversicherung folgt Krankenversicherung**«. Von diesem Grundprinzip ist teilweise durch die Einräumung von Befreiungs- und Wahlmöglichkeiten abgewichen worden.

Im Einzelnen gilt:

SGB XI § 20
- **Versicherungspflichtige Mitglieder der gesetzlichen Krankenversicherung** sind zugleich in der sozialen Pflegeversicherung versicherungspflichtig. Sie scheiden daher als potenzielle Kunden für die private Pflegepflichtversicherung aus.

  Versicherungspflicht in der sozialen Pflegeversicherung besteht auch noch für im Gesetz näher bezeichnete sonstige Personen, wie z. B. bestimmte Versorgungsempfänger, Soldaten auf Zeit. Hat ein Zeitsoldat allerdings eine private Anwartschaftsversicherung (vgl. E 2.5.8), muss nach dem Grundsatz »Pflegeversicherung folgt Krankenversicherung« ein privater Pflegeversicherungsvertrag abgeschlossen werden.

§ 22 (1)
- **Freiwillige Mitglieder der gesetzlichen Krankenversicherung** sind grundsätzlich ebenfalls in der sozialen Pflegeversicherung versicherungspflichtig. Auf Antrag können sie jedoch befreit werden, wenn sie nachweisen, dass für sie und ggf. ihre Familienangehörigen bei einem privaten Versicherungsunternehmen eine gleichwertige Pflegeversicherung besteht.

  Die Befreiung kann von Personen, die nach dem 1. Januar 1995 freiwilliges Mitglied der GKV geworden sind, nur innerhalb von **drei Monaten** beantragt werden und wirkt dann ab Beginn der Versicherungspflicht.

  Zu den freiwilligen Mitgliedern der GKV gehören vor allem Angestellte und Arbeiter, deren Versicherungspflicht in der gesetzlichen **Krankenversicherung** dadurch fortgefallen ist, dass ihr Jahresarbeitsentgelt die Versicherungspflichtgrenze überstiegen hat. Dieser Personenkreis kommt daher sowohl für eine private Krankenversicherung als auch eine private Pflegepflichtversicherung infrage.

§ 23 (1)
- **Personen, die bei einem privaten Krankenversicherungsunternehmen versichert sind** und Anspruch auf allgemeine Krankenhausleistungen haben (also keine bloße Krankenhaustagegeld-, Reisekranken- oder Zusatzversicherung unterhalten), sind verpflichtet, eine **private** Pflegepflichtversicherung abzuschließen und aufrechtzuerhalten. Durch diese Regelung wird der überwiegende Teil der privat versicherten Personen von der Pflegepflichtversicherung erfasst.

  Der versicherungspflichtig Gewordene kann die private Pflegepflichtversicherung auch bei einem anderen privaten Versicherungsunternehmen abschließen. Das Wahlrecht ist innerhalb von **sechs Monaten** auszuüben, wobei die Frist mit dem Eintritt der individuellen Versicherungspflicht beginnt.

- **Beihilfeberechtigte Personen** (z. B. Beamte), die nicht zugleich freiwillige Mitglieder der gesetzlichen Krankenversicherung sind, sind zum Abschluss einer anteiligen beihilfekonformen Pflegepflichtversicherung bei einem privaten VR verpflichtet. Regelmäßig unterhält dieser Personenkreis auch eine private Krankenversicherung nach dem Quotentarif, der die nicht durch Beihilfe gedeckten Krankheitskosten versichert.

  Sofern die beihilfeberechtigte Person **freiwilliges Mitglied** in der gesetzlichen Krankenversicherung ist, kommen die für diesen Personenkreis geltenden Bestimmungen zur Anwendung (Mitgliedschaft in der sozialen Pflegeversicherung oder Befreiung hiervon bei Nachweis einer entsprechenden privaten Pflegepflichtversicherung).

- **Personen, die weder gesetzlich noch privat krankenversichert sind,** unterliegen nicht der Versicherungspflicht in der Pflegeversicherung. Sie kommen daher ebenfalls als potenzielle Kunden für die privaten Anbieter infrage.

  Da ab 1. Januar 2009 Versicherungspflicht für alle Personen besteht, wird ab diesem Zeitpunkt eine Person entweder in der sozialen oder der privaten Pflegepflichtversicherung versichert sein.

d) Gesetzliche Regelungen für die private Pflegepflichtversicherung

Die Pflegepflichtversicherung wird von allen PKV-Unternehmen betrieben, die eine Krankheitskostenversicherung anbieten. Um die Belange der versicherungspflichtigen Personen sicherzustellen, hat der Gesetzgeber für alle Verträge, die nach der Einführung der Pflegepflichtversicherung am 01. Januar 1995 abgeschlossen werden, folgende Bedingungen festgelegt: SGB XI § 110 (3)

- **Kontrahierungszwang**

  Anträge auf Abschluss einer Pflegeversicherung von versicherungspflichtigen Personen dürfen nicht zurückgewiesen werden.

- **kein Ausschluss von Vorerkrankungen** der Versicherten
- **keine Staffelung der Beiträge** nach Geschlecht

  Risikozuschläge sind in der privaten Pflegepflichtversicherung erlaubt.

- **keine längeren Wartezeiten** als in der sozialen Pflegeversicherung
- **keine Beitragshöhe, die den Höchstbetrag der sozialen Pflegeversicherung übersteigt**

  Diese Bestimmung gilt allerdings nur, wenn der VN über eine Vorversicherungszeit von mindestens fünf Jahren in der privaten Pflegeversicherung oder privaten Krankenversicherung verfügt.

- **beitragsfreie Mitversicherung der Kinder des VN**

  Für die beitragsfreie Mitversicherung gelten dieselben Voraussetzungen wie in der Familienversicherung im Rahmen der sozialen Pflegeversicherung.

Rücktritts- und Kündigungsrechte des VR sind ausgeschlossen, solange der Kontrahierungszwang besteht. Der VR kann z. B. nicht kündigen, wenn der VN mit der Beitragszahlung in Verzug ist. VN mit einem Rückstand von sechs Monatsbeiträgen sind zu melden. § 110 (4)

Der Gesetzgeber hat durch eine **Bußgeldvorschrift** die Möglichkeit geschaffen, den VN zur Erfüllung seiner Vertragspflichten und damit zur Aufrechterhaltung seines Versicherungsschutzes anzuhalten. Diese Bußgeldvorschrift hat Einzug in die MB/PPV 2014 gefunden (Bußgeld bis zu 2 500,00 € durch die zuständige Verwaltungsbehörde). MB/PPV 2014 § 8 (8)

e) Beiträge

Die Beiträge in der **privaten Pflegepflichtversicherung** richten sich nicht nach dem Einkommen, wie in der sozialen Pflegeversicherung, sondern werden risikogerecht kalkuliert und sind nach dem Alter gestaffelt, wobei die vorgenannten gesetzlichen Bestimmungen beachtet werden müssen.

Aus Teilen der Beiträge wird eine Rückstellung für das steigende Pflegerisiko im Alter gebildet (vgl. E 4.1.2).

- **Tarifstufen**

  Folgende Tarifstufen werden in der privaten Pflegepflichtversicherung unterschieden:

  - Tarif PVN: Tarif für nicht beihilfeberechtigte Personen
  - Tarif PVB: Tarif für Personen mit Beihilfeanspruch

- **Höchstbeiträge**

  In der privaten Pflegepflichtversicherung sind **Höchstbeiträge** zu beachten, die der Gesetzgeber festgelegt hat. Diese werden von der **Beitragsbemessungsgrenze** in der gesetzlichen Krankenversicherung abgeleitet.

Übersicht: Höchstbeiträge Pflegepflichtversicherung 2015

	Tarifstufen	
	PVN	**PVB**
Höchstbeitrag	96,94 €	38,78 €
Ehegattenkappung – pro Person – Gesamtbetrag	 72,70 € 145,41 €	 29,09 € 58,17 €
Arbeitgeberzuschuss *) im Bundesland Sachsen	48,47 € 27,84 €*)	– –

Der Höchstbeitrag in der Tarifstufe PVN entspricht dem Höchstbeitrag der sozialen Pflegeversicherung (2,35 % aus der Beitragsbemessungsgrenze). Der Beitragszuschlag für Kinderlose von 0,25 % gilt laut Bundesverfassungsgericht nicht für die private Pflegepflichtversicherung, weil hier durch die Eigenvorsorge per Alterungsrückstellung kaum Einkommensumverteilung zwischen den Generationen erfolgt. In der Tarifstufe PVB ist der Höchstbeitrag auf 40 % des Höchstbeitrages in der sozialen Pflegeversicherung begrenzt.

Anspruch auf den jeweiligen Höchstbeitrag haben alle Versicherten, für die zum Einführungstermin der Pflegepflichtversicherung am 01. Januar 1995 eine Versicherung mit Anspruch auf allgemeine Krankenhausleistungen bestanden hat, ferner alle Personen, die zum 01. Januar 1995 Anspruch auf Beihilfe bzw. freie Heilfürsorge hatten.

MB/PPV 2014 § 8 (5)

Sofern die private Pflegepflichtversicherung erst nach dem 01. Januar 1995 abgeschlossen wurde, gilt die Begrenzung auf den Höchstbeitrag erst, wenn der VN eine Vorversicherungszeit von mindestens fünf Jahren in der privaten Pflege- oder Krankenversicherung nachweisen kann. Ggf. ist also bis zum Ablauf von fünf Jahren ein über dem Höchstbeitrag liegender Beitrag gemäß Tarif (vgl. E 4.2) zu zahlen.

- **Ehegattenhöchstbeitrag**

Für Ehepaare gilt ein Ehegattenhöchstbeitrag **(Beitragsbegrenzung für Ehegatten)**, der auf 150 % des Höchstbeitrages der sozialen Pflegeversicherung limitiert ist.

Anspruch auf den Ehegattenhöchstbeitrag haben Ehepaare, die **beide** privat pflegepflichtversichert sind und bei denen ein Ehepartner kein Einkommen bezieht, das die Geringfügigkeitsgrenze (2015: 405,00 €) übersteigt. Bei geringfügig Beschäftigten (auch im Privathaushalt) gilt die Grenze von 450,00 €.

Der VR ist unverzüglich zu informieren, wenn die Geringfügigkeitsgrenze durch weiteres Einkommen überstiegen wird. Unabhängig davon kann der VR Nachweise bzw. eine Erklärung verlangen, dass die Voraussetzungen der Beitragsbegrenzung für Ehegatten noch gegeben sind.

Die Höchstbeiträge und den Ehegattenhöchstbeitrag haben alle Versicherten ab dem von der privaten Versicherungswirtschaft kalkulierten Grenzalter von rund 59 Jahren zu entrichten. Die jüngeren Versicherten zahlen entsprechend ihrem geringeren Versichertenrisiko niedrigere Beiträge.

- **Beitragsfreie Mitversicherung von Kindern**

Kinder sind bis zum 18. Lebensjahr beitragsfrei in der privaten Pflegepflichtversicherung mitversichert, wenn mindestens ein Elternteil privat pflegepflichtversichert ist und das Kind keine eigenen Einkünfte bezieht, die die Geringfügigkeitsgrenze übersteigen. Die Beitragsfreiheit gilt bis zum 25. Lebensjahr, sofern das Kind noch in der Schul- oder Berufsausbildung steht.

Arbeitnehmer, die eine private Pflegepflichtversicherung abgeschlossen haben, erhalten von ihrem Arbeitgeber auf Antrag einen **Beitragszuschuss**, der dem Arbeitgeberanteil für einen Pflichtversicherten, höchstens jedoch 50 Prozent des zu zahlenden Beitrages, entspricht.

Im Jahr 2015 beträgt der Arbeitgeberzuschuss höchstens 48,47 €.

In Sachsen gilt ein anderer Höchstbetrag für den Arbeitgeberzuschuss, da der Arbeitnehmer 1,675 Prozentpunkte und der Arbeitgeber 0,675 Prozentpunkte vom Beitragssatz von 2,35 % trägt (2015: 27,84 €).

In der **sozialen Pflegeversicherung** beträgt der Beitragssatz seit dem 01. Jan. 2015 bundeseinheitlich 2,35 %. Der Beitrag wird vom Einkommen, max. von der Beitragsbemessungsgrenze in der GKV, berechnet.

Durch das Kinder-Berücksichtigungsgesetz (KiBG) müssen seit dem 1. Januar 2005 kinderlose Mitglieder ab Vollendung des 23. Lebensjahres in der gesetzlichen Pflegepflichtversicherung einen um 0,25 Prozentpunkte höheren Beitragssatz zahlen. Kinderlose Mitglieder, die vor dem 1. Januar 1940 geboren sind und Bezieher von Arbeitslosengeld II sind von diesem Zuschlag ausgenommen. Der Beitragszuschlag wird vom Mitglied alleine getragen, eine Beteiligung des Arbeitgebers findet nicht statt. Für die lebenslange Befreiung von diesem Zuschlag ist bereits ein Kind ausreichend. Dabei spielt es keine Rolle, ob das Kind noch bei den Eltern lebt oder nicht. Der Zusatzbeitrag von 0,25 Prozentpunkten ist für die private Pflegepflichtversicherung nicht zu entrichten.

2.4.2 Leistungsumfang in der privaten Pflegepflichtversicherung

a) Leistungsarten

Die Vertragsleistungen der privaten Pflegepflichtversicherung müssen den Leistungen der sozialen Pflegeversicherung nach Art und Umfang gleichwertig sein. Der Unterschied besteht allerdings darin, dass privat Versicherte **keine Sachleistung**, sondern eine der Höhe nach gleiche **Kostenerstattung** erhalten.

Im Einzelnen sind Leistungen als Ersatz für folgende Aufwendungen vorgesehen:

➤ Häusliche Pflegehilfe oder Pflegegeld

MB/PPV 2014 § 4 A

Die häusliche Pflegehilfe muss durch geeignete und anerkannte Pflegekräfte erbracht werden. Anstelle von Aufwendungsersatz für die häusliche Pflegehilfe kann auch ein Pflegegeld beantragt werden, wenn der Pflegebedürftige die erforderliche Pflege und hauswirtschaftliche Grundversorgung durch eine Pflegeperson (z. B. Familienangehörige, Freunde) in geeigneter Weise selbst sicherstellt.

➤ Pflegehilfsmittel und technische Hilfen

Sie werden vorrangig leihweise überlassen und die Aufwendungen hierfür ersetzt, wenn ihre Leihe begründet ist. Soweit eine Leihe nicht möglich ist, werden die Anschaffungskosten bei einer Zuzahlung von 10 %, max. 25,00 €, erstattet.

➤ Teilstationäre Pflege

§ 4 B

Sie umfasst die Pflege in Pflegeheimen entweder nur tagsüber oder nur nachts und kommt infrage, wenn häusliche Pflege nicht in ausreichendem Maße sichergestellt werden kann.

➤ Kurzzeitpflege

§ 4 C

Hierunter versteht man die Pflege in einer vollstationären Einrichtung bis zu vier Wochen pro Kalenderjahr. Sie ist für die Fälle gedacht, in denen eine häusliche oder teilstationäre Pflege nicht ausreicht, um eine Übergangszeit nach stationärer Behandlung oder eine sonstige Krisensituation zu überbrücken.

MB/PPV 2014 § 4 D

➤ Vollstationäre Pflege

Sie ist angezeigt, wenn eine häusliche oder teilstationäre Pflege nicht möglich ist oder wegen der Besonderheit des Pflegefalles nicht in Betracht kommt.

§ 4 E

➤ Soziale Sicherung der Pflegepersonen

Der VR zahlt für diese Personen unter bestimmten Voraussetzungen Beiträge zur gesetzlichen Rentenversicherung, da sie während der Pflege keiner anderen Erwerbstätigkeit mit Aufbau eines Rentenanspruchs nachgehen können.

§ 4 F

➤ Leistungen bei Pflegezeit der Pflegeperson

Für Pflegepersonen, die als Beschäftigte von der Arbeitsleistung vollständig freigestellt werden oder deren Beschäftigung durch Reduzierung der Arbeitszeit zu einer geringfügigen Beschäftigung wird, zahlt der VR Zuschüsse zur Kranken- und Pflegepflichtversicherung sowie Beiträge zur Arbeitslosenversicherung.

§ 4 G

➤ Pflegekurse für Angehörige und ehrenamtliche Pflegepersonen

Diese Personen können zur Verbesserung ihrer Pflegefertigkeit kostenfrei Pflegekurse besuchen, die der VR in der Regel organisiert.

§ 4 H

➤ Leistungen für Pflegebedürftigkeit mit erheblichem allgemeinen Betreuungsbedarf

Pflegebedürftige in der häuslichen Pflege mit einem »erheblichem Bedarf an allgemeiner Beaufsichtigung und Betreuung« haben einen Anspruch auf zusätzliche Leistungen. Dazu zählen Personen, die aufgrund demenzbedingter Fähigkeitsstörungen, geistigen Behinderungen oder psychischen Erkrankungen einen erheblichen Betreuungsbedarf aufweisen. Diese Menschen erhalten in allen Pflegestufen zusätzliche Leistungen. Auch Personen mit erheblichen eingeschränkter Alltagskompetenz, die noch keiner Pflegestufe angehören (so genannte »Pflegestufe 0«), erhalten diese Leistungen, die zum 1. Januar 2015 erhöht wurden (vgl. E 2.4.2 c)

§ 4 I

➤ Individuelle Pflegeberatung

Personen, die Leistungen nach dem Pflegeversicherungsgesetz (Pflegebedürftige, Ratsuchende im Vorfeld von Pflegebedürftigkeit, pflegende Angehörige, demenziell Erkrankte und ihre Familien) erhalten, haben ab 1. Januar 2009 einen kostenlosen Anspruch auf individuelle Beratung und Hilfestellung durch eine Pflegeberaterin oder einen Pflegeberater.

Für diese Pflegeberatung hat der PKV-Verband ein eigenständiges Konzept entwickelt und eine eigene Gesellschaft, die **COMPASS** Private Pflegeberatung GmbH, ins Leben gerufen.

Das Beratungsangebot der privaten Pflegepflichtversicherung unterscheidet sich in zentralen Punkten von dem Beratungsangebot der sozialen Pflegeversicherung. Die PKV bietet für ihre Versicherten eine individuelle und aufsuchende Pflegeberatung, während bei der sozialen Pflegeversicherung die Beratungsleistung in so genannten Pflegestützpunkten an festen Standorten durchgeführt werden soll.

§ 4 J

➤ Förderung der Gründung von ambulanten Wohngruppen

Neue Wohnformen (z.B. Senioren-Wohngemeinschaften oder Pflege-Wohn-Gemeinschaften) bieten die Möglichkeit, zusammen mit Frauen und Männern in derselben Lebenssituation zu leben und Unterstützung zu erhalten. Dabei müssen sie nicht auf ihre Privatsphäre und ihre Eigenständigkeit verzichten. Zur Gründung von ambulant betreuten Wohngruppen können max. 2500,00 € pro Bewohner (Wohngruppe max. 10000,00 €) beansprucht werden. Daneben erhalten Pflegebedürftige ab 2015 einen Wohngruppenzuschlag von 205,00 € pro Monat. Dieser Betrag ist für alle drei Pflegestufen einheitlich. Er wird erstmals auch für Pflegebedürftige der sog. »Pflegestufe 0« gewährt.

b) Pflegestufen

Die Höhe der Leistungen für häusliche Pflege oder Pflegegeld und für teilstationäre Pflege richten sich nach der Pflegestufe, die der vom privaten Pflegeversicherer bestellte **ärztliche Dienst** beim Pflegebedürftigen feststellt.

MB/PPV 2014 § 1 (6)

Pflegestufe	Hilfebedarf	Zeitaufwand (Tagesdurchschnitt)
I erheblich pflegebedürftig	– bei wenigstens 2 Verrichtungen mindestens 1-mal täglich – zusätzlich in der Woche Hilfen bei der hauswirtschaftlichen Versorgung	1,5 Stunden
II schwer pflegebedürftig	– mindestens 3-mal täglich zu verschiedenen Tageszeiten – zusätzlich in der Woche Hilfen bei der hauswirtschaftlichen Versorgung	3 Stunden
III schwerst pflegebedürftig	– rund um die Uhr, auch nachts – zusätzlich in der Woche Hilfen bei der hauswirtschaftlichen Versorgung	5 Stunden

§ 1 (8)

Als gewöhnlich und regelmäßig wiederkehrende Verrichtungen bei der Pflegebedürftigkeit zählen: § 1 (5)

- Körperpflege: Waschen, Duschen, Baden, Zahnpflege, Kämmen, Rasieren, Darm- und Blasenentleerung.
- Ernährung: Zubereitung des Essens oder Nahrungsaufnahmen.
- Mobilität: Das selbstständige Aufstehen und Zubettgehen, An- und Auskleiden, Gehen, Stehen, Treppensteigen und das Verlassen und Wiederaufsuchen der Wohnung.
- Hauswirtschaftliche Versorgung: Einkaufen, Kochen, Wohnungspflege, Geschirr spülen, Wäsche waschen, Kleidung wechseln, Heizen.

Die Feststellung der Pflegebedürftigkeit wird durch den ärztlichen Dienst der privaten Pflegepflichtversicherung, die **MEDICPROOF** Gesellschaft für medizinische Gutachten mbH, vorgenommen. Sie übernimmt die Begutachtung der privat versicherten Antragsteller. Die Internetadresse lautet: **www.medicproof.de**

Beispiel:

Frau Schmitt ist durch multiple Sklerose an den Rollstuhl gebunden.

Herr Schmitt hilft seiner Frau im Bereich der Körperpflege (Waschen, Zahnpflege, Toilettengang), der Mobilität (Aufstehen, Zubettgehen, An- und Auskleiden, Rollstuhl) und der hauswirtschaftlichen Versorgung (Einkaufen, Kochen usw.). Für diese Verrichtungen benötigt er durchschnittlich vier Stunden am Tag. Frau Schmitt wird als schwer pflegebedürftig in Pflegestufe II eingruppiert.

c) Leistungsumfang

Im Einzelnen werden in der Pflegepflichtversicherung seit dem 1. Jan. 2015 folgende Leistungen in Abhängigkeit von den verschiedenen Pflegestufen gewährt (zu weiteren Leistungen, siehe E 2.4.3):

SGB XI §§ 36 ff. MB/PPV 2014 § 4

Leistungsart	Pflegestufe I	Pflegestufe II	Pflegestufe III
Häusliche Pflege			
• Sachleistungen monatlich bis:	468,00 €	1 144,00 €	1 612,00 € (1 995,00 € Härtefall)
• Pflegegeld (anstelle Sachleistungen) monatlich bis:	244,00 €	458,00 €	728,00 €
• Pflegehilfsmittel zum Verbrauch monatlich:	40,00 €	40,00 €	40,00 €
• technische Hilfsmittel	leihweise oder Erstattung. 10 %ige Selbstbeteiligung je Hilfsmittel, max. 25,00 €		
• Verbesserung des Wohnungsumfeldes:	Zuschüsse bis zu 4 000,00 € pro Maßnahme (Berücksichtigung einer angemessenen Selbstbeteiligung)		
• häusliche Pflege bei Verhinderung der Pflegeperson – durch nahe Angehörige – durch sonstige Personen	bis 244,00 € im Jahr	bis 458,00 € im Jahr	bis 728,00 € im Jahr
	Die Erstattung ist im Einzelfall auf 1 612,00 € im Jahr begrenzt.		
Leistungsart	**Pflegestufe I**	**Pflegestufe II**	**Pflegestufe III**
Häusliche Pflege (Fortsetzung)			
• soziale Sicherung der Pflegepersonen	Beiträge zur gesetzlichen Rentenversicherung Schutz in der gesetzlichen Unfallversicherung		
Teilstationäre Pflege			
• Kostenerstattung monatlich bis:	468,00 €	1 1440,00 €	1 612,00 €
Kurzzeitpflege stationär			
	bis zu 1 6120,00 € jährlich		
Vollstationäre Pflege			
• Pflegeaufwendungen monatlich bis:	1 064,00 €	1 330,00 €	1 612,00 € (1 995,00 € Härtefall)
• Pflege in vollstationären Einrichtungen der Behindertenhilfe	10 % des Heimentgelts, höchstens 266,00 € monatlich		
	Die Aufwendungen für Unterkunft und Verpflegung müssen die Pflegebedürftigen selbst tragen.		

Übersicht: Höhere Leistungen bei Demenz

Für Personen mit dauerhaft erheblich eingeschränkter Alltagskompetenz, das sind vor allem an Demenz erkrankte Menschen, wurden 2013 zusätzliche Leistungen und die so genannte »Pflegestufe 0« eingeführt. Ab 1. Januar 2015 gelten für diese Menschen folgende Leistungen: SGB XI § 45a

Pflegestufe	Pflegegeld	Pflegesachleistung	Vollstationäre Pflege
Ohne Stufe (0)	123,00 €	231,00 €	–
1	316,00 €	689,00 €	1 064,00 €
2	545,00 €	1 298,00 €	1 330,00 €
3	728,00 €	1 612,00 €	1 612,00 €
Härtefälle	–	1 995,00 €	1 995,00 €

Ab 1. Januar 2015 gibt es ebenso zusätzliche Leistungen für Pflegebedürftige in ambulant betreuten Wohngruppen (z. B. Senioren-Wohngemeinschaften sowie Pflege-Wohn-Gemeinschaften). Diese betragen sowohl in der »Pflegestufe 0«, wie auch in den Pflegestufen I, II und III jeweils 205,00 € pro Monat.

Bei beihilfeberechtigten Personen kürzt sich die Leistung um den von der Beihilfe erstatteten Betrag.

Leistungen für die häusliche (ambulante) Pflege werden seit dem 01. April 1995 gewährt. Für die vollstationäre Pflege erfolgt eine Leistung seit 01. Juli 1996.

Beispiel für ambulante Pflegeleistung:

Herr Hinz leidet an der Alzheimerschen Krankheit und ist schwerstpflegebedürftig (Pflegestufe III). Die Pflege wird täglich in seiner Wohnung von der ökumenischen Diakoniestation durchgeführt. Für die Pflege werden monatlich 2 000,00 € berechnet. Der VR übernimmt in diesem Fall 1 6120,00 € der Kosten.

d) Kombination von Aufwendungsersatz und anteiligem Pflegegeld

Wird der Aufwendungsersatz von der versicherten Person nur teilweise in Anspruch genommen, erhält sie daneben noch ein anteiliges Pflegegeld. Der Anteil berechnet sich nach dem Verhältnis zwischen dem jeweiligen Höchstbetrag für den Aufwendungsersatz und dem tatsächlich in Anspruch genommenen Leistungsbetrag. Entsprechend diesem Verhältnis besteht ein Anspruch auf ein anteiliges Pflegegeld. MB/PPV 2014 § 4 (5)

An die Entscheidung, in welchem Verhältnis die versicherte Person Pflegegeld und Aufwendungsersatz in Anspruch nehmen will, ist die Person für die Dauer von sechs Monaten gebunden.

Beispiel:

Eine versicherte Person der Pflegestufe I nimmt Aufwendungsersatz in Höhe von 280,80 € in Anspruch. Der ihr zustehende Höchstbetrag für Sachleistungen beläuft sich auf 468,00 €. Somit hat sie den Betrag zu 60 % ausgeschöpft. Vom Pflegegeld (das anstelle von Sachleistungen gewährt wird) in Höhe von 244,00 € stehen ihr noch 40 %, also 97,60 € zu.

2.4.3 Reform der Pflegepflichtversicherung

Die Reform der Pflegepflichtversicherung wurde bereits am 1. Juli 2008 durch das Pflege-Weiterentwicklungsgesetz eingeleitet. Im Mittelpunkt der Reform steht die stufenweise Verbesserung der Leistungen, welche bis 2012 eine schrittweise Anhebung der ambulanten Sachleistungen, des Pflegegeldes, der Leistungen zur Tagespflege sowie der stationären Leistungen vorsieht.

➤ Familienpflegezeitgesetz

Zum 1. Januar 2012 ist das **Familienpflegezeitgesetz** in Kraft getreten. Durch dieses Gesetz können Arbeitnehmer ab dem Jahr 2012 für maximal 24 Monate ihre Arbeitszeit auf bis zu mindestens 15 Stunden reduzieren **(Pflegephase),** um nahe Angehörige zu pflegen.

➤ Pflege-Neuausrichtungsgesetz

Die Reformbestrebungen in der Pflegeversicherung wurden durch Einführung des **Pflege-Neuausrichtungsgesetzes** zum 1. Januar 2013 fortgesetzt. Dieses Gesetz sieht u.a. folgende Änderungen vor:

- Höhere Leistungen für Personen mit dauerhaft erheblich eingeschränkter Alltagskompetenz (Demenzkranke)
- Verbesserung für pflegende Angehörige (z.B. Verbesserung der rentenversicherungsrechtlichen Absicherung für pflegende Angehörige)
- Förderung von Pflege-Wohngruppen
- Anhebung des Beitragssatzes in der sozialen Pflegeversicherung von bisher 1,95 % auf 2,05 % (über 23-jährige Kinderlose 2,3 %)

Zum 01. Jan. 2013 wurde auch die **Staatlich geförderte ergänzende Pflegeversicherung** eingeführt (vgl. E 2.5.4.2).

➤ Erstes Pflegestärkungsgesetz

Am 1. **Januar** 2015 ist das **Erste Pflegestärkungsgesetz** in Kraft getreten. Es beinhaltet u. a.:

- Anhebung des Beitragssatzes um 0,3 % von bisher 2,05 % auf 2,35 % (2,60 % für Kinderlose).
- Anstieg der meisten Leistungsbeträge um 4 %.
- Steigerung des Zuschusses für Umbaumaßnahmen (z.B. Einbau eines barrierefreien Badezimmers) von bisher 2 557,00 € auf 4 000,00 pro Maßnahme. Bei gemeinsamer Unterkunft mehrerer Anspruchsberechtige ist ein Betrag bis zu 16 000,00 € möglich.
- Aufbau eines Pflegevorsorgefonds durch Finanzierung von 0,1 Beitragssatzpunkten. Dieser wird ab 2035 zur Stabilisierung des Beitragssatzes genutzt, wenn die geburtenstarken Jahrgänge ins Pflegealter kommen.

➤ Zweites Pflegestärkungsgesetz

Das **Zweite Pflegestärkungsgesetz** ist in Planung. Der Schwerpunkt dieses Gesetzes liegt auf der Einführung eines neuen Pflegebedürftigkeitsbegriffes. Der neue Begriff sieht eine weitere Ausdifferenzierung von bisher drei Pflegestufen auf fünf Pflegegrade vor. Dabei wird mit einem neuen **Begutachtungsassessment (NBA)** gemessen, was der Pflegebedürftige noch selbstständig leisten kann. Erfasst wird der Grad der Selbstständigkeit einer Person bei Aktivitäten in insgesamt sechs pflegerelevanten Bereichen. Ferner sind weitere Beitragssatzanhebungen durch das Gesetz vorgesehen.

2.5 Sonstige Versicherungsarten

2.5.1 Ambulante Zusatzversicherung

Wegen der Kostenexplosion im Gesundheitswesen sind die Leistungen der GKV erheblich reduziert und die Eigenbeteiligungen der gesetzlich Versicherten wesentlich erhöht worden. Für die GKV-Versicherten bietet die PKV deshalb in verstärktem Umfang ambulante Ergänzungsversicherungen an, mit denen die Einschränkungen aufgefangen werden können. Die Leistungsbereiche der **ambulanten Ergänzungsversicherung** sind vorwiegend:

Zahnärztliche Behandlung, Zahnersatz und Kronen, Brillen, Heilmittel, Auslandsreiseversicherungsschutz.

Bei Ergänzungsversicherungen werden nach Vorleistung durch die GKV die verbleibenden Aufwendungen je nach Tarif in unterschiedlicher Höhe durch die PKV übernommen.

2.5.2 Krankenhaus-Zusatzversicherung

Die Krankenhaus-Zusatzversicherung deckt die von der GKV nicht getragenen Kosten bei der Inanspruchnahme von Wahlleistungen im Krankenhaus.

Beispiel:
Herr Müller ist gesetzlich pflichtversichert. Um über den Grundschutz der gesetzlichen Krankenversicherung hinaus versichert zu sein, schließt er einen Zusatztarif für stationäre Heilbehandlung bei einem privaten Krankenversicherer ab. Im Krankenhaus kann er sich nun als privat versicherte Person behandeln lassen, da seine Zusatzversicherung die von der GKV nicht getragenen Kosten im Rahmen des vereinbarten Tarifs übernimmt.

2.5.3 Krankenhaus-Tagegeldversicherung

a) Gegenstand der Versicherung

Bei einer **Krankenhaus-Tagegeldversicherung** (KHT-Versicherung) wird für jeden Tag einer medizinisch notwendigen **stationären** Behandlung ohne Kostennachweis ein Festbetrag (= versicherter Tagessatz) geleistet.

Gründe für den Abschluss einer KHT-Versicherung:

- Deckung von Krankenhauskosten, die nicht durch eine Krankheitskostenversicherung gedeckt sind
- Kosten einer Haushaltshilfe (ferner: Kinderbetreuungskosten)
- Kosten eines Stellvertreters im eigenen Betrieb
- Fahrtkosten von Angehörigen für Krankenbesuche
- Kosten der Rekonvaleszenz
- Kostentragung für zusätzlichen Bedarf (z. B. Sonderwünsche wie Telefon, Fernsehapparat usw. im Krankenhaus)
- Deckung des Eigenanteils von 10,00 € täglich für maximal 28 Tage im Kalenderjahr bei gesetzlich Krankenversicherten (vgl. E 1.2.4)

b) Leistung

Für jeden Tag der stationären Behandlung wird ein fester Betrag fällig, wobei der erste und der letzte Tag jeweils als ein Tag gelten. Ein Kostennachweis ist nicht erforderlich.

Beispiel:

Frau Maier befindet sich vom 20. Okt. d.J. bis zum 07. Nov. d.J. zur stationären Behandlung im Krankenhaus. Sie hat eine Krankenhaus-Tagegeldversicherung in Höhe von 25,00 €/Tag abgeschlossen.

Leistung: 20. Okt.–07. Nov. = 19 Tage

19 Tage · 25,00 €/Tag = 475,00 € Versicherungsleistung

BSG B4 AS 90/10R

Nach einer Entscheidung des Bundessozialgerichts vom 18. Januar 2011 dürfen Zahlungen aus einer Krankenhaustagegeld-Versicherung grundsätzlich auf Leistungen der Grundsicherung für Arbeitssuchende (z.B. Bezieher von Arbeitslosengeld II) nach dem SGB II anrechnet werden.

2.5.4 Ergänzungsversicherungen zur Pflegepflichtversicherung

2.5.4.1 Vorbetrachtung

Beispiel:

Herr Kreuzer ist nach mehreren Schlaganfällen dauerhaft auf fremde Hilfe angewiesen. Da eine ambulante Pflege nicht möglich ist, muss er stationär in einem Pflegeheim untergebracht werden. Vom medizinischen Dienst wird Herr Kreuzer in die Pflegestufe III eingruppiert. Das Pflegeheim Katharinenstift berechnet folgenden Tagessatz:

Pflege-Tagessatz:	74,78 €
Unterkunft, Verpflegung:	26,76 €
Investitionsanteil:	14,36 €
Gesamttagessatz:	115,90 €

Für den Monat Januar 2015 muss Herr Kreuzer 3 592,90 € für die stationäre Unterbringung aufwenden. Zu diesen Aufwendungen müssen noch Kosten für persönliche Bedürfnisse wie Kleidung, Friseur, zusätzliche Getränke hinzugerechnet werden. Zur Begleichung dieser Kosten reichen die eigene Rente und die Grundleistung der er sozialen Pflegepflichtversicherung in Höhe von 1 612,00 € bei weitem nicht aus.

Die soziale und die private Pflegepflichtversicherungen stellen lediglich eine Grundversorgung dar. Wie das obige Beispiel darstellt, sind die tatsächlichen Kosten bei Pflegebedürftigkeit erheblich höher. Deshalb bieten die privaten Krankenversicherer Ergänzungsversicherungen zur privaten und zur sozialen Pflegepflichtversicherung für privat und gesetzlich versicherte Personen an. So können die Leistungsansprüche über die gesetzliche Grundversorgung hinaus erweitert und an die individuellen Bedürfnisse angepasst werden.

Für den ergänzenden Versicherungsschutz zur Pflegepflichtversicherung werden nach dem **Proximus 3 Bedingungswerk** angeboten:

Proximus 3 BE S. 211 f. S. 205 ff.

- Ergänzungsversicherungen zur privaten und sozialen Pflegepflichtversicherung nach MB/EPV 2009 (Stand: Juli 2013)
- Staatlich geförderte ergänzende Pflegeversicherung nach MB/GEPV 2013

2.5.4.2 Ergänzungsversicherungen zur privaten und sozialen Pflegepflichtversicherung nach MB/EPV 2009 (Stand Juli 2013)

Es werden die beiden auch im VVG vorgesehen Varianten angeboten: VVG § 192 (6) MB/EPV 2009

➤ Pflegetagegeldversicherung

Die Pflegetagegeldversicherung zahlt ein Tagegeld für jeden Tag der festgestellten Pflegebedürftigkeit nach Ablauf einer tariflichen Karenzzeit, und zwar ohne dass die tatsächlichen Kosten nachgewiesen werden müssen.

Das Tagegeld wird in der Regel auch nach den drei Pflegestufen gestaffelt geleistet. Es sind Tagesgeldsätze zwischen 10,00 € und 150,00 € (in 5,00 €-Schritten) möglich

Versicherungsfähig sind jedoch nur Personen bis zu einem Alter zwischen 65 und 70 Jahren.

Die Tarifbedingungen für das Pflegetagegeld sehen folgende Leistungen vor: TB/PET Proximus 3 TA S. 236

Pflegestufe	Tagegeld in % des versicherten Tagessatzes
0	40 %
I	40 %
II	60 %
III	80 %

Beim Abschluss von z. B. 50,00 € pro Tag sind folgende Leistungen fällig: Pflegestufen 0 und I 20,00 €, Pflegestufe II 30,00 € und Pflegestufe III 40,00 € Tagesgeld.

Zahlreiche Versicherer bieten für die Pflegestufe III auch 100 % an.

➤ Pflegekostenversicherung

Diese Versicherung sieht eine Aufstockung der Leistungen der privaten bzw. sozialen Pflegepflichtversicherung vor. Nach Ausschöpfung der Hochstsätze der Pflegepflicht versicherung werden verbleibende Aufwendungen bis zu einer bestimmten Höhe übernommen.

Die Pflegekostenversicherung ersetzt z. B. bis zu 50 % der nach Vorleistung der Pflichtversicherung verbliebenen Pflegekosten.

Das Aufnahmehöchstalter für diese Zusatztarife beträgt je nach VR und Tarif zwischen 50 und 65 Jahre.

Steuerzahler haben die Möglichkeit, die Pflegekosten (abzüglich der Leistungen aus der Pflegeversicherung) als **außergewöhnliche Belastung** geltend zu machen.

2.5.4.3 Staatlich geförderte ergänzende Pflegeversicherung (GEPV)

➤ Grundlagen

Der Gesetzgeber hat zum 1. Januar 2013 eine staatlich geförderte private Pflegezusatzversicherung eingeführt, den so genannten »Pflege-Bahr« (benannt nach dem damals zuständigen Minister Bahr). Die Förderung erfolgt in Form einer Zulage. Der Abschluss der Versicherung ist freiwillig. Der PKV-Verband hat für die GEPV Musterbedingungen bereitgestellt. SGB XI §§ 126 ff. MB/GEPV 2013

Ziel der GEPV ist es, dem Bürger eine Möglichkeit zu bieten, sich vor drohenden Finanzierungslücken im Pflegefall zu schützen.

Förderbedingungen

- Förderfähig sind alle über 18-jährigen Versicherten der sozialen und privaten Pflegepflichtversicherung, sofern sie noch keine Pflege- oder Betreuungsleistungen erhalten.
- Es besteht Kontrahierungszwang für den VR.
- Es gibt keine Gesundheitsprüfung, keine Risikozuschläge oder Leistungsausschlüsse.
- Die Wartezeit darf höchstens fünf Jahre betragen.
- Die Abschlusskosten dürfen höchstens zwei Monatsbeiträge und die Verwaltungskosten höchstens 10 % der Bruttoprämie betragen.
- Der VR muss auf das ordentliche Kündigungsrecht verzichten.
- Die Zahlung des Pflegemonatsgeldes muss einsetzen, wenn die soziale oder private Pflegepflichtversicherung die Pflegebedürftigkeit anerkennt.
- Der Mindesteigenbeitrag des Versicherten muss 10,00 € im Monat betragen.
- Der Vertrag muss bestimmte Mindestleistungen vorsehen; 600,00 € Pflegegeld monatlich in Pflegestufe 3 sowie Leistungen auch in allen anderen Pflegestufen.

Höhe der staatlichen Förderung

Die staatliche Förderung beträgt einheitlich 5,00 € pro Monat. Da die Pflegezusatzversicherung erst dann förderfähig ist, wenn der Eigenbeitrag mindestens 10,00 € monatlich beträgt, ergibt sich ein monatlicher Mindestbeitrag von 15,00 € (Förderung + Eigenbeitrag). Die staatliche Förderung wird jeweils nur für einen Vertrag pro Person gewährt. Die Auszahlung der Zulage erfolgt durch die Deutsche Rentenversicherung Bund direkt an den VR.

Beitragshöhe

Die Höhe des Beitrags richtet sich nach dem vereinbarten Pflegetagegeld und dem Lebensalter des Versicherten bei Vertragsabschluss. Die Beiträge sind als Unisex-Beiträge kalkuliert.

Leistungsumfang

MB/GEPV 2013 § 6 (1)

Art und Höhe der Versicherungsleistungen ergeben sich aus dem Tarif. Anspruch auf das versicherte Pflegetagegeld besteht auf Antrag des Versicherten von dem Zeitpunkt an, ab dem die soziale Pflegeversicherung oder die private Pflegepflichtversicherung Leistungen erbringen.

Das Pflegemonatstagegeld beträgt in Pflegestufe 3 mindestens 600,00 €, in der Pflegestufe 1 mindestens 20 %, in der Pflegestufe 2 mindestens 30 % und in der »Pflegestufe 0« mindestens 10 % des Pflegemonatsgeldes der Pflegestufe 3.

Wird ein Pflegetagegeld vereinbart, darf die Summe der monatlich erbrachten Tagegelder die vorgenannten Beträge nicht unterschreiten.

Beispiel aus der Praxis:

Monatsbeitrag für eine 50-jährige Person (einschl. Förderung von 5,00 €): 24,78 €
Leistungen (mtl.)

Pflegestufe 0: 60,00 €	Pflegestufe 2: 360,00 €
Pflegestufe 1: 180,00 €	Pflegestufe 3: 600,00 €

➤ Vorteile der GEPV

- Zugang für Personen mit Vorerkrankungen und chronisch Kranke, da diese in andere Tarife nicht mehr aufgenommen werden.
- Für junge Versicherte bringt der Mindestbeitrag von 10,00 € gute Leistungen im Alter.

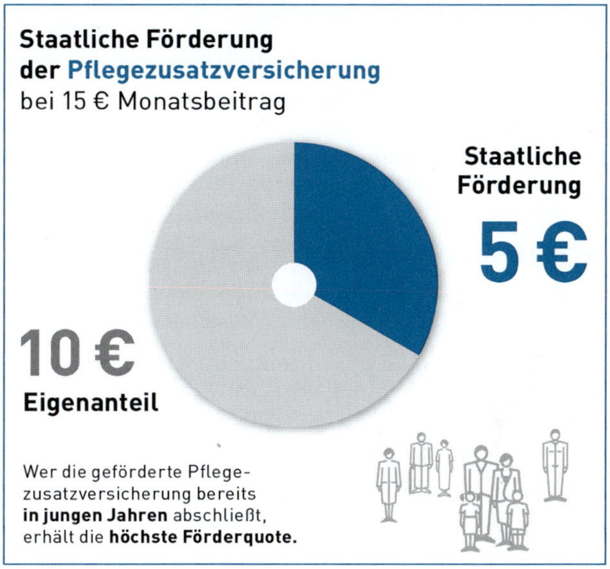

Quelle: PKV-Verband

2.5.5 Auslandsreisekrankenversicherung

a) Zweck

Zweck der **Auslandsreisekrankenversicherung** ist die Absicherung der Kosten einer Heilbehandlung von Krankheiten oder Unfallfolgen bei **vorübergehendem Auslandsaufenthalt** bis zur Dauer von etwa **fünf** Jahren.

Die Auslandsreisekrankenversicherung dient der Absicherung für private und berufliche Auslandsaufenthalte.

Krank im Ausland

Vier junge Hamburger wollten nach bestandenem Abitur Amerika erobern. Für die Dauer eines halben Jahres schlossen sie eine private Reise-Krankenversicherung ab. In Houston (Texas) wurde einer von ihnen bei grünem Fußgängerlicht von einem Motorrad erfasst.
Schwere Gehirnquetschungen machten einen mehrere Wochen dauernden Aufenthalt auf der Intensivstation notwendig. Nach zwei Monaten Krankenhausbehandlung konnte er in Begleitung seiner Angehörigen und einer Krankenschwester nach Deutschland geflogen werden. Der Verkehrssünder auf dem Motorrad war allerdings nicht versichert, und die Behandlungs- und Rückflugkosten von 112 500,00 € konnte er selbst nicht aufbringen.
Die in Deutschland zuständige gesetzliche Krankenkasse lehnte eine Kostenübernahme ab: Transportkosten darf sie nämlich nicht tragen. Und mit den USA gibt es kein Sozialversicherungsabkommen.
So beglich die Rechnung die private Reise-Krankenversicherung.

b) Gründe für den Abschluss

- **Ergänzung des gesetzlichen Krankenversicherungsschutzes**

  Die GKV erbringt nur Leistungen, wenn das Aufenthaltsland der Europäischen Union (EU) angehört oder ein Sozialversicherungsabkommen mit der Bundesrepublik abgeschlossen hat. Aufwendungen für einen notwendigen medizinischen Krankenrücktransport in die Bundesrepublik Deutschland werden von der GKV grundsätzlich nicht übernommen.

- **Ergänzung des privaten Krankenversicherungsschutzes**

  In der PKV erstreckt sich der Versicherungsschutz auf Europa. Bei außereuropäischem Aufenthalt ist der Versicherungsschutz eingeschränkt oder sogar ausgeschlossen (vgl. E 5.2).

  Für privat Versicherte kann der Abschluss einer Auslandsreisekrankenversicherung zudem sinnvoll sein, um

  - im Ausland keinen Selbstbehalt zu haben,
  - trotz einer Erkrankung im Ausland die Beitragsrückerstattung der Vollversicherung beanspruchen zu können (vgl. E 4.1.8),
  - Ersatz für die Aufwendungen eines medizinisch notwendigen Rücktransports zu erhalten, der im versicherten Tarif evtl. nicht enthalten ist.

- **Berufsbedingter Auslandsaufenthalt**

  Für Auslandsaufenthalte beruflicher Art empfiehlt es sich, dass der Arbeitgeber für seine Mitarbeiter eine Auslandsreisekrankenversicherung abschließt (z. B. in Form von Gruppenversicherungen), da der Versicherungsschutz aus der GKV bzw. PKV evtl. nicht besteht oder nur unzureichend ist.

c) Arten und Leistungen

Arten von Auslandsreisekrankenversicherungen		
Bezeichnung	**Aufenthaltsdauer**	**Umfang**
Kurzfristige Auslandsreisekrankenversicherung	bis zu 6 Wochen	Die Versicherung bezieht sich auf eine einzige Reise, die während der Vertragslaufzeit stattfindet. Der Beitrag setzt sich meist aus Einzelprämien pro Reisetag zusammen.
Mittelfristige Auslandsreisekrankenversicherung	bis zu 12 Monaten	Diese Vertragsvariante deckt alle Auslandsreisen ab, die der Versicherte während der einjährigen Laufzeit unternimmt. Die Höchstdauer pro Reise ist meist auf 42 Tage begrenzt.
Langfristige Auslandsreisekrankenversicherung	1–5 Jahre	Diese Vertragsform ist für Personen vorgesehen, die sich aus beruflichen Gründen oder wegen ihrer Ausbildung längere Zeit im Ausland aufhalten.

Die Auslandsreisekrankenversicherungen umfassen in der Regel folgende Leistungen: Ambulante und stationäre Heilbehandlungen, schmerzstillende Zahnbehandlungen, einfache Zahnfüllungen und Reparaturen von Zahnersatz, Transport zum nächsten Krankenhaus oder Notarzt durch Rettungsdienste, medizinisch notwendiger Rücktransport in die Heimat, Überführungskosten im Todesfall bis zu 12 000,00 € oder Bestattungskosten im Ausland.

Der Versicherungsschutz ist in der Regel in folgenden Fällen ausgeschlossen:

- bei Vorerkrankungen,
- bei Behandlungen im Ausland, die der alleinige Grund oder einer der Gründe für die Auslandsreise waren,
- bei Behandlungen, die bereits vor der Reise begonnen wurden und währenddessen fortgeführt werden müssen (außer, wenn die Reise wegen des Todes des Ehegatten oder eines Verwandten ersten Grades unternommen wurde),
- bei Behandlungen, die anlässlich einer Beschäftigung im Ausland stattfinden.

In der Auslandsreise-Krankenversicherung sind grundsätzlich alle Personen versicherbar, die einen ständigen Wohnsitz in Deutschland haben.

Deutsche Staatsbürger, die im Ausland leben und sich vorübergehend in der Bundesrepublik aufhalten, können ebenfalls versichert werden. Einige private Krankenversicherungsunternehmen bieten auch Gästen aus dem Ausland im Rahmen einer so genannten »umgekehrten Auslandskrankenversicherung« für den Krankheitsfall Versicherungsschutz.

Die meisten VR bieten ihren Auslands-Krankenversicherungsschutz nur Personen bis zu einem bestimmten Höchstalter (60–75 Jahre) an.

Das **Proximus 3 Bedingungswerk** sieht für die Auslandsreisekrankenversicherung folgende zwei Tarife vor: Proximus 3 TA S. 271

- Tarif AKV 1: Auslandsaufenthalt bis zwei Monate
- Tarif AKV 2: Auslandsaufenthalt ab 3. Monat bis ein Jahr

Folgende Leistungen sind bei der Proximus Krankenversicherung AG versichert:

- 100 % für ärztliche Behandlung einschl. Arznei-, Verband- und Heilmittel
- 100 % für stationäre Behandlung einschl. Unterkunft und Verpflegung
- 100 % für den notwendigen Transport in das nächstliegende Krankenhaus oder zum nächsterreichbaren Notarzt
- Krankenrücktransport an den Heimatort bei med. Notwendigkeit, auch für eine mitversicherte Begleitperson
- Übernahme der Bestattungskosten im Ausland oder der Überführungskosten

Kein Versicherungsschutz besteht für Behandlungen, die vor Reiseantritt geplant waren oder deren Notwendigkeit für den Versicherten feststand.

2.5.6 Kurversicherung

Die Kosten des Aufenthaltes in einer Heilstätte oder einem Sanatorium werden von der PKV nicht generell erstattet. Leistungen für Heilstätten- oder Sanatoriumsaufenthalt, mit Ausnahme von Tuberkulose-Erkrankungen (Tbc), werden grundsätzlich nur erbracht, wenn der Tarif entsprechende Leistungen auch vorsieht. Die VR bieten deshalb Spezialtarife an, die meistens nur als **unselbstständige Teilversicherung** (Zusatzversicherung) abgeschlossen werden können.

Die Kurversicherung wird in Form einer **Kurkostenversicherung** oder einer **Kurtagegeldversicherung** angeboten. Die Leistungen in der Kurkostenversicherung sind i. d. R. auf Höchstsätze pro Tag beschränkt. Bei der Kurtagegeldversicherung erfolgt die Zahlung des vereinbarten Tagessatzes. Bei beiden Formen ist die Dauer der Zahlung zeitlich beschränkt (z. B. auf 28 Tage).

2.5.7 Private studentische Krankenversicherung

SGB V § 5 (1) Ziff. 9

Für alle Studenten, die an staatlichen oder staatlich anerkannten Hochschulen eingeschrieben sind, besteht bis zum Abschluss des 14. Fachsemesters, längstens bis zur Vollendung des 30. Lebensjahres, Versicherungspflicht.

§ 10 (2) Nr. 3

Eine Versicherungspflicht ist nicht gegeben, solange der Student über die Familienversicherung der GKV bei seinen Eltern kostenlos mitversichert ist. Das ist in der Regel bis zur Vollendung des 25. Lebensjahres der Fall.

§ 8 (1) Ziff. 5

Studenten haben die Möglichkeit, sich innerhalb von drei Monaten nach Eintritt der Versicherungspflicht (= erstmalige Einschreibung als Student) befreien zu lassen.

Eine erneute Befreiungsmöglichkeit mit Beginn des nächsten Semesters ist ausgeschlossen. Die Befreiung gilt für die Dauer der Versicherungspflicht als Student. Sie kann nicht widerrufen werden.

Für Studenten, die von der Versicherungspflicht befreit oder die nicht mehr versicherungspflichtig sind, bieten die privaten Krankenversicherungsunternehmen mit dem **Tarif PSKV (Private studentische Krankenversicherung)** einen **Gemeinschaftstarif** an. Dieser sieht allerdings nur einen **Mindestversicherungsschutz** vor. Der Tarif bietet im Rahmen bestimmter Leistungshöchstsätze Versicherungsschutz für ambulante und stationäre Heilbehandlung sowie für Zahnbehandlung und Zahnersatz.

Die Versicherung nach dem PSKV-Tarif endet spätestens mit der Vollendung des 34. Lebensjahres. Der Monatsbeitrag ist bei allen Versicherungsunternehmen gleich.

Bei Wegfall der Versicherungsfähigkeit, also bei Aufgabe des Studiums oder bei Vollendung des 34. Lebensjahres, kann i. d. R. in Höhe des bisherigen Versicherungsschutzes ohne Risikoprüfung eine Umstellung in eine Krankheitskosten-Vollversicherung vorgenommen werden. Die Versicherungszeit nach dem Tarif PSKV wird auf die Wartezeiten angerechnet (vgl. E 5.1).

BAföG-Empfänger erhalten vom Amt für Ausbildungsförderung einen Zuschuss zum Krankenversicherungsbeitrag, wenn sie das Bestehen eines Krankenversicherungsschutzes nachweisen. Auch für den PKV-Schutz wird dieser Zuschuss gewährt. Er beträgt 62,00 €, der Zuschuss zur Pflegepflichtversicherung 8,00 €, jedoch nicht mehr als die Hälfte des Beitrags.

Der kostengünstige Krankenversicherungsschutz als Student (Studentische Krankenversicherung) endet spätestens mit 37 Jahren. Diese Entscheidung hat das Bundessozialgericht (BSG) getroffen (Medieninformation Nr. 32/14 des BSG vom 15. Okt. 2014, Az.: B 12 KR 17/12 R).

2.5.8 Anwartschaftsversicherung

Eine **Anwartschaftsversicherung** dient der Wahrung von Rechten in Zeiten, in denen der Versicherte einen Anspruch auf tarifliche **Leistungen nicht benötigt.** Dies ist beispielsweise der Fall, wenn der Versicherte vorübergehend anderweitige Leistungsansprüche hat.

Beispiel:

Der Versicherte hat Anspruch auf freie Heilfürsorge während der Ableistung des Wehrdienstes. Nach Ablauf des Wehrdienstes kann er sofort wieder in die PKV wechseln.

Einen vorübergehend entbehrlichen Krankenversicherungsschutz aufzuheben und bei erneutem Bedarf einen neuen zu begründen ist aus folgenden Gründen nicht ratsam:

- Berücksichtigung von Wartezeiten
- erneute Gesundheitsprüfung
- höheres Eintrittsalter und damit höherer Beitrag

Durch eine Anwartschafts- oder Ruhensversicherung werden diese Nachteile vermieden.

Arten von Anwartschaftsversicherungen	
Große Anwartschaftsversicherung	**Kleine Anwartschaftsversicherung**
• Bei Umwandlung in den gewünschten Tarif wird das ursprüngliche Eintrittsalter (= Eintrittsalter, das zu Beginn der Anwartschaftszeit gültig war) der Beitragsberechnung zugrunde gelegt. • Der Anwartschaftsbeitrag enthält einen Sparbeitrag zum Aufbau einer Alterungsrückstellung. • Höhere Anwartschaftsbeiträge.	• Bei Umwandlung in den gewünschten Tarif wird das Eintrittsalter zum Zeitpunkt der Umwandlung zugrunde gelegt. • Es wird keine Alterungsrückstellung gebildet. • Geringere Anwartschaftsbeiträge.

Für den Abschluss einer Anwartschaftsversicherung kommen insbesondere folgende Personenkreise infrage:

- Personen mit Anspruch auf freie Heilfürsorge, die zu einem vorhersehbaren Zeitpunkt erlischt bzw. sich verringert (z. B. bei Berufsoldaten, Soldaten auf Zeit, Wehrdienstpflichtigen, Angehörigen des Bundesgrenzschutzes, der Polizei und zum Teil der Feuerwehr).

> **Beispiel:**
> Herr Keller ist Berufsoffizier bei der Bundeswehr. Während seiner aktiven Dienstzeit benötigt er keinen Krankheitskostenversicherung, da er Anspruch auf freie Heilfürsorge hat. Nach Beendigung der aktiven Dienstzeit entfällt die freie Heilfürsorge. Herr Keller hat dann einen Beihilfeanspruch als Versorgungsempfänger. Zur Abdeckung der Differenz zwischen Beihilfe und tatsächlichem Kostenaufwand muss Herr Keller dann eine Krankheitskosten-Vollversicherung nach dem Quotentarif abschließen.

- Versicherungspflichtige Personen ohne Befreiungsmöglichkeit und Personen mit Anspruch auf Familienversicherung, die in absehbarer Zeit die Möglichkeit haben werden, sich privat zu versichern.
- Bereits versicherte Personen, die sich in einer außergewöhnlichen Notlage (z. B. Arbeitslosigkeit) befinden.
- Bereits versicherte Personen, die einen längeren Auslandsaufenthalt antreten.

Mit der Anwartschaftsversicherung erwirbt der Kunde folgende Ansprüche:

- Es erfolgt bei Umwandlung keine erneute Risikoprüfung.
- Die Dauer der Anwartschaftsversicherung wird auf die Wartezeiten der gewählten Tarife angerechnet.

Während der Dauer der **Anwartschaftsversicherung besteht kein Leistungsanspruch**.

Der Beitrag für Anwartschaftsversicherungen errechnet sich in Prozentsätzen vom jeweiligen Tarifbeitrag. Die Prozentsätze sind abhängig vom Tarif, vom Geschlecht und von der zurückgelegten Versicherungsdauer.

Sonderform: Ruhensversicherung

Bei **Arbeitslosigkeit** kann die Versicherung bis zu 3 Jahren ruhen. Für die ersten sechs Monate der Arbeitslosigkeit sind keine Ruhensbeiträge zu zahlen. Anschließend zahlt der VN Anwartschaftsbeiträge.

Diese können auch durch einen monatlichen Beitragszuschlag nach dem Ende der Ruhenszeit nacherhoben werden.

Eine **Ruhensvereinbarung** kann auch für folgende Fälle getroffen werden:

- vorübergehender Auslandsaufenthalt
- wirtschaftliche Notlage

2.5.9 Gruppenversicherung

Die Gruppenversicherung bietet Versicherungsschutz für eine größere Anzahl gleichartig Versicherter (z.B. die Mitarbeiter eines Betriebes), die in einem Vertrag zusammengeschlossen sind.

Voraussetzungen für den Abschluss von Gruppenversicherungsverträgen sind:

- Der zu versichernde Personenkreis muss nach objektiven Merkmalen exakt umschrieben sein.

  Beispiel:
  Die leitenden Mitarbeiter der Firma Südweststahl GmbH.

- Es muss eine Mindestzahl von Mitarbeitern versichert werden.
- Falls der Arbeitgeber den Beitrag nicht im Lohnabzugsverfahren einzieht, muss Abrufmöglichkeit im Wege des Lastschriftverfahrens von einem Konto des Mitarbeiters gegeben sein. Den Abruf veranlasst der VR.

Gruppenversicherungsverträge können z.B. abgeschlossen werdent

- mit Arbeitgebern für deren Arbeitnehmer, wenn eine objektiv abgrenzbare Mitarbeitergruppe versichert wird mit mindestens 20 Mitgliedern und mindestens 90 % Teilnahme aus der Arbeitnehmergruppe.
- mit Vereinigungen von Freiberufler bzw. Vereinigungen von Selbstständigen, z.B. Journalistenverbände, Ärztekammern, Rechtsanwaltskammern.
- als betriebliche Krankenversicherung (vgl. nachstehend E 2.5.10).

Gruppenversicherungsverträge bezwecken in erster Linie die Ersparnis von Verwaltungskosten, aber auch die Vereinfachung oder gar den Verzicht auf Gesundheitsprüfungen und Wartezeiten.

Die BaFin überwacht die Gestaltung von Gruppenversicherungsverträgen und überprüft die zugesicherten Vergünstigungen. Die Vergünstigungen können beispielsweise in Gewährung von Nachlässen von 5 % auf den Tarifbeitrag für Einzelversicherungen als Ausgleich für die geringeren Verwaltungskosten oder in der Mitversicherung von Familienangehörigen bestehen.

2.5.10 Betriebliche Krankenversicherung (bKV)

Eine betriebliche Krankenversicherung liegt vor, wenn der Arbeitgeber für seine Mitarbeiter im Rahmen eines Arbeitsverhältnisses eine Krankenversicherung abschließt. Der Arbeitgeber wird VN, der Arbeitnehmer versicherte Person. Die Leistungen aus dem Versicherungsverhältnis stehen ausschließlich den einzelnen Arbeitnehmern zu.

Die bKV bündelt verschiedene private Krankenzusatzversicherungen, welche die Leistungen der GKV ergänzen sollen. Die bKV ist stets eine Gruppenversicherung. I.d.R. gibt es keine oder nur eingeschränkte Gesundheitsprüfungen und Wartezeiten.

In erster Linie finanziert der Arbeitgeber die bKV. Eine bKV gilt seit 2014 als Barlohn. Damit hat grundsätzlich der Arbeitnehmer den Beitrag einer bKV zu versteuern und Sozialversicherungsabgaben zu entrichten. Eine Pauschalversteuerung nach § 40 Abs. 1 EStG ist möglich.

Vorteile für den Arbeitgeber	Vorteile für den Arbeitnehmer
• Anreize für Mitarbeiter • höhere Mitarbeiterbindung • Beiträge stellen Betriebsausgaben dar • sinnvolle Alternative zu einer Gehaltserhöhung	• Beitragszahlung durch den Arbeitgeber • i. d. R. keine Gesundheitsprüfung und keine Wartezeiten • günstigere Beiträge • bessere Gesundheitsvorsorge

Die bKV kann i. d. R. nach dem Ausscheiden aus einem Unternehmen weitergeführt werden.

2.5.11 Restschuldversicherung

Die **Restschuldversicherung** ist eine besondere Form der Krankentagegeldversicherung. Die Bedeutung der Restschuldversicherung liegt in der **Absicherung** von **Kredit-**, insbesondere von **Abzahlungsgeschäften**. Durch sie soll sichergestellt sein, dass auch im Krankheitsfall die eingegangenen Rückzahlungsverpflichtungen erfüllt werden können. Leistungen werden i. d. R. ab dem 31. Tag der Arbeitsunfähigkeit in Höhe von 1/30 der monatlich fälligen und versicherten Rückzahlungsrate gewährt.

Lernkontrollen zu E 2

Versicherungsarten, Tarifformen und Leistungen

1 Erläutern Sie, inwieweit die PKV Schadenversicherung bzw. Summenversicherung ist, und geben Sie Tarifbeispiele.

2

> Herr Wohlfahrt ist seit 12 Jahren als Angestellter ununterbrochen in der GKV pflichtversichert. Da sein Einkommen die Jahresarbeitsentgeltgrenze überschritten hat, trägt er sich mit dem Gedanken, die gesetzliche Versicherung zu kündigen und eine private Krankenversicherung abzuschließen.
>
> Herr Wohlfahrt bittet um ein Beratungsgespräch. Am Telefon schildert er Ihnen bereits, dass seine Ehefrau nicht berufstätig ist und sein 16-jähriger Sohn Holger gerade die Realschule absolviert habe und jetzt die Berufsfachschule für Wirtschaft besuchen wird.

Arbeitsauftrag

a) Nehmen Sie eine Bedarfsanalyse für Familie Wohlfahrt vor, wenn der Versicherungsschutz aus der gesetzlichen Krankenversicherung fortfällt.

b) Welche Versicherungsarten und Tarifformen der privaten Krankenversicherung werden Sie Familie Wohlfahrt vorschlagen?

Anmerkung: Lassen Sie die Pflegepflichtversicherung zunächst noch außer Acht (vgl. hierzu Aufgabe 19).

3 Frau Schmitz soll aufgrund von Magen-Darm-Beschwerden in das Städtische Krankenhaus eingewiesen werden, weil sie dort nach Ansicht ihres Hausarztes am besten aufgehoben ist. Sie würde lieber im Krankenhaus an ihrem ständigen Urlaubsort behandelt werden. Kann sie als privat versicherte Person dieses Krankenhaus auswählen?

4 Erläutern Sie, was unter Managed Care zu verstehen ist und nennen Sie zwei Beispiele.

5 Herr Müller muss sich einer Kniegelenksoperation unterziehen. Er wählt eine orthopädische Fachklinik aus, in welcher er auch gleichzeitig die anschließende Kur- und Sanatoriumsbehandlung durchführen lassen kann. Was muss Herr Müller in diesem Fall beachten? Beraten Sie ihn.

6 Grenzen Sie Heil- und Hilfsmittel voneinander ab.

7 Herr Maier (ledig) ist als Beamter beim Landesamt für Umwelt tätig.

a) Ist Herr Maier ein potenzieller Kunde für die private Krankenversicherung (mit Begründung)?

b) Welchen Versicherungsschutz der privaten Krankenversicherung würden Sie ihm empfehlen und in welchem Umfang?

Anmerkung: Lassen Sie die Pflegepflichtversicherung zunächst noch außer Acht (vgl. hierzu Aufgabe 19).

8 Erläutern Sie, was unter Beitragsentlastungstarifen zu verstehen ist.

9 Zum 1. Januar 2009 wurde der neue Basistarif eingeführt. Beschreiben Sie den wesentlichen Unterschied zwischen dem Basistarif und dem Standardtarif.

10 Welche Personenkreise müssen generell im neuen Basistarif ab 1. Januar 2009 von den Unternehmen der PKV aufgenommen werden?

11 Herr Kleinert teilt der Proximus Krankenversicherung AG mit, dass er Anfang 2015 nach mehrjähriger freiberuflicher Tätigkeit im Ausland wieder nach Deutschland zurückkehren wird. Er will im neuen Basistarif versichert werden. Herr Kleinert war vor seinem Auslandsaufenthalt in Deutschland nicht krankenversichert. Prüfen Sie, ob die Proximus Krankenversicherung AG Herrn Kleinert in den Basistarif aufnehmen muss (mit Begründung).

12 Welche Besonderheiten kennzeichnen den Basistarif beim Vertragsabschluss?

13 Warum wurde der Notlagentarif eingeführt?

14 Welche Unterschiede bestehen zwischen dem Basistarif und dem Notlagentarif?

15 Herr Lieberknecht fragt bei Ihnen nach, ob er aufgrund seines Tarifwechselrechts in den Notlagentarif wechseln kann. Beraten Sie Herrn Lieberknecht!

16 Sie erhalten folgendes Schreiben:

Erika Müller
Domgasse 20
68950 Mannheim

Mannheim, 30. Juni . . .

Sehr geehrte Damen,
sehr geehrte Herren,

ich habe im Mai diesen Jahres an der Universität Mannheim mein Studium der Wirtschaftspädagogik mit bestandenem Examen abgeschlossen. Meine Bewerbung für das Lehramt an Beruflichen Schulen im Bundesland Baden-Württemberg war erfolgreich. Das Regierungspräsidium Karlsruhe hat mir heute schriftlich mitgeteilt, dass ich ab dem kommenden Schuljahr eine Referendarstelle an einer nordbadischen Schule zugeteilt bekomme. Meinen Dienst als Beamtin auf Widerruf werde ich am 14. September d. J. antreten.

Während meiner Studienzeit war ich im Rahmen der Familienversicherung gesetzlich krankenversichert. Ich interesssiere mich nun für den Abschluss einer privaten Krankenversicherung. Wie sollte der private Krankenversicherungsschutz gestaltet sein?

Für eine baldige Antwort wäre ich Ihnen sehr dankbar.

Mit freundlichen Grüßen

Erika Müller

- **Arbeitsauftrag**

  Unterbreiten Sie Frau Müller schriftlich ein Versicherungsschutzangebot.

  Anmerkung: Lassen Sie die Pflegepflichtversicherung zunächst noch außer Acht (vgl. hierzu Aufgabe 19).

17 Die kaufmännische Angestellte Nina Möller ist von der Versicherungspflicht befreit und beabsichtigt, im Rahmen der privaten Krankenversicherung auch eine Krankentagegeldversicherung abzuschließen. Frau Möller erhält die gesetzlich vorgesehene Gehaltsfortzahlung im Krankheitsfall gemäß Tarifvertrag zu 100 %.

Die Proximus Krankenversicherung AG bietet verschiedene Tarife an.

- **Fragestellungen**

  a) Welchen Tarif kann Frau Möller wählen (mit Begründung)?

  b) Was muss beachtet werden, wenn die Höhe des zu versichernden Krankentagegeldes bestimmt wird?

18 Herr Klingler ist als leitender Angestellter bei einem großen Automobilhersteller in Stuttgart beschäftigt. Herr Klingler bezieht ein monatliches Bruttoentgelt in Höhe von 5 275,00 €, sein Nettogehalt beträgt 3 350,00 €. Herr Klingler beabsichtigt, eine Krankentagegeldversicherung abzuschließen. Berechnen Sie seinen täglichen Tagegeldbedarf.

Private Pflegepflichtversicherung

19 In den Aufgaben 2, 7 und 16 ist die private Pflegeversicherung noch ausgelassen worden. Prüfen Sie bitte, ob und ggf. welche private Pflegeversicherung in den genannten Situationen anzubieten ist.

20 Herr Völker hat sich selbstständig gemacht und eine Internet-Consultinggesellschaft gegründet. Er ist freiwilliges Mitglied in der GKV und interessiert sich nun für den Abschluss einer privaten Krankenversicherung. Die Pflegeversicherung, in der er derzeit gezwungenermaßen ist, hält er persönlich für überflüssig und würde beim Abschluss der privaten Krankenversicherung gerne darauf verzichten.

Arbeitsauftrag

Beraten und informieren Sie Herrn Völker sachgerecht.

21 Welche Bedeutung hat der Kontrahierungszwang in der Pflegepflichtversicherung?

22 Herr Fuchs, 68, leidet seit einiger Zeit an Gelenkverschleiß. Seine Tochter Isolde hilft ihm täglich beim An- und Auskleiden und beim Waschen. Sie putzt und wäscht für ihn und geht dreimal wöchentlich für ihn einkaufen. Dafür wendet sie täglich durchschnittlich 90 Minuten auf.

a) Durch wen wird die Feststellung der Pflegebedürftigkeit vorgenommen?

b) In welche Pflegestufe ist Herr Fuchs einzugruppieren?

c) Welche Leistungen kann Herr Fuchs beanspruchen?

23 Der VN Hans Sauer, Lehrer am Einstein-Gymnasium, erhält im Dezember 2014 folgende Mitteilung über die Erhöhung seiner Beiträge zur privaten Pflegepflichtversicherung:

Versicherte Person	Tarif	Monatsbeitrag
Hans Sauer	PVB	29,09 €
Renate Sauer	PVB	29,09 €

Erläutern Sie Herrn Sauer die Beitragsberechnung in der privaten Pflegepflichtversicherung und gehen Sie auch auf die Höhe der Beiträge ein.

24 Herr Sauer interessiert sich für den so genannten Ehegattenhöchstbeitrag in der privaten Pflegepflichtversicherung. Informieren sie Herrn Sauer über diesen Höchstbeitrag und erläutern Sie ihm, welche Voraussetzungen für die Begrenzung der Beiträge für Ehegatten erfüllt sein müssen.

25 Unter welchen Voraussetzungen sind Kinder beitragsfrei in der privaten Pflegepflichtversicherung der Eltern mitversichert?

26 Ein Pflegebedürftiger der Pflegestufe II erhält Aufwendungsersatz in Höhe von 800,80 €. Wie viel € Pflegegeld stehen dem Pflegebedürftigen in diesem Fall maximal noch zu?

Sonstige Versicherungsarten

27 Um den unterschiedlichen Bedürfnissen der Kunden gerecht zu werden, bietet die PKV eine Vielzahl von Tarifen an. Welchen Tarif würden Sie den nachstehend genannten Interessenten jeweils empfehlen, wenn die anderweitig nicht gedeckten Krankheitskosten und ein eventueller Verdienstausfall abgedeckt werden sollen?

a) Angestellter, verheiratet, ein Kind (10 Jahre), Einkommen monatlich 4 800,00 €, Ehefrau ebenfalls als Angestellte berufstätig, Einkommen monatlich 3 000,00 €.

b) Handwerksmeister (selbstständig), verheiratet, ein Kind (10 Jahre), Einkommen 82 000,00 € jährlich, Ehefrau nicht berufstätig.

28 Herr Wohlfarth (vgl. Aufgabe 2) hat seinerzeit für sich und seine Familienmitglieder die beabsichtigte private Krankenversicherung abgeschlossen. Heute teilt er nun mit:

»Mein Sohn beendet in Kürze seine Schulzeit an der Höheren Berufsfachschule für Wirtschaft und wird dann eine Ausbildung zum Bankkaufmann beginnen. Auch meine Ehefrau beabsichtigt, wieder ins Berufsleben zurückzukehren. Ein guter Bekannter unserer Familie hat ihr eine Vollzeitstelle als Einkäuferin in seiner Firma angeboten.

Bitte teilen Sie mir mit, ob sich dadurch irgendwelche Auswirkungen für unsere private Krankenversicherung ergeben und was ggf. unternommen werden kann, damit die Vorteile der privaten Krankenversicherung, die sie seinerzeit aufgeführt haben, für meine Familienmitglieder erhalten bleiben.«

- **Auszug aus dem Vertragsspiegel**
  Beraten und informieren Sie Herrn Wohlfarth sachgerecht.

Versicherte Personen:
Eduard Wohlfarth, geb. 10. Januar 1966
Marlies Wohlfarth, geborene Dengler, geb. 31. Mai 1968
Holger Wohlfarth, geb. 27. September 1996
Versicherte Leistungen:
Tarife A0, S1, Z3
Pflegepflichtversicherung nach Tarif PVN

- **Arbeitsauftrag**
  Analysieren Sie die neue Situation und beraten Sie die Familie Wohlfarth.

29 Welchen Zweck erfüllt eine private Pflegezusatzversicherung?

30 Frau Ellermeier plant eine private USA-Reise mit einer Aufenthaltsdauer von drei Monaten. Sie ist bei Ihrem Unternehmen privat krankenversichert. Frau Ellermeier will wissen, ob sie als privat Versicherte trotzdem eine Auslandsreisekrankenversicherung abschließen muss, um in den Vereinigten Staaten ausreichenden Versicherungsschutz zu haben.

- **Auszug aus dem Vertragsspiegel**

Versicherte Person: Erna Ellermeier, geb. 17. April 1982
Versicherungsbeginn: 01. Januar 2009
Tarife: ambulant: Tarif A1, stationär: Tarif S2, Zahnleistungen: Tarif Z1
Private Pflegepflichtversicherung
Beitragsrückerstattung:4 Monatsbeiträge (Tarife A1 und S2)
3 Monatsbeiträge (Tarif Z1)

- **Arbeitsauftrag**
  Beraten Sie Frau Ellermeier sachgerecht.

31 Herr Kaufmann teilt Ihnen telefonisch mit, dass er von seiner Firma für drei Jahre als Projektingenieur in Südkorea eingesetzt wird. Für die Dauer des Auslandsaufenthaltes übernimmt sein Arbeitgeber den vollen Krankenversicherungsschutz.

Durch Bildschirmabfrage stellen Sie folgende Vertragsdaten fest:

Versicherungsnehmer-Daten	Vers.-Beginn	Tarife
Willi Kaufmann Landstr. 150 80120 München geb. 10. Aug. 1961 Diplom-Ingenieur	01. Jan. 2004	ambulant: Tarif A0 stationär: Tarif S2 Zahnleistungen: Tarif Z1 Krankentagegeld: Tarif KT Pflegepflichtversicherung: Tarif PVN

- **Arbeitsauftrag**

  Welche vertraglichen Maßnahmen schlagen Sie Herrn Kaufmann vor, damit er nach Ablauf seines Auslandsaufenthaltes wie bisher ohne Nachteile versichert ist?

32 Frau Schmidt ist gesetzlich krankenversichert.

Warum ist der Abschluss einer Auslandsreisekrankenversicherung für Frau Schmidt zu empfehlen?

33 Geben Sie zwei Gründe an, die für den Abschluss einer Krankenhaustagegeldversicherung sprechen.

34 Beschreiben Sie die wesentlichen Unterschiede zwischen der großen und der kleinen Anwartschaftsversicherung.

35 Sie sind Mitarbeiter/-in der Agentur Kruse bei der Proximus Krankenversicherung AG. Herr Wolf ruft Sie an. Er ist Angestellter bei der Stadtverwaltung und teilt Ihnen mit, dass er ab 01. Januar 2015 als Berufssoldat zur Bundeswehr wechselt. Er interessiert sich für eine private Krankenversicherung. Seine Frau Isolde ist nicht beruftätig, da sie den dreijährigen Sohn Michael betreut. Bisher waren beide familienversichert. Herr Wolf möchte wissen, was er in dieser Situation tun muss.

- **Arbeitsauftrag**

  Beraten Sie Herrn Wolf und seine Frau.

36 Welche Vorteile können durch den Abschluss eines Gruppenversicherungsvertrages erzielt werden?

37 Weshalb ist der Abschluss einer Kurversicherung empfehlenswert?

38 Welche Regelung sieht der Gesetzgeber für die Krankenversicherungspflicht von Studenten vor?

39 Welche Vorteile bringt die betriebliche Krankenversicherung für Arbeitnehmer und Arbeitgeber?

3 Vertragsanbahnung, Risikoprüfung und Vertragsabschluss

Situation:
Ihr Kunde Peter Neuhaus, 32 Jahre, ledig, leitender Angestellter in einer Maschinenfabrik, denkt über den Wechsel von der gesetzlichen in die private Krankenversicherung nach. Mit diesem Anliegen erscheint er in der Agentur und möchte beraten werden und ggf. den auf seine Bedürfnisse abgestimmten Versicherungsschutz beantragen.

3.1 Beratung und Information

Übersicht: Pflichten bei Beratung und Information

Bestandteile des Beratungsgesprächs

- Pflicht zur **Befragung** nach Wünschen und Bedürfnissen
- **Beratung** hinsichtlich der Bedarfsdeckung durch Versicherung
- **Begründung** der Ratschläge
- **Dokumentation**

Informationspflichten

- **Erstinformation**
- **Informationspflichten bei allen Versicherungszweigen**
- **Zusätzliche Informationspflichten** bei der Krankenversicherung
- **Produktinformationsblatt**

➤ Beratungsgespräch

Im Rahmen des Beratungsgesprächs ist der Versicherungsvermittler zunächst gesetzlich verpflichtet, eine **Befragung** unter angemessener Berücksichtigung der Schwierigkeit der Versicherung und der Person sowie Situation des Versicherungsnehmers durchzuführen. Im Rahmen der Befragung sind insbesondere die Wünsche und Bedürfnisse des Kunden sowie die Versicherungslücken zu ermitteln. VVG § 61 (1)

Bei der anschließenden **Beratung** ist eine sachgerechte Auswahl (Versicherungsform, Tarif usw.) auf Basis der Befragung zu treffen.

Ein Versicherungsmakler ist verpflichtet, seinem Rat eine hinreichende Zahl von auf dem Markt angebotenen Versicherungsverträgen oder von Versicherern zugrunde zu legen, es sei denn, er weist zuvor auf eine eingeschränkte Versicherer- und Vertragsauswahl hin. § 60 (1)

Der Versicherungsvermittler muss eine **Begründung** für jeden zu einer Versicherung erteilten Rat angeben.

Befragung, Beratung und Begründung sind zu protokollieren und dem Versicherungsnehmer als **Dokumentation** in Textform auszuhändigen.

Durch gesonderte schriftliche Erklärung kann der VN auf die Beratung und Dokumentation verzichten, wobei er allerdings auf die nachteilige Auswirkung für den Fall eines Schadenersatzanspruchs hinzuweisen ist. § 61 (2)

Informationspflichten

VVG § 60 (2) S. 2

Die **Erstinformation** ist erforderlich, wenn es sich um einen Neukunden handelt oder Änderungen eingetreten sind. Der Versicherungsvertreter hat mitzuteilen, für welche Versicherer er seine Tätigkeit ausübt und ob er für diese ausschließlich tätig ist.

S. 1

Ein Versicherungsmakler, der auf eine eingeschränkte Versicherer- und Vertragsauswahl hinweist, muss mitteilen, auf welcher Markt- und Informationsgrundlage er seine Leistungen erbringt. Ferner muss er die Namen der seinem Rat zugrunde gelegten Versicherer angeben.

VVG-InfoV § 1

Die **Informationspflichten bei allen Versicherungszweigen** sind in § 1 der VVG-Informationspflichtenverordnung (VVG-InfoV) geregelt.

Hierzu zählen u. a.:

- Genaue Angaben über den Versicherer (Name, Anschrift, Rechtsform, Sitz, Handelsregister, Registernummer, Hauptgeschäftstätigkeit);
- Name und Anschrift der Aufsichtsbehörde;
- Angaben über das Bestehen einer Sicherungseinrichtung;
- Wesentliche Informationen zum Versicherungsvertrag (Art, Umfang, Fälligkeit und Erfüllung der Leistung; AVB und Tarifbedingungen; anwendbares Recht; Prämienbestandteile und Gesamtprämie, Grundlagen der Berechnung, ggf. zusätzlich anfallende Kosten; Zahlungsweise, Fälligkeit; Beginn der Versicherung, Bindefrist, Widerrufsrecht und Rechtsfolgen; Angaben zur Laufzeit und Beendigung des Vertrages; außergerichtliche Beschwerdestelle).

§ 3

Bei einer substitutiven Krankenversicherung nach § 195 (1) VVG werden u. a. folgende **zusätzlichen Informationspflichten** gefordert:

- Höhe der Kosten für die Vermittlung und den Abschluss des Vertrages;
- Angaben über die Auswirkungen steigender Krankheitskosten auf die zukünftige Beitragsentwicklung (vgl. E 4.1.5);
- Hinweise auf die Möglichkeiten zur Beitragsbegrenzung im Alter, insbesondere auf die Möglichkeit eines Wechsels in den Basistarif oder in andere Tarife gem. § 204 VVG und der Vereinbarung von Leistungsausschlüssen (vgl. E 4.1.6);
- Hinweis, dass ein Wechsel von der privaten in die gesetzliche Krankenversicherung in fortgeschrittenem Alter in der Regel ausgeschlossen ist;
- eine Übersicht über die Beitragsentwicklung in den letzten zehn Jahren

Es wird hierfür unterstellt, dass der Kunde den Vertrag zu den gleichen Bedingungen bereits vor 10 Jahren zum damals gültigen Beitraggeschlossen hätte, so dass er die vergangene Beitragsentwicklung ersehen kann. Besteht der gewünschte Tarif noch keine 10 Jahre, ist auf den kürzeren Zeitraum abzustellen und der Kunde darauf hinzuweisen.

§ 4

Dem Kunden ist in ein **Produktinformationsblatt** auszuhändigen, dass in übersichtlicher und verständlicher Form die für den Abschluss oder die Erfüllung des Vertrages erforderlichen Informationen enthält.

In der Praxis ist dem Antragsteller für eine private Krankenversicherung ferner ein **amtliches Informationsblatt der BaFin** gegen Empfangsbestätigung auszuhändigen, das u. a. über die verschiedenen Prinzipien der gesetzlichen Krankenversicherung (z. B. Solidaritätsprinzip, Umlageverfahren) sowie der privaten Krankenversicherung (z. B. Anwartschaftsdeckungsverfahren) informiert.

3.2 Vertragserklärung und Widerruf

Im Zusammenhang mit der Vertragserklärung werden zwei Modelle unterschieden:

➤ Antragsmodell

Beim Antragsmodell werden dem Kunden vor dessen Unterschrift unter dem Antrag alle notwendigen Vertragsinformationen ausgehändigt, damit er diese zuvor zur Kenntnis nehmen kann.

Der unterschriebene Versicherungsantrag (die Vertragserklärung des VN) ist eine Willenserklärung im rechtlichen Sinne. Der VR stellt daraufhin die Police aus. Sofern der VN nicht von dem i. d. R. gegebenen Widerrufsrecht (siehe weiter unten) Gebrauch macht, kommt der Vertrag zustande.

➤ Invitatiomodell

Beim Invitatiomodell (lat. Invitatio = Einladung; hier verstanden als »Aufforderung zur Abgabe eines Angebotes«) stellt der Kunde nach der Beratung keinen Antrag im Rechtssinne, sondern fordert den VR auf, ihm ein verbindliches Angebot zu unterbreiten. Der VR fertigt daraufhin die Police aus und sendet diese dem Kunden mit allen notwendigen Informationen als Angebot (Antrag) zu.

Der VN kann den Antrag durch entsprechende schriftliche Erklärung oder konkludent durch Zahlung des Erstbeitrages (= Vertragserklärung des VN) annehmen.

➤ Widerruf

Der VN kann seine Vertragserklärung unter den Voraussetzungen des § 8 VVG innerhalb einer Frist von zwei Wochen ohne Begründung in Textform widerrufen. Im **Antragsmodell** beginnt die Frist, wenn dem VN der Versicherungsschein und die Vertragsbestimmungen einschließlich AVB sowie der weiteren geforderten Informationen zugegangen sind und er über das Widerrufsrecht und die Rechtsfolgen belehrt worden ist. VVG § 8

Beim **Invitatiomodell** beginnt die Frist ggf. deutlich später, da die Vertragserklärung des VN erst mit ausdrücklicher Annahme des Angebotes oder Zahlung des Erstbeitrages erfolgt.

Besonderheit: Beschwerdestelle für Versicherungsnehmer (Ombudsmann)

Allen PKV-Kunden steht seit 1. Oktober 2001 neben der Bundesanstalt für Finanzdienstleistungsaufsicht (BaFin) und den ordentlichen Gerichten eine dritte Stelle zur Verfügung, an die sich im Streitfall wenden können. Für die Bearbeitung von Beschwerden zur privaten Kranken- und Pflegeversicherung wurde der PKV-Ombudsmann eingerichtet. Er hat zwischen beteiligten Streitparteien zu vermitteln und möglichst entsprechende Lösungsvorschläge zu unterbreiten. Der PKV-Ombudsmann kann jedoch nur Empfehlungen aussprechen. Die PKV-Unternehmen sind an diese Empfehlungen nicht gebunden. Aufgabe des Ombudsmannes ist es, für eine möglichst schnelle, außergerichtliche und tragbare Einigung zwischen den Beteiligten zu sorgen und damit zu einer möglichst hohen Zufriedenheit der PKV-Kunden beizutragen.

PKV-Ombudsmann ist seit 1. Januar 2014 Dr. Heinz Lanfermann. Er hat seinen Sitz in der Berliner PKV-Geschäftsstelle: Leipziger Str. 104, 10117 Berlin. Über das Internet ist der Ombudsmann wie folgt zu erreichen:

http://www.pkv-ombudsmann.de

Fall aus der Praxis:

»Streichung eines Risikozuschlags«

Ein Versicherungsnehmer zahlte seit Vertragsbeginn einen Risikozuschlag für eine Schilddrüsenüberfunktion. 20 Jahre später wies er nach, dass dieses Risiko keine Rolle mehr spielt und verlangte die Streichung des Zuschlags. Da mittlerweile aber andere, teils schwere Erkrankungen aufgetreten waren, behielt der Versicherer den Risikozuschlag wegen des verschlechterten Gesamtgesundheitszustands bei. Der Ombudsmann empfahl, den Risikozuschlag auf null herabzusetzen. Es sei nicht zulässig, den ursprünglich für die Schilddrüsenüberfunktion vereinbarten Risikozuschlag auf später auftretende Erkrankungen zu übertragen. Der Versicherer folgte dieser Empfehlung.

Quelle: PKV Publik Nr. 4/2007

3.3 Risikoprüfung und -beurteilung

3.3.1 Risikomerkmale

Beispiel:
Auszug aus dem Antragsformular der Proximus Krankenversicherung AG

Fragen zur Gesundheit
Einige dringende Bitten und Hinweise an den Antragsteller (*s. auch »Verantwortlichkeit für den Antragsinhalt« und »Vorversicherung«);*
Alle Fragen sind ausführlich zu beantworten. Geben Sie auch Beschwerden, Krankheiten und Unfallfolgen an, die Sie als unwesentlich ansehen. Striche gelten nicht als Antwort. **Reicht der Platz nicht:** Antworten Sie auf einem Beiblatt unter Angabe der Personenziffer und weisen Sie in der Beitrittserklärung / im Antrag auf dieses Blatt hin. Falls Sie dem Vermittler gegenüber gewisse Angaben nicht machen möchten, ist es erforderlich, dies **innerhalb von 3 Tagen schriftlich nachzuholen;** bitte weisen Sie dann in der Beitrittserklärung / im Antrag auf diese beabsichtigte gesonderte Mitteilung hin.

Werden die gestellten Fragen, soweit sie für die Übernahme der Gefahr erheblich sind, nicht wahrheitsgemäß oder nicht vollständig beantwortet, können wir den Vertrag unter Einhaltung einer Frist von einem Monat kündigen, es sei denn, Sie haben die Verletzung der Anzeigepflicht nicht zu vertreten. Bei Vorsatz oder grober Fahrlässigkeit können wir sogar von dem Vertrag zurücktreten. Sie haben dann von Anfang an keinen Versicherungsschutz, es sei denn, durch die Verletzung der Anzeigepflicht ist uns kein Nachteil entstanden. Unser Rücktritts- und Kündigungsrecht ist - außer bei Vorsatz - ausgeschlossen, sofern wir den Vertrag auch bei Kenntnis der nicht angezeigten Umstände, wenn auch zu anderen Bedingungen, geschlossen hätten. Die anderen Bedingungen werden auf unser Verlangen rückwirkend Vertragsbestandteil. Es sei denn, Sie haben die Verletzung der Anzeigepflicht zu vertreten.

Für bereits versicherte Personen brauchen Gesundheitsstörungen und Behandlungen in den letzten 5 Jahren, die durch anlässlich eines bestehenden Versicherungsvertrages eingereichte Rechnungen oder ärztliche Bescheinigungen lückenlos bekannt sind, nicht angegeben zu werden.

		Person A nein	Person A ja	Person B nein	Person B ja
1.	Hat in den letzten 5 Jahren ein Krankenhaus-, Heilstätten-, Kur- oder Sanatoriumsaufenthalt stattgefunden?	☐	☒	☒	☐
2.	Haben in den letzten 5 Jahren Operationen (auch ambulant) stattgefunden?	☐	☒	☒	☐
3.	Wurde in den letzten 5 Jahren eine Psychotherapie oder Suchtbehandlung durchgeführt?	☒	☐	☒	☐
4.	Bestanden in den letzten 3 Jahren oder bestehen gegenwärtig Krankheiten, Beschwerden, Unfallfolgen, sonstige Gesundheitsstörungen oder haben Untersuchungen/Behandlungen stattgefunden?	☐	☒	☒	☐
5.	Werden Arzneimittel (z. B. Tabletten, Salben) angewendet? Wenn ja, welche und aufgrund welcher Diagnose?	☐	☒	☒	☐
6.	Ist eine ambulante/stationäre Behandlung oder Untersuchung angeraten oder beabsichtigt?	☒	☐	☒	☐
7.	Wurde jemals eine HIV-Infektion festgestellt (z. B. durch einen AIDS-Test)?	☒	☐	☒	☐
8.	Besteht eine Fehlsichtigkeit von 8 Dioptrien oder mehr?	☒	☐	☒	☐
9.	Besteht ein körperlicher/organischer Fehler, ein chronisches Leiden, eine Wehrdienstbeschädigung, eine Minderung der Erwerbstätigkeit / Grad der Behinderung? Wenn ja, bitte Bescheid beifügen.	☒	☐	☒	☐
10.	Größe und Gewicht cm/kg	184/80		172/68	
	Fragen 11–13 nur beantworten, wenn Tarife mit zahnärztlichen Leistungen beantragt werden				
11.	Hat in den letzten 3 Jahren ein Zahnarztbesuch stattgefunden?	☐	☒	☐	☒
12.	Findet zur Zeit eine Zahnbehandlung, die Anfertigung oder Erneuerung von Zahnersatz, eine Parodontosebehandlung oder eine Kiefer-(Zahn-)Regulierung statt, oder sind solche Maßnahmen beabsichtigt oder angeraten worden?	☒	☐	☒	☐
13.	Fehlen Zähne, die noch nicht ersetzt sind (außer Milch- und Weisheitszähnen sowie Zähnen, bei denen die Lücken durch benachbarte Zähne geschlossen wurden)?	☒	☐	☐	☒
	Wenn ja, Anzahl			2	

Nähere Angaben zu den Gesundheitsfragen 1–9 und 12, wenn mit »ja« beantwortet:

Person	zu Frage	Art der Krankheit, Arzneimittel, Verletzung, Beschwerden, Untersuchung (Was wurde festgestellt?); Höhe der Dioptrienwerte? Frage 12: Welche Maßnahmen?	Behandlungen/Beschwerden von – bis	Name, Anschrift, der Ärzte, Krankenhäuser, wer kann Auskunft geben?	Seit wann behandlungs- / beschwerdefrei?
1	2	Meniskus-OP ausgeheilt	1.6. – 16.6.11	St. Vincent KH, Berlin	10/2011
1	4	Hyperurikämie (Gicht)	18.8.12 – heute	Dr. Radel, Berlin	–
1	5	Zyloric gegen Gicht		Dr. Radel, Berlin	–
1	6	Behandlung wegen Gicht		Dr. Radel, Berlin	

Sofern Angaben zu Behandlung/Beschwerden gemacht worden sind, bitte nachstehend Name und Anschrift des Hausarztes oder des Arztes, der am besten über die gesundheitlichen Verhältnisse orientiert ist, angeben:

Dr. med Fritz Radel, Blücherstr. 14, Berlin

Die Risikoprüfung ist ein wesentlicher Bestandteil der Antragsbearbeitung. Durch sie wird festgestellt, ob und zu welchen Bedingungen eine zu versichernde Person in den Kreis der Versichertengemeinschaft aufgenommen werden kann. In der Pflegeversicherung mit Kontrahierungszwang ist bei erschwerten Risiken zu prüfen, welcher Risikozuschlag erforderlich ist.

Die Risikomerkmale werden durch Auswertung der Angaben des Antragstellers insbesondere zu den Gesundheitsfragen erfasst. Im Bedarfsfall fordert der VR noch Berichte der behandelnden Ärzte an. Hierzu ist er berechtigt, da der VN bei Antragstellung sein Einverständnis gegeben hat (Erklärung über die Entbindung von der Schweigepflicht).

Man unterscheidet objektive und subjektive Risikomerkmale.

➤ Objektive Risikomerkmale

Das objektive Risiko wird von äußeren und inneren Faktoren bestimmt.

Merkmale des objektiven Risikos	
Äußere Faktoren	**Innere Faktoren**
– Geschlecht – Alter – Beruf – Familienstand – Wohnort – Klima	– Habitus (Erscheinungsbild) – Konstitution (Beschaffenheit, Zustand) – Disposition (Veranlagung, Krankheitsbereitschaft) – Heredität (Erblichkeit) – Status präsens (augenblicklicher Zustand) – Anamnese (Krankheitsvorgeschichte)

➤ Subjektive Risikomerkmale

Unter dem subjektiven Risiko werden diejenigen Merkmale verstanden, die im Wesentlichen vom persönlichen Verhalten der versicherten Person bzw. eines Dritten abhängen. Subjektive Risikomerkmale ergeben sich aus den **Charaktereigenschaften** des Versicherten, z.B. Überempfindlichkeit, Übervorsichtigkeit, persönliche Einstellung zur Leistungsinanspruchnahme, überhöhte Ansprüche, Lebensweise, Einflussversuch auf den Arzt.

Merkmale des subjektiven Risikos	
Natürliches Risiko	**Unnatürliches Risiko**
= Risiko, das in der Natur des Versicherten liegt oder von Dritten ausgeht.	= Risiko, das zum Teil Betrug darstellt oder an Betrug grenzt.
unmittelbar (vom Versicherten ausgehend) – Überempfindlichkeit – Übervorsichtigkeit – Unvorsichtigkeit – keine Kenntnis von Hausmitteln – unzureichende häusliche Pflege – Einflussversuche auf Arzt, Krankenhaus – Vergesslichkeit bei der Beachtung von Obliegenheiten – fehlende Aufklärung des Rechnungsausstellers über die Vermögenslage	**unmittelbar** (vom Versicherten ausgehend) – »Medikamentitis« – gefälschte Belege – Vortäuschung von Krankheiten

Merkmale des subjektiven Risikos	
Natürliches Risiko	**Unnatürliches Risiko**
mittelbar (von Dritten ausgehend) – Unerfahrenheit in Heilmethoden, Rezepturen – Übervorsichtigkeit in der Behandlung – leichte Beeinflussbarkeit des Arztes durch Patienten – unerprobte Heilbehandlung und Heilmittel – Falscheinschätzung der Finanzkraft des Patienten	**mittelbar** (von Dritten ausgehend) – Mithilfe beim Verschweigen von Vorerkrankungen – Vielgeschäftigkeit – falsche Berechnung – Quittierung nicht gelieferter Medikamente – Tarnung einer Kur als Krankenhausbehandlung

3.3.2 Risikobewertung

Die Bewertung des **objektiven Risikos** erfolgt durch:

- Spezialwissen der Risikoprüfer,
- Risikotabellen (unternehmenseigene Statistiken),
- Hamburger oder Kölner Systematik der Krankheiten,
- Auskünfte beratender Gesellschaftsärzte,
- Expertensysteme.

Die **Kölner Systematik** bzw. die Hamburger Systematik sind Krankheitsartenverzeichnisse, in denen die einzelnen Krankheitsarten nach der Dauer ihrer durchschnittlichen Risikoerheblichkeit eingeordnet werden. Sie teilen Krankheiten in risikounerhebliche und risikoerhebliche auf.

Im **Proximus 3 Bedingungswerk** befinden sich zur Feststellung von Risikoerheblichkeiten Annahmerichtlinien sowie eine spezielle Risikoliste.

Beispiel: Risikoliste

Bezeichnung	Diagnoseziffer
Bronchialasthma	1501
Gicht (Hyperurikämie)	2101
Bluthochdruck	3801
Grippaler Infekt	4401
Gallenblasenentzündung	5801
Geschwulst	9302

Die Risikoliste enthält die Bezeichnung der Erkrankung (Diagnosen), Diagnoseziffern, Rezidivfristen, Texte für Erschwerungen, Risikozuschläge in Prozentsätzen, fallweise besondere Vermerke zur Beurteilung (z. B. für Zustände vor und nach Operationen) und Bearbeitungshinweise (z. B. Rückfragen beim gesellschaftsärztlichen Dienst).

Unter **Rezidivfrist** versteht man den Zeitraum innerhalb dessen das Wiederauftreten einer Krankheit wahrscheinlich ist. Je kürzer eine Krankheit vor Beginn der Versicherung bestanden hat, um so größer ist die Gefahr, dass es aufgrund dieser Erkrankung zu weiteren Behandlungen kommt.

Die Bewertung des objektiven Risikos erfolgt mit Hilfe einer Risikoliste. Diese Liste soll es ermöglichen, Risikoerheblichkeiten festzustellen. Sie bildet die Entscheidungsgrundlage für die Annahme oder Ablehnung des Antrags.

Die Problematik des **subjektiven Risikos** liegt darin, dass es durch die Fragen im Antrag nicht erfasst werden kann. Es wird daher durch risikobegrenzende Maßnahmen eingekreist (vgl. E 3.4.1).

3.3.3 Annahme- bzw. Ablehnungsentscheidung

Nach Abschluss der Risikobeurteilung entscheidet der VR über den Antrag des Versicherungsnehmers.

Es ergeben sich folgende Alternativen:

1. Annahme des Antrags ohne Einschränkungen (Ziffer 0 in der Risikoliste)
2. Annahme des Antrags mit Einschränkungen
   a) Versicherungsmedizinische Zuschläge (Buchstaben **RiZ** in der Risikoliste)
   b) Leistungsausschlüsse für einzelne Krankheiten (Buchstaben **LA** in der Risikoliste) Leistungsausschlüsse dürfen nicht bei so genannten Übertrittsversicherungen (GKV, freie Heilfürsorge) in der substitutiven Krankenversicherung vereinbart werden. Bei Zusatzversicherungen können nicht mehr als vier Leistungsausschlüsse vereinbart werden, sonst ist der Antrag abzulehnen.
3. Ablehnung des Antrags (Buchstabe **A** in der Risikoliste)

   Ein Antrag muss abgelehnt werden, wenn
   - mehr als vier Leistungsausschlüsse erforderlich sind,
   - schon durch weniger als vier Leistungsausschlüsse der Versicherungsschutz stark gefährdet würde,
   - sich das erhöhte Risiko durch Erschwerungen nicht erfassen lässt.
4. Zurückstellung des Antrags (dies kommt in juristischem Sinne einer Ablehnung gleich)

   Für ein und dieselbe Krankheit dürfen Risikozuschläge (RiZ) und Leistungsausschlüsse (LA) nicht gemeinsam vereinbart werden.

Beispiele:

Fall 1: Frau Henkel hat bei den Gesundheitsfragen eine Krebserkrankung angegeben.

Fall 2: Herr Müller hat im Antragsformular chronische Gichtbeschwerden vermerkt.

Fall 3: Frau Maier gibt eine Diabeteserkrankung an.

Fall 4: Im Antrag von Frau Oberfeld sind Rheumabeschwerden vermerkt.

Fall 5: Herr Feldmann hat einen grippalen Infekt im Antragsformular angegeben.

Fall 6: Herr Zimmermann teilt dem Versicherungsvertreter bei der Antragsaufnahme mit, dass er vor einem Jahr an einem Zwölffingerdarmgeschwür operiert wurde und seither beschwerdefrei ist.

Die Risikoprüfung führt in diesen Fällen mit Hilfe der Risikoliste gemäß den Annahmerichtlinien zu folgenden Entscheidungen:

Fall 1:

Krebs 1001 A

Der Antrag ist abzulehnen, wenn im Diagnoseschlüssel der Buchstabe A vermerkt ist.

Fall 2:
Gicht 2101 5
»Gicht und Folgen«
N = 100 % RiZ
U = 100 % RiZ

Die Ziffer 5 gibt die Rezidivfrist an. Sie besagt, dass fünf behandlungs- und beschwerdefreie Jahre seit der letzten Behandlung bzw. der dem letzten Auftreten der Beschwerden verstrichen sein müssen, bevor eine Antragsaufnahme ohne Erschwerungen erfolgen kann.

Buchstabe N = Neu- und Nachversicherung

Buchstabe U = Umwandlung

In beiden Fällen wird ein Risikozuschlag von 100 % verlangt. Wenn der vom VN angegebene Zeitraum kleiner als die in der Risikoliste angegebene Rezidivfrist ist, muss immer eine Erschwerung vereinbart werden.

Fall 3:
Zuckerkrankheit 1801 D
»Diabetes und Folgen«
N = LA
U = 120 % RiZ

Der Buchstabe »D« bringt zum Ausdruck, dass für die Dauer des Versicherungsvertrages eine Erschwerung zu fordern ist.

Bei Neu- und Nachversicherungen erfolgt ein Leistungsausschluss, bei einer Umwandlung ein Risikozuschlag von 120 %.

Fall 4:
Rheumatismus 7901 (5)
»Rheuma und Folgen«
N = 180 % RiZ
U = 180 % RiZ

Eine in Klammer stehende Ziffer besagt, dass **unabhängig** von der behandlungs- und beschwerdefrei verlaufenden Zeit ein Risikozuschlag erforderlich ist. Die Dauer des Risikozuschlags in Höhe von 180 % beträgt in diesem Fall **fünf** aufeinander folgende behandlungs- und beschwerdefreie Versicherungsjahre.

Fall 5:
Grippaler Infekt 4401 0

Bei Angabe einer Rezidivfrist von »0« sind keine Erschwerungen erforderlich.

Fall 6:
Zwölffingerdarmgeschwür 5201 5/3
»Geschwürkrankheiten des Darmes und Folgen«
Nicht operiert:
N = 60 % RiZ
U = 60 % RiZ

Operiert:
N = 30 % RiZ
U = 30 % RiZ

Die Angabe 5/3 gibt jeweils die Rezidivfrist vor und nach der Operation an. Da Herr Zimmermann am Zwöffingerdarmgeschwür operiert wurde beträgt die Rezidivfrist 3 Jahre. Da er ein Jahr beschwerdefrei ist, wird die Rezidivfrist um ein Jahr vermindert. Sie beträgt demnach nur noch 2 Jahre. Herr Zimmermann erhält somit für zwei Jahre einen Risikozuschlag von 30 %.

Bei der Ermittlung der Dauer der Rezidivfristen muss die behandlungs- und beschwerdefreie Zeit auf volle Jahre auf- oder abgerundet werden. Bis zu 6 Monaten wird abgerundet, ab 7 Monaten wird aufgerundet.

Beispiel:

Behandlungs- und beschwerdefreie Zeit: 1 Jahr und 8 Monate bedeutet zwei Jahre Abzug.

Bisher war es stets umstritten, ob ein vereinbarter Risikozuschlag auf Dauer festgeschrieben ist, obwohl sich der gefahrerhebliche Umstand gebessert hat oder beseitigt ist (die Krankheit z. B. ausgeheilt ist). Das Landgericht Coburg hat neuerdings der Klage eines Versicherten auf Herabsetzung seines Versicherungsbeitrags stattgegeben. Nach dem Gerichtsurteil kann der Versicherte die Herabsetzung des Beitrags verlangen, wenn die den Beitragszuschlag begründende Erkrankung ihre Risiko erhöhende Bedeutung verliert. Dem VN muss in diesem Fall allerdings der Beweis gelingen, dass er kein erhöhtes Erkrankungsrisiko mehr aufweist. Die Coburger Richter befanden, dass es Sache des Versicherungsnehmers sei, der Krankenversicherung gegenüber eine Ausheilung darzutun und zu belegen. In vorliegendem Fall litt der Versicherte bei Abschluss des Versicherungsvertrages unter degenerativen Veränderungen der Wirbelsäule. Aufgrund dieser Erkrankung erhob der VR einen dauerhaften Risikozuschlag. Einige Jahre später konnte der Versicherte aufgrund eines medizinischen Sachverständigengutachtens nachweisen, dass lediglich noch altersentsprechende Veränderungen der Wirbelsäule vorlagen. Die Coburger Richter befanden daher, dass ab diesem Zeitpunkt mangels Risikoerhöhung auch der Risikozuschlag entfallen müsse.

LG Coburg Az: 32 S 13111/00

3.4 Risikobegrenzungen

3.4.1 Begrenzung des subjektiven Risikos

Den Versicherern stehen verschiedene Möglichkeiten zur Verfügung, das subjektive Risiko zu begrenzen.

➤ Gesetzliche Möglichkeiten

Der VR hat bei Verletzung der vorvertraglichen Anzeigepflicht ein Rücktritts- oder Anfechtungsrecht.

VVG §§ 19 ff.

➤ Vertragliche Vereinbarungen

Zu den vertraglichen Vereinbarungen, die auch als Risikobegrenzungsklauseln bezeichnet werden, gehören die Obliegenheiten des Versicherungsnehmers (vgl. A 5.3).

➤ Tarifliche Bedingungen

Einschränkungsmöglichkeiten für das subjektive Risiko bieten auch entsprechende Tarifgestaltungen. Die Ausschaltung von sog. Bagatellfällen kann beispielsweise durch Selbstbehalt- und Franchise-Tarife erfolgen. Auch Höchstsätze für bestimmte Leistungspositionen **(Maximalsystem)** oder eine prozentuale Begrenzung der Leistungen **(Prozentualsystem)** sind geeignete Einschränkungsmöglichkeiten. Eine **Beitragsrückerstattung** für den Fall der Nichtinanspruchnahme von Versicherungsleistungen während eines bestimmten Zeitraumes (i. d. R. ein Kalenderjahr) kann ebenso geeignet sein, Bagatellschäden auszuschalten. Sie stellt eine Belohnung für »sparsame« VN dar.

3.4.2 Leistungsausschlüsse

Die Leistungsausschlüsse stellen das stärkste Mittel der Risikobegrenzung dar. Sie mindern den Versicherungsschutz in entscheidendem Ausmaß.

Nach den Musterbedingungen ist die Leistungspflicht z. B. in folgenden Fällen ausgeschlossen:

MB/KK 2009 MB/KT 2009 § 5 VVG § 201

➤ nach MB/KK 2009 und MB/KT 2009

- Versicherungsfälle, die durch **Kriegsereignisse** verursacht oder deren Ursachen als **Wehrdienstbeschädigungen** anerkannt und nicht ausdrücklich in den Versicherungsschutz mit eingeschlossen sind;
- Krankheiten oder Unfälle, die durch **Vorsatz** herbeigeführt wurden;
- Entziehungsmaßnahmen einschließlich Entziehungskuren;

  Leistungspflichtig ist der VR nur für die auf einer Sucht beruhenden Erkrankungen einschließlich der sog. Entgiftung.

  Für eine erstmalige Entziehungsmaßnahme, für die anderweitig ein Anspruch auf Kostenerstattung oder Sachleistung nicht geltend gemacht werden kann, werden die tariflichen Leistungen häufig nach den Tarifbedingungen gewährt, wenn der VR dies vor Beginn der Maßnahme schriftlich zugesagt hat.
- Ausschluss bestimmter Behandler;

  Behandlung durch Ärzte, Zahnärzte, Heilpraktiker und in Krankenanstalten, deren Rechnungen der VR aus wichtigem Grunde von der Erstattung ausgeschlossen hat, wenn der Versicherungsfall nach der Benachrichtigung des VN über den Leistungsausschluss eintritt (»Schwarze Liste«).
- **Kur- und Sanatoriumsbehandlung** sowie für **Rehabilitationsmaßnahmen** der gesetzlichen Rehabilitationsträger, wenn der Tarif nichts anderes vorsieht;

  TB (5) da) Proximus 3 TA S. 229

  Nach den Tarifbedingungen im Bedingungswerk 3 »Proximus Versicherung« werden Aufwendungen für die medizinisch notwendige Weiterbehandlung nach einem Aufenthalt im Akutkrankenhaus (nicht aus Ergänzungsversicherungen zur gesetzlichen Krankenversicherung) erstattet, wenn und soweit dies die Proximus KV AG vorher schriftlich zugesagt hat. Leistungsvoraussetzung ist ferner, dass die Behandlung binnen 14 Tagen nach der Entlassung aus dem Krankenhaus beginnt.
- ambulante Heilbehandlung (MB/KK 2009) bzw. Aufenthalt (MB/KT 2009) in einem **Heilbad** oder Kurort;

  Ausnahmen:
  - Die versicherte Person hat dort ihren ständigen Wohnsitz.
  - Es wird eine aufenthaltsunabhängige Heilbehandlung wegen Krankheit oder Unfall erforderlich (MB/KK 2009).
  - Es tritt Arbeitsunfähigkeit durch eine aufenthaltsunabhängige Erkrankung oder durch Unfall ein und die Rückkehr ist nach medizinischem Befund ausgeschlossen (MB/KT 2009).

MB/KK 2009 § 5

➤ ferner nach MB/KK 2009

- **Behandlung** durch **Ehegatten, Eltern** oder Kinder;

  Nachgewiesene Sachkosten werden aber tarifmäßig erstattet.
- Unterbringung aufgrund von **Pflegebedürftigkeit** oder Verwahrung;

  Die Wissenschaftlichkeitsklausel, die noch als Leistungsausschluss in den MB/KK 76 formuliert war, wurde vom BGH in einer Entscheidung vom 23. Juni 1993 für unwirksam erklärt, da sie nicht der Inhaltskontrolle nach dem AGB-Gesetz, das zwischenzeitlich ins BGB eingearbeitet wurde, entsprach.

Exkurs: Übermaßvergütung

VVG und MB/KK 2009 sehen vor, dass der VR insoweit nicht leistungspflichtig ist, als die getätigten Aufwendungen in einem **auffälligen Missverhältnis** zu den erbrachten Leistungen stehen. Damit wird klargestellt, dass der Begriff der medizinischen Notwendigkeit als solcher keine Kostengesichtspunkte beinhaltet. VVG § 192 (2) MB/KK 2009 § 5 (2)

Was unter einem »auffälligen Missverhältnis« zu verstehen ist, wird in der Norm nicht definiert. Deshalb wird auch künftig auf die bisherige Rechtsprechung zurückgegriffen werden müssen (vgl. BGH-Entscheidung vom 12. März 2003 zum so genannten »Alpha-Klinik-Urteil«). Ein auffälliges Missverhältnis wird man demnach bejahen können, wenn zwei medizinisch gleichwertige Behandlungen kostenmäßig um ein Vielfaches auseinander liegen. BGH 2003

Ein auffälliges Missverhältnis liegt i.d.R. vor, wenn der Preisunterschied mehr als 100 % beträgt.

Bei stationärer Behandlung in einer Privatklinik dürfen deren Preise nur mit anderen nicht der BPflV unterworfenen Privatkliniken, nicht aber mit Plankrankenhäusern verglichen werden, deren Vergütungen dem KHG und der BPflV unterliegen.

➤ ferner nach MB/KT 2009

MB/KT 2009 § 5

- Versicherungsfälle, die auf eine **durch Alkoholgenuss bedingte Bewusstseinsstörung** zurückzuführen sind;
- Versicherungsfälle, die ausschließlich auf **Schwangerschaft, Schwangerschaftsabbruch, Fehlgeburt** und **Entbindung** beruhen;
- während der Mutterschutzzeiten;
- bei Auslandsaufenthalten;

  Ausnahme: Die versicherte Person befindet sich dort in medizinisch notwendiger stationärer Heilbehandlung.

➤ nach MB/PPV 2014

MB/PPV 2014 § 5

- während der Zeit eines **Auslandsaufenthaltes**;
- **soweit anderweitige Leistungsansprüche bestehen** (z. B. nach dem Bundesversorgungsgesetz);
- bei vollstationärer **Heilbehandlung im Krankenhaus,** stationären **Rehabilitationsmaßnahmen, Kur- und Sanatoriumsbehandlungen, Unterbringung** aufgrund richterlicher Anordnung, soweit diese nicht auf Pflegebedürftigkeit beruht;
- Aufwendungen für Pflegehilfsmittel und technische Hilfen, **soweit andere Leistungsträger** (z. B. Krankenversicherer) für diese Hilfsmittel **zu leisten haben**.

Lernkontrollen zu E 3

Antrag

1 Im Zusammenhang mit der Vertragserklärung werden zwei Modelle unterschieden.

a) Erläutern Sie die beiden Modelle.

b) Stellen Sie das Widerrufsrecht des VN nach VVG dar.

c) Welche vorvertraglichen Pflichten hat der VR?

2 Herr Julius Ohnesorg, selbstständiger Handelsvertreter, stellt und unterschreibt am 10. Jan. d. J. einen Antrag auf Abschluss einer Krankheitskosten-Vollversicherung bei der Proximus Krankenversicherung AG. Herr Ohnesorg erhält vom Außendienstmitarbeiter Stockinger die Versicherungsbedingungen (MB/KK 2009) mit allen erforderlichen Unterlagen. Die schriftliche Belehrung über das Widerrufsrecht wird von Herrn Ohnesorg am gleichen Tag durch Unterschrift bestätigt. Am 21. Jan. d. J. erhält Herr Ohnesorg ein günstigeres Angebot von einem anderen Versicherungsunternehmen. Er widerruft deshalb schriftlich seinen Antrag und sendet diesen am 27. Jan. d. J. (Datum des Poststempels) dem VR zu. Dem VR geht die Widerrufserklärung am 29. Jan. d. J. zu.

Muss der Versicherer den Widerruf akzeptieren (mit Begründung)?

3 Sie sind Mitarbeiter/-in der Generalagentur Heumann der Proximus Krankenversicherung AG. Am 7. Februar d. J. hat Ihnen Ihr Kunde, Herr Seifert, einen vollständig ausgefüllten Antrag auf Abschluss einer Krankheitskosten-Vollversicherung einschließlich Pflegepflichtversicherung zugeschickt. Als Versicherungsbeginn ist der 01. März d. J. eingetragen. Dem Antrag ist eine Bescheinigung über die bisherige Versicherungszeit in der gesetzlichen Krankenversicherung (1. Januar 1996 bis 31. Dezember v. J.) beigefügt. Nachdem Sie mehrfach ohne Erfolg versucht haben, mit Herrn Seifert Kontakt auf-zunehmen, reichen Sie den Antrag an die Hauptverwaltung mit dem Hinweis weiter, dass als Versicherungsbeginn der 1. Januar d. J. dokumentiert werden soll. Am 17. Februar d. J. erhält Herr Seifert die Police, die den neuen Versicherungsbeginn enthält. Am 28. Februar d. J. teilt Ihnen Herr Seifert schriftlich mit, dass er mit der vorgenommenen Änderung nicht einverstanden ist.

Arbeitsauftrag

1. Erläutern Sie die Rechtslage, wenn der Versicherungsschein keine weiteren Hinweise enthält.
2. Aus welchen Gründen sollten Sie, unabhängig von der Rechtslage, Herrn Seifert empfehlen, als Versicherungsbeginn den 1. Januar d. J. anzuerkennen?

Risiko

4 Bei der Risikobeurteilung wird zwischen dem objektiven und dem subjektiven Risiko unterschieden.

a) Erläutern Sie die Unterschiede dieser beiden Risikobegriffe am Beispiel der PKV.

b) Welche Möglichkeiten hat der VR, das objektive Risiko zu erfassen und zu begrenzen?

c) Wodurch versucht die PKV, das subjektive Risiko zu beeinflussen?

d) Geben Sie Beispiele für das natürliche und unnatürliche subjektive Risiko.

5 In der PKV kommt der Risikoprüfung eine ähnlich hohe Bedeutung zu wie in der Lebensversicherung.

a) Wann liegt für die PKV ein »erschwertes Risiko« vor?

b) Nennen Sie vier Möglichkeiten für den VR, das Risiko zu begrenzen.

6 Ein VN ist drogenabhängig. Der Arzt ordnet eine Entziehungsmaßnahme an. Prüfen Sie die Leistungspflicht des VR für die Kosten der Entziehungsmaßnahme nach MB/KK 2009.

7 Sie sind Mitarbeiter/-in der Leistungsabteilung der Proximus Krankenversicherung AG. Der VN Andreas Klotz, Dipl. Kaufmann, ruft Sie heute an. Er teilt Ihnen mit, dass er sich seit vier Tagen aufgrund einer Alkoholvergiftung in stationärer Behandlung in der Vitos Klinik Emden befindet. Die Ärzte haben Herrn Klotz die Teilnahme an einer Entziehungskur empfohlen. Herr Klotz will wissen, ob die Kosten für die momentane Behandlung in der Klinik und die anschließende Entziehungsmaßnahme von der Proximus Krankenversicherung AG übernommen werden.

Ein Blick auf die Bildschirmabfrage zeigt Ihnen folgende Daten:

VN: Klotz, Andreas, Geburtsdatum: 24. März 1972, Beruf: Diplom-Kaufmann
Tarife: A0, S1, Z1, PVN, KT 60,00 €, KHT 50,00 €.
Beitragskonto: ausgeglichen / Zahlweise: monatlich

Arbeitsauftrag

Prüfen Sie die Leistungspflicht und begründen Sie Ihre Antwort.

8 Welche Regelung sehen die MB/KK 2009 für die Leistungspflicht des VR bei der Behandlung durch Ehegatten und Kinder vor?

9 Sie sind Mitarbeiter der Antragsabteilung der Proximus Krankenversicherung AG und erhalten von einer Bezirksdirektion den Antrag des VN Walter Holzer. Herr Holzer beantragt eine Krankheitskosten-Vollversicherung mit ambulanten, stationären und zahnärztlichen Leistungen. Die Gesundheitsfragen hat Herr Holzer ordnungsgemäß beantwortet.

Bei der Risikoprüfung stellen Sie folgende Erkrankungen und Beschwerden fest:

- Koronare Durchblutungsstörungen (die Beschwerden werden seit drei Jahren vom Hausarzt behandelt)
- akute Mandelentzündung
- Harnblasenentzündung

Arbeitsauftrag

Entscheiden Sie über die Annahme des Antrages. Benutzen Sie als Grundlage für Ihre Entscheidung die Risikoliste im Bedingungswerk 3 »Proximus Versicherung«. Teilen Sie Ihre Entscheidung dem VN in Form eines Briefes mit.

10

Der Außendienstmitarbeiter der Proximus Krankenversicherung AG, Herr Kümmerle, bittet Sie um telefonische Auskunft. Ein 36-jähriger Kunde hat im Antrag für eine Krankheitskosten-Vollversicherung bei den Gesundheitsfragen eine chronische Nierenentzündung sowie eine Gichterkrankung (Hyperurikämie) angegeben. Auf Nachfrage konnte Herr Kümmerle feststellen, dass der Kunde sich seit mehreren Jahren bei einem Urologen in Behandlung befindet.

- **Arbeitsauftrag**

Beurteilen Sie das Gesundheitsrisiko mit Hilfe der Risikoliste im Bedingungswerk 3 »Proximus Versicherung« und teilen Sie Ihre Entscheidung Herrn Kümmerle schriftlich mit.

11

Als Mitarbeiter der Antragsabteilung liegt Ihnen der Antrag von Frau Anna Kress zur Risikoprüfung vor.

Frau Anna Kress, 48 Jahre, beantragt am 01. Okt. d. J. eine Zusatzversicherung für die stationäre Behandlung im Krankenhaus und eine Krankenhaus-Tagegeldversicherung (Krankenhaustagegeld 30,00 €).

Die Gesundheitsangaben liefern auszugsweise folgende Daten:

- **Gesundheitsangaben**

Hat jemals stationäre Krankenhaus-, Heilstätten- oder Sanatoriumsbehandlung stattgefunden? Wo? (Name und Ort)	*Ja* *Orthopädische Klinik Heidelberg*
Behandelnde Ärzte (Name und Anschrift)	*Chefarzt Prof. Dr. med. Franz Meister*
Von wann bis wann?	*20. Juli v. J. – 25. Sept. v. J.*
Weshalb?	*Hüftgelenksathrose (OP)*
Mit Operation?	*Ja*
Traten Folgeerscheinungen auf?	*Ja*
Wann? Welche?	*Allgemeine Gehbehinderung*
Größe:	*168 cm*
Gewicht:	*72 kg*

- **Arbeitsauftrag**

Entscheiden Sie über die Annahme des Antrags. Begründen Sie Ihre Entscheidung.

12 Sie sind Mitarbeiter/-in der Antragsabteilung der Proximus Krankenversicherung AG. Ihnen liegt folgender Auszug eines Antrags zur Risikoprüfung vor:

Proximus Versicherung

Antrag zur Krankenversicherung

- Auszug -

Angaben zum Antragsteller/Beitretenden

Vorname(n)/Zuname				
Klaus Müller				
Titel	z. Zt. ausgeübter Beruf: Controller		Geb.-Tag/Mon./Jahr: 04.02.1974	
Straße und Hausnummer: Holzstr. 12	PLZ: 80538	Wohnort: München		
Geschäfts-/Arbeitgebername: BMW-AG		☒ Arbeitnehmer	☐ Selbstständiger	
Straße und Hausnummer: Petuelring 130	PLZ: 80788	Wohnort: München		
☐ Beihilfeberechtigt als (z.B. Beamter) seit		Telefon (privat): 222666	Telefon (geschäftl.)	Fax
☐ Firmen-/Vereins-/Verbandsgeschäft	Eingang GS	Namensdatei geprüft	Versicherungs-Nr.	Eingang VEA	Policenverfügung

Ich beantrage den Abschluss einer Krankheitskosten-/Krankenhaustagegeld-/Krankentagegeld-/Pflegeversicherung für:

Person 1

Vorname(n)/(Zuname, falls abweichend von Antragstellerin/Antragsteller)				
Klaus				
Geb.-Tag/Mon./Jahr	Geschlecht	Eintrittsalter	Nationalität	verheiratet
04.02.1974	☒m ☐w	41	D	☐n ☒ja
Beginn am 01.02.2015				
Krankenvollversicherung				

Person 2

Vorname(n)/(Zuname, falls abweichend von Antragstellerin/Antragsteller)				
Gabriela				
Geb.-Tag/Mon./Jahr	Geschlecht	Eintrittsalter	Nationalität	verheiratet
06.11.1978	☐m ☒w	37	D	☐n ☒ja
Beginn am 01.02.2015				
stationäre Ergänzungsversicherung				

Fragen zur Gesundheit ... (siehe Proximus 3 Bedingungswerk S. 274)

Körpergröße/Gewicht	Körpergröße/Gewicht
182 cm/85 kg	168 cm/64 kg

Pers.	zu Frage	Art der Krankheit, Medikamente, Verletzung, Beschwerden, Untersuchung, (welche bzw. was wurde festgestellt):	Behandelt von	bis	Name, Anschrift der Ärzte, Krankenhäuser bzw. wer kann Auskunft geben:	Sind weitere Behandlungen vorgesehen?
1	2	Nierenstein-OP	6/14	6/14	KH Großhadern	nein
	1	Harnblasenentzündung	10/12	12/12	Dr. Huber; Hausarzt	nein
	2	Grippaler Infekt, Antibiotika	7/14	7/14	Dr. Huber; Hausarzt	nein
2	2	Kropf nicht op., Medikamente	9/11	heute	Dr. Huber; Hausarzt	ja
	2	Durchblutungsstörungen, coronare	11/10	lfd.	Dr. Huber; Hausarzt	Ja

Beurteilen Sie das Risiko.

4 Beitrag

4.1 Beitragskalkulation

4.1.1 Rechnungsgrundlagen und Beitragsbestandteile

Die Beitragskalkulation in der PKV erfolgt nach dem Äquivalenzprinzip. Für die Beitragskalkulation bedeutet dies:

- Die Beitragshöhe hängt vom Umfang der versicherten Leistungen ab.
- Die Beiträge werden vom Lebensalter beeinflusst, da mit steigendem Lebensalter höhere Gesundheitsleistungen anfallen.
- Der Gesundheitszustand bei Versicherungsbeginn beeinflusst die Beitragshöhe.

Nur für Versicherte, deren Vertrag vor dem 21. Dezember 2012 geschlossen wurde, gilt als vierter Parameter:

- Die Tarife werden für Männer und Frauen jeweils unterschiedlich kalkuliert.

Ab dem 21. Dezember 2012 dürfen die bisherigen geschlechtsabhängigen Beiträge im Neugeschäft nicht mehr verwendet, sondern nur noch Beiträge nach Unisex-Tarifen berechnet werden.

Jeder einzelne Tarif eines Unternehmens muss sich selbst tragen, d. h., die Verpflichtung, die der VR aufgrund des Leistungsversprechens des jeweiligen Tarifs übernimmt, muss jederzeit mittels des Beitrags erfüllbar sein.

Beitragszusammensetzung
Tarifbeiträge für ambulante Heilbehandlung (ohne Selbstbeteiligung)
in der Krankheitskostenversicherung, männlicher Versicherter, Eintrittsalter: 40 Jahre

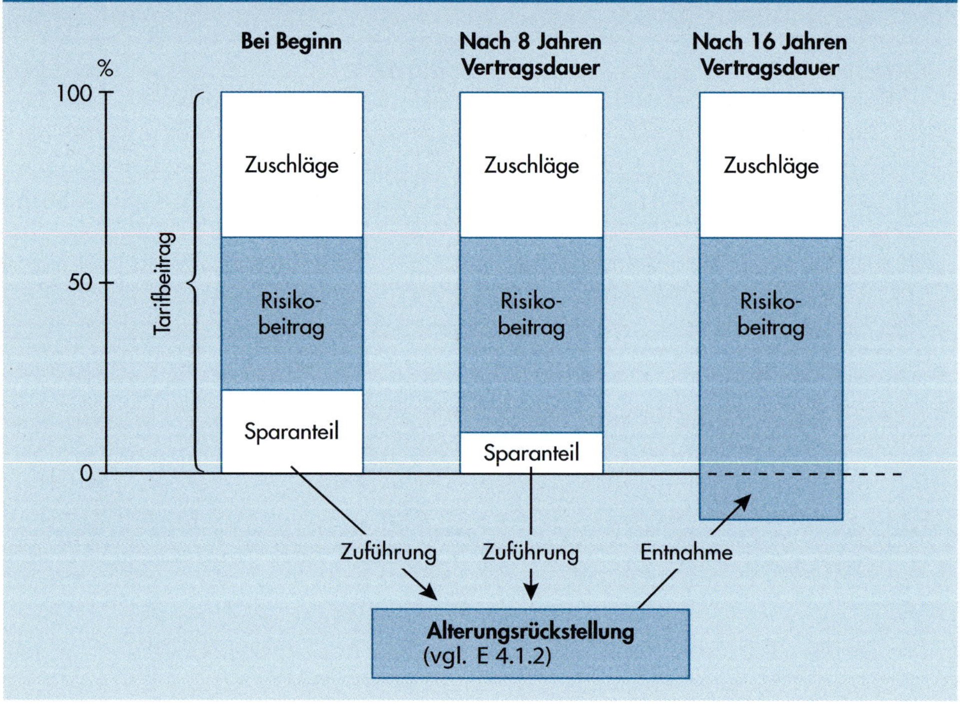

Grundlage der Beitragskalkulation bildet die Verordnung über die versicherungsmathematischen Methoden zur Prämienkalkulation und zur Berechnung der Alterungsrückstellung in der privaten Krankenversicherung (**Kalkulationsverordnung** – KalV) vom 18. November 1996. Nach den Vorschriften dieser Verordnung hat die Beitragsberechnung nach den anerkannten Regeln der Versicherungsmathematik unter Verwendung der maßgeblichen Rechnungsgrundlagen zu erfolgen. KalV § 10

➤ Rechnungsgrundlagen

Für die Beitragskalkulation sind folgende Rechnungsgrundlagen maßgebend. § 2

Rechnungsgrundlagen	Erläuterung
Rechnungszins	Der Rechnungszins darf 3,5 % nicht überschreiten.
Ausscheideordnung	Diese enthält die Annahmen zur Sterbewahrscheinlichkeit auf der Grundlage von Sterbetafeln, die unter dem Gesichtspunkt vorsichtiger Risikoeinschätzung festzulegen sind.
Kopfschäden	Kopfschäden sind die auf einen Versicherten entfallenden durchschnittlichen Versicherungsleistungen pro Jahr, die für jeden Tarif in Abhängigkeit vom Geschlecht und Alter des Versicherten zu ermitteln sind.
Sicherheitszuschlag	Dieser dient zum Ausgleich zusätzlicher Schwankungen und Fehleinschätzungen in der Kalkulation.
Sonstige Zuschläge	Dazu gehören die unmittelbaren und mittelbaren Abschlusskosten, die Schadenregulierungskosten, die sonstigen Verwaltungskosten, der Zuschlag für eine erfolgsunabhängige Beitragsrückerstattung und der Zuschlag für den Standardtarif.
Übertrittswahrscheinlichkeiten	Diese dienen zur Berechnung des Übertragungswertes für die Anrechnung der erworbenen Rechte aus der Alterungsrückstellung

➤ Beitragsbestandteile

Die Faktoren der Rechnungsgrundlagen bilden die Grundlage der Beitragskalkulation. Der Beitrag setzt sich im einzelnen aus folgenden Bestandteilen zusammen:

Bestandteile	Zweck
Risikobeitrag	Erstattung der Versicherungsleistungen; Kopfschäden
+ Sparbeitrag	Bildung der Alterungsrückstellung (3,5 % Rechnungszins)
= Nettobeitrag	
+ Kostenzuschlag	Deckung der allgemeinen Verwaltungskosten sowie Absicherung der Abschluss- und Regulierungskosten (als altersunabhängige Stückkosten)
+ Sicherheitszuschlag	Der Sicherheitszuschlag muss mindestens 5 % des Bruttobeitrags betragen. Er darf nicht bereits in anderen Rechnungsgrundlagen enthalten sein.
+ Zuschlag für den Standardtarif	Zuschlag für ältere Versicherte (nur für Tarife mit Optionsrecht in den Standardtarif)
+ Zuschlag für den Basistarif	Zuschlag zur Finanzierung der im Basistarif geltenden Beitragsbegrenzungen
= Bruttobeitrag	

Bestandteile	Zweck
+ Vorsorgezuschlag	Gesetzlicher Zuschlag in Höhe von 10 % des Bruttobeitrags (unterschiedliche Regelung für Neu- und Bestandskunden)
+ evtl. individueller Risikozuschlag	Absicherung der vermehrten Leistungen wegen Vorerkrankungen bei einzelnen Versicherten
+ evtl. Auslandszuschlag	Berücksichtigung von Besonderheiten im Ausland (Abdeckung höherer Kosten)
= zu zahlender Beitrag	

Für folgende Tarife wird kein Sparanteil gebildet: Tarife für Kinder und Jugendliche, Ausbildungstarife (Private studentische Krankenversicherung, Ärzte im Praktikum, Beamtenanwärter, Referendare), Tarife für Zahnbehandlung/Zahnersatz und Tarife für Auslandsreisekrankenversicherungen.

Da für Kinder und Jugendliche keine Alterungsrückstellungen gebildet werden, ist eine Umstufung des Tarifbeitrags bei der Altersgrenze 15/16 bzw. 20/21 Jahre erforderlich.

➤ Allgemeines Gleichbehandlungsgesetz (AGG)

Das Allgemeine Gleichbehandlungsgesetz ist am 18. August 2006 in Kraft getreten. Ziel dieses Gesetzes ist es, Diskriminierungen zu verhindern. Wegen einer Behinderung, des Alters, der sexuellen Identität und der Religion oder Weltanschauung ist eine unterschiedliche Behandlung nur dann zulässig, wenn diese auf anerkannten Prinzipien risikoadäquater Kalkulation beruht.

AGG § 20 (2)

Für Versicherungsunternehmen schreibt das Gesetz ausdrücklich vor, dass eine unterschiedliche Behandlung wegen des Geschlechts bei Prämien oder Leistungen nur zulässig ist, wenn dessen Berücksichtigung bei einer auf relevanten und genauen versicherungsmathematischen und statistischen Daten beruhenden Risikobewertung ein bestimmender Faktor ist. Kosten im Zusammenhang mit Schwangerschaft und Mutterschaft dürfen auf keinen Fall zu unterschiedlichen Prämien oder Leistungen führen.

Eine unterschiedliche Behandlung wegen Krankheit ist nach wie vor erlaubt, da dieses Merkmal nicht zu den Diskriminierungsgrundsätzen gemäß § 1 AGG gehört.

Aufgrund eines Urteils des Europäischen Gerichtshofs vom 1. März 2011 sind **Unisex-Tarife** zwingend einzuführen. Die bislang geschlechtsabhängigen Beiträge dürfen ab dem 21. Dezember 2012 im Neugeschäft nicht mehr angeboten werden, da sie einen Verstoß gegen das Gleichbehandlungsgebot von Männer und Frauen darstellen (EuGH Urteil vom 01.03.2011 Rs 236/09, Rn. 34).

Der 21. Dezember 2012 bezieht sich auf den Vertragsabschluss (formeller Beginn). Der früheste Versicherungsbeginn (technische Beginn) für Unisex-Tarife ist der 01. Januar 2013.

➤ Gesetzlicher Vorsorgezuschlag

Der gesetzliche Vorsorgezuschlag soll dazu dienen, die Beiträge ab dem 65. Lebensjahr stabil zu halten. Der Zuschlag ist für alle Krankheitskosten-Tarife in der substitutiven Krankenversicherung zu zahlen. Er beträgt 10 % des Bruttobeitrages und wird für Neukunden seit 1. Januar 2000 erhoben. Der Vorsorgezuschlag ist **nicht** für Risikozuschläge zu zahlen. Er fällt zwischen dem 22. und 60. Lebensjahr an. Mit Erreichen des 61. Lebensjahres entfällt der Zuschlag. Bei Arbeitnehmern wird der Vorsorgezuschlag im Rahmen der gesetzlichen Höchstgrenzen vom Arbeitgeber bezuschusst.

Der Vorsorgezuschlag gilt auch für den Kompakttarif sowie für Basis- und Standardtarife. Der Zuschlag wird **nicht** für Krankentagegeld-, Krankenhaustagegeld- und Kurtagegeldversicherungen, Anwartschaftsversicherungen, Ausbildungstarife, Pflegetagegeld- und Pflegepflichtversicherungen sowie für Zusatzversicherungen zur GKV erhoben.

Regelungen für Neu- und Bestandskunden:

Neugeschäft (§ 12 Abs. 4 a VAG)	Altbestand (§ 12 e VAG)
• Alle Verträge, die nach dem 31. Dez. 1999 abgeschlossen wurden: 10 % Zuschlag auf den Bruttobeitrag (ohne Risikozuschläge). • Der Zuschlag wird auch für nach dem 1. Jan. 2000 innerhalb der PKV wechselnde Personen erhoben sowie bei Nachversicherungen von Personen nach diesem Termin bzw. Umstellungen von Teil- in Vollversicherungen.	• Alle Verträge, die am 1. Jan. 2000 bereits bestanden: Ab 1. Jan. 2000 stieg der Bruttobeitrag um jährlich 2 %, bis im Jahr 2005 der volle Vorsorgezuschlag von 10 % erreicht war. • Den Versicherten stand ein Widerspruchsrecht zu. Sie konnten innerhalb von drei Monaten nach Zugang der Mitteilung auf Dauer dem Zuschlag widersprechen. Das Widerspruchsrecht galt einmalig bis zum 31. März 2001.

➤ Besonderheiten der Beitragskalkulation in der substitutiven Krankenversicherung

Die Beitragskalkulation erfolgt in der substitutiven Krankenversicherung nach Maßgabe der Vorschriften des VAG. Der VR darf daher nur einen nach aufsichtsrechtlichen Vorschriften kalkulierten Beitrag verlangen. Dem VR ist jedoch die Möglichkeit gegeben, mit Rücksicht auf ein erhöhtes Risiko einen angemessenen Risikozuschlag oder einen Leistungsausschluss zu vereinbaren.

VAG § 12
VAG-Entwurf § 152
VVG § 203
MB/KK 2009 § 8a

Die PKV arbeitet seit 1995 mit eigenen Sterbetafeln.

Der Verband der privaten Krankenversicherung (PKV-Verband) hat, wie in den Vorjahren, eine neue Sterbetafel entwickelt (PKV-Sterbetafel 2015). Die Sterbewahrscheinlichkeiten unterscheiden sich nur gering von den bisher gültigen Werten der PKV-Sterbetafel 2014.
Die aktuelle PKV-Sterbetafel 2015 greift auf Statistiken aus den Jahren 1996 bis 2012 zurück. Daraus haben die Aktuare des PKV-Verbandes eine Projektion auf das Jahr 2019 vorgenommen, die fortlaufend mit der tatsächlichen Entwicklung der Sterbewahrscheinlichkeiten abgeglichen und bei zu großen Unterschieden in jährlichem Abstand angepasst wird.

Die BaFin geht davon aus, dass die Unternehmen die neue PKV-Sterbetafel 2015 berücksichtigen, wenn sie ab dem 01. Jan. 2015 neue Tarife einführen oder Prämien anpassen

Obwohl in der PKV nur noch sog. Unisex-Tarife neu auf den Markt kommen dürfen, unterscheidet die Sterbetafel nach wie vor nach Männern und Frauen. Diese Werte dürfen aber bei der Kalkulation nicht mehr berücksichtigt werden. Die Geschlechterverteilung spielt aber als Faktor in einem Tarif eine Rolle.

In der substitutiven Krankenversicherung ist für in- und ausländische VR die Kalkulation der Beiträge im **Anwartschaftsdeckungsverfahren** verbindlich vorgeschrieben, seitdem im Jahr 1994 die »Richtlinien für die Aufstellung technischer Geschäftspläne in der Krankenversicherung« in das VAG übernommen wurden. Beim Anwartschaftsdeckungsverfahren baut jeder Versicherte selbst seine **Alterungsrückstellung** auf (vgl. E 4.1.2).

Die wagnisgerechte Beitragskalkulation erfolgt in der PKV durch Aufteilung der Versichertengemeinschaft in homogene Risikogruppen. Nach den Kriterien Geschlecht, Alter und Tarif wurde für Männer und Frauen (bis Dezember 2012) pro Lebensalter jeweils der Beitrag kalkuliert. Eine Wagnisverschiebung ist nicht zulässig. Statistisch wurde bei den Frauen ein größeres Wagnis ermittelt, was sich bei jüngeren Frauen in höheren Beiträgen niederschlägt. Hauptgründe für diese höheren Beiträge sind nicht nur die Mehrkosten für **Geburt** und **Schwangerschaft,** sondern insbesondere

- die längere Lebenserwartung,
- der höhere Arzneimittelkonsum,
- die häufigeren Arztbesuche,
- Kosten für typische Frauenkrankheiten.

Seit 21. Dezember 2012 gibt es im Neugeschäft nur noch eine geschlechtsunabhängige Beitragskalkulation (Unisex-Tarife).

VAG § 12 (2) *VAG-Entwurf § 156 (1)*

Wird die substitutive Krankenversicherung betrieben, muss ein **Verantwortlicher Aktuar** bestellt werden.

HGB § 341f

VAG § 12 ff. *VAG-Entwurf § 160*

Dieser hat sicherzustellen, dass bei der Berechnung der Prämien und der mathematischen Rückstellungen die versicherungsmathematischen Methoden eingehalten und die Grundsätze des HGB und VAG beachtet werden. Die Aufgaben des Aktuars in der PKV sind insbesondere:

- statistische Ermittlung von Sterbewahrscheinlichkeiten, Kopfschadenreihen und Stornowahrscheinlichkeiten;
- Tarifierung und Prämienkalkulation aufgrund versicherungsmathematischer Methoden (Risiko-, Netto-, Bruttobeitrag);
- versicherungstechnische Durchführung von Tarifänderungen (Beitragsanpassungen, individuelle Umstellungen);
- Ermittlung der versicherungstechnischen Rückstellungen, z. B. Alterungsrückstellung, Rückstellung für Beitragsrückerstattung;
- Durchführung der Nachkalkulation.

Nach dem VAG dürfen die Beiträge für das Neugeschäft nicht niedriger sein als die Beiträge, die sich im Altbestand für gleichaltrige Versicherte ohne Berücksichtigung ihrer Alterungsrückstellung ergeben würde.

➤ Beitragskalkulation in der privaten Pflegepflichtversicherung

Während die soziale Pflegeversicherung das Umlageverfahren kennt, erfolgt die Beitragskalkulation in der privaten Pflegepflichtversicherung nach dem Anwartschaftsdeckungsverfahren. Die Beiträge werden nach dem Alter des Versicherten bei Eintritt in die Versicherung festgesetzt und enthalten einen Sparanteil für die Bildung der Alterungsrückstellung. Sie sind im Gegensatz zur privaten Krankenversicherung aber für Männer und Frauen gleich hoch.

SGB XI § 110

Aufgrund der Versicherungspflicht seit dem 01. Jan. 1995 gelten folgende besonderen Regelungen:

Für Bestandskunden, die versicherungspflichtig wurden, ist der Beitrag von Anfang an auf den Höchstbeitrag in der sozialen Pflegeversicherung begrenzt, die Kinder sind beitragsfrei eingeschlossen, und Ehegatten ohne eigenes Einkommen erhalten einen »Beitragsrabatt«.

Aufgrund gesetzlicher Vorschriften sind für die Pflegebedürftigen der versicherungspflichtig gewordenen Bestandskunden sofort Leistungen zu erbringen.

Durch diese Vorschriften entstehen den PKV-Unternehmen Beitragsausfälle, die durch den übrigen Bestand getragen werden. Die Zusammensetzung der Altersstruktur und der Anteil mitversicherter Kinder und Ehegatten fallen bei den verschiedenen Unternehmen sehr unterschiedlich aus und führen deshalb zu ungleichen Risikostrukturen. Das SGB XI schreibt aus diesem Grund einen brancheneinheitlichen Risikoausgleich vor. Die PKV-Unternehmen, die eine Pflegepflichtversicherung betreiben, sind deshalb einem Pool beigetreten, der den finanziellen Ausgleich der unterschiedlichen Risikostrukturen durchführt. Auf der Basis gemeinsamer Kalkulationsgrundlagen wird von diesem Pool ein für alle Unternehmen einheitlicher Nettobeitrag kalkuliert. Beitragsunterschiede beschränken sich daher zunächst auf die Verwaltungskostenzuschläge, die von jedem Unternehmen selbst festgesetzt werden.

Einflüsse auf die Beitragskalkulation in der privaten Pflegepflichtversicherung		
	Versicherungsbeginn zum 1. Jan. 1995	**Versicherungsbeginn nach 1. Jan. 1995**
keine Staffelung der Prämien nach Gesundheitszustand	X	
keine Staffelung der Prämien nach Geschlecht	X	X
keine Prämienhöhe, die den Höchstbeitrag der sozialen Pflegeversicherung übersteigt	X	X (erst nach 5 Jahren Versicherung)
beitragsfreie Mitversicherung der Kinder	X	X
Prämienbegrenzung für Ehepaare mit 1 Geringverdiener bei 150 % des Höchstbeitrages der sozialen Pflegeversicherung	X	

4.1.2 Alterungsrückstellung

Das VAG schreibt vor, dass in der PKV, die nach Art der Lebensversicherung betrieben wird, eine Alterungsrückstellung nach § 341f HGB zu bilden ist. Die Berechnung der Alterungsrückstellung muss auf der Grundlage aufsichtsrechtlicher Bestimmungen für die Berechnung der Prämien erfolgen.

VAG § 12 (1) 2
VAG-Entwurf § 146 (1) 2
HGB § 341f (3)

Die Alterungsrückstellung hat folgenden Zweck:

Mit zunehmendem Alter der versicherten Person nimmt die Anzahl der Versicherungsfälle zu. Entsprechend müsste der VR einen steigenden Risikobeitrag erheben. Statt dessen wird der zu zahlende Risikobeitrag um einen »Sparbeitrag« erhöht. Deshalb ist zu Beginn der Versicherung ein höherer Beitrag zu entrichten, als aufgrund der Versicherungsfälle in diesem Lebensalter erforderlich wäre. Dieser zu Beginn der Versicherung nicht benötigte Beitragsteil wird als Alterungsrückstellung verzinslich angesammelt und für spätere Leistungen bereitgestellt.

Der gesetzliche Vorsorgezuschlag (vgl. E 4.1.1) wird den Versicherten in voller Höhe als zusätzliche Alterungsrückstellung gutgeschrieben und verzinslich angesammelt.

Im Alter, wenn die Versicherungsfälle zunehmen, werden die Fehlbeträge aufgrund des dann zu niedrigen Beitrages aus der Alterungsrückstellung entnommen. Zum rechnerisch kalkulierten Vertragsende (= Tod des Versicherten lt. Sterbetafel) ist die Alterungsrückstellung abgebaut.

Den Verlauf der Alterungsrückstellung zeigt die folgende Skizze:

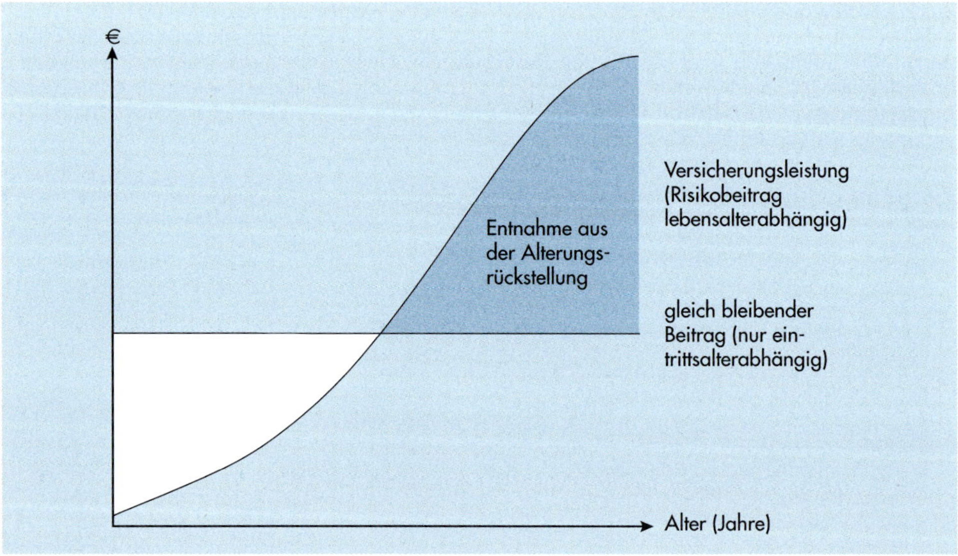

Da es in der PKV – im Gegensatz zur Lebensversicherung – keinen Rückkaufswert aus der Alterungsrückstellung gibt, wird beim Ausscheiden versicherter Personen deren Alterungsrückstellung frei. Diese frei werdende Alterungsrückstellung stellt keinen Gewinn für das Unternehmen dar, sondern sie wird im Umfang der rechnungsmäßigen Ausscheideordnung an die verbleibenden Versicherten »vererbt«.

4.1.3 Portabilität von Alterungsrückstellungen

➤ Grundsatz

BGH 1999 IV ZR 192/98

Dem Versicherten steht kein Recht auf Auszahlung seiner angesammelten Alterungsrückstellung zu. Dies hat der BGH in einem Urteil entschieden. Auch die Übertragung der Rückstellung bei Übertritt zu einem anderen PKV-Unternehmen war bisher nicht möglich.

Durch die Gesundheitsreform 2007 haben sich für die Weitergabe (Portabilität) von Alterungsrückstellungen jedoch Änderungen ergeben. Dabei muss differenziert werden zwischen einem Wechsel innerhalb des gleichen Unternehmens und dem Wechsel zu einem anderen Unternehmen der PKV.

➤ Wechsel innerhalb desselben Unternehmens

VVG § 204

Wechselt der Versicherungsnehmer innerhalb desselben Unternehmens in einen anderen Tarif, ergeben sich keine Änderungen zur bisherigen Rechtslage. Die Alterungsrückstellung aus dem bisherigen Tarif wird **voll** angerechnet.

Die Alterungsrückstellung aus dem Normaltarif wird bei einem **Wechsel in den Basistarif** desselben Unternehmens vollständig angerechnet. Dabei sind die Besonderheiten hinsichtlich des begrenzten Wechselrechts zu beachten, d. h. aus bestehenden Tarifen kann in den Basistarif gewechselt werden, wenn

- die Krankheitskostenvollversicherung nach dem 1. Januar 2009 abgeschlossen wurde (Neugeschäft),
- der VN das 55. Lebensjahr vollendet oder vor dem 55. Lebensjahr Rentenansprüche hat bzw. als Beamter ein Ruhegehalt bezieht (Bestand),
- die bestehende Krankheitskostenvollversicherung bereits vor dem 31. Dezember 2008 abgeschlossen wurde und der Wechsel in den Basistarif innerhalb von sechs Monaten ab dem 1. Januar 2009 beantragt wird (Bestand).

➤ Wechsel zu einem anderen Unternehmen

Im Falle des Wechsels zu einem anderen PKV-Unternehmen muss differenziert werden, wann der Versicherungsschutz begründet wurde.

Krankenversicherungsschutz besteht vor dem 1. Januar 2009	Krankenversicherungsschutz besteht ab dem 1. Januar 2009
Die Versicherten erhalten einmalig die Gelegenheit, unter Übertragung von Alterungsrückstellungen in Höhe des Basistarifs in den Basistarif eines anderen Unternehmens zu wechseln, wenn die Kündigung des Vertrages zwischen dem 1. Januar und dem 30. Juni 2009 erfolgt.	Die kalkulierten Alterungsrückstellungen werden in Höhe des Teils der Versicherung, dessen Leistungen dem Basistarif entsprechen, an den neuen VR übertragen. Es werden also Alterungsrückstellungen in der Höhe übertragen, wie sie sich ergeben hätten, wenn der Versicherte von Beginn an im Basistarif versichert gewesen wäre, jedoch nicht mehr, als nach dem alten Tarif zu übertragen gewesen wäre. (KalV §§ 12, 13a)

Wechselt der Versicherte unter Anrechnung von Alterungsrückstellungen das Versicherungsunternehmen, kann der Versicherte bei seinem bisherigen VR eine Zusatzversicherung nehmen, auf die verbleibende Teile der Alterungsrückstellung, die nicht in den Basistarif übertragen worden sind, angerechnet werden. VVG § 204

Beispiel:

Der VN Ludwig Roth ist seit 2000 bei der Südstern Krankenversicherung AG versichert. Am 31. März 2015 (= im Zeitraum vom 1. Januar bis 30. Juni 2015) kündigt der VN seinen Versicherungsvertrag zum Ende des Versicherungsjahres und wechselt zur Proximus Krankenversicherung AG. Bei diesem Wechsel werden Alterungsrückstellungen übertragen, wie sie sich ergeben hätten, wenn der VN von Beginn an (ab 1998) im Basistarif versichert gewesen wäre. Die tatsächlich aus seinen Beiträgen aufgebauten Alterungsrückstellungen bei der Südstern Krankenversicherung AG liegen oberhalb der mitgegebenen Alterungsrückstellungen. Der VN kann in diesem Fall bei der Südstern Krankenversicherung AG eine Zusatzversicherung nehmen, in welcher der Differenzbetrag als Alterungsrückstellung angerechnet wird.

Der Versicherungsnehmer kann auf das Recht zur Portabilität nicht verzichten.

Nach § 204 Abs. 1 Nr. 2 VVG erhalten Versicherungsnehmer und versicherte Personen das Recht, einen gekündigten Versicherungsvertrag in Form einer Anwartschaftsversicherung unter Anrechnung der aus dem Vertrag erworbenen Rechte und der Alterungsrückstellung fortzuführen.

Die Portabilität der Alterungsrückstellungen wird im Rahmen des Übertragungswertes erfolgen. Der Übertragungswert errechnet sich aus der Summe der Alterungsrückstellungen und aus dem 10 %-Zuschlag. Dieser Wert darf maximal die Höhe einer Alterungsrückstellung erreichen, die sich ergeben hätte, wenn der Versicherte von Beginn an im Basistarif versichert gewesen wäre.

Damit die Ermittlung des Übertragungswertes, insbesondere bei langjährig Versicherten, umgesetzt werden kann, wird die **Referenzaltermethode** angewandt. Ausgehend vom Alter 35 werden dabei entsprechend der Laufzeit des Vertrages Zu- oder Abschläge berechnet.

Seit dem 01. Jan. 2013 hat der Versicherer als Informationspflicht dem VN jährlich den Übertragungswert mitzuteilen. Davor war der Übertragungswert nur auf Anfrage des VN mitzuteilen.

4.1.4 Überschussverwendung

VAG § 12a *VAG-Entwurf § 150*

Die VR müssen bei der Berechnung der Beiträge und der Alterungsrückstellung einen Rechnungszins von maximal 3,5 % berücksichtigen. Da die Unternehmen der PKV i. d. R. Zinserträge erzielen, die über 3,5 % hinausgehen, entstehen sogenannte Überzinsen (außerrechnungsmäßige Zinsen). Der Gesetzgeber hat festgelegt, dass 90 % der Überzinsen der Alterungsrückstellung direkt gutzuschreiben sind.

Beispiel:

Bei einem rechnungsmäßigen Zins von 3,5 % und einen tatsächlich erwirtschafteten Zins in Höhe von 7,0 % beträgt der Überzins 3,5 %.

90 % von 3,5 %, also 3,15 % Prozentpunkte sind zu berücksichtigen.

Die ordnungsgemäße Bildung der Alterungsrückstellung muss vom verantwortlichen Aktuar unter der Bilanz bestätigt werden. Über die Verwendung der Überschüsse ist eine Abstimmung mit dem Treuhänder erforderlich.

Die Überschussverwendung hat zum Ziel:

- Direktgutschrift zur Beitragsstabilisierung ab Alter 65
- Beitragssenkung ab Alter 80
- restlicher Betrag als erfolgsunabhängige Beitragsrückerstattung für ältere Versicherte

4.1.5 Beitragsanpassung

MB/KK 2009 MB/KT 2009 MB/PPV 2014 § 8a (2)

Die Beitragskalkulation der PKV basiert auf einer rein statischen Betrachtung. Es wird unterstellt, dass über das kalkulierte Maß hinaus keine Änderungen der Rechnungsgrundlagen stattfinden. Nach dem **Äquivalenzprinzip** werden somit für die Dauer des Versicherungsverhältnisses gleich bleibende Beiträge ermittelt. Dies bedeutet, dass die kalkulierten Beiträge von der mit dem Alter zunehmenden Krankheitswahrscheinlichkeit unabhängig sind. Die PKV hat deshalb in ihren Musterbedingungen verankert, dass eine Beitragserhöhung des VR wegen des Älterwerdens der versicherten Person während der Dauer des Versicherungsverhältnisses ausgeschlossen ist, sofern nach Gesetz oder Geschäftsplan eine Alterungsrückstellung zu bilden ist.

Die enormen Kostensteigerungen im Gesundheitswesen, die sich insbesondere in den letzten Jahren ergeben haben, führen aber dazu, dass die künftige Leistungserwartung höher ist als die ursprünglich kalkulierte. Die vorhandenen Alterungsrückstellungen reichen nicht mehr aus, um die künftigen Leistungen im zugesagten Umfang zu erbringen. Aus diesem Grund wird eine ständige **Nachversicherung** erforderlich. Die Beiträge müssen angepasst und neu festgesetzt werden. VVG § 203

Die gesetzlichen Vorschriften zur Beitragsanpassung finden sich im VVG und im VAG. VAG § 12b

Auf vertraglicher Basis wurden in den Musterbedingungen entsprechende Regelungen getroffen. MB/KK 2009 MB/KT 2009 MB/PPV 2014 § 8b VVG § 203

Eine Beitragsanpassung ist nach VVG möglich, wenn

- der tatsächliche Schadenbedarf nicht nur vorübergehend höher ist als die technische Berechnungsgrundlage,
- das ordentliche Kündigungsrecht des VR gesetzlich oder vertraglich ausgeschlossen ist,
- ein unabhängiger Treuhänder die Berechnungsgrundlagen überprüft und der Beitragsanpassung zugestimmt hat und
- eine Beitragsanpassungsklausel Vertragsbestandteil ist.

Das VAG trägt nun auch der Tatsache steigender Kosten im Gesundheitswesen Rechnung. Das Gesetz bestimmt, dass eine Beitragsanpassung auch möglich ist, wenn sich die Verhältnisse im Gesundheitswesen geändert haben. Auch in diesem Fall ist die Zustimmung eines unabhängigen Treuhänders erforderlich, damit Versicherungs- und Tarifbestimmungen verändert werden können. VAG § 12b *VAG-Entwurf § 155*

Beitrags- und Leistungsanpassungen sind seit 1994 von der Zustimmung eines unabhängigen Treuhänders abhängig.

Die VR haben die Beitragsanpassungsklausel in ihre AVB übernommen. Sie haben überwiegend folgenden Wortlaut:

> »Im Rahmen der vertraglichen Leistungszusage können sich die Leistungen des Versicherers z. B. wegen steigender Heilbehandlungskosten oder einer häufigeren Inanspruchnahme medizinischer Leistungen ändern. Dementsprechend vergleicht der Versicherer zumindest jährlich für jeden Tarif die erforderlichen mit den in den technischen Berechnungsgrundlagen kalkulierten Versicherungsleistungen und Sterbewahrscheinlichkeiten. Ergibt diese Gegenüberstellung eine Abweichung von mehr als dem tariflich festgelegten Vomhundertsatz, werden alle Beiträge dieses Tarifs vom Versicherer überprüft und, soweit erforderlich, mit Zustimmung des Treuhänders angepasst …«

MB/KK 2009 § 8b (1)

Die Tarifbedingungen bestimmen dann z. B., dass der tariflich festgelegte Prozentsatz 10 % beträgt.

Bei einer Veränderung von mehr als 5 Prozent können alle Tarifbeiträge überprüft und, soweit erforderlich, nach Zustimmung des Treuhänders angepasst werden.

Die Beitragsanpassungen werden zu Beginn des zweiten Monats wirksam, der auf die Benachrichtigung des VN folgt, soweit nichts anderes vereinbart ist. VVG § 203 (5)

4.1.6 Beitragsentlastung für ältere Versicherte

Ständige Beitragsanpassungen aufgrund von Kostensteigerungen haben überproportional steigende Beiträge zur Folge. Die Beitragserhöhungen treffen in erster Linie die älteren Versicherten. Die PKV und der Gesetzgeber haben deshalb gemeinsam Maßnahmen für eine Beitragsentlastung im Alter ergriffen. Im Einzelnen handelt es sich um folgende Maßnahmen:

➤ Anwartschaft auf Beitragsermäßigung im Alter

VAG § 12 a *VAG-Entwurf § 150*

In der nach Art der Lebensversicherung betriebenen Krankheitskosten- und freiwilligen Pflegekrankenversicherung erfolgt nach gesetzlicher Vorschrift eine Aufstockung der Alterungsrückstellung. Damit wird die Finanzierung einer Anwartschaft auf Beitragsentlastung im Alter vorgenommen. Diese Aufstockung wird beitragsneutral aus erwirtschafteten Überschüssen finanziert (vgl. E 4.1.4).

➤ Vorsorgezuschlag

§ 12 (4a) *VAG-Entwurf § 149*

Ziel dieses Zuschlages ist es, die Beiträge ab dem 65. Lebensjahr stabil zu halten. Sofern der Versicherte entsprechend lang bei seinem PKV-Unternehmen krankenversichert war, kann der Beitrag eventuell konstant gehalten werden. Eine Beitragsreduzierung ist ab dem 80. Lebensjahr möglich, eine Minderung der Beiträge vor diesem Zeitpunkt ist vom Gesetzgeber allerdings nicht vorgesehen.

➤ Fixe Kostenzuschläge

Die Zuschläge für Verwaltungskosten wurden von einer beitragsproportionalen Umlage auf eine Stückkostenverteilung umgestellt. Diese Maßnahme führt zu einer Entlastung der älteren Versicherten, ist jedoch mit einer Belastung der jungen Versicherten verbunden.

Beispiel:

Ein junger Versicherter mit 100,00 € Monatsbeitrag zahlte früher 10,00 € Kostenanteil, und ein älterer Versicherter mit 300,00 € zahlte 30,00 € Kostenanteil. Durch die Umstellung auf Stückkosten werden beiden Versicherten je 20,00 € in Rechnung gestellt. Für den jungen Kunden wird damit der Beitrag um 10,00 € teurer. Der ältere Kunde hingegen zahlt 10,00 € weniger.

➤ Standardtarif

Für ältere Versicherte wurde der Standardtarif eingeführt. Dieser Tarif kann Personen zugestanden werden, die das 55. Lebensjahr vollendet haben und über eine Vorversicherungszeit von mindestens 10 Jahren in der PKV verfügen. Voraussetzung dafür ist allerdings, dass das jährliche Gesamteinkommen des Versicherten die Jahresarbeitsentgeltgrenze nicht übersteigt. Der Beitrag für den Standardtarif darf den Höchstbeitrag der GKV nicht übersteigen. Für Neukunden ab dem Jahr 2009 übernimmt der Basistarif die soziale Schutzfunktion im Alter.

➤ Basistarif

Nach dem 30. Juni 2009 können Bestandsversicherte in den Basistarif ihres eigenen Unternehmens wechseln, wenn sie

- das 55. Lebensjahr vollendet haben oder
- eine Rente der gesetzlichen Rentenversicherung beziehen oder

- ein Ruhegehalt nach beamtenrechtlichen oder vergleichbaren Vorschriften beziehen oder
- hilfsbedürftig im Sinne des Sozialrechts sind.

Beitragsentlastungstarife

Mit speziellen Tarifen bietet die PKV jungen Versicherten die Möglichkeit zur Beitragsentlastung im Alter. Bei diesen Tarifen wird in jüngeren Jahren ein geringfügig höherer Beitrag gezahlt, der dann ab dem 65. Lebensjahr zu einer garantierten Beitragsentlastung führt. Durch die bis zum Rentenalter zusätzlich angefallenen Überschüsse aufgrund der Überschussbeteiligung kann die Beitragsentlastung noch weiter verstärkt werden.

4.1.7 Tarifwechsel (Umwandlung der Versicherung)

Die Unternehmen der PKV reagieren auf Veränderungen im Gesundheitswesen oft mit der Eröffnung neuer Tarife, die ein zeitgemäßes und damit verändertes Leistungsangebot vorsehen. Diese Maßnahme führt dazu, dass die Alttarife geschlossen und keine weiteren Versicherten (»guten Risiken«) mehr zugeführt werden, sodass es zu einer »Vergreisung« dieser Tarife kommt. Die Folge sind ständige Kostensteigerungen und damit Beitragserhöhungen.

Im VVG wurde in Anlehnung an das VAG für diese Fälle eine Tarifwechselmöglichkeit für den VN geschaffen. Die entsprechende Vorschrift haben die VR auch in ihre Musterbedingungen übernommen.

VVG § 204
VAG § 12 (1) 4
VAG-Entwurf § 146 (1) 4
MB/KK 2009 § 1 (6)

Dem VN wird die Möglichkeit eingeräumt, in einen anderen Tarif des VR mit **gleichartigem** Versicherungsschutz wechseln zu können, ohne dass der VR den Antrag ablehnen kann. Beim Tarifwechsel müssen die aus dem Vertrag erworbenen Rechte und die Alterungsrückstellung angerechnet werden.

Der VR nimmt den Antrag auf Tarifwechsel in angemessener Frist an.

Als Versicherungstarife mit gleichartigem Versicherungsschutz sind Tarife anzusehen, die gleiche Leistungsbereiche wie der bisherige Tarif umfassen und für die der Versicherte versicherungsfähig ist.

Leistungsbereiche sind insbesondere:

KalV § 12 (1)

1. Kostenerstattung für ambulante Heilbehandlung,
2. Kostenerstattung für stationäre Heilbehandlung sowie Krankenhaustagegeldversicherungen mit Kostenersatzfunktion,
3. Kostenerstattung für Zahnbehandlung und Zahnersatz,
4. Krankenhaustagegeld, soweit es nicht zu Nr. 2 gehört.

Der Wechsel aus einem Unisex-Tarif in einen geschlechtsabhängig kalkulierten Tarif ist ausgeschlossen.

VVG § 204 (1)

Ebenfalls ausgeschlossen ist ein Wechsel des Versicherungsschutzes in den Notlagentarif nach § 12h VAG *(§ 153 VGA-Entwurf)*.

MB/KK 2009 § 1 (6)

Das Bundesverwaltungsgericht hat am 23. Juni 2010 entschieden, dass der VR nicht berechtigt ist, von dem VN beim Wechsel von einem bestehenden in einen neuen Tarif, bei dem die Leistungen nicht höher oder umfassender sind als im bisherigen Tarif, einen allgemeinen Zuschlag (»Tarifstrukturzuschlag«) zur Grundprämie zu erheben. Für die Einstufung im neuen Tarif ist allein der Gesundheitszustand maßgeblich, der beim ersten Beitritt zu einem Tarif des Versicherers festgestellt worden ist.

BVerwG Az: 8 C 42.09

Der VR kann nur bei höherwertigem neuem Versicherungsschutz für die Mehrleistung Risikozuschläge verlangen bzw. Wartezeiten oder Leistungsausschlüsse vorsehen.

Der Begriff »höhere Leistung« ist z. B. in folgenden Fällen erfüllt:

- Fortfall oder Herabsetzung von Selbstbehalten
- höherer Erstattungssatz (z. B. in einem Zahntarif)
- Begrenzung eines prozentualen Selbstbehalts auf einen Jahreshöchstbetrag
- Erstattung bisher nicht oder nur eingeschränkt ersatzpflichtiger Wahlleistungen bei stationärer Behandlung im Krankenhaus (z. B. Unterbringung im Einbettzimmer, Chefarztbehandlung).

MB/KK 2009 § 19

Der VN kann, wenn die Voraussetzungen gegeben sind, auch den Wechsel in den Standardtarif (vgl. E 2.2.3 g) verlangen.

Für ab dem 1. Januar 2009 abgeschlossene Verträge ist das nicht mehr möglich.

MB/KK 2009 § 20

Der VN kann verlangen, dass versicherte Personen seines Vertrages in den Basistarif mit Höchstbeitragsgarantie und Beitragsminderung bei Hilfebedürftigkeit wechseln können. Voraussetzung für diesen Wechsel ist:

- der erstmalige Abschluss der bestehenden Krankheitskostenvollversicherung erfolgte ab dem 1. Januar 2009 oder
- die versicherte Person hat das 55. Lebensjahr vollendet oder
- die versicherte Person hat das 55. Lebensjahr noch nicht vollendet; sie erfüllt aber die Voraussetzungen für den Anspruch auf Rente der gesetzlichen Rentenversicherung oder für ein Ruhegehalt nach beamtenrechtlichen Vorschriften.

VVG § 204 (3)

Soweit die Krankenversicherung nach Art der Lebensversicherung betrieben wird, haben die Versicherungsnehmer und die versicherte Person das Recht, einen gekündigten Versicherungsvertrag in Form einer Anwartschaftsversicherung fortzuführen.

MB/KT 2009 § 1 (5)
VVG § 204 (3)

Ein Tarifwechselrecht besteht grundsätzlich nicht bei befristeten Versicherungsverhältnissen. Sofern es sich allerdings um eine befristete Krankentagegeldversicherung nach § 196 VVG handelt, wurde ab 2013 ein Tarifwechselrecht eingeführt.

Der PKV-Verband hat im Jahr 2014 »Leitlinien der Privaten Krankenversicherung für einen transparenten und kundenorientierten Tarifwechsel« entwickelt. Diese Leitlinien beschreiben Kriterien einer guten Praxis des Tarifwechselrechts in der Privaten Krankheitskostenvollversicherung. Ende 2014 haben 25 Unternehmen ihren Beitritt zu diesen Leitlinien gegenüber dem PKV-Verband erklärt. Die Unternehmen verpflichten sich, die Leitlinien in der Praxis des eigenen Unternehmens zu verankern.

4.1.8 Beitragsrückerstattung

Unter Beitragsrückerstattung (BRE) oder Beitragsrückgewähr versteht man die Rückzahlung von Beiträgen oder Beitragsteilen bei Nichtinanspruchnahme von Leistungen. Es wird zwischen erfolgsunabhängiger und erfolgsabhängiger Beitragsrückerstattung unterschieden:

➤ Erfolgsunabhängige Beitragsrückerstattung

Die erfolgsunabhängige BRE ist eine Versicherungsleistung, die nicht vom Überschuss des Unternehmens abhängig ist. Der Versicherte hat einen garantierten Anspruch, der unabhängig vom jeweiligen Geschäftsergebnis des Unternehmens ist. Dieser Form der BRE wird in der Praxis kaum eine Bedeutung beigemessen. Sie müsste bei der Beitragskalkulation in Form von Zuschlägen berücksichtigt werden und würde damit vom VN direkt finanziert.

➤ Erfolgsabhängige Beitragsrückerstattung

Die erfolgsabhängige BRE ist eine Beteiligung am erwirtschafteten Überschuss des Unternehmens. Sie wird nur dann gewährt, wenn der betreffende Tarif oder die zu einem Gewinnverband zusammengeschlossenen Tarife im abgelaufenen Versicherungsjahr einen Überschuss erzielt haben. Überschüsse entstehen in der PKV durch:

- überrechnungsmäßige Zinserträge (Zinserträge > 3,5 %),
- niedrige Verwaltungs- und Betriebskosten,
- nicht verbrauchte Teile der Sicherheitszuschläge,
- geringere Aufwendungen für Versicherungsleistungen als kalkuliert (günstiger Schadenverlauf).

Die erfolgsabhängige BRE kommt in der Praxis überwiegend in folgenden zwei Formen vor:

- Barauszahlung in Höhe von einem bis sechs Monatsbeiträgen.
- Verwendung von Überschüssen als Einmalbeitrag zur Beitragssenkung oder zur Abwendung bzw. Minderung von notwendigen Beitragserhöhungen. Diese Überschüsse werden nicht ausgezahlt, sondern einer Deckungsrückstellung zugeführt.

Die Auszahlung einer erfolgsabhängigen Beitragsrückerstattung ist an bestimmte Voraussetzungen geknüpft. Die Tarifbedingungen sehen folgende Anspruchsvoraussetzungen vor:

TB § 8c Proximus 3 TA S. 229

- Für das abgelaufene Geschäftsjahr wurden keine Versicherungsleistungen durch den Versicherten nach einem teilnehmenden Tarif bezogen (Schadenfreiheit des Vertrages bzw. des Tarifs).
- Die Versicherung muss während des gesamten zurückliegenden Geschäftsjahres in dem betreffenden Tarifverband ununterbrochen bestanden haben.
- Die Versicherung muss am 30. Juni des auf das Anspruchsjahr folgenden Jahres noch bestehen. Der Anspruch bleibt erhalten, wenn die Versicherung nach dem abgelaufenen Geschäftsjahr, aber vor dem 30. Juni des folgenden Jahres, durch Eintritt der Versicherungspflicht in der GKV oder durch Tod endet.
- Eine Beitragsrückerstattung erfolgt nicht vor dem 1. Juli des Folgejahres.
- Die Beitragsrückerstattung kann nach der Anzahl der aufeinander folgenden Jahre, in denen die vorgenannten Voraussetzungen erfüllt worden sind, gestaffelt werden.

Welche Tarife und Tarifkombinationen an der Beitragsrückerstattung durch Auszahlung oder Gutschrift teilnehmen und in welcher Höhe, wird vom VR jährlich festgelegt.

➤ Zweck der Beitragsrückerstattung

Die BRE soll verhindern, dass so genannte »Bagatellrechnungen« zur Erstattung vorgelegt werden. Sie stellt einen Anreiz für die Versicherten dar, Kostenbelege zu sammeln und erst dann vorzulegen, wenn der Erstattungsbetrag die Summe der BRE übersteigt. Dadurch wird für das VU eine Senkung der Verwaltungskosten bewirkt, da weniger Erstattungsanträge bearbeitet werden müssen. Die BRE stellt zudem als positive Selbstbeteiligung einen Beitrag zur Kostendämpfung dar.

Eine Beitragsrückerstattung ist in der **Pflegepflichtversicherung** nicht vorgesehen. Die Überschüsse werden zur Finanzierung von Leistungsverbesserungen oder zur Beitragssenkung verwendet.

Arten der Beitragsrückerstattung

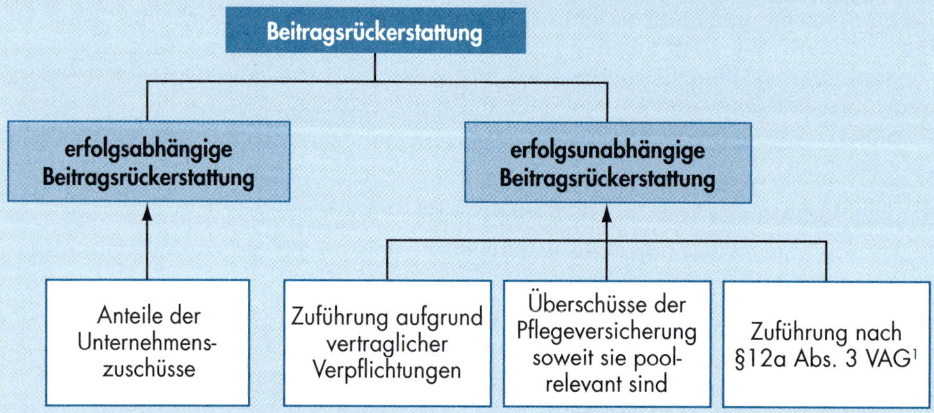

1) § 12a Versicherungsaufsichtsgesetz (VAG) besagt: Die Zinserträge der Unternehmen, die über den jeweils geltenden Rechnungszins (Überwiegend 3,5 Prozent) hinausgehen, kommen zu 90 Prozent der Versicherten zugute. Hiervon ist ein Teil für die über 65-jährigen Versicherten bestimmt. Dieses Geld ist innerhalb von drei Jahren zur Vermeidung oder Begrenzung von Prämienerhöhungen oder zur Prämienermäßigung zu verwenden.

4.2 Beitragsberechnung

Die PKV erhebt risikogerechte Beiträge nach dem Äquivalenzprinzip. Der Beitrag ist grundsätzlich dem individuellen Krankheitsrisiko angepasst. Grundlage für die Berechnung der Beiträge bilden die folgenden Merkmale:

- Tarif bzw. Umfang des Versicherungsschutzes
- Alter der versicherten Person bei Vertragsbeginn
- Geschlecht der versicherten Person (gilt nicht für Unisex-Tarife)
- individuelle Risikofaktoren, z. B. Vorerkrankungen, Gesundheitszustand

Vorbemerkung: Seit dem 21. Dezember 2012 dürfen aufgrund eines Urteils des Europäischen Gerichtshofs bei Neuverträgen keine unterschiedlichen Versicherungsbeiträge für Männer und Frauen mehr erhoben werden. Deshalb wurden sog. **Unisex-Tarife** eingeführt. Verträge, die vor dem 21. Dezember 2012 abgeschlossen wurden, bleiben auch weiterhin unverändert bestehen. Die automatische Umstellung auf einen Unisex-Tarif erfolgt nicht (vgl. E 4.1.1).

Die Tarife im **Proximus 3 Bedingungswerk** sind ausschließlich Unisextarife. Die Beiträge weisen immer den Tarifbeitrag aus. Der gesetzlich vorgeschriebene Vorsorgezuschlag in Höhe von 10 % ist nicht enthalten.

Beispiel:

Herr Wagner, 34 Jahre, Dipl.-Ingenieur, macht sich selbstständig und eröffnet in wenigen Wochen ein eigenes Büro für Statik und Tragwerksplanung. Ehefrau Isolde, 32 Jahre, ist nicht berufstätig. Das Ehepaar Wagner wünscht den Abschluss einer privaten Krankenversicherung, die folgenden Versicherungsumfang enthalten soll:

- ambulante Heilbehandlung mit jeweils 500,00 € Selbstbeteiligung,
- stationäre Heilbehandlung im Einbettzimmer mit privatärztlicher Behandlung,
- zahnärztliche Behandlung mit 100 % Erstattung bei Zahnbehandlung und 85 % bei Zahnersatz und Kieferorthopädie,
- Krankenhaustagegeld 50,00 € pro Tag und Person,
- Krankentagegeld 50,00 € pro Tag für Herrn Wagner ab dem 15. Tag,
- private Pflegepflichtversicherung.

Risikozuschläge fallen bei Herrn und Frau Wagner nicht an.

Ermitteln Sie den monatlichen Gesamtbeitrag für das Ehepaar Wagner.

Lösung:

		Frau Wagner (32 Jahre)	Herr Wagner (34 Jahre)
ambulante Heilbehandlung, Tarif A1		198,45 €	198,45 €
+ stationäre Heilbehandlung, Tarif S1		130,68 €	130,68 €
+ zahnärztliche Behandlung, Tarif Z1		86,60 €	86,60 €
+ Krankenhaustagegeld, Tarif KHT		23,50 €	23,50 €
+ Krankentagegeld, Tarif KT 15		–	99,20 €
+ private Pflegepflichtversicherung, Tarif PVN		19,87 €	21,15 €
Tarifbeitrag		459,10 €	559,58 €
+ 10 % Vorsorgezuschlag auf A1, S1 und Z1 (10 % von 415,73 = 41,57 €)		41,57 €	41,57 €
Beitrag		500,67 €	601,15 €
Gesamtbeitrag:	1 101,82 €		

Anmerkung: Auf die Tarife Krankenhaustagegeld, Krankentagegeld und private Pflegepflichtversicherung darf kein Vorsorgezuschlag erhoben werden.

4.3 Steuerliche Behandlung der Beiträge zur Kranken- und Pflegepflichtversicherung

➤ Bürgerentlastungsgesetz Krankenversicherung

Das »Gesetz zur verbesserten steuerlichen Berücksichtigung von Vorsorgeaufwendungen« (Bürgerentlastungsgesetz Krankenversicherung) hat zu einer Änderung des § 10 EStG geführt. Ab 1. Januar 2010 werden alle Aufwendungen steuerlich berücksichtigt, soweit diese dazu dienen, ein Leistungsniveau abzusichern, das im Wesentlichen der gesetzlichen Kranken- und der sozialen Pflegepflichtversicherung entspricht. Nicht absetzbar sind Beiträge für so genannte »Mehrleistungen«, z. B. Heilpraktiker, Ein- oder Zweibettzimmer, Chefarzt, Tagegelder).

Gesetzlich und privat Kranken- und Pflegepflichtversichert werden dabei steuerlich **gleich behandelt.**

➤ Steuerlich abzugsfähige Aufwendungen

Absetzbar sind:

a) Bestimmte Beiträge zur gesetzlichen oder privaten Kranken- und Pflegepflichtversicherung

EStG § 10 (1) Nr. 3

- Beiträge zur gesetzlichen Krankenversicherung und sozialen Pflegepflichtversicherung ohne Krankengeldanteil, aber gegebenenfalls einschließlich eines durch eine Krankenkasse erhobenen Zusatzbeitrags. Beiträge, welchen einen Anspruch auf Krankengeld enthalten, werden pauschal um 4 % gekürzt.

Nr. 3a

- Beiträge zur privaten Krankenversicherung in Höhe der Kosten für eine so genannte Basisversorgung (= die dem Leistungskatalog der gesetzlichen Versicherungen entsprechende Grundversorgung) sowie Beiträge zur privaten Pflegepflichtversicherung.

Steuerfreie Arbeitgeberzuschüsse zur Basisabsicherung sowie Beitragsrückerstattungen können nicht als Sonderausgaben abgezogen werden.

b) Weitere sonstige Vorsorgeaufwendungen

Diese sind:

- Über die Grundversorgung hinausgehende Kosten der Kranken- und Pflegeversicherung (z. B. Wahlleistungen, Pflegezusatzversicherungen)
- Beiträge für Erwerbs-, Berufs- und Dienstunfähigkeitsversicherungen
- Beiträge für Unfallversicherungen
- Beiträge zu Haftpflichtversicherungen
- Beiträge für Risiko-Lebensversicherungen
- Beiträge für Lebensversicherungen (Abschluss vor dem 1. Januar 2005 und Laufzeit mind. 12 Jahre)

➤ Höchstbeträge ab 2010

Berufsstand	Familienstand	Höchstbetrag
Arbeitnehmer	Ledig	1 900,00 €
Arbeitnehmer	Verheiratet	2 800,00 €
Selbstständige	Ledig	2 800,00 €
Selbstständige	Verheiratet	5 600,00 €

- Die unter a) aufgeführten Beiträge sind auch über den Höchstbetrag hinaus als Sonderausgaben einsetzbar.
- Ist der Höchstbetrag durch die unter a) genannten Kranken- und Pflegepflichtversicherungsbeiträge (auf dem Niveau der Grundversorgung) überschritten, sind grundsätzlich keine weiteren sonstigen Vorsorgeaufwendungen absetzbar.
- Ist der Höchstbetrag unterschritten, können die Höchstbeträge mit den unter b) angeführten Beiträgen »aufgefüllt« werden.
- Es besteht weiterhin die so genannte »Günstigerprüfung« (voraussichtlich bis zum Jahr 2019), d. h. das Finanzamt prüft amtsseitig zur Vermeidung einer Schlechterstellung gegenüber dem bis 31. Dezember 2004 geltenden Recht, ob und wo ein höherer Betrag für den Steuerpflichtigen günstiger ist.

➤ Abzugsfähigkeit von privaten Kranken- und Pflegepflichtversicherungsbeiträgen

Beiträge zu Krankheitskostenvollversicherungen sind mit dem Beitragsanteil steuerlich abzugsfähig, der den gesetzlichen Leistungen entspricht. Beiträge zur Pflegepflichtversicherung sind zu 100 % ansetzbar.

Aufgrund der vielfältigen Tarifkonstellation in der privaten Krankenversicherung bestehen für die Abzugsfähigkeit der Krankenversicherungsbeiträge grundsätzlich drei Möglichkeiten:

- Enthält ein Tarif ausschließlich Grund- oder Basisleistungen auf dem Niveau der GKV (SGB V), dann sind die Beiträge hierfür steuerlich zu 100 % abzugsfähig.
- Enthält ein Tarif ausschließlich so genannte Mehrleistungen (z.B. Wahlleistungen, Krankenhaustagegelder), dann sind die Beiträge hierfür steuerlich nicht abzugsfähig
- Enthält ein Tarif sowohl Grund- als auch Mehrleistungen, muss eine prozentuale Aufteilung des abzugsfähigen Beitragsanteils vorgenommen werden. Die Ermittlung der entsprechenden Beitragsteile ist in der »Krankenversicherungsbeitragsanteil-Ermittlungsverordnung« (KVBEVO) geregelt und erfolgt durch einheitliche prozentuale Abschläge.

Gesamter Krankenversicherungsbeitrag ohne Tagegeld Es erfolgt eine prozentuale Aufteilung		
Mehrleistungen	→	Steuerlich nicht abzugsfähig
Grundleistungen (Leistungsniveau GKV)	→	Steuerlich voll abzugsfähig

➤ Ermittlung des abzugsfähigen Beitragsanteils

Die Aufteilung der PKV-Beiträge in steuerlich begünstige Grundleistungen und nicht begünstige Mehrleistungen erfolgt tarifbezogen. Das Verfahren ist in der KVBEVO geregelt und wird nach folgenden gesetzlich festgelegten Punktwerten vorgenommen:

Grundleistungen:	**Punktwert**
• Ambulante Leistungen	54,60
• Stationäre Leistungen	15,11
• Zahnleistungen	9,88
Mehrleistungen:	**Punktwert**
• Heilpraktiker	1,69
• Einbett-Zimmer	3,64
• Chefarzt oder Zweibett-Zimmer	9,24
• Zahnersatz / Implantate	5,58
• Kieferorthopädie	0,26

Der steuerlich nicht abzugsfähige Beitragsanteil wird nach folgender Formel berechnet:

Nicht abziehbarer Beitragsanteil = (Punktsumme Mehrleistungen / Punktsumme aller Leistungen) · tatsächlicher Beitrag KVBEVO § 3 (1)

Bei der Berechnung sind die in der KVBEVO vorgeschriebenen Nachkommastellen zu beachten.

Beispiel:

Herr Müller zahlt für seinen versicherten Krankheitskosten-Volltarif bei der Proximus Krankenversicherung AG einen Jahresbeitrag in Höhe von 2 400,00 €. Der Tarif umfasst folgende Leistungen

- Ambulante Basisleistungen (54,60 Punkte)
- Stationäre Basisleistungen (15,11 Punkte)
- Zahnärztliche Basisleistungen (9,88 Punkte)
- Einbettzimmer (3,64 Punkte)

Für die Pflegepflichtversicherung zahlt Herr Müller im Jahr 696,00 €.

Punktwert der Grundleistungen (54,60 + 15,11 + 9,88) = 79,59 Punkte
Punktwert der Mehrleistungen: 3,64 Punkte
Punktwert aller Leistungen: 83,23 Punkte

Rechenschritte:
(3,64 / 83,23) = 0,0437342 (gerundet auf 4 Nachkommastellen = **0,04373**)
0,04373 · 2 400,00 € = 104,952 (gerundet auf 2 Nachkommastellen = **104,95 €**)

Herr Müller kann von den Aufwendungen für seine private Krankenversicherung einen Betrag in Höhe von 2 295,05 € (2 400,00 € – 104,95 €) steuerlich geltend machen. Den Differenzbetrag von 104,95 € kann er als sonstige weitere Vorsorgeaufwendungen geltend machen, soweit diese nicht bereits anderweitig ausgeschöpft sind.

Den Jahresbeitrag für die Pflegepflichtversicherung kann Herr Müller in vollem Umfang steuerlich geltend machen.

➤ Beispiele zur Berechnung der sonstigen Vorsorgeaufwendungen

Beispiel 1:

Frau Keller ist privat krankenversichert. Sie finanziert als Selbstständige ihre Krankenversicherung alleine und zahlt im Jahr 2013 einen Krankenversicherungsbetrag von 2 400,00 €, von dem 10 % der Finanzierung von Komfortleistungen (Mehrleistungen) dienen. Auf die Basiskrankenversicherung entfällt somit eine Beitragsanteil von 2 160,00 €. Für die private Pflegepflichtversicherung hat sie 200,00 € gezahlt und weitere sonstige Vorsorgeaufwendungen in Höhe von 200,00 € getätigt.

Beiträge zur PKV	2 400,00 €	
Beiträge zur Pflegeversicherung	200,00 €	
Weitere sonstige Vorsorgeaufwendungen	200,00 €	
Summe	2 800,00 €	
höchstens		2 800,00 €
mindestens jedoch: Basiskrankenversicherung	2 160,00 €	
Pflegepflichtversicherung	200,00 €	2 360,00 €
Anzusetzen ist der höhere Betrag, somit		2 800,00 €

Beispiel 2:

Angenommen Frau Keller zahlt 4 000,00 €. Alle anderen Werte aus Beispiel 1 bleiben gleich.

Beiträge zur PKV	4 000,00 €	
Beiträge zur Pflegeversicherung	200,00 €	
Weitere sonstige Vorsorgeaufwendungen	200,00 €	
Summe	4 400,00 €	
höchstens		2 800,00 €
mindestens jedoch: Basiskrankenversicherung	3 600,00 €	
Pflegepflichtversicherung	200,00 €	3 800,00 €
Anzusetzen ist der höhere Betrag, somit		3 800,00 €

Beispiel 2 zeigt, dass Basiskrankenversicherung und Pflegepflichtversicherung in voller Höhe absetzbar sind, auch wenn die Höchstbeträge überschritten sind.

Lernkontrollen zu E 4

Beitragskalkulation

1 Welche Bedeutung hat das Äquivalenzprinzip für die Beitragskalkulation in der privaten Krankenversicherung?

2 Welche Rechnungsgrundlagen sind für die Beitragskalkulation in der PKV maßgebend?

3 Erläutern Sie den Begriff »Kopfschäden«.

4 Aus welchen Bestandteilen setzt sich der Beitrag in der PKV zusammen?

5 Am 18. August 2006 ist das Allgemeine Gleichbehandlungsgesetz in Kraft getreten.

a) Was ist die Zielsetzung dieses Gesetzes?

b) Welche Auswirkungen ergeben sich aufgrund dieses Gesetzes für die PKV?

6 Die Versicherungsnehmerin Elke Diehl ruft bei Ihnen an und möchte wissen, warum in ihrem Beitrag ein gesetzlicher Vorsorgezuschlag enthalten ist. Für Frau Diehl besteht seit 1. Januar 2002 eine Krankheitskostenvollversicherung bei der Proximus Krankenversicherung AG.

Beraten Sie Frau Diehl.

7 Die PKV kennt den Begriff der Alterungsrückstellung. Was versteht man hierunter und welcher Zweck wird mit ihr verfolgt?

8 Der Kunde Felix Neumann hat im Dezember 2014 bei der Proximus Krankenversicherung AG angerufen. Er teilt Ihnen folgenden Sachverhalt mit:

»Ich habe vor fünf Jahren bei Ihnen eine Krankheitskostenvollversicherung abgeschlossen. Nun trage ich mich mit dem Gedanken, die Verträge zu kündigen. Ich habe in der Presse gelesen, dass ich jetzt meine erworbene Alterungsrückstellung auf einen Vertrag bei einem anderen Versicherer übertragen kann. Bitte informieren Sie mich über diese neue Möglichkeit.«

Beraten Sie Herrn Neumann über die Portabilität von Alterungsrückstellungen.

9 Welche Aufgaben hat der verantwortliche Aktuar in der PKV?

10 Beschreiben Sie die Besonderheiten der Beitragskalkulation in der privaten Pflegepflichtversicherung.

11 Wie ist die Überschussverwendung in der PKV geregelt und welche Ziele sind mit dieser Regelung verbunden?

12 Der VN Volker Hirsch erhält am 10. Januar d. J. von der Proximus Krankenversicherung AG eine »*Mitteilung über die Änderung der Beiträge ab 01. März d. J.*«. Herr Hirsch ist über die Erhöhung der Beiträge verärgert, zumal ihm bei Abschluss des Vertrages gesagt wurde, dass der VR einen gleich bleibenden Beitrag erhebt. Er wünscht eine Begründung und überlegt bereits, zu einem anderen privaten Krankenversicherer zu wechseln.

Arbeitsauftrag

a) Erläutern Sie Herrn Hirsch die Rechtsgrundlage und Notwendigkeit der Beitragsanpassung.

b) Mit welchen Nachteilen müsste Herr Hirsch bei einem Wechsel zu einem anderen PKV-Unternehmen rechnen? Beraten Sie Herrn Hirsch.

c) Könnte Herr Hirsch auch den Wechsel in einen anderen Tarif der Proximus Krankenversicherung AG verlangen (mit Begründung)?

13 Welche Voraussetzungen müssen nach VVG erfüllt sein, damit die PKV-Unternehmen Beitragsanpassungen vornehmen können?

14 Schildern Sie verschiedene Maßnahmen der VR zur Beitragsentlastung für ältere Versicherte.

15 Frau Kunz (40 Jahre) erhält von der Proximus Krankenversicherung AG eine schriftliche Mitteilung über die Beitragsrückerstattung, die auszugsweise folgenden Inhalt hat:

»Unser Unternehmen hat sich entschlossen, für das vergangene Kalenderjahr und auch für dieses Kalenderjahr die Beitragsrückerstattung auf vier Monatsbeiträge für die Haupttarife zu erhöhen. Sie können die Beitragsrückerstattung nutzen, wenn Sie

– für ein Kalenderjahr keine Leistungen beanspruchen,

– die Beiträge vollständig entrichtet haben und

– Ihr bisheriger Versicherungsschutz weiterbesteht.«

Für Frau Kunz besteht eine Krankheitskosten-Vollversicherung (mit folgenden Tarifen: A1, S2 und Z3) und eine Pflegepflichtversicherung. Der Monatsbeitrag zur Krankheitskosten-Vollversicherung beträgt derzeit 492,01 € und zur Pflegepflichtversicherung derzeit 25,84 €.

Arbeitsauftrag

a) Was bezweckt der VR, wenn er die Beitragsrückerstattung erhöht?

b) Bis zu welchem Betrag lohnt es sich für Frau Kunz, keine Belege beim VR einzureichen?

16 Sie sind Mitarbeiter/-in der Vertragsabteilung der Proximus Krankenversicherung AG. Herr Andreas Metzger ruft Sie am 4. April 2015 verärgert an und teilt Ihnen sein Unverständnis darüber mit, dass er für das Jahr 2014 trotz verbindlicher Mitteilung aus dem Vorjahr keine Beitragsrückerstattung erhalten hat. Er hätte viele kleinere Rechnungen selbst beglichen und nicht bei der Proximus Krankenversicherung AG eingereicht.

Sie rufen am Computer den Vertragsspiegel von Herrn Metzger auf.

Vertragsspiegel Krankenversicherung

	Name	Vorname	Geburtsdatum	Beruf	A = Angestellte/-r, AR = Arbeiter/-in, S = Selbstständig, B = Beamtin/-er
Vers.-Nehmer	Metzger	Andreas	04.07.1976	Dipl-Ingenieur	A
Ehepartner					
Kinder					
Anschrift	Bautzener Str. 20, 09116 Chemnitz				

Versicherungsnachweis:					
Vers.-Nummer		1218234	vom:		
Bedingungen		MB/KK mit Tarifbedingungen, MB/KT, PPV			
Beginn		01.04.2004			
Ablauf		31.12.2014 Grund: Kündigung wegen VR-Wechsel			
Zahlungsweise		monatlich			
Beitrag / Rate		453,90 €			
Fälligkeit		–			
Beitragskonto		ausgeglichen			
Versicherte Personen:		**VN**	Ehepartner	Kind 1	Kind 2
Pflegepflichtversicherung Beitrag		17,63 €			
Vollkosten		ja			
Teilkosten					
Tarif	Stationär	S1			
	Ambulant / Selbstbeteiligung	A1			
	Zahn / Selbstbeteiligung	Z2			
	Krankenhaustagegeld	30 €			
	Krankentagegeld	60 €			
Sonstige Tarife					
Schadenquote der letzten 5 Jahre:					
Leistungsfälle					

Datum	Beschreibung	Besondere Hinweise	Betrag
03.05.2012	Zahnbehandlung		320,00 €
04.09.2013	Zahnersatz		940,00 €

Arbeitsauftrag

Antworten Sie Herrn Metzger.

Beitragsberechung

Verwenden Sie bei den folgenden Aufgaben den Tarif aus dem Proximus 3 Bedingungswerk. Der gesetzliche Vorsorgebeitrag in Höhe von 10 % ist in den Beiträgen nicht enthalten.

17 Das Ehepaar Halm beabsichtigt einen Wechsel von der gesetzlichen zur privaten Krankenversicherung. Herr Halm, 36 Jahre, ist Marketingleiter in einem Automobilunternehmen. Ehefrau Renate, 33 Jahre, ist nicht berufstätig. Das Ehepaar Halm wünscht den Abschluss einer Krankheitskosten-Vollversicherung mit Pflegepflichtversicherung sowie Tagegeldversicherungen jeweils mit folgendem Leistungsumfang:

- ambulante Heilbehandlung ohne Selbstbeteiligung für Herrn Halm,
- ambulante Heilbehandlung mit 500,00 € Selbstbeteiligung für Frau Halm,
- stationäre Behandlung (Unterbringung im Einbettzimmer, privatärztliche Behandlung),
- zahnärztliche Behandlung (100 % Erstattung bei Zahnbehandlung, 75 % bei Zahnersatz und Kieferorthopädie),
- Krankenhaustagegeld in Höhe von 30,00 € pro Tag,

Krankentagegeld 50,00 € pro Tag für Herrn Halm ab der 7. Woche.

Berechnen Sie den monatlichen Gesamtbeitrag, den das Ehepaar Halm zu zahlen hat.

18 Herr Schulze, 28 Jahre alt, ledig, ist als Beamter beim Finanzamt tätig. Er schließt eine private Krankenversicherung gemäß Quotentarif ab. Von seinem Dienstherrn erhält er eine Beihilfe in Höhe von 50 %.

a) Berechnen Sie den monatlichen Beitrag für Herrn Schulze (ohne Pflegepflichtversicherung), wenn er eine 100 %ige Deckung der Kosten für ambulante, stationäre und zahnärztliche Behandlung erreichen will.

b) Nach welchem Tarif wird die Pflegepflichtversicherung berechnet?

c) Wie hoch ist der monatliche Beitrag für die Pflegepflichtversicherung?

19 Frau Volk, 32 Jahre, geschieden, ist Inhaberin eines Friseurgeschäfts. Sie beabsichtigt, für sich und ihre zehnjährige Tochter Lena eine private Krankenversicherung abzuschließen. Der private Versicherungsschutz soll folgende Leistungen umfassen:

- ambulante Heilbehandlung mit 500,00 € Selbstbeteiligung, Kinder 250,00 €,
- stationäre Heilbehandlung (Unterbringung im Mehrbettzimmer, mit privatärztlicher Behandlung),
- zahnärztliche Behandlung mit 100 % Erstattung bei Zahnbehandlung und 50 % bei Zahnersatz und Kieferorthopädie,
- Krankenhaustagegeld 25,00 € pro Tag für Frau Volk,
- Krankentagegeld 60,00 € pro Tag ab dem 8. Tag,
- private Pflegepflichtversicherung.

Für Tochter Lena erhebt der Versicherer wegen eines Allergieleidens einen Risikozuschlag in Höhe von 30 % für ambulante Heilbehandlung.

Welchen monatlichen Gesamtbeitrag hat Frau Volk zu entrichten?

20 Der Gymnasiallehrer Hans Korb (Beamter), 36 Jahre, verheiratet, zwei Kinder, ist mit seinem privaten Krankenversicherer unzufrieden und beabsichtigt einen Wechsel des Versicherers. Ehefrau Helga, 31 Jahre, ist Grundschullehrerin und zur Zeit beurlaubt. Die Kinder Max und Doris sind 8 und 10 Jahre alt.

Der Beihilfeanspruch von Herrn Korb beträgt jeweils 70 % für ihn und seine Ehefrau und je 80 % für die Kinder.

a) Erstellen Sie ein Angebot für Familie Korb, wenn eine 100 %ige Deckung der Kosten für ärztliche, stationäre und zahnärztliche Behandlung erreicht werden soll. Der Beitrag zur privaten Pflegepflichtversicherung soll nicht Gegenstand dieses Angebots sein.

b) Welchen Beitrag muss Familie Korb für die private Pflegepflichtversicherung aufwenden, wenn Frau Korb kein Einkommen bezieht und der in Rede stehende private Krankenversicherungsvertrag schon bei Einführung der Pflegepflichtversicherung bestanden hat?

c) Wie würde sich der Gesamtbeitrag für Familie Korb ändern, wenn Frau Korb nach den Sommerferien wieder ihren Schuldienst antritt? Der Beihilfeanspruch reduziert sich damit für Frau Korb auf 50 %.

21 Herr Haas, 30 Jahre, verheiratet, ist als Angestellter Mitglied in der gesetzlichen Krankenversicherung. Er möchte für sich und Ehefrau Beate (25 Jahre) eine Zusatzversicherung abschließen, die bei einem stationären Krankenhausaufenthalt die Kosten für Ein- oder Zweibettzimmer und Chefarztbehandlung, übernimmt. Außerdem soll für beide ein Krankenhaustagegeld in Höhe von 40,00 € pro Tag eingeschlossen werden.

a) Berechnen Sie den zu zahlenden monatlichen Gesamtbeitrag.

b) Herr Haas wünscht eine jährliche Zahlung der Beiträge. Wie hoch ist der Jahresbeitrag?

22 Das monatliche Bruttogehalt des technischen Angestellten Willi Hopf beträgt 4 500,00 €. Es liegt seit mehreren Jahren über der Jahresarbeitsentgeltgrenze. Herr Hopf, ledig, 35 Jahre alt, überlegt, ob sich ein Wechsel in die private Krankenversicherung finanziell lohnt. Derzeit ist Herr Hopf freiwilliges Mitglied einer Ersatzkasse.

a) Nach einem Beratungsgespräch wünscht Herr Hopf ein Angebot für die private Krankenversicherung. Das Angebot soll folgende Versicherungsleistungen enthalten:

- ambulante Heilbehandlung ohne Selbstbeteiligung,
- stationäre Heilbehandlung (Unterbringung im Einbettzimmer mit privatärztlicher Behandlung),
- zahnärztliche Behandlung (100 % Erstattung bei Zahnbehandlung, 85 % bei Zahnersatz und Kieferorthopädie),
- Krankentagegeld 50,00 € pro Tag ab dem 43. Tag der AU.

b) Prüfen Sie rechnerisch, ob sich aus rein finanziellen Überlegungen ein Wechsel von der gesetzlichen zur privaten Kranken- und Pflegepflichtversicherung für Herrn Hopf lohnt. Benötigte Rechengrößen der Sozialversicherung: siehe inneren Buchdeckel hinten.

c) In welcher Höhe könnte Herr Hopf mit einem Zuschuss seines Arbeitgebers für den Beitrag zur privaten Kranken- und Pflegeversicherung rechnen (mit Begründung)?

23 Frau Hollerbach, 40 Jahre, hat als Rechtsanwältin eine eigene Kanzlei eröffnet. Sie benötigt eine private Krankenversicherung für ambulante, stationäre und zahnärztliche Behandlung. Bei den Kosten für ambulante Heilbehandlung will sie sich mit 1 000,00 € jährlich selbst beteiligen. Die Krankenhausbehandlung soll die Kosten im Zweibettzimmer mit privatärztlicher Behandlung umfassen. Die Kosten für Zahnbehandlung sollen zu 100 % gedeckt sein, während Frau Hollerbach die Kosten für Zahnersatz und Kieferorthopädie zur Hälfte selbst tragen will. Das Versicherungsangebot soll auch ein Krankentagegeld ab dem 15. Tag in Höhe von 65,00 € täglich beinhalten. Die private Pflegepflichtversicherung ist zu berücksichtigen.

a) Bestimmen Sie die entsprechenden Tarife für ambulante, stationäre und zahnärztliche Behandlung sowie den Krankheitskostentarif.

b) Welchen Beitrag hat Frau Hollerbach monatlich für ihre private Kranken- und Pflegepflichtversicherung aufzuwenden?

24

Sie sind Mitarbeiter/-in der Agentur Kruse der Proximus Krankenversicherung AG und besuchen ihre Kundin, Frau Erika Schott. Seit 1. Januar 2015 ist sie selbstständig und möchte von der GKV zur privaten Krankenversicherung wechseln. Frau Schott wünscht eine Krankheitskosten-Vollversicherung mit Krankenhaustagegeld von 30,00 € und einem Tagegeld von 40,00 € ab dem 22. Tag. Frau Schott ist 30 Jahre alt und möchte für ihren Versicherungsschutz einen **möglichst niedrigen** Beitrag bezahlen.

- **Arbeitsauftrag**

Unterbreiten Sie Frau Schott ein Angebot einschließlich Beitragsberechnung.

25

Nach einer Mailing-Aktion meldet sich Herr Weidenauer bei Ihnen und bittet Sie um ein Beratungsgespräch. Bei der telefonischen Terminvereinbarung erfahren Sie, dass Herr Weidenauer seine Familie für den Fall eines Krankenhausaufenthaltes privat absichern möchte. Außerdem möchte Herr Weidenauer für sein Kind eine Krankenhaustagegeldversicherung von 60,00 € pro Tag abschließen.

- **Bei der ersten Kontaktaufnahme notieren Sie sich folgende Daten:**

Herr Heinrich Weidenauer, 28 Jahre, kfm. Angestellter

Bruttoverdienst: 2 850,00 €

Frau Elfriede Weidenauer, 26 Jahre, Hausfrau

Tochter Erika Weidenauer, 4 Jahre

- **Arbeitsauftrag**

Erstellen Sie für Familie Weidenauer ein Angebot.

5 Besonderheiten des Versicherungsvertrages

5.1 Versicherungsbeginn und Wartezeiten

➤ Wartezeiten nach den Musterbedingungen

Der Versicherungsschutz beginnt mit dem im Versicherungsschein bezeichneten Zeitpunkt (Versicherungsbeginn), jedoch MB/KK 2009 MB/KT 2009 MB/PPV 2014 § 2

- nach MB/KK 2009 und MB/KT 2009 nicht vor Abschluss des Versicherungsvertrages und nicht vor Ablauf von Wartezeiten,
- nach MB/PPV 2014 nicht vor Zahlung des ersten Beitrags und nicht vor Ablauf der Wartezeit.

Übersicht: Regelungen zur Wartezeit in den Musterbedingungen

Versicherungsart / Wartezeiten (Arten/Dauer)	Krankheitskosten- und Krankenhaustagegeldversicherung MB/KK 2009	Krankentagegeldversicherung MB/KT 2009	Pflegepflichtversicherung MB/PPV 2009
Allgemeine Wartezeit:	3 Monate	3 Monate	5 Jahre
Besondere Wartezeit:	8 Monate für: ● Psychotherapie ● Zahnbehandlung ● Zahnersatz ● Kieferorthopädie ● Entbindung	8 Monate für: ● Psychotherapie ● Zahnbehandlung ● Zahnersatz ● Kieferorthopädie	
Wegfall der allgemeinen Wartezeit:	● Unfall ● Ehegattenmitversicherung	● Unfall	
Wegfall der allgemeinen und besonderen Wartezeit:	● Mitversicherung von Kindern ab Geburt		● Kinderregelung
Wartezeiterlass (allgemeine und besondere Wartezeit):	● Ärztliche Untersuchung	● Ärztliche Untersuchung	
Anrechnung von Wartezeiten:	● Übertritt aus der GKV/freie Heilfürsorge	● Übertritt aus der GKV/freie Heilfürsorge	● Übertritt aus sozialer Pflegeversicherung

Den Zeitpunkt, zu dem der Versicherungsvertrag abgeschlossen wird, bezeichnet man als **formellen Versicherungsbeginn**.

Den im Versicherungsschein als Versicherungsbeginn bezeichneten Zeitpunkt nennt man **technischen Versicherungsbeginn**.

In den MB/PPV 2014 wird der Begriff »technischer Versicherungsbeginn« sogar ausdrücklich verwendet.

Den Beginn des Versicherungsschutzes bezeichnet man als **materiellen Versicherungsbeginn**.

Nach den MB/KK 2009 und MB/KT 2009 kommt es, im Gegensatz zu den MB/PPV 2014, für den materiellen Versicherungsbeginn nicht darauf an, dass der erste Beitrag gezahlt wurde. Insofern ist das Einlösungsprinzip nach § 37 (2) VVG durch die vertragliche Vereinbarung in den Versicherungsbedingungen aufgehoben.

Durch die Vereinbarung von Wartezeiten wird der materielle Versicherungsbeginn, also der Beginn des Versicherungsschutzes, praktisch hinausgeschoben, sofern nicht ihr Wegfall, ihr Erlass oder eine Anrechnung von Wartezeiten vorgesehen ist.

VVG § 197

Das VVG überlässt die Vereinbarung von Wartezeiten grundsätzlich dem VR, sieht jedoch Höchstdauern vor.

Zweck der Wartezeit

Durch die Vereinbarung einer Wartezeit soll der Gefahr vorgebeugt werden, dass der Vertrag erst nach Eintritt eines Versicherungsfalles abgeschlossen wird, um dann sogleich Leistungen beanspruchen zu können. Aus den Beitragseinnahmen während der leistungsfreien Zeit kann der VR teilweise die an den Vermittler zu zahlende Abschlussprovision decken.

Allgemeine und besondere Wartezeit nach MB/KK 2009 und MB/KT 2009

Die allgemeine Wartezeit beträgt **drei Monate,** während für Psychotherapie, Zahnbehandlung, Zahnersatz und Kieferorthopädie (nach MB/KK 2009 zusätzlich für Entbindung) eine besondere Wartezeit von **8 Monaten** gilt.

Die besondere Wartezeit ist vorgesehen, da die genannten Versicherungsfälle längere Zeit latent (versteckt) bleiben können. Insofern dient die besondere Wartezeit der Absonderung und Beobachtung.

Beispiel: Wartezeit und Versicherungsbeginn

Datum	Vorgang	Versicherungsbeginnarten
10. Febr.	Antragstellung durch den VN	
15. März	Zugang der inhaltsgleichen Police beim VN	Formeller Beginn
01. April	Versicherungsbeginn lt. Police	Technischer Beginn Materieller Beginn bei Erlass oder Wegfall der Wartezeit
20. April	Zahlung des Einlösungsbeitrages	
01. Juli	Ablauf der allgemeinen Wartezeit	Materieller Beginn nach allgemeiner Wartezeit
01. Dez.	Ablauf der besonderen Wartezeit	Materieller Beginn nach besonderer Wartezeit

Die Wartezeit ist in den MB/KK und MB/KT als **Karenzzeit** (= leistungsfreie Zeit) ausgebildet, d. h., für einen Versicherungsfall, der innerhalb der Wartezeit eintritt, muss der VR während der Wartezeit nicht eintreten; nach Ablauf der Wartezeit muss er jedoch Leistungen erbringen, wenn der Versicherungsfall (z. B. eine in der Wartezeit ausgebrochene Krankheit) noch andauert.

➤ Wartezeit nach MB/PPV 2014

Die Wartezeit beträgt bei erstmaliger Stellung eines Leistungsantrages zwei Jahre, wobei das Versicherungsverhältnis innerhalb der letzten zehn Jahre vor Stellung des Leistungsantrages mindestens zwei Jahre bestanden haben muss. MB/PPV 2014 § 3 SGB XI § 33

Für versicherte Kinder gilt die Wartezeit als erfüllt, wenn ein Elternteil sie erfüllt. MB/PPV 2014 § 3 (3)

Von der Pflege**pflicht**versicherung ist die Pflege**kranken**versicherung, die als Pflegezusatzversicherung vereinbart wird, zu unterscheiden. Dort darf die Wartezeit drei Jahre nicht überschreiten. VVG § 197 S. 2 (1)

➤ Wegfall der Wartezeit

- Die allgemeine Wartezeit entfällt in der Krankheitskosten-, Krankenhaus- und Krankentagegeldversicherung bei **Unfällen**. MB/KK 2009 MB/KT 2009 § 3 (2)

  Der Unfallbegriff ist in den Musterbedingungen nicht näher definiert. Er umfasst aber, soweit er nicht ausdrücklich in den Tarifbedingungen der einzelnen VR bestimmt ist, auf jeden Fall die Unfalldefinition der AUB 2008. Danach liegt ein Unfall vor, »wenn der Versicherte durch ein plötzlich von außen auf seinen Körper wirkendes Ereignis unfreiwillig eine Gesundheitsschädigung erleidet« (vgl. Band 2, D 7.3).
- Die allgemeine Wartezeit entfällt in der Krankheitskosten- und Krankenhaustagegeldversicherung für den **Ehegatten** einer mindestens seit drei Monaten versicherten Person, sofern eine gleichartige Versicherung innerhalb von zwei Monaten nach der Eheschließung beantragt wird. MB/KK 2009 § 3 (2)
- Alle Wartezeiten entfallen in der Krankheitskosten- und Krankenhaustagegeldversicherung für das **Kind** einer mindestens drei Monate versicherten Person, wenn das Neugeborene zur Versicherung rückwirkend vom Beginn des Geburtsmonats an innerhalb zweier Monate nach der Geburt angemeldet wird und der Versicherungsschutz nicht höher oder umfassender als der des versicherten Elternteils ist. § 2 (2)

Übersicht: Regelungen zur Wartezeit in den Musterbedingungen

Anmeldung von Neugeborenen	Anmeldung von minderjährigen Adoptivkindern
Voraussetzungen: • Ein Elternteil muss mindestens drei Monate seit Geburt beim Versicherer versichert sein. • Anmeldung zur Versicherung innerhalb von zwei Monaten nach dem Tage der Geburt, • rückwirkend zum Ersten des Geburtsmonats. • Der Versicherungsschutz darf nicht höher oder umfassender sein als der eines versicherten Elternteils.	**Voraussetzungen:** • Ein Adoptiv-Elternteil muss mindestens drei Monate seit der Adoption beim VR versichert sein. • Anmeldung zur Versicherung innerhalb von zwei Monaten nach dem Tage der Adoption, • rückwirkend zum Ersten des Adoptionsmonats. • Der Versicherungsschutz darf nicht höher oder umfassender sein als der eines versicherten Adoptiv-Elternteils.
Risikoprüfung/Risikozuschlag: • ohne Risikoprüfung • ohne Risikozuschlag	**Risikoprüfung/Risikozuschlag:** • mit Risikoprüfung • mit Risikozuschlag, begrenzt auf 100 %

VVG § 198 (1)

Sind die Voraussetzungen für die Mitversicherung eines Neugeborenen ohne Wartezeiten erfüllt, dann besteht auch Versicherungsschutz für Geburtsschäden sowie für angeborene Krankheiten und Gebrechen. Der VR ist verpflichtet, das Kind ohne Risikozuschläge zu versichern (Kontrahierungszwang).

§ 198 (2) MB/KK 2009 § 2 (3) VVG § 198 (4)

Der VR ist auch zur Versicherung von Adoptivkindern verpflichtet, soweit diese im Zeitpunkt der Adoption noch minderjährig sind. Sofern ein erhöhtes Risiko bei Adoptivkindern vorliegt, ist die Vereinbarung eines Risikozuschlages bis zur einfachen Beitragshöhe zulässig.

Bei der Kindernachversicherung gilt der Kontrahierungszwang nicht für die Auslands- und Reisekrankenversicherung, soweit für das angeborene oder das Adoptivkind anderweitiger privater oder gesetzlicher Krankenversicherungsschutz im Inland oder Ausland besteht.

MB/PPV 2014 § 2 (2), (3)

Nach MB/PPV 2014 beginnt der Versicherungsschutz für Neugeborene unmittelbar nach der Geburt, wenn am Tage der Geburt für ein Elternteil die bedingungsgemäß vorgesehene Wartezeit erfüllt ist. Im gleichen Sinne wird die Adoption eines Kindes behandelt, wenn das Kind noch minderjährig ist.

Hinweis:

Einige PKV-Unternehmen haben bei der Krankheitskosten-, Krankenhaustagegeld-, Krankentagegeld- und Pflegezusatzversicherung auf Wartezeiten gänzlich verzichtet. Andere verkürzen die für bestimmte Fälle (z. B. Zahnbehandlung) vorgesehene besondere Wartezeit auf die Dauer der allgemeinen Wartezeit.

➤ Erlass der Wartezeit

MB/KK 2009 MB/KT 2009 § 3 (4)

In der Krankheitskosten-, Krankenhaustagegeld- und Krankentagegeldversicherung können **alle** Wartezeiten bei Tarifen entfallen, die den Wartezeiterlass aufgrund besonderer Vereinbarungen vorsehen, wenn ein ärztliches Zeugnis über den Gesundheitszustand vorgelegt wird.

Hinweis:

In den Musterbedingungen heißt es, dass die Wartezeiten (allgemeine und besondere) erlassen werden können. Einige VR erlassen nur die allgemeine, andere aber die allgemeine und besondere Wartezeit. Dies ist in den jeweiligen nicht brancheneinheitlichen Tarifbedingungen geregelt.

Beispiele:

① »Die allgemeine Wartzeit kann erlassen werden, wenn dies auf einem besonderen Vordruck des Versicherers beantragt und der darin geforderte ärztliche Untersuchungsbericht vorgelegt wird.«

② »Ich beantrage den Erlass der allgemeinen und besonderen Wartezeiten aufgrund einer ärztlichen Untersuchung. Die Untersuchungskosten übernehme ich. Geht der Untersuchungsbefund nicht innerhalb von 21 Tagen nach Antragstellung ein, dann gilt der Antrag auf Abschluss einer Versicherung mit bedingungsgemäßen Wartezeiten.«

MB/KK 2009 MB/KT 2009 § 3 (5) MB/PPV 2014 § 3 (4)

➤ Anrechnung von Wartezeiten

Beim Wechsel von der gesetzlichen zur privaten Krankenversicherung wird die Vorversicherungszeit in der gesetzlichen Krankenversicherung bzw. die Dauer eines Anspruchs auf Heilfürsorge bei Beschäftigung im öffentlichen Dienst auf die Wartezeiten angerechnet. Diese Regelung gilt für die Krankheitskosten-, Krankenhaustagegeld-, Krankentagegeld- und Pflegepflichtversicherung.

Voraussetzungen für eine Anrechnung sind:

nach MB/KK 2009, MB/KT 2009 und MB/PPV 2014, dass

- die ununterbrochene Vorversicherungszeit in der GKV nachgewiesen wird;

ferner nach MB/KK 2009 und MB/KT 2009, dass

- der Versicherungsschutz in der PKV in unmittelbarem Anschluss an den Versicherungsschutz in der GKV beginnt;
- der Antrag beim VR innerhalb von zwei Monaten nach Ende der Vorversicherung gestellt wird.

Ab 1. Januar 2009 wird nicht nur Personen beim Übertritt aus der GKV die dort ununterbrochen zurückgelegte Versicherungszeit auf die Wartezeit angerechnet, sondern auch denjenigen Personen, die aus einem anderen Vertrag über eine Krankheitskostenversicherung ausgeschieden sind. Voraussetzung ist auch hier, dass die Versicherung spätestens zwei Monate nach Beendigung der Vorversicherung zum unmittelbaren Anschluss beantragt wird. VVG § 197 (2)

Liegt beim **unmittelbaren Übertritt** von der GKV bzw. freien Heilfürsorge der formelle Beginn nach dem technischen Beginn und tritt nach dem technischen, jedoch vor dem formellen Beginn ein Versicherungsfall ein, so besteht Leistungspflicht des Versicherers **(Rückwärtsversicherung)**. MB/KK 2009 § 2 (1)

Beispiel:

Herr Müller wechselt nach 10-jähriger Mitgliedschaft in der GKV zur PKV. Er beantragt am 10. Jan. d. J. eine Krankheitskosten-Vollversicherung. Versicherungsbeginn ist der 01. Jan. d. J. Der Zugang der inhaltsgleichen Police erfolgt am 28. Jan. d. J. Herr Müller hat in diesem Fall Versicherungsschutz ab dem 01. Jan. d. J., obwohl der formelle Beginn nach dem technischen Beginn liegt. Der technische Beginn ist hier also auch zugleich der materielle Beginn.

Bei Austritt aus der GKV bis zum 14. eines Monats **muss** der Beginn der Versicherung der Erste des laufenden Monats sein. Bei Austritt ab dem 15. eines Monats **kann** der Beginn der Erste des laufenden oder der Erste des folgenden Monats sein.

Der VR benötigt zur Anrechnung der Vorversicherungszeit auf die Wartezeit eine Bescheinigung der gesetzlichen Versicherung mit Angabe von Beginn und Ende der Mitgliedschaft für jede zu versichernde Person.

Bei einer ununterbrochen zurückgelegten Vorversicherungszeit von weniger als 3 bzw. 8 Monaten (allgemeine bzw. besondere Wartezeiten) kann auch nur die »verkürzte« Zeit auf die Wartezeiten angerechnet werden.

Beispiele:

① GKV versichert vom 01. Nov. des Vorjahres bis 31. Dez. des Vorjahres
PKV versichert ab 01. Jan. d. J.

- restliche allgemeine Wartezeit: 01. Jan. d. J. – 31. Jan. d. J.
- restliche besondere Wartezeit: 01. Jan. d. J. – 30. Juni d. J.

Begründung: Die Mitgliedschaft bei der GKV bestand insgesamt nur zwei Monate.

② GKV versichert vom 01. Jan. des Vorjahres – 31. Dez. des Vorjahres
PKV versichert ab 01. Jan. d. J.

- allgemeine und besondere Wartezeiten entfallen.

5.2 Geltungsbereich der Versicherung

a) Krankheitskosten- und Krankenhaustagegeldversicherung

➤ Geltungsbereich nach MB/KK 2009

MB/KK 2009 § 1 (4)

Nach den MB/KK 2009 besteht voller Versicherungsschutz in **Europa.** Bei **vorübergehendem** Aufenthalt im außereuropäischen Ausland hat der Versicherte bis zu einem Monat vollen Versicherungsschutz. Darüber hinaus verlängert sich der Versicherungsschutz um weitere zwei Monate, wenn die versicherte Person im außereuropäischen Ausland während des ersten Aufenthaltsmonats akut erkrankt oder einen Unfall erleidet, die notwendige Behandlung ausgedehnt werden muss und keine Transportfähigkeit besteht.

➤ Tarifliche Erweiterung des Geltungsbereiches

§ 15 (3)

Die unternehmenseigenen Tarifbedingungen sehen zum Teil bereits eine generelle Weltgeltung für den vorübergehenden Auslandsaufenthalt vor, die aber nicht mehr gilt, wenn der VN aus dem Tätigkeitsgebiet des Versicherers wegzieht.

Beispiel:

Auszug aus den Tarifbedingungen eines Versicherers

»Der Versicherungsschutz erstreckt sich, ohne dass es einer besonderen Vereinbarung bedarf, auf weltweite Heilbehandlung (vergleiche aber hierzu auch § 15 (3) MB/KK 2009).«

TB § 1 (4.1) Proximus 3 TA S. 228

Auszug aus den Tarifbedingungen im Proximus 3 Bedingungswerk

»Abweichend von Absatz 4 erstreckt sich der Versicherungsschutz ohne besondere Vereinbarung auch auf Heilbehandlungen bei bis zu 2 Monate dauernden Aufenthalten im außereuropäischen Ausland. Darüber hinaus können besondere Vereinbarungen getroffen werden.«

b) Krankentagegeldversicherung

➤ Geltungsbereich nach MB/KT 2009

MB/KT 2009 § 1 (6)

In der Krankentagegeldversicherung wird Versicherungsschutz grundsätzlich nur in **Deutschland** gewährt. Bei Aufenthalt im europäischen Ausland besteht Deckungsschutz nur für im Ausland akut eingetretene Krankheiten und Unfälle. In diesen Fällen wird das Krankentagegeld für die Dauer einer medizinisch notwendigen stationären Heilbehandlung in einem öffentlichen Krankenhaus gezahlt.

➤ Tarifliche Erweiterung des Geltungsbereiches

Für den Aufenthalt im außereuropäischen Ausland können besondere Vereinbarungen getroffen werden.

Beispiele aus den Tarifbedingungen verschiedener VR:

- »Der Versicherungsschutz kann über den Rahmen des § 1 (6) MB/KT hinaus auf das europäische und außereuropäische Ausland ausgedehnt werden. Hierzu ist eine vorherige schriftliche Vereinbarung, gegebenenfalls auch über besondere Bedingungen, erforderlich.«
- »Für **Arbeitnehmer** besteht Versicherungsschutz in Europa. Bei Aufenthalt im außereuropäischen Ausland besteht Anspruch auf Leistungen nur bei stationärer Behandlung in einem öffentlichen Krankenhaus, wenn die Krankheit akut eingetreten ist oder die stationäre Behandlung auf einen Unfall zurückzuführen ist.«
- »Für **Selbstständige** erstreckt sich der Versicherungsschutz auf Deutschland. Für akut eingetretene Krankheiten und Unfälle wird in Europa und im außereuropäischen Ausland nur für die Zeit einer stationären Behandlung in einem öffentlichen Krankenhaus geleistet.«

c) Private Pflegepflichtversicherung

Der Versicherungsschutz erstreckt sich grundsätzlich auf die Pflege in der Bundesrepublik Deutschland. MB/PPV 2014 § 1 (13)

In der Pflegezusatzversicherung kann er durch Vereinbarung auch auf das Ausland ausgedehnt werden.

5.3 Obliegenheiten in der privaten Kranken- und Pflegeversicherung

Vertraglich hat der VN insbesondere folgende Obliegenheiten zu erfüllen: MB/KK 2009 MB/KT 2009 MB/PPV 2014 § 9

a) Obliegenheiten nach Eintritt des Versicherungsfalles

➤ Krankheitskosten- und Krankenhaustagegeldversicherung

- In der Krankheitskosten- und Krankenhaustagegeldversicherung ist jede Krankenhausbehandlung binnen 10 Tagen nach ihrem Beginn anzuzeigen.
  Die meisten VR haben in ihren Tarifbedingungen auf die Anzeigepflicht verzichtet.
- Die versicherte Person hat nach Möglichkeit für die Minderung des Schadens zu sorgen. Sie hat alle Handlungen zu unterlassen, die der Genesung hinderlich sein können.

➤ Pflegepflichtversicherung

- In der Pflegepflichtversicherung ist nach Eintritt des Versicherungsfalles jede Krankenhausbehandlung, stationäre medizinische Rehabilitationsmaßnahme, Kur- oder Sanatoriumsbehandlung, jede Unterbringung aufgrund richterlicher Anordnung und das Bestehen eines Anspruchs auf häusliche Krankenpflege aus der GKV anzuzeigen.
- Eintritt, Wegfall und Minderung der Pflegebedürftigkeit sind in der Pflegepflichtversicherung dem VR unverzüglich schriftlich anzuzeigen.
- Der VN hat auf Verlangen des Versicherers jede Auskunft zu erteilen, die zur Feststellung des Versicherungsfalles oder der Leistungspflicht des Versicherers und ihres Umfangs erforderlich ist.

MB/PPV 2014 § 9 (4)

- Der VN hat die Aufnahme einer Erwerbstätigkeit durch beitragsfrei mitversicherte Kinder unverzüglich anzuzeigen.
- Die versicherte Person ist nach den Musterbedingungen verpflichtet, sich nach einem Versicherungsfall auf Verlangen des Versicherers durch einen vom VR beauftragten Arzt untersuchen zu lassen.

  Da der Untersuchungsauftrag vom VR ausgeht und die Untersuchung im Rahmen seiner Regulierungspflichten durchgeführt wird, hat der VR die entstehenden Kosten zu tragen.

b) Obliegenheit vor Eintritt des Versicherungsfalles

- Wenn für eine versicherte Person bei einem weiteren VR eine **Krankheitskostenversicherung** abgeschlossen wird, muss der VN den VR unverzüglich unterrichten.

  Der VR kann zwar den Abschluss einer weiteren Krankheitskostenversicherung durch den VN nicht verhindern. Er will aber vom Abschluss weiterer Krankheitskostenversicherungen in Kenntnis gesetzt werden, damit er im Falle einer möglichen Mehrfachversicherung (Doppelversicherung) seine Rechte geltend machen kann.
- Eine weitere **Krankenhaustagegeld-, Krankentagegeld** oder **Pflegezusatzversicherung** darf nur mit Einwilligung des Versicherers abgeschlossen werden. Der Abschluss einer weiteren **Pflegepflichtversicherung** bei einem anderen VR ist nicht zulässig.

  Mit dieser Obliegenheit soll das subjektive Risiko eingegrenzt werden. Durch den Abschluss weiterer Tagegeldversicherungen wächst die subjektive Bereitschaft des Versicherungsnehmers, den Versicherungsfall herbeizuführen bzw. ihn auszudehnen. Statistiken haben gezeigt, dass mit steigendem Tagessatz sowohl die Schadenhäufigkeit als auch die Dauer des einzelnen Versicherungsfalles zunehmen.
- In der **Krankentagegeldversicherung** ist jeder Berufswechsel der versicherten Person dem VR unverzüglich anzuzeigen.

c) Gesetzliche Obliegenheiten

Neben den oben beschriebenen vertraglichen Obliegenheiten sind in der PKV auch die gesetzlichen Obliegenheiten des VVG zu beachten. Besondere Bedeutung kommt innerhalb der PKV der vorvertraglichen Anzeigepflicht zu.

VVG § 194 (1) S. 4

Die Frist für die Geltendmachung der Rechte des Versicherers beträgt für diesen Fall **drei Jahre**.

S. 3

Für die Krankenversicherung ist eine Kündigung bei unverschuldeter Verletzung der Anzeigepflicht nicht möglich, da § 194 Abs. 1 Satz 3 die Anwendung von § 19 Abs. 3 Satz 2 und Abs. 4 VVG für den Fall schuldloser Verletzung der vorvertraglichen Anzeigepflicht ausdrücklich ausschließt.

S. 2

Die Vorschriften über die Gefahrerhöhung nach §§ 23 bis 27 und 29 VVG sind auf die Krankenversicherung nicht anzuwenden. Somit bleiben Änderungen im Gesundheitszustand des Versicherten, welche nach Vertragsschluss eintreten, ohne Auswirkungen auf die Höhe der Prämie und das Leistungsversprechen des VR.

d) Folgen von Obliegenheitsverletzungen

§ 28 (2)

Bestimmt der Vertrag, dass der VR bei Verletzung einer vom VN zu erfüllenden **vertraglichen** Obliegenheit nicht zur Leistung verpflichtet ist, ist er leistungsfrei, wenn der VN die Obliegenheit vorsätzlich verletzt hat. Im Fall einer grob fahrlässigen Verletzung der Obliegenheit ist der VR berechtigt, seine Leistung in einem der Schwere des Verschuldens des VN entsprechenden Verhältnis zu kürzen (Quotelung). Die Beweislast für das Nichtvorliegen einer groben Fahrlässigkeit trägt der VN.

Lernkontrollen zu E 5

Versicherungsbeginn und Wartezeiten

1 Erläutern Sie die drei Versicherungsbeginnarten in der PKV.

2 Im VVG und in allen Musterbedingungen der PKV ist von »Wartezeiten« die Rede.
  a) Welchen Zweck haben diese Wartezeiten?
  b) Welche Wartezeiten sind nach MB/KK 2009 und MB/KT 2009 zu unterscheiden?

3 Frau Marianne Schmidt, selbstständige Immobilienmaklerin, stellt am 20. Jan. d.J. einen Antrag auf Abschluss einer Krankheitskosten-Vollversicherung. Frau Schmidt erhält vom Außendienstmitarbeiter Kümmerle am gleichen Tag das Beratungsprotokoll sowie die Versicherungsbedingungen mit Verbraucherinformationen und wird ordnungsgemäß belehrt. Nach der Belehrung unterschreibt sie den Antrag. Der Antrag geht dem VR per Post am 23. Jan. d.J. zu. Als Versicherungsbeginn wird der 01. März. d.J. vereinbart. Der Zugang des Versicherungsscheins erfolgt am 22. Febr. d.J. Der Erstbeitrag wird von Frau Schmidt pünktlich am 25. Febr. d.J. bezahlt. Leistungsausschlüsse wurden keine vereinbart. Es gelten die bedingungsgemäß vorgesehenen Wartezeiten.
  a) Wann beginnt der Versicherungsvertrag nach MB/KK 2009? Zeigen Sie dies anhand der drei Arten des Versicherungsbeginns. Gehen Sie dabei auch auf die einzelnen Daten ein.
  b) Frau Schmidt rutscht beim Schneeräumen vor ihrer eigenen Haustür plötzlich auf einer vereisten Stelle aus und bricht sich das rechte Bein. Prüfen Sie die Leistungspflicht des VR,
    b1) wenn sich der Unfall am 27. Febr. d.J. ereignet;
    b2) wenn der Vorfall am 05. März d.J. passiert.
  c) Wegen einer akuten Mandelentzündung muss Frau Schmidt am 10. Juni d.J. einen Hals-, Nasen- und Ohrenarzt aufsuchen. Kann Sie die Kostenerstattung durch den VR erwarten?
  d) Am 08. Okt. d.J. begibt sich Frau Schmidt in zahnärztliche Behandlung und lässt sich drei Zähne mit Goldkronen überziehen. Die Behandlung ist am 29. Okt. d.J. abgeschlossen. Besteht Leistungspflicht für den VR?

4 Der 30-jährige Emil Baum, lediger Industriemeister bei einem Kfz-Hersteller, wechselt von der GKV zur PKV. Unter welchen Voraussetzungen wird bei Herrn Baum die Versicherungszeit in der GKV auf die Wartezeiten angerechnet?

5 Herr Dr. Fuchs, leitender Angestellter, wendet sich telefonisch an Sie und teilt Ihnen mit, dass er in wenigen Wochen seine österreichische Freundin Renate Wolf heiraten wird. Die künftige Ehefrau wird auch nach der Eheschließung keiner Erwerbstätigkeit nachgehen. Herr Dr. Fuchs wünscht, dass Frau Wolf, die an einer Hautallergie leidet, den Versicherungsschutz erhalten soll, den auch er bei der Proximus Krankenversicherung AG genießt.

- **Die Bildschirmabfrage zeigt auszugsweise folgende Daten:**

Versicherungsnehmer:	Dr. Fritz Fuchs
Versicherungsbeginn:	01. Juli 2015
Versicherte Leistungen	**Tarif**
Ambulante Heilbehandlung	A1
Stationäre Heilbehandlung	S1
Zahnbehandlung/Zahnersatz	Z3
Krankentagegeld	KT
Pflegepflichtversicherung	PVN

- **Arbeitsauftrag**
  Beraten Sie Herrn Dr. Fuchs sachgerecht.

6 Wann beginnt der Versicherungsschutz bei Neugeborenen und welche Voraussetzungen müssen dazu erfüllt sein?

7 Sie sind Mitarbeiter/-in der Vertragsabteilung der Proximus Krankenversicherung AG und erhalten Ende November d. J. einen Anruf Ihres Kunden Dieter Herz. Er teilt ihnen mit, dass seine Frau in ca. drei Wochen ein Kind zur Welt bringt. Er möchte von Ihnen wissen, unter welchen Voraussetzungen das Kind in die private Krankenversicherung aufgenommen werden kann. Er wünscht für das Kind den gleichen Versicherungsschutz wie für seine Ehefrau Elke.

Ihnen liegen folgende Vertragsdaten vor:

Vertragsspiegel Krankenversicherung

	Name	Vorname	Geburtsdatum	Beruf	A = Angestellte/-r, AR = Arbeiter/-in S = Selbstständig B = Beamtin/-er
Vers.-Nehmer	Herz	Dieter	10.03.1982	Informatiker	A
Ehepartner	Herz	Elke	08.06.1986	Techn. Angestellte	A
Kinder					
Anschrift	Nordstr. 27, 20500 Hamburg				

Versicherungsnachweis:					
Vers.-Nummer		22 874 13			
Bedingungen		MB/KK 2009 mit Tarifbedingungen			
Beginn		01.01.2010			
Ablauf					
Zahlungsweise		monatlich			
Beitragskonto		ausgeglichen			
Versicherte Personen:		VN	Ehepartner	Kind 1	Kind 2
Pflegepflichtversicherung Beitrag		17,63 €	15,76 €		
Vollkosten		ja	ja		
Teilkosten					
Tarif	Stationär	S1	S2		
	Ambulant / Selbstbeteiligung	A1	A2		
	Zahn / Selbstbeteiligung	Z3	Z2		
	Krankenhaustagegeld	50,00 €	50,00 €		
	Krankentagegeld	90,00 €	80,00 €		

- **Aufgabe**
  Beraten Sie Herrn Herz.

8

Frau König hat eine Krankheitskosten-Vollversicherung bei Ihrem Unternehmen abgeschlossen. Versicherungsbeginn ist der 01. Jan. d.J. Die Beitragszahlung erfolgt am 04. Jan. d.J. Dem Vertrag liegen die MB/KK 2009 zugrunde. Es gelten die bedingungsgemäß vorgesehenen Wartezeiten. Leistungsausschlüsse wurden nicht vereinbart.

Am 25. Sept. d.J. bringt Frau König im Krankenhaus ihre Tochter Sarah zur Welt. Die Ärzte stellen bei der Erstuntersuchung des Kindes eine Neurodermitis fest.

- **Fragestellungen**

a) Muss der VR den stationären Aufenthalt von Frau König erstatten? Begründen Sie Ihre Entscheidung.

b) Frau König möchte ihre Tochter Sarah bei Ihrem PKV-Unternehmen mitversichern. Muss der VR den Antrag annehmen? Prüfen Sie die Voraussetzungen einer solchen Mitversicherung.

Geltungsbereich der Versicherung

9 Beschreiben Sie den Geltungsbereich einer Krankheitskosten-Vollversicherung und einer Krankentagegeldversicherung nach den jeweiligen Musterbedingungen.

10 Welchen Geltungsbereich umfasst der Versicherungsschutz in der privaten Pflegepflichtversicherung?

11

Für Herrn und Frau Renner besteht bei der Proximus Krankenversicherung AG seit zwei Jahren eine Krankheitskosten-Vollversicherung, der die MB/KK 2009 zugrunde liegen.

Gemeinsam mit seiner Frau unternimmt Herr Renner eine achtwöchige Fernreise nach Indien. In der ersten Urlaubswoche muss Frau Renner, nachdem sie in einen rostigen Nagel getreten ist, ambulant behandelt werden. Eine Fischvergiftung zwingt Herrn Renner in der vorletzten Urlaubswoche zu einem fünftägigen stationären Krankenhausaufenthalt. Die Rechnungen für beide Leistungsfälle wurden von Herrn Renner vor Ort beglichen. Er möchte wissen, ob diese Rechnungen erstattet werden.

Eine Auslandsreisekrankenversicherung besteht für Familie Renner nicht.

- **Arbeitsauftrag**

Prüfen Sie die Leistungspflicht des VR nach MB/KK 2009. Begründen Sie Ihre Entscheidung.

12 Sie sind Mitarbeiter/-in der Vertragsabteilung der Proximus Krankenversicherung AG. Sie haben vom Versicherungsnehmer Holger Obermeier folgende Anfrage vorliegen:

Sehr geehrte Damen, sehr geehrte Herren,
ich werde mich in der nächsten Zeit im Ausland aufhalten. Zuerst bin ich drei Wochen zu einer Wandertour in Griechenland und im direkten Anschluss mache ich eine dreimonatige Trekkingtour durch die Anden Südamerikas. Habe ich während dieser Zeit Versicherungsschutz?

Vertragsspiegel Krankenversicherung

	Name	Vorname	Geburts-datum	Beruf	A = Angestellte/-r, AR = Arbeiter/-in S = Selbstständig B = Beamtin/-er
Vers.-Nehmer	Obermeier	Holger	12.06.1980	Marketing-leiter	A
Ehepartner					
Kinder					
Anschrift	Fichtestraße 2, 30625 Hannover				
Versicherungsnachweis:					

Vers.-Nummer		22 813468		vom:	01.05.2009
Bedingungen		Proximus MB/KK, MB/KT, MB/PPV			
Beginn		01.05.2011			
Ablauf		zum Ende des jeweiligen Kalenderjahres			
Zahlungsweise		monatlich			
Beitrag / Rate		384,49 €			
Beitragskonto		ausgeglichen			

Versicherte Personen:		VN	Ehepartner	Kind 1	Kind 2
Pflegepflichtversicherung Beitrag		PVN			
Vollkosten					
Teilkosten		–			
Tarif	Stationär	S2			
	Ambulant / Selbstbeteiligung	A2			
	Zahn / Selbstbeteiligung	Z2			
	Krankenhaustagegeld	30,00 €			
	Krankentagegeld	40,00 €			

Aufgabe

Bereiten Sie stichwortartig ein Antwortschreiben an Herrn Obermeier vor.

Obliegenheiten

13 Der VN hat eine stationäre Krankenhausbehandlung nicht angezeigt. Welche Folgen können sich aus dieser Obliegenheitsverletzung für ihn ergeben?

14 Bei der Bearbeitung eines Leistungsfalles stellen Sie am 05. Oktober 2015 fest, dass der VN Manfred Luchs bei der Antragstellung im Dezember 2011 ein Magen-Darm-Leiden schuldhaft nicht angezeigt hat. Eine arglistige Täuschung kann jedoch Herrn Luchs nicht unterstellt werden.

Kann der VR vom Vertrag zurücktreten (mit Begründung)?

15 Sie sind Mitarbeiter/-in der Leistungsabteilung der Proximus Krankenversicherung AG. Frau Marion Kling ist seit 10 Monaten bei Ihrer Gesellschaft krankheitskostenvollversichert. Heute reicht sie Ihnen eine Rechnung über die ambulante Behandlung einer seit Jahren andauernden chronischen Nierenentzündung ein. Aus dem Antrag können Sie keine Angaben über Vorerkrankungen entnehmen. Ein vorsätzliches Verhalten bei Antragstellung kann der Versicherungsnehmerin nicht nachgewiesen werden.

Prüfen Sie die Leistungspflicht und die Konsequenzen für den Vertrag. Begründen Sie Ihre Entscheidung.

16 Warum muss in der Krankentagegeldversicherung jeder Berufswechsel dem VR unverzüglich angezeigt werden?

17 Wann führt die Verletzung von vertraglichen Obliegenheiten, die vom VN nach Eintritt des Versicherungsfalles zu erfüllen sind, zur Leistungsfreiheit des VR?

6 Versicherungsfall

6.1 Der gedehnte Versicherungsfall

a) Wesen des gedehnten Versicherungsfalls

MB/KK 2009 MB/KT 2014 § 1 (2) MB/PPV 2014 § 1 (2), (9)

Im Gegensatz zu anderen Versicherungszweigen, in denen der Versicherungsfall als zeitlich punktuelles Ereignis eintritt (z. B. Lebensversicherung, Unfallversicherung), erstreckt sich der Versicherungsfall in der privaten Kranken- und Pflegeversicherung über einen längeren Zeitraum. Man spricht deshalb vom **gedehnten Versicherungsfall**.

Eine Ausnahme gilt für die Ereignisse Entbindung und Tod, die nach den MB/KK 2009 auch als Versicherungsfälle gelten.

- **Krankheitskosten- und Krankenhaustagegeldversicherung**

  Der Versicherungsfall beginnt mit der Heilbehandlung. Er endet, wenn nach medizinischem Befund eine Behandlungsbedürftigkeit nicht mehr vorliegt.

- **Krankentagegeldversicherung**

  Der Versicherungsfall beginnt mit der Heilbehandlung und endet, wenn nach medizinischem Befund keine Arbeitsunfähigkeit und keine Behandlungsbedürftigkeit mehr besteht.

- **Private Pflegeversicherung**

  Der Versicherungsfall beginnt mit der ärztlichen Feststellung der Pflegebedürftigkeit. Er endet, wenn die Pflegebedürftigkeit nicht mehr besteht.

  In der privaten Pflegeversicherung muss die versicherte Person für mindestens sechs Monate in erheblichem oder höherem Maße der Hilfe bedürfen, damit ein Versicherungsfall vorliegt.

Die Bedeutung des gedehnten Versicherungsfalles besteht darin, dass der VR trotz Wartezeit teilweise leistungspflichtig werden kann. Das ist dann gegeben, wenn der Versicherungsfall in der Wartezeit eingetreten ist und über das Ende der Wartezeit hinaus andauert.

Beispiel:

Krankheitskosten-Vollversicherung mit Versicherungsbeginn am 01. April d. J. Die allgemeine Wartezeit kommt zur Anwendung.

Fall A: Heilbehandlung in der Zeit vom 26. März – 09. April d. J. grippaler Infekt

Fall B: Heilbehandlung in der Zeit vom 20. Mai – 10. Aug. d. J. Magen-Darm-Beschwerden

Fall C: Heilbehandlung in der Zeit vom 12. Juli. – 04. Sept. d. J. Herzrhythmusbeschwerden

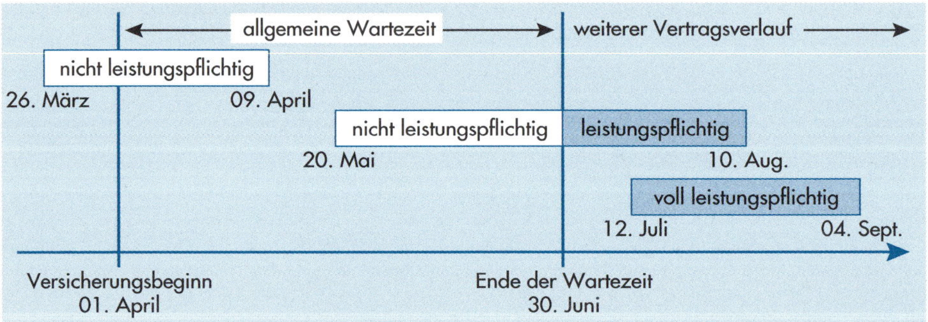

Behandlung A: VR ist nicht leistungspflichtig (26. März – 09. April d. J.)

Behandlung B: VR ist teilweise leistungspflichtig (01. Juli – 10. Aug. d. J.)

Behandlung C: VR ist voll leistungspflichtig (12. Juli – 04. Sept. d. J.)

Kommt die allgemeine Wartezeit in obigem Beispiel **nicht** zur Anwendung (z. B. aufgrund eines Wartezeiterlasses oder einer Wartezeitanrechnung), dann tritt folgende Leistungspflicht des VR ein:

Behandlung A: VR ist teilweise leistungspflichtig (01. April – 09. April d. J.)

Behandlung B: VR ist voll leistungspflichtig (20. Mai – 10. Aug. d. J.)

Behandlung C: VR ist voll leistungspflichtig (12. Juli – 04. Sept. d. J.)

Die Wartezeit hat die Funktion einer **Karenzzeit**, also einer leistungsfreien Zeit. Versicherungsfälle, die über den Ablauf der Wartezeit andauern, sind daher für diesen Teil erstattungspflichtig.

b) Vertragsstörungen beim gedehnten Versicherungsfall

Die Bedeutung des gedehnten Versicherungsfalles wird deutlich beim Zahlungsverzug, bei außerordentlicher Kündigung aus dem Zahlungsverzug und bei Vertragsbeendigung durch Rücktritt wegen Verletzung der vorvertraglichen Anzeigepflicht (sog. Vertragsstörungen).

VVG § 38 (2), (3) § 19 (2)

Beispiel:

VN Kremer hat eine Krankheitskostenvollversicherung (ambulant/stationär), mit der die gesetzliche Versicherungspflicht erfüllt wird. Er ist mit der Zahlung von **zwei** Monatbeiträgen im Verzug.

Mit der Einführung des Notlagentarifs (vgl. E 2.2.3 i) zum 1. August 2013 wurde das bisherige Mahnverfahren in der Krankheitskostenvollversicherung geändert.

Die Folgen des Beitragszahlungsverzugs für eine Krankheitskostenvollversicherung, mit der die Versicherungspflicht nach § 193 Abs. 3 VVG erfüllt wird, sind wie folgt geregelt:

§ 193 (6) – (9) MB/KK 2009 § 8 (6)

- Der VR muss den VN mahnen, sobald dieser mit einem Betrag in Rückstand ist, der **zwei Monatsbeiträgen** entspricht.
- Der VN hat für jeden angefangenen Monat eines Beitragsrückstandes einen Säumniszuschlag von 1% des Beitragsrückstandes sowie Mahnkosten in nachgewiesener Höhe, mind. 5,00 € je Mahnung zu entrichten.
- Ist der Beitragsrückstand einschl. der Säumniszuschläge zwei Monate nach Zugang dieser Mahnung noch höher als der Beitragsanteil für einen Monat, mahnt der VR unter **Hinweis** auf das mögliche Ruhen des Versicherungsvertrages ein zweites Mal.
- Ist der Beitragsrückstand einschl. der Säumniszuschläge einen Monat nach Zugang der **zweiten** Mahnung höher als der Beitragsanteil für einen Monat, ruht der Versicherungsvertrag ab dem ersten Tag des nachfolgenden Monats. (Ein vollständiger Ausgleich der Forderung nach diesem Zeitpunkt verhindert nicht die Umstellung in den Notlagentarif.)
- Solange der Vertrag ruht, gilt der VN als im Notlagentarif nach § 12h des VAG (vgl. E 2.2.3. i)) versichert.

- Das Ruhen des Versicherungsvertrages tritt nicht ein oder endet, wenn der VN oder die versicherte Person hilfebedürftig im Sinne des SGB II ist oder wird. Somit kann bei Hilfebedürftigen auch keine Umstellung in den Notlagentarif erfolgen.
- Ist der Rückstand einschließlich aller Kosten und Säumniszuschläge vollständig ausgeglichen, erfolgt zum ersten Tag des übernächsten Monats die **Rückumstellung** aus dem Notlagentarif in den ursprünglichen Tarif.

Beispiel:

Der VR mahnt den VN Kremer ordnungsgemäß nach § 193 (6) ff. VVG:

25. Januar 2015	Zahlungserinnerung durch den VR (freiwillig)
25. Februar 2015	Zugang der **1. Mahnung** beim VN (Rückstand beträgt zwei Monatsbeiträge)
25. April 2015	Feststellung, dass der Rückstand noch immer höher ist als ein Monatsbeitrag
27. April 2015	Zugang der **2. Mahnung** beim VN mit Hinweis auf die Rechtsfolge des Ruhens des Vertrages (Belehrung).
25. Mai 2015	Weitere Mahnung mit Hinweis auf Umstellung in den Notlagentarif **zum nächsten Monatsersten.**
01. Juni 2015	Umstellung in den Notlagentarif (ein Monat nach Zugang der 2. Mahnung ist der Rückstand noch immer höher als ein Monatsbeitrag!)
05. Juli 2015	Begleichung sämtlicher Beitragsrückstände einschließlich aller Kosten und Säumniszuschläge durch den VN.
01. Sept. 2015	Rückumstellung aus dem Notlagentarif in die ursprünglichen Vollkostentarife A0 und S1 (Rückumstellung zum 1. des übernächsten Monats).

Versicherungsfälle:

(1)	04. Mai–22. Mai 2015	akute Herz-Rhythmus-Beschwerden (mehrere Behandlungsfälle)
(2)	24. Juni–30. Juni 2015	Rheumabeschwerden; kein Notfall

Lösung:

(1) Für Versicherungsfälle, die vor Beginn der Ruhenszeit eintreten, ist der VR in **vollem Umfang** leistungspflichtig.

(2) Für Versicherungsfälle, die während der Ruhenszeit eintreten, ist der VR **nicht** leistungspflichtig, außer bei akuten Notfallbehandlungen.

Während der Ruhenszeit gibt es keinen gedehnten Versicherungsfall.

Hinweis:

In der Praxis dauert das Mahnverfahren, welches zwei Mahnungen beinhaltet, bis zur Umstellung in den Notlagentarif ca. 6 Monate.

Im Falle einer rückwirkenden Umstellung in den Notlagentarif haben Betroffene ein Widerspruchsrecht, z.B. für den Fall, dass sie kurzfristig wieder in der Lage sein werden, ausstehende Beiträge nachzuentrichten und deshalb im regulären Tarif bleiben wollen.

Für **alle anderen Krankenversicherungsverträge**, welche nicht der Pflicht zur Versicherung unterliegen, gelten die Regelungen zum Prämienverzug nach §§ 37, 38 VVG.

Für Tarife, welche sowohl Bausteine enthalten, die der Versicherungspflicht unterliegen und solche, die nicht der Versicherungspflicht unterliegen, sind unterschiedliche Mahnverfahren anzuwenden.

Beispiel:

Für den VN Peters besteht seit mehreren Jahren bei der Proximus Krankenversicherung AG eine Krankheitskostenvollversicherung mit den Tarifbestandteilen ambulant, stationär und zahnärztliche Behandlung.

Bei Nichtzahlung der Beiträge erfolgt für den ambulanten und stationären Tarif das Mahnverfahren mit Umstellung in den Notlagentarif (vgl. oben). Der Zahntarif gehört – wie auch alle Ergänzungstarife – nicht zu den versicherungspflichtigen Tarifen. Somit kann der Zahntarif isoliert wegen Nichtzahlung der Beiträge im Rahmen eines fruchtlosen Mahnverfahrens gekündigt werden.

6.2 Grundlagen der Leistungsabrechnung

Der VR erbringt die tarifliche Leistung, wenn der VN die durch einen Versicherungsfall entstandenen Aufwendungen nachweist. Der Nachweis ist durch Belege zu erbringen, die bestimmten Anforderungen genügen müssen.

Die Belege der Heilbehandler müssen folgende Bestandteile enthalten:

- Name der behandelten Person
- Bezeichnung der behandelten Krankheiten
- Angabe der angewendeten Gebührenordnung
- jeweilige Gebührensätze und Steigerungssätze
- Datum der Erbringung der Leistung (Behandlungszeitraum)

Bei stationärer Behandlung sind die Art der Unterkunft (Ein-, Zwei- oder Mehrbettzimmer) und die Fallpauschalen nachzuweisen. Auf den Rezepten muss der Preis für die bezogenen Arzneimittel durch Stempelaufdruck der Apotheke mit Datumsangabe quittiert sein.

Auf den Rezepten muss von den Apotheken seit 01. Jan. 2013 die Pharmazentralnummer (PZN) und die Apothekennummer aufgedruckt werden. Die 8- stellige PZN ist ein bundeseinheitlicher Identifikationsschlüssel für Arzneimittel, Hilfsmittel und andere Apothekenprodukte.

Rezepte sind zusammen mit der dazugehörigen Arztrechnung, Rechnungen über Heil- und Hilfsmittel (z. B. Massagen, Brillen) zusammen mit der Verordnung einzureichen.

Für die Erstattung müssen die Originalbelege eingereicht werden. Einige VR verzichten mittlerweile auch auf die Vorlage von Originalbelegen und akzeptieren Kopien. Die eingereichten Kostenbelege werden meistens vom VR elektronisch archiviert. Aus diesem Grund vernichten die VR die Originalbelege nach einer Aufbewahrungsfrist von i. d. R. 3 Monaten.

Sofern sich ein anderer Kostenträger an den Kosten beteiligt hat, genügen Zweitschriften, auf denen der andere Kostenträger den Erstattungsbetrag vermerkt hat.

Rechnungen für Krankheitskosten, die in Nicht-Euro-Währung entstanden und ausgestellt sind, werden zum Kurs des Tages, an dem die Belege beim VR eingehen, in Euro umgerechnet. Der Umrechnungskurs ist dabei stets der Devisenkurs.

MB/KK 2009 § 6 (4)

TB § 6 (4.1) Proximus 3 TA S. 229

Als Kurs des Tages gilt nach den Tarifbedingungen im **Proximus 3 Bedingungswerk** für gehandelte Währungen der amtliche Devisenkurs, Frankfurt/Main, für nicht gehandelte Währungen der Kurs gemäß »Währungen der Welt«, Veröffentlichungen der Deutschen Bundesbank, Frankfurt/Main, nach jeweils neuestem Stand, es sei denn, die versicherte Person weist durch Bankbeleg nach, dass sie die zur Bezahlung der Rechnungen notwendigen Devisen zu einem ungünstigeren Kurs erworben hat.

6.2.1 Honorarabrechnungen der Ärzte, Zahnärzte und Heilpraktiker

Beispiel: Arztrechnung

Dr. med. Willi Holzmann
Dr. med. Hans Fell
Ärzte für Chirurgie
Entenweg 125
12345 Musterstadt

Musterstadt, 12. März 2015

Herrn
Martin Mustermann
Kastanienstraße 35
12345 Musterstadt

Rechnung 5590/15

Patient: Martin Mustermann, geb. am 19. Juni 1988

Für unsere ärztlichen Bemühungen erlauben wir uns entsprechend der GOÄ zu berechnen:

Diagnose: Frakturen Mittelfußknochen, I – III links
Unfall vom 10. Jan. 15, Erstbehandlung Krankenhaus Mittelstadt

Datum	GOÄ-Nr.	Leistungsbezeichnung	Faktor	Gebühr	Anzahl	Betrag
20. Jan. 15	1	Beratung bei Tage, auch telefonisch	2,30	4,66	1	10,72
	7	vollständige körperl. Untersuchung	2,30	9,33	1	21,46
	5030	Röntgen, jeweils 2 Ebenen	1,80	20,98	1	37,76
30. Jan. 15	5030	Röntgen, jeweils 2 Ebenen	1,80	20,98	1	37,76
07. Feb. 15	247	Änderung des Gipsverbandes	2,30	6,41	1	14,74
12. Feb. 15	246	Abnahme d. zirkulären Gipsverbandes	2,30	8,74	1	20,10
	5030	Röntgen, jeweils 2 Ebenen	1,80	20,98	1	37,76
21. Feb. 15	1	Beratung bei Tage, auch telefonisch	2,30	4,66	1	10,72
07. Mär. 15	5030	Röntgen, jeweils 2 Ebenen	1,80	20,98	1	37,76
		Rechnungsbetrag			€	228,78

Wir bitten um Überweisung des Rechnungsbetrages auf eines der folgenden Konten:
Volksbank Musterstadt Nr. 111 111 (BLZ 999 000 99) IBAN DE 40 9990 0099 0000 1111 11
Sparkasse Musterstadt Nr. 222 111 (BLZ 999 100 99) IBAN DE 81 9991 0099 0000 2222 12
Gemäß § 12 GOÄ wird das Arzthonorar mit Erteilung dieser Rechnung fällig. Zur Vermeidung unnötiger Kosten bitten wir Sie, den angegebenen spätesten Zahlungstermin zu beachten.
Zahlbar bis spätestens: 15. April 2015

GOÄ vom 01. Jan. 2002 GOZ vom 01. Jan. 2012 GebüH von 1985

Die erstattungsfähigen Honorare der Heilbehandler sind in **Gebührenordnungen** bzw. **Gebührenverzeichnissen** festgelegt. Für Privatpatienten gelten die

- Gebührenordnung für Ärzte **(GOÄ)**,
- Gebührenordnung für Zahnärzte **(GOZ)** und das
- Gebührenverzeichnis für Heilpraktiker **(GebüH)**.

GOÄ und GOZ sind mit Zustimmung des Bundesrates erlassene Rechtsverordnungen. Diese Gebührenverordnungen sind die Abrechnungsgrundlagen für alle Privatversicherten. Ärzte und Zahnärzte sind bei der Abrechnung ihrer beruflichen Leistungen an diese Gebührenordnungen gebunden.

Eine Novellierung der GOZ ist erfolgt. Die neue Gebührenordnung für Zahnärzte gilt ab 1. Januar 2012.

Gebührensätze

Auszug GOÄ 2002			
Nr.	**Leistung**	**Punktzahl**	**Gebühr in €**
1	Beratung – auch mittels Fernsprecher	80	4,66
3	Eingehende, das gewöhnliche Maß übersteigende Beratung	150	8,74
5	Systembezogene Untersuchung	80	4,66
6	Vollständige körperliche Untersuchung mindestens eines derfolgenden Organsysteme: alle Augenabschnitte, der gesamte HNO-Bereich, das stomatognathe System, die Nieren und ableitenden Harnwege oder Untersuchung zur Erhebung eines vollständigen Gefäßstatus – gegebenenfalls einschließlich Dokumentation	100	5,83
11	Digitaluntersuchung des Mastdarms und/oder der Prostata	60	3,50
45	Visite im Krankenhaus	70	4,08
70	Kurze Bescheinigung, Arbeitsunfähigkeitsbescheinigung	40	2,33
250	Blutentnahme aus der Vene	40	2,33
410	Ultraschalluntersuchung eines Organs	200	11,66
453	Vollnarkose	210	12,24
676	Magenuntersuchung unter Sichtkontrolle (Gastroskopie)	800	46,63
1200	Subjektive Refraktionsbestimmung mit sphärischen Gläsern	59	3,44
1500	Ausschälung und Resektion beider Gaumenmandeln mit den Kapseln (Tonsillektomie)	739	43,07
1845	Implantation einer Niere	4990	290,85
2000	Erstversorgung einer kleinen Wunde	70	4,08
2125	Kopf-Hals-Resektion am Hüftgelenk	2220	129,40
3184	Lebertransplantation	7500	437,15
3285	Operation eines Leisten- oder Schenkelbruchs	1290	75,19
3300	Arthroskopie – gegebenenfalls mit Probeexzision	500	29,14

Die Bemessung der Gebühren beruht auf einem System von Punktzahlen für die einzelnen im Gebührenverzeichnis der GOÄ und GOZ aufgeführten Leistungen. Der einfache Gebührensatz wird nach folgendem Schema berechnet:

Gebühr = Punktzahl der Leistung · Punktwert (= 0,0582873 €)

Beispiel:
Gebühr für eine Beratung, auch telefonisch
Leistungsziffer 1 nach GOÄ = 80 Punkte
Gebühr = 80 · 0,0582873 € = 4,66 €

➤ Gebührenrahmen

GOÄ § 5 GOZ § 5

Die jeweilige Gebühr darf für die Rechnungsstellung mit einem bestimmten **Steigerungsfaktor** mulitpliziert werden. Gebühr und Steigerungsfaktor bilden den **Gebührenrahmen**.

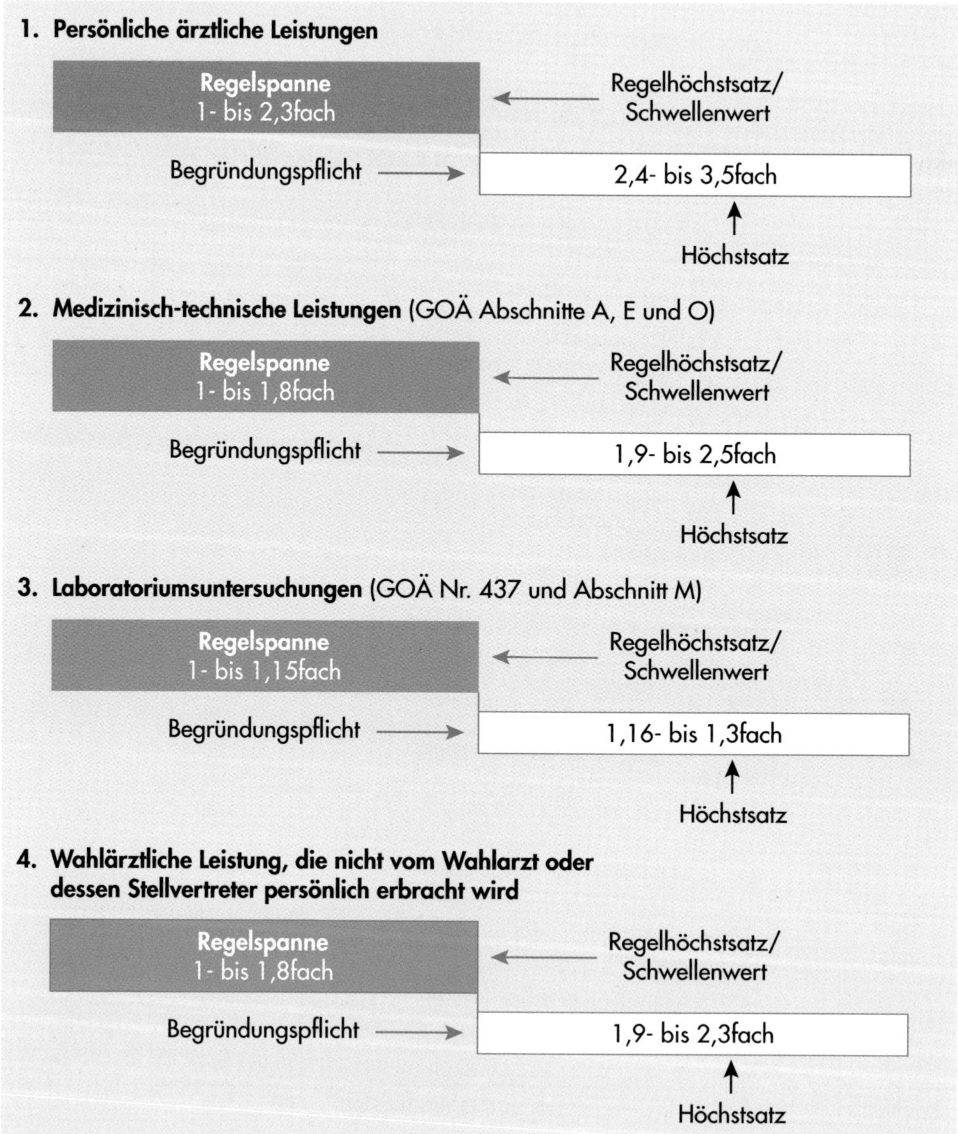

GOÄ § 5 (2)

Für die Festsetzung sind die Schwierigkeit und der Zeitaufwand der einzelnen Leistung sowie der Umstände bei der Ausführung nach billigem Ermessen zu bestimmen. Ein Überschreiten des Regelhöchstsatzes (2,3-, 1,15- bzw. 1,8facher Steigerungsfaktor) ist nur dann zulässig, wenn Besonderheiten dies rechtfertigen (z. B. besonders schwierige Leistungen, außergewöhnlicher Zeitaufwand oder andere besondere Umstände, die bei der Ausführung erheblich über das gewöhnliche Maß hinausgehen). Für diesen Fall darf z. B. die Gebühr für eine persönliche ärztliche Leistung bis zum 3,5fachen gesteigert werden.

Der Arzt muss ein Überschreiten der Regelspanne verständlich und nachvollziehbar schriftlich begründen. GOÄ § 12 (3)

Eine von der Gebührenordnung abweichende Höhe der Vergütung kann jederzeit zwischen Arzt und Patient durch eine gesonderte Vereinbarung festgelegt werden. Eine solche Vereinbarung muss vor Erbringen der Leistung schriftlich getroffen werden. Die Vereinbarung darf keine anderen Erklärungen einschließen und muss aus Gründen des Patientenschutzes ausdrücklich die Feststellung enthalten, dass eine Erstattung der Vergütung durch Erstattungsstellen (PKV, Beihilfe) möglicherweise nicht in vollem Umfang gewährleistet ist. § 2 (2)

Die GOÄ enthält auch die Grundlage für die Berechnung so genannter Analogleistungen. Damit soll berücksichtigt werden, dass die Gebührenordnung nicht immer den aktuellen Stand der Medizin abbildet. Es wird somit die Möglichkeit gegeben, neue Behandlungsmethoden zu bewerten. § 6 (2)

Die GOÄ sieht vor, dass nur selbstständige ärztliche Leistungen, die nicht im Gebührenverzeichnis enthalten sind, entsprechend einer nach Art, Kosten- und Zeitaufwand gleichwertigen Leistung des Gebührenverzeichnisses berechnet werden können. Auf der Rechnung muss die analoge Leistung mit »entsprechend« gekennzeichnet sein. Sie muss verständlich beschrieben und mit Nummer und Bezeichnung der als gleichwertig betrachteten Leistung versehen werden.

➤ Gebührenbemessung beim Standard- und Basistarif

Für den Standardtarif und den Basistarif bestehen eigene Vergütungsrichtlinien. Die Vergütungsregelungen für den Standardtarif sind im SGB V geregelt. SGB V § 75 (3a) S. 2

Für den Basistarif haben die Kassenärztliche Bundesvereinigung und der PKV-Verband eine eigenständige Vereinbarung getroffen, welche die Vergütung der Leistungen in diesem Tarif regelt.

Honoraranspruch/Steigerungssätze ab 1. April 2010

Leistungen der GOÄ nach	Standardtarif (Alt-Versicherte)	Basistarif
	Beschränkung auf höchstens das	
Abschnitt M sowie Nr. 437	1,16-fache des Gebührensatzes der GOÄ	0,9-fache des Gebührensatzes der GOÄ
Abschnitt A, E und O	1,38-fache des Gebührensatzes der GOÄ	1,0-fache des Gebührensatzes der GOÄ
übrige Leistungen	1,8-fache des Gebührensatzes der GOÄ	1,2-fache des Gebührensatzes der GOÄ
Leistungen der Zahnärzte nach GOZ	2,0-fache des Gebührensatzes der GOZ	2,0-fache des Gebührensatzes der GOZ

An diese Begrenzungen sind ausschließlich Ärzte und Zahnärzte mit einer kassenärztlichen Zulassung gebunden. Damit soll die Sicherstellung der Versorgung der Patienten im Basistarif gewährleistet werden.

Ärzte und Zahnärzte, die **ausschließlich privatärztlich** tätig sind, sind an diese Verpflichtung nicht gebunden. Sie können frei innerhalb der Gebührenordnungen liquidieren und damit auch höhere Gebührensätze abrechnen.

Der PKV-Versicherte muss **vor** der Behandlung dem jeweiligen Arzt mitteilen, in welchem Tarif er versichert ist. Tut er dies nicht, ist der Arzt berechtigt, eine privatärztliche Rechnung entsprechend der GOÄ zu stellen. Proximus 3 TA S. 248

Für den Notlagentarif gelten die gleichen Gebührensätze wie für den Standardtarif TB NLT A 1. (2).

Besonderheit: Abrechnung (Liquidation) über eine privatärztliche Verrechnungsstelle

Die Privatpatienten erhalten die Rechnung in der Regel nicht direkt vom Arzt, sondern von einer privatärztlichen Verrechnungsstelle. Der Arzt hat in diesem Fall die Abrechnungsunterlagen an die Verrechnungsstelle übergeben und die daraus resultierenden Honorarforderungen abgetreten. Nach der Rechtsprechung des BGH verstoßen die Ärzte damit gegen die ärztliche Schweigepflicht. Der BGH hat deshalb entschieden, dass für die Abrechnung über eine privatärztliche Verrechnungsstelle das ausdrückliche Einverständnis des Patienten vorliegen muss.

MB/KK 2009 § 6 (6)

Ansprüche auf Versicherungsleistungen können weder abgetreten noch verpfändet werden. Das Abtretungsverbot gilt dann nicht, wenn eine Klinik-Card ausgegeben wurde.

6.2.2 Abrechnung der Krankenhausleistungen

Die vollstationären und teilstationären Leistungen der Krankenhäuser werden nach der Bundespflegesatzverordnung und dem Krankenhausentgeltgesetz vergütet.

Krankenhausleistungen umfassen dabei grundsätzlich die allgemeinen Krankenhausleistungen (ärztliche Leistungen, Pflege, Versorgung mit Arznei-, Heil- und Hilfsmitteln sowie Unterkunft und Verpflegung) und die Wahlleistungen. Die Entgelte für allgemeine Krankenhausleistungen richten sich nach den gesetzlichen Vorgaben des Fallpauschalengesetzes.

Zu den Krankenhausleistungen zählen nicht die Leistungen der Belegärzte sowie der Beleghebammen und der Entbindungspfleger.

a) Abrechnung der Krankenhausleistungen

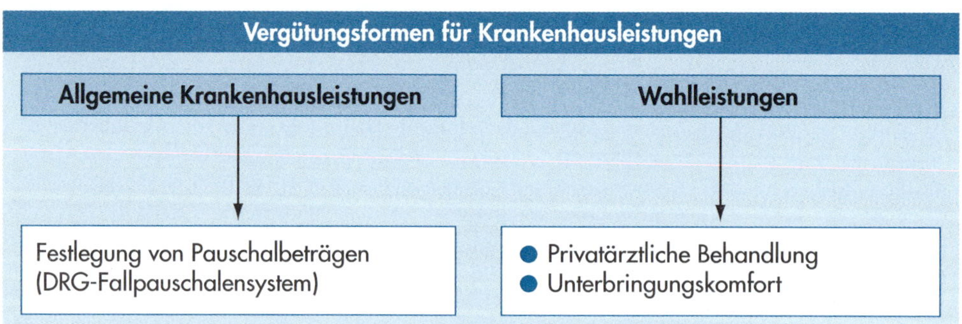

Alle Krankenhäuser (Ausnahme: Reha-Kliniken, bestimmte Privatkliniken) sind verpflichtet, ihre Leistungen nach dem **DRG-Fallpauschalensystem** abzurechnen (Diagnostics Related Groups = diagnosebezogene Preise).

Im DRG-System werden die allgemeinen Krankenhausleistungen anhand der Hauptdiagnosen, der Nebendiagnosen und der Prozeduren (Operationen, aufwändige diagnostische und therapeutische Maßnahmen) berechnet. Ebenso spielen Alter, das Geschlecht, die Verweildauer und der Entlassungsgrund eine wichtige Rolle für die Zuweisung der DRG.

Die genauen Definitionen der einzelnen DRGs sind im jeweils aktuell gültigen DRG-Klassifikationssystem (DRG-Definitionshandbuch) festgelegt.

Die jeweilige DRG ist mit einem entsprechenden Relativgewicht bewertet, welches im Rahmen der DRG-Systempflege jährlich variieren kann. Diesem Relativgewicht ist ein in Euro ausgedrückter Basisfallwert (festgesetzter Wert einer Bezugsleistung) zugeordnet. Die Basisfallwerte wurden früher für jedes Krankenhaus individuell ermittelt. Für das Jahr 2015 beträgt der bundesweit einheitliche Basisfallwert (Bundesbasisfallwert) 3 231,20 €. Mit dem Bundesbasisfallwert ist ein Korridor von + 2,5 % bis – 1,25 % festgeschrieben, in dem sich die einzelnen Bundesländer bewegen können. Die Grenzwerte für 2015 sind:
Oberer Korridor (+ 2,5 %) 3 311,98 € Unterer Korridor (– 1,25 %) 3 190,81€

Aus der Multiplikation von Relativgewicht und Basisfallwert ergibt sich der Preis für den Behandlungsfall. KHEntG § 10 (9)

Für das Jahr 2015 werden die bundeseinheitlichen Fallpauschalen durch die Anlage 1 der Vereinbarung zum Fallpauschalensystem für Krankenhäuser für das Jahr 2015 (FPV 2015) vorgegeben (sog. Fallpauschalenkatalog).

Fallpauschalen sind für alle Benutzer des Krankenhauses einheitlich, also für Privatpatienten in gleicher Höhe wie für Kassenpatienten.

Beispiel:

Basisfallwert für das Kreiskrankenhaus Musterstadt 2015: 3 231,20 €

DRG	DRG-Definition	Relativgewicht	Basisfallwert	Erlös
B79Z	Schädelfrakturen, Somnolenz, Sopor	0,677	3 231,20 €	2 187,52 €

DRG	DRG-Definition	Relativgewicht	Basisfallwert	Erlös
I04Z	Implantation, Wechsel oder Entfernung einer Endo-Prothese des Kniegelenks mit komplizierender Diagnose oder Arthrodese	3,544	3 231,20 €	11 451,37 €

Welche DRG bei dem Krankheitsbild eines Patienten für die Abrechnung heranzuziehen ist, lässt sich jeweils nicht vorhersagen. Es kommt darauf an, welche Diagnose(n) beim stationären Aufenthalt gestellt und welche diagnostischen bzw. therapeutischen Leistungen im Fortgang des Behandlungsgeschehens konkret erbracht werden.

Der nach der oben beschriebenen DRG-Systematik zu ermittelnde Preis setzt voraus, dass DRG-spezifische Grenzen für die Verweildauer im Krankenhaus nicht über- oder unterschritten werden. Bei Über- oder Unterschreiten dieser Verweildauern werden durch die **Verordnung zum Fallpauschalensystem für Krankenhäuser (KFPV)** vorgegebene Zu- oder Abschläge fällig. KFPV §§ 1, 2

Zusätzlich zu den Fallpauschalen sind nach Krankenhausentgeltgesetz (KHEntG) Zusatzentgelte abrechenbar, z. B. »Modulare Endoprothese Knie« .... 3 120,00 €. (Anlage 6 zum Zusatzentgeltkatalog: ZE 2015-25).

Im Fallpauschalenkatalog ist für jede DRG eine obere Grenzverweildauer ausgewiesen. Überschreitet die Verweildauer eines Patienten diese Grenze, so kann das Krankenhaus zusätzlich zur Fallpauschale für jeden weiteren Belegungstag ein tagesbezogenes ergänzendes Entgelt berechnet werden. KHEntG § 7

Für Behandlungsfälle, die noch nicht vom Fallpauschalenkatalog erfasst sind und noch nicht mit Fallpauschalen und Zusatzentgelten sachgerecht vergütet werden, können auf der Ebene des einzelnen Krankenhauses fall- oder tagesbezogene sonstige Entgelte vereinbart werden. § 6 (1)

Für teilstationäre Behandlungen sind keine DRG-Fallpauschalen vorgesehen, für sie müssen krankenhausindividuell Entgelte vereinbart werden, die sowohl fall- als auch tagesbezogen sein können.

Ab 2013 werden in der Psychiatrie, Psychosomatik und psychotherapeutischen Medizin auch Entgeltpauschalen eingesetzt, zunächst in einer 4-jährigen Erprobungsphase **(PEPP: Pauschaliertes Entgeltsystem für psychiatrische und psychosomatische Einrichtungen).**

Beispiel: Rechnung mit DRG-Fallpauschale

Klinikum
Friedrichshafen GmbH

IK-Nr.: 260840493
Patientenverwaltung
Telefon: 07541/96-0
Telefax: 07541/96-1107

Klinikum Friedrichshafen GmbH, Röntgenstr. 2, 88048 Friedrichshafen

Herrn
Manfred Schmitt
Steinstr. 20

88048 Friedrichshafen

Bitte bei Zahlung angeben!
Debitoren-Nr.: 410007
Fall-Nr.: 160024932
Rechnungs-Nr.: 1600016339
Rechnungsdatum: 18.07.2015

Rechnung

Status: **Endrechnung für stationären Aufenthalt**
Fallnummer: **160024932** Aufnahmedatum: 16.07.2015 Uhrzeit: 09:50
Patient: Schmitt, **Manfred** Geboren am: 03.1.1982
Versich.-Nr.: **555222/1** Vers.-Status KVK gültig bis:
Anschrift: Steinstr. 20, 88048 Friedrichshafen
Entlassart: **reguläre Entlassung** Entlassungsdatum: 18.07.2015
Entlasszeit: 08:35
Diagnose ICD10-Code: K36 (Rezidivierende Blinddarmentzündung)

Datum	Tarif	Ziffer	§ 301	Bezeichnung	Menge	€/Einheit	€/Gesamt
16.07.–17.07.15	DRG	G23C	7010G23C	Appendektomie außer bei Peritonitis, ohne äußerst schwere oder schwere CC	1	2 591,42	2 591,42
16.07.–17.07.15	S2	2	45000002	Zeitbettzimmer Kat. 2	2	35,00	70,00
16.07.–16.07.15	FPDRG	DRGZU	48000001	DRG Systemzuschlag	1	1,05	1,05
16.07.–16.07.15	FPDRG	GBAZUS	47100001	Zuschlag GBA	1	1,27	1,27
16.07.–16.07.15	FPDRG	QSPAU	46008000	Qualitätssicherungszuschlag	1	1,02	1,02
16.07.–16.07.15	HAUS	AUSZ	75108002	AUSZ Systemzuschlag	1	93,71	93,71
				Rechnungsbetrag			**2 758,47**

Bitte überweisen Sie den Rechnungsbetrag von 2 758,47 € innerhalb von 14 Tagen.
Bankverbindung: Sparkasse Bodensee, Nr. 45678900, BLZ 690 500 01
IBAN: DE48 6008 0900 0016 3598 04

Erläuterungen:

- Zuschlag für Ausbildungsstätten und Ausbildungsvergütungen KHG § 17a (1)

  Gemäß § 17a KHG berechnet das Krankenhaus einen krankenhausspezifischen oder landeseinheitlichen Zuschlag je voll- und teilstationärem Fall zur Finanzierung von Ausbildungsstätten und Ausbildungsvergütungen.

- Qualitätssicherungszuschläge

  Für jede abgerechnete Fallpauschale (DRG) eines vollstationär aufgenommenen Patienten erfolgt nach dem Krankenhausfinanzierungsgesetz (KHG) die Berechnung eines Qualitätssicherungszuschlags. § 17b (1)

- DRG-Systemzuschlag

  Zur Finanzierung der Entwicklung und Pflege des in Deutschland einzuführenden pauschalierenden Entgeltsystems für voll- und teilstationäre Krankenhausleistungen auf der Grundlage von DRGs berechnet das Krankenhaus einen DRG-Systemzuschlag in Höhe von 1,05 € je Krankenhausfall. § 17b (5)

- Systemzuschlag für den Gemeinsamen Bundesausschuss (GBA) SGBV § 91 (2) i.v.m. § 139c

  Für alle ab dem 1.1.2007 aufgenommenen Patienten wird ein GBA-Zuschlag in Höhe von 1,27 € je voll- oder teilstationärem Fall berechnet.

- Zuschlag zur Verbesserung der Arbeitszeitbedingungen im Krankenhaus

  Zur Finanzierung von Maßnahmen für die Verbesserung der Arbeitszeitbedingungen für die Mitarbeiterinnen und Mitarbeiter im Krankenhaus ist dieses berechtigt, einen prozentualen Zuschlag – bezogen auf die abgerechnete DRG – zu erheben.

b) Wahlleistungen

Neben den allgemeinen Krankenhausleistungen dürfen weiterhin **Wahlleistungen** gesondert berechnet werden, wenn diese vor ihrer Erbringung schriftlich vereinbart wurden. Die Vereinbarung wird in der Regel im Aufnahmeformular des Krankenhauses festgehalten. BPflV § 22 (1), (2)

Wahlleistungen erstrecken sich auf

- privatärztliche Behandlung (durch Chefarzt und liquidationsberechtigte Ärzte),
- Unterbringungskomfort (z. B. Ein- und Zweibettzimmer, besondere Verpflegung).

Beide Wahlleistungen können grundsätzlich auch getrennt voneinander gewählt werden. Werden wahlärztliche Leistungen vereinbart, so erstrecken sich diese auf alle an den Behandlungen des Patienten beteiligten leitenden Ärzte. Eine Beschränkung auf bestimmte Ärzte ist nicht möglich. § 22 (3)

Sofern der Versicherungsnehmer auf die versicherten Leistungen Ein- oder Zweibettzimmer (sofern vereinbart) und privatärztliche Behandlung (sofern vereinbart) verzichtet, zahlt die Proximus Krankenversicherung AG ein Ersatzkrankenhaustagegeld in Höhe von 50,00 € je Tag des stationären Aufenthalts. Bei ausschließlichem Verzicht auf eine dieser versicherten Leistungen wird ein Ersatzkrankenhaustagegeld in Höhe von 25,00 € je Tag des stationären Aufenthalts gezahlt. TB § 4 zu Abs. 4 Proximus 3 TA S. 228

Beispiel: Krankenhausrechnung mit Wahlleistungen

HERZ- UND GEFÄSS-KLINIK GMBH BAD NEUSTADT

Herz- und Gefäß-Klinik GmbH · Postadresse 79616 Bad Neustadt a. d. Saale
Herrn
Walter Wohlauf
Ringstraße 27

43433 Ringstadt

79616 Bad Neustadt a. d. Saale
Salzburger Leite 1
Telefax 0 97 71/9 74 67
Telefon 0 97 71/66-0

Bei Zahlungen bitte angeben:
BUCHUNGSZEICHEN
4008270 · 1019816
Rechn.-Datum: 24. Jan. 2015

IK-Nr.: 260960923

Aufnahme-Nr.: 05783003
Aufn.-Datum: 05. Jan.15 14.45 Uhr
Entl.-Datum: 12. Jan.15 10.00 Uhr
verlegt in ein anderes Krankenhaus

Endrechnung
für stationären Aufenthalt

Patient: Walter Wohlauf, geb. 12. Okt. 1964

Art der Leistung	Datum	Anz.	Tarif/€	Gesamt/€
Zweibettzimmer	05. Jan. – 05. Jan.15	1	47,00	47,00
Einbettzimmer	06. Jan. – 12. Jan.15	7	72,00	504,00
Fallpauschale Herzoperation	05. Jan.15	1	12 302,81	12 302,81
Sonderentgelt Herzklappe *345232 PRO-MEDICA (Selbstkosten)*	05. Jan.15	1	2 859,05	2 859,05

Von Ihnen zu zahlender Betrag: **15 709,86**

Krankenhäuser können Ein- und Zweibettzimmer nur dann als Wahlleistungen anbieten, wenn diese kein Bestandteil der allgemeinen Krankenhausleistungen sind.

Bei Inanspruchnahme von Wahlleistungen erhält der Patient jeweils Rechnungen vom Krankenhaus und von den behandelnden, liquidationsberechtigten Ärzten. Das Gleiche gilt, wenn belegärztliche Behandlung stattgefunden hat.

Belegärzte sind niedergelassene und andere nicht am Krankenhaus angestellte Ärzte, die berechtigt sind, ihre Patienten im Krankenhaus zu behandeln, ohne hierfür vom Krankenhaus eine Vergütung zu erhalten.

GOÄ § 6 a

Für die Berechnung wahlärztlicher Leistungen finden die Vorschriften der Gebührenordnung für Ärzte (GOÄ) in der jeweils gültigen Fassung Anwendung. Bei vollstationären, teilstationären sowie vor- und nachstationären wahlärztlichen Leistungen muss eine Gebührenminderung erfolgen. Diese beträgt:

- 25 % bei wahlärztlichen Leistungen,
- 15 % bei belegärztlichen Leistungen und Leistungen anderer niedergelassener Ärzte.

Exkurs 1: Kostenbeteiligung durch Beihilfe

Der Personenkreis der Beamten unterliegt nicht der Pflichtkrankenversicherung. Als Ergänzung ihrer Eigenvorsorge erhalten die Beamten im Rahmen der Fürsorgepflicht des Dienstherrn (Bundes-, Landes-, Kommunalbehörden) eine finanzielle Unterstützung. Diese finanzielle Unterstützung wird als Beihilfe bezeichnet. Sie wird für folgende Aufwendungen gewährt:

- im Krankheitsfall,
- im Geburtsfall,
- im Todesfall,
- bei Schwangerschaft und Entbindung,
- bei Maßnahmen der Früherkennung von Krankheiten,
- bei Zahnbehandlungen,
- in bestimmten Fällen für Heilmaßnahmen bei kieferorthopädischer Behandlung,
- bei Behandlungen im Ausland,
- bei Pflegebedürftigkeit.

➤ Beteiligung an Krankheits- und sonstigen Kosten

Die Beihilfe ist grundsätzlich personenbezogen. Sie wird in prozentual unterschiedlicher Höhe gewährt. Die Beihilfevorschriften des Bundes (BBhV) sehen folgende Bemessungssätze (Beihilfesätze) vor: BBhV § 46 (2)

- 50 % für den Beihilfeberechtigten selbst
- 70 % für den Beihilfeberechtigten mit 2 oder mehr berücksichtigungsfähigen Kindern
- 70 % für den Versorgungsempfänger
- 70 % für den berücksichtigungsfähigen Ehegatten
- 80 % für jedes berücksichtigungsfähige Kind

Sind mehrere Personen gleichzeitig beihilfeberechtigt (z. B. Ehemann und Ehefrau), dann beträgt der Bemessungssatz nur **bei einem** von ihnen 70 %, nämlich bei dem Beihilfeberechtigten, der den Familienzuschlag nach § 40 Bundesbesoldungsgesetz (BBesG) bezieht. § 46 (3)

Beispiel:

Ehepaar mit zwei Kindern. Beide Ehegatten sind Beamte und damit beihilfeberechtigt. Die Familie **kann** folgende Beihilfesätze beanspruchen: Ehemann 70 %, Ehefrau 50 %, Kinder jeweils 80 %.

In zahlreichen Bundesländern gelten für die jeweiligen Landesbeamten eigene Beihilfevorschriften (z. B. Baden-Württemberg). Einige Bundesländer haben die Beihilfevorschriften des Bundes exakt übernommen.

Keine Beihilfe erhält der Beihilfeberechtigte zu den Aufwendungen, die für den Ehegatten entstanden sind, wenn der Gesamtbetrag der Einkünfte (§ 2 Abs. 3 EStG) des Ehegatten im vorletzten Kalenderjahr vor der Stellung des Beihilfeantrages 17 000,00 € übersteigt, es sei denn, dass dem Ehegatten trotz ausreichender und rechtzeitiger Krankenversicherung wegen angeborener Leiden oder bestimmter Krankheiten aufgrund eines individuellen Ausschlusses keine Versicherungsleistungen gewährt werden oder dass die Leistungen hierfür auf Dauer eingestellt worden sind. § 4 (1)

Kinder gehören nur dann zu den berücksichtigungsfähigen Angehörigen, wenn sie nicht selbst (z. B. als Beamtenanwärter) beihilfeberechtigt und beim Familienzuschlag »berücksichtigungsfähig« sind, d. h. wenn dem Beihilfeberechtigten für ein Kind Kindergeld zusteht. Für Kinder, die das 18. Lebensjahr vollendet haben, wird Kindergeld nur unter bestimmten Voraussetzungen gewährt. Außerdem sind Höchstaltersbeschränkungen zu beachten.

Die **Bemessungssätze (Beihilfesätze)** beziehen sich jeweils auf die beihilfefähigen Aufwendungen.

> **Beispiel:**
> Der beihilfeberechtigte Ehemann (Beihilfesatz: 70 %) erhält eine Arztrechnung für ambulante Heilbehandlung in Höhe von 516,00 €. Die Aufwendungen sind in voller Höhe beihilfefähig. Der Ehemann erhält von seinem Dienstherrn eine Beihilfe in Höhe von 361,20 € (= 70 % von 516,00 €).

Der private Versicherungsschutz für Beamte ist so zu gestalten, dass er unter Berücksichtigung der Beihilfe grundsätzlich die Aufwendungen genau deckt (= 100 %-Grenze). Quotentarife (Prozenttarife) sind daher für die Beamten besonders geeignet.

VVG § 199 (2) Den Versicherten mit Beihilfeanspruch wird die Möglichkeit eingeräumt, den Versicherungsschutz im Rahmen der bestehenden Krankheitskostentarife bei einer Veränderung oder bei Wegfall des Beihilfeanspruchs den geänderten Verhältnissen anzupassen. Wird der Antrag innerhalb von sechs Monaten nach der Änderung gestellt, muss der VR den angepassten Versicherungsschutz ohne erneute Risikoprüfung oder

§ 199 (3) Wartezeiten gewähren. Diese Regelung gilt nicht bei Gewährung von Versicherungsschutz im Basistarif.

Der BGH hat sich in seinem Urteil vom 20. Dezember 2006 mit der Anpassung des Versicherungsschutzes nach Änderung oder Wegfall der Beihilfeberechtigung auseinander gesetzt. In dem Urteil wurde festgestellt, dass für die Aufstockung des Versicherungsschutzes das aktuelle Lebensalter der versicherten Person und nicht deren Eintrittsalter zugrunde zu legen ist (z.B. Aufstockung des Versicherungsschutzes von 30 % auf 50 %).

➤ Beteiligung an den Kosten bei Pflegebedürftigkeit

SGB XI § 23 (3) Personen, die nach beamtenrechtlichen Vorschriften oder Grundsätzen Anspruch auf Beihilfe haben, sind verpflichtet, eine beihilfekonforme private Pflegeversicherung abzuschließen.

Bei der häuslichen Pflege durch geeignete Pflegekräfte sind Aufwendungen für Pflegeeinsätze je Kalendermonat bis zu folgendem Gesamtwert beihilfefähig:

Pflegestufe I	468,00 €
Pflegestufe II	1 144,00 €
Pflegestufe III	1 612,00 €
Pflegestufe III, Härtefall	1 995,00 €

BBhV § 38 (1) Als Pflegeeinsatz gilt die Tätigkeit, welche die geeignete Pflegekraft bei der Körperpflege, der Ernährung oder der Mobilität und der hauswirtschaftlichen Versorgung jeweils zusammenhängend erbringt.

Anspruch auf Beihilfe besteht auch dann ungekürzt, wenn die häusliche Pflege keinen vollen Kalendermonat umfasst.

Nach § 89 SGB XI sind die Vergütungen der ambulanten Pflegeleistungen und der hauswirtschaftlichen Versorgung für alle Pflegebedürftigen nach einheitlichen Grundsätzen zu vereinbaren.

> **Beispiel:**
> Herr Keilmann ist in der privaten Pflegepflichtversicherung versicherter Versorgungsempfänger der Pflegestufe II. Sein Beihilfeanspruch beträgt 70 %. Im Februar 2015 erfolgen 60 Pflegeeinsätze zur Grundpflege (Vergütung je Pflegeeinsatz: 22,00 €), an zehn Tagen verbunden mit hauswirtschaftlicher Versorgung (Vergütung je Einsatz: 8,00 €).

Grundpflege hauswirtschaftliche Versorgung	60 · 22,00 € 10 · 8,00 €	1 320,00 € 80,00 €
Gesamtkosten		1 400,00 €
Beihilfefähiger Höchstbetrag		1 144,00 €
Beihilfe	70 %	800,80 €
Leistung der privaten Pflegepflichtversicherung	30 % von 1 144,00 €	343,20 €
Gesamtleistung		1 144,00 €

Für Herrn Keilmann entsteht eine **Deckungslücke von 256,00 €** (1 400,00 € – 1 144,00 €).

Das Beihilferecht unterscheidet zwischen vorübergehender und dauernder Pflegebedürftigkeit. Bei vorübergehender Pflegebedürftigkeit sehen die Beihilfevorschriften eine häusliche Krankenpflege vor. Diese erfordert eine entsprechende ärztliche Verordnung.
Häusliche Krankenpflege liegt insbesondere nach schwerer Erkrankung und nach Entlassung aus dem Krankenhaus vor. Die Leistungen können durch Berufspflegekräfte, Familienangehörige oder andere geeignete Personen erbracht werden. Sie umfassen die Behandlungspflege (insbesondere Verbandwechsel), die Grundpflege (z.B. Hilfe bei der Körperpflege und Nahrungsaufnahme) und die hauswirtschaftliche Versorgung.

Die Aufwendungen für eine häusliche Krankenpflege sind in der Regel bis zu vier Wochen beihilfefähig. Sie sind angemessen bis zur Höhe der örtlichen Sätze der hierfür in Betracht kommenden öffentlichen oder frei gemeinnützigen Träger. Es ist dabei ausreichend, wenn die Pflegedienstleister bestätigen, dass die abgerechneten Sätze ortsüblich sind und in dieser Höhe auch gegenüber der GKV abgerechnet werden. BBhV § 27

Sofern die Pflegeleistung teilweise von Berufspflegekräften und teilweise durch andere geeignete Pflegepersonen (z.B. Ehepartner, Kinder oder Verwandte) erbracht wird, erfolgt nur eine anteilige **Gewährung der Beihilfe** (Kombination von Pflegeleistungen).

Beispiel:
Frau Hofmann ist Versorgungsempfängerin und privat pflegepflichtversichert. Sie nimmt im Jahr 2015 als Pflegebedürftige der Stufe II zu jeweils 50 % die Pflege durch Berufspflegekräfte (572,00 € von 1 144,00 €) und das Pflegegeld (229,00 € von 458,00 €) in Anspruch. Die hälftige Höchstgrenze (30 Pflegeeinsätze) wird nicht überschritten.

a) Leistungen der privaten Pflegepflichtversicherung
- zu den Aufwendungen der Berufspflegekraft
  30 % von 572,00 € = 171,60 €
- zum Pflegegeld 30 % von 229,00 € = 68,70 €
  Gesamt 240,30 €

b) Leistungen der Beihilfe
- zu den Aufwendungen der Berufspflegekraft
  70 % von 572,00 € = 400,40 €
- Pauschalbeihilfe
  229,00 € abzüglich 68,70 € der privaten Pflegevers. = 160,30 €
  Gesamt 560,70 €

Aufwendungen für eine häusliche Pflege können auch mit Aufwendungen der teilstationären Pflege in Einrichtungen der Tages- und Nachtpflege kombiniert werden. Neben dem vollen Anspruch auf Tages- und Nachtpflege besteht dann noch ein hälftiger Anspruch auf die weiterhin zu Hause notwendige Pflege.

Exkurs 2: Anspruch auf freie Heilfürsorge

Die freie Heilfürsorge ist eine spezielle Form der Fürsorge des Dienstherrn gegenüber bestimmten Beamten. Sie wird in der Regel für Personen gewährt, deren Tätigkeit besonders gefahrgeneigt ist, wie z.B. Vollzugsbeamte der Bundespolizei, Polizisten, Berufs- und Zeitsoldaten, Beamte der Feuerwehren. Soldaten erhalten unentgeltliche truppenärztliche Versorgung. Bei Polizeibeamten der Länder gelten länderspezifische Regelungen.

Während der aktiven Dienstzeit beinhaltet die freie Heilfürsorge die Übernahme aller Leistungen einer medizinisch notwendigen Heilbehandlung (100 %ige Kostenerstattung der erstattungsfähigen Aufwendungen). Die freie Heilfürsorge wird nur für den Berechtigten selbst gewährt. Für seine berücksichtigungsfähigen Angehörigen (Ehefrau, Kinder) erhält er Beihilfe entsprechend den jeweils geltenden Beihilfevorschriften (Bundes- oder Landesvorschriften).

Personen, die Anspruch auf freie Heilfürsorge haben, sind nicht in der sozialen Pflegeversicherung versicherungspflichtig. Deshalb sind sie dazu verpflichtet, eine private Pflegepflichtversicherung abzuschließen.

Nach dem Ausscheiden aus dem aktiven Dienst erlischt der Anspruch auf freie Heilfürsorge und an deren Stelle tritt ein Beihilfeanspruch in Höhe von 70 %. Aus diesem Grund empfiehlt es sich, dass die Betroffenen schon während ihres Anspruchs auf Heilfürsorge eine Anwartschaftsversicherung für die später benötigten Quotentarife abschließen (vgl. E 2.5.8).

Beispiel:

Herr Kurz ist Polizist in Stuttgart. Er erhält durch seinen Dienstherrn (Land Baden-Württemberg) freie Heilfürsorge. Ehefrau Gerlinde ist nicht berufstätig. Ihr steht somit ein Beihilfeanspruch von 70 % zu. Für seine beiden Kinder Klaus (10 Jahre) und Anna (8 Jahre) hat Herr Kurz einen Beihilfeanspruch von jeweils 80 %. Sobald Herr Kurz aus dem aktiven Dienst ausscheidet erlischt der Anspruch auf freie Heilfürsorge. Er erhält dann einen Beihilfeanspruch von 70 %.

6.3 Leistungsberechnung

Aufgabe der Leistungsbearbeitung in der PKV ist die Prüfung der Leistungspflicht des VR und die Ermittlung der Versicherungsleistung (Leistungsberechnung). Bei der Prüfung der Leistungspflicht sind insbesondere folgende Aspekte des Versicherungsverhältnisses dem Grunde nach zu prüfen:

- versicherte Personen
- Versicherungsbeginn
- Wartezeiten
- Karenzzeiten
- Verletzung gesetzlicher und vertraglicher Obliegenheiten (z.B. Verletzung der vorvertraglichen Anzeigepflicht)
- generelle und individuelle Leistungsausschlüsse
- Beitragszahlung (z.B. Zahlungsverzug)

Für die Leistungsberechnung sind zur Ermittlung der Erstattungsbeträge u.a. die gewählten Tarifarten, vereinbarte Selbstbehalte und die Prüfung der Belege (z.B. hinsichtlich GOÄ, GOZ, BPflV) zu berücksichtigen.

Beispiel:

Der selbstständige Handwerksmeister Hans Möller ist seit 01. Jan. d. J. (technischer Beginn) privat krankenversichert. Für Herrn Möller besteht eine Krankheitskosten-Vollversicherung (Tarife: A0, S1, Z1), eine Krankentagegeldversicherung in Höhe von 70,00 € pro Tag (ab dem 15. Tag der Arbeitsunfähigkeit), eine Krankenhaustagegeldversicherung von 50,00 €/Tag und die Pflegepflichtversicherung.

Leistungsausschlüsse sind keine vereinbart. Dem Vertrag liegen die bedingungsgemäß vorgesehenen Wartezeiten zugrunde.

Herr Möller reicht am Ende des ersten Versicherungsjahres folgende Belege ordnungsgemäß beim VR ein:

- Ambulante Heilbehandlung 28. März – 08. April d. J.
  Diagnose: grippaler Infekt 204,70 €
  Behandlungstage: 28. März d. J. 120,40 €
  08. April d. J. 84,30 €
- Rezept vom 28. März d. J. 64,80 €
- Zahnbehandlung am 24. Juni d. J. 214,35 €
- Stationäre Behandlung vom 10. Juli – 20. Juli d. J.
  Diagnose: Leistenbruch, einseitig
  Krankenhausrechnung mit Einbettzimmerzuschlag 4 837,20 €
  Rechnung über wahlärztliche Leistungen 1 250,40 €
- Arbeitsunfähigkeitsbescheinigung vom 10. Juli – 04. Aug. d. J.
- Rezept vom 24. Juli d. J. 215,45 €
- Zahnbehandlung am 30. Okt. d. J. 375,75 €
- Massagen aufgrund ärztlicher Verordnung 500,00 €

Ermitteln Sie die Erstattungsleistung des VR.

Lösung:

Erstattungsleistung für Herrn Möller

Tarifleistung	**Betrag**	**Erstattung**	
Ambulante Behandlung			
– ärztliche Behandlung	84,30 €		
– Rezept	215,45 €		
– Massagen (Heilmittel)	500,00 €	799,75 €	①
Stationäre Behandlung			
– Krankenhausrechnung	4 837,20 €		
– wahlärztliche Leistungen	1 250,40 €	6 087,60 €	
Zahnärztliche Behandlung			
– Zahnbehandlung		375,75 €	②
Krankenhaustagegeld vom 10. Juli – 20. Juli d. J.			
– 11 Tage · 50,00 €		550,00 €	③
Krankentagegeld vom 24. Juli – 04. Aug. d. J.			
– 12 Tage · 70,00 €		840,00 €	④
Erstattungsleistung insgesamt:		8 653,10 €	

Erläuterungen:

① Die Kosten für die ambulante Heilbehandlung vom 28. März d. J. und das Rezept vom 28. März d. J. fallen in die allgemeine Wartezeit von drei Monaten und werden daher nicht erstattet.

② Die Zahnbehandlung vom 24. Juni d. J. ist nicht erstattungsfähig. Die besondere Wartezeit von 8 Monaten ist hier noch nicht abgelaufen.

③ Beim Krankenhaustagegeld zählen der Aufnahmetag und der Entlassungstag jeweils als ein Tag.

④ Das Krankentagegeld wird nach Ablauf der vereinbarten 14 Karenztage für die gesamte Dauer der Arbeitsunfähigkeit gezahlt. Dabei gelten der erste Tag nach der Karenzzeit und der letzte Tag der Arbeitsunfähigkeit als jeweils ein Tag.

VVG § 192 (3)

Die Versicherer können zusätzliche Dienstleistungen vereinbaren. Diese bestehen insbesondere in Service, Beratung oder Unterstützung des Versicherungsnehmers im Zusammenhang mit der Erbringung versicherter Leistungen. Sie können unter anderem auch die Direktabrechnung mit den Leistungserbringern umfassen.

BGB § 195

In der PKV gilt eine Verjährungsfrist von drei Jahren.

6.4 Zusammentreffen verschiedener Kostenträger

In der PKV kann es vorkommen, dass der VN Ansprüche gegen mehrere bzw. verschiedene Kostenträger geltend machen kann. Dabei sind grundsätzlich folgende Konstellationen zu unterscheiden:

➤ PKV und PKV

Der VN hat seinen Krankenversicherungsrisiko bei mehreren PKV-Unternehmen gedeckt. In diesem Fall besteht die Gefahr der Mehrfachversicherung nach § 78 VVG und der Bereicherung nach § 200 VVG. Wenn der VN Krankheitskostenversicherungen abgeschlossen hat, die wenigstens teilweise deckungsgleichen Versicherungsschutz beinhalten, dann ist die Leistungspflicht wie folgt geregelt:

Der VN kann grundsätzlich wählen, bei welchem VR er die Rechnungen einreicht. Er erhält dann die tarifliche Entschädigung, maximal jedoch eine Entschädigung in Höhe der tatsächlich entstandenen Kosten. Der zuletzt in Anspruch genommene VR wird dann im Rahmen seiner tariflichen Leistung den restlichen Betrag, maximal bis zur Kostenspitze, übernehmen.

VVG § 78 (2)

Beispiel:

Herr Kramer hat zwei Krankheitskostenversicherungen bei dem VR A und VR B abgeschlossen. Er reicht im Leistungsfall zunächst die Originalbelege bei VR A ein und erhält die tarifliche Leistung. Anschließend reicht er die Rechnungskopien mit einem Vorleistungsvermerk bei VR B ein. Herr Kramer bekommt in der Summe jedoch nicht mehr als die tatsächlich entstandenen Kosten.

Die VR haben auf den im VVG vorgesehen internen Ausgleich untereinander verzichtet, um den relativ hoben Bearbeitungsaufwand zu vermeiden.

➤ PKV und GKV

Der VN hat meistens einen Grundversicherungsschutz bei der GKV und lediglich eine oder mehrere Ergänzungs- bzw. Zusatzversicherungen bei der PKV (z.B. Chefarztbehandlung, Ein- oder Zweibettzimmer im stationären Bereich bzw. ambulante oder zahnärztliche Zusatzversicherungen). Dieser Versicherungsschutz kann grundsätzlich unabhängig von der Vorleistung der GKV in Anspruch genommen werden.

Beispiel:

Frau Maier ist gesetzlich krankenversichert. Sie hat bei der Proximus Krankenversicherung AG eine Zusatzversicherung für stationäre Heilbehandlung abgeschlossen. Im Leistungsfall erhält Frau Maier nach Vorleistung der gesetzlichen Krankenversicherung die noch nicht gedeckten Aufwendungen ersetzt. Die GKV zahlt somit die Krankenhauskosten, während die PKV die Kosten für die Chefarztbehandlung und die Zuschläge für Ein- bzw. Zweibettzimmer (Wahlleistungen) übernimmt.

Falls die versicherte Person wegen desselben Versicherungsfalls einen Anspruch gegen mehrere erstattungspflichtige VR besitzt, sieht das VVG ein Bereicherungsverbot vor. Diese Regelung ist z.B. dann von Bedeutung, wenn zu einer Grundversicherung in der GKV ein Zusatztarif in der PKV besteht. Die gesamte Leistung der unterschiedlichen VR darf die Gesamtaufwendungen nicht übersteigen.

VVG § 200

➤ PKV und private Unfallversicherung

Die PKV ist gemäß einem Rundschreiben der BaFin vorleistungspflichtig, wenn der Versicherte einen Unfall erleidet und die AUB Leistungen hierfür vorsehen. Die PKV hat jedoch Regressmöglichkeiten, sofern ein Drittverschulden nachgewiesen werden kann.

➤ PKV und gesetzliche Unfallversicherung

Wenn der VN durch einen Arbeits- oder Wegeunfall geschädigt wird, dann ist die gesetzliche Unfallversicherung (Berufsgenossenschaft) vorleistungspflichtig.

MB/KK 2009 § 5 (3)

➤ PKV und Haftpflichtversicherung

Zwischen den vertraglichen Ansprüchen gegenüber der PKV und dem Schadenverursacher (bzw. dessen Haftpflichtversicherung) besteht Gleichrangigkeit. Tritt die PKV in Vorleistung, dann kann sie Regress beim Schadenverursacher bzw. dessen Haftpflichtversicherung nehmen. Es findet ein Übergang von Ersatzansprüchen nach § 86 VVG statt. Dies gilt jedoch nicht für die Krankenhaustagegeldversicherung. Hierbei handelt es sich um eine Summenversicherung, in der ein gesetzlicher Forderungsübergang nicht stattfindet.

Lernkontrollen zu E 6

Der gedehnte Versicherungsfall

1 Herr Müller hat zum 01. Jan. d.J. eine Krankheitskosten-Vollversicherung abgeschlossen. Er fühlt sich am 20. April d.J. unwohl (Halsbeschwerden) und geht am 22. April d.J. zum Arzt. Dieser bestellt Herrn Müller nochmals am 26. April d.J. zur Nachuntersuchung und schließt die Behandlung einer festgestellten Mandelentzündung bei einem weiteren Besuch am 30. April d.J. erfolgreich ab.

a) Was gilt in der PKV als Versicherungsfall?

b) Inwieweit liegt nach dem o.a. Sachverhalt ein »gedehnter Versicherungsfall« vor? Belegen Sie Ihre Antwort auch mit Kalenderdaten.

Leistungsabrechnung

Behandlungsfälle

2 Für Herrn Werner Mai besteht bei der Proximus Krankenversicherung AG eine Krankheitskosten-Vollversicherung. Herr Mai reicht einen Erstattungsantrag mit den folgenden sechs Belegen ein:

Beleg Nr. 1
ambulante ärztliche Behandlungen: 12. Juli bis 16. Juli d. J.
Diagnose: akute Magenschleimhautentzündung

Beleg Nr. 2
stationärer Krankenhausaufenthalt: 29. März bis 04. April d. J.
Diagnose: operative Entfernung der Mandeln

Beleg Nr. 3
ambulante ärztliche Behandlungen: 04. Febr. bis 17. Febr. d. J.
Diagnose: Unterarmfraktur durch Unfall

Beleg Nr. 4
Zahnbehandlung: 12. Mai bis 20. Mai d. J.
kieferorthopädische Behandlung: 25. Mai d. J.

Beleg Nr. 5
ambulante ärztliche Behandlungen: 19. April bis 26. April d. J.
Diagnose: Bluthochdruck

Beleg Nr. 6
ambulante ärztliche Behandlungen: 18. Juni bis 30. Juni d. J.
Diagnose: grippaler Infekt

- **Auszug aus dem Vertragsspiegel**

Der Versicherungsakte entnehmen Sie folgende Daten:
– Versicherungsbeginn: 01. Jan. d. J.
– Vertragsgrundlage: MB/KK 2009
– Leistungsausschluss für Herz-Kreislauf- und Gefäßerkrankungen und deren Folgen

- **Arbeitsauftrag**

Prüfen Sie die Leistungspflicht des VR. Begründen Sie Ihre Entscheidung.

3 Als Mitarbeiter der Leistungsabteilung erhalten Sie einen Erstattungsantrag von Frau Elvira Horn.

Folgende Belege werden mit dem Erstattungsantrag eingereicht:

Beleg Nr. 1
ambulante ärztliche Behandlungen: 30. April bis 05. Mai d. J.
Diagnose: Mandelentzündung

Beleg Nr. 2
ambulante ärztliche Behandlungen: 08. November bis 21. November d. J.
Diagnose: Venenentzündung

Beleg Nr. 3
ambulante ärztliche Behandlungen: 12. Juni bis 25. Juni d. J.
Diagnose: Schwangerschaftsbeschwerden

Beleg Nr. 4
ambulante ärztliche Behandlung: 02. August d. J.
Diagnose: Schwangerschaftsbeschwerden

Beleg Nr. 5
akuter Asthmaanfall mit allergischem Schock: 22. November d. J.
Frau Horn ist bei Ihrem Unternehmen seit mehreren Jahren krankheitskostenvollversichert (Tarife A0, S1). Sie stellen fest, dass Frau Horn mit der Zahlung von zwei Monatsbeiträgen im Verzug war.

Auszug aus dem Vertragsspiegel

03. Juni d. J.	Zugang der 1. Mahnung nach § 193 (6) VVG beim VN
06. August d. J.	Zugang der 2. Mahnung beim VN mit Hinweis auf ein mögliches Ruhen des Vertrages
06. September d. J.	Feststellung, dass die Beitragsrückstände größer als ein Monatsbeitrag sind
18. Oktober d. J.	Mitteilung des Ruhens des Vertrages und Umstellung in den Notlagentarif zum 01. November d. J.
20. November d. J.	Begleichung der Beitragsrückstände einschließlich aller Kosten und Säumniszuschläge durch den VN (Zahlungseingang)

Arbeitsauftrag

Prüfen Sie die Leistungspflicht des VR und beurteilen Sie die Rechtslage.

4 Die GOÄ unterscheidet zwischen persönlichen Leistungen des Arztes und technischen Leistungen, die oft von Hilfskräften ausgeführt werden.

a) Welche Bandbreiten gibt es für die entsprechenden Gebührenbereiche?

b) Welche Bedeutung hat der so genannte Schwellenwert und wie hoch ist er jeweils?

c) Unter welchen Voraussetzungen dürfen die Regelhöchstsätze überschritten werden?

5 Sie sind Mitarbeiter/-in der Leistungsabteilung der Proximus Krankenversicherung AG. Am 14. November 2014 geht bei Ihnen folgende Aufstellung Ihres Versicherungsnehmers Bernd Müller ein:

1. Apothekenquittung vom 24. September 2014 über ein Kräuterbad 8,86 €.
2. Ambulante Behandlung am 22. Oktober 2014 während einer Dienstreise in San Fransisco, 48 US-Dollar (Diagnose: Magen-Darm-Infekt).
3. Ambulante Behandlung in der Zeit vom 12. Mai 2014 bis 10. Juni 2014 wegen einer starken Prellung der rechten Hand, 164,00 €.
4. Zahnarztrechnung vom 14. Dezember 2010 über eine Zahnbehandlung in Höhe von 865,00 € für die Zeit vom 24. November bis 29. November 2010.

Die Beträge stimmen mit den Originalrechnungen überein und entsprechen den Vorschriften der GOÄ und GOZ. Bernd Müller hat seit 1. März 2006 bei Ihnen eine Krankheitskostenvollversicherung mit den Tarifen A1, S1 und Z1.

- **Arbeitsauftrag**
  Notieren Sie, was Sie bei der Bearbeitung der jeweiligen Belege beachten müssen.

6 Sie sind Mitarbeiter/-in der Leistungsabteilung der Proximus Krankenversicherung AG und zuständig für die Ermittlung von Leistungsansprüchen der Versicherungsnehmer. Herr Sommer reicht Ihnen eine Zahnersatzrechnung über insgesamt 7 300,00 € ein (Aufteilung 1 100,00 € für konservierende, 2 270,00 € für prothetische und 150,00 € für kieferorthopädische Leistungen; Material- und Laborkosten für prothetische Leistungen 3 100,00 € und 680,00 € für Zahnbehandlung). Die Material- und Laborkosten werden jeweils den konservierenden und prothetischen Leistungen zugeordnet. Für Herrn Sommer besteht seit vier Jahren bei der Proximus Krankenversicherung AG eine Krankheitskostenvollversicherung mit folgenden Tarifen: A1, S1, Z2 und PVN.

- **Arbeitsauftrag**
  Zeigen Sie Herrn Sommer auf, wie sich der Erstattungsbetrag zusammensetzt.

7 Sie sind Mitarbeiter/-in der Leistungsabteilung der Proximus Krankenversicherung AG und erhalten von Ihrem Kunden, Herrn Peter Pauls, folgende Arztrechnung:

Prof. Dr. med. Peter Hensel 02.02.2015
Ärztehaus Göttingen
Hausbergstraße 14
37050 Göttingen

Herrn Peter Pauls
Fiedlerstraße 13
37065 Göttingen

Für ärztliche Leistungen erlaube ich mir **62,71 €** zu berechnen:

20. Oktober 2014	Beratung	4,66 €	2,3	10,72 €
	Untersuchung	5,83 €	3,0	17,49 €
21. Oktober 2014	Blutentnahme	2,33 €	1,8	4,19 €
	Injektion	2,33 €	4,5	10,49 €
	Untersuchung	5,83 €	3,4	19,82 €
Rechnungsbetrag				62,71 €

Prof. Dr. med. Peter Hensel

- **Arbeitsauftrag**
  Prüfen Sie die Rechnung und beurteilen Sie die Leistungspflicht des Versicherers.

8 Erläutern Sie, was unter Wahlleistungen zu verstehen ist.

9 Was versteht man unter »Belegärzten«?

10 Welche Gebührenminderungen sind bei Arztrechnungen im stationären Bereich vorzunehmen?

11 Herr Münch ist Bundesbeamter. Er erhält von seinem Dienstherrn eine Beihilfe.

a) Erläutern Sie den Begriff Beihilfe.

b) Welche Bemessungssätze (Beihilfesätze) sehen die Beihilfevorschriften des Bundes vor?

12 Der Bundesbeamte Fritz Schrader ist verheiratet und hat zwei Kinder im Alter von 10 und 12 Jahren. Frau Schrader ist nicht berufstätig.

a) Welchen Krankheitskostentarif empfehlen Sie Herrn Schrader und seiner Familie?

b) Welche Beihilfesätze stehen der Familie Schrader nach den Beihilfevorschriften des Bundes zu?

13 Der kaufmännische Angestellte Hans Muntermann hat bei der Proximus Krankenversicherung AG eine Krankheitskostenvollversicherung (Tarife: A1, S2, Z2, PVN) abgeschlossen. Versicherungsbeginn ist der 01. Jan. d. J. Aufgrund einer ärztlichen Untersuchung wird die allgemeine Wartezeit erlassen. Der Vertrag beinhaltet einen Risikozuschlag von 20 % für Herz-, Kreislauf- und Gefäßerkrankungen und deren Folgen. Für Herrn Muntermann besteht zudem eine Krankenhaustagegeldversicherung in Höhe von 50,00 €/Tag.

Herr Muntermann reicht der Krankenversicherung am 30. Sept. d. J. folgende Belege ein:

– ärztliche Behandlung am 15. Febr. d. J. Diagnose: Mandelentzündung	140,60 €
– Rezept vom 15. Febr. d. J.	124,80 €
– ärztliche Behandlungen vom 10. März – 03. April d. J. Diagnose: Herzrhythmusstörungen	570,90 €
– Rechnung des Stadtkrankenhauses für stationäre Heilbehandlung vom 10. Juli – 13. Aug. d. J. Diagnose: Hüftgelenkoperation	5 374,10 €
– zahnärztliche Behandlungen vom 20. Mai – 15. Juni d. J.	1 240,60 €
– Krankengymnastik aufgrund ärztlicher Verordnung 15. Aug.–20. Sept. d. J.	750,00 €

Berechnen Sie die Erstattungsleistung des Versicherers.

14 Der Gymnasiallehrer Hans Hahn, Beamter, hat für sich und seine Familie einen Quotentarif abgeschlossen, der die Differenz zwischen Beihilfe und Krankheitsaufwendungen voll abdeckt. Herr Hahn erhält für sich und seine Ehefrau Renate von seinem Dienstherrn eine Beihilfe in Höhe von je 70 %. Für die beiden Kinder Florian und Nina steht ihm ein Beihilfeanspruch von 80 % pro Kind zu.

Herr Hahn reicht seinem Versicherer folgende Rechnungen zur Erstattung ein:

Kostenart	Ehemann	Ehefrau	Florian	Nina
Arzneimittel	40,20 €	80,10 €	140,10 €	–
ambulante Behandlung	340,50 €	620,40 €	410,20 €	120,40 €
Zahnbehandlung	140,80 €	–	250,70 €	315,70 €
Hilfsmittel	–	–	–	200,00 €

Erstellen Sie die Leistungsabrechnung des Versicherers.

15 Die selbstständige Friseurmeisterin Inge Wedel hat eine Krankheitskosten-Vollversicherung abgeschlossen, die für ambulante Leistungen eine Kostenerstattung von 80 % bis 2 000,00 € vorsieht, darüber hinaus 100 % Erstattung pro Kalenderjahr. Frau Wedel hat bisher im Kalenderjahr bereits Rechnungen in Höhe von 1 390,20 € bei ihrem Versicherer eingereicht.

Welche Kostenerstattung leistet der Versicherer, wenn Frau Wedel im gleichen Kalenderjahr eine weitere Rechnung für ambulante Heilbehandlung in Höhe von 770,30 € vorlegt?

16 Der selbstständige Architekt Fritz Schulze ist seit dem 01. Jan. d.J. (technischer Beginn) privat krankenversichert. Für ihn besteht eine Krankheitskosten-Vollversicherung (Tarife: A1, S1, Z1, PVN). Es gelten die bedingungsgemäß vorgesehenen Wartezeiten.

Beim Skifahren Anfang Januar im schweizerischen Wintersportort Davos erleidet Herr Schulze einen komplizierten Beinbruch, der einen stationären Krankenhausaufenthalt vom 10. Jan. bis 24. Jan. d.J. am Urlaubsort notwendig macht.

Die Rechnung des Bezirkskrankenhauses Davos lautet über 3 000,00 CHF. Rechnungsdatum: 24. Jan. d. J.

Herr Schulze reicht diese Rechnung am 10. April d.J. bei seinem VR ein. Wie hoch ist die Entschädigungsleistung des VR unter Zugrundelegung des Referenzkurses einer Bank (Kurs: 1 € = 1,6021 CHF)?

17 Frau Kreutzer ist Pflichtmitglied in der gesetzlichen Krankenversicherung. Im Rahmen einer Zusatzversicherung besteht für sie bei einem privaten Krankenversicherer eine Krankenhaustagegeldversicherung von 30,00 €/Tag und eine Krankentagegeldversicherung ab dem 43. Tag der Arbeitsunfähigkeit in Höhe von 20,00 € pro Tag.

Frau Kreutzer ist vom 20. Aug. bis 03. Nov. d.J. wegen einer rätselhaften Virusinfektion erkrankt. Eine Arbeitsunfähigkeitsbescheinigung des Hausarztes liegt vor. In der Zeit vom 05. Sept. bis 19. Sept. d.J. befand sich Frau Kreutzer zudem in stationärer Behandlung.

Wie hoch ist die Versicherungsleistung durch den VR?

18 Sie sind Mitarbeiter/-in der Leistungsabteilung der Proximus Krankenversicherung AG. Am 17. April 2015 gingen folgende Rechnungen von Frau Göbel ein:

a) Ambulante Behandlung im Krankenhaus 06.09.2014
Diagnose: Schulterzerrung (selbstverschuldeter Unfall beim Skifahren)

b) Stationärer Aufenthalt vom 28.09.2014 bis 03.10.2014
Diagnose: Blinddarmentzündung – Appendektomie

c) Zahnbehandlung vom 12.11.2014 – 24.11.2014
Zahnersatz vom 26.11.2014 – 30.11.2014

d) Ambulante ärztliche Behandlung vom 27.10.2014 – 02.11.2014
Diagnose: Bluthochdruck

e) Ambulante ärztliche Behandlung vom 10.11.2014. – 18.11.2014
Diagnose: akute Bronchitis

f) Ambulante ärztliche Behandlung vom 20.12.2014 – 31.12.2014
Diagnose: »Hexenschuss« (Lumbago)

Alle Rechnungen sind ordnungsgemäß erstellt und entsprechen den Vorschriften der GOÄ.

Ihnen liegen folgende Vertragsdaten vor:

	Name	Vorname	Geburts-datum	Beruf	A = Angestellte/-r, AR = Arbeiter/-in S = Selbstständig B = Beamtin/-er
Vers.-Nehmer	Göbel	Sieglinde	06.05.1980	Verlagskauffrau	A
Ehepartner					
Kinder					
Anschrift	An der Burg 3, 30625 Hannover				

Versicherungsnachweis:			
Vers.-Nummer	44668800	vom:	16.03.2012
Bedingungen	MB/KK, MB/KT, MB/PPV		
Beginn	01.07.2012 3 Jahre Vorversicherung bei AOK nachgewiesen		
Ablauf	zum Ende des jeweiligen Kalenderjahres		
Zahlungsweise	monatlich		
Beitrag / Rate	378,54 €		
Beitragskonto	ausgeglichen		

Versicherte Personen:		VN	Ehepartner	Kind 1	Kind 2
Pflegepflichtversicherung Beitrag		ja			
Vollkosten		ja			
Tarif	Stationär	S1			
	Ambulant / Selbstbeteiligung	A2			
	Zahn / Selbstbeteiligung	Z1			
	Krankenhaustagegeld	25 €			
	Krankentagegeld ab 43. Tag	50 €			

Im Neuaufnahmeantrag vom Mai 2012 waren keine Vorerkrankungen angegeben.

Eine Arztrückfrage ergab, dass sich Frau Göbel wegen Bluthochdrucks seit 2010 und wegen Blinddarmreizungen seit März 2012 laufend in Behandlung befand. Frau Göbel hatte dies bei der Antragstellung nicht angegeben. Es wurden bis heute noch keine Rechnungen dafür eingereicht.

- **Arbeitsauftrag**

  Beurteilen Sie die Rechtslage und erläutern Sie die Konsequenzen.

Pflegefälle

Zum Leistungsumfang siehe auch E 2.4.2 c

19 Frau Sommer ist privat pflegepflichtversichert (Tarif PVN). Sie wird nach einem Schlaganfall pflegebedürftig und in Pflegestufe I eingestuft. Die häusliche Pflege erfolgt durch die ökumenische Sozialstation am Wohnort. Frau Sommer erhält von der Sozialstation eine Rechnung für den Zeitraum 01. Mai – 31. Mai d.J. in Höhe von 490,00 €.

Welche Leistung erbringt die private Pflegeversicherung?

20 Ein allein lebender Ruhestandsbeamter (Beihilfesatz 70 %) erleidet einen Schlaganfall und wird pflegebedürftig nach Pflegestufe II. Die häusliche Pflege wird von einer anerkannten Pflegeeinrichtung wahrgenommen.

a) Welche Leistung erbringt die Pflegeversicherung für den Monat April, wenn der anerkannte Pfleger einen Tagessatz von 40,00 € berechnet?

b) Wie hoch ist die Leistung der Pflegeversicherung im Monat April, wenn der Pfleger nur 30,00 € pro Tag berechnen würde?

21 Sebastian Hofmann leidet unter einer spastischen Lähmung. Er wird als Schwerstpflegebedürftiger in Pflegestufe III eingestuft. Sein Vater Karl Hofmann ist Lehrer im Beamtenverhältnis. Herr Hofmann hat Anspruch auf Beihilfe für seinen Sohn Sebastian in Höhe von 80 %. Die häusliche Pflege übernimmt Herr Hofmann gemeinsam mit seiner Ehefrau Marianne, soweit sich der Sohn nicht im Internat für spastisch gelähmte Jugendliche befindet.

a) Berechnen Sie die Höhe des Pflegegeldes aus der privaten Pflegepflichtversicherung, wenn die häusliche Pflege durch die Eltern an 12 Kalendertagen im Monat erfolgt.

b) Auf welchen Betrag wird die Beihilfe für Sebastian festgesetzt?

22 Ein verheirateter Architekt wird pflegebedürftig nach Pflegestufe III. Seine als Krankenschwester ausgebildete Ehefrau wird die häusliche Pflege übernehmen. Als technisches Hilfsmittel wird ein Bettlift zum Preise von 700,00 € benötigt, der nicht ausgeliehen werden kann. Welche Leistungen kann der Architekt aus der privaten Pflegepflichtversicherung erwarten?

23 Sie sind Mitarbeiter/-in der Leistungsabteilung der Proximus Krankenversicherung AG (Bereich private Pflegeversicherung). Sie erhalten von Ihrer Versicherungsnehmerin, Frau Scherer, eine Anfrage zu Leistungen der Pflegepflichtversicherung. Frau Scherer leidet an chronischen Angstzuständen, die gemäß den vorliegenden Unterlagen nach ärztlichem Gutachten nachgewiesen wurden. Deshalb braucht sie ständig eine ihr vertraute Person in ihrer Nähe, auch nachts, sonst kann sie diese Angstzustände nicht ertragen. Wenn sie allein ist, treten Panikattacken auf und es muss sofort der Notarzt gerufen werden. Es erfolgt dann umgehend eine Klinikeinweisung. Ansonsten ist Frau Scherer gesund und es zeigen sich keine weiteren Funktionsbeeinträchtigungen.

- **Arbeitsauftrag**
  Bearbeiten Sie die Anfrage und begründen Sie Ihre Entscheidung.

24 Sie sind Mitarbeiter/-in der Leistungsabteilung der Proximus Krankenversicherung AG. Sie erhalten eine Nachricht Ihres Kunden Werner Baffer.

Werner Baffer ist Beamter im Ruhestand, alleinstehend. Er erlitt einen schweren Schlaganfall. Dadurch wird er pflegebedürftig und der medizinische Dienst bescheinigt ihm die Pflegestufe II. Er wird zu Hause durch Pflegekräfte einer anerkannten Einrichtung gepflegt. Nun möchte Herr Baffer wissen, wie viel seine private Pflegepflichtversicherung monatlich zahlt, da die Pflegekraft pro Tag 40,50 € berechnet.

- **Arbeitsauftrag**
  Erklären Sie Herrn Baffer die Höhe der Leistung.

25 Sie sind Mitarbeiter/-in der Leistungsabteilung der Proximus Krankenversicherung AG. Sie erhalten eine Nachricht Ihres Kunden Werner Baumgarten.

Werner Baumgarten ist Beamter im Ruhestand. Er erlitt im Januar 2015 einen schweren Schlaganfall. Dadurch wird er pflegebedürftig und der medizinische Dienst (Medicproof) bescheinigt ihm die Pflegestufe II. Er wird zu Hause durch Pflegekräfte einer anerkannten Einrichtung gepflegt. Nun möchte die Ehefrau von Herrn Baumgarten, Karin Baumgarten, wissen, wie viel seine private Pflegepflichtversicherung monatlich zahlt, da die Pflegekraft pro Tag 42,50 € berechnet.

Frau Baumgarten fragt ferner nach der Unterstützung bei der Anschaffung eines geeigneten Pflegebettes. Außerdem bittet sie um Informationen über einen evtl. behindertengerechten Umbau der Wohnung.

- **Arbeitsauftrag**
  Erklären Sie Herrn Baumgarten die Höhe der Pflegeleistung und beantworten Sie die Fragen von Frau Baumgarten.

7 Vertragsbeendigung

7.1 Übersicht und Rechtsquellen

Regelungen	MB/KK 2009	MB/KT 2009	MB/PPV 2014	VVG
Kündigung				
– durch VN	§ 13	§ 13	§ 13	§ 205
– durch VR	§ 14	§ 14	§ 14	§ 206
Rücktritt				
– schuldhafte Verletzung der vorvertraglichen Anzeigepflicht	–	–	–	§ 19
– Nichtzahlung des Erstbeitrages	–	–	–	§ 37
Anfechtung	–	–	–	§ 22
Sonstige Gründe				
– Tod des VN oder einer versicherten Person*	§ 15 (1)–(2)	§ 15 d	§ 15 (1)–(2)	§ 207 (1)
– Wegfall einer tariflichen Voraussetzung für die Versicherungsfähigkeit	–	§ 15 a	–	–
– Eintritt der Berufsunfähigkeit	–	§ 15 b	–	–
– Bezug von Altersrente/Vollendung des 65. Lebensjahres	–	§ 15 c	–	–
– Ablauf der Versicherungsdauer (nur bei kurzfristigen Verträgen)	–	–	–	–

* Bei Tod des VN können die mitversicherten Personen das Versicherungsverhältnis durch Benennung des künftigen VN binnen zweier Monate nach dem Tod des bisherigen VN fortsetzen.

Kündigt der VN das Versicherungsverhältnis gilt dies entsprechend. Die Kündigung ist nur wirksam, wenn die versicherte Person von der Kündigungserklärung Kenntnis erlangt hat. VVG § 207 (2)

Exkurs: Fortsetzung des Versicherungsverhältnisses bei Umzug ins Ausland

Die bisher als unverbindliche Empfehlung in § 15 Abs. 3 MB/KK 2009 enthaltene Fortsetzung des Versicherungsverhältnisses bei Wohnsitzverlegung in einen Mitgliedsstaat des Europäischen Wirtschaftsraumes ist jetzt gesetzlich verankert worden. Der Abschluss einer entsprechenden Vereinbarung ist nicht mehr erforderlich. Die Erstattungspflicht des VR wird begrenzt auf die im Inland zu erbringenden Leistungen. § 207 (3)

7.2 Kündigungsmöglichkeiten in der Krankheitskosten-, Krankenhaustagegeld- und Krankentagegeldversicherung

MB/KK 2009 MB/KT 2009 § 13 VVG § 205 (1)

a) Kündigung durch den VN

➤ Ordentliche Kündigung

Vorbehaltlich einer vereinbarten Mindestversicherungsdauer bei der Krankheitskosten- und bei der Krankenhaustagegeldversicherung kann der VN ein Krankenversicherungsverhältnis, das für die Dauer von mehr als einem Jahr eingegangen ist, zum Ende des ersten Jahres oder jedes darauf folgenden Jahres unter Einhaltung einer Frist von drei Monaten kündigen. Die Kündigung kann auf einzelne versicherte Personen oder Tarife beschränkt werden.

Der VN kann eine substitutive Krankenversicherung nach § 193 (3) S. 1 VVG nur dann kündigen, wenn er bei einem anderen Versicherer für die versicherte Person einen neuen Vertrag abschließt, der dieser Pflicht genügt.

VVG § 205 (6) MB/KK 2009 § 13 (7)

Eine Kündigung wird nur wirksam, wenn der VN innerhalb von zwei Monaten nach der Kündigungserklärung nachweist, dass die versicherte Person bei einem neuen Versicherer ohne Unterbrechung versichert ist. Für den Fall, dass der Termin, zu dem die Kündigung ausgesprochen wurde, mehr als zwei Monate nach der Kündigungserklärung liegt, muss der Nachweis bis zu dem Termin, zu dem gekündigt wurde, erbracht werden.

➤ Außerordentliche Kündigung

Der VN hat in folgenden Fällen ein außerordentliches Kündigungsrecht:

VVG § 205 (2)

- Wird eine versicherte Person kraft Gesetzes kranken- oder pflegeversicherungspflichtig, kann der VN binnen **drei Monaten** nach Eintritt der Versicherungspflicht eine Krankheitskosten-, eine Krankentagegeld- oder eine Pflegekrankenversicherung sowie eine für diese Versicherungen bestehende Anwartschaftsversicherung rückwirkend zum Eintritt der Versicherungspflicht kündigen. Die Kündigung ist unwirksam, wenn der VN dem VR den Eintritt der Versicherungspflicht nicht innerhalb von zwei Monaten nachweist, nachdem der VR ihn hierzu in Textform aufgefordert hat. Diese Rechtsfolge tritt nicht ein, wenn der VN die Versäumung der Frist nicht zu vertreten hat. Macht der VN von seinem Kündigungsrecht Gebrauch, steht dem VR die Prämie nur bis zu diesem Zeitpunkt zu. Die gleiche Regelung gilt für den Übertritt in die Familienversicherung und den Eintritt des Anspruchs auf freie Heilfürsorge.
- In der Krankheitskosten- und Krankenhaustagegeldversicherung kann der VN bei altersbedingter Umtarifierung kündigen, wenn sich dadurch der Beitrag erhöht.

  Eine Umtarifierung entsteht in der Regel beim Wechsel vom Jugendlichen- zum Erwachsenenbeitrag.

§ 205 (4) MB/KK 2009 § 13 (5)

- Wenn der VR für bestehende Versicherungsverhältnisse die **Beiträge erhöht** oder die **Leistungen vermindert,** kann das Versicherungsverhältnis hinsichtlich der betroffenen versicherten Person innerhalb von zwei Monaten nach Zugang der Änderungsmitteilung zum Zeitpunkt des Wirksamwerdens der Änderung gekündigt werden.

  Wird der Beitrag aufgrund einer Beitragsanpassungsklausel erhöht, gilt das Recht zur Kündigung ebenfalls.

- Wenn der VR von der Möglichkeit Gebrauch macht, die Kündigung auf einzelne Personen oder Tarife zu beschränken oder die Anfechtung oder den Rücktritt nur für einzelne versicherte Personen oder Tarife zu erklären, hat der VN das Recht, innerhalb von zwei Wochen nach Zugang dieser Erklärung die Aufhebung des übrigen Teils der Versicherung zum Schluss des Monats zu verlangen, in dem ihm die Erklärung des Versicherers zugegangen ist. Bei Kündigung kann der VN die Aufhebung zu dem Zeitpunkt verlangen, in dem sie wirksam wird.

  Die Kündigung des VN ist nur wirksam, wenn alle von diesem Vertrag betroffenen versicherten Personen von der Kündigung Kenntnis erlangt haben. Wenn der VN das Versicherungsverhältnis insgesamt oder für einzelne Personen kündigt, dann haben die versicherten Personen das Recht, das Versicherungsverhältnis unter Benennung eines künftigen VN fortzusetzen. Die Erklärung muss innerhalb von zwei Monaten nach der Kündigung abgegeben werden.

b) Kündigung durch den VR

MB/KK 2009 MK/KT 2009 § 14 VVG § 206 (1), (2), (4)

➤ Ordentliche Kündigung

- Jede Kündigung einer Krankheitskostenversicherung, welche eine Pflicht nach § 193 Abs. 3 Satz 1 VVG erfüllt, ist durch den Versicherer ausgeschlossen.

  Damit soll dem Umstand Rechnung getragen werden, dass der VN aufgrund der altersbedingt zu erwartenden Verschlechterung seines Gesundheitszustands den Versicherer nicht mehr wechseln kann und eine aufgebaute Alterungsrückstellung nicht mehr verlieren soll

- Die ordentliche Kündigung einer Krankheitskosten-, Krankentagegeld- und einer Pflegekrankenversicherung durch den Versicherer ist ausgeschlossen, wenn die Versicherung ganz oder teilweise den im gesetzlichen Sozialversicherungssystem vorgesehenen Kranken- oder Pflegeversicherungsschutz ersetzen kann.
- Die ordentliche Kündigung ist ferner ausgeschlossen für eine Krankenhaus-Tagegeldversicherung, die neben einer Krankheitskostenvollversicherung besteht.
- Eine Krankentagegeldversicherung, für die kein gesetzlicher Anspruch auf einen Beitragszuschuss des Arbeitgebers besteht, kann der VR in den ersten drei Jahren unter Einhaltung einer Frist von drei Monaten zum Ende eines jeden Versicherungsjahres kündigen.
- Liegen bei einer Krankenhaustagegeldversicherung oder einer Krankheitskostenteilversicherung die Voraussetzungen des § 206 Abs. 1 VVG nicht vor, kann der VR das Versicherungsverhältnis nur innerhalb der ersten drei Versicherungsjahre zum Ende eines Versicherungsjahres kündigen. Die Kündigungsfrist beträgt drei Monate.
- Die ordentliche Kündigung eines Gruppenversicherungsvertrages, der Schutz gegen das Risiko Krankheit enthält, ist durch den VR zulässig, wenn die versicherten Personen die Krankenversicherung unter Anrechnung der aus dem Vertrag erworbenen Rechte und der Alterungsrückstellung zu den Bedingungen der Einzelversicherung fortsetzen können.

➤ Außerordentliche Kündigung wegen Zahlungsverzuges

Für alle Kranken- und Pflegeversicherungsverträge, welche **nicht** der Pflicht zur Versicherung nach § 193 Abs. 3 Satz 1 VVG unterliegen, gilt folgende Regelung:

Wird eine Krankheitskostenversicherung oder eine Pflegekrankenversicherung vom VR wegen Zahlungsverzugs des VN wirksam gekündigt, sind die versicherten Personen berechtigt, die Fortsetzung des Versicherungsverhältnisses unter Benennung des künftigen VN zu erklären. Die Prämie ist ab Fortsetzung des Versicherungsverhältnisses zu leisten. Die versicherten Personen sind vom VR über die Kündigung und die Rechtsfolgen zu informieren. Das Kündigungsrecht endet zwei Monate nach dem Zeitpunkt, zu dem die versicherte Person Kenntnis von diesem Recht erlangt hat. § 206 (3)

7.3 Kündigungsmöglichkeiten in der privaten Pflegepflichtversicherung

MB/PPV 2014 § 13

a) Kündigung durch den VN

- Wird eine versicherte Person in der sozialen Pflegeversicherung versicherungspflichtig, so kann der VN die private Pflegepflichtversicherung dieser Person binnen zwei Monaten seit Eintritt der Versicherungspflicht rückwirkend zu deren Beginn kündigen. Später kann der VN die private Pflegepflichtversicherung der betroffenen Person nur zum Ende des Monats kündigen, in dem er den Eintritt der Versicherungspflicht nachweist.
- Endet für eine Person die private Krankenversicherung, auf die die Pflegepflichtversicherung gefolgt ist (vgl. E 2.4.1), so kann letztere mit Dreimonatsfrist zum Ende des Versicherungsjahres gekündigt werden.

  Der VN muss innerhalb von sechs Monaten den Abschluss einer anderen privaten Pflegepflichtversicherung nachweisen, da ansonsten eine Meldung an das Bundesversicherungsamt zu erstatten ist.
- Ein Kündigungsrecht besteht ferner bei einer Beitragserhöhung durch Umtarifierung oder Beitragsanpassung oder Leistungsminderung. Der Abschluss einer neuen privaten Pflegepflichtversicherung ist nachzuweisen.

§ 14

b) Kündigung durch den VR

SGB XI § 110 (1)

Eine Beendigung der privaten Pflegepflichtversicherung durch Kündigung seitens des VR ist nicht möglich, solange der Kontrahierungszwang (vgl. A 2.4.1 d) nach SGB XI besteht.

Lernkontrollen zu E 7

Vertragsbeendigung

1

Sie sind Mitarbeiter der Proximus Krankenversicherung AG und dort in der Vertragsabteilung tätig. Am 15. November 2014 hat Ihr Unternehmen allen Kunden schriftlich mitgeteilt, dass die Beiträge für ihre Krankenheitskosten-Vollversicherung mit Wirkung vom 01. Januar 2015 um 12 % erhöht werden müssen. Der VN Fritz Klein ist über eine derartige Beitragserhöhung verärgert. Er teilt Ihnen daher telefonisch mit, dass er seine seit über zehn Jahren bestehende Krankheitskosten-Vollversicherung mit sofortiger Wirkung kündigen will.

- **Arbeitsauftrag**

a) Prüfen Sie, ob Herr Klein den bestehenden Vertrag bei Ihrem Unternehmen kündigen kann. Begründen Sie Ihre Aussage.

b) Welche Nachteile wären mit einer Kündigung verbunden?

2 Sie erhalten das folgende Schreiben Ihres VN Walter Müller am 14. März d. J.:

»Sehr geehrte Damen und Herren,

hiermit kündige ich meine private Krankenversicherung und die Versicherung meiner Ehefrau zum Ende des vergangenen Jahres, da ich mit Beginn des neuen Jahres wieder versicherungspflichtig geworden bin. Ich gehe davon aus, dass meine Ehefrau zukünftig bei mir in der gesetzlichen Krankenversicherung mitversichert ist.

Bitte überweisen Sie die durch Lastschrift einbehaltenen Monatsbeiträge für Januar, Februar und März wieder auf mein Konto zurück.«

- **Vertragsspiegel**

Vertrag des VN Walter Müller, kfm. Angestellter:

Krankheitskosten-Vollversicherung (Tarife: A1, S2, Z1)

Krankentagegeld 60,00 € ab dem 43. Tag

Pflegepflichtversicherung PVN

Vertrag der Versicherungsnehmerin Kerstin Müller, Beamtin:

Krankheitskosten-Vollversicherung (Tarife: 50BA/BZ, 50BS)

Pflegepflichtversicherung PVB

- **Arbeitsauftrag**

Verfassen Sie das Antwortschreiben. Gehen Sie auf die Kündigung ein und zeigen Sie auf, ob und wie der private Krankenversicherungsschutz fortgeführt werden kann.

3 Sie sind Mitarbeiter/-in der Vertragsabteilung der Proximus Krankenversicherung AG. In Ihrer Eingangspost befindet sich folgendes Schreiben:

> *Sandra Krämer* 23. November 2015
>
> *Proximus Krankenversicherung AG*
> *Proximus-Allee 6*
> *80333 München*
>
> *Sehr geehrte Damen, sehr geehrte Herren,*
>
> *hiermit kündige ich meinen Vertrag zum nächstmöglichen Termin.*
>
> *Mit freundlichen Grüßen*
> *Sandra Krämer*

Dem Bildschirm entnehmen Sie folgende Daten:

> VN/VP: Sandra Krämer, geb. 07. Juni 1979
> VP: Volker Krämer, geb. 29. Nov. 1977
> Vollversicherung, KHT, KT, PPV seit 1. Jan. 2010
> Beitragserhöhung in Vollversicherung angekündigt zum 1. Jan. 2016; Zugang beim VN am 12. Nov. 2015
> Die Kundin konnte trotz intensiver Bemühungen des Außendienstmitarbeiters von einer Bestandserhaltung nicht überzeugt werden.

- **Arbeitsauftrag**
  Prüfen und bearbeiten Sie das Kündigungsschreiben (mit Begründungen).

4 Ein Versicherungsnehmer beabsichtigt, seine private Pflegepflichtversicherung zu kündigen. Unter welchen Voraussetzungen ist eine solche Kündigung möglich?

5 Welche rechtlichen Möglichkeiten hat der VR, wenn der VN die vorvertragliche Anzeigepflicht schuldhaft verletzt hat?

6 Kann der VR unter Umständen einen bestehenden Vertrag auch anfechten? Begründen Sie Ihre Aussage.

7 Sie sind Mitarbeiter/-in der Vertragsabteilung der Proximus Krankenversicherung AG. Ihnen liegt folgender Sachverhalt vor:

> Frau Kleinschmitt teilt Ihnen am 08. März 2016 mit, dass ihr Ehemann Volker am 04. März 2016 plötzlich verstorben ist. Frau Kleinschmitt will nun wissen, welche Auswirkungen sich durch den Tod ihres Ehemannes auf das Versicherungsverhältnis mit der Proximus Krankenversicherung AG ergeben.
>
> Aufgrund der Bildschirmabfrage stellen Sie fest, dass Herr Kleinschmitt Versicherungsnehmer war und seine Ehefrau Sonja versicherte Person. Für beide Personen bestehen jeweils folgende Tarife: A1, S1, Z2, PVN, KHT 30,00 €. Versicherungsbeginn ist der 01. Juli 1993. Der Beitrag wurde von Herrn Kleinschmitt ordnungsgemäß entrichtet

- **Arbeitsauftrag**
  Notieren Sie sich in Stichworten, was Sie Frau Kleinschmitt in einer schriftlichen Mitteilung antworten werden.

Lernsituationen

Kunden über die Absicherung im Krankheits- und Pflegefall beraten

Lernsituation 1:

»Lohnt sich für mich der Wechsel zur privaten Krankenversicherung?«

Der Diplom-Informatiker Felix Kramer wurde am 1. Januar 2015 zum Abteilungsleiter befördert. Mit der Beförderung war gleichzeitig eine erheblich Gehaltserhöhung verbunden. Das neue Bruttogehalt von Herrn Kramer beträgt 4 800,00 € ab Januar 2015. Herr Kramer ist verheiratet und hat eine zweijährige Tochter. Ehefrau Helga Kramer arbeitet als Erzieherin im städtischen Kindergarten. Sie ist teilzeitbeschäftigt.

Herr Kramer, der bisher bei einer gesetzlichen Krankenkasse versichert war, erwägt den Wechsel zur privaten Krankenversicherung. Er bittet um ein Beratungsgespräch.

Kundendaten:

Bei dem Beratungsgespräch erfassen Sie zunächst folgende persönlichen Daten der Familie Kramer:

Name	Felix Kramer	Helga Kramer	Birgit Kramer
Geburtsdaten:	24. März 1981	21. März 1988	19. April 2012
Bruttoentgelt (monatlich)	4 800,00 €	1 600,00 €	–
Mitglied GKV (Ersatzkasse) seit:	1. Januar 2000	1. Mai 2005	19. April 2012
Gesundheitliche Beschwerden:	Heuschnupfen	keine	keine
Gewünschter PKV-Beginn:	1. Januar 2015	1. Januar 2015	1. Januar 2015

Arbeitsauftrag

1. Nehmen Sie eine Bedarfsanalyse vor und erstellen Sie ein Angebot.
2. Klären Sie Herrn Kramer über den Arbeitgeberzuschuss zur PKV auf.
3. Informieren Sie Herrn Kramer über seine Verbraucherrechte.
4. Erläutern Sie Herrn Kramer, wann und unter welcher Voraussetzung der Wechsel zur PKV grundsätzlich möglich ist, ferner die Bedeutung von Wartezeiten und die Möglichkeit einer eventuellen Anrechnung.

Lernsituation 2:

»Muss mein Versicherungsschutz angepasst werden?«

Für den Realschullehrer (Beamter) Emil Winter, seine Ehefrau Monika und die beiden Kinder Sandra und Christian besteht bei der Proximus Krankenversicherung AG seit vielen Jahren eine private Krankenversicherung mit beihilfekonformen Tarifen (Quotentarifen). Frau Winter ist nicht berufstätig. Herr Winter erhält von seinem Dienstherrn für sich und seine Ehefrau jeweils 70 % Beihilfe, den Kindern steht ein Beihilfeanspruch von 80 % je Kind zu.

Herr Winter teilt Ihnen in einem Schreiben mit, dass seine Ehefrau Monika in zwei Monaten eine Teilzeitbeschäftigung aufnehmen und dabei ein monatliches Bruttoentgelt von ca. 1 400,00 € erhalten wird. Dem Schreiben können Sie auch entnehmen, dass Tochter Sandra vor wenigen Tagen ihr Abitur bestanden hat und in etwa drei Monaten ein Studium in Berlin beginnen wird.

Vertragsdaten:

Lfd. Nr.	Name, Vorname Geburtsdatum Versicherungsbeginn	Tarif	Beitrag
01	Winter, Emil 24.März 1960 1. Aug.1986	30BA/BZ 30BS Pflegepflichtversicherung (PVB) Krankenhaustagegeld KHT (30 €/Tag)	72,33 € 39,74 € 9,66 € 10,08 €
02	Winter, Monika 21. März 1961 1. Jan. 1988	30BA/BZ 30BS Pflegepflichtversicherung (PVB) Krankenhaustagegeld KHT (30 €/Tag)	72,33 € 39,74 € 9,83 € 10,56 €
03	Winter, Sandra 19. Juni 1996 1. Juni 1996	20BA/BZ 20BS Pflegepflichtversicherung (PVB)	17,12 € 7,09 € 0,00 €
04	Winter, Christian 19. April 2000 1. April 2000	20BA/BZ 20BS Pflegepflichtversicherung (PVB)	17,12 € 7,09 € 0,00 €

Arbeitsauftrag

Prüfen Sie, wie der Versicherungsschutz an die neuen Gegebenheiten anzupassen ist und unterbreiten Sie einen Anpassungsvorschlag.

F Versicherungsaufsicht

1 Versicherungsaufsicht als Bestandteil der Finanzdienstleistungsaufsicht

1.1 Aufsichtsbereiche der Finanzdienstleistungsaufsicht

Bundesanstalt für Finanzdienstleistungsaufsicht (BaFin)		
Bankenaufsicht	**Versicherungsaufsicht**	**Wertpapieraufsicht/ Asset-Management**
• **Ziel:** Erhaltung der Funktionsfähigkeit des Kreditgewerbes • **Mittel:** – Erlaubnis zum Geschäftsbetrieb, – laufende Aufsicht – Meldepflichten	• **Ziele:** – Wahrung der Belange der Versicherten – Jederzeitige Erfüllbarkeit der Versicherungsverträge • **Phasen der Aufsicht:** – Erlaubnis zum Geschäftsbetrieb – Laufende Aufsicht (Missbrauchsaufsicht)	• **Ziel:** Funktionsfähigkeit deutscher Wertpapiere- und Derivatemärkte • **Aufgaben:** – Verfolgung von Insidergeschäften – Überwachungsfunktionen (z. B. Verhaltensregeln gegen Kunden, Übernahmeverfahren) – Aufsicht über Finanzdienstleister und Investmentbereiche – Zulassung und Überwachung von Hedge Fonds

Seit 1901 existiert in Deutschland für das Versicherungswesen eine Staatsaufsicht. Sie bestand bis 1994 als materielle Staatsaufsicht und hat sich mit der Einführung des EU-Binnenmarktes in eine **Missbrauchsaufsicht** gewandelt.

Die wichtigsten Änderungen mit Wirkung vom 29. Juli 1994 sind geradezu als Systemeinbrüche zu bewerten, vor allem die Abschaffung von Vorabkontrollen bzw. -genehmigungen von AVBen und Tarifen, da diese im EU-Binnenmarkt als wettbewerbshindernd galten.

1.2 Bundesanstalt für Finanzdienstleistungsaufsicht (BaFin) als Aufsichtsbehörde

Am 1. Mai 2002 wurden die früheren Aufsichtsämter für das Kreditwesen (BAKred), das Versicherungswesen (BAV) und den Wertpapierhandel (BAWe) zur **Bundesanstalt für Finanzdienstleistungsaufsicht (BaFin)** vereinigt. Der Gesetzgeber folgte damit in aufsichtsmäßiger Hinsicht der Entwicklung am Finanzmarkt; denn Banken, Finanzdienstleistungsinstitute und Versicherungsunternehmen hatten bereits verstärkt Allfinanzkonzepte aufgrund von Kundenwünschen entwickelt und entsprechende Produkte angeboten.

Die Bundesanstalt für Finanzdienstleistungsaufsicht ist eine selbstständige Anstalt des öffentlichen Rechts und unterliegt der Rechts- und Fachaufsicht des Bundesministeriums der Finanzen. Sie vereinigt die Aufsicht über Banken und Finanzdienstleister, Versicherer und den Wertpapierhandel unter einem Dach. Finanziert wird die Arbeit der BaFin aus Gebühren und Umlagen der beaufsichtigten Institute und Unternehmen.

Beaufsichtigt werden 1 854 Banken, 681 Finanzdienstleistungsinstitute, etwa 592 Versicherungsunternehmen und 30 Pensionsfonds, sowie 6 069 inländische Fonds und 78 Kapitalanlagegesellschaften (Stand: 31. Dezember 2012).

1.3 Ziele der Finanzdienstleistungsaufsicht

Es liegt im öffentlichen Interesse, ein funktionsfähiges und stabiles deutsches Finanzsystem zu gewährleisten, dem Bankkunden, Versicherte und Anleger vertrauen können. Das soll durch die Finanzdienstleistungsaufsicht erreicht werden.

Mit ihrer **Solvenzaufsicht** trägt die BaFin dazu bei, die Zahlungsfähigkeit von Kreditinstituten, Versicherern und Finanzdienstleistern sicherzustellen. Durch die **Marktaufsicht** werden ferner Verhaltensstandards gesetzt, die das Vertrauen der Anleger in die Finanzmärkte wahren. Zum **Anlegerschutz** gehört u. a., dass die BaFin unerlaubt betriebene Finanzgeschäfte bekämpft.

Ziele der Allfinanzaufsicht

- Funktionsfähigkeit des Finanzsektors
- Solvenzsicherung bei Banken, Finanzdienstleistungs- und Versicherungsunternehmen
- Schutz der Kunden, Versicherungsnehmer und Anleger

Gegenstand der weiteren Betrachtung im Rahmen dieses Lehrbuches ist die **Versicherungsaufsicht.**

2 Neufassung des Versicherungsaufsichtsgesetzes

2.1 Notwendigkeit der Modernisierung des Versicherungsaufsichtsgesetzes

Auszug aus der Drucksache 18/2956 des Deutschen Bundestages vom 22. Oktober 2014:

A. Problem und Ziel

Bereits 2009 hat die Europäische Union eine grundlegende und umfassende Modernisierung der Solvenzanforderungen an Versicherungsunternehmen beschlossen, die auch die Gesamtfinanzposition der Versicherungsunternehmen mit einbezieht sowie die derzeitigen Entwicklungen auf dem Gebiet des Versicherungswesens, des Risikomanagements, der Finanzierungstechniken, der internationalen Rechnungslegung und aufsichtlicher Standards berücksichtigt. 2014 wurde dieser Beschluss um besondere Regelungen für langfristige Verträge ergänzt und die Regelungen wurden in den Rahmen der mittlerweile geschaffenen europäischen Finanzaufsichtsstruktur eingebettet.

B. Lösung

Umsetzung der Richtliinie 2009/138/EG, mit den Änderungen durch die Richtlinie 2014/51/EU, durch eine konstitutive Neufassung des Versicherungsaufsichtsgesetzes.

Der **Gesetzentwurf** für das neue

Gesetz über die Beaufsichtigung der Versicherungunternehmen (Versicherungsaufsichtsgesetz – VAG)

wurde mit der vorerwähnten Bundestagsdrucksache vorgelegt. Das neue VAG soll am 01. Januar 2016 in Kraft treten.

2.2 Aufbau und bedeutende Neuerungen des modernisierten Versicherungsaufsichtsgesetzes

Der **Gesetzentwurf** gliedert das neue VAG in 8 Teile.

- **Teil 1: Allgemeine Vorschriften** (§§ 1–7 VAG-Entwurf)
  Hier werden u. a. geregelt: Geltungsbereich, Ausnahmen und Feststellung der Aufsichtspflicht, Freistellung von der Aufsicht, Begriffsbestimmungen.
- **Teil 2: Vorschriften für die Erst- und Rückversicherung** (§§ 8–220 VAG-Entwurf)
  Dieser Teil ist wiederum in 6 Kapitel gegliedert und die einzelnen Kapitel wiederum in Abschnitte.

  Kapitel 1 (§§ 8–73) regelt u. a: Zulassung und Ausübung der Geschäftstätigkeit, Geschäftsorganisation, Berichtspflichten, Zusammenarbeit mit Versicherungsvermittlern, Grenzüberschreitende Geschäftstätigkeit.

  Kapitel 2 (§§ 74–137) regelt die finanzielle Ausstattung. Exemplarisch sei hierzu genannt: Bewertung der Vermögenswerte, Wert der versicherungstechnischen Rückstellungen, Eigenmittel, Solvabilitätskapitalanforderung, Mindestkapitalanforderung, Anlagegrundsätze.

Kapitel 3 (§§ 138–170) enthält besondere Vorschriften für einzelne Versicherungszweige

Kapitel 4 (§§ 171–210) regelt den Versicherungsverein.

Kapitel 5 (§§ 211–220) hält Vorschriften für Kleine Versicherungsunternehmen und Sterbekassen bereit.

- **Teil 3: Sicherungsfonds** (§§ 221–231 VAG-Entwurf)
  Hier sind u. a. die Pflichtmitgliedschaft, Finanzierung, Rechnungslegung des Fonds und Zwangsmittel geregelt; denn durch den Sicherungsfonds sollen die Ansprüche der VN, versicherten Personen oder sonstigen Anspruchsberechtigten (z. B. Bezugsberechtigte in der Lebensversicherung) geschützt werden.
- **Teil 4: Einrichtungen der betrieblichen Altersvorsorge** (§§ 232–244 VAG-Entwurf)
  Gegenstand der Regelungen sind die Pensionskassen, Pensionsfonds und die grenzüberschreitende Geschäftstätigkeit von Einrichtungen der betrieblichen Altersversorgung.
- **Teil 5: Gruppen** (§§ 245–293 VAG-Entwurf)
  Hier ist die Beaufsichtung von Versicherungunternehmen in einer Gruppe geregelt. Dieser Gruppenaufsicht unterliegen u. a.:
  - Versicherungunternehmen, die beteiligte Unternehmen bei mindestens einem Versicherungsunternehmen eines Drittstaates sind,
  - Versicherungsunternehmen, deren Mutterunternehmen eine Versicherungs-Holdinggesellschaft mit Sitz in einem Mitglieds- oder Vertragsstaat der EU oder in einem Drittstaat ist.
- **Teil 6: Aufsicht: Aufgaben und allgemeine Befugnisse, Organisation** (§§ 294 – 330 VAG-Entwurf)
  Hier sind die Pflichten und Zuständigkeiten der Aufsichtsbehörde sowie die Zusammenarbeit der Aufsichtsbehörden im europäischen Wirtschaftsraum geregelt
- **Teil 7: Straf- und Bußgeldvorschriften** (§§ 331–334 VAG-Entwurf)
- **Teil 8: Übergangs- und Schlussbestimmungen** (§§ 335–355 VAG-Entwurf)

Viele Bestimmungen des derzeit noch gültigen VAG sind unverändert oder nur geringfügig modifiziert in den neuen VAG-Entwurf eingeflossen, allerdings aufgrund der neuen Gliederung an anderer Stelle als bisher. Den aufgrund der europäischen Vorgaben eingeflossenen Vorschriften liegt ein Drei-Säulen-Modell zu Grunde, dass demjenigen der Bankenaufsicht vergleichbar ist.

Säule 1 regelt u. a. die Eigenmittelanforderungen und die Kapitalanforderungen (Mindestkapital, Solvenzkapital – siehe z. B. §§ 74 ff. und §§ 250 ff).

Säule 2 regelt u. a. die Aufsicht über die Versicherungsunternehmen (siehe z. B. §§ 8 f. und §§ 273 ff.)

Säule 3 regelt die Anforderungen an Marktdisziplin, Transparenz und Veröffentlichungspflichten einschließlich des Meldewesens gegenüber den Aufsichtsbehörden (siehe z. B. §§ 40 ff. und §§ 275 ff.)

Im Mittelpunkt der nachstehenden Ausführungen steht die Zulassung und die laufende Beaufsichtigung der Versicherungsunternehmen anhand der noch aktuellen VAG-Gesetzeslage. Da die angesprochenen Bestimmungen der aktuellen Rechtslage im VAG-Entwurf keine nennenswerten Änderungen erfahren haben, wird bei den zitierten Paragraphen die neue Fundstelle im VAG-Entwurf ebenfalls vermerkt (kursiv dargestellt).

3 Gründe und Zweck der staatlichen Versicherungsaufsicht

3.1 Besonderheiten der Versicherungswirtschaft

Die Versicherungswirtschaft ist gegenüber anderen Wirtschaftsbereichen durch eine Reihe von Besonderheiten gekennzeichnet. Aufgrund der Erfahrung im Laufe der Entwicklung des Versicherungswesens und aus Zweckmäßigkeitsüberlegungen liegt eine Einschränkung des allgemeinen Prinzips der Gewerbefreiheit nahe. Dafür lassen sich vor allem zwei Gründe anführen:

- Versicherungsschutz bedeutet Versprechen auf Gefahrentragung. Die Versicherungsleistung bleibt damit zunächst unsichtbar, während der VN seinerseits die Beiträge im Voraus zu entrichten hat. Er muss sich daher darauf verlassen können, dass das VU im Schadensfall auch leisten kann. Ob das VU aber hierzu allen Erfordernissen genügt, wird der VN – insbesondere im Hinblick auf die besondere Kompliziertheit der Versicherungstechnik sowie der Bilanzierung und Rechnungslegung – kaum beurteilen können. Selbst ein Fachmann hat häufig Mühe, wenn er sich ein wirklich fundiertes Urteil über den finanziellen Status, die Bonität und Qualität eines VU bilden will. Hinzu kommt, dass das VU auch Dritten (Bezugsberechtigte, Geschädigte) gegenüber leistungspflichtig ist, die selbst keinen Einfluss auf die Wahl des VU haben.
- Der Kapitaleinsatz eines VU betrifft überwiegend Sicherheitsmittel (Rückstellung, Rücklagen). Die Gefahr, dass das Versicherungsangebot über die eigene Leistungsfähigkeit hinaus ausgedehnt wird – insbesondere durch Beitragsunterbietung bis zur Beitragsschleuderei –, ist damit sehr groß. Die Insolvenz eines VR hätte aber über den Einzelfall hinaus einen Vertrauensschwund für das gesamte Versicherungswesen zur Folge. Es würden sich daraus auch erhebliche Nachteile für die Gesamtwirtschaft ergeben, insbesondere, wenn man die hohe volkswirtschaftliche Bedeutung und den sozialen Charakter des Versicherungswesens berücksichtigt.

Gründe und Zweck der Versicherungsaufsicht lassen sich daher wie folgt zusammenfassen:

»Unsichtbarkeit« und nahezu unbegrenzte »Vermehrbarkeit« des Versicherungsangebots machen eine übergeordnete Kontrollinstanz erforderlich. Ihre Aufgabe ist es,

- unsolide Gründungen von Versicherungsunternehmen zu verhindern, VAG § 8 (1) Nr. 3 *VAG-Entwurf § 11 (1)*
- die dauernde Erfüllbarkeit von Versicherungsverträgen sicherzustellen,
- für eine Betriebsführung zu sorgen, die die Belange der Versicherten ausreichend absichert (Verbraucherschutz) bzw. zumindest eine unangemessene Benachteiligung der Versicherten verhütet,
- ein volkswirtschaftlich bedeutsames Kapitalsammelbecken zu kontrollieren.

3.2 Träger und Zuständigkeiten

a) Träger der Aufsicht

Träger der Versicherungsaufsicht auf Bundesebene ist die Bundesanstalt für Finanzdienstleistungsaufsicht (BaFin) mit zwei Dienstsitzen (Bonn und Frankfurt/Main).

Die BaFin ist eine dem Bundesfinanzminister nachgeordnete selbstständige Bundesbehörde, an deren Spitze ein Präsident steht.

Zu erwähnen sind hier insbesondere die fünf Fachabteilungen (fach- und spartenübergreifende Aufgaben, Aufsicht über die einzelnen Versicherungssparten). Zur Mitwirkung bei der Aufsicht ist ein Beirat berufen. Dem Beirat gehören Vertreter der einzelnen Versicherungszweige, der Versicherungsvermittler, der Versicherungsangestellten, der Versicherungswissenschaft, aber auch sachkundige VN aus fast allen Berufskreisen an (Industrie, Handel, Handwerk usw.). Der Beirat ist ehrenamtlich tätig und soll die Aufsichtsbehörde u. a. bei der Vorbereitung wichtiger Beschlüsse gutachterlich beraten.

Die BaFin ist zuständige Aufsichtsbehörde für

- private VU (Versicherungs-AG, VVaG),
- öffentlich-rechtliche Wettbewerbsanstalten, die über den Bereich eines einzelnen Bundeslandes hinaus tätig sind,
- Pensionskassen und Pensionsfonds.

Träger der Versicherungsaufsicht auf Landesebene ist die jeweils dazu bestimmte Landesbehörde, die in der Regel dem Wirtschaftsministerium untersteht. Sie ist zuständig für

- öffentlich-rechtliche Wettbewerbsanstalten, deren Tätigkeit sich auf ein Bundesland beschränkt **(= ursprüngliche Zuständigkeit)**,
- private VU, die wegen ihrer geringen wirtschaftlichen Bedeutung (z. B. kleine VVaG) der Landesbehörde zur Aufsicht übertragen worden sind **(= abgeleitete Zuständigkeit)**.

b) Aufsichtstatbestände

➤ Inländische Versicherungsunternehmen

VAG § 1 *VAG-Entwurf §§ 1,5*

- Der **uneingeschränkten Aufsicht** unterliegen alle inländischen Erst-VR, d. h. Unternehmen, die den Betrieb von Versicherungsgeschäften zum Gegenstand haben und nicht Träger der Sozialversicherung sind.

  Sehr kleine VVaG können, wenn eine Aufsicht zur Wahrung der Versichertenbelange von der Art der betriebenen Geschäfte nicht erforderlich erscheint, von der Aufsicht zum Teil oder ganz freigestellt werden. Aufsichtsfrei sind auch die Unterstützungseinrichtungen und Unterstützungsvereine der Berufsverbände, da sie keinen Rechtsanspruch auf Leistungen einräumen. Das Gleiche gilt für gewisse örtlich begrenzt tätige VU, die gegen pauschales Entgelt Naturalersatz leisten (z. B. Wartungsverträge).

- Von der Versicherungsaufsicht weitgehend ausgenommen **(beschränkte Aufsicht)** sind die inländischen Rückversicherungsaktiengesellschaften, weil die Internationalität dieses Zweigs nicht eingeengt werden soll. Außerdem stehen sich hier geschäftsgewandte Partner gegenüber, die keines besonderen Schutzes, wie das für Verbraucherrisiken notwendig ist, bedürfen.

  Während ausländische VU, die nur die Rückversicherung betreiben, überhaupt nicht der Aufsicht unterliegen, sind die inländischen Rück-VR einer beschränkten Aufsicht unterworfen. Sie werden hinsichtlich ihrer finanziellen Leistungsfähigkeit (Rechnungslegung) überwacht, um etwaige Gefährdungen von Erstversicherern rechtzeitig erkennen zu können.

➤ Versicherungsunternehmen eines Drittstaates

VAG § 105 ff. *VAG-Entwurf § (1) Nr. 1 i. V. m. § 7 Nr. 34*

VU eines Drittstaates bedürfen der Erlaubnis, wenn sie im Inland das Erstversicherungsgeschäft betreiben wollen. Sie haben hier eine Niederlassung zu errichten und für diese einen Hauptbevollmächtigten zu bestellen.

Drittstaat im Sinne des VAG ist jeder Staat, der nicht Mitgliedsstaat der Europäischen Union oder Vertragsstaat des Abkommens über den Europäischen Wirtschaftsraum ist.

➤ Versicherungsunternehmen eines Herkunftsmitgliedstaates

VU aus Herkunftsmitgliedstaaten können seit Mitte 1994 unmittelbar grenzüberschreitend direkt vom Sitzland aus in Deutschland tätig werden, ohne hier eine Zweigniederlassung unterhalten zu müssen (freier Dienstleistungsverkehr).

Herkunftsmitgliedstaat im Sinne des VAG ist jeder Mitgliedstaat der Europäischen Union sowie jeder Vertragsstaat des EWR-Abkommens.

- Die **Zulassung zum Geschäftsbetrieb** für den gesamten EU-Binnenmarkt erfolgt durch die **Aufsichtsbehörde des Sitzlandes** (Aufsicht des Herkunftslandes). Mit der Zulassung in einem EU-Mitgliedstaat erwirbt das VU automatisch das Recht, in allen europäischen Mitgliedstaaten tätig zu werden **(sog. single-licence-Prinzip)**.
- Im Bereich der »**finanziellen Aufsicht**« gilt das Sitzlandprinzip auch uneingeschränkt für die **laufende Beaufsichtigung**, denn die Finanzaufsicht ist weitgehend harmonisiert.

  Der VN, der z.B. bei einem dänischen VR eine Versicherung abschließt, vertraut sich damit auch der Güte der finanziellen Aufsicht durch die dänische Aufsichtsbehörde an, die letztendlich über die dauernde Erfüllbarkeit der Versicherungsverträge wacht.
- Nur für die »**rechtliche Aufsicht**« behalten die Mitgliedsstaaten ihre Regelbefugnis auch für VU aus anderen EU-Ländern. Jedoch dürfen diesen VU nur solche Vorschriften entgegengehalten werden, die im »Allgemein-Interesse« geboten sind. Dabei sind von allgemeinem Interesse »Missstände, die die Belange der Versicherten gefährden«.

Beispiel:
Der Aufsichtsbehörde gehen wiederholt VN-Beschwerden über das Regulierungsverhalten eines französischen Krankenversicherers in Deutschland zu. Immer wieder wurde hier die Abwicklung der Leistungsabrechnungen verzögert.

Sollte tatsächlich ein Verstoß gegen Inlandsrecht (BGB, VVG) vorliegen, wird die Aufsichtsbehörde den französischen VR auffordern, dies abzustellen.

Eine zwangsweise Durchsetzung wäre jedoch grundsätzlich nur mit Hilfe der französischen Aufsichtsbehörde **(Sitzlandprinzip)** möglich.

4 Aufgaben der Aufsichtsbehörde

4.1 Zulassung zum Versicherungsbetrieb

Kriterien für die Zulassung eines inländischen VU

- Zuverlässigkeit und Eignung des Vorstandes
- Rechtsform: AG einschl. SE, VVaG, öffentlich-rechtliche Anstalt
- Spartentrennung für Lebensversicherung und Krankenversicherung
- Ordnungsgemäßer Geschäftsplan
  - Beschreibung von Risiken
  - Satzung
  - Ergebnisabführungs- und Funktionsausgliederungsverträge
  - Genügend Eigenkapital (Solvabilität)

VAG § 5 (1) *VAG-Entwurf § 8 (1)*

Wer das Versicherungsgeschäft betreiben will, bedarf hierzu einer Erlaubnis durch die Aufsichtsbehörde (Konzessionssystem). Die Erlaubnis wird auf Antrag – i. d. R. für jede Sparte gesondert – erteilt.

a) Vorlage eines genehmigungspflichtigen Geschäftsplans

VAG § 5 (2) *VAG-Entwurf § 9*

Mit dem Antrag ist der Geschäftsplan einzureichen. Aus ihm müssen sich der **Gegenstand des Unternehmens**, die **Organisationsstruktur**, das **Geschäftsgebiet** sowie die **Darstellung der Verhältnisse** ergeben, **wonach die künftigen Verpflichtungen dauernd erfüllbar sind**.

Der Geschäftsplan setzt sich aus mehreren Teilen zusammen.

- **Rechtlicher Teil:** Dazu gehört vor allem die Satzung des VU, soweit sie sich nicht auf AVB bezieht.
- **Versicherungstechnischer Teil**: Hier ist anzugeben, welche Versicherungssparten betrieben und welche Risiken einer Versicherungssparte gedeckt werden sollen (Tätigkeitsplan).

  Nicht genehmigungs- noch anmeldepflichtig sind dagegen die Tarife und die Rechnungsgrundlagen für die Beitragskalkulation.

KapAusV § 1 ff.

- **Finanzieller Teil:** Die VU sind verpflichtet, zur Sicherstellung der dauernden Erfüllbarkeit der Verträge Eigenmittel (Solvabilität) in Höhe des Mindestgarantiefonds (absoluter Mindestbetrag) bereitzustellen.

  Die Höhe des in der EU einheitlich geregelten Mindestgarantiefonds ist für Versicherungszweige, je nach ihrer »Gefährlichkeit« und dem Umfang der übernommenen Risiken, unterschiedlich festgesetzt.

  Außerdem hat das VU Schätzungen für die ersten drei Geschäftsjahre vorzulegen. Dies betrifft die Beitragserträge, die Schadenaufwendungen und die Liquiditätslage.

➤ Zusätzlich zum Geschäftsplan sind folgende nicht genehmigungspflichtige Unterlagen mit dem Antrag einzureichen: VAG § 5 *VAG-Entwurf § 9*

- Angaben über die **beabsichtigte Rückversicherung**
- Schätzung der Aufwendungen für den Aufbau der Verwaltung und des Vertreternetzes sowie der Nachweis der erforderlichen Finanzierungsmittel **(Organisationsfonds)**
- **Die AVBen für Pflichtversicherungen** (insbesondere die KH-Versicherung) und die Krankenversicherung, soweit sie die gesetzliche Krankenversicherung ersetzt **(substitutive Krankenversicherung)**

  Mit der Vorlage sind die AVBen aber durch das VU schon einsetzbar. Sie sind also nur noch anmeldepflichtig, aber nicht mehr genehmigungspflichtig, was sicherlich auch entbehrlich ist, weil der VN jetzt durch spezielle gesetzliche Regelungen geschützt wird. Es kommt also nur noch darauf an, dass deren Einhaltung durch die BaFin sichergestellt wird **(»Missstandsaufsicht«)**.
- Die **Grundsätze** für die **Berechnung der Beiträge** und technischen **Rückstellungen** (insbesondere der Alterungsrückstellung) in der »substitutiven Krankenversicherung« VAG § 12 a *VAG-Entwurf § 150*

  Ebenso wie in der Lebensversicherung besteht auch in der Krankenversicherung eine Gewinnbeteiligungspflicht zugunsten des VN.
- Angaben über die **Geschäftsleiter** und die Inhaber bedeutender Beteiligungen VAG § 104 *VAG-Entwurf § 18*

  Die Aufsicht hat deren Zuverlässigkeit zu prüfen. Geschäftsleiter müssen außerdem fachlich geeignet sein.
- Angaben über den **Verantwortlichen Aktuar**, der in der Lebensversicherung und substitutiven Krankenversicherung als »Vorposten der Aufsicht« die ordnungsgemäße Berechnung der Prämien und technischen Rückstellungen sicherzustellen und im Interesse der Versicherten auch die Finanzlage des VU zu prüfen hat. VAG § 11 a § 12 (2) *VAG-Entwurf § 141 § 156*

  Der Aktuar ersetzt damit im Wesentlichen die frühere aufsichtsbehördliche Tarifgenehmigung. Hinsichtlich seiner Zuverlässigkeit und fachlichen Eignung unterliegt er ähnlich wie der »unabhängige Treuhänder«, der vor allem in der Lebens- und Krankenversicherung bei der Änderung von Beiträgen und Gewinnbeteiligungen mitwirkt, aufsichtsbehördlicher Kontrolle. Der verantwortliche Aktuar kann Vorstandsmitglied oder Angestellter des VU sein. Er muss also nicht wie der unabhängige Treuhänder eine unternehmensexterne Person sein.

b) Versagungsgründe

Nach der Prüfung des Antrags, des Geschäftsplans und der zusätzlichen Unterlagen erteilt die Aufsichtsbehörde die Erlaubnis – u. U. mit Auflagen – für das Gebiet aller EU-Länder. Die Erlaubnis wird dagegen u. a. versagt, wenn VAG § 8 *VAG-Entwurf § 11*

- eine nicht **zulassungsfähige** Unternehmungsform vorliegt.

  Zulässig sind nur die Unternehmungsformen, die ein Höchstmaß an Sicherheit gegenüber den VN bieten. Dies trifft auf die AG einschl. der Europäischen Gesellschaft (SE), den VVaG und die öffentlich-rechtliche Anstalt bzw. Körperschaft zu.
- wenn neben den Versicherungsgeschäften ohne scharfe **juristische Trennung versicherungsfremde Geschäfte** betrieben werden (z. B. Bankgeschäfte).

  Zulässig sind ausdrücklich derivate Finanzgeschäfte (Termin- und Optionsgeschäfte), wenn sie der Absicherung gegen Kurs- oder Zinsänderungsrisiken bei vorhandenen Vermögenswerten oder dem späteren Erwerb von Wertpapieren dienen.
- in der Lebens- und substitutiven Krankenversicherung das Prinzip der **Spartentrennung** nicht sichergestellt ist. VAG § 106 c *VAG-Entwurf § 67 (3)*

  Die Lebensversicherung ist durch Sparvorgänge (Deckungsrückstellung) und Gewinnbeteiligungssysteme gekennzeichnet. Würde sie zusammen mit der risikoreicheren Schadenversicherung betrieben, deren Schadenquote erfahrungsgemäß starken Schwankungen unterworfen ist, bestünde Gefahr, dass Verluste insbesondere in der Sachversicherung mit den – zwangsläufig beachtlichen – Überschüssen in der Lebensversicherung aufgerechnet werden. Auch mit der Krankenversicherung lässt die deutsche Versicherungsaufsicht vorerst noch keine Spartenkombination zu; denn hier geht es um die **Sicherung der Altersrückstellung**, die aus höheren Beitragszahlungen in jungen Jahren für das mit dem Alter zunehmende Krankheitsrisiko zu bilden ist.

Die Spartentrennung in der Kredit- bzw. Kautions- und in der Rechtsschutzversicherung ist mit Wirkung vom 01. Juli 1990 aufgehoben worden. Diese Versicherungszweige können seitdem auch im Kompositverband betrieben werden. Der Gefahr einer möglichen Interessenkollision, wenn die Rechtsschutzversicherung des Geschädigten und die Haftpflichtversicherung des Schädigers bei der gleichen Gesellschaft bestehen, wird jetzt in anderer Weise begegnet. Ein VU, das die Rechtsschutzversicherung mit anderen Sparten betreibt, hat die Leistungsbearbeitung in der Rechtsschutzversicherung einem besonderen rechtlich selbstständigen Schadenabwicklungsunternehmen zu übertragen.

- die **Unternehmensleiter nicht zuverlässig und fachlich geeignet** sind.
- ein **schädlicher Einfluss von Großaktionären auf das VU** zu befürchten ist.

  Zugrunde liegt hier auch die Besorgnis, das VU könnte für eigene Interessen missbraucht werden.
- der Geschäftsplan die **Zahlungsfähigkeit** und die **Belange der Versicherten** nicht ausreichend sicherstellt.

4.2 Laufende Beaufsichtigung

Laufende Aufsicht	
Finanzaufsicht (Dauernde Erfüllbarkeit der Verträge)	**Rechtsaufsicht** (Wahrung der Belange der Versicherten)
• Versicherungstechnische Rückstellungen und ausreichende Beiträge • Risikogerechte Kapitalanlagen • Solvabilität (Eigenmittelausstattung) • Einhaltung kaufmännischer Grundsätze • Geschäftsplan • Angemessenheit der Rückversicherung • Risikomanagement	• Gesetzesverstöße • Geschäftsplan • Überschussbeteiligung • Gleichbehandlungsgrundsatz • Aufklärung des VN • Unlauterer Wettbewerb • Korrekte Schadenregulierung • Bestandsübertragungen • Unerlaubter Geschäftsbetrieb • Kompetente Versicherungsvermittlung

a) Aufsichtsbereiche

VAG § 81 (1) *VAG-Entwurf § 294 (2)*

Die Zugangskontrolle wird ergänzt durch ständige **Beaufsichtigung** des gesamten Geschäftsbetriebes des VU. Dabei unterscheidet das Gesetz zwischen einer **rechtlichen Aufsicht allgemein** und einer **Finanzaufsicht im Besonderen**.

VAG § 81 c (2) *VAG-Entwurf § 336*

Für Verträge, die vor dem 29. Juli 1994 abgeschlossen wurden (Altbestand), gelten die alten Geschäftspläne mit genehmigten AVB und Tarifen (Lebens-, Kranken- und KH-Versicherung) weiter, d. h., die Aufsicht hat hier auch noch ihre früheren Befugnisse. Für die Lebensversicherung ist dies sogar ausdrücklich im Gesetz klargestellt worden (Kontrolle der »Rückgewährquote«).

Gegenstand der **Rechtsaufsicht** ist die ordnungsgemäße Durchführung des Geschäftsbetriebes, d. h. die **Einhaltung aller einschlägigen gesetzlichen Vorschriften** (VAG, VVG, PflVG, KfzPflVV, HGB, BGB, UWG, Geldwäschegesetz) **inkl. der rechtlichen Grundlagen des Geschäftsplans**.

Es bedarf der besonderen Genehmigung durch die Aufsicht, wenn der Geschäftsplan geändert werden soll. Dies gilt nicht für Satzungsänderungen, die nur eine Kapitalerhöhung zum Gegenstand haben. Genehmigungspflichtig ist auch die Übertragung des Versicherungsbestandes (d. h., sämtliche abgeschlossenen, noch nicht abgewickelten Versicherungsverträge werden auf ein anderes VU übertragen). VAG § 13 (1) § 14 *VAG-Entwurf § 12 (1) § 13*

- **Die Aufsicht geht »Beschwerden« eines einzelnen VN nach**. Sie prüft, ob sich der betreffende VR gesetzes- bzw. geschäftsplanmäßig verhalten hat bzw. die Rechtsprechung – etwa die zum Nutzungsausfall in der Haftpflichtversicherung – berücksichtigt hat.

  Allerdings kann die Aufsichtsbehörde keinen privatrechtlichen Rechtsstreit entscheiden, sondern nur Feststellungen darüber treffen, ob ein zum Eingreifen zwingender Missstand vorliegt. Für die **Schlichtung von Streitigkeiten** mit dem VU kann sich der VN (Verbraucher) auch an den Verein »Versicherungsombudsmann e. V.« mit Sitz in Berlin wenden (vgl. Band 1, C 3.2 e). Private Rechtsstreitigkeiten sind ansonsten den ordentlichen Gerichten vorbehalten (z. B. der Streit, ob ein Vertrag tatsächlich zustande gekommen ist oder ob eine Obliegenheit grob fahrlässig verletzt wurde).

- **Im Rahmen von Amtsprüfungen lässt sich die Aufsichtsbehörde auch AVBen vorlegen** (unsystematische AVB-Kontrolle im laufenden Geschäftsbetrieb).

  Bei einer solchen Prüfung hat das VU überhaupt alle Druckstücke, die im Verkehr mit dem VN verwendet werden, vorzulegen. Die Aufsicht kontrolliert hier z. B., ob das VU seinen umfangreichen Belehrungspflichten nachgekommen ist.

- **Die Aufsicht überwacht die Einhaltung der besonderen Wettbewerbsregeln**, die in der Versicherungswirtschaft oft über die Bestimmungen des UWG hinausgehen. WettbRili

  Dazu gehört z. B. das Auspannungsverbot (Verbot, den VN dazu zu veranlassen, Versicherungsverträge vorzeitig aufzulösen).

- **Außerdem sind auch noch einige Sondertatbestände aufsichtsbehördlicher Kontrolle unterstellt**. Das VAG nennt hier das **Verbot von Sondervergütungen an die VN** (besonders das Provisionsabgabeverbot) und das **Verbot von Begünstigungsverträgen**. VAG § 81 (2) S. 4 *VAG-Entwurf § 290 (4)*

  Begünstigungen sind unzulässig, wenn sachlich nicht gerechtfertigte Preisnachlässe gewährt werden. In ähnlicher Richtung wirkt auch das Gleichbehandlungsprinzip in der Lebens- und substitutiven Krankenversicherung, d. h., »bei gleichen Voraussetzungen dürfen Beiträge und Leistungen nur nach gleichen Grundsätzen bemessen werden«. Allerdings stehen diese aufsichtsrechtlichen Prinzipien in gewissem Widerspruch zum Prinzip des Wettbewerbs.

- Verboten ist auch die Verbindung von Darlehens- und Versicherungsgeschäften, wenn die Versicherungssumme den Darlehensbetrag übersteigt.

Im Rahmen der **Finanzaufsicht** hat die Aufsichtsbehörde auf die **wirtschaftliche Sicherstellung der dauernden Erfüllbarkeit aller Verpflichtungen aus den Versicherungsverträgen** zu achten, insbesondere auf

- die **Bildung ausreichender versicherungstechnischer Rückstellungen** und deren **Anlage in entsprechend geeigneten Vermögenswerten**.

  In der Kranken- und Lebensversicherung sind die Versicherten auch in angemessenem Umfang am technischen Überschuss zu beteiligen. VAG § 81 c, d *VAG-Entwurf §§ 151 140 (2)*

- die **Einhaltung der kaufmännischen Grundsätze** (ordnungsgemäße Verwaltung bzw. Rechnungslegung).

  Deshalb sind nicht nur die Jahresabschlüsse unverzüglich einzureichen. Die Aufsicht fordert auch Zwischenberichte (interne Rechnungslegung) an und legt dazu Form und Fristen fest. Regelmäßig haben die VU über ihre gesamten Vermögensanlagen zu berichten, aufgegliedert in Neuanlagen und Bestände. Grundstückskäufe sind sogar sofort anzuzeigen.

- die Solvabilität der VU und die Einhaltung der übrigen finanziellen Grundlagen des Geschäftsplans **(Solvabilitätskontrolle)**.

VAG § 53 c, (1) (2) Nr. 1 *VAG-Entwurf § 89*

Im laufenden Geschäftsbetrieb sind über den »Mindestgarantiefonds« (absolute Kapitalausstattung) hinaus »Eigenmittel« mindestens in Höhe der »Solvabilitätsspanne« (relative Kapitalausstattung) zu bilden. Diese bemisst sich nach dem gesamten Geschäftsumfang des VU. **Ein Drittel der Solvabilitätsspanne gilt hierbei als Garantiefonds.**

b) Eingriffsbefugnisse der Aufsichtsbehörde

KapAusV § 81 (2)

Werden Missstände sichtbar, ist die Aufsichtsbehörde zu entsprechenden Eingriffen berechtigt. Sie kann

- alle **Anordnungen treffen**, die geeignet und erforderlich sind, den Geschäftsbetrieb mit den gesetzlichen Vorschriften und dem Geschäftsplan in Einklang zu halten bzw. entsprechende Missstände zu vermeiden bzw. zu beseitigen.
- **Änderungen des Geschäftsplans verlangen**, und zwar auch mit Wirkung für bestehende Versicherungsverträge, wenn es zur Wahrung der Belange der Versicherten erforderlich ist.
- **einen Sonderbeauftragten einsetzen**, der die Geschäftsleitung ganz oder teilweise ersetzt, solange die Belange der Versicherten nicht auf andere Weise gewahrt werden können.
- **die Erlaubnis zum Geschäftsbetrieb widerrufen,**
  z. B. wenn die Eigenmittel eines VU geringer sind als die Solvabilitätsspanne und das VU außerstande ist, Maßnahmen eines zuvor genehmigten Finanzierungsplans zur Wiederherstellung gesunder Finanzverhältnisse fristgerecht durchzuführen.
- **Insolvenzantrag stellen.**

Lernkontrollen zu F 3 und F 4

Gründe, Zweck, Träger der Aufsicht

1 Erläutern Sie zwei Gründe für die Notwendigkeit staatlicher Aufsicht.

2 Welches Gesetz regelt die Versicherungsaufsicht?

3 Welche privaten Versicherungsunternehmen

a) unterliegen nicht der Versicherungsaufsicht?

b) werden nur in geringem Umfang (nur Rechnungslegung) beaufsichtigt?

Geben Sie jeweils nur eine kurze Begründung an.

4 Prüfen Sie, ob und inwieweit auch ausländische Erst-VR, die in Deutschland tätig werden wollen, der deutschen Aufsicht unterliegen.

5 a) Welche Behörden sind Träger der Versicherungsaufsicht?

b) Für welche VR sind sie jeweils zuständig?

Aufgaben der Aufsichtsbehörde

6 Es soll ein Versicherungsunternehmen gegründet werden.

a) Welche Unternehmensformen sind generell möglich?

b) Welche Unternehmensformen können Sie als Privatmann nicht gründen?

c) Was prüft die Aufsichtsbehörde im Rahmen der Erteilung der Erlaubnis zum Geschäftsbetrieb?

d) Aus welchen Gründen kann die Zulassung zum Geschäftsbetrieb verweigert werden?

7 a) Welche aufsichtsrechtlichen Besonderheiten gelten auch künftig für die Lebens- und Krankenversicherung?

b) Führen Sie Gründe für diese aufsichtsrechtliche Sonderstellung an.

8 Wenn Sie die bereits bestehenden Versicherungsunternehmen betrachten, können Sie feststellen, dass in der Versicherungswirtschaft verhältnismäßig viele Konzerne tätig sind. Ein Hauptgrund hierfür dürfte die so genannte »Spartentrennung« sein.

a) Was versteht man allgemein unter Spartentrennung?

b) Nennen Sie zwei Beispiele für eine Spartentrennung.

c) Wie wird die Forderung nach Spartentrennung begründet?

d) Warum haben die VR versucht, die Spartentrennung durch Konzernbildung, verbundene Unternehmen, Kooperationsverträge usw. zu überwinden?

9 a) Was überprüft die Aufsichtsbehörde im Rahmen ihrer laufenden Aufsicht?

b) Warum kommt der Finanzaufsicht eine besonders große Bedeutung zu?

10 Welche Möglichkeiten hat die Aufsichtsbehörde, um die Interessen der VN zu wahren bzw. Missstände bei Versicherern zu beseitigen?

Abkürzungsverzeichnis

Abb.	Abbildung
ABE	Allgemeine Bedingungen für die Elektronik-Versicherung
ABM	Allgemeine Bedingungen für die Mietverlustversicherung
Abs.	Absatz
Abschn.	Abschnitt
AERB	Allgemeine Bedingungen für die Einbruchdiebstahl- und Raubversicherung
AFB	Allgemeine Bedingungen für die Feuerversicherung
AG	Aktiengesellschaft
AG	Arbeitgeber
AGB	Allgemeine Geschäftsbedingungen
AGG	Allgemeines Gleichbehandlungsgesetz
AGlB	Allgemeine Versicherungsbedingungen für die Glasversicherung
AHB PR	Allgemeine Versicherungsbedingungen für die Haftpflichtversicherung privater Risiken
AktG	Aktiengesetz
ALB	Allgemeine Bedingungen für die kapitalbildende Lebensversicherung
ALB-FLV	Allgemeine Bedingungen für die fondsgebundene Lebens-/Rentenversicherung
AltZertG	Altersvorsorgeverträge-Zertifizierungsgesetz
AMB	Allgemeine Maschinen-Versicherungsbedingungen
AMNOG	Gesetz zur Neuordnung des Arzneimittelmarktes
AN	Arbeitnehmer
AnlV	Anlagenverordnung
AR	Aktueller Rentenwert
AStB	Allgemeine Bedingungen für die Sturmversicherung
AUB	Allgemeine Unfallversicherungs-Bedingungen
aufgesch. Rente	aufgeschobene Rente
Aug.	August
AVB	Allgemeine Versicherungsbedingungen
AWB	Allgemeine Bedingungen für die Leitungswasserversicherung
AZ	Aktenzeichen
BaFin	Bundesanstalt für Finanzdienstleistungsaufsicht
BaföG	Bundesausbildungsförderungsgesetz
BAK	Bauartklasse
BB	Besondere Bedingungen
BBG	Beitragsbemessungsgrenze
BBhV	Bundesbeihilfeverordnung
BbmG	Beitragsbemessungsgrenze
Bd.	Band
BDSG	Bundesdatenschutzgesetz
BE	Bedingungen (im Proximus 3 Bedingungswerk)
BetrAVG	Gesetz zur Verbesserung der betrieblichen Altersversorgung
BEV	Beitragsentlastungsvereinbarung
BFD	Bundesfreiwilligendienst
BGB	Bürgerliches Gesetzbuch
BGH	Bundesgerichtshof
bKV	betriebliche Krankenversicherung
BPflV	Bundespflegesatzverordnung
BRE	Beitragsrückerstattung
BSG	Bundessozialgericht
BU	Berufsunfähigkeit
BU	Betriebsunterbrechung
BUZ	Berufsunfähigkeits-Zusatzversicherung
BVB	Besondere Versicherungsbedingungen
BWE	Besondere Bedingungen für die Versicherung weiterer Elementarschäden

bzw.	beziehungsweise
ca.	zirka
CUBUS	Computerunterstütztes Berichtswesen Unfall/Schaden
d.h.	das heißt
d.J.	des Jahres
d.n.J.	des nächsten Jahres
DAV	Deutscher Aktuarverein
DeckRV	Deckungsrückstellungsverordnung
Dez.	Dezember
DG	Dachgeschoss
dgl.	dergleichen
DM	Deutsche Mark
Dr.	Doktor
DRG	Diagnostics Related Groups
e.V.	eingetragener Verein
EA	Eintrittsalter
ED	Einbruchdiebstahl
EG	Erdgeschoss
EP	Entgeltpunkte
EPV	Ergänzungsversicherungen zur privaten und zur sozialen Pflegepflichtversicherung
ESt	Einkommensteuer
EStG	Einkommensteuergesetz
EU	Europäische Union
EUR	Euro
F	Feuer
Febr.	Februar
Ffm	Frankfurt am Main
FHG	Fertighausgruppe
FLV	Fondsgebundene Lebensversicherung
FÖJ	Freiwilliges ökologisches Jahr
FPV	Vereinbarung zum Fallpauschalensystem für Krankenhäuser
FSJ	Freiwilliges soziales Jahr
FSME-Infektion	Frühsommer-Meningo-Encephalitis (Zecken-Hirnhautentzündung)
GBA	Gemeinsamer Bundesausschuss
GDV	Gesamtverband der Deutschen Versicherungswirtschaft
GebüH	Gebührenverzeichnis für Heilpraktiker
GEPV	Staatlich geförderte ergänzende Pflegeversicherung
ggf.	gegebenenfalls
GKV	Gesetzliche Krankenversicherung
GKV-FinG	GKV-Finanzierungsgesetz
GKV-FQWG	GKV-Finanzstruktur- und Qualitäts-Weiterentwicklungsgesetz
GKV-WSG	GKV-Wettbewerbsstärkungsgesetz
GmbH	Gesellschaft mit beschränkter Haftung
GOÄ	Gebührenordnung für Ärzte
GOZ	Gebührenordnung für Zahnärzte
GRV	Gesetzliche Rentenversicherung
GwG	Geldwäschegesetz
HGB	Handelsgesetzbuch
HIV	Human Immundefiziens Virus
i.d.R.	in der Regel
i.V.m.	in Verbindung mit
inkl.	einschließlich
InsO	Insolvenzordnung
JAEG	Jahresarbeitsentgeltgrenze
Jan.	Januar
KalV	Kalkulationsverordnung

KFPV	Verordnung zum Fallpauschalensystem für Krankenhäuser
KHEntG	Krankenhausentgeltgesetz
KHG	Krankenhausfinanzierungsetz
KHT	Krankenhaustagegeld
KiBG	Kinder-Berücksichtigungsgesetz
KPT	Kompakttarif
KT	Krankentagegeld
KV	Krankenversicherung
KVBEVO	Krankenversicherungsbeitragsanteil-Ermittlungsverordnung
LG	Landgericht
lt.	laut
LV	Lebensversicherung
LVRG	Lebensversicherungsreformgesetz
Lw	Leitungswasser
M	Mark
m^2	Quadratmeter
max.	maximal
MB/BT	Allgemeine Versicherungsbedingungen (Musterbedingungen) Basistarif
MB/EPV	Musterbedingungen für die ergänzende Pflegekrankenversicherung
MB/GEPV	Musterbedingungen für die staatlich geförderte ergänzende Pflegeversicherung
MB/KK	Musterbedingungen für die Krankheitskosten- und Krankenhaustagegeldversicherung
MB/KT	Musterbedingungen für die Krankentagegeldversicherung
MB/PPV	Musterbedingungen für die private Pflegepflichtversicherung
MB/PSKV	Allgemeine Versicherungsbedingungen (Musterbedingungen) Private Studentische Krankenversicherung
MB/ST	Musterbedingungen für den Standardtarif
MindZV	Mindestzuführungsverordnung
Mio.	Millionen
MR	Monatsrente
Mrd.	Milliarden
mtl.	monatlich
MwSt	Mehrwertsteuer
n. J.	nächsten Jahres
NBA	Neues Begutachtungsassessment
NLT	Notlagentarif
NLTB	Tarifstufe für Beihilfeberechtigte im Notlagentarif
NLTN	Tarifstufe für Normalversicherte im Notlagentarif
Nov.	November
Nr.	Nummer
OG	Obergeschoss
Okt.	Oktober
OLG	Oberlandesgericht
OPUV	Obligatorische Passagier-Unfallversicherung
p. a.	pro anno (pro Jahr)
p. r. t.	pro rata temporis (zeitanteilig)
PC	Personalcomputer
PEP	Persönliche Entgeltpunkte
PEPP	Psychiatrisches Entgeltsystem für psychiatrische und psychosomatische Einrichtungen
PflegeVG	Pflege-Versicherungsgesetz
PKV	Private Krankenversicherung
ppa.	per prokura
Prof.	Professor
PSKV	Private studentische Krankenversicherung
PSV	Pensions-Sicherungs-Verein
PVB	Tarifstufe für Beihilfeberechtigte in der Pflegepflichtversicherung

PVC	Polyvinylchlorid
PVN	Tarifstufe für Normalversicherte in der Pflegepflichtversicherung
PZN	Pharmazentralnummer
Qm	Quadratmeter
RAF	Rentenartfaktor
Reha	Rehabilitation
RfB	Rückstellung für Beitragsrückerstattung
Rn.	Randnummer
SBV	Selbstständige Berufsunfähigkeitsversicherung
Sept.	September
SGB	Sozialgesetzbuch
sof. beg. Rente	sofort beginnende Rente
sog.	sogenannt
SolZ	Solidaritätszuschlag
St/H	Sturm/Hagel
STB	Tarifstufe für Beihilfeberechtigte im Standardtarif
STN	Tarifstufe für Normalversicherte im Standardtarif
TA	Tarife (im Proximus 3 Bedingungswerk)
TB	Tarifbestimmungen
TB/PET	Tarifbedingungen für das Pflegetagegeld
Tbc	Tuberkulose
Tel.	Telefon
Tsd.	Tausend
u. a.	unter anderem
u. dgl.	und dergleichen
u. U.	unter Umständen
UPR	Unfallversicherung mit Prämienrückgewähr
USA	Vereinigte Staaten von Amerika
UZV	Unfall-Zusatzversicherung
VAG	Versicherungsaufsichtsgesetz
VdS	Verband der Schadenversicherer (jetzt: GDV)
VDZ	Vorläufige Deckungszusage
VermbG	Vermögensbildungsgesetz
VersSt	Versicherungsteuer
VGB	Allgemeine Wohngebäude-Versicherungsbedingungen
vgl.	vergleiche
VHB	Allgemeine Hausrat-Versicherungsbedingungen
VN	Versicherungsnehmer
VomVO	Verfahrensordnung des Versicherungsombudsmanns
vorl. V	vorläufiger Versicherungsschutz
VPI	Verbraucherpreisindex
VR	Versicherer
VS	Versicherungssumme
VSG	Allgemeine Bedingungen für die Verbundene Sach-Gewerbeversicherung
VU	Versicherungsunternehmen
VVaG	Versicherungsverein auf Gegenseitigkeit
VVG	Gesetz über den Versicherungsvertrag (Versicherungsvertragsgesetz)
VVG-InfoV	VVG-Informationspflichtenverordnung
VW	Versicherungswert
z. B.	zum Beispiel
Zf	Zugangsfaktor
Ziff.	Ziffer
ZKBU	Zusatzbedingungen zur Feuer-Betriebsunterbrechungsversicherung
ZPO	Zivilprozessordnung
ZÜRS	Zonierungssystem für Überschwemmungen, Rückstau und Starkregen
zzgl.	zuzüglich

Sachwortverzeichnis

Symbole

A

B

M

N

O

P

Q

R

W

Z